Das

Preußische Kirchenrecht

im Bereiche

der evangelischen Landeskirche.

Zum praktischen Gebrauch

für

Verwaltungsbeamte, Richter und Geistliche

aus der

Gesetzgebung, Verwaltung und Rechtsprechung

erläutert von

H. Trusen,

Konsistorial-Rath, Justitiar bei dem Königlichen Konsistorium der Provinz Posen.

Berlin und Leipzig.

Verlag von J. Guttentag

(D. Collin).

1883.

Vorwort.

Die hochbedeutsamen Umgestaltungen, welche die evangelische Landeskirche Preußen's mit und seit dem Abschlusse der Kirchenverfassung auf den verschiedensten Gebieten ihres Rechtslebens erfahren, haben das Bedürfniß nach einer Bearbeitung erzeugt, welche den gegenwärtigen Rechtszustand der Landeskirche zur übersichtlichen Darstellung bringt.

Diesem Bedürfnisse zu entsprechen ist die vorliegende Arbeit bestimmt.

Dieselbe umfaßt das formelle und materielle Recht der evangelischen Landeskirche im Geltungsbereiche der General-Synodal-Ordnung (also für die Provinzen Ost- und Westpreußen, Brandenburg, Pommern, Posen, Schlesien, Sachsen, Westfalen und die Rheinprovinz), erläutert aus der Gesetzgebung, Verwaltung und Rechtsprechung.

Ihr liegt zu Grunde die Kirchengemeinde- und Synodal-Ordnung v. 1873 nebst der General-Synodal-Ordnung v. 1876, sowie die Rheinisch-Westfälische Kirchenordnung v. 1835, und von dem zweiten Theile des Allgemeinen Landrechts der 11. Titel (§§. 1—938).

Der Kirchengemeinde- und Synodal-Ordnung ist die „revidirte Instruktion des Evangelischen Ober-Kirchenraths v. 25. Januar 1882" beigefügt, während in dem Anhange zum Allgemeinen Landrechte u. A. die sog. Mai-Gesetzgebung (soweit sie die evangelische Kirche berührt), das Reichs-Zivilstandsgesetz, die neuen kirchlichen Pensionsgesetze, und die kirchliche Disziplinar-Gesetzgebung nebst der Trauungs-Ordnung Aufnahme gefunden haben.

An den (wörtlich mitgetheilten) legalen Text der oben genannten Gesetzesbücher, welchen die auf die evangelische Kirchenverfassung Bezug habenden Staatsgesetze vorangeschickt sind, schließen sich in

Form fortlaufender Anmerkungen die für den praktischen Gebrauch bestimmten Erläuterungen an.

In den Anmerkungen haben neben den Ausführungen des Verfassers die staatliche und kirchliche Gesetzgebung, desgleichen die Erlasse und Entscheidungen der Zentralbehörden, vornehmlich des Evangelischen Ober-Kirchenraths und des Ministeriums der geistlichen ꝛc. Angelegenheiten, sowie die Judikatur des vormaligen Preußischen Ober-Tribunals (bis zu dessen Auflösung), des Gerichtshofes zur Entscheidung der Kompetenz-Konflikte, des Ober-Verwaltungsgerichts und des Reichsgerichts bis auf die neueste Zeit Berücksichtigung gefunden.

Um den Gebrauch des Buches zu erleichtern, ist demselben ein vollständiges chronologisches Register und ein sehr ausführliches Sachregister beigegeben; aus gleichem Grunde finden sich in den Anmerkungen die Stichworte überall mit gesperrter Schrift gedruckt.

Von der Aufnahme der anderweitig mehrfach kommentirten Militair-Kirchenordnung durfte im Interesse der Raumersparniß hier abgesehen werden.

Posen im Oktober 1882.

H. Trusen.

Inhalts-Verzeichniß.

Fünfter Abschnitt.

Erster Abschnitt.

Zweiter Abschnitt.

Dritter Abschnitt.

Vierter Abschnitt.

Fünfter Abschnitt.

Sechster Abschnitt.

Siebenter Abschnitt.

Achter Abschnitt.

Neunter Abschnitt.

Zehnter Abschnitt.

Erklärung der Abkürzungen.

Abs. = Absatz.
Aktenst. = Aktenstücke aus der Verwaltung des Evangelischen Ober-Kirchenraths.
A.L.R. = Allgemeines Landrecht.
Anm. = Anmerkung.
Annal. (v. Kamptz' Annalen) = K.A. v. Kamptz, Annalen der Preuß. inneren Staatsverwaltung.
Arch. = Striethorst, Archiv für Rechtsfälle des Königl. Ober-Tribunals.
Art. = Artikel.
Bd. = Band.
B.G.B. = Bundesgesetzblatt.
Cirk. Verf. = Cirkular-Verfügung.
Entsch. = Entscheidungen des Königl. Ober-Tribunals.
Entsch. d. Ob.V.G. = Entscheidungen des Ober-Verwaltungsgerichts.
Erg. = Ergänzungen.
Erk. = Erkenntniß.
Erk. d. K. Ob.Trib. = Erkenntniß des Königl. Ober-Tribunals.
Erl. = Erlaß.
Ev. O.K.R. = Evangelischer Ober-Kirchenrath.
Gen.Syn.Ord. = General-Synodal-Ordnung.
Ges. = Gesetz.
G.K.R. = Gemeinde-Kirchenrath.
G.S. = Gesetz-Sammlung.
J.M.Bl. = Justiz-Ministerial-Blatt.
Instr. = Instruktion.
K.Ord., Kab.Ord. = Kabinets-Ordre.
Kg.O., Kg.Ord. = Kirchengemeinde-Ordnung.
Kirchl. G. u. V.Bl. = Kirchliches Gesetz- und Verordnungs-Blatt.
Koch's Arch. = Koch, Schlesisches Archiv für die praktische Rechtswissenschaft.
K.R. = Kirchenrecht.
L.R. = Allgemeines Landrecht.
Min.Bl. d. i. V. = Ministerial-Blatt für die gesammte innere Verwaltung.
Min. d. g. A. = Minister der geistlichen Angelegenheiten.
Pl.Beschl. = Plenar-Beschluß.
Präj. = Präjudikat.
Präj.Sammlung. = Präjudizien des Königl. Ober-Tribunals.
R. = Reskript.

Rabe. = Rabe, Sammlung Preußischer Gesetze.
Rechtsf. = Rechtsfälle aus der Praxis des Königl. Ober-Tribunals.
Regl. = Reglement.
R. G. Bl. = Reichsgesetzblatt.
R. St. G. B. = Reichsstrafgesetzbuch.
S. = Seite.
Simon, Rechtsspr. = Simon und v. Strampff, Rechtssprüche der Preuß. Gerichtshöfe.
Syn. Ord. = Kirchengemeinde- und Synodal-Ordnung.
Thl. = Theil.
Tit. = Titel.
Ulrich, Arch. = Ulrich, Sommer rc., Neues Archiv für Preuß. Recht rc.
V. = Verordnung.
Vgl., Vergl. = Vergleiche.

I. Gesetz, betreffend die evangelische Kirchengemeinde- und Synodalordnung vom 10. September 1873. für die Provinzen Preußen, Brandenburg, Pommern, Posen, Schlesien und Sachsen.

Vom 25. Mai 1874. (G.S. S. 147.)

Art. 1. Die Vertretung der evangelischen Kirchengemeinden, sowie die Verwaltung des Kirchenvermögens geht vom 1. Juli 1874. ab nach Maßgabe der folgenden Bestimmungen auf die im §. 1. der in der Anlage enthaltenen Kirchengemeinde- und Synodalordnung vom 10. September 1873. bestimmten Organe über.

Art. 2. Der Gemeinde-Kirchenrath übt die ihm in der Gemeindeordnung zugewiesenen Rechte in Betreff

1) der Verfügung über die Kirchengebäude (§. 15.);
2) der Vertretung der Gemeindeinteressen in Bezug auf die Schule (§. 16.);
3) der Vertretung der Gemeinde in vermögensrechtlicher Beziehung und bei Verwaltung des Kirchenvermögens, einschließlich des Vermögens der kirchlichen Lokalstiftungen, sowie des Pfarr- und Pfarrwittwenthums-Vermögens (§§. 22—24.);
4) der Vertretung der Gemeinde bei Parochialveränderungen (§. 25.).

Die zur Ausübung dieser Rechte erforderlichen Beschlüsse werden nach §. 11. Absatz 2. und 3. gefaßt und Dritten gegenüber nach §. 11. Absatz 5. und §. 22. Absatz 2. festgestellt.

Die Verwaltung der Kirchenkasse richtet sich nach §. 24.

Art. 3. Die Gemeindevertretung (§. 27. Absatz 1. und 2., §. 42. Absatz 2., §. 45. Absatz 3.) übt die ihr in dem §. 31. zugewiesenen Rechte.

Die zur Ausübung derselben erforderlichen Beschlüsse werden nach §§. 29. und 30. gefaßt.

Beschlüsse über Umlagen auf die Gemeindeglieder können erst dann vollstreckt werden, wenn sie von der Staatsbehörde für vollstreckbar erklärt worden sind.

Diese Erklärung ist insbesondere zu versagen, sofern Bedenken hinsichtlich der Ordnungsmäßigkeit der Auferlegung, der Angemessenheit des Beitragsfußes oder der Leistungsfähigkeit der Pflichtigen bestehen.

Art. 4. Die Rechte, welche nach den Artikeln 2—3. dem Gemeinde-Kirchenrath und der Gemeindevertretung in einzelnen Gemeinden zustehen, werden in den Fällen des §. 2. Absatz 2. und 3. der Gemeindeordnung den vereinigten Gemeinde-Kirchenräthen und Gemeindevertretungen für die gemeinsamen Angelegenheiten beigelegt.

Art. 5. Zur Feststellung von Gemeindestatuten, welche die Kirchengemeinde- und Synodalordnung ergänzen oder modifiziren (§. 31. Nr. 11. und §. 46.), bedarf es der vorgängigen Anerkennung Seitens der Staatsbehörde, daß die entworfene Bestimmung den in Artikel 1—4. und Artikel 8. staatsgesetzlich genehmigten Vorschriften nicht zuwider sei.

Art. 6. Die Bestimmungen des §. 73. über die Kosten für die Bildung und Wirksamkeit der Gemeinde-Kirchenräthe und Gemeindevertretungen kommen vom 1. Juli 1874. ab zur Anwendung.

Art. 7. Wegen der den Kreis- und Provinzialsynoden und deren Vorständen in der evangelischen Kirchengemeinde- und Synodalordnung vom 10. September 1873. zugewiesenen Rechte bleibt die staatsgesetzliche Regelung, soweit es deren bedarf, vorbehalten.

Art. 8. Die Rechtsverhältnisse des Patrons in Betreff der Vermögensverwaltung werden bis zum Erlaß des in Artikel 17. der Verfassungsurkunde vorgesehenen Gesetzes über die Aufhebung des Patronats durch §. 23. bestimmt.

Wenn jedoch ein Patron, welcher für die Kirchenkasse im Falle ihrer Unzulänglichkeit ganz oder theilweise einzutreten hat, zu Ausgaben aus dieser Kasse, für welche sie bisher nicht bestimmt gewesen ist, seine Zustimmung verweigert, so darf die Einwilligung nicht durch die vorgesetzte Aufsichtsbehörde ergänzt werden.

Art. 9. Alle diesem Gesetz und dem ersten Abschnitt der Kirchengemeinde- und Synodalordnung entgegenstehenden Bestimmungen, mögen dieselben im Allgemeinen Landrecht, in Provinzialgesetzen oder in Lokalgesetzen und Lokalordnungen enthalten oder durch Observanz oder Gewohnheit begründet sein, treten mit dem 1. Juli 1874. außer Kraft.

II. Gesetz, betreffend die evangelische Kirchenverfassung in den acht älteren Provinzen der Monarchie.

Vom 3. Juni 1876. (G.S. S. 125.)

Art. 1. Die in der Kirchengemeinde- und Synodalordnung vom 10. September 1873. (Ges. Samml. 1874 S. 151.) und in der anliegenden General-Synodalordnung vom 20. Januar 1876. bestimmten und nach diesen Vorschriften zusammengesetzten Synodalorgane üben die nachstehenden Rechte nach Maßgabe dieses Gesetzes.

Art. 2. Die Kreissynode übt die ihr in der Kirchengemeinde- und Synodalordnung vom 10. September 1873. zugewiesenen Rechte in Betreff

1) der in den Kirchengemeinden bestehenden und der den Kirchengemeinden des Synodalkreises gemeinsamen Einrichtungen und Institute für christliche Liebeswerke (§. 53 Nr. 5.);
2) des Kassen- und Rechnungswesens der einzelnen Gemeinden und der kirchlichen Stiftungen innerhalb des Bezirks (§. 53. Nr. 6);
3) der Kreis-Synodalkasse, des Kreis-Synodalrechners, des Etats der Kasse und der Repartition der zu derselben erforderlichen Beiträge der Kirchenkassen und Gemeinden (§. 53. Nr. 7.);
4) der statutarischen Ordnungen (§. 53. Nr. 8.).

Die zur Ausübung dieser Rechte erforderlichen Beschlüsse werden nach §. 52. Absatz 3. 4. gefaßt.

Art. 3. Den Gemeinden steht gegen Beschlüsse der Kreissynode wegen Repartition der zur Kreis-Synodalkasse erforderlichen Beiträge binnen einundzwanzig Tagen seit Zustellung des Beschlusses Beschwerde zu.

Ueber die Beschwerde entscheidet die Staatsbehörde.

Art. 4. Zur Feststellung statutarischer Ordnungen in dem der Kreissynode überwiesenen Geschäftsgebiete (§. 53. Nr. 8., §. 65. Nr. 5.) bedarf es der vorgängigen Anerkennung seitens der Staatsbehörde, daß die entworfenen Bestimmungen dem Gesetz vom 25. Mai 1874. und diesem Gesetz nicht zuwider seien.

Art. 5. Der Kreis-Synodalvorstand übt in Bezug auf die nach §. 53. Nr. 5. und 6. der Synode übertragene Mitaufsicht das Recht, in eiligen Fällen die vorläufige Entscheidung zu treffen (§. 55. Nr. 6.).

Art. 6. Die Rechte, welche nach den Artikeln 2. bis 5. der einzelnen Kreissynode und deren Vorstande zustehen, werden in dem Fall des §. 57. Absatz 1. den vereinigten Kreissynoden und deren Vorständen für die gemeinsamen Angelegenheiten beigelegt, wenn die Vereinigung mit Einwilligung der einzelnen Kreissynoden erfolgt.

Art. 7. Wenn der Wirkungskreis einer Kreissynode oder einer nach §. 57. Absatz 1. gebildeten Vereinigung von Kreissynoden, sowie ihres Vorstandes nach Absatz 2 dieses Paragraphen mit Rücksicht auf eigenthümliche Einrichtungen oder Bedürfnisse des Kreises erweitert werden soll, so ist ein Regulativ zu erlassen, für welches die Bestimmungen des bezeichneten Absatzes maßgebend sind. Auf die Feststellung desselben findet Artikel 4 dieses Gesetzes Anwendung.

Art. 8. In dem Regulativ für die vereinigten Kreissynoden der Haupt- und Residenzstadt Berlin kann denselben das Recht beigelegt werden,

1) über die Veränderung, Aufhebung oder Einführung allgemeiner Gebührentaxen für alle Gemeinden Beschluß zu fassen;
2) allgemeine Umlagen auszuschreiben, und zwar:
   a) Behufs Ersatz für die aufzuhebenden Stolgebühren,
   b) zur Gewährung von Beihülfen an ärmere Parochieen Behufs Befriedigung dringender kirchlicher Bedürfnisse.
   Soll die Umlage für diesen letzteren Zweck drei Prozent der Summe der von den pflichtigen Gemeindegliedern jährlich an den Staat zu entrichtenden Personalsteuern (Klassen- und Einkommensteuer) übersteigen, so bedarf es der Genehmigung des Staatsministeriums.*)

   Die Umlagen müssen gleichzeitig in allen Gemeinden nach gleichem Maßstabe erhoben werden, und gilt für den Repartitionsfuß die Vorschrift des §. 31. Nr. 6. der Kirchengemeinde- und Synodalordnung vom 10. September 1873.

---

*) In Gemäßheit des Gesetzes v. 6. März 1882, G. S. S. 14, tritt hinter dem zweiten Absatz der Littr. b. die nachstehende Vorschrift hinzu:

c) Behufs Berichtigung des Antheils aller Gemeinden an den Kreis-, Provinzial- und General-Synodalkosten, sowie an den im Wege kirchlicher Gesetzgebung festgestellten Umlagen für provinzielle und landeskirchliche Zwecke.

Beschlüsse über den Repartitionsfuß solcher Umlagen bedürfen der Genehmigung der Staatsbehörde.

Auf die Beschlüsse über solche Umlagen findet Artikel 3. Absatz 3. 4. des Gesetzes vom 25. Mai 1874. Anwendung;

3) eine Synodalkasse für die Einnahme und Verwendung der ausgeschriebenen Umlagen zu errichten.

Zur Uebertragung der in diesem Gesetze den Provinzialsynoden zugestandenen Rechte auf die demnächst zu bildende Provinzialsynode Berlin bedarf es eines Staatsgesetzes.

Art. 9. In anderen Ortschaften, die mehrere unter einem gemeinsamen Pfarramt nicht verbundene Parochieen umfassen, können die im Artikel 8. bezeichneten Zwecke auf den Antrag aller oder der Mehrheit der Parochieen im Sinne des Artikel 4. des Gesetzes vom 25. Mai 1874. für gemeinsame Angelegenheiten durch das Konsistorium erklärt werden.

Beim Widerspruch der Vertretung auch nur einer Parochie kann dies nur unter Zustimmung der Provinzialsynode geschehen.

Art. 10. Die Provinzialsynode übt die ihr in der Kirchengemeinde- und Synodalordnung vom 10. September 1873 zugewiesenen Rechte in Betreff

1) der von den Kreissynoden beschlossenen statutarischen Bestimmungen (§. 65. Nr. 5.);
2) der Synodalwittwen- und Waisenkassen, der provinziellen Fonds und Stiftungen; der Kreis-Synodalkasse und der Provinzial-Synodalkasse (§. 65. Nr. 6.);
3) neuer kirchlicher Ausgaben zu provinziellen Zwecken (§. 65. Nr. 7.);
4) der Verwendung des Ertrages der vor dem jedesmaligen Zusammentritt der Provinzialsynode oder alljährlich in der Provinz einzusammelnden Kirchen- und Hauskollekten zum Besten der dürftigen Gemeinden des Bezirks (§. 65. Nr. 8.).

Die Befugniß, eine Einsammlung dieser Hauskollekte anzuordnen, bedarf nicht der besonderen Ermächtigung einer Staatsbehörde; die Zeit der Einsammlung muß aber dem Oberpräsidenten vorher angezeigt werden.

Die zur Ausübung dieser Rechte erforderlichen Beschlüsse werden nach §. 70. Absatz 1. 2. gefaßt.

Art. 11. Die von der Provinzialsynode beschlossenen neuen kirchlichen Ausgaben zu provinziellen Zwecken (§. 65. Nr. 7. der Kirchengemeinde- und Synodalordnung vom 10. September 1873.) werden auf die Kreis-Synodalkassen nach Maßgabe der in den §§. 72. 73. daselbst aufgestellten Normen repartirt.

Sowohl der Beschluß über die Bewilligung der Ausgabe als

die Matrikel bedarf der Bestätigung durch die Staatsbehörde. Die Bestätigung ist insbesondere zu versagen, wenn Bedenken hinsichtlich der Ordnungsmäßigkeit des Beschlusses, der Angemessenheit des Vertheilungsmaßstabes oder der Leistungsfähigkeit des Bezirks bestehen.

Art. 12. Die Bestimmungen der §§. 71. bis 74. der Kirchengemeinde- und Synodalordnung vom 10. September 1873. über die Kosten der Kreis- und Provinzialsynoden kommen zur Anwendung, sobald die neuen Synodalorgane gemäß den §§. 43. bis 46. der General-Synodalordnung vom 20. Januar 1876. gebildet sind.

Art. 13. Kirchliche Gesetze und Verordnungen, sie mögen für die Landeskirche oder für einzelne Provinzen oder Bezirke erlassen werden, sind nur so weit rechtsgültig, als sie mit einem Staatsgesetz nicht in Widerspruch stehen.

Bevor ein von einer Provinzialsynode oder von der Generalsynode beschlossenes Gesetz dem Könige zur Sanktion vorgelegt wird, ist durch eine Erklärung des Staatsministeriums festzustellen, daß gegen das Gesetz von Staatswegen nichts zu erinnern ist. In der Verkündigungsformel ist diese Feststellung zu erwähnen.

Absatz 4. des §. 6. der General-Synodalordnung vom 20. Januar 1876. findet auch auf provinzielle kirchliche Gesetze Anwendung.

Die Bestimmungen dieses Artikels gelten auch in dem Bezirk der Kirchenordnung vom 5. März 1835. für die Provinz Westfalen und die Rheinprovinz.

Art. 14. Die Generalsynode übt die ihr in der General-Synodalordnung vom 20. Januar 1876. zugewiesenen Rechte in Betreff

1) der unter die Verwaltung und Verfügung des Evangelischen Ober-Kirchenraths gestellten kirchlichen Fonds (§§. 11. 12);
2) neuer Ausgaben für landeskirchliche Zwecke (§. 14.);
3) der Heranziehung der Einkünfte des Kirchenvermögens und der Pfarrpfründen zu Beiträgen für kirchliche Zwecke (§. 15).

Die zur Ausübung dieser Rechte erforderlichen Beschlüsse werden nach §. 32. Absatz 2. und 4. gefaßt.

Art. 15. Kirchengesetze, durch welche neue Ausgaben zu landeskirchlichen Zwecken bewilligt werden (§. 14. der General-Synodalordnung vom 20. Januar 1876.), und die endgültige Vereinbarung zwischen der Generalsynode und der Kirchenregierung über die Vertheilung der Umlage auf die Provinzen (§. 14. Absatz 2. daselbst) bedürfen, bevor sie dem Könige zur Sanktion vorgelegt werden, der Zustimmung des Staatsministeriums. Die Zustimmung ist in der Verkündigungsformel zu erwähnen.

Die Königliche Verordnung über vorläufige Feststellung des Vertheilungsmaßstabes (§. 14 Absatz 2.) ist vom Staatsministerium gegenzuzeichnen.

Für die Untervertheilung in den Provinzen Preußen, Brandenburg, Pommern, Posen, Schlesien und Sachsen kommt Artikel 11. zur Anwendung. Die Untervertheilung in der Provinz Westfalen und der Rheinprovinz erfolgt nach Maßgabe des §. 135. der Kirchenordnung vom 5. März 1835. Wegen der Bestätigung der Matrikel für die Vertheilung auf die Kreissynoden findet Artikel 11. Absatz 2., und wegen der Vertheilung der Antheile der Kreissynoden auf die Gemeinden Artikel 3. Anwendung.

Art. 16. Die Gesammtsumme der auf Grund der Artikel 10. Nr. 3. und 14. Nr. 2. zu beschließenden Umlagen darf — abgesehen von den Synodalkosten — für provinzielle und landeskirchliche Zwecke vier Prozent der Gesammtsumme der Klassen- und Einkommensteuer der zur evangelischen Landeskirche gehörigen Bevölkerung nicht übersteigen.

Wie viel von den innerhalb dieser Grenzen zulässigen Umlagen durch die Provinzialsynoden und wie viel durch die Generalsynode ausgeschrieben werden kann, wird durch landeskirchliches Gesetz bestimmt.*)

Kirchengesetze, welche diesen Prozentsatz überschreiten, bedürfen der Bestätigung durch ein Staatsgesetz. Dasselbe gilt, wenn Kirchengesetze eine Belastung der Gemeinden zu Gemeindezwecken anordnen oder zur Folge haben.

Art. 17. Kirchengesetze, durch welche die Einkünfte des Kirchenvermögens oder der Pfarrpfründen zu Beiträgen für kirchliche Zwecke herangezogen werden (§. 15. der General-Synodalordnung vom 20. Januar 1876.), dürfen die Pfründeninhaber in ihren schon vor Erlaß dieses Gesetzes erworbenen Rechten nicht schmälern, müssen die Heranziehung in den einzelnen Kategorien der Kirchenkassen oder Pfründen nach gleichen Prozentsätzen anordnen und bedürfen, bevor sie dem Könige zur Sanktion vorgelegt werden, der Zustimmung des Staatsministeriums. Die Zustimmung ist in der Verkündigungsformel zu erwähnen.

---

*) Das Kirchengesetz v. 2. Sept. 1880, betr. die Ausschreibung von Umlagen für provinzielle und landeskirchliche Zwecke, kirchl. Ges. u. Verord. Bl. 1880 S. 134, verordnet für die evangelische Landeskirche der älteren Provinzen, was folgt:

Einziger §. Von demjenigen Betrage an Umlagen, welcher nach Art. 16 Abs. 1 des Ges. v. 3. Juni 1876 bis zur Höhe von vier Prozent der gesammten Klassen- und Einkommensteuer der zur evangelischen Landeskirche gehörigen Bevölkerung ohne Hinzutreten eines Staatsgesetzes beschlossen werden darf, kann eine Summe bis zu drei Prozent der bezeichneten Steuern durch die Generalsynode, bis zu einem Prozent der in jeder Provinz aufzubringenden Klassen- und Einkommensteuer durch die betreffende Provinzialsynode ausgeschrieben werden.

Die Zustimmung darf nicht versagt werden, wenn das Gesetz ordnungsmäßig zu Stande gekommen ist und der Inhalt desselben dem §. 15. der General-Synodalordnung vom 20. Januar 1876. und diesem Artikel entspricht.

Kirchengemeinden, welche den Nachweis führen, daß sie die vollen Ueberschüsse ihrer Kirchenkasse zu bestimmten, innerhalb der nächstfolgenden Jahre zu befriedigenden Bedürfnissen nicht entbehren können, sind von dieser Beitragspflicht zeitweilig zu entbinden.

Die Beiträge können im Wege der Administrativ-Exekution beigetrieben werden.

Zur Abwendung der Exekution steht den Betheiligten binnen einundzwanzig Tagen seit Empfang der Zahlungsaufforderung die Beschwerde dahin zu, daß die Heranziehung nicht dem Gesetz entspricht oder die Berechnung des Beitrages unrichtig, oder die Kirchenkasse nach Absatz 3. von der Beitragspflicht zu entbinden ist.

Ueber die Beschwerde entscheidet die Staatsbehörde.

Art. 18. Der General-Synodalvorstand übt die ihm in den §§. 11. 12. der General-Synodalordnung vom 20. Januar 1876. zugewiesenen Rechte und verwaltet die General-Synodalkasse (§. 34 Nr. 6.).

Die zur Ausübung dieser Rechte erforderlichen Beschlüsse werden nach §. 35. Absatz 2. gefaßt.

Art. 19. Die Vertretung der evangelischen Landeskirche in ihren vermögensrechtlichen Angelegenheiten erfolgt durch den Evangelischen Ober-Kirchenrath unter Mitwirkung des General-Synodalvorstandes (§. 36. Nr. 4. der General-Synodalordnung vom 20. Januar 1876.). Die Befugniß zur Aufnahme von Anleihen ist darin nicht einbegriffen.

Schriftliche Willenserklärungen, welche die Landeskirche Dritten gegenüber rechtlich verpflichten, bedürfen in ihrer Ausfertigung des Vermerks, daß der General-Synodalvorstand bei dem Beschluß mitgewirkt hat, der Unterschrift des Präsidenten des Evangelischen Ober-Kirchenraths oder dessen Stellvertreters und der Beidrückung des Amtssiegels.

Art. 20. Für die Kosten der Generalsynode, deren Vorstände, Ausschüsse und Kommissionen, sowie des Synodalraths kommen die §§. 38. bis 40. der General-Synodalordnung vom 20. Januar 1876. zur Anwendung.

Art. 21. Die Verwaltung der Angelegenheiten der evangelischen Landeskirche geht, soweit solche bisher von dem Minister der geistlichen Angelegenheiten und von den Regierungen geübt worden ist, auf den Evangelischen Ober-Kirchenrath und die Konsistorien als Organe der Kirchenregierung über.

Der Zeitpunkt und die Ausführung des Ueberganges bleibt Königlicher Verordnung vorbehalten. *)

Veränderungen der kollegialen Verfassung dieser Organe bedürfen der Genehmigung durch ein Staatsgesetz (General-Synodalordnung vom 20. Januar 1876. §. 7. Nr. 5.).

Art. 22. In Beziehung auf die Patronatsverhältnisse, sowie auf die kirchlichen Angelegenheiten bei dem Militair und öffentlichen Anstalten wird in den Zuständigkeiten der Behörden durch dieses Gesetz nichts geändert.

Art. 23. Den Staatsbehörden verbleibt:

1) die Anordnung und Vollstreckung der zur Aufrechthaltung der äußeren kirchlichen Ordnung erforderlichen polizeilichen Vorschriften;
2) die Regelung der streitigen Kirchen-, Pfarr- und Küstereibausachen, sowie die Vollstreckung der einstweiligen Entscheidungen in diesen Sachen; **)
3) die Beitreibung kirchlicher Abgaben;
4) die Leitung der Kirchenbuchführung, soweit die Kirchenbücher noch zur Beurkundung des Personenstandes dienen; ***)
5) die Ausstellung von Attesten über das Vorhandensein derjenigen Thatsachen, welche den Anspruch auf Kostenfreiheit begründen;
6) die Mitwirkung bei der Veränderung bestehender, sowie bei der Bildung neuer Pfarrbezirke;
7) die Mitwirkung bei der Besetzung kirchenregimentlicher Aemter oder bei der Anordnung einer kommissarischen Verwaltung derselben. Diese Mitwirkung bleibt in dem bisherigen Umfange bestehen. Insbesondere hat die Anstellung der Mitglieder der kirchenregimentlichen Behörden unter Gegenzeichnung des Ministers der geistlichen Angelegenheiten zu erfolgen.

Art. 24. Die Beschlüsse der kirchlichen Organe bedürfen zu ihrer Gültigkeit der Genehmigung der staatlichen Aufsichtsbehörde in folgenden Fällen:

---

*) siehe die Verordnung v. 5. Sept. 1877.

**) und zwar nicht blos durch Gewährung der Administrativ-Exekution behufs Erfüllung der finanziellen Dispositionen des Tenors des betr. Resoluts, sondern auch durch Vergebung, Ausführung und Leitung des Baues.

***) also für die Zeit bis 1. Okt. 1874.

1) bei dem Erwerb, der Veräußerung oder der dinglichen Belastung von Grundeigenthum;
2) bei der Veräußerung von Gegenständen, welche einen geschichtlichen, wissenschaftlichen oder Kunstwerth haben;
3) bei Anleihen, soweit sie nicht blos zu vorübergehender Aushülfe dienen und aus der laufenden Einnahme derselben Voranschlagsperiode zurückerstattet werden können;
4) bei der Einführung und Veränderung von Gebührentaxen;
5) bei der Errichtung neuer, für den Gottesdienst, die Geistlichen oder andere Kirchendiener bestimmter Gebäude;
6) bei der Anlegung oder veränderten Benutzung von Begräbnißplätzen;
7) bei der Ausschreibung, Veranstaltung oder Abhaltung von Sammlungen außerhalb der Kirchengebäude, unbeschadet des Artikels 10. Nr. 4.;
8) bei einer Verwendung des kirchlichen Vermögens zu andern, als den bestimmungsmäßigen Zwecken.

Bewilligungen aus der Kirchenkasse an andere Gemeinden oder zur Unterstützung evangelischer Vereine und Anstalten, sofern dieselben einzeln zwei Prozent und im Gesammtbetrage eines Etatsjahres fünf Prozent der Solleinnahme nicht übersteigen, bedürfen nicht der Genehmigung der Staatsbehörde.

Art. 25. In Betreff der Schenkungen und letztwilligen Zuwendungen bewendet es bei dem Gesetz vom 23. Februar 1870.

Art. 26. Die kirchlichen Organe bedürfen zur Führung von Prozessen keiner Ermächtigung von Seiten einer Staatsbehörde.

Art. 27. Die Staatsbehörde ist berechtigt, von der kirchlichen Vermögensverwaltung Einsicht zu nehmen, zu diesem Behuf die Etats und Rechnungen einzufordern, sowie außerordentliche Revisionen vorzunehmen und auf Abstellung der etwa gefundenen Gesetzwidrigkeiten durch Anwendung der gesetzlichen Zwangsmittel zu bringen.

Weigert sich ein Gemeindekirchenrath oder eine Gemeindevertretung, gesetzliche Leistungen, welche aus dem kirchlichen Vermögen zu bestreiten sind, oder den Pfarreingesessenen obliegen, auf den Etat zu bringen, festzusetzen oder zu genehmigen, so ist sowohl das Konsistorium als auch die Staatsbehörde unter gegenseitigem Einvernehmen befugt, die Eintragung in den Etat zu bewirken und die weiter erforderlichen Anordnungen zu treffen.

Bestreiten die Gemeindeorgane die Gesetzwidrigkeit der beanstandeten Posten oder die Verpflichtung zu der auf Anordnung des Konsistorii und der Staatsbehörde in den Etat eingetragenen

Leistungen, so entscheidet auf Klage der Gemeindeorgane im Verwaltungsstreitverfahren das Ober-Verwaltungsgericht.

Art. 28. Durch Königliche Verordnung*) werden diejenigen Staatsbehörden bestimmt, welche die in den Artikeln 3. 5. und 8. des Gesetzes vom 25. Mai 1874. und in den Artikeln 3. 4. 7. 8. 11. 17., Absatz 6., Artikel 23. 24. 27. dieses Gesetzes erwähnten Rechte auszuüben haben.

Art. 29. Alle diesem Gesetz, der Kirchengemeinde- und Synodalordnung vom 10. September 1873. Abschnitt 2—5. und der anliegenden General-Synodalordnung vom 20. Januar 1876. entgegenstehenden Bestimmungen, mögen dieselben in den allgemeinen Landesgesetzen, in Provinzial- oder Lokalgesetzen und Lokalordnungen enthalten, oder durch Observanz oder Gewohnheit begründet sein, treten außer Kraft.

*) siehe die Verordnung v. 9. Sept. 1876.

III. Verordnung über die Ausübung der Rechte des Staats gegenüber der evangelischen Landeskirche der acht älteren Provinzen der Monarchie.

Vom 9. September 1876. (G.S. S. 395.)

Art. I. Die Rechte des Staats werden von dem Minister der geistlichen Angelegenheiten ausgeübt:

1) bei Feststellung des Regulativs für die vereinigten Kreissynoden der Haupt- und Residenzstadt Berlin (Gesetz vom 3. Juni 1876. Art. 8.);
2) bei dem Erwerb, der Veräußerung oder der dinglichen Belastung von Grundeigenthum, wenn der Werth des zu erwerbenden oder des zu veräußernden Gegenstandes, oder wenn der Betrag der Belastung die Summe von zehntausend Mark übersteigt (Art. 24. Nr. 1.);
3) bei der Veräußerung von Gegenständen, welche einen geschichtlichen, wissenschaftlichen oder Kunstwerth haben (Art. 24. Nr. 2.);
4) bei der Errichtung neuer, für den Gottesdienst bestimmter Gebäude (Art. 24. Nr. 5.);
5) bei der Anlegung von Begräbnißplätzen (Art. 24. Nr. 6.);
6) bei der Bewilligung von Sammlungen außerhalb der Kirchengebäude, wenn die Sammlung in mehr als einer Provinz stattfinden soll (Art. 24. Nr. 7.), und zwar in diesem Falle in Gemeinschaft mit dem Minister des Innern;
7) in allen Fällen der Art. 24. und 27. Abs. 1. a. a. O., wenn die Rechte des Staats gegenüber dem Evangelischen Ober-Kirchenrath geltend zu machen sind.*)

---

*) d. h. gegenüber dem Ev. O. K. R. als dem Vertreter der evangelischen Landeskirche in ihren vermögensrechtlichen Angelegenheiten, vgl. Art. 19 Ges. v. 3. Juni 1876 und §. 36 Nr. 4 der Generalsyn. Ordn. v. 20. Jan. 1876, ferner Art. 24 und 27 Abs. 1 Ges. v. 3. Juni 1876, also namentlich in den im Art. 24 a. a. O. aufgeführten Fällen,

Art. II. Die Rechte des Staats werden durch den Oberpräsidenten ausgeübt:

1) bei den von der Provinzialsynode beschlossenen neuen kirchlichen Ausgaben (Gesetz vom 3. Juni 1876. Art. 11. Abs. 2.);
2) bei der Bewilligung von Sammlungen außerhalb der Kirchengebäude, wenn die Sammlung in mehr als einem Regierungsbezirk stattfinden soll (Art. 24. Nr. 7.).

Gegen die Verfügung des Oberpräsidenten findet in den Fällen zu 1. die Beschwerde an den Minister der geistlichen Angelegenheiten, in den Fällen zu 2. an die Minister des Innern und der geistlichen Angelegenheiten statt.

Art. III. Die Rechte des Staats werden durch den Regierungspräsidenten, in der Haupt- und Residenzstadt Berlin durch den Polizeipräsidenten ausgeübt:

1) in Betreff der Vollstreckbarkeit der Beschlüsse über Gemeindeumlagen (Art. 3. des Gesetzes vom 25. Mai 1874.);
2) bei Feststellung der Gemeindestatuten (Art. 5. des Gesetzes vom 25. Mai 1874.);
3) in Betreff der Ausübung der Patronatsrechte (§. 23. der Kirchengemeinde- und Synodalordnung vom 10. September 1873. und Art. 8. des Gesetzes vom 25. Mai 1874.);*)

---

wenn der Ev. O. K. R. die ebenda näher bezeichneten vermögensrechtlichen Geschäfte im Namen und für Rechnung der evangelischen Landeskirche besorgt, welche durch Art. 19 cit. als solche, in ihrer Gesammtheit, die Befugniß erlangt hat, Vermögen zu erwerben, zu besitzen, zu veräußern ꝛc., im Gegensatze zu demjenigen Vermögen, welches nach dem A. L. R. (II. 11 §§. 160, 170, 174) in dem Eigenthume der einzelnen Kirchengemeinden steht.

*) Reskr. des Minist. d. geistl. Ang. v. 29. Jan. 1878, kirchl. Ges. u. Verord. Bl. 1878 S. 36, 37:

Im Art. III Nr. 3 der in Ausführung des Art. 28 des Ges. v. 3. Juni 1876 ergangenen Allerh. Verordnung v. 9. Sept. 1876 ist zwar bestimmt, daß die Rechte des Staates in Betreff der Ausübung der Patronatsrechte von dem Regierungs-Präsidenten wahrgenommen werden sollen. Da indessen der Art. 22 des erwähnten Gesetzes, welcher über die Zuständigkeit der Behörden hinsichtlich der Patronatsverhältnisse Bestimmungen trifft, im Art. 28 ibidem nicht citirt ist, mithin die Allerh. Verordnung v. 9. Sept. 1876 auf ihn keine Anwendung findet, so kann es keinem Zweifel unterliegen, daß im Art. III Nr. 3 dieser Verordnung, wie auch das Allegat: „§. 23 der Kg. u. Syn. Ordn. v. 10. Sept. 1873 und Art. 8 des Ges. v. 25. Mai 1874“ klar erkennen läßt, dem Regierungs-Präsidium lediglich die Ausübung der Staatshoheitsrechte gegenüber dem Patronate übertragen ist, während die Verwaltung des fiskalischen Patronats selbst den Regierungen nach wie vor verblieben, für Berlin aber durch Art. IV der Verordnung v. 5. Sept. 1877 (G. S. S. 215) der Ministerial-, Militair- und Bau-

4) in den Fällen der Art. 3. 4. 7. 17. Abs. 6., der Art. 24. und 27. des Gesetzes vom 3. Juni 1876., soweit nicht in den Art. 1. und 2. dieser Verordnung die Ausübung der Rechte dem Minister der geistlichen Angelegenheiten oder dem Oberpräsidenten übertragen ist.

Gegen die Verfügung des Regierungspräsidenten geht, sofern nicht die Klage bei dem Oberverwaltungsgerichte nach Art. 27. Abs. 3. des Gesetzes vom 3. Juni 1876. stattfindet, die Beschwerde an den Oberpräsidenten. Derselbe beschließt auf die Beschwerde endgültig.

Art. IV. Ob und welche Aenderung in der Zuständigkeit der Staatsbehörden für die im Art. 23. des Gesetzes vom 3. Juni 1876. bezeichneten Rechte einzutreten hat, bleibt der in Gemäßheit des Art. 21. a. a. O. später zu erlassenden Verordnung vorbehalten.*)

Kommission übertragen ist. Auch ist eine Kumulation beiderlei Funktionen in der Hand des Regierungs-Präsidenten dadurch ausgeschlossen, daß dem letzteren nach Art. 8 des Ges. v. 25. Mai 1874 und Art. III Nr. 3 der Verordnung v. 9. Sept. 1876 die Entscheidung bei gewissen Streitigkeiten zwischen den Gemeinde-Organen und dem Patronate zusteht. —

*) siehe die Verordnung vom 5. Sept. 1877.

IV. Verordnung, betreffend den Uebergang der Verwaltung der Angelegenheiten der evangelischen Landeskirche auf den Evangelischen Ober-Kirchenrath und die Konsistorien der acht älteren Provinzen der Monarchie.

Vom 5. September 1877. (G. S. S. 215.)

Art. I. Mit dem 1. Oktober 1877. geht die Verwaltung der Angelegenheiten der evangelischen Landeskirche, soweit solche bisher von dem Minister der geistlichen, Unterrichts- und Medizinal-Angelegenheiten und von den Regierungen geübt worden ist, nach Maßgabe des Gesetzes vom 3. Juni 1876. auf den Evangelischen Ober-Kirchenrath und die Konsistorien als Organe der Kirchenregierung über.

Art. II. In Betreff des Kurmärkischen und des Neumärkischen Aemterkirchenfonds bewendet es bis zu dem bevorstehenden Erlasse anderweitiger Bestimmungen über diese Fonds bei der bisherigen Verwaltung.*)

Art. III. Die Rechte des Staates in den Fällen des Artikels 23. Nr. 1. bis einschließlich 6. des Gesetzes vom 3. Juni 1876. werden in der Haupt- und Residenzstadt Berlin, soweit sie bisher von dem Konsistorium der Provinz Brandenburg geübt sind, vom 1. Oktober 1877. ab durch den Polizei-Präsidenten ausgeübt.

Art. IV. Die Ausübung der landesherrlichen Patronatsrechte in der Haupt- und Residenzstadt Berlin, soweit solche bisher von dem Konsistorium geübt sind, geht mit dem 1. Oktober 1877. auf die Ministerial-, Militair- und Bau-Kommission zu Berlin über. Dem Konsistorium verbleibt jedoch die Ausübung der auf dem landesherrlichen Patronate beruhenden Ernennungs- und Berufungsrechte nach

---

*) vgl. Ges. 16. März 1882, betr. die Umgestaltung des Kurmärkischen und des Neumärkischen Aemterkirchenfonds.

Maßgabe des §. 2. der Verordnung vom 27. Juni 1845. (Gesetz-Samml. S. 440.), der §§. 21. und 32. Nr. 2. der Kirchengemeinde- und Synodal-Ordnung vom 10. September 1873. (Gesetz-Samml. 1874. S. 151.) und der Verordnung vom 2. Dezember 1874. (Gesetz-Samml. S. 355.).

V. Gesetz, betreffend die Umgestaltung des Kurmärkischen und des Neumärkischen Aemterkirchenfonds.

Vom 16. März 1882. (G.S. S. 122.)

§. 1. Den Kirchen des Kurmärkischen Amtskirchenverbandes werden am 1. April 1883 die zum Substanzvermögen gehörigen Kapitalien, welche sie nachweislich dem Aemterkirchenfonds zugeführt haben — Werthpapiere in den eingelieferten Stücken, sofern diese in der Kasse des Fonds noch vorhanden sind, andernfalls nach dem Nominalwerth —, zurückgewährt.

Jeder Kirche des Verbandes ist durch den Oberpräsidenten der Provinz Brandenburg ein Verzeichniß der zurückzugewährenden Kapitalien und Werthpapiere oder die Benachrichtigung, daß der Kirche ein Anspruch nicht zusteht, zuzustellen.

Ueber Ansprüche, welche in das Verzeichniß nicht aufgenommen sind, entscheidet auf die binnen einer Ausschlußfrist von drei Monaten von der Zustellung ab gegen den durch den Oberpräsidenten vertretenen Fonds anzubringende Klage der Gemeindeorgane im Verwaltungsstreitverfahren das Oberverwaltungsgericht.

§. 2. Vom 1. April 1883 ab kommt die Verpflichtung der Amtskirchen, die Jahresüberschüsse ihres Vermögens einschließlich der Ueberschüsse aus dem letzten Etatsjahr an den Fonds abzuführen, in Wegfall. Einnahmereste aus früheren Etatsjahren sind jedoch nachträglich einzuzahlen.

Vom 1. April 1883 fällt die Zahlung von Zuschüssen an unvermögende Amtskirchen aus dem Fonds fort. Die bisher aus dem Fonds für Rechnung von Amtskirchen geleisteten Zahlungen sind von demselben Zeitpunkte ab aus den Kassen der betreffenden Amtskirchen zu leisten.

Alle übrigen etatsmäßigen Zuschüsse an Kirchen, Schulen, Kirchen- und Schulbeamte oder deren Hinterbliebene sind bis zum Ablauf der Bewilligung von den in §. 4 bezeichneten Fonds — von einem jeden hinsichtlich der Ortschaften seines Bezirks, in welchem die betreffenden

Kirchen und Schulen liegen oder die betreffenden Beamten angestellt sind, beziehungsweise zuletzt angestellt waren — zu zahlen.

§. 3. Für die beim Inkrafttreten dieses Gesetzes begonnenen Bauten an Amtskirchen sind die Kosten, soweit sie nicht aus dem verfügbaren Vermögen der betreffenden Kirche bestritten werden können, nach den bisher geltenden Bestimmungen aus dem Vermögen des Aemterkirchenfonds zu gewähren.

Dieselben Bestimmungen gelten für die Bemessung des Patronatsbeitrages.

§. 4. Das nach Zurückgewährung der Substanzkapitalien (§. 1) und nach Abrechnung der Baukosten (§. 3) verbleibende Vermögen wird in der Weise getheilt, daß

der Kurmärkische Aemterkirchenfonds, welcher für die bisher dem Verbande zugehörigen, in der Provinz Brandenburg gelegenen Amtskirchen fortbesteht,

vier Fünftel,

der Altmärkische Aemterkirchenfonds, welcher für die bisher dem Verbande zugehörigen, in dem Regierungsbezirke Magdeburg gelegenen Amtskirchen bestimmt ist,

ein Fünftel

erhält.

§. 5. Die Bestimmungen in §. 1, §. 2 Absatz 1 und §. 3 finden auf den Neumärkischen Aemterkirchenfonds entsprechende Anwendung mit der Maßgabe, daß an die Stelle des Oberpräsidenten der Provinz Brandenburg der Regierungspräsident in Frankfurt a. O. tritt.

Der nach Zurückgewährung der Substanzkapitalien (§. 1) und nach Abrechnung der Baukosten (§. 3) verbleibende Betrag bildet das Kapitalvermögen des Neumärkischen Aemterkirchenfonds, welcher für die diesem Verbande bisher zugehörigen Kirchen fortbesteht.

§. 6. Das in den §§. 4 und 5 bezeichnete Kapitalvermögen der Kurmärkischen, Altmärkischen und Neumärkischen Aemterkirchenfonds ist unangreifbar.

Die Zinsen desselben sind, soweit sie nicht zur Deckung der Verwaltungskosten und der in §. 2 Absatz 3 bezeichneten Zuschüsse erforderlich sind, ausschließlich zur Gewährung von Beihülfen für die Bauten an Amtskirchen einschließlich der Beschaffung von Glocken und Orgeln zu verwenden.

Bis zur Höhe von 5 Prozent der Zinsen können dieselben alljährlich dem Kapitalvermögen zugeschlagen werden.

§. 7. Die Beihülfen (§. 6 Absatz 2) bleiben bei der Bemessung des Patronats-Baubeitrages außer Betracht.

§. 8. Die Vertretung und Verwaltung der Aemterkirchenfonds (§. 6), denen die Rechte juristischer Personen zustehen, geht auf die Konsistorien — in Betreff des Kurmärkischen und Neumärkischen Fonds auf das Konsistorium der Provinz Brandenburg, in Betreff des Altmärkischen Fonds auf das Konsistorium der Provinz Sachsen — über.

Die bei der Verwaltung der Fonds und der Verwendung der Zinsen (§. 6) zu beobachtenden Grundsätze, sowie die Theilnahme synodaler Vertreter an den Geschäften werden durch besondere, von dem Evangelischen Oberkirchenrath nach Anhörung der betheiligten Provinzialsynodalvorstände — (hinsichtlich des Neumärkischen Fonds des Brandenburgischen, Pommerschen, sowie Ost- und Westpreußischen Provinzialsynodalvorstandes) — beziehungsweise der von den Provinzialsynoden Brandenburg und Sachsen hierzu im Voraus bestellten Vertretungen zu erlassende Statuten bestimmt, welche der Bestätigung der Minister des Innern, der geistlichen Angelegenheiten und der Justiz bedürfen.

§. 9. Der Zeitpunkt, mit welchem die Verwaltung der Aemterkirchenfonds auf die Konsistorien übergeht, wird durch Königliche Verordnung festgesetzt.

Mit demselben Zeitpunkt treten die Reglements vom 1. Februar 1723 und 18. September 1739, sowie die Deklarationen vom 13. Februar 1787 und vom 25. Oktober 1828 außer Kraft.

Mit der Ausführung dieses Gesetzes ist der Minister der geistlichen Angelegenheiten beauftragt.

Kirchengemeinde- und Synodalordnung

für die

Provinzen Preußen, Brandenburg, Pommern, Posen, Schlesien und Sachsen. [1])

Vom 10. September 1873. (G. S. S. 418.)

N. B. Unter der in den Anmerkungen zu der Kg. u. Syn. Ord. bez. Gener. Syn. Ord. ohne weiteren Beisatz allegirten „Instruktion" ist überall die (hinter der Gener. Syn. Ord. vollständig abgedruckte)

revidirte Instruktion des Evang. Ober-Kirchen-Raths v. 25. Januar 1882, kirchl. Ges. u. V. Bl. 1882, S. 1. ff.

zu verstehen.

---

[1]) Sanktionirt und als kirchliche Ordnung verkündigt durch die Allerh. Ordre v. 10. Sept. 1873, G. S. S. 417. „Die dadurch herbeigeführten Aenderungen beschränken sich auf die kirchliche Verfassung; der Bekenntnißstand und die Union in den genannten Provinzen und den dazu gehörenden Gemeinden werden daher durch die neue Ordnung in keiner Weise berührt."

Erster Abschnitt.

Organe der Gemeinde.

I. Allgemeine Bestimmungen.

§. 1. Die Kirchengemeinden haben ihre Angelegenheiten innerhalb der gesetzlichen Grenzen selbst zu verwalten. Als Organe dieser Selbstverwaltung dienen die Gemeinde-Kirchenräthe und die Gemeindevertretungen.

§. 2. In jeder Kirchengemeinde [2]) wird ein Gemeinde-Kirchenrath, in den größeren Gemeinden [3]) auch eine Gemeindevertretung gemäß der nachfolgenden Ordnung gebildet.

Sind mehrere Gemeinden unter einem gemeinschaftlichen Pfarramt verbunden (vereinigte Muttergemeinden, Mutter- und Tochtergemeinden) [4]), so treten in allen gemeinsamen Angelegenheiten der

---

[2]) R. d. Ev. O. K. R. v. 6. Dez. 1873, Aktenstücke des Ev. O. K. R. Heft 22 S. 249: Jede Gemeinde, nachdem sie rechtlich als besondere Parochie konstituirt ist, muß für befähigt und verpflichtet erachtet werden, ihre Gemeinde-Körperschaften nach Vorschrift der Kg. Ord. v. 1873 zu bilden. Der Umstand, daß die Pfarrstelle wegen Mangels an einem hinreichenden Gehalt noch nicht definitiv besetzt ist, sondern durch einen Pfarrverweser verwaltet wird, bietet nach §. 3 Nr. 1 Kg. O. für die Einrichtung des Gemeinde-Kirchenraths kein Hinderniß.

[3]) cfr. §. 27 Kg. Ord.

[4]) R. d. Ev. O. K. R. v. 25. Juni 1874, Aktenst. Heft 22 S. 248, betreffend das Verhältniß der Vagant-Gemeinden: Auf Vaganten-Gemeinden (mater resp. filia vagans), welche nur in einer vorübergehenden faktischen Verbindung mit einer anderen selbstständigen Pfarrgemeinde stehen, dergestalt, daß der Diaconus der letzteren als Pfarrer für dieselben fungirt, die aber im Uebrigen ihre volle kirchliche, korporative Selbstständigkeit, wenngleich kein organisirtes Pfarramt besitzen, können weder die Vorschriften des §. 2 Abs. 2 der Kg. O. über Gemeinden, die als vereinigte Mutter- resp. Tochter-Gemeinden unter einem gemeinschaftlichen Pfarrer verbunden sind, noch die Bestimmung Abs. 4 daselbst über zugeschlagene Vaganten- (Gast-) Gemeinden, die nach dem Sprachgebrauch des A. L. R. (§ 293 sequ. II. 11) niemals als selbstständige, kirchliche Korporationen aufzufassen sind, Anwen-

Gesammtparochie die besonderen Gemeinde-Kirchenräthe beziehungsweise Gemeindevertretungen zu einer gemeinsamen berathenden und beschließenden Körperschaft zusammen. [5])

In Ortschaften, welche mehrere unter einem gemeinsamen Pfarramt nicht verbundene Parochien umfassen, kann zur Behandlung gemeinsamer Angelegenheiten ein Zusammentreten einiger oder sämmtlicher Gemeinde-Kirchenräthe beziehungsweise Gemeindevertretungen unter Einwilligung derselben oder im Falle des Widerspruchs nach ertheilter Zustimmung der Kreissynode von dem Konsistorium angeordnet werden. [6])

Die Theilnahme zugeschlagener Vagantengemeinden (Gastgemeinden) an dem Gemeinde-Kirchenrathe und der Gemeindevertretung der Pfarrgemeinde ist durch statutarische Bestimmung zu regeln (§. 46.). [7])

---

dung finden.... Solche Vagant-Gemeinden sind zur Theilnahme an der Kreissynode nicht zuzulassen, da sie kein selbstständiges Pfarramt haben; sie werden sich begnügen müssen, in ihrer inneren Gemeinde-Organisation den Vorschriften der Kg. O. nachzukommen; hierbei aber werden sie lediglich ihre eigenen Verhältnisse als maßgebend zu betrachten, mithin, wenn sie unter 500 Seelen zählen, eine Gemeinde-Vertretung nicht zu bilden haben.

[5]) R. d. Ev. O. K. R. v. 16. Sept. 1874, Aktenst. Heft 22 S. 263: Ueber die Frage, ob die Filial-Gemeinde-Kirchenräthe abgesondert zu versammeln oder besser zu den Gesammtsitzungen einzuladen sind, an deren Schluß die Sitzung des Filial-Gemeinde-Kirchenraths angefügt wird, ist eine allgemeine Regel nicht gegeben. Der Ev. O. K. R. bemerkt, daß er das Verfahren der letztgedachten Art auch für zulässig hält und daß dasselbe bei ausgedehnten Parochien beachtenswerthe Vortheile bietet, so daß dessen Benutzung, wenn auch nicht als regelmäßige Einrichtung, sich zu empfehlen scheint.

[6]) cfr. §. 8 Abs. 3 Kg. O.

cfr. auch Art. 9 Ges. v. 3. Juni 1876.

[7]) cfr. Anm. 4.

R. des Ev. O. K. R. v. 18. Dez. 1873, Aktenst. Heft 22 S. 253, 254: Die Gastgemeinden anlangend, giebt die Kg. O. die Vorschrift (§. 2 Schlußalinea), daß deren Theilnahme am G. K. R. und der Gem. Vertretung durch statutarische Bestimmung geregelt werden soll. Hiermit wird angedeutet, daß das Gastverhältniß, wie es seiner allgemeinen Natur nach nicht ein Verhältniß gleichberechtigter und gleichbelasteter Gemeindemitgliedschaft in sich schließt, so auch für die durch die Kg. O. behandelten Rechtsverhältnisse nicht an sich selbst der vollen Gemeindezugehörigkeit gleich gesetzt werden, sondern daß in jeder Gemeinde nach den konkreten Umständen die Art und das Maaß der den Gastgemeindegliedern beizulegenden Betheiligung an der Bildung der Gemeindekörper durch einen besonderen Akt, das Gemeinde-Statut, festgestellt werden soll. Hiernach sind bei der Einrichtung der Gemeindekörperschaften die Mitglieder der Gastgemeinden der Regel nach weder als aktiv, noch als passiv wahlberechtigt zuzulassen. Eine Ausnahme ist zu machen für diejenigen Gastgemeinden, deren Glieder nach dem Zu-

II. Gemeinde-Kirchenrath.

A. Mitglieder des Gemeinde-Kirchenraths.

§. 3. Der Gemeinde-Kirchenrath besteht:

1) aus dem Pfarrer (Pastor, Prediger) der Gemeinde oder dessen Stellvertreter im Pfarramt,
2) aus mehreren Aeltesten, welche, soweit ihre Ernennung nicht dem Patron zusteht (§. 6.), durch die Gemeinde gewählt werden (§§. 34. ff.).

§. 4. Sind mehrere Pfarrgeistliche in der Gemeinde fest angestellt, so gehören sie sämmtlich dem Gemeinde-Kirchenrathe als Mitglieder an.[8])

Hülfsprediger auf nicht fundirten Stellen nehmen, auch wenn sie ordinirt sind, nur als Mitglieder mit berathender Stimme an den Sitzungen des Gemeinde-Kirchenraths Theil.[9])

---

schlagsdekret die gleichen Lasten, wie die Mitglieder der Stammgemeinden tragen, oder bei denen sich der Charakter als filia vagans entwickelt hat, einer besonderen korporativ zusammengefaßten Rechtspersönlichkeit, die sich von anderen Filialen nur durch das Recht des Vagirens bei Erledigung des Pfarramts unterscheidet, mithin zunächst schon für sich selbst einen Filial-Gemeinde-Kirchenrath zu bilden hat.

[8]) R. d. Ev. O. K. R. v. 12. März 1874, Aktenst. Heft 22 S. 249, 250: Die Kg. O. enthält über das Verhältniß des Geistlichen, sofern ein Pfarrer und ein substitutus cum spe succedendi auf einer Stelle vorhanden sind, weder in Rücksicht des G. K. R. noch der Kreissynode eine bestimmte Vorschrift. In §. 4 daselbst werden die beiden Fälle gegenübergesetzt, daß mehrere Pfarrgeistliche in einer Gemeinde angestellt sind, und daß Hülfsprediger auf nicht fundirten Stellen fungiren. Zu den letzteren ist der substitutus cum spe succedendi nicht zu zählen; denn dieser hat bereits die Rechte des angestellten Pfarrers, nur unter einer aufschiebenden Bedingung für einen Theil derselben erworben. §§. 517, 520, L. R. II. 11. Ebensowenig aber liegt der Fall vor, daß zwei Pfarrgeistliche angestellt sind, da nur eine Stelle, welche besetzt werden könnte, existirt.

Die Besonderheit des Verhältnisses ist eben die, daß für ein geistliches Amt auf eine gewisse vorübergehende Zeit sowohl die Wahrnehmung der Pflichten, als der Genuß der Einkünfte nach einem festgesetzten Verhältnisse unter 2 Personen vertheilt ist. Diese Beschaffenheit des Verhältnisses führt dahin, daß auch die Ausübung derjenigen Rechte, welche dem Träger des Pfarramts in Bezug auf die Gemeinde-Körperschaften und die Kreissynode zustehen, zwischen den gleichzeitigen Verwaltern derselben, sei es durch deren Einigung, sei es durch eine Anordnung der vorgesetzten Behörde, zu reguliren ist, wobei denn für denjenigen von ihnen, der nicht den Vorsitz im G. K. R. erhält, nur die Theilnahme an demselben mit berathender Stimme, da diese sogar dem einfachen Hülfsprediger zusteht, vorzubehalten bleibt.

[9]) Dagegen sind ordinirte Hülfsprediger, deren Stellen dauernd fundirt sind, vollberechtigte Mitglieder des G. K. R.

§. 5. Die Zahl[10]) der Aeltesten soll nicht mehr als zwölf und nicht weniger als vier betragen. In Filialgemeinden kann die Zahl auf zwei beschränkt werden.

Die Feststellung der Zahl der Aeltesten in den einzelnen Gemeinden[11]) erfolgt unter Berücksichtigung der Seelenzahl, sowie der sonstigen örtlichen Verhältnisse[12]) für die erstmalige Wahl durch das Konsistorium, künftig nach Vernehmung der Gemeindevertretung durch die Kreissynode. Bei vereinigten Muttergemeinden oder Mutter- und Tochtergemeinden ist die Zahl der Aeltesten innerhalb des zulässigen Höchstbetrages auf die Gemeinden der Gesammtparochie angemessen zu vertheilen.[13])

---

[10]) Nr. 14 der Instruktion: Bei Feststellung der Zahl bedarf es der Rücksichtnahme auf das (K.G.O. §. 6) dem Patron beigelegte Recht, ein Gemeindeglied zum Aeltesten zu ernennen, oder selbst als solcher in den G.K.G. einzutreten. Dieses Mitglied des G.K.R. ist auf die zulässige Zahl der Aeltesten in Anrechnung zu bringen. Es muß daher überall bei der Wahl der Aeltesten durch die Gemeinde eine Stelle für die Berechtigung des Patrons offen gelassen werden.

[11]) Nr. 13 der Instruktion: Bezüglich der Zahl der Aeltesten ist im §. 5 Kg.O. Bestimmung getroffen. Aenderungen der ordnungsmäßig festgestellten Zahl erfolgen nach Vernehmung der Gemeindevertretung durch die Kreissynode. R. d. Ev.O.K.R. v. 10. Januar 1874, Aktenst. Heft 22 S. 250, 251: Die Kg.O. schreibt zwar vor, daß für Mutter- und Tochtergemeinden eine Vertheilung der Gesammtzahl der Aeltesten erfolgen soll, dagegen ordnet sie eine Vertheilung auf die innerhalb derselben Kirchengemeinde befindlichen bürgerlichen Kommunen nicht an, überläßt es vielmehr dem billigen Ermessen der Wähler, in dieser Beziehung das richtige Verhältniß zu beobachten. Wo die Umstände es erforderlich machen, für die einzelnen Kommunal-Gemeinden eine bestimmte Betheiligung an dem G.K.R. sicher zu stellen, wird dies gemäß §. 46 Kg.O. im Wege des Gemeindestatuts geschehen müssen.

[12]) Die Instruktion d. Ev.O.K.R. v. 31. Okt. 1873 Nr. 15 besagte hierüber Folgendes: In dieser Beziehung wird z. B. die Zahl der zu Einer Parochie gehörigen Ortschaften, ihre größere oder geringere Entfernung von dem Wohnorte des Pfarrers, der Umstand, ob für den Patron eine Stelle offen zu halten, u. A. von Bedeutung sein.

[13]) Die Instruktion d. Ev.O.K.R. v. 31. Okt. 1873 Nr. 15 machte hierzu darauf aufmerksam, daß bei vereinigten Muttergemeinden oder Mutter- und Tochtergemeinden die Zahl der Aeltesten für die einzelnen (Mutter-, Schwester-, Tochter-)Gemeinden, im Anschluß an ihre Seelenzahl so zu vertheilen, daß die Gesammtziffer von zwölf nicht überstiegen wird. R. d. Ev. O.K.R. v. 11. April 1874, Aktenst. Heft 22 S. 251, 252: Anlangend die Frage, wie es mit der Maximalziffer der Aeltesten in denjenigen Parochien zu halten sei, welche 5, 6 und mehr Mutterkirchen in sich begreifen, so bemerkt der Ev.O.K.R. im Einverständnisse mit dem Minister der geistl. Ang., daß die Bildung eines kollegialischen G.K.R. in keiner kirchlichen Gemeinde unterbleiben darf, mithin in Filialgemeinden wenigstens 2, in Mutter-

§. 6. In Patronatsgemeinden hat der Patron [14]) die Befugniß, [15]) ein Gemeindeglied, welches die zur Wählbarkeit erforderlichen Eigenschaften [16]) besitzt (§. 35.), zum Aeltesten zu ernennen. [17])

---

gemeinden 4 Aelteste, einschließlich des vom Patron zu ernennenden Aeltesten, kreirt werden müssen. Wird dadurch für die ganze Parochie die Mitgliederzahl des Gesammtgem.K.R. über das in §. 5 Kg.O. gesetzte Maximum v. 12 gesteigert, so ist dies eine Ueberschreitung, welche durch den ungewöhnlichen Umfang der Parochie unvermeidlich wird, und deren formelle Ordnung nachträglich auf dem Wege des §. 46 Kg.O. herbeigeführt werden kann. Uebrigens sind die einzelnen Kirchen jedesmal darauf zu prüfen, ob es nur Nebenkirchen ohne die Unterlage einer für sich bestehenden kirchlichen Gemeindekorporation, oder Filialkirchen sind, was in der Höhe der Beiträge zu Pfarrhausbauten und sonstigen Lasten der Gesammtparochie erkennbar werden wird; erst in Ermangelung der entgegenstehenden Kennzeichen sind die einzelnen Kirchen als Mutterkirchen für die Zahl der G.K.R.-Mitglieder in Ansatz zu bringen.

[14]) R. d. Ev.O.K.R. v. 18. Dez. 1873, Aktenst. Heft 22 S. 253: Die Mitwirkung des Patrons an der Bildung des G.K.R. beruht wesentlich auf seiner vermögensrechtlichen Stellung zur Gemeinde. Es ist daher auch dem katholischen Patron die Ernennung eines Gemeindegliedes zum Aeltesten unbedenklich einzuräumen.

Das R. d. Ev.O.K.R. v. 11. April 1874, Aktenst. Heft 22 S. 251, bemerkt im Einverständniß mit dem Minister d. geistl. Ang. gleichfalls, daß die Kg.O. keinen Anhalt bietet, dem katholischen Patron die Ernennung eines Aeltesten gemäß §. 6 daselbst zu versagen.

Das R. d. Ev.O.K.R. v. 18. Dez. 1873, Aktenst. Heft 22 S. 253, bestätigt, daß die Kg.O. nicht dahin abzweckt, den Inhabern eines Kollaturrechts die Betheiligung am G.K.R. resp. die Mitwirkung bei der Bildung desselben, welche den Patronen beigelegt ist, einzuräumen. Jedoch tritt der Ev.O.K.R. der Meinung bei, daß, wo das Kollaturrecht durch eine auf Seiten des Kollators begründete kirchliche Baulast ein wesentliches Element des Patronats in sich aufgenommen und zugleich den Kollator in eine Lage versetzt hat, in der er an der Verwaltung des Kirchenvermögens ein rechtlich anzuerkennendes persönliches Interesse nehmen muß, der Kollator in Hinsicht des Rechtsverhältnisses zum G.K.R. dem Patron gleich zu setzen ist.

[15]) Vergl. Nr. 14 der Instruktion.

[16]) Der Ev.O.K.R. bemerkt im Einverständnisse mit dem Min. d. g. A. mittelst R. v. 10. Januar 1874, Aktenst. Heft 22 S. 254: Nach der Kg.O. hat der Patron die zwiefache Berechtigung, entweder einen Aeltesten in den G.K.R. zu ernennen, oder selbst als Mitglied des letzteren einzutreten. Macht er von Ersterem Gebrauch, so kann er nur eine Persönlichkeit auswählen, die alle Erfordernisse der Wählbarkeit für den G.K.R. in sich vereinigt (§. 6, 35. das.) Will er selbst als Mitglied eintreten, so sind zwar im Allgemeinen auch für ihn die Requisite der Wählbarkeit erforderlich; doch findet zu seinen Gunsten die Erleichterung statt, daß sein aktives und passives Wahlrecht (§. 34 alin. 3, §. 35 a. a. O.) nicht vom Wohnsitz in der Gemeinde bedingt ist. Wenn für denjenigen Patron, welcher keine

Besitzt der Patron die zur Wählbarkeit erforderlichen Eigen-

---

physische Person ist, nachgelassen worden, daß für ihn der ein für allemal bestellte Patronatsvertreter als Mitglied in den G.K.R. eintreten kann, so ist nach der Analogie der Verhältnisse die Folgerung zu ziehen, daß auch für diesen das Domizil in der Gemeinde als Requisit der Wählbarkeit nicht gefordert werden kann; es würde andrenfalls, was das Gesetz hinsichtlich der Patrone überhaupt berücksichtigen will, die Befugniß zur Abordnung von Patronatsvertretern für die Patrone, welche mehrere Patronate besitzen, aber nicht innerhalb der Patronatsgemeinde ihr Domizil haben, sofern sie nicht physische Personen sind, vielfältig illusorisch werden.

Das R. v. 25. Sept. 1875, Aktenst. Heft 22 S. 260, bejaht die Frage, ob ein vom Patronat ernannter Aeltester in der Form des §. 39 der Kg.O. der Gemeinde bekannt zu machen ist; denn es ist auch für einen solchen der Besitz der zur Wählbarkeit erforderlichen Eigenschaften vorgeschrieben, und ist ein anderes Verfahren, um den Besitz dieser Eigenschaften festzustellen, resp. darüber eine Entscheidung herbeizuführen, als das durch §. 39, 40 das. vorgezeichnete, nicht vorhanden. Der Weg des Disziplinarverfahrens ist hierfür nicht geeignet, würde auch nicht ausreichen, weil unter den Requisiten der Wählbarkeit mehrere (z. B. Alter, Domizil) befindlich sind, deren Fehlen in keiner Weise eine Verschuldung in sich schließt. Vergl. Nr. 27 der Instruktion.

R. v. 7. März 1874 Aktenst. Heft 22 S. 257:

Einen Patronatsvertreter für den G.K.R. zu bestellen, sind nur juristische Personen ermächtigt. In anderen Fällen kann es sich nur um einen Patronatsältesten handeln, der vom Patron, da, wo er nicht selbst in den G.K.R. eintreten kann oder will, in denselben ernannt werden soll (§. 6 Abs. 1).

Die Funktion des Aeltesten dem Pfarrer beizulegen ist absolut unzulässig: nach den Grundprinzipien der Kg.O. (§. 3) wird der G.K.R. aus den beiden Bestandtheilen, dem Träger des geistl. Amtes und den Aeltesten, welche die Gemeinde resp. der Patron bestellen, zusammengesetzt. Dieser Fundamentalsatz würde durchbrochen, und dem Pfarrer, ganz gegen die Absicht der Kg.O., eine Mehrheit von Stimmen beigelegt werden, wenn man in irgend einer Gestalt gestatten wollte, dem Pfarrer neben seinen aus dem Amte folgenden, eigenartigen Rechten die Funktionen des Aeltesten beizulegen.

[17]) R. des Ev.O.K.R. v. 12. März 1877, kirchl. Ges. u. Verord.Bl. 1876/77 S. 115: Derjenige Aelteste, dessen Ernennung vom Patron ausgeht, nimmt eine ebenso selbstständige Amtsstellung ein, als diejenigen, welche durch die Gemeindewahl berufen sind; es kann ihm daher auch das übertragene Amt nicht nach dem Gutbefinden des Verleihers, etwa wegen einer für wünschenswerth erachteten Personalveränderung abgenommen, sondern wider seinen Willen nur unter den Voraussetzungen und in den Formen, welche §. 44 der Kg.O. aufstellt, entzogen werden. Die 6jährige Amtsperiode findet nur auf die von der Gemeinde gewählten Aeltesten Anwendung (§. 43 erster Abs. a. a. O.).

Dagegen muß das dem Patron zustehende alternative Recht, entweder einen Aeltesten in den G.K.R. zu ernennen, oder selbst — im Falle er eine juristische Person ist, durch einen vermöge Auftrags ein für allemal bestellten Patronatsvertreter — in den G.K.R. einzutreten, §. 6 Kg.O., auch in dieser alternativen Gestalt als ein dauerndes angesehen werden, so daß

schaften, so kann er selbst in den Gemeinde-Kirchenrath eintreten.[18]) Das gleiche Recht hat unter der gleichen Voraussetzung der ein- für

---

die einmal getroffene Entschließung ihm die Möglichkeit einer späteren anderen Entscheidung nicht entzieht. Wie er durch keine ausdrückliche Gesetzesvorschrift an seine erste Entscheidung gebunden ist, so spricht für die Fortdauer seiner Freiheit der Auswahl zwischen den beiden Wegen der Betheiligung am G. K. R. auch die der gesetzlichen Alternative zu Grunde liegende Absicht. Dieselbe geht dahin, den Patron durch Eröffnung verschiedener Wege der Theilnahme an dem G. K. R. in den Stand zu setzen, nach seinem Ermessen die nach Lage der Verhältnisse seinen Rechten und Pflichten entsprechendste eintreten zu lassen, daher es nicht die Meinung gewesen sein kann, ihn auch für veränderte Umstände, so lange der etwa ernannte Aelteste am Leben ist, bei der einmal gewählten Art seiner Theilnahme festzuhalten.

Hiernach ist der Patron, im Falle er eine juristische Person ist, befugt, sich nachträglich zum eignen Eintritt in den G. K. R. vermittelst eines ein für allemal bestellten Patronatsvertreters zu entschließen, und fällt, wenn dies geschieht, die Stellung des kraft Patronatsrechts ernannten Aeltesten von selbst fort.

Die erste ordentliche Generalsynode (1879) hat sich (cfr. Verhandlungen der 1. ordentl. Generalsynode S. 30, 41) gutachtlich dahin ausgesprochen: Das nach §. 6 Abs. 1 Kg. O. dem Patron zustehende Recht, einen Aeltesten zu ernennen, ist dahin zu verstehen, daß die Ernennung eine nicht unwiderrufliche ist.

Das R. d. Ev. O. K. R. v. 18. Dez. 1873, Aktenst. Heft 22 S. 253, hält es für rechtlich zulässig, daß ein Patron, der den Requisiten der Wählbarkeit genügt, durch die Wahl der Gemeinde zum Aeltesten berufen wird, auch wenn er seinerseits kraft patronatischen Rechts einen Aeltesten in den G. K. R. ernannt hat.

[18]) vergl. Anm. 16.

R. d. Ev. O. K. R. v. 26. Febr. 1874, Aktenst. Heft 22 S. 256: Die Kg. O. §. 6 legt dem Patron die Befugniß bei, nach seinem Ermessen einen Aeltesten in den G. K. R. zu ernennen, oder selbst in den letzteren einzutreten, und stellt in diesem Falle nur die Bedingung, daß der Patron die zur Wählbarkeit erforderlichen Eigenschaften besitzt. Die letzteren sind in §. 35 daselbst, abgesehen von den kirchlichen Qualitäten, nur durch Zurückverweisung auf die für das aktive Wahlrecht aufgestellten Requisite definirt, indem für wahlfähig alle Diejenigen erklärt werden, welche wahlberechtigt sind. Da nun für den Patron in §. 34 Abs. 3 unter den allgemeinen Requisiten der Wahlberechtigung ausdrücklich nachgelassen ist, daß für ihn der Wohnsitz in der Gemeinde nicht erfordert wird, so hat es kein Bedenken, diese Modifikationen auch in Betreff der Anforderungen der Wählbarkeit zuzulassen, mithin den Eintritt des Patrons in den G. K. R. auch alsdann für zulässig zu erachten, wenn er bei sonst vorhandenen Eigenschaften der Wählbarkeit nicht innerhalb der Gemeinde wohnt. Es wird ohnehin thatsächlich vorausgesetzt werden dürfen, daß nur solche auswärtige Patrone, die an den Geschäften des G. K. R. Theil zu nehmen in der Lage sind, sich für den Eintritt erklären, da sie andrenfalls, indem ein vom Patron ernannter Aeltester nicht vorhanden ist, auf jede Mitwirkung im G. K. R. verzichten würden.

Hiernach kann der Auffassung nicht zugestimmt werden, wonach ein Patron,

allemal bestellte Vertreter desjenigen Patrons, welcher keine physische Person ist. [19])

---

der über mehrere Gemeinden das Patronat besitzt, nur in derjenigen Gemeinde, in welcher er seinen Wohnsitz hat, in den G.K.R. einzutreten befugt sei.

Das R. d. Ev.O.K.R. v. 24. Juli 1874, Aktenst. Heft 22 S. 287, führt im Einverständnisse mit dem Minist. d. g. A. Folgendes aus: Die Befugniß des Patrons zum Eintritt in den G.K.R. beruht, im Gegensatze zu dem Rechte der gewählten Aeltesten, welches sich auf einen einzelnen Wahlakt stützt, auf einem dauernden Zustande, der Verbindung des Patrons mit der Gemeinde durch das Patronat. Wie die Ausübung dieser Befugniß überhaupt ohne eine zeitliche Begrenzung jederzeit, so lange das Patronatsverhältniß fortbesteht, zulässig, und, um diese Ausübung jederzeit zu ermöglichen, innerhalb der zulässigen Maximalziffer der Aeltesten stets eine Stelle für den Patron offen zu halten ist, so kann auch ihre Geltendmachung gegenüber etwaigen Einsprüchen resp. ablehnenden Beschlüssen des G.K.R. in keiner Weise an die 14tägige Frist des §. 40 alin. 2 Kg.O. gebunden werden. Vielmehr ist der Patron auch zur Verfolgung seines Anspruchs in der höheren Instanz jederzeit befugt, und würde er die entgegengesetzte Annahme auf leichteste Weise durch Wiederholung seines Antrages bei dem G.K.R. und demnächstigen Rekurs an den Kreissynodalvorstand unwirksam machen können.

Das im Einverständnisse mit dem Min. d. g. A. erlassene R. des Ev.O.K.R. v. 26. Jan. 1874, Aktenst. Heft 22 S. 252, erklärt die Vereinigung der Aemter als Aeltester und als Mitglied der kirchlichen Gemeindevertretung in einer Person für unzulässig. Gleichzeitig wird bemerkt, daß über die Frage, ob ein nach §. 6 Abs. 2 Kg.O. in den G.K.R. eintretender Patron gleich den gewählten Mitgliedern das Gelübde als Aeltester ableisten und sich der feierlichen Einführung unterziehen müsse, die Kg.O. keine ausdrückliche Vorschrift enthält, daher nicht anzunehmen ist, daß zur Theilnahme an diesen Akten ein Patron, der sich derselben weigert, genöthigt werden kann. Vergl. Nr. 29 der Instruktion.

R. des Ev.O.K.R. v. 24. Sept. 1874, Aktenst. Heft 22 S. 259: Keineswegs kann ein Patron in den G.K.R. als Aeltester selbst eintreten, und gleichzeitig für den Fall seiner Abwesenheit einen Vertreter in denselben schicken. Die Bestimmung des §. 34 Kg.O. hat hierauf keinen Einfluß, da sie nur auf die Bedingungen sich bezieht, unter welchen der Patron an dem allgemeinen Gemeindewahlrecht Theil nimmt.

Ein Patron, der in Konkurs verfallen ist, kann **selbst** in den G.K.R. nicht eintreten. §. 6 alin. 2, §. 34 alin. 4 Nr. 2 §. 35 Kg.O. Dagegen wird ihm das Recht, einen Patronatsältesten in den G.K.R. zu entsenden, nicht bestritten werden können. §. 6 alin. 1 a. a. O.

[19]) cfr. R. v. 7. März 1874 in Anm. 16. u. R. v. 10. Januar 1874 in ders. Anm. R. des Ev.O.K.R. v. 27. Mai 1880, kirchl. Ges. u. V.Bl. 1880 S. 66: Die Ansicht, daß ein Patronatsvertreter Gemeindeglied sein und die zur Wählbarkeit erforderlichen Eigenschaften besitzen müsse, ist unrichtig. Die Befugniß zur Ernennung eines Patronatsvertreters beruht nicht auf der Kg.O., sondern auf allgemeinen Landesgesetzen, und ist lediglich unter dem Gesichtspunkte des Vollmachtsauftrages zu betrachten.

Kompatrone haben über die Ausübung der vorstehenden Befug-

In Betreff der nach §. 34 Abs. 3 für den Patron statuirten Erleichterung bezüglich des Wohnsitzes am Ort der Gemeinde steht der ein für alle Mal bestellte Vertreter desjenigen Patrons, welcher keine physische Person ist, dem Patron selbst vollständig gleich. Hieraus folgt, daß derselbe nicht Mitglied der Gemeinde zu sein braucht und demgemäß seine Anmeldung und Eintragung in die nur für Gemeindeglieder bestimmte Wählerliste (§. 18 Kg.O.) nicht Erforderniß ist. Hieraus folgt weiter, daß ein solcher Patronatsvertreter lediglich auf Grund ausgesprochener Willenserklärung in den G.K.R. eintritt, ohne daß er zur vorgängigen Ablegung des Aeltestengelübdes und zur Theilnahme an der feierlichen Einführung genöthigt werden kann. Endlich ergiebt sich aus dem nach §. 6 dem Patron zustehenden alternativen Recht, daß derselbe jederzeit selbst ein wählbares Gemeindeglied zum Aeltesten ernennen kann. Der etwa seinerseits in den G.K.R. eingetretene Patronatsvertreter scheidet in einem solchen Falle, unbeschadet seiner innehabenden Vollmacht zur Vertretung des Patronats in dessen rechtlichen Befugnissen, aus dem Kollegium des G.K.R. aus. Vergl. Nr. 29 der Instruktion.

Das R. d. Ev.O.K.R. v. 15. April 1874, Aktenst. Heft 22 S. 261, dehnt die Bestimmung der Verfügung v. 4. Febr. 1874, wonach der in den G.K.R. eintretende Patron zur Theilnahme an der feierlichen Einführung der Aeltesten und zur Ablegung des Gelübdes nach §. 7 Kg.O. nicht genöthigt werden kann, im Einverständnisse mit dem Min. d. g. A., auch auf die ein für alle Male bestellten Vertreter desjenigen Patrons, der keine physische Person ist, aus, da diese Vertreter in §. 6 Kg.O. nicht mit den von Patron ernannten Aeltesten, sondern mit dem Patron selbst in gleiche Rechtslage gesetzt werden. Vergl. R. v. 26. Jan. 1874 in Anm. 18, auch Nr. 29 der Instruktion.

R. d. Ev.O.K.R. v. 9. März 1874, Aktenst. Heft 22 S. 257: In dem R. v. 26. Febr. 1874 (cfr. Anm. 18) ist anerkannt, daß ein Patron, der nicht innerhalb der Gemeinde wohnt, gleichwohl in den G.K.R. einzutreten berechtigt ist, indem angenommen wird, daß die im §. 34 Kg.O. getroffene Ausnahmebestimmung, wonach das Wahlrecht des Patrons nicht durch den Wohnsitz in der Gemeinde bedingt wird, nach §. 35 daselbst auch auf die Wählbarkeit desselben bezogen werden muß. Dasselbe gilt für den ein für alle Mal bestellten Vertreter eines Patrons, der keine physische Person ist (§ 6 Abs. 2 das.). Dagegen ist für Aelteste, die ein Patron ernennt, in allen Fällen die Gemeindemitgliedschaft, mithin der Wohnsitz in der Gemeinde erforderlich (§. 6 das. Eingang).

R. d. Ev.O.K.R. v. 1. Mai 1874, Aktenst. Heft 22 S. 258: Die Kg.O. §. 6 räumt dem Patron die alternative Befugniß ein, selbst in den G.K.R. einzutreten oder einen Aeltesten zu ernennen, und dehnt dies für diejenigen Patrone, welche nicht physische Personen sind, dahin aus, daß auch der ein für allemal bestellte Vertreter des Patrons, wenn er die Qualitäten des Aeltesten hat, in den G.K.R. eintreten kann. In der Verfügung v. 9. März 1874 (cfr. vorher) ist ausgesprochen, daß der Nachlaß an den Aeltesten-Qualifikationen in Bezug auf den Wohnsitz in der Gemeinde, welcher dem Patron zu gute kommt, auch auf den ein für allemal bestellten Patronatsvertreter einer patronatberechtigten Korporation anzuwenden ist; dagegen ist nichts davon gesagt, und entbehrt es jeder Unterlage in der Kg.O., daß eine Patronatskorporation berechtigt sei, auch Panisse sich unter einander zu vereinigen. Die Befugnisse ruhen, so lange eine Einigung nicht zu Stande kommt. [20])

§. 7. Die Aeltesten sind im Hauptgottesdienst vor der Gemeinde feierlich einzuführen und durch Abnahme des nachfolgenden Gelübdes zu verpflichten:

> „Gelobet Ihr vor Gott und dieser Gemeinde, des Euch befohlenen Dienstes sorgfältig und treu, dem Worte Gottes, den Ordnungen der Kirche und dieser Gemeinde gemäß, zu warten, und gewissenhaft darauf zu achten, daß Alles ordentlich und ehrlich in der Gemeinde zugehe zu deren Besserung?

Erst mit Ablegung dieses Gelübdes ist der Aelteste als in das Amt eingetreten zu erachten. [21])

---

tronatsvertreter, die nicht ein für allemal bestellt sind, in den G.K.R. eintreten zu lassen.

[20]) Das R. d. Ev.O.K.R. v. 4. Febr. 1874, Aktenst. Heft 22 S. 255, bezeichnet im Einverst. mit d. Min. d. g. A. die Ansicht als dem Gesetze entsprechend, daß die Einigung, welche nach §. 6 mehrere Kompatrone über die Ausübung der daselbst bezeichneten patronatischen Rechte unter sich zu treffen haben, durch Beschlüsse einer Majorität der Kompatrone nicht dargestellt werden kann, vielmehr der festgehaltene Widerspruch auch nur eines Kompatrons genügt, um die Einigung als nicht zu Stande gekommen nachzuweisen, und damit die patronatischen Befugnisse überhaupt zum einstweiligen Ruhen zu bringen.

[21]) Ueber das Verfahren bei der Verpflichtung und Einführung der Aeltesten und Gemeindevertreter vergl. Nr. 28 der Instruktion. Wenngleich nach dem R. v. 15. April 1874 (Anm. 19 oben) weder der in den G.K.R. selbst eintretende Patron, noch der ein für alle Male bestellte Vertreter desjenigen Patrons, der keine physische Person ist, zur Theilnahme an der feierlichen Einführung der Aeltesten und zur Ablegung des Gelübdes genöthigt werden kann, so läßt sich Gleiches doch nicht von dem von dem Patron ernannten (Patronats-)Aeltesten behaupten. Dieser fällt vielmehr ganz unter die Bestimmung des §. 7 Kg.O. Vergl. Nr. 29 der Instruktion.

Nach d. Reskript des Ev.O.K.R. v. 25. Jan. 1877 kirchl. Ges. u. V.Bl. 1876/77 S. 57, bedarf es für Aelteste, welche bei vorgeschriebenen Erneuerungswahlen wiedergewählt werden, zum Antritt ihrer neu beginnenden Amtsführung zwar gemäß §. 7 Kg.O. der feierlichen Einführung vor der Gemeinde im Hauptgottesdienste, dagegen nicht der Wiederholung des schon früher geleisteten Gelöbnisses. Die Wiedergewählten haben sich vielmehr nur mittelst Handschlages auch für ihre neue Amtszeit durch das frühere Gelübde als verpflichtet zu erklären. Vergl. Nr. 28 alin. 2 der Instruktion.

B. Sitzungen und Beschlüsse des Gemeinde-Kirchenraths.

§. 8. Den Vorsitz im Gemeinde-Kirchenrath führt der Pfarrer. Bei Erledigung des Pfarramts[22]) oder dauernder Verhinderung des Pfarrers geht das Recht des Vorsitzes auf den Superintendenten über, welcher sich in dessen Ausübung von einem Mitgliede des Gemeinde-Kirchenraths oder einem benachbarten Geistlichen vertreten lassen kann. In Fällen vorübergehender Verhinderung führt den stellvertretenden Vorsitz ein Aeltester, welcher vom Gemeinde-Kirchenrathe aus seiner Mitte auf drei Jahre nach dem Eintritt der neuen Aeltesten (§. 43.) gewählt wird.

Sind mehrere Pfarrgeistliche in der Gemeinde fest angestellt, so kommt der Vorsitz dem ersten, oder, wo keine Unterordnung unter ihnen stattfindet, dem der Ordination nach ältesten zu. Zur Stellvertretung ist der im Range beziehungsweise Dienstalter nächstfolgende Geistliche berufen.

In den Fällen des §. 2. Absatz 3. führt, wenn einer der Geist-

[22]) In diesem Sinne erledigt ist ein Pfarramt nicht, mit dessen genereller Verwaltung das Konsistorium in Ausübung der ihm nach dem Ressort-Regl. v. 1. Okt. 1847 Nr. I. 17 (M.Bl. d. i. V. S. 278) zustehenden Funktion einen Pfarrverweser beauftragt hat.

R. d. Ev. O. K. R. v. 26. Juni 1874, Aktenst. Heft 22 S. 261: Die vom G. K. R. aus seiner Mitte nach den regelmäßigen Erneuerungswahlen (Kg. O. §. 43) auf 3 Jahre zu bewirkende Wahl des stellvertretenden Vorsitzes ist mit Rücksicht auf die Fälle eines außerordentlichen Bedürfnisses auch in solchen Gemeinden nicht zu unterlassen, in denen mehrere Pfarrgeistliche fest angestellt sind, obwohl hier die Führung des stellvertretenden Vorsitzes auf den dazu gewählten Aeltesten erst dann übergeht, wenn die durch §. 8 alin. 2 Kg. O. zunächst berufenen geistlichen Mitglieder des G. K. R. verhindert sein sollten.

R. d. Ev. O. K. R. v. 20. Sept. 1875, Aktenst. Heft 22 S. 262: Auch für den G. K. R. einer Filialgemeinde, ungeachtet derselbe neben dem vorsitzenden Pfarrer z. B. nur zwei Aelteste in sich schließt, muß die Wahl eines stellvertretenden Vorsitzenden erfolgen. Denn die Obliegenheiten des Vorsitzenden sind nicht auf die Sitzungen allein beschränkt. Ihm liegt es ob, in eiligen Dingen das erste Einschreiten auszuüben, Geschäfte zur Erledigung vorzubereiten, gefaßte Beschlüsse auszuführen, für die Kirchenkasse Zahlungsanweisungen auszustellen, §. 24 lit. a Kg. O., und überhaupt die kirchliche Vermögensverwaltung zu überwachen, auch bei eintretender längerer Beschlußunfähigkeit des Kollegii die erforderlichen Schritte zu thun, um den gesetzlichen Minimalbestand des G. K. R. wiederherzustellen.

Nach d. R. d. Ev. O. K. R. v. 25. Jan. 1877, kirchl. Ges. u. Verordn.Bl. 1876/77 S. 116, 117, unterliegt die Berechtigung der Geistlichen zur Theilnahme an der Wahl eines Aeltesten zum Stellvertreter des Pfarrers keinem Bedenken, da es sich hierbei nicht um Ausübung von Wahlrechten als Gemeindeglied handelt.

lichen zugleich Superintendent ist, dieser, sonst ein von der Versammlung gewählter Geistlicher den Vorsitz.

§. 9. Der Gemeinde-Kirchenrath versammelt sich zu ordentlicher Sitzung in der Regel monatlich ein Mal an dem ein- für allemal von ihm festgesetzten Tage; zu außerordentlicher Sitzung, so oft ihn der Vorsitzende durch schriftliche oder sonst ortsübliche Einladung beruft.

Die außerordentliche Berufung muß erfolgen, wenn mindestens die Hälfte der Aeltesten unter Angabe des Zweckes dieselbe verlangt. [23])

§. 10. Die Sitzungen sind nicht öffentlich und werden in der Regel mit Gebet eröffnet.

Jedes Mitglied des Gemeinde-Kirchenraths ist verpflichtet, über alle die Seelsorge und Kirchenzucht betreffenden Angelegenheiten, sowie über die sonst als vertraulich bezeichneten Gegenstände Verschwiegenheit zu beobachten.

§. 11. Der Vorsitzende leitet die Verhandlungen und ist für die Aufrechthaltung der Ordnung verantwortlich.

Die Beschlüsse werden durch Stimmenmehrheit der Anwesenden

---

[23]) cfr. Anm. 5. Der Gem. Kirch. Rath hat die Eigenschaft einer öffentlichen Behörde. cfr. Nr. 33 der Instruktion.

Der G. K. R. ist nur unter dem Vorsitz des durch §. 8 Kg. O. bestimmten Vorsitzenden, oder, bei dessen Verhinderung, des stellvertretenden Vorsitzenden als gesetzlich versammelt anzusehen, und kann nur in solcher Versammlung gültige Beschlüsse fassen. vergl. Nr. 32 der Instruktion. Besonderes Gewicht ist hierbei, sofern nicht ein für allemal ein bestimmter Tag für die ordentlichen Sitzungen festgesetzt ist, auf die Berufung des G. K. R. zu legen. Diese hat der Vorsitzende in der Weise bewirken zu lassen, daß die Einladung jedem Aeltesten rechtzeitig vor dem Termine unter Mittheilung der Tagesordnung zugeht, und daß der Vorsitzende demnächst die Konvokationsurkunden (Vorladungskurrende, Postkarten mit bezahlter Rückantwort, Insinuationsdokumente) nach gehörig bescheinigter Insinuation zum event. weiteren Gebrauche zurückerhält. In denjenigen Fällen, wo nicht sämmtliche Mitglieder des G. K. R. in der Sitzung vollzählig erschienen sind, kann die Legalität des in derselben gefaßten Beschlusses nur auf Grund des Protokolles in Verbindung mit den Konvokationsurkunden gehörig geprüft werden. Für die Berufung der kirchlichen Gemeinde-**Organe** ist von der Anwendung des Ges. v. 23. Jan. 1846 G.S. S. 23, welches nur Vorschriften über die Einladung der Mitglieder einer Kirchengemeinde enthält, Abstand zu nehmen. Die Länge des Zwischenraumes zwischen Empfang der Vorladung und dem Tage der Versammlung wird sich nach der größeren oder geringeren Wichtigkeit der Berathungsgegenstände zu richten haben. Eine allgemeine Vorschrift über die Bemessung dieses Spatiums existirt nicht.

gefaßt. Bei Stimmengleichheit entscheidet die Stimme des Vorsitzenden, bei Wahlen das Loos.[24])

Zur Gültigkeit eines Beschlusses ist erforderlich, daß mehr als die Hälfte der Mitglieder des Gemeinde-Kirchenraths an der Abstimmung Theil genommen hat. Mitglieder, welche an dem Gegenstande der Beschlußfassung persönlich betheiligt sind, haben sich der Abstimmung zu enthalten.

Die Beschlüsse des Gemeinde-Kirchenraths sind unter Angabe des Tages und der Anwesenden in ein Protokollbuch zu verzeichnen, und jedes Protokoll von dem Vorsitzenden und mindestens einem Aeltesten zu unterschreiben.[25])

---

[24]) Beschlußfähig ist die Versammlung, wenn mehr als die Hälfte der Mitglieder des G. K. R. erschienen sind. Gültig ist der gefaßte Beschluß, wenn mehr als die Hälfte der verfassungsmäßigen Zahl der Mitglieder des G. K. R. an der Abstimmung Theil genommen hat. Die Beschlüsse selbst werden durch Stimmenmehrheit der Anwesenden gefaßt, welche an der Abstimmung Theil nehmen. Diejenigen Mitglieder, welche sich der Abstimmung enthalten, sowie etwa unbeschriebene Wahlzettel (z. B. bei Ergänzungswahlen gemäß §. 43 alin. 4 Kg.O.) bleiben bei Feststellung der Majorität außer Berechnung. Hieraus folgt, daß bei der Abstimmung durch Stimmzettel die Feststellung der absoluten Majorität erst nach Eröffnung der Stimmzettel geschehen kann. (cfr. Bethge, Kg.O. S. 38.) Ueber die Frage, wie zu verfahren, wenn auf die Einladung des Vorsitzenden die zur Beschlußfähigkeit erforderliche Mehrheit der verfassungsmäßigen Mitglieder des G.K.R. nicht erschienen, fehlt es an einer ausdrücklichen Vorschrift. Bei der größeren Versammlung der aus G. K. R. u. Gemeindevertretung bestehenden Gemeinderepräsentanz ist für diesen Fall die Vorschrift des §. 30 alin. 2 Kg.O. gegeben. Was dort für den vorausgesetzten Fall bezüglich der größeren Versammlung, welche, abgesehen von dem §. 33, nur in den wichtigeren Fällen des §. 31 Kg.O. zur beschließenden Mitwirkung heranzuziehen, vorgeschrieben ist, dürfte analog auch auf die Beschlüsse des G.K.R. anzuwenden sein.

[25]) Das Protokoll, welches alsbald in das Protokollbuch des G.K.R. niederzuschreiben ist, muß enthalten: Die Angabe des Ortes und des Tages der Verhandlung, die Namen der sämmtlichen Komparenten, die Angabe der verfassungsmäßigen Zahl der Mitglieder des G. K. R. (so daß aus einer Vergleichung dieser Zahl mit der Zahl der Erschienenen sofort erkannt werden kann, ob die Versammlung beschlußfähig gewesen,) die gefaßten Beschlüsse, kurz und bündig, aber vollständig, in objektiver Fassung, mit Weglassung aller unwesentlichen, oder nicht zur Sache gehörigen Anführungen, und endlich das Stimmenverhältniß, wie solches bei der Abstimmung sich ergeben hat. Jedes Protokoll ist sodann von dem Vorsitzenden und mindestens einem Aeltesten zu unterschreiben. Daß das Protokoll auch vorgelesen und von der Versammlung ausdrücklich genehmigt werden müsse, ist nicht vorgeschrieben. Falls dies unterblieben ist, so wird dies auf die Gültigkeit der gefaßten Beschlüsse keinen Einfluß üben können, sofern nur die Richtigkeit des Protokolls durch die Unterschrift des Vorsitzenden und mindestens eines Aeltesten bescheinigt ist. Indessen wird sich die nirgends

Dritten gegenüber werden, soweit der §. 22. nichts Anderes bestimmt, Beschlüsse des Gemeinde-Kirchenraths durch Auszüge aus dem Protokollbuch bekundet, welche der Vorsitzende beglaubigt. Ausfertigungen ergehen unter der Unterschrift des Vorsitzenden.[26])

§. 12. In Gemeinde-Kirchenräthen von stärkerer Mitgliederzahl können für bestimmte Geschäftszweige einzelne Mitglieder vorzugsweise berufen werden. Die bezüglichen Anordnungen, sowie die Einrichtung von Deputationen und Kommissionen bleiben dem Gemeinde-Kirchenrath überlassen.[27])

C. Wirkungskreis des Gemeinde-Kirchenraths.

§. 13. Der Gemeinde-Kirchenrath hat den Beruf, in Unterstützung der pfarramtlichen Thätigkeit nach bestem Vermögen zum religiösen und

---

verbotene Vorlesung des Protokolls im Interesse der Sache, wie der Betheiligten sicher empfehlen. Vergl. Nr. 32 u. 39 der Instruktion.

[26]) unter Beidrückung des Kirchensiegels, welches bei jeder Beglaubigung, bez. Ausfertigung anzuwenden ist. Vergl. §. 22 alin. 2 Kg.O.

R. d. Ev.O.K.R. v. 5. Febr. 1875, Aktenst. Heft 22 S. 263: Nach §. 11 Kg.O. ist die Unterschrift des Vorsitzenden, — also in der Regel des Pfarrers, bei dessen Ermangelung oder Verhinderung, des durch §. 8 bestimmten Stellvertreters — unumgängliches Erforderniß, um Vorstellungen, Ausfertigungen mit der Firma „Gem.Kirch.Rath" als auf Beschlüssen des G.K.R. beruhend zu konstatiren. Von dem Vorsitzenden nicht unterzeichnete Vorstellungen der G.K.Räthe können als von den letzteren ausgegangen nicht betrachtet und behandelt werden. Ist der Vorsitzende mit dem Inhalte des Beschlusses nicht einverstanden, so berechtigt ihn dies nicht, der Ausfertigung seine Unterschrift zu versagen, sondern nur zur einfachen Erwähnung oder motivirten Darlegung seines Dissenses in der an die vorgeordneten kirchlichen Organe gerichteten Vorstellung. Vergl. auch R. d. Ev.O.K.R. v. 15. Sept. 1879, kirchl. Ges. u. V.Bl. 1879 S. 235.

[27]) cfr. Nr. 31 der Instrukt. R. d. Ev.O.K.R. v. 4. Dez. 1877, kirchl. Ges. u. V.Bl. 1878 S. 3: Bei der Einrichtung von Deputationen oder Kommissionen der Gem.Kirch.Räthe (§. 12 Kg.O.) und bei der Ernennung eines Aeltesten zum Kirchkassenrendanten (§. 24) sind mehrfach die Wahlen auf die vom Patronat ernannten Aeltesten oder auf Patronatsvertreter gelenkt worden, deren Amtsdauer nicht mit der allgemeinen 6jährigen Periode der von den Gemeindegliedern gewählten Aeltesten (§. 43 das.) abschließt. Es ist nun zwar der Grundsatz festzuhalten, daß der G.K.R. nicht über die Amtsdauer seiner jeweiligen Mitglieder hinaus an einzelne derselben: Kommissionen ertheilen oder das Amt des Kirchenrechners übertragen kann. Damit jedoch Zweifel vermieden werden, haben die G.K.R. bei allen Wahlen und Ertheilung von Kommissionen stets vor der Vollziehung des Beschlusses die Zeitdauer festzustellen, auf welche hinaus der Beschluß sich erstrecken soll. Für die Wahl des stellvertretenden Vorsitzenden (§. 8 Abs. 1 Kg.O.) ist die 3jährige Funktionsperiode bereits gesetzlich vorgeschrieben; es wird sich für andere Kommissionen ꝛc. empfehlen, wenn nicht besondere Gründe für die 6jährige Periode sprechen, dieselbe Frist von 3 Jahren innezuhalten.

sittlichen Aufbau der Gemeinde zu helfen, die christlichen Gemeindethätigkeiten zu fördern und die Kirchengemeinde in ihren inneren und äußeren Angelegenheiten zu vertreten.

§. 14. Insbesondere liegt dem Gemeinde-Kirchenrathe ob:

1. christliche Gesinnung und Sitte in der Gemeinde, sowohl durch eigenes Vorbild, als auch durch besonnene Anwendung aller dazu geeigneten und statthaften Mittel aufrecht zu erhalten und zu fördern. [27a])

Der Pfarrer bleibt in seinen geistlichen Amtsthätigkeiten der Lehre, Seelsorge, Verwaltung der Sakramente und in seinen übrigen Ministerialhandlungen von dem Gemeinde-Kirchenrath unabhängig. Er ist jedoch verpflichtet, die Fälle, wo er ein Gemeindeglied von der Theilnahme an einer von ihm zu vollziehenden Amtshandlung, insbesondere vom heiligen Abendmahle, zurückzuweisen für nothwendig hält, unter schonender einstweiliger Zurückhaltung des Betreffenden, dem Gemeinde-Kirchenrathe vorzulegen. Stimmt dieser zu, so ist die Zurückweisung auszusprechen, gegen welche dem Betroffenen der Rekurs an die Kreissynode (§. 53. Nr. 4.) offen bleibt. Erklärt sich der Gemeinde-Kirchenrath gegen die Zurückweisung, so wird dieser Beschluß zwar sofort wirksam, aber der Geistliche ist befugt, wenn er sich bei demselben nicht beruhigen will, die Sache zur Entscheidung an die Kreissynode zu bringen. [27b])

Der Gemeinde-Kirchenrath ist wie berechtigt so verpflichtet, Verstöße des Geistlichen und der Aeltesten in ihrer Amtsführung oder ihrem Wandel in seinem Schooße zur Sprache zu bringen. Jedoch

---

[27a]) R. d. Min. des Innern v. 24. Juli 1851, Aktenst. Heft 3 S. 54, betr. das polizeiliche Einschreiten zur Trennung von Konkubinaten:

Danach ist das nicht eheliche Zusammenleben von Personen verschiedenen Geschlechts, deren Verheirathung ein gesetzliches Eheverbot entgegensteht, von den Polizeibehörden nicht zu dulden, vielmehr auf Grund der Allerh. Verord. v. 4. Okt. 1810 und des §. 20 des Ges. v. 11. März 1850 über die Polizeiverwaltung, nöthigenfalls durch die gesetzl. Zwangsmittel, dagegen polizeilich einzuschreiten.

[27b]) Die Generalsynode (cfr. Verhandlungen der ersten ordentlichen Generalsynode v. 1879 S. 523, 1032, 1099) hat eine durch ein Kirchengesetz herbeizuführende Abänderung des §. 14 der Kg.O. dahin angeregt, daß der letzte Satz des zweiten Absatzes des §. 14 der Kg.O. nachstehende Fassung erhalte:

> Erklärt sich der G.K.R. gegen die Zurückweisung, so hat der Geistliche, wenn er sich bei dem Beschlusse des G.K.R. nicht beruhigen will, binnen einer Frist von 14 Tagen die Sache zur Entscheidung an die Kreissynode, bez. den Kreissynodalvorstand (§. 53 Nr. 4 u. §. 55 Nr. 7) zu bringen. Bis zum Erlasse derselben bleibt die Ausführung des Beschlusses des G.K.R. ausgesetzt.

steht ihm Behufs weiterer Verfolgung nur zu, der vorgesetzten Kirchenbehörde davon Anzeige zu machen. [28])

§. 15. 2. Der Gemeinde-Kirchenrath hat für Erhaltung der äußeren gottesdienstlichen Ordnung zu sorgen und die Heilighaltung des Sonntags zu befördern.

Zur Abänderung der üblichen Zeit der öffentlichen Gottesdienste bedarf der Pfarrer der Zustimmung des Gemeinde-Kirchenraths.

Dieselbe ist auch erforderlich, wenn wegen Abänderung der in der Gemeinde bestehenden lokalen liturgischen Einrichtungen Anträge an die zuständigen Behörden gerichtet werden sollen. [29])

Der Gemeinde-Kirchenrath entscheidet über die Einräumung des Kirchengebäudes zu einzelnen nicht gottesdienstlichen Handlungen, welche der Bestimmung des Kirchengebäudes nicht widersprechen. [30])

---

[28]) vergl. hierzu das Ges. v. 13. Mai 1873 über die Grenzen des Rechts zum Gebrauche kirchlicher Straf- und Zuchtmittel (im Anhange zum A. L. R.), vergl. d. R. des Ev. O. K. R. v. 30. Juni 1873, Aktenst. Heft 21 S. 99 ff. über die Ausführung der kirchenpolitischen Gesetze v. 11. 12. 13. 14. Mai 1873 von Seiten der kirchlichen Verwaltung. Vergl. Kirchengesetz, betreffend die Trauungsordnung v. 27. Juli 1880 (im Anhange zum A. L. R.), vergl. Kirchengesetz, betr. die Verletzung kirchlicher Pflichten in Bezug auf Taufe, Konfirmation und Trauung, v. 30. Juli 1880 §. 12 u. die Instruktion zu dem Kirchenges. v. 30. Juli 1880, betr. die Verletzung kirchlicher Pflichten ꝛc. (im Anhange zum A. L. R.), vergl. auch Anm. 79 zu §. 188 L. R. II, 11 und Nr. 33 der Instruktion.

R. d. Ev. O. K. R. v. 17. Okt. 1874, Aktenst. Heft 21 S. 13: Die Anwendung des jungfräulichen Ehrenprädikats bei der kirchlichen Trauung ist durch die Verordnung (des Ev. O. K. R.) v. 21. Sept. 1874 nicht geboten, weil dies nach Verlegung der Trauung hinter den rechtlichen Beginn der Ehe nicht angänglich war. Ebensowenig jedoch ist dieselbe untersagt. Wenn daher die Interessenten die Anwendung des jungfräulichen Prädikats für den Trauungsakt begehren, und nicht etwa die Gemeinsamkeit des ehelichen Hausstandes schon begonnen hat, so wird der die Trauung vollziehende Geistliche unverhindert sein, dem an ihn gestellten Verlangen zu willfahren. Vergl. die Anm. zu der Anlage A des Kirchenges., betr. die Trauungsordnung v. 27. Juli 1880, in dem Anhange zum A. L. R., vergl. §. 53 Nr. 4, §. 55 Nr. 7, §. 21, §. 53 Nr. 3 d. Kg. u. Synod. Ord. v. 10. Sept. 1873.

[29]) vergl. §. 7 Nr. 3 der General-Synod.Ord.

[30]) cfr. Art. 2 Nr. 1 des Ges. v. 25. Mai 1874. Nach einer Verf. des Ev. O. K. R. v. 3. Jan. 1878, kirchl. Ges. u. V.Bl. 1878 S. 138 ist die von einem G. K. R. nachgesuchte Genehmigung zur Aufhängung des von den Gemeindegliedern gestifteten Oelbildes ihres verstorbenen Seelsorgers „in unmittelbarer Nähe des Altars“ nicht ertheilt, dagegen genehmigt worden, daß das Bild an einer anderen geeigneten Stelle innerhalb der Kirche seinen Platz finde.

§. 16. 3. Der Gemeinde-Kirchenrath hat die religiöse Erziehung der Jugend zu beachten und die Interessen der Kirchengemeinde in Bezug auf die Schule zu vertreten.

Eine unmittelbare Einwirkung auf die Schule steht ihm nicht zu. Mißstände in der religiösen Unterweisung der Jugend oder in sittlicher Beziehung sind von ihm bei den gesetzlichen Organen der Schulverwaltung zur Anzeige zu bringen.[31])

[31]) cfr. Art. 2 Nr. 2 Ges. v. 25. Mai 1874. Verfassungs-Urkunde v. 31. Jan. 1850:

Art. 21. Für die Bildung der Jugend soll durch öffentliche Schulen genügend gesorgt werden. . . . . .

Art. 23. Alle öffentlichen und Privatunterrichts- und Erziehungsanstalten stehen unter der Aufsicht vom Staate ernannter Behörden.

Die öffentlichen Lehrer haben die Rechte und Pflichten der Staatsdiener.

Art. 24. Bei der Einrichtung der öffentlichen Volksschulen sind die konfessionellen Verhältnisse möglichst zu berücksichtigen.

Den religiösen Unterricht in den Volksschulen leiten die betreffenden Religionsgesellschaften. . . . . .

Gesetz v. 11. März 1872 G.S. S. 183, betr. die Beaufsichtigung des Unterrichts- und Erziehungswesens.

§. 1. Unter Aufhebung aller in einzelnen Landestheilen entgegenstehenden Bestimmungen steht die Aufsicht über alle öffentlichen und Privatunterrichts- und Erziehungsanstalten dem Staate zu.

Demgemäß handeln alle mit dieser Aufsicht betrauten Behörden und Beamten im Auftrage des Staates.

§. 2. Die Ernennung der Lokal- und Kreis-Schulinspektoren und die Abgrenzung ihrer Aufsichtsbezirke gebührt dem Staate allein.

Der vom Staate den Inspektoren der Volksschule ertheilte Auftrag ist, sofern sie dies Amt als Neben- oder Ehrenamt verwalten, jederzeit widerruflich.

Alle entgegenstehenden Bestimmungen sind aufgehoben.

§. 3. Unberührt durch dieses Ges. bleibt die den Gemeinden und deren Organen zustehende Theilnahme an der Schulaufsicht, sowie der Art. 24 der Verf. Urkde. v. 31. Jan. 1850.

Allgem. Verfüg. des Min. d. geistl. Ang. v. 15. Okt. 1872 über Einrichtung, Aufgabe und Ziel der preußischen Volksschule (durch welche gleichzeitig das Regulativ v. 3. Okt. 1854 und dessen spätere Ergänzungen, insbesondere die Erlasse v. 19. Nov. 1859 und v. 16. Febr. 1861 aufgehoben worden sind), Min.Bl. d. i. Verw. 1872 S. 273—278. . . . . .

Nr. 15. Aufgabe und Ziel des evangelischen Religionsunterrichts.

Die Aufgabe des evangel. Religionsunterrichts ist die Einführung der Kinder in das Verständniß der heiligen Schrift und in das Bekenntniß der Gemeinde, damit die Kinder befähigt werden, die heil. Schrift selbstständig lesen und an dem Leben, sowie an dem Gottesdienste der Gemeinde lebendigen Antheil nehmen zu können.

Nr. 16. Die heilige Geschichte.

Die Einführung der Schüler in die heil. Schrift stellt sich als Unterricht in

§. 17. 4. Dem Gemeinde-Kirchenrath liegt die Leitung der

der biblischen Geschichte und Auslegung zusammenhängender Schriftabschnitte, insbesondere auch der evangelischen und epistolischen Perikopen des Kirchenjahres dar. Den Kindern der Unterstufe werden wenige Geschichten vorgeführt; aus dem alten Testamente werden vorzüglich solche aus dem ersten Buche Mosis und etwa noch die von Moses und von Davids erster Zeit, aus dem neuen die von der Geburt, der Kindheit, dem Tode und der Auferstehung Jesu Christi und einige dem kindlichen Verständniß vorzugsweise naheliegende Erzählungen aus seinem Leben gewählt. Im weiteren Fortgange des Unterrichts erhalten die Schüler eine planmäßig geordnete Reihe der wichtigsten Erzählungen aus allen Perioden der heiligen Geschichte des alten und neuen Testamentes, und auf Grund derselben eine zusammenhängende Darstellung der heiligen Geschichte, in welcher namentlich das Lebensbild Jesu deutlich hervortritt und in die auch die Pflanzung und erste Ausbreitung der Kirche aufzunehmen ist. An diese Geschichte schließt sich diejenige der Begründung des Christenthums in Deutschland, der deutschen Reformation und Nachrichten über das Leben der evangel. Kirche in unserer Zeit an. In mehrklassigen Schulen ist dieser Unterricht und insbesondere auch die Darstellung der christlichen Kirchengeschichte entsprechend zu erweitern. Der Lehrer hat die biblischen Geschichten in einer dem Bibelwort sich anschließenden Ausdrucksweise frei zu erzählen, sie nach ihrem religiösen und sittlichen Inhalt in einer Geist und Gemüth bildenden Weise zu entwickeln und fruchtbar zu machen. Geistloses Einlernen ist zu vermeiden.

Nr. 17. Das Bibellesen.

In den biblischen Geschichtsunterricht der Oberstufe fügt sich die Erklärung zusammenhängender Schriftabschnitte aus den prophetischen und den poetischen Büchern des alten Testaments, besonders der Psalmen, und aus den Schriften des neuen Testaments. Das Maaß des in diesem Unterrichte zu behandelnden Stoffes und die Auswahl desselben ist je nach den Verhältnissen der einzelnen Schulen in dem Lehrplane derselben zu bestimmen.

Nr. 18. Die Perikopen.

An jedem Sonnabend sind den Kindern die Perikopen des nächstfolgenden Sonntags vorzulesen und kurz auszulegen. Ein Memoriren der Perikopen findet nicht statt.

Nr. 19. Der Katechismus.

Die Einführung in das Bekenntniß der Gemeinde wird durch die Erklärung des in derselben eingeführten Katechismus unter Heranziehung von biblischen Geschichten, Bibelsprüchen und Liederversen oder ganzen Liedern vermittelt; dabei ist aber Ueberladung des Gedächtnisses zu vermeiden. Im Allgemeinen gilt es als Regel, daß besondere Stunden für den Katechismus in der Volksschule mit einem oder zwei Lehrern, erst auf der oberen Stufe, in der mehrklassigen Schule frühestens in den Mittelklassen eintreten. Es sind dafür höchstens zwei Stunden anzusetzen. Wofern nicht besondere Verhältnisse eine Aenderung nöthig machen, fallen, wo der lutherische Katechismus eingeführt ist, nur die drei ersten Hauptstücke desselben in das Pensum der Volksschule, und zwar in der Art, daß auf der Unterstufe der einfache Wortlaut der zehn Gebote und des Vaterunsers, auf der Mittelstufe die beiden ersten Hauptstücke des kleinen Katechismus mit der lutherischen Erklärung, auf der Oberstufe das dritte Hauptstück zur Aneignung kommen. Die Erklärung der folgenden Hauptstücke bleibt dem Konfirmationsunterricht überlassen.

kirchlichen Einrichtungen für Pflege der Armen, Kranken und Verwahrlosten ob.

Nr. 20. Das geistliche Lied.

Auf allen Stufen des Religionsunterrichts ist die Beziehung auf das Kirchenlied zu nehmen. Auf der Unterstufe kommen vorzugsweise einzelne Verse, auf den beiden oberen neben solchen auch ganze Lieder zur Behandlung. Diese hat sich nicht auf diejenigen Lieder zu beschränken, welche memorirt werden sollen, und es sind bei der Auswahl der Lieder auch diejenigen aus der neueren und neuesten Zeit zu berücksichtigen. Wo nicht ein besonderes Schulgesangbuch eingeführt ist, werden die Texte der Lieder in der Regel aus dem in der betr. Kirchengemeinde in Brauch befindlichen Gesangbuche genommen. Zur gedächtnißmäßigen Aneignung sind höchstens 20 Lieder zu wählen, welche nach Inhalt und Form dem Verständnisse der Kinder angemessen sind. Dem Memoriren muß die Erklärung des Liedes und die Uebung im sinngemäßen Vortrage desselben vorangehen.

Nr. 21. Gebete.

Bereits auf der Unterstufe lernen die Kinder einige kurze und leichte Morgen-, Mittags- und Abendgebete, auf den oberen Stufen ist ihnen die Einrichtung des öffentlichen Gottesdienstes zu erklären. Gedächtnißmäßige Aneignung des allgemeinen Kirchengebetes, sowie anderer Theile des liturgischen Gottesdienstes findet nicht statt.

Cirkul.Verf. des Min. d. geistl. Angel. v. 15. Okt. 1872, betreffend die Mittelschule, Min.Bl. d. i. V. 1872 S. 279 ff.: Lehrplan für die Mittelschule.

I. Religion.

In den 3 Unterklassen (wöchentlich 3 Stunden): Die biblische Geschichte alten und neuen Testaments. In der 6. Klasse eine kleine, in der 5. eine etwas größere Anzahl biblischer Erzählungen, womöglich unter Benutzung guter Abbildungen; in der 4. eine zusammenhängende Darstellung der biblischen Geschichte. Die 10 Gebote, das Glaubensbekenntniß und das Vaterunser werden ohne die Erklärung der Konfessionskatechismen angeeignet und nach Wort- und Sachinhalt erklärt. Sowohl mit dieser Erklärung wie mit der biblischen Geschichte werden passende Bibelsprüche wie einzelne Verse geistlicher Lieder in Verbindung gebracht: einige davon, in der vierten Klasse auch eine kleine Zahl (etwa 4) ganzer Lieder gelernt; in der 5. u. 6. kommen einige dem Kindesalter angemessene Gebete zur Aneignung.

In den 3 Oberklassen (wöchentlich je 2 Stunden) wird die heilige Geschichte unter Hineinnahme des Lehrinhaltes der heilig. Schrift erweitert und ergänzt. Dabei kommen das christliche Kirchenjahr und die evangel. Perikopen desselben zur Behandlung; ebenso das Nothwendige aus der Bibelkunde. Den evangel. Schülern wird Anleitung zum selbstständigen Schriftverständnisse durch Lesen und Auslegen ausgewählter Psalmen und anderer zusammenhängender Abschnitte aus den prophetischen und poetischen Büchern des alten Testaments und aus dem neuen Testamente gegeben; hieran reihen sich die Geschichte der Pflanzung und Ausbreitung der christlichen Kirche und die Hauptsachen aus der Kirchengeschichte in Lebensbildern. Die Religionslehre wird nach dem Katechismus der betr. Konfession unter Beziehung auf biblische Geschichte, Bibelspruch und Kirchenlied im Zusammenhange erklärt, einzelne Sprüche, Liederverse, auch ganze Lieder werden gelernt; über die bedeutendsten Liederdichter werden Nachrichten gegeben. Die Vertheilung dieses

Geeignetenfalls setzt er sich mit den bürgerlichen Armenbehörden

---

Pensums auf die einzelnen Klassen bestimmt sich nach der Stelle und der Bedeutung, welche den Theilen desselben bei den einzelnen Konfessionen zukommen. Der gesammte Religionsunterricht wird den Schülern in konfessioneller Sonderung ertheilt. . . . . .

Das Cirkul.R. des Min. d. geistl. A. v. 18. Febr. 1876, betr. den katholischen (vergl. unten R. v. 21. Jan. 1880) Religionsunterricht in den Volksschulen, Min.Bl. d. i. Verw. 1876 S. 68—70, bezeichnet folgende Gesichtspunkte als diejenigen, von welchen bei der Behandlung des gedachten Unterrichts fortan auszugehen ist:

1. Der schulplanmäßige Religionsunterricht wird in der Volksschule von den vom Staate dazu berufenen oder zugelassenen Organen unter seiner Aufsicht ertheilt.

2. Die Ertheilung dieses Unterrichts liegt in erster Linie den an der Schule angestellten Lehrern und Lehrerinnen ob, welche in der vorgeschriebenen Prüfung die Befähigung dafür nachgewiesen haben. Dasselbe gilt von denjenigen Geistlichen, welche, wie dies in einzelnen Gegenden noch vorkommt, gleichzeitig als Lehrer an den Volksschulen angestellt sind.

3. Wo es bisher üblich war, den schulplanmäßigen Religionsunterricht zwischen dem angestellten Lehrer und dem Pfarrer oder dessen ordentlichem Vertreter (Vikar, Kaplan) dergestalt zu theilen, daß Ersterer die biblische Geschichte, Letzterer den Katechismus übernimmt, kann es unter der Voraussetzung auch fernerhin dabei bewenden, daß der Geistliche in Bezug auf seine Stellung zum Staate der Schulaufsichtsbehörde kein Bedenken erregt und allen ressortmäßigen Anordnungen derselben, insbesondere hinsichtlich der Lehrbücher, der Vertheilung des Unterrichtsstoffes auf die einzelnen Klassen, der Schulzucht und pünktlichen Innehaltung der Lehrstunden pflichtmäßig entspricht. Demgemäß sind Geistliche, welchen wegen Nichterfüllung einer dieser Voraussetzungen die Kreis- oder Lokal-Schulinspektion hat entzogen, oder welche von der Leitung des schulplanmäßigen Religionsunterrichts haben ausgeschlossen werden müssen, selbstredend auch von der Ertheilung des letzteren auszuschließen.

4. An Orten mit konfessionell gemischter Bevölkerung, in welchen ein katholischer Lehrer nicht vorhanden ist, kann der gesammte Religionsunterricht, wenn es bisher so üblich war, unter den zu Nr. 3 erwähnten Voraussetzungen auch ferner den Geistlichen überlassen werden.

5. Ueber Differenzen zwischen dem Geistlichen und dem Lehrer in Betreff des Religionsunterrichts entscheidet die Schulaufsichtsbehörde.

6. In den Fällen, wo es an einem vorschriftsmäßig geprüften Lehrer mangelt, bestimmt die K. Regierung, wem die Ertheilung des Religionsunterrichts in der Schule zustehen soll, insbesondere ob dazu der Verwalter der Stelle oder ein Geistlicher aushülfsweise zu wählen sei. Es sind dabei in jedem einzelnen Falle alle in Betracht kommenden Verhältnisse sorgfältig zu erwägen. Ein Geistlicher darf auch in solchen Fällen nur dann zugelassen werden, wenn in Betreff seiner die zu Nr. 3 bezeichneten Voraussetzungen zutreffen.

7. Anlangend die Leitung des Religionsunterrichts, so ist von mir wiederholt darauf hingewiesen worden, daß dieselbe nach Art. 24 der Verfass. Urkunde v. 31. Januar 1850 den Religionsgesellschaften zustehen soll, daß jedoch einerseits dieser Artikel erst der näheren Bestimmung seines Inhaltes durch das nach Art. 26 daselbst zu erlassende Unterrichtsgesetz bedarf, daß indeß andrer-

und Institutsverwaltungen, sowie mit etwa bestehenden freien Ver=

seits nichts im Wege steht, die darin enthaltene allgemeine Norm insoweit zur Anwendung zu bringen, als dies die bestehenden Gesetze und die staatlichen Interessen gestatten.

Danach hat kein einzelner Geistlicher ohne Weiteres ein Recht, diese Leitung zu beanspruchen; es ist jedoch in der Regel und so lange die kirchlichen Oberen ein anderes Organ dazu nicht bestimmen, der gesetzlich bestellte Ortspfarrer als das zur Leitung des Religionsunterrichts berufene Organ zu betrachten. Sowohl der Ortspfarrer als auch der sonst von dem kirchlichen Oberen zur Leitung des Religionsunterrichts bestimmte Geistliche darf aber dieselbe nur ausüben, so lange er durch sein Verhalten nicht diejenigen Zwecke gefährdet, welche der Staat mit der Erziehung der Jugend durch die Volksschule verfolgt.

8. Tritt ein solcher Fall ein, so hat die staatliche Aufsichtsbehörde dem Geistlichen zu eröffnen, daß er zur Leitung des Religionsunterrichts nicht ferner zugelassen werden könne. Der Beschluß ist gleichzeitig zur Kenntniß des geistlichen Oberen mit dem Anheimgeben zu bringen, der staatlichen Aufsichtsbehörde einen anderen Delegirten zu bezeichnen. Findet die staatliche Aufsichtsbehörde gegen denselben nichts zu erinnern, so ist derselbe zur Leitung des Religionsunterrichts zuzulassen.

9. Der als Organ der betr. Religionsgesellschaft anerkannte Pfarrer oder sonstige Geistliche ist berechtigt, dem schulplanmäßigen Unterricht in den dafür festgesetzten Stunden beizuwohnen, durch Fragen und soweit erforderlich, stellenweises Eingreifen in den Unterricht sich davon zu überzeugen, ob dieser von dem Lehrer vollständig und sachgemäß ertheilt wird, und welche Fortschritte die Schüler darin gemacht haben, ferner den Lehrer (jedoch nicht in Gegenwart der Kinder) sachlich zu berichtigen, Wünsche oder Beschwerden in Bezug auf den Religionsunterricht der staatlichen Aufsichtsbehörde vorzutragen und endlich bei der Entlassungsprüfung, wo eine solche stattfindet, nach vorherigem Examen die Censur in der Religion mit festzustellen.

10. Durch die zu Nr. 9 bezeichneten Befugnisse wird nichts geändert in dem Rechte der Aufsicht, welches der Staat durch seine Organe in Gemäßheit des Gesetzes v. 11. März 1872 über den gesammten Unterricht einer jeden Schule und damit auch über den katholischen Religionsunterricht in der Volksschule zu üben hat.

Diese Organe haben somit auch das Recht, dem gedachten Unterricht beizuwohnen. Sie haben darauf zu achten, daß er zu den im Lehrplane angesetzten Stunden und nach Maßgabe der allgemeinen, von der Schulaufsichtsbehörde erlassenen Bestimmungen ertheilt werde. Eine Einwirkung auf den sachlichen Inhalt der Religionslehre steht aber der staatlichen Schulaufsichtsbehörde nur insoweit zu, als die Religionslehre nichts enthalten darf, was den bürgerlichen und staatsbürgerlichen Pflichten zuwiderläuft (Art. 12 der Verfass.Urkunde v. 31. Jan. 1850 und §§. 13, 14. L.R. II, 11).

11. Durch den kirchlichen Beicht= und Kommunionunterricht darf der schulplanmäßige Unterricht nicht in unzulässiger Weise beeinträchtigt werden. Allgemeine Normen über die Grenze des Zulässigen lassen sich nicht ertheilen. Es folgt jedoch aus dem Bemerkten, daß jede Verkürzung des schulplanmäßigen Unterrichts, welche

einen in Einvernehmen. Auch kann er sich Helfer aus der Gemeinde, insonderheit aus der Gemeindevertretung, beiordnen. [31a])

---

auf einen bestimmten Zeitraum erfolgen soll, um dem gedachten kirchlichen Unterricht den gewünschten Raum zu verschaffen, einer Genehmigung der Königl. Regierung bedarf. Sie wird nach genauer Prüfung der gegebenen Verhältnisse und nach vorheriger Erörterung mit den Betheiligten in jedem einzelnen Falle dasjenige anzuordnen haben, was einerseits die ordnungsmäßige Ertheilung des kirchlichen Unterrichts thunlichst ermöglicht, andrerseits aber keine Einrichtung zuläßt, welche es ausschließt, daß die betr. Kinder die von der Schule zu erstrebenden Ziele für alle wesentlichen Unterrichtsfächer innerhalb der bestimmten Zeit erreichen.

12. Die Benutzung des Schullokals zu dem sub Nr. 11 erwähnten kirchlichen Unterricht ist von der Schulaufsichtsbehörde nur zu versagen, wenn entweder der Schulunterricht durch solche Benutzung eine Beeinträchtigung erleidet, oder wenn ein von der Leitung oder Ertheilung des schulplanmäßigen Religionsunterrichts ausgeschlossener Geistlicher gegründeten Verdacht erweckt, daß er den kirchlichen Unterricht benutze, um den schulplanmäßigen Unterricht zu ertheilen.

Das R. des Min. d. geistl. Ang. v. 21. Jan. 1880, Centralbl. für die gesammte Unterrichtsverwaltung 1880 S. 227, 228 bemerkt, daß diejenigen Gesichtspunkte, welche in dem Cirkul.Erlasse v. 18. Febr. 1876 (Centralbl. 1876 S. 120 — siehe oben) für die Ertheilung, Leitung und Beaufsichtigung des katholischen Religionsunterrichts in den Volksschulen aufgestellt worden sind, auch in Bezug auf den evangelischen Religionsunterricht in den Volksschulen zu entsprechender Anwendung zu bringen sind.

R. des Min. d. geistl. Ang. v. 22. Dez. 1879. Centralbl. für die gesammte Unterrichtsverwaltung 1880 S. 230, 231: die Entbindung eines Geistlichen von dem staatlichen Schulaufsichtsamte hat keineswegs regelmäßig zugleich die Ausschließung desselben von der den betr. Religionsgesellschaften zugestandenen Leitung des Religionsunterrichts in den Schulen zur Folge.

R. des Ev.O.K.R. v. 7. Juli 1877, kirchl. Ges. u. V.Bl. 1876/77 S. 154, 155: Unter den Religionsgesellschaften, welchen nach Art. 24 der Verfass.Urkunde die Leitung des Religonsunterrichts in den Volksschulen obliegt, sind nicht die einzelnen Kirchengemeinden, sondern die organisirten Religionsgemeinschaften zu verstehen, welchen die Gemeinden als Glieder angehören. Für die Ausübung der Leitung in den einzelnen Gemeinden die geeigneten Personen zu bestellen, ist daher nicht Sache der Gem.Kirch.Räthe, sondern der vorgesetzten Kirchenbehörde.

Da es sich bei der Leitung des Religionsunterrichts in den Volksschulen, im Unterschiede von der Aufsicht über denselben, einzig und allein um den religiösen Inhalt der Unterweisung handelt, so ist der Natur der Sache nach der Träger des kirchlichen Lehramts in der Gemeinde, also der Pfarrer die hierzu berufene Persönlichkeit. Nur wo mehrere Pfarrgeistliche in einer Gemeinde angestellt sind, oder wo etwa die Schulaufsichtsbehörde der Ausübung der Leitung durch den Pfarrgeistlichen im staatlichen Interesse widersprechen sollte, wird es erforderlich, daß die kirchliche Behörde die Uebertragung der Leitung an eine bestimmte Persönlichkeit verfügt. Dabei bleibt es ihrem Ermessen überlassen, vorher den G.K.R. über die in Betracht kommenden örtlichen

§. 18. 5. Der Gemeinde-Kirchenrath stellt die Liste der wahl-

Verhältnisse zu hören. Der §. 16 der Kg. O. verleiht dem G.K.R. kein Recht zu unmittelbarer Einwirkung auf den Religionsunterricht oder zu dessen Kontrole durch deputirte Mitglieder des G.K.R. Vielmehr beschränkt sich in dieser Beziehung sein Recht darauf, in seinen Sitzungen durch die Mittheilungen des geistl. Leiters des Religionsunterrichts diejenige Kenntniß von dem Stande des letzteren zu erhalten, welche ihn in die Lage setzt, auch diese Seite der religiösen Jugenderziehung beachten und die einschlagenden Interessen der Gemeinde vertreten zu können. Die Form dieser Vertretung kann nicht über Wünsche und Anträge hinausgehen, welche entweder an den geistl. Leiter des Religionsunterrichts oder an vorgesetzte staatliche oder kirchliche Organe gerichtet werden. Findet sich der Geistliche von sich aus zu Klagen oder Anträgen an die Schulbehörde veranlaßt, so wird er, bevor er dieselben ergehen läßt, in der Regel dem G.K.R. davon Mittheilung zu machen und Gelegenheit zur Aeußerung zu geben haben.

Bezüglich der Art und Weise, wie die kirchliche Leitung des Religionsunterrichts auszuüben, ... sind insbesondere diejenigen Geistlichen, welche die Lokalschulaufsicht nicht inne haben, auf den im Unterschiede von derselben ihnen bezüglich der Leitung des Religionsunterrichts obliegenden Beruf, sowie auf Inhalt und Begrenzung desselben hinzuweisen.

vergl. R. des Min. d. geistl. Ang. v. 14. Mai 1877, betr. die Betheiligung der Lehrer und der Schulkinder an der Religionsprüfung bei Kirchenvisitationen, kirchl. Ges. u. V.Bl. 1876/77 S. 215—217.

R. d. Ev.O.K.R. v. 25. März 1879 Nr. 819. E.O.: Die Leitung des Religionsunterrichts ist eine Angelegenheit, welche lediglich im kirchlichen Interesse und durch Organe der Kirche wahrgenommen wird. Deshalb können auch für die durch solche Leitung etwa entstehenden Kosten (z. B. Reisekosten) weder die Schulgemeinden, noch die event. für die letzteren eintretenden Mittel des Staates in Anspruch genommen werden. Daher ist im einzelnen Falle, sofern nicht besondere Verhältnisse eine Ausnahme bedingen, diese Leitung als die amtliche Funktion desjenigen Pfarrers anzusehen, in dessen Parochie die bezügliche Schule sich befindet. Es handelt sich hierbei um die kirchliche Kontrole über den konfessionellen Religionsunterricht, welchen Kinder aus der Parochie empfangen, also um diejenige geistliche Versorgung der Kirchengemeinde und ihrer Glieder, zu deren Wahrnehmung der Pfarrer vermöge seines Amtes ebenso berechtigt, als verpflichtet ist. Auf eine besondere Remuneration für Erfüllung dieses Theiles seiner Amtspflichten hat der Pfarrer keinen Anspruch, und es ist hierfür irrelevant, ob die betreffende Schule vor oder nach der Anstellung des Geistlichen eingerichtet worden ist, da die daraus sich ergebende Funktion zu den allgemeinen Pflichten des Pfarramts gehört. Besondere Unkosten werden durch den zeitweisen Besuch der betheiligten Schulen in der Regel nicht entstehen, da doch die sonstigen Verpflichtungen und amtlichen Veranlassungen den Geistlichen zuweilen an die betreffenden Schulorte führen und er dadurch Gelegenheit finden wird, dem dortigen evangelischen Religionsunterricht beizuwohnen, ohne deshalb zum Antritt einer besonderen, mit Kosten verbundenen Reise genöthigt zu sein. Die Frage wegen etwaiger Unkosten kann jedenfalls nur bei ausgedehnten Diaspora-bezirken entstehen, sofern der Geistliche die in denselben befindlichen entlegenen Schulorte selten oder gar nicht zu besuchen vermag. Eine solche Lage der Verhältnisse erzeugt aber überhaupt die Nothwendigkeit, dem Pfarrer die Möglichkeit

berechtigten Gemeindeglieder (§. 34.) auf,[32]) nimmt die dazu erforder-

zu verschaffen, diese entfernten Theile seiner Parochie und die dort wohnenden Gemeindeglieder von Zeit zu Zeit aufzusuchen, und alsdann wird sich gleichzeitig die Gelegenheit bieten, mit solchen Diasporareisen auch den Besuch der in Rede stehenden Schulen zu verbinden. Dem Pfarrer hierzu die erforderlichen Mittel zu bieten, falls das Einkommen der Stelle nicht ausreicht, ist in erster Linie Sache der (Kirchen-) Gemeinde.

[31a]) Durch Cirkul. R. v. 23. Jan. 1851, Aktenst. d. Ev.O.K.R. Heft 2 S. 34 haben die Minister für Handel, des Innern und der Finanzen in Erweiterung der Cirkul.Verf. v. 9. Juni 1849 die K. Regierungen ermächtigt, auf den Antrag solcher Vereine, welche christliche Erbauungsschriften unentgeltlich oder gegen eine nur die Kosten der Anschaffung deckende Vergütigung vertheilen und durch ihre Wirksamkeit das Vertrauen begründen, daß von der Gestattung des Kolportirens ein Mißbrauch nicht zu besorgen sei, an die von ihnen bestellten und von der K. Regierung als unbescholten und zuverlässig anerkannten Boten, unter Verantwortlichkeit des betr. Vereins für Vermeidung jedes Mißbrauchs und unter Vorbehalt jederzeitigen Widerrufs steuerfreie Erlaubnißscheine zum Kolportiren von dergl. Erbauungsschriften zu ertheilen. Diese Erlaubnißscheine, deren Ertheilung der K. Regierung selbst vorbehalten bleibt, sind stets nur auf bestimmte, nicht zu ausgedehnte Bezirke zu richten und der Regel nach nicht über einen landräthl. Kreis hinaus zu bewilligen, damit der Verkehr der Kolporteure ausreichend überwacht und namentlich verhindert werde, daß die Erlaubnißscheine zum Verkauf anderer Schriften, in welchem Falle von dem Vorbehalt des Widerrufs sofort Gebrauch zu machen, gemißbraucht werden.

Die Anträge auf Verleihung juristischer Persönlichkeit an Vereine, Hospitäler u. s. w. sind vielfach auf Grund so mangelhaft redigirter Statuten gestellt worden, daß der Minister des Innern sich veranlaßt gesehen hat, ein Normalstatut aufstellen zu lassen, welches bei derartigen Anträgen möglichst zur Richtschnur genommen werden soll. Dieses durch Cirkul. R. v. 19. Juli 1876 (Min.Bl. d. i. V. 1876 S. 193) den sämmtlichen Oberpräsidenten mitgetheilte Normalstatut findet sich im kirchl. Ges. u. V.Bl. 1876/77 S. 163 bis 166 abgedruckt.

cfr. Ges. v. 13. März 1878, betr. die Unterbringung verwahrloster Kinder. G.S. S. 132. Kirchl. Ges. u. V.Bl. 1879 S. 1—6 und Ges. v. 27. März 1881, G.S. 1881 S. 275, zur Ergänzung des Ges. v. 13. März 1878, betr. die Unterbringung verwahrloster Kinder.

R. des Min. des Innern v. 14. Juni 1878, betr. die Ausführung des Ges. v. 13. März 1878 über die Unterbringung verwahrloster Kinder, kirchl. Ges. u. V.Bl. 1879 S. 6—11.

R. des Ev.O.K.R. v. 8. Jan. 1879, betr. das Ges. v. 13. März 1878 bezüglich der Unterbringung verwahrloster Kinder, kirchl. Ges. u. V.Bl. 1879 S. 11—13.

R. des Ev.O.K.R. v. 9. Mai 1879, betr. die Mitwirkung der Geistlichen zur Ausführung des Ges. v. 13. März 1878 bezügl. der Unterbringung verwahrloster Kinder, kirchl. Ges. u. V.Bl. 1879 S. 88.

R. des Min. des Innern v. 8. Febr. 1879, betr. die Mitwirkung der

lichen Anmeldungen entgegen,[33]) bereitet die Wahlen zum Aeltestenamt und zur Gemeindevertretung vor,[34]) hält diese Wahlen ab,[35]) beruft die Gemeindevertretung ein[36]) und bringt die Beschlüsse derselben in Ausführung.

§. 19. 6. Der Gemeinde-Kirchenrath ist bis zur landesgesetz-

Geistlichen zur Ausführung desselben Gesetzes, kirchl. Ges. u. V.Bl. 1879 S. 89.

R. des Ev.O.K.R. v. 9. Sept. 1880, betr. die Mitwirkung der Geistlichen bei der Unterbringung verwahrloster Kinder, kirchl. Ges. u. V.Bl. 1880 S. 135, 136.

R. des Min. des Innern, betr. die weitere Ausführung des Ges. v. 13. März 1878 über die Unterbringung verwahrloster Kinder, v. 31. Juli 1880, kirchl. Ges. u. V.Bl. 1880 S. 137—139.

Die (wichtige) Cirkul.Verfüg. des Min. des Innern, betr. die Zwangserziehung verwahrloster Kinder, v. 11. Jan. 1881, kirchl. Ges. u. V.Bl. 1881 S. 14, 15 weist u. A. darauf hin, daß erfahrungsmäßig die Zwangserziehung verwahrloster Kinder häufig deshalb unterbleibt, weil viele Gemeindebehörden sich in dem Irrthum befinden, als würden die Kosten der Zwangserziehung auf die Gemeinden fallen. Die Kosten des Unterhalts und der Erziehung der auf Grund des Ges. v. 13. März 1878 untergebrachten Kinder fallen vielmehr dem Staate und den Provinzialverbänden zur Last. Hiervon sind nur die verhältnißmäßig geringen Kosten der Einlieferung in die Familie oder Anstalt und der erforderlichen ersten Ausstattung des Zöglings mit den nothwendigen Kleidungsstücken ausgeschlossen, welche der Ortsarmenverband, in welchem das betr. Kind seinen Unterstützungswohnsitz hat, zu tragen verpflichtet ist.

[32]) vergl. Anm. 72.

[33]) Nr. 2 der Instruktion: Anmeldungen zur Eintragung in die vom G.K.R. geführte Wählerliste können jederzeit erfolgen; alljährlich an mindestens zwei Sonntagen des Monats August ergeht von der Kanzel die Aufforderung zur Anmeldung derjenigen, welche in die frühere Wählerliste noch nicht eingetragen sind. In den betr. Kanzelabkündigungen ist anzugeben, von wem, wo und zu welcher Zeit Anmeldungen entgegengenommen werden.

Nr. 3 ibidem: Die Anmeldung erfolgt mündlich bei dem Vorsitzenden oder den mit Entgegennahme von Anmeldungen beauftragten Mitgliedern des G.K.R. Dabei ist ein Protokoll aufzunehmen oder ein Anmeldungsformular auszufüllen, welches sich auf folgende Punkte erstrecken muß: a. Vor- und Zuname. b. Lebensalter. c. Stand oder Gewerbe. d. Wohnung. e. Wie lange in der Gemeinde (am Orte) wohnhaft? f. Ob selbstständig? g. Ob der sich Anmeldende nach Maaßgabe der dazu bestehenden Verpflichtung zu den kirchlichen Gemeindelasten beiträgt? h. Bemerkungen (etwaiger Verlust bürgerlicher oder kirchlicher Rechte).

Die Frage der Selbstständigkeit ist nach §. 34 Abs. 4. Kg.O. zu beurtheilen.

Das Protokoll bez. Anmeldungsformular, welches mit dem Datum des Anmeldungstages zu versehen ist, hat sowohl der sich Anmeldende, als das die Anmeldung entgegennehmende Mitglied des Gem. Kirch. Rathes zu unterzeichnen.

[34]) vergl. §§. 36, 37 Kg.O. u. Nr. 1 sequ. der Instruktion.

[35]) vergl. §§. 38, 39 Kg.O. u. Nr. 15 sequ. der Instruktion.

[36]) vergl. §§. 29, 31, 33 Kg.O. u. Nr. 33 der Instruktion.

lichen Aufhebung der Parochial-Exemtion befugt, eximirte Personen, welche ihren Exemtionsrechten zu entsagen bereit sind, auf ihren Antrag in die Gemeinde aufzunehmen. [37])

Die gleiche Befugniß steht ihm bezüglich solcher Personen zu, welche sich bereits ein Jahr lang am Orte der Gemeinde aufgehalten haben, aber wegen Mangels des Wohnsitzes die Gemeindeangehörigkeit entbehren.

---

[37]) vergl. Anm. 118 zu §§. 283—287 L.R. II. 11. u. §. 34 der Milit. Kirch. Ord. v. 12. Feb. 1832.

Erl. d. Ev. O. K. R. v. 30. Dez. 1873, Aktenst. Heft 22 S. 309: Ein Offizier z. D. gehört, sofern an seinem Wohnort ein mit der Militairseelsorge speziell beauftragter Civilgeistlicher vorhanden ist, nach §. 34 der Mil. Kirch. O. zur Militairkirchengemeinde seines Wohnortes, kann daher nicht Mitglied einer dortigen Civilkirchengemeinde sein. Demnach ist die Weigerung des G. K. R. der Civilgemeinde, einen solchen Offizier z. D. in die Liste der Wähler der Civilpfarrgemeinde einzutragen, begründet.

vergl. A. L. R. II. 19 §. 76: Die innere Einrichtung und Verfassung einer jeden öffentlichen Armen- oder anderen Versorgungsanstalt ist durch die für selbige von dem Staate vorgeschriebene oder genehmigte Ordnung und Instruktion bestimmt.

§. 77. Kirchen und Kapellen, welche für dergleichen Anstalten besonders errichtet sind, stehen gleich anderen unter der Aufsicht der geistl. Oberen der Diöcese oder des Distrikts.

§. 78. Auf die in der Anstalt lebenden Personen und Offizianten gebühren dergleichen Kirchen und Kapellen wirkliche Parochialrechte.

§. 79. Auf diejenigen aber, welche außerhalb der Anstalt leben, können sie sich solche Rechte nicht anmaßen.

In dem R. v. 29. Nov. 1873, Aktenst. Heft 22 S. 308 bemerkt der Ev. O. K. R., daß die nicht geistlichen Beamten einer Kirche eine Zugehörigkeit zu der Parochie, bei deren Kirche sie angestellt sind, (z. B. Organist,) und damit die Exemtion von der Parochie ihres Wohnortes aus ihrem Amte nicht herleiten können.

vergl. Nr. 9 der Instruktion: Ueber die Mitgliedschaft zur einzelnen Gemeinde enthält die Kg. O. keine Vorschriften; der Erwerb und Verlust derselben ist daher nach den sonst geltenden Bestimmungen zu beurtheilen.

In dieser Beziehung vergl. A. L. R. II. 11 §. 260 ff. und §. 303 ff., sowie die dazu gehörigen Anmerkungen.

Für Berlin ist bestimmt, daß alle von auswärts nach Berlin ziehenden Evangelischen sich binnen Jahresfrist der Lokalparochie, in der sie wohnen, oder der Personalgemeinde der Domkirche, bez. der Parochialkirche anzuschließen haben. Erfolgt ein solcher Anschluß nicht, so werden sie als Glieder der Lokalparochie betrachtet, und ihr Parochialverhältniß wechselt mit der Wohnung. Vergl. Jakobson. Kirchenr. S. 236, Kab. Ordre vom 6. Sept. 1858. Verf. d. Brandenb. Cons. v. 21. Nov. 1859. Protest. K. Z. 1859. Sp. 1222, 1223.

vergl. ferner das Ges. v. 14. Mai 1873, über den Austritt aus der Kirche.

§. 20. 7. Der Gemeinde-Kirchenrath hat von der eingetretenen Pfarrvakanz Anzeige zu machen und die diesfalls ergehenden provisorischen Anordnungen in Ausführung zu bringen.

Inwieweit derselbe bei Besetzung der Pfarrämter in Gemeinschaft mit der Gemeindevertretung eine Mitwirkung auszuüben hat, ist im §. 32. bestimmt.

§. 21. 8. Dem Gemeinde-Kirchenrath kommt, soweit wohlerworbene Rechte Dritter nicht entgegenstehen, die Ernennung der niederen Kirchendiener zu. Er beaufsichtigt ihre Dienstführung und übt das Recht der Entlassung aus kündbaren Anstellungen.[38])

---

[38]) vergl. §§. 556, 557, L.R. II. 11, u. die Anm. 215, 216, 217.

R. d. Min. d. g. A. v. 9. Nov. 1874, Aktenst. d. Ev.O.K.R. Heft 22 S. 264, 265: Nach §. 21 der Kg.O. kommt dem G.K.R., soweit wohlerworbene Rechte Dritter nicht entgegenstehen, die Ernennung der niederen Kirchendiener zu.

Darüber, daß die Rechte des Privatpatronats hinsichtlich der Besetzung der niederen Kirchenämter durch den §. 21 cit. nicht haben alterirt werden sollen, kann kein Zweifel obwalten, da der Patron der Gemeinde gegenüber jedenfalls als ein Dritter erscheint, und seine Rechte, Angesichts der landrechtlichen Erwerbstitel für das Patronat (§. 569 ff., L.R. II. 11) als wohlerworbene Rechte im Sinne der Kg.O. sich charakterisiren.

Anläßlich eines Spezialfalles ist dagegen die Frage entstanden, ob zu den Ernennungsrechten, welche nach Erlaß der Kg.O. in Kraft bleiben, auch das Ernennungsrecht auf Grund des fiskalischen Patronats zu rechnen sei, ob mithin nur diejenigen Ernennungsrechte in Wegfall gekommen sind, welche bisher entweder auf Grund der Dienstverfassung bestimmten Personen oder Behörden in ihrer Eigenschaft als geistlichen Oberen oder zu Folge besonderer Bestimmung resp. Observanz anderen Gemeindekörperschaften z. B. dem Kirchenvorstand oder einem besonderen Wahlkollegium zugestanden haben.

Diese Frage muß verneint werden. Die zahlreichen von den Consistorien bisher ausgeübten Ernennungsrechte beruhen allerdings auf verschiedenen, theils kirchlichen, theils landesherrlichen, theils grundherrlichen, theils gemischten Titeln. Bei der Einheit des berechtigten Subjekts und in Folge der Gleichartigkeit, in welcher jene Rechte durch öffentliche Behörden nach öffentlich-rechtlichen Gesichtspunkten bisher ausgeübt worden sind, haben sich die an ihrem Ursprung haftenden Verschiedenheiten allmälich der Art ausgeglichen, daß die letzteren im Einzelnen schwerlich noch würden festgestellt werden können. Auch die ausgedehnten auf dem fiskalischen Patronate beruhenden Ernennungsrechte nehmen an diesem Ausgleichungsprozesse Theil. Sie sind ohne Rücksicht auf konkurrirende Patronatslasten als behördliche Amtsverleihungen behandelt worden, welche sich von den auf Grund der Dienstverfassung oder des Kirchenregiments vorgenommenen nicht unterscheiden. Die obige restriktive Interpretation des §. 21 cit. würde daher nicht blos eine enge, sondern zugleich eine unsichere und in den einzelnen Fällen bestreitbare Sphäre des Gemeinderechts ergeben, welche die dem G.K.R. eingeräumte Befugniß vielfach illusorisch erscheinen ließe. Dazu kommt, daß gerade die weite im §. 21 gewählte Fassung auf die Absicht des Gesetzgebers hinweist, die niederen Kirchenbedienungen den Gemeindeorganen in

Wegen Entlassung im Disziplinarwege, sowie wegen Verleihung und Entziehung der mit Schulstellen verbundenen niederen Kirchenbedienungen behält es bei den bestehenden Vorschriften sein Bewenden.

§. 22. 9. Der Gemeinde-Kirchenrath vertritt die Gemeinde in vermögensrechtlicher Beziehung, in streitigen wie in nichtstreitigen Rechtssachen, und verwaltet das Kirchenvermögen, einschließlich des Vermögens der kirchlichen Lokalstiftungen, welche nicht fundationsmäßig eigene Vorstände haben, sowie einschließlich des Pfarr- und Pfarrwittwenthums-Vermögens, soweit das Recht jeweiliger Inhaber nicht entgegensteht.

Zu jeder die Gemeinde verpflichtenden schriftlichen Willenserklärung des Gemeinde-Kirchenraths bedarf es der Unterschrift des Vorsitzenden oder seines Stellvertreters und zweier Aeltesten, sowie der Beidrückung des Kirchensiegels. Hierdurch wird Dritten gegenüber die ordnungsmäßige Fassung des Beschlusses festgestellt, so daß es eines Nachweises der einzelnen Erfordernisse desselben, insbesondere der erfolgten Zustimmung der Gemeindevertretung, wo eine solche nothwendig ist, nicht bedarf.

An den gesetzlichen Verwaltungsnormen, sowie an den den Staatsbehörden oder vorgesetzten Kirchenbehörden zustehenden Rechten der Aufsicht und der Einwilligung zu bestimmten Handlungen der Verwaltung wird durch den Uebergang der letzteren auf den Gemeinde-Kirchenrath nichts geändert (§. 47.).[39])

demjenigen vollen Umfange zur Besetzung zu überlassen, in welchem Ihm dies durch Seine Willenserklärung, ohne Eingriff in das rechtliche Willensgebiet Dritter, möglich war. Sich selbst, in seiner Eigenschaft als Subjekt des landesherrlichen Patronats unter jenen Dritten mitzubegreifen, ist nicht die Meinung gewesen.

Uebrigens kann der Uebergang des Ernennungsrechts nur mit denjenigen Beschränkungen erfolgen, unter welchen dasselbe von den bisher berufenen Organen geübt worden ist. Auch die G.K.Räthe sind demgemäß bei landesherrlichen Patronatskirchen an die Beobachtung der wegen Anstellung von civilversorgungsberechtigten Personen bestehenden allgemeinen Verwaltungsnormen gebunden. (Regl. üb. d. Civ.Versorg. der Mil.Pers. v. 16. Juni 1867, §. 8 V.M.Bl. 1867 S. 280, R. v. 19. Juni 1839, vK. Ann. 23 S. 373.)

In Betreff des Verfahrens bei Ausübung der Disziplinargewalt auch über die niederen Kirchendiener, vergl. §. 7 Nr. 6 der General-Synodalord. u. die Anm. dazu.

vergl. auch §. 53 Nr. 3 der Kg. u. Syn.Ord.

[39]) Erk. des K.Ob.Trib. v. 9. Nov. 1876, kirchl. Ges. u. V.Bl. 1876/77 S. 145: Die Kirchenvorstandschaft (Pfarramt) stellt sich als ein öffentliches Amt im Sinne des Strafgesetzbuchs und speziell des §. 132 desselben dar.

vergl. Nr. 36 der Instruktion. R. d. Min. d. geistl. Ang. v. 28. März 1878, kirchl. Ges. u. V.Bl. 1878 S. 77:

In den Fällen des §. 31. ist der Gemeinde-Kirchenrath an die Mitwirkung der Gemeindevertretung gebunden.[39a] Die Bestellung außerordentlicher Gemeinde-Repräsentanten nach §. 159. Tit. 11. Theil II. Allgemeinen Landrechts findet nicht ferner statt.

§. 23. Dem Patron verbleiben[40] außer der Theilnahme an der Verwaltung des kirchlichen Vermögens durch die Betheiligung am Gemeinde-Kirchenrath (§. 6.) da, wo derselbe Patronatslasten für die kirchlichen Bedürfnisse trägt,[41] die Aufsicht über die Verwaltung

---

Die Errichtung, Auflösung, sowie die Abänderung der Verfassung juristischer Personen erfordert einen Akt der Staatsgewalt, welcher nach den Verhältnissen des besonderen Falles von dem Landesherrn oder von einer anderen durch denselben oder durch Gesetz hierzu autorisirten Instanz ausgeht. Hierin ist hinsichtlich der gegenwärtig den kirchlichen Behörden unterstellten juristischen Personen, — Anstalten, Stiftungen, Wittwenkassen u. s w. — durch das Ges. v. 3. Juni 1876 u. die Allerh. Verord. v. 9. Sept. 1876 nichts geändert. Es folgt hieraus, daß wenn auch zunächst den kirchlichen Behörden die selbstständig vorbereitende Bearbeitung der Angelegenheiten dieser Art zu überlassen ist, doch der entscheidende Akt der Staatsgewalt nur von den staatlichen Behörden vorgenommen werden kann. Letztere werden daher alle bezüglichen Anträge der kirchlichen Behörden und Organe vom staatlichen Standpunkt aus einer Prüfung zu unterwerfen und die als erforderlich oder zweckmäßig erscheinenden Schritte zu thun haben.

Der gleiche Grundsatz findet auf die Bearbeitung derjenigen Angelegenheiten Anwendung, welche die nach dem Ges. v. 23. Febr. 1870 der landesherrlichen Genehmigung bedürfenden Zuwendungen an die der Verwaltung oder Aufsicht der Kirche unterstellten juristischen Personen betreffen.

39a) Der Min. d. geistl. Ang. hat sich im Einverständniß mit dem Ev. O. K. R. in dem R. v. 20. Nov. 1875, kirchl. Ges. u. V. Bl. 1876/77 S. 122—124 dahin ausgesprochen, daß die in einzelnen Landestheilen bisher bestandene Verfassung der sog. Kirchspielstände durch die Kg. u. Syn. Ord. v. 10. Sept. 1873 gänzlich beseitigt und auch in jenen Landestheilen die kirchl. Vermögensverwaltung durch die in der gedachten Ordnung eingesetzten kirchlichen Gemeindeorgane ausschließlich zu führen ist.

vergl. auch R. des Min. d. geistl. A. v. 18. Mai 1876, kirchl. Ges. u. V. Bl. 1876/77 S. 141, betr. die Beseitigung der Kirchspielstände.

40) vergl. bezüglich der Rechte des Patrons die Nr. 41 u. 42 der Instruktion, und Art. 8 Ges. v. 25. Mai 1874.

41) Die Frage, ob ein Privatpatron, welcher zwar zu kirchlichen Bauten keinerlei Patronatsbeiträge, wohl aber von dem in der betr. Parochie belegenen Rittergute, mit dessen Besitz das Patronat verbunden ist, eine feste jährliche Abgabe an Getreide an Pfarre und Schule (Küsterei), gleich den übrigen grundbesitzenden Eingepfarrten, zu leisten hat, auf Grund dieser festen jährlichen Realleistungen die in §. 23 Kg. O. bestimmten Rechte hinsichtlich der kirchlichen Vermögensverwaltung beanspruchen kann, ist nach dem R. d. Min. d. g. A. v. 7. Juli 1875 (cfr. Bethge, Kg. u. Syn. O. S. 71) nur im Rechtswege definitiv zum Austrage zu bringen; weshalb es dem Patron über-

der Kirchenkasse [42]) und das Recht der Zustimmung zu den nach den bestehenden Gesetzen seiner Genehmigung unterliegenden Geschäften der Vermögensverwaltung. [43])

In letzterer Beziehung gilt jedoch seine Zustimmung zu Beschlüssen des Gemeinde-Kirchenraths und der Gemeindevertretung für ertheilt, wenn er auf abschriftliche Zustellung des betreffenden Beschlusses nicht binnen dreißig Tagen nach dem Empfange dem Gemeinde-Kirchenrath seinen Widerspruch zu erkennen giebt. [44])

Geschicht das Letztere, so steht dem Gemeinde-Kirchenrath der Rekurs an die vorgesetzte Aufsichtsbehörde offen. Diese ist befugt, geeignetenfalls den Widerspruch des Patrons zu verwerfen und dessen Einwilligung zu ergänzen. [44])

Kommt es für Urkunden auf formelle Feststellung der Zustimmung des Patrons an, und ist die letztere wegen Verabsäumung der dem Patron offen stehenden Erklärungsfrist für ertheilt zu erachten, so wird die fehlende Unterschrift desselben durch die zuständige Aufsichtsbehörde ergänzt. [44])

§. 24. Für die Verwaltung der Kirchenkasse hat der Gemeinde-Kirchenrath eines seiner Mitglieder zum Rendanten (Kirchmeister, Kirchenrechner rc.) zu ernennen. [45])

Demselben kann eine Vergütung für sächliche Ausgaben, nicht aber eine Besoldung angewiesen werden.

Auslagen sind ihm zu ersetzen.

---

lassen bleibt, das von ihm beanspruchte Recht, wie es in §. 23 Kg.O. bestimmt ist, event. gerichtlich geltend zu machen.

vergl. auch Anm. 40.

[42]) vergl. Nr. 41 u. 42 der Instruktion.

[43]) vergl. L.R. II. 11 §§. 626, 629, 637, 645, 647, 651 ff., 668 ff., 700, 779, 782, 803, 807, 822 und Anm. 40.

[44]) cfr. Nr. 43 u. 44 der Instruktion u. Art. III Nr. 3 d. Verord. v. 9. Sept. 1876, Art. 8, G. v. 25. Mai 1874. R. des Min. d. geistl. Ang. v. 4. Jan. 1876, kirchl. Ges. u. V.Bl. 1876/77 S. 125, 127: Auch die K. Regierungen sind bei Ausübung der ihnen zustehenden (fiskalischen) Patronatsrechte an die dispositiven Bestimmungen der Kg.O., im Besonderen an die Vorschriften im §. 23 Abs. 2 l. c. gebunden und dem dort gestellten Präjudiz unterworfen. Das R. des Min. der geistl. Ang. v. 23. Jan. 1880, kirchl. Ges. u. V.Bl. 1880 S. 50—52 bejaht die Frage, ob die im Abs. 2 des §. 23 Kg.O. dem Patron für die Erklärung seiner Zustimmung zu Beschlüssen der kirchlichen Gemeindeorgane gewährte 30tägige Frist auch auf die Zustimmung des Patrons zum Beschlusse über den Kirchkassenetat Anwendung findet, da ein solcher Beschluß unzweifelhaft zu den Geschäften der kirchlichen Vermögensverwaltung gehört.

vergl. Nr. 42 u. 43 der Instruktion.

[45]) cfr. Nr. 34 der Instruktion.

Ist nach dem Umfange der Kasse eine unentgeltliche Verwaltung nicht zu erreichen, so kann der Gemeinde-Kirchenrath einen besoldeten Rendanten anstellen; soll jedoch hierzu ein Mitglied des Gemeinde-Kirchenraths ernannt werden, so ist die Genehmigung des Vorstandes der Kreissynode erforderlich. [45])

Die Anzeige von der Ernennung des Rendanten ist dem Konsistorium jedes Mal zu erstatten.

vergl. R. d. Ev.O.K.R. v. 4. Dez. 1877 in Anm. 27.

R. d. Ev.O.K.R. v. 26. Okt. 1874, Aktenst. Heft 22 S. 265, 266: Dem §. 24 Kg.O. über den Kirchenrechner liegt die Voraussetzung zum Grunde, es werde der G.K.R. eines seiner Mitglieder, nicht aber den Vorsitzenden für das Amt der Rendantur erwählen. Wenn indessen von den Mitgliedern des G.K.R. keines sich die ausreichende Befähigung für die Führung der Kassenverwaltungsgeschäfte zutraut, oder nach seinen Lebens- und Geschäftsverhältnissen zur Uebernahme der Kassenführung sich nicht verstehen will, so bleibt nur der Ausweg übrig, die Funktion des Geistlichen als Rendanten zunächst zuzulassen und abzuwarten, daß sich mit der praktischen Geschäftsführung allmälich das Selbstvertrauen und die geistige Kraft unter den Mitgliedern der G.K.Räthe mehrt. (vergl. zu diesem R. den §. 627 L.R. II. 11.)

Nach der Nr. 35 der Instruktion sind Neuanstellungen eines besoldeten Rendanten nur mittelst schriftlichen Vertrages vorzunehmen, in welchem dem Gem.Kirch.Rath jedesmal die Befugniß vorzubehalten ist, den Vertrag mittelst sechsmonatlicher Kündigung zu lösen, und ist eine Kaution zu bedingen, für deren Höhe der Umfang der Geschäftsverwaltung und die für Staatskassenverwaltungen geltenden Bestimmungen zum Anhalt dienen können. Wenn der G.K.R. ausnahmsweise einem seiner Mitglieder die besoldete Kirchenrendantur übertragen will, so kann dies bis dahin, daß die Genehmigung des Kreissynodalvorstandes ertheilt ist (§. 24 Abs. 4 Kg.O.), nur provisorisch geschehen.

Das Ges. v. 25. März 1873, betr. die Kautionen der Staatsbeamten (G.S. S. 125), verordnet:

§. 1. Beamte, welchen die Verwaltung einer dem Staate gehörigen Kasse oder eines dem Staate gehörigen Magazins, oder die Annahme, die Aufbewahrung oder der Transport von, dem Staate gehörigen oder ihm anvertrauten Geldern oder geldwerthen Gegenständen obliegt, haben dem Staate für ihr Dienstverhältniß Kaution zu leisten.

Dasselbe gilt von solchen Beamten, welchen vermöge ihres Amtes anderweitig die Annahme, die Aufbewahrung oder der Transport fremder Gelder oder geldwerther Gegenstände obliegt.

§. 2. Sofern nach bisherigem Rechte gewisse Klassen von Staatsbeamten noch aus anderen, als den im §. 1 bezeichneten Gründen zur Stellung einer Amtskaution verpflichtet sind, können dieselben auch ferner dazu herangezogen werden.

§. 3. Die Klassen der zur Kautionsleistung zu verpflichtenden Beamten und die nach Maßgabe der verschiedenen Dienststellungen zu regelnde Höhe der von ihnen zu leistenden Amtskautionen werden durch Königl. Verordnung bestimmt.

Verord. v. 10. Juli 1874, betr. die Kautionen der Beamten 2c., G.S. S. 260:

§. 2. Soweit für Beamte, denen die Verwaltung, die Annahme, die Auf-

Der Rendant hat folgende Obliegenheiten:

a) Er erhebt die Einnahmen der Kirchenkasse und leistet die Ausgaben aus derselben. Die Ausgaben erfolgen, soweit es sich um feststehende Zahlungen an bestimmte Empfänger handelt, auf Grund des Etats, sonst auf besondere schriftliche Zahlungsanweisung des Vorsitzenden des Gemeinde-Kirchenraths.

b) Er legt dem Gemeinde-Kirchenrathe jährlich Rechnung ab und hat sich den von diesem angeordneten Kassenrevisionen zu unterwerfen.

c) Er führt die nächste Aufsicht über die kirchlichen Gebäude, Grundstücke, Geräthe und sonstigen Inventarienstücke. Wegen der zur Instandhaltung oder Erneuerung derselben erforderlichen Lohnarbeiten, Anschaffungen oder Bau-Unternehmungen hat er beim Gemeinde-Kirchenrathe rechtzeitig Anträge zu stellen.

Im Uebrigen sind für den Geschäftsbetrieb des Rendanten bis auf Weiteres die in den einzelnen Gemeinden geltenden und die im Anschluß daran von den Gemeinde-Kirchenräthen zu treffenden Bestimmungen maßgebend.

§. 25. 10. Der Gemeinde-Kirchenrath ist das Organ der Gemeinde gegenüber den Kirchenbehörden und den Synoden. Er hat das Interesse der Gemeinde sowohl durch Erledigung von Vorlagen der Kirchenregierung, insbesondere bei Parochialveränderungen,[46])

---

bewahrung oder der Transport von Geldern oder geldwerthen Gegenständen nur im Nebenamt obliegt, besondere Bestimmungen über die Kautionsleistung nicht gegeben sind, entscheidet der Verwaltungschef, ob und welche Kaution von denselben nach Maaßgabe des Gesetzes zu leisten ist. Die Höhe der Kaution darf in diesem Falle das Doppelte der für das Nebenamt gewährten Vergütung nicht übersteigen.

[46]) R. des Min. d. geistl. Ang. v. 5. Jan. 1877, kirchl. Ges. u. V.Bl. 1876/77 S. 142: Bei neuen Kirchspielsbildungen ist mit Rücksicht auf §. 25 der Kg.O. und Art. 2 Nr. 4 des Ges. v. 25. Mai 1874 jedesmal die besondere Anhörung der Gem.Kirch.Räthe der betheiligten Gemeinden zu veranlassen. Ueber den Zeitpunkt dieser Anhörung hat die mit der Leitung der Verhandlungen betraute Behörde unter Berücksichtigung der Verhältnisse des einzelnen Falles zu befinden.

R. d. Min. d. geistl. Ang. v. 15. Sept. 1874, Aktenst. Heft 22 S. 267: Das für die Regelung der Parochialverhältnisse bisher geltende Recht hat durch die Vorschriften des Ges. v. 25. Mai 1874 keine Aenderung erfahren. Die Anordnung neuer, durch das lokale Bedürfniß gebotener, parochialer Einrichtungen fällt nach wie vor den Staats- bez. Kirchenbehörden zu, ohne daß es hierfür einer formellen Zustimmung der Interessenten bedarf. In dieser Beziehung ist den Gemeinden kein neues Recht durch die Kg.O. v. 10. Sept. 1873 eingeräumt worden.

als auch geeigneten Falls durch Einbringung von Anträgen wahrzunehmen.

§. 26. 11. Der Gemeinde-Kirchenrath soll in der Gemeinde die Erweckung einer lebendigen Theilnahme an ihren Aufgaben und Interessen sich angelegen sein lassen und zu diesem Behufe namentlich die Wünsche und Anliegen einzelner Gemeindeglieder willig entgegennehmen und fleißig erwägen. Auch hat er bei geeigneten Gelegenheiten, z. B. bei der Wahl der Gemeindevertreter, über die zur Veröffentlichung sich eignenden wichtigeren Vorgänge seines Verwaltungsgebiets der Gemeinde Mittheilung zu machen.

III. Gemeindevertretung.

§. 27. In Kirchengemeinden von 500 Seelen oder darüber wird durch Wahl der Gemeinde (§§. 34. ff.) eine Gemeindevertretung gebildet.[47])

In Gemeinden unter 500 Seelen kommen die Rechte der Gemeindevertretung der Versammlung der wahlberechtigten Gemeindeglieder zu.

Sind mehrere Gemeinden unter einem gemeinschaftlichen Pfarramt verbunden (vereinigte Muttergemeinden, Mutter- und Tochtergemeinden), und beträgt die Gesammt-Seelenzahl derselben 500 oder darüber, so ist für die im §. 2. Absatz 2. vorgesehenen Fälle[48]) in jeder Gemeinde, ohne Rücksicht auf deren Seelenzahl, eine Gemeindevertretung zu bilden.

Ob die für Bildung der Vertretung entscheidende Seelenzahl in einer Gemeinde dauernd vorhanden ist, wird durch Beschluß des Gemeinde-Kirchenraths festgestellt.

§. 28. Die Stärke der Gemeindevertretung beträgt das Dreifache der normalen Zahl der Aeltesten.[49])

Eine stärkere Zahl von Mitgliedern kann auf Antrag der Gemeindevertretung nach gutachtlicher Anhörung der Kreissynode vom Konsistorium 'genehmigt werden.

§. 29. Die Gemeindevertretung verhandelt und beschließt in Gemeinschaft mit dem Gemeinde-Kirchenrathe über die von dem letzteren zur Berathung vorgelegten Gegenstände.[50]) Der Vor-

---

[47]) vergl. R. v. 26. Jan. 1874 in Anm. 18.

[48]) nämlich für alle gemeinsamen Angelegenheiten der Gesammtparochie.

[49]) cfr. §. 27 Kg.Ord.

[50]) vergl. Anm. 51. Das R. d. Ev.O.K.R. v. 15. Nov. 1880, kirchl. Ges. u. V.Bl. 1880 S. 144 ff., bezeichnet es als zweckmäßig, daß in den Protokollen

sitzende des Gemeinde-Kirchenraths ist zugleich Vorsitzender der zu einem Kollegium vereinigten Versammlung.[51])

Sie wird je nach dem vorhandenen Bedürfnisse unter Angabe der wesentlichen Gegenstände der Verhandlung berufen.[52])

Auf Verlangen des Konsistoriums muß die Berufung jederzeit erfolgen.

Die Einladung geschieht durch den Vorsitzenden schriftlich oder in sonst ortsüblicher Weise.[52])

§. 30. Auf die Versammlungen, Berathungen und Beschlüsse der Gemeindevertretung finden die Bestimmungen des §. 11. Anwendung.[53])

über die Verhandlungen der vereinigten Gemeindeorgane am Eingange die Vorlegung der Berathungsgegenstände durch den G.K.R. ausdrücklich erwähnt werde, um die ordnungsmäßig erfolgte Vorbereitung der Beschlußfassung auch äußerlich ersichtlich zu machen.

vergl. Nr. 39 d. Instruktion.

[51]) Nach dem (bei Bethge, Kg.O. S. 80 erwähnten) R. des Ev.O.K.R. v. 15. März 1875 bildet die Gemeindevertretung keineswegs eine selbstständige, zu einem vom G.K.R. getrennten Handeln berufene Körperschaft; sie ist vielmehr ein Organ der kirchengemeindlichen Selbstverwaltung, welches nicht anders zur Funktion gelangt, als so, daß es dem G.K.R. hinzutritt, um mit demselben zusammen in ungetrenntem Kollegium für gewisse Geschäfte (§. 31) ein erweitertes Gemeindeorgan zu bilden.

R. d. Ev.O.K.R. v. 19. März 1874, Aktenst. Heft 22 S. 266: Die Bestimmung des §. 29 Kg.O. über die Vereinigung der Gemeindevertretung mit dem G.K.R. zu einem unter dem Vorsitz des Präses des G.K.R. ungetrennt fungirenden Kollegium spricht eine allgemeine Regel aus, welche bei allen der Gemeindevertretung überwiesenen Geschäften, mithin auchbei der im §. 43 Kg.O. derselben übertragenen Ersatzwahl für die außer der regelmäßigen Zeit ausscheidenden Aeltesten Anwendung findet.

[52]) cfr. Nr. 39 der Instr.

cfr. Anm. 23.

[53]) cfr. Anm. 51. — Zur Gültigkeit eines Beschlusses ist erforderlich, daß mehr als die Hälfte der Mitglieder der beiden kombinirten Gemeindeorgane (G.K.R. und Gemeindevertretung) an der Abstimmung Theil genommen hat. Die Beschlußfähigkeit der Versammlung ist nach der Zahl der erschienenen Mitglieder beider Körperschaften überhaupt festzustellen. Dagegen ist die Annahme irrig, daß vor dem Zusammentritt der beiden Organe jede der beiden Körperschaften, für sich betrachtet, beschlußfähig, also sowohl von dem G.K.R., als auch von der Gemeindevertretung besonders, je mehr, als die Hälfte der Mitglieder erschienen sein müsse. Es genügt vielmehr, daß von der verfassungsmäßigen Zahl der Mitglieder beider Organe überhaupt mehr, als die Hälfte an der Abstimmung Theil genommen haben, ohne Rücksicht darauf, welcher der beiden Körperschaften die einzelnen votirenden Mitglieder angehören.

cfr. §. 29 Kg.O. u. Nr. 40 der Instruktion.

Ist auf die erste Einladung die zur Beschlußfähigkeit erforderliche Mehrheit der Gemeindevertretung nicht erschienen, so ist eine zweite Versammlung zu veranstalten, in welcher die Erschienenen ohne Rücksicht auf ihre Zahl die Gemeinde gültig vertreten. [54])

Die Beschlüsse werden in das Protokollbuch des Gemeinde-Kirchenraths eingetragen. [55])

§. 31. In folgenden Angelegenheiten bedarf der Gemeinde-Kirchenrath der beschließenden Mitwirkung der Gemeindevertretung: [56])

1) Bei dem Erwerb, der Veräußerung und der dinglichen Belastung von Grundeigenthum, der Verpachtung und Vermiethung von Kirchengrundstücken auf länger als zehn Jahre und der Verpachtung oder Vermiethung der den kirchlichen Beamten zur Nutzung oder zum Gebrauch überwiesenen Grundstücke über die Dienstzeit des jeweiligen Inhabers hinaus;

2) bei außerordentlichen Nutzungen des Vermögens, welche die

[54]) In Folge einer von der 9. Westfälischen und der 10. Rheinischen Provinzialsynode gegebenen Anregung über die Frage:

> ob die Beschlußfähigkeit der nach §. 19 der (Rheinisch-Westfälischen) Kirchenordnung v. 5. März 1835 in Gemeinden bis zu 200 Seelen berufenen stimmberechtigten Gemeindeglieder nach den hinsichtlich der Versammlungen der größeren Repräsentation und des Presbyterii bestehenden Grundsätzen zu beurtheilen sei,

hat der Min. d. geistl. Ang. durch R. v. 11. Dez. 1861, Aktenst. des Ev. O. K. R. Heft 14 S. 218 entschieden, daß die Bestimmung, nach welcher zur Gültigkeit der Beschlüsse des aus der Gemeindevertretung und dem Presbyterium bestehenden Kollegiums die Anwesenheit der absoluten Majorität desselben erforderlich ist (A. Ordre v. 22. Aug. 1847), sich auf die Versammlungen der zur Ausübung ihres eigenen Rechts berufenen Mitglieder der kleineren Gemeinden nicht bezieht, und daß vielmehr in diesen Gemeinden die Versammlung der Anwesenden ohne Rücksicht auf deren Zahl für beschlußfähig erachtet werden muß, wenn die Einladung ordnungsmäßig, also in dem Gebiete des A. L. R. nach Maaßgabe des Ges. v. 23. Jan. 1846 (G. S. S. 23), in den übrigen Distrikten aber in Gemäßheit des aus der Natur der Sache sich ergebenden allgemeinen Grundsatzes schriftlich, unter Bezeichnung des zu verhandelnden Gegenstandes, erfolgt ist.

Da die Kg. O. v. 10. Sept. 1873 über diese Frage eine Vorschrift nicht enthält, so wird bei der im Wesentlichen (abgesehen von der Seelenzahl, cfr. §. 27 Kg. O.) gleichartigen Sachlage der oben entwickelte Grundsatz auch für den Geltungsbereich der Kg. O. v. 1873 zur Anwendung gebracht werden können. Das Ges. v. 23. Jan. 1846 siehe in Anm. 151 zu §. 365 L. R. II. 11.

[55]) cfr. Anm. 25.

[56]) vergl. Nr. 38 der Instruktion.

Substanz selbst angreifen, sowie bei Kündigung und Einziehung von Kapitalien, sofern sie nicht zur zinsbaren Wiederbelegung erfolgt;

3) bei Anleihen, soweit sie nicht blos zur vorübergehenden Aushülfe dienen und aus den laufenden Einnahmen derselben Voranschlagsperiode zurückerstattet werden können;

4) bei der Anstellung von Prozessen, soweit sich dieselben nicht auf Eintreibung fortlaufender Zinsen und Gefälle oder die Einziehung ausstehender Kapitalien, deren Zinsen rückständig geblieben sind, beschränken, desgleichen bei der Abschließung von Vergleichen;

5) bei Neubauten und erheblichen Reparaturen an Baulichkeiten, sofern nicht über die Nothwendigkeit der Bauausführung bereits durch die zuständige Behörde endgültig entschieden ist. Für erheblich gelten Reparaturen, deren Kostenanschlag 50 Thlr. übersteigt. Im Fall des Bedürfnisses kann die Gemeindevertretung ein- für allemal die Vollmacht des Gemeinde-Kirchenraths zur Vornahme höher veranschlagter Reparaturen, jedoch nicht über die Summe von je 300 Thlr. hinaus, erweitern.

Die Vorschriften 1. bis 5. finden Anwendung auf alles kirchliche Vermögen, gleichviel, ob es rechtlich der Gemeinde, der Kirche oder einer kirchlichen Stiftung gehört, sofern es nur der Verwaltung der früheren Kirchenvorsteher, der Gemeinde oder einer Gemeindekörperschaft unterlegen hat;

6) bei der Beschaffung der zu den kirchlichen Bedürfnissen erforderlichen Geldmittel und Leistungen, soweit solche nicht nach bestehendem Rechte aus dem Kirchenvermögen oder vom Patrone oder von sonst speziell Verpflichteten zu gewähren sind, insbesondere bei Festsetzung der auf die Gemeinde zu repartirenden Umlagen und bei Bestimmung des Repartitionsfußes, welcher nach Maßgabe direkter Staatssteuern oder am Orte erhobener Kommunalsteuern festgesetzt werden muß;[57])

---

[57]) vergl. Art. 3 alin. 3 u. 4 Ges. v. 25. Mai 1874, Art. III. Nr. 1 Verord. v. 9. Sept. 1876.

R. des Min. d. geistl. A. v. 6. März 1875, kirchl. Ges. u. V.Bl. 1876/77 S. 138—140, betr. die Stellung der kirchl. Gemeindeorgane in Bauangelegenheiten:

Die diesen Organen in der Kg.O. v. 1873 zugewiesene Vertretungsbefugniß bezieht sich lediglich auf die Kirchengemeinde als solche; daher können die Beschlüsse des G.K.R. einzelnen Parochianen oder bestimmten Klassen derselben gegenüber, sofern sie ex speciali causa zu den Kirchenbaukosten herangezogen werden sollen, nur in der Weise zur Geltung gebracht werden, wie dies nach dem besonderen Rechtsverhältnisse in dem betr. Falle zulässig ist.

Was das Verfahren in kirchlichen Bausachen anlangt, so ist davon auszugehen, daß der §. 22 der Kg.O. dem G.K.R. den Beruf ertheilt, die Gemeinde in vermögensrechtlicher Beziehung zu vertreten und das Kirchenvermögen zu verwalten. Demgemäß steht dem G.K.R. die Befugniß zu, über die Errichtung und Ausführung von Bauten und die Beschaffung der dazu erforderl. Kosten, welches alles Geschäfte der Vermögensverwaltung sind, in Hinsicht der Gemeinde maaßgebende Beschlüsse zu fassen. Einschränkungen finden hierin nur soweit statt, als die Kg.O. selbst solche statuirt. Bestimmungen dieser Art finden sich nur im §. 31 l. c., und zwar in der Richtung, daß in gewissen Fällen die Gemeindevertretung von dem G.K.R. hinzugezogen werden muß. Beide in ihrer Vereinigung erfüllen dann dieselbe Funktion, welche im Uebrigen dem G.K.R. allein zusteht: die Kirchengemeinde zu vertreten und ihre Vermögensverwaltung zu besorgen.

Das Zusammenwirken beider Gem.Organe ist erfordert:

1) in §. 31 Nr. 5 zu Beschlüssen über Vornahme von Neubauten und Reparaturen, deren Kostenanschlag 150 M. übersteigt.

   Eine Ausnahme findet statt, wenn die zuständige Behörde über die Nothwendigkeit einer Bauausführung bereits endgültig entschieden hat. Hier ist, soweit die Entscheidung der Behörde reicht, für Beschlüsse der Gem.Organe überhaupt kein Raum mehr offen.

2) ibidem Nr. 6 zur Bestimmung über die Beschaffung der erforderlichen Geldmittel, soweit diese von Seiten der Gemeinde aufgebracht werden sollen, sei es durch Umlage, durch Aufnahme eines Darlehns, oder in anderer Weise.

   Ausgeschlossen ist die Mitwirkung der Gemeindevertretung, wenn die Kosten des Baues nach dem bestehenden Rechte aus dem Kirchenvermögen oder vom Patron oder von sonst speziell Verpflichteten zu gewähren sind.

Hieraus ergiebt sich, daß, abgesehen von Gegenständen unter 150 M. sowie von Fällen, wo eine Entscheidung der Aufsichtsbehörde ergangen ist, die Frage, ob und in welchem Umfange ein Bau vorgenommen werden soll, regelmäßig der Beschlußfassung der vereinigten Gemeindeorgane anheim fällt.

Ist diese Vorfrage erledigt, so hat der G.K.R. die Lage der Kostenbeschaffung zu prüfen. Kommt es dabei auf Umlagen oder sonstige Belastungen der Gemeinde an, so hat er hierüber wiederum den Beschluß der vereinigten Gemeindenorgane zu extrahiren. Ist dagegen die Gemeindekasse zur Zahlung verpflichtet und im Stande, so wird die Bereitstellung der erforderlichen Mittel vom G.K.R. verfügt. Sind endlich speziell für die Baulast Verpflichtete vorhanden, so liegt es dem G.K.R. ob, über die Inanspruchnahme derselben Beschluß zu fassen. Ob er zu diesem Zwecke über das Maaß der an die Einzelnen zu erhebenden Forderungen mit den Letzteren speziell verhandeln will, fällt gleichfalls seinem Ermessen anheim. Eine gesetzl. Verpflichtung dazu besteht nicht.

Thatsächlich werden indeß derartige informative Verhandlungen nicht zu entbehren sein, da die Gem.Organe ohne Anhörung der Interessenten der Regel nach gar nicht in der Lage sind, über das Beitragsverhältniß richtig zu befinden. Treten von Seiten der Beanspruchten Weigerungen hervor, so bleibt dem G.K.R. überlassen, auf Grund des §. 709 L.R. II. 11 bei der Regierung die Feststellung eines Interimistikums nachzusuchen und die endliche Lösung der Differenz im Rechtswege zu gewärtigen. Die Beanspruchung der speziell Verpflichteten durch den G.K.R. ist nichts Anderes, als ein Akt der Verwaltung des Gemeindevermögens.

Aus dem Obigen erhellt, daß die Entscheidung der Frage, ob es einer Verhandlung mit dem Patron oder mit anderen speziell Verpflichteten über das Beitragsverhältniß zu kirchl. Bauten bedarf, von der thatsächlichen Beschaffenheit des einzelnen Falles abhängt. An sich steht der Einleitung solcher Verhandlungen kein Bedenken entgegen. Unter allen Umständen muß aber daran festgehalten werden, daß die Beschlüsse der Gemeindeorgane über die Vornahme und Ausdehnung eines Baues sowie über die Aufbringung der Kosten einer Zustimmung der Parochianen in ihrer Gesammtheit oder nach einzelnen Klassen nicht bedürfen.

R. des Min. d. geistl. A. v. 9. Dez. 1876, kirchl. Ges. u. V.Bl. 1876/77 S. 144, betr. die Beitragspflicht der Sächsischen Rittergutsbesitzer zu den Kosten des Umbaues eines Pfarrhauses: Da es sich bei den die Beitragspflicht der Sächsischen Rittergutsbesitzer zu den Kirchenlasten regelnden Vorschriften der Verordnung v. 11. Nov. 1844, wie insbesondere die §§. 10, 14 und 18 ergeben, keineswegs um einen bloßen Repartitionsfuß handelt, jene Verordnung durch die Kg.O. v. 1873 bez. durch das Ges. v. 25. Mai 1874 nicht als beseitigt erachtet werden kann.

Den Interessenten bleibt überlassen, ihre gegentheilige Auffassung event. im Rechtswege zur Geltung zu bringen.

R. des Min. d. geistl. Ang. v. 23. Juni 1877, kirchl. Ges. u. V.Bl. 1876/77 S. 161:

Die Hand- und Spanndienste in kirchlichen Bauangelegenheiten gehören zu denjenigen Leistungen, auf welche sich der §. 31 Nr. 6 Kg.O. bezieht. Daher eignen sich Beschlüsse über eine von dieser Vorschrift abweichende Vertheilung jener Dienste selbst dann nicht zur Bestätigung, wenn die kirchl. Gem. Organe über die Anwendung eines abweichenden Vertheilungsfußes einig sind, da der einzelne Beitragspflichtige ein Recht auf die Anwendung des gesetzlichen Vertheilungsfußes hat, mithin zu einer anderen Leistungsart nicht gezwungen werden kann. Uebrigens schließt der neue Vertheilungsfuß des §. 31 Nr. 6 die Leistung der Dienste in natura nicht aus, sondern gestattet sie auch ferner in der Weise, daß der Werth der Dienste den Leistenden auf ihren baaren Beitrag in Anrechnung gebracht wird.

R. des Min. d. geistl. A. v. 19. Juli 1877, kirchl. Ges. u. V.Bl. 1876/77 S. 162: Es ist wiederholt die Frage entstanden, ob die Bestimmung im §. 31 Nr. 6 Kg.O. die Folge habe, daß kirchliche Beiträge zu Pfarrbauten, welche nach dem Fuße direkter Staatssteuern umgelegt werden, auf die sämmtlichen Mitglieder einer Parochie auch dann in gleicher Höhe vertheilt werden müssen, wenn die Parochie mehrere Kirchengemeinden (vereinigte Mutter- oder Filialgemeinden) in sich schließt. Diese Frage muß verneint werden. Der §. 31 Nr. 6 regelt lediglich den Vertheilungsfuß. Mit diesem aber haben die Normen keinen Zusammenhang, nach denen zu entscheiden ist, ob oder in welchem Umfange die einzelnen, zu einer gemeinsamen Parochie vereinigten Gemeinden zur Unterhaltung dieses oder jenes kirchlichen Gebäudes beizutragen verpflichtet sind. Es wird häufig vorkommen, daß einzelne Gemeinden für bestimmte Gebäude überhaupt nicht beitragspflichtig sind, wie denn z. B. die zugelegten Mutter- oder Filialgemeinden zum Bau der Kirche des Pfarrortes in der Regel nichts beizutragen haben. Hinsichtlich der materiellen Baupflicht der Gemeinden hat die Kg.O. an dem bestehenden Rechte nichts geändert. Wo also die Pflicht zur Unterhaltung eines bestimmten Gebäudes durch bindende Normen für die verschiedenen Gemeinden einer zusammengesetzten Parochie verschieden geordnet ist, da hat es hierbei auch ferner sein Bewenden. Jede dieser Gemeinden hat alsdann für die Aufbringung des auf sie fallenden Beitrags zu sorgen, und erst, wenn sie hierfür zu Umlagen auf ihre Mitglieder schreiten muß, kommt die Frage des Repartitionsfußes in Betracht und die dafür im §. 31 Nr. 6 gegebene Vorschrift zur Anwendung.

R. d. Min. d. geistl A. v. 12. Juni 1875, kirchl Ges. u. V.Bl. 1876/77 S. 53: Nach §. 1 der Kg. O. haben die Kirchengemeinden ihre Angelegenheiten innerhalb der gesetzlichen Grenzen selbst zu verwalten. Daß zu diesen Angelegenheiten die geistl. Bausachen gehören, liegt in der Natur der Sache und ist an mehreren Stellen der Kg.O., namentlich in §. 31 Nr. 5 ausdrücklich vorausgesetzt. Der §. 31 Nr. 6 l. c., welcher die Beschaffung der zu den kirchlichen Bedürfnissen erforderlichen Geldmittel und Leistungen der Beschlußfassung der kirchl. Organe unterstellt, enthält hinsichtlich der baulichen Bedürfnisse keine Ausnahme, findet mithin ohne Zweifel auch auf die letzteren Anwendung. Derselbe enthält aber zugleich eine bindende Vorschrift über den Repartitionsfuß für die zur Befriedigung der kirchl. Bedürfnisse nöthigen Umlagen. Dieser Vorschrift gemäß dürfen die kirchl. Gemeindeorgane ihren betr. Beschlüssen keinen Repartitionsfuß zu Grunde legen, welcher sich nicht direkten Staatssteuern oder am Orte erhobenen Kommunalsteuern anschließt. Mit der Einführung dieses fortan die allgemeine Regel bildenden Repartitionsfußes ist Alles, was sich im A.L.R., in Provinz. Gesetzen, oder in Observanzen als Vorschrift über den Repartitionsfuß für Beiträge zu geistl. Bauten charakterisirt, gemäß Art. 9 Ges. v. 25. Mai 1874 aufgehoben. Als Vorschrift über den Repartitionsfuß aber wird jede Bestimmung anzusehen sein, welche bisher die Vertheilung kirchlicher Baubeiträge unter die Mitglieder der Gemeinden geregelt hat.

Von hier aus erhellt, was unter den im §. 31 Nr. 6 erwähnten „sonst speziell Verpflichteten" zu verstehen ist. Einerseits sind dies solche Gemeindeglieder, welche vermöge eines von ihrer Gemeindemitgliedschaft unabhängigen besonderen Rechtstitels zu speziellen Leistungen verpflichtet sind, andrerseits sind es Personen, welche, ohne der Gemeinde anzugehören, sei es auf Grund gesetzlicher oder Gesetzeskraft habender Vorschrift, sei es auf Grund besonderen Rechtstitels sich in gleicher Lage befinden.

In diesen Beschränkungen hat an dem bestehenden Rechte nichts geändert werden sollen, wogegen hinsichtlich aller durch die Gemeindeangehörigkeit bedingten Verpflichtungen der durch die Kg.O. neu eingeführte Repartitionsfuß an die Stelle des bis dahin gültig gewesenen Rechts getreten ist. — cfr. auch kirchl. Ges. u. V.Bl. 1876/77 S. 120, 121.

R. des Min. d. geistl. A. v. 19. März 1878, kirchl. Ges. u. V.Bl. 1878 S. 133, 134: Bei Ausführung des R. des Min. v. 12. Juni 1875 ist festzuhalten:

1. daß nur solche Beschlüsse der kirchl. Organe über die Beschaffung der Baukosten zur Bestätigung sich eignen, welche dem §. 31 Nr. 6 Kg.O. in Bezug auf den Vertheilungsfuß entsprechen,
2. daß durch derartige Beschlüsse nur Mitglieder der Gemeinde gebunden werden können, während Ansprüche gegen Dritte im Streitfalle nicht durch Beschlüsse der kirchl. Organe, sondern durch interimistische Festsetzung oder richterliches Urtheil zum Austrage zu bringen sind,
3. daß ordnungsmäßig gefaßte und für vollstreckbar erklärte Beschlüsse der kirchl. Organe über die Herbeischaffung der Kosten die Anwendung jeder anderen Rechtsnorm über die Vertheilung der kirchlichen Baulast ausschließen und keiner Anfechtung im Rechtswege unterliegen. — cfr. Erk. des Komp Gerichtsh. v. 13. Okt. 1877, J.M.Bl. S. 233. — (vergl. Anm. 108 zum §. 260 L.R. II. 11.)

Hierauf bleibt nur die Frage zu beantworten, wie es zu halten, wenn ein zur Bestätigung geeigneter Beschluß der kirchl. Organe über die Herbeischaffung der Baukosten nicht gefaßt wird. In diesem Falle kann ein exekutorischer Titel, welcher geeignet ist, Widerspruch mit Erfolg zu beseitigen, nur durch resolutorische Festsetzung oder durch richterliches Urtheil gewonnen werden. Die Entscheidungsnorm hierfür kann nur den bisherigen materiellen Vorschriften über die kirchl. Baulast entnommen werden. Denn die Bestimmung im §. 31 Nr. 6 Kg.O. in Verbindung mit Art. 9 des Ges. v. 25. Mai 1874 enthält eine Modifikation des bestehenden Rechts nur insoweit, als die Gemeinden von der ihnen beigelegten Autonomie Gebrauch machen, hat aber, wo diese Voraussetzung fehlt, das bestehende materielle Recht unberührt gelassen. Von dieser Auffassung, welcher wenigstens in ihrem letzten Theile auch das K. Ob.Tribunal in 2 Entscheidungen v. 18. Juni und 7. Nov. 1877 gefolgt ist, wird auch Seitens der Verwaltungsbehörden auszugehen sein, wenn es sich darum handelt, in Ermangelung eines bestätigten Beschlusses der kirchl. Organe die Vertheilung der kirchl. Baulast resolutorisch festzusetzen. Denn das Resolut in kirchl. Bausachen ist nicht eine Ergänzung des fehlenden Gemeindebeschlusses, sondern die Anticipation eines richterlichen Urtheils und kann sich dem zu Folge auch nur auf demselben rechtlichen Boden bewegen, welcher, wenn die Sache zum Prozeß käme, die Grundlage der richterlichen Entscheidung zu bilden haben würde. Das Erk. d. Ob.Trib. v. 7. Nov. 1877, Entsch. Bd. 81 S. 75 stellt den Grundsatz auf, daß die kassatorische Klausel in Art. 9 des Ges. v. 25. Mai 1874 auf alle nicht die Bildung der Kirchen- und Gemeindeorgane betreffenden Rechtsverhältnisse der Kirchen und Kirchengemeinden überall keinen Bezug habe, und daher alle in dieser Beziehung bisher bestandenen Gesetze, Lokalverordnungen und Observanzen unberührt geblieben seien, was namentlich von der Kirchen- und Pfarrbaulast gelte, und daß Nr. 6 in §. 31 der Kg.O. sich nur auf die Ausschreibung neuer von der Gemeinde zu entrichtender Steuern beziehe, wohin die Kirchen- und Pfarrbaulast der Regel nach nicht gehöre. (vergl. Erk. d. Ob.Trib. v. 18. Juni 1877, Entsch. Bd. 80 S. 124.) Das Erk. des Reichsgerichts v. 8. Jan. 1880, Entsch. Bd. 1 S. 140 nimmt in Uebereinstimmung mit dem K. Obertribunal aus den in dessen Erkenntniß v. 7. Nov. 1877 angeführten Gründen an, daß die über die Vertheilung der Kirchenbaulast, namentlich bezüglich der Personen der Beitragspflichtigen, bestehenden gesetzlichen Bestimmungen nicht durch §. 31 Nr. 6 der

Kg.O. u. Art. 9 des Ges. v. 25. Mai 1874 aufgehoben sind. Die in §. 31 Nr. 6 erwähnten Umlagen beziehen sich, wie im Erkenntniß des Obertribunals mit Recht angenommenen worden, auf gewisse neue Abgaben und Leistungen, welche mit den im §. 15 des Ges. v. 24. Mai 1861 gemeinten nicht identisch sind, namentlich bezieht sich die Umlage des §. 31 Nr. 6 nicht auf die Leistungen zum Kirchenbau. (Im Uebrigen beschäftigt sich das Erk. v. 8. Jan. 1880 mit der Frage der Zulässigkeit des Rechtsweges gegen eine von der Regierung für vollstreckbar erklärte Umlage, an der Hand des §. 15 des Ges. v. 24. Mai 1861, betr. die Erweiterung des Rechtsweges, und gelangt zu der Folgerung, daß zu den im §. 15 (vergl. Nr. 1 der Cab.Ordr. v. 19. Juni 1836) gedachten beständigen Abgaben und Leistungen die kirchlichen Baukosten, welche zu verschiedenen Zeiten, nach gelegentlichem Bedürfniß, und in dem mannichfachsten Umfange aufzubringen sind, nicht gehören.)

Erk. des Gerichtshofs zur Entsch. der Kompetenz-Konfl. v. 8. Jan. 1881, kirchl. Ges. u. V.Bl. 1881 S. 42, betr. die Unzulässigkeit des Rechtsweges gegen einen gemäß §. 31 Nr. 6 der Kg.O. gefaßten und für vollstreckbar erklärten Umlagebeschluß der Gemeindeorgane:

Bis zum 1. Juli 1874 wurden im Gebiet des Allg. L.R. Streitigkeiten über Kirchen- und Pfarrbaulast ausschließlich in der Weise zum Austrag gebracht, daß die Regierung gemäß §§. 707, 709 L.R. II. 11 vorläufig eine vollstreckbare Entscheidung traf und demjenigen, der sich dadurch benachtheiligt fand, die Beschreitung des ordentlichen Rechtsweges unbeschränkt offen stand. Für die materielle Entscheidung dieser Streitigkeiten waren diejenigen, in allgemeinen Gesetzen, Provinzial-, Lokalgesetzen oder Observanzen enthaltenen Rechtsnormen maaßgebend, welche nach Lage des Falles Anwendung zu finden hatten. Alle diese Vorschriften, sowohl die formellen, als auch die materiellen, bestehen auch heute noch zu Recht. Dagegen hat ihre Anwendbarkeit eine erhebliche Einschränkung erfahren durch die Kg.O. v. 10. Sept. 1873 u. das dazu ergangene Staatsgesetz v. 25. Mai 1874. Nach §. 1 der ersteren haben die Kirchengemeinden ihre Angelegenheiten innerhalb der gesetzlichen Grenzen selbst zu verwalten. Daß zu „ihren Angelegenheiten" auch die kirchlichen Bausachen gehören, ist nicht zu bezweifeln . . . . .

Wenn es sich nun um Aufbringung von kirchlichen oder Pfarrbaukosten handelt, so liegt es zunächst im Begriffe der Selbstverwaltung, daß die Wirksamkeit aller von den Gemeindeorganen zu fassenden Beschlüsse sich nicht über den Bereich der Gemeindeangehönigkeit hinaus erstrecken kann. Daher sind die Verpflichtungen des Patrons oder solcher Personen, welche, ohne der Gemeinde anzugehören, zu gewissen Bauleistungen rechtlich verpflichtet sind, nicht Gegenstand einer bindenden Beschlußfassung der Gemeindeorgane. Hinsichtlich dieser Personen und ihrer Beitragspflicht hat es lediglich bei den nach Lage des Falles zur Anwendung kommenden gesetzlichen Bestimmungen sein Bewenden. Was dagegen den auf die Gemeinde fallenden Baubeitrag anlangt, so sind 4 Fälle denkbar:

1. die Gemeindeorgane fassen überhaupt keinen Beschluß über den Aufbringungsmodus,
2. sie fassen zwar einen solchen, er ist aber aus irgend welchem Mangel zur Bestätigung nicht geeignet,
3. sie beschließen, daß der Gemeindebeitrag nach Maaßgabe der zur Anwendung kommenden gesetzlichen Normen aufgebracht werden soll.

In diesen 3 Fällen kommen sowohl in formeller, als auch in materieller Beziehung ganz dieselben Rechtsnormen zur Anwendung, nach welchen auch vor Erlaß der Kg.O. zu entscheiden gewesen wäre. Entsteht Streit, so hat die Regierung, soweit es für die ungehinderte Fortführung des Baues nöthig ist, in interimistico zu entscheiden, und Jeder, der sich beeinträchtigt findet, hat unbeschränkte Freiheit, die richterliche Entscheidung anzurufen.

Wesentlich anders gestaltet sich die Sache in dem 4. möglichen Falle. Vermöge der den Kirchengemeinden durch die Kg.O. gewährten Autonomie können nämlich die Gemeindeorgane auch beschließen, den auf die Gemeinde fallenden Baubeitrag durch eine auf die Gemeinde zu repartirende Umlage zu decken. Sie unterliegen hierbei keiner anderen Beschränkung, als daß der Repartitionsfuß an direkte Staatssteuern oder am Orte bestehende Kommunalsteuern sich anschließe, §. 31 Nr. 6 Kg.O., und daß die Umlage von der Staatsbehörde für vollstreckbar erklärt werden muß, Art. 3 Abs. 3 Ges. v. 25. Mai 1874. Ein so gearteter Beschluß bildet, weil auf der Grundlage der bestehenden Gesetze gefaßt, die nächste Rechtsnorm für das Verhältniß der Betheiligten und schließt damit die Anwendung der entfernteren Rechtsnormen über kirchliche Baulast, mögen dieselben in Observanzen, Lokalrecht, Provinzial- oder allgemeinen Gesetzen enthalten sein, aus. So wenig ein zur Anwendung kommendes Lokalrecht die rechtliche Gültigkeit des Provinzialgesetzes, oder ein zur Anwendung kommendes Provinzialgesetz die rechtliche Gültigkeit des allgemeinen Gesetzes beeinträchtigt, ebensowenig berührt der autonome Beschluß der kirchlichen Gemeindeorgane die rechtliche Gültigkeit irgend welcher materieller Rechtsnormen über kirchliche Baulast. Aber er geht ihnen als die nähere Rechtsquelle vor, gerade so, wie das Lokalrecht dem Provinzialgesetz und das Provinzialgesetz dem Landesrecht vorgeht. Die Entscheidungen des Obertribunals v. 18. Juni u. 7. Nov. 1877, Entsch. Bd. 80 S. 124 u. Bd. 81 S. 75, und des Reichsgerichts v. 8. Jan. 1880, Entsch. Bd. 1 S. 140 verkennen den dieser kirchlichen Organisation zu Grunde liegenden Gedanken. Nach richtiger Auslegung der Kirch.Gem.Ord. u. des Ges. v. 25. Mai 1874 ist jede gerichtliche Klage unstatthaft, welche darauf abzielt, im Widerspruch mit einer rite beschlossenen und für vollstreckbar erklärten Umlage oder unter Ignorirung eines solchen Beschlusses eine andere Vertheilung kirchlicher Baulasten durchzusetzen. Ein so gearteter Beschluß kann im Rechtswege nur unter denselben Voraussetzungen angefochten werden, welche hinsichtlich der Staats- und Gemeindeabgaben im Gesetz bezeichnet sind. cfr. Erk. des Kompet.Ger.hofs v. 13. Okt. 1877, J.M.Bl. S. 233. —

Hegel (in der Zeitschrift für Kirchenrecht von Dove und Friedberg XVII. Bd. Neue Folge. Zweiter Band, Heft 1 S. 127) rechtfertigt auf Grund einer eingehenden Untersuchung und Vergleichung der einschlägigen Gesetzgebung und Judikatur nach Maaßgabe der bestehenden Gesetzgebung folgende Thesen:

1) Die Gemeindeorgane sind nach §. 31 Nr. 6 der Kg.O. befugt, zur Beschaffung von kirchlichen Baukosten, die nicht von sonst speziell Verpflichteten zu gewähren sind, und welche die Kirchengemeinde aufzubringen verpflichtet ist, Umlagen auf die Gemeinde zu beschließen, müssen aber bei der Vertheilung auf die Mitglieder ihrer Gemeinde den daselbst ihnen vorgeschriebenen Repartitionsfuß mit Ausschluß jedes anderen Maaßstabes zur Anwendung bringen.

2) Eine derartig beschlossene Umlage ist, sobald sie von dem Regierungs- (in Berlin Polizei-) Präsidenten für vollstreckbar erklärt worden, mit Hülfe administrativer Exekution einzuziehen, und es kann dagegen nur insoweit, als es bei öffentlichen Abgaben zulässig ist, der Rechtsweg beschritten werden.

3) Halten sich die Gemeindeorgane für berechtigt, zunächst und vor einer Umlage auf die Gemeinde andere speziell Verpflichtete wegen Beschaffung von kirchlichen Baukosten in Anspruch zu nehmen, und es kann diese Forderung nicht in Güte verglichen werden, so hat die Bezirksregierung über die streitigen Leistungen eine interimistische Entscheidung zu treffen und zu vollstrecken; dagegen steht aber den Betheiligten der Rechtsweg offen. Zu den nach bestehendem Rechte speziell Verpflichteten gehören in der Mark Brandenburg nicht blos der Patron, sondern auch die nach Provinzialrecht verpflichteten Ortseinwohner oder die bürgerliche Gemeinde.

4) Weigern sich die Gemeindeorgane, die von den Aufsichtsbehörden zu einem für nothwendig erkannten Bau festgestellten Kosten durch Gemeindeumlage aufzubringen, ohne einen näher Verpflichteten in Anspruch nehmen zu können, so ist das Konsistorium im Einvernehmen mit der Staatsbehörde befugt, die Baukosten als gesetzliche Leistungen in den Etat der Gemeinde einzutragen und die Einziehung im Verwaltungszwangsverfahren zu bewirken. Gegen dieses Verfahren und die Eintragung können die Gemeindeorgane bei dem Oberverwaltungsgericht Klage erheben. —

Erlaß des Minist. der geistl. Angel. v. 15. Jan. 1881, betr. die Anweisung für die Ausführung der Umlagebeschlüsse der kirchl. Gemeinde-Organe, kirchl. Ges. u. V.Bl. 1881 S. 10 ff.:

Im Einverständnisse mit dem Evang. Ob. Kirch. Rathe hat der Minister der geistl. Angel. für die Ausführung von Umlagebeschlüssen der kirchl. Gemeindeorgane in dem Geltungsbereiche des Ges. v. 3. Juni 1876, G.S. S. 125 die nachstehende Anweisung ertheilt:

1. Die Umlagebeschlüsse der Gemeindeorgane (§. 31 Nr. 6 Kg.O. v. 10. Sept. 1873 u. §. 18[d] der Rheinisch-Westfälischen Kirchen-Ordnung v. 5. März 1835 in Verbindung mit Nr. 11[1] der Zusätze v. 25. Aug. 1853) müssen die mit der Umlage zu belastenden Kirchengemeinden, den Zweck der Umlage, den Gesammtbetrag derselben und den zur Anwendung zu bringenden Beitragsfuß, sowie die Fälligkeitstermine bestimmt bezeichnen.

2. Zur Ausführung eines Umlagebeschlusses darf der Gem. Kirch. Rath (das Presbyterium) erst schreiten, nachdem zu demselben die kirchenaufsichtliche Bestätigung des Konsistoriums und die Genehmigung der Staatsbehörde ertheilt ist.

   Zu diesem Zwecke ist der Umlagebeschluß der vereinigten Gemeindeorgane nebst den zur Prüfung erforderlichen Unterlagen dem Konsistorium vorzulegen, welches ihn nebst den Unterlagen der Staatsbehörde mittheilen wird.

3) Jeder Einziehung von Umlagebeschlüssen muß ferner die ordnungsmäßige Aufstellung und öffentliche Auslegung einer Heberolle vorausgehen. Die Aufstellung der Heberolle erfolgt, abgesehen von Fällen äußerster

Dringlichkeit, erst nach Ertheilung der in Nr. 2 gedachten Zustimmungs-Erklärungen der vorgesetzten Behörden.

Die Heberolle hat den Umlageantheil und den der Berechnung desselben zum Grunde liegenden Staats- oder Kommunalsteuerbetrag jedes einzelnen Verpflichteten, sowie den Gesammtbetrag der Umlage und der der Berechnung derselben zum Grunde gelegten Staats- oder Kommunalsteuer nebst dem Prozentsatze deutlich ersichtlich zu machen.

Die Offenlegung der Heberolle muß in der Regel 14 Tage lang stattfinden. Ort und Dauer der Offenlegung sind in ortsüblicher Weise öffentlich bekannt zu machen. Für besonders einfache oder eilige Fälle kann das Konsistorium ausnahmsweise eine kürzere Dauer der Offenlegung gestatten. Die ertheilte Genehmigung ist in der Bekanntmachung zu erwähnen.

Bei den im Laufe des Jahres etwa nothwendig werdenden Nachbesteuerungen kann die Offenlegung der Heberolle durch besondere Benachrichtigung der Verpflichteten ersetzt werden.

4) Eine Zwangsvollstreckung von Umlagen kann nur auf Grund vorheriger, durch die Staatsbehörde ertheilter Vollstreckbarkeitserklärung der Heberolle vollzogen werden. Dieselbe ist unter Vorlage eines Nachweises über die ordnungsmäßige Offenlegung der Heberolle, bez. über die besondere Benachrichtigung der Verpflichteten (Nr. 3) und im Uebrigen in den von dem Konsistorium besonders vorgeschriebenen Formen des Geschäftsganges nachzusuchen.

5) Die Zwangsvollstreckung ist durch die vom Staate zur Anordnung und Leitung des Zwangsverfahrens ermächtigten Vollstreckungsbehörden (Art. 23 Abs. 3 Ges. v. 3. Juni 1876, G.S. S. 125, u. §. 3 Abs. 1 u. 3 der Verordn. v. 7. Sept. 1879, G.S. S. 591) zu bewirken, und zwar

a) falls das gesammte Einziehungsgeschäft mit Genehmigung der Bezirksregierung dem örtlichen Staats- oder Kommunal-Steuererheber übertragen ist, ohne weiteren Antrag durch diesen,

b) andrenfalls durch die von der Bezirksregierung für jede Kirchengemeinde ein für allemal zu bestimmende Vollstreckungs-Behörde (§. 3 Abs. 3 a. a. O.) auf den Antrag des Rendanten der Kirchengemeinde (Kirchmeisters), welchem die Restliste nebst der Heberolle und der Vollstreckbarkeitserklärung beizufügen ist. Insofern nicht in dem Falle unter a. eine Remuneration für die Gesammterhebung besonders vereinbart ist, haben die Vollstreckungsbehörden auf die ihnen nach Maaßgabe der Bestimmung im Art. 3 Abs. 2 der Ausführungsanweisung v. 15. Sept. 1879 zu der Verordnung v. 7. Sept. 1879 zu gewährende Remuneration*) und die Vollziehungsbeamten

*) Nach Art. 3 Abs. 2 a. a. O. sind die Regierungen (Landdrosteien, Polizeipräsidium in Berlin) ermächtigt, bei der Bestimmung einer Vollstreckungsbehörde nach §. 3 Abs. 3 der Verordnung einen von der Behörde oder Korporation, für deren Rechnung die Zwangsvollstreckung erfolgt, zu entrichtenden verhältnißmäßigen Beitrag zu der Remuneration der Vollstreckungsbehörde und der Vollziehungsbeamten festzusetzen.

auf die in dem Tarife zu der Verord. v. 7. Sept. 1879 festgesetzten Gebühren Anspruch.

6) Die Zwangsvollstreckung erfolgt unbeschadet des Reklamationsverfahrens.

7) Reklamationen (§. 1 u. 3 Ges. v. 18. Juni 1840, G.S. S. 140) sind binnen einer 3monatlichen Ausschlußfrist vom Tage der Offenlegung der Heberolle bez. der besonderen Benachrichtigung der Verpflichteten (Nr. 3) an zulässig. Ueber dieselben entscheidet der Gem. Kirch. Rath (Presbyterium). Gegen dessen ablehnenden Bescheid steht den Betheiligten binnen einer 6wöchentlichen Ausschlußfrist vom Tage der Zustellung des Bescheides an der Rekurs an die vorgesetzten Behörden zu. Derselbe ist an das Konsistorium einzureichen und von diesem mittelst gutachtlicher Aeußerung alsbald an die Staatsbehörde abzugeben, welche die erforderliche Entscheidung zu treffen hat.

8) Einwendungen, welche nur vermeintliche Mängel des Zwangsverfahrens (§. 2 Abs. 2 der Verord. v. 7. Sept. 1879, G.S. S. 591) oder die angebliche Unzulässigkeit der Zwangsvollstreckung wegen nachgewiesener Berichtigung des beizutreibenden Geldbetrages oder wegen ertheilter Fristbewilligung (§. 25 a. a. O.) betreffen, sind unmittelbar an die dem Vollstreckungsbeamten vorgesetzte staatliche Dienstbehörde zu richten.

9) Unter der Staatsbehörde in Nr. 2—4 und 7 dieser Bestimmungen ist für die östlichen, dem Geltungsbereiche des Ges. v. 3. Juni 1876 angehörigen Provinzen der Monarchie der Regierungspräsident (in Berlin der Polizeipräsident), für Westfalen und die Rheinprovinz die Bezirksregierung zu verstehen.

10) In Betreff der Ausführung von Umlagebeschlüssen der vereinigten Kreissynoden von Berlin bleiben besondere Vorschriften vorbehalten. (vergl. diese vorbehaltenen Vorschriften in dem R. des Min. d. geistl. Ang. v. 10. Sept. 1881, kirchl. Ges. u. V.Bl. 1881, S. 111 ff.).

Die Verordnung v. 7. Sept. 1879, betr. das Verwaltungszwangsverfahren wegen Beitreibung von Geldbeträgen, G.S. 1879 S. 591, bestimmt, daß die Zwangsvollstreckung wegen aller derjenigen Geldbeträge, welche nach den bestehenden Vorschriften auf Grund einer Entscheidung oder Anordnung der zuständigen Verwaltungsbehörde, eines Verwaltungsgerichts, einer Auseinandersetzungsbehörde oder eines solchen Instituts einzuziehen sind, dem die Befugniß zur Zwangsvollstreckung zusteht, ausschließlich nach den Vorschriften dieser Verordnung (v. 7. Sept. 1879) zu erfolgen hat.

Die bestehenden Bestimmungen darüber, welche Abgaben, Gefälle und sonstigen Geldbeträge der Beitreibung im Verwaltungszwangsverfahren unterliegen, werden durch diese Verordnung nicht berührt. (§. 1.)

Diejenigen Behörden oder Beamten, welchen die Einziehung der der Beitreibung im Verwaltungszwangsverfahren unterliegenden Geldbeträge zusteht, bilden die zur Anordnung und Leitung des Zwangsverfahrens zuständigen Vollstreckungsbehörden. Auf die Beamten der Korporationen, welche nach den bisherigen Vorschriften zur eignen Zwangsvollstreckung nicht berechtigt sind, findet diese Bestimmung nicht Anwendung. (§. 3.)

Fehlt es an einer nach den vorstehenden Vorschriften zuständigen

7) bei Veränderungen bestehender und Einführung neuer Gebührentaxen;[58])

8) bei Bewilligungen aus der Kirchenkasse zur Dotirung neuer Stellen für den Dienst der Gemeinde, sowie zur dauernden Verbesserung des Einkommens der bestehenden; bei dauernder Verminderung solcher, auf der Kirchenkasse haftender Bewilligungen; bei Verwandlung veränderlicher Einnahmen

---

Vollstreckungsbehörde, so hat die Bezirksregierung (Landdrostei, Polizeipräsidium in Berlin) eine solche zu bestimmen. (§. 3.)

Im Uebrigen regelt diese Verordnung, welcher auch der Gebührentarif für die Kosten der Zwangsvollstreckung angehängt ist, das bei der letzteren zu beobachtende Verfahren ausführlich.

R. des Minist. der geistl. Angel. v. 24. Jan. 1881, kirchl. Ges. u. V.Bl. 1881 S. 33: Nachdem das Reichsgericht (cfr. Erk. v. 8. Jan. 1880, Entsch. Civilsenat, Bd. 1 S. 40) sich der Anschauung des früheren Obertribunals (Entsch. Bd. 80 S. 132, Bd. 81 S. 75) angeschlossen hat, daß durch §. 31 Nr. 6 Kg.O. bez. Art. 9 des Ges. v. 25. Mai 1874 nicht die betreffs der Vertheilung kirchlicher Lasten bestehenden Bestimmungen ohne Weiteres aufgehoben seien, wird Seitens der Verwaltung nicht wohl eine entgegengesetzte Praxis beobachtet werden können. Der H. Minister ist daher der Ansicht, daß wie vor dem Erlaß jener Gesetze, so auch jetzt behufs Einhebung der schon damals nach allgemeinen Gesetzen, sowie nach notorischer Bezirks- und Ortsverfassung bestandenen, laut Obigem nicht ipso jure für beseitigt zu erachtenden Parochiallasten und Abgaben die in der Kab.Ordre v. 19. Juni 1836 zugesagte Administrativ-Exekution zu gewähren sein wird.

[58]) R. d. Min. d. geistl. A. v. 19. Sept. 1874, Aktenst. Heft 22 S. 267, 268: Für die Feststellung der Stolgebührentaxen ist zu der durch das A.L.R. vorgeschriebenen Genehmigung des Staates und der geistl. Oberen in Folge des §. 31 Nr. 7 Kg.O. das neue Requisit der Zustimmung der Gemeinde durch das Organ ihres Kirchenraths und ihrer Vertretung hinzugekommen. Die Meinung, daß die so entstandene Erklärung der Gemeinde gegenüber dem Staate und den geistl. Oberen nur informatorische Bedeutung besitze, weil die gesetzl. Verwaltungsnormen durch die Kg.O. keine Veränderung erfahren haben, wie §. 22 alin. 3 der letzteren ergebe, ist unbegründet. Vergl. Art. 3 alin. 1 Ges. v. 25. Mai 1874. Dies gilt auch, wenn es sich darum handelt, die Klassifikation der Stolgebühren durch eine andere Klasseneintheilung zu ersetzen; denn eine Veränderung der bestehenden Taxe ist hierin jedenfalls enthalten, und die Mitwirkung der Gemeindevertretung ist in diesem Falle ebenso nothwendig, als bei Einführung einer neuen Taxe. §. 31.

vergl. d. Reskript d. Ev.O.K.R. v. 15. Dez. 1877, kirchl. Ges. u. V.Bl. 1878 S. 4, 5, betr. die Mitwirkung der kirchl. Gem.Organe in Angelegenheiten der Einführung oder Veränderung von Gebührentaxen. Nach diesem R. liegt ausreichender Anlaß vor, eine Mitwirkung der größeren Gemeinderepräsentation in Stolgebührenangelegenheiten auch in den westlichen Provinzen der Regel nach und insbesondere, wenn es sich um Erhöhung von Stolgebühren handelt, zu fordern.

der Kirchenbeamten in feste Hebungen oder bei Umwandlung von Natural-Einkünften in Geldrente, letzteres, soweit nicht die Umwandlung in dem durch die Staatsgesetze geordneten Ablösungsverfahren erfolgt;[59])

---

[59]) vergl. Ges. v. 27. April 1872, betr. die Ablösung der den geistlichen und Schulinstituten, sowie den frommen und milden Stiftungen rc. zustehenden Realberechtigungen, G.S. S. 417 und Aktenstücke d. Ev.O.K.R. Bd. 6 S. 355, ferner das Ges. v. 11. Juni 1873, betr. die Abänderung des §. 3 des Ges. v. 19. März 1860 (G.S. S. 98) wegen Revision der Normalpreise. G.S. S. 356 und Aktenst. Heft 21 S. 149.

cfr. Ergänz.gesetz v. 15. März 1879 zu dem Ges. v. 27. April 1872, betr. die Ablösung der geistl. Reallasten, G.S. S. 123, kirchl. Ges. u. V.Bl. 1879 S. 81.

Das oben erwähnte Ablösungsgesetz v. 27. April 1872 verordnet für diejenigen Landestheile, in welchen das Gesetz, betr. die Ablösung der Reallasten und die Regulirung der gutsherrlichen und bäuerlichen Verhältnisse, v. 2. März 1850 Gültigkeit hat, was folgt:

§. 1. Das Gesetz, betr. die Ergänzung und Abänderung des Ablösungsges. v. 2. März 1850 bezüglich der Ablösung der den geistlichen und Schulinstituten, sowie den frommen und milden Stiftungen rc. zustehenden Reallasten v. 15. April 1857 (G.S. S. 363 ff.) wird aufgehoben.

§. 2. Das Gesetz v. 2. März 1850, betr. die Ablösung der Reallasten und die Regulirung der gutsherrlichen und bäuerlichen Verhältnisse (G.S. S. 77 ff.), kommt fortan auch in Ansehung derjenigen Berechtigungen, welche Kirchen, Pfarren, Küstereien, sonstigen geistlichen Instituten, kirchlichen Beamten, öffentlichen Schulen und deren Lehrern, höheren Unterrichts- und Erziehungsanstalten, frommen und milden Stiftungen oder Wohlthätigkeitsanstalten, sowie den zur Unterhaltung aller vorgedachten Anstalten bestimmten Fonds zustehen, mit nachfolgenden Bestimmungen zur Anwendung.

§. 3. Alle im §. 2 bezeichneten Realberechtigungen sind, soweit sie nicht bereits in feste Geldrente verwandelt worden, auf den Antrag sowohl des Berechtigten als des Verpflichteten nach den Grundsätzen des Ablösungsgesetzes v. 2. März 1850 auf ihren jährlichen Geldwerth zu berechnen und demnächst unter Anwendung der in den §§. 19 bis 25 a. a. O. bestimmten Preise in eine Roggenrente zu verwandeln. Der im §. 26 a. a. O. angeordnete Abzug von 5 Prozent wegen der geringeren Beschaffenheit der Getreideabgabe im Verhältniß zum marktgängigen Getreide, bleibt dabei ausgeschlossen. Die Roggenrente ist in Gelde nach dem jährlichen nach Maaßgabe der §§. 20, 21 und 23 bis einschließl. 25 a. a. O. ermittelten Marktpreise abzuführen.

§. 4. Die nach §. 3 ermittelten, sowie die schon rechtsverbindlich feststehenden Renten (§§. 3 bis 6 des Ges. v. 15. April 1857) können auf den Antrag des Berechtigten wie des Verpflichteten abgelöst werden.

Zu diesem Behufe wird der jährliche Geldwerth der Roggenrenten nach dem Durchschnitt der bei der Abführung maaßgebenden Marktpreise berechnet. Bei Ermittelung dieses Durchschnitts werden die Preise der letzten 24 Jahre vor Anbringung des Ablösungsantrages mit Weglassung der beiden theuersten und der beiden wohlfeilsten zu Grunde gelegt.

§. 5. Der nach §. 4 festgestellte Jahreswerth der Reallasten wird:

a) wenn der Antrag von dem Verpflichteten ausgeht, zum 25fachen Betrage,

b) wenn der Antrag von dem Berechtigten ausgeht, zum $22^2/_9$fachen Betrage

durch Kapital abgelöst.

Die Abfindung erfolgt durch die Vermittelung der Rentenbanken. Dem Verpflichteten steht jedoch frei, baar zum 25fachen, bez. zum $22^2/_9$fachen Betrage abzulösen.

§. 6. Bei der Ablösung durch Baarzahlung ist der Verpflichtete befugt, das Kapital in 4 aufeinanderfolgenden einjährigen Terminen, von dem Ablaufe der Kündigungsfrist an gerechnet, zu gleichen Theilen abzutragen. Doch ist der Berechtigte nur solche Theilzahlungen anzunehmen verbunden, die mindestens 100 Thaler betragen. Der jedesmalige Rückstand ist mit 4 Prozent jährlich zu verzinsen.

§. 7. Für die Vermittelung der Rentenbank ist das Ges. v. 2. März 1850 (G.S. S. 112 ff.) maaßgebend. Dabei bleiben aber diejenigen Bestimmungen, welche eine Tilgungsperiode von $41^1/_{12}$ Jahren voraussetzen, ohne Anwendung, und außerdem treten nachfolgende Abänderungen des Rentenbankgesetzes ein:

1) der Berechtigte erhält den nach §. 5 berechneten Betrag in Rentenbriefen nach deren Nennwerthe und soweit dies durch solche nicht vollständig geschehen kann, oder es von der Verwaltung der Rentenbank vorgezogen wird, in baarem Gelde.

2) Der Besitzer des pflichtigen Grundstücks hat vom Zeitpunkte der Rentenübernahme und während der Tilgungsperiode von $56^1/_{12}$ Jahren an die Rentenbank eine Jahresrente zu entrichten, welche $4^1/_2$ vom Hundert der an den Berechtigten zu gewährenden Abfindung beträgt; Rententheile unter einem vollen Silbergroschen werden von der Rentenbank nicht übernommen, vielmehr wird der 25- oder $22^2/_9$fache Betrag derselben, je nachdem die Abfindung gemäß §. 5a oder 5b erfolgt, von dem Besitzer des verpflichteten Grundstücks unmittelbar an den Berechtigten gezahlt.

3) Die Ueberweisung von Abgabenrückständen auf die Rentenbank nach Vorschrift des §. 99 des Ablös.ges. v. 2. März 1850 ist unzulässig.

§. 8. Die nach dem Ges. v. 26. April 1858 (G.S. S. 273) erfolgte Schließung der Rentenbanken steht der Ausführung des gegenwärtigen Gesetzes nicht im Wege. Jedoch findet die Vermittelung der Rentenbanken nur bei denjenigen Kapitalablösungen statt, welche bei der zuständigen Auseinandersetzungsbehörde bis zum 31. Dez. 1873 beantragt werden. Für den Berechtigten geht mit Ablauf dieser Frist die Befugniß, auf Kapitalablösung anzutragen, mit Ausnahme des im folgenden §. (9) gedachten Falles überhaupt verloren.

§. 9. Bei einer Zerstückelung von Grundstücken sind die Berechtigten zu fordern befugt, daß ihre Geld- und Roggenrenten, welche nach der Vertheilung unter 4 Thlr., bez. 2 Neuscheffel Roggen betragen, durch Erlegung des 25fachen Baarbetrages abgelöst werden. Zu diesem Behufe wird der Jahreswerth der Rente auf die im §. 3 angegebene Weise berechnet.

§. 10. Die Provokation auf Umwandlung (§. 3) oder Ablösung (§. 4) Seitens des Berechtigten muß sich mit Ausnahme des im §. 9 gedachten Falles stets auf alle Reallasten erstrecken, welche für ihn auf den Grundstücken desselben

9) bei der Feststellung des Etats der Kirchenkasse und der Voranschlagsperiode; sowie, wenn die jährliche etatsmäßige Solleinnahme der Kirchenkasse 300 Thlr. oder mehr beträgt, bei der Abnahme der Jahresrechnung und Ertheilung der Decharge. [60])

In allen Fällen ist der Etat und die Jahresrechnung nach erfolgter Feststellung resp. Decharge auf 14 Tage zur Einsicht der Gemeindeglieder öffentlich auszulegen;

10) bei Bewilligungen aus der Kirchenkasse an andere Gemeinden oder zur Unterstützung evangelisch-christlicher Vereine und Anstalten, sofern dieselben einzeln zwei Prozent der etats-

---

Gemeindeverbandes haften. Sind mit dem Provokaten Grundbesitzer einer anderen Gemeinde zum Naturalfruchtzehnten oder zu Diensten gemeinschaftlich verpflichtet, so muß der Berechtigte seine Provokation zugleich auch gegen die Grundbesitzer dieser Gemeinde hinsichtlich aller auf deren Grundstücken für ihn haftenden Reallasten richten.

Die Provokation auf Umwandlung der Ablösung Seitens des Verpflichteten muß sich auf sämmtliche, seinen Grundstücken gegen alle im §. 2 bezeichnete Berechtigte obliegende Reallasten erstrecken. Die Zurücknahme einer angebrachten Provokation ist unzulässig.

§. 11. In allen Auseinandersetzungsangelegenheiten (Gemeinheitstheilungen, Ablösungen und Regulirungen der gutsherrlichen und bäuerlichen Verhältnisse) steht die Vertretung und Wahrnehmung der Rechte der im §. 2 gedachten Berechtigten den betreffenden ordentlichen Behörden zu.

§. 12. Sind vor Verkündigung des gegenwärtigen Gesetzes Festsetzungen, welche mit demselben nicht im Einklange stehen, bereits auf rechtsverbindliche Weise zu Stande gekommen, so behält es bei denselben sein Bewenden.

Ueber die Befugniß, auf Verwandlung der Reallasten in eine Roggenrente oder auf vollständige Ablösung anzutragen, entscheiden jedoch nicht jene Festsetzungen, sondern die Bestimmungen dieses Gesetzes. Vergl. ferner das Gesetz v. 17. Jan. 1881, G.S. S. 5, betr. die Wiederzulassung der Vermittelung der Rentenbanken zur Ablösung von Reallasten. Dieses Gesetz gewährt für den Geltungsbereich des Ges. v. 27. April 1872, G.S. S. 417, betr. die Ablösung der geistlichen 2c. Realberechtigungen, behufs Anbringung von Provokationen auf Ablösung durch Vermittelung der Rentenbanken eine neue Frist bis zum 31. Dez. 1883.

[60]) vergl. §. 53 Nr. 6 Kg. u. Synod.Ord. v. 10. Sept. 1873.

Nach d. R. des Ev.O.K.R. v. 8. Febr. 1881, kirchl. Ges. u. V.Bl. 1881 S. 3 hat die im §. 31 Nr. 9 Kg.O. vorgeschriebene öffentliche Auslegung des Etats und der Jahresrechnung bei Patronatskirchen erst zu geschehen, nachdem durch den Patron bez. die Patronatsbehörde der Kirchenkassenetat genehmigt und die Jahresrechnung dechargirt worden ist.

Nr. 37 der Instruktion: die Dauer der Etatsperiode ist vom Gem.Kirch. Rath mit der Gemeindevertretung zu bestimmen, darf jedoch fünf Jahre nicht überschreiten.

mäßigen Solleinnahme der Kirchenkasse übersteigen. Bis zu diesem Betrage ist der Gemeinde-Kirchenrath zu solchen Bewilligungen ermächtigt, doch darf der Gesammtbetrag derselben während eines Jahres fünf Prozent der Solleinnahme nicht überschreiten; [61])

11) bei Errichtung von Gemeindestatuten (§. 46.). [62])

§. 32. Die bestehenden Vorschriften über die Verleihung der Pfarrämter und die der Gesammtheit der Gemeinde dabei gebührende Mitwirkung, desgleichen über das Einspruchsrecht der Gemeinden nach §§. 330—339. Tit. 11. Th. II. Allgemeinen Landrechts bleiben bis auf Weiteres, insbesondere bis zur landesgesetzlichen Ausführung des Artikels 17. der Verfassungs-Urkunde, [63]) mit folgenden Maßgaben in Geltung:

---

[61]) cfr. Art. 24 Nr. 8 Ges. v. 3. Juni 1876, Art. I. Nr. 7 Verord. v. 9. Sept. 1876.

R. d. Min. d. geistl. A. v. 3. Jan. 1876, kirchl. Ges. u. V.Bl. 1876/77 S. 56: Zu den innerhalb der im §. 31 Nr. 10 Kg.O. gezogenen Grenzen beschlossenen Bewilligungen bedarf es einer Genehmigung von Oberaufsichtswegen nicht.

R. d. Ev.O.K.R. v. 9. Sept. 1878, kirchl. Ges. u. V.Bl. 1878 S. 141, betr. die Verwendung von Vermögenstheilen der Kirchen oder kirchlichen Stiftungen zu anderen, als den bestimmungsmäßigen Zwecken:

In dieser Beziehung hat nur durch die in §. 31 Nr. 10 Kg.O. gewährte, genau begrenzte Erweiterung der Befugnisse der Gemeindeorgane eine Aenderung des bisherigen Rechtzustandes stattgefunden. Im Uebrigen sind die bisherigen rechtlichen Grundsätze überall in Geltung geblieben.

Außer dem Einverständnisse der gesetzl. Vertreter des betr. Instituts und event. des Patrons (§. 23 Abs. 1 Kg.O., §. 8 Ges. v. 25. Mai 1874) bedarf es demnach, wie bisher, in allen Fällen, wo eine dauernde Veränderung der Stiftung oder eine die Substanz des Stiftungsvermögens (Kapital oder Grundstücke 2c.) alterirende einmalige stiftungswidrige Zuwendung in Frage ist, der Allerhöchsten Genehmigung, in allen anderen Fällen, soweit sie außerhalb der Grenzen des §. 31 Nr. 10 Kg.O. liegen, aber der Zustimmung der zuständigen Zentralbehörden (vergl. die in dem R. des Ev.O.K.R. allegirten gesetzlichen Bestimmungen).

Daher sind die bezüglichen Beschlüsse der kirchlichen Organe, sofern das Konsistorium sie befürwortet, vor ihrer weiteren Verfolgung mit motivirendem Bericht an den Ev.O.K.R. zur Prüfung und ev. Bestätigung einzureichen. Der Ev.O.K.R. wird dann je nach Lage des einzelnen Falles das Erforderliche wegen Herbeiführung der landesherrlichen bez. staatlichen Genehmigung im weiteren Benehmen mit dem Minister der geistl. Angel. (Art. 24 Nr. 8 Ges. v. 3. Juni 1876, Art. I. Nr. 7 V. v. 9. Sept. 1876) veranlassen.

[62]) cfr. Art. 5 Ges. v. 25. Mai 1874.

[63]) vergl. Anm. 223 zum §. 580 L.R. II. 11.

1) Diejenigen Rechte der Wahl oder der Theilnahme an der Wahl des Pfarrers, welche bisher kirchengemeindlichen Wahlkollegien zugestanden haben, werden, an deren Stelle, von dem Gemeinde-Kirchenrath in Gemeinschaft mit der Gemeindevertretung geübt. [64])

Haben bisher Kommunen oder andere Korporationen an den zur Ausübung eines Gemeindewahlrechts gebildeten Wahlkollegien Theil genommen, so kommt diese Berechtigung in Wegfall, soweit sie nicht nachweisbar auf dem Patronat oder einem anderen besonderen Rechtstitel beruht.

2) Pfarrstellen, welche bisher auf Grund des fiskalischen Patronats, spezieller Statuten oder aus anderen Gründen der freien kirchenregimentlichen Verleihung unterlegen haben, werden dergestalt besetzt, daß die Kirchenbehörde in dem einen Erledigungsfalle mit, in dem anderen ohne Konkurrenz einer Gemeindewahl den Pfarrer beruft. Die Wahl erfolgt durch den Gemeinde-Kirchenrath in Gemeinschaft mit der Gemeindevertretung. Die näheren Bestimmungen bleiben einer besonderen Königlichen Verordnung [65]) vorbehalten,

---

[64]) Der Ev.O.K.R. hat in dem R. v. 23. Sept. 1874, Aktenstücke Heft 22 S. 269 im Einverständnisse mit dem Minist. d. geistl. Angel. sich dahin ausgesprochen, daß der Uebergang des Pfarrwahlrechts in der Gemeinde N. von dem Kirchenkollegium auf die Gemeindevertretung .... in der Form eines Gemeindestatuts vollzogen werden muß. Die Ausschließung der Geistlichen (wenn deren mehrere an einer Gemeinde angestellt sind) von Ausübung des Stimmrechts in der Gemeindevertretung bei allen zum Wahlgeschäft gehörenden Beschlüssen enthält eine Abweichung von den Vorschriften der Kg.O. In dem damals vorliegenden Falle ergab sich, daß das Kollegium der 14 Deputirten (Kirchenvorsteher-Patronatkollegium) die ihm bis dahin beiwohnende Befugniß der Pfarrwahl nicht auf Grund eines dem Kollegium gegenüber der Gemeinde zustehenden Patronats- oder speziellen Rechtstitels ausgeübt, sondern dabei lediglich als ein Organ der Gemeinde selbst gehandelt hat, welchem von dieser die Ausübung der zur Pfarrbesetzung erforderlichen Geschäfte delegirt war. Daher tritt nach §. 32 Nr. 1 der G.K.R. mit der Gem.Vertretung in die Stelle eines solchen Patronatskollegii, und das letztere ist nicht im Stande, durch seinen Beschluß Bedingungen für die spätere Behandlung der Wahlfunktionen aufzustellen, die nicht schon in der Kg.O. enthalten sind. Da dies jedoch vorliegend in Bezug auf die Stimmberechtigung der Geistlichen geschehen ist, wogegen wir nach den konkreten Verhältnissen materiell nichts erinnern wollen, so ist dies als eine besondere, die Kg.O. modifizirende Einrichtung in der Gemeindeorganisation aufzufassen, zu deren formeller Sanktion nach §. 46 Kg.O. die statutarische Bestimmung erforderlich ist.

[65]) vergl. die Königl. Verord. v. 2. Dez. 1874, G.S. S. 355.

Diese Verordnung bestimmt zur Ausführung des §. 32 Nr. 2 der Kg.O. v. 10. Sept. 1873 für den Geltungsbereich derselben, was folgt:

§. 1. Das nach §. 32 Nr. 2 der Kg. u. Synodal-Ordnung v. 10. Sept. 1873 den Gemeinden verliehene Pfarrwahlrecht findet Anwendung auf jede bei der betreffenden Kirchengemeinde bestehende, fundirte geistliche Stelle, deren freie Besetzung dem Kirchenregimente ohne Mitwirkung einer anderen Behörde oder eines anderen Berechtigten zusteht. Die Ernennung eines Pfarradjunkten mit dem Rechte der Nachfolge gilt als definitive Besetzung. Ausgeschlossen von der Besetzung durch Gemeindewahl sind diejenigen geistlichen Stellen, welche mit einem anderen, nicht derselben Parochie oder Gesammtparochie (Kg.O. §. 2 Abs. 2) angehörenden geistlichen Amte dauernd verbunden sind.

§. 2. Sobald durch den G.K.R. die Erledigung der Pfarrstelle angezeigt worden ist, hat das Konsistorium die Erledigung mit dem Bemerken öffentlich bekannt zu machen, daß die Wiederbesetzung durch Gemeindewahl nach Maaßgabe dieser Verordnung erfolgt.

§. 3. Die vereinigten Gemeindeorgane (§. 29 Kg.O.) können bei Ausübung des ihnen beigelegten Wahlrechts die Auswahl auf alle für die Verwaltung des geistlichen Amtes in der evangelischen Landeskirche qualifizirten Personen richten, jedoch mit der Beschränkung, daß in Pfarrstellen, deren Jahreseinkommen, ausschließlich der Dienstwohnungsnutzung, 3600 M. übersteigt, nur Geistliche von mindestens 10 Dienstjahren, in Pfarrstellen, deren Jahreseinkommen, ausschließlich der Dienstwohnungsnutzung, 5400 M. übersteigt, nur solche von mindestens 15 Dienstjahren gewählt werden dürfen. Das Dienstalter ist vom Zeitpunkte der Ordination ab zu berechnen; jedoch ist diejenige Zeit, während welcher ein Geistlicher im Schulamte fest angestellt gewesen ist, auf das kirchliche Dienstalter mit in Anrechnung zu bringen. Ist die Höhe des Jahreseinkommens zweifelhaft, so stellt das Konsistorium, nach Anhörung der Gemeindevertretung, den Ertrag der Stelle fest.

§. 4. Die Bewerbung ist schriftlich bei dem Konsistorium oder bei dem G.K.R. anzubringen. Die bei dem Konsistorium eingegangenen Meldungen sind dem G.K.R. zu übersenden.

§. 5. Der G K R. hat alle zu einer guten Wahl erforderlichen Vorbereitungen zu treffen. Sowohl die vereinigten Gemeindeorgane als auch der G.K.R. für sich können verlangen, daß die zur Besetzung der Stelle in Aussicht genommenen Geistlichen in den Kirchen des Gemeindebezirks predigen; von den Kandidaten des Predigtamts kann auch eine Katechisation verlangt werden. Die Wahl ist nicht auf diejenigen beschränkt, welche eine Predigt oder Katechisation gehalten haben. Der G.K.R. ist in Vereinigung mit der Gemeindevertretung berechtigt, Mitglieder der Gemeinde an den Wohnort des Bewerbers zu senden, um ihn predigen zu hören und Erkundigungen über ihn einzuziehen.

§. 6 Der Superintendent bestimmt im Einverständniß mit dem G.K.R. den Wahltermin mit einer Frist nicht unter zwei Wochen und leitet die Wahlverhandlung.

§. 7. Die Wahl erfolgt mittelst schriftlicher Stimmzettel. Wird bei der ersten Wahl die absolute Mehrheit nicht erreicht, so findet eine engere Wahl zwischen denjenigen Drei statt, welche die meisten Stimmen auf sich vereinigt haben. Ergiebt auch diese Wahl eine absolute Mehrheit nicht, so scheidet bei der ferneren Wahl derjenige aus, welcher die mindeste Stimmenzahl erhalten hat. Bei Stimmengleichheit entscheidet überall das Loos, Stimmen Abwesender dürfen nicht zugelassen werden. Erörterungen über die zur Wahl stehenden Personen sind verboten. Im Uebrigen finden die Wahlvorschriften der Kg. u. Syn.Ord. v. 10. Sept. 1873 entsprechende Anwendung. Sofort nach beendigter Wahl prüft der G.K.R. unter Vorsitz des Superintendenten die Ordnungsmäßigkeit der Wahlhandlung.

§. 8. Das Ergebniß der Wahl ist der Gemeinde in den beiden nächstfolgenden sonntäglichen Hauptgottesdiensten in allen Kirchen der Parochie von der Kanzel bekannt zu machen. Innerhalb 2 Wochen nach der ersten Bekanntmachung kann jedes Gemeindeglied gegen Lehre, Gaben und Wandel des Gewählten und gegen die Gesetzlichkeit der Wahl bei dem Superintendenten Einspruch erheben. Wegen der Entscheidung über den Einspruch verbleibt es bis zur anderweitigen staatsgesetzlichen Regelung der über die Kreis- und Provinzialsynoden in der Synodalordnung v 10. Sept. 1873 enthaltenen Bestimmungen bei der bisherigen Zuständigkeit der Konsistorien und des Ev.O.K.R. mit der Maaßgabe, daß bei den Entscheidungen über Einsprüche gegen die Lehre von dem Konsistorium die Mitglieder des Provinzialsynodalvorstandes mit vollem Stimmrecht (vergl. Kg. u. Syn.Ord. §. 68 Nr. 6) als außerordentliche Mitglieder zuzuziehen sind. Ueber Einwendungen aus der Gemeinde gegen Gaben und Wandel des Gewählten, sowie über Einwendungen einer Zweidrittelmehrheit der Gemeindeglieder ist von dem Konsistorium vor der Entscheidung der Kreissynodalvorstand zu hören.

§. 9. Der Gewählte erhält von dem G.K.R. eine schriftliche Benachrichtigung über seine Wahl, in welcher das Diensteinkommen der Stelle angegeben sein muß. Der Gewählte hat sich innerhalb 4 Wochen nach Zustellung der Benachrichtigung über die Annahme der Wahl zu erklären. Lehnt er ab oder erklärt er sich nicht, so ist innerhalb 6 Wochen zu einer Neuwahl zu schreiten.

§. 10. Der G.K.R. hat, nachdem der Gewählte angenommen hat, die Wahlverhandlungen durch den Superintendenten dem Konsistorium zur Berufung des Gewählten einzureichen. Die Berufung darf nur versagt werden

1. wegen Gesetzwidrigkeit des Wahlverfahrens,
2. wegen Mangels der gesetzlichen Wählbarkeit des Gewählten,
3. wegen Verletzung der Vorschriften des §. 3 dieser Verordnung,
4. wegen geistiger oder körperlicher Unfähigkeit des Gewählten, das Amt zu verwalten.

§. 11. Die Kosten des Wahlverfahrens fallen der Gemeinde zur Last. Es ist zulässig, diese Kosten aus der Kirchenkasse zu bestreiten.

§. 12. Das Wahlrecht der Gemeinde tritt in Wirksamkeit für die vom 1. Januar 1875 ab eintretenden Stellenerledigungen. Fällt die erste von diesem Tage ab durch Tod eintretende Stellenerledigung in einen ungeraden Monat, so wählt die Gemeinde, wenn auf einen geraden Monat, so beruft die Kirchenbehörde ohne Gemeindewahl. Erfolgt die erste Erledigung v. 1. Jan. 1875 ab auf andere Weise als durch den Tod des Stelleninhabers, so wählt die Gemeinde. Wird von dem 1. Jan. 1875 ab eine neue Stelle besetzt, so beruft die Kirchenbehörde ohne Gemeindewahl. Jede Besetzung gilt erst mit Einführung des Geistlichen in das Amt als vollendet.

§. 13. Das Konsistorium kann eine angemessene Frist zur Vornahme der

Wahl anordnen. Wird die Frist nicht innegehalten, so erlischt das Wahlrecht der Gemeinde für diesen Fall. Eine Verlängerung der Frist ist zulässig.

Inhalts des Allerh. Erlasses v. 30. Dez. 1874, G.S. 1875 S. 2 haben sich die regierenden Grafen zu Stolberg-Wernigerode, Stolberg und Roßla bereit erklärt, für die Pfarrstellen in den Stolbergischen Grafschaften, welche bisher der freien kirchenregimentlichen Besetzung unterlegen haben, dieselbe alternirende Mitwirkung der Gemeinden bei der Besetzung eintreten zu lassen, welche in §. 32 Nr. 2 Kg.O. v. 10. Sept. 1873 für die der freien Besetzung durch die preußischen landesherrlichen Kirchenbehörden unterliegenden Pfarrstellen vorgeschrieben ist.

Der Allerh. Erlaß v. 28. Juli 1876, betr. die Mitwirkung der evangel. Kirchengemeinden in der Provinz Westfalen und der Rheinprovinz bei der Besetzung der unter der freien kirchenregimentlichen Kollatur stehenden Pfarrstellen, kirchl. Ges. u. V.Bl. 1876/77 S. 17 bis 19, genehmigt, daß die in der Kg.O. v. 10. Sept. 1873 §. 32 den evangel. Kirchengemeinden beigelegte Mitwirkung bei der Besetzung der unter der freien kirchenregimentlichen Kollatur stehenden Pfarrstellen auf den Geltungsbereich der Kirchenordnung v. 5. März 1835 übertragen werde. Für das Verfahren bei der Gemeindewahl sind die Bestimmungen des §. 59 der Kirchenordnung v. 5. März 1835 mit den dazu ergangenen oder künftig zu erlassenden Ergänzungen maaßgebend. Das Wahlrecht der Gemeinden tritt in Wirksamkeit für die v. 1. Sept. 1876 ab eintretenden Stellenerledigungen. Zugleich ist bestimmt, daß die hinsichtlich des Dienstalters der zu berufenden Geistlichen festgesetzten Beschränkungen auch in denjenigen Fällen zu beobachten sind, in denen die Kirchenbehörde den Pfarrer ohne Konkurrenz einer Gemeindewahl beruft. (Die übrigen Vorschriften des Allerh. Erlasses v. 28. Juli 1876 sind den Bestimmungen der Verordnung v. 2. Dez. 1874 nachgebildet.)

Wird das Verlangen nach einer Probepredigt nicht gestellt (vergl. §. 59 Nr. 3 der Rhein. Westfäl. Kirchenordnung), so gilt dieser Verzicht auch für die Gesammtheit der Gemeinde. Das Einspruchsrecht steht aber jedem Gemeindegliede nach §. 8 der Verordn. v. 2. Dez. 1874 zu. Nach Vollziehung einer Pfarrwahl durch die Gemeindeorgane bedarf es einer nachfolgenden Gastpredigt und eines Termins zur Vernehmung der Gemeindeglieder über etwaige Einwendungen gegen den Gewählten nicht. Die Gemeindeorgane handeln bei Ausübung der Wahl Namens der Gemeinde selbst. Richter, Kg.O. 5. Aufl. S. 50, 51.

Vergl. hierzu die bezüglichen Verhandlungen der ersten ordentlichen Generalsynode v. 1879. (S. 725—763, 765—820, 1084 ff.), in specie den Entwurf eines neuen Kirchengesetzes, betr. das im §. 32 Nr. 2 der Kg.O. vorgesehene Pfarrwahlrecht, S. 1094 ff. der gedachten Verhandlungen.

Allerh. Erlaß v. 2. Dez. 1874, G.S. 1874 S. 355. Nr. 28: Die in §. 3 der Verord. v. 2. Dez. 1874 festgesetzte Beschränkung ist auch in denjenigen Fällen zu beobachten, in welchen die Kirchenbehörde in Gemäßheit des §. 32 Nr. 2 Abs. 1 der Kg.O. den Pfarrer ohne Konkurrenz einer Gemeindewahl beruft.

R. des Ev.O.K.R. v. 6. Jan. 1875, Aktenst. Heft 22 S. 247: Der Schlußpassus des §. 1 der Verord. v. 2. Dez. 1874 hat mit dem Vorbehalt im §. 32 Nr. 2 a. E. der Kg.O., betreffend die mit einem kirchenregimentlichen Amte verbun-

bis zu deren Erlaß die bisherige Besetzungsweise einstweilen fortbesteht.

---

denen Pfarrstellen nichts gemein, sondern bezieht sich auf die hin und wieder vorkommenden Fälle, wo mit dem Pfarr-, Diakonat- u. s. w. Amt an einer Gemeinde ein zweites geistliches Amt an einer anderen Gemeinde als Nebenamt verbunden ist, ohne daß die beiden Gemeinden, denen der Geistliche dient, unter sich in einer rechtlichen Verbindung stehen.

R. des Ev.O.K.R. v. 4. Juni 1875, Aktenst. Heft 22 S. 270: Nach §. 3 der Verord. v. 2. Dez. 1874 bestimmt sich die Zugehörigkeit einer Pfarrstelle zu denjenigen, welche wegen der Höhe ihres Einkommens nur an Geistliche von einem bestimmten höheren Dienstalter verliehen werden dürfen, lediglich nach dem Einkommen der Stelle. Die zeitweise Minderung der Bezüge des Stelleninhabers durch Leistungen an einen Emeritus ändert hieran nichts, da diese nur eine vorübergehende Belastung des Einkommens der Stelle bilden, auf welches er das Recht mit der Verleihung der Stelle erwirbt. Bei der Berufung von Pfarradjunkten muß daher hinsichtlich des Erfordernisses des Dienstalters das volle Einkommen der Pfarrstelle den Maaßstab bilden.

Nach einer Verfüg. des Ev.O.K.R. v. 3. Aug. 1876, kirchl. Ges. u. V.Bl. 1876/77 S. 108 gehören Pfarrstellen, welche nur theilweise der landesherrlichen Besetzung unterliegen, nicht zu denjenigen Stellen, bei denen abwechselnd eine Besetzung durch das K. Konsistorium und Gemeindewahl stattfindet, letztere ist vielmehr ausgeschlossen.

Der Ev.O.K.R. hat sich in dem R. v. 29. Dez. 1876, kirchl. Ges. u. Verord. Bl. 1876/77 S. 119, 120 dahin ausgesprochen, daß Pfarrstellen bei Muttergemeinden landesherrlichen Patronats, ungeachtet der parochialen Verbindung mit Filialgemeinden Privatpatronats, als der freien kirchenregimentlichen Besetzung unterliegende, im Sinne der Verord. v. 2. Dez. 1874 zu erachten sind, daß ferner in Erledigungsfällen, welche einer Gemeindewahl in Gemäßheit der allegirten Verordnung Raum geben, nur die dem landesherrl. Patronat unterstellten Gemeinden zur Theilnahme an dieser Wahl berechtigt sind, den Filialgemeinden Privatpatronats und deren Patronen aber die Befugniß verbleibt, in Gemäßheit der §§. 331—337 L.R. II. 11 über etwaige Einwendungen gegen den Gewählten gehört zu werden, dessen Berufung als Pfarrer der Filialgemeinden demnächst nach § 348 l. c. erfolgen muß.

vergl. ferner R. des Ev.O.K.R. v. 19. März 1879, kirchl. Ges. u. V.Bl. 1879 S. 84, betr. die Feststellung des Dienstalters der Geistlichen, welche Civilgouverneure beim Kadettenkorps gewesen sind.

Der Erlaß des Ev.O.K.R. v. 13. April 1881, kirchl. Ges. u. V.Bl. 1881 S. 32, betr. die Bemessung des Dienstalters bei Verleihung solcher Pfarrstellen Königlichen Patronats, welche durch die Emeritirung ihres Inhabers nach der neuen Pensionsordnung zur Erledigung kommen, macht, unter Bezugnahme auf das oben mitgetheilte Reskr. v. 4. Juni 1875, rücksichtlich des Dienstalters die Zulassung bei Stellenbesetzungen der in Rede stehenden Art nur davon abhängig, daß der Adjunktus zur Zeit seiner Berufung das dem Stelleneinkommen nach Abzug des an den Pensionsfonds abzugebenden Viertels, und zur Zeit des Wegfalls dieser Abgabe das dem unverkürzten Stelleneinkommen (in beiden Fällen unter Ausschließung der Dienstwohnungsnutzung) entsprechende Dienstalter habe.

Auf Pfarrstellen, mit deren Verleihung die gleichzeitige Uebertragung eines kirchenregimentlichen Amts verbunden werden soll, findet diese Vorschrift keine Anwendung.

§. 33. Der Gemeinde-Kirchenrath ist befugt, auch andere Gemeinde-Angelegenheiten, die ihm dazu geeignet scheinen, an die Gemeindevertretung zur Berathung und Beschließung zu bringen.

Die in Folge dessen gefaßten Beschlüsse sind für den Gemeinde-Kirchenrath maßgebend.

IV. Bildung der Gemeinde-Organe.

§. 34. Die Mitglieder des Gemeinde-Kirchenraths und der Gemeindevertretung werden von den wahlberechtigten Gemeindegliedern gewählt.

Wahlberechtigt[66]) sind alle männlichen selbstständigen, über

---

[66]) R. d. Min. d. geistl. Angel. v. 27. Januar 1874, Aktenst. Heft 22 S. 273: Einem Mitgliede der katholischen Kirche steht ein Wahlrecht auf Grund der evangel. Kg.O. überall nicht zu. Hieran kann auch der Umstand nichts ändern, daß ein Katholik bisher die auf seinem Grundstücke ruhenden kirchlichen Lasten getragen, resp. sich an Sammlungen für evangelisch-kirchliche Zwecke betheiligt hat. Für Kirchenlasten dinglicher Natur ist der jeweilige Besitzer als Vertreter des Grundstücks verhaftet und kommt es dabei auf die Konfessionsangehörigkeit nicht an.

R. d. Ev.O.K.R. v. 14. März 1877, kirchl. Ges. u. V.Bl. 1876/77 S. 117: Wie die Kirchengemeinde begriffsmäßig dadurch zu Stande kommt, daß ein Pfarramt und Gemeindeglieder vorhanden und beide mit einander rechtlich vereinigt sind, so hat die Kg.O. die Vertretung der Kirchengemeinde folgerichtig in der Weise gebildet, daß die beiden Bildungsfaktoren der Gemeinde in ihr zur Erscheinung kommen und nicht einander entgegengesetzt, sondern zu gemeinschaftlicher Wirksamkeit verbunden werden. Dabei werden der oder die Träger des Pfarramts durch das Amt von selbst bezeichnet; der zweite Bestandtheil geht aus der Wahl der Gemeindeglieder hervor, und ihr Vertrauen, welches bei der Wahl und bei den periodischen Neuwahlen zur Bethätigung kommt, bildet die Grundlage des Eintritts in die zur Vertretung der Gemeinde bestellte Körperschaft. Daher ergiebt sich, daß die Kg.O., wenn sie die stimmberechtigten Gemeindeglieder zu dieser Wahl berufen hat, darunter die Träger des geistl. Amts nicht mit befaßt haben kann, die nicht darauf gewiesen sind, die Männer ihres Vertrauens als Vertreter in die Gemeindekörper zu entsenden, sondern die vielmehr selbst darin Sitz und Stimme, ja sogar in der Person des ersten Pfarrers den Vorsitz genießen. Demnach kann eine Interpretation der Kg.O., welche auch die Geistlichen unter die zur Wahl der Gemeindekörperschaften berufenen Gemeindeglieder begreifen will, für zutreffend nicht erachtet werden.

cfr. den damit übereinstimmenden Erlaß des Ev.O.K.R. v. 30 Nov. 1876, kirchl. Ges. u. V.Bl. 1876/77 S. 51. Dagegen hat die Generalsynode (cfr. Verhandlungen der ersten ordentl. Generalsynode v. 1879 S. 43, 49) sich gutachtlich dahin ausgesprochen, daß die Geistlichen das Recht haben, an den Gemeindewahlen Theil zu nehmen.

24 Jahre alten Mitglieder der Gemeinde, welche bereits ein Jahr in der Gemeinde, oder wo mehrere Gemeinden am Orte sind, an diesem Orte wohnen, zu den kirchlichen Gemeindelasten nach Maßgabe der dazu bestehenden Verpflichtung beitragen[67]) und sich zum Eintritt in die wahlberechtigte Gemeinde ordnungsmäßig nach Maßgabe der darüber zu erlassenden Instruktion angemeldet haben.[68])

Der Patron ist wahlberechtigt, auch wenn er nicht am Orte der Gemeinde wohnt.

Als selbstständig sind nicht anzunehmen diejenigen:

1) welche keinen eigenen Hausstand haben oder kein öffentliches

---

[67]) Der Ev.O.K.R. hat im Einverständnisse mit dem Min. d. geistl. A. durch R. v. 11. Dez. 1873 den Satz ausgesprochen, daß die Bestimmung § 34 Kg.O., welche unter den Erfordernissen des Gemeindewählerrechts aufführt, daß Jemand zu den kirchlichen Gemeindelasten nach Maaßgabe der dazu bestehenden Verpflichtung beiträgt, durch den Hinweis auf diese Verpflichtung deutlich zu erkennen giebt, wie an Kirchenlasten, hinsichtlich deren die Verpflichtung streitig ist, hierbei nicht gedacht ist. Dasselbe gilt von der am Schlusse desselben §. enthaltenen Vorschrift über das Ruhen des Wahlrechts bei denjenigen, die mehr als ein Jahr mit Zahlung der kirchl. Umlagen im Rückstande sind. Wenn daher eine Anzahl bäuerlicher Besitzer der Parochie gewisse Zehntabgaben an die Pfarre aus dem Grunde, weil sie ihre Verpflichtung hierzu in Abrede stellen, nicht leisten, so kann diese streitige Rechtsfrage nur im Rechtswege zum Austrage gebracht werden; die Betheiligten von der Wählerliste abzusetzen, ergiebt sich aus diesem Verhältnisse für den G.K.R. keine Berechtigung. Aktenst. Heft 22 S. 271.

R. d. Ev.O.K.R. v. 19. Dez. 1873, Aktenst. Heft 22 S. 273, erlassen im Einverständniß mit d. Min. d. geistl. Angel.: Wenn die Kg.O. als ein Requisit des Gemeindewählerrechts aufstellt, es solle der sich Anmeldende zu den kirchl. Gemeindelasten nach Maaßgabe der dazu bestehenden Verpflichtung beitragen, so haben damit nur diejenigen vom Wahlrecht ausgeschlossen werden sollen, welche sich ihren Verpflichtungen entziehen, nicht etwa aber diejenigen, welche nach der Verfassung einer einzelnen Parochie geringere, oder gar keine Verpflichtungen haben. Das Letztere wird freilich selten vorkommen, da auch auf den nicht angesessenen Gemeindegliedern kleine Parochiallasten (z. B. Vierzeitengeld und die Leistung der Handdienste bei kirchl. Bauten) zu lasten pflegen. Daß die Kirchenbeamten von den Parochiallasten observanzmäßig befreit sind, thut hiernach ihrer Berechtigung als Gemeindewähler keinen Eintrag; jedoch können wir hinsichtlich der Geistlichen die Inanspruchnahme des Wahlrechts, abgesehen von anderen Gründen, schon deshalb nicht für angebracht erachten, weil sie bei Ausübung desselben sich der Gefahr, in die Parteiung der Gemeinde verflochten zu werden, nicht entziehen können.

R. d. Ev.O.K.R. v. 27. Okt. 1874, Aktenst. Heft 22 S. 285: Was die Beitragsleistung betrifft, so erfordert die Vorschrift §. 34 Kg.O. nur, daß die Wähler nach Maaßgabe der dazu bestehenden Verpflichtung zu den Gemeindelasten beitragen, mithin werden diejenigen nicht ausgeschlossen, die wegen Mangels einer bestehenden Verpflichtung keine Beiträge leisten.

[68]) cfr. Nr. 2 u. 3 der Instruktion oben Anm. 33.

Amt bekleiden oder kein eigenes Geschäft, beziehungsweise nicht als Mitglied einer Familie deren Geschäft führen;

2) welche unter Kuratel stehen oder sich im Konkurs befinden;

3) welche im letzten Jahre vor der Wahl armuthshalber Unterstützung aus Armenmitteln oder Erlaß der Staatssteuern oder der kirchlichen Beiträge genossen haben.

Ausgeschlossen vom Wahlrechte ist:

1) wer nicht im Vollbesitze der bürgerlichen Ehrenrechte sich befindet;

2) wer wegen eines Verbrechens oder wegen eines solchen Vergehens, welches die Untersagung der Ausübung der bürgerlichen Ehrenrechte nach sich ziehen muß oder kann, in Untersuchung sich befindet, bis zur Beendigung der Sache;

3) wer durch Verachtung des göttlichen Wortes oder unehrbaren Lebenswandel ein öffentliches, noch nicht durch nachhaltige Besserung gesühntes Aergerniß gegeben hat;[69])

4) wer wegen Verletzung besonderer kirchlicher Pflichten nach Vorschrift eines Kirchengesetzes des Wahlrechts verlustig erklärt ist.[70])

Das Wahlrecht ruht bei Allen, welche mit Bezahlung kirchlicher Umlagen über ein Jahr im Rückstande sind.

---

[69]) R. d. Ev. O. K. R. v. 18. Dez. 1873, Aktenst. Heft 22 S. 271, 272:

1) Die G. K. Räthe haben lediglich Wählerlisten aufzustellen, nicht Listen der wählbaren Personen. Listen der letzteren Art kennt das Gesetz überhaupt nicht.

2) In die Wählerlisten müssen sämmtliche instruktionsmäßig angemeldeten Gemeindeglieder aufgenommen werden, welche den Bestimmungen des §. 34 Kg. O. genügen. Diesen Bestimmungen (§. 34 vorletzt. Abs. Nr. 3) entspricht es zwar, wenn offenbaren Verächtern der christlichen Religion oder Leuten von unehrbarem Lebenswandel, unter der Voraussetzung, daß sie dadurch öffentliches Aergerniß gegeben haben, die Aufnahme in die Wählerliste verweigert wird; allein sie gestatten nicht, daß etwa an den Mangel der sog. Kirchlichkeit d. h. der Theilnahme am Gottesdienst und an den Sakramenten, ihr Ausschluß von der Wählerliste geknüpft werde.

3) Mängel der letzteren Art (§. 35) können kirchenordnungsmäßig nur nach erfolgter Wahl auf dem Wege des Einspruchs geltend gemacht werden. (§. 40.) Ueber den etwa erhobenen Einwand kommt aber die Entscheidung nicht dem bisherigen, sondern dem neu gewählten G. K. R. u. in der Rekursinstanz der neu gewählten Kreissynode zu.

vergl. Instruktion Nr. 6 bis 8 in Anm. 72.

[70]) vergl. Anm. 28.

§. 35. Wählbar in die Gemeindevertretung sind alle Wahlberechtigten, sofern sie nicht durch beharrliche Fernhaltung vom öffentlichen Gottesdienste und von der Theilnahme an den Sakramenten ihre kirchliche Gemeinschaft zu bethätigen aufgehört haben.

Wählbar in den Gemeinde-Kirchenrath [71]) sind alle zum Eintritt in die Gemeindevertretung befähigten Personen, welche das dreißigste Lebensjahr vollendet haben.

§. 36. Der Gemeinde-Kirchenrath ordnet die Wahl für die Gemeinde-Organe an und legt die von ihm aufgestellte Liste der Wahlberechtigten (§. 18.) in einem Jedermann zugänglichen Lokale 14 Tage lang öffentlich aus. [72])

---

[71]) R. d. Ev.O.K.R. v. 30. Dez. 1873, Aktenst. Heft 22 S. 286:

Ueber die Frage, ob Küster und andere niedere Kirchenbeamte, Organisten zc. als wählbar in den G.K.R. u. in die Gem.Vertretung zu erachten sind, enthält die Kg.O. keine ausdrückliche Bestimmung. Da wir annehmen dürfen, daß Wahlen der Art nicht eben häufig vorkommen werden, so halten wir, im Einverständ. mit dem H.Min. d. geistl. Ang. es für angemessener, über die Prinzipienfrage für jetzt von hier aus eine Entscheidung nicht abzugeben, vielmehr bei eintretenden Spezialfällen den etwa gegen die Wahl sich erhebenden Einspruch auf dem in der Kg.O. §. 40 geordneten Wege zum speziellen Austrage gelangen zu lassen. Hierbei wird sich herausstellen, ob zu einer späteren ergänzenden Bestimmung über diese Frage ein Bedürfniß vorhanden ist.

[72]) cfr. Anm. 33.

Nr. 4 d. Instruktion: Die Wählerliste ist mit Ende August des Wahljahres (§. 43 Abs. 1 u. 2 Kg.O.) derart abzuschließen und festzustellen, daß deren öffentliche Auslegung spätestens 4 Wochen vor dem Wahltage beginnt.

Nr. 5: Der Termin des Abschlusses der Wählerliste ist an den demselben vorangehenden zwei Sonntagen unter fortdauernder Aufforderung zur Anmeldung und unter dem ausdrücklichen Hinweise von der Kanzel bekannt zu machen, daß die nach dem Abschluß erfolgenden Anmeldungen für die bevorstehende Wahl kein Stimmrecht gewähren.

Gleichzeitig beginnt die bis zum Ablauf der Auslegungsfrist sonntäglich zu wiederholende Kanzelabkündigung über Ort und Zeit der Auslegung der Wählerliste unter dem Beifügen, daß nach Verlauf der Auslegungsfrist Reklamationen gegen die Liste nicht mehr angebracht werden können. (§. 36 Abs. 2 Kg.O.)

Zu der Kanzelabkündigung ist das als Anlage 1 der Instruktion beigefügte Formular zu benutzen.

Ueber die erfolgten Abkündigungen ergeht eine Bescheinigung des Geistlichen zu den Wahlakten.

Dem Ermessen des G.K.R. ist überlassen, Ort und Zeit der Auslegung der Wählerliste auch noch in anderen, den örtlichen Verhältnissen entsprechenden Formen (Aushang an den Kirchthüren, Aufnahme in Lokalblätter u. s. w.) bekannt zu machen. Den Bekanntmachungen ist stets beizufügen, daß nach Verlauf der Auslegungsfrist Reklamationen gegen die Liste nicht mehr angebracht werden können.

Nr. 6: Bei Prüfung und Feststellung der Wählerliste hat der G.K.R. fest-

Ort und Zeit der Auslegung sind im Hauptgottesdienste von der Kanzel bekannt zu machen, mit dem Beifügen, daß nach Verlauf der Auslegungsfrist Reklamationen gegen die Liste nicht mehr angebracht werden können. Nach dem Ermessen des Gemeinde-Kirchenraths kann die Bekanntmachung auch noch in anderen, den örtlichen Verhältnissen entsprechenden Formen erfolgen. [73])

Die eingehenden Reklamationen hat der Gemeinde-Kirchenrath zu prüfen [74]) und geeignetenfalls die Liste zu berichtigen; gegen einen ablehnenden Bescheid steht dem dadurch von der Wahl Ausgeschlossenen binnen 14 Tagen der Rekurs an den Vorstand der Kreissynode zu. Durch Einlegung des Rekurses wird die anstehende Wahl nicht aufgehalten. Zwischen dem Ende der Reklamationsfrist und dem Tage der Wahl müssen mindestens vierzehn Tage in die Mitte liegen.

§. 37. Die Einladung der Gemeindeglieder zur Wahl hat unter Angabe der Zeit und des Ortes der Wahl, [75]) sowie der Zahl der für den Gemeinde-Kirchenrath und für die Gemeindevertretung zu

---

zuhalten, daß für die Aufnahme in dieselbe lediglich die im §. 34 Kg.O. für die Wahlberechtigung, nicht aber die im §. 35 daselbst für die Wählbarkeit aufgestellten Erfordernisse maaßgebend sind.

Die Liste ist in alphabetischer Ordnung nach dem als Anlage 2 der Instruktion beigefügten Formular anzufertigen.

Nr. 7: Die festgestellte Liste ist 14 Tage lang an einem Jedermann zugänglichen Orte auszulegen, demnächst mit der Bescheinigung über Ort und Zeit der Auslegung zu den Wahlakten zu bringen.

Nr 8: Ueber rechtzeitig, d. h. innerhalb der Auslegungsfrist eingehende Reklamationen ist zunächst durch den G K.R. schleunigst zu entscheiden. Etwaige Beschwerden gegen dessen Entscheidung, die binnen 14 Tagen zulässig sind, gehen an den Vorstand der Kreissynode, können aber die Abhaltung der Wahl nicht aufhalten. (§. 36 Abs. 3 Kg.O).

R. d. Ev. O.K.R. v. 13. Februar 1874, Aktenst. Heft 22 S. 278. Die ordnungsmäßige Aufstellung der Wählerliste und deren öffentliche Auslegung sind wesentliche Bestandtheile des Wahlverfahrens, die weder wegfallen dürfen, noch durch anderweitige Operationen, wie in casu die Zusammenstellung der Anmeldungen aus der Ortschaft N. in einer besonderen Liste und deren Auslegung in dieser Ortschaft ersetzt werden können. Die aus N. bei der Wahl aufgetretenen Wähler sind als solche, weil in der ausgelegten und festgestellten Wahlliste der Kirchengemeinde fehlend, nicht legitimirt gewesen. Ein solches Wahlverfahren muß annullirt werden, und ist in solchem Falle die Wiederholung desselben von der Zusammenstellung der vollständigen Wählerliste und der Auslegung derselben an, nach vorgängiger ordnungsmäßiger Bekanntmachung (§. 36) zu verordnen.

[73]) vergl. Anm. 72.

[74]) vergl. Anm. 72, ferner §. 34 Kg.O. u. R. v. 18. Dez. 1873 in Anm. 69.

[75]) Nr. 15 der Instruktion: Die Bekanntmachung des Wahltermins durch Abkündigung von der Kanzel ist nach Vorschrift des §. 37 Kg.O. unter

wählenden Personen von der Kanzel in allen von der Anordnung der Wahl an bis zum Wahltage stattfindenden Hauptgottesdiensten zu geschehen. Anderweite den örtlichen Verhältnissen entsprechende Bekanntmachungen zu veranstalten, bleibt dem Ermessen des Gemeinde-Kirchenraths überlassen.

Der Patron oder Patronatsvertreter (§. 6.) ist zur Theilnahme an der Wahlhandlung besonders einzuladen. [76])

§. 38. Die Wahl geschieht in der Kirche der Wahlgemeinde an einem Sonntage [77]) nach Schluß des Hauptgottesdienstes.

Die Wahlhandlung wird von dem Vorsitzenden des Gemeinde-Kirchenraths geleitet, welchem die übrigen Mitglieder des Gemeinde-Kirchenraths und erforderlichen Falls einige von diesem zu bezeichnende Gemeindeglieder als Wahlvorstand zur Seite stehen. Der Patron oder der Patronatsvertreter ist immer berechtigt, in den Wahlvorstand einzutreten.

Der Vorsitzende eröffnet die Wahlhandlung. Er ermahnt die Wähler, ihre Wahl auf Männer von unsträflichem Wandel, christlicher Gesinnung, bewährter Liebe zur evangelischen Kirche und fleißiger Theilnahme an Wort und Sakrament zu richten. [78])

Namhaftmachung der ausscheidenden Mitglieder zu vollziehen und eine Bescheinigung des Geistlichen über die erfolgten Abkündigungen zu den Wahlakten zu bringen.

Anderweitige Formen der Bekanntmachung (vergl. Nr. 5 Abs. 5 der Instruktion) anzuwenden, wie sie den lokalen Verhältnissen entsprechen, ist dem Ermessen des G.K.R. überlassen.

R. des Ev.O.K.R. v. 7. März 1874, Aktenst. Heft 22 S. 279: Da eine unzweifelhafte Verkündigung des Wahllokals zu den wesentlichen Bestandtheilen des Wahlgeschäfts gehört, so sind in dem damals vorliegenden Falle auf erhobene Beschwerde die Wahlen kassirt worden. Eine Ausnahme ist hierbei nur hinsichtlich derjenigen gewählten Aeltesten und Gemeindevertreter gemacht worden, welche mehr als die Hälfte der Stimmen aller eingeschriebenen Wahlberechtigten auf sich vereinigt haben; denn diese würden, auch wenn sämmtliche Stimmberechtigte sich an der Wahl betheiligt hätten, im Besitz der Stimmenmehrheit geblieben sein, so daß der Ausfall einer Anzahl der Wähler bei der vollzogenen Wahl in Betreff ihrer für das Wahlresultat ohne Einfluß geblieben ist.

[76]) Nr. 16 d. Instruktion: Die Einladung zur Wahl an den Patron resp. den Patronsvertreter geschieht von Seiten des Gem.Kirch. Raths schriftlich, an Auswärtige mittelst Einschreibebriefs; an Abwesende mit unbekanntem Aufenthaltsorte fällt die Einladung fort.

[77]) Nr. 10 d. Instruktion: Die Wahl findet an einem von dem Gem.-Kirch. Rath alsbald nach Feststellung der Wählerliste zu bestimmenden Sonntage im Herbst, jedenfalls aber vor Ende Oktober statt. Die Amtsperiode der Gewählten beginnt mit dem Anfange des darauf folgenden Kalenderjahres.

[78]) Ueber den formellen Verlauf der Wahlhandlung vergl. Nr. 18 bis 22 der Instruktion, und bezüglich der Wahlhandlung für größere

Nur die persönlich erschienenen Wähler sind stimmberechtigt. Die Abstimmung erfolgt schriftlich mittelst Stimmzettel.[79]) Durch Beschluß des Gemeinde-Kirchenraths kann eine mündliche Abstimmung zu Protokoll angeordnet werden.[80])

Zunächst ist die Wahl der Aeltesten, danach die der Mitglieder der Gemeindevertretung zu vollziehen.[81])

Gewählt sind diejenigen, auf welche die absolute Mehrheit[82])

Gemeinden, d. h. solche, in denen mehr als 100 Wahlberechtigte in die Wählerliste eingetragen sind, vergl. die Erleichterungsbestimmungen in Nr. 23 der Instruktion.

[79]) Nr. 18 der Instruktion: Auch gedruckte Stimmzettel sind zulässig.

[80]) Nr. 17 der Instruktion: Sollte, wie dies nach §. 38 Abs. 4 Kg.O. zulässig ist, durch Beschluß des Gem.Kirch.Raths ausnahmsweise eine mündliche Abstimmung zu Protokoll angeordnet werden, so ist solches in der (unter Nr. 15 d. Instr. bezeichneten) Abkündigung mit bekannt zu machen.

[81]) cfr. §§. 35, 34 Kg.O. Danach sind passiv wählbar nur aktiv Wahlberechtigte, insbesondere also nur solche Gemeindemitglieder, welche in die Wählerliste instruktionsmäßig eingetragen sind.

[82]) cfr. Anm. 24.

R. d. Ev.O.K.R. v. 13. Febr. 1874, Aktenst. Heft 22 S. 278: Ein bestimmtes Verbot der Annahme von Wahlzetteln, welche Korrekturen an sich tragen, ist in der Kg.O. nicht enthalten; ob sie für ungültig zu erachten, ist nach den konkreten Umständen, insbesondere danach zu bemessen, ob der Urheber der Korrekturen zweifelhaft sein kann.

R. d. Ev.O.K.R. v. 30. April 1874, Aktenst. Heft 22 S. 282: Was die Zulassung von Stimmzetteln betrifft, auf welchen weniger gültige Namen verzeichnet sind, als Personen zu wählen waren, so ist dieselbe gesetzlich völlig gerechtfertigt. Die Meinung, daß dergl. Stimmzettel als ungültig nicht zuzulassen, ist rechtlich nicht haltbar. Vergl. auch Nr. 18 der Instruktion.

Das R. des Ev.O.K.R. v. 14. Juni 1877, betr. die Ergänzungswahlen für die Gemeindeorgane, kirchl. Ges. u. V.Bl. 1876/77 S. 150, spricht sich gleichfalls dahin aus, daß, wenn bei denselben in der Zusammenstellung der Wahlstimmen eine größere Anzahl der abgegebenen Wahlzettel aus dem Grunde für gänzlich ungültig erklärt ist, weil sie neben zwei, bez. zehn völlig unanfechtbaren Namen je einen Namen enthielten, der keine unzweifelhafte Personenbezeichnung ergab oder eine nicht wählbare Person bezeichnete, dies Verfahren rechtlich durchaus unhaltbar ist. Dagegen sind Stimmzettel, welche mehr Namen enthalten, als die Zahl der zu Wählenden beträgt, ungültig. vergl. Nr. 18 i. fine der Instruktion.

R. d. Ev.O.K.R. v. 30. April 1874, Aktenst. Heft 22 S. 283: Das Verfahren, wonach ein Mitglied des Wahlvorstandes am Wahltische Stimmzettel geschrieben und diese unter die Anwesenden hat vertheilen lassen, ist zwar durchaus unangemessen, da bei dem Vollziehen des Wahlgeschäfts der Vorstand die Leitung und die Obacht auf den gesetzmäßigen Hergang des Verfahrens auszuüben hat, für welche Aufgabe es unschicklich ist, daß einzelne Mitglieder desselben das Resultat der Wahl zu beeinflussen suchen. Indessen eine Ungesetzlichkeit, welche den rechtlichen Bestand der Wahl vernichten müßte, ist in solchem Verfahren nicht zu erkennen. Einem jeden Wähler blieb der freie Entschluß, ob er den solchergestalt empfangenen Wahlzettel abgeben wollte

der abgegebenen Wahlstimmen gefallen ist. Hat der erste Wahlgang eine absolute Mehrheit für die zur Bildung oder Ergänzung der Gemeinde-Organe erforderliche Zahl von Personen nicht ergeben, so ist, bis dies erreicht wird, das Verfahren durch engere Wahl fortzusetzen. Bei Stimmengleichheit entscheidet das Loos.[83])

Ueber die Wahlhandlung wird ein Protokoll aufgenommen, welches den wesentlichen Hergang beurkundet. Das Protokoll wird von dem Vorsitzenden und mindestens zwei Mitgliedern des Gemeinde-Kirchenraths unterzeichnet.[84])

§. 39. Die Namen der Gewählten[85]) werden, nachdem der Gemeinde-Kirchenrath die Legalität der Wahl geprüft[86]) und anerkannt hat, an zwei aufeinander folgenden Sonntagen im Hauptgottesdienste der Gemeinde bekannt gemacht.[87])

§. 40. Einsprüche gegen die Wahl können bis zur zweiten Bekanntmachung derselben (§. 39.) von jedem wahlberechtigten Gemeindegliede (§. 34.) erhoben werden.[88])

---

oder einen anderen. Die Wähler gegen thatsächliche Beeinflussungen zu wahren, ist nicht Aufgabe des Gesetzes, sondern fällt ihrer eigenen Willenskraft anheim.

[83]) cfr. Nr. 21 der Instr.

[84]) cfr. Nr. 24 u. 25 der Instr.

[85]) R. des Ev.O.K.R. v. 28. Febr. 1874, Aktenst. Heft 22 S. 285: Wenn bei der ersten Verkündigung der in der Gemeinde gewählten Aeltesten der Name eines Gewählten deshalb, weil gegen dessen Wahl Einspruch erhoben, zurückgestellt worden ist, so beruht dies auf einer unrichtigen Auffassung der Vorschriften der Kg.O. über die Verkündigung.

[86]) cfr. Nr. 26 der Instr.

[87]) cfr. Nr. 26 der Instr.

cfr. R. v. 25. Sept. 1875 in Anm. 16 und Nr. 27 der Instr.

R. d. Ev.O.K.R. v. 23. Jan. 1874, Aktenst. Heft 22 S. 286, 287: Die Kg.O. stellt dem Kreissynodalvorstande nicht die Aufgabe, die sämmtlichen vollzogenen Wahlen seines Bereiches von Amtswegen einer regelmäßigen Prüfung zu unterwerfen. Wenn eine Beanstandung der Legalität Seitens des G.K.R., der dieselbe zu prüfen hat, nicht vorgekommen, auch Einsprüche aus der Gemeinde nicht erhoben worden sind, so ist die Einführung der gewählten Aeltesten in der §. 7 Kg.O. vorgeschriebenen feierlichen Form, und die der Gemeindevertreter in der nächsten Sitzung der Gem.Vertretung zu vollziehen, ohne daß die Prüfung und Genehmigung einer weiteren Instanz dazwischen zu treten hat. Der §. 40 alin. 3. Kg.O. bezweckt nur, dem Synodalvorstande die freie Beurtheilung einer Wahl über den Umfang der einem Einspruch zu Grunde gelegten Anführungen und selbst über den Fall eines Einspruches hinaus zu ermöglichen, hat aber keineswegs die Bestimmung, daß eine jede vollzogene Wahl, ehe sie für feststehend erachtet werden kann, der Prüfung und Anerkennung des Kreissynodalvorstandes unterworfen werden muß.

vergl. Nr. 52 der Instruktion.

[88]) cfr. Nr. 30 der Instr.

Ueber solche Einsprüche entscheidet der Gemeinde-Kirchenrath und, auf eingelegten Rekurs, für welchen von Zustellung der Entscheidung an eine vierzehntägige präklusivische Frist läuft, der Vorstand der Kreissynode (§. 56. Nr. 8.).[88])

R. d. Ev.O.K.R. v. 21. März 1874, Aktenst. Heft 22 S. 277. Ein gegen die kirchliche Qualifikation der gewälten Personen erhobener Einspruch, der sich nicht auf bestimmt bezeichnete Thatsachen erstreckt, sondern sich auf die Behauptung beschränkt, daß die Requisite des §. 35 Kg.O. bei den Gewählten nicht vorhanden seien, muß für nicht substantiirt erachtet und daher als zur weiteren Behandlung nicht geeignet zurückgewiesen werden.

R. d. Ev.O.K.R. v. 3. März 1877, kirchl. Ges. u. V.Bl. 1876/77 S. 113—115: Die nach §. 40 Kg.Ord. zulässigen Einsprüche gegen eine Wahl in die Gemeindeorgane können nicht blos auf Einwendungen gegen die Qualifikation der Gewählten, sondern auch auf die Anfechtung der Legalität der Wahlhandlung begründet werden. Die für die Erhebung der Einsprüche an die Bekanntmachung des Wahlresultats geknüpfte Präklusivfrist ist auf die Einwendungen gegen die Wahl überhaupt bezogen; besondere Vorschriften über ein Verfahren, betreffend Einsprüche der Gemeindeglieder gegen die Legalität der Wahl, sind nicht gegeben. Daher kann aus dem Anfangstermin der Frist nicht abgeleitet werden, daß diese auf Einwendungen gegen die Legalität keine Anwendung leidet.

Die Bestimmungen über die von Amtswegen zu vollziehende Prüfung der Wahl §§. 39, 40. a. E. und die Einwirkung der Aufsichtsbehörde gegen Ungesetzlichkeiten des Verfahrens (§. 47 das.) sind von der Anbringung von Einsprüchen der Gemeindeglieder gegen die Legalität der Wahl und dem Verfahren darüber unabhängig.

Dagegen ist die Meinung derer, welche in der im §. 40 Kg.O. gesetzten Frist auch Einsprüche gegen die Wählerliste, als ebenfals die Legalität der Wahl betreffend, zulässig erachten wollen, unbegründet. Für die Feststellung der Wählerliste besteht nach §. 36 Abs. 2 Kg.O. eine besondere Präklusivfrist; Reklamationen gegen die Liste sind mit Ablauf dieser Frist ausgeschlossen, können daher auch nicht in anderer Gestalt während der nach §. 40 a. a. O. bestehenden Einspruchsfrist nachträglich geltend gemacht werden. (cfr. auch Verfügungen des Ev.O.K.R. v. 30. April u. 27. Okt. 1874, Aktenst. Bd. 7 S. 282, 285.)

R. d. Ev.O.K.R. v. 5. Sept. 1874, Aktenst. Heft 22 S. 275: Nachdem die nach §. 40 Kg.O. zur Entscheidung über Einsprüche berufenen Organe ihre Entscheidung gefällt haben, steht den kirchlichen Aufsichtsbehörden in der Angelegenheit eine Kognition in materieller Beziehung nicht zu (wohl aber in formeller Hinsicht).

Die Annahme, daß, wenn gegen die aktive Wahlfähigkeit auf Grund des §. 34 Kg.O. ein Einspruch nicht erhoben ist, solcher auch gegen die passive Wählbarkeit nicht statthaft sei, ist nicht zutreffend. Zur Wählbarkeit gehören zwar neben besonderen Erfordernissen auch diejenigen der Wahlberechtigung; im Uebrigen aber ist die Frage nach jener eine durchaus selbstständige, und die Nichtbeanstandung der Wahlfähigkeit bei Aufstellung der Wählerliste hindert daher nicht, daß bei späterer Prüfung der Wählbarkeit das Vorhandensein der für diese und für die

Der letztere hat auch von Amtswegen die Wahl zu prüfen.[89])

§. 41. Die Gewählten können das Gemeindeamt nur ablehnen oder niederlegen,

1) wenn sie das sechszigste Lebensjahr vollendet, oder
2) schon sechs Jahre das Aeltestenamt bekleidet haben, oder
3) wegen anderer erheblicher Entschuldigungsgründe, z. B. Kränklichkeit, häufiger Abwesenheit, unvereinbarer Dienstverhältnisse. Ueber die Erheblichkeit und thatsächliche Begründung entscheidet der Gemeinde-Kirchenrath und auf eingelegten Rekurs, für welchen von Zustellung der Ent-

---

Wahlfähigkeit gemeinsamen, im §. 34 Kg.O. bestimmten Requisite einer Erörterung unterzogen wird.

Der Einwand, daß an der Beschlußfassung des Kreissynodalvorstandes auch der Superintendent N. Theil genommen, obwohl derselbe an dem gegen die Wahl erhobenen Proteste sich betheiligt hat, findet seine Erledigung in den Bestimmungen des §. 55 Nr. 8 u. Schluß-alin. der Kg.O., wonach an den Beschlüssen über dergl. Einsprüche sämmtliche Mitglieder des Synodalvorstandes Theil nehmen müssen.

Endlich haben lediglich die zur Beschlußfassung über den Einspruch berufenen Organe zu erwägen, ob eine vorgängige Vernehmung des Beanstandeten erforderlich sei.

R. d. Ev.O.K.R. v. 9. April 1877, kirchl. Ges. u. V.Bl. 1876/77 S. 133, 134: Die bei den Ergänzungswahlen Gewählten können, nachdem der Einspruch durch die beiden in der Kg.O. dafür gesetzten Instanzen geprüft und verworfen ist, und dieselben inzwischen in ihr Amt eingeführt sind, aus dem dadurch begründeten Rechtsverhältnisse nicht im Wege der Beschwerde bei dem Ev O.K.R., sondern wider ihren Willen nur in den Formen und unter den Voraussetzungen entfernt werden, welche die Kg.O. für die unfreiwillige Entlassung der Aeltesten und Gemeindevertreter vorschreibt.

R. d. Ev.O.K.R. v. 22. März 1878, kirchl. Ges. u. V.Bl. 1878 S. 66, betr. die Entscheidung über Einsprüche gegen eine Wahl für die kirchl. Gemeindeorgane bei Gemeinden, welche mit einer anderen Kirchengemeinde zu einer Gesammtparochie vereinigt sind: die Vorschrift des §. 40 Abs. 2 Kg.O., wonach über Einsprüche zunächst der G.K.R., und auf eingelegten Rekurs der Kreissynodalvorstand zu entscheiden hat, bezieht sich, was den ersteren betrifft, auf den G.K.R. derjenigen Kirchengemeinde, um deren Organe es sich handelt, nicht auf den G.K.R. der etwa bestehenden Gesammtparochie. Denn nach der Kg.O. hat eine jede Kirchengemeinde ihre besonderen kirchlichen Gemeindeorgane zu errichten (§. 1 u. 2 Abs. 1), und hat sich daher das Wahlgeschäft mit seiner Vorbereitung (Wählerliste), Wahlhandlung, Prüfung und Feststellung des Resultats lediglich innerhalb der einzelnen Kirchengemeinde zu vollziehen. Der §. 2 Abs. 2 Kg.O. kann aber nicht auf die Bildung der Gemeindeorgane für die einzelnen Kirchengemeinden bezogen werden, weil dies eben ein Geschäft ist, das jeder einzelnen Kirchengemeinde zur Organisation ihrer eigenen Verfassung obliegt.

[89]) cfr. R. v. 23. Jan. 1874 in Anm. 87 u. Nr. 52 der Instruktion.

scheidung an eine vierzehntägige präklusivische Frist läuft, der Vorstand der Kreissynode [90])

Wer ohne solchen Grund die Uebernahme oder die Fortsetzung des Gemeindeamts verweigert, verliert das kirchliche Wahlrecht. Dasselbe kann ihm jedoch auf sein Gesuch von dem Gemeinde-Kirchenrathe wieder beigelegt werden.

Die Ablehnung oder Niederlegung des vom Patron übertragenen Aeltestenamts unterliegt keinen beschränkenden Bestimmungen. [91])

§. 42. Ist für die Aeltestenwahl zweimal vergeblich Termin abgehalten, weil Wahlberechtigte nicht erschienen sind, oder die Erschienenen die Vornahme der Wahl verweigert haben oder weil nicht wählbare Personen gewählt worden sind, so hat für dieses Mal der Vorstand der Kreissynode die Aeltesten zu ernennen. [92])

Ist aus denselben Gründen die Wahl der Gemeindevertretung nicht zu Stande gekommen, so werden bis dahin die Rechte derselben durch den Gemeinde-Kirchenrath ausgeübt. [93])

---

[90]) R. des Min. d. geistl. Ang. v. 15. Juli 1874, Aktenst. Heft 22 S. 289, 290: Die Frage, ob Staatsbeamte, welche in den G.K.R. gewählt sind, zur Uebernahme des Aeltestenamtes der Genehmigung ihrer vorgesetzten Dienstbehörde bedürfen, ist nach der gegenwärtigen Lage der Gesetzgebung verneinend zu beantworten. Die Stellung in den Gemeindekörpern ist mit Besoldung nicht verbunden; sie ist auch als Nebenamt im Sinne der Dienstdisziplin nicht anzusehen, da sie nach dem Zusammenhange der Kg.O. vielmehr einen dem kirchlichen Gemeinwesen zu leistenden Dienst darstellt, welcher, wenn er ohne Grund verweigert wird, mit kirchlichen Strafmitteln zu erzwingen ist. Für den gewiß seltenen Fall, daß die Führung eines Gemeindeamtes mit amtlichen Dienstverhältnissen unvereinbar sein sollte, hat die Kg.O. §. 41 die Ablehnung oder Niederlegung des Amtes vorgesehen.

Das R. des Justiz-Ministers v. 3. Juli 1874, Aktenst. Heft 22 S. 288, 289 findet keine Veranlassung, dieser Auffassung entgegenzutreten.

R. d. Ev.O.K.R. v. 1. Febr. 1877, kirchl. Ges. u. V.Bl. 1876/77 S. 58: Die Wahl eines Gemeindevertreters zum Kirchenältesten ist auch vor Ablauf seiner 6jährigen Amtszeit zulässig, da er durch eine solche Wahl genügenden Grund erhält, aus der Stellung als Gemeindevertreter auszuscheiden.

[91]) cfr. §. 6 der Kg.O. und das R. v. 25. Sept. 1875 in Anm. 16.

[92]) R. d. Ev.O.K.R. v. 17. Okt. 1874, Aktenst. Heft 22 S. 290, 291: Nachdem gegen die Wahl der für den G.K.R. und die Gem.Vertretung gewählten Personen wegen mangelnder Qualifikation Einspruch erhoben und dieser rechtskräftig für begründet erachtet worden, kann die eintretende Ergänzungswahl, wenn sie auf eben diese Personen gelenkt wird, keinen rechtlichen Bestand haben, und zieht die Folge nach sich, daß die Ergänzung des G.K.R. für diesmal auf den Kreissynodalvorstand übergeht, §. 42 Kg.O., während die Stellen der betr. Gemeindevertreter, wenn die angeordnete Neuwahl zu keinem unanfechtbaren Erfolg führt, einstweilen werden unbesetzt bleiben müssen.

[93]) R. des Ev.O.K.R. v. 1. Febr. 1875, Aktenst. 22 S. 291: Nachdem wir

§. 43. Das Amt der gewählten Aeltesten und der Gemeindevertreter dauert sechs Jahre.[94])

Von drei zu drei Jahren[95]) scheidet die Hälfte aus.[96]) Die Ausscheidenden sind wieder wählbar und bleiben jedenfalls bis zur Einführung ihrer Nachfolger im Amt.[97])

---

aus dem Bericht des Konsistorii, betreffend die Wahl zweier Gemeindevertreter in N., ersehen haben, daß in N. bereits 28 Gemeindevertreter unbeanstandet gewählt sind, eröffnen wir dem Konsistorium, daß unter diesen Umständen §. 42 alin. 2 der Kg.O. auf den voliegenden Fall allerdings keine Anwendung findet; denn die gedachte Bestimmung betrifft nur den Fall, wo nach zweimaliger Abhaltung des Wahlakts nicht einmal die Wahl der nach §. 30 alin. 1 in Verbindung mit §. 11 alin. 3 a. a. O. zur Beschlußfähigkeit der Gemeindevertretung mindestens erforderlichen Zahl von Mitgliedern derselben zu Stande gekommen ist. Da diese Zahl in N. nur 16 beträgt, und demnach schon durch das bisherige Ergebniß der Wahlen nicht nur erreicht, sondern sogar erheblich überschritten ist, so bedarf es daselbst der vorläufigen Wahrnehmung der der Gem.Vertretung zustehenden Rechte durch den G.K.R. überhaupt nicht, sondern es haben die gewählten 28 Gemeindevertreter nunmehr als Gemeindevertretung in Funktion zu treten. Dem Ermessen des Konsistorii bleibt dabei überlassen, gleichzeitig die weitere Wiederholung der Wahl der an der vorgeschriebenen Gesammtzahl noch fehlenden 2 Gemeindevertreter anzuordnen, sofern das Konsistorium glaubt, von dieser Wiederholung einen anderen, als den bisher erreichten Erfolg erwarten zu dürfen.

[94]) cfr. R. v. 24. Juli 1874 in Anm. 18 und die Anm. 17.

[95]) cfr. Instr. v. 31. Okt. 1873 Nr. 13b. Danach hat die erste Erneuerungswahl am ersten Sonntage des Jahres 1877 stattgefunden.

Jetzt vergl. Anm. 77.

[96]) Nr. 11 d. Instruktion: Die Zahl der zu wählenden Aeltesten und Gemeindevertreter bestimmt sich nach §. 43 Abs. 2 u. 3 Kg.O. Sollte überhaupt nur ein von der Gemeinde gewählter Aeltester vorhanden sein (§§. 5 u. 6 daselbst), so findet die periodische Neuwahl nur alle sechs Jahre statt.

R. d. Ev.O.K.R. v. 15. Juni 1876, Richter, Kg.O. S. 40, 41: Bei Körperschaften von ungrader Mitgliederzahl scheidet das erste Mal ein Mitglied über die Hälfte der Gesammtzahl aus. Der Patron oder der vom Patron ernannte Aelteste kommt nicht mit in Rechnung, weil nur die Hälfte der gewählten Mitglieder ausscheidet.

Das R. d. Ev.O.K.R. v. 22. Jan. 1880, kirchl. Ges. u. V.Bl. 1880 S. 4, betr. die Aufstellung der Wählerlisten für die kirchlichen Neuwahlen, spricht sich dahin aus, daß den kirchlichen Neuwahlen die früheren Wählerlisten zu Grunde zu legen, und daß diese Listen nach Maaßgabe der inzwischen eingetretenen Aenderungen zu berichtigen bez. durch Eintragung der bis zum Ablaufe der dafür angesetzten Frist eingegangenen neuen Anmeldungen zu ergänzen sind.

R. des Ev.O.K.R. v. 27. März 1880, kirchl. Ges. u. V.Bl. 1880 S. 50: Eine Neuaufstellung der Wählerlisten für die kirchlichen Umwahlen hat nicht stattzufinden. Dadurch ist aber nicht ausgeschlossen, daß die vorhandene Liste, so oft dies wegen der festzuhaltenden alphabetischen Reihenfolge oder aus sonstigen Gründen erforderlich scheint, neu umgeschrieben werde.

[97]) cfr. Instr. Nr. 28.

Der Austritt wird durch die Dienstzeit, das erste Mal durch Ausloosung bestimmt.

Bei einer außer der Zeit eintretenden Erledigung wählt die Gemeindevertretung [98]) in ihrer nächsten Versammlung einen Ersatzmann, dessen Funktion sich auf die Restzeit der Amtsdauer des Ausgeschiedenen erstreckt.

§. 44. Die Entlassung eines Aeltesten oder Gemeindevertreters erfolgt durch den Vorstand der Kreissynode nach Anhörung des Gemeinde-Kirchenraths:

1) wegen Verlustes einer zur Wählbarkeit erforderlichen Eigenschaft (§. 34.),
2) wegen grober Pflichtwidrigkeit.

Gegen die Entscheidung des Vorstandes der Kreissynode steht sowohl dem Betroffenen, als auch dem Gemeinde-Kirchenrath binnen

---

[98]) cfr. R. v. 19. März 1874 in Anm. 51 u. Instruktion Nr. 12.

R. d. Ev.O.K.R. v. 17. März 1877, kirchl. Ges. u. V.Bl. 1876/77 S. 118: Die Geistlichen sind zur Theilnahme an der von der Gem.Vertretung zu vollziehenden Ersatzwahl eines Aeltesten befugt, da es sich hierbei nicht um eine Funktion als Gemeindewähler, sondern um Ausübung solcher Rechte handelt, welche die Kg.O. §. 43 den formirten Gemeindeorganen beilegt und deren Ausübung durch die Mitglieder der letzteren als solche erfolgt. R. des Ev.O.K.R. v. 22. Nov. 1879, kirchl. Ges. u. V.Bl. 1879 S. 239, betr. das Verfahren bei Ersatzwahlen zum Aeltestenamt in solchen Gemeinden, welche keine Gemeindevertretung haben:

Die Annahme, daß die im Falle des §. 27 Abs. 2 Kg.O. die Rechte der Gemeindevertretung ausübende Versammlung der wahlberechtigten Gemeindeglieder als ein formirtes Gemeindeorgan zu betrachten und hiernach zu beurtheilen sei, ist eine irrige und widerspricht der ausdrücklichen Bestimmung im § 27 a. a. O., da gerade im Gegensatze zu den Gemeinden von 500 Seelen oder darüber, in denen durch Wahl der nach §. 34 hierzu berechtigten Gemeindeglieder eine Gemeindevertretung gebildet wird, in Gemeinden unter 500 Seelen die Bildung dieses Gemeindeorgans nicht erfolgt, die Rechte desselben vielmehr den wahlberechtigten Gemeindegliedern zukommen. Hiermit wäre es ganz unvereinbar, wenn die letzteren bei ihren Versammlungen nach den für die Verhandlungen der **Gemeindeorgane** gegebenen Vorschriften beurtheilt werden sollten.

Die in Rede stehenden Ergänzungswahlen und die ordnungsmäßigen Gemeindewahlen sind im Wesentlichen nach denselben Formen zu vollziehen. Dies folgt einfach daraus, daß bei denjenigen Gemeinden, welche keine Gemeindevertretung haben, in beiden Fällen der Wahlkörper derselbe ist. Hierdurch wird jedoch nicht ausgeschlossen, daß bei den außer der Zeit eintretenden Ergänzungswahlen diejenigen Förmlichkeiten, welche nur für die ordnungsmäßigen Gemeindewahlen und deren Vorbereitung bestimmt sind, in Wegfall kommen. Dazu gehört die Aufstellung und Auslegung einer Wählerliste, welche, da sie für die in Rede stehenden Ergänzungswahlen nirgends vorgeschrieben ist, bei den letzteren nicht erforderlich erscheint.

14 Tagen[99]) die Berufung an das Konsistorium zu, welches mit Zuziehung des Vorstandes der Provinzialsynode endgültig entscheidet (§. 55 Nr. 9.).

§. 45. Wenn eine Gemeindevertretung beharrlich die Erfüllung ihrer Pflichten vernachlässigt oder verweigert, so kann das Konsistorium auf den Antrag des Vorstandes der Kreissynode dieselbe auflösen und den erwiesen Schuldigen die Wählbarkeit auf bestimmte Zeit entziehen.

Die Neubildung der Gemeindevertretung ist unter Leitung eines von dem Konsistorium zu bestellenden Kommissarius zu bewirken.

Bis dahin werden die Rechte der Gemeindevertretung durch den Gemeinde-Kirchenrath ausgeübt.

V. Schlußbestimmungen.

§. 46. Mittelst statutarischer Bestimmung können in einer Gemeinde besondere, die vorstehende Ordnung ergänzende oder modifizirende Einrichtungen aufrecht erhalten oder neu eingeführt werden.

Geeignetenfalls ist das Ganze der Gemeindeordnung in einem förmlichen Gemeindestatut zusammenzufassen.

Zur Festsetzung statutarischer Ordnungen bedarf es der Zustimmung der Gemeindevertretung, der Prüfung durch die Kreis- und Provinzialsynode, der Anerkennung der letzteren, daß die entworfene Bestimmung zweckmäßig und wesentlichen Vorschriften der Kirchenordnung nicht zuwider sei, sowie der abschließenden Genehmigung des Konsistoriums.[100])

---

[99]) Zwischen §. 44 Abs. 2 u. §. 55 Nr. 9 Abs. 2 Kg.O. findet sich bezüglich der Rekursfrist bei Disziplinarentscheidungen des Kreissynodalvorstandes eine Antinomie („binnen 14 Tagen" und „binnen 4 Wochen"), welche nur unter Mitwirkung der Generalsynode im Wege der kirchlichen Gesetzgebung ihre Erledigung finden kann.

Die (von dem Ev.O.K.R. mittelst R. v. 4. Dez. 1880, E.O. 4101 gebilligte) Praxis der Konsistorien hat die vorhandene Divergenz in den allegirten Bestimmungen bisher in der Weise zu beseitigen gewußt, daß sie zu Gunsten des Beschuldigten die im §. 55 vorgeschriebene längere Rekursfrist für zulässig erachtete.

vergl. Nr. 51 der Instruktion.

vergl. auch §. 68 Nr. 6 Kg. u. Syn.O.

[100]) vergl. §. 53 Nr. 8, §. 65 Nr. 5 Kg. u. Syn.O.

Ges. v. 3. Juni 1876 Art. 2 Nr. 4 und Schluß-alin.:

Die Kreissynode übt die ihr in der Kg.O. zugewiesenen Rechte in Betreff der statutarischen Ordnungen (§. 53 Nr. 8 Kg.O.). Die zur Ausübung dieser Rechte erforderlichen Beschlüsse werden nach §. 52 Abs. 3, 4 Kg.O. gefaßt.

Ges. v. 25. Mai 1874 Art. 5: Zur Feststellung von Gemeindestatuten,

§. 47. Das in den bestehenden Gesetzen begründete Recht sowohl der Staatsbehörden als der vorgesetzten Kirchenbehörden, die Gemeinden und ihre Organe zu einer pflichtmäßigen Thätigkeit anzuhalten, zu diesem Behufe ihnen Weisungen zu ertheilen und erforderlichenfalls die gesetzlich statthaften Zwangsmittel anzuwenden, erfährt durch diese Ordnung keine Veränderung.

§. 48. Die Vorschriften dieses Abschnitts finden keine Anwendung:

1) auf diejenigen französisch-reformirten Gemeinden, in welchen ein nach Vorschrift der discipline des églises réformées de France gebildetes consistoire oder Presbyterium eingerichtet ist; [101])

2) auf diejenigen Immediatgemeinden, welche eine Allerhöchst sanktionirte Verfassung und ein für die Interna und Externa der Gemeinde gebildetes Kirchenkollegium besitzen; [102])

---

welche die Kg. und Synodalordnung ergänzen oder modifiziren (§. 31 Nr. 11 und §. 46 Kg.O.), bedarf es der vorgängigen Anerkennung Seitens der Staatsbehörde, daß die entworfene Bestimmung den in Art. 1—4 und Art. 8 (dieses Gesetzes) staatsgesetzlich genehmigten Vorschriften nicht zuwider sei.

Verord. v. 9. Sept. 1876 Art. III. Nr. 2: Die Rechte des Staates werden durch den Regierungs- (in Berlin durch den Polizei-) Präsidenten ausgeübt bei Feststellung der Gemeindestatuten (Art. 5 des Ges. v. 25. Mai 1874).

Das R. des Ev.O.K.R. v. 22. Okt. 1878, kirchl. Ges. u. V.Bl. 1878 S. 153 tritt der Ansicht bei, daß die Aufstellung des Grundbesitzes als eines neuen Requisites für die Wählbarkeit in die Gemeindeorgane eine direkte Abänderung der Kg.O. v. 10. Sept. 1873, und zwar in einem Fundamentalprinzip, enthalte. Da nun nach §. 46 Kg.O. im Wege der statutarischen Ordnung nichts festgesetzt werden darf, was den wesentlichen Vorschriften der Kg.O. zuwider läuft, so ist eine solche Aenderung auch nicht im Wege statutarischer Ordnung, vielmehr nur im Wege der Gesetzgebung zu erreichen.

R. d. Ev.O.K.R. v. 5. Nov. 1878, kirchl. Ges. u. V.Bl. 1878 S. 154: Jede der im §. 46 Kg.O. erwähnten Instanzen ist an dem Verfahren wesentlich und zwar in der Art betheiligt, daß durch ihre ablehnende Entscheidung das Zustandekommen des Statuts gehindert wird. Dies gilt auch von der Betheiligung der Kreissynode. Die derselben überwiesene Prüfung hat keineswegs nur informatorische Bedeutung für die nachfolgenden Instanzen, so daß die Entscheidung der Provinzialsynode und des Konsistorii nur durch eine „gutachtliche Anhörung" der Kreissynode bedingt wäre. Die Provinzialsynode hat nach dem Wortlaut des §. 65 Nr. 5 a. a. O. nur über die von der Kreissynode beschlossenen statutarischen Bestimmungen (§. 53 Nr. 8) zu berathen; die Verwerfung eines Gemeindestatuts durch die Kreissynode hemmt daher das weitere Verfahren und setzt die Provinzialsynode, wie das Konsistorium außer Stand, mit rechtlicher Wirkung eine Genehmigung des Statuts auszusprechen.

[101]) cfr. Anm. 104.

[102]) R. des Ev.O.K.R. v. 2. Dez. 1873, Aktenst. Heft 22 S. 292: Dadurch,

3) auf die Unitätsgemeinden der Provinz Posen;[102a])
4) auf die Militair- und Anstaltsgemeinden.[103])

Hinsichtlich aller dieser Gemeinden bewendet es bis auf Weiteres bei der bestehenden Verfassung.[104])

---

daß eine Gemeinde der Inspektion des Königl. Konsistoriums und des Generalsuperindenten untergeben ist, also nicht dem Stadtkonsistorium und der Lokalsuperintendentur untersteht, wird noch nicht der Charakter der Immediatgemeinde in dem der Kg.O. unterliegenden Sinne einer direkten Unterordnung unter die kirchlichen Centralbehörden herbeigeführt.

cfr. auch Anm. 101.

[102a]) Nach der 3. Theilung Polens ordnete die preußische Regierung durch das „Reglement v. 25. Aug. 1796 wegen künftiger Verfassung der evangelisch-reformirten Kirchengemeinden in Südpreußen" (Rabe, Bd. 3 S. 492 ff.) die Angelegenheiten der Unitätsgemeinden, von welchen gegenwärtig in der Provinz Posen nur noch fünf vorhanden sind: nämlich in der Stadt Posen (Petrigemeinde), in Lissa (Johanniskirche), in Waschke (Jakobigemeinde), in Laßwitz und Orzeszkowo.

Eine durchgreifende Umgestaltung erfuhr das oben genannte Reglement in der (durch das Min. Reskr. v. 5. März 1832 mitgetheilten) Kab.Ord. v. 30. Dez. 1831.

Eigenthümlich ist den reformirten Unitätsgemeinden das Recht zur Wahl ihres Seniors (unter Vorbehalt der höheren Bestätigung), sowie die Institution der auf die apostolische Tradition zurückgeführten bischöflichen Weihe für denselben (cfr. Kab.Ord. v. 11. Nov. 1842 u. v. 27. Nov. 1843). Diese Senioratsweihe wurde früher wiederholt bei einem Bischofe der evangelischen Brüdergemeinde zu Herrnhut nachgesucht und dort ertheilt. Die erklärte Weigerung der Aeltesten der Brüdergemeinde zu Herrnhut, künftig den Weiheakt zu vollziehen, gab schließlich im Interesse der Fortpflanzung der herkömmlichen Senioratsweihe Veranlassung zur Ernennung und Ordination eines Konseniors der Unitätsgemeinden, der indessen keinen Antheil an den kirchenregimentlichen Attributionen des 1. Seniors, auch keinen Anspruch auf ein Einrücken in dessen Stelle hat.

Die Unitätsgemeinden besitzen einen Fonds (Unitätsfonds) von nicht unerheblichem Betrage, dessen Verwaltung gegenwärtig von dem Konsistorium der Provinz geführt wird.

Uebrigens finden auf die Unitätsgemeinden nur die Vorschriften des ersten Abschnittes der Kirch. Gem. Ord. v. 1873 keine Anwendung.

vergl. Anm. 104.

[103]) vergl. Nr. 45 der Instruktion.

R. d. Ev.O.K.R. v. 27. Nov. 1873, Aktenst. Heft 22 S. 294, 295: Ob eine einzelne Anstalt durch den Besitz einer über die Anstaltsgenossen hinausgehenden Pfarrgemeinde sich im Stande befindet, einen G.K.R. zu bilden, mithin neben dem Pfarrer ein weltliches Mitglied zur Synode zu deputiren, ist eine thatsächliche Frage, die nach den Verhältnissen des einzelnen Falles entschieden werden muß.

[104]) Das R. d. Ev.O.K.R. v. 24. Dez. 1873, Aktenst. Heft 22 S. 293 giebt im Einverständnisse mit dem Min. der geistl. Ang. zu erkennen, daß von den in §. 48 Kg.O. benannten Gemeinden nur die Militair- und Anstaltsgemeinden, letztere, insoweit sie nicht nach den besonderen Verhältnissen ausnahmsweise die

Zweiter Abschnitt.

Kreissynode.

§. 49. Die zu einer Diözese vereinigten Gemeinden bilden in der Regel den Kreis-Synodalverband.

Gemeinden, welche keiner Diözese angehören, sind einem benachbarten Synodalverbande anzuschließen.

Kleinere Diözesen können ganz oder getheilt mit benachbarten zu dem Verbande einer Kreissynode vereinigt werden.

Ueber Veränderungen bestehender Kreis-Synodalverbände trifft das Konsistorium mit Einwilligung der betreffenden Kreissynoden oder im Falle des Widerspruchs unter Zustimmung der Provinzialsynode Entscheidung.

§. 50. (ist aufgehoben durch §. 42 der General-Synodal-Ordnung; an dessen Stelle ist §. 43 der General-Synodal-Ordnung getreten.)

§. 43. der Gen.Syn.Ord. Die Kreissynode besteht aus:

1) dem Superintendenten der Diözese als Vorsitzenden.

Unter mehreren zur Synode gehörigen Superintendenten gebührt der Vorsitz dem im Ephoralamt älteren;

2) sämmtlichen innerhalb des Kirchenkreises ein Pfarramt definitiv oder vikarisch verwaltenden Geistlichen. [105]) Geistliche an Anstalten, welche keine Parochialrechte haben, Militair-

---

allgemein vorgeschriebenen Gemeindekörperschaften zu bilden vermögen, an der Kreissynode nicht Theil nehmen, vielmehr mit dieser nur durch ihre Geistlichen, welche nach §. 50 sub 2 daselbst Mitgliedschaft mit berathender Stimme genießen, in Beziehung stehen. Dagegen sind die §. 48 Kg.O. sub 1, 2, 3 genannten französisch-reformirten, Immediat- und Unitätsgemeinden bereits nach ihrer bestehenden Gemeindeverfassung für genügend organisirt erachtet, um vollberechtigt in die Kreissynode einzutreten, resp. wo dies zutrifft, selbst eine Kreissynode zu bilden. Daher sind auch ihre Geistlichen durch die Fassung des §. 50 sub 2 unter die stimmberechtigten Mitglieder der Kreissynoden mit aufgenommen, und werden die abzuordnenden weltlichen Mitglieder der Kreissynoden durch das nach ihrer speziellen Verfassung den Gem.Kirch.Rath bildende Consistoire, Presbyterium, Kirchenkollegium u. s. w. gemäß §. 50 Nr. 3 daselbst zu wählen sein.

[105]) R. d. Ev.O.K.R. v. 21. Juli 1874, Aktenst. Heft 22 S. 298:

Kein Mitglied der Synode kann mehr als eine Stimme abgeben. Wenn also wegen Vakanz des Pfarramts die Absendung eines geistl. Deputirten zur Kreissynode Seitens der betr. Gemeinde unmöglich ist, so ruht die geistliche Stimme dieser Gemeinde, und der Pfarrer, welcher nur zeitweilig das vakante Pfarramt neben seinem eigenen mitverwaltet, ist nur für diejenige Gemeinde, in welcher er — definitiv oder vikarisch — angestellt ist, auf der Kreissynode stimmberechtigt.

geistliche und ordinirte Hülfsgeistliche sind nur befugt, mit berathender Stimme an der Synode Theil zu nehmen.[106]) Zweifel über den Umfang der Theilnahmeberechtigung einzelner Geistlichen entscheidet das Konsistorium;

3) der doppelten Anzahl gewählter Mitglieder. Die Hälfte derselben wird aus den derzeitigen Aeltesten oder aus der Zahl der früheren Aeltesten gewählt,[107]) in der Weise, daß jede Ge-

---

[106]) Nr. 45 der Instruktion: Geistliche sind nur dann befugt, an der Kreissynode mit beschließender Stimme Theil zu nehmen, wenn sie an einer mit verfassungsmäßigen Organen ausgestatteten Gemeinde angestellt sind und in Folge dessen aus der letzteren neben ihnen die entsprechende Zahl gewählter Mitglieder zur Synode abzuordnen ist. Unter dieser Voraussetzung haben auch Anstaltsgeistliche die Theilnahme mit beschließender Stimme. Andere Anstaltsgeistliche sind zur Theilnahme mit berathender Stimme befugt, wenn sie ein geistliches, der kirchlichen Organisation eingegliedertes Amt bekleiden; dagegen steht die Theilnahme denjenigen Geistlichen nicht zu, welche als Vereins- oder Privatbeamte im Dienste einer freien, der kirchlichen Aufsichtsbehörde nicht untergeordneten Anstalt stehen.

Nr. 46 ibidem: Im Falle des Ausscheidens von gewählten Mitgliedern innerhalb der dreijährigen Wahlperiode sind für die Restzeit derselben Ersatzmänner zu wählen.

R. d. Ev.O.K.R. v. 27. Nov. 1873, Aktenst. Heft 22 S. 294: Wenn die Kg.O. von der beschließenden Theilnahme an der Kreissynode die Geistlichen an Anstalten, die keine Parochialrechte haben, ausschließt, so ist hierbei nicht an diejenigen Parochialrechte innerhalb der Anstalt selbst, welche nach §. 78 L.R. II. 19 allen mit Kirchen oder Kapellen ausgerüsteten milden Stiftungen zustehen, gedacht, sondern an das Vorhandensein einer förmlichen Parochie und Gemeinde, welche letztere im Stande ist, aus sich einen G.K.R. hervorzubringen. Nur in diesem Verständniß konnte in §. 50 Nr. 3 verordnet werden, daß nächst den sub 2 gedachten Geistlichen von dem G.K.R. jeder Gemeinde je ein weltliches Mitglied, bei mehreren Geistlichen ebensoviel weltliche Mitglieder zur Synode zu deputiren seien.

R. d. Ev.O.K.R. v. 30. Nov. 1876, kirchl. Ges. u. V.Bl. 1876/77 S. 50: Die in §. 50 Nr. 2 Kg.O. behandelte Theilnahme an der Kreissynode ist in allen Fällen davon bedingt, daß der zu Betheiligende ein in irgend einer Gestalt kirchlich organisirtes geistliches Amt bekleidet. Wenn daher unter den mit berathender Stimme zur Synode zugelassenen Mitgliedern aufgeführt werden „Geistliche an Anstalten, welche keine Parochialrechte haben", so können darunter immer nur solche Anstaltsgeistliche verstanden werden, deren gegenwärtiges Amt als ein geistliches der kirchlichen Organisation eingegliedert ist, nicht aber Personen, die als Vereins- oder Privatbeamte einer freien, der kirchlichen Verwaltung nicht untergeordneten Anstalt vorstehen. Daß der betr. Vorsteher in Folge einer früher bekleideten Amtsstellung für seine Person dem geistlichen Stande angehört, begründet hierin keinen Unterschied.

[107]) R. des Ev.O.K.R. v. 25. Jan. 1877, kirchl. Ges. u. V.Bl. 1876/77 S. 116, 117: Die Berechtigung der Geistlichen zur Theilnahme an der Wahl

meinde so viele Mitglieder entsendet, als sie stimmberechtigte Geistliche in der Synode hat. Die andere Hälfte wird aus den angesehenen, kirchlich erfahrenen und verdienten Männern des Synodalkreises [108]) von den an Seelenzahl stärkeren Ge-

---

der Mitglieder der Kreissynoden unterliegt keinem Bedenken, da es sich hierbei nicht um Ausübung von Wahlrechten als Gemeindeglied handelt.

[108]) R. d. Ev.O.K.R. v. 18. Juli 1874, Aktenst. Heft 22 S. 295:

Wenn nach dem Wortlaut der bezügl. Bestimmung der Kg.O. die andere Hälfte aus den angesehenen, kirchlich erfahrenen und verdienten Männern des Synodalkreises gewählt werden soll, so ist die Absicht des Gesetzes dahin gegangen, die Wahl auf innerhalb des Synodalkreises wohnhafte Personen zu beschränken (cfr. §. 62 Kg.O. bezügl. der Provinzialsynode „in dem Provinzialbezirk"). Mit Rücksicht auf den generellen Charakter dieser Vorschriften erscheint es nicht statthaft, von denselben eine Ausnahme zu Gunsten eines außerhalb des Kreis- resp. Provinzialsynodalbezirks wohnhaften Patrons zu machen. Das dem Patron durch §. 6, §. 34 al. 3 u. §. 35 Kg.O. zugestandene Privilegium, in den G.K.R. auch dann einzutreten, wenn er bei sonst vorhandenen Eigenschaften der Wählbarkeit nicht innerhalb der Gemeinde wohnt, kann nicht analog auf das in Frage stehende Verhältniß ausgedehnt werden (vergl. Anm. 18). Denn abgesehen davon, daß Privilegien strikt zu interpretiren sind, so beruht auch jenes Privilegium auf der Erwägung, daß das Patronat schon an und für sich ein solches Band zwischen dem Patron und der Kirchengemeinde darstellt, daß von der weiteren Verbindung durch den Wohnsitz des Patrons in der Gemeinde abgesehen werden kann, wo es sich um die Theilnahme an den kirchl. Gemeindekörperschaften handelt. Daß aber das Patronat schon an sich eine gleiche Zusammengehörigkeit des Patrons auch mit dem Kreissynodalverbande herstelle, läßt sich nicht behaupten.

vergl. Anm. 130.

Das R. des Ev.O.K.R. v. 27. Dez. 1876, kirchl. Ges. u. V.Bl. 1876/77 S. 58 verneint die streitig gewordene Frage, ob ein gemäß §. 50 Kg.O. in der Kategorie der angesehenen, kirchlich erfahrenen und verdienten Männer zur Kreissynode deputirter Abgeordneter auf Grund seiner nachher erfolgten Erwählung zum Aeltesten die Legitimation als Synodalmitglied verloren habe. Nach der Fassung der Kg.O. v. 1873 kann über die Frage nicht wohl ein Zweifel sein. Aber auch die durch §. 43 Nr. 3 der Gen.Syn.Ord. substituirte Vorschrift ist nicht anders aufzufassen, da sie nur den Zweck hat, zu bestimmen, daß die eine Hälfte der gewählten Mitglieder aus der Zahl der derzeitigen oder früheren Aeltesten entnommen werden muß, dagegen hinsichtlich der zweiten Hälfte die Wahl unter den angesehenen, kirchlich erfahrenen und verdienten Männern des Synodalkreises ohne alle Einschränkung freiläßt.

R. d. Ev.O.K.R. v. 12. Jan. 1880, kirchl. Ges. u. V.Bl. 1880 S. 2: Für ein während der 3jährigen Wahlperiode ausscheidendes Mitglied der Kreissynode ist ein Ersatzmann zu wählen. Den Kreissynoden ist ihre Zusammensetzung (§. 43 Gen.Syn.Ord.) zu sichern. Eine ausdrückliche Vorschrift, wie für Ersatzwahlen bei den Gemeindeorganen (§. 43 Abs. 4 Kg.O.) war nicht erforderlich, weil für Ersatzwahlen zur Kreissynode der Wahlkörper

meinden gewählt. Diejenigen Gemeinden, welche hiernach noch ein oder mehrere Mitglieder zu wählen haben, sowie die Zahl dieser Mitglieder, werden unter Berücksichtigung der Seelenzahl, sowie der sonstigen örtlichen Verhältnisse der Gemeinden und des Kreises, das erste Mal nach Anhörung des Kreis-Synodalvorstandes durch Anordnung des durch den Provinzial-Synodalvorstand verstärkten Kon-

---

derselbe bleibt. Der Umstand, daß die frühere Bestimmung des §. 50 Nr. 3 Abs. 3 der Kg.O., wonach für die weltlichen Mitglieder der Kreissynode Stellvertreter zu wählen waren, in den §. 43 der Gen.Syn.Ord. nicht übergegangen ist, schließt die Zulässigkeit der Wahl von Ersatzmännern nicht aus. Der Stellvertreter tritt nur für den Fall der Verhinderung des in seiner Funktion bleibenden Synodalmitgliedes und nur für die Dauer dieser Verhinderung ein, der Ersatzmann dagegen wird erst im Falle der Erledigung des Mandats gewählt, wird dann aber auf die Restzeit der Amtsdauer des Ausgeschiedenen ein vollberechtigtes Synodalmitglied.

vergl. Nr. 46 der Instruktion.

R. d. Ev.O.K.R. v. 6. Okt. 1874, Aktenst. Heft 22 S. 298, 299: Die Ansicht, daß die von dem G.K.R. einer Gemeinde zur Kreissynode entsendeten Abgeordneten einer nachträglichen Prüfung über das Vorhandensein der zur Wählbarkeit erforderlichen Eigenschaften unterliegen, hat der Ev.O.K.R. im Einverständniß mit dem Min. d. geistl. Angel. für begründet nicht erachtet.

Die Requisite der Kg.O. für die gewählten Deputirten der zweiten Hälfte — angesehen, kirchlich erfahren, verdient — fallen nicht in den Bereich der Thatsachen, sondern in den der Beurtheilung, sie können daher einem Beweisverfahren nicht unterworfen werden. Deshalb setzt die Kg.O. auch keine Instanz ein, welche zur Fällung des Urtheils über ihr Vorhandensein berufen sein soll, und bestimmt kein Verfahren, durch welches ein solches Urtheil herbeigeführt werden könnte . . . . . Während die Vorschriften für die Bildung der Gemeindeorgane im Abschn. IV der Kg.O. ein Prüfungsverfahren eröffnen, ist abweichend davon in Betreff der in die Kreissynode zu entsendenden Abgeordneten die Gewähr für die richtige Anwendung des den Gemeindeorganen beigelegten Rechts lediglich in das Gewissen der Wähler gelegt, ein Modus, der in manchen neueren Kirchenordnungen, z. B. im Königreich Sachsen, allgemein für die kirchl. Wahlen zur Anwendung gebracht ist.

Auch d. R. d. Ev.O.K.R. v. 24. Mai 1877, kirchl. Ges. u. V.Bl. 1876/77 S. 135 führt aus, daß eine nachträgliche Kognition über das Vorhandensein der Eigenschaften, — angesehen, kirchlich erfahren und verdient — nicht stattfindet. Diese Eigenschaften enthalten keine durch ein Beweisverfahren zu konstatirenden thatsächlichen Wählbarkeitserfordernisse, sondern stellen Direktiven für die Wahlkörperschaft auf, deren Anwendung in das Urtheil und Gewissen derselben gelegt ist.

Die Kreissynode wird hiernach nur zu prüfen haben, ob die Wahl der Deputirten rite (§. 50) vollzogen ist, und ob die gewählten Mitglieder der ersten Hälfte aus der Zahl der derzeitigen oder früheren Aeltesten der Gemeinde gewählt sind, und ob die gewählten Mitglieder der anderen Hälfte innerhalb des Synodalkreises wohnen.

sistoriums, demnächst endgültig nach Anhörung der Kreissynode durch Beschluß der Provinzialsynode bestimmt.

Die Wahl dieser Mitglieder erfolgt auf drei Jahre und wird durch die vereinigten Gemeindeorgane, bei verbundenen Gemeinden der Gesammtparochie,[109]) vollzogen; wo ver-

[109]) Der Ev.O.K.R. (cfr. R. v. 20. Juli 1874, Aktenst. Heft 22 S. 296, 297) ist mit dem Min. d. geistl. Ang. der Ansicht, daß, wo zwei oder mehrere Gemeinden einen gemeinschaftl. Pfarrer haben, in jedem einzelnen Falle eine Prüfung des rechtlichen und thatsächlichen Verhältnisses der Gemeinden zu einander stattzufinden hat. Ergiebt sich dabei das Verhältniß verbundener Gemeinden im Sinne des §. 2 alin. 2 Kg.O., so wird für die Wahlen zur Kreissynode die bestimmte Vorschrift des §. 50 Nr. 3 (jetzt §. 43 Nr. 3 Gen.Syn.Ord.) maaßgebend, ebenso wie in Betreff der Vagantengemeinden die besondere Anwendung in §. 2 alin. ult. daselbst Platz greift. Zweifelhaft könnte daher das Wahlrecht zur Kreissynode überhaupt nur in denjenigen Fällen sein, wo auf Grund anderer Verhältnisse, als jene angegebenen Bestimmungen voraussetzen, ein Pfarrer in zwei oder mehreren Gemeinden fungirt. In Bezug auf solche Fälle kann aber die Annahme, daß überall die Gleichzahl der regelmäßigen weltlichen und geistlichen Deputirten zur Kreissynode festzuhalten und daher kein weltlicher Deputirter auf der Synode stimmberechtigt sei, wenn ihm nicht ein stimmberechtigtes geistliches Mitglied zur Seite stehe, in keiner Weise als zutreffend und der Absicht der Kg.O. entsprechend anerkannt werden.

Als entscheidend für das Wahlrecht zweier oder mehrerer von **einem** Pfarrer bedienter Gemeinden ist vielmehr der Grundsatz festzuhalten, daß überall da, aber auch nur da, wo ein organisirtes Pfarr**amt** besteht, die Gemeinde zur Entsendung eines (oder mehrerer) weltlichen Deputirten in die Kreissynode berechtigt ist. Demgemäß ist im einzelnen Falle zu untersuchen, ob jede der Gemeinden ein organisirtes Pfarramt hat. Ist dies der Fall, so kann der Umstand, daß beide Aemter in der Person eines Geistlichen vereinigt sind, und daher weder jede Gemeinde einen Geistlichen für sich hat, noch das Pfarramt ein beiden Gemeinden gemeinschaftliches ist, dem Rechte jeder der betheiligten Gemeinden, für sich ein (oder mehrere) weltliche Mitglieder zur Kreissynode zu entsenden, nicht präjudiziren. Der betr. Geistliche gehört in diesem Falle in doppelter Eigenschaft, für die eine wie für die andere Gemeinde, der Kreissynode an; dieserhalb aber etwa ihm zwei Stimmen auf der letzteren beilegen zu wollen, würde ganz unstatthaft und dem Geiste der Kg.O. zuwider sein.

Besteht dagegen nur in einer der Gemeinden, welche einen gemeinschaftlichen Pfarrer haben, ein organisirtes Pfarramt, so steht nur dieser, nicht auch der anderen Gemeinde die Abordnung eines (oder mehrerer) weltlichen Deputirten zur Kreissynode zu.

cfr. R. des Ev.O.K.R. v. 9. Nov. 1880, betr. die Unzulässigkeit doppelter Stimmführung bei den kirchlichen Wahlen, kirchl. Ges. u. V.Bl. 1880 S. 143, 144. Danach ist der von einem Rittergutsbesitzer und Kreissynodaldeputirten erhobene Anspruch, bei der Wahl zur Provinzialsynode aus dem Grunde zwei Stimmen abzugeben, weil er gleichzeitig zweien, innerhalb eines Wahlverbandes vereinigten Kreissynoden als Mitglied angehört, nicht begründet.

Nach §. 45 der Gen.Syn.Ord. bilden für die Wahlen zur Provinzialsynode die zu einem Wahlverbande vereinigten Kreissynoden den Wahlkörper; hieraus folgt, daß die Deputirten der kombinirten Synoden nur als Mitglieder dieses einheitlichen Wahlkörpers und nicht in ihrer besonderen Beziehung zu der einzelnen Kreissynode wirksam werden.

R. d. Ev.O.K.R. v. 9. Mai 1876, kirchl. Ges. u. V.Bl. 1876/77 S. 37—39: Die Vorschriften der Gen.Syn.Ord. Abschn. VI, insbes. §. 43, machen für die Kreissynoden eine Reorganisation erforderlich. Dieselbe beschränkt sich, da die Bestimmungen über den Vorsitz und die geistlichen Mitglieder der Kreissynoden unverändert geblieben sind, auf die gewählten Mitglieder. §. 43 Nr. 3 das. Diese betragen künftig die doppelte Anzahl der nach §. 43 Nr. 2 das. als vollberechtigte Mitglieder an der Kreissynode Theil nehmenden Geistlichen und zerfallen in zwei gleiche Hälften. Die eine Hälfte entspricht dem Maaße der Betheiligung, welche allen einzelnen Gemeinden des Synodalkreises durch ihre Geistlichen an der Kreissynode zukommt: es hat daher jede Gemeinde ebensoviel Personen, als sie stimmberechtigte Geistliche in der Kreissynode hat, aus dem Bereiche ihrer derzeitigen oder früheren Aeltesten zu erwählen und als Synodalmitglieder zu entsenden. Die andere Hälfte, deren Wahl ohne Beschränkung auf derzeitige oder frühere Aelteste aus den angesehenen, kirchlich verdienten und erfahrenen Männern geistlichen oder weltlichen Standes, welche dem Synodalkreise angehören, zu erfolgen hat, soll von den an Seelenzahl stärkeren Gemeinden abgeordnet werden. Hierzu bedarf es für jede Kreissynode einer individuellen Feststellung, durch welche die einzelnen Gemeinden, die an der Wahl dieser Hälfte zu betheiligen sind, und die Zahl der ihnen beizulegenden Abgeordneten bestimmt werden. Nach Vorschrift der Synodalordnung soll hierbei die Seelenzahl als Anhalt dienen, so jedoch, daß neben dieser auch die örtlichen Verhältnisse der Gemeinden und des Kreises Berücksichtigung finden. Es wird daher nächst der Seelenzahl auch die durch die besonderen Umstände bedingte Bedeutung der einen oder anderen Gemeinde in Betracht zu ziehen, und was die Verhältnisse des Kreises anlangt, dahin zu streben sein, daß weder einer Gemeinde die Majorität sämmtlicher Synodalmitglieder zufällt, noch umgekehrt, wenn etwa in einem Kreise nur eine bedeutendere Gemeinde vorhanden ist, diese durch zu weit gehende Betheiligung kleinerer Gemeinden den letzteren gegenüber in ein offenbares Abhängigkeitsverhältniß versetzt wird. Die angemessene Erledigung dieser Repartition bildet eine ebenso wichtige als schwierige Aufgabe, dieselbe fällt für das erste Mal dem Konsistorium, in seiner Verstärkung durch den Provinzialsynodalvorstand, nach gutachtlicher Anhörung der Kreissynodalvorstände zu. Das Konsistorium wird zunächst die Seelenzahl der einzelnen Gemeinden festzustellen und nach den vorher besprochenen Gesichtspunkten über die Betheiligung derselben an der Wahl der zweiten Hälfte der gewählten Deputirten einen Plan zu entwerfen haben, der dann der gutachtl. Beurtheilung der Kreissynodalvorstände mit Rücksicht auf die örtlichen Verhältnisse zu übergeben ist. Nach Eingang dieser Gutachten hat dann die schließliche Feststellung der Vertheilung unter Zuziehung des Provinzial-Synodalvorstandes zu erfolgen . . . . .

Es ist unumgänglich, auf dem Wege der Theilung so viel als möglich dem Mißstande vorzubeugen, daß eine Kreissynode zu einem Personalbestande anwächst, der mit ihrem Geschäftskreis in keinem Verhältniß steht, und die gedeihliche Förderung ihrer Verhandlungen hindert. Wir bezeichnen in

fassungsmäßig eine Gemeindevertretung nicht vorhanden ist, erfolgt die Wahl durch den Gemeinde-Kirchenrath. Diejenigen weltlichen Mitglieder der Kreissynode, welche noch kein Gelübde als Aelteste abgelegt haben, werden von dem Vorsitzenden der Kreissynode mit demjenigen Gelübde verpflichtet, welches die Mitglieder der Provinzialsynode nach §. 63. der Kirchengemeinde- und Synodalordnung vom 10. September 1873. zu leisten haben. Die Gewählten müssen das 30ste Lebensjahr zurückgelegt haben.

Seitens der Kirchenregierung ist darauf hinzuwirken, daß durch Theilung der größeren Diözesen eine übermäßig große Zahl der zu einer Kreissynode gehörigen Mitglieder vermieden werde.

§. 51. Die Kreissynode tritt jährlich in der Regel einmal zusammen. Außerordentliche Versammlungen können mit Genehmigung oder auf Anordnung des Konsistoriums stattfinden. Die Dauer der Versammlung soll zwei Tage nicht überschreiten.

Ausnahmsweise ist das Konsistorium befugt, eine schriftliche Abstimmung der Mitglieder außerhalb der Versammlung zu veranstalten. 110)

§. 52. Der Vorsitzende beruft, eröffnet und schließt die Versammlung und sorgt für die vorbereitenden Arbeiten, die er auf Mitglieder des Synodalvorstandes (§. 54.) und andere geeignete Synodalen nach Bedürfniß vertheilen kann. 111)

Er leitet die Verhandlungen, bestimmt die Reihenfolge der zu verhandelnden Gegenstände und sorgt für Aufrechthaltung der Ordnung. In diesen Geschäften kann er sich durch ein anderes Mitglied der Synode vertreten lassen.

Zur Beschlußfähigkeit der Synode bedarf es der Anwesenheit von zwei Dritteln ihrer Mitglieder.

Die Beschlüsse werden nach absoluter Stimmenmehrheit gefaßt. Wahlhandlungen sind, wenn zunächst relative Mehrheiten sich ergeben, durch engere Wahl bis zur Erreichung einer absoluten Majorität

---

dieser Beziehung keine bestimmte Zahl, weil die konkreten Verhältnisse hierbei in erster Stelle in Betracht kommen müssen; wenn in der Regel ein Personalbestand der Synoden von gegen 50 Mitgliedern als der wünschenswerthe zu betrachten ist, so werden in einzelnen Fällen erhebliche Ueberschreitungen, wenn unvermeidlich, noch getragen werden können.

110) vergl. jedoch Art. 2 (namentl. Schluß-alin.) des Ges. v. 3. Juni 1876.

111) vergl. Nr. 47 und 49 der Instruktion.

fortzusetzen. Bei Stimmengleichheit giebt die Stimme des Vorsitzenden den Ausschlag, bei Wahlen entscheidet das Loos.

Jede Sitzung wird mit Gebet eröffnet, die Schlußsitzung auch mit Gebet geschlossen.

§. 53. Der Wirkungskreis der Kreissynode umfaßt nachstehende Befugnisse und Obliegenheiten:

1) die Erledigung der vom Konsistorium oder von der Provinzialsynode ihr zugehenden Vorlagen;

2) die Berathung von Anträgen an das Konsistorium und die Provinzialsynode, welche von den Mitgliedern der Synode, von den Gemeinde-Kirchenräthen oder auch einzelnen Gemeindegliedern des Synodalkreises ausgehen;

3) die Mitaufsicht über die Gemeinden, Geistlichen, Kandidaten und alle in kirchlichen Berufsämtern stehenden Personen ihres Kreises.

Zu diesem Behufe erhält sie bei ihrem jedesmaligen Zusammentreten zu ordentlicher Versammlung durch den Superintendenten oder die von ihm dazu bestellten Referenten einen Bericht über die kirchlichen und sittlichen Zustände der Gemeinden.

Sie ist berufen, von anstößigen Vorgängen in Leben und Wandel der Geistlichen, der Gemeindebeamten und der niederen Kirchendiener Kenntniß zu nehmen, dagegen die Mittel der brüderlichen Ermahnung und Warnung in Anwendung zu bringen, geeignetenfalls aber, wenn diese fruchtlos bleiben, die Sache der zuständigen Disziplinarinstanz zu übergeben;

4) die Uebung der Kirchendisziplin in zweiter Instanz, wo in erster Instanz der Gemeinde-Kirchenrath disziplinarische Entscheidung getroffen hat (§. 14. vergl. jedoch §. 55. Nr. 7.);

5) die Mitaufsicht über die in den Kirchengemeinden bestehenden Einrichtungen für christliche Liebeswerke (§. 17.), sowie die Verwaltung und Leitung der den Kirchengemeinden des Synodalkreises gemeinsamen derartigen Institute, jedoch unbeschadet abweichender statutarischer Ordnungen;[112]

6) die Prüfung des Kassen- und Rechnungswesens in den einzelnen Gemeinden.

Die Synode ist berechtigt, durch einen zu bestellenden Ausschuß von der Verwaltung des lokalen Kirchen- und kirchlichen Stiftungsvermögens (§. 22.), sowie von der Ver-

---

[112]) vergl. §. 55 Nr. 6 Kg.O.

waltung der durch eigene Vorstände vertretenen lokalen und allgemeinen kirchlichen Stiftungen innerhalb des Kreises Kenntniß zu nehmen und die Beseitigung etwaiger Mißstände anzuordnen. [113])

---

[113]) vergl. Nr. 48 der Instruktion.

R. des Ev.O.K.R. v. 28. März 1878, kirchl. G. u. V.Bl. 1878 S. 67, betr. die Prüfung des Kassen- u. Rechnungswesens der Gemeinden und kirchl. Lokalstiftungen, sowie die Verwaltung der Kreissynodalkassen durch die Kreissynoden:

Durch das Ges. v. 3. Juni 1876, Art. 2, haben die Bestimmungen der Kreissynodalordnung §. 53 Nr. 6 u. 7, durch welche den Kreissynoden die Prüfung des Kassen- und Rechnungswesens in den einzelnen Gemeinden und kirchl. Lokalstiftungen, sowie die Verwaltung der einzurichtenden Kreissynodalkasse übertragen wird, die staatsgesetzliche Sanktion empfangen . . . . .

A. Das Kassen- u. Rechnungswesen der Gemeinden und kirchlichen Lokalstiftungen betreffend.

1) Daß die Keissynoden sich der Prüfung des Kassen- und Rechnungswesens in den einzelnen Gemeinden u. kirchlichen Lokalstiftungen unterziehen, gehört nach §. 53, Eingang der Kreissyn. Ord., zu ihren Befugnissen u. Obliegenheiten. Es ist dies daher ein Geschäft, welches nothwendig und regelmäßig auf jeder Synodalversammlung geübt werden muß . . . . Es ist auch im Interesse einer geordneten kirchlichen Verwaltung von großem Werth, daß die Kreissynode als regelmäßige Prüfungsstelle für das Rechnungswesen eintritt . . . . .

2) Damit die Prüfung des Rechnungswesens einen regelmäßigen u. förderlichen Gang gewinnt, ist es vor allem nothwendig, daß die Synode nach der ihr gesetzlich beigelegten Befugniß aus ihrer Mitte einen Rechnungsausschuß bestellt, der vor dem Zusammentreten der jedesmaligen Synodalversammlung sich der Prüfung der Rechnungen unterzieht und über das Ergebniß der Synode berichtet . . . . . Die Zahl seiner Mitglieder muß mindestens drei betragen und kann nach dem konkreten Bedürfniß stärker gegriffen werden . . . . .

3) Jede Lokalverwaltung hat dem Rechnungsausschuß jährlich ihren Etat und die letztjährige abgeschlossene u. dechargirte Rechnung vorzulegen, ihm auch die weiteren Auskünfte zu geben, die zu fordern derselbe durch die Rechnung sich veranlaßt sieht. Damit die Vorlage regelmäßig erfolgt, hat jede Kreissynode dafür ein für allemal einen bestimmten Termin, auf etwa drei Monate vor ihrem gewöhnlichen Zusammentritt festzustellen. Geschieht die Einreichung der Vorlagen an den Rechnungsausschuß nicht rechtzeitig oder werden weiter von ihm erforderte Informationen nicht geliefert, so kann der Ausschuß nur erinnern; Zwangsmaßregeln hat er bei der der Verwaltung vorgesetzten Stelle zu extrahiren.

4) Der Prüfung der Kreissynoden unterliegen vor allem die Kirchenkassen mit sämmtlichen darin durch den G.K.R. verwalteten Vermögensbeständen an Kirchen- oder Pfarrvermögen oder sonstigen Stiftungs- u. Nebenfonds. Außerdem unterliegen der Prüfung die durch eigene Vorstände vertretenen lokalen und allgemeinen kirchlichen Stiftungen innerhalb des

Synodalkreises. Welche Stiftungen der Art vorhanden sind, ist zuvörderst auf der Kreissynode festzustellen, und ist dabei Folgendes zu beachten. Zunächst handelt es sich darum, daß einer Einrichtung oder Vermögensmasse die Natur der Stiftung, also rechtlich anerkannte Selbstständigkeit und Dauer zukommt; Einrichtungen, die von Privatpersonen oder Vereinen geführt, mithin nach deren Befinden auch wieder eingestellt werden können, scheiden hier aus: welche Stellung die Kreissynode zu diesen hat, ergiebt sich aus §. 53 Nr. 5 der Kreissyn. Ord. Die Stiftungen müssen, um der Prüfung der Kreissynode anheimzufallen, kirchliche sein. Hierfür ist in der Regel der kirchliche Zweck entscheidend; da, wo der Zweck aber Zweifel läßt, wie namentlich auf dem mannigfach gestalteten Gebiete der Wohlthätigkeit vorkommen kann, sind die sonstigen Umstände, wie Herkunft des Vermögens, Bestellung der Verwalter und deren etwa erforderte kirchliche Requisite in Betracht zu ziehen. Diese letzteren sind namentlich entscheidend, wenn der Pfarrer oder G. K. R. oder ein sonst kirchlich konstituirter Ausschuß der Gemeinde die Stiftungsverwaltung führt. Wo hiernach gleichwohl Zweifel verbleiben, wird versucht werden müssen, sie durch Einholung einer Erklärung der Stiftungsverwaltung zu heben, wo auch dies nicht zum Ziel führt, ist darüber zur weiteren Verhandlung an das Konsistorium zu berichten. Endlich wird erfordert, daß die kirchlichen Stiftungen entweder lokale sind, d. h. ihren Wirkungskreis innerhalb der Gemeinde haben, oder wenn allgemeiner, daß sie sich auf den Bereich der Kreissynode oder mehrerer Kreissynoden erstrecken, wie letzteres namentlich bei Synodalwittwenkassen öfter vorkommt. Bei letzteren Stiftungen ist diejenige Kreissynode zur Prüfung zuständig, in deren Bereich der Stiftungsvorstand seinen Sitz hat. Stiftungen, die für die Provinz oder einen noch weiteren Bereich bestimmt sind, bleiben den höheren Synodalstufen vorbehalten.

5) Ueber die Grenzen, bis wohin die Kreissynode mit ihrer Prüfung des Kassen- u. Rechnungswesens gehen soll, enthält die Kreissynodalordnung eine direkte Bestimmung nicht. Es wird hierin auch eine gewisse Weite, je nach der Lage der konkreten Verhältnisse obwalten können; kalkulatorische Prüfungen z. B. würden da, wo sie bei größeren Verwaltungen schon in der Lokalinstanz vorgenommen und bescheinigt sind, bei dem Rechnungsausschuß nur zwecklos eine Wiederholung finden, während sie unter anderen Verhältnissen sehr wohl motivirt sein können. Nur soviel ergiebt sich aus dem Zusammenhange der Vorschriften §. 31 Nr. 9, §. 24 Lit. b. Kg. O., verglichen mit Nr. 10 der ersten Nachtr. Instr. zur Kg. O. v. 20. Juni 1874, daß der Etat der Kirchen- u. Stiftungskassen nicht der Feststellung der Kreissynode, die Rechnung nicht der kassenmäßigen Abnahme u. Decharge Seitens derselben unterliegt. Regelmäßig aber ist die Prüfung der Kreissynoden darauf zu richten, ob die Verwaltung in den ordnungsmäßig vorgeschriebenen Formen vor sich geht. Hierhin gehört namentlich, daß ein von den berufenen Instanzen festgestellter Etat vorhanden ist, daß nach Vorschrift desselben gewirthschaftet wird, daß die Verwahrung u. Verwaltung des Vermögens durch die berufenen Personen u. in ordnungsmäßiger Weise erfolgt, daß jährlich prompt die Rechnung gelegt und entsprechend den gesetzlichen Vorschriften abgenommen

und dechargirt wird. Wie weit materiell auf die einzelnen Akte der Verwaltung einzugehen sei, bleibt der Erwägung des Rechnungsausschusses und demnächst der Synode überlassen, jedoch wird dabei der in der Kreissyn.Ord. aufgestellte Gesichtspunkt nicht außer Acht kommen dürfen, daß die der Kreissynode beigelegte Prüfungsbefugniß nicht den Zweck hat, die Verwaltung der Lokalinstanzen im Einzelnen zu dirigiren, sondern nur den: festzustellen, ob Mißstände in der Verwaltung stattfinden, deren Beseitigung dann die Synode zu fordern hat.

B. Die Kreissynodalkassen betreffend.

..... Es bedarf der Wahl eines Kreissynodalrechners, welcher die Kasse führt und darüber jährlich der Synode Rechnung legt, sowie der Aufstellung des Etats der Kasse und der Repartition der dazu von Seiten der Kirchenkassen und Gemeinden zu leistenden Beiträge. Ueber dieses Beides, Etat und Repartition, insbesondere den anzuwendenden Repartitionsfuß, wird auf die Verfügungen (des Ev.O.K.R.) v. 5. Juni 1877, kirchl. G. u. V.Bl. S. 135, u. 2. Okt. 1877 S. 213 daselbst ..... verwiesen. (vergl. Anm. 152 u. 114.) Die Abnahme und Dechargirung der Rechnung der Kreissynodalkasse erfolgt durch die Kreissynode selbst und wird zweckmäßig schon vor der Versammlung durch den Rechnungsausschuß der Synode vorbereitet werden. Die erforderliche Aufzeichnung über die Vollziehung dieser Geschäfte ist in das Protokoll über die Synodalversammlung aufzunehmen bez. demselben als Anlage beizufügen und ist der Regel nach, wo nicht etwa besondere Dringlichkeit ein anderes Verfahren bedingt, nicht durch besondere Berichte, sondern durch die vorgeschriebene Einreichung des Synodalprotokolls dem Kgl. Konsistorium vorzulegen. In welcher Weise die Provinzialsynode die ihr zustehende Mitaufsicht auf die Kreissynodalkassen (Prov.Syn.Ord. §. 65 Nr. 6) ausüben, welche Obliegenheit dadurch den Kreissynoden erwachsen wird, bleibt der besonderen Regelung vorbehalten; hier ist nur hervorzuheben, daß der Vorstand der Kreissynode wegen dieser Aufsicht ebenso, wie wegen anderer der Provinzial-Synode zustehender Kompetenzen ein Exemplar der Verhandlungen jeder Kreissynodalversammlung dem Provinzialsynodalvorstand einzureichen hat.

R. des Ev.O.K.R. v. 21. Mai 1880, kirchl. Ges. u. V.Bl. 1880 S. 53, betr. die Aufsichtsführung über das Kassen- u. Rechnungswesen der Kirchengemeinden und kirchlichen Institute:

..... Von besonderer Wichtigkeit ist es, fest im Auge zu behalten, daß die Kg. u. Syn.Ord. bei ihren Bestimmungen über die kirchliche Vermögensverwaltung von dem Grundgedanken der Selbstverwaltung ausgeht. Auf demselben beruht es, wenn in Betreff der Vermögensverwaltung das Hauptgewicht auf die Thätigkeit der Gemeindeorgane selbst gelegt wird, namentlich dem G.K.R. unter Zutritt der Gemeindevertretung bezüglich der bestimmten wichtigeren Gegenstände, neben umfassenden Verwaltungs- und Vertretungsrechten und Pflichten speziell was das Kassenwesen anlangt, die Ernennung des Rendanten, die Aufstellung des Etats, die Ertheilung der Zahlungsanweisungen, die Revision der Kassen und die Prüfung und Decharge der Kirchenrechnungen (§§. 22, 24, 31 Nr. 9 Kg.O.) selbstständig übertragen, auch allen Gemeindegliedern durch die vorgeschriebene 14tägige Auslegung des Etats und der Jahresrechnung die Gelegenheit zu Erinnerungen dargeboten ist. (§. 31 Nr. 9 a. a. O.) In diesen der Gemeinde und ihren Organen zustehenden Funktionen findet, soweit nicht besondere Rechtsverhältnisse eine Ausnahme bedingen, die eigentliche Verwaltungsthätigkeit bezüglich des Kassen- und Rechnungswesens der lokalen kirchlichen Institute ihren Abschluß. Hinzu tritt allerdings in weiten Kreisen die Einwirkung des Patronats, insofern nach §. 23 a. a. O. denjenigen Patronen, welche Patronatslasten für kirchliche Bedürfnisse tragen, das Recht der Aufsicht über die Verwaltung der betr. Kirche und damit eine zustimmende und kontrolirende Betheiligung in den lokalkirchlichen Kassenangelegenheiten vorbehalten ist. (Nr. 10 ff. der Instr. v. 20. Juni 1874.) Die letztere ist auch nicht etwa auf diejenigen Angelegenheiten beschränkt, wo eigene Vermögensinteressen des Patrons berührt werden, bezieht sich vielmehr auf alle Gesichtspunkte der Verwaltung. (§§. 568, 621, 689 A.L.R. II. 11.) . . . . . Die Erfahrung zeigt, daß je nach den Umständen die patronatische Aufsicht auf die kirchl. Vermögensverwaltung von der Bedeutung einer sehr ersprießlichen, das kirchl. Interesse fördernden Mitwirkung durch den Zustand der Gleichgültigkeit bis zu dem einer wesentlich nur das eigene Privatinteresse berücksichtigenden Hemmung hinüberschwankt. Und dies gilt nicht etwa nur von Privatpersonen als Patron, sondern ebenso von Kommunen und in gewissem Maaße auch vom Fiskus. Es bleibt daher nothwendig, für die allgemeine Ordnung der Kirche die Gemeindeorgane als diejenige Stelle festzuhalten, welche für die ordnungsmäßige Führung der Vermögensverwalturg in der Gemeinde regelmäßig verantwortlich ist . . . . . Zu diesem Zwecke ist es aus prinzipiellen Gründen, wie nach der Erfahrung nothwendig, die lokale Verwaltung der regelmäßigen Prüfung einer höheren Instanz zu unterstellen . . . . . Aus diesem Grunde weist die Kg. u. Syn.Ord. in §. 53 Nr. 6 — auch hier an dem Gesichtspunkt der Selbstverwaltung festhaltend — der Kreissynode, als derjenigen Stufe des kirchl. Organismus, welche den Verhältnissen der Gemeinden am nächsten steht und ein ohne große Schwierigkeit übersehbares Gebiet umfaßt, die Prüfung des Kassen- u. Rechnungswesens der einzelnen kirchl. Gemeinden und Institute als feststehende Obliegenheit zu, und stattet sie mit der Befugniß aus, ihre auf das lokalkirchliche Vermögen im Kreise bezüglichen Geschäfte durch einen Ausschuß wahrzunehmen. Diese Bestimmung ist die einzige, welche die Kg. u. Syn.Ord. über die neue Gestaltung dieser Angelegenheit giebt. Die bestehende Kirchenverfassung kennt daher regelmäßig als nächste Prüfungsinstanz nur die Kreissynode und ihre Organe.

Daneben bestehen nach §. 22 Abs. 3 a. a. O. die Befugnisse und Pflichten der kirchenregimentlichen Aufsichtsbehörden fort. Sehr irrig wäre es aber, anzunehmen, daß der §. 53 Nr. 6 cit. den Zweck habe, entweder diesen Behörden eine ihnen bisher obliegende Pflicht abzunehmen, um sie auf die Kreissynode zu übertragen, oder gar einen Zustand herbeizuführen, in welchem zwei verpflichtete Organe dieselbe Thätigkeit auszuüben haben. Denn in der That hat die in Frage stehende regelmäßige Prüfung den kirchlichen Behörden nie als Verpflichtung obgelegen, der §. 53 Nr. 6 hat vielmehr diese als unentbehrlich erkannte regelmäßige Kontrole erst neu geschaffen. Allerdings stellt das A.L.R. das Kirchenvermögen und seine Verwaltung und Verwendung unter die Aufsicht der geistl. Oberen (§§. 167, 168, 217 A.L.R. II. 11). Auch wird ein nicht unerheblicher Theil wichtiger, das Kirchenvermögen berührender Rechtsgeschäfte (z. B. Vergleiche, Ausleihungen, Darlehnsaufnahmen, Erwerbungen, Veräußerungen, Verpfändungen von Grundstücken, außergewöhnliche Ausgaben u. dergl.) ausdrücklich von der Genehmigung derselben abhängig gemacht. Und es ist in diesen Bestimmungen eine weitgreifende Möglichkeit zur Ausübung auch der Kontrole über die Gesammt-verwaltung gegeben. Zur Pflicht gemacht ist aber den geistl. Oberen in Betreff des Kassen- u. Rechnungswesens durch das Gesetz nur, daß sie von Amtswegen auf eine rechtzeitige, gehörige Rechnungslegung halten (§. 695 a. a. O.) und durch die bei den Visitationen von den Superintendenten einzureichenden Rechnungsextrakte hiervon Kenntniß nehmen, auch über die von letzteren vorgetragenen besonderen Bedenken entscheiden (§§. 696 ff. a. a. O.). Bereits durch den Ministerialerlaß v. 23. Dez. 1845 (M.Bl. d. i. V. 1846 S. 7. Vogt, K.R. S. 476) ist die durch die Regierungsinstruktion von 1817 zeitweilig veranlaßte Annahme, daß es Pflicht der Aufsichtsbehörde sei, allgemein die Etats der kirchl. Institute ihrer Bestätigung und die Rechnungen ihrer Revision und Decharge zu unterwerfen, als unrichtig bezeichnet und dargelegt worden, daß, soweit nicht besondere Rechtsverhältnisse ein Anderes bedingen, die Aufsichtsführung der Behörde sich in Betreff des Etats- und Rechnungswesens darauf zu beschränken habe, von der Führung derselben durch ihre lokalen Organe oder durch Einsicht jener Extrakte Kenntniß zu nehmen, im Uebrigen aber sich in einzelnen Fällen durch Nachfragen oder außerordentliche Einforderung von Etats und Rechnungen oder auf sonst geeignete Weise zu informiren und wahrgenommenen Mängeln abzuhelfen ..... Der Erlaß (des Ev.O.K.R.) v. 28. März 1878 (siehe oben) giebt unter A. 1 bis 5 in Betreff der Stellung, welche die Kreissynode bei der Sache einzunehmen hat, sowie über die Ziele und die Art ihrer Bethätigung die erforderliche erste Anleitung ..... Zur Beseitigung der von einzelnen Seiten hervortretenden prinzipiellen Bedenken, gleichwie in praktischer Beziehung wird es je nach Lage der Verhältnisse angemessen sein, dabei auf das Beispiel der westlichen Provinzen hinzuweisen, wo sich auf Grund von Bestimmungen der Kirchenordnung von 1835 (vergl. §§. 37 Lit. d. u. 147 das.), mit denen die der Kg. u. Syn.Ord. wesentlich übereinstimmen, Einrichtungen entwickelt haben, welche die Kreissynode bez. ihre für das Rechnungswesen bestimmten Organe als den maaßgebenden und erfolgreich wirksamen Mittelpunkt für die Beaufsichtigung der gesammten, auf das Etats-, Kassen- u. Rechnungswesen bezüglichen lokalen Kirchenverwaltung erscheinen lassen (vergl. für Westfalen die Verwaltungsordnung v. 7. Mai 1838 §§. 59 ff. — Hagens Kirch.Ord. S. 157 ff. —; für die Rheinprovinz die Instr. für die Synodalrechnungskommissionen — Amtsbl. d. K. Konsistor. zu Coblenz von 1865 Nr. 10 S. 35 ff.).

Weiter macht der Ev.O.K.R. hier auf folgende wichtigere Punkte aufmerksam:

a) Der Rechnungsausschuß, welcher nach A. Nr. 2 des Erlasses von 1878 von jeder Kreissynode der Regel nach zu wählen ist, und an welchen nach Nr. 3 daselbst jede Lokalverwaltung den Etat und die letzte abgeschlossene und dechargirte Rechnung einzureichen hat, ist seiner Natur nach ein für die ganze Synodalperiode bleibender, da seine Hauptthätigkeit in die Zeit zwischen den Synodalversammlungen fällt. Erlischt das Mandat eines oder mehrerer Mitglieder des Ausschusses dadurch, daß die Wiederwahl derselben als Synodalmitglieder nicht erfolgt, so hat der Synodalvorstand und nöthigenfalls der Superintendent allein für die etwa erforderliche Fortführung der Geschäfte derselben bis zur Neu-Konstituirung des Ausschusses auf der nächsten Synodalversammlung Sorge zu tragen. Das bisherige Mandat der Mitglieder, welche in der neuen Synodalperiode aus der Synode nicht ausscheiden, ist erst mit der vorgedachten Neukonstituirung als erloschen zu betrachten. Der Wechsel in der Person brauchbar befundener und bereits erfahrener Mitglieder des Ausschusses wird möglichst zu vermeiden sein.

b) Wo ein besonderer Rechnungsausschuß nicht gewählt ist, hat der Synodalvorstand gemäß §. 55 Nr. 4 u. 6 die betr. Rechte und Pflichten der Synode auszuüben.

c) Auch da, wo ein besonderer Ausschuß errichtet wird, erscheint es rathsam, den Superintendenten, als durch Geschäftskunde und amtliche Stellung besonders geeignet, behufs Uebernahme des Vorsitzes in denselben zu wählen oder, falls zur Erleichterung des Superintendenten ein Anderes beschlossen wird, namentlich etwa für den gewöhnlichen Geschäftsbetrieb die Führung des Vorsitzes durch ein anderes Mitglied angemessen erscheint, doch den Geschäftsgang so einzurichten, daß dem Superintendenten die ihm als Vorsitzenden der Synode zukommende Einwirkung auf die Direktion der Geschäfte und die zur Sicherung des Erfolges erforderliche Kenntnißnahme und Betheiligung insbesondere bezüglich des Verkehrs mit den Gem. Kirch. Räthen gewahrt bleibt.

d) Im Interesse einer technisch richtigen Behandlung der Sache, wie zur Entlastung des Superintendenten und der sonst betheiligten Synodalen wird es sich nach dem Vorbilde der westlichen Provinzen empfehlen, mindestens einen Rechnungsverständigen in die Kommission zu wählen, oder einen solchen, falls er sich unter den Synodalmitgliedern nicht befindet, anderweit aus dem Synodalbezirk zu den betr. Arbeiten heranzuziehen.

e) In Fällen, wo die jährliche Versammlung der Kreissynoden im Verhältniß zu dem gegenwärtig meist auf den 1. April festgesetzten Jahresabschluß der kirchlichen Rechnungen so zeitig eintritt, daß die auf die letztjährigen Rechnungen bezüglichen Arbeiten des Rechnungsausschusses nicht vor der ersten Synodalsitzung, welche auf den Schluß des betr. Rechnungsjahres folgt, erledigt sein können, wird der Synode über das Rechnungswesen des vorletzten Jahres zu berichten sein. Auch in diesen Fällen ist dahin zu wirken, daß die Prüfungsthätigkeit des Synodal-Ausschusses jedenfalls bereits innerhalb des Rechnungsjahres ihren Abschluß findet, welches demjenigen folgt, worauf sich die Rechnungslegung bezieht (vergl. i).

f) Wie es nach A. Nr. 5 des Erlasses von 1878 zunächst dem pflichtmäßigen Ermessen des Rechnungsausschusses anheim fällt, inwieweit die materielle Prüfung der Rechnungen nach den betr. Verwaltungsakten im einzelnen Falle angezeigt erscheint, so ist es nach Nr. 1 a. a. O. auch seiner Erwägung vorbehalten, in welchem Maaße er seine Prüfung da beschränken kann, wo die gleiche Aufsichtsthätigkeit des Patronats die oben erwähnten, eine allseitige Wahrung des kirchlichen Interesses sichernden Voraussetzungen darbietet, wie dies namentlich bei Kirchen Königlichen oder magistratischen Patronats meist wird vorausgesetzt werden dürfen.

g) Im Allgemeinen sind zu den nach A. Nr. 3 des Erlasses von 1878 dem Rechnungsausschuß jährlich mit der Rechnung einzureichenden Papieren neben dem Etat auch die ein Zubehör der Rechnung bildenden Beläge und die zur Klarstellung des Sachverhalts unentbehrlichen Verhandlungen über die Rechnungsrevision und Decharge der Gemeindeorgane und des Patronats, soweit sie in den Händen des G. K. R. sind, zu rechnen.

h) Zur Erleichterung des Prüfungsgeschäfts und der Berichterstattung des Rechnungsausschusses an die Synode wie an die Oberaufsichtsbehörde sind ferner die Gem. Kirch. Räthe anzuweisen, in Zukunft jährlich dem Rechnungsausschusse bez. dem Superintendenten zugleich mit den Rechnungen eine die formelle Lage der betr. Geschäfte, wie die Ergebnisse der Kassenführung (vergl. die obgedachten Bestimmungen des §. 696 A. L. R. II. 11 und der Minist. Verfüg. v. 23. Dez. 1845) übersichtlich darstellende Nachweisung in doppelter Ausfertigung einzureichen ..... (Ein Formular für diese Rechnungsübersicht findet sich im kirchl. Ges. u. V. Bl. 1880 S. 64 abgedruckt.)

i) Eine Ausfertigung dieser Uebersicht geht mit etwaigen Notizen der Synodalorgane zu den Akten der Synode. Die andere ist, nachdem der Rechnungsausschuß in den dafür bestimmten Spalten einen kurzen Vermerk über Zeit, Art und generelles Ergebniß seiner Prüfung beigefügt hat, durch den Superintendenten am Schlusse des nach Lit. e. für das gewöhnliche Prüfungsgeschäft des Rechnungsausschusses bestimmten Jahres an das Konsistorium einzusenden, um dasselbe sowohl von der allgemeinen Lage des Kassen- und Rechnungswesens der Gemeinden und Institute, als auch in gewissem Maaße von der Thätigkeit der Synodalorgane in Kenntniß zu erhalten. Falls in dem Rechnungswesen Mißstände hervorgetreten sind, zu deren Beseitigung das Konsistorium um seine Entscheidung angegangen werden muß — sei es wegen der Wichtigkeit der betr. Sache, sei es wegen des Widerstrebens der örtlich Betheiligten gegen die synodalen Anforderungen —, so werden die betr. Anträge, so weit sie nicht bereits im Laufe des Jahres vorgelegt sind, mit Einsendung der Nachweisung zu verbinden sein.

Die Stellung, welche die K. Konsistorien gegenüber der durch §. 53 Nr. 6, Kg. u. Syn. Ord., den Synodalorganen zugewiesenen Thätigkeit einzunehmen haben, bestimmt sich hiernach von selbst in der nach Obigem von dem Minist. Erlaß von 1845 bezeichneten Art. Wenngleich die dauernde synodale Obhut über das kirchliche Rechnungswesen dazu geeignet sein wird, die Behörde der Regel nach der eingehenden Fürsorge für die laufende Verwaltung zu überheben, so verbleiben derselben doch fortgesetzt sehr wichtige Aufgaben. Namentlich wird die Entscheidung in allen Zweifels- und Beschwerdefällen, die Aufrechthaltung der Einheit bezüglich der wesentlichen rechtlichen und administrativen Grundsätze innerhalb des größeren Verwaltungsbezirks, die Beseitigung der aus den vorgelegten Rechnungsübersichten erkennbaren, oder in Folge probeweiser Einforderung einzelner Etats und Rechnungen, wie durch etwa erforderliche kommissarische Revisionen wichtigerer Kassen wahrgenommenen Mängel u. dergl. eine umfassende und die vorhandenen Arbeitskräfte reichlich in Anspruch nehmende Thätigkeit bilden. Auch werden nach wie vor die Anträge auf Genehmigung von Umlagebeschlüssen oder außerordentlichen Ausgaben (§. 687 A. L. R. II. 11) zur Einsichtnahme von den betr. Kassenetats und Rechnungen Anlaß geben.

Auch in den Befugnissen der Superintendenten, soweit sie sich auf Behandlung des Rechnungswesens bei Kirchenvisitationen erstrecken (vergl. §. 696 A. L. R. II. 11 und die provinziellen Kirchenvisitationsordnungen) ist in Folge des §. 53 Nr. 6

Sind an Stiftungen der letzteren Art mehrere Synodalkreise betheiligt, so stehen diese Befugnisse nur derjenigen Kreissynode zu, in deren Bereiche der Stiftungs-Vorstand seinen Sitz hat;

7) die Verwaltung der Kreis-Synodalkasse, die Bestellung eines Kreis-Synodalrechners, die Festsetzung des Etats der Kasse, diese unter Genehmigung des Konsistoriums,[114]) die Repartition der zur Kreis-Synodalkasse erforderlichen Beiträge der Kirchenkassen und Gemeinden;

8) die Prüfung statutarischer Ordnungen der Gemeinden (§. 46.), sowie die Errichtung solcher Ordnungen in dem den Kreissynoden angewiesenen Geschäftsgebiete.[115]) Auch die letz-

---

der Kg. u. Syn.Ord. rechtlich keine Aenderung eingetreten. Wohl aber werden dieselben, was diese Visitationen anlangt, die ohnehin kaum eine Zeit für diesen Gegenstand übrig ließen, von den durch anderweiten Ersatz faktisch entbehrlich gewordenen Geschäften, zu denen u. A. die Einsendung der Rechnungsextrakte gehört (vergl. oben 1), zu entbinden sein. Zur Vornahme von Kassenrevisionen werden indeß die Visitationen auch ferner geeignete Gelegenheit darbieten. —

[114]) R. d. Ev.O.K.R. v. 2. Okt. 1877, kirchl. Ges. u. V.Bl. 1876/77 S. 213, 214: Die Feststellung des Etats für die Kreissynodalkassen kann nur durch die Kreissynoden selbst, und zwar, wie das Ges. v. 3. Juni 1876 Art. 2 ergiebt, in ihrer Versammlung und durch einen nach §. 52 Abs. 3, 4 der Kg.O. gefaßten Beschluß geschehen. Die schriftliche Abstimmung über den Etat der Kreissynodalkasse ist durch Art. 2 des Ges. v. 3. Juni 1867 ausgeschlossen.

vergl. ferner §. 71 Kg.O. u. §. 38 Gen.Syn.Ord. u. Anm. 113.

cfr. §. 74 Kg.O., §. 40 Gen.Syn.Ord.

R. d. Ev.O.K.R. v. 10. Okt. 1877, kirchl. Ges. u. V.Bl. 1876/77 S. 214: Daß das Kirchenpatronat die Patrone nicht von den allgemeinen Pflichten der Mitglieder der evang. Landeskirche entbindet, steht außer Zweifel, folgeweise werden sie zu denjenigen kirchlichen Lasten, welche nicht die Bedürfnisse einer speziellen Gemeinde, sondern die der evangel. Kirche in ihrer Gesammtheit oder in ihren Provinzial- und Kreisverbänden befriedigen sollen, insoweit mit beitragen müssen, als dies durch Kirchen- und Staatsgesetze bereits angeordnet ist. Letzteres ist für Synodalkosten durch §§. 72, 73 Kg.O. u. §. 38 Gen.Syn.Ord., sowie Art. 12 Ges. v. 3. Juni 1876, für andere Ausschreibungen zu landes- oder provinzialkirchlichen Zwecken durch §. 14 Gen.Syn.Ord. und Art. 15, 11 Ges. v. 3. Juni 1876 geschehen. Inwieweit dabei zunächst die Kirchenkassen der Heranziehung unterliegen, ist nach eben diesen Gesetzen und der konkreten Vermögenslage der Kassen, auf welche die Gesetze verweisen, zu entscheiden. Hiernach ist nicht anzuerkennen, daß durch die Anordnung, wonach die Steuerkraft der Patrone bei Aufstellung der Materialien für die Kreissynodalkassen mit in Anrechnung gebracht werden soll, die Rechte des Patrons verletzt werden.

[115]) vergl. Anm. 100.

teren bedürfen der Billigung der Provinzialsynode und der abschließenden Bestätigung des Konsistoriums;

9) die Wahl ihres Vorstandes nach Maßgabe des §. 54.;

10) die Wahl von Abgeordneten zur Provinzialsynode nach Maßgabe der §§. 58. ff.

§. 54. Der Vorstand der Kreissynode besteht aus dem vorsitzenden Superintendenten (Präses) und aus vier von der Synode aus ihrer Mitte auf drei Jahre gewählten Beisitzern (Assessoren), [116]) von denen mindestens einer ein Geistlicher sein muß. Der geistliche Beisitzer und, wenn deren mehrere in dem Synodal-Vorstand sind, der an erster Stelle gewählte, hat den Vorsitzenden im Falle seiner Verhinderung in allen Synodalgeschäften zu vertreten. Das Konsistorium kann jedoch, wenn die Vertretung eines Superintendenten in allen Ephoralfunktionen angeordnet werden muß, auch den Synodalvorsitz dem ernannten Vertreter der Superintendentur übertragen.

§. 55. Der Synodal-Vorstand hat

1) den Vorsitzenden in den Präsidialgeschäften zu unterstützen,

2) für die Aufzeichnung, Redaktion und Beglaubigung der Protokolle zu sorgen, zu welchem Behufe er unter seiner Verantwortlichkeit auch einige Synodalmitglieder zur Unterstützung zuziehen kann,

3) die Synodalprotokolle an das Konsistorium zu befördern und die von letzterem bestätigten Beschlüsse, soweit ihm die Vollziehung aufgetragen wird, zur Ausführung zu bringen,

4) zur Versammlung der Kreissynode die erforderlichen Einleitungen zu treffen, insbesondere die Vorlagen für dieselbe vorzubereiten,

5) dem Konsistorium auf Erfordern Gutachten abzustatten,

6) in eiligen Fällen der nach §. 53. Nr. 5. und 6. der Synode übertragenen Mitaufsicht die vorläufige, bis zur nächsten Synodalversammlung wirksame Entscheidung zu treffen,

7) wenn die Kreissynode nicht versammelt ist, die ihr im §. 53. Nr. 4. übertragene Zuständigkeit auszuüben,

8) auf eingelegten Rekurs über Einsprüche gegen die Wahl von Aeltesten oder Gemeindevertretern (§. 40.), über die Zulässigkeit einer Amtsablehnung oder Niederlegung von Aeltesten oder Gemeindevertretern (§. 41.), sowie über den Ausschluß vom Wahlrechte (§. 36.) zu entscheiden, [117])

---

[116]) vergl. §. 55 Nr. 10 alin. 2 Kg.O.

[117]) Ueber die Frage, ob ein zugleich einem G.K.R. angehörendes

9) darüber zu befinden, ob der Fall des §. 44. Nr. 1. vorliegt, sowie die Disziplinargewalt über die Mitglieder des Gemeinde-Kirchenraths und der Gemeindevertretung auszuüben mit dem Rechte, Ermahnung, Verweis und wegen grober Pflichtwidrigkeit, Entlassung aus dem Amte zu verfügen (§. 44. Nr. 2.).

Die Disziplinar-Entscheidung erfolgt nach Untersuchung der Sache und Vernehmung des Beschuldigten durch eine schriftlich mit Gründen abzufassende Resolution, welche im Falle der Verurtheilung zugleich über die Nothwendigkeit der Suspension zu bestimmen hat. Binnen vier Wochen[118]) nach Zustellung der Resolution steht dem Beschuldigten der Rekurs an das Konsistorium zu, welches endgültig entscheidet. Lautet die angefochtene Verfügung auf Entlassung, so kann das Konsistorium nur unter Zuziehung des Vorstandes der Provinzialsynode entscheiden,

10) bei Pfarrbesetzungen, vorbehaltlich des Rekurses an das Konsistorium, über Einwendungen der Gemeinde gegen Wandel und Gaben des Designirten, sowie über Einwendungen von einer Zweidrittelmehrheit der Gemeindeglieder zu entscheiden.[119])

Mitglied des Kreissynodalvorstandes durch seine Theilnahme an der Entscheidung des G. K. R. über einen Wahleinspruch verpflichtet resp. berechtigt werde, sich der Theilnahme an der demnächstigen Beschlußfassung des Kreissynodalvorstandes über denselben Gegenstand zu enthalten, hat der Ev. O K. R. in dem R. v. 30. Jan. 1875, Aktenst. Heft 22 S. 300 sich dahin ausgesprochen: Angesichts der ausdrücklichen Vorschrift in §. 55 al. ult. der Kg. O., wonach an Beschlüssen über Einsprüche gegen kirchliche Wahlen in der Rekursinstanz sämmtliche Mitglieder des Kreissynodalvorstandes Theil nehmen müssen, ist die Ausschließung oder freiwillige Enthaltung einzelner Mitglieder desselben von der Theilnahme an der Beschlußfassung selbst aus dem im vorliegenden Falle geltend gemachten Grunde für unstatthaft zu erachten, und zwar erfordert die Theilnahme an den Beschlüssen des Kreissynodalvorstandes, welche §. 55 cit. vorschreibt, nicht nur die Anwesenheit bei der Berathung, sondern auch die Betheiligung an der Abstimmung. Der Umstand, daß dabei eines der Mitglieder des Vorstandes schon in erster Instanz bei der Entscheidung mitgewirkt hat, muß, wenn der Betreffende dem nicht, wie wünschenswerth, durch Stimmenthaltung im G. K. R. vorgebeugt hat, getragen werden, da er bei der Besetzung des Synodalvorstandes mit 5 Personen nicht ausgeschlossen werden kann.

In Fällen, wie der vorliegende, den Vorstand einer anderen Kreissynode mit der Entscheidung über den betreffenden Einspruch zu beauftragen, würde den Intentionen der Kg. O. zuwiderlaufen.

[118]) vergl. Anm. 99.

[119]) vergl. Nr. 49 u. 50 der Instruktion.

Ueber Einwendungen wegen der Lehre des Designirten trifft in erster Instanz das Konsistorium [120]) die Entscheidung unter Mitwirkung des Vorstandes der Provinzialsynode (vergl. §. 68. Nr. 6.). In den Fällen der Nr. 7. 8. 9. 10. müssen sämmtliche Mitglieder des Synodal-Vorstandes an den Beschlüssen desselben Theil nehmen. Für die übrigen ihm übertragenen Geschäfte reicht die Mitwirkung von drei Mitgliedern, einschließlich des Vorsitzenden, aus. [121])

§. 56. Bei den Versammlungen der Kreissynode findet eine beschränkte Oeffentlichkeit statt.

Die Kandidaten und nicht ordinirten Geistlichen des Synodalkreises, die Aeltesten desselben, die evangelischen Kirchenpatrone, die evangelischen Mitglieder der an der Kirchenverwaltung betheiligten Kreis- und Provinzialbehörden, sowie der Centralbehörden haben als Gäste Zutritt.

Andere Personen als Zuhörer zuzulassen, hängt von dem Ermessen des Synodal-Vorstandes ab.

Der General-Superintendent, sowie ein vom Konsistorium etwa abgeordnetes Konsistorialmitglied, desgleichen der Präses der Provinzialsynode (§. 66.) hat das Recht, jederzeit den Verhandlungen der Kreissynode beizuwohnen, dabei das Wort zu ergreifen und Anträge zu stellen.

§. 57. In Städten, welche mehrere Synodalkreise umfassen, ist auf das Zusammentreten von mehreren Kreissynoden zur Behandlung gemeinsamer kirchlicher Angelegenheiten der Stadt Bedacht zu nehmen. Die Anordnung desselben erfolgt mit Einwilligung der einzelnen Kreissynoden, im Fall ihres Widerspruchs unter Zustimmung der Provinzialsynode durch das Konsistorium, welches zugleich den Vorsitz und die Geschäftsordnung der so gebildeten synodalen Körperschaft regelt. [122])

Dem Konsistorium bleibt vorbehalten, den Wirkungskreis einer

---

[120]) vergl. §. 36 d. Gen. Syn. Ord.

[121]) R. d. Ev. O. K. R. v. 13. Okt. 1875, Aktenst. Heft 22 S. 301:

Die Schlußbestimmung des §. 55 ist nur dahin zu verstehen, daß an den dort bezeichneten Beschlüssen die sämmtlichen dem Kreissynodalvorstand angehörigen Mitglider sich betheiligen müssen, hat aber keineswegs die Absicht, den Vorstand, so lange er nur noch die Minimalzahl von 3 Mitgliedern enthält, für gewisse Geschäfte als handlungsunfähig zu erklären, wenn etwa das eine oder andere seiner Mitglieder ausgeschieden und eine Ergänzungswahl noch nicht vollzogen ist.

vergl. Nr. 50 der Instruktion und Nr. 53 daselbst.

[122]) cfr. Art. 6 Ges. v. 3. Juni 1876 und Nr. 54 der Instruktion.

Kreissynode oder einer nach Absatz 1. gebildeten Vereinigung von Kreissynoden, sowie ihres Vorstandes mit Rücksicht auf eigenthümliche Einrichtungen oder Bedürfnisse des Kreises, im Einverständniß mit den betreffenden Kreissynoden oder, wenn dasselbe nicht zu erreichen, unter Zustimmung der Provinzialsynode, zu erweitern.[123])

---

[123]) cfr. Art. 7 u. 8 Ges. v. 3. Juni 1876, Art. I. Nr. 1, Art. III. Nr. 4 Verord. v. 9. Sept. 1876 und Nr. 54 der Instruktion.

cfr. das Regulativ für die vereinigten Kreissynoden der Haupt- und Residenzstadt Berlin v. 8. und 13. Juni 1881 amtl. Mitth. des K. Konsist., der Provinz Brandenburg 1881 S. 76 ff., kirchl Ges. u. V.Bl. 1881 S. 80 ff.:

Regulativ für die vereinigten Kreissynoden der Haupt- und Residenzstadt Berlin.

§. 1. Die vereinigten Kreissynoden von Berlin bestehen:

1) aus dem General-Superintendenten für die Stadt Berlin, und
2) aus sämmtlichen stimmberechtigten Mitgliedern der vier Berliner Kreissynoden.

Diejenigen Geistlichen, welche an den letzteren mit berathender Stimme theilzunehmen befugt sind, haben dasselbe Recht hinsichtlich der vereinigten Kreissynoden.

§. 2. Die vereinigten Kreissynoden treten zu ordentlicher Versammlung jährlich einmal an einem zwischen dem Königlichen Konsistorium und dem Synodal-Vorstand zu vereinbarenden Termin zusammen. Die Dauer der ordentlichen Versammlung soll drei Sitzungstage innerhalb eines Zeitraums von zwei Wochen nicht überschreiten.

Außerordentliche Versammlungen können mit Genehmigung oder auf Anordnung des Konsistoriums stattfinden.

§. 3. Der Vorsitzende beruft, eröffnet und schließt die Versammlung. Er vertheilt die vorbereitenden Arbeiten, soweit letztere nicht dem geschäftsführenden Ausschuß zufallen, auf Mitglieder des Synodal-Vorstandes oder nach Bedürfniß auf andere geeignete Synodalen.

Er leitet die Verhandlungen und sorgt für die Aufrechterhaltung der Ordnung. In diesen Geschäften kann er sich durch einen der Beisitzer (§. 7.) vertreten lassen.

Zur Beschlußfähigkeit der vereinigten Synoden bedarf es der Anwesenheit von zwei Dritteln ihrer Mitglieder.

Die Beschlüsse werden nach absoluter Stimmenmehrheit gefaßt, Wahlhandlungen sind, wenn sich relative Majoritäten ergeben, durch engere Wahl bis zur Erreichung einer absoluten Majorität fortzusetzen. Bei Stimmengleichheit entscheidet die Stimme des Vorsitzenden, bei Wahlen das Loos. Für die Wahl zu Kommissionen genügt die relative Mehrheit.

Jede Sitzung wird mit Gebet eröffnet, die Schlußsitzung mit Gebet geschlossen.

Des Näheren regelt die Synode mit Genehmigung des Konsistoriums ihre Geschäftsordnung.

§. 4. Der Wirkungskreis der vereinigten Kreissynoden umfaßt nachstehende Befugnisse und Obliegenheiten:

1) die Erledigung der vom Konsistorium oder von der Provinzialsynode

gemachten, gemeinsame kirchliche Angelegenheiten der Stadt betreffenden Vorlagen;
2) die Erledigung der von den einzelnen Kreissynoden an sie verwiesenen, die ganze Stadt betreffenden Anträge;
3) die Berathung von Anträgen an das Konsistorium und die Provinzialsynode, welche von Mitgliedern der Synode, von den Kreissynoden oder den Gemeinde-Kirchenräthen des gesammten Bezirks ausgehen, sofern die Anträge gemeinsame kirchliche Angelegenheiten der Stadt betreffen;
4) die Einholung von Berichten über die kirchlichen Bedürfnisse der Gemeinden und Kreissynodal-Bezirke seitens der Gemeinde-Organe, der Kreissynoden und ihrer Vorstände, sowie die Befugniß und Pflicht, den gedachten Vertretungen die Abhülfe etwaiger äußerer Nothstände in Erwägung zu geben;
5) die Beschlußfassung über die Veränderung, Aufhebung oder Einführung allgemeiner Gebührentaxen für alle Gemeinden (Art. 8 Nr. 1 des Gesetzes vom 3. Juni 1876);
6) die Ausschreibung allgemeiner Umlagen nach Maßgabe des Art. 8 Nr. 2 des Gesetzes vom 3. Juni 1876, und zwar
   a. behufs Ersatz für die aufzuhebenden Stolgebühren,
   b. zur Gewährung von Beihülfen an ärmere Parochieen behufs Befriedigung dringender kirchlicher Bedürfnisse (Art. 8 Nr. 2a und b daselbst);
7) die Errichtung einer Synodal-Kasse für die Einnahme und Verwendung der ausgeschriebenen Umlage.

§. 5. Wird die Ausschreibung einer allgemeinen Umlage von den vereinigten Kreissynoden beschlossen (Art. 8 Nr. 2 des cit. Gesetzes), so wird der Betrag derselben nach dem vorliegenden Bedürfniß (Art. 8 Nr. 2 a und b daselbst), wie dasselbe von den gesetzlichen Organen der einzelnen Gemeinden aufgestellt ist, von den vereinigten Kreissynoden festgesetzt, nachdem alle zur Prüfung erforderlich erachteten Unterlagen gewährt sind.

Die Vertheilung oder Ueberweisung von Umlage-Erträgen an die einzelnen Gemeinden erfolgt für die §. 4 Nr. 6b vorgeschriebenen Beihülfen nach Maßgabe des anerkannten Bedürfnisses.

Den vereinigten Kreissynoden steht die Aufsicht und Rechenschafts-Einforderung über die Verwendung derselben durch die Empfangsberechtigten zu.

Im Falle der Errichtung einer Synodalkasse (§. 4 Nr. 7) bedarf die Anstellung der für die Verwaltung derselben erforderlichen Beamten und die für sie zu erlassende Geschäftsanweisung der Genehmigung der vereinigten Kreissynoden; denselben gebührt auch die Aufstellung der Voranschläge für die Verwaltung der Kasse, die Abnahme der von dem geschäftsführenden Ausschuß darüber zu legenden Rechnungen und die Ertheilung der Entlastung über diese.

§. 6. Die vereinigten Kreissynoden wählen für die Dauer jeder Synodal-Periode einen Vorstand und einen geschäftsführenden Ausschuß (letzteren mit Ausschluß des Vorsitzenden). Beide bleiben bis zur Bildung eines neuen Vorstandes und Ausschusses in Thätigkeit.

§. 7. Der Vorstand besteht: aus dem Vorsitzenden, dem Stellvertreter desselben und drei Beisitzern.

Für die Beisitzer werden Stellvertreter gewählt.

Diese werden nach der Reihenfolge ihrer Wahl zur Vertretung behinderter Beisitzer vom Vorsitzenden oder dessen Stellvertreter in den Vorstand einberufen. Entweder der Vorsitzende oder dessen Stellvertreter muß ein Geistlicher sein, desgleichen je einer von den Beisitzern und deren Stellvertretern.

§. 8. Der Vorstand der vereinigten Kreissynoden hat:

1) den Vorsitzenden in den Präsidialgeschäften zu unterstützen;
2) für die Aufzeichnung, Redaktion und Beglaubigung der Protokolle zu sorgen, zu welchem Behufe er unter seiner Verantwortlichkeit einige Mitglieder der Synoden zur Unterstützung zuziehen kann;
3) die Synodal-Protokolle an das Konsistorium zu befördern und die von letzterem bestätigten Beschlüsse, soweit ihm die Vollziehung übertragen wird, zur Ausführung zu bringen;
4) zur Versammlung der vereinigten Kreissynoden die erforderlichen Einleitungen zu treffen und die seinerseits in Betreff gemeinsamer kirchlicher Angelegenheiten der Stadt einzubringenden Anträge festzustellen;
5) dem Konsistorium auf Erfordern Gutachten abzustatten.

Zur Beschlußfähigkeit des Vorstandes ist die Anwesenheit des Vorsitzenden oder seines Stellvertreters, so wie zweier Mitglieder oder der für dieselben einberufenen Stellvertreter erforderlich.

§. 9. Der geschäftsführende Ausschuß besteht:

1) aus dem General-Superintendenten für die Stadt Berlin als Vorsitzenden und
2) aus sechs Mitgliedern.

Für Letztere werden Stellvertreter gewählt. Dieselben werden nach der Reihenfolge ihrer Wahl zur Vertretung verhinderter Mitglieder vom Vorsitzenden in den Ausschuß einberufen. Für den Fall vorübergehender Behinderung des General-Superintendenten bestellt das Konsistorium einen Stellvertreter des Vorsitzenden.

§. 10. Der geschäftsführende Ausschuß hat:

1) für die Einziehung der beschlossenen Umlagen zu sorgen, die Verwaltung der Umlage-Erträge zu führen, über dieselbe Bericht zu erstatten und Rechnung zu legen, sowie die Voranschläge für die Verwaltung zu entwerfen;
2) vorbehaltlich der Zustimmung der vereinigten Kreissynoden die Anstellungsverträge mit den besoldeten Verwaltungsbeamten abzuschließen und die Geschäftsanweisungen für dieselben zu entwerfen.

Er ist berechtigt in Betreff der zu seiner Zuständigkeit gehörenden Angelegenheiten mit den kirchenregimentlichen und anderen Behörden, sowie den Gemeinde- und Synodal-Körperschaften in unmittelbaren Verkehr zu treten. Die Zuschriften an diese ergehen unter Unterschrift des Vorsitzenden, der die laufenden Geschäfte führt.

Zur Beschlußfähigkeit des Ausschusses ist die Anwesenheit des Vorsitzenden und die von drei Mitgliedern oder Stellvertretern erforderlich.

§. 11. Die zu seiner Zuständigkeit gehörigen Angelegenheiten und Anträge bereitet der geschäftsführende Ausschuß für die vereinigten Kreissynoden vor, und giebt dem Vorstande davon vor Festsetzung der Tagesordnung Kenntniß.

Der letztere ist verpflichtet, derartige Vorlagen und Anträge auf die Tagesordnung zu setzen.

Der geschäftsführende Ausschuß ist berechtigt, in dringenden Fällen die Berufung einer außerordentlichen Versammlung durch den Vorstand zu verlangen und gleichzeitig mit diesem Antrage seinerseits die Genehmigung des Konsistoriums (§. 2.) nachzusuchen. Ist die letztere ertheilt, so ist der Vorstand nicht befugt, die Einberufung der Versammlung abzulehnen.

Zur Feststellung der Tagesordnung für die Sitzungen der vereinigten Kreissynoden ist der geschäftsführende Ausschuß als Beirath vom Vorstande zuzuziehen. Der Ausschuß kann sich durch seinen Vorsitzenden oder eines oder mehrere seiner Mitglieder vertreten lassen.

§. 12. Die Versammlungen der vereinigten Kreissynoden sind öffentlich.

Sie können die Oeffentlichkeit auf Antrag ihres Vorsitzenden oder von zwanzig ihrer Mitglieder ausschließen. Die Berathung darüber erfolgt unter Ausschluß der Oeffentlichkeit.

Bei den Verhandlungen der vereinigten Kreissynoden hat der Kommissarius des Königlichen Konsistoriums das Recht, jederzeit das Wort zu ergreifen und Anträge zu stellen und ist berechtigt, die Schließung der Sitzung herbeizuführen, indem er den Vorsitzenden zur Vornahme des Schließungsakts veranlaßt. Dasselbe Recht zur Wortergreifung und Antragstellung steht dem General-Superintendenten für die Stadt Berlin und dem Präses der Provinzialsynode zu.

Wenn Gegenstände auf die Tagesordnung gesetzt sind, welche das Konsistorium als nicht zur Zuständigkeit der vereinigten Kreissynoden (§. 4) gehörig erachtet, so hat der Kommissar desselben vor Beginn der Berathung die Absetzung von der Tagesordnung zu beantragen.

Will die Versammlung diesem Antrage keine Folge geben, so kann sie die Entscheidung des Evangelischen Ober-Kirchenraths herbeiführen, ob der beanstandete Gegenstand auf die Tagesordnung der nächsten Sitzung zu setzen ist.

In Gemäßheit der Artikel 7 und 4 des Gesetzes vom 3. Juni 1876 (Gesetz-Samml. Seite 125) und des Artikels I. Nr. 1 der Verordnung vom 9. September 1876 (Gesetz-Samml. Seite 395) erkenne ich hierdurch an, daß die Bestimmungen des vorstehenden, von den vereinigten Kreissynoden der Haupt- und Residenz-Stadt Berlin beschlossenen „Regulativs“ dem Gesetze vom 25. Mai 1874 (Gesetz-Samml. Seite 147) und dem vorgedachten Gesetze vom 3. Juni 1876 nicht zuwider sind.

Berlin, den 8. Juni 1881.

(L. S.)

Der Minister der geistlichen, Unterrichts- und Medizinal-Angelegenheiten.

v. Puttkamer.

Anerkennung.
G. I. 1345.

Das vorstehende Regulativ für die vereinigten Kreissynoden der Haupt- und Residenzstadt Berlin wird unter Bezugnahme auf die obige Anerkennung von Seiten des Ministers der geistlichen, Unterrichts- und Medizinal-Angelegenheiten,

Dritter Abschnitt.

Provinzialsynode.

§. 58. Die Kreissynoden jeder Provinz bilden zusammen den Verband einer Provinzialsynode.[124])

---

sowie unter Aufhebung des bisher in Geltung gewesenen Regulativs vom 10. und 17. September 1877 mit Genehmigung des Evangelischen Ober-Kirchenraths hiermit von uns bestätigt.

Berlin, den 13. Juni 1881.

(L. S.)

Königliches Konsistorium der Provinz Brandenburg.

Hegel.

C. 11252.

Vergl. auch die Beschlüsse der vereinigten Berliner Kreissynoden über die theilweise Aufhebung der Stolgebühren und Einführung einer Kirchensteuer im kirchl. Ges. u. V.Bl. 1881 S. 86 ff.

[124]) cfr. Allerh. Erlaß v. 30. Dez. 1874 betr. die Einfügung der Kreissynoden Stolberg-Wernigerode, Stolberg und Roßla in den Synodalverband der Provinz Sachsen, G.S. 1875 S. 2:

§. 1. Die 3 Kreissynoden der Grafschaften Stolberg-Wernigerode, Stolberg und Roßla treten vom 1. Januar 1875 ab als selbstständige, gemäß Abschnitt II der Kg.O. organisirte Kreissynoden in den Verband der Provinzialsynode der Provinz Sachsen ein. Demzufolge erstreckt sich der Wirkungskreis der Sächsischen Provinzialsynode und die auf die letztere bezügliche Amtswirksamkeit des Sächsischen Provinzialkonsistoriums auch auf die genannten 3 Stolbergschen Grafschaften. Die Beschlüsse der Provinzialsynode treten hier ebenfalls in Kraft, sobald sie die Bestätigung der Kirchenregierung erhalten haben.

§. 2. Die 3 Stolbergschen Kreissynoden bilden zusammen einen Wahlkreis, welcher 3 Abgeordnete zur Provinzialsynode entsendet. Die Wahl derselben erfolgt in der Weise, daß jede der 3 Kreissynoden für sich je einen Abgeordneten, sowie den Stellvertreter desselben wählt, und zwar die eine Synode einen Abgeordneten aus den angesehenen, kirchlich erfahrenen und verdienten Männern des Provinzialbezirks (§. 62 Kg.O. — jetzt §. 46 Nr. 3 der Gen.Syn.Ord.), die zweite einen geistlichen, die dritte einen nicht geistlichen Abgeordneten gemäß §. 61 daselbst (jetzt §. 46 Nr. 1 u. 2 Gen.Syn.Ord.). Unter den 3 Kreissynoden findet hierin bei jeder neuen Synodalperiode ein Wechsel statt; für das erste Mal ist 1. der freigewählte Abgeordnete im Sinne des §. 62 (jetzt §. 46 Nr. 3 Gen.Syn.Ord.) von der Kreissynode Wernigerode, 2. der geistliche Abgeordnete nach §. 61 (jetzt §. 46 Nr. 1 Gen.Syn.Ord.) von der Kreissynode Stolberg, 3. der weltliche Abgeordnete nach §. 61 (jetzt §. 46 Nr. 2 Gen.Syn.Ord.) von der Kreissynode Roßla zu wählen, bei jeder nachfolgenden Wahl tritt nach der eben angegebenen Reihenfolge die bis dahin in der ersten Wahlkategorie befindlich gewesene Kreissynode in die dritte, die beiden anderen Kreissynoden rücken um eine Stelle in der Reihenfolge vor.

§. 3. Die in §. 60 Kg.O. den Mitgliedern des Provinzialkonsistoriums ge-

§. 59. (aufgehoben durch §. 42 der General-Synodal-Ordnung; an dessen Stelle tritt §. 44 der General-Synodal-Ordnung:)

§. 44. der Gen.Syn.Ord. Die Provinzialsynode wird zusammengesetzt aus:

1) den von den Kreissynoden oder Synodalverbänden der Provinz zu wählenden Abgeordneten;

2) einem von der evangelisch-theologischen Fakultät der Provin-

---

währte Befugniß, mit berathender Stimme an den Verhandlungen der Provinzialsynode Theil zu nehmen, steht auch je einem Deputirten der 3 Gräflich Stolbergschen Konsistorien zu.

§. 4. Gegenüber den Kreissynoden der Stolbergschen Grafschaften nehmen die betr. Gräflichen Konsistorien die in den §§. 51, 53, 55 u. 56 erwähnten Befugnisse des Konsistoriums wahr. Jedoch haben dieselben solche Anordnungen, welche das Sächsische Provinzialkonsistorium in Betreff aller Kreissynoden der Provinz erläßt, auch in Betreff der ihnen unterstellten Kreissynode zur Ausführung zu bringen. Findet der Ev.O.K.R. es unter besonderen Verhältnissen für erforderlich, außerordentliche Kommissarien zu den Versammlungen einer Stolbergschen Kreissynode abzuordnen, so haben solche dort diejenigen Befugnisse, welche nach der Regel des §. 56 a. a. O. einem Kommissarius des Konsistoriums auf der Kreissynode zustehen.

§. 5. Die dem Konsistorium zustehende Entscheidung sowohl in der Rekursinstanz über die Entlassung von Aeltesten (§. 44 Kg.O.) als auch in erster Instanz über Einwendungen der Gemeinde gegen die Lehre eines zum Pfarramt Designirten (§. 55 Nr. 10), ferner die Entscheidungen, durch welche wegen Mangels an Uebereinstimmung mit dem Bekenntnisse der Kirche die Berufung eines sonst Anstellungsfähigen zu einem geistlichen Amte für unzulässig erklärt wird, und endlich die Beschlußfassungen in solchen Fällen, in welchen gegen einen Geistlichen wegen Irrlehre die Untersuchung eingeleitet werden soll, gehen auch für die Stolbergschen Grafschaften auf das Sächsische Provinzialkonsistorium über. An der Beschlußfassung nimmt jedoch in solchen aus den Stolbergschen Grafschaften stammenden Angelegenheiten außer den Mitgliedern des Vorstandes der Provinzialsynode auch ein Mitglied des Konsistoriums der betr. Grafschaft mit vollem Stimmrechte Theil, und es ist dieser Theilnahme in der Ausfertigung des Beschlusses Erwähnung zu thun. Die regierenden Grafen werden jedesmal für den Zeitraum von 5 Jahren im Voraus dasjenige Mitglied ihres Konsistoriums bezeichnen, welches in erster Stelle, und dasjenige, welches bei Behinderung des ersteren an der Beschlußfassung des Provinzialkonsistoriums Theil nimmt. Die Vorbereitung der Entscheidung liegt dem betr. gräflich Stolbergschen Konsistorium ob, welches den Requisitionen des Provinzialkonsistoriums in diesen Angelegenheiten Folge zu leisten hat.

§. 6. Die bisher dem Gräflich Stolberg-Stolberg und Stolberg-Roßlaschen Gesammtkonsistorium unterstehenden Parochien Ostramondra und Roldisleben, Kreis Eckartsberga, scheiden, nachdem die Zustimmung der regierenden Grafen hierzu ertheilt ist, zum 1. Januar 1875 aus diesem Konsistorialverbande aus und treten unter die Jurisdiktion des Provinzialkonsistoriums, sowie in den Verband der örtlichen Kreissynode.

zial-Universität (für Posen der Universität Breslau) zu wählenden Mitgliede dieser Fakultät;[125])

3) den vom Könige zu ernennenden Mitgliedern, deren Zahl den sechsten Theil der nach Nr. 1. zu wählenden Abgeordneten nicht übersteigen soll.

Die Berufung aller Synodalmitglieder erfolgt für eine Synodalperiode von drei Jahren.[126])

§. 60. Die Mitglieder des von der vorangegangenen ordentlichen Provinzialsynode gewählten Vorstandes, des Provinzial-Konsistoriums und des Evangelischen Ober-Kirchenraths sind berechtigt, mit berathender Stimme an den Verhandlungen der Synode Theil zu nehmen.

Außerdem wohnt ein Königlicher Kommissar[127]) den Verhandlungen bei, welcher jederzeit das Wort ergreifen und Anträge stellen kann. Das gleiche Recht steht den General-Superintendenten der Provinz zu.

§. 61. und §. 62. (aufgehoben durch §. 42 der General-Synodal-Ordnung; an deren Stelle treten §. 45. und §. 46 der General-Synodal-Ordnung:)

§. 45. der Gen.Syn.Ord. Jeder Kreis-Synodalbezirk ist ein Wahlkreis, seine Kreissynode der Wahlkörper. Ist jedoch in der Provinz eine größere Anzahl von Kreissynoden vorhanden, so ist durch Vereinigung mehrerer Kreissynoden zu einem Wahlverbande die Zahl der Wahlkreise auf fünfunddreißig, in den Provinzen Brandenburg und Sachsen auf vierzig zu verringern. In dem Wahlverbande bilden die vereinigten Kreissynoden den Wahlkörper.

Die Anzahl und die Begrenzung der durch Zusammenlegung von Kreissynoden gebildeten Wahlkreise wird bis zur anderweiten kirchengesetzlichen Regelung durch Königliche Verordnung bestimmt.[128])

---

[125]) cfr. Nr. 57 der Instruktion.

[126]) cfr. Nr. 65 der Instruktion. Die für die Provinzialsynoden bestimmte 3jährige Synodalperiode (§. 44 Abs. 2 G.S.O.) hat mit dem J. 1875 begonnen.

[127]) cfr. Nr. 63 der Instruktion.

[128]) cfr.

a) Allerh. Erlaß v. 1. Juni 1874, betr. die Bildung der Wahlkreise für die Provinzialsynode in den Provinzen Preußen, Brandenburg, Pommern, Schlesien und Sachsen, G.S. 1874 S. 213.

b) Königl. Verordnung, betr. die zur Ausführung des §. 45 der Gen.-Syn.Ord. erforderliche Vereinigung mehrerer Kreissynoden

Die Zahl der von den Kreissynoden und Wahlverbänden zu wählenden Abgeordneten (§. 44. Nr. 1.) beträgt das Dreifache der in der Provinz vorhandenen Wahlkreise.

Für jeden Abgeordneten wird gleichzeitig ein Stellvertreter gewählt.

§. 46. der Gen.Syn.Ord. Die Wahl erfolgt in der Weise, daß in jedem Wahlkreise

1) ein Abgeordneter aus den innerhalb des Wahlkreises in geistlichen Aemtern der Landeskirche angestellten Geistlichen,[129])
2) ein Abgeordneter aus solchen Angehörigen des Wahlkreises gewählt wird, welche in Kreissynoden oder in den Gemeindekörperschaften desselben als weltliche Mitglieder zur Zeit der Kirche dienen oder früher gedient haben;[130])

---

zu Wahlverbänden für die Provinzialsynode, v. 9. April 1877, kirchl. Ges. u. V.Bl. 1876/77 S. 101 ff.

vergl. Anm. 109 u. Nr. 56 d. Instruktion.

[129]) In die Kreissynoden sind alle Geistlichen, die ein Pfarramt des Kreises definitiv oder vikarisch verwalten, berufen, weil das Pfarramt einer jeden Gemeinde auf der Kreissynode vertreten sein soll. In die Provinzialsynode sind dagegen nur solche Geistliche berufen, welche innerhalb des Wahlkreises **definitiv** angestellt sind. Der Grund liegt darin, daß die Wahl auf 3 Jahre erfolgt, Vikare aber nicht wahrscheinlich dem Wahlkreise so lange angehören. cfr. Richter, Kg.O. 5. Aufl. S. 90.

[130]) R. d. Ev.O.K.R. v. 27. Mai 1875, Aktenst. Heft 22 S. 301, 302, erlassen im Einverständniß mit dem Min. d. geistl. Angel.:

Bei den von den Kreissynoden bez. Wahlverbänden vorzunehmenden Wahlen zur Provinzialsynode ist es zwar als ein Erforderniß der Wählbarkeit anzusehen, daß die zu Wählenden dem betr. Wahlkreise zur Zeit der Wahl als derzeitige oder frühere Mitglieder der kreissynodalen oder Gemeindekörperschaften desselben angehören. Es wird aber daraus nicht die Folgerung abgeleitet werden dürfen, daß das ertheilte Mandat schon dann erlösche, wenn der Gewählte nach der Wahl seinen Wohnsitz aus dem **Wahlkreise** hinaus verlegt, dafern er nur innerhalb der Provinz sein Domizil behält. Denn der im Allgemeinen richtige Satz, daß das Wegfallen eines Wählbarkeitserfordernisses auch den Wegfall des Mandats mit sich führe, läßt sich nur auf das Wegfallen von Erfordernissen beziehen, welche die Bedeutung einer in der Person des Gewählten dauernd, nicht blos zur Zeit der Wahl, geforderten Eingenschaft besitzen. Diese Bedeutung würde sich dem Domizil im wählenden Synodalbezirk nur dann beilegen lassen, wenn die Provinzialsynode unserer Kirchenverfassung in altreformirter Weise als eine Versammlung der in ihren deputirten Mitgliedern zusammentretenden einzelnen Kreissynoden aufzufassen wäre; eine Auffassung, welche schon durch ihre Zusammensetzung und durch die häufige Kombination mehrerer Kreissynoden zu einem Wahlkreise für die Provinzialsynode ausgeschlossen ist. In unserer Verfassung erscheinen vielmehr die Kreis-

3) das letzte Drittheil der Abgeordneten wird von den an Seelenzahl stärkeren Kreissynoden und Wahlverbänden aus den angesehenen, kirchlich erfahrenen und verdienten Männern des Provinzialbezirks gewählt. Diejenigen Wahlkörper, welche hiernach eines oder mehrere dieser Mitglieder zu wählen haben, sowie die Zahl dieser Mitglieder werden unter Berücksichtigung der Seelenzahl das erste Mal durch Anordnung des Evangelischen Ober-Kirchenraths, demnächst endgültig durch Beschluß der Provinzialsynode bestimmt. Dieser Beschluß bedarf der Bestätigung des durch den Vorstand der Generalsynode verstärkten Evangelischen Ober-Kirchenraths. [131])

Die weltlichen Mitglieder müssen das 30. Lebensjahr zurückgelegt haben. [132])

§. 63. Die Mitglieder der Provinzialsynode legen bei ihrem Eintritt in die Synode nachstehendes Gelöbniß ab:

„Ich gelobe vor Gott, daß ich meine Obliegenheiten als Mitglied der Synode sorgfältig und treu, dem Worte Gottes und den Ordnungen der evangelischen Landeskirche gemäß, erfüllen und darnach trachten will, daß die Kirche in allen Stücken wachse an dem, der das Haupt ist Christus."

---

synoden resp. die aus ihnen gebildeten Wahlkreise nur als die Wahlkörper, aus deren Wahl der größere Theil der die Provinz vertretenden Synodalen hervorgehen soll, und die hierbei in so fern beschränkt sind, als sie nur auf solche Angehörige des Wahlkreises ihr Absehen richten dürfen, welche durch gegenwärtigen oder früheren kirchlichen Dienst innerhalb desselben bewährt sind. Nur dieser Dienst wird daher, neben dem selbstverständlichen Verbleiben des Gewählten in der provinziellen Gemeinschaft, deren kirchliche Interessen vertreten werden sollen, als die dauernde Eigenschaft zu betrachten sein, deren Fortbestand die Fortdauer des Mandats bedingt.

Hiernach geht durch einen bloßen Domizilwechsel innerhalb der Provinz das Mandat zur Provinzialsynode nicht verloren.

cfr. Nr. 59 der Instruktion.

vergl. Anm. 108.

[131]) vergl. hierzu d. R. des Ev.O.K.R. v. 10. April 1877, betr. die Ausführung des §. 46 der Generalsyn.Ordnung, nebst der daselbst befindlichen „Zusammenstellung der Kreissynoden und Wahlverbände, welche an der Wahl des letzten Drittels der Abgeordneten zur Provinzialsynode (§. 46 Nr. 3 Gen.Syn.Ord.) betheiligt werden, und Angabe der Zahl der von ihnen zu wählenden Abgeordneten dieses Drittheils", kirchl. Ges. u. V.Bl. 1876/77 S. 104—107.

ferner R. d. Ev.O.K.R. v. 27. Mai 1880, betr. die Ausführung des §. 46 d. Gen.Syn.Ord., kirchl. Ges. u. V.Bl. 1880 S. 67.

[132]) vergl. §. 35 d. Kg.Ord. und in Betreff der Form der Wahlhandlung §. 52 Kg.Ord.

§. 64. Die Provinzialsynode versammelt sich alle drei Jahre auf Berufung des Konsistoriums in einer Stadt der Provinz. [133]) Außerordentliche Versammlungen kann mit Zustimmung des Synodalvorstandes das Konsistorium, unter Genehmigung des Evangelischen Ober-Kirchenraths, berufen. Anfangstermin, Ort und Dauer der Versammlung werden zwischen dem Konsistorium und dem Synodalvorstande vereinbart.

Eine Verlängerung der vereinbarten Dauer bedarf der Zustimmung des landesherrlichen Kommissars.

§. 65. Der Wirkungskreis der Provinzialsynode umfaßt nachstehende Befugnisse und Obliegenheiten:

1) Sie hat die Zustände und Bedürfnisse ihres Bezirks in Obacht zu nehmen, über die Erhaltung der kirchlichen Ordnung in Lehre, Kultus und Verfassung zu wachen und die Hebung der wahrgenommenen Mißstände durch Anträge oder Beschwerden im kirchenordnungsmäßigen Wege zu betreiben. [133a])

2) Ueber die von der Kirchenregierung gemachten Vorlagen, sowie über die von den Kreissynoden oder aus ihrer eigenen Mitte an sie gelangenden Anträge hat sie zu berathen und die zu ihrer Erledigung erforderlichen Gutachten zu erstatten und Beschlüsse zu fassen.

   Die letzteren bedürfen der Bestätigung der Kirchenregierung.

3) Die Provinzialsynode übt eine selbstständige Theilnahme an der kirchlichen Gesetzgebung dergestalt, daß kirchliche Gesetze, deren Geltung sich auf die Provinz beschränken soll, durch das Kirchenregiment nicht ohne ihre Zustimmung erlassen werden können. [134])

   Neue Katechismus-Erklärungen, Religionslehrbücher, Gesangbücher und agendarische Normen dürfen in den Provinzialbezirk nicht ohne Zustimmung der Provinzialsynode eingeführt werden. [135])

---

[133]) cfr. Nr. 60 der Instruktion u. Nr. 62 daselbst.

[133a]) vergl. R. des Ev. O. K. R. v. 21. Febr. 1879, kirchl. Ges. u. V. Bl. 1879 S. 82 bis 84, betr. den Instanzenweg bei Anträgen und Beschwerden der Provinzialsynoden.

[134]) vergl. Art. 13 Ges. v. 3. Juni 1876 und §. 6 Abs. 4 der Gen. Syn. Ordnung.

[135]) vergl. §. 7 der Generalsyn. Ord. Aus der Vergleichung mit §. 7 Nr. 3 der Gener. Syn. Ordnung ergiebt sich, daß unter den hier genannten „Religionslehrbüchern" nur für den kirchlichen (nicht Schul-) Gebrauch bestimmte Lehrbücher (z. B. für den Konfirmandenunterricht) zu verstehen sind.

Kirchliche Ordnungen und Gesetze, welche mit Zustimmung der Generalsynode in Gemäßheit der künftigen General-Synodalordnung erlassen werden, gehen den provinziellen Ordnungen und Gesetzen vor.

4) Zur Einführung neuer, regelmäßig wiederkehrender Provinzial-Kirchenkollekten bedarf es der Zustimmung der Provinzialsynode. [136])

5) Die von den Kreissynoden beschlossenen statutarischen Bestimmungen unterliegen der Prüfung der Provinzialsynode und gelangen erst nach deren Zustimmung zur Bestätigung an das Konsistorium (§. 53. Nr. 8.). [137])

6) Die Provinzialsynode erhält Einsicht von dem Zustande der Synodal-Wittwen- und Waisenkassen, des Provinzial-Emeritenfonds und anderer provinzieller, von dem Konsistorium oder anderen Königlichen Behörden verwalteter kirchlicher Stiftungen.

Sie führt die Mitaufsicht über die Kreis-Synodalkassen

Nur bei dieser Auslegung erhalten die im §. 7 Nr. 3 a. a. O. erwähnte „Verfügung des Kirchenregiments" und das ebenda gedachte „Widerspruchsrecht der Gemeinden" ihre richtige Beziehung. —

Was die dem Religionsunterricht in den Schulen zu Grunde liegenden Lehr- und Lernbücher betrifft, so ist für deren Einführung in den Unterrichtsgebrauch die ministerielle Genehmigung erforderlich; zugleich ist bestimmt worden, daß diese bei den Lehr- und Lernbüchern, welche dem Religionsunterricht zu Grunde liegen sollen, erst nach vorangegangener Verständigung mit den betr. kirchlichen Behörden einzuholen ist.

Diese in dem R. des Min. d. geistl. Ang. v. 27. Febr. 1873, Centr.Bl. d. Unterr.V. 1873 S. 180, und v. 12. Jan. 1880 a. a. O. 1880 S. 103 enthaltenen Vorschriften hat der Min. d. geistl. Ang. mittelst R. v. 12. Okt. 1881 (Unterr. Centralbl. 1881 S. 612) mit dem Bemerken in Erinnerung gebracht, daß sie sich der Natur der Sache nach auch auf wesentlich umgearbeitete, namentlich von anderen Herausgebern besorgte, neue Ausgaben bereits genehmigter Bücher beziehen.

Der kirchlichen Behörde ist dabei sowohl die Kategorie von Lehranstalten, auf welche der Gebrauch des Buches ausgedehnt bez. eingeschränkt werden soll, als auch der Bezirk, für welchen die Einführung beabsichtigt wird, ausdrücklich zu bezeichnen.

Der Minister der geistl. Ang. hat sich bereit erklärt, in den die Einführung eines evangelischen Religionslehrbuches in den älteren Provinzen genehmigenden Verfügungen auszusprechen, daß die Genehmigung im Einverständnisse mit dem Evang.Ob.Kirch.Rathe erfolge. (cfr. R. d. Ev.O.K.Raths v. 31. Okt. 1881 E.O. 4943.)

[136]) vergl. §. 13 d. Gen.Syn.Ord. u. Anm. 309ª zu §. 750 L.R. II. 11.

[137]) vergl. Anm. 100.

und ordnet durch ihre Beschlüsse die Verwaltung der Provinzial-Synodalkasse. [138])

[138]) vergl. Anm. 113, ferner R. d. Ev.O.K.R. v. 18. Mai 1878, kirchl. Ges. u. V.Bl. 1878 S. 129: Die Befugnisse der Provinzialsynode zur Betheiligung an der Aufsicht über die Kreissynodalkassen und die provinziellen Fonds und Stiftungen beruhen auf Art. 10 Nr. 2 des Ges. v. 3. Juni 1876 u. §. 65 Nr. 1 u. 6 Kg.O. Hiernach ist den Provinzialsynoden außer der selbstständigen Verfügung über die Verwaltung der Provinzialsynodalkasse zunächst das Recht und die Pflicht der Mitbeaufsichtigung des Kreissynodalkassenwesens beigelegt, für deren Ausübung schon die Bestellung eines Rechnungsausschusses zweckmäßig sein wird. Ferner aber ist durch jene Bestimmung der Synode bezüglich der Synodalwittwenkassen, sowie aller provinziellen Fonds das Recht der Einsichtnahme, sowie die Zusicherung regelmäßiger Vorlage derjenigen Mittheilungen oder Aktenstücke gegeben, welche einen genügenden Einblick in den Zustand dieser Kassen und Fonds gewähren, wobei wiederum der Rechnungsausschuß zur Vorbereitung der in der Synode selbst erforderlichen Geschäftsbehandlung wird in Thätigkeit treten müssen.

Zweck und Bedeutung der letztgedachten Gesetzesvorschrift erklären sich aus dem Bedürfniß steter Kenntniß der Synode von den kirchlichen Mitteln, welche die Provinz besitzt, sowie aus der in §. 65 Nr. 1. a. a. O. der Provinzialsynode allgemein beigelegten Befugniß und Obliegenheit einer Mitüberwachung aller kirchlichen Verhältnisse ihres Bezirks und der Antragstellung und Beschwerdeführung bezüglich etwa wahrgenommener Mißstände. Der §. 65 Nr. 6 gewährt der Synode in Betreff der darin bezeichneten Fonds die nothwendige Voraussetzung der Bethätigung ihrer kirchlichen Interessen. Die verschiedene faktische Lage der einzelnen Arten der im §. 65 Nr. 6 bezeichneten Fonds wird auch eine verschiedene Art der Betheiligung der Synode erforderlich machen. So kommt z. B. hinsichtlich der Synodalwittwenkassen schon deren große Zahl und der Umstand in Betracht, daß für dieselben nach §. 53 Nr. 6 Kg.O. in den Kreissynoden bereits eine synodale Aufsichtsinstanz besteht, auch ihre Verwendungszwecke im Wesentlichen stets gleich bleibender und statutarisch genau festgestellter Art sind. Die auf den ganzen Bereich der Provinz sich erstreckenden, in der Art ihrer Verwendung weniger beschränkten Provinzialfonds werden daher der Synode einen Gegenstand erhöhteren Interesses darbieten. Ferner bleibt zu beachten, daß die Provinzialsynoden (abgesehen von der Provinzialsynodalkasse) nach den bestehenden Bestimmungen jedenfalls weder mit der Kassenverwaltung, noch auch mit der Rechnungslegung, Rechnungsabnahme und Decharge bezüglich der hier in Frage stehenden Fonds zu befassen sind, diese Geschäfte vielmehr unter Berücksichtigung der etwa für die einzelnen Fonds bestehenden statutarischen Normen lediglich von der Kirchenbehörde zu ordnen bleiben.

R. d. Ev.O.K.R. v. 24. Dez. 1878, kirchl. Ges. u. V.Bl. 1879 S. 15: Den Provinzialsynoden ist bei ihrem jedesmaligen Zusammentritt Seitens der Konsistorien eine angemessene Uebersicht über den Stand aller betreffenden Kassen und Fonds vorzulegen.

Die besonderen Rechnungsausschüsse anlangend, so haben dieselben nicht den Charakter eines mit selbstständiger Kompetenz versehenen Organs, sondern dieselben sind lediglich Kommissionen, welchen die Berichterstattung in der Synode und die Vorbereitung der Beschlüsse derselben, mithin auch die Sammlung der hierzu erforderlichen Information obliegt. Demgemäß ist die Möglichkeit oder Noth-

7) Neue kirchliche Ausgaben zu provinziellen Zwecken, soweit sie durch Leistungen der Kirchenkassen oder Kirchengemeinden gedeckt werden sollen, bedürfen der Bewilligung der Provinzialsynode und der Zustimmung des Konsistoriums.[139])
8) Die Provinzialsynode beschließt über die Verwendung des Ertrages einer vor ihrem jedesmaligen regelmäßigen Zusammentritt in der Provinz einzusammelnden Kirchen- und Hauskollekte zum Besten der dürftigen Gemeinden ihres Bezirks. Sie ist befugt, eine jährliche Einsammlung dieser Kirchen- und Hauskollekte anzuordnen.[140])

Ueber die Verwendung der Kollekte kann das Konsistorium Vorschläge an die Synode richten.

---

wendigkeit eines direkten amtlichen Verkehrs zwischen diesen Ausschüssen und den Kirchenbehörden gesetzlich nicht zu begründen. Gleichwohl steht der Zulassung eines solchen unmittelbaren Benehmens im Interesse der Geschäftserleichterung kein Bedenken entgegen, solange nicht die Kirchenbehörde oder die Synode die Vermittelung des Synodalvorstandes, welchem übrigens eine selbstständige Geschäftsführung in dieser Angelegenheit auch nur in den Grenzen des §. 68 Nr. 3 u. 4 a. a. O. zukommt, zu wünschen Grund haben. Uebrigens wird zur Verhütung unnöthigen Aufwandes an Arbeit und Kosten jede das wirkliche Bedürfniß überschreitende Anfertigung besonderer Abschriften von Etats, Rechnungen u. dergl. zum Zwecke der dem §. 65 Nr. 6 cit entsprechenden Einsichtnahme thunlichst zu vermeiden sein.

vergl. §. 72 Kg. O.

[139]) vergl. Art. 11 u. 16 Ges. v. 3. Juni 1876, Art. II. Nr. 1, Verord. v. 9. Sept. 1876.

[140]) vergl. Art. 10 Nr. 4, Ges. v. 3. Juni 1876.

Das R. d. Ev. O. K. R. v. 27. April 1875, Aktenst. Heft 22 S. 304 führt im Einverständniß mit dem Min. d. geistl. Ang. aus, daß es für die Abhaltung der im §. 65 Nr. 8 vorgeschriebenen Kirchen- und Hauskollekte einer Bewilligung der Centralbehörden nicht bedarf. Hinsichtlich des Kollektentermins wird nur erforderlich sein, daß derselbe mit der zweijährlich wiederkehrenden Landeskollekte für die dringendsten Nothstände der evangelischen Landeskirche nicht zusammenfällt.

R. des Ev. O. K. R. v. 26. Juni 1877, kirchl. Ges. u. V. Bl. 1876/77 S. 150: Die zur Disposition der Provinzialsynode einzusammelnde Kirchen- und Hauskollekte für die bedürftigen Gemeinden der Provinz ist von dem betr. Konsistorium, nicht aber von dem Vorstande der Provinzialsynode auszuschreiben. Dem letzteren ist durch die Kg. O. nicht die Befugniß zu direkten Anweisungen an die Geistlichen behufs Vornahme von Verwaltungshandlungen beigelegt. Darin ändert auch die in §. 65 der Kg. O. gebrauchte Fassung nichts, die Synode sei befugt, die jährliche Einsammlung der Kollekte anzuordnen. Damit ist nur ausgedrückt, daß bei der hier in Rede stehenden Erweiterung der zunächst für jedes dritte Jahr im Gesetz vorgeschriebenen Kollekte der Beschluß der Synode nicht der Genehmigung des Konsistorii und des Oberpräsidenten bedürftig, sondern abschließend anordnender Natur sein soll.

vergl. Art. 10 Nr. 4, Ges. v. 3. Juni 1876 u. §. 68 Nr. 3 Kg. u. Syn. Ord.

9) Sie ist berechtigt, zu den durch das Konsistorium veranstalteten Prüfungen der theologischen Kandidaten zwei bis drei Abgeordnete aus ihrer Mitte als Mitglieder der Prüfungskommission mit vollem Stimmrecht zu entsenden.

10) Sie wählt ihren Vorstand nach Maßgabe des §. 66.

11) Sie wählt Abgeordnete zur Generalsynode nach Maßgabe der demnächst zu erlassenden General-Synodalordnung. [141])

§. 66. Der Vorstand der Provinzialsynode wird für eine laufende Synodalperiode gewählt, bleibt aber bis zur Bildung des neuen Vorstandes in Thätigkeit.

Er besteht

1) aus einem Vorsitzenden (Präses),

2) aus mehreren (nicht über sechs) Beisitzern, geistlichen und weltlichen in gleicher Zahl (Assessoren).

Die Feststellung der Zahl für jede einzelne Provinz erfolgt durch einen Beschluß der Provinzialsynode, welcher der Bestätigung durch den Evangelischen Ober-Kirchenrath bedarf. [142])

Für sämmtliche Beisitzer werden Stellvertreter gewählt, welche in Verhinderungsfällen für jene in den Vorstand eintreten.

Die Wahl des Präses unterliegt der Bestätigung des Evangelischen Ober-Kirchenraths.

§. 67. Der Präses eröffnet die Synode, leitet ihre Verhandlungen und handhabt die äußere Ordnung. Seine Stimme entscheidet bei Stimmengleichheit. Er repräsentirt die Synode nach Außen, insbesondere bei kirchlichen Feierlichkeiten von provinzieller Bedeutung. Er ist befugt, den Kreissynoden der Provinz mit berathender Stimme beizuwohnen. [143]) Bei vorübergehender Behinderung kann er sich durch einen Beisitzer vertreten lassen. Er ist der Vorsitzende des Synodalvorstandes als eigenen Kollegiums.

Der Präses wird bei den Präsidialgeschäften von den Beisitzern unterstützt. Im Falle seiner bleibenden Verhinderung oder seines definitiven Ausscheidens wählen bei nicht versammelter Synode die Beisitzer unter sich einen stellvertretenden Vorsitzenden.

Die Korrespondenz führt, insoweit nicht der Vorstand in Gesammtheit zu handeln berufen ist, der Präses allein. Demselben steht frei, die Mitunterschrift der Beisitzer einzuholen.

§. 68. Dem Vorstande der Provinzialsynode liegt ob:

---

[141]) vergl. §. 3 der Gen. Syn. Ord.

[142]) vergl. Nr. 64 d. Instruktion.

[143]) cfr. §. 56 Kg. O.

1) die Sorge für die Redaktion und Beglaubigung der Synodalprotokolle. Für die Aufzeichnung kann der Vorstand mit Zustimmung der Synode ein Mitglied derselben oder mehrere heranziehen. Auch in diesem Falle ist er für die Redaktion und die Richtigkeit des Protokolls verantwortlich;
2) die Einreichung der Synodalprotokolle an das Konsistorium, sowie deren Mittheilung an sämmtliche Pfarrer und Gemeinde-Kirchenräthe der Provinz;
3) die zur Ausführung der Synodalbeschlüsse erforderlichen Maßnahmen;
4) die Vorbereitung der Geschäfte für die nächste Synodalversammlung, insbesondere die Prüfung der Legitimationen (§. 69.); [144])
5) die Abstattung von Gutachten, welche von dem Konsistorium erfordert werden;
6) die Theilnahme an wichtigen Geschäften des Konsistoriums. Sie muß eintreten bei Vorschlägen über die Besetzung kirchenregimentlicher Aemter, [145]) bei Entscheidungen sowohl in der

---

[144]) cfr. Nr. 58 der Instruktion, und Nr. 64 daselbst.

[145]) R. d. Ev.O.K.R. v. 20. Sept. 1875, Aktenst. Heft 22 S. 304—307: Das Kirchengesetz will in Nr. 6 des §. 68 einfach Feststellungen über die Theilnahme des Synodalvorstandes an wichtigen Geschäften des Konsistoriums treffen, ohne über diese selbst, wozu hier gar nicht der Ort war, irgend wie dispositive Bestimmungen erlassen zu wollen. Diese Geschäfte werden als anderweitig geordnet, bez. begrenzt vorausgesetzt, und wird in Betreff einzelner bestimmt hervorgehobener angeordnet, daß sie in ihren gezogenen Grenzen nicht von dem ständigen Kollegium des Konsistorii allein, sondern von dem durch den Hinzutritt des Synodalvorstandes erweiterten Konsistorium erledigt werden sollen. Zu diesen Geschäften gehört auch der Vorschlag bei Besetzung kirchenregimentlicher Aemter. An der materiellen Kompetenz, wie sie hierbei den Konsistorien bisher beigewohnt hat, ist mit keinem Wort etwas geändert. Eine Ausdehnung der Rechte der Provinzialinstanz gegenüber der Zentralinstanz ist weder ausgesprochen noch beabsichtigt. Es ist lediglich eine formelle Modifikation des Provinzialorgans in den Grenzen seiner bisherigen materiellen Kompetenz eingetreten. Soweit daher nach bisherigem Recht die Konsistorien bei Besetzung von Superintendenturen durch ihren Vorschlag mitzuwirken berufen waren, soweit lediglich erstreckt sich ihre Kompetenz auch jetzt nach Einführung des Provinzialsynodalinstituts, wie denn nicht minder auch hinsichtlich der rechtlichen Bedeutung und Tragweite der Vorschläge eine Aenderung nicht stattgefunden hat . . . . . Nun hat unbestritten nach bisheriger kirchlicher Ordnung in den 6 östlichen Konsistorialbezirken den Provinzialbehörden sowenig, wie das Recht der Wahl und Bestellung der Ephoren, sowenig auch das Recht jedesmaliger Vorschlagsäußerung oder auch nur das Recht auf jedesmaliges gutachtliches Gehör bei Superintendenturbesetzungen beigewohnt. Es hat vielmehr ganz in der Hand der

Rekursinstanz über die Entlassung von Aeltesten (§. 44.) als auch in erster Instanz über Einwendungen der Gemeinde gegen die Lehre eines zum Pfarramt Designirten (§. 55. Nr. 10.); ferner bei Entscheidungen, durch welche wegen Mangels an Uebereinstimmung mit dem Bekenntnisse der Kirche die Berufung eines sonst Anstellungsfähigen zu einem geistlichen Amte für unzulässig erklärt wird; endlich in allen Fällen, in welchen gegen einen Geistlichen wegen Irrlehre die Untersuchung eingeleitet oder eine Entscheidung gefällt werden soll. [146])

Auch in anderen, durch ihre Wichtigkeit dazu geeigneten Angelegenheiten kann das Konsistorium den Synodalvorstand zuziehen.

Die Mitwirkung des Vorstandes findet in der Weise statt, daß die Mitglieder desselben an den betreffenden Berathungen und Beschlüssen als außerordentliche Mitglieder des Konsistoriums mit vollem Stimmrechte Theil nehmen. Ihrer Theilnahme ist in der Ausfertigung des Beschlusses Erwähnung zu thun; [147])

7) die Berichterstattung über seine Wirksamkeit an die nächste ordentliche Provinzialsynode.

Zentralbehörden gelegen, je nach Lage der Verhältnisse aus Verwaltungsgründen entweder die in das Ephoralamt zu berufende Persönlichkeit selbstständig und ohne Zuziehung der Provinzialbehörden zu bestimmen, oder die letzteren zuvor zur Abgabe eines Gutachtens zu veranlassen, oder ihnen überhaupt die Initiative und die Einreichung von Vorschlägen zu überlassen. In beiden letzteren Fällen haben die Auslassungen der Provinzialbehörden für die Zentralinstanz informatorische Bedeutung gehabt, und war diese in der Lage, bei etwaiger Verwerfung der gemachten Vorschläge ebensowohl die Vorlegung neuer Vorschläge erfordern, als davon absehen und eine selbstständige Designation vornehmen zu können. Dies werden sonach die Modalitäten sein, in denen bis auf Weiteres die Superintendenturbesetzungen in den 6 östlichen Provinzen auch ferner sich zu vollziehen haben werden ..... Auch aus der Art, wie zwischen Konsistorien und Regierungen ihr beiderseitiges Verhältniß zu der Anstellung von Superintendenten geregelt ist, (Dienstinstr. v. 23. Okt. 1817 Nr. 5, Kab.Ordre v. 31. Dez. 1825 sub B. 4, Ressortregl. v. 1. Okt. 1847 I. 7) kann nichts Maaßgebendes über den Umfang der Befugnisse gefolgert werden, welche den Zentralbehörden rücksichtlich der Bestellung von Ephoren überhaupt oder im Verhältniß zu den Provinzialbehörden zustehen. (Vergleiche hierzu die Verhandlungen der ersten ordentl. Generalsynode v. 1879 S. 426 bis 447.)

vergl. Nr. 61 der Instruktion.

[146]) vergl. §. 36 Nr. 1 Gen. Syn. Ord. und Anm. 162.

[147]) cfr. Nr. 61 der Instruktion.

§. 69. Nachdem der Präses die Synode eröffnet hat, berichtet er Namens des Synodal-Vorstandes über die Legitimation [148]) der Synodalmitglieder, über welche die Versammlung beschließt. Beanstandete Mitglieder stimmen hierbei nicht mit. Die eintretenden Mitglieder legen das Synodalgelöbniß in die Hand des Präses ab. Demnächst erstattet der Präses den Bericht über die Wirksamkeit des bisherigen Synodal-Vorstandes und leitet die Wahl des neuen.

Am Tage nach der Eröffnung der Synode findet ein feierlicher Synodal-Gottesdienst statt. Jede einzelne Sitzung wird mit Gebet eröffnet, die Synode auch mit Gebet geschlossen.

Die Verhandlungen sind öffentlich. Eine vertrauliche Berathung kann durch Beschluß der Synode verfügt werden.

Die Geschäftsordnung wird von der Synode mit Genehmigung des Evangelischen Ober-Kirchenraths geregelt. Bis dahin ist eine von dem letzteren ertheilte Geschäftsordnung maßgebend. [149])

§. 70. Die Synode ist beschlußfähig, wenn zwei Drittheile ihrer Mitglieder anwesend sind.

Die Beschlüsse werden nach absoluter Mehrheit der Abstimmenden gefaßt. Wahlhandlungen sind, wenn zunächst relative Mehrheiten sich ergeben, durch engere Wahl bis zur Erreichung einer absoluten Mehrheit fortzusetzen. Bei Stimmengleichheit entscheidet das Loos. [150]) Für die Wahl zu Kommissionen genügt die relative Mehrheit.

Bei Fragen, deren Entscheidung nur aus einem der für den Bereich der Provinz zu Recht bestehenden evangelischen Bekenntnisse geschöpft werden kann, haben die dem betreffenden Bekenntnisse persönlich nicht angehörigen Mitglieder sich an der Abstimmung insoweit, als sie die konfessionelle Vorfrage betrifft, nicht zu betheiligen. Die Entscheidung dieser Vorfrage ist demnächst der Beschlußfassung über die Sache selbst, welche durch die ungetheilte Synode erfolgt, zu Grunde zu legen.

---

[148]) cfr. Nr. 58 u. 62 d. Instruktion.

[149]) Die provisorische Geschäftsordnung, welche der Ev. O. K. R. in Gemäßheit des §. 69 Abs. 4 den Provinzialsynoden unter dem 23. Dez. 1874 ertheilte, findet sich als Anlage der 2. Nachtr. Instr. v. 23. Dez. 1874 in den Aktenstücken des Ev. O. K. R. Heft 22 S. 233—243 abgedruckt. Jetzt vergl. die Geschäftsordnungen der einzelnen Provinzialsynoden der 6 östlichen Provinzen.

[150]) cfr. §. 52 der Kg. u. Syn. Ordnung.

Vierter Abschnitt.

Kosten.

§. 71. Die Kosten der Synoden werden aus den Provinzial- und Kreis-Synodalkassen bestritten. Diese erhalten ihren Bedarf, soweit nicht andere Mittel für jenen Zweck gewidmet sind, theils durch die Aufkünfte ihres etwaigen eigenen Vermögens, theils durch die Beiträge der Synodalkreise und Gemeinden.[151])

[151]) Dem Oberverwaltungsgerichte ist ein allgemeiner Ausspruch über den Maaßstab zur Vertheilung von Synodalkosten durch kein Gesetz übertragen. Die Synodalkosten sind gesetzliche Leistungen. Sind sie daher durch Beschluß der Kreissynode umgelegt, so ist im Weigerungsfalle deren zwangsweise Eintragung in den Etat der betr. Kirchengemeinden zulässig. cfr. Erk. des Oberverwaltungsgerichts v. 27. Nov. 1880, Entsch. d. Ob.V.Ger. Bd. 7 S. 208 ff., kirchl. Ges. u. V.Bl. 1881 S. 35 ff.

Die Kostenberechnung ist, wie aus der Zusammenstellung bei Richter, Kg.-Ord. 5. Aufl. S. 96 erhellt, eine absteigende. (cfr. Art. 15 Ges. v. 3. Juni 1876.) Danach stellt:

1) Die Generalsynode (§. 38 Gen.Syn.Ord.) ihren Etat auf, welcher sowohl die Kosten der Synode selbst resp. der Ausschüsse und Kommissionen, als die Summe der beschlossenen neuen Ausgaben für landeskirchliche Zwecke enthält. (§. 14 Gen.Syn.Ord.) Die Gesammtsumme wird auf die Provinzen der Landeskirche vertheilt nach einem Maaßstabe, welcher vorläufig durch Königl. Verordnung aufgestellt, endgültig zwischen der Generalsynode und der Kirchenregierung vereinbart wird. Die erforderlichen Kirchengesetze bedürfen der Zustimmung des Staatsministeriums. (Art. 15, Ges. v. 3. Juni 1876.) cfr. Anm. 167.
2) Die Provinzialsynoden stellen ihren Etat auf, welcher umfaßt:
   a) den von der Generalsynode auf die Provinzen vertheilten Betrag,
   b) die Kosten der Provinzialsynoden resp. der Vorstände und Kommissionen. (§. 74 Kg.O.)
   c) die Umlagen, soweit solche durch landeskirchliches Gesetz (Art. 16 Ges. v. 3. Juni 1876) den Provinzialsynoden überwiesen und von denselben für neue kirchliche Ausgaben zu provinziellen Zwecken beansprucht werden (§. 65 Nr. 7 Kg.O.). Letztere bedürfen der Bestätigung durch den Oberpräsidenten. (Art. 11 Ges. v. 3. Juni 1876, Art. II Nr. 1 Verord. v. 9. Sept. 1876.) Die Gesammtsumme wird auf die synodalen Kreise der Provinz nach Maaßgabe einer Matrikel vertheilt, welche vorläufig vom Konsistorium, definitiv von der Provinzialsynode unter Zustimmung des Konsistoriums aufzustellen ist. (§. 72 Kg.O.). Die Matrikel bedarf ebenfalls der Bestätigung durch den Oberpräsidenten. (siehe oben.)
3) Die Kreissynoden stellen ihren Etat auf, welcher umfaßt:
   a) den von der Provinzialsynode auf die Kreise vertheilten Betrag;
   b) die Kosten der Kreissynoden resp. der Vorstände. (§. 55 Nr. 7 bis 10.)

§. 72. Die Provinzial-Synodalkasse bezieht die erforderlichen Beiträge aus den Kreis-Synodalkassen nach Maßgabe einer Matrikel, welche vorläufig vom Konsistorium, definitiv von der Provinzialsynode unter Zustimmung des Konsistoriums aufzustellen ist. Die Verwaltung der Provinzial-Synodalkasse wird unter der Aufsicht der Synode durch einen von ihr zu bestellenden Synodalrechner oder von der Konsistorialkasse der Provinz geführt.

Die Kreis-Synodalkassen ziehen die erforderlichen Beiträge von den Gemeinden ein (§. 53. Nr. 7.).[152])

§. 73. In den Gemeinden werden sowohl die Synodalkostenbeiträge als auch die aus der Bildung und Wirksamkeit der Gemeinde-Kirchenräthe und Gemeindevertretungen entstehenden Kosten aus den Kirchenkassen, soweit diese dazu bei Berücksichtigung ihrer übrigen

---

Die Gesammtsumme wird auf die einzelnen Kirchenkassen und Gemeinden vertheilt. (§. 53 Nr. 7.) Den Gemeinden steht gegen die Vertheilung binnen 21 Tagen seit Zustellung des Beschlusses Beschwerde zu. Ueber die Beschwerde entscheidet die Staatsbehörde. (Art. 3 Ges. v. 3. Juni 1876.) Diese ist der Regierungs- (in Berlin der Polizei-) Präsident. Gegen die Verfügung des Regierungspräsidenten geht, sofern nicht die Klage bei dem Oberverwaltungsgerichte nach Art. 27 Abs. 3 des Ges. v. 3. Juni 1876 stattfindet, die Beschwerde an den Oberpräsidenten. Derselbe beschließt auf die Beschwerde endgültig. (Art. III Nr. 4 u. Schlußalin. Verord. v. 9. Sept. 1876.)

[152]) vergl. Nr. 55 u. 66 der Instruktion und das R. des Ev. O. K. R. v. 5. Juni 1877, kirchl. Ges. u. V. Bl. 1876/77 S. 135 ff., betr. die Ausführung der §§. 72. 73 der Kg. u. Syn. Ord. Das Reskript läßt sich auch über die rechtliche Bedeutung eines Protestes des, kirchliche Patronatslasten tragenden Patrons aus, welcher gegen die Entnahme der Synodalkosten aus der Kirchenkasse Einspruch erhebt. R. d. Min. d. geistl. Ang. v. 20. Nov. 1880, kirchl. Ges. u. V. Bl. 1880 S. 193, betr. die Heranziehung der Gastgemeinden zu allgemeinen kirchlichen Umlagen:

Auf einen solchen Fall finden die §§. 297, 298 L. R. II. 11 keine Anwendung, da die dort gegebenen Bestimmungen sich nur auf diejenigen Abgaben und Beiträge beziehen, welche den Gastgemeinden vermöge des Parochialverbandes obliegen. Hierzu aber gehören die Kreissynodalkostenbeiträge nicht, indem diese vielmehr nach der ihnen innewohnenden Natur von nothwendigen kirchlichen Aufwendungen in Gemäßheit des durch Art. 12 des Ges. v. 3. Juni 1876 sanktionirten §. 73 Kg. O. ebenso, wie auf den höheren synodalen Stufen die Kosten zur Erhaltung der Institutionen der evangelischen Landeskirche von sämmtlichen betheiligten Mitgliedern der letzteren getragen werden müssen, insofern die zur Uebernahme dieser Kosten zunächst verpflichteten Kirchenkassen dazu nicht im Stande sind .....

Das R. des Ev. O. K. R. v. 28. Juni 1881, kirchl. Ges. u. V. Bl. 1881 S. 49 ändert den Zirkul. Erlaß v. 5. Juni 1877 a. a. O. 1876/77 S. 135, wonach die Vertheilung der Synodalkosten in den östlichen Provinzen nach dem Maaßstabe der von den Gemeindegliedern zu entrichtenden Klassen- und klassifizirten Einkommen-,

Verpflichtungen im Stande sind, sonst durch Gemeinde-Umlagen [153]) bestritten. Beide Arten von Kosten haben die Natur von nothwendigen kirchlichen Aufwendungen.

§. 74. Den Mitgliedern der Synoden und Synodal-Vorstände, sowie den Abgeordneten zur Prüfungs-Kommission (§. 65. Nr. 9.) gebühren, soweit sie nicht am Orte der Versammlung wohnhaft sind, Tagegelder und Reisekosten. Dieselben gehören zu den Synodalkosten und werden nach den vom Konsistorium vorläufig, nach Vernehmung der Provinzialsynode definitiv festzustellenden Sätzen aus den betreffenden Synodalkassen gewährt.

Fünfter Abschnitt.

Uebergangsbestimmungen.

§. 75. bis §. 79. (inzwischen gegenstandslos geworden.)

§. 80. Die zur Ausführung dieser Ordnung erforderlichen Instruktionen*) werden von dem Evangelischen Ober-Kirchenrath im Einverständniß mit dem Minister der geistlichen, Unterrichts- und Medizinal-Angelegenheiten erlassen.

Grund und Gebäudesteuer zu erfolgen hatte, nach Benehmen mit dem Minister der geistl. Angel. dahin ab, daß in Zukunft den Kreissynoden überlassen bleiben soll, den Maaßstab für die Repartition der zur Kreissynodalkasse erforderlichen Beiträge nach eigenem Ermessen festzustellen. Dabei wird die Erwartung ausgesprochen, daß die Kreissynoden diese Vertheilung sachgemäß und in einer etwaige Sonderinteressen ausschließenden Weise vornehmen werden, und nicht dazu Gelegenheit geben, daß die gegen ungeeignete Repartitionsbeschlüsse nach Art. 3 des Ges. v. 3. Juni 1876 zulässige Beschwerde an die Staatsbehörde zur Benutzung kommt.

[153]) cfr. Art. 3 alin. 3 u. 4 Ges. v. 25. Mai 1874 u. Art. III Nr. 1 Verord. v. 9. Sept. 1876 in Verbind. mit dem Schlußsatz des §. 73 Kg.O.
vergl. Anm. 274 a zu §. 686 L.R. II. 11.

*) vergl. die revidirte Instruktion des Ev.Ob.Kirch. Raths v. 25. Januar 1882.

Generalsynodal-Ordnung [154]) für die evangelische Landeskirche der acht älteren Provinzen der Monarchie.

Vom 20. Januar 1876. (G.S. S. 8.)

§. 1. Der Verband der Generalsynode erstreckt sich auf die evangelische Landeskirche der acht älteren Provinzen der Monarchie.

Der Bekenntnißstand und die Union in den genannten Provinzen und den dazu gehörenden Gemeinden werden durch dieses Verfassungsgesetz nicht berührt.

I.

Zusammensetzung.

§. 2. Die Generalsynode wird zusammengesetzt:

1) aus 150 Mitgliedern, welche von den Provinzialsynoden der Provinzen Preußen, Brandenburg, Pommern, Posen, Schlesien, Sachsen, Westphalen und der Rheinprovinz gewählt werden;
2) aus sechs Mitgliedern, von welchen jede evangelisch-theologische Fakultät an den Universitäten Königsberg, Berlin, Greifswald, Breslau, Halle und Bonn eines aus ihrer Mitte wählt;
3) aus den General-Superintendenten der im Generalsynodalverbande stehenden Provinzen;
4) aus dreißig vom Könige zu ernennenden Mitgliedern.

Die Berufung der Synodalmitglieder erfolgt für eine Synodalperiode von sechs Jahren.

§. 3. Die zufolge §. 2. Nr. 1. zu wählenden Mitglieder werden auf die acht Provinzialsynoden dergestalt vertheilt, daß die Synode

der Provinz Preußen 24,
" " Brandenburg 27,
" " Pommern 18,

---

[154]) Sanktionirt durch den Allerh. Erlaß v. 20. Januar 1876, G.S. S. 133.

der Provinz Posen 9,
= = Schlesien 21,
= = Sachsen 24,
= = Westphalen 12,
= Rheinprovinz 15

Mitglieder wählt.

Die Wahl erfolgt in der Weise, daß

1) ein Drittheil aus den innerhalb der Provinz in geistlichen Aemtern der Landeskirche angestellten Geistlichen,

2) ein Drittheil aus solchen Angehörigen der Provinz[155]) gewählt wird, welche in Kreis- oder Provinzialsynoden oder in den Gemeindekörperschaften derselben als weltliche Mitglieder entweder zur Zeit der Kirche dienen oder früher gedient haben;

3) die Wahlen für das letzte Drittheil sind an diese Beschränkungen nicht gebunden, sondern können auch auf andere angesehene, kirchlich erfahrene und verdiente Männer gerichtet werden, welche der evangelischen Landeskirche angehören.

Alle Gewählten müssen das dreißigste Lebensjahr zurückgelegt haben.

§. 4. Königlicher Verordnung bleibt es vorbehalten, die Aussonderung der Residenzstadt Berlin und ihrer Umgebung aus dem Synodalverbande der Provinz Brandenburg, die Einrichtung einer besonderen Provinzial- (Stadt-) Synode Berlin und die Vertheilung der Zahl der Mitglieder anzuordnen, welche demnächst die Synoden der Provinz Brandenburg und der Stadt Berlin nach dem Maßstabe der in ihnen vorhandenen evangelischen Bevölkerung in die Generalsynode zu entsenden haben.[156])

Ueber die einzelnen hierzu erforderlichen Bestimmungen sind die vereinigten Kreissynoden von Berlin und die Provinzialsynode der Provinz Brandenburg zu hören.

Veränderungen der hiernach getroffenen Anordnungen, welche durch spätere landesgesetzliche Feststellung eines besonderen provinziellen Verbandes für die Stadt Berlin und ihre Umgebung bedingt werden sollten, erfolgen gleichfalls durch Königliche Verordnung.

---

[155]) Ueber die Frage, ob durch einen Domizilwechsel innerhalb des Verbandes der Generalsynode das Mandat verloren geht, vergl. Anm. 130.

[156]) vergl. al. ult. des Art. 8 des Ges. v. 3. Juni 1876.

II.

Wirkungskreis.

§. 5. Die Generalsynode hat mit dem Kirchenregimente des Königs der Erhaltung und dem Wachsthum der Landeskirche auf dem Grunde des evangelischen Bekenntnisses zu dienen; Regiment, Lehrstand und Gemeinden zur Gemeinschaft der Arbeit an dem Aufbau der Landeskirche zu verbinden; auf Innehaltung der bestehenden Kirchenordnung in den Thätigkeiten der Verwaltung zu achten; über die gesetzliche Fortbildung der landeskirchlichen Einrichtungen zu beschließen; die Fruchtbarkeit der Landeskirche an Werken der christlichen Nächstenliebe zu fördern; die Einheit der Landeskirche gegen auflösende Bestrebungen zu wahren; der provinziellen kirchlichen Selbstständigkeit ihre Grenzen zu ziehen und sie in denselben zu schützen; die Gemeinschaft zwischen der Landeskirche und anderen Theilen der evangelischen Gesammtkirche zu pflegen; zur interkonfessionellen Verständigung der christlichen Kirche zu helfen, und überhaupt sowohl aus eigener Bewegung als auf Anregung der Kirchenregierung, in Gemäßheit dieser Ordnung, Alles zu thun, wodurch die Landeskirche gebaut und gebessert und die Gesammtkirche in der Erfüllung ihrer religiösen und sittlichen Aufgabe gefördert werden mag.

Gesetzgebung.

§. 6. Landeskirchliche Gesetze bedürfen der Zustimmung der Generalsynode und werden von dem Könige, kraft seines Rechts als Träger des Kirchenregiments, erlassen. Sie werden behufs der Beglaubigung von dem Präsidenten des Evangelischen Ober-Kirchenraths gezeichnet.

Die Generalsynode hat das Recht, landeskirchliche Gesetze vorzuschlagen.

Bevor ein von der Generalsynode angenommenes Gesetz dem Könige zur kirchenregimentlichen Genehmigung vorgelegt wird, ist die Erklärung des Ministers der geistlichen Angelegenheiten darüber herbeizuführen, ob gegen den Erlaß desselben von Staatswegen etwas zu erinnern sei.[157])

Ein Kirchengesetz erhält seine verbindliche Kraft durch die Verkündung in dem unter Verantwortlichkeit des Evangelischen Ober-Kirchenraths erscheinenden kirchlichen Gesetz- und Verordnungsblatt.[158])

---

[157]) vergl. Art. 13, Ges. v. 3. Juni 1876.

[158]) siehe Anm. 157.

Das „kirchliche Gesetz- und Verordnungsblatt“ erscheint seit dem 28. Nov. 1876, und zwar gegenwärtig im Verlage des Evang. Ob. Kirch. Raths. Dasselbe wird redigirt im Bureau des Ev. O. K. R.

Sie beginnt, sofern in dem Gesetze kein anderer Anfangstermin bestimmt ist, mit dem vierzehnten Tage nach demjenigen Tage, an welchem das betreffende Stück des genannten Blattes in Berlin ausgegeben worden ist.

§. 7. Folgende Gegenstände unterliegen ausschließlich der landeskirchlichen Gesetzgebung:

1) die Regelung der kirchlichen Lehrfreiheit;
2) die ordinatorische Verpflichtung der Geistlichen;
3) die zu allgemeinem landeskirchlichem Gebrauche bestimmten agendarischen Normen.

   Soll die Einführung agendarischer Normen nur für einzelne Provinzialbezirke erfolgen, so bedarf es der Zustimmung der betreffenden Provinzialsynode.[159]

   Insofern bestehende agendarische Ordnungen die Verwaltung der Sakramente betreffen, dürfen sie in den einzelnen Gemeinden nicht ohne Zustimmung der Gemeindeorgane verändert werden, gleichviel, ob die Aenderung durch landeskirchliche oder provinzielle Gesetzgebung beschlossen ist.

   Durch vorübergehende Verhältnisse bedingte und daher nur zeitweilige liturgische Anordnungen werden mit Ermächtigung des Königs vom Evangelischen Ober-Kirchenrathe getroffen.

   Die Zulassung von Katechismuserklärungen, Religionslehrbüchern und Gesangbüchern erfolgt für den allgemeinen landeskirchlichen Gebrauch nach ertheilter Billigung der Generalsynode, für den provinziellen Gebrauch nach ertheilter Billigung der Provinzialsynode, durch Verfügung des Kirchenregiments. Gegen obligatorische Einführung solcher kirchlicher Bücher steht jeder einzelnen Gemeinde ein Widerspruchsrecht zu;[160]
4) die Einführung oder Abschaffung allgemeiner kirchlicher Feiertage;
5) Aenderungen der Kirchengemeinde- und Synodalordnung vom 10. September 1873 und dieser Ordnung, sowie Aenderungen der Kirchenverfassung, welche den Grundsatz betreffen, wonach das Kirchenregiment des Königs durch kollegiale, mit geistlichen und weltlichen Mitgliedern besetzte Kirchenbehörden auszuüben ist;[161]

---

[159]) vergl. §. 65 Nr. 3 der Kg. u. Syn.Ord.

[160]) vergl. §. 15 u. 65 Nr. 3 Kg. u. Syn.Ord. u. Anm. 135.

[161]) vergl. Art. 21 Ges. v. 3. Juni 1876.

6) die Kirchenzucht wegen Verletzung allgemeiner Pflichten der Kirchenglieder, sowie die Disziplinargewalt über Geistliche und andere Kirchendiener. Bis zur anderweiten kirchengesetzlichen Regelung der Disziplinargewalt bei Dienstvergehen der Superintendenten, Geistlichen und niederen Kirchendiener finden auf das förmliche Disziplinarverfahren, sowie auf die vorläufige Dienstenthebung gegen dieselben die Bestimmungen der §§. 22. 23. Nr. 1., 24. 27. 28. 31. bis 45. und 48. bis 54. des Gesetzes vom 21. Juli 1852. (Gesetz-Samml. S. 465.) mit der Maßgabe Anwendung, daß die in dem genannten Gesetze dem Disziplinarhofe und den Provinzialbehörden beigelegten Befugnisse von den Provinzialkonsistorien nach den für das Verfahren bei den Provinzialbehörden vorgeschriebenen Bestimmungen zu üben sind, die dem Disziplinarhof beigelegte gutachtliche Thätigkeit fortfällt und die Zuständigkeiten des Ministerial- beziehungsweise Staats-Ministerialressorts dem Evangelischen Ober-Kirchenrathe zukommen; [162])

---

[162]) Cirkularverfügung des Ev.O.K.R. v. 24. Mai 1876, kirchl. Ges. u. V.Bl. 1876/77 S. 39 ff., betr. das Disziplinarverfahren bei Dienstvergehen der Superintendenten, Geistlichen und niederen Kirchendiener:

Durch die Bestimmung des §. 7 Nr. 6 der Generalsynodalordnung ist nunmehr auch auf dem kirchlichen Gebiete ein nach den Grundsätzen des Anklageprozesses und der Mündlichkeit geordnetes Untersuchungsverfahren zur Einführung gelangt. Die entscheidende Disziplinarbehörde ist bei Prüfung der erhobenen Beweise fortan nicht mehr an die in der Kriminalordnung v. 11. Dez. 1805 aufgestellten Beweisregeln gebunden, die Grundlagen für ihr Urtheil über die Schuldfragen bilden nicht mehr allein die schriftlichen Untersuchungsverhandlungen, und in das Verfahren tritt ein Vertreter der Anklage mit der amtlichen Verpflichtung ein, das öffentliche Interesse bei den zu fällenden Disziplinarentscheidungen wahrzunehmen, zu welchem Behufe demselben die Befugniß zur Einlegung der Berufung gegen die erstinstanzliche Entscheidung beigelegt ist . . . . .

Die dadurch in dem kirchlichen Gebiete eingetretene Neuerung bezieht sich nur auf das förmliche Disziplinarverfahren und die vorläufige Dienstenthebung. Es verbleibt daher sowohl das die Dienstvergehen und deren Strafen betreffende materielle Disziplinarrecht, als auch das Verfahren bei den im Dienstaufsichtswege aufzuerlegenden Rügen und Ordnungsstrafen in unveränderter Geltung.

Die angeordnete Veränderung des Verfahrens greift ferner nur Platz bei den Dienstvergehen der Superintendenten, Geistlichen und niederen Kirchendiener. (§. 556 L.R. II. 11.) Sie findet demnach weder bei Pflichtverletzungen der Aeltesten, noch dann Anwendung, wenn ein Geistlicher, welcher wegen Krankheit, Schwachheit, oder Alters sein Amt nicht mehr gehörig verwalten kann, der Emeritirung widerspricht und damit das auf Festsetzung der letzteren gerichtete Verfahren herbeiführt.

Die Disziplinarbehörden des neuen Verfahrens sind die Provinzialkonsistorien und der Ev. O. K. R., jedoch mit der Maaßgabe, daß die Verfügung der Einleitung des förmlichen Disziplinarverfahrens immer nur von der obersten Instanz ausgehen muß.

Die Zuziehung des Provinzialsynodalvorstandes in Fällen, wo das Konsistorium gegen einen Geistlichen wegen Irrlehre die erstinstanzliche Entscheidung zu fällen hat (§. 68 Nr. 6 Kg. O.), erfährt durch das neue Verfahren keine Aenderung; nur die Theilnahme dieses Vorstandes an dem auf Einleitung des Verfahrens gerichteten Konsistorialbeschlusse ist durch §. 7 Nr. 6 Gen. Syn. Ord. in Wegfall gekommen, welche die Zuständigkeit zu diesem Beschlusse den Provinzialbehörden überhaupt entzogen und auf die Zentralbehörde übertragen hat. In Betreff der Theilnahme des Generalsynodalvorstandes an den vom Ev. O. K. R. zu fällenden zweitinstanzlichen Entscheidungen in Disziplinaruntersuchungen der bezeichneten Art ist §. 36 Nr. 1 u. §. 21 Gen. Syn. Ord. zu vergleichen. Der Ev. O. K. R. hat den Text der §§. des Gesetzes von 1852 mit den aus den ertheilten Maaßgaben hervorgehenden einzelnen Veränderungen für den kirchlichen Gebrauch übersichtlich zusammengestellt, wie folgt:

Bestimmungen (v. 24. Mai 1876) über das förmliche Disziplinarverfahren und die vorläufige Dienstenthebung auf Grund der Generalsynodalordnung §. 7 Nr. 6:

I. Bestimmungen über das förmliche Disziplinarverfahren.
(§§. 22, 23 Nr. 1, 24, 27, 28, 31 bis 45 des Ges. v. 21. Juli 1852.)

Art. 1. (§. 22.) Der Entfernung aus dem Amte muß ein förmliches Disziplinarverfahren vorhergehen. Dasselbe besteht in der von einem Kommissar zu führenden schriftlichen Voruntersuchung und in einer mündlichen Verhandlung nach den folgenden näheren Bestimmungen.

Art. 2. (§. 23 Nr. 1.) Die Einleitung des Disziplinarverfahrens wird verfügt und der Untersuchungskommissar ernannt von dem Ev. Ob. Kirch. Rathe.

Ist jedoch Gefahr im Verzuge, so kann diese Verfügung und Ernennung vorläufig von dem Vorsitzenden des Provinzialkonsistoriums ausgehen. Es ist alsdann die Genehmigung des Ev. O. K. R. einzuholen und, sofern dieselbe versagt wird, das Verfahren einzustellen.

Art. 3. (§. 24.) Die entscheidenden Disziplinarbehörden erster Instanz sind die Provinzialkonsistorien, ein jedes derselben in Ansehung der zu seinem Aufsichtskreise gehörenden Superintendenten, Geistlichen und niederen Kirchendiener.

Art. 4. (§. 27.) Für den Fall, daß bei dem zuständigen Konsistorium die beschlußfähige Anzahl von Mitgliedern nicht vorhanden ist, tritt ein anderes durch den Ev. O. K. R. substituirtes Provinzialkonsistorium an dessen Stelle. Dasselbe findet statt, wenn auf den Antrag des Vertreters der Anklage oder des Angeschuldigten das Vorhandensein von Gründen anerkannt wird, aus welchen die Unbefangenheit des zuständigen Konsistoriums bezweifelt werden kann.

Art. 5. (§. 28.) Streitigkeiten über die Kompetenz der Konsistorien als Disziplinarbehörden werden von dem Ev. O. K. R. entschieden.

Art. 6. (§. 31.) Bei den Konsistorien werden die Disziplinarsachen in Plenarsitzungen erledigt, an welchen mindestens drei stimmberechtigte Mitglieder Theil nehmen müssen. In diesen Plenarsitzungen nehmen an der Erledigung der Disziplinarsachen nur die etatsmäßigen Mitglieder und diejenigen Theil, welche eine etatsmäßige Stelle versehen.

Art. 7. (§. 32.) In der Voruntersuchung wird der Angeschuldigte unter Mittheilung der Anschuldigungspunkte vorgeladen und, wenn er erscheint, gehört; es werden die Zeugen eidlich vernommen und die zur Aufklärung der Sache dienenden sonstigen Beweise herbeigeschafft.

Die Verrichtungen des Vertreters der Anklage werden durch einen Beamten ausgeübt, welchen der Ev. O. K. R. ernennt.

Bei der Vernehmung des Angeschuldigten und dem Verhör der Zeugen ist ein vereideter Protokollführer zuzuziehen.

Art. 8. (§. 33.) Der Ev. O. K. R. ist ermächtigt, mit Rücksicht auf den Ausfall der Voruntersuchung, das fernere Verfahren einzustellen und geeigneten Falls nur eine Ordnungsstrafe zu verhängen.

Ist das zuständige Konsistorium der Ansicht, daß das fernere Verfahren einzustellen sei, so muß dasselbe darüber an den Ev. O. K. R. zu dessen Beschlußnahme berichten.

In beiden Fällen erhält der Angeschuldigte Ausfertigung des darauf bezüglichen, mit Gründen zu unterstützenden Beschlusses.

Art. 9. (§. 34.) Wird das Verfahren nicht eingestellt, so wird nach Eingang einer von dem Vertreter der Anklage anzufertigenden Anschuldigungsschrift der Angeschuldigte unter abschriftlicher Mittheilung dieser Anschuldigungsschrift zu einer von dem Vorsitzenden des Konsistoriums zu bestimmenden Sitzung zur mündlichen Verhandlung vorgeladen.

Art. 10. (§. 35.) Bei der mündlichen Verhandlung, welche in nicht öffentlicher Sitzung stattfindet, giebt zuerst ein von dem Vorsitzenden des Konsistoriums aus der Zahl der Mitglieder desselben ernannter Referent eine Darstellung der Sache, wie sie aus den bisherigen Verhandlungen hervorgeht.

Der Angeschuldigte wird vernommen.

Es wird darauf der Vertreter der Anklage mit seinem Vor- und Antrage, und der Angeschuldigte mit seiner Vertheidigung gehört.

Dem Angeschuldigten steht das letzte Wort zu.

Art. 11. (§. 36.) Wenn das Konsistorium auf den Antrag des Angeschuldigten oder des Vertreters der Anklage, oder auch von Amtswegen die Vernehmung eines oder mehrerer Zeugen, sei es durch einen Kommissar oder mündlich vor dem Konsistorium selbst, oder die Herbeischaffung anderer Mittel zur Aufklärung der Sache für angemessen erachtet, so erläßt es die erforderliche Verfügung und verlegt nöthigenfalls die Fortsetzung der Sache auf einen anderen Tag, welcher dem Angeschuldigten bekannt zu machen ist.

Art. 12. (§. 37.) Der Angeschuldigte, welcher erscheint, kann sich des Beistandes eines Advokaten oder Rechtsanwaltes als Vertheidigers bedienen. Der nicht erscheinende Angeschuldigte kann sich durch einen Advokaten oder Rechtsanwalt vertreten lassen. Dem Konsistorium steht es jedoch jederzeit zu, das persönliche Erscheinen des Angeschuldigten unter der Warnung zu verordnen, daß bei seinem Ausbleiben ein Vertheidiger zu seiner Vertretung nicht werde zugelassen werden.

Art. 13. (§. 38.) Bei der Entscheidung hat das Konsistorium, ohne an positive Beweisregeln gebunden zu sein, nach seiner freien, aus dem ganzen Inbegriffe der Verhandlungen und Beweise geschöpften Ueberzeugung zu beurtheilen, in wie weit die Anschuldigung für begründet zu erachten.

Die Entscheidung kann auch auf eine bloße Ordnungsstrafe lauten.

Die Entscheidung, welche mit Gründen versehen sein muß, wird in der Sitzung, in welcher die mündliche Verhandlung beendigt worden ist, oder in einer der nächsten Sitzungen verkündigt und eine Ausfertigung derselben dem Angeschuldigten auf sein Verlangen ertheilt.

Art. 14. (§. 39.) Ueber die mündliche Verhandlung wird ein Protokoll aufgenommen, welches die Namen der Anwesenden und die wesentlichen Momente der Verhandlung enthalten muß. Das Protokoll wird von dem Vorsitzehden und dem Protokollführer unterzeichnet.

Art. 15. (§. 40.) Das Rechtsmittel des Einspruchs (Restitution oder Opposition) findet nicht statt.

Art. 16. (§. 41.) Gegen die Entscheidung steht die Berufung an den Ev. O. K. R. sowohl dem Vertreter der Anklage, als dem Angeschuldigten offen.

Art. 17. (§. 42.) Die Anmeldung der Berufung geschieht zu Protokoll oder schriftlich bei dem Konsistorium, welches die anzugreifende Entscheidung erlassen hat. Von Seiten des Angeschuldigten kann sie auch durch einen Bevollmächtigten geschehen.

Die Frist zu dieser Anmeldung ist eine vierwöchentliche, welche mit dem Ablauf des Tages, an welchem die Entscheidung verkündigt worden ist, und für den Angeschuldigten, welcher hierbei nicht zugegen war, mit dem Ablauf des Tages beginnt, an welchem ihm die Entscheidung zugestellt worden ist.

Art. 18. (§. 43.) Zur schriftlichen Rechtfertigung der Berufung steht demjenigen, der dieselbe rechtzeitig angemeldet hat, eine fernere 14tägige Frist offen.

Diese Frist kann auf den Antrag des Appellanten angemessen verlängert werden.

Neue Thatsachen, welche die Grundlage einer anderen Beschuldigung bilden, dürfen in zweiter Instanz nicht vorgebracht werden.

Art. 19. (§. 44.) Die Anmeldung der Berufung und die etwa eingegangene Appellationsschrift wird dem Appellaten in Abschrift zugestellt, oder dem Vertreter der Anklage, falls er Appellat ist, in Urschrift vorgelegt.

Innerhalb 14 Tagen nach erfolgter Zustellung oder Vorlegung kann der Appellat eine Gegenschrift einreichen.

Diese Frist kann auf den Antrag des Appellaten angemessen verlängert werden.

Art. 20. (§. 45.) Nach Ablauf der im Art. 19 bestimmten Frist werden die Akten an den Ev. O. K. R. eingesandt.

Der Ev. O. K. R. beschließt auf den Vortrag eines von dem Vorsitzenden ernannten Referenten.

Er kann die zur Aufklärung der Sache etwa erforderlichen Verfügungen erlassen. Er kann auch eine mündliche Verhandlung anordnen, zu welcher der Angeschuldigte vorzuladen und ein Vertreter der Anklage zuzuziehen ist. Der letztere wird in diesem Falle von dem Vorsitzenden des Ev. O. K. R. ernannt.

II. Bestimmungen über die vorläufige Dienstenthebung.
(§§. 48 bis 54 des Ges. v. 21. Juli 1852.)

Art. 21. (§. 48.) Die Suspension eines Superintendenten, Geistlichen und niederen Kirchendieners vom Amte tritt kraft des Gesetzes ein:

1) wenn in einem gerichtlichen Strafverfahren seine Verhaftung beschlossen, oder gegen ihn ein noch nicht rechtskräftig gewordenes Urtheil erlassen

ist, welches auf den Verlust des Amtes lautet oder diesen kraft des Gesetzes nach sich zieht,

2) wenn im Disziplinarverfahren eine noch nicht rechtskräftige Entscheidung ergangen ist, welche auf Dienstentlassung lautet.

Art. 22. (§. 49.) In dem im vorhergehenden §. unter Nr. 1 vorgesehenen Falle dauert die Suspension bis zum Ablauf des 10. Tages nach Wiederaufhebung des Verhaftungsbeschlusses oder nach eingetretener Rechtskraft desjenigen Urtheils höherer Instanz, durch welches der angeschuldigte Beamte zu einer anderen Strafe, als der bezeichneten verurtheilt wird.

Lautet das rechtskräftige Urtheil auf Freiheitsstrafe, so dauert die Suspension, bis das Urtheil vollstreckt ist. Wird die Vollstreckung des Urtheils, ohne Schuld des Verurtheilten, aufgehalten oder unterbrochen, so tritt für die Zeit des Aufenthalts oder der Unterbrechung eine Gehaltsverkürzung (Art. 24.) nicht ein. Dasselbe gilt für die im ersten Absatze dieses §. erwähnte Zeit von 10 Tagen, wenn nicht vor Ablauf derselben die Suspension vom Amte im Wege des Disziplinarverfahrens beschlossen wird.

In dem Art. 21 Nr. 2 erwähnten Falle dauert die Suspension bis zur Rechtskraft der in der Disziplinarsache ergehenden Entscheidung.

Art. 23. (§. 50.) Die zur Einleitung der Disziplinaruntersuchung ermächtigte Behörde kann die Suspension, sobald gegen den Beamten ein gerichtliches Strafverfahren eingeleitet, oder die Einleitung einer Disziplinaruntersuchung verfügt wird, oder auch demnächst im ganzen Laufe des Verfahrens bis zur rechtskräftigen Entscheidung verfügen.

Art. 24. (§. 51.) Der suspendirte Beamte behält während der Suspension die Hälfte seines Diensteinkommens.

Auf die für Dienstunkosten besonders angesetzten Beträge ist bei Berechnung der Hälfte des Diensteinkommens keine Rücksicht zu nehmen.

Der innebehaltene Theil des Diensteinkommens ist zu den Kosten, welche durch die Stellvertretung des Angeschuldigten verursacht werden, der etwaige Rest zu den Untersuchungskosten zu verwenden. Einen weiteren Beitrag zu den Stellvertretungskosten zu leisten ist der Beamte nicht verpflichtet.

Art. 25. (§. 52.) Der zu den Kosten (Art. 24) nicht verwendete Theil des Einkommens wird dem Beamten nicht nachgezahlt, wenn das Verfahren die Entfernung aus dem Amte zur Folge gehabt hat.

Erinnerungen über die Verwendung des Einkommens stehen dem Beamten nicht zu; wohl aber ist ihm auf Verlangen eine Nachweisung über diese Verwendung zu ertheilen.

Art. 26. (§. 53.) Wird der Beamte freigesprochen, so muß ihm der innebehaltene Theil des Diensteinkommens vollständig nachgezahlt werden.

Wird er nur mit einer Ordnungsstrafe belegt, so ist ihm der innebehaltene Theil ohne Abzug der Stellvertretungskosten nachzuzahlen, soweit derselbe nicht zur Deckung der Untersuchungskosten und der Ordnungsstrafe erforderlich ist.

Art. 27. (§. 54.) Wenn Gefahr im Verzuge ist, kann einem Beamten auch von solchen Vorgesetzten, die seine Suspension zu verfügen nicht ermächtigt sind, die Ausübung der Amtsverrichtungen vorläufig untersagt werden; es ist aber darüber sofort an die höhere Behörde zu berichten.

Mit Bezug auf Art. 7 der vorstehenden Bestimmungen vergl. Strafprozeßordnung v. 1. Feb. 1877:

§. 60. Jeder Zeuge ist einzeln und vor seiner Vernehmung zu beeidigen. Die Beeidigung kann jedoch aus besonderen Gründen, namentlich wenn Bedenken gegen ihre Zulässigkeit obwalten, bis nach Abschluß der Vernehmung ausgesetzt werden.

§. 61. Der vor der Vernehmung zu leistende Eid lautet:

daß Zeuge nach bestem Wissen die reine Wahrheit sagen, nichts verschweigen und nichts hinzusetzen werde;

der nach der Vernehmung zu leistende Eid lautet:

daß Zeuge nach bestem Wissen die reine Wahrheit gesagt, nichts verschwiegen und nichts hinzugesetzt habe.

§. 62. Der Eid beginnt mit den Worten:

„Ich schwöre bei Gott dem Allmächtigen und Allwissenden,"

und schließt mit den Worten:

„So wahr mir Gott helfe."

Ueber die Zulässigkeit einer konfessionellen Zusatzformel zu der gesetzl. Eidesformel vergl. kirchl. Ges. u. Verord. Bl. 1881 S. 16.

R. d. Ev. O. K. R. v. 22. Juli 1876, kirchl. Ges. u. V. Bl. 1876/77 S. 47: Die K. Konsistorien sollen in Betreff des Disziplinarverfahrens sowohl die Befugnisse des Disziplinarhofes (§. 23 Nr. 1 Ges. v. 21. Juli 1852), als die der Provinzialbehörde auf dem Gebiete des Staatsgesetzes ausüben. (§. 7 Nr. 6 Gen. Syn. Ord.)

Hingegen hat der Ev. O. K. R. als diejenige Stelle, welche die im Staatsgesetze den Ministern resp. dem Staatsministerium beigelegte Zuständigkeit ausübt, hinfort überall die Beschlußfassung über die Einleitung einer förmlichen Disziplinaruntersuchung zu üben, was nunmehr in Art. 2 der Cirkul. Verf. v. 24. Mai 1876 zum Ausdruck gebracht ist, indem die Gen. Syn. Ord. ausdrücklich nur die Bestimmung des §. 23 Nr. 1 des Staatsgesetzes als diejenige bezeichnet hat, welche auf das kirchliche Disziplinarverfahren übertragen werden soll.

Der Kgl. Gerichtshof für kirchl. Angelegenheiten hat in den Gründen der in einem Spezialfalle von ihm abgegebenen Entscheidung am 14. Okt. 1876 sich über das Wesen der durch das Gesetz v. 12. Mai 1873 gegen die Disziplinarentscheidungen der kirchl. Behörden gestatteten Berufung an den Staat sich dahin ausgesprochen (kirchl. Ges. u. V. Bl. 1876/77 S. 82):

Diese Berufung bildet keine eigentliche Instanz und gewährt dem Berufenden weder eine volle Nachprüfung der in letzter Instanz bei den kirchl. Behörden ergangenen Entscheidung, noch ein beneficium novorum. Ein solches würde mit dem eigentl. Wesen der den recursus ab abusu an den Staat ersetzenden Berufung an den Gerichtshof in entschiedenem Widerspruche stehen. Die Tendenz des Gesetzes v. 12. Mai 1873, gegen hierarchische Willkür zu schützen, soll nach der Vorschrift des Gesetzes im Einzelnen wesentlich nur durch die Sicherung eines legalen Verfahrens, sowie durch Einschreiten bei offenbarer Beugung des materiellen Rechts gegen die klare thatsächliche Lage erzielt werden. Keineswegs dagegen will das Gesetz die Befugniß der kirchlichen Disziplinarbehörden zur eigenen Prüfung und Entscheidung der vorkommenden Fälle irgendwie beschränken. Daraus folgt, daß die Nachprüfung eines an den Gerichtshof gebrachten Falles, sofern die Akten vor-

7) die kirchlichen Erfordernisse der Anstellungsfähigkeit und die kirchlichen Grundsätze über die Besetzung der geistlichen Aemter;

8) die kirchlichen Bedingungen der Trauung.[163])

§. 8. Der Kirchenregierung wie der Generalsynode bleibt unbenommen, auch über andere Gegenstände der kirchlichen Ordnung, deren allgemeine kirchengesetzliche Regelung heilsam erachtet wird, Gesetzesvorschläge zu machen.

Ist diese Regelung erfolgt, so kann weder eine Veränderung derselben, noch deren Ueberlassung an die provinzialkirchliche Gesetzgebung oder an das kirchenregimentliche Verordnungsrecht anders als im Wege der landeskirchlichen Gesetzgebung geschehen.

§. 9. Es hängt vom Ermessen der Kirchenregierung ab, über Gesetzesvorschläge, welche sie der Generalsynode zu machen beabsichtigt, zuvor die Provinzialsynoden, beziehungsweise die ausschließlich betheiligten, zu gutachtlicher Aeußerung zu veranlassen. Bei Veränderungen, welche die Liturgie betreffen (§. 7. Nr. 3.), soll diese Anhörung der Provinzialsynoden in der Regel geschehen.

§. 10. Veränderungen der revidirten Kirchenordnung für Westphalen und die Rheinprovinz können, wie bisher, von den Provinzialsynoden dieser Provinzen beschlossen und durch Bestätigung der Kirchenregierung in Kraft gesetzt werden.

Werden Bestimmungen der genannten Kirchenordnung durch ein von der Kirchenregierung beabsichtigtes landeskirchliches Gesetz betroffen, so müssen die Synoden der beiden Provinzen, bevor der Gesetzesvorschlag an die Generalsynode gelangt, gutachtlich gehört werden.

Gehen solche Gesetzesvorschläge von der Generalsynode aus, so sind die Gutachten der genannten Provinzialsynoden vor der Einholung der Königlichen Sanktion zu veranlassen.

---

liegen und dessen legale Verhandlung darthun, regelmäßig denselben thatsächlichen Standpunkt zur Grundlage zu nehmen hat, von welchem aus die letzte kirchl. Instanz bei der Abgabe ihrer Entscheidung ausgehen mußte, und ferner, daß der Angeschuldigte lediglich sich selbst die nachtheiligen Folgen zuzuschreiben hat, wenn er Thatumstände nicht im Laufe des ordentlichen Instanzenzuges vorbringt und zu verwerthen sucht, späterhin aber mit denselben nach formeller Lage der Sache etwa nicht mehr durchzudringen vermag.

vergl. auch Erk. des K. Gerichtshofes für kirchl. Angel. v. 15. Febr. 1879, kirchl. Ges. u. V.Bl. 1879 S. 53 ff., in specie S. 64.

[163]) cfr. das Kirchengesetz v. 27. Juli 1880, betr. die Trauungsordnung, kirchl. Ges. u. V.Bl. 1880 S. 109 ff. cfr. Kirchenges. v. 30. Juli 1880, betr. die Verletzung kirchlicher Pflichten in Bezug auf Taufe, Konfirmation, und Trauung, kirchl. Ges. u. V.Bl. 1880 S. 116 ff.

Aeußern sich beide Synoden übereinstimmend gegen die Veränderung ihrer Kirchenordnung, so bleiben diese Provinzen von dem Geltungsbereiche der betreffenden landeskirchlichen Vorschrift ausgenommen.

Kirchliche Vermögensrechte und Besteuerung.

§. 11. Die Generalsynode übt eine Kontrole über die vom Evangelischen Ober-Kirchenrathe verwalteten oder unter seine Verfügung gestellten kirchlichen Fonds und sonstigen kirchlichen Einnahmen, und vereinbart mit ihm die leitenden Grundsätze für ihre Verwendung. Der Generalsynode, und in den Jahren, in welchen sie sich nicht versammelt, dem Synodalvorstande ist die Jahresrechnung über diese Fonds zur Prüfung und Ertheilung der Entlastung vorzulegen.[164])

§. 12. Von der Verwendung der unter der Verwaltung des Ministers der geistlichen Angelegenheiten stehenden kirchlichen Fonds und der im Staatshaushalts-Etat für kirchliche Zwecke bewilligten Mittel giebt der Evangelische Ober-Kirchenrath auf Grund der Nachrichten, welche er darüber vom Minister der geistlichen Angelegenheiten erhalten hat, der Generalsynode Kenntniß. Sobald solche Fonds oder Mittel in die Verwaltung der Kirche übergehen, erweitert sich die synodale Kenntnißnahme zur Kontrole (§. 11.).[165])

§. 13. Anordnungen der Kirchenregierung wegen Einführung neuer, regelmäßig wiederkehrender, sowie wegen Abschaffung bestehender landeskirchlicher Kollekten bedürfen der Zustimmung der Generalsynode.[166])

§. 14. Die Bewillignng neuer Ausgaben für landeskirchliche Zwecke, soweit sie durch Umlagen auf die Kirchenkassen oder Kirchengemeinden gedeckt werden sollen, erfolgt im Wege der kirchlichen Gesetzgebung.

Der bewilligte, durch Umlage aufzubringende Betrag wird über die Provinzen der Landeskirche nach einem Maßstabe repartirt, welcher vorläufig durch Königliche Verordnung aufgestellt, endgültig zwischen der Generalsynode und der Kirchenregierung vereinbart wird.[167])

---

164) cfr. Art. 14 Nr. 1 Ges. v. 3. Juni 1876.

165) cfr. Anm. 164.

166) cfr. §. 65 Nr. 4 Kg. u. Syn.Ord.

167) cfr. Kirchenges. v. 2. Sept. 1880, kirchl. Ges. u. V.Bl. 1880 S. 133: Umlagen zur Bestreitung von Ausgaben für landeskirchliche Zwecke (§. 14 Gen.Syn.Ord.) und die Kosten der Generalsynode, sowie der Vorstände derselben und der von den letzteren bestellten Ausschüsse und Kommissionen (§. 38 a. a. O.) sind nach Maaßgabe der

Die auf die einzelnen Provinzen entfallenden Beträge werden nach den in den §§. 72., 73. der Kirchengemeinde- und Synodalordnung vom 10. September 1873. aufgestellten Normen, für die Provinzen Rheinland und Westphalen nach Maßgabe des §. 135. der Kirchenordnung vom 5. März 1835. einer Unterrepartition unterworfen und an die Konsistorialkassen und von diesen an den Evangelischen Ober-Kirchenrath abgeführt.

§. 15. Auch die Einkünfte des Kirchenvermögens und der Pfarrpfründen können durch ein Kirchengesetz zu Beiträgen für kirchliche Zwecke herangezogen werden.

Dies ist nur zulässig bei Kirchenkassen, sofern die etatsmäßige Solleinnahme derselben die etatsmäßige Sollausgabe um mehr als ein Drittheil der letzteren, und wenigstens um dreihundert Mark jährlich übersteigt, bei Pfarrpfründen, sofern der jährliche Ertrag derselben ausschließlich des Wohnungswerths auf mehr als sechstausend Mark sich beläuft. Diese Beiträge dürfen zehn Prozent des jährlichen Ueberschusses der Solleinnahme der Kirchenkasse und des über die Summe von sechstausend Mark hinausgehenden Pfründenertrages nicht überschreiten.[168])

Anträge und Beschwerden.

§. 16. Die Generalsynode kann durch Anträge, welche sie beschließt, das Kirchenregiment in dem ganzen Bereiche seiner Thätigkeit zu den Maßregeln anregen, die sie dem landeskirchlichen Bedürfniß entsprechend erachtet. Auf jeden solchen Antrag muß ein Bescheid, im Falle der Ablehnung mit den Gründen derselben, ertheilt werden.

§. 17. Behufs Erhaltung der kirchengesetzlichen Ordnung in den Thätigkeiten der Verwaltung steht der Generalsynode auch der Weg der Beschwerde offen. Gegenstand derselben sind Verletzungen kirchengesetzlicher Vorschriften durch Verfügungen der Kirchenbehörden,

---

von den evangelischen Gemeindegliedern aufzubringenden Klassen- und klassifizirten Einkommensteuer auf die Provinzen der Landeskirche zu vertheilen.

cfr. Anm. 151.

[168]) cfr. Art. 17 Ges. v. 3. Juni 1876 u. Art. III Nr. 4, Verord. v. 9. Sept. 1876. Vergl. R. d. Ev.O.K.R. v. 2. Aug. 1877, betr. die Ausführung des §. 15 der Gen.Syn.Ord., kirchl. Ges. u. V.Bl. 1876/77 S. 183.

cfr. die „Zusammenstellung der Ueberschüsse bei Pfarrpfründen, welche gemäß §. 15 der Gen.Syn.Ord. besteuert werden können," kirchl. Ges. u. V.Bl. 1876/77 S. 220.

ferner die „Zusammenstellung der Ueberschüsse des Kirchenvermögens, welche nach §. 15 der Gen.Syn.Ord. besteuerbar," kirchl. Ges. u. V.Bl. 1878 S. 127.

welche im kirchlichen Instanzenwege keine Abhülfe gefunden haben. Die von der Generalsynode darüber gefaßten Beschlüsse gehen an den Evangelischen Ober-Kirchenrath zur Prüfung und Bescheidung.

Wahrung der Einheit der Landeskirche.

§. 18. Der Generalsynode werden die von den Provinzialsynoden gefaßten Beschlüsse vorgelegt. Findet die Generalsynode, daß ein Beschluß der Provinzialsynode mit der Einheit der evangelischen Landeskirche in Bekenntniß und Union, in Kultus und Verfassung nicht vereinbar ist, so ist demselben die kirchenregimentliche Bestätigung zu versagen. Ist solche bereits ertheilt, so hat die Kirchenregierung ihn außer Kraft zu setzen.

Verhältniß zu anderen Kirchengemeinschaften.

§. 19. Die Generalsynode nimmt Kenntniß von den Beziehungen der Landeskirche zu den übrigen Theilen der Deutschen evangelischen Kirche, beschließt über die der weiteren Entwickelung ihres Gemeinschaftsbandes dienenden Einrichtungen und betheiligt sich durch von ihr gewählte Abgeordnete an etwaigen Vertretungskörpern der Deutschen evangelischen Kirche.

Zur Theilnahme der Landeskirche an anderen kirchlichen Versammlungen, insbesondere denen von internationaler oder interkonfessioneller Art, bedarf es der Zustimmung der Generalsynode.

Wahl des Präsidiums, des Synodalvorstandes und Synodalraths.

§. 20. Die Generalsynode wählt beim Beginne ihrer jedesmaligen Versammlung (§. 29.) und für die Dauer derselben ihr Präsidium, bestehend aus einem Präsidenten, einem Vizepräsidenten und vier Schriftführern.

§. 21. Am Schlusse jeder ordentlichen Versammlung (§. 24.) wählt die Generalsynode den Synodalvorstand und Synodalrath auf eine Synodalperiode von sechs Jahren. Wird die Versammlung geschlossen, bevor diese Wahl stattgefunden hat, so treten die für die frühere Synodalperiode Gewählten wieder in Funktion.

§. 22. Der Synodalvorstand besteht aus einem Vorsitzenden, aus einem Stellvertreter desselben und aus fünf Beisitzern. Für die Beisitzer werden Ersatzmänner gewählt, welche bei Verhinderung der ersteren in den Vorstand berufen werden. Scheiden bei nicht versammelter Synode sowohl der Vorsitzende als sein Stellvertreter aus, so wählen die Beisitzer unter sich für die Restzeit einen Vorsitzenden.

Der Synodalvorstand tritt außer Funktion, sobald die nächste ordentliche Versammlung der Generalsynode ihr Präsidium gewählt hat.

§. 23. Zum Synodalrath wählt die Generalsynode achtzehn Mitglieder, welche zusammen mit dem Vorstande den Synodalrath bilden.

Von den Gewählten müssen je drei den Provinzen Preußen, Brandenburg und Sachsen, je zwei den Provinzen Pommern, Schlesien, Westphalen und der Rheinprovinz, eines der Provinz Posen, angehören. Für dieselben werden Ersatzmänner gewählt, welche bei Verhinderung der ersteren zur Funktion berufen werden.

Der Synodalrath endet seine Funktion mit der Eröffnung der nächsten ordentlichen Generalsynode.[169])

III.

Versammlungen der Generalsynode.

§. 24. Die Generalsynode tritt auf Berufung des Königs und zwar alle sechs Jahre zu ordentlicher Versammlung zusammen. Zu außerordentlicher Versammlung kann sie nach Anhörung des Synodalvorstandes jederzeit berufen werden.

Dem Könige steht es zu, jederzeit die Versammlung zu schließen oder zu vertagen.

§. 25. Während der Versammlung der Synode findet in allen evangelischen Hauptgottesdiensten der Landeskirche eine Fürbitte für die Synode statt.

§. 26. Als Königlicher Kommissar zur Wahrnehmung der Zuständigkeiten des obersten Kirchenregiments bei der Synode fungirt der Präsident des Evangelischen Ober-Kirchenraths. In Vakanzfällen oder bei dauernder Verhinderung ernennt der König einen anderen Kommissar.

Der Königliche Kommissar ist befugt, jederzeit das Wort zu ergreifen und Anträge zu stellen. Er kann Mitglieder des Evangelischen Ober-Kirchenraths mit seiner Beihilfe und vorübergehenden Vertretung beauftragen.

Der Minister der geistlichen Angelegenheiten und die von ihm ernannten Kommissarien sind berechtigt, den Sitzungen beizuwohnen und jederzeit das Wort zu ergreifen, sofern sie es im Interesse des Staates für erforderlich erachten.

§. 27. Die Synode regelt ihren Geschäftsgang. Bis dies ge-

169) cfr. §. 37 Gen. Syn. Ord.

schieht, ist eine provisorische Geschäftsordnung maßgebend, welche der Evangelische Ober-Kirchenrath ertheilt.

§. 28. Der Präsident der Synode leitet die Verhandlungen und handhabt die äußere Ordnung.

§. 29. Der Vorsitzende des Synodalvorstandes eröffnet die Synode, berichtet über die bisherige Wirksamkeit des Synodalvorstandes während der verflossenen Synodalperiode, sowie über die Verhandlungen der während derselben Zeit abgehaltenen Provinzialsynoden, soweit sie für die gesammte Landeskirche von Bedeutung sind; er berichtet ferner über die Legitimation der Synodalmitglieder und leitet die Wahl des Präsidiums.

Die Versammlung beschließt über die Legitimation ihrer Mitglieder.

§. 30. Die Mitglieder werden nach Konstituirung des Präsidiums von dem Präsidenten mit dem in der Kirchengemeinde- und Synodalordnung vom 10. September 1873. §. 63. vorgeschriebenen Gelöbniß verpflichtet.

§. 31. Am Tage nach der Eröffnung der Synode findet ein feierlicher Synodal-Gottesdienst statt.

Jede einzelne Sitzung beginnt mit einer kurzen Schriftvorlesung und Gebet und schließt mit einem Segenswunsch. Die Synode wird mit Gebet geschlossen.

§. 32. Die Verhandlungen sind öffentlich. Eine vertrauliche Berathung kann durch Beschluß der Synode verfügt werden.

Zur Beschlußfähigkeit ist die Anwesenheit der Mehrheit der gesetzlichen Zahl der Mitglieder erforderlich. Die Beschlußfassung erfolgt mit absoluter Mehrheit der abgegebenen Stimmen. Bei Stimmengleichheit gilt der Antrag als abgelehnt.

Wahlhandlungen sind, wenn zunächst relative Mehrheiten sich ergeben, durch engere Wahl bis zur Erreichung einer absoluten Mehrheit fortzusetzen. Für die Wahl zu Kommissionen genügt die relative Mehrheit. Bei Stimmengleichheit entscheidet das Loos.

Einer zweimaligen Berathung und Beschlußfassung bedarf es, wenn es sich um Kirchengesetze (§. 6.) oder um Bewilligung neuer Ausgaben (§§. 14., 15.) handelt.

Aenderungen der Kirchenverfassung in Bezug auf die Zusammensetzung oder die Befugnisse der Gemeindeorgane oder der Synoden können nur mit einer Mehrheit von Zweidritteln der abgegebenen Stimmen in der Generalsynode beschlossen werden.

§. 33. Das Präsidium sorgt für die Aufzeichnung, Redaktion und Beglaubigung der Sitzungsprotokolle. Bei der Aufzeichnung kann es von Mitgliedern der Synode unterstützt werden, welche sich auf Einladung des Präsidiums diesem Geschäfte unterziehen.

IV.

Synodalvorstand und Synodalrath.

§. 34. Als selbstständiges Kollegium hat der Vorstand der Generalsynode den folgenden Wirkungskreis:

1) Er erledigt die ihm von der Kirchenregierung gemachten Vorlagen.
2) Er beschließt über die in seiner eigenen Mitte gestellten Anträge auf Beseitigung von Mängeln, welche bei der kirchlichen Gesetzgebung und Verwaltung hervortreten. Beschlüsse der letzteren Art gehen, sofern ihnen im Verwaltungswege entsprochen werden kann, als Anträge an den Evangelischen Ober-Kirchenrath. Verlangt ihre Ausführung den Weg der Gesetzgebung, so kann der Synodalvorstand entweder die Beschreitung desselben bei der Kirchenregierung beantragen, oder selbst einen Gesetzentwurf behufs seiner Einbringung in der Generalsynode ausarbeiten (§. 6.).
3) Er vertritt die nicht versammelte Generalsynode, wenn Anordnungen, welche regelmäßig der beschließenden Mitwirkung der Generalsynode bedürfen, wegen ihrer Unaufschieblichkeit durch kirchenregimentlichen Erlaß provisorisch getroffen werden sollen. Solche Erlasse können nur ergehen, wenn der Synodalvorstand sowohl die Unaufschieblichkeit anerkennt, als auch ihrem Inhalte zustimmt und mit ausdrücklicher Erwähnung dieser seiner Mitwirkung. Sie sind der nächsten Generalsynode zur Prüfung und Genehmigung vorzulegen und, wenn die letztere versagt wird, außer Wirksamkeit zu setzen.
4) Er bereitet die nächste Versammlung der Generalsynode, soweit ihm dies obliegt, vor, insbesondere durch Prüfung der Legitimationen und Feststellung des der Generalsynode abzustattenden Berichts (§. 29.).
5) In Bezug auf die vorangegangene Versammlung erledigt er die zur Ausführung ihrer Beschlüsse erforderlichen Geschäfte und sorgt für den Druck und die Vertheilung der Synodalprotokolle.
6) Er verwaltet die General-Synodalkasse (§. 38.) und übt die ihm in §. 11. zugewiesenen Funktionen.

Verlangt der Synodalvorstand, bevor er sich in Angelegenheiten der unter Nr. 2. und 3. bezeichneten Art schlüssig macht, eine gemeinschaftliche Berathung mit dem Evangelischen Ober-Kirchenrath, so hat der letztere eine solche zu veranstalten.

§. 35. Der Synodalvorstand wird zur Erledigung derjenigen Geschäfte, welche ihm selbstständig bei nicht versammelter Synode obliegen (§. 34.), nach Vereinbarung mit dem Evangelischen Ober-Kirchenrath von seinem Vorsitzenden nach Berlin berufen.

Zu einem gültigen Beschlusse des Synodalvorstandes bedarf es der Anwesenheit von wenigstens fünf Mitgliedern. Bei Stimmengleichheit giebt die Stimme des Vorsitzenden den Ausschlag.

Die Erledigung einzelner Geschäfte im schriftlichen Wege ist ausnahmsweise nach dem Ermessen des Vorsitzenden zulässig. [170])

Der Synodalvorstand regelt seinen Geschäftsgang durch seine Beschlüsse. Es steht ihm frei, aus seiner Mitte für bestimmte Geschäfte Ausschüsse zu bilden oder auch einzelne Mitglieder mit solchen zu beauftragen.

§. 36. Mit dem Evangelischen Ober-Kirchenrath wirkt der Synodalvorstand zusammen:

1) wenn in der Rekursinstanz entweder über Einwendungen der Gemeinde gegen die Lehre eines zum Pfarramt Designirten, oder über die wegen Mangels an Uebereinstimmung mit dem Bekenntniß der Kirche angefochtene Berufung eines sonst Anstellungsfähigen zu einem geistlichen Amte, oder in einer wegen Irrlehre gegen einen Geistlichen geführten Disziplinaruntersuchung Entscheidung abgegeben werden soll; [171])
2) bei der Feststellung der von der Kirchenregierung der Generalsynode vorzulegenden Gesetzentwürfe und der zur Ausführung der landeskirchlichen Gesetze erforderlichen Instruktionen;
3) bei den dem Evangelischen Ober-Kirchenrath zustehenden Vorschlägen für die Besetzung der General-Superintendenturen; [172])
4) bei Vertretung der evangelischen Landeskirche in ihren vermögensrechtlichen Angelegenheiten; [173])
5) in anderen Angelegenheiten der kirchlichen Centralverwaltung von vorzüglicher Wichtigkeit, in welchen der Evangelische

---

[170]) cfr. Art. 18 Ges. v. 3. Juni 1876.

[171]) cfr. Kg. u. Syn.Ord. §. 68 Nr. 6. Gen.Syn.Ord. §. 7 Nr. 6.

[172]) cfr. Art. 23 Nr. 7 Ges. v. 3. Juni 1876.

[173]) cfr. Art. 19, 24, 27 G. v. 3. Juni 1876, Art. I Nr. 7, V. v. 9. Sept. 1876.

Ober-Kirchenrath die Zuziehung des Synodalvorstandes beschließt.

Die Mitwirkung des Vorstandes findet in der Weise statt, daß die Mitglieder desselben, nach vorheriger Mittheilung der Gegenstände der Berathung, auf Berufung durch den Präsidenten des Evangelischen Ober-Kirchenraths an den betreffenden Berathungen und Beschlüssen als außerordentliche Mitglieder des Evangelischen Ober-Kirchenraths mit vollem Stimmrecht Theil nehmen. In der Ausfertigung solcher Beschlüsse ist ihrer Mitwirkung Erwähnung zu thun. Dem Erforderniß der Mitwirkung ist entsprochen, wenn wenigstens vier Mitglieder des Vorstandes Theil genommen haben.

§. 37. Der Synodalrath (§. 23.) wird in jedem Jahre einmal in Berlin versammelt, um mit dem Evangelischen Ober-Kirchenrath in dessen Sitzung über Aufgaben und Angelegenheiten der Landeskirche zu berathen, in welchen die Kirchenregierung zur Feststellung leitender Grundsätze den Beirath dieses landeskirchlichen Synodalorgans für nothwendig erachtet.

Die Berufung erfolgt durch den Evangelischen Ober-Kirchenrath.

Die Versammlung des Synodalraths kann in den Jahren ausfallen, in welchen die Generalsynode sich versammelt.

V.

Kosten.

§. 38. Zur Bestreitung der Kosten der Generalsynode, sowie der Vorstände derselben und der von den letzteren bestellten Ausschüsse und Kommissionen wird eine General-Synodalkasse gebildet. Diese erhält ihren Bedarf, soweit nicht andere Mittel für jenen Zweck gewidmet sind, durch die Beiträge der Provinzial-Synodalkassen. Für die Vertheilung dieser Beiträge über die einzelnen Provinzen und die Beschaffung der auf diese entfallenden Summen sind die Bestimmungen des §. 14. Satz 2. und 3. maßgebend. Die Abführung geschieht an den Vorstand der Generalsynode.

§. 39. Der Synodalvorstand legt die Rechnung der General-Synodalkasse. Die Prüfung und Entlastung dieser Rechnung erfolgt durch die Generalsynode.

Beschließt die Generalsynode auf den Antrag ihres Vorstandes die Verwaltung der Synodalkasse durch den Evangelischen Ober-Kirchenrath, so erfolgt sie bei diesem; Rechnungslegung und Entlastung richten sich dann nach den Vorschriften des §. 11.

§. 40. Den Mitgliedern der Generalsynode, ihres Vorstandes

und des Synodalrathes gebühren Tagegelder und, soweit sie nicht am Orte ihrer synodalen Wirksamkeit ihren Wohnsitz haben, Reisekosten. Dieselben gehören zu den Synodalkosten und werden nach den vom Evangelischen Ober-Kirchenrath vorläufig zu bestimmenden, definitiv mit der Generalsynode zu vereinbarenden Sätzen aus der General-Synodalkasse bestritten.[174])

VI.

Schlußbestimmungen.

§. 41. Die Neuregelung der Ressortverhältnisse zwischen den Staatsbehörden einerseits und den Kirchenbehörden andererseits bleibt staatlicher Anordnung vorbehalten.[175])

§. 42. Die §§. 50., 59., 61. und 62. der Kirchengemeinde- und Synodalordnung vom 10. September 1873. sind aufgehoben.

An die Stelle derselben treten die Bestimmungen der nachfolgenden §§. 43. bis 46.

§. 43. (siehe oben unter §. 50. der Kg. und Syn.-Ord.).

§. 44. (siehe oben an Stelle des §. 59. der Kg. und Syn.-Ord.).

§. 45. u. §. 46. (siehe oben an Stelle der §§. 61. u. 62. der Kg. u. Syn.-Ord.).

§. 47. Die Amtsthätigkeit der jetzigen Kreissynoden und Kreis-Synodalvorstände, Provinzialsynoden und Provinzial-Synodalvorstände erlischt mit dem Tage, an welchem die nach der gegenwärtigen Ordnung gebildeten Synoden und Synodalvorstände in Wirksamkeit treten.

§. 48. Bis zur Konstituirung des Präsidiums der ersten Generalsynode werden die dem Synodalvorstand oder seinem Vorsitzenden beigelegten Funktionen durch den Evangelischen Ober-Kirchenrath oder dessen Präsidenten ausgeübt.

§. 49. Die zur Ausführung dieser Ordnung erforderliche Instruktion wird von dem Evangelischen Ober-Kirchenrath im Einverständniß mit dem Minister der geistlichen Angelegenheiten erlassen.

---

[174]) cfr. Art. 20 Ges. v. 3. Juni 1876.

[175]) cfr. Art. 21, 23, 24, 25, 27 Ges. v. 3. Juni 1876 und die Verord. v. 9. Sept. 1876, vergl. auch das Ges. v. 25. Mai 1874.

Revidirte Instruktion zur Kirchengemeinde- und Synodal-Ordnung.

Vom 25. Januar 1882. Kirchl. Ges. u. Verordn.Bl. 1882 S. 1.

Im Laufe der seit Erlaß der Kirchengemeinde- und Synodal-Ordnung vom 10. September 1873 verflossenen Zeit hat sich das Bedürfniß einer Revision der hierzu ergangenen Instruktionen fühlbar gemacht. Manche der darin enthaltenen Bestimmungen sind überhaupt nur Einführungs- und Uebergangs-Bestimmungen; andere haben durch die Generalsynodal-Ordnung und die zu den synodalen Ordnungen erlassenen Staatsgesetze Aenderungen erfahren; endlich hat auch die Praxis mehrfach Entscheidungen herbeigeführt, deren Verallgemeinerung in der Form einer Instruktion wünschenswerth erscheint.

Im Interesse der Uebersichtlichkeit und geschäftlichen Erleichterung ist es für zweckmäßig befunden worden, diesem Bedürfnisse nicht durch eine Zusatzinstruktion, sondern durch eine Zusammenfassung und Verarbeitung der bisherigen Instruktionen Abhülfe zu schaffen.

Demgemäß wird von uns in Gemeinschaft mit dem Generalsynodal-Vorstande an Stelle der Instruktionen vom 31. Oktober 1873, 20. Juni und 23. Dezember 1874 auf Grund des §. 36 Nr. 2 der Generalsynodal-Ordnung und des Art. 21 Abs. 1 des Staatsgesetzes vom 3. Juni 1876 (G.-S. S. 125 folg.) hierdurch eine revidirte Instruktion zur Kirchengemeinde- und Synodal-Ordnung erlassen.

Wenn hierbei diejenigen Ausführungen, welche die Einleitung zur Instruktion vom 31. Oktober 1873 über Zweck und Ziel der neuen Ordnung enthält, nicht wieder Aufnahme gefunden haben, so ist dies geschehen, weil die dort niedergelegten Grundsätze sich inzwischen bereits durch eine mehrjährige Praxis theils geklärt, theils eingelebt haben. Eine nochmalige Darlegung dieser Grundsätze durfte daher jetzt, wo es sich vorzugsweise um eine Anweisung für die geschäftliche Handhabung der bestehenden Ordnung handelt, als entbehrlich angesehen werden.

Im Einzelnen wird hiernach Folgendes festgesetzt:

I. In Bezug auf die Organe der Gemeinde.

Bildung der Gemeindeorgane.

1. Die Mitglieder des Gemeinde-Kirchenraths und der Gemeinde-Vertretung werden von denjenigen Gemeindegliedern gewählt, welche in die von dem Gemeinde-Kirchenrath geführte Wählerliste eingetragen sind (§§. 18 und 34 K.-G.- u. S.-O.).

Anmeldungs-Verfahren.

2. Anmeldungen zur Eintragung in dieselbe können jederzeit erfolgen; alljährlich an mindestens zwei Sonntagen des Monats August ergeht von der Kanzel die Aufforderung zur Anmeldung derjenigen, welche in die frühere Wählerliste noch nicht eingetragen sind. In den betreffenden Kanzelabkündigungen ist anzugeben, von wem, wo und zu welcher Zeit Anmeldungen entgegen genommen werden.

3. Die Anmeldung erfolgt mündlich bei dem Vorsitzenden oder den mit Entgegennahme von Anmeldungen beauftragten Mitgliedern des Gemeinde-Kirchenraths. Dabei ist ein Protokoll aufzunehmen oder ein Anmeldungs-Formular auszufüllen, welches sich auf folgende Punkte erstrecken muß:

a. Vor- und Zuname.
b. Lebensalter.
c. Stand oder Gewerbe.
d. Wohnung.
e. Wie lange in der Gemeinde (am Orte) wohnhaft?
f. Ob selbständig?
g. Ob der sich Anmeldende nach Maßgabe der dazu bestehenden Verpflichtung zu den kirchlichen Gemeindelasten beiträgt?
h. Bemerkungen (etwaiger Verlust bürgerlicher oder kirchlicher Rechte).

Die Frage der Selbständigkeit ist nach §. 34 Abs. 4 K.-G.- u. S.-O. zu beurtheilen.

Das Protokoll bezw. Anmeldungsformular, welches mit dem Datum des Anmeldungstages zu versehen ist, hat sowohl der sich Anmeldende, als das die Anmeldung entgegennehmende Mitglied des Gemeinde-Kirchenraths zu unterzeichnen.

Feststellung und Auslegung der Wählerliste.

4. Die Wählerliste ist mit Ende August des Wahljahres (§. 43 Abs. 1 und 2 K.-G.- u. S.-O.) derart abzuschließen und festzustellen, daß deren öffentliche Auslegung spätestens 4 Wochen vor dem Wahltage beginnt.

5. Der Termin des Abschlusses der Wählerliste ist an den demselben vorangehenden zwei Sonntagen unter fortdauernder Aufforderung zur Anmeldung und unter dem ausdrücklichen Hinweise von der Kanzel bekannt zu machen, daß die nach dem Abschluß erfolgenden Anmeldungen für die bevorstehende Wahl kein Stimmrecht gewähren.

Gleichzeitig beginnt die bis zum Ablauf der Auslegungsfrist sonntäglich zu wiederholende Kanzelabkündigung über Ort und Zeit der Auslegung der Wählerliste unter dem Beifügen, daß nach Verlauf der Auslegungsfrist Reklamationen gegen die Liste nicht mehr angebracht werden können (§. 36 Abs. 2 K.-G.- u. S.-O.).

Anlage 1.

Zu der Kanzelabkündigung ist das als Anlage 1 abgedruckte Formular zu benutzen.

Ueber die erfolgten Abkündigungen ergeht eine Bescheinigung des Geistlichen zu den Wahlakten.

Dem Ermessen des Gemeinde-Kirchenraths ist überlassen, Ort und Zeit der Auslegung der Wählerliste auch noch in anderen, den örtlichen Verhältnissen entsprechenden Formen (Aushang an den Kirchthüren, Aufnahme in Lokalblätter u. s. w.) bekannt zu machen. Den Bekanntmachungen ist stets beizufügen, daß nach Verlauf der Auslegungsfrist Reklamationen gegen die Liste nicht mehr angebracht werden können.

6. Bei Prüfung und Feststellung der Wählerliste hat der Gemeinde-Kirchenrath festzuhalten, daß für die Aufnahme in dieselbe lediglich die im §. 34 der K.-G.- und S.-O. für die Wahlberechtigung, nicht aber die im §. 35 daselbst für die Wählbarkeit aufgestellten Erfordernisse maßgebend sind.

Die Liste ist in alphabetischer Ordnung nach dem als Anlage 2 abgedruckten Formular anzufertigen. Anlage 2.

7. Die festgestellte Liste ist 14 Tage lang an einem Jedermann zugänglichen Orte auszulegen, demnächst mit der Bescheinigung über Ort und Zeit der Auslegung zu den Wahlakten zu bringen.

8. Ueber rechtzeitig, d. h. innerhalb der Auslegungsfrist eingehende Reklamationen ist zunächst durch den Gemeinde-Kirchenrath schleunigst zu entscheiden. Etwaige Beschwerden gegen dessen Entscheidung, die binnen 14 Tagen zulässig sind, gehen an den Vorstand der Kreissynode, können aber die Abhaltung der Wahl nicht aufhalten (§. 36 Abs. 3 K.-G.- u. S.-O.). Reklamationen.

9. Ueber die Mitgliedschaft zur einzelnen Gemeinde enthält die Kirchengemeinde- und Synodal-Ordnung keine Vorschriften: der Erwerb und Verlust derselben ist daher nach den sonst geltenden Bestimmungen zu beurtheilen.

10. Die Wahl findet an einem von dem Gemeinde-Kirchenrath alsbald nach Feststellung der Wählerliste zu bestimmenden Sonntage im Herbst, jedenfalls aber vor Ende Oktober statt. Die Amtsperiode der Gewählten beginnt mit dem Anfange des darauf folgenden Kalenderjahres. Wahltermin.

11. Die Zahl der zu wählenden Aeltesten und Gemeinde-Vertreter bestimmt sich nach §. 43 Abs. 2 und 3 der K.-G.- u. S.-O. Sollte überhaupt nur ein von der Gemeinde gewählter Aeltester vorhanden sein (§§. 5 und 6 daselbst), so findet die periodische Neuwahl nur alle sechs Jahre statt. Zahl der zu Wählenden.

12. In Betreff aller nicht in Folge Ablaufs der sechsjährigen Amtsperiode eintretenden Erledigungen findet §. 43 Abs. 4 der K.-G.- u. S.-O. Anwendung. Ersatzwahlen.

13. Bezüglich der Zahl der Aeltesten ist im §. 5 der K.-G.- u. S.-O. Bestimmung getroffen. Aenderungen der ordnungsmäßig festgestellten Zahl erfolgen nach Vernehmung der Gemeinde-Vertretung durch die Kreissynode. Zahl der Aeltesten überhaupt.

14. Bei Feststellung der Zahl bedarf es der Rücksichtnahme auf das (§. 6 daselbst) dem Patron beigelegte Recht, ein Gemeindeglied zum Aeltesten zu ernennen oder selbst als solcher in den Gemeinde-Kirchenrath einzutreten. Dieses Mitglied des Gemeinde-Kirchenraths ist auf die zulässige Zahl der Aeltesten in Anrechnung zu bringen. Es muß daher überall bei der Wahl der Aeltesten durch die Gemeinde eine Stelle für die Berechtigung des Patrons offen gelassen werden.

Bekanntmachung des Wahltermins.

15. Die Bekanntmachung des Wahltermins durch Abkündigung von der Kanzel ist nach Vorschrift des §. 37 K.-G.- u. S.-O. unter Namhaftmachung der ausscheidenden Mitglieder zu vollziehen und eine Bescheinigung des Geistlichen über die erfolgten Abkündigungen zu den Wahlakten zu bringen.

Anderweite Formen der Bekanntmachung (vergl. Nr. 5 Abs. 5) anzuwenden, wie sie den lokalen Verhältnissen entsprechen, ist dem Ermessen des Gemeinde-Kirchenraths überlassen.

16. Die Einladung zur Wahl an den Patron, resp. den Patronsvertreter, geschieht von Seiten des Gemeinde-Kirchenraths schriftlich, an Auswärtige mittelst Einschreibebriefs; an Abwesende mit unbekanntem Aufenthaltsort fällt die Einladung fort.

Mündliche Abstimmung.

17. Sollte, wie dies nach §. 38 Abs. 4 K.-G.- u. S.-O. zulässig ist, durch Beschluß des Gemeinde-Kirchenraths ausnahmsweise eine mündliche Abstimmung zu Protokoll angeordnet werden, so ist Solches in der unter Nr. 15 bezeichneten Abkündigung mit bekannt zu machen.

Wahlhandlung.

18. Die Wahlhandlung (§. 38 K.-G.- u. S.-O.) beginnt nach Schluß des Hauptgottesdienstes mit Konstituirung des Wahlvorstandes, welcher, nachdem die während des Gottesdienstes etwa geschlossenen Thüren wieder geöffnet sind, an einem Jedermann zugänglichen Tische Platz nimmt. Sollte die Abhaltung der Wahl in der Kirche thatsächlich unausführbar sein, so muß ein anderes geeignetes Lokal für die Wahl bestimmt und dies in den Einladungen zur Wahl bekannt gemacht werden.

Der Vorsitzende des Gemeinde-Kirchenraths ersucht die Mitglieder desselben, neben ihm Platz zu nehmen. Der Gemeinde-Kirchenrath kann sich durch einige von ihm zu bezeichnende andere Gemeindeglieder ergänzen. Der Patron oder dessen Vertreter ist berechtigt, in den Wahlvorstand einzutreten. Der Vorsitzende ernennt den Protokollführer.

Sobald dies geschehen, erklärt er die Wahlhandlung für eröffnet. Er ermahnt die Wähler mit kurzen Worten, wie es in §. 38 Abs. 3 vorgeschrieben ist, und verliest den übrigen Inhalt der §§. 34—40 der K.-G.- u. S.-O., sowie die Nummern 18 bis 22 dieser Instruktion. Andere Ansprachen sind unstatthaft. Es dürfen während der Wahlhandlung auch keine Diskussionen stattfinden, noch von der Wahlversammlung Beschlüsse gefaßt werden.

Der Vorsitzende verkündet die Zahl der zu wählenden Aeltesten und ersucht die Wähler, auf einen Stimmzettel so viel Namen aus dem Kreise der Wahlberechtigten zu schreiben, als Aelteste zu wählen sind, auch die Namen durch geeignete Zusätze, insbesondere des Standes oder Gewerbes so genau zu bezeichnen, daß die Person unzweifelhaft ist.

Auch gedruckte Stimmzettel und solche, welche weniger Namen enthalten, als die Zahl der zu Wählenden beträgt, sind gültig. Mehr Namen enthaltende Stimmzettel dagegen sind ungültig.

19. Zur Stimmabgabe sind nur diejenigen zuzulassen, welche in die Wählerliste aufgenommen sind. Abwesende können weder durch

Einsendung von Wahlstimmen, noch durch Bevollmächtigte an der Wahl Theil nehmen. Jeder Anwesende darf deshalb nur Einen Stimmzettel abgeben.

Der Protokollführer ruft die Namen der eingetragenen Wähler auf. Wer von ihnen anwesend, übergiebt seinen Stimmzettel dem dazu vom Vorsitzenden zu ernennenden Mitgliede des Wahlvorstandes, welcher denselben uneröffnet in das auf dem Wahltisch befindliche Gefäß legt.

Der Stimmzettel muß von weißem Papier und derart zusammengefaltet sein, daß die auf ihm bezeichneten Namen verdeckt sind. Der Protokollführer vermerkt die erfolgte Stimmabgabe jedes Wählers neben dem Namen desselben in der dazu bestimmten Rubrik der Wählerliste.

20. Sobald sämmtliche Namen in dieser Weise aufgerufen sind, fragt der Vorsitzende, ob noch ein Wahlberechtigter anwesend sei, der seine Stimme noch nicht abgegeben hat.

Ein solcher ist nachträglich zuzulassen.

Hierauf erklärt der Vorsitzende die Stimmabgabe für die Aeltesten als geschlossen. Nachdem dies geschehen, werden zu diesem Wahlakt keine Stimmzettel mehr angenommen.

Die abgegebenen Wahlzettel werden hierauf geöffnet, die Namen festgestellt und die Stimmen gezählt.

21. Gewählt sind diejenigen, auf welche die absolute Mehrheit der abgegebenen Stimmen gefallen ist. Für den Fall, daß eine größere Zahl, als erforderlich ist, die absolute Mehrheit erhalten hat*), entscheidet die höhere Stimmenzahl.

Hat der erste Wahlgang eine absolute Mehrheit für die erforderliche Zahl der Aeltesten nicht ergeben, so erfolgt die engere Wahl. Bei dieser ist der Kreis der Wählbaren auf diejenigen Personen beschränkt, welche schon im ersten Wahlgang Stimmen erhalten haben, und falls deren Zahl mehr als das Doppelte der noch zu wählenden Aeltesten beträgt, auf diejenigen, welche die meisten Stimmen erhalten haben, bis zum Belaufe der doppelten Anzahl der zu Wählenden.

Bei Stimmengleichheit entscheidet überall das Loos.

22. Nachdem in dieser Weise der Wahlakt für die Aeltesten geschlossen ist, wird sofort zur Wahl der Gemeindevertreter geschritten. Für diese Wahl gelten die obigen Bestimmungen in gleicher Weise.

23. In denjenigen Gemeinden, in denen mehr als Einhundert Wahlberechtigte in die Wählerliste eingetragen sind, können zur Erleichterung und Abkürzung des Wahlaktes folgende Modifikationen der unter Nr. 18 bis 22 enthaltenen Bestimmungen eintreten: Erleichterungen der Wahlhandlung für größere Gemeinden.

a. Der Hauptgottesdienst am Wahltage ist so anzusetzen oder zu kürzen, daß womöglich die Wahlhandlung spätestens um 11 Uhr beginnt.

---

*) Dieser Fall kann eintreten, weil mehrere Personen in einem Wahlgange gewählt werden.

b. Die Verlesung der Nr. 18 Abs. 3 dieser Instruktion bezeichneten Bestimmungen der K.-G.- u. S.-O. und der Instruktion kann wegfallen.

c. Es kann gestattet werden, daß ein jeder Wähler den Stimmzettel für die Gemeinde-Vertretung sogleich nach dem Stimmzettel für die Aeltesten abgebe, wobei selbstredend darauf zu achten, daß die betreffenden Zettel sofort in zwei räumlich getrennt aufzustellende Gefäße gelegt werden oder daß, wo dies ausführbar, zur Entgegennahme der Stimmzettel gleichzeitig mehrere Annahmestellen — jede für eine bestimmte, etwa nach dem Anfangsbuchstaben abzugrenzende Wählerzahl — in der Kirche eingerichtet werden, oder daß eine nach der Zahl der Wähler zu bemessende, bestimmt abgegrenzte Zeit angesetzt werde, innerhalb deren die Wähler ihre Stimmen abgeben können, ohne die ganze Zeit in der Kirche anwesend sein zu müssen, oder endlich, daß mehrere dieser Maßnahmen mit einander verbunden werden.

Welcher dieser Wege für den angegebenen Zweck der geeignetste sei, ist mit Rücksicht auf die große Verschiedenheit der lokalen Verhältnisse allgemein zu bestimmen unmöglich, und bleibt daher dem pflichtmäßigen Ermessen des Gemeinde-Kirchenraths überlassen.

d. Ebenso ist die Theilung des Wahlakts sowohl in Betreff der Wahl der Aeltesten und der Gemeinde-Vertreter, als auch in Betreff der ordentlichen und einer etwaigen engeren Wahl auf verschiedene Sonntage gestattet.

Darüber, in welcher Weise nach Maßgabe der vorstehenden Anordnungen der Wahlakt vollzogen werden soll, hat der Gemeinde-Kirchenrath Beschluß zu fassen, dabei aber darauf zu halten, daß die Wahl der Gemeinde-Vertreter erst nach der Wahl der Aeltesten und nachdem der Vorsitzende noch zur nachträglichen Abgabe von Stimmen aufgefordert hat, abgeschlossen werden darf.

Die beschlossenen Modifikationen sind in die vorschriftsmäßigen Bekanntmachungen über den Wahltermin (Nr. 15) mit aufzunehmen, auch sonst möglichst allgemein, z. B. durch Anschläge am Wahllokal, zur Kenntniß der Gemeinde zu bringen.

Eine Bekanntmachung der letzteren Art muß insbesondere dann, wenn die gesammte Wahl nicht an einem Wahlsonntage abgeschlossen werden kann, in der Zeit zwischen diesem und den nächsten Wahltagen erfolgen.

Protokoll. 24. Ueber die Wahlhandlung wird ein Protokoll aufgenommen, am Schluß verlesen und von dem Vorsitzenden und mindestens zwei Mitgliedern des Gemeinde-Kirchenrathes unterzeichnet (§. 38 Abs. 7 K.-G.- u. S.-O.).

25. Wo die Abstimmung nach Beschluß des Gemeinde-Kirchenrathes ausnahmsweise mündlich erfolgen soll (Nr. 17), finden die obigen Bestimmungen mit der Maßgabe sinnentsprechende Anwendung, daß die mündlich bezeichneten Namen in das Protokoll aufge-

nommen und die Zahl der ihnen gegebenen Stimmen daneben verzeichnet werden.

26. Nach beendeter Wahlhandlung hat der Gemeinde-Kirchenrath sogleich die Legalität des Verfahrens zu prüfen. Sollten hierbei wesentliche Verstöße sich herausstellen, so ist über das weiter einzuhaltende Verfahren Beschluß zu fassen und im Zweifelsfalle an das Konsistorium zu berichten. Anderenfalls ist die Abkündigung der Gewählten, Aeltesten wie Gemeinde-Vertreter, zu beschließen. Feststellung und Bekanntmachung des Wahlergebnisses.

Diese Abkündigung, welche an zwei aufeinander folgenden Sonntagen im Hauptgottesdienste erfolgen soll (§. 39 K.-G.- und S.-O.), muß jedenfalls das erste Mal in der Kirche der Gemeinde, um deren Vertreter es sich handelt, geschehen, die zweite Abkündigung kann, wenn bei Kombination mehrerer Gemeinden unter einem Pfarrer nicht in jeder Kirche allsonntäglich Gottesdienst gehalten wird, in der Kirche des Pfarrorts erfolgen.

Mit der ersten Abkündigung des Wahlergebnisses ist zugleich bekannt zu machen, daß etwaige Einwendungen gegen die Gewählten seitens der wahlberechtigten Gemeindeglieder nur bis zur zweiten Verkündigung zulässig und beim Gemeinde-Kirchenrath anzubringen sind.

Auch über diese Bekanntmachungen ist eine Bescheinigung seitens des abkündigenden Geistlichen auszustellen und zu den Wahlakten zu bringen.

27. Der vom Patron gemäß §. 6 Abs. 1 der K.-G.- u. S.-O. ernannte Aelteste ist ebenfalls in der vorbezeichneten Weise der Gemeinde bekannt zu machen. Bekanntmachung des Patronats-Aeltesten.

28. Nach Verlauf der Einspruchsfrist sind die unbeanstandeten Mitglieder des Gemeinde-Kirchenraths rechtzeitig, in der Regel an einem der letzten Sonntage des Kalenderjahres, im Hauptgottesdienst mit angemessener Feierlichkeit vor der Gemeinde durch das §. 7 der K.-G.- u. S.-O. vorgeschriebene Gelübde zu verpflichten und in ihr Amt einzuführen. Vorläufig Beanstandete werden, wenn der erhobene Einspruch endgültig erledigt ist, in derselben Weise nachträglich eingeführt. Verpflichtung und Einführung der Aeltesten und Gemeinde-Vertreter.

Die gemäß §. 43 Abs. 2 der K.-G.- und S.-O. ausgeschiedenen und wiedergewählten Aeltesten legen nicht nochmals das Gelübde ab, werden vielmehr unter Hinweis auf dasselbe durch Handschlag für die neue Amtsperiode verpflichtet.

Auch die Gemeindevertreter sind unter Hinweis auf die Pflichten ihres Berufes einzuführen. Beim Beginn einer neuen Wahlperiode ist dieser Akt mit der Einführung der Aeltesten im Gottesdienste zu verbinden. Außer der Zeit eintretende Ersatzmänner (§. 43 Abs. 4 K.-G.- u. S.-O.) werden der Gemeinde unter Fürbitte angezeigt und in der nächstfolgenden Sitzung der Gemeindevertretung introduzirt.

29. Der nach §. 6. Abs. 2 der K.-G.- u. S.-O. in den Gemeindekirchenrath eintretende Patron, sowie der ein für alle Mal bestellte Vertreter desjenigen Patrons, der keine physische Person ist,

können zur Ablegung des Aeltestengelübdes und zur Theilnahme an der feierlichen Einführung nicht genöthigt werden. Auf den vom Patron ernannten Aeltesten bezieht sich dies nicht.

Einspruchsverfahren.

30. Ueber Einsprüche gegen die Wahl, welche schriftlich oder mündlich zu Protokoll beim Gemeinde-Kirchenrath erhoben werden können, ist von dem letzteren (bei Gesammtparochieen dem Gemeinde-Kirchenrath der betreffenden Kirchengemeinde) durch schriftliche Verfügung zu entscheiden. Gegen die Entscheidung findet binnen 14 Tagen, von Zustellung derselben ab, der Rekurs an den Vorstand der Kreissynode statt.

Dergleichen Einsprüche müssen auf bestimmt bezeichnete Thatsachen (§§. 34 und 35 K.-G.- u. S.-O.) gegründet werden.

Sitzungen und Beschlüsse des Gemeinde-Kirchenraths.

31. Ueber die Sitzungen und Beschlüsse des Gemeinde-Kirchenraths enthalten die §§. 8--12 der K.-G.- u. S.-O. die ausreichenden allgemeinen Bestimmungen.

32. Der Gemeinde-Kirchenrath ist nur unter dem Vorsitz des durch §. 8 der K.-G.- u. S.-O. bestimmten Vorsitzenden oder bei dessen Verhinderung des stellvertretenden Vorsitzenden als gesetzlich versammelt anzusehen und kann nur in solcher Versammlung gültige Beschlüsse fassen.

Behufs Feststellung der Beschlußfähigkeit (§. 11 Abs. 3 K.-G.- u. S.-O.) ist in dem Protokoll anzugeben, wie viele Mitglieder der Gemeinde-Kirchenrath zählt und wie viele von denselben an der Beschlußfassung Theil genommen haben.

Wirkungskreis desselben.

33. Der Gemeinde-Kirchenrath hat die Eigenschaft einer öffentlichen Behörde. Ueber seinen Wirkungskreis enthalten die §§. 13—26 der K.-G.- u. S.-O. umfassende Bestimmungen, welche ihn zur vollständigen Vertretung der Gemeinde und zur Verwaltung ihrer Angelegenheiten innerer wie äußerer Beschaffenheit berufen und nur in gewissem Umfange, namentlich für die wichtigeren Vermögens-Angelegenheiten, an die Mitwirkung der Gemeindevertretung binden.

Zu diesen Funktionen des Gemeinde-Kirchenraths gehört insbesondere auch die Handhabung des Kirchengesetzes v. 30. Juli 1880, betreffend die Verletzung kirchlicher Pflichten in Bezug auf Taufe, Konfirmation und Trauung, nach Maßgabe der hierzu erlassenen Instruktion v. 23. August dess. Js. (K.-G.- u. V.-Bl. 1880 S. 116 folg.).

Ernennung der Kirchkassen-Rendanten.

34. Der für die Verwaltung der Kirchenkasse nach §. 24 der K.-G.- u. S.-O. ernannte Rendant ist dem Konsistorium jedes Mal zur Anzeige zu bringen.

35. Die nach §. 24 Abs. 4 daselbst etwa nothwendige Anstellung eines besoldeten Rendanten geschieht mittelst schriftlichen Vertrages, in welchem dem Gemeinde-Kirchenrath jedesmal die Befugniß vorzubehalten ist, den Vertrag mittelst sechsmonatlicher Kündigung zu lösen, und ist eine Kaution zu bedingen, für deren Höhe der Umfang der Geschäftsverwaltung und die für Staatskassen-Verwaltungen geltenden Bestimmungen zum Anhalt dienen können.

Wenn der Gemeinde-Kirchenrath ausnahmsweise einem seiner

Mitglieder die besoldete Kirchenrendantur übertragen will, so kann dies bis dahin, daß die Genehmigung des Kreissynodal-Vorstandes ertheilt ist (§. 24 Abs. 4 der K.-G.- u. S.-O.), nur provisorisch geschehen.

36. Dem Gemeinde-Kirchenrath dienen für die ihm nach §. 22 der K.-G.- u. S.-O. obliegenden Geschäfte die für die Verwaltung des Kirchenvermögens bestehenden älteren und neueren Bestimmungen zur Richtschnur. Soweit zu gewissen Geschäften die Genehmigung der Aufsichtsbehörde erforderlich ist, hat für deren Einholung der Gemeinde-Kirchenrath, insbesondere dessen Vorsitzender, Sorge zu tragen. Etwaige Versäumnisse in dieser Beziehung machen, abgesehen von den für die Gültigkeit des Geschäfts gesetzlich sich ergebenden Folgen, sowohl den Vorsitzenden, als die Mitglieder disziplinarisch verantwortlich und hinsichtlich der vermögensrechtlichen Folgen des betreffenden Geschäfts mit ihrem Privatvermögen regreßpflichtig. Führung der kirchlichen Vermögens-Verwaltung.

Die Aufstellung einer neuen allgemeinen Verwaltungsordnung für das kirchliche Vermögen im Wege der kirchlichen Gesetzgebung bleibt vorbehalten.

37. Die Dauer der Etatsperiode ist vom Gemeinde-Kirchenrath mit der Gemeinde-Vertretung zu bestimmen, darf jedoch fünf Jahre nicht überschreiten.

38. Ueber die Funktionen der Gemeindevertretung bei der kirchlichen Vermögensverwaltung sind die Vorschriften §. 31 der K.-G.- u. S.-O. maßgebend. Alle hier einzeln angegebenen Geschäfte müssen, so oft sie vorkommen, zur Beschlußfassung der Gemeindevertretung gebracht werden. Die Verpflichtung des Gemeinde-Kirchenraths, insbesondere seines Vorsitzenden, ist es, dafür zu sorgen, daß dies überall geschieht; Versäumnisse, die in dieser Beziehung eintreten sollten, ziehen zwar nicht die Ungültigkeit der Namens der Gemeinde mit dritten Personen abgeschlossenen Rechtsgeschäfte nach sich (§. 22 Abs. 2 K.-G.- u. S.-O.), sie machen jedoch den Vorsitzenden und die Mitglieder des Gemeinde-Kirchenraths in der unter Nr. 36 Abs. 1 angegebenen Weise verantwortlich und regreßpflichtig. Mitwirkung der Gemeinde-Vertretung.

Daneben steht dem Gemeinde-Kirchenrath nach §. 33 der K.-G.- u. S.-O. die Befugniß zu, auch andere Gegenstände, bei deren Erledigung er eine stärkere Betheiligung der Gemeinde an der Entscheidung für wünschenswerth erachtet, durch ordentlichen Beschluß an die Gemeindevertretung zu verweisen.

Dem Gemeinde-Kirchenrath liegt in allen Fällen ob, die an die Gemeindevertretung zu bringenden Geschäfte so weit vorzubereiten, daß die Entscheidung darüber durch die Beschlußfassung der letzteren erfolgen kann.

39. In formeller Beziehung folgen die Verhandlungen der Gemeinde-Vertretung den für die Verhandlungen des Gemeinde-Kirchenraths gegebenen Vorschriften (s. o. Nr. 31 und 32). In dem Protokoll über die Verhandlung ist der Vorlegung des Gegenstandes durch den Gemeinde-Kirchenrath Erwähnung zu thun. Verhandlungen und Beschlüsse der vereinigten Gemeindeorgane.

40. Bei der Versammlung der Gemeinde-Vertretung treten die Mitglieder des Gemeinde-Kirchenraths und die Gemeinde-Vertreter zu einem ungetheilten Kollegium zusammen. Zur Beschlußfähigkeit kommt es daher nicht darauf an, ob von jedem der einzelnen Vertretungskörper mehr als die Hälfte Theil genommen hat.

Rechte des Patrons.

41. Die Rechte des Patrons in Bezug auf die nach §. 22 K.-G.- u. S.-O. von dem Gemeinde-Kirchenrath zu führende kirchliche Vermögens-Verwaltung sind durch die Kirchengemeinde- und Synodal-Ordnung (§. 23) und das Gesetz vom 25. Mai 1874 in folgender Weise geregelt:

a. Denjenigen Patronaten, mit denen keine Patronatslasten verbunden sind, steht nur eine Theilnahme an der Verwaltung des Gemeinde-Kirchenraths in der Form des §. 6 K.-G.- u. S.-O., nicht aber eine Aufsicht über die Vermögens-Verwaltung oder ein Recht der Genehmigung zu einzelnen Geschäften der Vermögens-Verwaltung zu.

b. Da, wo der Patron Patronatslasten für die kirchlichen Bedürfnisse trägt, sind demselben die Aufsicht über die Verwaltung der Kirchenkasse und das Recht der Zustimmung zu denjenigen einzelnen Geschäften der Vermögens-Verwaltung verblieben, welche nach den beim Erlaß der K.-G.- u. S.-O. bestehenden Gesetzen seiner Genehmigung unterlagen.

Soweit demselben in beiden Beziehungen nach der früheren Verfassung der Gemeinde, nach Lokal- oder Provinzialgesetzen ein geringeres Maß von Rechten zustand, hat es hierbei sein Bewenden behalten, da die Kirchen-Gemeinde- und Synodal-Ordnung dieserhalb dem Patron keine erweiterten Rechte beigelegt, sondern nur bestimmt hat, daß derselbe im Besitze der bisher genossenen verbleibt.

Wo dagegen bisher die Wirksamkeit des Patrons hinsichtlich der Vermögensverwaltung, wie nach Ortsverfassung und Provinzialgesetzen mehrfach der Fall ist, über die Funktionen der Aufsichtsführung und der Zustimmung zu einzelnen, gesetzlich bestimmten Verwaltungsakten hinaus, zu einer Theilnahme an der laufenden Verwaltung sich erweitert hatte, ist letztere überall weggefallen und sind die Rechte des Patrons auf die in §. 23 der K.-G.- u. S.-O. angegebenen Befugnisse zurückgeführt.

42. Unter die Funktionen der Aufsicht gehört namentlich die Genehmigung des Kirchenkassen-Etats, sowie die Abnahme und Dechargirung der Kirchenkassen-Rechnung. Die in Hinsicht beider dem Gemeinde-Kirchenrath und der Gemeindevertretung (§. 24, §. 31 Nr. 9 K.-G.- u. S.-O.) beigelegten Rechte schließen die Bethätigung der dem Patron zustehenden Aufsichtsrechte nicht aus, vielmehr sind Etats wie Rechnungen, nachdem sie innerhalb der Gemeinde-Körperschaften ordnungsmäßig zu Stande gebracht resp. erledigt sind, dem Patron vorzulegen, damit er in Wahrnehmung des Aufsichtsrechts über die Genehmigung des Etats beschließen, die Rechnung prüfen und die Dechargirung derselben auch seinerseits und damit abschließend vornehmen kann, wonächst die Aus-

legung des Etats und der Jahresrechnung gemäß §. 31 Nr. 9 der K.-G.- u. S.-O. erfolgt.

Der Patron hat auf die Verwahrung oder Mitverwahrung des Kirchen- 2c. Vermögens einen rechtlichen Anspruch nicht, kann aber die Abstellung von Mißständen hierbei verlangen.

43. Die Beschaffung der Patronats-Erklärungen ist überall auf dem kürzesten Wege zu verfolgen. Wo der Patron selbst, beziehentlich für eine juristische Person ein Patronats-Vertreter in den Gemeinde-Kirchenrath eingetreten ist und an der Verhandlung desselben Theil nimmt, kann zu einem Beschluß des Gemeinde-Kirchenraths die patronatische Zustimmung, wenn solche sofort erklärt wird, als Theil der Verhandlung protokollirt werden; es muß jedoch in diesem Fall der Patron resp. Patronats-Vertreter jedesmal das Sitzungs-Protokoll mit vollziehen. Beschaffung und Ergänzung der Patronats-Erklärungen.

Wenn der Patron sich nicht sogleich erklären will oder abwesend ist, so muß demselben ein den betreffenden Beschluß enthaltender beglaubigter Auszug aus dem Protokollbuch gegen Empfangsbescheinigung zugestellt und seine Erklärung erwartet werden.

Geht eine solche binnen 30 Tagen nicht ein, so gilt die Zustimmung des Patrons für ertheilt und ist, wenn es auf Beurkundung darüber ankommt, die Ergänzung der Unterschrift des Patrons bei der zuständigen Aufsichtsbehörde unter Vorlegung des betreffenden Beschlusses und der Empfangsbescheinigung des Patrons durch Vermittelung des Konsistoriums nachzusuchen.

Giebt dagegen der Patron innerhalb der dreißigtägigen Frist eine ablehnende Erklärung ab und kann die Differenz gütlich nicht beseitigt werden, so ist seitens des Gemeinde-Kirchenraths der Rekurs an die Aufsichtsbehörde zu ergreifen und Abschrift der Rekursschrift dem Konsistorium einzureichen.

Die Bestimmungen, betreffend die Ergänzung einer patronatischen Zustimmung, finden auch bezüglich der Rechnungsdecharge und Etatsgenehmigung Anwendung.

44. Bei Anwendung des §. 23 Abs. 3 der K.-G.- u. S.-O. ist die einschränkende Bestimmung in Art. 8 des Gesetzes vom 25. Mai 1874 zu beachten; nach letzterer kann, wenn es sich um Ausgaben aus der Kirchenkasse handelt, für welche diese bisher nicht bestimmt gewesen ist, und wenn zugleich der Patron für die Kirchenkasse im Falle ihrer Unzulänglichkeit ganz oder theilweise einzutreten hat, die Einwilligung des Patrons zu solcher Ausgabe im Aufsichtswege nicht ergänzt werden; es ist daher, sobald die beiden Voraussetzungen dieser Ausnahmebestimmung klar vorliegen, eine Rekurseinlegung zu unterlassen und hat der Gemeinde-Kirchenrath von der betreffenden Ausgabe, soweit dazu der patronatische Konsens fehlt, in Hinsicht der Kirchenkasse abzustehen.

II. In Bezug auf die Kreissynoden.

45. Ueber die Zusammensetzung der Kreissynoden enthält §. 43 der Generalsynodal-Ordnung die maßgebenden Bestimmungen. Zusammensetzung der Kreissynode.

Geistliche sind nur dann befugt, an der Kreissynode mit beschließender Stimme Theil zu nehmen, wenn sie an einer mit verfassungsmäßigen Organen ausgestatteten Gemeinde angestellt sind und in Folge dessen aus der letzteren neben ihnen die entsprechende Zahl gewählter Mitglieder zur Synode abzuordnen ist. Unter dieser Voraussetzung haben auch Anstaltsgeistliche die Theilnahme mit beschließender Stimme. Andere Anstaltsgeistliche sind zur Theilnahme mit berathender Stimme befugt, wenn sie ein geistliches, der kirchlichen Organisation eingegliedertes Amt bekleiden, dagegen steht die Theilnahme denjenigen Geistlichen nicht zu, welche als Vereins- oder Privatbeamte im Dienste einer freien, der kirchlichen Aufsichtsbehörde nicht untergeordneten Anstalt stehen.

Wahl von Ersatzmännern.

46. Im Falle des Ausscheidens von gewählten Mitgliedern innerhalb der dreijährigen Wahlperiode sind für die Restzeit derselben Ersatzmänner zu wählen.

Geschäftsbehandlung.

47. Ueber die Geschäftsbehandlung auf der Synode enthält §. 52 der K.-G.- u. S.-O. die wesentlichen Vorschriften. Entsprechend der Bestimmung unter Nr. 18 Abs. 3 sind bei Wahlhandlungen Diskussionen, insbesondere über die zu Wählenden, während der Sitzung unzulässig.

Wirkungskreis.

48. Zu den Funktionen der Kreissynode gehört auch die Prüfung des Kassen- und Rechnungswesens in den Gemeinden des Synodalbezirks. Ueber die Art der Ausführung dieser Funktion sind bisher die Erlasse vom 28. März 1878 (K. G.- u. V.-Bl. S. 67 folg.) und 21. Mai 1880 (K. G.- u. V.-Bl. S. 53 folg.) ergangen.

49. Die Kreissynoden und deren Vorstände sind in den kirchlichen Verwaltungsorganismus eingegliedert und führen ihre Geschäfte unter der Aufsicht des Konsistoriums.

Funktionen des Synodal-Vorstandes.

50. Die Bestimmung im §. 55 Nr. 10 der K.-G.- u. S.-O., wonach in bestimmten Fällen sämmtliche Mitglieder des Synodal-Vorstandes an den Beschlüssen Theil nehmen müssen, ist nicht so aufzufassen, daß der Vorstand für gewisse Geschäfte als handlungsunfähig erklärt sei, wenn etwa das eine oder andere Mitglied ausgeschieden ist und eine Ergänzungswahl noch nicht stattgefunden hat, oder nach dem Beschlusse des Vorstandes dasselbe unabweislich verhindert ist.

51. Die in Bezug auf die Rekursfrist in Disziplinarsachen zwischen den §§. 44 Abs. 2 und 55 Nr. 9 Abs. 2 der K.-G.- u. S.-O. bestehende Divergenz ist bis zu einer anderweitigen kirchengesetzlichen Regelung dahin zu lösen, daß zu Gunsten des Beschuldigten die im §. 55 vorgeschriebene längere Rekursfrist zugelassen wird.

52. Die Vorschrift im §. 40 Abs. 3 der K.-G.- u. S.-O., wonach der Kreissynodal-Vorstand auch von Amtswegen die Wahlen zu den Gemeinde-Körperschaften zu prüfen hat, stellt demselben nicht die Aufgabe, die sämmtlichen Wahlen seines Bezirks einer regelmäßigen Prüfung zu unterziehen, sondern bezweckt nur, dem Kreissynodal-Vorstand die freie Beurtheilung einer Wahl über den Umfang der einem Einspruch zu Grunde gelegten Anführungen und selbst über den Fall eines Einspruchs hinaus zu ermöglichen.

53. Der jedesmalige Kreissynodal-Vorstand bleibt bis zur Wahl des nachfolgenden in Wirksamkeit.

54. Die Vorschriften des §. 57 der K.-G.- u. S.-O. über das Zusammentreten mehrerer Synoden in den Städten, sowie über die Erweiterung des Wirkungskreises von Kreissynoden haben für Berlin durch Art. 8 des Staatsgesetzes vom 3. Juni 1876 und durch das Regulativ vom 8/13. Juni 1881 (K.G.- u. V.-Bl. S. 80 folg.) einen weiteren Ausbau erfahren. Vereinigung mehrerer Kreissynoden.

55. Die Kosten der Kreissynoden werden auf dem im §. 72 bezw. §. 53 Nr. 7 der K.-G.- u. S.-O. vorgeschriebenen Wege beschafft. Die Feststellung des Repartitionsfußes ist durch Erlaß v. 28. Juni 1881 (K. G.- u. V.-Bl. S. 49) dem Ermessen der einzelnen Kreissynode überwiesen. Doch ist zu beachten, daß durch Art. 3 des Staatsgesetzes v. 3. Juni 1876 gegen derartige Beschlüsse der Kreissynode den einzelnen Gemeinden eine Beschwerde an die Staatsbehörde eröffnet ist. Kosten.

III. In Bezug auf die Provinzialsynoden.

56. Die Vorsitzenden der Kreissynoden bezw. der aus vereinigten Kreissynoden gebildeten Wahlverbände (Königl. Verordnung vom 1. Juni 1874. Ges.-S. S. 213 folg. und vom 9. April 1877 — K.G.- u. V.-Bl. S. 101) übersenden dem Konsistorium beglaubigte Abschrift des über die Wahlen zur Provinzialsynode aufgenommenen Protokolls. Auf dieser Abschrift beurkunden sie durch Marginal-Attest die Zahl der Mitglieder des Wahlkörpers, damit aus der Vergleichung dieser Zahl mit der aus dem Wahlprotokoll hervorgehenden Zahl der Wählenden entnommen werden kann, ob die erforderlichen zwei Drittel der Synodalen an der Wahlhandlung Theil genommen haben (§. 52 Abs. 3, 4 der K.-G.- u. S.-O.). Bildung der Provinzialsynode.

57. Das Konsistorium ersucht nach dem Eintritt jeder neuen Synodalperiode die evangelisch-theologische Fakultät der Provinzial-Universität (für Posen der Universität Breslau) die ihr nach §. 44 Nr. 2 G.-S.-O. zuständige Wahl vorzunehmen und von dem Ergebniß Mittheilung zu machen.

58. Nachdem das Konsistorium die zur Prüfung der Legitimationen etwa nöthigen Vervollständigungen veranlaßt hat, verbindet es die auf die Kreissynodal-Wahlen (Nr. 56) bezüglichen Schriftstücke zu einer Sammlung und stellt dieselbe dem Präses der Provinzialsynode so zeitig vor Eröffnung der letzteren zu, daß für die dem Synodalvorstande obliegende Prüfung der Legitimationen für die von ihm etwa begehrte Ergänzung des Materials, sowie für die Vorbereitung des von dem Präses an die Synode abzustattenden Berichts (K.-G.- u. S.-O. §. 68 Nr. 4, §. 69) eine möglichst geräumige Frist bleibt.

59. Die Prüfung der Legitimationen bezieht sich ihrem Gegenstande nach allein darauf, ob die Abordnung von den dazu Berechtigten in der gesetzlichen Form erfolgt ist, und ob bei den Abgeordneten diejenigen Eigenschaften zutreffen, an welche das Gesetz ihre Fähigkeit zum Eintritt in die Synode geknüpft hat. Legitimation der Mitglieder.

In letzterer Beziehung kommt es bei den von den Kreissynoden oder Kreissynodal-Verbänden auf Grund des §. 45 der Generalsynodal-Ordnung gewählten Abgeordneten lediglich darauf an, ob die im §. 46 daselbst Nr. 1 und 2 angegebenen thatsächlichen Voraussetzungen der Wählbarkeit vorhanden sind, im Falle des §. 46 Nr. 3 aber darauf, ob der Gewählte dem Provinzialbezirke angehört.

Hiermit ist die Ausdehnung der Legitimationsprüfung auf ein Urtheil über die Qualifikation des Gewählten zu dem kirchlichen Amte oder Dienste ausgeschlossen, kraft dessen er nach dem Gesetze die Wählbarkeit besitzt, und eben so wenig darf sie sich auf die Frage einlassen, ob bei dem Gewählten ein Merkmal zutreffe, welches in dem Gesetze überhaupt nicht als Bedingung seiner Wählbarkeit aufgestellt ist, sondern nur eine Weisung für die Wähler behufs ihrer Anleitung zu einem richtigen Gebrauche ihrer Wahlfreiheit bildet. Lediglich eine solche Anleitung ist es selbstredend, wenn im Falle des §. 46 die dort bezeichneten Kreissynoden angewiesen werden, ihre Wahl „aus den angesehenen, kirchlich erfahrenen und verdienten Männern" der Provinz zu treffen.

Die Legitimation des von der evangelisch-theologischen Fakultät gewählten Mitgliedes wird durch die über die Wahl ergangene Mittheilung der Fakultät an das Konsistorium, die Legitimation der landesherrlich ernannten Mitglieder durch amtliche Mittheilung des Evangelischen Ober-Kirchenraths geführt.

Berufung.

60. Die Berufung der Provinzialsynode erfolgt mittelst öffentlicher Bekanntmachung durch das Konsistorium, nachdem dasselbe vorher den Anfangstermin, den Ort und die Dauer der Versammlung mit dem Synodalvorstande vereinbart hat (§. 64 der K.-G.- u. S.-O.).

Die einzelnen Mitglieder der Synode werden vom Präses zum Erscheinen eingeladen.

Theilnahme des Vorstandes an den Konsistorialgeschäften.

61. Anlangend die im §. 68 Nr. 6 verordnete Theilnahme des Synodalvorstandes an den Konsistorialgeschäften, wird das Konsistorium bei wichtigen Angelegenheiten, auch wenn sie nicht zu den der Mitwirkung des Synodalvorstandes gesetzlich zugewiesenen gehören, die Geeignetheit derselben zur Theilnahme des Synodalvorstandes an ihrer Erledigung in Erwägung nehmen und darüber beschließen. Behufs thunlichster Sparsamkeit mit Zeit und Kosten ist darauf Bedacht zu nehmen, daß die Geschäfte, bei denen der Synodalvorstand mitwirkt, soweit möglich in periodisch nach längeren Zwischenräumen wiederkehrenden Sitzungen verbunden behandelt werden. Die Einladung seiner Mitglieder zu den Sitzungen erfolgt durch den Vorsitzenden des Konsistoriums. Bestellt dieser Korreferenten aus dem Synodalvorstande, so sind denselben die betreffenden Akten zeitig mitzutheilen.

Außerordentliche Versammlung.

62. Bei der Bezeichnung der an die Eröffnung der Synode sich anschließenden Geschäfte im §. 69 Abs. 1 der K.-G.- u. S.-O. hat das Gesetz nur die ordentlichen Versammlungen im Auge. Bei außerordentlicher Versammlung beschränkt sich die Abnahme des

Gelöbnisses, sowie die Berichtserstattung und Beschlußfassung über die Legitimation, auf diejenigen Mitglieder, welche nicht bereits in einer früheren Versammlung derselben Synodalperiode (§. 64) verpflichtet beziehungsweise als legitimirt anerkannt worden sind; die Neuwahl des Synodalvorstandes fällt aus (§. 66 Abs. 1), und die Berichtserstattung über die Wirksamkeit des bisherigen Synodalvorstandes kann unterbleiben.

63. Der Königliche Kommissar, von dessen Ernennung die Synode durch das Konsistorium in Kenntniß gesetzt wird, übt die kirchenregimentlichen Befugnisse bei der Synode aus. Er wohnt den Sitzungen der Synode bei mit dem Rechte, jederzeit das Wort zu ergreifen und Anträge zu stellen (§. 60 Abs. 2), vermittelt den Verkehr zwischen Kirchenregiment und Synode, wirkt, soweit nöthig, bei dem Synodalpräses dahin, daß die von der Kirchenregierung gemachten Vorlagen vorzugsweise erledigt werden, übt das Zustimmungsrecht zu einer Verlängerung der Dauer der Synodalversammlung nach §. 64 Abs. 2 aus, vollzieht die besonderen in Angelegenheiten der Synode ihm ertheilten Aufträge des Evangelischen Ober-Kirchenraths, und ist berechtigt, die Schließung der Synode herbeizuführen, indem er den Präses zur Vornahme des Schließungsakts veranlaßt. Funktionen des Königlichen Kommissars.

64. Ueber den Wirkungskreis der Provinzialsynode enthält §. 65 der K.-G.- u. S.-O. die maßgebenden Bestimmungen. Ausführung der Synodalbeschlüsse.

Bei den zur Ausführung der Synodalbeschlüsse nach §. 68 Nr. 3 daselbst dem Provinzialsynodalvorstande übertragenen Maßnahmen hat derselbe, insoweit es sich dabei um den amtlichen Verkehr mit nicht kirchlichen Behörden oder mit kirchlichen Organen außerhalb der Provinz handelt, sich der kirchenordnungsmäßigen Vermittelung des Konsistoriums zu bedienen.

65. Die für die Provinzialsynoden bestimmte dreijährige Synodalperiode (§. 44 Abs. 2 G.-S.-O.) hat mit dem Jahre 1875 begonnen. Synodalperiode.

66. Für die Beschaffung der Kosten der Provinzialsynode ist §. 72 der K.-G.- u. S.-O. maßgebend. Die aufzustellende Matrikel bedarf nach Art. 11 des Gesetzes vom 3. Juni 1876 in Verbindung mit Art. II Nr. 1 der Verordnung vom 9. September 1876 der Bestätigung durch den Ober-Präsidenten. Kosten.

Die Bestimmungen der Instruktionen vom 31. Oktober 1873, 20. Juni und 23. Dezember 1874, sowie des Erlasses vom 6. Dezember 1873, betreffend Erleichterungen des Wahlakts in größeren Gemeinden (Aktenstücke Bd. 7 S. 280—282), treten mit dem Tage der Verkündigung dieser Instruktion außer Anwendung.

Berlin den 25. Jan. 1882.

Evangelischer Oberkirchenrath.

E. O. 255. **Dr. Hermes.**

Anlage 1.

1) Der christlichen Gemeinde ist bekannt zu machen, daß im Herbst dieses Jahres die Neuwahlen zum Gemeinde-Kirchenrath und zur Gemeinde-vertretung stattfinden werden.

Die Wählerliste wird mit dem .... geschlossen; es werden daher alle diejenigen selbständigen, über 24 Jahr alten Gemeindeglieder, welche wenigstens 1 Jahr in der Parochie (oder doch hier am Ort*) wohnhaft sind, und sich noch nicht in die Wählerliste haben eintragen lassen, aufgefordert, sich bis zu dem bezeichneten Tage zur Eintragung persönlich anzumelden. Später erfolgende Anmeldungen können für die bevorstehenden Wahlen ein Stimmrecht nicht mehr gewähren.

Anmeldungen werden entgegengenommen von (Name und Ort) in den Stunden von ..... bis .....

2) Zugleich wird der Gemeinde angezeigt, daß die für die bevorstehenden Wahlen festgestellte Wählerliste 14 Tage lang, nämlich vom ..... bis ..... in (Ort) öffentlich zur Einsicht ausliegen wird (ausliegt). Etwaige Reklamationen gegen die Liste können nur während der vierzehntägigen Auslegungsfrist angebracht werden, sind also später nicht mehr zulässig.**)

Indem Vorstehendes der Gemeinde bekannt gemacht wird, werden alle berechtigten Gemeindeglieder zur regen Betheiligung an der Wahl eingeladen. Der Herr der Kirche aber bekenne sich dazu mit Seinem Segen. Amen.

*) Zusatz an Orten, wo mehrere Gemeinden bestehen.

**) Nach erfolgtem Abschluß der Wählerliste ist nur noch mit der Abkündigung zu 2 bis zum Ablauf der Auslegungsfrist fortzufahren.

Anlage 2.

Wählerliste

der Gemeinde ....

Laufende Nr.	Zuname.	Vorname.	Alter, Jahre.	Stand oder Gewerbe.	Wohnung.	Vermerk der erfolgten Stimmabgabe				Bemerkungen.
						für die Aeltesten.		für die Gemeinde-Vertreter.		
						Ordentliche Wahl.	Engere Wahl.	Ordentliche Wahl	Engere Wahl.	
1.										
2.										

Kirchenordnung

für die

evangelischen Gemeinden der Provinz Westfalen und der Rheinprovinz.*)

Vom 5. März 1835.
(v. Kamptz' Annalen Bd. 19. S. 105—131.)

---

*) nebst den auf Grund der Allerh. Ordre v. 13. Juni 1853 unter Zustimmung des Evangelischen Ober-Kirchenraths vom Minister der geistl. Angel. am 25. August 1853 (vergl. M.Bl. d. i. V. 1853 S. 229) bestätigten und den durch Allerh. Erlaß v. 8. Dezember 1866 (a. a. O. 1867 S. 32) genehmigten „Zusätzen" und den späteren Ergänzungen.

I. Von dem Bekenntnißstande der evangelischen Landeskirche in Rheinland und Westfalen.*)

§. I. Die evangelische Kirche Westfalens und der Rheinprovinz gründet sich auf die Heilige Schrift Alten und Neuen Testaments, als die alleinige und vollkommene Richtschnur ihres Glaubens, ihrer Lehre und ihres Lebens und erkennt die fortdauernde Geltung ihrer Bekenntnisse an.

§. II. Diese in Geltung stehenden Bekenntnisse sind, außer den alten, allgemeinen der ganzen Christenheit, lutherischerseits: die Augsburgische Konfession, die Apologie der Augsburgischen Konfession, die Schmalkaldischen Artikel und der kleine und große Katechismus Luthers; reformirterseits: der Heidelberger Katechismus. Da, wo lutherischerseits die Konkordienformel, oder reformirterseits die Augsburgische Konfession kirchenordnungsmäßig besteht, bleiben auch diese in Geltung. Die unirten Gemeinden bekennen sich theils zu dem Gemeinsamen der beiderseitigen Bekenntnisse, theils folgen sie für sich dem lutherischen oder reformirten Bekenntnisse, sehen aber in den Unterscheidungslehren kein Hinderniß der vollständigen Gemeinschaft am Gottesdienst, an den heiligen Sakramenten und den kirchlichen Gemeinderechten.

§. III. Unbeschadet dieses verschiedenen Bekenntnißstandes pflegen sämmtliche evangelische Gemeinden, als Glieder einer evangelischen Kirche, Gemeinschaft in Verkündigung des göttlichen Wortes und in der Feier der Sakramente und stehen mit gleicher Berechtigung in einem Kreis- und Provinzial-Synodal-Verbande und unter derselben höheren kirchlichen Verwaltung.

---

*) vergl. Allerh. Ordre v. 25. November 1855.

II. Die Kirchenordnung.

Erster Abschnitt.

Von den Ortsgemeinden, Presbyterien und den größeren Gemeinde-Repräsentationen.

§. 1. Jede evangelische Gemeinde bildet nach ihrer örtlichen Begrenzung, welche durch Herkommen oder urkundlich bestimmt ist, eine Parochie.

§. 2. Der Wohnsitz in der Parochie begründet die Einpfarrung und die daraus entstehenden Rechte und Verpflichtungen für jeden evangelischen Glaubensgenossen. Mitglieder der Gemeinde sind jedoch nur diejenigen, welche durch die Konfirmation, oder auf ein eingereichtes Kirchenzeugniß in dieselbe aufgenommen worden. Wer eine Gemeinde verläßt, ist gehalten, zuvor beim Pfarrer das erforderliche Kirchenzeugniß zu begehren, und dem Pfarrer der Gemeinde seines neuen Wohnortes dasselbe einzureichen.

Das Namensverzeichniß derer, welche bei ihrem Abzuge ein solches Zeugniß begehren, wird von der Kanzel verlesen. Die Zeugnisse der neuen Mitglieder der Gemeinde werden dem Presbyterio vorgelegt.

Zusätze: 1) Exemtionen von dem Pfarrverbande finden nicht statt.

2) Der in eine Gemeinde neu Einziehende hat sich durch Einreichung eines Kirchenzeugnisses, oder wo dieses nicht füglich beigebracht werden kann, durch eine glaubhafte Erklärung vor dem Pfarrer darüber auszuweisen, dass er zur evangelischen Kirche gehört. Diese Zeugnisse und Erklärungen sind vom Pfarrer dem Presbyterium mitzutheilen. Erst nachdem der neu Eingezogene durch Einreichung des Kirchenzeugnisses oder abgegebene Erklärung sich dem Präses Presbyterii bekannt gemacht hat, wird er zur Theilnahme an Wahlen und kirchlichen Aemtern berechtigt.

3) Keinem Eingepfarrten ist es gestattet, ohne dass er den Parochialbezirk verlässt, willkürlich eine andere Parochie zu wählen.

4) Jedes an einen Ort mit Parochien verschiedenen evangelischen Bekenntnisses zuziehende Gemeindeglied ist ver-

pflichtet, innerhalb eines Vierteljahres nach seinem Anzuge zu erklären, welcher Parochie es angehören will, es sei denn, dass seine Angehörigkeit zu einer bestimmten Parochie schon vorher durch eine darin empfangene Handlung festgestellt ist.

§. 3. Die Pflichten eines Gemeindegliedes sind:

1) die Gnadenmittel der Kirche in der Gemeinde fleißig zu gebrauchen,
2) ein erbauliches Leben zu führen,
3) sich der bestehenden Kirchenordnung zu unterwerfen, und
4) die für die kirchlichen Bedürfnisse erforderlichen Beiträge zu leisten.

Dagegen hat jedes Mitglied der Gemeinde Antheil an allen kirchlichen Gnadenmitteln, Anstalten und Gerechtsamen derselben, und Anspruch auf die Dienste der Kirchenbeamten. Jedes selbstständige und sonst qualificirte Gemeindeglied kann zum Gliede des Presbyterii gewählt werden, und hat ein mittel- oder unmittelbares Stimmrecht bei der Wahl der Pfarrer und anderer Kirchenbeamten.

Zusatz: Die in diesem §. bezeichneten Pflichten liegen auch denjenigen Eingepfarrten ob, welche noch nicht die activen Rechte eines Gemeindegliedes nachgesucht und erworben haben.

§. 4. Bei Kirchen, welche keinen Patron haben, hat die Gemeinde das Recht, ihre Geistlichen zu wählen.

Zusatz: Denjenigen Gemeinden, welche vor dem Eintritte der Fremdherrschaft nicht im unbestrittenen Besitze des Wahlrechts sich befunden haben, ist dasselbe durch die Kirchenordnung vom 5. März 1835 nicht verliehen worden. (Cab.Ord. v. 25. Sept. 1836.)

§. 5. Jede Ortsgemeinde wird in ihren Gemeinde-Angelegenheiten durch ein Presbyterium vertreten, bestehend aus dem Pfarrer oder den Pfarrern, aus Aeltesten, Kirchenmeistern und Diakonen.

§. 6. Den Vorsitz im Presbyterium führt der Prediger. Wo mehrere sind, alternirt das Präsidium unter ihnen nach dem Herkommen. Der Präses eröffnet und schließt die Verhandlungen mit Gebet.

Zusätze: 1) Wo sich ein bestimmtes Herkommen über das Alterniren des Präsidiums im Presbyterium nicht gebildet hat, wechselt dasselbe unter mehreren mit gleichen Rechten angestellten Pfarrern einer Gemeinde jährlich.

2) In dringenden Verhinderungsfällen des Präses kann da, wo kein anderer Pfarrer vorhanden ist, der Vorsitz einem Aeltesten übertragen werden.

3) Ordinirte Hülfsgeistliche haben das Recht, den Sitzungen des Presbyteriums mit berathender Stimme beizuwohnen.

§. 7. Die Zahl der Mitglieder des Presbyteriums richtet sich nach der Größe der Gemeinde; doch sollen derer, außer dem Pfarrer, zum wenigsten vier sein, nämlich zwei Aelteste, ein Kirchmeister und ein Diakonus oder Armenpfleger.

§. 8. Die Mitglieder des Presbyterii werden, mit Ausnahme der Prediger, auf vier Jahre, in kleinen Gemeinden, deren Seelenzahl nicht über 200 ist, von allen bei der Predigerwahl stimmfähigen Mitgliedern, und in größern Gemeinden von dem Presbyterium und der größern Repräsentation der Gemeinde (siehe §. 18.), unter Vorsitz des Pfarrers, auf zwei Jahre gewählt. Jedes Jahr geht bei Gemeinden über 200 Seelen die Hälfte der Mitglieder ab, doch können die Abgehenden, wenn sie sich dazu qualificiren, wieder gewählt werden. Es kann aber der Wiedererwählte die Stelle ablehnen.

Zusätze: 1) Die Wahl der Kirchen-Aeltesten und Diakonen erfolgt in Zukunft der Regel nach jedesmal auf die Dauer von vier Jahren und scheidet alsdann nur alle zwei Jahre die Hälfte derselben aus. Jedoch kann, wo es nach den Verhältnissen zweckmässig erscheint, mit Zustimmung der Kreissynode die bisherige zweijährige Amtsdauer beibehalten werden, in welchem Falle alle Jahre die Hälfte ausscheidet.

2) Scheidet ein Glied des Presbyteriums vor Ablauf seiner Dienstzeit aus, so wird an dessen Stelle durch das Presbyterium ein Substitut gewählt, welcher so lange das Amt bekleidet, als der Ausgeschiedene dasselbe bekleidet haben würde.

§. 9. Ohne erhebliche Gründe, zu welchen ein Alter über 60 Jahre, notorische Kränklichkeit, oder ein Geschäft, welches mit öfterer oder langer Abwesenheit von der Gemeinde nothwendig verbunden ist, sowie zwei mit Vermögens-Administration verbundene Vormundschaften zu zählen sind, dürfen die in das Presbyterium Gewählten sich dem Amte, wozu sie erwählt worden, nicht entziehen. Wer ohne erhebliche Gründe das Amt eines Presbyter ablehnt, verliert dadurch das Recht, in Zukunft als Glied des Presbyterii und der größeren Gemeinde-Repräsentation gewählt zu werden. Ueber die Gültigkeit der Entschuldigungsgründe hat, auf Antrag des Presbyterii, die Kreissynode zu entscheiden.

Zusätze: 1) Bei einer unmittelbaren Wiederwahl in das Presbyterium kann der Wiedergewählte auch ohne das Vorhandensein der in §. 9. aufgeführten Entschuldigungsgründe die Stelle ablehnen.

2) Ueber die Gültigkeit der Entschuldigungsgründe entscheidet zunächst das Presbyterium, und auf dem Wege

des Rekurses, welcher jedoch innerhalb 14 Tagen präklusivischer Frist, vom Tage der Mittheilung der Entscheidung des Presbyteriums an gerechnet, eingelegt werden muss, das Moderamen der Kreissynode in letzter Instanz.

§. 10. Es dürfen nur solche selbstständige Mitglieder der Gemeinde zu Mitgliedern des Presbyteriums gewählt werden, welche einen ehrbaren Lebenswandel führen und an dem öffentlichen Gottesdienste und heiligen Abendmahle fleißig Theil nehmen. Die Aeltesten und Kirchmeister müssen das 30ste Lebensjahr, die Diakonen die Großjährigkeit erreicht haben. Auch dürfen nicht Vater und Sohn, nicht Großvater und Enkel, auch nicht Brüder, zu gleicher Zeit Glieder des Presbyterii sein.

Zusätze: 1) Es dürfen nur solche in §. 21. bezeichnete selbstständige Gemeindeglieder zu Mitgliedern des Presbyteriums gewählt werden, deren Wandel unsträflich ist, die ein gutes Gerücht in der Gemeinde haben, überhaupt ihre Liebe zur evangelischen Kirche, namentlich durch Erziehung ihrer Söhne im evangelischen Bekenntnisse bethätigen, und durch Theilnahme an dem öffentlichen Gottesdienst und heiligen Abendmahl ihre kirchliche Gesinnung beweisen. Ausnahmen in Bezug auf evangelische Kindererziehung können, unter ganz besonderen Verhältnissen, durch das Konsistorium gestattet werden.

2) Die Schlussbestimmung des §. 10. bezieht sich auch für die Rheinprovinz nur auf Verwandte der wechselnden Glieder des Presbyteriums, nicht des Pfarrers. Für die Provinz Westfalen behält es bei den desfallsigen übereinstimmenden Beschlüssen der 3. Westfälischen Provinzialsynode 57. und 58. sein Bewenden.

3) Unter dem für das Diakonenamt nach §. 10 erforderlichen Alter soll auch in den Theilen der Rheinprovinz, wo das Allg. Landrecht nicht gilt, das vollendete 24ste Lebensjahr verstanden werden. (Cab.Ord. v. 22. Aug. 1847.)

§. 11. Die erwählten Mitglieder sollen öffentlich von der Kanzel der Gemeinde an zwei auf einander folgenden Sonntagen angezeigt, und darauf, vor der Gemeinde durch den Pfarrer, nach dem in der Agende befindlichen Formular, eingeführt werden.

Zusatz: Gegen die Wahl eines Aeltesten oder Diakons können nur bis zur vollzogenen zweiten Verkündigung Einsprüche eingelegt werden. Ueber diese Einsprüche entscheidet zunächst das Moderamen der Kreissynode, auf erforderten gutachtlichen Bericht des Presbyteriums und auf Rekurs, welcher jedoch innerhalb 14 Tagen präklusivischer Frist, von der Bekanntmachung des Beschlusses des Moderamens an gerechnet, eingelegt werden muss, das Konsistorium.

Der Rekurs an das Konsistorium, welches in letzter Instanz

entscheidet, ist nur demjenigen, gegen welchen der Einspruch gerichtet worden ist, nicht auch dem Opponenten gestattet. Bis zur endgültigen Entscheidung über die erhobenen Einsprüche verbleibt der Amtsvorgänger des Beanstandeten in seinen Funktionen und falls nicht zu ermitteln ist, an wessen Stelle der Beanstandete treten sollte, entscheidet das Loos darüber, welcher von den ausscheidenden Presbytern bis zu jenem Zeitpunkte in seinen Funktionen zu verbleiben hat.

Einsprüche gegen die Persönlichkeit des Gewählten und die Legalität der Wahlhandlung werden hierbei überall gleichmässig behandelt.

§. 12. Das Presbyterium versammelt sich, auf schriftliche Aufforderung des Präses, welche den Mitgliedern wenigstens 3 Tage vor der Sitzung bekannt gemacht werden muß, in der Regel jeden Monat einmal, in der Sakristei, oder einem anderen bestimmten, angemessenen Lokale, in einem der kirchlichen Gemeindegebäude. Der Präses hat darauf zu halten, daß Ordnung, Anstand und Würde in der Versammlung nicht verletzt und nur über kirchliche Gegenstände gesprochen werde.

Der Präses kann auch, wo es erforderlich ist, außergewöhnlich das Presbyterium zusammenberufen. Zur Fassung eines Beschlusses müssen zwei Drittel der Glieder versammelt sein. Bei Gleichheit der Stimmen gebührt dem Präses die Schiedsstimme.

Zusätze: 1) Die Einladung des Präses muss den Mitgliedern des Presbyteriums spätestens am Tage vor Abhaltung der Versammlung zukommen.

2) Statt der schriftlichen Form kann auch die sonst herkömmliche Form der Einladung benutzt werden.

3) Ist die Einladung schriftlich und unter Angabe der Berathungsgegenstände erfolgt, so ist schon die Hälfte der Mitglieder des Presbyteriums beschlussfähig.

4) Der Präses eröffnet und schliesst die Verhandlungen mit Gebet.

§. 13. Ueber die Verhandlungen wird ein Protokoll geführt, und dasselbe in das Protokollbuch eingetragen. Die Protokolle werden von allen anwesenden Mitgliedern unterzeichnet, und das Protokollbuch wird dem Superintendenten bei der Kirchenvisitation vorgelegt.

§. 14. Zu dem Geschäftskreis des Orts-Presbyterii gehört:

a) die Handhabung der Kirchendisciplin in der Gemeinde, innerhalb der gesetzlichen Grenzen;

b) die Einleitung zur Wahl des Predigers nach den Bestimmungen des Wahlreglements;

c) es gebührt ihm die Wahl der unteren Kirchenbedienten, die verfassungsmäßige Theilnahme an der Wahl der Elementarschullehrer, und der §. 8. bezeichnete Antheil an der Wahl der Presbyter;

d) die Aufnahme der vor ihm und der Gemeinde durch den Prediger geprüften Konfirmanden;

e) nach der Bestimmung des §. 2. die Ertheilung der Kirchenzeugnisse für die aus der Gemeinde zu entlassenden Glieder;

f) Sitz und Stimme in der Kreissynode durch den Prediger und einen von dem Presbyterio deputirten Aeltesten;

g) die Verwaltung des Kirchen-, Pfarr-, Schul- und Armenvermögens.

Zusatz: Zu den Obliegenheiten des Presbyterii gehört ferner:

h) Die Aufsicht über die ganze Gemeinde und die Aufrechthaltung guter Ordnung bei dem öffentlichen Gottesdienste;

i) Die Pflicht, zur Zeit einer Vakanz der Pfarrstelle, nach Anweisung des Superintendenten, dafür zu sorgen, dass der Gottesdienst und der katechetische Unterricht der Jugend gehörig wahrgenommen werde;

k) Die Leitung der kirchlichen Einrichtungen für Armen- und Krankenpflege.

l) Es bildet innerhalb der verfassungsmässigen Grenzen den Schulvorstand der Pfarrschulen, führt die Aufsicht über sämmtliche Schulen in der Gemeinde in Beziehung auf christliche Unterweisung und Erziehung der Jugend, und wahrt im Bereiche der Parochie die der Kirche über die Schulen zustehenden Rechte.

§. 15. Die Pflichten der Aeltesten sind:

Dem Prediger zur Erreichung des Zweckes in seinen Amtsverrichtungen hülfreiche Hand zu leisten. Insbesondere haben sie:

1) beim öffentlichen Gottesdienste über gute Ordnung zu wachen;

2) sollen sie diejenigen, welche durch Nichtbesuchung des Gottesdienstes oder sonst durch Uebertretung der im vorigen Kapitel bemerkten Pflichten der Gemeindeglieder Anstoß geben, dem Prediger anzeigen;

3) sind sie verbunden, abwechselnd den Prediger bei den jährlichen Hausbesuchen, wo dieselben üblich sind, zu begleiten;

4) müssen sie, zur Zeit der Vakanz der Predigerstelle, nach Anweisung des Superintendenten dafür sorgen, daß der Gottesdienst und der katechetische Unterricht der Jugend gehörig wahrgenommen werde;

5) überhaupt durch Ermahnen und Bitten christliche Ordnung, gewissenhafte Kinderzucht und einen frommen Lebenswandel der Gemeindeglieder fördern; und endlich
6) den Synodal-Versammlungen, wenn sie dazu erwählt werden, beiwohnen.

§. 16. Die Kirchmeister haben folgende besondere Obliegenheiten:

1) sie empfangen alle Einnahme der Kirche, und bestreiten von derselben die Ausgaben auf Assignationen, welche von dem Präses des Kirchenvorstandes unterschrieben sind;
2) legen sie jährlich dem Presbyterio Rechnung von ihrer Verwaltung ab, und haben sich jeder besonderen, von dem Presbyterio angeordneten Kassenrevision zu unterwerfen;
3) führen sie die besondere Aufsicht über die der Gemeinde gehörenden Gebäude, Kirchengeräthe und andere Inventarienstücke der Kirche, und machen in der Versammlung des Kirchenvorstandes die Anträge zu nöthigen Bauunternehmungen.

Zusatz: Auf den Antrag des Presbyteriums kann der Superintendent es gestatten, dass die Rendantur der Kirche gegen Remuneration einem besonderen Beamten, welcher jedoch dadurch nicht Mitglied des Presbyteriums wird, übergeben werde.

§. 17. Pflichten der Armenpfleger oder Diakonen.

Die besonderen Obliegenheiten der Armenpfleger sind folgende:

1) die Sorge für die Armen der Gemeinde: sie untersuchen deren Familienverhältnisse, ihren häuslichen und ihren sittlichen Zustand, erforschen deren Bedürfnisse, machen die nöthigen Anträge zur Befriedigung derselben in der Versammlung des Kirchenvorstandes und vollziehen in dieser Hinsicht die gefaßten Beschlüsse;
2) sie verwalten den Armenfonds der Gemeinde, besorgen nach den ihnen zu ertheilenden Anweisungen des Präses die Einnahmen und Ausgaben, und legen jährlich dem Presbyterio, welches für die richtige Kassenführung verantwortlich ist, Rechnung von ihrer Verwaltung ab.

   Auch haben sie sich jeder von dem Presbyterio angeordneten besonderen Kassenrevision zu unterwerfen;
3) besorgen sie die Sammlungen der Beiträge für die Kirche und Armen der Gemeinde und die vom Staate angeordneten kirchlichen Kollekten.

Zusatz: Auf den Antrag des Presbyteriums kann es der Superintendent gestatten, dass die Rendantur der Armenkasse gegen Remuneration einem besonderen Rendanten, der dadurch nicht Mitglied des Presbyteriums wird, übergeben werde. Auch kann ein anderes Mitglied des Presbyteriums diese Rendantur übernehmen.

§. 18. Von der größeren Repräsentation der Ortsgemeinde.

Jede evangelische Gemeinde, welche über 200 Seelen zählt, erhält außer dem Presbyterium eine größere Vertretung, welche gemeinschaftlich mit dem Presbyterium:

a) die Prediger wählt;
b) über die Veränderung in der Substanz des Grundeigenthums der Gemeinde, Erwerbung oder Veräußerung, wozu auch Erbverpachtungen und Konzessionen gegen Erbzins gehören, berathet und beschließt;
c) Gehälter und Gehaltszulagen für Kirchenbeamte oder Kirchendiener bestimmt;
d) bei Unzulänglichkeit des kirchlichen Vermögens der Gemeinde die Herbeischaffung der nöthigen Bedürfnisse beräth, nöthigenfalls die Umlage auf die Mitglieder der kirchlichen Gemeinde, nach Verhältniß der von denselben zu zahlenden direkten Staats- und Kommunalsteuern bewirkt, und dieselbe der Regierung zur Vollziehung vorlegt.

Zusätze: 1) Die auf die Gemeinde nöthig werdenden Umlagen werden nach Verhältniss der von den Mitgliedern derselben zu zahlenden direkten Staats- oder Kommunalsteuern umgelegt.
2) Es steht dem Presbyterium frei, auch in inneren Angelegenheiten, wo es ihm angemessen erscheint, die Unterstützung der Gemeindevertreter in Anspruch zu nehmen.

§. 19. Die Anzahl dieser Vertreter wird nach der Größe der Seelenzahl der Gemeinde nach folgender Progression festgestellt.

In Gemeinden von 200 Seelen und darunter werden alle stimmfähigen Gemeindeglieder berufen;

a) auf Gemeinden von 200 bis incl. 500 Seelen 16 Repräsentanten;
b) für Gemeinden von 500 bis 1000 Seelen 20 Repräsentanten;
c) von 1000 bis 2000 Seelen 24 Repräsentanten.
d) von 2000 bis 5000 Seelen 40 Repräsentanten;
e) bei Gemeinden über 5000 Seelen 60 Repräsentanten.

§. 20. Die sämmtlichen Repräsentanten werden zum erstenmale gewählt unter dem Vorsitze des Kreis-Superintendenten, mit Zuziehung des Pfarrers oder der Pfarrer der Gemeinde und im

Beisein des Ortsbürgermeisters, wenn dieser evangelischer Konfession ist, im entgegengesetzten Falle eines evangelischen Beigeordneten, oder eines evangelischen Mitgliedes des Stadtraths, wenn ein solcher vorhanden sein sollte.

§. 21. Wähler der Repräsentanten sind alle Gemeindeglieder, welche das 24ste Lebensjahr zurückgelegt haben, zu den Bedürfnissen der Gemeinde, wo es erforderlich ist, konkurriren, und

a) entweder ein öffentliches Amt bekleiden,

b) oder einem eigenen Geschäfte vorstehen,

c) oder eine eigene Haushaltung führen.

Zusätze: 1) Das Presbyterium ist befugt, einem Gemeindegliede wegen gegebenen öffentlichen Aergernisses durch einen förmlichen Beschluss das Wahlrecht zu entziehen.

2) Sofern die Gemeindevertretung einzelne Klassen der Gemeinde von der Beitragspflicht durch Beschluss frei lässt, erlischt das Wahlrecht derselben nicht.

3) Der Sohn einer Wittwe, welcher deren Geschäft führt und das 24ste Lebensjahr vollendet hat, besitzt das active und passive Wahlrecht.

§. 22. Wählbar zu Repräsentanten sind diejenigen selbstständigen Gemeindeglieder, welche das 24ste Jahr zurückgelegt, einen unbescholtenen Ruf haben, ehrbaren Lebenswandel führen, und an dem Gottesdienste und heiligen Abendmahle fleißig Theil nehmen.

§. 23. Die Wahl erfolgt auf die Weise, daß jeder Wählende so viele Namen von Wählbaren, als Stellvertreter der Gemeinde zu ernennen sind, in einem, dem die Wahl leitenden Kirchenbeamten zu übergebenden verschlossenen Zettel benennt, damit die Stimmen ganz frei von allem fremdartigen Einflusse bleiben.

Zusätze: 1) Statt der Abstimmung durch verschlossene Stimmzettel kann das Presbyterium durch Beschluss auch die Wahl durch öffentliche Stimmgebung zu Protokoll anordnen.

2) Wo die örtlichen Verhältnisse dies nöthig machen, kann die Wahl auch mit Berücksichtigung der einzelnen Abtheilungen der Gemeinde erfolgen.

3) Die nach den Ortsverhältnissen erforderlichen näheren Bestimmungen der Wahlform bleiben besonderen Wahlordnungen vorbehalten, die nach Anhörung des Presbyteriums auf Antrag des Superintendenten durch das Konsistorium festgestellt werden.

(vergl. das Regulativ des Konsistorii zu Koblenz über das Verfahren bei Repräsentantenwahlen, v. 21. Nov. 1864.)

§. 24. Durch die relative Mehrheit dieser Stimmen werden die neuen Repräsentanten ernannt.

Zusatz: Die Namen der gewählten Gemeindevertreter werden an zwei nach einander folgenden Sonntagen von der Kanzel verkündigt, und können nur bis zur vollzogenen zweiten Bekanntmachung Einsprüche gegen die Wahl angenommen werden.

Im Uebrigen finden die Bestimmungen in §. 11 der Kirchenordnung und den dazu erlassenen Ergänzungen, betr. das Verfahren bei Einsprüchen gegen Presbyterwahlen, auch hier Anwendung. Cab.Ord. v. 8. Dez. 1866.

§. 25. Wenn eine Gleichheit der Stimmen eintritt, so bestimmt das Loos den künftigen Repräsentanten.

§. 26. Von diesen Repräsentanten tritt alle Jahr der vierte Theil ab.

Zusatz: Der nach §. 26 jährlich stattfindende Austritt des vierten Theiles der Gemeindevertreter soll künftig nur alle zwei Jahre erfolgen.

§. 27. Die zuerst Austretenden werden durch das Loos bestimmt.

§. 28. Die an der Ausgeschiedenen Stelle tretenden neuen Repräsentanten werden von den stimmberechtigten Gemeindegliedern unter dem Vorsitze des Pfarrers erwählt, wo mehrere Pfarrer sind, unter dem Vorsitze des Präses des Presbyteriums; die Abgehenden sind wieder wählbar.

§. 29. Wenn in der Zwischenzeit der regelmäßigen Wahlen ein Repräsentant mit Tode abgeht, die Gemeinde verläßt, oder in das Presbyterium gewählt wird, so wird dessen Stelle in der ersten Sitzung der Gemeindevertretung von derselben durch eine neue Wahl wieder in der Art besetzt, daß der neu Gewählte die Stelle seines Vorgängers bis zu der nächsten Repräsentantenwahl behält.

Zusatz: Die nach §. 29 von dem grösseren Kirchenkollegium zu bewirkende Ergänzung einer durch ausserordentlichen Abgang in der Gemeindevertretung entstandenen Lücke soll künftig in der Art erfolgen, dass das neugewählte Mitglied die Stelle seines Vorgängers bis zu dem Zeitpunkte behält, wo letzterer durch den regelmässigen Wechsel ausgeschieden sein würde.

§. 30. Die Gemeindevertretung beschließt unter dem Vorsitze des Präses des Presbyterii durch Stimmenmehrheit gemeinschaftlich mit dem Presbyterium über die von demselben zur Berathung vorgelegten Gegenstände; bei Gleichheit der Stimmen giebt der Präses des Presbyterii den Ausschlag. Das Presbyterium führt die gefaßten Beschlüsse aus, wobei demselben auf sein Ansuchen die nöthige Unterstützung von Mitgliedern der größeren Gemeinde-Repräsentation gewährt wird.

§. 31. Der Präses des Presbyterii ist der Präses der größeren Gemeindevertretung.

Zusatz: Die Gemeindevertreter versammeln sich auf Einladung des Präses Presbyterii, welche in der Regel wenigstens am Tage vorher, und unter Angabe der Hauptgegenstände der Verhandlung, den Mitgliedern bekannt gemacht werden muss.

§. 32. Um einen Beschluß fassen zu können, müssen zwei Drittheile des aus der Gemeindevertretung und dem Presbyterio bestehenden Kollegiums gegenwärtig sein.

Zusatz: Statt der nach §. 32 erforderlichen Anwesenheit von zwei Drittheilen des aus dem Presbyterium und der Gemeindevertretung bestehenden Kollegiums soll es zur Gültigkeit einer Beschlussnahme genügen, wenn die absolute Majorität desselben an der Versammlung Theil genommen hat.

§. 33. Die Beschlüsse des Kollegii werden von allen bei der Abstimmung Anwesenden jedesmal unterschrieben.

§. 33.[a]

Zusatz: Eine Versammlung der Gemeindevertreter, welche wiederholt und hartnäckig ihre Pflichten vernachlässigt und in Unordnung oder Parteiung verfällt, ist von dem Provinzial-Konsistorium aufzulösen und ebenso den erwiesen Schuldigen die Wählbarkeit auf eine Zeit oder auf immer zu entziehen.

§. 33.[b]

Zusatz: Bestehen in einer Gemeinde herkömmlich besondere, die Kirchenordnung ergänzende, näher bestimmende oder modifizirende Einrichtungen, deren Anerkennung sie wünscht, oder fühlt sie sonst das Bedürfniss, neue eigenthümliche Einrichtungen zu treffen, so können solche zu einer statutarischen Bestimmung, oder insofern sie Gemeinde-Angelegenheiten im Ganzen betreffen, zu einem förmlichen Gemeindestatut zusammengefasst werden. Es ist deshalb nach Vorberathung und auf Antrag des Presbyteriums ein Beschluss der Gemeinde oder ihrer Vertreter zu fassen, und für denselben, nach vorgängiger Begutachtung durch die Kreissynode, die Anerkennung der Provinzialsynode: dass die statutarische Bestimmung zweckmässig und wesentlichen Bestimmungen der Kirchenordnung nicht zuwider sei, sowie die schliessliche Bestätigung des Konsistoriums nachzusuchen.

Zweiter Abschnitt.

Von der Kreisgemeinde und der Kreissynode.

§. 34. Die Gesammtheit mehrerer Ortsgemeinden, welche ein gemeinschaftliches Presbyterium haben, heißt Kreisgemeinde.

Zusatz: Der Umfang der Kreisgemeinden wird durch das Herkommen oder durch einen von dem Konsistorium mit Genehmigung der höheren Kirchenbehörde und nach Anhörung der betheiligten Presbyterien und Kreissynoden, sowie der Provinzialsynode gefassten Beschluss bestimmt.

§. 35. Dieses Presbyterium wird die Kreissynode genannt, und besteht aus den Pfarrern des Kreises und eben so vielen deputirten Aeltesten, als Gemeinden zum Kreise gehören.

Zusätze: 1) Die Presbyterien können anstatt eines Aeltesten auch einen der Diakonen zur Kreissynode deputiren.

2) Die innerhalb der Kreisgemeinden fungirenden Anstaltsgeistlichen und Militärprediger, sowie die ordinirten Hülfsgeistlichen, Adjunkten und Vikare, sind zur Theilnahme an den Kreissynoden mit berathender Stimme berechtigt. Pfarrverweser, welche die Stelle des ordentlichen Pfarrers in der Gemeinde vollständig vertreten, haben auch auf der Kreissynode eine volle Stimme.

§. 36. Jeder Kreissynode ist ein von derselben aus Geistlichen gewähltes Direktorium vorgesetzt, welches aus dem Superintendenten, dem Assessor und dem Scriba besteht. Der Assessor ist der Substitut des Superintendenten, und der Scriba führt bei Synodal-Zusammenkünften das Protokoll. Das Direktorium wird von der Synode auf 6 Jahre gewählt, und kann nach Verlauf dieses Zeitraums wieder gewählt werden. Die getroffene Wahl des Superintendenten und Assessors wird durch das Königl. Konsistorium dem Ministerio der geistlichen Angelegenheiten*) zur Bestätigung vorgelegt. Stirbt der Superintendent, oder hört er auf, Pfarrer in dem Synodalkreise zu sein, so verwaltet der Assessor das Amt des Superintendenten, bis zur nächsten Synodal-Zusammenkunft.

Zusätze: 1) Für den Assessor und Scriba werden Stellvertreter gewählt.

2) Nach dem Beschlusse der Kreissynode können in wichtigen Angelegenheiten nach Maassgabe der Geschäftsordnung zwei von der Kreissynode auf ein Jahr gewählte Aelteste zu den Verhandlungen des Moderamens mit Stimmrecht zugezogen werden. Die Wahl derselben bedarf der Bestätigung des Konsistoriums.

*) Anm. bez. dem Evang. Ob.Kirch.Rath.

§. 37. Zu dem Geschäftskreis der Kreissynode gehört:

a) Berathung der Anträge an die Provinzialsynode über alle kirchlichen Gegenstände, worüber die Beschlußnahme nach §. 49. der Provinzialsynode zusteht;

b) die Aufsicht über die Pfarrer, Ortspresbyterien, Kandidaten, Pfarrschullehrer und Kirchendiener des Kreises;

c) die Handhabung der Kirchendisziplin innerhalb der gesetzlichen Grenzen;

d) die Aufsicht über die Verwaltung des Kirchen- und Armenvermögens aller Gemeinden des Kreises;

e) die Verwaltung der Prediger-Wittwenkasse des Kreises und der Synodalkasse;

f) die Leitung der Wahlangelegenheiten der Pfarrer des Kreises; sowie die Ordination derselben und Introduction;

g) Die Wahl des Directorii der Synode und der Deputirten zur Provinzialsynode.

§. 38. Der Superintendent hat:

1) in allen kirchlichen Angelegenheiten über Erhaltung und Ausführung der Kirchenordnung und Synodalbeschlüsse zu wachen und die Rechte der Kirche wahrzunehmen;

2) er führt die Aufsicht über die Presbyterien, über das Fortstudiren und die Führung der Kandidaten des Kreises, wie auch über die Amtsverwaltung und den Lebenswandel der Geistlichen, Kirchenbedienten und Schullehrer, nach den Grundsätzen der Kirchenordnung. Er sucht Mißhelligkeiten, welche zwischen Gemeinden, Predigern, Presbyterien, diesen und der Gemeinde entstehen, zu vermitteln und auszugleichen, und führt die Disziplinaruntersuchungen gegen Geistliche, Kirchenbediente und Schullehrer und Presbyterien seines Kreises allein, oder, insofern es der Zuziehung richterlicher Personen bedarf, mit denselben gemeinschaftlich;

3) er hält in der Regel in jeder Gemeinde alle 2 Jahre die Kirchenvisitation nach der vorgeschriebenen Instruktion, und stattet darüber Bericht an die geistliche Behörde und an die Synode bei ihrer Versammlung ab. Im Nothfalle kann er sich in diesem Geschäfte von seinem Assessor vertreten lassen, sowie letzterer in der Gemeinde des Superintendenten jedesmal die Kirchenvisitation übernimmt;

4) er ordnet die Geschäfte, welche bei einer vakanten Gemeinde zu besorgen sind, bestimmt daher den Turnus, nach welchem die geistlichen Amtsverrichtungen während der Vakanz einer Pfarrstelle von den Predigern der Kreissynode und Kandidaten verrichtet werden, führt das Präsidium des Presbyteriums der vakanten Gemeinde, und besorgt

5) die Wahlangelegenheiten in der Gemeinde nach der vorgeschriebenen Ordnung, leitet die Predigerwahl, und verrichtet die Ordination und die Introduktion der Geistlichen, in Verbindung mit dem Assessor und Scriba;

6) er leitet die Synode bei ihrer Versammlung, ordnet den Gang der Verhandlungen an, hat den Vorsitz und das Recht der Entscheidung bei Gleichheit der Stimmen, und steht an der Spitze in den von der Synode ernannten Kommissionen;

7) er hat die Verordnungen der Behörden in Ausführung zu bringen. Die Verfügungen derselben, soweit sie die kirchlichen Angelegenheiten und die Amtsführung der Geistlichen betreffen, gelangen allein durch ihn an die Prediger und Gemeinden des Kreises, und durch ihn gehen die Gesuche der Prediger und Gemeinden wieder zu den Behörden;

8) er ist in der Regel Schul-Inspector, oder es kommen doch alle die Schule betreffenden Angelegenheiten, wenn ein anderer Geistlicher mit der Schulpflege beauftragt ist, an ihn und durch ihn an die Staatsbehörde, und von dieser durch ihn an die Schul-Inspectoren. Er ist hiernach das Organ sowohl der dem Kirchen- und Schulwesen vorgesetzten Königl. Behörden, als der Synode.

§. 39. Die Kreissynode versammelt sich in der Regel jährlich einmal an dem Orte, der von derselben bestimmt wird. Die Berufung geschieht durch den Superintendenten wenigstens vier Wochen vor der Zusammenkunft. In dringenden Fällen kann er sie auch außerordentlich berufen, oder die schriftlichen Stimmen der Mitglieder einholen.

§. 40. Nach vorhergegangenem Gottesdienst, wobei derjenige Geistliche, welcher in der vorigen Sitzung dazu gewählt worden, die Predigt hält, eröffnet der Superintendent die Verhandlungen mit einem Gebete, stattet Bericht über den innern und äußern Zustand der Gemeinde des Synodalkreises ab, und legt die Gegenstände der Berathung vor. Es können nur kirchliche Gegenstände, welche nach §. 37. zum Geschäftskreise der Synode gehören, berathen werden. Der Superintendent schließt die Verhandlungen mit Gebet.

§. 41. Die Beschlüsse werden durch Mehrheit der Stimmen gefaßt. Zur Fassung eines Beschlusses wird die Anwesenheit von zwei Drittel der Glieder der Kreissynode erfordert.

§. 42. Die Verhandlungen werden protokollirt, und die Protokolle müssen von dem Superintendenten, Assessor, Protokollführer und allen anwesenden Gliedern der Kreissynode unterschrieben werden.

§. 43. Die Protokolle werden spätestens 14 Tage nach gehaltener Synode von dem Superintendenten durch den General-Superintendenten an das Konsistorium gesandt; außerdem cirkuliren dieselben bei den Pfarrern der Kreissynode zur Abschriftsnahme und Aufbewahrung im Kirchenarchiv, nachdem dieselben zuvor dem Presbyterio mitgetheilt worden.

Zusatz: Die Protokolle der Kreissynoden werden auch dem Präses der Provinzialsynode und in der Regel sämmtlichen Kreissynoden der Provinz mitgetheilt und zu diesem Ende der Regel nach durch den Druck vervielfältigt.

§. 43.[a]

Zusatz: Wie für die einzelnen Gemeinden, so können auch für die Kreissynoden besondere, der Kirchenordnung nicht widersprechende Einrichtungen getroffen werden. Solche statutarische Bestimmungen sind von der versammelten Kreissynode zu beschliessen und bedürfen zu ihrer Rechtsgültigkeit der Anerkennung der Provinzialsynode und der Bestätigung des Konsistoriums, unter Genehmigung der oberen Kirchenbehörde.

Dritter Abschnitt.

Von der Provinzialgemeinde und Provinzialsynode.

§. 44. Die in derselben Provinz zu einem kirchlichen Verbande vereinigten Kreisgemeinden bilden die Provinzialgemeinde.

§. 45. Die Provinzialgemeinde hat ein Presbyterium, genannt Provinzialsynode, zur Besorgung der Angelegenheiten der Provinzialgemeinde.

Die Provinzialsynode besteht aus dem Präses, Assessor und Scriba dieser Synode, aus den Superintendenten der Provinz und aus geistlichen und weltlichen Deputirten der Kreissynoden. Jede Kreissynode wählt dazu einen Pfarrer und einen Aeltesten aus dem Kreise.

Zusatz:
1) Statt eines Aeltesten können die Kreissynoden auch einen der Diakonen zur Provinzialsynode deputiren.
2) Für die deputirten Pfarrer und Aeltesten oder Diakonen werden Stellvertreter gewählt.
3) Verzieht ein Abgeordneter aus dem Kreissynodalbereiche, so tritt eine Neuwahl ein.
4) Ausserdem hat die evangelisch-theologische Fakultät das Recht, sowohl zu der Westfälischen als der Rheinischen Provinzialsynode einen aus ihrer Mitte gewählten Deputirten mit vollem Stimmrecht abzusenden, unter Voraussetzung der Fortdauer ihrer statutarischen kirchlichen Stellung und einer angemessenen Einwirkung der Kirche auf die Besetzung der Fakultät.

§. 46. Das Präsidium der Provinzialsynode besteht aus einem Geistlichen, welcher den Titel „Präses der Provinzial-Synode" führt, und einem geistlichen Substituten, welcher „Assessor der Provinzial-Synode" heißt.

Beide werden von der Provinzial-Synode aus Geistlichen des Provinzial-Synodalbereichs durch relative Stimmenmehrheit auf sechs Jahre gewählt, und treten in ihre Funktionen, wenn sie die Bestätigung des Ministerii der geistlichen Angelegenheiten*) erhalten haben.

Für die Dauer der Versammlung wird ein Geistlicher aus ihrer Mitte zum Scriba (Protokollführer) gewählt.

Der Präses und der Assessor können nach Ablauf der sechsjährigen Frist wieder gewählt werden.

Zusätze: 1) Die Wahl des Präses und Assessors erfolgt durch absolute Stimmenmehrheit.

2) Für den Assessor wählt die Synode einen Stellvertreter auf 6 Jahre.

*) Anm. bez. des Evang. Ob. Kirch. Raths.

§. 47. Die Provinzialsynode versammelt sich in der Regel alle drei Jahre in einer Stadt des Synodalbereichs nach Wahl der Synode.

Zusatz: In ausserordentlichen und dringenden Fällen kann der Präses, mit Genehmigung des Kirchenregiments, die Stimmen der Mitglieder schriftlich erfordern, oder auch die Provinzialsynode ausserordentlich versammeln.

§. 48. Im Verhinderungsfalle wird der Präses durch den Assessor vertreten. Beim Absterben oder Abzuge desselben schreitet die Provinzialsynode bei der nächsten Versammlung zu einer neuen Wahl, bis wohin der Assessor die Stelle des Präses vertritt.

§. 49. Die Provinzialsynode wacht über die Erhaltung der Reinheit der evangelischen Lehre in Kirchen und Schulen, und der in der Provinz geltenden Kirchenordnung.

Sie bringt ihre Beschwerden über Verletzung der kirchlichen Ordnung, über eingeschlichene Mißbräuche in Kirch- und Schulwesen, sowie über die Führung von Geistlichen und Kirchenbeamten, und ihre desfallsigen Anträge an die betreffenden Staatsbehörden.

Sie beräth die Anträge und Gutachten der Kreissynoden ihres Bereichs, und faßt über die innern kirchlichen Angelegenheiten Beschlüsse.

Die Beschlüsse der Provinzialsynode treten aber erst dann in Kraft und Ausführung, wenn sie die Bestätigung der kompetenten Staatsbehörden erhalten haben.

Sie nimmt an den Prüfungen der Kandidaten pro licentia et ministerio durch Abgeordnete aus ihrer Mitte, deren Zahl der der

Räthe des Konsistoriums der Provinz gleich ist, mit vollem Stimmrechte Antheil.

Sie begutachtet die kirchlichen Gegenstände, welche ihr von der geistlichen Staatsbehörde zur Begutachtung vorgelegt werden.

Sie führt die Aufsicht über die Kreissynodal-Wittwen- und die Synodalkassen ihres Bereichs.

Sie wählt ihren Präses, Assessor und Scriba.

§. 50. Der Präses der Provinzialsynode, im Behinderungsfalle der Assessor, beruft die Provinzialsynode, leitet die Verhandlungen derselben, sorgt für die Beobachtung der äußern Ordnung, sammelt die Stimmen, giebt bei Gleichheit der Stimmen durch seine Stimme den Ausschlag, und faßt die Beschlüsse nach der Mehrheit der Stimmen ab.

Er ist der erste Abgeordnete der Provinzialsynode zu den Prüfungen der Kandidaten.

Er hat das Recht, den Kreissynodal-Versammlungen mit vollem Stimmrechte beizuwohnen.

Er führt die Korrespondenz mit den Staatsbehörden über alle Angelegenheiten der Provinzialsynode.

Er repräsentirt bei der Einweihung neuer Kirchen die Provinzial-Synode.

Zusatz: Zur Fassung eines Beschlusses der Provinzialsynode wird die Anwesenheit von zwei Dritteln der Glieder derselben erfordert.

§. 51. Die Provinzialsynode wird mit Gebet und Rede des Präses eröffnet und geschlossen. Nachdem die Arbeiten des ersten Tages beendigt sind, wird in der Kirche eine kurze Vorbereitungsandacht zur Abendmahlsfeier gehalten.

Am zweiten Tage ist feierlicher Gottesdienst, und die Synode feiert die Kommunion.

Die Predigt wird von Demjenigen gehalten, welcher von der Provinzialsynode beauftragt worden.

Der Präses theilt das heilige Abendmahl aus, wobei ihm der Geistliche, welcher die Synodalpredigt gehalten hat, assistirt.

§. 52. Die Akten der Provinzialsynode cirkuliren bei allen Predigern der Provinz, welche eine Abschrift davon im Archive aufbewahren.

Ingleichen werden von dem Präses die Akten an die landesherrliche Behörde eingesandt.

§. 52.[a]

Zusatz: Für den Zweck einer einheitlichen Fortbildung und weiteren Entwickelung der die Provinzen Westfalen und Rheinland verbindenden Kirchenverfassung werden die beiden Provinzialsynoden ihre Sitzungen möglichst gleichzeitig halten und sonst in angemessener Weise mit einander in Vernehmen treten.

§. 52.[b]

Zusatz: Die Mitglieder des Konsistoriums sind berechtigt, den Versammlungen der Provinzialsynode, sowie auch der Kreissynoden mit berathender Stimme beizuwohnen.

Vierter Abschnitt.

Von der Erledigung, Wiederbesetzung und Vertretung des Pfarramts.

§. 53. Das Predigeramt wird erledigt durch freiwillige Niederlegung, Entsetzung, Versetzung und Absterben des Pfarrers.

Einem Pfarrer steht es frei, der Berufung zu einer anderen Gemeinde zu folgen. Wenn jedoch ein dienstfähiger Prediger vor Verlauf von zwei Jahren nach seinem Amtsantritte seine Stelle verläßt, so ist die Gemeinde, welche ihn berufen hat, gehalten, die Kosten seiner Erwählung, Berufung und Einsetzung der Gemeinde, die er verläßt, zu erstatten, welche Kosten von dem Presbyterium der letzteren specificirt und summirt, und von dem Superintendenten festgestellt werden, jedoch die Summe von 80 Thlrn. nicht übersteigen dürfen.

§. 54. Bei Erledigung des Predigtamts ist Folgendes zu beobachten:

1) Das Presbyterium muß die Erledigung der Stelle sofort dem Superintendenten berichten.
2) Der sein Amt niederlegende Prediger setzt seine Amtsführung noch sechs Wochen nach seiner Niederlegungs-Erklärung fort, und beschließt dieselbe durch eine Abschiedspredigt, mit welcher seine Funktionen und die Beziehung des Gehalts aufhören.
3) Bei Niederlegung seines Amtes übergiebt der abziehende Prediger alle bei ihm beruhenden Kirchenakten und Kirchenbücher dem Presbyterio. Dieses geschieht in Gegenwart des Superintendenten, oder seines Substituten, welcher ein Inventarium aller Kirchenpapiere anfertigen läßt, wovon er das Duplikat behält.
4) Der Superintendent giebt ihm, wenn er die Kreissynode verläßt, nach vorhergehendem Bericht des Presbyterii und eingeholtem Gutachten der Kreissynode ein Zeugniß über seine Amtsführung.
5) Wenn ein Pfarrer mit Tode abgeht, so nimmt das Presbyterium binnen 8 Tagen nach seiner Beerdigung die Kirchen-

sachen und Schriften, welche der Verstorbene in Händen hatte, in Gegenwart des Superintendenten in Empfang.

§. 55. Die Bedienung einer erledigten Stelle, wenn kein Wittwenjahr stattfindet, geschieht also:

a) Während der Vakanz predigen die Kandidaten der Synode und diejenigen Kandidaten aus anderen Synoden, welche der Superintendent aus eigener Bewegung oder auf den Wunsch der Gemeinde zu Gastpredigten auffordern wird.

Sie haben auch Nachmittags öffentliche Katechisation zu halten.

b) Zu den übrigen Amtshandlungen sind, wenn kein zweiter Prediger bei der Gemeinde ist, dem Herkommen gemäß, die benachbarten Prediger gegen die jura stolae verpflichtet.

§. 56. Die Bedienung einer erledigten Pfarrstelle, wenn die Wittwe oder Waisen die Wohlthat des Nachjahres haben, geschieht also:

a) Bei Gemeinden, bei denen kein zweiter Prediger ist, predigen die Prediger und Kandidaten der Kreissynode, und katechisiren Sonntags nach einem vom Superintendenten zu bestimmenden Turnus. Sie haben weder Remuneration, noch Reisekosten zu fordern, werden aber von der Wittwe oder den Waisen bewirthet.

b) Ist der Turnus einmal beendigt, so predigen die Kandidaten, welche zu Probepredigten aufgefordert worden sind.

c) Hierauf beginnt der Turnus von Neuem, bis das Jahr beendigt ist.

d) Die vorfallenden Kindtaufen und Kopulationen werden, so viel wie möglich, auf den Sonntag verlegt, damit dieselben von den Circular-Predigern verrichtet werden.

Diejenigen Amtshandlungen aber, welche sich nicht auf den Sonntag verlegen lassen, werden von den benachbarten Predigern verrichtet. Diese alterniren wöchentlich, jedoch steht es ihnen frei, ein Abkommen unter sich zu treffen, nach welchem jedem der Theil der Gemeinde, welcher ihm am nächsten liegt, angewiesen wird.

Für alle sonst vorkommenden Fälle, besonders die Führung der Kirchenbücher, ernennt der Superintendent einen Stellvertreter des Pfarrers. Die Geistlichen, welche die kirchlichen Amtshandlungen verrichtet haben, sind verpflichtet, sofort dem Stellvertreter die zur Eintragung in's Kirchenbuch erforderlichen Notizen schriftlich mitzutheilen.

§. 57. Wenn noch ein zweiter Prediger bei der Gemeinde ist, übernimmt derselbe alle während der Vakanz vorfallenden geistlichen Amtshandlungen, die Führung der Kirchenbücher, das Präsidium im Presbyterio, und die ganze specielle Seelsorge.

In Betreff der Predigten an den Sonn- und Festtagen findet aber die §. 56. angeordnete Einrichtung auch in diesem Falle statt.

§. 58. Bei Erledigung einer Stelle ohne Nachjahr wird binnen 3 Monaten, von dem Tage ab, an welchem die Erledigung der Stelle der Gemeinde bekannt gemacht worden ist, und wo das Nachjahr stattfindet, 9 Monate nach dem Tode des Predigers zur Wahl geschritten. Die Dauer des Nachjahres wird auf 1 Jahr und 6 Wochen, vom Todestage an gerechnet, bestimmt.

§. 59. Die Wiederbesetzung einer erledigten Pfarrstelle durch freie Wahl der Gemeinde oder deren Repräsentanten erfolgt auf folgende Weise:

1) Der Superintendent ladet die Kandidaten, welche die Repräsentation, oder, wo keine ist, die Gemeinde zu hören wünscht, und die er außer diesen der Gemeinde empfohlen hat, zur Haltung einer Probepredigt und Katechisation ein. Unter den Eingeladenen müssen sich sämmtliche Kandidaten der Kreissynode befinden.
2) Die Kandidaten haben keine Ansprüche auf Reise- und Zehrungskosten zu machen. In der Gemeinde aber werden sie unentgeltlich anständig bewirthet.
3) Wünscht die Gemeinde einen schon im Amte stehenden Prediger, so darf er sich weder zu einer Probepredigt anbieten, noch von der Gemeinde dazu aufgefordert werden. Die Wahlmitglieder werden in diesem Falle aus ihrer Mitte eine Deputation ernennen, welche den Prediger an seinem Wohnorte hört, sich nach seinen Eigenschaften erkundigt, und den Wahlberechtigten darüber Bericht erstattet.
4) Der Tag der Wahl wird der Gemeinde wenigstens 14 Tage vor derselben durch eine Proklamation von der Kanzel bekannt gemacht.
5) Der Superintendent, oder im Falle seiner Abwesenheit der Assessor, begiebt sich in Begleitung des Scriba am Wahltage zur bestimmten Zeit in die Kirche der vakanten Gemeinde.
6) Die Handlung wird mit Gottesdienst eröffnet.
7) Unmittelbar nach dem Gottesdienste wird zur Wahl geschritten. Der Superintendent leitet die Wahl. Nur Stimmberechtigte nehmen daran Antheil.

8) Die Stimmberechtigten werden aufgerufen: einzeln, nach der Ordnung, wie sie in dem Verzeichniß aufgeführt sind, an den Chortisch zu treten und ihre Stimme abzugeben.

9) Niemand kann seine Stimme durch einen Andern abgeben lassen, ausgenommen, wenn nachgewiesen worden, daß er krank oder verreist ist.

10) Wer auf die Aufforderung oder vor dem Schluß der Wahl nicht erscheint, wird als abwesend notirt und seine Stimme nicht mehr angenommen.

11) Der Scriba und ein vom Presbyterio deputirtes Mitglied desselben schreiben zu dem Namen des Stimmenden den Namen dessen, welchem die Stimme gegeben worden ist.

12) Nachdem alle anwesenden Stimmberechtigten ihre Stimme abgegeben haben, wird zum Zählen der Stimmen geschritten.

Wer unter den Konkurrirenden die meisten Stimmen hat, ist der erwählte Prediger. Der Superintendent verkündet das Resultat der Wahl.

13) Es wird ein Wahlprotokoll aufgenommen, und vom Superintendenten und seinem Assistenten, sowie von dem Presbyterio unterschrieben. An den nächsten drei Sonntagen wird das Resultat der Wahl der Gemeinde vor Schluß des öffentlichen Gottesdienstes von der Kanzel bekannt gemacht.

14) Geschehen Einsprüche gegen den Gewählten, welche jedoch innerhalb der auf die erste Bekanntmachung von der Kanzel folgenden 14 Tage bei dem Superintendenten eingelegt werden müssen, so werden dieselben auf der Stelle von demselben mit Zuziehung des Presbyterii untersucht und der betr. Regierung mit gutachtlichem Bericht des Superintendenten zur Entscheidung vorgelegt.

15) Der Erwählte erhält eine vom Presbyterio, Namens der Gemeinde, unterschriebene, vom Superintendenten als richtig bescheinigte und von der Königl. Regierung bestätigte Vokation.

16) Der Erwählte kann sich eine Bedenkzeit von vier Wochen nehmen, jedoch muß er, im Fall der Annahme des Berufs, spätestens innerhalb sechs Wochen nach gegebener Zusage sein Amt antreten.

17) Nimmt der Erwählte die Berufung nicht an, so muß innerhalb vier Wochen nach der ablehnenden Antwort des Berufenen zu einer neuen Wahl geschritten werden.

18) Die Kosten der Wahl werden aus den Einkünften der Kirche, und wo diese mangeln, von der Gemeinde bestritten.

Zusätze: 1) Zu Nr. 3. Ein schon im Amte stehender Pfarrer darf sich zwar zu einer Probepredigt nicht melden, wünscht aber die Gemeinde einen solchen, so kann sie ihn entweder zu einer Gastpredigt auffordern oder aus ihrer Mitte eine Deputation ernennen, die ihn an seinem Wohnorte hört.

2) Zu Nr. 12. Cab.Ordre v. 22. Juli 1867 (M.Bl. d. i. V. S. 298).

1) Wer unter den Konkurrirenden die absolute Mehrheit d. h. mehr, als die Hälfte aller abgegebenen Stimmen hat, ist der erwählte Prediger. Wenn von zwei Konkurrirenden jeder die Hälfte derselben hat, so entscheidet das Loos.

2) Ist Beides nicht der Fall, so werden Diejenigen, welche die meisten Stimmen haben, auf eine engere Wahl gebracht, und zwar zunächst auf eine Dreizahl, weiter erforderlichen Falls auf eine Zweizahl, bis die absolute Mehrheit erreicht ist. Die durch Stimmengleichheit entstehende Frage, wer in die engere Wahl aufzunehmen sei, wird durch das Loos entschieden.

3) Jede Wahlstimme, welche auf einen anderen als die in der Wahl gebliebenen Kandidaten fällt, ist ungültig und wird nicht mitgezählt.

4) Wenn von zwei in die engere Wahl Gekommenen jeder die Hälfte der abgegebenen Stimmen erhält, so entscheidet wie ad 1 das Loos.

5) Abwesende (§. 59 Nr. 9) können ihr Wahlrecht nur durch die Vermittelung eines anderen Wahlberechtigten ausüben und muss ihre Vollmacht den bestimmten Namen desjenigen Kandidaten enthalten, welchem sie ihre Stimme geben wollen. Ihre Stimme wird auch bei den engeren Wahlgängen so lange mitgezählt, als der von ihnen bezeichnete Kandidat bei denselben konkurrirt.

3) Zu Nr. 14 u. 15. Die Entscheidung auf Einsprüche gegen die Wahl und die Bestätigung des Gewählten steht dem Konsistorium zu. (A. V. v. 27. Juni 1845.)

4) Zu Nr. 16. 1) Die Frist zum Antritte des Amtes wird auf neun Wochen verlängert.

2) Stand der Berufene schon in einem Amte, so tritt er in dem Angenblicke, in welchem er von dessen Verwaltung enthoben wird, in die Rechte und Einkünfte des neuen Pfarramtes ein.

Endlich vergl. hierzu den All. Erlaß v. 28. Juli 1876, kirchl. Ges. u. V.Bl. 1876/77 S. 17—19, und die Anm. 65 zu §. 32 der Kg. u. Syn.Ord. v. 10. Sept. 1873.

§. 60. Damit die Berufungs-Urkunde der Gemeinde an den erwählten Pfarrer nichts enthalte, was der Kirchenordnung zuwider, und alles enthalte, was die Gemeinde von dem Berufenen zu fordern berechtigt ist, und was der Prediger an festem Einkommen und Stolgebühren und Gerechtsamen in Anspruch zu nehmen hat, so wird jede Vokation nach einem, von der Provinzial-Synode entworfenen und von dem Königl. Ministerio der geistlichen 2c. Angelegenheiten genehmigten Formular, angefertigt und vollzogen werden.

§. 61. Die Abholung des Erwählten an den Ort seiner Bestimmung geschieht auf Kosten der Gemeinde, welche auch verpflichtet ist, seine Familie und Effekten unentgeltlich abzuholen, imgleichen die mit der Ordination und Introduktion verbundenen Kosten zu tragen.

§. 62. Ist der Berufene ein nicht ordinirter Kandidat, so wird er am Tage seiner Introduktion vor der versammelten Gemeinde, bei welcher er sein Amt antritt, ordinirt, und zwar an einem Wochentage. Die Ordination geschieht durch den Superintendenten, im Beistande des Assessors und Scriba, und derjenigen Pfarrer der Kreissynode, welche auf die Einladung des Superintendenten, welcher alle Pfarrer der Kreissynode zur Beiwohnung dieser Feierlichkeit einladen muß, erscheinen werden.

Nach einer kurzen Rede des Superintendenten wird der Einzuführende nach Vorschrift der Kirchen-Agende, unter Ablegung seines Gelübdes, verpflichtet, und erhält demnächst unter Auflegung der Hände der anwesenden Geistlichen die Weihe zu seinem Amte, unter Segenswunsch und Gebet; alles nach Vorschrift der Landes-Agende. Unmittelbar nach der Ordination hält der Ordinirte seine Eintritts-Predigt.

§. 63. Ist der Berufene schon ordinirt, so findet blos durch den Superintendenten die Introduktion statt, worauf der berufene Geistliche seine Einführungs-Predigt hält.

§. 64. Ueber die geschehene Ordination und Introduktion hat der Superintendent Bericht durch den General-Superintendenten an das Konsistorium zu erstatten.

§. 64.[a]

Zusätze: 1) Die für Wiederbesetzung erledigter Pfarrstellen gegebenen gesetzlichen Bestimmungen kommen auch bei Pfarrverwesern, die mit dem Rechte der Nachfolge angestellt werden, so wie bei allen lebenslänglich angestellten ordinirten Hülfsgeistlichen in Anwendung.

2) Bei der Anstellung ordinirter oder nicht ordinirter Kandidaten für unbestimmte Zeit, welche die Gemeinde besoldet, genügt es, dass der Superintendent mit der Gemeindevertretung ein Wahlprotokoll abfasst und zu ordentlicher Bestätigung vorlegt. Bei Anstellung von Gehülfen,

die der Pfarrer selbst besoldet, findet keine Wahl durch die Gemeindevertretung statt; die Anstellung selbst aber unterliegt der Zustimmung des Presbyteriums und des Superintendenten.

§. 65. Ueber das Nachjahr der Prediger-Wittwen gelten folgende Bestimmungen:

1) Die Wittwen oder die noch unversorgten unmündigen Kinder des Predigers bleiben, von seinem Todestage an gerechnet, noch ein Jahr und 6 Wochen in dem vollen Genuß des Pfarrhauses und aller Pfarreinkünfte.

2) Nur die Gattin, welche mit dem Pfarrer verheirathet war, während er noch im Amte stand, nicht aber die, welche er als Emeritus geheirathet hat, so auch nur die eheleiblichen Kinder des verstorbenen Pfarrers, welche zur Zeit seines Todes oder seiner Emeritirung bereits vorhanden waren, können auf den Genuß des Ruhegehalts während des Gnadenjahres, Anspruch machen.

3) Wenn die Gemeinde vor Ablauf des Nachjahres einen neuen Prediger zu haben wünscht, so muß sie sich mit der Wittwe oder den Waisen abfinden.

Zusätze: 1) Die Cab.Ord. v. 17. Dec. 1839 dehnt die Wohlthat des Gnadenjahrs auf alle evangel. Prediger in der Rheinprovinz und Westfalen aus.

2) Diese Wohlthat soll allen noch unversorgten Kindern eines Pfarrers zu Theil werden, welche sich bei dessen Ableben noch in der väterlichen Gewalt befunden haben, resp. bis zu dessen Ableben von ihm unterhalten worden, auch wenn sie bereits grossjährig sind. (C.O. 29. Juli 1840, 19. April 1847.)

Zusatz zu Nr. 3. Die Abfindung des früher eintretenden Nachfolgers mit der Wittwe und den Waisen des Vorgängers kann unbeschadet der Ansprüche der letzteren auf das gesetzliche Nachjahr, dahin erfolgen, dass dieselben es sich müssen gefallen lassen, 6 Monate und 6 Wochen im Besitze der Einkünfte zu bleiben und dann ein Jahr lang die Einkünfte einschliesslich der Wohnung oder Miethe während desselben, mit dem neuen Pfarrer zu theilen.

Fünfter Abschnitt.

Von den Pflichten des Pfarrers.

§. 66. Dem Pfarrer liegt ob, nach Anleitung der eingeführten Kirchen-Agende den Gottesdienst abzuhalten, die Sakramente zu verwalten, und alle geistlichen Amtshandlungen zu verrichten; den Unterricht der Jugend im Christenthum vorzunehmen, die ihm überwiesene

Aufsicht über die Schulen zu führen, und sich allen zur Seelsorge gehörenden Geschäften zu unterziehen.

§. 67. Er muß mit einem unbescholtenen, exemplarisch-christlichen Lebenswandel der Gemeinde, welche ihm anvertraut ist, vorleuchten, und überall den Ernst und die Würde eines Geistlichen behaupten.

§. 68. Er hat die Kirchenbücher nach den darüber bestehenden Gesetzen zu führen, und für die Aufbewahrung aller Bücher, Dokumente und Nachrichten, welche den Zustand und das Vermögen der Gemeinde betreffen, Sorge zu tragen.

§. 69. Als Vertreter der Gemeinde in den Kreis- und Provinzial-Synoden soll er sowohl das Beste der ganzen Kirche, als auch besonders seiner Gemeinde vor Augen haben und zu befördern suchen.

§. 70. Für die genaue Besorgung derjenigen Verrichtungen, welche der Staat den Predigern, insbesondere bei Eheverhältnissen, Aufgeboten, Trauungen, Taufen, Begräbnissen, Führung der Kirchenbücher und der aus denselben auszustellenden Zeugnisse aufträgt, ist er der Obrigkeit verantwortlich.

Zusatz: Die Zeit der Amtshandlungen des Pfarrers ist, mit Einwilligung desselben, nach billiger Anordnung des Presbyteriums zu bestimmen.

§. 71. Der Prediger darf zwar die Grundstücke, deren Benutzung ihm zu seiner Salarirung angewiesen ist, selbst bewirthschaften, mit schriftstellerischen Arbeiten und der Erziehung fremder Kinder, auch gegen Pension, sich beschäftigen, aber kein bürgerliches Gewerbe treiben.

§. 72. Wenn ein Prediger eine Reise zu machen beabsichtigt, welche nicht über 14 Tage währt, so hat er davon dem Presbyterio Anzeige zu machen. Zu längerer Abwesenheit hat er den Urlaub von seinem Superintendenten nachzusuchen, welcher ihm denselben auf 4 Wochen geben kann. Ein noch längerer Urlaub kann nur vom General-Superintendenten gegeben werden, welcher indeß die Zeit von acht Wochen nicht überschreiten darf. Ein Urlaub von mehr als 8 Wochen ist durch den General-Superintendenten bei dem Präsidenten des Konsistorii nachzusuchen.

§. 73. Der Pfarrer hat im Falle eines Reiseurlaubs für seine Vertretung zu sorgen.

§. 74. Der Prediger, den eine langwierige Krankheit verhindert, seine Stelle selbst zu versehen, kann auf einen Substituten antragen, welcher auf den Vorschlag des Pfarrers vom Superintendenten für die Zeit der Krankheit des Pfarrers angeordnet wird. Für die Entschädigung des Substituten muß der Pfarrer sorgen. Wird ein Pfarrer durch Altersschwäche oder unheilbare Krankheit verhindert, sein Amt fortzusetzen, so wird derselbe emeritirt. Der emeritirte Pfarrer behält wenigstens die Hälfte seines bisherigen Diensteinkommens.

Die Gemeinde hat dafür zu sorgen, daß der Nachfolger bis zum Tode des emeritirten Pfarrers anständig besoldet werde.

Anm. vgl. Kirchengesetz v. 26. Jan. 1880, betr. das Ruhegehalt der emeritirten Geistlichen, kirchl. Ges. u. V.Bl. 1880 S. 37.

Sechster Abschnitt.

Von dem öffentlichen Gottesdienst und anderen heiligen Handlungen.

1) Von der Feier des öffentlichen Gottesdienstes.

a. Allgemeine Bestimmungen.

§. 75. Die Kirchen sind lediglich zur Abhaltung des Gottesdienstes und Verrichtung anderer kirchlicher Handlungen bestimmt, und dürfen zu anderen Zwecken, ohne Genehmigung des Presbyteriums, des Superintendenten und des Konsistoriums der Provinz, nicht benutzt werden.

§. 76. Für eine ihrem Zwecke entsprechende Einrichtung der Kirchen ist möglichst Sorge zu tragen.

§. 77. Die Gesänge beim öffentlichen Gottesdienst dürfen nur aus der von der Provinzial-Synode zu diesem Zweck vorgeschriebenen und landesherrlich bestätigten Liedersammlung gewählt werden.

§. 78. Die Predigt, als ein Hauptstück des Gottesdienstes, sei einfach und deutlich, würdevoll und kräftig, der heiligen Schrift und dem evangelischen Glaubensbekenntniß gemäß und erbaulich.

§. 79. Die Wahl der Texte wird in der Regel den Predigern überlassen. Sie müssen jedoch aus den kanonischen Büchern der Bibel genommen werden.

§. 80. Es dürfen in der Kirche Publikationen bürgerlicher Verfügungen oder Handlungen freiwilliger Gerichtsbarkeit nicht stattfinden.

b. Besondere Bestimmungen.

Von dem Gottesdienst an Sonn- und Feiertagen.

§. 81. Der öffentliche Gottesdienst und alle anderen gottesdienstlichen Handlungen sind nach den in der Agende für die Preußischen Lande mit besonderen Bestimmungen für die Rheinprovinz und Westfalen enthaltenen Anordnungen vorzunehmen.

§. 82. Alle Sonn- und Festtage soll in jeder Gemeinde so oft Gottesdienst gehalten werden, als es herkömmlich ist. Der Wochengottesdienst richtet sich ebenfalls nach dem Herkommen.

§. 83. Dieses Herkommen kann nur auf Antrag der Gemeinde und den Bericht des Superintendenten von dem Konsistorio abgeändert werden.

§. 84. Der Vormittags-Gottesdienst fängt im Sommerhalbjahr um 9 Uhr an, im Winterhalbjahr, vom 1. October bis zum 1. April, kann derselbe bei zerstreuten Gemeinden um 10 Uhr seinen Anfang nehmen.

§. 85. Das Zusammenberufen der Gemeinde zum Gottesdienst, sowie auch das Ankündigen der sonn- und festtäglichen Feier am Vorabende, geschieht nach der Observanz jedes Ortes. Der Gottesdienst darf erst 5 Minuten nach dem letzten Geläute anfangen, damit die Gemeinde Zeit habe, ihre Plätze einzunehmen.

2) Von der Feier der Sakramente.

§. 86. Die evangelische Kirche feiert unter dem Namen der Sakramente nur zwei, von dem Erlöser selbst angeordnete Handlungen:

Die heilige Taufe und das heilige Abendmahl.

§. 87. Die Verwaltung der beiden Sakramente darf nur von einem kirchenordnungsmäßig berufenen und ordinirten Prediger der evangelischen Kirche geschehen; er darf sie auch nur in der ihm angewiesenen Gemeinde und außerhalb derselben nicht anders, als mit Genehmigung des Pfarrers der Gemeinde verrichten.

Zusatz: Eine Ausnahme von dieser Regel findet nur im Falle einer Nothtaufe statt.

§. 88. Beide Sakramente werden in der Regel bei dem öffentlichen Gottesdienste in Gegenwart der versammelten Gemeinde verwaltet.

a. Von der heiligen Taufe.

§. 89. Alle Kinder evangelischer Christen sollen innerhalb sechs Wochen nach ihrer Geburt durch die heilige Taufe in die christliche Kirchengemeinschaft aufgenommen werden.

§. 90. Von den Erwachsenen, welche in die evangelische Kirchengemeinschaft eintreten wollen, werden nur diejenigen getauft, welche aus einem nicht christlichen Glaubensbekenntniß zur evangelischen Kirche übergehen.

Zusatz: Dasselbe findet statt, wenn von ihnen nicht erweislich ist, dass sie das Sakrament der Taufe nach der Vorschrift des Herrn empfangen haben.

§. 91. Bei der Taufe eines Kindes müssen der Vater desselben, wenn nicht dringende Umstände es unmöglich machen, und wenigstens zwei Taufzeugen gegenwärtig sein.

§. 92. Die Taufzeugen sollen aus den Gliedern der evangelischen Kirche, oder doch aus einer Kirche christlichen Glaubensbekenntnisses, gewählt werden. Sie müssen bereits zum heiligen Abendmahl zugelassen sein.

§. 93. Bei der Taufe eines Kindes ist nur die Beilegung solcher Namen zuzulassen, welche unter die bei den Christen üblichen Taufnamen gehören.

§. 94. Privattaufen in den Wohnungen der Gemeindeglieder können als Ausnahmen bewilligt werden: bei erwiesener Schwächlichkeit des Täuflings und bei anhaltend übeler Witterung. Es müssen dabei, wo möglich ein Presbyter der Gemeinde, und jedenfalls 2 Zeugen gegenwärtig sein.

Zusatz: Auch ausserhalb der im §. 94 aufgeführten beiden Ausnahmefälle können Privattaufen bewilligt werden. Die Anwesenheit von zwei Zeugen dabei ist unerlässlich.

§. 95. Es sollen dem Prediger die Namen des Kindes, der Tag und die Stunde der Geburt, die Namen und der Stand der Eltern, vor der Taufe schriftlich eingereicht werden.

b. Von dem heiligen Abendmahle.

§. 96. Das heilige Abendmahl wird nach der Einsetzung unseres Herrn Jesu Christi, wonach das Brot gebrochen, und bei Austheilung des Brots*) die Einsetzungsworte des Herrn gesprochen werden, an den dem öffentlichen Gottesdienste gewidmeten Orten auf eine dem Zwecke desselben entsprechende Weise gefeiert.

*) Anm.: und des Weines.

§. 97. Das heilige Abendmahl wird nach der Größe der Gemeinde, vier, acht oder zwölf Mal im Jahre, in den vormittägigen gottesdienstlichen Versammlungen ausgetheilt, wenn nicht das Bedürfniß der Gemeinde eine öftere Austheilung nöthig oder wünschenswerth macht.

§. 98. Wer das heilige Abendmahl in einer evangelischen Gemeinde, deren Mitglied er nicht ist, genießen will, muß ein Dimissorial von dem Pfarrer der Gemeinde, zu welcher er gehört, beibringen. Wird dieses Dimissorial verweigert, so entscheidet der Superintendent, und kann das Dimissorial, wenn er es nöthig findet, ausstellen.

§. 99. Alle Konfirmirte und von den Sakramenten nicht ausgeschlossene Glieder der Gemeinde dürfen an der Feier des heiligen Abendmahls Theil nehmen, jedoch mit Ausnahme derer, welche wegen ihres temporairen Zustandes, z. B. Schwachsinnigkeit, den Zweck und die Bedeutung dieser heiligen Handlung nicht verstehen und sich selbst nicht prüfen können.

§. 100. Einen oder mehrere Tage vor der Abendmahlsfeier oder am Morgen derselben soll eine Vorbereitung gehalten werden, in welcher sowohl der Zweck und die Bedeutung dieser Handlung auseinandergesetzt, als auch jeder auf seinen Gemüthszustand aufmerksam gemacht, und zu einer würdigen Begehung der Feier aufgemuntert wird. Die an manchen Orten herrschende Sitte, daß das ganze Presbyterium bei der Vorbereitung gegenwärtig ist, soll beibehalten, und auch bei den übrigen Gemeinden eingeführt werden, damit dem Prediger die Personen, welche einer besonderen Vorbereitung bedürfen, bekannt werden.

§. 101. Ein Taubstummer kann, wenn er übrigens die Erfordernisse eines würdigen Kommunikanten an sich trägt, zum Genusse des heiligen Abendmahls zugelassen werden.

§. 102. Wenn Kranke ein Verlangen nach dem Genuß des heiligen Abendmahls äußern, so soll ihnen derselbe gewährt werden, jedoch muß der Pfarrer die unchristlichen Irrthümer, welche dem Verlangen zum Grunde liegen möchten, zu entfernen bemüht sein.

3) Vom Religions-Unterricht der Jugend und der Konfirmation.

§. 103. Den ersten Religions-Unterricht empfangen die Kinder in den Schulen. Der umfassendere Unterricht, den der Pfarrer ertheilt, darf nicht später, als mit dem Eintritt in das 13te Lebensjahr beginnen. Zur Aufnahme eines Kindes in den Religions-Unterricht des Pfarrers wird erfordert, daß es lesen könne. Durch die Aufnahme selbst wird es indeß der Schulpflichtigkeit nicht entbunden, und bleibt dem Pfarrer überlassen, zu beurtheilen, ob ihm ein fernerer Schulunterricht noch nöthig sei.

§. 104. Der Religions-Unterricht muß wenigstens zweimal in der Woche ertheilt werden.

§. 105. Wo mehr als 50 Kinder im Christenthum von demselben Prediger zu unterrichten sind, müssen dieselben in zwei oder mehrere Cötus getheilt werden, deren keiner über die Zahl 50 hinausreicht.

Zusatz: In Nothfällen kann auch die Ueberschreitung der Zahl von 50 Kindern für einen Cötus gestattet werden.

§. 106. Die Bibel ist das Hauptbuch beim Religions-Unterricht.

Es darf weder ein Lehrbuch, noch ein Katechismus, als Leitfaden des Unterrichts, ohne Genehmigung der Provinzial-Synode und des Konsistorii der Provinz gebraucht werden.

§. 107. Vor zurückgelegtem 14ten Jahre soll kein Kind zur Konfirmation zugelassen werden. Wenn ein Kind in diesem Alter konfirmirt wird, so muß es den Unterricht wenigstens 2 Jahre ununterbrochen genossen haben.

Zusatz: Wo herkömmlich ein höheres Alter zur Konfirmation erfordert wird, da soll dies aufrecht erhalten werden.

§. 108. Der besondere Konfirmanden-Unterricht wird in den letzten 4 Monaten vor der Konfirmation, wöchentlich wenigstens in 4 Stunden, ertheilt.

§. 109. Jedes Kind wird in derjenigen Gemeinde im Christenthum unterrichtet und konfirmirt, welcher die Eltern angehören. Ausnahmen hiervon können nur Statt haben auf Dispensation des Pfarrers, dem die Konfirmation zusteht, welcher aber die Dispensation nicht verweigern kann, wenn das Kind in einer anderen Gemeinde erzogen wird. Sind die Eltern nicht mehr am Leben, so wird es da unterrichtet und konfirmirt, wo es untergebracht ist.

§. 110. Vor der Konfirmation selbst muß durch den Pfarrer eine Prüfung der Konfirmanden in Gegenwart des Kirchenvorstandes gehalten werden. Nach geendigter Prüfung bestimmt der Kirchenvorstand, nach der absoluten Mehrheit der Stimmen, ob der Geprüfte würdig sei, aufgenommen zu werden.

Von dem Beschlusse der Abweisung kann von demjenigen, der denselben für ungegründet hält, an den Superintendenten appellirt werden, welcher nach vorhergegangener Prüfung des Abgewiesenen den Beschluß bestätigt oder verwirft. Wo es gewünscht oder erbaulich gefunden wird, kann die Prüfung auch vor der Gemeinde geschehen.

§. 111. Die Konfirmation geschieht in der Kirche vor der versammelten Gemeinde. Zu einer Konfirmation in einem Privathause bedarf es der Erlaubniß des Superintendenten, welcher dieselbe nur in dringenden Fällen ertheilen wird, und ist bei solcher Konfirmation auch die Gegenwart des Presbyterii nothwendig.

4) Von der Ordination.

§. 112. Es dürfen nur solche durch die Ordination zum Predigtamte eingeweiht werden, welche auf die, in dieser Kirchenordnung näher bestimmte Weise zu demselben erwählt und berufen sind. Ausnahmen können nur dann stattfinden, wenn in dringenden Fällen, auf den Antrag des General-Superintendenten, die landesherrliche geistliche Behörde*) die Erlaubniß ertheilt.

*) Anm. i. e. der Evang. Ober-Kirchenrath.

§. 113. Die Ordination zum Predigtamte geschieht in einer öffentlichen gottesdienstlichen Versammlung, unter Mitwirkung der Moderatoren der Kreissynode, von dem Superintendenten, an einem von diesem bestimmten Tage, vor der Gemeinde des Ordinanden.

5) Von der Einsegnung der Ehe.

§. 114. Die Ehe, als eine christliche, von Gott geheiligte Verbindung, wird von der Kirche eingesegnet', nach den von derselben festgesetzten Bestimmungen.

1) Die kirchliche Einsegnung der Ehe findet nur Statt bei Ehen, welche nach den Landesgesetzen erlaubt sind.
2) Der Eheeinsegnung geht die dreimalige Proklamation nach den darüber bestehenden gesetzlichen Bestimmungen vorher.
3) Welchem Pfarrer die Trauung gebühre, ist nach den darüber bestehenden allgemeinen Vorschriften zu beurtheilen.
4) Die Verlobten, welche die kirchliche Einsegnung von einem anderen Pfarrer, als dem berechtigten, zu empfangen wünschen, werden durch ein Dimissorial ihres Pfarrers dazu autorisirt.

Zusatz zu Nr. 1. Die kirchliche Einsegnung muss vor mindestens zwei Zeugen geschehen. —

vergl. Reichsgesetz v. 6. Febr. 1875, Reichsges.Bl. 1875 S. 23, und das Kirchenges., betr. die Trauungsordnung, v. 27. Juli 1880, kirchl. Ges. u. V.Bl. 1880 S. 109.

6) Von den Beerdigungs-Feierlichkeiten.

§. 115. Die nächsten Angehörigen des Verstorbenen sind verbunden, längstens innerhalb 24 Stunden nach dem Absterben desselben den Todesfall, auch wie sie die Beerdigung zu veranstalten gesonnen sind, dem Prediger anzuzeigen.

(vergl. jetzt § 60 des Reichsges. v. 6. Februar 1875.)

7) Von der Sonn- und Festtags-Feier.

§. 116. Das Presbyterium sorgt dafür, daß alles entfernt werde, was die Ruhe der heiligen Tage stören, die Theilnahme am öffentlichen Gottesdienste hindern, und einer gesegneten Feier in den Weg treten könnte. Es wacht insbesondere über die Befolgung der die Sonn- und Festtags-Feier betreffenden obrigkeitlichen Verordnungen.

Siebenter Abschnitt.

Von der Schulaufsicht.

§. 117. Die Erziehung der Jugend zur christlichen Erkenntniß und Frömmigkeit in den Schulen steht unter der Aufsicht der Kirche, welche dieselbe über die Schulen der einzelnen Gemeinden durch den Ortspfarrer und über die Gesammtheit der Schulen des Kreises durch den Superintendenten führt.

(vergl. Gesetz v. 11. März 1872, betr. die Beaufsichtigung des Unterrichtswesens.)

Achter Abschnitt.

Von der Kirchendisziplin.

§. 118. Der Pfarrer hat das Recht und die Verpflichtung, nicht allein in seinen öffentlichen Vorträgen seine Gemeinde zu einem christlichen Leben zu ermahnen, und vor herrschenden Lastern und unchristlichen Grundsätzen zu warnen, sondern auch die specielle Seelsorge zu üben, und jedes einzelne Gemeindeglied zu bitten, zu ermahnen, zu warnen, und zu trösten.

§. 119. Auch die Aeltesten haben das Recht und die Verpflichtung, durch Bitte und Ermahnung christliche Ordnung und einen frommen Wandel der Gemeindeglieder zu fördern.

§. 120. Ueber die Ausübung der Kirchenzucht in der Gemeinde wird, nach näherer Berathung dieses Gegenstandes in der Provinzial-Synode, auf deren Antrag das Nähere festgesetzt werden.

Zusatz: In Betreff der Ausübung der Kirchenzucht behält es bei den bestätigten Beschlüssen 205—207 der vierten Westfälischen Provinzialsynode und der dritten Rheinischen Provinzialsynode § 51 sein Bewenden. (C.O. 20. Aug. 1847 u. 21. Juni 1844.)

(vergl. Gesetz v. 13. Mai 1873 über die kirchlichen Straf- und Zuchtmittel, ferner Kirchengesetz, betr. die Verletzung kirchlicher Pflichten rc. v. 30. Juli 1880, kirchl. Ges. u. V.Bl. 1880 S. 116.)

§. 121. Ueber die Prediger und Kirchenvorstände führt der Superintendent die Aufsicht, und ist verpflichtet, Jeden, wo er es nöthig findet, mündlich oder schriftlich zu ermahnen und zu warnen.

§. 122. Bei solchen Vergehungen, die noch keinen Antrag auf Suspension oder Amtsentsetzung begründen, wird ein Verweis ertheilt, was nur in Folge eines Urtheils der Moderatoren der Kreissynode geschehen kann.

§. 123. Der Verweis wird von dem Superintendenten vor dem versammelten Moderamen oder vor dem versammelten Kirchenvorstand, nach näherer Bestimmung des Urtheils, ertheilt.

§. 124. Dieser Verweis wird, wenn er unwirksam war, nach

einiger Zeit wiederholt, und zwar in Folge eines Urtheils, welches das Moderamen der Kreissynode spricht.

§. 125. Ist auch dieser Verweis ohne Erfolg, so muß der Superintendent dem Konsistorio den Fall zur Verfügung anzeigen.

§. 126. Bei Vergehungen, die einen Antrag auf Amtsentsetzung begründen, macht das Direktorium der Kreissynode den Antrag an das Königl. Konsistorium. Das Konsistorium ist berechtigt und verpflichtet, ex officio einzuschreiten, ohne den Antrag des Direktoriums der Kreissynode abzuwarten.

Zusatz: Dasselbe gilt von solchen Vergehungen, welche auch nur eine Suspension oder Dienstentlassung mit Ruhegehalt zur Folge haben.

(vergl. General-Synodal-Ordnung §. 7 Nr. 6.)

§. 127. Wegen Nachlässigkeit im Amte oder kirchenordnungswidriger Verrichtung der Amtsgeschäfte, sowie auch wegen des Nichterscheinens im Presbyterio, dem Kollegio der Gemeinde-Repräsentanten, sowie in Kreis- und Provinzial-Synodal-Versammlungen, werden die Pfarrer und die Mitglieder der Presbyterien und der größeren Gemeinde-Repräsentation mit angemessener Ordnungsstrafe belegt.

§. 128. Diese Ordnungsstrafen werden auf den Antrag des Superintendenten von der Kreissynode bestimmt.

Zusatz: Der Superintendent hat das Recht, die von der Synode bestimmten Ordnungsstrafen, in Gemässheit des von der Provinzialsynode dafür aufgestellten und bestätigten Reglements festzusetzen und einzuziehen.

Anm. Diese Reglements siehe für Westfalen in der Kirchenordnung v. Hagens S. 155 und für die Rheinprovinz in der Kirchenordnung v. Bluhme S. 60.

§. 129. Ueber Klagen gegen die Mitglieder der Direktorien der Kreis- und Provinzial-Synoden entscheiden die betreffenden Staatsbehörden.

Zusatz: 1) Das Konsistorium übt die Disziplin über alle Gemeindebeamten, insoweit das Moderamen der Kreissynode über dieselben die erste Instanz bildet, in zweiter; über die Beamten des Kreises aber (als Superintendenten, Moderamen der Kreissynode und die Kreissynodalversammlung selbst) in erster Instanz. Gegen die Gemeindebeamten kann es in erster Instanz nur auf Antrag des Moderamens der Kreissynode, oder, wenn dieses seine Disziplinarbefugniss versäumt, ex officio einschreiten. Das Konsistoriums kann auf Verweis, Ordnungsstrafe bis zu 20 Thlr., Suspension mit Entziehung des halben Gehalts, Dienstentlassung mit Pension und auf Amtsentsetzung erkennen. Der Rekurs von den

Straferkenntnissen des Konsistoriums, wenn solches in erster Instanz gesprochen, geht an die obere Kirchenbehörde.

2) Die obere Kirchenbehörde ist jetzt der Evangel. Oberkirchenrath. (Ress. Regl. 29. Juni 1850.)

(cfr. übrigens §. 7 Nr. 6 Generalsynodalordnung v. 20. Januar 1876 und Gesetz v. 12. Mai 1873 über die kirchl. Disziplinargewalt.)

Neunter Abschnitt.

Von den Gehältern und Remunerationen der verschiedenen Kirchenbeamten.

§. 130. Die Kirchenvorstände verrichten die ihnen obliegenden Geschäfte unentgeldlich; doch sollen ihnen die Auslagen, welche dieselben erfordern, von ihren Gemeinden erstattet werden.

§. 131. Jede Gemeinde ist verpflichtet: für eine freie Dienstwohnung und ein angemessenes Diensteinkommen ihres Pfarrers zu sorgen; und bei Unzulänglichkeit der fundirten Pfarreinkünfte und der Stolgebühren aus Kirchenmitteln das Fehlende zu ergänzen. In Ermangelung disponibler Kirchenmittel ist da, wo die Gesetze die Kommunen zur Aushülfe verpflichten, der Kommunalfonds in Anspruch zu nehmen. Wenn aber auf diese Weise das Erforderliche nicht herbeigeschafft werden kann, so ist von der Pfarrgemeinde durch Beiträge der Pfarrgenossen nach dem Kommunal-Steuerfuße die Aufbringung des Ergänzungsgehalts zu bewirken.

Zusätze: 1) Die Verpflichtung der Gemeinden zur Beschaffung einer freien Dienstwohnung begreift auch die Verpflichtung zur Beschaffung der nöthigen Wirthschaftsgebäude in sich.

2) Die Beiträge der Pfarrgemeinde zur Aufbringung des Ergänzungsgehalts sind nach dem Fusse der direkten Staats- oder Kommunalsteuern umzulegen.

§. 132. Wenn der Prediger es verlangt, so sollen die Kirchenvorstände die Erhebung seiner Gehaltseinkünfte besorgen, und dieselben an den Verfalltagen dem Prediger abliefern.

§. 133. Die Moderatoren der Kreis- und Provinzial-Synoden erhalten für die Auslagen und Reisekosten, welche durch Wahlen, Ordinationen, Introduktionen, Kirchenvisitationen verursacht werden, von den betreffenden Gemeinden eine Entschädigung, welche von der Provinzial-Synode festzustellen ist.

§. 134. Jede Gemeinde muß ihre Deputirten zur Kreissynode, jede Kreissynode ihre Deputirten zur Provinzial-Synode, und die Provinzial-Synode den Präses und Assessor für die Auslagen, welche diese Deputationen erfordern, entschädigen. Diese Entschädigungen werden für jeden, in einer feststehenden Summe, ein für allemal von der Provinzial-Synode normirt.

Zusatz: Die Reisekosten der Deputirten zur Kreissynode werden aus der Kreissynodalkasse, die der Deputirten zur Provinzialsynode aus der Provinzialsynodalkasse, die Tagegelder dagegen im ersten Falle von den Gemeinden, im anderen von den Kreissynoden gezahlt.

§. 135. Die Provinzial-Synodalkosten werden von der Provinzial-Synode auf die zu ihr gehörigen Kreis-Synoden nach den durch die Matrikel bestimmten Sätzen repartirt, worauf die Kreissynode den auf sie gefallenen Antheil auf die Gemeinden vertheilt. Fehlt in der Matrikel eine solche Bestimmung, so ist dieselbe durch Beschluß der Provinzial-Synode zu ergänzen.

§. 136. Die Kandidaten erlegen bei ihrer jedesmaligen Prüfung die Summe v. 10. Thlrn. in die Provinzial-Synodalkasse, aus welcher die Mitglieder der Prüfungs-Kommission für Reise- und Zehrungskosten an dem Orte der Prüfung schadlos gehalten werden.

§. 137. Es wird jährlich eine Kirchen- und Hauskollekte zur Unterstützung dürftiger Gemeinden der Provinz gehalten werden. Eine Commission der Provinzial-Synode vertheilt den Betrag der Kollekten, und legt davon Rechnung ab, so oft sich die Provinzial-Synode versammelt.

Zehnter Abschnitt.

Von den unteren Kirchenbeamten.

§. 138. Zu den unteren Kirchenbeamten werden gerechnet: Küster und ihre Gehülfen, Vorsänger und Organisten.

Zusatz: Zu den unteren Kirchenbeamten werden, wo es herkömmlich ist, auch die Todtengräber gezählt.

§. 139. Den Küstern und ihren Gehülfen, wo deren vorhanden sind, liegt es ob, die Kirche auf- und zuzuschließen, für die Reinlichkeit in derselben und das Geläute zu sorgen, den Prediger zu denjenigen Amtshandlungen, zu denen ihr Dienst erforderlich ist, zu begleiten, und das dabei Nöthige zur Stelle zu schaffen, den Kirchenvorstand auf Verordnung des Predigers zu berufen und Amtsbriefe zu befördern, auch bei Versammlung der Presbyterien die Aufwartung zu besorgen.

Zusatz: Die Dienstpflicht der Küster und ihrer Gehülfen erstreckt sich auch auf die Berufung der Gemeindevertretungen und auf die bei deren Versammlungen nöthigen Dienstleistungen.

§. 140. Die Wahl der untern Kirchenbeamten geschieht, wo dieselbe nicht durch Patronatrechte beschränkt ist, vom Presbyterio aus drei Subjecten, welche der Prediger in Vorschlag bringt. Die Wahl unterliegt der Bestätigung des Superintendenten.

§. 141. Die untern Kirchenbedienten werden von der Gemeinde, bei welcher sie angestellt sind, besoldet.

§. 142. Sie behalten ihren Dienst lebenslänglich, und können im Wege der kirchlichen Disciplin nur durch ein Urtheil der Moderatoren der Kreissynode, welches zu Folge einer Klage des Kirchenvorstandes und einer vom Superintendenten angestellten Untersuchung gesprochen wird, nach erfolgter Genehmigung der Königl. Regierung abgesetzt werden.

Zusätze: 1) Die obere Dienstdisziplin über die unteren Kirchenbeamten wird von dem Konsistorium geübt.

2) Das Konsistorium ist auch von Amtswegen berechtigt, dem Superintendenten die Einleitung einer Untersuchung gegen einen unteren Kirchenbeamten aufzugeben.

§. 143. Die untern Kirchenbeamten sollen nach einer besonderen, von der Provinzial-Synode abgefaßten und von der Regierung bestätigten Dienst-Instruktion verpflichtet werden.

Eilfter Abschnitt.

Von der Kirchenvisitation.

§. 144. Die Kirchenvisitation wird von dem Superintendenten gehalten, und dies in den betreffenden Gemeinden den Sonntag vorher von der Kanzel bekannt gemacht. Zu dieser Handlung versammelt sich das Presbyterium mit dem Prediger oder den Predigern, und der Superintendent eröffnet sie mit Gebet und einer kurzen angemessenen Anrede.

Zusatz: Nach Beschluss der Kreissynode kann die Visitation auch vor versammelter Gemeinde und mit einem Gottesdienste eröffnet werden.

§. 145. Die Gegenstände, auf welche der Superintendent seine Aufmerksamkeit zu richten hat, sind folgende:

1) Lehre und Betragen des Pfarrers und Zustand des Presbyteriums. Der Prediger tritt ab, und der Superintendent befragt das Presbyterium, ob es etwas gegen denselben vorzubringen habe. Dasselbe geschieht darauf in Ansehung des Presbyteriums. Nun werden die Glieder der Gemeinde, welche sich mit Anliegen und Beschwerden eingefunden, und nach vorheriger Anzeige an das Presbyterium keine Remedur gefunden haben, vorgelassen und gehört.

Der Superintendent versucht bei Mißhelligkeiten Ausgleichung, ertheilt freundliche Erinnerungen, und behält für solche Fälle, welche sich nicht von ihm schlichten lassen, die höhere Entscheidung vor.

2) Zustand der innern Angelegenheiten der Gemeinde, würdige Feier der Sonn- und Festtage, Besuch des öffentlichen Gottesdienstes, Theilnahme an den Sakramenten, Konfirmanden-Unterricht, Uebung der Kirchen-Disciplin, herrschende Sünden und Laster, eingerissene Mißbräuche u. s. w., Berathung, wie ihnen abzuhelfen und Einhalt zu thun.

3) Aeußerer Bestand der Gemeinde. Aufsicht über die Verwaltung des Kirchen- und Armenvermögens, je nachdem er verfassungsmäßig einzuwirken hat. Vorlegung der Inventarien und Lagerbücher, Kirchenrechnungen, Besichtigung, wenn es erforderlich ist, der Schulen in Ansehung des Bestandes und der Utensilien, Inspektion der Schule nach den darüber bestehenden Vorschriften, Nachfrage über Verwaltung der etwaigen Orts-Wittwenkassen und besonderer Stiftungen, worüber die Rechnungen vorzulegen sind, Einsicht der Kirchen-Register, der Tauf- und Kopulations-, und Begräbniß-, wie auch der Konfirmanden- und Kommunikanten-Register, welche allgemein einzuführen sind, der Protokollbücher des Kirchenraths, der Abschriften von den Verhandlungen der Kreis- und Provinzial-Synode und der Verordnungen der Behörden.

Zusatz zu Nr. 2. Zu den Gegenständen, auf welche der Superintendent sein Augenmerk zu richten hat, gehört auch die Theilnahme der Gemeinde an der äusseren und inneren Mission.

§. 146. Nach gehaltener Visitation trägt der Superintendent über den Zustand der Gemeinde und ihre kirchlichen Verhältnisse den Befund in's Presbyterial-Protokoll ein, welches von den anwesenden Predigern und Presbyterial-Gliedern unterzeichnet wird.

Den allgemeinen Visitationsbericht hat der Superintendent sowohl der Kreissynode vorzulegen, als durch den General-Superintendenten dem Konsistorio einzusenden.

Zwölfter Abschnitt.

Von dem Kirchenvermögen und dessen Verwaltung.

§. 147. Das Vermögen der Kirchen-Gemeinde, es mag zu kirchlichen, Schul- oder Armenzwecken bestimmt sein, wird von dem Presbyterio unter Aufsicht der Synode in der bisherigen Weise verwaltet, bis zur Beseitigung der vorhandenen Verschiedenheit der darin bestehenden Vorschriften und Observanzen die Provinzial-Synode eine

Verwaltungs-Ordnung entworfen, und dieselbe die Genehmigung der die Oberaufsicht auf die äußern Kirchen-Angelegenheiten führenden höchsten Staatsbehörde erhalten hat.

Anm. vergl. die Verwaltungsordnung für das Vermögen der Kirchengemeinden in der Provinz Westfalen, bestätigt am 7. Mai 1838.

Dreizehnter Abschnitt.

Von der Staatsaufsicht über das Kirchenwesen.

§. 148. Die Aufsichtsbehörden über das Kirchenwesen sind das Ministerium der geistlichen Angelegenheiten,*) das Provinzial-Konsistorium und die Regierungen. Neben dem Konsistorio und den Regierungen, beaufsichtigt in jeder Provinz ein vom Landesherrn ernannter Geistlicher, welcher dirigirendes Mitglied des Provinzial-Konsistoriums ist, unter dem Titel: General-Superintendent, nach den ihm von dem Ministerium der geistlichen Angelegenheiten ertheilten Instruktionen, die Superintendentur-Sprengel der Provinz. Der General-Superintendent wohnt den jedesmaligen Verhandlungen der Provinzial-Synode bei, um die Rechte des Staats wahrzunehmen, und kann an die Synode Anträge machen.

Zusatz: Ueber die Ressortverhältnisse der mit der Ausübung des landesherrlichen Kirchenregiments beauftragten evangelischen Kirchenbehörden und der Staatsbehörden in evangelischen Kirchensachen entscheiden die darüber ergangenen und künftig ergehenden landesherrlichen Verordnungen.

An Stelle des Generalsuperintendenten kann auch ein anderer Königl. Kommissarius evangelischen Bekenntnisses als Vertreter des landesherrlichen Kirchenregiments zu der Provinzialsynode abgeordnet werden, welcher den Verhandlungen beizuwohnen, das Wort in denselben jederzeit zu ergreifen und Anträge an die Synode zu machen befugt ist.

*) Anm.: und der evangel. Ober-Kirchenrath.

Allgemeines Landrecht für die Preußischen Staaten.

Zweiter Theil. Eilfter Titel.

Von den Rechten und Pflichten der Kirchen und geistlichen Gesellschaften.

§. 1. Die Begriffe der Einwohner des Staats von Gott und göttlichen Dingen, der Glaube und der innere Gottesdienst können kein Gegenstand von Zwangsgesetzen sein. Allgemeine Grundsätze.

§. 2. Jedem Einwohner im Staate muß eine vollkommene Glaubens- und Gewissensfreiheit gestattet werden.[1])

---

[1]) a) Verfass. Urkunde für den Preuß. Staat, v. 31. Jan. 1850, G. S. S. 17:

Art. 12. Die Freiheit des religiösen Bekenntnisses, der Vereinigung zu Religionsgesellschaften (Art. 30, 31) und der gemeinsamen häuslichen und öffentlichen Religionsübung wird gewährleistet. Der Genuß der bürgerlichen und staatsbürgerlichen Rechte ist unabhängig von dem religiösen Bekenntnisse. Den bürgerlichen und staatsbürgerlichen Pflichten darf durch die Ausübung der Religionsfreiheit kein Abbruch geschehen.

Art. 13. Die Religionsgesellschaften, sowie die geistlichen Gesellschaften, welche keine Korporationsrechte haben, können diese Rechte nur durch besondere Gesetze erlangen.

Art. 14. Die christliche Religion wird bei denjenigen Einrichtungen des Staates, welche mit der Religionsübung im Zusammenhange stehen, unbeschadet der im Art. 12 gewährleisteten Religionsfreiheit zum Grunde gelegt.

Die Artikel 15, 16 und 18 der Verfassungsurkunde sind durch das Gesetz v. 18. Juni 1875 (G. S. S. 259) aufgehoben.

Die aufgehobenen Artikel hatten folgenden Wortlaut:

Art. 15. Die evangelische und römisch-katholische Kirche, sowie jede andere Religionsgesellschaft ordnet und verwaltet ihre Angelegenheiten selbstständig und bleibt im Besitze und Genusse der für ihre Kultus-, Unterrichts- und Wohlthätigkeitszwecke bestimmten Anstalten, Stiftungen und Fonds.

Art. 16. Der Verkehr der Religionsgesellschaften mit ihren Oberen ist ungehindert. Die Bekanntmachung kirchlicher Anordnungen ist nur denjenigen Beschränkungen unterworfen, welchen alle übrigen Veröffentlichungen unterliegen.

§. 3. Niemand ist schuldig, über seine Privatmeinungen in Religionssachen Vorschriften vom Staate anzunehmen.

§. 4. Niemand soll wegen seiner Religionsmeinungen beunruhigt, zur Rechenschaft gezogen, verspottet oder gar verfolgt werden.

§. 5. Auch der Staat kann von einem einzelnen Unterthan die Angabe: zu welcher Religionspartei sich derselbe bekenne, nur alsdann fordern, wenn die Kraft und Gültigkeit gewisser bürgerlichen Handlungen davon abhängt.

§. 6. Aber selbst in diesem Falle können mit dem Geständnisse abweichender Meinungen nur diejenigen nachtheiligen Folgen für den Gestehenden verbunden werden, welche aus seiner dadurch, vermöge der Gesetze, begründeten Unfähigkeit zu gewissen bürgerlichen Handlungen oder Rechten von selbst fließen.

Vom häuslichen Gottesdienste.

§. 7. Jeder Hausvater kann seinen häuslichen Gottesdienst nach Gutbefinden anordnen.

§. 8. Er kann aber Mitglieder, die einer andern Religionspartei zugethan sind, zur Beiwohnung desselben wider ihren Willen nicht anhalten.

§. 9. Heimliche Zusammenkünfte, welche der Ordnung und Sicherheit des Staats gefährlich werden könnten, sollen, auch unter dem Vorwande des häuslichen Gottesdienstes, nicht geduldet werden. [2])

Art. 18. Das Ernennungs-, Vorschlags-, Wahl- und Bestätigungsrecht bei Besetzung kirchlicher Stellen ist, — soweit es dem Staate zusteht und nicht auf dem Patronat oder besonderen Rechtstiteln beruht, aufgehoben. Auf die Anstellung von Geistlichen beim Militair und an öffentlichen Anstalten findet diese Bestimmung keine Anwendung.

b) Ges. v. 3. Juli 1869, B.G.Bl. S. 292:

Einziger Artikel:

Alle noch bestehenden, aus der Verschiedenheit des religiösen Bekenntnisses hergeleiteten Beschränkungen der bürgerlichen und staatsbürgerlichen Rechte werden hierdurch aufgehoben. Insbesondere soll die Befähigung zur Theilnahme an der Gemeinde- und Landesvertretung und zur Bekleidung öffentlicher Aemter vom religiösen Bekenntniß unabhängig sein.

[2]) a) Ges. v. 11. März 1850, G.S. S. 277:

§. 1. Von allen Versammlungen, in welchen öffentliche Angelegenheiten erörtert oder berathen werden sollen, hat der Unternehmer mindestens 24 Stunden vor dem Beginne der Versammlung, unter Angabe des Ortes und

§. 10. Wohl aber können mehrere Einwohner des Staats, unter dessen Genehmigung zu Religionsübungen sich verbinden.[3]) Religionsgesellschaften.

§. 11. Religionsgesellschaften, welche sich zur öffentlichen Feier des Gottesdienstes verbunden haben, werden Kirchengesellschaften genannt.[4]) Kirchengesellschaften.

§. 12. Diejenigen, welche zu gewissen andern besondern Religionsübungen vereinigt sind, führen den Namen der geistlichen Gesellschaften. Geistliche Gesellschaften.

Erster Abschnitt.

Von Kirchengesellschaften überhaupt.

§. 13. Jede Kirchengesellschaft ist verpflichtet, ihren Mitgliedern Ehrfurcht gegen die Gottheit, Gehorsam gegen Grundsatz.

---

der Zeit derselben, Anzeige bei der Ortspolizeibehörde zu machen. Diese Behörde hat darüber sofort eine Bescheinigung zu ertheilen.

Beginnt die Versammlung nicht spätestens eine Stunde nach der in der Anzeige angegebenen Zeit, so ist die später beginnende Versammlung als vorschriftsmäßig angezeigt nicht anzusehen. Dasselbe gilt, wenn eine Versammlung die länger als eine Stunde ausgesetzten Verhandlungen wieder aufnimmt.

§. 2. Die Vorsteher von Vereinen, welche eine Einwirkung auf öffentliche Angelegenheiten bezwecken, sind verpflichtet, Statuten des Vereins und das Verzeichniß der Mitglieder binnen 3 Tagen nach Stiftung des Vereins, und jede Aenderung der Statuten oder der Vereinsmitglieder binnen 3 Tagen, nachdem sie eingetreten ist, der Ortspolizeibehörde zur Kenntnißnahme einzureichen, derselben auch auf Erfordern jede darauf bezügliche Auskunft zu ertheilen.

Die Ortspolizeibehörde hat über die erfolgte Einreichung der Statuten und der Verzeichnisse, oder der Abänderungen derselben, sofort eine Bescheinigung zu ertheilen.

Die Bestimmungen dieses und des vorhergehenden §. beziehen sich nicht auf kirchliche und religiöse Vereine und deren Versammlungen, wenn diese Vereine Korporationsrechte haben.

vergl. Ressortreglement v. 1. Okt. 1847 Nr. IV. M.Bl. d. i. Verw. S. 278.

b) Den Bestimmungen des Ges. v. 11. März 1850, soweit dieses von Versammlungen und Vereinen handelt, welche sich mit öffentlichen Angelegenheiten beschäftigen, sind alle Religionsgesellschaften, welche keine Korporationsrechte besitzen, unbedingt unterworfen, gleichviel, ob jene Gesellschaften sich auf die Verfolgung religiöser Zwecke beschränken oder ob sie andere Bestrebungen verfolgen.

Cirkul. Verfüg. des Minist. d. Innern, v. 1. Aug. 1850. Min. Bl. f. d. inn. Verw. 1850 S. 204.

[3]) Vergl. Art. 12 Verfass. Urkunde v. 31. Jan. 1850; oben Anm. 1a. Danach bedarf es der Einholung der Genehmigung des Staates nicht mehr. cfr. Koch, L.R. IV. Anm. 9 zu §. 10 d. Tit. Vogt, Kirchenrecht I S. 53. Es sind vielmehr nur die Vorschriften des (Vereins-) Ges. v. 11. März 1850 zu beobachten. Erk. d. K. Ob.Trib. v. 18. März 1853, Entsch. Bd. 25 S. 228.

[4]) cfr. §§. 18 u. 23 dies. Tit.

die Gesetze, Treue gegen den Staat, und sittlich gute Gesinnungen gegen ihre Mitbürger einzuflößen.[5])

Unerlaubte Kirchengesellschaften.

§. 14. Religionsgrundsätze, welche diesem zuwider sind, sollen im Staate nicht gelehrt, und weder mündlich, noch in Volksschriften ausgebreitet werden.[6])

§. 15. Nur der Staat hat das Recht, dergleichen Grundsätze, nach angestellter Prüfung, zu verwerfen, und deren Ausbreitung zu untersagen.[7])

§. 16. Privatmeinungen einzelner Mitglieder machen eine Religionsgesellschaft nicht verwerflich.

Oeffentlich aufgenommene.

§. 17. Die vom Staate ausdrücklich aufgenommenen Kirchen-Gesellschaften haben die Rechte privilegirter Corporationen.[8])

---

[5]) Reichsstrafgesetzbuch §. 130a.

Ein Geistlicher oder anderer Religionsdiener, welcher in Ausübung oder in Veranlassung der Ausübung seines Berufes öffentlich vor einer Menschenmenge, oder welcher in einer Kirche oder an einem anderen zu religiösen Versammlungen bestimmten Orte vor Mehreren Angelegenheiten des Staates in einer den öffentlichen Frieden gefährdenden Weise zum Gegenstande einer Verkündigung oder Erörterung macht, wird mit Gefängniß oder Festungshaft bis zu 2 Jahren bestraft.

cfr. Erk. des K. Ober-Trib. v. 4. Dez. 1878, kirchl. Ges. u. V.Bl. 1879 S. 37 bis 40, betr. die Strafbarkeit der öffentlichen Aufforderung zum Ungehorsam gegen **kirchliche** Gesetze. (§. 110 Reichsstrafgesetzbuch.)

[6]) Reichsstrafges.Buch §. 166:

Wer dadurch, daß er öffentlich in beschimpfenden Aeußerungen Gott lästert, ein Aergerniß giebt, oder wer öffentlich eine der christlichen Kirchen oder eine andere mit Korporationsrechten innerhalb des Bundesgebietes bestehende Religionsgesellschaft oder ihre Einrichtungen oder Gebräuche beschimpft, ingleichen wer in einer Kirche oder in einem anderen zu religiösen Versammlungen bestimmten Orte beschimpfenden Unfug verübt, wird mit Gefängniß bis zu 3 Jahren bestraft. Gesetz über die Presse, v. 7. Mai 1874, R.G.Bl. S. 65:

§. 1. Die Freiheit der Presse unterliegt nur denjenigen Beschränkungen, welche durch das gegenwärtige Gesetz (über die Presse) vorgeschrieben oder zugelassen sind.

§. 20. Die Verantwortlichkeit für Handlungen, deren Strafbarkeit durch den Inhalt einer Druckschrift begründet wird, bestimmt sich nach den bestehenden, allgemeinen Strafgesetzen.

[7]) vergl. Anm. 6 u. 5.

[8]) Diese geschichtlich und nach Staatsverträgen bevorrechtigten, öffentlich aufgenommenen, die Rechte privilegirter Korporationen genießenden Kirchengesellschaften sind die evangelische und die römisch-katholische Kirche. (Patent v. 30. März 1847. G.S. S. 121.)

Zu den Religionsgesellschaften, welche Korporationsrechte (aber nicht die Rechte privilegirter Korporationen) besitzen, gehören die evangelischen Brüdergemeinden (Herrnhuter), die Reformirten niederländischer Konfession (Kohlbrüggianer), und die von der Gemeinschaft der evangelischen Landeskirche sich getrennt haltenden Lutheraner, nicht aber die von Letzteren abgezweigten Separatisten.

vergl. Jacobson, Kirchenrecht §§. 25, 26, Koch, L. R. IV. Anm. 23 zu §. 17 d. Tit.

Die Generalkonzession für die von der Gemeinschaft der evangelischen Landeskirche sich getrennt haltenden Lutheraner, v. 23. Juli 1845, G. S. S. 516, lautet:

1) Den von der Gemeinschaft der evangel. Landeskirche sich getrennt haltenden Lutheranern soll gestattet sein, zu besonderen Kirchengemeinden zusammenzutreten und einen Verein dieser Gemeinden unter einem gemeinsamen, dem Kirchenregimente der evangel. Landeskirche nicht untergebenen Vorstande zu bilden.
2) Zur Bildung einer jeden einzelnen Gemeinde ist jedoch die besondere Genehmigung des Staates erforderlich. Die Ertheilung dieser Genehmigung steht gemeinschaftlich den Min. d. geistl. Ang., des Innern und der Justiz zu.
3) Eine solche Kirchengemeinde (Nr. 2) hat die Rechte einer moralischen Person. Sie kann daher auch Grundstücke auf ihren Namen mit Genehmigung des Staates erwerben, sowie eigene, dem Gottesdienste gewidmete Gebäude besitzen, welchen jedoch der Name und die Rechte der Kirchen (§. 18 L. R. II. 11) nicht beizulegen sind.
4) Als Geistliche der von der Gemeinschaft der evangel. Landeskirche sich getrennt haltenden Lutheraner dürfen nur Männer von unbescholtenem Wandel angestellt werden, welche zu einer bestimmten Gemeinde vocirt, von dem Vorstande (Nr. 1) bestätigt und von einem ordinirten Geistlichen ordinirt sind.
5) Nach eben dieser Vorschrift (Nr. 4) ist zu beurtheilen, ob und unter welchen Bedingungen die bisher schon als Geistliche dieser Religionspartei thätig gewesenen Personen in dieser Eigenschaft ferner zugelassen werden können.
6) Die von diesen Geistlichen (Nr. 4 u. 5) vorgenommenen Taufen, Konfirmationen, Aufgebote und Trauungen haben volle Gültigkeit, und werden die von ihnen und ihren Vorgängern bisher verrichteten Amtshandlungen mit rückwirkender Kraft hierdurch als gültig anerkannt.
7) Bei der Führung der Geburts-, Trauungs- und Sterberegister haben die Geistlichen dieser Gemeinden die gesetzlichen Vorschriften genau zu befolgen, insbesondere auch Duplikate dieser Register bei dem Gerichte ihres Wohnortes niederzulegen. Die aus diesen Registern von ihnen ertheilten Auszüge sollen öffentlichen Glauben haben.
8) Aufgebote zu Trauungen können fortan mit rechtlicher Wirkung in den zum Gottesdienst bestimmten Lokalen derjenigen Gemeinden vorgenommen werden, zu denen die Verlobten gehören.
9) Wenn Mitglieder der gedachten Gemeinden die Verrichtung einzelner geistlichen Amtshandlungen in der evangel. Landeskirche nachsuchen, so soll daraus allein der Austritt aus ihrer Gemeinde nicht gefolgert werden.
10) In Ansehung der Verpflichtung zu den aus der Parochialverbindung fließenden Lasten und Abgaben soll auch bei den sich von der evangel.

§. 18. Die von ihnen zur Ausübung ihres Gottesdienstes gewidmeten Gebäude werden Kirchen genannt; und sind als privilegirte Gebäude des Staats anzusehen.[9])

Landeskirche getrennt haltenden Lutheranern die Vorschrift des §. 261 L.R. II. 11 zur Anwendung kommen, soweit nicht nach den Provinzialgesetzen oder besonderem Herkommen dergleichen Abgaben auch von Nichtevangelischen an evangelische Kirchen oder Pfarreien oder umgekehrt zu entrichten sind. Zur Entrichtung des Zehnten sollen die gedachten Lutheraner, wenn die zehntberechtigte Kirche oder Pfarrei eine evangelische ist, überall verpflichtet bleiben, wo die Zehntpflicht sich nach der Konfession des Zehntpflichtigen bestimmt.

Rite konstituirte Synagogengemeinden haben in Bezug auf ihre Vermögensverhältnisse die Rechte juristischer Personen. cfr. §. 37 des Ges. v. 23. Juli 1847 (G.S. S. 263) über die Verhältnisse der Juden.

Mennonitengemeinden und Baptistengemeinden können durch gemeinschaftliche Verfügung der Minister der Justiz, des Innern und der geistl. Angelegenheiten Korporationsrechte erlangen. Die Ertheilung dieser Rechte ist nur zulässig und darf nicht versagt werden, wenn

1) der Bezirk der Gemeinde geographisch abgegrenzt ist,
2) nach der Zahl und Vermögenslage der dazu gehörigen Mitglieder anzunehmen ist, daß die Gemeinde den von ihr behufs Ausübung ihres Gottesdienstes nach ihren Grundsätzen zu übernehmenden Verpflichtungen dauernd zu genügen im Stande sein wird,
3) in dem Statut der Gemeinde keine Festsetzungen getroffen sind, welche mit den allgemeinen, gesetzlichen Bestimmungen im Widerspruch stehen.

vergl. Gesetz, betreffend die Verhältnisse der Mennoniten, v. 12. Juni 1874, G.S. S. 238; und Ges., betreffend die Ertheilung der Korporationsrechte an Baptistengemeinden v. 7. Juli 1875, G.S. S. 374.

Endlich vergl. oben Anm. 2[a] in fine.

[9]) d. h. sie genießen alle Vorrechte der dem Staate zustehenden öffentlichen Gebäude. Die dem Staate gehörigen Grundstücke bleiben von der Grundsteuer befreit. §. 4 Nr. a. des Ges. v. 21. Mai 1861, betr. die anderweitige Regelung der Grundsteuer. G.S. S. 253. Nach §. 4[e] a. a. O. bleiben von der Grundsteuer befreit: Diejenigen bisher von der Grundsteuer befreiten Grundstücke, welche zur Zeit des Erscheinens dieses Gesetzes zu dem Vermögen evangelischer Kirchen oder Kapellen oder besonderer, zur Unterhaltung von Kirchen stiftungsmäßig bestimmter Fonds oder milder Stiftungen, sowie zur Dotation der Pfarrgeistlichen oder sonstiger mit geistlichen Funktionen bekleideter Personen oder der Küster und anderer Diener des öffentl. Kultus gehört haben.

Desgleichen sind nach dem Ges. v. 21. Mai 1861, betr. die Einführung einer allgemeinen Gebäudesteuer, G.S. S. 317, von der Gebäudesteuer befreit:

§. 3 Nr. 2: Diejenigen Gebäude, welche dem Staate gehören,

§. 3 Nr. 4: Kirchen, Kapellen und andere dem öffentl. Gottesdienste gewidmeten Gebäude, sowie die gottesdienstl. Gebäude der mit Korporationsrechten versehenen Religionsgesellschaften.

vergl. auch unten Anm. 43 und 66.

§. 19. Die bei solchen Kirchengesellschaften zur Feier des Gottesdienstes und zum Religionsunterrichte bestellten Personen, haben mit andern Beamten im Staate gleiche Rechte.[10])

§. 20. Eine Religionsgesellschaft, welche der Staat genehmigt,[11]) ihr aber die Rechte öffentlich aufgenommener Kirchen-Gesellschaften nicht beigelegt hat, genießt nur die Befugniß geduldeter Gesellschaften (Tit. 6. §. 11. sqq.)[12]) Geduldete.

---

cfr. §. 174 d. Tit.

Nach dem Ges. v. 25. Juni 1868, betreffend die Quartierleistung für die bewaffnete Macht während des Friedenszustandes (B.G.Bl. 1868 S. 523) sind von der Beschaffung der Quartierleistungen befreit: Kirchen, Kapellen und andere dem öffentl. Gottesdienste gewidmete Gebäude, sowie die gottesdienstlichen Gebäude der mit Korporationsrechten versehenen Religionsgesellschaften. §. 4 Nr. 5. a. a. O.

[10]) Diejenigen Geistlichen, welche der Staat an seinen Anstalten angestellt hat, gehören zu den Staatsbeamten. Die übrigen Geistlichen sind jetzt, wo sie aufgehört haben, Civilstandsbeamte zu sein, weder unmittelbare, noch mittelbare Staatsbeamte; dagegen genießen die Geistlichen, welche ein Kirchenamt (also zwar kein Staatsamt, wohl aber ein öffentliches Amt) haben (§. 96, 97. d. T.), die Prärogative der Staatsbeamten.

v. Rönne, Ergänzungen der Preuß. Rechtsbücher Bd. II. Anm. zu §. 19. d. T. Koch, L.R. IV. Anm. 25 zu §. 19 d. T.

[11]) Die Genehmigung des Staates ist nicht mehr erforderlich; es sind nur die Vorschriften des Vereinsgesetzes v. 11. März 1850 zu beobachten. cfr. oben Anm. 2a u. 3.

[12]) A. L. R. II. 6:

§. 11. Die Rechte und Pflichten der Mitglieder erlaubter Gesellschaften unter sich werden nach dem unter ihnen bestehenden Vertrage, in dessen Ermangelung nach den für die verschiedenen Arten solcher Gesellschaften ergangenen besonderen Gesetzen, und wo auch diese nicht entscheiden, nach dem Zwecke ihrer Verbindung beurtheilt.

§. 12. Bei Handlungen, woraus Rechte und Verbindlichkeiten gegen Andere entstehen, werden sie nur als Theilnehmer eines gemeinsamen Rechts oder einer gemeinsamen Verbindlichkeit betrachtet.

§. 13. Dergleichen Gesellschaften stellen im Verhältnisse gegen andere, außer ihnen, keine moralische Person vor, und können daher auch, als solche, weder Grundstücke noch Kapitalien auf den Namen der Gesellschaft erwerben.

§. 14. Unter sich aber haben dergleichen Gesellschaften, so lange sie bestehen, die inneren Rechte der Korporationen und Gemeinden. §. 25 sequ.

§. 15. Es kann daher ein ausscheidendes Mitglied von dem Gesellschaftsvermögen nur insofern einen Antheil fordern, als das Mitglied einer Korporation und Gemeinde dazu berechtigt ist.

§. 16. (betrifft Handelsgesellschaften.)

§. 17. Alles, was einer solchen Gesellschaft zufällt, wird nur das gemeinschaftliche Eigenthum der dermaligen Mitglieder.

§. 21. (aufgehoben.)

§. 22. Einer geduldeten Kirchengesellschaft ist die freie Ausübung ihres Privat-Gottesdienstes verstattet.

§. 23. Zu dieser gehört die Anstellung gottesdienstlicher Zusammenkünfte in gewissen dazu bestimmten Gebäuden, und die Ausübung der ihren Religionsgrundsätzen gemäßen Gebräuche, sowohl in diesen Zusammenkünften, als in den Privatwohnungen der Mitglieder.

§. 24. Eine bloß geduldete Kirchengesellschaft kann aber das Eigenthum solcher Gebäude ohne besondere Erlaubniß des Staats nicht erwerben.[13])

§. 25. Ihr ist nicht gestattet, sich der Glocken zu bedienen, oder öffentliche Feierlichkeiten außerhalb der Mauern ihres Versammlungshauses anzustellen.

§. 26. Die von ihr zur Feier ihrer Religionshandlungen bestellten Personen genießen, als solche, keine besondern persönlichen Rechte.[14])

Verhältniß der Kirchengesellschaften gegen den Staat;

§. 27. Sowohl öffentlich aufgenommene, als bloß geduldete Religions- und Kirchengesellschaften müssen sich, in allen Angelegenheiten, die sie mit andern bürgerlichen Gesellschaften gemein haben, nach den Gesetzen des Staats richten.

---

§. 18. Es kann also jedes ausscheidende Mitglied seinen Antheil davon, so wie von dem übrigen im gemeinschaftlichen Eigenthum befindlichen Vermögen fordern.

§. 19. Ist bei der Erwerbung oder Zuwendung das Gegentheil ausdrücklich festgesetzt worden, so hat zwar, so lange die Gesellschaft besteht, ein ausscheidendes Mitglied an dergl. Sachen keinen Anspruch.

§. 20. Wenn aber die Gesellschaft ganz aufhört, so wird auch eine solche Sache, gleich dem übrigen gemeinschaftlichen Vermögen unter die alsdann vorhandenen Mitglieder getheilt.

§. 21. Schenkungen, die einer erlaubten Privatgesellschaft, welche aber keine Handlungsgesellschaft ist, zu einem gewissen Zwecke gemacht worden, fallen, wenn bei erfolgender Aufhebung der Gesellschaft der Zweck nicht mehr erreicht werden kann, insofern sie noch vorhanden sind, an den Geschenkgeber oder dessen Erben zurück. (Thl. I. Tit. 16 §. 200.)

[13]) Der Besitztitel kann daher nicht auf den Namen der Gesellschaft, sondern nur auf den Namen der einzelnen Mitglieder berichtigt werden.

[14]) Die Religionsdiener der Privatgesellschaften sind bloße Privatbeamte; sie haben daher namentlich nicht das den öffentlichen Beamten zustehende Privilegium der Kompetenz bei Exekutionen.

v. Rönne, Ergänzungen Thl. II. Anm. zu §. 26. d. T. vergl. auch Anm. 43, unten.

§. 28. Diesen Gesetzen sind auch die Obern, und die einzelnen Mitglieder, in allen Vorfällen des bürgerlichen Lebens unterworfen.

§. 29. Soll denselben, wegen ihrer Religionsmeinungen, eine Ausnahme von gewissen Gesetzen zu statten kommen: so muß dergleichen Ausnahme vom Staate ausdrücklich zugelassen sein.[15])

§. 30. Ist dieses nicht geschehen: so kann zwar der Anhänger einer solchen Religionsmeinung etwas gegen seine Ueberzeugung zu thun nicht gezwungen werden;

§. 31. Er muß aber die nachtheiligen Folgen, welche die Gesetze mit ihrer unterlassenen Beobachtung verbinden, sich gefallen lassen.[16])

§. 32. Die Privat- und öffentliche Religionsübung einer jeden Kirchengesellschaft ist der Oberaufsicht des Staats unterworfen.[17])

---

[15]) vergl. Kab.Ordre v. 18. Mai 1830 über die Rechtsverhältnisse der Mennoniten in den westlichen Provinzen und Brandenburg, in Beziehung auf ihre Militairpflicht. G.S. 1830. S. 82:

§. 2. Die Mitglieder derjenigen mennonitischen Familien, deren Häupter die Militairpflicht zu erfüllen für sich und ihre Nachkommen verweigert haben, bleiben fernerhin von derselben entbunden, jedoch mit den in der Kab.Ordre näher bezeichneten Maaßgaben.

V. v. 11. März 1827, wegen der von den Mennoniten statt des Eides abzugebenden Versicherungen. G.S.S. 28:

§. 3. Die nach der bei den Mennoniten üblichen Bekräftigungsformel, mittelst Handschlages, abzugebende Versicherung hat mit der wirklichen Eidesleistung gleiche Kraft.

Civilprozeßordnung v. 30. Jan. 1877:

§. 446. Der Eidesleistung wird gleich geachtet, wenn ein Mitglied einer Religionsgesellschaft, welcher das Gesetz den Gebrauch gewisser Betheuerungsformeln an Stelle des Eides gestattet, eine Erklärung unter der Betheuerungsformel dieser Religionsgesellschaft abgiebt.

Strafprozeßordnung v. 1. Febr. 1877:

§. 64. (ist mit §. 446 Civilproz.Ord. gleichlautend.)

[16]) z. B. Civilproz.Ord. v. 30. Jan. 1877:

§. 429 alin. 2: Die Verweigerung der Eidesleistung hat zur Folge, daß das Gegentheil der zu beschwörenden Thatsache als voll bewiesen gilt.

[17]) Die Oberaufsicht steht dem Staate, als solchem (nicht dem Landesherrn in seiner Eigenschaft als obersten Bischof) zu. Das in Rede stehende Recht ist aus dem jus majestatis circa sacra herzuleiten, welches in Bezug auf alle Konfessionen und Religionen dem Staate gebührt. Das Aufsichtsrecht berechtigt aber nicht zur Geschäftsführung für die Gesellschaften.

Koch, L.R. IV. Anm. 34 zu §. 32 d. T.

v. Rönne. Ergänzungen Bd. II. §. 32 d. T.

§. 33. Der Staat ist berechtigt, von demjenigen, was in den Versammlungen der Kirchengesellschaft gelehrt und verhandelt wird, Kenntniß einzuziehen.[18])

§. 34. Die Anordnung öffentlicher Bet-, Dank- und anderer außerordentlichen Festtage hängt allein vom Staate ab.[19])

§. 35. In wie fern die bereits angeordneten Kirchenfeste mit Einstellung aller Handarbeiten und bürgerlichen

---

[18]) Die Versammlungen der kirchlichen und religiösen Vereine, welche Korporationsrechte nicht haben, unterliegen den Vorschriften des Vereinsgesetzes v. 11. März 1850. (G.S.S. 277.)

Nach §. 4 dieses Ges. ist die Ortspolizeibehörde befugt, in jede Versammlung, in welcher öffentliche Angelegenheiten erörtert oder berathen werden sollen, Polizeibeamte als Abgeordnete zu senden.

Der §. 5 des citirten Ges. giebt diesen Polizeibeamten die Befugniß, sofort jede Versammlung aufzulösen, bezüglich deren die Bescheinigung der erfolgten Anzeige (§§. 1 u. 3 — siehe oben Anm. 2a.) nicht vorgelegt werden kann, oder wenn in der Versammlung Anträge oder Vorschläge erörtert werden, die eine Aufregung oder Anreizung zu strafbaren Handlungen enthalten.

[19]) Hierzu erging die Kab.Ordre v. 7. Febr. 1837, über die Befugniß der Behörden, durch polizeiliche Bestimmungen die äußere Heilighaltung der Sonn- und Festtage zu bewahren. G.S.S. 19.

Dieselbe setzt für den ganzen Umfang der Monarchie fest, daß die Regierungen die nach den Verhältnissen der einzelnen Orte oder Gegenden ihres Bezirks zu diesem Zwecke erforderlichen Anordnungen zu erlassen und deren Befolgung durch Strafverbote, welche jedoch die im §. 11 (nicht §. 10, cfr. Publikandum des Staatsminist. v. 24. Dez. 1838, G.S. 1839 S. 19) ihrer Dienstinstruktion v. 23. Okt. 1817 vorgeschriebene Grenze nicht überschreiten dürfen, zu sichern befugt sein sollen.

Ferner zu vergl. §. 11 Ges. v. 11. März 1850, über die Polizeiverwaltung, G.S.S. 265:

Die Bezirksregierungen sind befugt, für mehrere Gemeinden ihres Verwaltungsbezirks oder für den ganzen Umfang desselben gültige Polizeivorschriften zu erlassen und gegen die Nichtbefolgung derselben Geldstrafen bis zu dem Betrage v. 10 Thlr. anzudrohen.

Diese allgemeinen gesetzlichen Bestimmungen begründen die formale Befugniß der Staatsbehörden, namentlich auch der einzelnen Regierungen, zum Erlasse der zur Aufrechthaltung der äußern Feier der Sonn- und Feiertage nach dem Bedürfnisse jedes Bezirks erforderlichen Anordnungen. Sodann sichert der §. 366 Nr. 1 des Reichsstrafgesetzbuches die Strafbarkeit jeder Uebertretung solcher Ordnungen auch für die Fälle, wo in den letzteren nicht besondere Strafen angedroht sind, und es sich nicht um die nach §§. 166, 167 R.St.G.B. als Vergehen strafbaren Fälle des Unfugs und der vorsätzlichen Störung des Gottesdienstes handelt.

Nach §. 366 Nr. 1 R.St.G.B. wird nämlich mit Geldstrafe bis zu 60 M. oder mit Haft bis zu 14 Tagen bestraft, wer den gegen die Störung der Feier der Sonn- und Festtage erlassenen Anordnungen zuwiderhandelt.

Gewerbe begangen werden sollen, oder nicht, kann nur der Staat bestimmen.[20])

---

[20]) Sehr groß ist die Zahl der sowohl durch Gesetze, als durch Polizeiverordnungen über die Heilighaltung der Sonn- und Festtage getroffenen Anordnungen. Von den ersteren seien hier erwähnt:

Das Verbot amtlicher Geschäfte an Sonn- und Festtagen, namentlich der gerichtlichen Insinuationen, (cfr. Civilprozeßordnung v. 30. Jan. 1877 §. 171), der Anberaumung von Terminen und der Anrechnung des Ablaufs von Fristen (Civilproz. Ordnung v. 30. Jan. 1877 §. 193. 200. Strafproz. Ordnung v. 1. Febr. 1877 §. 43), der Vollstreckung der Exekution (Civilprozeßordnung §. 681;), die Substitution des nächsten Werktages für den Sonn- oder Festtag in Betreff der Erfüllung von Verbindlichkeiten (A. L. R. I. 3. §. 48, Ges. über die Termine bei Wohnungsmiethsverträgen v. 30. Juni 1834, G. S. S. 92, §. 3, Handelsgesetzbuch Art. 329, 330, deutsche Wechselordnung Art. 92), das Verbot der Sonntagsarbeit bei Eisenbahnbauten (Verordnung v. 21. Dez. 1846, G. S. 1847 S. 21), das Verbot der Verpflichtung von Arbeitern zur Sonntagsarbeit, der Verwendung jugendlicher Arbeiter zu solcher Arbeit, sowie der Beschäftigung von Lehrlingen während des Gottesdienstes (Gesetz, betreffend die Abänderung der deutschen Allgemeinen Gewerbeordnung v. 17. Juli 1878, Reichsges. Bl. S. 199, Art. 1 Tit. VII. §§. 105, 126, 136, 139 sequ. u. Art. 2 §. 146. vergl. Allg. Gewerbeordnung v. 21. Juni 1869 §§. 105, 127, 129. B. G. Bl. S. 245 ff.).

Zahlreich sind die allgemeinen Erlasse der Centralinstanzen, durch welche die Heilighaltung der Sonn- und Festtage wiederholt eingeschärft worden ist.

Man vergleiche die Zusammenstellung derselben in Vogt, Kirchenrecht I. S. 66 bis 80, und bei v. Rönne, Ergänzungen II. §. 35 L. R. II. 11.

Die auf Grund des §. 35 L. R. II. 11, der Kab. Ordre v. 7. Febr. 1837 u. des §. 11 des Ges. v. 11. März 1850 über die Polizeiverwaltung von den einzelnen Bezirksregierungen erlassenen, die Feier der Sonn- und Festtage betreffenden Polizeiverordnungen finden sich in den Amtsblättern der einzelnen Regierungen abgedruckt.

Hierbei sind übrigens nach dem Vorgange der zunächst allerdings nur für die Rheinprovinz erlassenen Kab. Ordre v. 5. Juli 1832, betreffend die gesetzlichen Festtage in der Rheinprovinz, G. S. S. 197, zu unterscheiden die gesetzlichen und die kirchlichen Festtage.

Die gesetzlichen Festtage sind — wie die Sonntage — dadurch besonders geschützt, daß sie unter Einstellung der Amtsverrichtungen der öffentlichen Behörden feierlich begangen werden, daß insbesondere an ihnen alle öffentlichen und öffentlich bemerkbaren Arbeiten, sowie alle geräuschvollen gewerblichen Arbeiten innerhalb der Häuser und Betriebswerkstätten verboten sind, während die kirchlichen Festtage nur insofern Schutz genießen, als die den Gottesdienst störenden Handlungen untersagt sind. Die Einführung oder Abschaffung allgemeiner kirchlicher Feiertage unterliegt ausschließlich der landeskirchlichen Gesetzgebung.

§. 7 Nr. 4 der Generalsynodalordnung v. 20. Jan. 1876. (vergl. auch §. 6 der Gener. Syn. Ordnung.)

Die gesetzlichen Feiertage in Preußen, welche kirchlich und bürgerlich gefeiert werden sollen, sind — außer den Sonntagen — Neujahr, der erste und zweite Tag von Weihnachten, Ostern und Pfingsten, der Charfreitag, ein am Mittwoch nach Jubilate abzuhaltender Buß- und Bettag, der Himmelfahrtstag, das

gegen andere Kirchengesellschaften;

§. 36. Mehrere Kirchengesellschaften, wenn sie gleich zu einerlei Religionspartei gehören, stehen dennoch unter sich in keiner nothwendigen Verbindung.

§. 37. Kirchengesellschaften dürfen so wenig, als einzelne Mitglieder derselben, einander verfolgen oder beleidigen.[21])

---

allgemeine Kirchenfest zur Erinnerung an die Verstorbenen am letzten Sonntage des Kirchenjahres (und der Allerheiligentag, der aber nur den Katholiken gegenüber und von diesen gefeiert werden darf).

Bei den anderen Feiertagen ist eine bürgerliche Feier nicht geboten. Letzteres gilt übrigens auch für die Provinz Posen bezüglich des Charfreitags, der nur als kirchlicher Feiertag der Evangelischen anerkannt ist, dagegen von der katholischen Kirche nicht als Festtag begangen wird.

vergl. hierzu die Kab.Ordr. v. 22. Juli 1839, G.S. S. 249.

R. d. Ev.O.K.R. v. 1. Dez. 1877, kirchl. Ges. u. V.Bl. 1878 S. 2: Des Königs Majestät haben mittelst Allerh. Ordre v. 7. Novbr. 1877 bestimmt, daß auf den Antrag des Gem.Kirch.Raths in der betr. Gemeinde die Aufhebung der kirchlichen Feier aller oder einzelner der sog. halben oder kleinen Feiertage, nämlich Epiphanias am 6. Jan., Mariä Reinigung am 2. Febr., Mariä Verkündigung am 25. März, Mariä Heimsuchung am 2. Juli, Johannisfest am 24. Juni, Michaelisfest am 29. Sept., Reformationsfest am 31. Okt., Gründonnerstag, Laurentiustag am 10. Aug., der Kirchweihtage und der dritten Feiertage der hohen Feste durch den Evang. Oberkirchenrath genehmigt werden kann.

[21]) Reichsstrafgesetzbuch §. 130:

Wer in einer den öffentlichen Frieden gefährdenden Weise verschiedene Klassen der Bevölkerung zu Gewaltthätigkeiten gegen einander öffentlich anreizt, wird mit Geldstrafe bis zu sechshundert Mark oder mit Gefängniß bis zu zwei Jahren bestraft.

§. 166. Wer dadurch, daß er öffentlich in beschimpfenden Aeußerungen Gott lästert, ein Aergerniß gibt oder wer öffentlich eine der christlichen Kirchen oder eine andere mit Korporationsrechten innerhalb des Bundesgebietes bestehende Religionsgesellschaft oder ihre Einrichtungen oder Gebräuche beschimpft, ingleichen wer in einer Kirche oder in einem anderen zu religiösen Versammlungen bestimmten Orte beschimpfenden Unfug verübt, wird mit Gefängniß bis zu drei Jahren bestraft.

§. 167. Wer durch eine Thätlichkeit oder Drohung Jemand hindert, den Gottesdienst einer im Staate bestehenden Religionsgesellschaft auszuüben, ingleichen wer in einer Kirche oder in einem anderen zu religiösen Versammlungen bestimmten Orte durch Erregung von Lärm oder Unordnung den Gottesdienst oder einzelne gottesdienstliche Verrichtungen einer im Staate bestehenden Religionsgesellschaft vorsätzlich verhindert oder stört, wird mit Gefängniß bis zu drei Jahren bestraft.

§. 304. Wer vorsätzlich und rechtswidrig Gegenstände der Verehrung einer im Staate bestehenden Religionsgesellschaft, oder Sachen, die dem Gottesdienste gewidmet sind, oder Grabmäler, öffentliche Denkmäler, ... beschädigt oder zerstört, wird mit Gefängniß bis zu 3 Jahren oder mit Geldstrafe bis zu eintausendfünfhundert Mark bestraft.

§. 38. Schmähungen und Erbitterung verursachende Beschuldigungen müssen durchaus vermieden werden.

§. 39. Protestantische [22]) Kirchengesellschaften des Augsburgschen Glaubensbekenntnisses sollen ihren Mitgliedern wechselseitig die Theilnahme auch an ihren eigenthümlichen Religionshandlungen nicht versagen, wenn dieselben keine Kirchenanstalt ihrer eigenen Religionspartei, deren sie sich bedienen können, in der Nähe haben.[23]) gegen ihre Mitglieder.

Neben der Gefängnißstrafe kann auf Verlust der bürgerlicheu Ehrenrechte erkannt werden.

Der Versuch ist strafbar.

Erk. des Reichsger. v. 30. Novbr. 1880. Blum's Annal. des Reichsger. Bd. 3 S. 13: Die öffentl. Beschimpfung einer kirchl. Hauskollekte ist aus §. 166 des R.St.G.B. als Beschimpfung eines Gebrauchs der evangel. Kirche strafbar.

Erk. d. Reichsgerichts v. 27. Mai 1881, kirchl. Ges. u. V.Bl. 1881 S. 132: Wenn ein Pfarrer Seitens der zuständigen Organe der Kirche (Konsistorien) mit der Leitung einer Sonntagsschule (Kindergottesdienst) kraft des ihm übertragenen Pfarramtes betraut, mithin bei der Sonntagsschule in seiner Eigenschaft als Religionsdiener thätig und auch in dieser Thätigkeit dem Konsistorium als seiner vorgesetzten Behörde unterstellt ist, so ist, wenn der Pfarrer in Beziehung auf diese Thätigkeit beleidigt worden, das Konsistorium gemäß §. 196 R.St.G.B. zur Stellung des Antrages auf Strafverfolgung berechtigt.

[22]) Kab.Ordre v. 3. April 1821 . . . . . Im Geschäftsstil soll darauf gehalten werden, die Benennung: evangelisch statt protestantisch — Evangelische statt Protestanten zu gebrauchen. . . . . .

[23]) Kab.Ordre v. 27. Sept. 1817, betreffend die Vereinigung der lutherischen und reformirten Kirche (Union — die Vereinigung der früher getrennten Lutheraner und Reformirten zu einem einheitlich verfaßten Kirchenkörper), abgedruckt in Koch, L.R. IV. zu §. 39 h. t. Kab.Ordre v. 30. April 1830, betreffend den Einfluß der Union auf die an die reformirte oder lutherische Konfession geknüpften Schenkungen, Stiftungen oder Rechte, G.S. S. 64. Nr. 1244:

Aus Ihrem Berichte v. 16. d. M. habe Ich ersehen, daß einzelne evangelische Gemeinden, obwohl die Union keinen Konfessionswechsel enthält, derselben beizutreten Bedenken tragen, weil sie befürchten, in dem bisherigen Genusse an die reformirte oder lutherische Konfession geknüpfter Stiftungen, Schenkungen oder auf andere Weise erworbener Vortheile nach Annahme der Union beeinträchtigt zu werden. Ich verordne deshalb, daß Niemand befugt sein soll, einer reformirten oder lutherischen Gemeinde, ingleichen einer geistlichen oder weltlichen Kirchen- oder Schulstelle dergleichen Rechte aus einem von dem Beitritte zur Union hergeleiteten Grunde vorzuenthalten oder zu entziehen.

Kab.Ordre v. 28. Febr. 1834, das Wesen und den Zweck der Union und Agende betreffend . . . . . . Die Union bezweckt und bedeutet kein Aufgeben des bisherigen Glaubensbekenntnisses; auch ist die Autorität, welche die Bekenntnißschriften der beiden evangelischen Konfessionen bisher gehabt, durch sie

§. 40. Jedem Bürger des Staats, welchen die Gesetze fähig erkennen, für sich selbst zu urtheilen, soll die Wahl der Religionspartei, zu welcher er sich halten will, frei stehen. (Tit. 2. §. 74. sqq.)[24])

---

nicht aufgehoben worden. Durch den Beitritt zu ihr wird nur der Geist der Mäßigung und Milde ausgedrückt, welcher die Verschiedenheit einzelner Lehrpunkte der anderen Konfession nicht mehr als den Grund gelten läßt, ihr die äußerliche kirchliche Gemeinschaft zu versagen. Der Beitritt zur Union ist Sache des freien Entschlusses. . . . . . Die Agende steht mit der Union nur insofern im Zusammenhange, als die darin vorgeschriebene Ordnung des Gottesdienstes und die für kirchliche Amtshandlungen aufgenommenen Formulare, weil sie schriftmäßig sind, ohne Anstoß und Beschwerde auch in solchen Gemeinden, die aus beiderlei Konfessionsverwandten bestehen, zu gemeinsamer Förderung christlicher Gottesfurcht und Gottseligkeit in Anwendung kommen können.

Kab. Ordre v. 6. März 1852, betreffend die amtliche Verpflichtung der Kirchenbehörden in Beziehung auf Union und Konfession (Aktenstücke des Ev. O. K. R. Heft 5 S. 2):

1) Der Ev. O. K. Rath ist verpflichtet, ebensowohl die evangelische Landeskirche in ihrer Gesammtheit zu verwalten und zu vertreten, als das Recht der verschiedenen Konfessionen und die auf dem Grunde desselben ruhenden Einrichtungen zu schützen und zu pflegen.
2) Der Ev. O. K. Rath besteht aus Gliedern beider Konfessionen. Es können aber nur solche Personen in denselben aufgenommen werden, welche das Zusammenwirken von Gliedern beider Konfessionen im Regimente mit ihrem Gewissen vereinbar finden.
3) Der Ev. O. K. R. beschließt in den zu seiner Entscheidung gelangenden Angelegenheiten kollegialisch nach Stimmenmehrheit seiner Mitglieder. Wenn aber eine vorliegende Angelegenheit der Art ist, daß die Entscheidung nur aus einem der beiden Bekenntnisse geschöpft werden kann, so soll die konfessionelle Vorfrage nicht nach den Stimmen sämmtlicher Mitglieder, sondern allein nach den Stimmen der Mitglieder des betreffenden Bekenntnisses entschieden werden, und diese Entscheidung dem Gesammtbeschlusse des Kollegii als Grundlage dienen.

Dieses Verfahrens ist in den betreffenden Ausfertigungen zu gedenken.

[24]) A. L. R. II. 2 §. 74 sequ.:

§. 74. Die Anordnung der Art, wie das Kind erzogen werden soll, kommt hauptsächlich dem Vater zu.

§. 75. Dieser muß vorzüglich dafür sorgen, daß das Kind in der Religion und nützlichen Kenntnissen den nöthigen Unterricht, nach seinem Stande und Umständen, erhalte.

§. 76. Sind die Aeltern verschiedenen Glaubensbekenntnissen zugethan, so müssen, bis nach zurückgelegtem vierzehnten Jahre, die Söhne in der Religion des Vaters, die Töchter aber in dem Glaubensbekenntnisse der Mutter unterrichtet werden.

§. 77. Zu Abweichungen von diesen gesetzlichen Vorschriften kann keiner der Aeltern den Anderen, auch nicht durch Verträge, verpflichten.

§. 78. So lange jedoch die Aeltern über den ihren Kindern zu ertheilenden

§. 41. Der Uebergang von einer Religionspartei zu einer andern geschieht in der Regel durch ausdrückliche Erklärung.

Religionsunterricht einig sind, hat kein Dritter ein Recht, ihnen darin zu widersprechen.

§. 79. Uebrigens benimmt die Verschiedenheit des kirchlichen Glaubensbekenntnisses keinem der Aeltern die ihm sonst wegen der Erziehung zustehenden Rechte.

§. 80. Auch nach dem Tode der Aeltern muß der Unterricht der Kinder in dem Glaubensbekenntnisse desjenigen von ihnen, zu dessen Geschlecht sie gehören, fortgesetzt werden.

§. 81. Auf eine in der letzten Krankheit erst erfolgte Religionsveränderung wird dabei keine Rücksicht genommen.

§. 82. Hat aber der verstorbene Ehegatte ein zu seinem Geschlechte gehöriges Kind, wenigstens durch das ganze letzte Jahr vor seinem Tode, in dem Glaubensbekenntnisse des anderen Ehegatten unterrichten lassen; so muß dieser Unterricht in eben der Art, auch nach seinem Tode, bis zum vollendeten vierzehnten Jahre des Kindes, fortgesetzt werden.

§. 83. Vor zurückgelegtem vierzehnten Jahre darf keine Religionsgesellschaft ein Kind zur Annahme, oder zum öffentlichen Bekenntnisse einer anderen Religion, als wozu dasselbe nach vorstehenden gesetzlichen Bestimmungen gehört, selbst nicht mit Einwilligung der Aeltern seines Geschlechts, zulassen.

§. 84. Nach zurückgelegtem vierzehnten Jahre hingegen steht es lediglich in der Wahl der Kinder, zu welcher Religionspartei sie sich bekennen wollen.

§. 85. Auch wenn das Kind eine andere, als die Religion beider Aeltern wählt, wird dadurch in den Rechten und Pflichten der Aeltern, wegen der Erziehung, Verpflegung und Versorgung, nichts geändert.

Hierzu erging die Deklaration v. 21. Nov. 1803:

Dieselbe setzt (in Abänderung des §. 76 L.R. II. 2) fest, daß eheliche Kinder jedesmal in der Religion des Vaters unterrichtet werden sollen, und daß zu Abweichungen von dieser gesetzlichen Vorschrift kein Ehegatte den anderen durch Verträge verpflichten dürfe. Uebrigens verbleibt es auch fernerhin bei der Bestimmung des §. 78 a. a. O. des A.L.R., nach welcher Niemand ein Recht hat, den Eltern zu widersprechen, so lange selbige über den ihren Kindern zu ertheilenden Religionsunterricht einig sind. Die Kab.Ordre v. 17. Aug. 1825 (G.S. S. 221) bestimmt, daß die Deklaration v. 21. Nov. 1803, wonach die Kinder gemischter Ehen in dem Glaubensbekenntnisse des Vaters zu erziehen, auch auf die westlichen Provinzen angewendet werden soll.

A.L.R. II. 2:

§. 642. Uneheliche Kinder werden bis zum geendigten vierzehnten Jahre in dem Glaubensbekenntnisse der Mutter erzogen.

§. 643. Doch muß, wenn der Vater ein Christ, die Mutter aber irgend einer anderen Religions-Partei zugethan ist, ein solches uneheliche Kind, bis nach zurückgelegtem vierzehnten Jahre, in der christlichen Religion erzogen werden.

In Betreff der Kinder, deren Vater oder deren Eltern sich einer Dissidentengemeinschaft angeschlossen haben, vergl. R. des Min. d. geistl. A. v. 10. März u. 19. April 1859 u. R. des Ev.O.K.R. v. 12. Mai 1859 (M.Bl. d. i. V. S. 111—113) u. v. 21. Febr. 1860 (M.Bl. a. a. O. S. 107.).

§. 42. Die Theilnehmung an solchen Religionshandlungen, wodurch eine Partei sich von der andern wesentlich unterscheidet, hat die Kraft einer ausdrücklichen Erklärung, wenn nicht das Gegentheil aus den Umständen deutlich erhellet. (§. 39.)[25][26]

§. 43. Keine Religionspartei soll die Mitglieder der andern durch Zwang oder listige Ueberredungen zum Uebergange zu verleiten sich anmaßen.

§. 44. Unter dem Vorwande des Religionseifers darf Niemand den Hausfrieden stören, oder Familienrechte kränken.

§. 45. Keine Kirchengesellschaft ist befugt, ihren Mitgliedern Glaubensgesetze wider ihre Ueberzeugung aufzudringen.

§. 46. Wegen der äußern Form und Feier des Gottesdienstes kann jede Kirchengesellschaft dienliche Ordnungen einführen.[27]

---

[25]) vergl. hierzu das Ges. v. 14. Mai 1873 (G.S. S. 207), betreffend den Austritt aus der Kirche, und die Allgem. Verf. des Justizministers v. 13. Juni 1873, betreffend die Ausführung des vorgenannten Gesetzes (J.M.Bl. S. 183).

[26]) An Orten, wo 2 evangelische Kirchengemeinden, des lutherischen und des reformirten Bekenntnisses, der Union beigetreten sind, wird durch diesen Beitritt zur Union für sich allein die Möglichkeit nicht ausgeschlossen, daß ein Gemeindemitglied von der einen (der lutherischen) zu der anderen (der reformirten) Religionspartei mit rechtlicher Wirkung übergehe.

Erk. des K.Ober-Trib. v. 9. Juli 1860 Striethorst, Archiv Bd. 38 S. 147.

[27]) Die Frage, ob eine Kirchengemeinde oder der Inbegriff einer Religionspartei (Konfession) sich eine Kirchenagende und Kirchenpolizeiordnung geben dürfe oder von einer anderen Autorität empfangen müsse, kann nach Koch (A.L.R. IV. Anm. 86 zu §. 46 d. T.), weil der Beruf zu solchen Anordnungen innerhalb einer bestimmten Gemeinde oder einer bestimmten Religionspartei wesentlich mit deren Verfassung zusammen hängt, nur in Beziehung auf eine bestimmte Religionspartei und eine bestimmte Kirchengemeinde gestellt und entschieden werden.

Kirchengemeindeordnung v. 10. Sept. 1873:

§. 15: Der Gemeindekirchenrath hat für Erhaltung der äußeren gottesdienstlichen Ordnung zu sorgen und die Heilighaltung des Sonntags zu befördern.. Zur Abänderung der üblichen Zeit der öffentlichen Gottesdienste bedarf der Pfarrer der Zustimmung des Gemeindekirchenrathes.

Dieselbe ist auch erforderlich, wenn wegen der in der Gemeinde bestehenden lokalen liturgischen Einrichtungen Anträge an die zuständigen Behörden gerichtet werden sollen.

Generalsynodalordnung v. 20. Jan. 1876:

§. 7: Der landeskirchlichen Gesetzgebung unterliegen ausschließlich . . . . .
3. Die zu allgemeinem landeskirchlichem Gebrauche bestimmten agendarischen

§. 47. Dergleichen Anordnungen müssen jedoch dem Staate zur Prüfung, nach dem §. 13. bestimmten Grundsatze, vorgelegt werden. [28])

§. 48. Nach erfolgter Genehmigung haben sie mit andern Polizeigesetzen gleiche Kraft und Verbindlichkeit. [29])

§. 49. Sie können aber auch ohne Genehmigung des Staats nicht verändert, noch wieder aufgehoben werden. [30])

§. 50. Jedes Mitglied einer Kirchengesellschaft ist schuldig, sich der darin eingeführten Kirchenzucht zu unterwerfen.

§. 51. Dergleichen Kirchenzucht soll bloß zur Abstellung öffentlichen Aergernisses abzielen.

§. 52. Sie darf niemals in Strafen an Leib, Ehre, oder Vermögen der Mitglieder ausarten.

§. 53. Sind dergleichen Strafen zur Aufrechthaltung der Ordnung, Ruhe und Sicherheit in der Kirchengesellschaft nothwendig: so muß die Verfügung der vom Staate gesetzten Obrigkeit überlassen werden.

§. 54. Wenn einzelne Mitglieder durch öffentliche Handlungen eine Verachtung des Gottesdienstes und der Religionsgebräuche zu erkennen geben, oder andere in ihrer Andacht stören: so ist die Kirchengesellschaft befugt, dergleichen unwürdigen Mitgliedern, so lange sie sich nicht bessern, den Zutritt in ihre Versammlungen zu versagen.

§. 55. Wegen bloßer, von dem gemeinen Glaubens-

Normen. Soll die Einführung agendarischer Normen nur für einzelne Provinzialbezirke erfolgen, so bedarf es der Zustimmung der betreffenden Provinzialsynode.

Insofern bestehende agendarische Ordnungen die Verwaltung der Sakramente betreffen, dürfen sie in den einzelnen Gemeinden nicht ohne Zustimmung der Gemeindeorgane verändert werden, gleichviel, ob die Aenderung durch landeskirchliche oder provinzielle Gesetzgebung beschlossen ist.

Durch vorübergehende Verhältnisse bedingte und daher nur zeitweilige, liturgische Anordnungen werden mit Ermächtigung des Königs vom Evangel. Oberkirchenrathe getroffen.

Die Zulassung von Katechismuserklärungen, Religionslehrbüchern u. Gesangbüchern erfolgt für den allgemeinen landeskirchlichen Gebrauch nach ertheilter Billigung der Generalsynode, für den provinziellen Gebrauch nach ertheilter Billigung der Provinzialsynode, durch Verfügung des Kirchenregiments. Gegen obligatorische Einführung solcher kirchlicher Bücher steht jeder einzelnen Gemeinde ein Widerspruchsrecht zu.

[28]) vergl. Anm. 27.

[29]) vergl. Anm. 27.

[30]) vergl. Anm. 27.

bekenntnisse abweichender Meinungen, kann kein Mitglied ausgeschlossen werden.

§. 56. Wenn über die Rechtmäßigkeit der Ausschließung Streit entsteht: so gebührt die Entscheidung dem Staate.

§. 57. So weit mit einer solchen Ausschließung nachtheilige Folgen für die bürgerliche Ehre des Ausgeschlossenen verbunden sind, muß vor deren Veranlassung die Genehmigung des Staats eingeholt werden. [31])

Zweiter Abschnitt.

Von den Mitgliedern der Kirchengesellschaften.

Geistliche Mitglieder.

§. 58. Die Kirchengesellschaft besteht aus geistlichen und weltlichen Mitgliedern.

§. 59. Diejenigen, welche bei einer christlichen Kirchengemeine zum Unterrichte in der Religion, zur Besorgung des Gottesdienstes, und zur Verwaltung der Sacramente [31a]) bestellt sind, werden Geistliche genannt.

Erfordernisse derselben.

§. 60. Niemand darf ohne Vorwissen und Genehmigung derjenigen, deren Einwilligung zur Wahl einer Lebensart erfordert wird, zu einem geistlichen Amte sich bestimmen. (Tit. 2. §. 109. sqq. Tit. 18. Absch. 6.) [32])

---

[31]) Zu den §§. 50—57 dies. Tit. vergl. jetzt das Gesetz v. 13. Mai 1873 (G.S. S. 205) über die Grenzen des Rechts zum Gebrauche kirchlicher Straf- und Zuchtmittel, im Anhange.

[31a]) cfr. R. des Ev.O.K.R., betr. die Selbstnahme des h. Abendmahls durch die dasselbe verwaltenden Geistlichen, v. 9. April 1881, kirchl. Ges. u. V.Bl. 1881 S. 29.

[32]) Die §§. 109—118 L.R. II. 2 handeln von den Rechten und Pflichten der Eltern bei der Wahl einer Lebensart für die Kinder. Danach hängt die Bestimmung der künftigen Lebensart der Söhne zunächst von dem Ermessen des Vaters ab, welchem der Sohn bis nach dem 14. Lebensjahre sich schlechterdings unterwerfen muß. Bei alsdann fortdauernder Abneigung des Sohnes gegen die von dem Vater gewählte Lebensart soll das vormundschaftl. Gericht mit Zuziehung eines oder zweier Verwandten und der Lehrer des Sohnes die beiderseitigen Gründe prüfen, und den Streitfall nach der Neigung und Fähigkeit des Sohnes, sowie nach dem Stande und Vermögen des Vaters entscheiden. Doch soll wider seinen Willen weder der Sohn zum Studium, noch der Vater zur Gewährung der Studienkosten genöthigt werden. Will der Sohn von der mit Zustimmung des Vaters oder sonst freiwillig gewählten Lebensart zu einer anderen übergehen, so ist der Vater die durch solche Aenderung entstehenden größeren Kosten herzugeben

§. 61. Ohne vorhergegangene genaue Prüfung seiner Kenntnisse, und seines bisher geführten Wandels, soll Niemand zu einem geistlichen Amte gelassen werden.[33])

---

in der Regel nicht schuldig. Kann jedoch der Sohn erhebliche Gründe hierzu anführen, so soll nach Analogie der obigen Grundsätze verfahren werden.

An die Stelle des im §. 60 L.R. II. 11 citirten Abschn. 6 des Tit. 18 Thl. II des A.L.R. ist die Vormundschaftsordnung v. 5. Juli 1875 G.S. S. 431 getreten, welche verordnet:

§. 27. Dem Vormunde liegt die Sorge für die Person und die Vermögensangelegenheiten des Mündels, sowie die erforderliche Vertretung desselben ob, soweit nicht für gewisse Angelegenheiten ein Pfleger bestellt ist.

§. 28. Der Mutter des Mündels steht dessen Erziehung unter der Aufsicht des Vormundes zu. Dieselbe kann ihr aus erheblichen Gründen nach Anhörung des Vormundes, wie des Waisenrathes durch das Vormundschaftsgericht entzogen werden.

Die bestehenden Vorschriften über die religiöse Erziehung der Kinder bleiben in Kraft.

[33]) In Betreff der von den Kandidaten der evangelischen Theologie abzulegenden theologischen Examina gilt Folgendes:

(vergl. Jacobson, Das evangel. Kirchenrecht S. 351 ff. Vogt, Kirchenrecht I S. 91 ff. Koch, L.R. IV. Anm. 92 zu §. 61 d. T.):

In Preußen bestehen für die evangelischen Theologen 2 theologische Examina, das Examen pro licentia concionandi und das pro ministerio.

Zur ersten theologischen Prüfung wird nur zugelassen, wer die Universität mit dem Zeugnisse der Reife bezogen und die hebräische Sprache so weit erlernt hat, daß er den hebräischen Codex verstehen und davon bei Auslegung des Neuen Testaments Gebrauch machen kann. Das Universitätsstudium ist ein dreijähriges. Jeder Studirende der Theologie steht unter der speziellen Aufsicht der Fakultät, nach Vollendung seiner akademischen Studien tritt er unter kirchliche Aufsicht.

Nach dem Abgange von der Universität hat sich der Kandidat bei seinem Ortspfarrer und dem Superintendenten seiner Diöcese persönlich zu melden und unter Einreichung seines Lebenslaufes und der erforderlichen Zeugnisse (Taufschein, Maturitätszeugniß, Abgangszeugniß von der Universität, Attest eines Geistlichen über das kirchliche Verhalten während der Studienzeit und des letzten Aufenthalts, Militärzeugniß) bei dem Konsistorium seine Zulassung zur Prüfung zu beantragen.

Die erste Prüfung dient hauptsächlich zur Erforschung der wissenschaftlichen Bildung des Kandidaten, und ist theils schriftlich, theils mündlich; auch hat der Kandidat eine Predigt zu halten. Die Prüfung erfolgt in der Provinz Preußen durch die theologische Fakultät zu Königsberg, in Sachsen durch eine Kommission der Fakultät zu Halle, in Pommern, Posen, Schlesien durch eine Kommission des Konsistoriums unter Zuziehung theologischer Professoren, in der Rheinprovinz und Westfalen durch eine Kommission, welche aus einem Vorsitzenden, 2 Räthen des Konsistoriums und 2 Abgeordneten der betreffenden Provinzialsynode besteht. Nach §. 65 Nr. 9 der Kirchengemeinde- und Synodalordnung v. 10. Sept. 1873 sind auch die Provinzialsynoden der älteren 6 östlichen Provinzen berechtigt, zu den durch das Konsistorium veranstalteten Prüfungen der theologischen Kandidaten 2 bis 3 Abgeordnete aus ihrer Mitte als Mitglieder der Prüfungskommission mit vollem Stimmrecht zu entsenden. Die Prüfung hat sich zu erstrecken auf die deutsche und lateinische Sprache, die Bekanntschaft mit dem Grundtexte des alten und neuen Testaments, die Glaubens- und Sittenlehre, die Kirchengeschichte, die Philosophie, Bücherkenntniß, die Einsicht des Praktischen in den theologischen Kenntnissen, und auf Abfassung und Vortrag einer Predigt. Den Geprüften sind nur 3 Hauptprädikate zu ertheilen: bestanden, gut bestanden, vorzüglich bestanden. Wenn ein Kandidat auf Zeit oder gänzlich abgewiesen werden muß, so ist dies mit dem Prädikat: nicht bestanden, im Zeugnisse zu bemerken, im letzteren Falle aber sämmtlichen Konsistorien davon Mittheilung zu machen.

Nach bestandener Prüfung ist der Kandidat der besonderen Aufsicht seines Superintendenten unterworfen. Damit die Kandidaten für den Fall, daß ihnen nach erfolgter Anstellung im geistlichen Amte die Inspektion über eine oder mehrere Schulen ihres Sprengels vom Staate übertragen wird, geschickt seien, auch den in pädagogischer Hinsicht an sie zu stellenden Anforderungen zu genügen, soll jeder Predigtamtskandidat nach Vollendung seiner Universitätsstudien an einem Schullehrerseminar der Provinz, welcher er angehört, in außerordentlichen Fällen auch bei einem anderen inländischen Seminar 6—8 Wochen lang dem Unterrichte und den Uebungen der Seminaristen beiwohnen und ein darüber sprechendes Zeugniß des Seminardirektors dem Konsistorium einsenden. (Circ. Verf. des Minist. d. geistl. Angel. v. 30. Jan. 1842. Min. Bl. f. d. innere Verw. 1844 S. 64.) Von dem Besuche eines Schullehrerseminars ist dispensirt, wer das Examen pro schola bestanden und 1 Jahr an einer Volks- oder Bürgerschule oder $1/2$ Jahr bei den Franke'schen Stiftungen in Halle unterrichtet hat, oder als wirklich angestellter Lehrer fungirt oder die facultas docendi an gelehrten Schulen erworben und das Probejahr abgehalten oder den Kursus auf dem Predigerseminar in Wittenberg durchgemacht hat, (Jacobson, Kirchenrecht S. 354. Aktenst. d. Ev. O. K. R. Heft 14 S. 258), oder als Mitglied des Domstiftes zu Berlin den in demselben eingeführten pädagogischen und didaktischen Kursus absolvirt hat. (Aktenst. Bd. 5 Heft 16 S. 443 ff., woselbst sich auch die Instruktion, betreffend den Seminarbesuch der Kandidaten des evangel. Predigtamts, v. 15. Aug. 1864, abgedruckt findet.)

R. d. Ev. O. K. R. v. 1. April 1878, erlassen im Einverständniß mit dem Min. d. geistl. A., kirchl. Ges. u. V. Bl. 1878 S. 97: Kandidaten der Theologie, welche überhaupt eine Lehramtsprüfung bestanden und wenigstens Ein Jahr lang ein Schulamt zur Zufriedenheit verwaltet haben, können von der Verpflichtung, durch Absolvirung eines 6wöchentlichen Kursus an einem Schullehrerseminar sich für die Schulinspektion zu befähigen, dispensirt werden.

Ein Jahr nach dem ersten soll der Kandidat sich zum zweiten Examen melden. Das Examen pro ministerio ist vorherrschend auf die praktische Qualifikation des Kandidaten zu richten, und hat sich neben den oben aufgeführten Disziplinen noch über die Geschichte der Dogmen, theologische Literatur, Fertigkeit im Katechisiren, Pädagogik zu verbreiten. Auch die zweite Prüfung zerfällt in eine schriftliche und mündliche. Durch Absolvirung des Examens pro ministerio wird die Wahlfähigkeit erlangt. Das Zeugniß über die Wahlfähigkeit erhält jedoch nicht früher seine Kraft, als bis der Kandidat das kanonische Alter (v. 25 Jahren) erreicht hat. Denjenigen Kandidaten, welche vor wirklich geleisteter Militärpflicht oder vor definitiver Zurückstellung vom aktiven Militärdienste die zweite theologische Prüfung ablegen, ist das Wahlfähigkeitszeugniß resp. die Anstellung im geistlichen Amte so lange vorzuenthalten, bis sie ihrer Dienstpflicht im stehenden Heere genügt haben oder durch die zuständige Militärbehörde von der Leistung dieser Dienstpflicht definitiv entbunden worden sind. (Erlaß des Evang. Ob. Kirch. Raths v. 12. Juni 1851. Min. Bl. f. d. inn. Verw. 1851 S. 111.)

Ueber die näheren Einzelheiten der beiden vorgedachten theologischen Examina vergl. man die bei Vogt, Kirchenr. I S. 95 ff. und bei Meier, Kirchenr. S. 33 ff. abgedruckte, durch das Zirkularreskript des Ministers der geistl. Angel. v. 24. Okt. 1827 mitgetheilte Instruktion für die Konsistorien über die theologischen Prüfungen v. 12. Febr. 1799, welche in Abschn. III auch von dem „Kolloquium mit den zu berufenden Inspektoren" handelt.

Ueber die Beaufsichtigung und Fortbildung der Kandidaten der Theologie und des Predigtamtes sind in den einzelnen Provinzen des Preuß. Staates besondere „Kandidatenordnungen" erlassen worden, und zwar für die Rheinprovinz v. 15. März 1852, Westfalen v. 15. Sept. 1852, Schlesien v. 20. Okt. 1852, Sachsen v. 22. Jan. 1853, Pommern v. 13. Mai 1853, Posen v. 15. Juli 1853, Preußen v. 7. Sept. 1853. (cfr. Aktenstücke des Evang. Ober Kirchen R. Heft 6, S. 30—65, und Vogt, Kirchenrecht I S. 111 ff., wo indessen die rheinische nicht abgedruckt ist.)

Das Zeugniß der Wahlfähigkeit ertheilt dem Kandidaten die Anstellungsberechtigung nicht blos für die einzelne Provinz, sondern für die ganze Monarchie. Verf. des Minist. der geistl. Angel. v. 27. Mai 1847 Min. Bl. f. d. inn. Verw. S. 251.

cfr. R. des Finanzmin. v. 6. April 1878, kirchl. Ges. u. V. Bl. 1878 S. 126, 127. Danach sind diejenigen Atteste (über die Theilnahme am h. Abendmahl, das Führungsattest des vorgesetzten Superintendenten, das Zeugniß über den absolvirten pädagogischen Kursus), welche die Predigtamtskandidaten behufs ihrer Zulassung zu den theologischen Prüfungen einreichen, stempelfrei, da diese Atteste nur von Aufsichtswegen und im Interesse des öffentlichen Dienstes erfordert werden. (von Amtswegen ausgestellte Atteste.)

Nach dem Zirkulare v. 29. Aug. 1810 (cfr. Jacobson, Kirchenrecht S. 356) soll jeder Kandidat, der nicht innerhalb eines Jahres nach der zweiten Prüfung zu einer Pfarrstelle berufen wird, sich noch einem Kolloquium pro munere vor dem Konsistorium unterwerfen.

Was die Zulassung auswärtiger Theologen zu den diesseitigen Prüfungen und zu inländischen Pfarrämtern betrifft, so hat die Kab. Ordre v. 11. April 1845 folgende Grundsätze aufgestellt, welche in dem Reskr. des Kult. Min. v. 6. Sept. 1845 M. Bl. d. i. V. 1846 S. 5) zur Nachachtung publizirt wurden:

1) Zu der ersten theolog. Prüfung vor einer preuß. Prüfungsbehörde sind die Unterthanen anderer deutscher Bundesstaaten zu verstatten, wenn dieselben im Stande sind, alle diejenigen Bedingungen zu erfüllen, welche von Preuß. Unterthanen nach den darüber bestehenden Vorschriften gefordert werden.
2) Zu der zweiten Prüfung sind die Unterthanen anderer deutscher Staaten zu verstatten, wenn sie
   a) eine erste theolog. Prüfung (pro facultate concionandi) vor einer diesseitigen Prüfungskommission oder vor einer kollegialisch besetzten Prüfungsbehörde ihrer Heimath bestanden haben,

b) den Nachweis erbringen, daß sie ihrer Militärpflicht nach den Gesetzen ihrer Heimath genügt haben oder nach denselben von der Militärpflicht befreit sind und zugleich das 25. Lebensjahr vollendet haben,
c) ingleichen, daß ihnen von einem Privatpatron eine Anwartschaft auf eine inländische Pfarrstelle eröffnet worden,
d) endlich alle sonst von inländischen Kandidaten geforderten Zeugnisse ihrer wissenschaftl. und praktischen Vorbildung für das Predigtamt und ihres sittlichen Wohlverhaltens beibringen.

Ad. b) kann der Minister der geistl. Angel. dispensiren.

3) Die Berufung auswärtiger Predigtamtskandidaten aus dem Bereich der deutsch. Bundesstaaten zu inländischen Pfarrstellen ist den Privatpatronen und wahlberechtigten Gemeinden gestattet, wenn der in Aussicht genommene Kandidat die diesseits verordnete zweite theologische Prüfung nach Maaßgabe der Vorschriften in Nr. 2 besteht und in derselben eine der beiden ersten Zeugnißnummern erhält.
(nach dem R. des Ev. O. K. R. v. 29. März 1854 das Prädikat: vorzüglich.)
Im Uebrigen muß der Berufene die nach den allgemeinen Landesgesetzen erforderl. Eigenschaften zur Aufnahme in den diesseitigen Unterthanenverband besitzen.

4) Wegen der Berufung eines bereits in einem geistlichen Amte stehenden ordinirten evangelischen Geistlichen in eine inländische Pfarrstelle Privatpatronats behält es bei der Vorschrift der Regierungsinstruktion v. 23. Okt. 1817 §. 15 lit. a. und der Allerh. Ordre v. 31. Dez. 1825 lit. b. Nr. 3 dahin sein Bewenden, daß vor der Bestätigung des Berufenen das Konsistorium sich von dessen Qualifikation, event. durch Abhaltung eines Kolloquium, zu überzeugen hat.

5) Die Berufung auswärtiger Kandidaten oder Pfarrgeistlichen zu einer Pfarrstelle Königlichen Patronats bedarf, nach der Allerh. Ordre v. 31. Dez. 1825 lit. b. Nr. 3, der Genehmigung des Ministers der geistl. Angel. vergl. hierzu die Kab. Ordre v. 27. Jan. 1862 in der Anm. 159.

Nachdem sich in Folge der veränderten Zeitverhältnisse das Bedürfniß herausgestellt hat, die Bestimmungen des Zirkularerlasses v. 6. Sept. 1845 über die Zulassung ausländischer Theologen zu den diesseitigen Prüfungen, wie zu Pfarrämtern der evang. Landeskirche, insoweit es die Angehörigen der Provinzen Hannover, Schleswig-Holstein und Hessen-Nassau, ingleichen der Staaten des Norddeutschen Bundes betrifft, einer Revision zu unterwerfen und die desfalls zu treffenden Anordnungen unter dem 11. April 1870 die Allerhöchste Genehmigung erlangt haben, hat der Ev. Ob. Kirchen Rath mittelst Erlasses v. 20. Juni 1870 Nr. 1888 I. E. O. Folgendes verordnet:

Für die Angehörigen der vorgenannten preußischen Provinzen und der Staaten des Norddeutschen Bundes treten an Stelle des Zirkul. Erlasses v. 6. Sept. 1845 folgende Bestimmungen in Kraft:

1) Zur ersten theologischen Prüfung (pro licentia concionandi) vor einer Prüfungsbehörde der preußischen Landeskirche sind dieselben zuzulassen, sobald sie im Stande sind, alle diejenigen Bedingungen zu erfüllen und diejenigen Nachweise zu erbringen, welche nach den darüber bestehenden Vorschriften von den zur evangel. Landeskirche gehörenden Preußischen Unterthanen gefordert werden.

2) Zur zweiten theologischen Prüfung (pro ministerio) sind dieselben zu verstatten, wenn sie
   a) eine erste theologische Prüfung (pro licentia concionandi) vor einer Prüfungsbehörde der evangel. Landeskirche in Preußen oder vor einer kollegialisch besetzten Prüfungsbehörde ihrer Heimath bestanden haben, und
   b) alle sonst von Kandidaten der evangel. Landeskirche geforderten Zeugnisse ihrer wissenschaftlichen und praktischen Vorbildung für das Predigtamt und ihres sittlichen Wohlverhaltens beibringen.
3) Bei der Berufung von Predigtamtskandidaten in Pfarr- oder andere geistl. Stellen der evangel. Landeskirche ist Folgendes zu bemerken:
   a) Kandidaten aus den vorbenannten preußischen Provinzen, welche von ihrer Heimathsbehörde das Zeugniß der unbeschränkten Befähigung für das geistl. Amt erlangt haben, sind zur nochmaligen Ablegung einer theologischen Prüfung nicht anzuhalten, das betr. Provinzialkonsistorium ist aber befugt, durch Anordnung eines Kolloquiums sich davon zu überzeugen, daß der Berufene für den Dienst in der evangel. Landeskirche geeignet ist.
   b) Kandidaten aus den Ländern des Norddeutschen Bundes müssen der Regel nach der vollständigen Prüfung pro ministerio in der Landeskirche gleich den in der Landeskirche nur pro licentia concionandi Geprüften sich unterziehen; ausnahmsweise kann vom Evang. Ob. Kirch. Rath aus bewegenden Gründen in Stelle des Examens die Abhaltung eines Kolloquiums nachgelassen werden.
4) Bei Berufung ordinirter, bereits im geistl. Amte stehender Personen findet die nochmalige Ablegung einer Prüfung niemals statt; das betr. Provinzialkonsistorium, welches die Berufung vornehmen will oder die von einem Patron resp. einer wahlberechtigten Gemeinde geschehene Berufung zu bestätigen hat, ist jedoch befugt, die Qualifikation des Berufenen für den Dienst der evangel. Landeskirche, sofern dieselbe nicht schon anderweitig außer Zweifel ist, durch ein besonderes Kolloquium festzustellen.

Hinsichtlich der den deutschen Ländern außerhalb des Norddeutschen Bundes angehörigen Theologen und Geistlichen bleiben die Bestimmungen des Zirkularerlasses v. 6. Sept. 1845 nebst den dazu ergangenen Ergänzungen, insbesondere der Kab. Ord. v. 27. Jan. 1862 in Kraft.

Außerdem darf ein geistl. Amt in einer der christlichen Kirchen nur einem Deutschen übertragen werden, welcher seine wissenschaftliche Vorbildung nach den Vorschriften des Gesetzes v. 11 Mai 1873 (G. S. S. 191) über die *Vorbildung und Anstellung der Geistlichen*, dargethan hat. (wissenschaftliche Staatsprüfung.) Vergl. jetzt hierzu Art. 3 des Ges. v. 31. Mai 1882. G.S. S. 307.

Nach dem R. des Ev. O. K. R. v. 26. März 1878, kirchl. Ges. u. V. Bl. 1878 S. 67 hat der Min. d. geistl. A. in einem Spezialfalle sich dahin erklärt, daß die Bestimmung des §. 26 Abs. 1 Ges. v. 11. Mai 1873, wonach die Vorschriften dieses Gesetzes über den Nachweis wissenschaftlicher Vorbildung und Befähigung keine Anwendung finden sollen auf Personen, die *vor Verkündigung dieses Gesetzes* im geistlichen Amte *angestellt* sind, oder die Fähigkeit zur Anstellung im geistl. Amte erlangt haben, nicht nur auf das geistl. Amt in der preußischen

§. 62. Die übrigen Erfordernisse zu einem geistlichen Amte bleiben, nach Verschiedenheit der Religionsparteien, den vom Staate genehmigten Grundgesetzen und Verfassungen derselben vorbehalten.

Bestallung. §. 63. Die Befugniß zur Ausübung aller geistlichen Amtsverrichtungen wird durch die Ordination verliehen.[33a])

§. 64. Landesunterthanen sollen ohne besondere Erlaubniß, die Ordination zu geistlichen Aemtern bei auswärtigen Behörden nicht nachsuchen oder annehmen.

§. 65. Die Ordination soll Niemanden ertheilt werden, ehe er ein geistliches Amt, welches ihm seinen Unterhalt gewährt, zu übernehmen Gelegenheit hat.

Rechte und Pflichten in Ansehung des Amts. §. 66. Die besondern Rechte und Pflichten eines katholischen Priesters, in Ansehung seiner geistlichen Amtsverrichtungen, sind durch die Vorschriften des Canonischen Rechts; der protestantischen Geistlichen aber, durch die Consistorial- und Kirchenordnungen bestimmt.[34])

§. 67. Alle Geistliche müssen sich, bei Verlust ihres Amts, eines ehrbaren und dem Volke unanstößigen Lebenswandels vorzüglich befleißigen.

§. 68. Auch in gleichgültigen Dingen müssen sie alle Gelegenheit zum Anstoße für die Kirchengemeine sorgfältig vermeiden.

§. 69. Aller zudringlichen Einmischungen in Privat- und Familienangelegenheiten müssen sie sich enthalten.

§. 70. Durch vorsichtiges und sanftmüthiges Betragen müssen sie die Liebe und das Vertrauen der Gemeine zu erwerben suchen.

§. 71. Ueberhaupt müssen sie in Lehre und Wandel

Landeskirche, sondern auf das geistl. Amt aller Landeskirchen innerhalb des Deutschen Reiches zu beziehen ist.

[33a]) Ressortregl. v. 1. Okt. 1847, M.Bl. d. i. V. S. 278 I Nr. 8: Die Ordination, Vereidigung und Einführung der bestätigten evangelischen Geistlichen in das geistliche Amt gehört zum Ressort der Konsistorien. vergl. Nr. 22 der Instruktion für die Generalsuperintendenten v. 14. Mai 1829 u. §. 62 der Kirch.Ord. v. 5. März 1835 (Rheinprovinz u. Westfalen).

[34]) Diese Konsistorial- und Kirchenordnungen sind nach den einzelnen Provinzen verschieden. Man vergleiche die bezüglichen Provinzialordnungen bei Jacobson, Kirchenrecht S. 31—97.

vergl. R. des Ev.O.K.R. v. 7. Nov. 1877, betr. die Theilnahme der Geistlichen an politischen Parteibewegungen, insbesondere Wahlagitationen, kirchl. Ges. u. V.Bl. 1876/77 S. 253—260. cfr. auch a. a. O. 1879 S. 25 ff.

ihren Zuhörern mit einem guten Beispiele der Sanftmuth und Verträglichkeit, selbst gegen fremde Religionsverwandte vorgehen.

§. 72. Auch die Personen, welche zu ihrer Familie gehören, müssen sie zu einer ordentlichen, stillen und bescheidenen Aufführung anhalten.

§. 73. In ihren Amtsvorträgen, und bei dem öffentlichen Unterrichte müssen sie zum Anstoße der Gemeine nichts einmischen, was den Grundbegriffen ihrer Religionspartei widerspricht.

§. 74. In wie fern sie, bei innerer Ueberzeugung von der Unrichtigkeit dieser Begriffe, ihr Amt dennoch fortsetzen können, bleibt ihrem Gewissen überlassen.[35])

§. 75. Auch außer der Kirche müssen Geistliche, denen die Seelsorge bei einer Kirchengesellschaft anvertraut ist, an der Belehrung und moralischen Besserung ihrer Mitglieder unermüdet arbeiten.

§. 76. Zu Privatermahnungen, in so fern dieselben mit Sanftmuth und Bescheidenheit geschehen, sind sie berechtigt.

§. 77. Wenn sie einem Mitgliede der Gemeine seine Vergehungen ins Geheim vorhalten: so sind sie nicht schuldig, die Quellen ihrer davon erhaltenen Nachrichten anzugeben.

§. 78. Dergleichen geheime Vorhaltungen sollen niemals für Injurien angesehen werden.

§. 79. Fehlen sie dabei aus Mangel an Sanftmuth und Bescheidenheit: so müssen die geistlichen Obern sie deshalb zurechtweisen.

§. 80. Was einem Geistlichen unter dem Siegel der Beichte, oder der geistlichen Amtsverschwiegenheit anvertraut worden, das muß er, bei Verlust seines Amts, geheim halten.

§. 81. Auch zum gerichtlichen Zeugnisse über den Inhalt solcher Eröffnungen kann ein Geistlicher ohne den

---

[35]) Der §. 74 stellt die innere Ueberzeugung in Gegensatz zu der im §. 73 vorgesehenen Bethätigung. Indem er in solchem Falle das Verharren im Amte der Selbstprüfung des Betheiligten überläßt, weist er implizite auf die eventuelle moralische Verpflichtung hin, ein Amt aufzugeben, dessen Pflichten nach aufrichtiger Ueberzeugung zu erfüllen der Inhaber des Amtes nicht im Stande ist. cfr. kirchl. Ges. u. Verord. Bl. 1879 S. 78.

Willen desjenigen, der ihm dieselben anvertraut hat, nicht aufgefordert werden.[36])

§. 82. So weit aber die Offenbarung eines solchen Geheimnisses nothwendig ist, um eine dem Staate drohende Gefahr abzuwenden; oder ein Verbrechen zu verhüten; oder den schädlichen Folgen eines schon begangenen Verbrechens abzuhelfen oder vorzubeugen, muß der Geistliche dasselbe der Obrigkeit anzeigen.[37])

§. 83. In öffentlichen Vorträgen muß jeder Geistliche aller persönlichen Anzüglichkeiten sich enthalten.

§. 84. Schilderungen der in einer Gemeine herrschenden Laster sind keine Anzüglichkeiten.

§. 85. Sie arten aber darin aus, wenn Personen genannt, oder durch individuelle Nebenumstände kundbar gemacht werden.

§. 86. Kein Geistlicher darf eigenmächtig irgend ein Mitglied der Gemeine von Beiwohnung des Gottesdienstes, oder von den Sacramenten ausschließen.[38])

§. 87. Findet er Bedenken, Jemanden zuzulassen, so muß er demselben dies Bedenken in Zeiten mit vernünftiger Schonung eröffnen.

§. 88. Besteht derselbe dennoch auf seiner Zulassung, so muß der Geistliche den Vorfall, mit Verschweigung des

---

[36]) Civilproz.Ordnung v. 30. Jan. 1877:

§. 348 Nr. 4:

Zur Verweigerung des Zeugnisses sind berechtigt: Geistliche in Ansehung desjenigen, was ihnen bei der Ausübung der Seelsorge anvertraut ist.

§. 351:

Zur Glaubhaftmachung der Thatsachen, auf welche die Weigerung gegründet wird, genügt die mit Berufung auf einen geleisteten Diensteid abgegebene Versicherung.

In gleichem Sinne disponirt die Strafprozeßordnung v. 1. Febr. 1877 §. 52 Nr. 1 und §. 55.

[37]) Reichsstrafgesetzbuch:

§. 139: Wer von dem Vorhaben eines Hochverraths, Landesverraths, Münzverbrechens, Mordes, Raubes, Menschenraubes oder eines gemeingefährlichen Verbrechens zu einer Zeit, in welcher die Verhütung des Verbrechens möglich ist, glaubhafte Kenntniß erhält und es unterläßt, hiervon der Behörde oder der durch das Verbrechen bedrohten Person zur rechten Zeit Anzeige zu machen; ist, wenn das Verbrechen oder ein strafbarer Versuch desselben begangen worden ist, mit Gefängniß zu bestrafen.

[38]) vergl. hierzu den §. 14 der Kirch.Gemeinde- und Synodalordnung v. 10. Sept. 1873.

Namens, seinen geistlichen Obern anzeigen und nach deren Vorbescheidung sich achten.[39])

§. 89. Nur in Fällen, wenn Jemand zu einer gottesdienstlichen Handlung in der Trunkenheit, in anstößiger und ärgerlicher Kleidung, oder sonst in einem Zustande sich darstellt, in welchem er, ohne offenbaren Anstoß und grobes Ärgerniß der Gemeine, oder seiner Mitgenossen bei dieser Handlung, nicht zugelassen werden kann, mag der Geistliche einen solchen Menschen, bis auf weitere Verfügung der Behörde, zurückweisen.

§. 90. Der einmal zurückgewiesene (§. 87. 89.) muß die Vorbescheidung der geistlichen Obern abwarten.[40])

§. 91. Kein Geistlicher kann ein Mitglied der Gemeine zur Beiwohnung des Gottesdienstes, und zum Gebrauche der Sacramente, durch äußeren Zwang anhalten.

§. 92. Auch zu Haus- und Krankenbesuchen darf er sich Niemandem gegen dessen erklärte Abneigung aufdringen.

Rechte und Pflichten in ihren Privatangelegenheiten.

§. 93. Geistliche dürfen weder für sich selbst, noch durch die in ihrem Hause lebende Familie, Kaufmannschaft oder bürgerliche Gewerbe treiben.[41])

---

[39]) cfr. vorige Anmerkung.

[40]) vergl. Anmerk. 38.

[41]) Nach der Zirkul.-Verf. des Min. der geistl. Angel. v. 31. Okt. 1841 (Min. Bl. d. i. Verw. 1842 S. 10) sollen Geistliche auch Nebenämter ohne Genehmigung der kirchlichen Oberen nicht übernehmen.

Den Kirchenpatronen ist nicht gestattet, in die Vokationen der von ihnen berufenen Geistlichen beschränkende Bedingungen in Betreff der Uebernahme von Nebenämtern und Beschäftigungen aufzunehmen. Ein anderes Nebenamt, als ein königliches Amt, sollen Geistliche nur mit Genehmigung des Provinzial-Konsistoriums übernehmen dürfen, welches darüber zuvor den Patron und den Kirchenvorstand mit ihren Gutachten zu hören hat. Die Uebertragung eines kirchenregimentlichen Amtes auf einen Geistlichen geht von den dazu ermächtigten Behörden aus. Dem Patron oder der Gemeinde steht ein Widerspruchsrecht nicht zu. Leidet aber das Pfarramt durch die Pflichten des kirchenregimentliches Amtes in solchem Maaße, daß der Geistliche dem ersteren nicht mehr die erforderliche Sorgfalt zu widmen im Stande ist, so hat das Konsistorium auf Anrufen des Patrons oder der Gemeinde, falls eine Geschäftserleichterung für den Geistlichen nicht eintreten kann, zu bestimmen, in welchem Umfange eine Aushülfe oder Stellvertretung und welche Remuneration dafür erforderlich ist. Hierbei dürfen dem Patron niemals größere Leistungen, als die bisherigen, wider seinen Willen zugemuthet werden.

Gegen die Entscheidung des Konsistorii steht den Betheiligten der Rekurs an den Minister der geistl. Angel. offen, an welchen wegen der Beschaffung der er-

§. 94. Wenn ihnen der Genuß gewisser Grundstücke zu ihrem Unterhalt angewiesen worden, so mögen sie

---

forderlichen Remuneration aus Staatsfonds — in Ermangelung eines freiwilligen Abkommens mit dem zu vertretenden Geistlichen, — zu berichten ist.

Auch bei Uebernahme anderer Aemter steht weder dem Patron, noch der Gemeinde ein Widerspruchsrecht zu. Der Geistliche aber hat die Genehmigung des Konsistorii nachzusuchen. Letzteres hat die Erlaubniß nach Anhörung des Patrons und des Kirchenvorstandes zu ertheilen oder zu versagen. Als angemessene Beschäftigungen werden erwähnt: Ertheilung von Religionsunterricht in öffentlichen oder Privatschulen, Verwaltung von Armenkassen und milden Stiftungen u. s. w. Zeitraubende Nebenbeschäftigungen können daher in der Regel solchen Geistlichen nicht gestattet werden, welche entweder in ihrer Gemeinde allein stehen oder denen doch die Pflicht der Seelsorge vorzugsweise obliegt. Wegen Nebenämter, welche nicht kirchenregimentlicher Natur, wird eine Vertretung oder Aushülfe in dem eigentlichen kirchlichen Berufe nicht leicht zu gestatten sein. Erscheint ausnahmsweise gleichwohl eine solche Beihülfe oder Stellvertretung angezeigt, so liegt die Sorge für die Anordnung derselben dem Konsistorium ob. Die dadurch entstehenden Kosten sind aber weder aus Staatsfonds zu entnehmen, noch auch dem Patron, oder der Gemeinde aufzulegen. Vielmehr wird es dem Geistlichen selbst oder der Anstalt, welche seine Hülfe erbittet, obliegen, die Stellvertretungskosten aufzubringen. Endlich darf nach der Kab.Ordre v. 13. Juli 1839 (G. S. S. 235) die Uebertragung von Nebenämtern oder Nebenbeschäftigungen in der Regel nur auf Widerruf stattfinden, ohne daß bei dem Eintritt des letzteren eine Beschwerde darüber zuläßig ist, oder eine Entschädigung für den Verlust der Nebenemolumente beansprucht werden kann.

Ist mit dem Amte des Geistlichen noch eine andere Beschäftigung, als was zunächst dazu gehört, z. B. die Verwaltung kirchlicher Armenkassen, unmittelbar verbunden, so bedarf es einer besonderen Erlaubniß hierzu nicht.

Es kommt nicht selten vor, daß Geistliche, namentlich auf dem Lande, mit der Dispensation von Heilmitteln sich befassen. Diese Beschäftigung darf niemals zur Vernachlässigung des geistlichen Amtes führen, und insbesondere nicht den Thatbestand des §. 367 Nr. 3 des R.St.G.B. involviren, der denjenigen mit Strafe bedroht, welcher ohne polizeiliche Erlaubniß Gift oder Arzeneien, soweit der Handel mit denselben nicht freigegeben ist, zubereitet, feil hält, verkauft oder sonst an Andere überläßt.

Vormundschaftsordnung v. 5. Juli 1875:

§. 22. Wer ein Staatsamt oder ein besoldetes Amt in der Kommunal- oder Kirchenverwaltung bekleidet, bedarf zur Führung einer von dem Vormundschaftsgericht eingeleiteten Vormundschaft der Genehmigung der zunächst vorgesetzten Behörde.

§. 26. Auf die Berufung und Bestellung des Gegenvormundes finden die für die Berufung und Bestellung des Vormundes geltenden Vorschriften entsprechende Anwendung.

Nach einer Verfügung des Evangel. Ober Kirchen Rathes v. 17. Juni 1876 (kirchl. Ges. u. Verord. Bl. 1876/77 S. 108) ist die Uebernahme der Funktion als Schiedsmann Seitens eines Geistlichen unter Genehmigung des vorgesetzten Konsistorii zuläßig. vergl. R. des Ev.O.K.R. v. 18. Okt. 1879, kirchl. Ges. u. V.Bl. 1879 S. 235.

deren Cultur und den Absatz der darauf gewonnenen Erzeugnisse selbst besorgen.

§. 95. Außerdem dürfen sie nur unter Genehmigung ihrer Obern, und nur in so fern, als es ohne Vernachlässigung ihres Amtes geschehen kann, sich mit der Landwirthschaft beschäftigen.

§. 96. Die Geistlichen der vom Staate privilegirten Kirchen-Gesellschaften sind, als Beamte des Staats,[42]) der Regel nach von den persönlichen Lasten und Pflichten des gemeinen Bürgers frei.[43])

---

[42]) vergl. Anm. 10.

Anträge auf Ordensverleihungen an Geistliche sind durch die Konsistorien und Regierungen gemeinschaftlich an den Minister der geistl. Ang. u. den Ev. O. K. Rath zu richten. R. des Min. d. geistl. Ang. v. 18. März 1841, M. Bl. der i. V. S. 199. Ressortregl. v. 1. Okt. 1847, a. a. O. S. 278 I. Nr. 13, u. v. 29. Juni 1850 §. 5 Nr. 4, G. S. S. 344. vergl. auch R. des Min. v. 6. Aug. 1867, Centr. Bl. d. Unterr. Verw. S. 544.

[43]) Nach §. 10 lit. f des Gesetzes v. 11. Juli 1822, betreffend die Heranziehung der Staatsdiener zu Gemeindelasten, G. S. S. 184, bleiben von allen direkten Beiträgen zu den Gemeindelasten befreit: die Besoldungen und Emolumente der Geistlichen.

Der Erlaß der Minister des Kultus, des Innern, und der Finanzen v. 22. Juli 1854 (Min. Bl. f. d. i. Verw. S. 133) nimmt an, daß es nicht die Absicht des Gesetzgebers gewesen, in dem §. 10 des Ges. v. 11. Juli 1822 zwischen emeritirten Geistlichen und noch im Amte befindlichen Geistlichen einen Unterschied zu machen; weshalb die Gnadengehälter der Ersteren von den Gemeindelasten ebenso frei zu lassen, wie die Gehälter und Emolumente der Letzteren.

Die Städteordnung für die 6 östlichen Provinzen der Preuß. Monarchie v. 30. Mai 1853 G. S. S. 261 bestimmt im §. 4:

Die Dienstgrundstücke der Geistlichen und Kirchendiener sind von den Gemeindeauflagen überhaupt befreit. Die Geistlichen und Kirchendiener bleiben von den direkten persönlichen Gemeindeabgaben hinsichtlich ihres Diensteinkommens insoweit befreit, als ihnen diese Befreiung zur Zeit der Verkündigung der Gemeindeordnung v. 11. März 1850 zustand. Geistliche bleiben von allen persönlichen Gemeindediensten, soweit dieselben nicht auf ihnen gehörigen Grundstücken lasten, befreit; Kirchendiener insoweit, als ihnen diese Befreiung zur Zeit der Verkündigung der Gemeindenordnung v. 11. März 1850 zustand. Dasselbe verordnet der §. 4 der Städteordnung für die Provinz Westfalen, v. 19. März 1856 (G. S. S. 237), und der §. 61 der Landgemeindeordnung für die Provinz Westfalen, v. 19. März 1856 (G. S. S. 265).

Befreit nun der §. 96 dies. Tit. die Geistlichen der Regel nach von den persönlichen Lasten und Pflichten des gemeinen Bürgers, so ist damit doch nur eine begrenzte Befreiung ausgesprochen, keine ganz allgemein lautende. Um die Grenze der Befreiung zu finden, sind die vorbezeichneten Gesetze v. 11. Juli 1822 und (die Städte-Ordnung) v. 30. Mai 1853 in Betracht zu ziehen. Da nicht bezweifelt werden kann, daß bei Erlaß dieser späteren Gesetze die bis dahin bestandene und im §. 96 dies. Titels als Regel anerkannte Befreiung der Geistlichen von persönlichen Lasten und Pflichten hat gewahrt werden sollen, so ergiebt sich hieraus, daß unter den persönlichen Lasten und Pflichten des gemeinen Bürgers, von denen jener §. 96 redet, nur die persönlichen Gemeindeabgaben und Dienste zu verstehen sind, von welchen die neueren Gesetze die Geistlichen auch fernerhin soweit befreit lassen, als sie diese Befreiung in einem gewissen Zeitpunkte genossen haben. cfr. Erk. des Ob. Trib. v. 8. Okt. 1866. Striethorst, Archiv Bd. 65. S. 49 ff. Daraus folgt, daß die Befreiung von Schulbeiträgen, welche den Mitgliedern einer Schulgemeinde nach §. 29 L.R. II. 12 obliegen, von den Geistlichen in derselben nicht in Anspruch genommen werden darf.

Denn die zur Unterhaltung einer Elementarschule ausgeschriebenen Beträge können nicht als Kommunalabgabe angesehen werden, wenn nicht etwa in der betreffenden Gemeinde durch einen förmlichen, von der Staatsbehörde genehmigten Gemeindebeschluß die Unterhaltung der Schule als eine Last der politischen Gemeinde übernommen worden ist.

cfr. Erk. des Oberverwaltungsgerichts v. 17. Jan. 1877. Entsch. des Ob.V.G. Bd. 2. S. 197 ff., R. des Kult. Minist. v. 2. März 1881 u. 15. Aug. 1881. Unterr. Centralbl. 1881 S. 633, 635, und das vorbezeichnete Erk. v. 8. Okt. 1866. Nach §. 1 des Ges. v. 7. Dez. 1849 (G.S. S. 436) sind die nach dem Klassensteuergesetze v. 30. Mai 1820 und den damit im Zusammenhange stehenden späteren Verordnungen für die Geistlichen eingeführten Befreiungen von der Klassensteuer aufgehoben. Die bisher befreiten Personen sind vielmehr v. 1. Jan. 1850 ab nach den bestehenden Einschätzungsgrundsätzen zur Klassensteuer zu veranlagen. Die Veranlagung erfolgt jetzt nach den Vorschriften des Gesetzes v. 1. Mai 1851, betreffend die Einführung einer Klassen- und klassifizirten Einkommensteuer (G.S. S. 193), des Gesetzes v. 25. Mai 1873, wegen Abänderung des (citirten) Gesetzes v. 1. Mai 1851 (G.S. 1873, S. 213), des Gesetzes v. 16. Juni 1875, betreffend einige Abänderungen der Vorschrifen für die Veranlagung der Klassensteuer (G.S. S. 234), und des Gesetzes v. 12. März 1877, betreffend einige Abänderungen der gesetzlichen Vorschriften über die Veranlagung der Grundsteuer, der Klassen- und klassifizirten Einkommensteuer (G.S. S. 19).

Feststehende Einnahmen sind mit dem vollen Betrage zur Berechnung zu ziehen. Die auf Grund einer gesetzlichen Verpflichtung zu leistenden Pensions- und Wittwenkassenbeiträge müssen von den Besoldungen oder Pensionen in Abzug gebracht werden. cfr. §. 30 Ges. v. 1. Mai 1851.

Zu den indirekten Gemeindeabgaben müssen auch die von den direkten Gemeindebeiträgen befreiten Personen beitragen. §. 12 Ges. v. 11. Juli 1822. (siehe oben.)

Der Ev.O.K.R. hat mittelst R. v. 14. März 1876 kirchl. Ges. u. V.Bl. 1876/77 S. 119 die Frage, ob den evangel. Geistlichen die Uebernahme des Amtes als Waisenrath gemäß §. 52, 53 der Vormundsch.Ord. v. 5. Juli 1875 zu gestatten sei, bejaht und sich dahin erklärt, daß die disziplinarische Genehmigung für die Amtsübernahme generell zu ertheilen ist.

Sollten sich im einzelnen Falle Uebelstände ergeben, so steht nichts entgegen, dieselben durch Zurückziehung der Genehmigung für diesen Fall zu erledigen.

Geistliche und Kirchendiener können weder Stadtverordnete, noch Magistrats-Mitglieder, §. 17 u. 30 der Städte-Ordnung v. 30. Mai 1853;

§. 17 u. 30 der Städte-Ordnung (Westfalen) v. 19. März 1856, noch Gemeinde-Verordnete, §. 30 Landgemeindeordnung (Westfalen) v. 19. März 1856, noch Gemeinde-Vorsteher sein. §. 39 a. a. O.

Geistliche und Kirchendiener können nicht Mitglieder des Kreisausschusses sein. §. 131 der Kreisordnung v. 13. Dez. 1872, G.S. S. 661.

Religionsdiener sollen zu dem Amte eines Schöffen nicht berufen werden. §. 34 Gerichtsverfassungsgesetz v. 27. Januar 1877.

Dasselbe gilt von dem Geschworenen-Amt. §. 85 a. a. O.

Bis zur anderweitigen gesetzlichen Regelung bleiben die Dienstgrundstücke der Geistlichen und Kirchendiener von den Kreislasten befreit. Ebenso findet der §. 10 des Ges. v. 11. Juli 1822 (siehe oben) auf die Heranziehung zu den Kreisabgaben Anwendung. §. 18 Kreisordnung v. 13. Dez. 1872.

In den einzelnen Land- und Stadtkreisen erfolgt die Aufbringung der auf sie treffenden Antheile an den Provinzial-Abgaben gleich den übrigen Kreis- resp. Gemeindebedürfnissen nach den Vorschriften der Kreisordnung v. 13. Dez. 1872 resp. der Städte-Ordnung v. 30. Mai 1853 und des Gesetzes v. 31. Mai 1853 (betreffend die Verfassung der Städte in Neu-Vorpommern und Rügen), §. 108 der Provinzialordnung v. 29. Juni 1875, G.S. S. 335.

Für die durch die Gesetze v. 20. Sept. u. 24. Dez. 1866 mit der Monarchie vereinigten Landestheile (mit Ausnahme des Gemeindegebietes der Stadt Frankfurt a/M.) hat die Verordnung v. 23. Sept. 1867, betreffend die Heranziehung der Staatsdiener zu den Kommunal-Auflagen in den neu erworbenen Landestheilen (G. S. S. 1648), um die Staatsdiener in diesen Landestheilen bezüglich ihrer Beitragspflicht zu den Kommunal-Bedürfnissen den Staatsdienern in der übrigen Monarchie nach Maßgabe der Grundsätze des Ges. v. 11. Juli 1822 gleichzustellen, im §. 1[3] bestimmt, daß die Geistlichen hinsichtlich ihrer Besoldungen und Emolumente, einschließlich der Ruhegehälter, ingleichen die unteren Kirchendiener, wo und soweit den Letzteren eine derartige Befreiung seither rechtsgültig zugestanden hat, von allen direkten Kommunal-Auflagen, sowohl der einzelnen bürgerlichen Stadt- und Landgemeinden, als der weiteren kommunalen Körperschaften (Amtsbezirke, Distrikts-Gemeinden, Armen-Distrikte, Wegeverbände u. s. w.) und der kreis-, kommunal- und provinzialständischen Verbände vollständig befreit sind.

Zu den indirekten Gemeinde-Abgaben müssen aber auch diese Personen — gleich anderen Gemeinde-Einwohnern — beitragen. §. 11 a. a. O.

Die Diensthäuser der Pfarrgeistlichen und sonstiger mit geistlichen Funktionen bekleideter Personen der mit Korporations-Rechten versehenen Religionsgesellschaften, der Küster und anderer Diener des öffentl. Kultus sind von der Gebäudesteuer befreit. §. 3 Nr. 5 Ges. v. 21. Mai 1861 betreff. die Einführung einer allgemeinen Gebäudesteuer, G.S. S. 317.

vergl. auch Anm. 9 und 66.

Kirchen-, Pfarr-, Schul- und Hospital-Aecker sollen zu (kirchlichen) Baubeiträgen nicht herangezogen werden. §. 735 L.R. II. 11.

Erk. d. K.Ob.Trib. v. 22. Aug. 1809: Dem Pfarrer steht der Nießbrauch der zur Pfarrei gehörigen Gebäude und nutzbaren Grundstücke titulo oneroso zu; derselbe ist ihm in partem salarii angewiesen. Eben deshalb ist er nicht schuldig, die Pfarrgebäude auf eigene Kosten zu unterhalten, sondern der Patron und die Eingepfarrten sind dazu verpflichtet, insofern solches aus dem Kirchenvermögen nicht geschehen kann. Wenn nun das A.L.R. (§. 135. I. 21) verordnet, daß es mit der Unterhaltung der Dämme ebenso wie mit der Unterhaltung der Gebäude gehalten werden soll, so folgt hieraus, daß der Pfarrer ebenso wenig die Dämme, als die Pfarrgebäude zu unterhalten verpflichtet ist, sondern daß diese Unterhaltung aus dem Kirchenvermögen, resp. von dem Patron und den Eingepfarrten besorgt werden muß. Min.Bl. d. i. V. 1860. S. 85.

Eine Heranziehung des Pfarrers zu Deichlasten findet sich weder in den Vorschriften des Deichgesetzes v. 28. Jan. 1848 (G.S. S. 54) angeordnet, noch ist sie in den §§. 784 ff. L.R. II. 11 ausgesprochen. Erk. des Obertribunals v. 4. Mai 1860 (Min.Bl. für die inn. Verw. 1862 S. 112), Erk. v. 19. Dez. 1862 (Centralbl. für die Unterr. Verw. 1863 S. 247).

Altmann, Praxis der preuß. Gerichte in Kirchen-Sachen S. 212, unterscheidet dagegen zwischen Deichen, die zu keinem Deichverbande gehören, und Deichverbänden. In Betreff der ersteren erkennt er die Richtigkeit des durch die erwähnten Erkenntnisse aufgestellten Satzes, aber unbeschadet der Vorschrift der §§. 784, 785 L.R. II. 11, an. Bei Deichverbänden dagegen legt er den zur Unterhaltung der Pfarr- und Küster-Gebäude Verpflichteten die Deichlast nur insoweit auf, als ihre Beitragspflicht schon vor Errichtung des Verbandes reichte. Soweit jedoch die durch den Deichverband auferlegten Leistungen das frühere Maaß der erwähnten Verpflichteten übersteigen, sollen sie von den Stelleninhabern als Nießbrauchern aufgebracht werden. Dagegen vertheidigt Kretschmann in Gruchot, Beiträge, Bd. 4 S. 421 die Ansicht, daß die Stelleninhaber ausschließlich zur Tragung der Deichlasten verbunden sind.

Die Verwaltungspraxis steht auf dem Boden der Anschauung des Obertribunals. (Reskr. v. 3. Okt. 1857, Min.Bl. für die inn. Verw. v. 1860 S. 85. Reskr. v. 31. Aug., 5. Sept. u. 21. Okt. 1859, Min.Bl. v. 1860 S. 82, 83. Reskr. v. 18. Mai 1861 Min.Bl. v. 1861 S. 126.)

vergl. Koch, L.R. IV. S. 452.

Ueber die Frage:

Unter welcher Voraussetzung Konsistorium und Regierungs-Präsident eine Kirchengemeinde durch Zwangs-Etatisirung anhalten können, Deichbeiträge für Pfarrländereien zu bezahlen?

vergl. das Erk. des Oberverwalt.Gerichts v. 1. März 1880. Entsch. d. Ob. Verw.Ger. Bd. 6 S. 171 ff.

Das Erk. des Reichsgerichts v. 7. Okt. 1880, kirchl. Ges. u. V.Bl. 1881 S. 21 ff. kommt — aber aus anderen Gründen, als das Obertribunal in dem oben mitgetheilten Erk. v. 22. Aug. 1809 — ebenfalls zu der Feststellung, daß zur Zahlung der Deichkassenbeiträge nicht der Pfarrer, sondern die Kirchengemeinde als Eigenthümerin der Pfarrländereien und als die zu der Fürsorge für den Unterhalt des Pfarrers Verpflichtete verbunden ist. vergl. auch Erk. d. Reichsger. v. 3. Mai 1880: Blum's Annal. d. Reichsger. Bd. 2 S. 84.

Die Einquartierungslast und die Naturalleistungen für die bewaffnete Macht im Frieden sind als Kommunallasten zu betrachten. §. 5 G. v. 25. Juni 1868, betreffend die Quartierleistung für die bewaffnete Macht während des Friedenszustandes, B.G.Bl. S. 523, und §. 7 des Ges. v. 13. Febr. 1875 über die Naturalleistungen für die bewaffnete Macht im Frieden, R.G.Bl. 1875 S. 52.

Daher sind die Geistlichen in Gemäßheit des §. 96 dies. Tit. und der oben mitgetheilten Bestimmungen von diesen Lasten für befreit zu achten.

vergl. Reskr. der Minister des Innern, des Krieges u. der Finanzen v. 13. Okt. 1860, Aktenst. d. Ev. O. K. R. Heft 13 S. 164—166.

Nach §. 3 Nr. 4 des Ges. v. 13. Febr. 1875 über die Naturalleistungen für die bewaffnete Macht im Frieden sind Seelsorger hinsichtlich der zur Ausübung ihres Dienstes oder Berufes nothwendigen Pferde von der Vorspannleistung befreit.

Für den Kriegsfall sind diese Befreiungen jedoch nicht ausgesprochen. cfr. Ges. v. 13. Juni 1873 über die Kriegsleistungen, R. G. Bl. S. 129.

Von kirchlichen Lasten und Abgaben sind die Geistlichen, weil diese Lasten zu den gemeinen gehören, gemäß §§. 96, 735 L. R. II. 11 in Bezug auf ihr Diensteinkommen als frei anzusehen. cfr. Koch, L. R. IV. S. 220. Meier, Kirchenr. S. 65.

Bei Exekutionen genießen die Geistlichen die Privilegien der Staatsbeamten.

vergl. oben Anm. 10 u. 14.

Civilproz. Ord. v. 30. Jan. 1877:

§. 715 Nr. 6: Bei Geistlichen sind der Pfändung nicht unterworfen: Die zur Ausübung ihres Berufes erforderlichen Gegenstände, sowie anständige Kleidung.

§. 749 Nr. 8: Der Pfändung ist nicht unterworfen: das Diensteinkommen der Geistlichen, die Pension derselben nach deren Versetzung in einstweiligen oder dauernden Ruhestand, sowie der nach ihrem Tode den Hinterbliebenen zu gewährende Sterbe- oder Gnadengehalt.

Uebersteigen das Diensteinkommen, die Pension oder die sonstigen Bezüge die Summe v. 1500 M. für das Jahr, so ist der dritte Theil des Mehrbetrages der Pfändung unterworfen.

§. 715 Nr. 7: Der Pfändung ist nicht unterworfen bei Geistlichen ein Geldbetrag, welcher dem der Pfändung nicht unterworfenen Theile des Diensteinkommens oder der Pension für die Zeit von der Pfändung bis zum nächsten Termine der Gehalts- oder Pensions-Zahlung gleichkommt.

§. 782: Zur Erzwingung der Leistung des Offenbarungseides ist die gerichtl. Haft zulässig.

§. 791: Vor der Verhaftung eines Geistlichen ist der vorgesetzten Dienstbehörde von dem Gerichtsvollzieher Anzeige zu machen. Die Verhaftung darf erst erfolgen, nachdem die vorgesetzte Behörde für die dienstliche Vertretung des Schuldners gesorgt hat.

Von der Militairpflicht sind die Theologen und Geistlichen nicht befreit.

Die zum einjährig freiwilligen Dienste Berechtigten haben die Verpflichtung, sich spätestens zum 1. Okt. desjenigen Jahres, in welchem sie das 23. Lebensjahr vollenden, zum Dienstantritt zu melden. Ausnahmsweise kann ihnen über diesen Zeitpunkt hinaus Aufschub gewährt werden. Bei ausbrechendem Kriege müssen sich alle zum einjährig freiwilligen Dienste Berechtigten, welche bereits in das militairpflichtige Alter eingetreten sind, auf öffentliche Aufforderung sofort zum Heeresdienste stellen. §. 14 des Reichsmilitairgesetzes v. 2. Mai 1874, R. G. Bl. S. 45.

Die Militairpflicht beginnt mit dem 1. Jan. des Kalenderjahres, in welchem der Heerespflichtige das 20. Lebensjahr vollendet. §. 10 ibidem.

Wer die rechtzeitige Meldung zum Dienstantritt versäumt (cfr. §. 14 vor-

§. 97. (Fällt weg.)

§. 98. In den Angelegenheiten des bürgerlichen Lebens werden alle Geistliche, ohne Unterschied der Religion, nach den Gesetzen des Staats beurtheilt.

§. 99. Nach diesen Gesetzen behalten sowohl alle

---

stehend), verliert die Berechtigung zum einjährig freiwilligen Dienste; nach Befinden der Ersatzbehörde kann ihm die Berechtigung wieder verliehen werden. §. 14 ibidem.

Auf 1 bis 2 Jahre können zurückgestellt werden: Militairpflichtige, welche in der Vorbereitung zu einem Lebensberufe begriffen sind und durch eine Unterbrechung bedeutenden Nachtheil erleiden würden. In ausnahmsweisen Verhältnissen kann die Zurückstellung derselben bis zu einer Gesammtdauer v. 4 Jahren erfolgen. §. 20 Nr. 6 a. a. O.

Die ausnahmsweise Zurückstellung oder Befreiung Militairpflichtiger vom Dienste im Frieden kann durch die oberste Instanz für Ersatz-Angelegenheiten des betreffenden Bundesstaates verfügt werden, wenn in einzelnen Fällen besondere, in diesem Gesetze nicht ausdrücklich vorgesehene Billigkeitsgründe die Zurückstellung oder Befreiung rechtfertigen.

Durch Verheirathung eines Militärpflichtigen können Ansprüche auf Zurückstellung nicht begründet werden. §. 22 ibidem.

Nach der Bekanntmachung des Reichskanzlers v. 22. Juli 1874, betreffend die Militairpflicht der Theologen (Centralblatt für das deutsche Reich 1874 S. 294) darf übrigens gemäß §. 22 des Gesetzes v. 2. Mai 1874 die ausnahmsweise Befreiung der Theologen vom Militairdienste in Berücksichtigung ihres Berufes nicht mehr von den Ersatzbehörden dritter Instanz, sondern nur in der Ministerial-Instanz bewilligt werden.

Personen des Beurlaubtenstandes und der Ersatzreserve, welche ein geistliches Amt in einer mit Korporationsrechten innerhalb des Bundesgebietes bestehenden Religionsgesellschaft bekleiden, werden zum Dienste mit der Waffe nicht herangezogen. Außerdem können die vorgedachten Personen, welche der Reserve oder Landwehr angehören, für den Fall einer Mobilmachung oder nothwendigen Verstärkung des Heeres hinter den ältesten Jahrgang der Landwehr zurückgestellt werden, wenn ihre Stellen selbst vorübergehend nicht offen gelassen werden können und eine geeignete Vertretung nicht zu ermöglichen ist. §. 65 Ges. v. 2. Mai 1874.

vergl. hierzu das Reichsgesetz v. 6. Mai 1880, betr. Ergänzungen und Aenderungen des Reichsmilitairgesetzes v. 2. Mai 1874, Reichsges.Bl. 1880 S. 103.

Nach dieser Novelle zum Reichsmilitairgesetz finden auf diejenigen Mannschaften, welche nach Erlaß des Ges. v. 6. Mai 1880 wegen hoher Loos-Nummer oder wegen geringer körperlicher Fehler der Ersatzreserve erster Klasse überwiesen werden (§. 25 Abs. 1 u. 2^b des Reichsmil.Ges.), soweit dieselben nicht auf Grund der Ordination dem geistlichen Stande angehören, in Ergänzung ihrer bisherigen Verpflichtungen, die Bestimmungen im Art. I. § 3 des Ges. v. 6. Mai 1880 Anwendung, Inhalts deren dieselben auch im Frieden zu Uebungen einberufen werden dürfen.

(Auch haben die §§. 10, 12, 14, 53 u. 66 des Reichsmil.Ges. v. 2. Mai 1874 die im Art. II. des Ges. v. 6. Mai 1880 enthaltene Fassung erhalten.)

protestantischen, als die katholischen Weltgeistlichen, die freie Disposition über ihr Vermögen.

§. 100. Auch dasjenige, was sie aus den Einkünften ihres geistlichen Amtes erworben haben, gehört zu ihrem freien Eigenthum.

§. 101. Nur da, wo Provinzialgesetze, oder vom Staate gebilligte Statuten, der Kirche ein Erbrecht auf einen gewissen Theil dieses Erwerbes beilegen, hat es dabei sein Bewenden.

Wie das geistliche Amt aufhöre.

§. 102. Seinem geistlichen Amte kann ein Jeder entsagen.

§. 103. Criminalverbrechen, und grobe Vergehungen gegen die Kirchenordnungen, und die darin vorgeschriebenen geistlichen Amtspflichten, ingleichen ein ärgerlicher Lebenswandel, begründen die Entsetzung eines Geistlichen.[44])

§. 104. Durch öffentliche, den geistlichen Obern angezeigte Entsagung des geistlichen Standes, so wie durch Entsetzung eines Geistlichen von seinem Amte, gehen alle damit verbundenen äußeren Rechte verloren.[45])

§. 105. Auch darf ein solcher gewesener Geistlicher, bei Vermeidung nachdrücklicher Strafe, sich keine Amtsverrichtungen mehr anmaßen.[46])

§. 106. Thut er es dennoch, so haben die Amts-

---

[44]) vergl. die §§. 530—538 dies. Tit.

[45]) vergl. die §§. 523 ff. dies. Tit.

Das Konsistorium wird zwar die Genehmigung der ihm angezeigten Entsagung nicht versagen können; doch soll sie bei in Untersuchung stehenden Geistlichen nur dann ertheilt werden, wenn dieselben zugleich ausdrücklich auf alle Rechte des geistl. Standes verzichten. Reskr. des Ev. O.K.R. v. 2. April 1856, Aktenst. Bd. 2 S. 87.

[46]) Reskr. des Min. d. geistl. Angel. v. 5. Juli 1821 (bei Vogt, Kirchenr. I. S. 178):

Das Konsistorium hat zu veranlassen, daß solchen Geistlichen, von denen demjenigen, der sie zu seiner Vertretung zulassen will, nicht hinlänglich bekannt ist, daß und wo sie sich im Amte befinden, die Kanzel zu besteigen nicht eher gestattet werde, als nach dazu besonders erlangter Erlaubniß, die dann nicht eher zu ertheilen, als bis der Prediger, für welchen die Erlaubniß nachgesucht wird, sich über sein noch fortdauerndes geistliches Amt gehörig ausgewiesen hat, event. über seine ehrenvolle Entlassung aus demselben und den seit dieser Zeit geführten Lebenswandel.

vergl. ferner §. 24 des Ges. v. 11. Mai 1873 über die Vorbildung u. Anstellung der Geistlichen, und § 31 Ges. v. 12. Mai 1873 über die kirchl. Disziplinargewalt ꝛc., im Anhange.

handlungen, die er sich anmaßt, keine bürgerliche Gültigkeit,[47]) und er selbst bleibt denen, welche dadurch Schaden leiden, verantwortlich. (Tit. 10. §. 76—82.)

§. 107. Wenn und wie ein katholischer Priester, bei der Entsetzung, auch seines geistlichen Charakters verlustig werde, ist nach den Grundsätzen seiner Kirche zu beurtheilen.

Weltliche Mitglieder.

§. 108. Die weltlichen Mitglieder einer Kirchengesellschaft haben das Recht, sich der Anstalten der Gesellschaft zu ihren Religionshandlungen zu bedienen.

§. 109. Sie müssen sich aber dabei den bei dieser Gesellschaft eingeführten Ordnungen und Verfassungen unterwerfen.

§. 110. So lange sie Mitglieder der Gesellschaft bleiben, müssen sie zur Unterhaltung der Kirchenanstalten, nach den Verfassungen der Gesellschaft beitragen.[48])

---

[47]) Die Beurkundung der Geburten, Heirathen und Sterbefälle erfolgt jetzt ausschließlich durch die vom Staate bestellten Standesbeamten mittelst Eintragung in die dazu bestimmten Register. §. 1 Ges. v. 6. Febr. 1875 über die Beurkundung des Personenstandes (R.G.Bl. 1875 S. 23), im Anhange.

Reichsstrafges. Buch:

§. 132: Wer unbefugt sich mit Ausübung eines öffentlichen Amtes befaßt oder eine Handlung vornimmt, welche nur kraft eines öffentlichen Amtes vorgenommen werden darf, wird mit Gefängniß bis zu Einem Jahre oder mit Geldstrafe bis zu 300 Mark bestraft.

[48]) Durch die Civilprozeßordnung v. 30. Jan. 1877 unberührt bleiben die landesgesetzlichen Vorschriften über die Zwangsvollstreckung wegen Geldforderungen gegen den Fiskus, Gemeinden und andere Kommunal-Verbände (Provinzial-, Kreis-, Amts-Verbände) sowie gegen solche Korporationen, deren Vermögen von Staatsbehörden verwaltet wird, insoweit nicht dingliche Rechte verfolgt werden. cfr. Einführ. Ges. zur Civilproz. Ordnung. v. 30. Jan. 1877 §. 15 Nr. 4.

Nach den Vorschriften der allgemeinen Gerichtsordnung (§. 33. I. 35 u. §§. 153 u. 242 des Anhangs) sind solche Zwangsvollstreckungen den Gerichten zugewiesen und dürfen daher von Gerichtsvollziehern im Auftrage des Gläubigers nicht bewirkt werden. (§. 674 Abs. 1 C.Pr.O.) vergl. die allgemeine Verf. des Justizministers v. 24. März 1882, J.M.Bl. 1882 S. 59.

Handelt es sich um die Vollstreckung eines richterlichen Erkenntnisses gegen eine Kirchengemeinde, wegen Bezahlung einer Forderung, so gehört die Exekution zur Kompetenz des Gerichts, welches sich nach Vorschrift des Anhangs §. 153 zur Allgem. Gerichtsordnung über die Exekutionsmodalitäten vorher mit der Regierung, bezw. dem Konsistorium zu verständigen hat. vergl. Cirkul. Reskr. des Minist. d. geistl. Angel. v. 26. Juli 1845, Min. Bl. d. i. Verw. 1845 S. 259.

Die Aufgabe der vorgesetzten Aufsichtsbehörde wird es in solchem Falle sein, die Verhältnisse der Gemeinde, erforderlichenfalls unter Betheiligung der staatlichen Verwaltungsorgane, näher zu prüfen, die geeigneten Modalitäten der Exekution zu erwägen, und die Gemeinde über die Zahlung resp. Aufbringung der nöthigen Geldmittel zu hören. Enthält die Kirchenkasse die erforderlichen Mittel nicht, so wird der Gemeindekirchenrath gemäß §. 22 u. 31 Nr. 6 der Kirch. Gem. Ord. v. 10. Sept. 1873 unter der beschließenden Mitwirkung der Gemeindevertretung, über die Beschaffung der erforderlichen Geldmittel, insbesondere über die Festsetzung einer auf die Gemeinde zu repartirenden Umlage, sowie über den der letzteren zu Grunde zu legenden Repartitionsfuß zu berathen und zu beschließen haben.

Der bezügl. Beschluß über die Gemeindeumlage bedarf der Vollstreckbarkeitserklärung Seitens des Regierungspräsidenten, in Berlin des Polizeipräsidenten. Art. 3 Ges. v. 25. Mai 1874, Art. III Nr. 1 Verord. v. 9. Sept. 1876.

Weigert sich ein Gemeindekirchenrath oder eine Gemeindevertretung, gesetzliche Leistungen, welche aus dem kirchl. Vermögen zu bestreiten sind, oder den Pfarreingesessenen obliegen, auf den Etat zu bringen, festzusetzen oder zu genehmigen, so ist sowohl das Konsistorium, als auch die Staatsbehörde (Regierungs- resp. Polizeipräsident) unter gegenseitigem Einvernehmen befugt, die Eintragung in den Etat zu bewirken und die weiter erforderlichen Anordnungen zu treffen. Art. 27 Ges. v. 3. Juni 1876, Art. III. Verord. v. 9. Sept. 1876.

Die Regierung ist zur unmittelbaren Verhängung administrativer Zwangsmaßregeln gegen die Mitglieder einer Kirchengemeinde nur in den Fällen des Art. 23 Nr. 2 u. 3 des Ges. v. 3. Juni 1876 befugt, nämlich wenn es sich um Vollstreckung der einstweiligen Entscheidungen in Kirchen-, Pfarr- und Küsterei-Bausachen und um Beitreibung kirchlicher Abgaben handelt. vergl. auch das oben allegirte Reskr. v. 26. Juli 1845. Die Kab. Ordre v. 19. Juni 1836, betreffend die Einziehung der Kirchen-, Pfarr- und Schulabgaben pp., bestimmt unter

Nr. 1: Alle beständigen, dinglichen oder persönlichen Abgaben und Leistungen, welche an Kirchen . . . . ., oder an deren Beamte, vermöge einer allgemeinen gesetzlichen oder auf notorischer Orts- oder Bezirksverfassung beruhenden Verbindlichkeit zu entrichten sind, ... unterliegen bei Säumigkeit der Debenten sowohl hinsichtlich der laufenden, als der aus den letzten zwei Jahren rückständig verbleibenden Beträge der exekutivischen Beitreibung durch die betreffende Verwaltungsbehörde.

(cfr. Art. 23 Nr. 3 Ges. v. 3. Juni 1876.)

Nr. 2. Die exekutivische Beitreibung wird gehemmt, wenn der in Anspruch Genommene eine Exemtion behauptet und wenigstens seit 2 Jahren, vom letzten Verfalltermine zurückgerechnet, im Besitze der Freiheit sich befindet. . . . . .

Nr. 4. In Betreff der aus besonderen Kontrakten oder testamentarischen Dispositionen auf Grundstücken haftenden jährlichen Abgaben an Kirchen . . . . . findet die Exekution nicht sofort statt, es muß vielmehr nach näherer Anleitung der desfallsigen gesetzl. Bestimmungen . . . . . der Prozeß vorausgehen.

Nr. 5. Wegen aller anderen Forderungen der Kirchen- . . . . . bedienten findet . . . . . der Prozeß statt.

(G. S. S. 198—199.)

Hierzu ist Folgendes zu bemerken:

Wegen der Abgaben sub Nr. 4 war in der Kab.Ordre v. 19. Juni 1836, wenn sie eingetragen sind, der Mandatsprozeß, wenn sie nicht eingetragen, der Bagatell- oder summarische Prozeß, desgleichen war wegen der Forderungen sub Nr. 5, wenn sie mit einem Festsetzungsdekrete (der vorgesetzten Aufsichtsbehörde) versehen waren, der Mandatsprozeß, sonst der Bagatell- oder summarische Prozeß, nach Vorschrift der Verordnung v. 1 Juni 1833 gegeben.

Nach §. 14 des Einführungsgesetzes zur Civilprozeßordnung v. 30. Jan. 1877 sind indessen die prozeßrechtlichen Vorschriften der Landesgesetze für alle bürgerlichen Rechtsstreitigkeiten, deren Entscheidung in Gemäßheit des §. 3 des gedachten Einführungsgesetzes nach den Vorschriften der Civilprozeßordnung v. 30. Jan. 1877 zu erfolgen hat, außer Kraft getreten, soweit nicht in der Civilprozeßordnung auf sie verwiesen oder soweit nicht bestimmt ist, daß sie nicht berührt werden.

Demgemäß sind seit dem 1. Okt. 1879, an welchem Tage die deutsche Civilprozeßordnung v. 30. Jan. 1877 in Kraft getreten ist, die verschiedenen Prozeßarten aus der Verord. v. 1. Juni 1833 in Wegfall gekommen. Wegen der oben sub Nr. 4 bezeichneten Abgaben und wegen der sub Nr. 5 gedachten Forderungen ist daher seit dem 1. Okt. 1879 nur der Rechtsstreit im ordentlichen Verfahren nach näherer Vorschrift der §§. 230 ff. der Civilprozeßordnung v. 30. Jan. 1877 vor dem Landgerichte, oder, sofern der Streitgegenstand die Summe v. 300 M. nicht übersteigt, nach Anleitung der §§. 456 ff. vor dem Amtsgerichte zulässig. (§. 23 Nr. 1 §. 70 des Gerichtsverfassungsgesetzes v. 27. Januar 1877.) Zwar kennt die Civilprozeßordnung v. 30. Januar 1877 auch einen Urkundenprozeß als besondere Prozeßart mit strengeren Prozeßformen, als in dem ordentlichen Verfahren. vergl. §§. 555 ff. der Civilproz.Ordnung. Allein im Urkundenprozesse kann ein Anspruch, welcher die Zahlung einer bestimmten Geldsumme oder die Leistung einer bestimmten Quantität anderer vertretbarer Sachen oder Werthpapiere zum Gegenstande hat, nur geltend gemacht werden, wenn die sämmtlichen zur Begründung des Anspruchs erforderlichen Thatsachen durch Urkunden bewiesen werden können. §. 555 a. a. O.

Dieser Beweis wird in der geforderten Art der Regel nach weder bei den Abgaben sub Nr. 4, noch bei den Forderungen sub Nr. 5 (oben) erbracht werden können. Denn, da die bezüglichen Urkunden nach §. 556 ibidem der Klage beigefügt werden müssen, so genügt in dem Falle der Nr. 4 der Kab.Ordre v. 19. Juni 1836 die bloße Eintragung — ohne Hypothekenurkunde, deren Bildung in dem hier vorausgesetzten Falle der Regel nach unterblieben sein wird — nicht, während in dem Falle der Nr. 5 der gedachten Kabinetsordre durch das nur die Höhe des geforderten Anspruchs beglaubigende Festsetzungsdekret der vorgesetzten Behörde nicht die sämmtlichen, zur Begründung des Anspruchs erforderlichen Thatsachen, namentlich nicht die Leistung resp. Verrichtung der dem Anspruche zu Grunde liegenden Amtshandlung bewiesen werden.

Somit bleibt nichts Anderes übrig, als der Rechtsstreit im ordentlichen Verfahren, wobei in dem Falle der Nr. 5 der Kab.Ordre die Beibringung des Festsetzungsdekrets zur Justifikation der Höhe des beanspruchten Betrages nach, wie vor, zweckdienlich ist.

Wenn übrigens Grund zu der Annahme vorhanden ist, daß der Schuldner keine Einreden erheben werde, so empfiehlt sich — und zwar ohne Rücksicht auf die Höhe des Anspruchs — das Mahnverfahren, in welchem nach §. 628 ff. der Civilprozeßordnung wegen eines Anspruchs, welcher die Zahlung einer bestimmten Geldsumme oder die Leistung einer bestimmten Quantität anderer vertretbarer Sachen ..... zum Gegenstande hat, auf Gesuch des Gläubigers ein bedingter Zahlungsbefehl an den Schuldner zu erlassen ist. Dergleichen Zahlungsbefehle werden in allen Fällen von den Amtsgerichten erlassen. §. 629 a. a. O.

Das Ges. v. 24. Mai 1861, betreffend die Erweiterung des Rechtsweges, G.S. S. 241 verordnet in Beziehung auf Kirchen-, Pfarr-Abgaben im

§. 15: Das rechtl. Gehör ist in Beziehung auf die in Nr. 1 der Allerh. Ordre v. 19. Juni 1836 G. S. S. 198 (siehe oben) aufgeführten Abgaben und Leistungen, welche für Kirchen ..... oder für deren Beamte auf Grund einer notorischen Orts- oder Bezirksverfassung erhoben werden, ... fortan unbedingt gestattet. In Beziehung auf solche Abgaben und Leistungen, welche auf einer allgemeinen gesetzlichen Verbindlichkeit, bezüglich auf einer von der aufsichtführenden Regierung in Gemäßheit gesetzlicher Bestimmung angeordneten oder exekutorisch erklärten Umlage beruhen, findet der Rechtsweg aber nur insoweit statt, als dies bei öffentlichen Abgaben der Fall ist. In Beziehung auf letztere bestimmt dasselbe Gesetz:

§. 9: Wegen allgemeiner Anlagen und Abgaben (§§. 36, 41, Verord. v. 26. Dez. 1808 G.S. 1817 S. 283. §§. 78, 79 L.R. II. 14) kann auf Grund der Behauptung, daß die einzelne Forderung bereits früher getilgt oder verjährt sei, die Klage auf Erstattung des Gezahlten angestellt werden, jedoch bei Verlust des Klagerechts nur binnen spätestens 6 Monaten nach erfolgter Beitreibung oder geleisteter Zahlung.

§. 10: Der Rechtsweg findet ferner statt, wenn der Herangezogene behauptet, daß die geforderte Abgabe keine öffentliche Abgabe sei, sondern auf einem aufgehobenen privatrechtlichen Fundamente, insbesondere einem früheren gutsherrlichen, schutzherrlichen oder grundherrlichen Verhältnisse beruhe. vergl. in Anm. 108. das Erk. v. 13. Okt. 1877.

Gegen die Einziehung von Kirchen- ... Abgaben, welche nicht auf Observanz oder Ortsverfassung, sondern auf allgemeiner gesetzlicher Verbindlichkeit beruhen, ist der Rechtsweg ebenso unzulässig, wie gegen die Einziehung öffentlicher Abgaben. Erk. des Kompetenzgerichtsh. v. 9. Okt. 1869, Just. Min. Bl. S. 231.

Gegen die Einziehung einer Kirchensteuer, welche zur Deckung eines Defizits der Kirchenkasse bestimmt ist, findet der Rechtsweg nur unter denjenigen Voraussetzungen statt, unter welchen derselbe bei Erhebung öffentlicher Abgaben zulässig ist. Erk. des Komp. Gerichtsh. v. 14. Okt. 1865, Just. Min. Bl. 1866 S. 22.

In Betreff der auf Grund des erfolgten Austritts aus der betreffenden Kirchengemeinde behaupteten Freiheit von den geforderten Parochiallasten ist der Rechtsweg gestattet. Erk. d. Ob. Trib. v. 8. Feb. 1854, Archiv. Bd. 12 S. 110. Erk. d. Ob. Trib. v. 11. Nov. 1859, Archiv 35 S. 265, 266: Ob eine auf notorischer Orts- oder Bezirksverfassung beruhende Kirchen- oder Schulabgabe existire, ist vom Richter nicht zu entscheiden, sobald die Verwaltungsbehörde das Bestehen einer solchen ausdrücklich anerkannt hat, und auf Grund dessen von der Verwaltungsbehörde gegen die Säumigen die administrative Exekution in Gemäßheit der Nr. 1 der Kab. Ord. v. 19. Juni 1836 angeordnet worden ist.

§. 111. Nur der Staat kann bestimmen, zu welcher der verschiedenen Kirchengemeinen seiner eigenen Religionspartei jeder Einwohner als ein beitragendes Mitglied gerechnet werden soll.[49])

§. 112. Auch ist der Staat berechtigt, jeden Einwohner zur Beobachtung solcher äußeren Kirchengebräuche und Einrichtungen derjenigen Religionspartei, zu der er sich bekennt, in so weit anzuhalten, als davon, vermöge

---

Derjenige, gegen den auf Grund notorischer Ortsverfassung von der zuständigen Verwaltungsbehörde die Exekution auf Entrichtung einer kirchl. Abgabe verfügt worden ist, kann das rechtl. Gehör nur in Anspruch nehmen, wenn er aus besonderen Gründen die Befreiung von einer solchen Abgabe, also auf den Grund von Vertrag, Privilegium oder geeigneter Verjährung geltend machen will oder in der Bestimmung seines Antheils über Gebühr belastet zu sein behauptet.

Erk. d. Ob.Trib. v. 27. Nov. 1857, Arch. 28 S. 106: Der Rechtsweg in Betreff des Streites über die Verpflichtung zur Entrichtung einer kirchl. Abgabe ist dadurch allein, daß die Verwaltungsbehörde die administrative Exekution für statthaft erachtet hat, noch nicht ausgeschlossen. Es kommt vielmehr darauf an, ob die Bedingungen der Kab.Ord. v. 19. Juni 1836 vorliegen, daß nämlich die Abgaben an Kirchen und deren Beamte:

1) vermöge einer allgemeinen gesetzlichen, oder
2) vermöge einer auf notorischer Orts- oder Bezirksverfassung beruhenden Verbindlichkeit zu entrichten sind.

[49]) vergl. §§. 238, 260 dies. Tit.

Die Verfügung des Ministers der geistl. Angel. v. 29. Aug. 1851, mitgetheilt durch das Reskr. des Ev.O.K.G. v. 17. Okt. 1851, Min.Bl. f. d. i. Verw. 1852 S. 2 führt aus, daß, wenn die Umpfarrung einer Ortschaft aus einer Parochie in eine andere von den geistl. Oberen als ein dringendes kirchliches Bedürfniß erkannt worden ist, der Widerspruch der Parochie, von welcher die betreffende Ortschaft abgezweigt werden soll, die Umpfarrung nicht hindern kann, zumal in einem Falle, wo der Geistliche und der Kantor vokationsmäßig verpflichtet sind, sich Abzweigungen ohne Anspruch auf Entschädigung gefallen zu lassen. Das Recht, neue Parochien zu errichten und deren Grenzen zu bestimmen, steht nach §. 238 L.R. II. 11 dem Staate unter Zuziehung der geistl. Oberen zu, und nach §. 111 d. Tit. kann nur der Staat bestimmen, zu welcher Kirchengemeinde jeder Einwohner als beitragendes Mitglied gerechnet werden soll. Ein Widerspruchsrecht verleiht der §. 249 d. Tit. nur der Mutterkirche gegen die Abzweigung der Tochterkirche. (Im Zweifel spricht die Vermuthung gegen die Filialqualität. §. 250 d. Tit.) Auf Entschädigung haben nur diejenigen Personen Anspruch, welche hierzu einen speziellen Rechtstitel nachweisen; dagegen hören die aus dem bloßen Parochialnexus herrührenden Verpflichtungen, wozu namentlich die Leistungen und Beiträge zu Pfarrbauten gehören, nach allgem. gesetzl. Bestimmungen (§§. 182—188 L.R. II. 6) von selbst auf, sobald der Staat und die geistl. Oberen im kirchl. Interesse die Aufhebung des früheren Parochialverbandes für nothwendig erachten.

der Gesetze, die Bestimmung oder Gewißheit bürgerlicher Rechte abhängt.[50])

Dritter Abschnitt.

Von den Obern und Vorgesetzten der Kirchengesellschaften.

§. 113. Die dem Staat über die Kirchengesellschaften nach den Gesetzen zukommenden Rechte werden von dem geistlichen Departement in so fern verwaltet, als sie nicht dem Oberhaupte des Staats ausdrücklich vorbehalten sind.[51]) Von dem geistlichen Departement.

Etwaige weitere Entschädigungsansprüche sind im Wege Rechtens zu verfolgen.

vergl. Erk. des Komp. Gerichtshofs v. 8. Febr. 1868, Min.Bl. d. i. V. S. 121.

vergl. auch Anm. 102.

[50]) vergl. Anm. 47.

[51]) Das geistl. Departement war früher ausschließlich das Ministerium der geistlichen, Unterrichts- und Medizinalangelegenheiten. Dasselbe hatte die äußeren und inneren evangelischen Kirchenangelegenheiten zu verwalten. (V. v. 3. Nov. 1817, G.S. S. 289 u. Kab.Ord. v. 11. Januar 1819, G.S. S. 3.) Die Bearbeitung der inneren evangelischen Kirchensachen wurde durch Allerh. Erlaß v. 26. Jan. 1849, G.S. S. 125, einer von dem Minister der geistl. Angel. unabhängigen, unter einem besonderen Direktor stehenden evangelischen Abtheilung dieses Ministeriums übertragen.

An die Stelle dieser mit der Leitung der inneren evangelischen Kirchensachen beauftragten Abtheilung des Ministeriums der geistl. Angel. ist in Gemäßheit des Allerh. Erlasses v. 29. Juni 1850, G.S. S. 343, der „Evangelische Ober-Kirchen-Rath" getreten.

Seine Befugnisse wurden in dem dem erwähnten Erlasse v. 29. Juni 1850 beigefügten „Ressortreglement für die evangelische Kirchenverwaltung" (v. 29. Juni 1850) näher bezeichnet.

Durch Ges. v. 3. Juni 1876 (Art. 21), G.S. S. 125 ist auch die Verwaltung der äußeren Angelegenheiten der evangelischen Landeskirche, soweit solche früher von dem Minister der geistlichen Angel. geübt wurde, auf den Evang. Ob. Kirch. Rath als Organ der Kirchenregierung übergegangen.

Gegenwärtig bildet der Ev. O. K. R. dasjenige Ressort, bei welchem die gesammte Verwaltung der inneren und äußeren Angelegenheiten der evangel. Landeskirche vereinigt ist, soweit nicht einzelne Verwaltungsakte resp. Aufsichtsrechte ausdrücklich der Staatsbehörde vorbehalten bez. an die Genehmigung der staatlichen Aufsichtsbehörde geknüpft sind. (vergl. die der Kg. u. Syn.Ord. vorgedruckten Staatsgesetze, insbesondere Art. 22, 23, 24, 25, 27, Ges. v. 3. Juni 1876 und Art. I bis III der Verord. v. 9. Sept. 1876.)

Der Ev. O. K. R. verwaltet die zu seinem Ressort gehörigen Sachen kollegialisch. (§. 2 des Ressortreglements v. 29. Juni 1850.)

Mit demselben wirkt der Generalsynodal-Vorstand zusammen in den im §. 36 der Gen. Syn. Ord. v. 20. Jan. 1876 bezeichneten Angelegenheiten.

Ferner ist der Synodalrath (§. 23 a. a. O.) berufen, mit dem Ev. O. K. R.

§. 114. Außerdem aber stehen die Kirchengesellschaften einer jeden vom Staat aufgenommenen Religionspartei unter der Direktion ihrer geistlichen Obern.

§. 115. bis §. 140. (betreffen die katholische Kirche und handeln von Bischöfen, von deren Verhältniß gegen den Staat, von den Diözesanrechten und von auswärtigen Bischöfen.)

Synoden. §. 141. Zu Kirchenversammlungen innerhalb Landes darf die Geistlichkeit ohne Vorwissen und Mitwirkung des Staats nicht berufen; vielweniger können die Schlüsse solcher Versammlungen ohne Genehmigung des Staats in Ausübung gebracht werden.[52])

§. 142. Den Einladungen zu auswärtigen Kirchenversammlungen dürfen inländische Geistliche ohne besondere Erlaubniß des Staats nicht Folge leisten.[53])

Protestantische Consistoria. §. 143. Bei den Protestanten[54]) kommen die Rechte und Pflichten des Bischofs in Kirchensachen, der Regel nach, den Consistoriis zu.[55])

über Aufgaben und Angelegenheiten der Landeskirche zu berathen, in welchen die Kirchenregierung zur Feststellung leitender Grundsätze den Beirath dieses landeskirchlichen Synodalorgans für nothwendig erachtet. §. 37 a. a. O.

Der Ev.O.K.R. steht in direktem Verkehr mit den übrigen Behörden und berichtet unmittelbar an des Königs Majestät.

Sämmtliche Ausfertigungen ergehen unter der Firma „der Evangel. Oberkirchenrath" und werden von dem Vorsitzenden allein vollzogen. (§. 2 des cit. Ressortregl.) (vergl. auch Art. 19 des Ges. v. 3. Juni 1876.)

Veränderungen der kollegialen Verfassung des Ev.O.K.R. bedürfen der Genehmigung durch ein Staatsgesetz. (Art. 21 Ges. v. 3. Juni 1876.)

In denjenigen Angelegenheiten, in welchen die Regierungen angewiesen sind, sich mit den Konsistorien in Einvernehmen zu setzen, findet ein Zusammenwirken des Ministers der geistl. Angel. und des Ev.O.K.Raths statt.

In diesen gemeinschaftlich zu erledigenden Sachen hat der Ev.O.K.R. den ihm ressortmäßig gebührenden Standpunkt in Bezug auf die Angelegenheiten der Kirche wahrzunehmen und zu vertreten.

In solchen Fällen erfolgen die Entscheidungen im Namen des Ministers, nach vorgängig erklärtem Einverständnisse des Ev.O.K.R. und unter ausdrücklicher Erwähnung dieses Einverständnisses. (§§. 5, 6 des cit. Ressortregl.).

vergl. Anm. 55.

[52]) vergl. jetzt die evangel. Kirchengemeinde- und Synodalordnung v. 10. Sept. 1873 und die General-Synodalordnung v. 20. Jan. 1876.

[53]) Durch die Verfassungsurkunde v. 31. Jan. 1850 für beseitigt zu achten.

[54]) cfr. Anm. 22.

[55]) In Betreff der Ressortverhältnisse der evangelischen Konsistorien sind zu vergleichen:

a) Verord. v. 30. April 1815 wegen verbesserter Einrichtung der Provinzialbehörden, G.S. S. 85. (Errichtung der Konsistorien):

§. 15. Für die Kirchen- . . . Sachen besteht im Hauptort jeder Provinz ein Konsistorium. Dieses übt in Rücksicht auf die Protestanten die Konsistorialrechte aus.

§. 42. Die Organe der Konsistorien sind . . . . . die geistlichen Inspektoren. (Superintendenten.)

b) Dienstinstruktion für die Provinzialkonsistorien, v. 23. Okt. 1817. G.S. S. 237:

§. 13. Die innere Verfassung des Konsistoriums ist kollegialisch, und alle Gegenstände desselben werden . . . . . nach Mehrheit der Stimmen entschieden, bei deren Gleichheit indessen die des Vorsitzenden den Ausschlag giebt.

c) Instruktion zur Geschäftsführung der Regierungen in den Kgl. Preuß. Staaten, v. 23. Okt. 1817. G.S. S. 248.

d) Instruktion für die Oberpräsidenten, v. 31. Dez. 1825, G.S. 1826 S. 1.

e) Kab.Ordre v. 31. Dez. 1825, betr. eine Abänderung in der bisherigen Organisation der Provinzial-Verwaltungs-Behörden, G.S. 1826 S. 6.

f) Verordnung v. 27. Juni 1845, betr. die Ressortverhältnisse der Provinzialbehörden für das evangelische Kirchenwesen, G.S. S. 440.

g) Zirkul.Erlaß der Minister der geistl. Angel., des Innern und der Finanzen v. 1. Okt. 1847, Min.Bl. d. i. Verw. S. 278, enthaltend das Ressortreglement v. 1. Okt. 1847 über den Umfang des amtlichen Wirkungskreises der Konsistorien und der Regierungen in evangelischen Kirchenangelegenheiten.

h) Ges. v. 25. Mai 1874, betr. die evangel. Kirch.gem. u. Syn.Ord. v. 10. Sept. 1873, G.S. 1874 S. 147. (Dieses Ges. ist der Kg. u. Syn.-Ord. vorgedruckt.)

i) Ges. v. 3. Juni 1876, betr. die evangel. Kirchenverfassung in den acht älteren Provinzen der Monarchie, G.S. 1876 S. 125. (Dieses Ges. ist der Kg. u. Syn.Ord. vorgedruckt.)

k) Verordnung v. 9. Sept. 1876, G.S. S. 395, über die Ausübung der Rechte des Staates gegenüber der evangelischen Landeskirche der acht älteren Provinzen der Monarchie. (Diese Verord. ist der Kg. u. Syn.Ord. vorgedruckt.)

l) Verordnung v. 5. Sept. 1877, G.S. S. 215, 216, betr. den Uebergang der Verwaltung der Angelegenheiten der evangelischen Landeskirche auf den Evang.Ob.Kirch.Rath und die Konsistorien. (Diese Verord. ist der Kg. u. Syn.Ord. vorgedruckt.)

Den vorbezeichneten gesetzlichen bez. reglementarischen Bestimmungen zu Folge bestehen die Konsistorien in der Eigenschaft als evangelische Kirchenbehörden; ihnen ist gegenwärtig die gesammte Verwaltung der inneren und äußeren Angelegenheiten der Provinzialkirche ihres Bezirks übertragen, soweit nicht ausdrücklich einzelne Gegenstände und Angelegenheiten zu dem Geschäftskreise der Regierungen gewiesen oder an die Genehmigung anderer Staatsbehörden geknüpft sind. (vergl. namentlich Art. 22, 23, 24, 25, 27 Ges. v. 3. Juni 1876 und die Verord. v. 9. Sept. 1876.)

Veränderungen der kollegialen Verfassung der Konsistorien bedürfen der Genehmigung durch ein Staatsgesetz. Art. 21. Ges. v. 3. Juni 1876.

Nach §. 68 der Syn. Ord. v. 10. Sept. 1873 liegt dem Vorstande der Provinzialsynode die Theilnahme an wichtigen Geschäften des Konsistoriums ob. Dieselbe muß eintreten bei den im §. 68 Nr. 6 a. a. O. bezeichneten Geschäften.

m) Zirkul. Erlaß des Ministers der geistl. Angel. an die K. Regierungen der acht älteren Provinzen v. 10. Sept. 1877, betr. den Uebergang der Verwaltung der Angelegenheiten der evangel. Landeskirche auf die kirchenregimentlichen Behörden, kirchl. Ges. u. V. Bl. 1876/77 S. 171—175.

Durch die Allerh. Verordnung v. 5. d. M. (G. S. S. 215) ist bestimmt worden, daß mit dem 1. Okt. d. J. die Verwaltung der Angelegenheiten der evangelischen Landeskirche, soweit solche bisher von dem Minister der geistl. Ang. und von den Regierungen geübt worden ist, nach Maaßgabe des Gesetzes v. 3. Juni 1876 auf den Evangelischen Oberkirchenrath und die Konsistorien als Organe der Kirchenregierung übergeht.

Demgemäß verbleibt den K. Regierungen von dem gedachten Zeitpunkte ab in Beziehung auf die Angelegenheiten der evangelischen Landeskirche nur die ihnen bisher zugestandene Wahrnehmung der staatlichen Aufsichtsrechte, wie solche durch das Gesetz v. 3. Juni 1876 näher präzisirt sind, und soweit deren Ausübung nicht inzwischen durch die Verordnung v. 9. Sept. 1876 anderen Behörden des Staates übertragen ist. Auf die Königl. Konsistorien hingegen geht die Ausübung der bisher von den Königl. Regierungen wahrgenommenen kirchenregimentlichen Befugnisse über. Keinerlei Veränderung indessen tritt in den Zuständigkeiten der Behörden bezüglich der Patronatsverhältnisse, und zwar sowohl rücksichtlich des landesherrlichen, als auch rücksichtlich des Privatpatronats, sowie bezüglich der kirchlichen Angelegenheiten bei dem Militär und öffentlichen Anstalten ein.

Hiernach werden mit dem gedachten Zeitpunkte von den in dem Zirkular-Erlaß v. 1. Okt. 1847 als zum Ressort der Königl. Regierungen gehörig aufgeführten Angelegenheiten (Absatz II Nr. 1 bis mit 7), abgesehen von der den Königl. Konsistorien bereits übertragenen Aufsicht über die Kirchenbücher, soweit sie nicht mehr zur Beurkundung des Personenstandes dienen, insbesondere nachstehende Gegenstände aus dem Geschäftskreise der Königl. Regierungen ausscheiden und auf die Königl. Konsistorien übergehen:

1) die Sorge für die Anlegung und Unterhaltung der Kirchhöfe, unbeschadet der Bestimmung in Art. 24 Nr. 6 des Ges. v. 3. Juni 1876 und
2) die kirchenregimentliche Aufsicht über das Vermögen der Kirchen, kirchlichen Stiftungen und Institute und zwar sowohl derjenigen, welche landesherrlichen Patronats sind, als auch derjenigen, welche dem landesherrlichen Patronat nicht unterworfen sind, jedoch unbeschadet der Bestimmungen in Art. 23, 24 und 27 des Ges. v. 3. Juni 1876 und ohne

Aenderung der Zuständigkeiten in den Patronatsverhältnissen selbst (Art. 22), so daß insbesondere den Königl. Regierungen die Ausübung aller die Vermögensverwaltung berührenden Befugnisse des landesherrlichen Patronats verbleibt.

Im Einzelnen geht demgemäß in Betreff der kirchlichen Vermögensverwaltung auf die Konsistorien über (Lit. a bis f des Zirkul. Erlasses v. 1. Okt. 1847):

a) die Fürsorge für die Hinterbliebenen von Geistlichen und Kirchenbeamten;
b) die kirchenregimentliche Aufsicht über das Etats-, Rechnungs-, Kassenwesen der gedachten Kirchen u. s. w.;
c) die Ausstellung von Attesten über die Legitimation der verwaltenden Organe zur Besorgung von Rechtsangelegenheiten. Dagegen fällt die Autorisation zu Prozessen überhaupt fort. (Art. 26.). (vergl. Anm. 255 zu §. 652 L.R. II. 11.)
d) die Genehmigung von Vergleichen;
e) die Genehmigung zur Vermiethung und Verpachtung von Grundstücken;
f) die Vertheilung der Kirchensitze:
g) die Genehmigung zu Ausleihungen und zur Aufnahme von Darlehnen, unbeschadet der Bestimmung in Art. 24 Nr. 3 des Ges. v. 3. Juni v. J.;
h) der Erwerb, die Veräußerung und Verpfändung von Grundstücken, unbeschadet der Bestimmung im Art. 24 Nr. 1 des Ges. v. 3. Juni 1876;
i) die Wahrung der Vorrechte und Immunitäten des kirchlichen Vermögens und der geistlichen Stellen;
k) die Genehmigung zur Vermiethung von Wohngebäuden eines Pfarrers;
l) die Aufsicht über die bauliche Unterhaltung und Wiederherstellung der Kirchen-, Pfarr-, Küster- und anderer kirchlicher Gebäude, vorbehaltlich der Bestimmung im Art. 23 Nr. 2 des Ges. v. 3. Juni 1876, sowie die Fürsorge für die Versicherung dieser Gebäude gegen Feuersgefahr;
m) die Auseinandersetzung zwischen dem neu einziehenden Pfarrer und dem abziehenden Pfarrer oder dessen Erben über die Einkünfte der Stelle;
n) das kirchliche Kollektenwesen, einschließlich der Vereinnahmung und Aufsammlung der Erträge, vorbehaltlich der Bestimmung des Art. 24 Nr. 7 des Ges. v. 3. Juni v. J.

Selbstverständlich hat diese Aufzählung lediglich den Zweck, die Gegenstände zu bezeichnen, welche fortan als zum Geschäftskreis der Konsistorien gehörig anzusehen sind, nicht aber materiell den Umfang der Aufsichtsrechte der Konsistorien zu bestimmen. In letzterer Beziehung bewendet es vielmehr bei den bestehenden Vorschriften.

Was sodann die unter Nr. 6 des Zirkularerlasses v. 1. Okt. 1847 erwähnte Ernennung und Bestätigung der für die Verwaltung des kirchlichen Vermögens anzustellenden weltlichen Kirchenbedienten betrifft, so hat dieser Gegenstand schon durch die Kg. u. Syn. Ordnung anderweite Regelung erfahren. Dagegen ist noch zu erwähnen, daß von den in dem Zirkul. Erlaß v. 1. Okt. 1847 als zum gemeinschaftlichen Ressort der Konsistorien und Regierungen gehörig bezeichneten Angelegenheiten die Einführung und Veränderung der Stolgebührentaxen in der Provinzialinstanz gegenwärtig zum ausschließlichen Ressort der Konsistorien gehören und nur die Genehmigung der staatlichen Aufsichtsbehörde vorbehalten bleibt. (Art. 24 Nr. 4 Ges. v. 3. Juni 1876.)

Um nun den Uebergang der Geschäfte in den oben bezeichneten Angelegenheiten auf die K. Konsistorien zum Vollzug zu bringen, bestimme ich, was folgt:

1) Die K. Regierungen haben sofort eine Aussonderung derjenigen Akten vorzunehmen, welche an die K. Konsistorien abzugeben sind. Welche Akten hiervon betroffen werden, ergiebt sich aus den Gegenständen, die in den Geschäftskreis der K. Konsistorien übergehen. Die Akten, welche sich auf die Vermögensverwaltung der Kirchen landesherrlichen Patronats beziehen, sind nicht an die Konsistorien abzugeben, da, wenngleich die kirchenregimentliche Aufsicht auch über diese Kirchen auf die Konsistorien übergeht, den Regierungen die laufende Patronatsverwaltung verbleibt. Dagegen ist es selbstverständlich, daß, soweit die Konsistorien die Einsicht dieser Akten im einzelnen Falle wünschen möchten, ihnen solche mitzutheilen sind.

2) (Im Uebrigen Uebergangsbestimmungen, inzwischen gegenstandslos geworden.)

n) Erlaß des Ministers der geistl. Angel. an das K. Konsistorium zu Berlin v. 10. Sept. 1877, betr. die Ausübung der staatlichen Aufsichtsrechte, sowie die Verwaltung des landesherrlichen Patronats in allen das Kirchenvermögen berührenden Angelegenheiten in der Stadt Berlin, kirchl. Ges. u. V.Bl. 1876/77 S. 175, 176.

Nach den Bestimmungen der Art. III u. IV der Allerh. Verordnung v. 5. d. M. (G.S. S. 215) wird das K. Konsistorium mit dem 1. k. M. die Ausnahmestellung verlieren, welche dasselbe im Vergleich mit den übrigen Konsistorien der 8 älteren Provinzen der Monarchie dadurch einnahm, daß das K. Konsistorium für die Hauptstadt Berlin zugleich die Stelle der Regierung in den evangelischen Kirchensachen vertrat. Die von dem K. Konsistorium bisher geübten staatlichen Aufsichtsrechte gehen in Gemäßheit des Art. III auf den K. Polizeipräsidenten und die Verwaltung des landesherrl. Patronats in allen das Vermögen berührenden Angelegenheiten geht nach Art. IV auf die K. Ministerial-, Militär- und Baukommission über. Demgemäß veranlasse ich das K. Konsistorium, die über die bezeichneten Gegenstände geführten Akten an die genannten Behörden abzugeben. Was insonderheit die Akten über die Patronatsverwaltung anlangt, so sind in Betreff der Kirchen landesherrlichen Patronats alle auf die Verwaltung des Kirchen-, Pfarr- und Küstereivermögens bezüglichen Akten, einschließlich der Bauakten und der Etats und Rechnungen, sowie die Akten über Bestellung von Patronatsvertretern für die Gemeindekirchenräthe (§. 5 der Kg. u. Syn.O.) an die K. Ministerial-Bau-Kommission abzugeben. Selbstverständlich verbleibt jedoch dem K. Konsistorium die Befugniß, die Mittheilung der Akten, deren Einsicht demselben zur Ausübung der kirchenregimentl. Aufsichtsrechte erforderlich erscheint, im Wege der Requisition zu erlangen.

(Im Uebrigen Uebergangsbestimmungen, inzwischen gegenstandslos geworden.)

o) Zirkul. Erlaß des Ministers der geistl. Ang. an die K. Regierungen der acht älteren Provinzen v. 10. Sept. 1877, betr. den Uebergang der Verwaltung der kirchlichen Fonds in das Ressort der kirchenregimentlichen Behörden, kirchl. Ges. u. V.Bl. 1876/77. S. 176, 177.

Zu denjenigen Angelegenheiten der evangelischen Landeskirche, welche nach Art. I der Allerh. Verordnung v. 5. d. M. (G.S. S. 215) in das Ressort der kirchenregimentlichen Behörden übergehen werden, gehört auch die Verwaltung der kirchlichen Fonds, soweit diese bisher von dem Minister der geistl. Angel. und den Regierungen geübt ist. Selbstverständlich tritt diese Ressortveränderung indessen nur bei solchen, für Zwecke der evangel. Landeskirche bestimmten Fonds ein, welche ihrer rechtlichen Natur nach als kirchliche anzuerkennen sind, nicht aber auch bei den zu kirchlichen Zwecken bestimmten Staats-Fonds, und zwar weder bei den unmittelbaren, noch bei den mittelbaren Staatsfonds.

(Im Uebrigen Uebergangsbestimmungen.)

p) Verfügung des Ministers der geistl. Ang. v. 10. Sept. 1877, betr. den Fortfall der Stellen der geistlichen Räthe bei den K. Regierungen, kirch. Ges. u. V.Bl. 1876/77 S. 179.

q) Zirkul. Verfügung des Evang. Ober-Kirchen-Raths v. 21. Sept. 1877, betr. den Uebergang der Verwaltung der Angelegenheiten der evangel. Landeskirche auf den Evang. Ob. Kirch. Rath und die Konsistorien, kirchl. Ges. u. V.Bl. 1876/77. S. 179—183.

..... Die veränderte Zuständigkeit der von der neuen Ordnung berührten Kirchen- und Staatsbehörden wird in verschiedenen Beziehungen zu einer von dem Bisherigen abweichenden Gestaltung des geschäftlichen Verfahrens Anlaß geben. Vorläufig aber und solange nicht einige Erfahrung über die Art und den Umfang des Bedürfnisses gesammelt ist, beschränken wir uns auf die Bestimmung, daß die K. Konsistorien und die Gemeindeorgane unter allseitiger genauer Beachtung der durch die neueren Gesetze und Verordnungen unmittelbar gegebenen Umgestaltungen, im Uebrigen das unter der bisherigen Verwaltung der Regierungen beobachtete Verfahren sich als Norm dienen lassen. Dabei weisen wir auf folgende Punkte noch besonders hin:

Das Wesentliche der gegenwärtig zur Ausführung kommenden Veränderung besteht darin, daß auch in den äußeren evangelisch-kirchlichen Angelegenheiten, von den speziellen staatsgesetzlichen Vorbehalten abgesehen, fortan überall als verwaltungsleitende und aufsichtsführende Behörden („Organe des Kirchenregiments, geistliche Obere") statt des Ministers der geistl. Angel. der Evang. Ob. Kirch. Rath und statt der K. Regierungen die K. Konsistorien eintreten. Mit Rücksicht hierauf sind daher alle einschlagenden älteren gesetzlichen oder administrativen Anordnungen zur Anwendung zu bringen .....

Außer der Beachtung des in den Behörden erfolgten Wechsels ist ferner Seitens der K. Konsistorien bei Uebernahme der neuen Verwaltung, den Absichten der Kg. u. Syn. Ord. entsprechend, sowie zum Zwecke thunlichster Vereinfachung der Geschäfte, der Gesichtspunkt als maaßgebend festzuhalten, daß Angelegenheiten deren Verwaltung durch die kirchliche Verfassung den örtlichen kirchlichen Organen übertragen ist, auch in der That von diesen Organen nach Möglichkeit allein und selbstständig zu erledigen sind, die kirchlichen Aufsichtsbehörden daher die Geltendmachung ihrer Aufsichtsrechte auf das engste Maaß des nach den bestehenden Gesetzen und den konkreten Verhältnissen unbedingt Nothwendigen zu beschränken haben.

Es ist insbesondere auch hinsichtlich derjenigen Geschäfte, bei welchen eine

Mitwirkung des landesherrl. Patronats erforderlich ist, oder sonst eine selbstständige Wirksamkeit der Staatsbehörde einzutreten hat, wie in den Fällen des Art. 23 Nr. 1—6 des Ges. v. 3. Juni v. J., der Regel nach der direkte Verkehr der Gemeindekirchenräthe mit den staatlichen Behörden beizubehalten. Nur in denjenigen Angelegenheiten, welche an die staatlichen Provinzial- oder Zentralinstanzen zu bringen sind, haben die Gemeindeorgane ihre Anträge durch Vermittelung der K. Konsistorien an diese Instanzen gelangen zu lassen. Bei Gefahr im Verzuge ist ihnen jedoch auch das direkte Angehen dieser Staatsbehörden gestattet: nur müssen sie gleichzeitig dem K. Konsistorium Anzeige davon erstatten ..... Wir erinnern dabei daran, daß Anträge auf Einführung oder Veränderung von Gebührentaxen bis weiter unserer Beschlußfassung unterliegen, sowie daß die hiernach in Gemäßheit der Verord. v. 9. Sept. 1876 Art. I Nr. 7 erforderliche ministerielle Genehmigung durch uns zu vermitteln ist .....

r) Verfügung des Ministers der geistl. Ang. v. 29. Sept. 1877, betr. den Uebergang der kirchlichen Externa auf die K. Konsistorien bezüglich des Etats-, Rechnungs-, u. Kollektenwesens, kirchl. Ges. u. V.Bl. 1876/77 S. 178.

s) Zirkul.Verfügung des Ev.O.K.R. v. 7. Febr. 1878, betr. das Kassenwesen der K. Konsistorien, besonders bezügl. der Kollekten 2c., kirchl. Ges. u. V.Bl. 1878. S. 33—36.

t) Zirkul.Verfügung der Minister der Finanzen und der geistl. Angel., betr. die Kassenverwaltung kirchlicher Fonds, v. 15. Juli 1879 und v. 13. Juli 1881, kirchl. Ges. u. V.Bl. 1881 S. 102—103 u. 104.

u) Verfügung des Ministers der geistl. Angel. v. 31. Okt. 1877, betr. das Ressortverhältniß in Bauangelegenheiten, kirchl. Ges. u. V.Bl. 1876/77 S. 260, 261.

Die Abgabe der Akten über die bauliche Unterhaltung und Wiederherstellung von Kirchen- und Pfarrgebäuden landesherrlichen Patronats an das K. Konsistorium hätte nicht erfolgen sollen, weil diese Akten d. K. Regierung für die Bearbeitung der Patronatsbauten unentbehrlich sind. Auch ist in dem Reskr. v. 10. v. M. ausdrücklich angeordnet, daß alle auf die Vermögensverwaltung der Institute landesherrlichen Patronats bezüglichen Akten bei den Regierungen verbleiben sollen, während gerade die Bauangelegenheiten den wichtigsten Zweig der Patronatsverwaltung bilden. Auf die K. Konsistorien ist nur die kirchenregimentl. Aufsicht über die Bauten, nicht die Leitung und Ausführung übergegangen, welche vielmehr den Vertretern des betreffenden Instituts, bei landesherrlichen Patronatsbauten also der Regierung und den Gemeindeorganen verblieben sind.

Neben den Provinzialkonsistorien haben die Generalsuperintendenten als Vorgesetzte mehrerer Superintendentur-Sprengel die Angelegenheiten der evangelischen Kirchen ihres Bezirks persönlich zu beaufsichtigen.

Die Instruktion für die Generalsuperintendenten v. 14. Mai 1829, v. Kamptz, Annal. der Preuß. Staatsverwaltung 1829, Bd. 13 S. 279, lautet:

Die segensreiche Thätigkeit, welche von den Generalsuperintendenten nach der von Sr. Majestät dem Könige Allerhöchst selbst ihnen ertheilten Bestimmung erwartet wird, und ihr heilsamer Einfluß auf die Angelegenheiten der evangelischen Kirche hängt zwar hauptsächlich davon ab, daß sie, über die äußerliche Seite ihrer Stellung sich erhebend, ihren Beruf mit Geist aufzufassen und zu behandeln wissen, und ergriffen von dem Anerkenntnisse seiner hohen Bedeutung und von dem dankbaren Gefühle des Allergnädigsten Vertrauens, dessen sie von Sr. Majestät dem Könige gewürdigt worden, die wichtigen Aufgaben ihres Amtes mit frommer Gewissenhaftigkeit zu lösen bereit sind. Damit jedoch durch eine nähere Bezeichnung und Abgrenzung ihrer amtlichen Befugnisse und Verpflichtungen jeder Unsicherheit ihres Wirkens möglichst begegnet werde, und um ihnen eine übersichtliche Kenntniß der Berufsaufgaben, für deren pünktliche, zweckmäßige und ungesäumte Erledigung sie verantwortlich sind, zu geben, erhalten sie auf Befehl Sr. Majestät des Königs folgende nähere Geschäftsanweisung zu ihrer Nachachtung:

1) Die Generalsuperintendenten sind Geistliche, welche als Vorgesetzte mehrerer Superintendentur-Sprengel neben den Provinzialkonsistorien und den Regierungsabtheilungen für das Kirchen- und Schulwesen, die Angelegenheiten der evangelischen Kirchen ihres Bezirks persönlich zu beaufsichtigen und auf sie einzuwirken befugt und verpflichtet sind.

2) Ihre Bestimmung im Allgemeinen ist, sich eine genaue, auf eigne Anschauung gegründete und aus Erfahrungen an Ort und Stelle gesammelte Kenntniß von der Beschaffenheit des evangelischen Kirchenwesens in ihrem Bezirke zu verschaffen, vornehmlich auf dem Wege des persönlichen Verkehrs, wenn auch gleich der Schriftwechsel zur Vervollständigung und Erleichterung dieses persönlichen Einwirkens nicht ganz ausgeschlossen werden soll, die wahrgenommenen Gebrechen möglichst schnell zu entfernen, die immer gedeihlichere Entwickelung des Beifallswürdigen zu befördern, nach Befinden jene wie dieses zur Kenntniß der geistlichen Behörden zu bringen, und so die denselben übertragene Aufsichtsführung zu erleichtern und wirksamer zu machen.

3) Sie bilden keine Zwischeninstanz, sondern sind den geistlichen Provinzialbehörden beigeordnet, und stehen, wie diese, in ihrer Qualität als Generalsuperintendenten, unmittelbar unter dem Ministerio der geistlichen Angelegenheiten. [bez. dem Evangel. Oberkirchenrath.]

4) Sie sind Mitglieder der Konsistorien, heißen Direktoren und nehmen in denselben nach den Oberpräsidenten die erste Stelle ein. Auch haben sie, soweit es sich mit ihrer eigenthümlichen, von öfteren Reisen abhängigen Wirksamkeit verträgt, den Direktorialgeschäften und der Stellvertretung des Oberpräsidenten in dem Konsistorio sich zu unterziehen. (Die Oberpräsidenten sind gegenwärtig nicht mehr die Vorsitzenden der Konsistorien. Diese Funktion wird jetzt überall von besonders ernannten Konsistorialpräsidenten ausgeübt. cfr. §. 6 der Ressortverordnung v. 27. Juni 1845, G.S. S. 440.)

5) Sie haben sich mithin als Organe der geistlichen Oberen zu betrachten, und sollen als väterliche Pfleger aller Kräfte, welche in den ihnen untergebenen Aufsichtskreisen für die ehrwürdigen Zwecke der evangelischen Kirche in Thätigkeit gesetzt werden können, bald anregend, bald nachhelfend, bald vermittelnd auftreten, und durch ihre Belehrung, ihren Rath und ihre Fürsprache beitragen, daß die hier und da wahrgenommenen Bedürfnisse auf die kürzeste und den Lokal- und Personalverhältnissen angemessenste Art ihre Befriedigung finden.

6) Die Gegenstände, auf welche sie ihr Augenmerk vorzüglich zu richten haben, sind:

a) Die Lehrart der Geistlichen.
b) Die Aufrechthaltung und Wiederherstellung der Reinheit, Ordnung und Würde des öffentlichen Gottesdienstes, wobei sie insbesondere darüber zu wachen haben, daß in den Kirchen, wo die erneuerte Agende bereits angenommen ist, derselben auch genau Folge geleistet werde, und dahin zu wirken, daß die Hindernisse und Einwendungen beseitigt werden, die sich noch im Einzelnen der Einführung derselben entgegenstellen.
c) Die Beschaffenheit, der Gebrauch und die Verwaltung der für die kirchlichen Zwecke bei den einzelnen Gemeinden vorhandenen äußerlichen Mittel.
d) Der bei den Gemeinden herrschende kirchliche oder unkirchliche Geist, die in ihnen etwa vorkommenden besonderen Richtungen, vorzüglich insoweit solche auf das kirchliche Verhältniß fördernd oder störend einwirken, und sich von einer Gefahr drohenden Seite zeigen.
e) Der Wandel der Kirchenbeamten, ihr häusliches Leben und das Fortschreiten der Geistlichen in ihrer wissenschaftlichen Bildung; ingleichen die Führung der in ihrem Sprengel sich aufhaltenden Kandidaten und ihre Vorbereitungen zum Predigtamte.
f) Die Beschaffenheit der Elementar- und niederen Bürgerschulen, als der Vorbereitungsanstalten für die Kirche. (vergl. Anm. 31 zu §. 16 der Kg. u. Syn.Ord. v. 10. Sept. 1873.)
g) Die religiöse und kirchliche Tendenz der gelehrten Schulen und höheren Bürgerschulen.

7) Zunächst liegt ihnen das Geschäft der Kirchenvisitationen an denjenigen Orten ob, wo Geistliche angestellt sind, denen die Verwaltung einer Spezialsuperintendentur übertragen ist.

8) Bis dahin, wo ihnen über den Gang, den die Verhandlungen dabei zu nehmen haben, eine besondere Anweisung zugegangen sein wird, soll ihnen überlassen bleiben, sich nach der in der betreffenden Provinz eingeführten Kirchen-Visitationsordnung zu richten. Eine Revision der Registratur und des Archivs der Superintendentur ist jedoch jedesmal damit zu verbinden.

9) Dafern die Umstände nicht die Aufnahme besonderer förmlicher Protokolle und schleunige Anzeige nöthig machen, kann es hinreichen, daß sie ihre dabei gemachten Beobachtungen und Erfahrungen nur in das Reisejournal eintragen, um den Behörden daraus zu seiner Zeit das Erforderliche mündlich oder vermittelst einzelner Extrakte mitzutheilen.

10) In welcher Reihenfolge sie diese Visitationen, zu welchen sie keineswegs erst den besonderen Auftrag des vorgesetzten Ministeriums (bez. des Ev.O K.R.), oder des Provinzialkonsistoriums zu erwarten haben, vornehmen wollen, ist ihnen ebenfalls freigestellt, doch haben sie sich so einzurichten, daß der Cyklus derselben in ihrem Bezirke nach Beschaffenheit des Umfanges künftig längstens in einem Zeitraume von 4—6 Jahren vollendet sei. Für den Anfang muß aber, weil es so wichtig ist, daß sie bald die erforderliche Personalkenntniß erlangen, diese Frist so viel als möglich abgekürzt werden.

11) Nächst dem, daß sie über die Qualifikation der Superintendenten, über

die Art und Weise, wie sie ihren Pflichten nachkommen, und über ihre äußere Lage sich die nöthigen Aufschlüsse verschaffen werden, haben sie auch auf die wichtigen Fragen einzugehen: in welchem Vernehmen dieselben mit den Kirchenpatronen und Unterbehörden ihres Sprengels stehen; ob sie von diesen in ihrer amtlichen Wirksamkeit die nöthige Unterstützung erhalten und ob bei eingetretenen Störungen die persönliche Vermittelung des Generalsuperintendenten von Nutzen sein könne.

12) Bei diesem regelmäßig wiederkehrenden Visitationsgeschäfte wird sich ihnen von selbst die Gelegenheit darbieten, der Diözesan-Geistlichkeit näher zutreten, und nicht nur über das, was in dem Aufsichtskreise der Spezialsuperintendenten nach §. 6 ein Gegenstand ihrer Aufmerksamkeit sein soll, zuverlässige Erkundigungen einzuziehen, sondern auch wohlthätig darauf einzuwirken, und sie haben dieselbe dazu mit Umsicht und Eifer zu benutzen.

13) Sie sind zur Erreichung dieses Zweckes aber auch berechtigt und verpflichtet, einzelnen Kirchen- und Schulvisitationen, die der Spezialsuperintendent in den Parochien seiner Diözese zu halten pflegt, beizuwohnen, und dergleichen auch selbst vorzunehmen.

14) Ueberdies haben sie neben diesen gewöhnlichen und vorher anzukündigenden Visitationen auch zuweilen außerordentliche und unvermuthete Untersuchungen an Ort und Stelle, sowohl auf Anweisung des vorgesetzten Ministeriums (bez. des Ev. O. K. R.) und Requisition der geistlichen Provinzialbehörden, als auch nach eigenem Ermessen zu veranstalten; doch haben sie davon, sowie überhaupt von allen in ihrem Bezirke vorzunehmenden Dienstreisen, den Oberpräsidenten vorher in Kenntniß zu setzen. (vergl. die Nr. 4 oben.)

15) Zu ihren Obliegenheiten und Befugnissen gehört ferner die persönliche Einweisung der neu ernannten Superintendenten in ihre Ephoralämter, wozu sie die jedesmalige Veranlassung von dem Provinzialkonsistorio erhalten. Wenn sie von den Königl. Regierungen (jetzt den Konsistorien) requirirt werden, diese Superintendenten zugleich als Pfarrer bei ihren Gemeinden einzuführen, so haben sie sich auch diesem Geschäfte zu unterziehen.

16) Bei diesen Feierlichkeiten werden sie, neben Beobachtung dessen, was das Herkommen und die Wichtigkeit des Gegenstandes sonst mit sich führt, nicht nur die angehenden Superintendenten zu einer pünktlichen und pflichtgetreuen Führung ihres kirchlichen Aufseheramtes in Gegenwart der versammelten Geistlichen und Schullehrer des Ephoralsprengels auffordern, diese aber zu einem folgsamen und ehrerbietigen Verhalten gegen ihre Vorgesetzten anweisen, sondern sich derselben auch als Veranlassung bedienen, die Bande der brüderlichen Gemeinschaft unter der Diözesangeistlichkeit durch Einführung eines neuen Vermittlers fester zu schlingen, und die nützlichen Einrichtungen, die in ihr entweder noch gar keine Stelle gefunden haben, oder mit Lauigkeit behandelt worden sind, ins Leben zu rufen und eine eifrigere Theilnahme an ihnen anzuregen.

17) Da es in manchen Superintendenturkreisen gewöhnlich ist, jährliche Wittwenkassenkonvente, oder andere Versammlungen, behufs wissenschaftlicher Zwecke, zu halten, so wird es angemessen sein, wenn sie diesen

Zusammenkünften von Zeit zu Zeit beiwohnen, sowohl um mit den vereinigten Mitgliedern in eine genauere Bekanntschaft zu kommen, und auf dem kürzesten Wege ihre Wünsche und Anträge zu vernehmen, als auch dasjenige zur Sprache zu bringen, was den geistigen Verkehr unter ihnen beleben, und als wechselseitiges Förderungsmittel einer würdigen Amtsführung wirken kann, und um überhaupt diese Versammlungen durch ihre Gegenwart bedeutsamer zu machen.

18) Wo solche Versammlungen der Geistlichkeit einzelner Ephoralsprengel in der Regel nicht stattfinden, da können sie dieselben, um ihnen beizuwohnen und zu dem im vorstehenden §. angegebenen Zwecke, durch den vorgesetzten Spezialsuperintendenten veranstalten lassen. Die Leitung der Verhandlungen wird jedoch dem Letzteren zu überlassen, und das Nöthige vorher mit ihm zu verabreden sein.

19) Sie führen bei den Berathungen, zu welchen die ganze Geistlichkeit ihres Bezirks sich versammelt hat, den Vorsitz und regeln den Geschäftsgang. Zur Veranstaltung solcher Zusammenkünfte haben sie aber, wenn nicht durch die Provinzial-Kirchenverfassung ausdrücklich etwas Anderes bestimmt ist, jedesmal die Genehmigung des Ministers der geistl. Angel. (bez. des Ev. Ob. Kirch. Rathes) einzuholen.

20) Sie werden als Mitglieder der Konsistorien durch ihre Theilnahme an den Prüfungen der Kandidaten in den Stand gesetzt werden, sich von der Tiefe und dem Umfange ihrer wissenschaftlichen Bildung und von dem Charakter ihrer theologischen Richtung eine genaue Kenntniß zu verschaffen, und einen wohlthätigen Einfluß darauf zu äußern. Es bleibt aber auch außerdem für sie eine wichtige Pflicht, sich mit dem Bildungsgrade derer, die sich dem evangelischen Predigtamte gewidmet haben, sorgfältig bekannt zu machen, und auf ihr zweckmäßiges und unablässiges Weiterstreben auf jede andere Weise hinzuwirken.

21) Auch bei den bereits angestellten Geistlichen müssen sie darauf bedacht sein, den Eifer für gründliche Fortbildung anzuregen, zu nähren und zu unterstützen.

22) Zu ihren Amtsbefugnissen gehört ferner das Ordinationsgeschäft.

23) Es ist ihre Pflicht, die jährlichen Conduitenlisten über die Geistlichen und Schullehrer ihres Bezirks, welche die Spezialsuperintendenten durch sie an die Provinzialbehörden einzureichen haben, genau zu prüfen, und erforderlichenfalls mit berichtigenden und ergänzenden Anmerkungen zu versehen. Die dem Ministerium der geistl. Ang. (bez. dem Ev. O. K. R.) von den Konsistorien vorzulegenden Conduitenanzeigen über die Superintendenten ihrer Sprengel müssen aber von ihnen nicht nur in der Reinschrift vollzogen, sondern auch im Conzept gezeichnet werden, wobei es ihnen freisteht, dasjenige, was sie nach ihrer Personalkenntniß für nöthig halten, beizufügen. (Die Führung der Conduitenlisten über Geistliche und Superintendenten ist außer Uebung gekommen.)

24) Sie sind gehalten, sich der Regulirung streitig gewordener Verhältnisse und der Beseitigung entstandener Unordnungen und Mißhelligkeiten, wenn sich von ihrem persönlichen Einflusse ein schneller und günstiger Erfolg erwarten läßt, auf Requisition der Konsistorien und der Regierungsabtheilungen für das Kirchen- und Schulwesen zu unterziehen, und haben

in Folge gleicher Veranlassung ihr schriftliches Gutachten an diese Behörden in den Fällen abzugeben, in welchen die Feststellung der Wahrheit und die darauf zu gründende Entscheidung hauptsächlich von einer genauen Lokal- und Personalkenntniß abhängig ist. Es versteht sich jedoch von selbst, daß dies nur ausnahmsweise geschehen darf, und daß in der Regel die nöthigen Ermittelungen durch den Spezialsuperintendenten geschehen müssen.

25) Sie haben das Recht, den Sitzungen der Regierungsabtheilung für das Kirchen- und Schulwesen, wenn sie es für nöthig halten, besonders auch, wenn die von ihnen in der Eigenschaft als Generalsuperintendenten zur Sprache gebrachten Gegenstände zum Vortrage kommen, stimmfähig beizuwohnen, und werden sie den Präsidenten von ihrem diesfälligen Wunsche in Kenntniß setzen. Auch hat dieser sie in wichtigen Angelegenheiten, hauptsächlich, wenn allgemeine und organische Maaßregeln erwogen und beschlossen werden sollen, zu den Berathungen einzuladen. Jedenfalls sind sie zu denselben zuzuziehen, wenn über die gegen Geistliche zu verhängende Disziplinaruntersuchung, oder über deren Remotion oder unfreiwillige Versetzung und Emeritirung entschieden wird. (Die Theilnahme der Generalsuperintendenten an den Sitzungen der Regierungen ist in Folge der Reorganisation der kirchl. Verwaltung weggefallen. Disziplinaruntersuchungen gegen Geistliche führt das Konsistorium. cfr. §. 7 Nr. 6 Gen. Syn. Ordnung.)

26) Da es den Behörden, welchen das Recht des Vorschlags oder der Ernennung zu geistlichen Stellen Königl. Patronats zusteht, wichtig sein muß, und auch zur Pflicht gemacht wird, über diejenigen Bewerber, welche sie auf die engere Wahl gebracht haben, das Gutachten der Generalsuperintendenten zu vernehmen, und dies auch bei Auszeichnungen und Unterstützungen der Geistlichen möglichst berücksichtigt werden soll, so werden sie, in Erwägung, daß das Gewicht ihrer Ansicht sich in dem Grade verstärken muß, in welchem ihre Personalkenntniß an Genauigkeit und Umfang gewinnt, sich dabei der gewissenhaftesten Sorgfalt und Unparteilichkeit befleißigen, und der Menschenfurcht und Menschengefälligkeit nicht im geringsten Einfluß auf ihr Urtheil gestatten.

In allen Fällen, wo sie ihre Stimme als Generalsuperintendenten in den Konsistorien (und Regierungen) nach Vorstehendem abgeben, zählt ihre Stimme nicht nur mit, sondern es wird auch, wenn die Stimmenmehrheit gegen ihre Ansicht und ihren Antrag ausfällt, wenn sie darauf bestehen, die Sache der höheren Entscheidung des Ministeriums der geistl. Ang. (bez. des Ev. Ob. Kirch. Rathes) vorgelegt. Es wird von ihnen erwartet, daß sie in solchen Fällen ihre Ansicht und Meinung einer besonders strengen eigenen Prüfung unterwerfen, und nichts unversucht lassen, sich, soviel es nach Pflicht geschehen kann, zu einem gemeinschaftlichen Beschluß zu vereinigen.

27) Je umsichtiger und pflichtmäßiger sie bei diesem Theile ihrer Berufsthätigkeit verfahren, desto gewisser wird er sich in ein Beförderungsmittel ihres Ansehens und Einflusses verwandeln, daher sich auch die Art ihrer Einwirkung auf persönliche Rücksprache und Verhandlung, mündliche oder schriftliche Belehrung, Ermahnung und Zurechtweisung beschränken kann.

§. 144. Der Umfang der Geschäfte derselben ist durch die Consistorial- und Kirchen-Ordnungen, nach den verschiedenen Verfassungen der Provinzen und Departements, näher bestimmt.

§. 145. Sämmtliche Consistoria der Protestanten stehen unter der Oberdirection des dazu verordneten Departements des Staatsministerii.[56])

§. 146. Ohne desselben Vorwissen und Genehmigung kann in Kirchensachen keine Veränderung vorgenommen, noch weniger können neue Kirchenordnungen eingeführt werden.[57])

Was ihnen auf diesem Wege nicht gelingt, das werden sie zur Einleitung eines förmlichen Verfahrens zur Kenntniß der betreffenden geistlichen Provinzialbehörden bringen.

28) Sie haben in einem jährlichen ausführlichen Verwaltungsberichte, der spätestens am Schlusse des Monats Januar an das Ministerium der geistl. Ang. (bez. den Ev. Ob. Kirch. Rath) einzureichen, und dem auch eine Abschrift des von ihnen geführten Reisejournals beizufügen ist, sowohl ihre wichtigsten Erfahrungen und die vorzüglichsten Resultate ihrer persönlichen Vermittelung, als auch insbesondere dasjenige, was sie der Entscheidung der Behörden haben überlassen müssen, und ob dieselbe erfolgt ist, anzuführen. Dieser Jahresbericht ist zuvörderst dem Oberpräsidenten (cfr. Nr. 4 oben) mitzutheilen und von diesem fördersamst und urschriftlich an das Ministerium (den Ev. O. Kirch. Rath) abzusenden.

29) Da sie für den Aufwand, den ihnen das Reisen und die Geschäftsführung verursacht, eine angemessene Entschädigung aus Staatsfonds erhalten werden, so haben sie den Kirchen- und Gemeindekassen keine sog. Kosten- und Gebührenzahlung zuzumuthen.

Für die Rheinprovinz und Westfalen vergl. die Allerhöchst bestätigte, im Wesentlichen gleichlautende Instruktion v. 31. Mai 1836. Annal. Bd. 20 S. 609. Die Abweichungen siehe bei Hermens, Handbuch der Staatsgesetzgebung über den christlichen Kultus am link. Rheinufer III S. 590, 693.

Ueber die Befugnisse der Generalsuperintendenten auf der Kreis-, Provinzial- und Generalsynode vergl. §. 56, 60, Kg. u. Syn. Ord. v. 10. Sept. 1873 u. §. 2 der Generalsyn. Ord. v. 20. Jan. 1876 §. 148 Kirch. Ord. v. 5. März 1835.

[56]) Ges. v. 3. Juni 1876 G.S. S. 125:

Art. 21: Die Verwaltung der Angelegenheiten der evangel. Landeskirche geht, soweit solche bisher von dem Minister der geistl. Angelegenheiten und von den Regierungen geübt worden ist, auf den Evangel. Oberkirchenrath und die Konsistorien als Organe der Kirchenregierung über.

[57]) vergl. Anm. 55.

Der Rechtsweg ist nicht gestattet, wenn es sich darum handelt, Aenderungen, welche von Seiten der vorgesetzten Kirchenbehörden in der Organisation einzelner evangelischer Kirchen, namentlich in Bezug auf das Kirchenkollegium getroffen worden sind, zu beseitigen. Erk. des Komp. Gerichtsh. v. 9. Dez. 1865, Just. Min. Bl. 1866 S. 76.

§. 147. Mediatconsistoria, wo dergleichen vorhanden sind, stehen, der Regel nach, unter der Aufsicht des Oberconsistorii der Provinz.[58]) Mediatconsistoria.

§. 148. Ausnahmen davon, und unmittelbare Unterordnung unter das geistliche Departement müssen besonders dargethan werden.

§. 149. Es sollen aber auch die Oberconsistoria den untergeordneten Mediatconsistoriis in Ausübung ihrer Gerechtsame keinen Eintrag thun.

§. 150. Superintendenten, Inspectoren und Erzpriester, sind untergeordnete Aufseher einzelner Diöcesen oder Kreise.[59]) Superintendenten, Inspectoren und Erzpriester.

---

[58]) Das Nähere über die Konsistorien der Standesherren und die Mediat-Konsistorien vergl. in Jacobson, Kirchenrecht §. 41 S. 177 bis 183 u. Meier, Kirch. Recht S. 108. An Mediat-Konsistorien bestehen noch

a) die gräflich Stolbergschen Konsistorien in Wernigerode, Stolberg u. Roßla. cfr. Instr. v. 30. Mai 1820, G. S. S. 81 u. die Rezesse v. 13. Aug. u. 17. Sept. 1822 §. 26, v. 8. Jan. u. 25. Sept. 1862 §. 10 u. v. 28. März 1836 §. 26.

b) Das Stadtkonsistorium in Breslau auf Grund Kaiserl. Privilegs v. 20. Aug. 1609, Reglement v. 2. Nov. 1859, Aktenstücke d. Ev. O. K. R. Bd. 5 S. 168.

Das Stadtkonsistorium in Magdeburg ist aufgehoben; vergl. jedoch das Königl. Statut v. 16. April 1830, wonach der vom Magistrat gewählte und dem Kgl. Konsistorium zur Ernennung präsentirte Superintendent die Rechte eines landesherrlichen geistlichen Oberen über die Geistlichen der Stadtkirchen unter dem Konsistorium ausüben soll.

[59]) In Betreff der durch die Kab. Ord. v. 7. Febr. und 29. Aug. 1828 eingeführten General-Superintendenten vergl. deren Instruktion v. 14. Mai 1829 in der Anm. 55.

Die Superintendenten als solche beziehen kein festes Ephoralgehalt. Zu ihrer Remuneration dient gegenwärtig der aus dem Dispositionsfonds der evangel. Kirche abgezweigte Superintendenturfonds mit seinem für die östlichen Provinzen auf 13500 M. sich belaufenden Jahresbetrage.

Spezialfonds zur Remunerirung der Superintendenten auf Grund besonderer Stiftung existiren nur vereinzelt, z. B. in den Städten Stralsund und Greifswald, für die 4 Superintendenten im ehemaligen Fürstenthum Liegnitz und für den Senior der Unitätsgemeinden in Posen.

Im Uebrigen erhalten die Superintendenten nur Erstattung ihrer baaren Auslagen, insbesondere Reisekosten und Diäten.

Das Nähere hierüber, sowie die provinziellen Bestimmungen vergl. in Meier, Kirch. R. S. 110. Die Superintendenten in der Provinz Posen empfangen, auf Grund einer Kab. Ordre v. 18. Febr. 1820, bei Kirchen- und Schulvisitationen die Reisekosten für die Reise von ihrem Wohnorte bis zur ersten Kirche und von der letzten Kirche bis nach Hause aus der Staatskasse. Zu den Reisen von einer

§. 151. Sie stehen unter der Direction des Bischofs oder der Consistorien, und werden von denselben unter Genehmigung des Staats ausgewählt und bestellt.[60])

§. 152. Ihr Amt besteht eigentlich nur in der Aufsicht über die zu ihrem Kreise geschlagenen Kirchen und Geistlichen.

§. 153. Letztere sind ihnen von ihrer Amtsführung, Lehre und Wandel, auf jedesmaliges Verlangen, Rechenschaft zu geben schuldig.

§. 154 Besonders müssen diese Aufseher die Kirchenvisitationen ordentlich und sorgfältig vornehmen; dabei auch von der Beschaffenheit und Verwaltung des Kirchenvermögens, so wie von dem Baustande der Kirchen- und Pfarrgebäude, genaue Erkundigung einziehen; und davon sowohl, als von der Amtsführung der Prediger und übrigen Kirchenbedienten, ihren vorgesetzten Obern treulich berichten.[61])

§. 155. Zu entscheidenden Verfügungen, so wie überhaupt zu anderen Geschäften, sind sie ohne besondern Auftrag ihrer Obern nicht befugt.

Kirchencollegia. §. 156. Die Collegia einzelner Kirchen bestehen aus den Geistlichen und den ihnen zugeordneten Vorstehern.[62])

§. 157. Diesen kommt die Verwaltung der äußeren Rechte der Kirchengesellschaft zu.[62])

Kirche zur anderen oder von einem Kirchorte zur nächsten Schule resp. von Schule zu Schule erhalten sie angemessenes Fuhrwerk, welches die Gemeinde in natura zu stellen hat. Für die Visitation selbst erhalten sie Diäten aus der Kirchenkasse.

[60]) vergl. Art. 23 Nr. 7, Ges. v. 3. Juni 1876, Ressortreglement v. 29. Juni 1850, G.S. S. 343 u. v. 1. Okt. 1847, M.Bl. d. i. V. S. 278.

[61]) Die evangel. Konsistorien haben besondere Visitationsordnungen erlassen. Das Nähere hierüber vergl. in Jacobson, Kirchenrecht §. 148, 149, und Boche, der legale Pfarrer 1875 S. 325 ff. und in Betreff der General-, Kirchen- u. Schulvisitationen die Instruktion v. 15. Febr. 1854, Aktenst. 2 S. 21. (vergl. auch a. a. O. 2 S. 79.)

Beim Mangel provinzial- und lokalrechtlicher Normen liegt die Verpflichtung zur Tragung der bei Kirchenvisitationen erwachsenden Fuhrkosten der Superintendenten den Eingepfarrten auch dann ob, wenn das Kirchenvermögen zu deren Bestreitung zureichend ist. Erk. des Ob.Trib. v. 4. Juli 1873, Striethh. Archiv Bd. 89 S. 134.

[62]) vergl. hierzu die Kirchengemeinde- und Synodalordnung v. 10. Sept. 1873. Erk. d. Ob.Trib. v. 6. Febr. 1874, Arch. Bd. 92 S. 123: Durch Handlungen, welche nur von den Geistlichen zum Zwecke der Ausübung kirchlicher Andachten vorgenommen werden, wird für die Kirchengesellschaft, bei welcher sie fungiren, kein Besitz begründet; somit kann auch durch Wieder-

§. 158. Sie sind der Aufsicht der Erzpriester oder Inspectoren untergeordnet.[62])

§. 159. In außerordentlichen Fällen und Angelegenheiten müssen von der Gemeine Bevollmächtigte oder Repräsentanten gewählt, und mit der erforderlichen Instruction versehen werden.[63])

Vierter Abschnitt.

Von den Gütern und dem Vermögen der Kirchengesellschaften.

§. 160. Zu dem Vermögen der Kirchengesellschaften gehören die Gebäude, liegende Gründe, Capitalien und alle Einkünfte, welche zur anständigen Unterhaltung des äußeren Gottesdienstes für jede Kirchengemeine nach deren Verfassung bestimmt sind.[63a]) Was Kirchenvermögen sei.

§. 161. Das Kirchenvermögen steht unter der Oberaufsicht und Direction des Staats.[64]) Verhältniß desselben gegen den Staat;

§. 162. Der Staat ist berechtigt, darauf zu sehen, daß die Einkünfte der Kirchen zweckmäßig verwendet werden.

§. 163. Ihm kommt es zu, dafür zu sorgen, daß nützliche Anstalten aus Mangel des Vermögens nicht zu Grunde gehen.

§. 164. Für den Unterhalt der bei einer Kirchengesellschaft angesetzten Beamten muß die Gesellschaft selbst sorgen.[65])

---

holung solcher Handlungen für die Kirchengesellschaft ein Recht durch Verjährung nicht erworben werden.

[63]) cfr. §. 22 alin. 4 der Synodalord. v. 10. Sept. 1873.

[63a]) Erk. d. Ob.Trib. v. 5. Febr. 1875, Arch. 93 S. 185: Aus der Zulässigkeit der Eintragung der an Kirche und Schule zu gewährenden, der Eintragung in das Grundbuch jedoch nicht bedürfenden Freikuxe folgt noch nicht die Verpflichtung des Grundstückseigenthümers, sich dieselbe gefallen zu lassen, selbst dann nicht, wenn der Berechtigte die Kosten tragen will. (vgl. auch über die Freikuxe der Kirchen das Erk. des Ob.Trib. v. 19. Okt. 1877, Arch. Bd. 99 S. 236.)

[64]) vergl. Anm. 56.

[65]) Zu der „Kirchengesellschaft", welche für den Unterhalt der bei ihr angestellten Beamten zu sorgen hat, gehört der Patron „als solcher" nicht.

Erk. d. Ob.Trib. v. 16. Aug. 1847, Entsch. Bd. 14. S. 471. Aus §. 731 dies. Tit. folgt unbedenklich, daß das Allg. Landrecht unter Kirchengemeinde den Inbegriff aller Eingepfarrten versteht und den Patron als solchen nicht mit zur Kirchengemeinde gehörig rechnet, vielmehr dieser, resp. den Eingepfarrten gegenüberstellt. Daß der Patron, sofern er als Individuum zu der Religionspartei der betr. Kirche sich bekennt und in deren Parochie seinen Wohnsitz hat (§. 260, 261 h. t.) zu den Eingepfarrten mit gehören, resp. als Grundstücksbesitzer wie ein anderer Eingepfarrter beitragspflichtig sein kann (§. 732), ändert hieran nichts.

Er konkurrirt dann in einer doppelten Eigenschaft; in der als Patron steht er den Eingepfarrten als solchen, der Kirchengemeinde, gegenüber, während er in der Eigenschaft als Eingepfarrter an den Rechten und Pflichten der Kirchengemeinde, dem Patron gegenüber, Theil nimmt. Erk. d. Ob. Trib. v. 20. Okt. 1865, Arch. Bd. 61 S. 140. —

R. des Min. d. geistl. A. v. 29. Sept. 1877, kirchl. Ges. u. V.Bl. 1876/77 S. 217: Die Angelegenheiten wegen Aufbesserung der Pfarrgehälter aus Staatsfonds, sowie wegen der den Geistlichen zu gewährenden Entschädigungen für Stolgebührenausfälle sind bei den Regierungen verblieben. Es kommt hier die Verwendung von Staatsgeldern in Frage, welche ausschließlich zur Disposition des Ministers stehen. Deshalb sind auch die Vorbereitungen für die ministeriellen Entschließungen von den Staatsbehörden zu treffen. Hierdurch wird aber nicht ausgeschlossen, in geeigneten Fällen eine Mitwirkung der kirchenregimentlichen Behörden, wie bisher, eintreten zu lassen.

Die Verwaltungsbehörden haben darüber zu entscheiden, wie viel zum Unterhalt des Pfarrers erforderlich ist, und in welcher Weise die Beiträge unter die Mitglieder der Pfarrgemeinde zu theilen sind. Gegen diese Entscheidung ist der Rechtsweg unzulässig.

Erkannt von d. Komp. Gerichtsh. am 18. März 1865, J. M. Bl. 1865 S. 141, Aktenst. d. Ev. O. K. R. Heft 16 S. 466. Die Konsistorien sind nicht befugt, im Einvernehmen mit dem Regierungspräsidenten die Kirchengemeinden zur Erhöhung der für unauskömmlich erachteten Pfarrgehälter zu zwingen. Der Art. 27 Ges. v. 3. Juni 1876 setzt zu seiner Anwendung „gesetzliche Leistungen" als Gegenstand der Zwangsvollstreckung voraus. Die Bemessung und Beschaffung eines auskömmlichen Gehalts steht der Beschlußfassung der Gemeindeorgane zu, unter Mitwirkung der geordneten kirchlichen u. staatlichen Aufsicht; insbesondere bedürfen Umlagen, welche so beschlossen werden, zu ihrer Vollstreckbarkeit der Genehmigung des Regierungspräsidenten. Der Sinn des Art. 27 a. a. O. geht daher nur dahin, die Kirchenverwaltung zur administrativen Beitreibung solcher Gemeindelasten zu ermächtigen, welche vor der Zwangseintragung in den Etat als gesetzliche Verpflichtungen bereits bestanden, nicht aber durch die Zwangseintragung des Konsistorii mit Zustimmung des Regierungspräsidenten derartige Verpflichtungen zu begründen oder zu erweitern. Erk. des Oberverwaltungsgerichts v. 1. März 1880, Entsch. des Ob.V.G. Bd. 6 S. 157 ff.

Wo daher leistungsfähige Kirchengemeinden sich weigern, die von der kirchlichen Verwaltungsbehörde für nothwendig erachtete Erhöhung des Pfarrgehalts zu beschließen, bleibt jetzt nichts Anderes übrig, als den Weg der Kirchengesetzgebung zu betreten, und durch ein Kirchengesetz die erforderliche Belastung der Gemeinden anzuordnen. In dem dasselbe bestätigenden Staatsgesetze würde dann normirt werden müssen, in welcher Weise das Kirchengesetz den Gemeinden gegenüber in Vollzug zu setzen ist. vergl. Art. 16 in fine Ges. v. 3. Juni 1876 und die bezügl. Erklärung der Staatsregierung bei Richter, Kg. u. Syn. Ord. 1877 S. 145.

Streitigkeiten über die Errichtung und Dotirung eines geistl. Amtes sind vom Rechtswege ausgeschlossen; eine Ausnahme findet jedoch statt, wenn der Anspruch einer Kirchengemeinde auf Gewährung einer angemessenen Dotation für die geistl. Stelle auf einem privatrechtl. Titel beruht, insbesondere wenn der Verklagte in einem Vorprozesse rechtskräftig verurtheilt

§. 165. Kirchen, welche, gleich anderen Gesellschaften im Staate, den Schutz desselben bei ihrem Vermögen genießen, sind auch von diesem Vermögen, so weit ihnen nicht aus besonderen Gesetzen und Verfassungen gewisse Freiheiten zu statten kommen, zu den Lasten des Staats beizutragen verbunden.

§. 166. Sind Kirchengesellschaften, vermöge besonderer Privilegien oder Verordnungen, von gewissen Lasten in Ansehung ihrer liegenden Gründe frei; so kann doch diese Befreiung, wofern das Privilegium, oder die Verordnung es nicht ausdrücklich festsetzt, auf nachher erst erworbene Grundstücke nicht ausgedehnt werden.[66])

---

worden ist, eine in separato festzustellende Dotation für die Stelle herzugeben. In diesem Falle ist die Höhe der Dotation durch richterl. Erk. festzustellen.

Erkannt v. d. Komp. Ger. Hof am 11. Febr. 1865, J.M.Bl. 1865 S. 102.

Streitigkeiten über die Dotirung einer geistl. Stelle sind im Rechtswege zu entscheiden, wenn die Verbindlichkeit zur Gewährung einer angemessenen Dotirung durch einen privatrechtl. Titel begründet wird.

Erk. des Komp. Gerichtsh. v. 9. Juni 1866, J.M.Bl. 1866 S. 282.

Im Falle des von den geistl. Oberen anerkannten Bedürfnisses der Unterhaltung einer Kirchenanstalt sind Streitigkeiten über den von demselben angeordneten Beitrag und die Vertheilung der Beiträge unter die Eingepfarrten vom Rechtswege ausgeschlossen, wenn nicht Kosten in Frage stehen, in Ansehung deren bei entstehendem Streite die Gesetze auf den Rechtsweg verweisen.

Erk. des Komp. Gerichtsh. v. 19. April 1873, M.Bl. f. d. inn. Verw. S. 172.

[66]) vergl. Anm. 9. Die allgemeine Stempelfreiheit, welche im §. 4 der Dekl. v. 27. Juni 1811, G.S. S. 313 den Kirchen, Armenanstalten, Waisenhäusern, milden Stiftungen, Schulen und Universitäten eingeräumt worden, dauert nach §. 3 i Ges. v. 7. März 1822, G.S. S. 57 noch fort und erstreckt sich auch auf Zuwendungen, welche solchen Instituten durch Schenkungen oder letztwillige Verordnungen zufallen, auch wenn selbige nur zur Vertheilung an die Armen bestimmt sind. Kab.Ordre v. 16. Jan. 1827, Annal. Bd. 11 S. 384. Dagegen hat das Reichsgericht durch Erk. v. 5. Febr. 1881, Min.Bl. d. i. V. 1882 S. 19 den Satz ausgesprochen: Durch die der evangel. Kirche zustehende Erbschaftsstempelfreiheit (Ziffer 2 lit. i des Tarifs) wird nicht zugleich die Zuwendung stempelfrei, welche der Kirche mit der Auflage gemacht ist, einen bestimmten jährlichen Zinsenbetrag zu milden oder gemeinnützigen Zwecken zu verwenden. (§. 8 Ges. v. 30. Mai 1873.)

R. des Min. d. geistl. A. v. 23. Juli 1880, kirchl. Ges. u. V.Bl. 1880 S. 131: Unter Kirchen und öffentlichen Schulen, denen Befreiung von der Stempelsteuer gewährt ist, ist im Sinne der Stempelgesetze das gesammte, zu Kirchen-, Kultus- und Schulzwecken dienende Vermögen zu verstehen, ohne Unterscheidung, ob und inwieweit dasselbe eine pia causa darstellt, oder ob die politischen Gemeinden oder die Kirchengesellschaften und -Gemeinden oder Schulgemeinden und -verbände seine Träger sind.

Außer den in der Anmerk. 9 genannten Grundstücken bleiben von der Grundsteuer befreit: Kirchhöfe, Begräbnißplätze. §. 4[c] Ges. v. 21. Mai 1861, betr. die anderw. Regelung der Grundsteuer.

In Betreff des Ueberganges steuerfreier Grundstücke in die Klasse der steuerpflichtigen und umgekehrt verordnet der §. 10 des allegirten Gesetzes:

Wenn steuerfreie Grundstücke (§. 4) diejenige Eigenschaft verlieren, welche die Befreiung von der Grundsteuer bedingt, so sind sie vom ersten Tage des Monats ab, welcher auf den Monat folgt, in welchem die Veränderung eingetreten ist, zu dem nach Ausführung der Vorschrift in §. 3 sich ergebenden Prozentsatze ihrem Reinertrage entsprechend mit Grundsteuer zu belegen.

Andrerseits werden besteuerte Grundstücke, welche in die Klasse der im §. 4 zu a. c. d. bezeichneten steuerfreien Grundstücke übergehen, von der Fortentrichtung der auf ihnen haftenden Grundsteuer vom ersten Tage des Monats ab entbunden, welcher auf den Monat folgt, in welchem die die Steuerfreiheit begründende Veränderung eingetreten ist.

Wenn besteuerte Grundstücke in den Besitz evangelischer ..... Kirchen u. s. w. (§. 4 zu e) gelangen, so ist die auf diesen Grundstücken haftende Grundsteuer fortzuentrichten. Gehören dagegen die Grundstücke, welche in den Besitz evangelischer .... Kirchen u. s. w. übergehen, zu den in §. 4 zu a bis d bezeichneten, so ist für dieselben mit dem nach Ausführung der Vorschrift im §. 3 sich ergebenden Prozentsatz ihres Reinertrages die aufzulegende Grundsteuer neu zu veranlagen.

Zum näheren Verständnisse dieser Vorschriften wird bemerkt, daß im §. 4 des Ges. v. 21. Mai 1861 folgende Grundstücke als von der Grundsteuer befreit aufgeführt werden und zwar unter

Nr. a. die dem Staate gehörigen Grundstücke (cfr. Anm. 9).

Nr. b. die Domanialgrundstücke der vormals reichsunmittelbaren Fürsten u. Grafen.

Nr. c. ..... Kirchhöfe, Begräbnißplätze.

Nr. d. Brücken, Kunststraßen, Eisenbahnwege, Kanäle.

Nr. e. Die in der Anm. 9 aus der Nr. e aufgeführten Grundstücke.

Die Kab.Ordre v. 8. Juni 1834, betreffend die Heranziehung derjenigen Grundstücke zu Kommunalsteuern, welchen wegen ihrer Bestimmung zu öffentlichen oder gemeinnützigen Zwecken die Befreiung von Staatssteuern zusteht, G.S. 1834 S. 87, setzt fest, daß in den Provinzen und Ortschaften, in welchen die Vorschriften des Allg. Landrechts oder des gemeinen Rechts verbindliche Kraft haben, der gegenwärtige Zustand beibehalten werden soll; wo also dergl. Grundstücke von Kommunallasten entbunden sind, hat es dabei sein Bewenden; wo sie dazu beitragen, verbleibt es bei dem Antheile, der bisher stattgefunden hat. Für die Zukunft dagegen sollen bei neuen Erwerbungen zu öffentlichen oder gemeinnützigen Zwecken die Realverpflichtungen, die vermöge des Kommunalverbandes vor der Erwerbung geleistet worden sind, fernerhin davon geleistet werden. Naturalleistungen werden auf eine Geldrente berechnet. Persönliche Prästationen der bisherigen Privatbesitzer darf die Gemeinde aber nicht weiter fordern. Auch soll die Verpflichtung des Fiskus oder der betreffenden Anstalt auf die Erwerbung von Gebäuden beschränkt, und nicht auf Grundstücke bezogen werden, die mit Gebäuden nicht besetzt sind. In der Rheinprovinz soll nach den Bestimmungen der daselbst bestehenden Gesetzgebung nach wie vor verfahren werden.

Der §. 2 des Ges. v. 24. Febr. 1850 (G.S. S. 62) betreffend die Auf-

§. 167. Das Kirchenvermögen steht unter der Aufsicht der geistlichen Obern. gegen die geistlichen Obern.

§. 168. Diese sind schuldig, für die Unterhaltung und zweckmäßige Verwendung desselben, nach der Verfassung einer jeden Kirchengesellschaft zu sorgen.

§. 169. Keinem auswärtigen geistlichen Obern soll erlaubt sein, sich irgend eine Aufsicht oder Direction über das Vermögen inländischer Kirchen unmittelbar anzumaßen.

---

hebung der Grundsteuerbefreiungen, läßt von der Entrichtung der Grundsteuer befreit diejenigen Grundstücke, welche dem Staate, den Provinzen, den Kreisen oder den Gemeinden gehören, insofern sie zu einem öffentlichen Dienste oder Gebrauche bestimmt sind, insonderheit also

a) . . . . . Kirchhöfe, Begräbnißplätze,

d) Kirchen, Kapellen und andere dem öffentlichen Gottesdienste gewidmeten Gebäude,

e) die Diensthäuser der Pfarrgeistlichen und sonstiger mit geistlichen Funktionen bekleideter Personen der verschiedenen Religionsgesellschaften, ferner der Küster und anderer Diener des öffentlichen Kultus.

Die Städteordnung für die 6 östlichen Provinzen v. 30. Mai 1853 besagt im §. 4 alin. 7: Die im §. 2 des Ges. v. 24. Febr. 1850, G.S. S. 62 bezeichneten (cfr. vorstehend) ertragsunfähigen oder zu einem öffentlichen Dienste oder Gebrauche bestimmten Grundstücke sind nach Maaßgabe der Kab.Ordre v. 8. Juni 1834, G.S. S. 87 (cfr. vorstehend), die Dienstgrundstücke der Geistlichen, Kirchendiener . . . . . aber überhaupt von den Gemeindeauflagen befreit. Die vorstehende Bestimmung ist auch im §. 4 alin. 7 der Städteordnung für die Provinz Westfalen v. 19. März 1856, G.S. S. 237 enthalten, desgleichen in dem §. 64 alin. 1 der Landgemeindeordnung für die Provinz Westfalen v. 19. März 1856, G.S. S. 265.

Hinsichtl. der Landgemeinden in den östlichen Provinzen, vergl. §§. 775, 776 dies. Tit.

Nach der Kreisordnung v. 13. Dez. 1872 G.S. S. 661 sind (§. 17) die dem Staate gehörigen, zu einem öffentlichen Dienste oder Gebrauche bestimmten Liegenschaften und Gebäude . . . . ., sowie die im §. 4 zu c. u. d. des Ges. v. 21. Mai 1861, betreffend die anderweitige Regelung der Grundsteuer (G.S. S. 253) und die im §. 3 zu 2 bis 6 des Ges. v. 21. Mai 1861, betreffend die Einführung einer allgem. Gebäudesteuer (G.S. S. 317) bezeichneten Grundstücke und Gebäude von den Kreislasten befreit. Nach §. 18 ibid. bleiben bis zur anderweitigen gesetzlichen Regelung die Dienstgrundstücke der Geistlichen, Kirchendiener . . . . . gleichfalls von den Kreislasten befreit.

Desgleichen bleiben nach §. 107 der Provinzialordnung v. 29. Juni 1875 bei der Vertheilung der Provinzialabgaben die von einer Belastung mit Kreis- und Gemeindeabgaben ganz oder theilweise befreiten Steuerbeträge (§. 17, 18 der Kreisordnung, §. 4 Abs. 7 ff. der Städteordnung) . . . . . außer Ansatz.

Im Uebrigen vergl. Anm. 43 und 9. cfr. auch Erk. v. 12. Nov. 1867, Arch. 69 S. 73.

Kirchengebäude. §. 170. Kirchen und andere dahin gehörige Gebäude sind ausschließend das Eigenthum der Kirchengesellschaft, zu deren Gebrauche sie bestimmt sind.[67])

§. 171. Auch durch Veränderung ihrer Religionsgrundsätze verliert eine Kirchengesellschaft nicht das Eigenthum der ihr gewidmeten Kirchengebäude.[68])

§. 172. Wenn aber die Kirchengesellschaft ganz aufhört, so gilt von diesen Gebäuden alles das, was von dem Vermögen erloschener Gesellschaften überhaupt im sechsten Titel §. 189. sqq. verordnet ist.[69])

---

[67]) In Betreff der Versicherung kirchlicher Gebäude gegen Feuersgefahr vergl. Anm. 286.

Ressortregl. v. 1. Okt. 1847 I Nr. 26, M.Bl. d. i. V. S. 278: Zum Ressort der Konsistorien gehört die Einweihung von Kirchen, Kirchhöfen und anderen zum kirchlichen Gebrauch bestimmten Räumlichkeiten, soweit eine solche üblich ist. —

Nach d. R. des Kult.Min. v. 1. Nov. 1881, kirchl. Ges. u. V.Bl. 1881 S. 117 sind Feuerversicherungspolicen als einseitige Verträge stempelfrei, wenn dem Versicherten Stempelfreiheit zusteht.

[68]) Dieser Verlust würde erst eintreten, wenn die Kirchengesellschaft in Folge jener Veränderung aufhört, eine „Kirchengesellschaft" mit juristischer Persönlichkeit zu sein.

vergl. §. 308 dies. Tit. u. Ges. v. 13. Mai 1833 über erloschene Parochien u. d. Behandlung ihres Vermögens, G.S. S. 51.

Was übrigens von den Kirchengebäuden, gilt folgerichtig auch von dem übrigen Vermögen.

vergl. auch §. 172 dies. Tit.

[69]) A.L.R. II. 6:

§. 189. Wenn der im Grundvertrage vorgeschriebene Zweck einer Korporation oder Gemeinde nicht ferner erreicht werden kann, oder gänzlich wegfällt, so ist der Staat berechtigt, sie aufzuheben.

§. 192. Wird eine öffentl. Gesellschaft ganz aufgehoben, und sind für diesen Fall über das gemeinschaftl. Vermögen derselben keine anderweitigen Bestimmungen in ihren Stiftungsgesetzen vorgeschrieben, so fällt dieses Vermögen dem Staate zur anderweitigen Verwendung für das gemeine Wohl anheim.

§. 193. Sind jedoch darunter Gelder oder Sachen, die zu einer gewissen bestimmten Absicht und Verwendung der Verwaltung der aufgehobenen Korporationen anvertraut gewesen, so muß der Staat dafür sorgen, daß die Absicht des Stifters nach der von selbigem vorgeschriebenen Bestimmung fernerhin so viel, als möglich erreicht werde.

§. 194. Kann oder will der Staat dieses nicht thun, so sind der Stifter oder dessen Erben die Stiftungsgüter oder Kapitalien zurückzunehmen berechtigt.

§. 195. Ist der Stifter nicht mehr vorhanden und sind seine Erben nicht auszumitteln, so gebührt das, was zu der ehemaligen Stiftung gewidmet war, als eine herrenlose Sache nach Maaßgabe des §. 192 dem Staate.

§. 196. Dasjenige, was die noch vorhandenen Mitglieder bei ihrem Eintritte

§. 173. Kirchengebäude, so weit sie zur Feier des Gottesdienstes und zu gottesdienstlichen Handlungen bestimmt sind, dürfen ohne die Einwilligung der Gemeine zu anderen Zwecken nicht gebraucht werden.[70])

---

oder sonst durch außerordentl. Beiträge oder Zuwendungen, zur Vermehrung des Gesellschaftsvermögens oder Bezahlung der Kapitalsschulden entrichtet haben, muß ihnen daraus zurückgegeben werden.

§. 197. Die ordinairen zur Bestreitung der gewöhnlichen fortlaufenden Bedürfnisse der Gesellschaft geleisteten Beiträge sind unter dieser Vorschrift nicht mit begriffen.

§. 198. Von demjenigen Gesellschaftsvermögen, dessen Nutzung den einzelnen Mitgliedern bestimmt war, muß den zur Zeit der Aufhebung noch vorhandenen Mitgliedern derjenige Antheil, den sie bis dahin genossen haben, auf Lebenslang gelassen werden.

§. 199. Ebenso muß der Staat aus demjenigen Gesellschaftsvermögen, welches zum Unterhalte der Mitglieder überhaupt bestimmt war, den zur Zeit der Aufhebung vorhandenen Mitgliedern lebenslängliche Verpflegung, so wie sie dieselbe bisher genossen haben, anweisen.

§. 200. Doch ist der Staat von den nach §. 199 ihm obliegenden Leistungen landübliche Zinsen dessen, was den Mitgliedern nach §. 196 zurückgegeben wird, in Abzug zu bringen berechtigt.

§. 201. Gegen diejenigen, welche Forderungen an die erloschene Gesellschaft haben, tritt der Staat an die Stelle derselben.

§. 202. Auch diejenigen Personen oder Familien, welche zur Zeit der Aufhebung im wohlerworbenen Besitze gewisser Ehrenrechte in Beziehung auf die Gesellschaft sich befanden, müssen dabei ferner gelassen, oder wenn dies nicht geschehen kann, dafür entschädigt werden.

[70]) Nach §. 15 der Kirchengem. Ord. v. 10. Sept. 1873 entscheidet der Gem. Kirch. Rath über die Einräumung des Kirchengebäudes zu einzelnen nicht gottesdienstl. Handlungen, welche der Bestimmung des Kirchengebäudes nicht widersprechen.

Nach §. 75 der Kirchenordnung für die Rheinprovinz und Westfalen v. 5. März 1835 dürfen die Kirchen zu anderen Zwecken ohne Genehmigung des Presbyteriums, des Superintendenten und des Konsistoriums der Provinz nicht benutzt werden.

Die Zirkul. Verf des Kult. Min. v. 15. Sept. 1848 verbietet, daß die Gemeindeglieder von der Kanzel zur Unterschrift v. Petitionen und Adressen aufgefordert, letztere auch zur Unterschrift in der Sakristei ausgelegt werden. Min. Bl. f. d. inn. Verw. 1848 S. 296. Die Kab. Ordre v. 31. Juli 1841 (Min. Bl. f. d. inn. Verw. 1841 S. 277) schreibt vor, daß Jeder, welcher Kirchen für musikalische Zwecke benutzen will, zuvor die Bescheinigung des betreff. Pfarrers beibringe, daß der Text der aufzuführenden Musikstücke nichts für die Kirche Anstößiges enthalte.

In der Rheinprovinz u. in Westfalen, wo nach §. 75 der Kirchenordnung v. 5. März 1835 zu verfahren, ist auch die betreff. Königl. Regierung von der erfolgten Genehmigung durch die Unternehmer der musikalischen Aufführung in Kenntniß zu setzen, um die etwa erforderlichen polizeilichen Vorkehrungen treffen

§. 174. Die Kirchengebäude sind von den gemeinen Lasten des Staats frei, und genießen alle Vorrechte der dem Staat zustehenden öffentlichen Gebäude.[71])

§. 175. Sie sollen zu keinen Freistätten für Verbrecher dienen; sondern die weltliche Obrigkeit ist berechtigt, diejenigen, welche sich dahin geflüchtet haben, herausholen, und ins Gefängniß bringen zu lassen.

Von Errichtung neuer Kirchen.

§. 176. Neue Kirchen können nur unter ausdrücklicher Genehmigung des Staats erbaut werden.[72])

§. 177. Eine Kirchengesellschaft kann auf diese Erlaubniß nur alsdann Anspruch machen, wenn sie erhebliche Gründe der Nothwendigkeit oder des Nutzens, und zugleich hinlängliche Mittel zum Baue und zur Unterhaltung eines solchen neuen Kirchensystems, ohne besorglichen Ruin der gegenwärtigen und künftigen Mitglieder nachweisen kann.

§. 178. Durch Errichtung neuer Kirchen sollen die Rechte, oder vom Staat genehmigten Verfassungen anderer schon vorhandener Kirchengesellschaften, nicht beeinträchtigt werden.

---

zu lassen. Reskr. des Kult. Min. v. 27. Febr. 1844, Min. Bl. f. d. inn. Verw. 1844 S. 68.

Ein Reskr. des Kult. Min. v. 11. März 1834 (Annal. 18 S. 997) verbietet die Vornahme der Wahl von Schiedsmännern in den Kirchen, weil diesen Wahlen kein Gottesdienst vorhergeht.

Desgl. verbietet ein Reskr. des Kult. Min. v. 26. April 1838 (Annal. 22 S. 115) die Benutzung der Kirchen zu Waarenniederlagen und anderen fremdartigen Zwecken.

Dagegen hat ein Erlaß des Ev. O. K. R. v. 23. Nov. 1861 (Nr. 6540 E. O.) die Benutzung evangelischer Kirchen zur Abhaltung politischer Wahlen (z. B. der Wahlen für das Haus der Abgeordneten) nicht für grundsätzlich unzulässig erachtet, wenn ein anderes geeignetes Lokal nicht vorhanden ist. Doch ist bei der Wahlversammlung jede der Kirchengemeinde zum Anstoß gereichende Ungebührlichkeit zu vermeiden.

Nach §. 21 der Städteordnung v. 30. Mai 1853, G. S. S. 261 finden die Wahlen zur regelmäßigen Ergänzung der Stadtverordneten-Versammlung alle 2 Jahre im November statt. Bei dem zunächst vorhergehenden wöchentlichen Hauptgottesdienste ist auf die Wichtigkeit dieser Handlung hinzuweisen.

[71]) vergl. Anm. 9, 43, 66.

[72]) Ges. v. 3. Juni 1876 Art. 24 Nr. 5:

Die Beschlüsse der kirchl. Organe bedürfen zu ihrer Gültigkeit der Genehmigung der staatlichen Aufsichtsbehörde: bei der Errichtung neuer, für den Gottesdienst bestimmter Gebäude.

In diesem Falle werden die Rechte des Staates von dem Minister der geistl. Angelegenheiten ausgeübt. Art. I Nr. 4, Verord. v. 9. Sept. 1876.

§. 179. Kirchengefäße, und andere zum unmittelbaren gottesdienstlichen Gebrauche gewidmete Sachen haben mit den Kirchengebäuden, der Regel nach, gleiche Rechte. Kirchengeräthschaften.

§. 180. Solche Geräthschaften können in der Regel nur wegen einer dringenden Nothwendigkeit, unter Genehmigung des Staats und der geistlichen Obern, veräußert werden.[73])

§. 181. Doch können der Staat und die geistlichen Obern dergleichen Veräußerung überflüssiger Kirchengeräthschaften, auch wegen eines für die Kirchengesellschaft zu hoffenden sicheren und überwiegenden Nutzens, zulassen.

§. 182. Wenn aber solche Geräthschaften aus Stiftungen herrühren, so finden dabei die Vorschriften des sechsten Titels §. 73. sqq. Anwendung.[74])

§. 183. Kirchhöfe oder Gottesäcker und Begräbniß- Kirchhöfe.

---

[73]) Die Beschlüsse der kirchl. Organe bedürfen zu ihrer Gültigkeit der Genehmigung der staatl. Aufsichtsbehörde: bei der Veräußerung von Gegenständen, welche einen geschichtl., wissenschaftl. oder Kunstwerth haben. Art. 24 Nr. 2, Ges. v. 3. Juni 1876. In diesem Falle werden die Rechte des Staates von dem Minister der geistl. Angelegenheiten ausgeübt. Art. I Nr. 3, Verord. v. 9. Sept. 1876.

[74]) Das A. L. R. II. 6 §. 73 ff. handelt von den Beschlüssen der Korporationen in Ansehung der Stiftungen. Danach ist eine Korporation nicht befugt, von Stiftungen ohne Genehmigung des Stifters einen anderen Gebrauch zu machen.

Inwiefern bei veränderten Umständen der Staat nach dem Tode des Stifters der Stiftung eine andere Richtung geben könne, ist nach §. 193 L. R. II. 6 zu beurtheilen, woselbst dem Staate die Pflicht aufgelegt wird, dafür zu sorgen, daß die Absicht des Stifters auch fernerhin so viel als möglich erreicht werde.

Vor einer anderweitigen Verfügung über eine Stiftung ist die Korporation gutachtl. zu hören. Von diesem Gutachten darf ohne überwiegende Gründe ebenso wenig abgewichen werden, als die Korporation von den zur Erreichung des Zweckes der Stiftung vorgeschriebenen Mitteln eigenmächtig abgehen darf. Der Staat selbst ist diese Mittel und Einrichtungen abzuändern nur dann befugt, wenn dadurch der Zweck nicht erreicht werden kann oder gar verfehlt werden würde.

Sind dabei Verordnungen zu Gunsten gewisser Personen gemacht, so kann davon ohne deren Einwilligung oder Entschädigung nicht abgegangen werden.

Ist in dem Falle, wenn die Einrichtungen des Stifters nicht buchstäblich befolgt würden, einem Dritten ein Recht auf die zur Stiftung gewidmete Sache oder Summe beigelegt, so findet eine Aenderung ohne die Zuziehung oder Einwilligung dieses Dritten nicht statt.

Werden die von dem Stifter gemachten Einrichtungen schon zur Zeit der Errichtung der Stiftung zweckwidrig befunden, so soll der Korporation die Annahme einer solchen Stiftung nicht gestattet werden.

plätze, welche zu den einzelnen Kirchen gehören, sind der Regel nach das Eigenthum der Kirchengesellschaften.[75])

---

[75]) Das Reskr. des Minist. des Innern v. 13. Jan. 1833 (Annal. 17 S. 214) ordnet an, daß bei Anfertigung von Chausséebauplänen die Verschonung der Begräbnißplätze nicht außer Acht bleibe.

Ein Reskr. der Minister der geistl. Angel., und des Innern v. 30. Nov. 1832 (v. Kamptz, Annal. Bd. 16 S. 927, bei v. Rönne, Ergänzungen der Preuß. Rechtsbücher Bd. II S. 713) führt aus, daß Kirchhöfe, welche nach kanonischem Rechte res religiosae und der geistl. Jurisdiktion der Konsistorien oder Bischöfe unterworfen sind, auch da, wo das Allgem. Landrecht gilt, in der Regel von den Kirchengemeinden angelegt werden müssen. Das Allg. Landr. habe in den gemeinrechtl. Bestimmungen nichts geändert, sei vielmehr, wie der §. 183 Tit. 11 Thl. II zeige, denselben gefolgt. Die Vorschriften der §§. 761—764 cit. bestätigen dies, indem sie den Patron von Beiträgen zu den für gemeine Last erklärten Unterhaltungskosten der Kirchhöfe freisprechen, während in der Kommunalgemeinde ein Patronatsverhältniß nicht in Betracht kommen könne.

Die Fälle, welche der §. 190 l. c. erwähnt, in welchen daher, wenn der zeitherige Kirchhof nicht mehr gebraucht werden kann, auch die Anlegung des neuen der Civilgemeinde zu überlassen sein wird, seien Ausnahmen.

Mit Bezug hierauf bemerkt das Reskr. derselb. Min. v. 26. Juli 1864 (M. Bl. für die inn. Verw. 1864 S. 154):

Bei Anlegung neuer Kirchhöfe ist, soviel als möglich, auf die Errichtung von Konfessionskirchhöfen Bedacht zu nehmen; falls aber die Anlegung eines Kommunalkirchhofes nicht zu vermeiden, so ist in geeigneter Weise dafür zu sorgen, daß über eine, die religiösen Interessen der betheiligten Konfessionen sicher stellende Begräbnißordnung bei Zeiten und jedenfalls vor Ertheilung der erforderl. Staatsgenehmigung eine entsprechende Verständigung resp. Festsetzung herbeigeführt werde. Das Reskr. derselb. Minist. v. 28. Jan. 1830 (v. Kamptz, Annal. Bd. 14 S. 183, bei v. Rönne, Ergänzungen Bd. 2 S. 713) bestimmt, daß den Kirchengemeinden oder Kommunen die Veräußerung geschlossener Kirchhöfe in der Regel nicht vor Ablauf v. 40 Jahren seit erfolgter Schließung gestattet werden soll. Für etwa ausnahmsweise frühere Bewilligungen ist die besondere Genehmigung rücksichtl. der kirchlichen Begräbnißplätze bei dem Minister der geistl. Angel., rücksichtl. der Kommunalkirchhöfe bei dem Minister der geistl. Angel. und bei dem Minister des Innern einzuholen. Die Bestimmung der obigen Frist ist aus sanitätspolizeil. Gründen, und um dem Andenken der Verstorbenen bei der noch lebenden Generation ihrer Angehörigen die gebührende Berücksichtigung zu sichern, erfolgt. Ausnahmefälle werden daher auch die vorbemerkte Rücksicht zu erledigen haben.

Inzwischen kann ein solcher geschlossener Kirchhof zur Graswerbung, Baumpflanzung oder auf andere derartige unanstößige Weise benutzt werden.

Dagegen sollen nach dem Reskr. des Minist. des Innern v. 26. Nov. 1843 (Min. Bl. f. die inn. Verw. 1844 S. 8) vierzig Jahre hindurch ohne ministerielle Genehmigung keine Planirungen zu Gartenanlagen auf geschlossenen Kirchhöfen stattfinden.

Die Subhastation von Begräbnißplätzen ist unzulässig. Kab. Ordre v. 26. Okt. 1840, Min. Bl. f. d. inn. Verw. 1840 S. 457.

Begräbnißplätze sind dem bürgerl. Verkehr überhaupt entzogen. Kab. Ordre v. 14. April 1840, Min. Bl. f. d. inn. Verw. 1840 S. 154.

Soweit eine Sache dem Privatverkehr entzogen ist, soweit kann sie kein Gegenstand einer Willenserklärung sein. §. 14 L.R. I. 4.

Es ist daher auch die Konstituirung von Rechten, welche die Bestimmung des Kirchhofes hindert, ausgeschlossen.

So können z. B. Grundgerechtigkeiten an Kirchhöfen und Begräbnißstätten durch die erwerbende Verjährung nicht erworben werden. Erk. d. Ob. Trib. v. 24. Okt. 1871, Entsch. 66 S. 200.

Possessorienklagen, welche gegen das Eigenthumsrecht eines Kirchhofes und gegen die Befugniß zur Veräußerung von Begräbnißstellen auf demselben gerichtet werden, sind im Rechtswege zu entscheiden. Erk. des Komp. Gerichtsh. v. 10. März 1860, Just. Min. Bl. 1861 S. 200. vergl. ferner §§. 761—765 L.R. II. 11.

Der Erwerb eines Erbbegräbnisses kann auch durch Ersitzung stattfinden und greift die 44jährige Verjährung durch Besitz der Kirche gegenüber Platz. Erk. v. 24. Mai 1869, Arch. 75 S. 79.

Bei der Anlegung neuer Parochialkirchhöfe ist Folgendes zu beachten:

Sofern das zu dem Kirchhofe zu bestimmende Grundstück resp. eine für diesen Zweck zu bestimmende Grundstücksparzelle nicht bereits im Eigenthume der Kirchengemeinde steht, handelt es sich zuvörderst um den Grunderwerb.

Bei dem Erwerb von Grundeigenthum bedarf der Gem. Kirch. Rath der beschließenden Mitwirkung der Gem. Vertretung. §. 31 Nr. 1, Synodalordnung v. 10. Sept. 1873. Es ist daher zunächst ein Beschluß der beiden kirchl. Gem. Organe über den Erwerb des Grundstückes resp. der Parzelle herbeizuführen. Steht hierbei ein Grundstück in Frage, welches von einem anderen eingetragenen Grundstücke abgezweigt und auf ein anders Blatt oder einen anderen Artikel übertragen werden soll, so wird dem Beschlusse zweckmäßig ein beglaubigter Auszug aus dem Steuerbuch (Kataster) und eine von dem Fortschreibungsbeamten beglaubigte Karte, aus welcher die Größe des abzuzweigenden Grundstücks hervorgeht, zu Grunde zu legen sein, weil das einzutragende Grundstück in der künftigen Auflassungserklärung nach dem Steuerbuche unter Beifügung des Auszuges aus der Grundsteuermutterrolle und der gedachten Karte bezeichnet werden muß. vergl. §. 58 Grundbuchordnung v. 5. Mai 1872. Der Beschluß der kirchl. Organe bedarf zu seiner Gültigkeit der Genehmigung der staatlichen Aufsichtsbehörde. Art. 24 Nr. 1, Ges. v. 3. Juni 1876. Die Rechte des Staates werden durch den Regierungspräsidenten, in Berlin durch den Polizeipräsidenten ausgeübt. Art. III Nr. 4, Verord. v. 9. Sept. 1876. Nachdem der Grunderwerb solchergestalt genehmigt worden, unterliegt der Beschluß, soweit er die Anlegung eines Begräbnißplatzes betrifft, ferner der Genehmigung des Ministers der geistl. Angel. Art. 24 Nr. 6 Ges. v. 3. Juni 1876 u. Art. I Nr 5 der Verord. v. 9. Sept. 1876. An diesen aber hat die kirchl. Provinzial-Behörde den Beschluß resp. Antrag auf Genehmigung der Anlegung des Begräbnißplatzes durch Vermittelung der Königl. Regierung gelangen zu lassen, welche ihrerseits vom staatlichen, in specie vom sanitätspolizeilichen Gesichtspunkte aus sich zur Sache zu äußern hat. Ist der Beschluß demnächst in allen diesen Stationen genehmigt, so hat der Gem. Kirch. Rath mit Autorisation der geistl. Oberen wegen Bewirkung resp. Entgegennahme der Auflassung das Erforderliche zu veranlassen.

§. 184. In den Kirchen,[76]) und in bewohnten Gegenden der Städte, sollen keine Leichen beerdigt werden.

§. 185. Bei Verlegung[77]) der Begräbnißplätze können diejenigen, welche bisher erbliche Familienbegräbnisse[78]) in

---

[76]) Nach dem Reskr. der Minist. der geistl. Angel. und des Innern v. 22. Nov. 1832 (v. Kamptz, Annalen Bd. 16 S. 927 — bei v. Roenne, Ergänzungen Bd. 2 S. 714) untersagt der §. 184 nur die Beerdigung von Leichen in den Kirchen. Davon sei die Beisetzung der Leichen in besonderen, mit dem Kirchenraume in keiner Verbindung stehenden Gewölben noch wesentlich verschieden. Die Abstellung dieses Gebrauches sei aus mehrfachen Rücksichten zwar ebenfalls zu wünschen, jedoch bei Anwendung der nothwendigen sanitätspolizeilichen Vorsicht kein so wesentliches Bedürfniß, daß sich dieserhalb mit einem unbedingten Verbote einschreiten lasse.

Reskr. des Minist. des Innern v. 18. Juni 1819, v. Kamptz Annalen Bd. 3 S. 415: Auf dem platten Lande läßt sich auf Grund des §. 184 dieses Tit. die Verlegung der Begräbnißplätze nicht erzwingen.

Wegen der von der Polizeibehörde auf Grund des Verbots des §. 184 dies. Tit. verordneten Schließung des in einer bewohnten Gegend einer Stadt belegenen Kirchhofes findet ein Entschädigungsanspruch gegen den Fiskus nicht statt. Der aus den §§. 73—75 der Einleitung zum Allg. Landr. sich ergebende Grundsatz findet keine Anwendung, wenn das Privateigenthum des Einzelnen durch einen Akt der Gesetzgebung benachtheiligt wird oder verloren geht, und in dem betreff. Gesetze die Verpflichtung zum Schadenersatze aus dem Staatsvermögen nicht besonders festgesetzt ist. Erk. d. Ob.Trib. 19. Juni 1863, Archiv Bd. 50 S. 139.

Wird dagegen bei dem Neubau einer Kirche durch Vergrößerung derselben eine Familiengruft in eine neue Kirche gebracht, und der Berechtigte eben dadurch mittelbar in Folge des gesetzl. Verbotes der Beerdigung in der Kirche, an der Ausübung seines Rechtes gehindert, so ist hierin keineswegs eine berechtigte, sondern eine ihn in seinem Rechte kränkende Handlung, also eine Schadenszufügung ohne Recht zu finden, woraus dann die Entschädigungsverbindlichkeit des Beschädigenden von selbst folgt. Erk. v. 4. Jan. 1867, Arch. Bd. 67 S. 14.

[77]) Nach §. 764 dies. Tit. soll die Anlegung neuer Begräbnißplätze nur aus erheblichen Gründen erfolgen. Dies gilt auch von der Verlegung alter. Es ist aber anzunehmen, daß diese erheblichen Gründe für eine Verlegung nur selten eintreten werden.

Wenn der Fall der Verlegung aber eintritt, so ist zu unterscheiden:

a) ob der bisherige Kirchhof (wie nach §. 183 zu präsumiren ist) einer Kirchgemeinde gehört. In diesem Falle hängt es von der Kirche ab, ob sie den neuen Kirchhof anlegen und dagegen die Einnahme für die Grabstellen beziehen will, oder

b) ob die Kirche die neue Anlegung nicht besorgen will oder auch ob der bisherige Kirchhof nicht Eigenthum der Kirche gewesen ist. In diesem Falle müssen die Kosten, wie jede andere Kommunallast, von der Gemeinde aufgebracht werden, falls nicht etwa eine rechtliche Observanz ein Anderes hierüber festgesetzt hat.

cfr. das in Anm. 76 erwähnte Reskr. v. 18. Juni 1819.

[78]) Die Verfüg. des Justiz-Ministers v. 7. Dez. 1841 (Min.Bl. f. d. inn.

Verw. 1842 S. 13) führt aus, daß die von einer Kirche zu Erbbegräbnissen ausgegebenen Grabstellen an und für sich im kirchl. Eigenthum verbleiben, deshalb, mit Ausnahme des im §. 685 L.R. II. 11 erwähnten Falles, von dem gemeinen rechtl. Verkehr ausgeschlossen sind, und daß das Recht des Acquirenten an einer solchen Begräbnißstelle sich nur auf die für ihn und seine Erben geltende ausschließende Befugniß dortiger Leichenbestattungen beschränkt. Dieser Ansicht stehe der §. 681 L.R. II 11 nicht entgegen, welcher unter Berücksichtiguug der §§. 170, 183 ebenfalls auf Erbbegräbnisse anzuwenden sei. Dem Berechtigten sei nur das Eigenthum an dem verliehenen Rechte beigelegt worden. Die Stelle selbst gehe nie aus dem Eigenthume der Kirche heraus; sie stehe nicht im bürgerl. Verkehr, und könne von dem Berechtigten nicht unter Lebenden, und, wenn dies nicht etwa bei der ersten Verleihung gestattet worden, auch nicht von Todeswegen an Personen, die nicht zu den Nachkommen gehören, übertragen werden. Dies ergiebt auch eine analoge Anwendung der §§. 682, 683. L.R. II. 11. Deshalb sind dergl. Stellen auch nicht Gegenstand der Befriedigung der Gläubiger des Berechtigten und können nicht subhastirt werden. Das Recht erlischt, wenn keine Erbberechtigten zu der Grabstätte mehr vorhanden sind, was event. nach Analogie der Ermittelung unbekannter Erbberechtigter durch Ediktalcitation gemäß §. 477, 478. L.R. I. 9 festzustellen. Geräth die bauliche Anlage in Verfall, es sind aber noch Berechtigte vorhanden, so könne nur die Wegschaffung jener Anlage verlangt und nöthigenfalls bewirkt werden; das Recht auf die Stelle dagegen müsse den Berechtigten zur etwaigen künftigen Benutzung verbleiben.

Uebrigens erlangen nach §. 12 Ges. v. 5. Mai 1872 über den Eigenthumserwerb 2c. dingliche Rechte an Grundstücken, welche auf einem privatrechtl. Titel beruhen, gegen Dritte nur durch Eintragung Wirksamkeit, und verlieren dieselbe durch Löschung.

Kab.Ordre v. 17. Okt. 1822, mitgetheilt durch Reskr. des Minist der geistl. Angel. u. des Innern v. 19. Febr. 1823 (von Kamptz, Annal. Bd. 7. S. 84): Wenn Mangel an Raum die Schließung eines Kirchhofes nöthig gemacht hat, so falle dieser Grund bei Erbbegräbnissen weg. Ist die Schließung aber der Gesundheit wegen geschehen, so können die Gründe dafür nicht so überwiegend und dringend sein, um den Besitzern von Erbbegräbnissen oder verkauften Plätzen geradezu ihr Eigenthum zu nehmen; vielmehr sei die Beerdigung und Beisetzung in den eigenthüml. Ruhestätten und Erbbegräbnissen der geschlossenen Kirchhöfe nach wie vor zu gestatten.

In demselben Sinne verfügt das Reskr. des Minist. der geistl. Angel. v. 28. April 1845, Minist.Bl. der inn. Verw. 1845 S. 160.

Erk. d. Ob.Trib. v. 23. Okt. 1874 (Entsch. 73 S. 66): Der Ehemann hat als Universalerbe seiner Frau keinen Anspruch auf das Miteigenthum an einem vom Vater der Letzteren erworbenen Erbbegräbnisse.

Erk. d. K.Ob.Trib. v. 24. Mai 1869, Entsch. 61 S. 223: Da es an einer gesetzl. Vorschrift fehlt, nach welcher der Erwerb eines Erbbegräbnisses nur durch Verleihung und nicht auch durch Ersitzung begründet werden könnte, so muß auch die 44jährige Verjährung desselben durch Besitz der Kirche gegenüber nach den allgemeinen Grundsätzen für zulässig erachtet werden. Das Erk. v. 17. April 1863, Arch. 49. S. 163, habe es lediglich als unzulässig bezeichnen wollen, daß ein Anderer durch Ersitzung das Recht erwerben könne, das Recht des Beden Kirchen besessen haben, die unentgeldliche Anweisung eines schicklichen Platzes dazu auf dem neuen Kirchhofe fordern.

§. 186. Ohne Anzeige bei den geistlichen Obern sollen Leichen anderswo, als auf einem öffentlichen Kirchhofe, nicht begraben werden.

§. 187. Niemand kann, durch Veranstaltung eines solchen Privatbegräbnisses, der Kirchencasse und der Geistlichkeit die ihnen zukommenden Abgaben entziehen.

§. 188. Ohne Erkenntniß des Staats soll Niemandem

---

sitzers einer Begräbnißstelle auf eine solche Weise zu beschränken, daß dadurch dessen nützlicher, seiner Natur und dem Zwecke der Bestellung gemäßer Gebrauch vereitelt werden würde. Es handelte sich nämlich um die Beschränkung eines anerkannten Erbbegräbnisses oder einer Familiengruft, keineswegs aber um die Frage über die rechtl. Möglichkeit des Erwerbes eines Erbbegräbnisses, der Kirchengesellschaft als Eigenthümerin des Kirchhofes gegenüber, sei es durch Verleihung oder durch Ersitzung. Die Kab.Ordre v. 14. April 1840 (cfr. Anm. 75) habe ersichtlich nur ausdrücken wollen, daß die nur zur Beerdigung bestimmten Plätze als solche dem bürgerl. Verkehr nicht unterworfen seien. Sie habe aber über die rechtl. Möglichkeit des Erwerbes eines Erbbegräbnisses, der Kirchengesellschaft gegenüber, um so weniger eine Verfügung treffen wollen, als die rechtliche Existenz eines Familienbegräbnisses dabei vorausgesetzt wurde.

In Betreff der Einweihung neuer Begräbnißplätze hat das Zirkul-Reskr. des Ev. Ob. Kirch. Rathes v. 4. Juni 1858 Nr. 6558, E. O. folgende Anordnungen getroffen:

1) Ist ein bisheriger Begräbnißplatz geschlossen worden, so kann für die feierliche Einweihung des neuen derselbe zum Ausgangspunkte genommen werden, wenn nicht schon bei der letzten Beerdigung auf ihm ein feierlicher Schlußakt stattgefunden hat. Im ersten Falle läßt sich das aus dem Württembergischen Kirchenbuche entnommene Gebet oder auch ein freies Gebet gebrauchen oder es kann auch nur eine Ansprache gehalten werden. Jedenfalls ist aber sorgfältig Alles zu vermeiden, was auf eine Entziehung der Weihe des zu schließenden Gottesackers hindeuten könnte.

2) Als durchgängiger Grundsatz ist festzuhalten, daß die Weihe des neuen Begräbnißplatzes immer bei der ersten Beerdigung auf demselben und nie als ein von dieser abgelöster selbstständiger Akt stattfinden soll. Es kann aber darin eine zulässige Verschiedenheit bestehen: ob die Beerdigung und das zu ihr gehörige in unserer Landesagende vorgeschriebene Ritual mehr oder weniger in den Vordergrund tritt, und daher entweder bald im Anfange der ganzen Handlung oder am Ende oder aber ziemlich in der Mitte derselben seine Stelle findet. Hierin muß dem Pfarrer für die einzelnen Fälle seine Freiheit bleiben.

3) Wo nicht eine wohlbegründete Observanz dem Superintendenten die Einweihung neuer Begräbnißplätze zuweist, da hat sie immer der Pfarrer der Gemeinde zu vollziehen.

Den sämmtlichen Superintendenten resp. Pastoren sind damals die

das ehrliche Begräbniß auf dem öffentlichen Kirchhofe versagt werden.[79])

von dem Ev. Ob. Kirch. Rathe entworfenen „Formulare zur feierlichen Eröffnung neuer Begräbnißplätze" zugestellt worden.

[79]) Die für den Fall eines Erkenntnisses des Staates d. h. des Gerichts zugelassene Ausnahme des unehrlichen Begräbnisses kann nicht mehr vorkommen, da §. 803 L. R. II. 20, betreffend die Beerdigung der Selbstmörder und §§. 550, 551 der Kriminal-Ordnung, betreffend die Verscharrung der vor der Hinrichtung verstorbenen Verurtheilten schon durch §. 9 des Preuß. Strafgesetzbuches v. 14. April 1851 aufgehoben worden sind. vergl. Koch, L. R. IV. S. 342 Anm. 56 zu §. 188 dies. Tit.

Der §. 9 cit. lautete:

Der Leichnam des Hingerichteten ist seinen Angehörigen auf ihr Verlangen zur einfachen, ohne Feierlichkeiten irgend einer Art vorzunehmenden Beerdigung zu verabfolgen.

Jetzt würden die Fälle, in welchen der Pfarrer das feierliche Begräbniß vom Standpunkte der Kirchenzucht, z. B. bei Selbstmördern, zu versagen für angezeigt erachtet, nach §. 14 der Kirchengem. Ordnung v. 10. Sept. 1873 zu behandeln sein.

Ist die Zuziehung des Gem. Kirch. Rathes wegen der Kürze der Zeit oder aus anderen Gründen nicht möglich, so wird der Geistliche selbstständig, auf eigene Verantwortung unter Beachtung der in der betr. Provinz bestehenden kirchlichen Ordnung und unter entsprechender Rücksichtnahme auf das kirchliche Gemeindebewußtsein zu handeln haben.

Dabei hängt die richtige Entscheidung wesentlich von seinem pastoralen Takte und einer umsichtigen Würdigung aller in Betracht kommenden Umstände ab.

Die Entscheidung kann nur von Fall zu Fall getroffen werden. Dabei wird beispielsweise die Feststellung, daß der Selbstmörder zur Zeit der That im Zustande absoluter Unzurechnungsfähigkeit oder verminderter Zurechnungsfähigkeit gehandelt hat, für die Gewährung eines größeren oder geringeren Maaßes der Betheiligung der Kirche nicht ohne entscheidenden Einfluß bleiben.

(vergl. hierzu für Preußen die Verfüg. des Konsistorii zu Königsberg v. 19. Mai 1859. Amtl. Mittheil. des Konsistor. zu Königsberg 1859 S. 18, und für Pommern die Verfügung des Konsistorii zu Stettin v. 13. Sept. 1872, kirchl. Amtsbl. Pommern 1872 S. 89.)

Hierher gehören auch die Fälle der Beerdigung von im Zweikampf Getödteten.

Auch hier werden alle begleitenden Umstände, insbesondere das Maaß der stattgehabten Provokation rc. einer sorgfältigen Würdigung zu unterziehen sein.

(vergl. §. 4 Ges. v. 13. Mai 1873 über die Grenzen des Rechts zum Gebrauche kirchlicher Straf- und Zuchtmittel, im Anhange.)

Vergl. ferner §. 14 des Kirchengesetzes v. 30. Juli 1880 (im Anhange). Danach soll evangelischen Eltern für solche Kinder, welche im kirchlich unmündigen Alter ungetauft gestorben sind, die Bestattung auf dem kirchlichen Friedhofe zwar nicht versagt werden. Jedoch können die geistliche Begleitung und die kirchlichen Ehren bei der Beerdigung solcher Kinder, welche durch Schuld der Eltern ungetauft geblieben sind, Seitens der Angehörigen nicht beansprucht werden. —

§. 189. Auch die im Staat aufgenommenen Kirchengesellschaften der verschiedenen Religionsparteien dürfen einander wechselweise, in Ermangelung eigener Kirchhöfe, das Begräbniß nicht versagen.[80])

---

[80]) Die V. v. 15. März 1847 (G.S. S. 116), betreffend die Beerdigung auf fremden Kirchhöfen in Westfalen, bestimmt für den ganzen Umfang der Provinz Westfalen, daß die im Staate aufgenommenen Kirchengesellschaften der verschiedenen Religionsparteien einander wechselweise, in Ermangelung eigener Kirchhöfe, ein nach dem Religionsgebrauche des Verstorbenen und unter Mitwirkung eines Geistlichen seiner Konfession zu feierndes Begräbniß nicht versagen dürfen. Zirkul. Reskr. des Minist. der geistl. Angel. v. 30. Mai 1844 (Min. Bl. f. d. inn. Verw. 1844 S. 239, bei v. Rönne, Ergänzungen Bd. II S. 714, 715.): Wenn nicht etwa der öffentl. Begräbnißplatz Eigenthum der bürgerlichen Ortsgemeinde ist, oder auch der kirchlichen Gemeinde, welcher der Verstorbene angehörte, bestimmte Rechte des Mitgebrauches am Gottesacker aus besonderen Rechtsgründen zustehen, für welche beide Fälle ein Zweifel überhaupt nicht obwaltet, so soll es mit der Beerdigung fremder Konfessionsverwandten folgendermaaßen gehalten werden:

1) Befindet sich an dem Orte, wo sich der Sterbefall ereignet hat, eine Kirche oder ein Bethaus von der Konfession des Verstorbenen, wobei ein Geistlicher fungirt, so ist, wenn es der dazu gehörigen Gemeinde an einem Gottesacker mangelt, das Begräbniß auf dem Friedhofe der anderen Konfession durch den genannten Geistlichen liturgisch zu vollziehen.
2) Außer dem oben erwähnten Falle steht es in der Wahl der Nachgebliebenen, entweder mit dem einer anderen Konfession angehörenden Ortspfarrer, dessen Gottesacker die Leiche aufzunehmen hat, wegen des Begräbnisses sich zu einigen, oder einen Geistlichen ihrer Konfession herbeizuholen, welcher den liturgischen Akt im Sterbehause vollzieht, worauf die Leiche in stiller Begleitung zu Grabe getragen wird.

Erk. des Ob. Trib. v. 19. März 1866, Arch. Bd. 63 S. 122: Die Ueberweisung aller Einwohner eines Ortes auf einen bestimmten Begräbnißplatz, unter Schließung der übrigen speziellen Kirchhöfe, involvirt keineswegs ohne weiteres eine Anwendung des §. 189 L. R. II. 11 Seitens der anwesenden Behörde; sie kann auch auf Grund der Annahme erfolgt sein, daß der Begräbnißplatz ein allgemeiner sei.

Die Zirkul. Verf. des Ev. O. K. R. v. 30. Okt. 1850, betreffend die Beerdigung der zur Gemeinschaft der getrennten Lutheraner gehörigen Gemeindeglieder auf den Kirchhöfen evangelischer Pfarrgemeinden, Min. Bl. für d. inn. Verw. 1850 S. 328, theilt ein Reskript mit, welches die Minister der geistl. Angel., des Innern und der Justiz unterm 29. Sept. 1850 an das Oberkirchenkollegium der von der evangel. Landeskirche sich getrennt haltenden Lutheraner in Betreff der oben bezeichneten Angelegenheit erlassen haben. Danach halten sich die gedachten Minister zwar für ermächtigt und verpflichtet (§. 189 dies. Tit.), den Gliedern der genannten kirchl. Gemeinschaft in Ermangelung eigener Begräbnißplätze, nöthigenfalls auch auf den Kirchhöfen anderer Kirchengemeinden ein anständiges und ehrliches Begräbniß von Staatswegen zu verschaffen, jedoch vermögen dieselben daraus keine Ermächtigung herzuleiten, die evangel. Kirchengemeinden

§. 190. Wo der Kirchhof erweislich nicht der Kirchengesellschaft, sondern der Stadt- oder Dorfgemeine gehört, da kann jedes Mitglied der Gemeine, ohne Unterschied der Religion, auch auf das Begräbniß daselbst Anspruch machen.[81])

§. 191. Das bei einer Kirche befindliche Geläute ist in der Regel als ein Eigenthum der Kirchengesellschaft anzusehen.[82]) Geläute.

---

wider ihren Willen dazu zu zwingen, daß sie, wenn sie dies nicht von freien Stücken gewähren, auf den in ihrem Eigenthume befindlichen Kirchhöfen den Zutritt der getrennt-lutherischen Geistlichen und die Verrichtung geistlicher Handlungen auf denselben gestattet. Aktenst. d. Ev. O.K.R. Heft 1 S. 70, 71.

Erk. v. 27. Nov. 1863, Arch. 51 S. 248: Weder aus den §§. 188—190, noch aus den §§. 183, 453, 454 h. t. ist zu folgern, daß in dem Beerdigungsrechte des Gemeindemitgliedes das Recht mit inbegriffen sei, auch ohne Einwilligung der Kirchengesellschaft oder ihres Vorstandes, als Eigenthümerin des Kirchhofes, das Grab mit einem Leichensteine zu belegen.

Erk. des Ob. Trib. v. 21. Okt. 1861, Arch. 44 S. 25: das Recht, auf einem fremden Kirchhofe zu begraben, giebt auch die Befugniß, die Gräber auszumauern und Grabdenkmäler und Umfriedigungen auf den Gräbern zu errichten.

Erk. d. Komp. Gerichtsh. v. 3. Juni 1854, Just. Min. Bl. S. 392: Besitzstörungsklagen gegen polizeiliche Verfügungen über die Beerdigung von Leichnamen auf einem Begräbnißplatze sind unzulässig. Dagegen ist die Frage, ob eine Kirchengemeinde einer anderen den Gebrauch des Begräbnißplatzes nach deren Ritus untersagen darf, der richterl. Beurtheilung unterworfen.

Erk. des Ob. Trib. v. 11. Mai 1866, Arch. 63 S. 184:

Ist der Kirchhof einer evangel. Gemeinde seither auch zur Beerdigung von Katholiken benutzt, so liegt in der eigenmächtigen Aufrichtung eines Crucifixes Seitens der katholischen Kirchengemeinde noch keine Besitzstörung.

[81]) Erk. des Komp. Gerichtsh. v. 7. Okt. 1854, Just. Min. Bl. 1855 S. 13: Ueber Benutzung, Theilung und Verwaltung solcher Begräbnißplätze für verschiedene Konfessionen dürfen die Verwaltungsbehörden Anordnungen treffen, gegen welche der Rechtsweg nicht gestattet ist.

[82]) Reskr. des Kult. Minist. u. des Minist. des Innern v. 30. Juni 1842, Min. Bl. für d. inn. Verw. 1842 S. 263: Wenngleich es in geeigneten Fällen keinem Bedenken unterliegt, vielmehr zum Theil in der Nothwendigkeit beruht, den Mitgebrauch des Kirchengeläutes für außerkirchl. Zwecke zu gestatten, so kann doch die Ertheilung der diesfälligen Erlaubniß von keiner anderen, als von der kirchl. Behörde ausgehen. Die nächste Instanz hierbei sind die Pfarrer an den betreffenden Kirchen, event. kann die Abhülfe durch berichtigende Anweisungen der vorgesetzten kirchl. Behörde getroffen werden.

Die Verf. des Kult. Minist. v. 12. Aug. 1844, Min. Bl. für d. inn. Verw. 1844 S. 238, gestattet den Gebrauch des Glockengeläutes bei den Bibelstunden der evangel. Gemeinden, auch wenn die Gemeinde zur Theilnahme an denselben sich in einem anderen Lokale, als in der Kirche versammelt. Die Bibelstunden haben den Charakter des öffentlichen Gottesdienstes.

Verf. des Kult. Minist. v. 24. Juni 1848, Min. Bl. f. d. inn. Verw. 1848 S.

197: Den von dem landeskirchl. Regiment sich getrennt haltenden Lutheranern kann die öffentl. Ausübung ihres Gottesdienstes, mithin namentlich der Gebrauch des kirchl. Geläutes und die öffentl. Abhaltung kirchlicher Begräbnißfeierlichkeiten nicht versagt werden.

Auch steht zuversichtlich zu erwarten, daß Gemeinden, welche den Altlutheranern die Mitbenutzung ihrer Kirchen und Kirchhöfe gestatten, dies nicht von Bedingungen abhängig machen werden, welche dem begründeten Vorwurfe der Unduldsamkeit und Engherzigkeit nicht entgehen würden.

Erk. des Ob. Trib. v. 5. Febr. 1861, Arch. Bd. 39 S. 352: Die Glocken u. Kirchenuhren der katholischen Kirchen gehören zu den Pertinenzien der Kirchengebäude. Daher hat bei dem Unvermögen der Kirchenfabrik der Patron resp. der Zehntherr die zersprungenen Kirchenglocken und Uhrtafeln wieder herzustellen. (Concil. Trid. Sess. XXI Cap. 7 de reform.)

Das Erk. des Ob. Trib. v. 5. Febr. 1861 bezog sich thatsächlich zwar nur auf eine katholische Kirche. Es liegt aber kein Anlaß vor, in Betreff der Frage, inwieweit Glocken als Pertinenzstücke einer Kirche zu behandeln sind, rechtlich einen Unterschied zwischen dem evangelischen und katholischen Bekenntnisse der Gemeinde anzuerkennen. Auf die allgemeine Verpflichtung derjenigen Patrone, welchen die Unterhaltung von Kirchengebäuden obliegt, auch die Zubehörungen der letzteren zu unterhalten, weist bereits das Erk. des Ob. Trib. v. 16. Aug. 1847 ausdrücklich hin. (Rechtsf. Bd. 2 S. 107—109, Altmann, Praxis der preuß. Gerichte S. 283 ff.) Der Umstand, daß eine Glocke nicht von Anfang an Zubehör der Kirche gewesen und deshalb auch nicht in der alten Matrikel erwähnt ist, und daß dieselbe seiner Zeit mit Hülfe freiwilliger Beiträge beschafft wurde, auch im Hinblick auf das Vorhandensein noch zweier anderen Glocken zum Gebrauche der Kirche nicht unbedingt nothwendig wäre, ändert an dem gegenwärtigen Rechtsbestande nichts, daß die Glocke bereits seit einer längeren Reihe von Jahren mit dem Willen des Patrons und der Vertreter der Kirche im Sinne der §§. 105, 42, 44, L. R. II. 2 wirklich Pertinenzstück des Kirchengebäudes ist. Eine Befreiung des Patronats von der hieraus folgenden bezüglichen Baupflicht hätte nur durch besonderen Rechtsakt zur Zeit der Erwerbung der Glocke ermöglicht werden können. (vergl. Erk. d. Ob. Trib. v. 12. März 1858, Entsch. Bd. 38 S. 277 ff., Altmann a. a. O. S. 61.)

Daß ein Kapital der Kirchenkasse selbst von nicht unerheblichem Betrage, aber unter Umständen, wo diese Kasse schon jetzt zur Deckung ihrer laufenden Bedürfnisse resp. des dadurch entstehenden Defizits die subsidiär Verpflichteten zu einer jährlichen beträchtlichen Umlage heranziehen muß, nicht „ohne Nachtheil der aus der Kirchenkasse zu bestreitenden jährlichen Ausgaben" zur Anschaffung einer neuen Glocke verwendet werden könnte, bedarf keiner näheren Darlegung. In solchem Falle findet daher das Verbot des §. 713 h. t. Anwendung.

Erk. d. Ob. Trib. v. 8. Nov. 1864, Entsch. 54 S. 344, Arch. 57 S. 66: Bei dem Begriffe eines Kirchengebäudes kommen nicht nur die Umfassungsmauern und das Dach, sondern auch solche innere und äußere Einrichtungen in Betracht, welche dem Zwecke des Gebäudes, der Ausübung des Gottesdienstes, entsprechen, und zu diesem Behufe mit dem Kirchengebäude in dauernder Verbindung stehen. Eine Beschränkung solcher Einrichtungen auf das für den Gottesdienst absolut Nothwendige, auf diejenigen Bestandtheile, ohne welche ein Gebäude nicht als Kirche erscheint, ist weder gesetzlich ausgesprochen, noch durch innere Gründe bedingt, vielmehr sind hierbei Sitten, Gebräuche, Herkommen, Größe der Gemeinde, Vermögensverhältnisse und andere Umstände maaßgebend. Das Tridentiner Konzil verpflichtete zur baulichen Instandhaltung der Pfarrkirchen, wenn das Kirchenvermögen nicht ausreichte, die Patrone und alle anderen Personen, welche aus dem Kirchenvermögen Einkünfte beziehen, und in deren Ermangelung die Parochianen. Ein Unterschied in dem Umfange dieser Verpflichtung ist nicht zwischen der Kirchenfabrik und dem subsidiarisch Verpflichteten gemacht; zweifelhaft ist es aber gewiß nicht, daß der Kirchenfabrik und den Parochianen die Unterhaltung aller der Zubehörungen rechtlich auferlegt werden könnte, welche hier streitig sind.

Hierzu bemerkt Koch, L.R. Bd. II, Anm. 24 zu §. 18 dies. Titels: Die Meinung ist hiernach: Alles, was die Kirchenfabrik, wenn sie könnte, in Stand halten oder wiederherstellen müßte, das ist auch der subsidiarisch Verpflichtete zu erhalten oder wiederherzustellen schuldig. Dieser Grundsatz sei jedoch in der vorerwähnten Entscheidung auf die Thürme nicht ganz konsequent angewendet, denn es werde gesagt: Die Thürme bilden einen Theil des Kirchengebäudes, wenn sie, wie hier, an dasselbe angebaut sind. (Arch. S. 70 a. a. O.) Wäre damit ausgesprochen, daß, wenn die Thürme, in welchen die zum kirchl. Gebrauch bestimmten Glocken (die doch unbestritten wenigstens in einer katholischen Kirche zu den wahren Zubehörungen derselben gerechnet werden,) aufbewahrt und geläutet werden, mit dem eigentl. Kirchengebäude nicht in baul. Verbindung stehen, solche von dem subsidiarisch Baupflichtigen nicht reparirt zu werden brauchten, so sei dies nicht für richtig anzunehmen. Denn nicht allein auf die baulichen Bestandtheile des Kirchengebäudes, sondern auch auf die wahren Zubehörungen der Kirche erstrecke sich die Baulast (daher auch z. B. auf Glocken und Uhren). Erk. v. 5. Febr. 1861 siehe oben. Da nun Kirchenglockenthürme, welche ganz isolirt neben der Kirche stehen, zweifellos Pertinenz derselben sind und von der Kirchenfabrik, wenn sie des Vermögens ist, im baulichen Stande erhalten werden müssen, so müsse dies folgerichtig auch von dem subsidiarischen Baupflichtigen geschehen. Das Erk. d. Ob.Trib. v. 12. März 1858, Arch. 29 S. 219, in dem Prozesse des Patrons einer evangelischen Kirche wider die Kirchengemeinde, in welchem der Klgr. beantragt hatte, die verklagte Kirchengemeinde zu verurtheilen, anzuerkennen, daß das Patrocinium (der evangel. Kirche zu O.) nicht verpflichtet sei, zur Anschaffung, zum Bau und zur Reparatur der in dieser Kirche befindl. Orgel etwas beizutragen, stellt folgende Grundsätze auf:

a) Die Obliegenheit des Patrons einer Kirche, für Erhaltung der „Kirche" zu sorgen, ist zwar auf Erhaltung der Kirchengebäude zu beschränken. Dieselbe erstreckt sich aber nicht blos auf die Umfassungsmauern und das Dach, sowie die Fenster und Thüren der Kirche, sondern auch auf den Ausbau im Innern und auf die Gegenstände, welche dem Zwecke des darin abzuhaltenden Gottesdienstes entsprechen und zu diesem Behufe mit dem Kirchengebäude selbst verbunden, also als Nebensachen Zubehörungen desselben sind.

b) Daher ist der Kirchenpatron im Falle der Unzulänglichkeit des Kirchenvermögens gesetzlich verpflichtet, auch zu den Kosten der nothwendig gewordenen Anschaffung und der Unterhaltung einer neuen Orgel beizutragen.

Eine Orgel, welche zum Zwecke der feierl. Abhaltung eines Hauptbestandtheils des Gottesdienstes in einer Kirche aufgestellt und mit dem Kirchengebäude in eine dauernde Verbindung gebracht worden ist, ist unzweifelhaft ein Pertinenzstück des Kirchengebäudes, wie der §. 42 (§. 44) L.R. I. 2 ergiebt. (§. 105 I. 2.) Der Patron, der nach §§. 584, 720, 731, 740, L.R. II. 11 subsidiär zur Beisteuer behufs Reparatur oder Wiederaufbau des Kirchengebäudes, als der Hauptsache verpflichtet ist, muß auch in gleicher Art zum Beitrage für die Herstellung des Pertinenzstückes, der Kirchenorgel, gesetzlich mit für verpflichtet erachtet werden.

Zirkul. Verf. des Kult. Minist. v. 24. Nov. 1841, Min. Bl. f. d. inn. Verw. 1841 S. 323: Es sind Zweifel darüber entstanden, in welchem Umfange dem Königl. Fiskus, als Kirchenpatron, die Verpflichtung obliegt, bei der Anschaffung neuer Orgeln und bei der Unterhaltung schon bestehender, einen Kostenbeitrag zu leisten. Zur Beseitigung dieser Zweifel wird Nachstehendes bemerkt:

1) Besteht in einer Kirche noch keine Orgel, so behält es bei der Bestimmung des Reskripts v. 19. Dez. 1823 (v. Kamptz, Annalen Bd. 7 S. 842) dahin sein Bewenden, daß, da das Allg. Landrecht den Patronen eine Beisteuer zur Anschaffung neuer Orgeln nicht auflegt, von den Patronen ein solcher Beitrag zur Anschaffung neuer Orgeln und zu deren künftiger Unterhaltung auch rechtlich nicht gefordert werden kann, daß es vielmehr Sache der Gemeinde ist, den erforderl. Kostenbetrag aufzubringen.

2) Wird in einer Kirche, welche bisher eine Orgel nicht besessen hat, durch Beiträge der Gemeinde, durch Stiftungen dritter Personen oder durch außerordentl. Unterstützungen eine neue Orgel errichtet, so haben die Königl. Regierungen ein verbindendes Abkommen der betheiligten Gemeinde über die künftige Unterhaltung und Erneuerung der Orgel zu vermitteln, in dessen Entstehung aber ausdrücklich zu erklären, daß der Königl. Patronatsfonds keine Verpflichtung zu einem Beitrage zu den künftigen Reparatur- und Wiederherstellungskosten anerkenne.

3) Besteht gegenwärtig bereits in einer Kirche eine Orgel, so wird die Königl. Regierung, wenn entweder die Reparatur derselben oder die Anschaffung einer neuen Orgel, an die Stelle der nicht mehr reparaturfähigen alten, in Frage kommt, jedesmal gründlich zu erörtern haben, ob dem Fiskus als Patron zur gänzlichen oder theilweisen Hergabe der Kosten für diese Reparatur oder Beschaffung einer neuen Orgel, an die Stelle einer alten, eine rechtliche Verpflichtung obliegt, und ob nicht etwa in früherer Zeit die vorhandene Orgel ohne Zustimmung des Fiskus, von der Gemeinde oder irgend einem Dritten, in die Kirche beschafft und gegen den ausdrücklich ausgesprochenen Willen des Patrons zu einem Pertinenzstücke derselben gemacht worden ist. (vergl. übrigens Striethorst, Archiv Bd. 29 S. 224.). In diesem letzteren Falle wird der Patronatsbaufonds auch jetzt noch die Unterhaltung der Orgel von sich ablehnen und sie demjenigen überlassen müssen, von welchem die Kirche mit der Orgel versehen worden ist.

Wo sich dagegen weder aus den Verhältnissen bei der ersten Anschaffung der Orgel, noch aus dem Besitzstande in der Folgezeit, etwas Entscheidendes über die Unterhaltungsverpflichtung bei den Orgeln ergiebt, ist die Vertheilung der Kosten-

§. 192. Wo nach Verträgen, oder hergebrachter Observanz, auch eine andere Gemeine oder Religionspartei auf den Gebrauch desselben Anspruch machen kann, da kann dennoch dieser Mitgebrauch während des Gottesdienstes der Kirchengesellschaft, welcher die Glocken gehören, nicht verlangt werden.

§. 193. Die vom Staate ausdrücklich aufgenommenen Kirchengesellschaften sind, auch bei Erwerbung, Verwaltung und Veräußerung ihres Vermögens, andern privilegirten Uebriges Vermögen.

---

beiträge auf den Patron und die Gemeinde in derselben Weise anzuordnen, wie dieselbe bei Unterhaltung des betreffenden Kirchengebäudes selbst geschehen muß.

In den in dergl. Fällen der Kasse zu ertheilenden Zahlungsanweisungen hat die Königl. Regierung jedesmal die Gründe, aus welchen der Patronatsbaufonds zum Beitrage zu den Unterhaltungskosten der Orgel für verpflichtet erachtet worden ist, mit wenigen Worten anzuführen, sowie denn auch in Fällen, wo wegen Regulirung eines Interimistici von der Königl. Regierung zu berichten ist, die vorgedachten Gesichtspunkte überall zu beachten und die in Frage kommenden Punkte nach denselben gründlich zur Entscheidung vorzubereiten sind. —

Was vorstehend von den Orgeln gesagt ist, wird in gleicher Weise auch von den Kirchenglocken gelten müssen, deren Pertinenzqualität gleichfalls keinem Zweifel unterliegt.

Die Zirkul. Verf. des Kult. Minist. v. 13. April 1842, den Bau und die Reparaturen der Kirchenorgeln betreffend (Min. Bl. f. d. inn. Verw. 1842 S. 191), schreibt vor, daß nur tüchtige, zuverlässige Orgelwerkmeister zuzulassen seien. Die Abnahme fertiger Arbeiten und die Dispositionen zu neuen oder abzuändernden Orgelwerken sollen durch einen bewährten Sachverständigen gründlich revidirt werden. Mit der Abhülfe kleinerer Schäden soll nicht gezögert werden. Es wird den Kirchenvorständen überlassen, mit einem approbirten Orgelbaumeister über alljährl. Revision, Reparatur u. Stimmung der Orgel auf gewisse Zeit zu kontrahiren und dafür ein aus Kirchenmitteln zu entnehmendes Fixum auszusetzen. Bei Einreichung der jährl. Kirchenrechnungen soll der Zustand der Orgel, wie der der Kirchengebäude gewissenhaft angegeben werden. Die Organisten sollen nicht blos die Orgel zu spielen verstehen, sondern auch von dem inneren Bau derselben die nöthige Kenntniß besitzen, um etwaige Schäden im Werke erkennen und anzeigen zu können. Darauf soll bei Anstellung der Organisten gesehen werden.

vergl. ferner R. d. Min. d. geistl. Angel., betr. die formelle Behandlung der Orgelbauten, v. 3. Okt. 1876, kirchl. Ges. u. V. Bl. 1876/77 S. 156. Dasselbe theilt unter Aufhebung der Erlasse v. 2. Nov. 1854 u. 11. Okt. 1870 eine neue „Instruktion für die formelle Behandlung der Orgelbauten" zur Kenntniß und Beachtung mit. Diese Instruktion siehe a. a. O. S. 156—160.

R. des Min. d. geistl. A. v. 25. Juni 1878, kirchl. Ges. u. V. Bl. 1878 S. 135, betr. die Superrevision der Anschläge für Orgelbauten. Bei kleinen Reparaturen, sofern die Konstruktion des Werkes dabei nicht betheiligt ist und die Kosten den Betrag v. 150 M. nicht übersteigen, kann von der Superrevision Abstand genommen werden.

Im Uebrigen vergl. §§. 584, 710, 720, 731, 740 dies. Tit.

Corporationen gleich zu achten. (Tit. 6. §. 70. 71. 72. 81. sqq.)[83])

§. 194. Keine Kirchengesellschaft kann, ohne ausdrückliche Bewilligung des Staats, liegende Gründe an sich bringen.[84])

§. 195. Ohne Vorwissen und besondere Erlaubniß des Oberhauptes im Staate darf, bei Strafe doppelten Ersatzes, keiner ausländischen Kirche etwas verabfolgt werden.[85])

§. 196. Die Strafe trifft denjenigen, auf dessen Veranstaltung die Sache oder Summe der ausländischen Kirche ausgehändigt worden.

§. 197. mit dem Anh. §. 125., ferner

---

[83]) A. L. R. II. 6:

§. 70. Auch die Verwaltung und Nutzung des der Korporation zustehenden gemeinschaftl. Vermögens wird durch Schlüsse der Korporation angeordnet.

§. 71. Die Verwendung muß zur Beförderung des gemeinschaftl. Besten der Gesellschaft und zur Erreichung ihres Endzwecks geschehen.

§. 72. Derjenige Theil des Gesellschaftsvermögens, wovon die Nutzungen für die einzelnen Mitglieder bestimmt sind, muß nach den Rechten des gemeinsamen Eigenthums behandelt werden. (Thl. I Tit. 17 Abschn. 1.)

§. 81. Korporationen und Gemeinden stellen in den Geschäften des bürgerl. Lebens Eine moralische Person vor.

§. 82. Sie werden in Rücksicht auf ihre Rechte und Verbindlichkeiten gegen Andere, außer ihnen, nach eben den Gesetzen, wie andere einzelne Mitglieder des Staates, beurtheilt.

§. 83. Doch können sie ohne besondere Einwilligung der ihnen vorgesetzten Behörde unbewegl. Sachen weder an sich bringen, noch veräußern oder verpfänden.

§. 84. Dergleichen von einem Dritten ohne diese Einwilligung mit ihnen vollzogene Handlungen sind nichtig.

[84]) Ges. v. 3. Juni 1876 Art. 24 Nr. 1:

Die Beschlüsse der kirchl. Organe bedürfen bei dem Erwerb von Grundeigenthum zu ihrer Gültigkeit der Genehmigung der staatl. Aufsichtsbehörde.

Bei dem Erwerb von Grundeigenthum werden, wenn der Werth desselben die Summe von 10000 M. übersteigt, die Rechte des Staates von dem Minister der geistl. Angel., sonst von dem Regierungs- (in Berlin durch den Polizei-) Präsidenten ausgeübt. Art. I Nr. 2 u. Art. III Nr. 4, Verord. v. 9. Sept. 1876.

Für Grundstücke der Kirchen bedarf es der Anlegung eines Grundbuchblattes nur im Falle der Veräußerung oder Belastung oder wenn von dem Eigenthümer oder einem Berechtigten darauf angetragen wird. §. 2 Grundbuchordnung v. 5. Mai 1872.

[85]) vergl. §. 5 Nr. 2. Ges. v. 23. Febr. 1870, betreffend die Genehmigung zu Schenkungen und letztwilligen Zuwendungen, sowie zur Uebertragung von unbewegl. Gegenständen an Korporationen und andere juristische Personen, G. S. S. 118, in der Anm. 86.

§. 198. bis §. 216. aufgehoben. (Durch Ges. v. 13. Mai 1833, betr. die Schenkungen an Kirchen zc. G.S. S. 49.)[86])

[86]) An die Stelle des Ges. v. 13. Mai 1833 ist das Ges. v. 23. Febr. 1870 (cfr. Anm. 85) getreten. Dasselbe lautet:

§. 1. Schenkungen und letztwillige Zuwendungen bedürfen zu ihrer Gültigkeit der Genehmigung des Königs:

1) insoweit dadurch im Inlande eine neue juristische Person ins Leben gerufen werden soll,
2) insoweit sie einer im Inlande bereits bestehenden Korporation oder anderen juristischen Person zu anderen als ihren bisher genehmigten Zwecken gewidmet werden sollen.

§. 2. Schenkungen und letztwillige Zuwendungen an inländische oder ausländische Korporationen und andere juristische Personen bedürfen zu ihrer Gültigkeit ihrem vollen Betrage nach der Genehmigung des Königs oder der durch Königl. Verordnung ein für alle Mal zu bestimmenden Behörde, wenn ihr Werth die Summe von 1000 Thlr. übersteigt. Fortlaufende Leistungen werden hierbei mit 5 vom Hundert zu Kapital berechnet.

§. 3. Die Genehmigung einer Schenkung oder letztwilligen Zuwendung in den Fällen der §§. 1 u. 2 erfolgt stets unbeschadet aller Rechte Dritter Personen.

Mit dieser Maaßgabe ist, wenn die Genehmigung ertheilt wird, die Schenkung oder letztwillige Zuwendung als von Anfang an gültig zu betrachten, dergestalt, daß mit der geschenkten oder letztwillig zugewendeten Sache auch die in die Zwischenzeit fallenden Zinsen und Früchte zu verabfolgen sind.

Die Genehmigung kann auf einen Theil der Schenkung oder letztwilligen Zuwendung beschränkt werden.

§. 4. Die besonderen gesetzlichen Vorschriften, wonach es zur Erwerbung von unbewegl. Gegenständen durch inländische oder ausländische Korporationen und andere juristische Personen überhaupt der Genehmigung des Staates bedarf, werden durch die vorstehenden Bestimmungen nicht berührt. Soweit es jedoch zu einer solchen Erwerbung nach gegenwärtig geltenden Vorschriften der Genehmigung des Königs oder der Ministerien bedarf, können statt dessen durch Königl. Verordnung die Behörden, denen die Genehmigung fortan zustehen soll, anderweitig bestimmt werden.

§. 5. Einer Geldstrafe bis zu 300 Thlr, im Unvermögensfalle entsprechender Gefängnißstrafe unterliegen:

1) Vorsteher von inländischen Korporationen und anderen juristischen Personen, welche für dieselben Schenkungen oder letztwillige Zuwendungen in Empfang nehmen, ohne die dazu erforderl. Genehmigung innerhalb 4 Wochen nachzusuchen.
2) Diejenigen, welche einer ausländischen Korporation oder anderen juristischen Person Schenkungen oder letztwillige Zuwendungen verabfolgen, bevor die dazu erforderl. Genehmigung ertheilt ist.

§. 6. Die Bestimmungen des gegenwärtigen Gesetzes finden auf Familienstiftungen und Familienfideikommisse keine Anwendung.

§. 7. Alle mit dem gegenwärtigen Gesetze nicht im Einklange stehenden Bestimmungen, insbesondere das Ges. v. 13. Mai 1833 (G.S. S. 49), die Allerh.

Verwaltung des Kirchenvermögens.

§. 217. Die Verwaltung des Kirchenvermögens liegt den Kirchencollegien, unter Aufsicht der geistlichen Obern, ob.[87])

§. 218. Von diesen gilt, der Regel nach, alles, was wegen der Beamten privilegirter Corporationen verordnet ist. (Tit. 6. §. 147. sqq.)[88])

Veräußerung.

§. 219. Grundstücke und Gerechtigkeiten, die einer Kirche gehören, können, ohne ausdrückliche Genehmigung des Staats, nicht veräußert werden.[89])

Ordre v. 22. Mai 1836 (G.S. S. 195), die Verord. v. 21. Juli 1843 (G.S. S. 322), die in einem Theile der Provinz Hannover noch in Geltung stehenden §§. 197 bis 216, Thl. II Tit. 11 des Allg. Landr. nebst dem §. 125 des Anh. zum A.L.R. werden aufgehoben.

Die Einholung der landesherrl. Genehmigung zur Annahme von Schenkungen 2c. an kirchliche Institute, Gemeinden 2c. erfolgt durch Vermittelung des Ministers der geistl. Angelegenheiten. Vor Einholung derselben sollten nach der durch das Schreiben des Justizministers v. 22. Mai 1834 mitgetheilten Kab.-Ordre v. 1. Febr. 1834 folgende Punkte genau erörtert und in dem Immediatberichte angezeigt werden:

a) ob nicht das Vermögen des betreff. Instituts 2c. durch die Zuwendung zum Nachtheil des öffentl. Verkehrs im Allgemeinen übermäßig vermehrt werde,

b) ob nicht die betreff. Anstalt Mittel anhäufe, welche deren durch ihre Bestimmung begrenztes Bedürfniß überschreite,

c) ob keine gemeinschädl. Anwendung an die Zuwendung geknüpft sei,

d) ob dabei keine Verletzung einer Pflicht gegen hülfsbedürftige Angehörige, oder

e) eine Ueberredung zur Kränkung der Rechte dritter Personen stattfinde. (Gen. Akt. des Just. Minist. V Nr. 12 Fol. 87.)

Auch nach Erlaß des Ges. v. 23. Febr. 1870 ist diese Kab. Ordre für maaßgebend erachtet worden. (siehe Koch, L.R. II. S. 345.)

Nach dem Reskript v. 9. März 1834 (v. Kamptz, Ann. Bd. 18 S. 997) ist von jeder Schenkung oder letztwilligen Zuwendung an eine Kirche oder sonstige geistl. Stelle oder dergl. Institut nach, wie vor, der betreffenden Regierung (also jetzt dem Konsistorium) Anzeige zu erstatten, indem das Ges. v. 13. Mai 1833 in dem Ressortverhältnisse bezügl. der Externa in Kirchensachen nichts geändert habe.

[87]) vergl. §. 22, 31, 47 Kirchengem. Ord. v. 10. Sept. 1873.

[88]) Wegen der Rechte und Pflichten des Gem. Kirch. Rathes vergl. jetzt §§. 14 bis 22, der Gemeindevertretung §. 31 Kirch. Gem. Ord. v. 10. Sept. 1873. cfr. Anm. 87.

[89]) Ges. v. 3. Juni 1876 Art. 24 Nr. 1:

Die Beschlüsse der kirchl. Organe bedürfen zu ihrer Gültigkeit der Genehmigung der staatlichen Aufsichtsbehörde bei der Veräußerung von Grundeigenthum.

V. v. 9. Sept. 1876:

Art. I Nr. 2: die Rechte des Staates werden bei der Veräußerung von Grund-

§. 220. Bei ganzen Landgütern oder Häusern ist die Genehmigung des geistlichen Departements nothwendig; bei einzelnen Grundstücken oder bloßen Gerechtigkeiten hingegen ist der Consens der unmittelbaren geistlichen Obern hinreichend.[90])

§. 221. Die Genehmigung kann nur alsdann nachgesucht werden, wenn die Veräußerung zum Besten der Kirche nothwendig, oder von erheblichem Nutzen ist.

§. 222. Die öffentliche Subhastation ist zur Gültigkeit einer solchen Veräußerung nicht wesentlich nothwendig.

Anh. §. 126. Bei Veräußerung unbeweglicher Grundstücke der Kirchen und anderer geistlichen Stiftungen, so wie bei Erb- und Zeitverpachtungen (letztere über Sechs Jahre), soll zwar in der Regel eine freiwillige Subhastation veranlaßt werden; es soll jedoch von dem Ermessen der geistlichen Obern abhängen, ob nach aufgenommener gerichtlichen Taxe, nach dem Gutachten der Untergerichte, Inspectoren und Prediger, die Subhastation noch erforderlich sei, und deren Unterlassung soll keine Ungültigkeit nach sich ziehen.

§. 223. Die ohne den erforderlichen Consens geschehene Veräußerung eines solchen Eigenthums der Kirche ist nichtig.

§. 224. Dagegen kann dieselbe, wenn die Einwilligung der Behörde hinzugekommen ist, unter dem Vorwande, daß sie unnöthig oder nicht nützlich gewesen sei, nicht angefochten werden.

§. 225. Vielmehr finden dagegen nur eben die Einwendungen und Rechtsmittel, wie gegen jede andere Veräußerung Statt.

§. 226. Doch bleibt derjenige, welcher durch unrichtige Vorspiegelungen oder sonst, vorsätzlich oder aus grobem Versehn, die Einwilligung zu einer nicht nothwendigen oder schädlichen Veräußerung bewirkt hat, der Kirche zur vollständigen Schadloshaltung verhaftet.

§. 227. Zu Verpfändungen des unbeweglichen Kirchenvermögens ist die Einwilligung des Bischofs, und bei protestantischen[91]) Kirchen, des Consistorii nothwendig.[92]) Verpfändung.

---

eigenthum von dem Minister der geistl. Angel. ausgeübt, wenn der Werth des zu veräußernden Gegenstandes die Summe von 10000 M. übersteigt,

Art. III Nr. 4: in allen anderen Fällen durch den Regierungs- (in Berlin durch den Polizei-) Präsidenten.

[90]) vergl. Anm. 89.

[91]) vergl. Anm. 22.

[92]) Die Beschlüsse der kirchl. Organe bedürfen bei der dinglichen

Besondere Vorrechte des Kirchenvermögens.

§. 228. Die Kirchengesellschaften genießen, in Ansehung der mit ihnen selbst oder mit ihren Repräsentanten und Vorstehern, über ihr Vermögen verhandelten Geschäfte und geschlossenen Verträge, die Rechte der Minderjährigen.[93])

§. 229. Wegen solcher zum Kirchenvermögen gehörenden beständig fortlaufenden Abgaben und Prästationen, welche, nach Gesetzen und Verfassungen, auf allen Grundstücken gewisser Art in einem Orte oder Districte haften, gebührt den Kirchen, bei entstandenem Concurse der Besitzer, ein vorzügliches Recht in der Zweiten Classe.[94])

Belastung von Grundeigenthum zu ihrer Gültigkeit der Genehmigung der staatl. Aufsichtsbehörde. Art. 24 Nr. 1 Ges. v. 3. Juni 1876. Die Rechte des Staates werden, wenn der Betrag der dinglichen Belastung von Grundeigenthum die Summe von 10000 M. übersteigt, von dem Minister der geistl. Angel. (Art. I Nr. 2 V. v. 9. Sept. 1876), in allen übrigen Fällen von dem Regierungs- (in Berlin durch den Polizei-) Präsidenten ausgeübt. (Art. III Nr. 4 a. a. O.)

[93]) Früher wurde dem Fiskus, den Land- und Stadtgemeinden, privilegirten Korporationen und unter Vormundschaft stehenden Personen, so wie für diejenigen, welchen die Rechte der Minorennen zustehen, die 6 wöchentl. Frist zur Einlegung der Rechtsmittel der Appellation, der Revision, des Rekurses und der Nichtigkeitsbeschwerde verdoppelt.

Dieses Privilegium ist seit dem 1. Okt. 1879 fortgefallen. Die neue Civilprozeßordnung v. 30. Jan. 1877 kennt solche Doppelfristen nicht. Die Frist zur Einlegung der Berufung gegen die in erster Instanz erlassenen Endurtheile beträgt (in allen Fällen) einen Monat; sie ist eine Nothfrist und beginnt mit der Zustellung des Urtheils. (§. 477 Civilproz. Ord.) Dasselbe gilt von der Frist zur Einlegung der Revision gegen die in der Berufungsinstanz von den Oberlandesgerichten erlassenen Endurtheile. (§. 514 a. a. O.)

Endlich gilt für die Fälle der „sofortigen Beschwerde" ganz allgemein eine Nothfrist von zwei Wochen. (§. 540 l. c.)

Auch findet auf Grund der den Minderjährigen und den ihnen gleichgestellten Personen als solchen zustehenden Rechte die Aufhebung der Folgen der Versäumung einer Pozeßhandlung (Wiedereinsetzung in den vorigen Stand) nicht statt. §. 210 a. a. O.

[94]) Dieses Vorrecht ist geändert.

Durch §. 4 des Einführungsgesetzes zur Konkursordnung v. 10. Febr. 1877 sind die Vorschriften der Landesgesetze über Konkursverfahren, sowie über das Konkursrecht aufgehoben worden, insoweit nicht in der Konkursordnung (v. 10. Febr. 1877) auf dieselben verwiesen oder bestimmt ist, daß sie nicht berührt werden.

Nach §. 39 der Konkursordnung v. 10. Febr. 1877 dienen zur abgesonderten Befriedigung die Gegenstände, welche in Ansehung der Zwangsvollstreckung zum unbewegl. Vermögen gehören, insoweit ein dingliches oder sonstiges Recht auf vorzugsweise Befriedigung aus denselben besteht. Den Umfang der Immobiliar-

§. 230. Eben dergleichen Vorzugsrecht kommt ihnen auch in Ansehung solcher beständig fortlaufenden persönlichen Abgaben zu, welche in einem Orte oder Districte, von allen Einwohnern einer gewissen Classe zu entrichten sind.[95])

§. 231. Doch ist beiderlei Vorzugsrecht, nach näherer Vorschrift der Concursordnung, nur auf den Rückstand zweier Jahre eingeschränkt.[96])

§. 232. Haften dergleichen beständig fortlaufende Prästationen auf liegenden Gründen nur vermöge besonderer Contracte oder letztwilliger Verordnungen: so gebührt den Kirchen deswegen, bei ermangelnder gerichtlicher Eintragung, nur ein Vorrecht der fünften Classe.[97])

---

masse, sowie den Umfang und die Rangordnung der aus derselben zu berichtigenden Ansprüche bestimmen die Reichsgesetze und Landesgesetze.

Gemäß §. 60 der Subhastationsordnung v. 15. März 1869 werden aus den Kaufgeldern des subhastirten Grundstücks die Realgläubiger in der Reihenfolge und dem Umfange befriedigt, welche für die Vertheilung der Kaufgelder im Falle des Konkurses festgesetzt sind.

Die Rangordnung der Realgläubiger in Beziehung auf Immobilien hat aber (soweit sie hier interessirt) die Konkursordnung v. 8. Mai 1855 in folgender Weise festgesetzt:

§. 47: I. Rückstände der zur Erfüllung der Deichpflicht erforderl. Beiträge und Leistungen aus den beiden letzten Jahren,

§. 48: II. Rückstände direkter, auf dem Grundstücke lastender Abgaben, welche zu den Staatskassen fließen, aus den beiden letzten Jahren.

§. 49: III. Rückstände aus den beiden letzten Jahren von den auf dem Grundstücke haftenden gemeinen Lasten.

Hierher gehören namentlich alle nach Gesetz oder Verfassung auf dem Grundstücke haftenden Abgaben und Leistungen, welche aus dem . . . . . Kirchen- und Pfarrverbande entspringen, oder an Kirchen und Pfarren, ... oder an Kirchenbediente . . . . . zu entrichten sind.

Nach §. 11 Nr. 1 der Grundbuchordnung v. 5. Mai 1872 bedürfen übrigens die im §. 49 der Konkursordnung v. 8. Mai 1855 aufgeführten gemeinen Lasten der Eintragung nicht.

[95]) vergl. jetzt §. 54 der Konkursordnung v. 10. Febr. 1877. Danach werden die Konkursforderungen nach folgender Rangordnung berichtigt:

1) . . . . .

2) . . . . .

3) Die Forderungen der Kirchen . . . . . wegen der nach Gesetz oder Verfassung zu entrichtenden Abgaben und Leistungen aus dem letzten Jahre vor der Eröffnung des Verfahrens.

[96]) vergl. jetzt wegen

a) der dinglichen Abgaben die Anm. 94,

b) der persönlichen Abgaben die Anm. 95.

[97]) Dergleichen Prästationen haben kein Vorzugsrecht mehr; sie

§. 233. Eben dergleichen Vorrecht kommt den Kirchen in dem Vermögen derjenigen zu, mit welchen sie Contracte geschlossen, oder ihnen Vorschüsse gegeben haben.[98])

§. 234. Hingegen gebührt ihnen das in der Concursordnung näher bestimmte Vorrecht der Vierten Classe, in dem Vermögen ihrer Vorsteher und Administratoren, welchen die Verwaltung oder Aufbewahrung ihrer Gelder, oder anderer Vermögensstücke anvertraut worden.[99])

Verhältnisse der Mitglieder. §. 235. Die Verhältnisse zwischen den Kirchengesellschaften und deren Mitgliedern, in Ansehung der Güter und des Vermögens der erstern, sind nach den allgemeinen Grundsätzen von Corporationen überhaupt, und demnächst nach der unter Genehmigung des Staats hergebrachten Verfassung einer jeden einzelnen Kirchengesellschaft bestimmt.

§. 236. Bei eigentlichen Parochialkirchen sind nähere Bestimmungen gesetzlich vorgeschrieben.

Fünfter Abschnitt.

Von Parochien.

Begriff. §. 237. Derjenige District, in welchem Glaubensverwandte einer vom Staate öffentlich aufgenommenen Religionspartei zu einer gemeinschaftlichen Kirche angewiesen sind, wird eine Parochie genannt.[100])

---

rangiren vielmehr zugleich mit allen übrigen Konkursforderungen in der Klasse 6 des §. 54 Konk.Ord. v. 10. Febr. 1877.

[98]) Dieses bereits durch die Konkursordnung v. 8. Mai 1855 abgeschaffte Vorrecht ist auch in der Konkursordnung v. 10. Febr. 1877 nicht anerkannt. Es gilt daher das in Anm. 97 Gesagte.

[99]) Nach der Konkursordnung v. 8. Mai 1855 §. 79 kamen in der 7. Klasse der Konkursgläubiger zur Hebung: die Ansprüche ..... der Kirchen ..... und milden Stiftungen wegen der dem Gemeinschuldner zur Last fallenden Defekte aus einer von demselben geführten Verwaltung ihrer Kassen oder ihres sonstigen Vermögens.

Dieses Vorrecht ist jedoch im §. 54 der Konkursordnung v. 10. Febr. 1877 nicht anerkannt.

Dergleichen Forderungen rangiren daher jetzt in der 6. Klasse zugleich mit allen übrigen Konkursforderungen.

vergl. übrigens §. 12 des Einführungsges. zur Konkursordnung v. 10. Febr. 1877.

[100]) Die zu einer Kirche Eingepfarrten bilden in ihrer Gesammtheit eine Korporation und können als solche, namentlich auch wegen der Kirchenbaulast, mit rechtl. Wirkung in Anspruch genommen werden. Erk. des Ob. Trib. v. 4. Jan. 1847. Präj. Nr. 1816. Präj. Samml. S. 206, Entsch. Bd. 13 S. 525.

Wenn jedoch die zu einer Kirche Eingepfarrten gegen ihren Pfarrer, die Kirchenvorsteher und den Patron klagen, so erscheinen diese Eingepfarrten nicht als Kirchengemeinde. Präj. Nr. 1525 v. 15. Jan. 1845. Präj. Samml. 1 S. 424. Der Ausdruck „Kirchen- oder Pfarrgemeinde" ist nicht selten, und namentlich dann gleichbedeutend mit dem Worte „Mitglieder der Kirchen- oder Pfarrgemeinde resp. Eingepfarrte", wenn von Beiträgen der Kirchengemeinde, d. h. der Eingepfarrten, im Gegensatze zu dem Kirchenvermögen und resp. dem Patron die Rede ist. Daher ist bei der gegen eine Pfarrgemeinde, vertreten durch ihre erwählten Repräsentanten (§. 159 d. Tit.) auf Entrichtung von Pfarrbaukosten, welche nicht aus dem Korporationsvermögen, sondern lediglich durch Beiträge der Eingepfarrten aufgebracht werden sollen, gerichteten Klage nicht die moralische Person der Kirchengemeinde, sondern es sind die unter dem Kollektivnamen „Pfarrgemeinde" begriffenen Eingepfarrten als Beklagte anzusehen. Erk. v. 24. Sept. 1856, Arch. 22 S. 208.

Nur die Gesammtheit aller zu einer bestimmten Kirche eingepfarrten Glaubensverwandten bildet eine Kirchengesellschaft und kann als moralische Person belangt werden. Die Eingepfarrten aus einer Ortsgemeinde machen an sich keine Korporation aus, wenn außerdem noch andere Glaubensverwandte zu der betreffenden Kirche gehören. Erk. d. Ob. Trib. v. 24. Sept. 1834. Koch, Schles. Arch. Bd. 3 S. 458.

Der Begriff einer Kirchengemeinde als juristische Person und Rechtssubjekt erfordert weder bestimmte Parochialgrenzen, noch eine kirchenordnungsmäßige Organisation. Durch das thatsächliche Bestehen des von dem Stifter mit gewissen Gütern und Einkünften verbundenen Kirchenamts sind diese Güter und Einkünfte für immer aus dem Vermögen des Stifters gegangen und selbst als Träger einer juristischen Persönlichkeit zu erachten. Erk. des Ob. Trib. v. 29. Okt. 1855, Arch. Bd. 18 S. 244.

Der Fiskus als solcher steht in gar keiner Parochialverbindung. Er kann daher niemals als Eingepfarrter angesehen und zu den geistl. Bauten nur als Patron herangezogen werden. Reskr. v. 28. Jan. 1822, v. Kamptz, Annal. Bd. 6 S. 114.

R. d. Ev. O. K. R. v. 13. Aug. 1873, Aktenst. Heft 21 S. 148: Durch die Umgestaltung der Kreis- und Kommunalverfassung, welche die Kreisordnung v. 13. Dez. 1872 herbeigeführt, werden auch die kirchlichen Korporationen berührt; sie werden kraft ihrer juristischen Persönlichkeit, insofern sie Grundeigenthum besitzen (§. 14 daselbst) Gemeinde- und Kreiseingesessene, als solche berechtigt, an der Bildung des Gemeindevorstandes und der Kreisvertretung sich zu betheiligen, andrerseits auch verpflichtet, die Kreisabgaben mit zu tragen, das letztere mit der Einschränkung, daß die Dienstgrundstücke der Geistlichen und Kirchendiener (nicht deren persönliches klassensteuerpflichtiges Einkommen), ebenso die Kirchengebäude und Kirchhöfe von der Heranziehung zu diesen Abgaben befreit bleiben, wogegen für den sonstigen Landbesitz der Kirchen (Kirchenäcker) eine Befreiung nicht ausgesprochen ist. Für die Wahlen zur Bildung des Kreistages werden die grundbesitzenden Kreisangehörigen in 2 Verbände vereinigt, den der größeren Grundbesitzer und der Landgemeinden, je nachdem sie von ihrem gesammten, auf dem platten Lande innerhalb des Kreises belegenen Grundeigenthume einen, der Regel nach 75 Thaler jährlich betragenden Minimalsatz an Grund- und Gebäudesteuer entrichten oder doch zu entrichten haben würde, wenn sie nach Maaßgabe der Gesetze v. 26. Mai 1861 zur Grund- bez. Gebäudesteuer veranlagt wären.

Hiernach werden die kirchlichen Gemeindekorporationen des platten Landes, nur etwa neu gebildete noch nicht mit Grundbesitz ausgestattete Parochien ausgenommen, der Regel nach immer wenigstens im Wahlverbande der Landgemeinden, nicht selten in dem der Großgrundbesitzer das Wahlrecht für die Bildung des Kreistages und für ihren Vertreter auch die Wählbarkeit in demselben genießen. Im Einverständnisse mit dem Min. d. geistl. Ang. wünscht der Ev.O.K.R., daß die Vertreter der evangelischen kirchlichen Korporationen und Institute der ihnen hiermit gebotenen Betheiligung an dem kommunalen Leben sich nicht entziehen.

R. d. Ev.O.K.R. v. 24. Juli 1876, kirchl. Ges. u. V.Bl. 1876/77 S. 14—16: Bei den in Folge des R. v. 13. Aug. 1873 geschehenen Schritten sind die Vertreter der Kirchengemeinde, insoweit sie nicht die Rechte der Großgrundbesitzer oder der Besitzer selbstständiger Güter im Verbande der Landgemeinden gemäß §. 98 Nr. 2 der Kreisordnung und Art. 1 u. 6 Lit. A der Ministerialinstruktion v. 10. März 1873 auszuüben hatten, mehrfach auf Hindernisse gestoßen, welche sich theils der Ausübung des aktiven Wahlrechts entgegenstellten, theils die Anfechtung ihrer Wahl zu Wahlmännern und Kreistagsabgeordneten herbeiführten. Um dem für die Zukunft möglichst zu begegnen, theilt der Ev.O.K.R. zur Richtschnur die nachfolgende Zusammenstellung der bezüglichen Grundsätze der Kreis- und Gemeindeordnung mit: Die kirchlichen Korporationen sind, wie andere juristische Personen, zur Theilnahme an den Wahlen der Kreistagsabgeordneten berechtigt:

1) im Wahlverbande der größeren Grundbesitzer, sofern sie von ihrem gesammten, auf dem platten Lande innerhalb des Kreises belegenen Grundeigenthum den Betrag von mindestens 225 M. (in der Provinz Sachsen 300 M., im Reg.Bez. Stralsund 750 M.) an Grund- und Gebäudesteuer entrichten, bez. zu entrichten haben würden, wenn sie nach Maaßgabe der Gesetze v. 21. Mai 1861 zur Grund- und Gebäudesteuer veranlagt wären. (§. 86 u. 183 der Kreisord. v. 13. Dez. 1872.)
2) im Wahlverbande der Landgemeinden als Besitzer selbstständiger Güter, sofern letztere nicht zur Mitgliedschaft im Wahlverbande der größeren Grundbesitzer qualifiziren. (§. 87 Nr. 2 a. a. O.)

   In den Fällen zu Nr. 1 u. 2 sind die kirchlichen Korporationen befugt, sich nach Maaßgabe ihrer Statuten oder Verfassungen vertreten zu lassen. (§. 97 Nr. 2 a. a. O.)
3) im Wahlverbande der Landgemeinden, als Besitzer von Grundstücken innerhalb eines Gemeindebezirks, sofern die kirchlichen Korporationen ein Stimmrecht in der Gemeindeversammlung ausüben.

Nach der bisherigen durch die Kreisordnung nicht abgeänderten Verfassung der Landgemeinden steht den kirchl. Korporationen ein Stimmrecht in der Gemeindeversammlung der Regel nach nicht zu. Ein solches kann ihnen indessen verliehen werden, wenn sie in dem Gemeindebezirke ein Grundstück besitzen, welches wenigstens den Umfang einer, die Haltung von Zugvieh zu seiner Bewirthschaftung erfordernden Ackernahrung hat. Die Verleihung des Stimmrechts erfolgt durch einen von dem Kreisausschusse zu bestätigenden Gemeindebeschluß.

Kommt ein solcher Beschluß nicht zu Stande, so ist der Kreisausschuß befugt, die in Ansehung des Stimmrechts erforderliche Ergänzung oder Abänderung der Ortsverfassung vorzuschreiben.

§. 238. Neue Parochien können nur vom Staate, unter Zuziehung der geistlichen Obern, errichtet, und die Gränzen derselben bestimmt werden.[101]) Errichtung und Gränzen.

In der Ausübung des Stimmrechts, zu welchem ihr Grundbesitz befähigt, können die juristischen Personen vertreten werden durch Stimmberechtigte derselben oder der nächst angrenzenden Klasse, sowie durch Pächter oder Nießbraucher der zum Stimmrecht befähigenden Grundstücke (§. 4 bis 6 des Gesetzes über die Landgemeindeverfassung v. 14. April 1856, G.S. S. 359. — §. 135 IX Nr. 4 der Kreisordnung.).

Bei der Wahl der Kreistagsabgeordneten werden die Landgemeinden vertreten durch Wahlmänner, welche von der Gemeindeversammlung bez. Gemeindevertretung aus der Zahl der stimmberechtigten Gemeindemitglieder gewählt werden. (§. 100 der Kreisord.)

Wählbar zum Mitgliede des Kreistages und bez. zum Wahlmanne in den Wahlverbänden der größeren Grundbesitzer, sowie der Landgemeinden ist ein Jeder, seit einem Jahre im Kreise angesessene ländliche Grundbesitzer, sowie ein jeder, welcher in einer Versammlung dieser Verbände ein Wahlrecht ausübt und seit einem Jahre in dem Kreise einen Wohnsitz hat. (§. 106 der Kreisord.) Vergl. übrigens die neue Redaktion der Kreisordnung für die Provinzen Ost- und Westpreußen, Brandenburg, Pommern, Schlesien und Sachsen laut Bekanntmachung v. 19. März 1881, G.S. 1881 S. 179—232, und die neue Redaktion der Provinzialordnung für die eben genannten Provinzen laut Bekanntmachung v. 22. März 1881, G.S. 1881 S. 233—260.

[101]) Es konkurriren also dabei die Konsistorien und die Regierungen, resp. der Ev. O. Kirch. Rath und der Minister der geistl. Angel.

Das Reskr. des Minist. der geistl. Angel. v. 30. Sept. 1874 (Koch, L.R. II. S. 357 Anm. 29 zu §. 238 h. lit.) läßt sich über das bei Errichtung u. Veränderung von Parochien einzuhaltende formelle Verfahren, wie folgt, aus:

Nach den Grundsätzen des Preuß. Staatsrechts ist die Befugniß, Parochien zu errichten und die Grenzen derselben zu bestimmen, eine dem Staate vorbehaltene Attribution. Bei Ausübung derselben sollen die geistl. Oberen ihres dabei obwaltenden Interesses wegen gehört werden. Die eigentl. Entscheidung gebührt dagegen überall der Staatsgewalt, die allein darüber zu bestimmen hat, zu welcher Parochie Jemand als beitragendes Mitglied gerechnet werden soll. (vergl. §. 111 dies. Tit.) Durch die Verfassungsurkunde sind diese Grundsätze, welche in dem Allg. Landr. (§§. 238 ff. II. 11) einen besonderen Ausdruck erhalten haben, und deren juristisches Motiv darin liegt, daß die Parochialgemeinden als privilegirte Korporationen gelten, weder aufgehoben, noch geändert worden. (Erk. d. Ob. Trib. v. 31. Mai 1861, Entsch. Bd. 46 S. 31.) ...... Daher hat die Aufstellung und Vollziehung der Erektionsurkunden überall durch ein gemeinschaftl. Zusammenwirken der Staats- und Kirchenbehörden zu erfolgen .....

Erk. des Komp. Gerichtsh. v. 9. April 1864, J. M. Bl. S. 191, u. Erk. des Ob. Trib. v. 29. Jan. 1867, Arch. 68 S. 19: Gegen Verfügungen der kirchlichen Verwaltungsbehörde, durch welche eine neue Parochie gebildet oder eine Veränderung in einer schon bestehenden Parochie angeordnet wird, ist der Rechtsweg unzulässig.

§. 239. Bei Veränderungen in schon errichteten Parochien muß der Staat alle diejenigen, welche ein Interesse dabei haben, rechtlich hören, und die ihnen etwa zukommenden Entschädigungen festsetzen.[102])

Die Mitwirkung bei der Veränderung bestehender, sowie bei der Bildung neuer Pfarrbezirke ist den Staatsbehörden verblieben. Art. 23 Nr. 6 Ges. v. 3. Juni 1876, G.S. S. 125.

Reskr. des Kult.Minist. v. 5. Febr. 1824, v. Kamptz, Annal. Bd. 8. S. 152: ..... Daß bei den voraufgehenden Verhandlungen auch die Eingepfarrten gehört werden müssen, ist allerdings schon deshalb nothwendig, weil dadurch Einrichtungen, welche den Lokalverhältnissen und dem Bedürfnisse nicht völlig entsprechen, am leichtesten zu vermeiden sind. Dagegen haben die Einzupfarrenden kein Recht, zu verlangen, daß die Einrichtung lediglich nach ihren Wünschen und Vorschlägen geschehe, ohne daß hieraus eine Verpflichtung des Staates folgt, für die Dotirung des neuen Kirchensystems aus Staatskassen zu sorgen; vielmehr bleibt dem Staate die Bestimmung, wie dasselbe auf Beiträge der Eingepfarrten zu fundiren und auf diese Weise seine Fortdauer zu sichern sei. .... Wenn im §. 293 ff. dies. Tit. bei den Bestimmungen über die Zuschlagung vagirender Distrikte und Einwohner zu schon bestehenden Kirchen die Konkurrenz des Staates nicht besonders erwähnt ist, so folgt daraus keineswegs, daß solche lediglich den geistl. Oberen überlassen ist. Es kommt vielmehr auch hierbei der §. 111 dies. Tit. zur Anwendung. Daher kann, wo die Zuschlagung einer Gastgemeinde, auch nur als solcher, die Entrichtung von Beiträgen an die schon bestehende Kirche und Pfarre zur Folge haben soll, welcher Fall wohl überall eintreten wird, die Zuschlagung nur mit Genehmigung des Staates erfolgen .....

[102]) Zu den zu hörenden Interessenten gehören namentlich der Geistliche, der Patron und die Kirchengemeinde. Das Interesse der letzteren bei Parochialveränderungen hat der Gem.Kirch.Rath wahrzunehmen. §. 25 Kirch.-Gem.Ord. v. 10. Sept. 1873.

Die Vernehmung der Interessenten geschieht indessen nur pro informatione. Ein Widerspruchsrecht steht ihnen nicht zu. Ein solches hat nur die Mutterkirche gegen die Abzweigung der Tochterkirche. vergl. §. 249 L.R. II. 11 und Anm. 101. (vgl. ferner kirchl. Ges. u. V.Bl. 1882 S. 63.)

Erl. des Kult.Minist. v. 15. Sept. 1874, Aktenstücke Heft 21 S. 267: Das für die Regelung der Parochialverhältnisse bisher geltende Recht hat durch die Vorschriften des Staatsgesetzes v. 25. Mai 1874, betreffend die evangel. Kirchengem. u. Synodalordnung v. 10. Sept. 1873 (G.S. S. 147), keine Aenderung erfahren. Die Anordnung neuer, durch das lokale Bedürfniß gebotener parochialer Einrichtungen fällt nach, wie vor, den Staats- resp. Kirchenbehörden zu, ohne daß es hierfür einer formellen Zustimmung der Interessenten bedarf. In dieser Beziehung ist den Gemeinden kein neues Recht durch die Kirchengem.Ordnung v. 10. Sept. 1873 eingeräumt worden.

Die Verf. des Minist. d. geistl. Angel. u. des Innern v. 20. Dez. 1842, Min.Bl. f. d. inn. Verw. 1842 S. 415 erklärt sich damit einverstanden, daß die bei Gelegenheit von Auseinandersetzungen nöthig werdenden oder für angemessen erachteten Veränderungen in den Parochialverhältnissen nach Anleitung des §. 4 ad 2, §. 43 ad 4, §. 50 der Verord. v. 20. Juni 1817, §§. 10 u. 11 der Verord. v. 30. Juni 1834 und des (bei Vogt, Kirchenr. I S. 254, 255 abgedruckten) Reskripts v. 9. Mai 1825 von den Generalkommissionen unter Zuziehung der geistl. Oberen zu reguliren sind.

Das Reskript des Kultusministers v. 29. Juni 1829 (v. Kamptz, Annalen Bd. 17 S. 369) führt aus, daß in den §§. 238—240 L. R. II. 11 von einem Widerspruchsrechte der Interessenten gegen eine Parochialveränderung an und für sich, wodurch das verordnete Dispositionsrecht des Staates wieder zerfallen würde, nicht die Rede sei. Es komme dabei nur auf die Abfindung der begründeten Entschädigungsansprüche an. Die Erörterung resp. Abfindung der letzteren sei bei der praktischen Ausführung einer Parochialveränderung in den meisten Fällen nicht so schwierig, als man glaube, indem nicht alle bei solchen Veranlassungen gewöhnlich vorkommenden Entschädigungsforderungen rechtlich begründet seien. Dies gelte besonders von denj. Ansprüchen, welche aus derj. allgemeinen Ersparung des Aufwandes für die Unterhaltung des Kirchenwesens hergeleitet werden, welche namentlich bei der Trennung einer bisher bestandenen in mehrere neue Parochien als die natürliche nächste Folge einzutreten pflegt. Steht es nämlich an und für sich fest, daß ein ordnungsmäßiger Zustand des Kirchenwesens einer Parochie bei ihrem dermaligen Umfange nicht mehr zu erhalten ist, und daher eine Theilung derselben nothwendig erfolgen muß, als worüber allein das sachkundige Urtheil der kirchl. Behörde entscheidet, so folge die Verpflichtung der Interessenten zur Uebernahme der hieraus erwachsenden Kosten ebenso, wie bei jeder anderen nothwendigen Einrichtung im Kirchenwesen, und sie erhalten eben in der kirchlichen Verbesserung selbst das Aequivalent für die Erhöhung der Parochiallasten, sodaß es nur darauf ankomme, durch billige Vertheilung des bisher gemeinsamen Kirchenvermögens und durch sonstige angemessene Bestimmungen nach den Umständen die Last und die damit bezweckten Vortheile auf allen Seiten in ihr gehöriges Verhältniß zu stellen. Eben so können auch die blos zufälligen, auf keinem bestimmt erworbenen Recht beruhenden und daraus garantirten Vortheile, welche einzelnen Interessenten bei der Auflösung des bisherigen Kirchenverbandes verloren gehen, keinen Entschädigungsanspruch begründen, wenn auch oft dieserhalb Widerspruch erhoben werde. Zu wirklichen Entschädigungsansprüchen seien vielmehr nur solche Verluste von Vortheilen, oder solche zu übernehmende Nachtheile qualifizirt, welche auf einzelne Interessenten vor den übrigen, über die in der kirchlichen Verbesserung anzunehmende Schadloshaltung hinaus, und zum Abbruch bestimmter, wohlerworbener Rechte dergestalt fallen, daß diese Betheiligten ihr bisheriges Recht nicht ihrem eigenen Vortheile, sondern dem kirchl. Gesammtinteresse aufopfern müssen. (§. 74, 75 der Einl. zum A. L. R.) Es gehören hierher hauptsächlich die Ansprüche der Geistlichen und übrigen Kirchenbedienten für ihre Verluste bei der Parochialtrennung. Andere begründete Ansprüche werden nicht so gar häufig vorkommen oder, wo der Fall eintritt, nicht eben schwer festzustellen sein. Der zur Abfindung solcher Ansprüche verpflichtete Theil sind diejenigen übrigen Interessenten, zu deren kirchlichem Vortheile die zu vergütenden Verluste oder besonderen Lasten übernommen werden, und die Abfindung gehört lediglich mit zu den übrigen Kosten der neuen Parochialeinrichtung. Bleibt eine gütliche Regulirung der Sache aus, so kann der schon oft mit gutem Erfolge eingeschlagene Weg versucht werden, daß man die übrigen Betheiligten, nachdem man ihr Einverständniß mit der beabsichtigten Parochialumlegung gewonnen, sich im voraus zur Gewährung dessen verpflichten läßt, was die Entschädigungsprätendenten auf ihre Forderungen rechtlich erstreiten würden, worauf sodann ebenfalls mit der Parochialveränderung ohne Weiteres vorgegangen werden kann. Ohne jene freiwillig verpflichtende Erklärung kann aber nur dann mit der Ausführung vorgeschritten werden, wenn das Bedürfniß der neuen Parochialeinrichtung dringend ist, und die möglichen Entschädigungen mit Sicherheit nur auf eine solche Höhe zu rechnen sind, in welcher sie auf alle Fälle den Betheiligten, als eine unter allen Umständen nothwendige Verwendung für ihr Kirchenwesen zur Last fallen, und muß übrigens für solche Fälle der Beschluß des Ministerii eingeholt werden.

Fehlt es an den Mitteln zur Bestreitung der sämmtlichen Parochialeinrichtungskosten, so erscheine eine beschränktere Aushülfe durch Errichtung von Filialkirchen angemessen und ausführbar, dergestalt, daß ohne Veränderung im Parochialverhältnisse selbst, gemeinschaftlich von mehreren an einander grenzenden Parochien für ihre beiderseitigen von der Parochialkirche zu entfernt liegenden Distrikte an einer schicklichen Stelle eine Filialkirche angelegt und mit einem gemeinschaftl. Hülfsprediger versehen werde. Die Unterhaltung einer solchen Filialkirche würde alsdann nach Vorschrift und Analogie des §. 728 L.R. II. 11 gemeinschaftliche Sache der Gesammtparochien sein, wogegen es wegen Unterhaltung der Hauptkirche nebst deren Zubehör bei der bisherigen Einrichtung, also namentlich auch bei der Mitverpflichtung des an die Filialkirche gewiesenen Parochialbezirkes sein Bewenden behalten würde.

vergl. auch Anm. 49.

Erk. d. Ob. Trib. v. 12. Sept. 1873, Arch. 89 S. 231: Bei der Neubildung von Parochien aus abgezweigten Theilen bereits bestehender Parochien und damit verbundener Theilung der geistl. Jurisdiktion ist die Annahme eines sich von selbst vollziehenden Uebergangs des Herkommens und der aus demselben herrührenden Lasten aus dem früheren Parochialverbande auf die neubegründete Pfarrei durchaus unbegründet.

Erk. des Ob. Trib. v. 3. Juni 1859, Entsch. 41 S. 322: Die Kosten, welche einer politischen Gemeinde durch die Auspfarrung von derjenigen Parochie, zu der sie bisher gehörte, und durch die Einpfarrung zu einer anderen schon bestehenden Parochie erwachsen, sind nicht für Parochiallasten im Sinne der im Herzogthum Sachsen geltenden V. v. 11. Nov. 1844 (G.S. S. 698) zu erachten.

Eine besondere Berücksichtigung bei Vornahme von Parochialveränderungen erheischen diejenigen Lasten und Abgaben, welche auf den Grundstücken der zu einer anderen oder neu zu bildenden Parochie einzupfarrenden Personen für den Pfarrer oder für die Pfarre derjenigen Parochie hypothekarisch eingetragen sind, aus deren Verbande die Abzweigung erfolgen soll. Wenngleich dieselben für den Pfarrer resp. die Pfarre, welcher der belastete Grundbesitzer bisher angehört hat, eingetragen worden sind, so ist unter dem Berechtigten doch nur der zuständige Pfarrer zu verstehen. Nur diesen hat die Eintragung im Auge gehabt. Sobald daher die Aufhebung des früheren Parochialverbandes für nothwendig erachtet worden ist, hört die Berechtigung des bisher zuständig gewesenen Pfarrers auf den weiteren Bezug der fraglichen Abgabe auf; denn dieser ist fortan nicht mehr der kompetente Pfarrer. Mit der Durchführung der Parochialveränderung ist ein Wechsel in der Person des Berechtigten eingetreten. Der verpflichtete Grundbesitzer, welcher bei Bemessung des Kauf-

§. 240. Alle dergleichen Streitigkeiten, so wie diejenigen, welche über die Gränzen zwischen Zwei oder mehreren Parochien entstehen, müssen von der weltlichen Obrigkeit durch den ordentlichen Weg Rechtens entschieden werden.[103])

§. 241. Sind die Gränzen eines Kirchspiels in öffentlichen Urkunden deutlich bestimmt: so findet dagegen die ge-

---

preises für das belastete Grundstück den Werth der hypothezirten Last der Regel nach in Anrechnung gebracht haben wird, hat keinen Anspruch auf Befreiung. Es gilt dies insonderheit von solchen Personen, welche im Sinne des §. 31 Nr. 6 der Kirchengem. Ordnung v. 10. Sept. 1873 für „speziell Verpflichtete" zu erachten sind. Die Pfarrstelle der neuen Parochie, auf welche die korrespondirende Verpflichtung der geistlichen Versorgung des mit der hypothezirten Abgabe belasteten Parochianen übergegangen ist, hat durch die Umpfarrung das Recht auf Cession resp. Subingrossation der qu. Last erworben. Weigert sich die bisher berechtigt gewesene Pfarrgemeinde, die Cession zu erklären resp. die Subingrossation auf den Namen der neuen, kompetenten Pfarrstelle zu bewilligen, so erscheint die neue Parochie zur Klage auf Cession legitimirt. Doch setzt dies für den Fall, daß der bisher berechtigte Pfarrer vokationsmäßig nicht verpflichtet ist, sich Abzweigungen ohne Anspruch auf Entschädigung gefallen zu lassen, das Erbieten der klagenden Parochie zur Leistung einer angemessenen Entschädigung des bisher Berechtigten voraus. Andrenfalls liegt für den bisher berechtigten Pfarrer das Aequivalent für den Verlust der fraglichen Abgabe in dem Wegfall der geistlichen Versorgung des Abgaben-Verpflichteten.

Soweit diese Lasten und Abgaben solche sind, welche, nach Gesetz und Verfassung auf den bezüglichen Grundstücken haftend, aus dem Kirchen- oder Pfarrverbande entspringen oder an Kirchen oder Pfarren oder an Kirchenbediente zu entrichten sind (§. 49 Konkursordnung v. 8. Mai 1855) und daher der Eintragung an sich nicht bedurft hätten (§. 11 Nr. 1 der Grundbuchordnung v. 5. Mai 1872), steht in den Fällen, wo Entschädigungsansprüche entweder nicht geltend zu machen oder beseitigt sind, der Einwilligung in deren Löschung im Grundbuche Seitens des bisher Berechtigten — oder nach erklärter Cession, Seitens des neuen Parochial-Verbandes — ein Bedenken um so weniger entgegen, als die Kirchengemeindeordnung v. 10. Sept. 1873 durch die Bestimmung im §. 31 Nr. 6 die Möglichkeit geschaffen hat, die Mittel zu den kirchlichen Bedürfnissen jeder Art im Wege der Besteuerung zu beschaffen.

[103]) Die Streitigkeiten über Entschädigungen gehören vor die ordentlichen Gerichte. Desgleichen die Streitigkeiten über die Grenzen von zwei oder mehreren Parochien, wenn es nämlich zweifelhaft ist, wie weit die Grenzen einer jeden Parochie sich erstrecken, was auch durch die gewöhnliche Verjährung nachgewiesen werden kann. (vergl. §. 241 dies. Tit.) Sind aber die Pfarrgrenzen unter Zuziehung der geistl. Oberen gehörig und urkundlich festgestellt, so findet dagegen (nach Koch, L.R. II. 11 §. 240 Anm. 36) der Rechtsweg nur insofern statt, als ein Grenzrezeß aus allgemeinen Gründen angefochten werden kann.

In Betreff der sonstigen Festsetzungen vergl. Anm. 101.

wöhnliche Verjährung nicht Statt. (Th. 1. Tit. 9. §. 660 bis 663.)[104])

§. 242. Fehlt dergleichen deutliche Bestimmung: so muß die bisherige Gewohnheit, zu welcher Kirche die Bewohner der streitigen Grundstücke sich in den letzten Zehn Jahren gleichförmig gehalten haben, den Ausschlag geben.

§. 243. Kann keine solche gleichförmige Observanz ausgemittelt werden: so ist keine der streitenden Parochien zum Pfarrzwange über dergleichen Einwohner berechtigt, sondern es finden die Vorschriften §. 293. sqq. Anwendung.

Von Mutter- und Tochter-, ingleichen von vereinigten Mutterkirchen.

§. 244. Zum Gebrauch einer Parochie können mehrere Kirchen errichtet, so wie mehrere Parochien zu Einer Kirche oder unter Einem gemeinschaftlichen Pfarrer zusammen geschlagen werden.

§. 245. Wenn in einer Parochie, außer der Haupt- und ursprünglichen Pfarrkirche, mehrere Nebenkirchen in entlegenen Gegenden, zur Bequemlichkeit der daselbst wohnhaften Eingepfarrten errichtet worden: so werden dieselben Tochterkirchen genannt.[105])

---

[104]) L.R. I. 9:

§ 660. Wenn die Grenzen einer Sache oder eines Rechts durch Gesetze, Verträge oder rechtskräftige Erkenntnisse klar bestimmt sind, so kann die Befugniß, diese Grenzen zu überschreiten, nur durch 50jährige Präskription erworben werden.

§. 661. Ein solcher 50jähriger Besitz ist ohne Rücksicht auf den Titel desselben zur Verjährung hinreichend.

§. 662. Hat der, zu dessen Nachtheile die Ueberschreitung der nach §. 660 bestimmten Grenzen gereicht, derselben widersprochen, hiernächst aber bei den dennoch fortgesetzten Ueberschreitungen 30 Jahre lang sich beruhigt, so ist die Verjährung wider ihn vollendet.

§. 663. Auch ein 50jähriger Besitz schützt den nicht, welcher der Unredlichkeit dabei überführt werden kann.

[105]) V. v. 2. Mai 1811 wegen allgemeiner Separation der Küstereien an Filialkirchen von den Küstereien an den Mutterkirchen, G.S. S. 193:

§. 1. Es sollen überall, wo die Verbindung der Küstereien an Filialkirchen mit den Küstereien der Mutterkirchen besteht, die Küstereien bei den Tochterkirchen in ihren Dienstgeschäften und Emolumenten von den Küstereien an den Mutterkirchen getrennt werden.

§. 2. Alle Küsterdienste bei den Tochterkirchen und in den zu diesen eingepfarrten Dörfern sollen den Schullehrern der Dörfer, in welchen die Tochterkirchen befindlich sind, übertragen und diesen alle mit dem übernommenen Küstergeschäft verbundenen festgesetzten und zufälligen Einkünfte zugesprochen werden.

§. 3. Da die Schullehrer alsdann mit den übrigen Küstergeschäften auch das Vorsingen und Spielen der Orgel in den Filialkirchen übernehmen müssen, so soll, wenn bei einer vorzunehmenden Separation der Schullehrer in dem Dorfe einer Tochterkirche zu diesen Geschäften nicht geschickt ist, derselbe, damit weder seine Ungeschicklichkeit der Trennung entgegenstehe, noch die kirchl. Andacht dadurch leide, mit einem anderen, im Singen und Orgelspielen geübten Schullehrer durch Versetzung vertauscht werden, es müßte denn die Gemeinde einen besonderen Organisten und Vorsänger neben ihm, jedoch unbeschadet des durch die Küster-Emolumente verbesserten Einkommens des Schullehrers, unterhalten wollen.

§. 4. Die Verbindlichkeit mancher Tochtergemeinden, zur Unterhaltung der Schullehrer- und Küsterwohnungen bei der Mutterkirche beizutragen, wird bei eintretender Separation durch diese gänzlich und auf immer aufgehoben, wogegen die Schullehrer- und Küsterwohnung bei der Tochterkirche durch verhältnißmäßige Beiträge aller zu derselben eingepfarrten Dörfer gemeinschaftlich muß unterhalten werden.

§. 5. Die Sonderung der Küstereien soll auf die angegebene Weise nicht blos in den Kirchspielen, deren Patron Wir allein sind, sondern auch in allen, wo das Patronatrecht über Mutter- und Tochterkirchen entweder einer Privatperson oder mehreren zusteht, oder auch zwischen Uns und Privatpersonen getheilt ist, ohne Unterschied vorgenommen werden.

§. 6. Sie soll nur allmälich und nicht anders, als bei eintretenden Vakanzen von Küsterdiensten an den Mutterkirchen in Ausführung gebracht werden.

§. 7. In Fällen, wo durch die Separation eine so große Verschlechterung der Küstereien in den Mutterdörfern zu erwarten ist, daß der Inhaber sich von den Einkünften derselben zu nähren nicht mehr im Stande sein würde, soll die Trennung ganz unterbleiben oder wenigstens so lange ausgesetzt werden, bis Mittel ausfindig gemacht sind, der befürchteten Unzulänglichkeit gründlich vorzubeugen.

Das Reskr. des Kult.Min. v. 6. März 1824 (v. Kamptz, Annal. Bd. 8 S. 186) vermag der Ansicht **nicht** beizutreten, daß in solchen Filialdörfern, wo dem Schullehrer in Folge des Ges. v. 2. Mai 1811 der Küsterdienst an der Filialkirche übertragen worden, von da ab der **Patron** der Kirche in Gemäßheit des §. 37 L.R. II. 12 (lautend: Wo das Schulhaus zugleich Küsterwohnung ist, muß in der Regel die Unterhaltung desselben auf eben diese Art, wie bei Pfarrbauten vorgeschrieben ist, besorgt werden,) die **Verpflichtung** überkommen, zur **baulichen Unterhaltung des bisherigen bloßen Schulhauses** in gleicher Art, wie bei den Kirchengebäuden, beizutragen. Abgesehen davon, daß zu einer solchen **Erhöhung der Patronatslasten** gar kein Grund vorliegt, ... so steht auch der obigen Ansicht die klare Fassung des §. 4. des gedachten Gesetzes entgegen, ... in welchem einer Mitverpflichtung des Patrons mit keinem Worte gedacht ist. Erk. v. 5. April 1872, Arch. 85. S. 85: die **Kirchengesellschaft** hat das **ganze Küster- und Schulhaus** in seinem bisherigen Umfange und seiner Eigenart, und zwar einschließlich des damit verbundenen Schullokals oder der Schulstube **zu unterhalten**, und zwar trotzdem, daß die bisherige Schulstube oder das bisherige Schullokal lediglich dem „Schulinteresse“ dienen; und nur erst, wenn die Bauten diesen bisherigen Status körperlich überschreiten und wenn sie zugleich **nur** die Schulinteressen bezwecken, tritt die **Verpflichtung der Schulgesellschaft** ein.

Erk. d. Ob.Trib. v. 1. März 1878, Arch. Bd. 98. S. 346: Im §. 4 der V. v. 2. Mai 1811, G.S. S. 193 sind unter den „**eingepfarrten Dörfern**“ **die** zur Filialkirche gehörigen Dörfer, und nicht die zur Schule im Filialkirchendorfe gewiesenen Dörfer zu verstehen.

Die Verf. des Minist. d. geistl. Angel. v. 3. Febr. 1844 (Min. Bl. für d. inn. Verw. S. 32) enthält über die bei Bauten von Schul- und Küsterhäusern in Anwendung zu bringenden Grundsätze folgende Ausführungen:

1) Bei bloßen Küsterhäusern muß nach märkischem Provinzialrecht, ebenso wie nach gemeinem Rechte die bauliche Unterhaltung in gleicher Weise, wie die der Pfarrhäuser erfolgen. Dagegen sind über die Konkurrenz der Patrone und Gemeinden zu den an Filialorten befindlichen Küstergebäuden Zweifel entstanden.
   a) Sind dergleichen Filialküstereien schon vor Emanation des Ges. v. 2. Mai 1811 abgetrennt, so wird, in Ermangelung spezieller Rechtstitel, auf Grund des §. 791 L. R. II. 11 anzunehmen sein, daß der Patron der Filialkirche mit den dahin eingepfarrten Gemeinden die Filialküsterei gemeinschaftlich zu unterhalten haben, dafür aber auch von Beiträgen zur Küsterei in matre freibleiben.
   b) Ist die Abtrennung erst in Folge des Ges. v. 2. Mai 1811 erfolgt, so haben nach §. 4 desselben die zur Filialkirche eingepfarrten Gemeinden in Zukunft nicht mehr zu der Küsterei in matre beizutragen, sondern lediglich zur Küsterei in filia. In Ansehung des Patrons aber enthält das Gesetz keine Bestimmung, und es kann nur angenommen werden, daß die Patronatsleistungen zur Küsterei in matre unverändert bleiben, und daß insbesondere die Beiträge eines Patrons in filia nicht unmittelbar und ohne besondere Verabredung darüber auf die Filialküsterei übergehen. . . . . . In der That ergiebt sich aus dem ganzen Zusammenhange des Ges. v. 2. Mai 1811 kein Motiv, welches die Ausdehnung der im §. 4 wegen der Gemeinden getroffenen Bestimmung auf die Patrone zu rechtfertigen vermöchte. . . . . .
2) Bei bloßen Schulhäusern, die mit der Küsterei in gar keinem Zusammenhange stehen, ist von den Verwaltungsbehörden der Grundsatz festgehalten worden, daß auch in der Mark lediglich die Vorschriften der §§. 34, 36, 38. L. R. II. 12 zur Anwendung kommen. Das Geh. Ob. Tribunal hat dagegen in der Prozeßsache des Fiskus gegen die Gemeinde Lietzow angenommen, daß Fiskus als Kirchenpatron auch zu den Bauten bloßer Schulhäuser die Materialien von Holz, Kalk und Steinen herzugeben habe.
3) Der bei weitem am häufigsten vorkommende Fall ist der, wo das Küsterhaus zugleich als Schulhaus benutzt wird. Für diesen Fall ist, vornehmlich seit dem Plen. Beschl. des Geh. Ob. Trib. v. 9. Mai 1842, von verschiedenen Seiten das Bedürfniß einer von den Grundsätzen jenes Plen. Beschlusses abweichenden Bestimmung in Ansehung der blos zu Schulzwecken bestimmten Erweiterungen des Küster- und Schulhauses in Anregung gebracht worden. Eine weitere Erörterung hierüber im Wege der Gesetzgebung wird vorbereitet.
4) Der letzte Fall ist der, wenn ein ursprünglich zum Schulhause bestimmtes Gebäude später zugleich Küsterwohnung wird. Dieser Fall wird, abge-

sehen von den durch die Verordn. v. 2. Mai 1811 herbeigeführten Abtrennungen von Filialküstereien nur äußerst selten vorkommen. Hierbei werden die besonderen Verhältnisse und Bedingungen ins Auge zu fassen sein, unter welchen eine solche Vereinigung zu Stande gekommen ist, um danach zu beurtheilen, welche Verbindlichkeiten dem Patron mit der Kirchengemeinde, und welche der Gutsherrschaft mit den zur Schule gewiesenen Gemeinden bei der baulichen Unterhaltung des gemeinsamen Schul- und Küsterhauses obliegen. . . . . .

Durch die in Gemäßheit der Verord. v. 2. Mai 1811 erfolgte Separation der Filialküstereien sind den Patronen keine Lasten erwachsen, welche ihnen vorher nicht oblagen. Erk. d. Ob.Trib. v. 22. Juni 1848, Rechtsfälle 4 S. 173, und v. 23. Jan. 1857, Arch. 23 S. 275. Daher findet die Vorschrift des §. 37 L.R. II. 12 in Beziehung auf den Patron der Tochterkirche auf den Fall keine Anwendung, wenn bei der Trennung der Küsterei der Tochterkirche von der Mutterkirche dem für die Tochterkirche bestellten besondern Küster das bisherige Schulhaus der Tochtergemeinde zur Wohnung angewiesen und dadurch das bisherige Schulhaus zugleich zum Küsterhause gemacht worden ist. Erk. d. Ob.Trib. v. 15. Febr. 1861 u. v. 13. Okt. 1862, Entsch. 45 S. 348 und 48 S. 321, Archiv 47 S. 82.

Ges. v. 21. Juli 1846, G.S. S. 392 über den Bau und die Unterhaltung der Schul- und Küsterhäuser:

§. 1. Die Bestimmung des §. 37 L.R. II. 12, nach welcher der Bau und die Unterhaltung derjenigen Schulhäuser, die zugleich Küsterwohnungen sind, auf eben die Art, wie bei Pfarrbauten vorgeschrieben, zu besorgen ist, soll fortan nur unter nachstehenden Beschränkungen und Maaßgaben (§. 2—6) zur Anwendung kommen.

§. 2. Einzelne Ortschaften, Gemeinden, Theile von Gemeinden oder Einwohnerklassen, welche innerhalb der Parochie, zu der die Küsterei gehört, mit Genehmigung der Behörden eine eigne öffentliche Schule haben, sind von Beiträgen zu denjenigen Bauten und Reparaturen an dem Schul- und Küsterhause frei, welche allein durch das Bedürfniß der Schulanstalt veranlaßt werden.

§. 3. Tritt bei dem mit der Küsterwohnung verbundenen Schullokale das Bedürfniß ein, die Schulstube zu erweitern, oder Räume für neue Schulklassen oder zu Wohnungen für Lehrer zu beschaffen, so können weder die Kirchenkasse, noch der Patron und die Eingepfarrten angehalten werden, die hierzu erforderlichen Bauten zu bewirken. In solchem Falle sind vielmehr Diejenigen, welchen in Ermangelung eines Küsterhauses der Bau und die Unterhaltung einer gemeinen Schule am Orte obliegen würde, verpflichtet, jene Bauten nöthigenfalls durch Herstellung besonderer Gebäude auszuführen und auch künftig zu unterhalten.

Insbesondere müssen dieselben, wenn ein solcher Erweiterungsbau mit dem bestehenden Schul- und Küsterhause in Verbindung gebracht wird, nach Verhältniß dieses Erweiterungsbaues zur Unterhaltung des Schul- und Küsterhauses, sowie im Falle eines Neubaus dieses Hauses zu dessen Wiederherstellung beitragen.

§. 4. Ist eine Schule in Gemäßheit des §. 101 der Gemeinh. Th.O. v. 7. Juni 1821 mit Land dotirt worden, so sind nur die zur Unterhaltung der Schule Verpflichteten schuldig, die dem Schullehrer zur Benutzung jenes Landes etwa nöthigen Wirthschaftsräume: als Scheune und Stallung, zu bauen und zu unterhalten.

§. 5. Die der Schulanstalt vorgesetzte Regierung ist befugt, in den Fällen der §§. 2—4 das Beitragsverhältniß der verschiedenen Verpflichteten, bei dem Mangel einer gütlichen Einigung, auf Grund sachverständiger Ermittelungen, durch ein Resolut vorläufig festzusetzen und in Vollzug zu bringen. Gegen diese Festsetzung ist der Rekurs an das Ministerium der geistl. u. Unterr. Angel. zulässig. Findet sich ein Theil durch eine solche Entscheidung der Verwaltungsbehörden verletzt, so steht ihm frei, gegen den anderen Theil auf Entscheidung im Rechtswege anzutragen.

§. 6. Soweit ein Provinzial- oder ein Lokalgesetz, oder das Herkommen mit dem §. 37 L.R. II. 12 übereinstimmen, treten auch an ihre Stelle die Vorschriften des gegenwärtigen Ges. §§. 2—5. Jedoch soll da, wo das bisherige, mit der gedachten Vorschrift des A.L.R. übereinstimmende Rechtsverhältniß auf einem besonderen Rechtstitel beruht, durch das gegenwärtige Ges. nichts geändert werden.

Erk. des Ob.Trib. v. 29. Nov. 1854, Archiv Bd. 16 S. 41: Dient das Küsterhaus zugleich zum Schullokal, so treten hinsichtlich der Kosten zu Bauten und Reparaturen desselben die bei Pfarrgebäuden geltenden Vorschriften ein, auch wenn der Bau lediglich zu Schulzwecken vorgenommen wird. Das Märkische Provinzialrecht enthält keine von dem vorstehenden Grundsatze abweichende Bestimmung.

Erk. d. Ob.Trib. v. 14. Okt. 1859, Arch. Bd. 35. S. 187:

a) Bei bloßen Schulhäusern, die nicht zugleich zur Küsterwohnung dienen, sind hinsichtlich der Pflicht zu deren Unterhaltung zunächst die Vorschriften der §§. 34, 35. L.R. II. 12 maaßgebend.

b) Bei Schulhäusern, die zugleich zur Küsterwohnung dienen, kommen hinsichtlich der Pflicht zu deren Unterhaltung die bei Pfarrbauten geltenden gesetzlichen Vorschriften, mithin zunächst etwa bestehende ununterbrochene Gewohnheiten zur Anwendung. vergl. Arch. 15 S. 21 und Bd. 23 S. 55.

Erk. d. Ob.Trib. v. 18. Febr. 1861, Archiv Bd. 40 S. 276: Bei dem Erweiterungsbau eines mit der Küsterwohnung verbundenen Schullokals sind Observanzen, welche von der Bestimmung des §. 3 des Ges. v. 21. Juli 1846 abweichen, ferner nicht zu berücksichtigen. vergl. auch Arch. Bd. 47 S. 42, Centralbl. d. Unterr.Verw. 1867 S. 376.

Erk. d. Ob.Trib. v. 16. Sept. 1859, Arch. 34 S. 249: der Kirchenpatron hat in der Ober-Lausitz das gesetzliche Drittel der Kosten bei Schulbauten nur dann zu entrichten, wenn die Schule zugleich als Küsterei mit der Kirche in Verbindung steht.

Auf Schulen, mit denen erst später eine Küsterei verbunden worden, findet das Ges. v. 21. Juli 1846 keine Anwendung. (Centralbl. d. Unterr.Verw. 1861 S. 358, 1864 S. 501, u. 1865 S. 117 ff.)

Soll der Neubau eines noch reparaturfähigen Schul- und Küsterhauses ohne Erweiterung nur im Schulinteresse erfolgen, dann hat auch nur die Schulgemeinde die Kosten dafür zu tragen, die Kirchengemeinde und deren Patron haben nur soviel beizutragen, als sie zu den Reparaturkosten beizutragen gehabt haben würden (a. a. O. 1865 S. 620). Ist dagegen das Schul- und Küsterhaus neubaubedürftig, und soll es in den bisherigen Dimensionen ohne eine Erweiterung im Schulinteresse neu gebaut werden, dann liegt die Baulast allein der Kirchengemeinde und dem Kirchenpatron ob, auch dann, wenn es schon vor dem Ges. v. 21. Juli 1846 im Schulinteresse erweitert worden war, wenn es also z. B. schon eine zweite Schulklasse und zweite Lehrerwohnung enthält; denn für diesen Fall hat das Ges. v. 21. Juli 1846 keine Ausnahme von der Regel des §. 37 L.R. II. 12 statuirt (a. a. O. 1859 S. 429, 1862 S. 238, 1865 S. 497, 1866 S. 117. Strieth, Arch. 23 S. 275).

Ueber die Frage nach der analogen Anwendung des §. 4 des Ges. v. 21. Juli 1846 auch auf andere Landdotationen der Schule, welche dieselbe als Schule, nicht als Küsterei erhalten hat, vergl. Centralbl. d. Unterr.Verw. 1861 S. 498 u. 1862 S. 687.

Zu den im §. 6 d. Ges. v. 21. Juli 1846 erwähnten besonderen Rechtstiteln gehört auch ein vor diesem Gesetz ergangenes rechtskräftiges Judikat, durch welches der Kirche für die Zukunft die gesammte Baulast auch für die durch das Schulbedürfniß hervorgerufenen Erweiterungen auferlegt worden ist. Erk. d. Ob.Trib. v. 20. Febr. 1856, Entsch. 33 S. 139.

Erk. d. Gen.Komm. zu Merseburg v. 25. Febr. 1881, kirchl. Ges. u. V.Bl. 1881 S. 117: Die zu einer kombinirten Schul- und Küsterstelle gehörigen Vermögensstücke, welche schon von Alters her und bereits zur Zeit der Entstehung der Schulgemeinden als besonderer Rechtssubjekte die Dotation des bezüglichen Kirchenamtes bildeten, und seitdem von dem jeweiligen Inhaber der kombinirten Stellen weiter genutzt worden, sind bis zum Beweise des Gegentheils für alleiniges Eigenthum der Kirchengemeinde zu achten, und liegt der Schulgemeinde, welche Eigenthum oder Miteigenthum daran beansprucht, der Nachweis ihres Erwerbstitels ob.

Die Cirkul.Verf. des Kult.Min. v. 7. Sept. 1838, betreffend die Aufsichtsführung über die in anderen Regierungsbezirken oder Provinzen gelegenen Filialkirchen (und Nebenschulen) (v. Kamptz, Annal. Bd. 22 S. 631) setzt Folgendes fest:

1) Alle äußeren Angelegenheiten der Kirchen, Pfarreien . . . . ., namentlich die Wahrnehmung der Gerechtsame derselben, die Dotation der Pfarr- . . . . . Stellen, die Erhebung der an Kirchen, Kirchenbeamte . . . . . zu entrichtenden Abgaben, das gesammte Etats-, Kassen- und Rechnungswesen . . . . . gehören, da es hierbei hauptsächlich auf Einwirkung der Landräthe und auf Berücksichtigung der örtlichen Verhältnisse und Rechtszustände ankommt, zum Ressort der Territorialbehörden.
2) (betrifft die Aufsicht über die Amtsführung der Lehrer.)
3) Die Geistlichen solcher Parochien, deren Sprengel sich über die Grenze des Regierungsbezirks erstrecken, in welchem die Mutter- und Pfarrkirchen liegen, sind dagegen für ihre Person lediglich demjenigen Konsistorium und derjenigen Regierung als Disziplinarbehörden untergeordnet, zu deren Verwaltungsbezirken jene Mutter- und Pfarrkirchen gehören, und in welchen jene Geistlichen ihren Wohnsitz haben. Demnach sind diesen Behörden . . . . . auch diejenigen Vorgänge anzuzeigen, welche sich bei der Amtsführung solcher Geistlichen in denjenigen Filialbezirken oder Theilen der Parochien ereignen, die außerhalb des Territoriums liegen, welchem die Mutterkirchen angehören; doch hat die Disziplinarbehörde demnächst der Territorialbehörde vom Erfolge ihres Einschreitens Nachricht zu geben.
4) Die nächsten Aufseher der Geistlichen . . . . . solcher Parochialbezirke,

§. 246. Wenn aber, nach Erforderniß der Umstände, und um die Kosten zur Unterhaltung des öffentlichen Gottesdienstes zu erleichtern, mehrere Parochien und deren Kirchen zusammengeschlagen werden: so heißen dieselben vereinigte Mutterkirchen.[106])

§. 247. Von dergleichen zusammengeschlagenen Mutterkirchen behält jede ihre ursprünglichen Rechte, und sie können, nach Beschaffenheit der Umstände, unter Genehmigung der geistlichen Obern, wieder getrennt werden.

§. 248. Es ändert darunter nichts, wenngleich derjenigen Kirche, bei welcher der Prediger nicht wohnt, im gemeinen Sprachgebrauche der Name Tochterkirche beigelegt worden.

§. 249. Eigentliche Tochterkirchen aber sind von der Haupt- oder Mutterkirche abhängig, und können sich von ihr ohne Einwilligung der Hauptgemeine nicht trennen.

§. 250. Im zweifelhaften Falle streitet die Vermuthung gegen die Eigenschaft einer Tochterkirche.

---

die über Ortschaften mehrerer Regierungsbezirke sich erstrecken, sind die Superintendenten derjenigen Bezirke, in welchen die betheiligten Mutter- und Pfarrkirchen liegen. Diese Beamten sind jedoch in Bezug auf Parochialbezirke solcher Art den Provinzialbehörden dergestalt untergeordnet, daß sie sich wegen der äußeren Angelegenheiten der Kirchen, Pfarreien .... lediglich an die Territorialbehörden, wegen der Aufsicht über die Amtsführung der Geistlichen dagegen nur an das Konsistorium resp. die Regierung zu wenden haben, in deren Verwaltungsbezirke die Mutter- und Pfarrkirchen und die Wohnsitze der Geistlichen liegen.

Das R. des Ev.O.K.R. v. 24. Juli 1880, kirchl. Ges. u. V.Bl. 1880 S. 130 bestimmt im Einverständnisse mit dem Min. d. geistl. Ang., daß der in dem R. v. 7. Sept. 1838 (siehe oben) Nr. 3 u. 4 bereits hinsichtlich der Aufsicht über die Amtsführung der Geistlichen, und ferner in der Kg.O. (§. 2 Abs. 2, §. 27 Abs. 3, § 49, § 50 Nr. 3 — Gen.Syn.Ord. § 43 Nr. 3) hinsichtlich des Verhältnisses der Gemeinden zu den Synoden anerkannte Grundsatz der Einheit des Pfarrverbandes weiterhin in gleicher Weise in Betreff der kirchenregimentl. Thätigkeit bezüglich der äußeren Angelegenheiten der Kirchen und kirchlichen Institute (R. v. 7. Sept. 1838 cit. Nr. 1) als maaßgebend zu betrachten ist.

Die Aufsicht über die kirchliche Vermögensverwaltung in den zu einer anderen Provinz als der ihres Pfarrortes gehörigen Gemeinden ist daher von demjenigen Konsistorium zu führen, in dessen Verwaltungsbezirk der Pfarrort liegt.

Die Zuständigkeit der staatlichen Behörden in Betreff des Kirchenwesens, sowie die bestehenden Rechte kirchlicher Behörden, welche nicht der evangel. Landeskirche der älteren Provinzen angehören, werden von Vorstehendem nicht berührt.

[106]) vergl. §§. 300, 302, 332, 367, 368, 608, 725, 745, 753 bis 756, 790 bis 792 dies. Tit.

§. 251. Wenn erhellet, daß die eine Kirche aus den Mitteln der anderen errichtet oder dotirt worden: so ist dies zum Beweise, daß jene eine Tochterkirche von dieser sei, wenn nicht das Gegentheil aus den vorhandenen Urkunden klar erhellet, hinreichend.

§. 252. In wie fern die vereinigten Kirchen zum Unterhalte des gemeinschaftlichen Pfarrers und seiner Gehülfen beitragen müssen, beruht hauptsächlich auf Verträgen, und ist in deren Ermangelung durch die hergebrachte Verfassung einer jeden Kirche bestimmt.

§. 253. Nach eben dieser Vorschrift ist auch, wenn diesseitige Unterthanen zu einer auswärtigen Kirche sich halten, oder inländische Kirchen durch auswärtige benachbarte Pfarrer mit besorgt werden, das Verhältniß der inländischen Unterthanen oder ihrer Kirche mit der auswärtigen Kirche, oder deren Pfarrer, zu beurtheilen. Von auswärtigen Parochien.

§. 254. In so fern aber die Zulässigkeit einer kirchlichen Handlung, oder deren rechtliche Folgen, durch bürgerliche Gesetze bestimmt sind, müssen die diesseitigen Unterthanen lediglich nach hiesigen Gesetzen beurtheilt werden.[107])

§. 255. Weigert sich der auswärtige Pfarrer, eine Handlung nach hiesigen Gesetzen zu vollziehen: so steht den Interessenten frei, bei ihrer Landesregierung den Auftrag zur Vollziehung an einen inländischen Geistlichen nachzusuchen.

§. 256. Auch die Rechte der inländischen mit einer auswärtigen verbundenen Kirche werden, so weit sie nicht durch Verträge oder Herkommen nach §. 252 bestimmt sind, nach hiesigen Gesetzen beurtheilt.

§. 257. Bei Amtshandlungen, welche auswärtige Pfarrer

[107]) Jetzt zu vergl. das Ges. v. 6. Febr. 1875 über die Beurkundung des Personenstandes und die Eheschließung, R.G.Bl. 1875 S. 23.

Dasselbe verordnet im §. 75: Innerhalb solcher Grenzpfarreien, deren Bezirk sich in das Ausland erstreckt, bleibt das bestehende Recht für die Beurkundung derjenigen Geburten und Sterbefälle, sowie für die Form und Beurkundung derjenigen Eheschließungen maaßgebend, für welche ein Standesbeamter nach den Vorschriften dieses Gesetzes nicht zuständig, dagegen nach dem bestehenden Rechte die Zuständigkeit des Geistlichen begründet ist. Im Geltungsbereich des Preuß. Gesetzes v. 9. März 1874 (über die Beurkundung des Personenstandes und die Form der Eheschließung) ist unter dem bestehenden Rechte dasjenige Recht zu verstehen, welches vor dem Inkrafttreten jenes Gesetzes maaßgebend war. vergl. Anm. 180.

in hiesigen Kirchen vornehmen, müssen sie schlechterdings die hiesigen Landesgesetze befolgen, und nach den in hiesigen Landen vorgeschriebenen Bestimmungen wegen der Pfarrgebühren sich richten.

§. 258. Der ausländische Geistliche ist wegen derjenigen Amtshandlungen, die er innerhalb Landes verrichtet, der Aufsicht der hiesigen geistlichen Obern unterworfen.

§. 259. Den Befehlen derselben muß er, auch so weit sie in die Kirchen- oder allgemeine Landespolizei einschlagen, gebührende Folge leisten.

Wer zur Parochie gehöre.

§. 260. Wer innerhalb eines Kirchspiels seinen ordentlichen Wohnsitz aufgeschlagen hat, ist zur Parochialkirche des Bezirks eingepfarrt.[108])

[108]) Die Entscheidung darüber, ob Jemand zur Parochie einer bestimmten kirchl. Gemeinde gehöre, steht den Verwaltungsbehörden zu. Erk. d. Komp. Gerichtsh. v. 30. Jan. 1858, J. M. Bl. S. 267.

Wird dagegen die Verpflichtung zu Leistungen, welche auf der persönlichen Kirchen- oder Kirchengemeindeangehörigkeit beruhen, mit Rücksicht auf den in Gemäßheit der Vorschriften des Gesetzes v. 14. Mai 1873 (über den Austritt aus der Kirche) erfolgten Austritt aus der Kirche abgelehnt, so ist über diese Frage der Rechtsweg zulässig.

vergl. Anm. 65. Erk. d. Komp. Gerichtsh. v. 8. Febr. 1868, Aktenst. d. Ev. O. K. R. Heft 18 S. 114:

Wenn an einem Orte mehrere zur evangel. Landeskirche gehörige Parochien vorhanden sind, so ist der Beitritt zur Union für den Parochialverband ohne Einfluß, und ist die Frage, zu welcher Parochie ein Mitglied der Gemeinde gehört, nicht im Rechtswege, sondern durch die Verwaltungsbehörden zu entscheiden.

R. des Ev. O. K. R. v. 25. Jan. 1878, kirchl. Ges. u. V. Bl. 1878 S. 18, 19: Die Theilnahme an den Lasten der Parochie hängt keineswegs von der Betheiligung am Wahlrechte der Gemeindeglieder, von welchem der §. 34 der Kg. O. v. 1873 handelt, ab. Diese Betheiligung ist nur selbstständigen Männern, die bereits ein Jahr in der Gemeinde wohnen, zugänglich, für diese aber, insofern sie eine Anmeldung zur Ausübung des Wahlrechts vornehmen müssen, von ihrer freien Entschließung abhängig. Die Verpflichtung zur Mittragung der Parochiallasten dagegen ist eine gesetzliche Folge der Einpfarrung, die ihrerseits durch Aufschlagung des Wohnsitzes innerhalb des Kirchspiels und zwar sofort begründet wird.

Wer unter den Eingepfarrten bei Ausschreibung einer Umlage als Steuerzahler zu behandeln ist, inwieweit namentlich Wittwen und deren Söhne, Gesellen, Handlungsgehülfen mit einem Steuerbetrage heranzuziehen sind, läßt sich mit Sicherheit nur nach den konkreten Verhältnissen beurtheilen: es wird sich aber die Entscheidung hierüber im einzelnen Falle ohne Schwierigkeit gewinnen lassen, da die kirchl. Umlagen nur nach dem Fuße der Staats- oder Kommunalsteuern repartirt werden können und daher in Rücksicht dieser Steuern jedesmal bereits eine Vorentscheidung über die Qualität des Einzelnen als selbstständiger Steuerzahler vorliegen muß.

R. des Min. d. geistl. A. v. 23. Nov. 1878, kirchl. Ges. u. V.Bl. 1879 S. 90, betr. die Beitragspflicht eines Eingepfarrten, welcher zugleich Patron ist, zur Pfarrbesoldung. Die Annahme, daß der Patron unbedingt außerhalb des Gemeindeverbandes stehe und deshalb zu den den Eingepfarrten obliegenden Leistungen nicht beizutragen habe, ist in dieser Allgemeinheit nicht zutreffend. In gewissen Beziehungen rechnet allerdings das A.L.R. den Patron als solchen nicht zur Kirchengemeinde und stellt ihn den Eingepfarrten gegenüber. Daraus ist aber nicht abzuleiten, daß die §§. 260, 261 h. t. auf den Patron überhaupt nicht anzuwenden seien, und daß der Patron auch dann zu den Eingepfarrten nicht gehöre, wenn er für seine Person zu der Religionspartei der betr. Kirche sich bekennt und in der Parochie seinen Wohnsitz hat. Von dieser Auffassung ist auch in der die rechtlichen Beziehungen des Patrons und der Kirchengemeinde näher erörternden Entscheidung des K.Ob.Trib. v. 20. Okt. 1865 (Strieth, Arch. Bd. 61 S. 140) ausgegangen. Die Verpflichtung, zu den Leistungen der Eingepfarrten mit beizutragen, hängt demnach im einzelnen Falle auch hinsichtlich des Patrons davon ab, ob die Voraussetzungen der §§. 260, 261 vorliegen.

R. des Kriegsministers v. 12. Febr. 1879, kirchl. Ges. u. V.Bl. 1879 S. 244: Der §. 34 der Mil.Kirch.Ordnung v. 12. Febr. 1832, wonach die Civilbeamten der Militärverwaltung ausschließlich der Lazarethbeamten in offenen Orten zu der Civilgemeinde gehören, ist durch das Reichsmilitärgesetz nicht aufgehoben, besteht vielmehr noch zu Recht. Hieraus folgt, daß die betreffenden Beamten auch die Rechte und Pflichten der übrigen Gemeindeglieder haben, und daß beispielsweise ein Depotmagazinverwalter zur Zahlung der Kirchensteuer verpflichtet ist.

Kab.Ordre v. 30. Okt. 1809, Rabe, Bd. 10 S. 169: Wo französische Kolonisten besondere Kirchen haben, da bilden die Mitglieder der Kolonie eine besondere Kirchengemeinde; sie wählen ihre Aeltesten, ihre Kirchen- und Schulvorsteher, ihre Prediger und Schullehrer und verwalten ihr Kirchen- und Korporationsvermögen. Aber die polizeil. Aufsicht über die Kirchen und Schulen und deren Vermögensverwaltung, die Disziplin über die Prediger und Schullehrer und die Bestätigung derselben kann nur den ordentlichen Staatsbehörden zustehen.

Erk. des Komp.Gerichtsh. v. 13. Nov. 1869, J.M.Bl. 1870 S. 47: Der Beitritt oder Nichtbeitritt zur Union ist auf die Parochialverhältnisse ohne Einfluß, und es kann daher auch die Zahlung von Lasten und Abgaben zu der betreffenden Kirche, insbesondere die Entrichtung von Beiträgen zu den Baukosten, blos aus diesem Grunde nicht verweigert werden.

Pensionirte Staatsdiener können aus dem Gesetze v. 11. Juli 1822 (betreffend die Heranziehung der Staatsdiener zu Gemeindelasten, G.S. S. 184,) einen Anspruch auf Befreiung von den kirchlichen Abgaben nicht herleiten, da dieses Gesetz sich nur auf Kommunalabgaben, nicht auf kirchliche Lasten bezieht. Desgleichen können aktive Staatsbeamte darauf keinen Anspruch erheben, daß von ihnen die Kirchen- und Schulsozietätsbeiträge nur insoweit eingezogen werden, als nicht unter Zurechnung der sonstigen aus den kommunalen und ähnlichen Verbänden zu entrichtenden Abgaben das in dem Gesetze v. 11. Juli 1822 festgesetzte Maximum überschritten werde; denn dieses Gesetz regelt nur das Verhältniß der Staatsbeamten hinsichtlich ihrer Beiträge zu dem Bedürfniß der bürgerlichen Gemeinden, berührt aber nicht die Verhältnisse dieser Beamten zu Korporationen und Sozietäten, die außer den bürgerlichen Gemeinden stehen, und einen von diesen getrennten Haushalt haben, und ist daher auch auf die Beiträge zu den Bedürfnissen solcher Sozietäten nicht anzuwenden.

vergl. Unterr. Centralbl. 1881 S. 637.

Was die Heranziehung der Schullehrer zu kirchl. Abgaben anlangt, so findet sich eine gesetzl. Steuerbefreiung nur in beschränktem Umfange ausgesprochen (nämlich im §. 735 L. R. II. 11 — „Schuläcker" —); eine allgemeine Befreiung der Lehrergehälter von den Kirchenabgaben ist nicht anerkannt (vergl. auch, was vorstehend von dem Ges. v. 11. Juli 1822 gesagt ist). Wird die Befreiung von der Steuerpflicht auf Grund eines besonderen Privilegii behauptet, so ist die Entscheidung hierüber im gerichtlichen Wege herbeizuführen.

R. d. Min. d. geistl. Ang. v. 18. Juni 1880, kirchl. G. u. V. Bl. 1880 S. 76: Sobald es sich weder um althergebrachte kirchliche Abgaben, zu welchen die Lehrer bisher nicht beigesteuert haben, noch auch um solche kirchliche Lasten handelt, von deren Tragung die Lehrer auf Grund eines speziellen Titels (z. B. §. 735 L. R. II. 11) unter Umständen ganz oder theilweise befreit werden können, sind die Lehrer als ordentliche Mitglieder der evangelischen Parochien, gleich den anderen Mitgliedern derselben, heranzuziehen. Auch ist es selbstverständlich, daß die Lehrer als Censiten in den kirchlichen Gemeinden bei Anwendung des administrativen Zwangsverfahrens gleich den anderen Gemeindemitgliedern zu behandeln sind.

Bei gemischten Ehen gehört jeder der beiden Ehegatten der betreffenden Parochie seiner Konfession als berechtigtes und verpflichtetes Mitglied an. §. 270, 260 h. t. Sofern aber unter den Ehegatten die provinzielle Gütergemeinschaft nicht ausgeschlossen ist, gilt für die Besteuerung jedes Ehegatten zunächst nur die Hälfte des gütergemeinschaftlichen Vermögens als Steuerobjekt. In dieser Beziehung entspricht es den gesetzlichen Bestimmungen, wie der durch frühere ministerielle Entscheidungen bestätigten Praxis, wenn die evangelische Ehefrau eines Katholiken gemäß §. 270 L. R. II 11 als Mitglied der evangel. Kirchengemeinde behandelt und im Hinblicke auf die in der betr. Parochie etwa geltende eheliche Gütergemeinschaft nach dem Maaßstabe der halben, von dem katholischen Ehemanne als Vertreter des gemeinschaftlichen Vermögens zu leistenden Staatssteuer zu den kirchlichen Lasten ihrer Gemeinde herangezogen wird. Der Umstand, daß das in Frage kommende Vermögen etwa nur in dem Diensteinkommen des katholischen Ehemannes besteht, ist rechtlich irrelevant, anerkannt von dem Evang. Ob. Kirchenrathe laut Reskr. v. 17. Sept. 1880 Nr. 3895 E. O.

Handelt es sich um die Besteuerung des Ehemannes, so wird in Betracht zu ziehen sein, ob demselben an dem Vermögen der Ehefrau der Nießbrauch zusteht oder nicht.

Zu den nach dem Klassensteuerfuße aufzubringenden Lasten der kirchl. Verbände können in Ermangelung sonstiger Befreiungsgründe auch diejenigen Personen herangezogen werden, deren jährliches Einkommen weniger als 140 Thlr. = 420 M. beträgt, also noch nicht klassensteuerpflichtig ist, und welche nicht im Wege der öffentlichen Armenpflege eine fortlaufende Unterstützung erhalten. Die Veranlagung dieser Steuerpflichtigen erfolgt nach einem für Haushaltungen, wie für Einzelsteuernde geltenden fingirten Klassensteuersatze von einem halben Thlr. = 1.50 M. jährlich, also z. B. bei 50% der Klassensteuer = 75 Pfennige.

§. 9ª des Ges. v. 25. Mai 1873 wegen Abänderung des Ges. v. 1. Mai 1851, betreffend die Einführung der Klassensteuer.

Eine Nachforderung von persönlichen, auf besonderen Titeln beruhenden Steuern findet im Falle gänzlicher Uebergehung nur für das Kalenderjahr statt, in welchem die Nachforderung geltend gemacht wird. Im Falle eines zu geringen Ansatzes fällt bei diesen Steuern jede Nachforderung weg. §§. 5, 6, Ges. v. 18. Juni 1840 über die Verjährungsfristen bei öffentl. Abgaben, G.S. S. 140. Dieses Gesetz bezieht sich zwar zunächst nur auf solche Abgaben, welche in die landesherrlichen Kassen fließen. Dasselbe findet aber nach §. 14 ibidem auch auf öffentliche Abgaben, welche für Gemeinden u. Korporationen ..... oder zur Unterhaltung öffentlicher Anstalten aufzubringen sind, sowie auf die mit Einziehung solcher Abgaben beauftragten Beamten Anwendung. Demgemäß müssen Reklamationen auch gegen Kirchensteuern, gleichviel, ob sie auf Ermäßigung oder Befreiung gerichtet sind, binnen 3 Monaten vom Tage der Bekanntmachung der Heberolle, oder wenn die Steuer im Laufe des Jahres auferlegt wird, binnen 3 Monaten nach erfolgter Benachrichtigung von deren Betrage, oder endlich, im Falle eine periodische Veranlagung und Anfertigung von Heberollen nicht stattfindet, binnen den ersten 3 Monaten jeden Jahres, bei der Behörde (Gem. Kirch. Rath 2c.) angebracht werden. Wird diese Frist verabsäumt, so erlischt der Anspruch auf Steuerermäßigung oder Befreiung, sowie auf Rückerstattung, für das laufende Kalenderjahr. Ist die Reklamation vor dem Ablaufe der Frist angebracht und wird solche begründet gefunden, so erfolgt die Ermäßigung oder Befreiung für das laufende Jahr. Für verflossene Jahre wird keine Rückzahlung gewährt. Tritt eine solche Veränderung ein, wodurch die bisherige Steuerverpflichtung aufgehoben wird, so muß davon der Behörde Anzeige gemacht werden. Bis zu Ende des Monats, in welchem diese Anzeige erfolgt, kann die Entrichtung der Steuer gefordert werden. §. 1 a. a. O. Gegen gänzliche oder theilweise Zurückweisung der Reklamation ist der Rekurs an die vorgesetzte Behörde binnen einer Präklusivfrist von 6 Wochen, vom Tage der Bekanntmachung des Bescheides an gerechnet, zulässig. §. 3 a. a. O. Zur Hebung gestellte, im Rückstande verbliebene oder kreditirte Steuern verjähren in 4 Jahren, vom Ablaufe des Jahres an gerechnet, in welches ihr Zahlungstermin fällt. §. 8 l. c.

vergl. ferner Anm. 43, 48 u. 313. vergl. ferner die Kg. n. Syn.Ord. v. 10. Sept. 1873 §. 31 Nr. 6 und die dazu gehörige Anm. 57.

Ges. v. 25. Aug. 1876, betr. die Vertheilung der öffentl. Lasten bei Grundstückstheilungen 2c. (G.S. S. 405):

§. 2. Der Vertheilung nach diesem Gesetze unterliegen ..... vorbehaltlich der Bestimmungen im §. 10, die aus dem Kirchen-, Pfarrverbande entspringenden Abgaben und Leistungen, sofern solche auf dem Grundbesitz haften oder mit Rücksicht auf Grundbesitz zu entrichten sind. Sobald eine Vertheilung nach diesem Gesetze endgültig stattgefunden hat, ist jedes Trennstück nur für die auf dasselbe vertheilten Lasten der vorbezeichneten Art verhaftet.

§. 3. Die Vertheilung ..... ist nach dem Maaßstabe der Grund- u. Gebäudesteuer zu bewirken.

§. 7. Die aus dem Kirchen- u. Pfarrverbande entspringenden Lasten werden in evangel. Gemeinden durch den Gem. Kirch. Rath vertheilt.

§. 9. Die Vertheilung wird in urkundlicher Form festgesetzt. Sie ist den Betheiligten und, wenn Patronatslasten zur Vertheilung kommen, auch der

Patronatsaufsichtsbehörde bekannt zu machen. Innerhalb 21 Tagen nach der Bekanntmachung steht den Betheiligten und der Patronatsaufsichtsbehörde die Klage im Verwaltungsstreitverfahren offen. Dieselbe ist bei dem Kreisausschusse, in Stadtkreisen bei dem Bezirksverwaltungsgericht anzubringen.

§. 10. Der Vertheilung nach diesem Gesetze bedarf es hinsichtl. der im §. 7 genannten Lasten nicht, wenn dieselben:

a) auf Gebäuden, Bauplätzen, Hofstellen oder Gärten innerhalb einer Stadt oder Vorstadt ruhen, oder wenn sie
b) von dem Besitzer eines jeden Grundstücks ohne Rücksicht auf dessen Beschaffenheit oder Größe, oder
c) nach Verhältniß der Staatssteuern aufzubringen sind,
d) wenn im Falle der Vertauschung von Grundstückstheilen deren Eigenthümer unter Zustimmung der Abgabenberechtigten und der im §. 7 bezeichneten Vorstände in die wechselseitige Lastenübertragung auf die Tauschstücke willigen.

§. 23. In den Provinzen Posen und Westfalen werden bis zur Einrichtung von Kreisausschüssen und Bezirksverwaltungsgerichten die in diesem Gesetze dem Kreisausschusse beigelegten Befugnisse von dem Landrathe, und die Befugnisse des Bezirksverwaltungsgerichts von der Bezirksregierung wahrgenommen.

§. 25. Die §§. 1—12 bleiben für die Provinz Westfalen außer Anwendung.

Ges. v. 23. Juli 1847 über die Verhältnisse der Juden, G.S. S. 263:

§. 3 alin. 4: Die ansässigen jüdischen Mitglieder einer Stadt- oder Dorfgemeinde bleiben verpflichtet, die nach Maaßgabe des Grundbesitzes zu entrichtenden Beiträge zur Erhaltung der Kirchensysteme zu tragen; auch sind alle jüdischen Grundbesitzer zur Leistung der auf ihren Grundstücken haftenden kirchlichen Abgaben verbunden. (cfr. §. 5 der Verord. v. 30. Aug. 1816, G.S. S. 207.) Nach §. 9 des Ges. v. 14. Mai 1873, betr. den Austritt aus der Kirche, ist die Verpflichtung jüdischer Grundbesitzer, zur Erhaltung christlicher Kirchensysteme beizutragen, auf den Umfang derjenigen Leistungen beschränkt, welche nach §. 3 des citirten Gesetzes den aus der Kirche ausgetretenen Personen zur Last bleiben. Und nach §. 3 a. a. O. werden durch die Austrittserklärung nicht berührt: Leistungen, welche nicht auf der persönlichen Kirchen- oder Kirchengemeinde-Angehörigkeit beruhen, insbesondere Leistungen, welche entweder kraft besonderen Rechtstitels auf bestimmten Grundstücken haften, oder von allen Grundstücken des Bezirks oder doch von allen Grundstücken einer gewissen Klasse in dem Bezirk ohne Unterschied des Besitzers zu entrichten sind.

Ist in einer Kirchengemeinde, in Ermangelung einer gültigen Observanz, beschlossen, das Kirchendefizit durch eine allgemeine Umlage unter sämmtlichen Pfarrgenossen nach den für solche allgemeine Korporationsverpflichtungen in Anwendung kommenden Grundsätzen, und zwar nach den von der Regierung zu bestätigenden und für exekutorisch zu erklärenden Umlagen aufzubringen, so ist gegen die solchergestalt erfolgte Festsetzung der Beitragspflicht der Rechtsweg nicht statthaft. Erk. d. Ob.Trib. v. 30. Sept. 1864, Arch. 56 S. 225 u. 217.

Kirchenbaubeiträge, welche auf eine Reihe von Jahren vertheilt worden, sind für laufende Abgaben zu achten. Es ist hierbei gleichgültig, ob sie in Quartals- oder etwa in Jahresraten zur Einziehung gelangen. Deshalb ist für sie bei der Frage nach der Erstattung angeblich überhobener Beträge nicht der Zeitpunkt der Ausschreibung resp. Erhebung maaßgebend, sondern der Zeitpunkt der Anzeige von dem Eintritt der die Rückzahlung begründenden Veränderung. §. 1 Ges. v. 18. Juni 1840 (siehe oben). Hat daher der Pflichtige von seiner zum 1. Oktober erfolgten Versetzung dem Gem. Kirch. Rath bereits im September Anzeige gemacht, so kann die Abgabe nur bis ult. September gefordert, der für das folgende Quartal etwa bereits gezahlte Betrag dagegen zurückgefordert werden.

Anders verhält sich die Sache bei einmaligen, auf ein Mal zur Erhebung gelangenden Abgaben. Hier wird der Zeitpunkt der Ausschreibung resp. Erhebung entscheidend, eine etwa später erfolgte Veränderung dagegen einflußlos sein.

Zu den Militärgemeinden gehören:

1) sämmtliche im aktiven Dienste befindlichen Offiziere, Unteroffiziere und Soldaten;
2) die mit Inaktivitätsgehalt, Wartegeld oder Pension entlassenen Offiziere, solange sie den Militärgerichtsstand behalten;
3) alle Militärbeamte und Militärhandwerker, welche, ihrer Bestimmung nach, den Truppen ins Feld und beim Garnisonwechsel folgen müssen;
4) die Festungsbeamten und die in den Festungen angestellten Militärökonomiebeamten;
5) die Zeughausbeamten, sowohl in Festungen, als in offenen Städten;
6) die Militärlazarethbeamten;
7) die Militärkirchendiener und Garnisonschullehrer;
8) die Frauen sämmtlicher unter 1 bis 7 genannten Personen und ihre Kinder, so lange sie sich im väterlichen Hause befinden.

   Die unter 2 bis 6 und 8 erwähnten Personen gehören jedoch nur dann zu den Militärgemeinden, wenn an ihrem Aufenthaltsorte ein Militärprediger oder ein mit der Seelsorge für das Militär ausdrücklich beauftragter Civilgeistlicher sich befindet. cfr. §. 34 der Militärkirchenordnung v. 12. Feb. 1832.

Zu der Militärgemeinde gehören nicht:

a) die im Offiziersrange stehenden pensionirten Militärbeamten;
b) (bis auf Weiteres) pensionirte Militärärzte;
c) nicht preußische inaktive Offiziere, die in einem preußischen Garnisonorte leben;
d) Kasernenwärter;
e) diejenigen Militärökonomiebeamten (i. e. die Beamten der Garnisonverwaltung und des Proviantamtes, desgl. Kaserneninspektoren), welche nicht in Festungen, sondern in offenen Städten angestellt sind.

Gensdarmes gehören zur Militärgemeinde und sind daher zu den Lasten der Civilgemeinde nicht heranzuziehen, auch wenn sie an Orten stationirt sind, an denen sich ein Militärprediger oder ein mit der Militärseelsorge beauftragter Civilgeistlicher nicht befindet. vergl. R. des Kriegsministerii v. 6. Mai 1878, kirchl. Ges. u. V. Bl. 1878 S. 136.

Erk. d. K. Ob. Trib. v. 22. Febr. 1864, kirchl. Ges. u. Verord. Bl. 1878 S. 172, 173:

Die Behauptung: daß ein der Union nicht beigetretener Reformirter der evangel. Kirche gegenüber als Angehöriger einer anderen Religionspartei anzusehen sei und daher auch nach §. 261 L. R. II. 11 zu den Parochialabgaben der letzteren nicht herangezogen werden könne, kann als richtig nicht anerkannt werden. Zu der evangel. Pfarrkirche in W. sind nach der Fundationsurkunde die evangl. Einwohner der Stadt W. und der Güter G. u. K. eingepfarrt. Unzweifelhaft gehört zu diesen auch der auf G. wohnende Kläger und er kann sich dieser Einpfarrung keineswegs unter dem Vorgeben entziehen, daß er Reformirter und der Union nicht beigetreten sei. Zu den Evangelischen im Allgemeinen gehören ebensowohl die Reformirten wie die Lutheraner. Der Umstand, daß der Kläger sich speziell zu der reformirten Konfession bekennt, hindert noch keineswegs seine Angehörigkeit zu der evangel. Kirche in W. im Sinne des §. 260 L.R. II. 11. Als Eingepfarrter dieser Kirche ist er aber auch bei derselben zu allen Lasten und Abgaben, welche aus dem Parochialverbande fließen, verpflichtet, namentlich aber hat er den provinzialrechtlichen Personalzehnten zu entrichten, wie dies Alles in der Einpfarrungsurkunde näher angegeben ist . . . . . Nach §. 260 l. c. und nach der Fundationsurkunde muß der Kläger allerdings als zur evangel. Kirche zu W. eingepfarrt angesehen werden.

Der Evangel. Oberkirchenrath publizirt diese Entscheidung mit dem Hinzufügen, daß dieselbe die Auffassung der Verwaltungsbehörden richterlich bestätige.

Verf. des Kult. Minist. v. 25. Jan. 1877, kirchl. Ges. u. Verord. Bl. 1876/77 S. 130: Die Grundsteuer von solchen Grundstücken, welche die zur Kirchensteuer heranzuziehenden Censirten außerhalb ihrer Parochie besitzen, ist der Regel nach bei Repartition dieser Abgabe mit zu berücksichtigen, da es sich um die Umlegung persönlicher Steuern nach Maaßgabe der Leistungsfähigkeit der Steuernden handelt. Nach Lage der heutigen Gesetzgebung wird aber diese Leistungsfähigkeit mit durch den Grundbesitz bestimmt und es ist kein Grund vorhanden, einen Steuerpflichtigen den mit ihm für denselben Zweck Steuernden gegenüber deshalb in seinen Beiträgen zu erleichtern, weil die eine oder andere Quelle seines Einkommens zufällig nicht in den Grenzen seiner Parochie liegt.

Den in praxi seltenen Fall der Angehörigkeit eines zur Zahlung von Kirchensteuern Verpflichteten zu zwei Parochien abstrakt zu entscheiden, nimmt das Reskript Anstand, erklärt sich jedoch damit einverstanden, daß die doppelte Besteuerung einer und derselben Einnahmequelle desselben Censiten vermieden werden muß, und daß daher in solchen Fällen, in denen ein Censit von seinem auswärts gelegenen Grundbesitz an dem Orte der belegenen Sache Kirchensteuern entrichtet, dieser Grundbesitz bei einer Veranlagung zu den kirchlichen Abgaben in der anderen Gemeinde außer Betracht zu lassen ist.

Nach §. 19 des Ges. v. 31. März 1873, betreffend die Rechtsverhältnisse der Reichsbeamten, finden auf die Rechtsverhältnisse der aktiven Reichsbeamten, über welche nicht durch Reichsgesetz Bestimmung getroffen worden ist, diejenigen gesetzlichen Vorschriften Anwendung, welche an ihren Wohnorten für die aktiven Staatsbeamten gelten. Da nun nach §. 1 des Ges. v. 3. Juni 1876, betreffend die Aufhebung der Parochialexemtionen, die nach dem Allgem. Landrecht §§. 283 bis 287 II. 11 für bestimmte Personen bestandenen Parochialexemtionen mit allen ihren Folgen v. 1. Jan. 1877 ab aufgehoben worden sind, so sind die Reichsbeamten gegenwärtig auch die auf sie repartirten Kirchen- resp. Pfarrbeiträge zu leisten verbunden.

Der Pächter eines Landgutes kann, auch wenn er thatsächlich die auf dasselbe vertheilte Grund- und Gebäudesteuer entrichtet, zu den Kirchensteuern insoweit, als sie nach dem Maaßstabe der Grund- und Gebäudesteuer repartirt werden, nicht herangezogen werden. Wenn ein Pächter, trotzdem er Grundeigenthum in der Gemeinde nicht besitzt, dennoch faktisch Grund- und Gebäudesteuer entrichtet, so geschieht dies der Regel nach lediglich in Erfüllung der Pachtbedingungen, welche er seinem Verpächter gegenüber übernommen hat. Dieses Rechtsverhältniß ist aber für die Kirchengemeinde eine res inter alios acta, welche dem Pächter in seinem Verhältnisse zu der Kirchengemeinde nicht präjudiziren kann. Der letzte Grund für die Entrichtung der Grund- und Gebäudesteuer ist für den Pflichtigen der Eigenthumsbesitz von Grund und Boden. Daß unter gewissen Voraussetzungen auch Nichteigenthümer gesetzlich oder vertragsmäßig zu deren Entrichtung verpflichtet sind, ändert nichts an der Beurtheilung der Frage nach der Heranziehung des Grundstückspächters zu den nach dem Maaßstabe der Grund- und Gebäudesteuer repartirten Kirchensteuern. Wenn daher nach diesem Maaßstabe gewisse andere Lasten, z. B. kirchliche, beschlußmäßig aufgebracht werden sollen, so kann ein solcher Beschluß nur so aufgefaßt werden, daß auch das Grundeigenthum als solches zur Tragung jener Lasten und zwar nach dem Maaßstabe, nach welchem dasselbe staatlich veranlagt worden ist, heranzuziehen sei. Deßhalb kann ein Grundeigenthum in der Gemeinde nicht besitzender evangelischer Grundstückspächter, obwohl derselbe seinem Verpächter gegenüber zur Entrichtung der Grund- und Gebäudesteuer kontraktlich verpflichtet ist, zu den nach dem Maaßstabe der Grund- und Gebäudesteuer zu repartirenden Kirchensteuern ebensowenig herangezogen werden, als ein in der Parochie wohnhafter evangelischer Verpächter, welcher sein Gut einem Katholiken verpachtet hat, der in gleicher Weise, wie Jener, für ihn die staatliche Grund- und Gebäudesteuer entrichtet, einen Anspruch auf Befreiung von der in Rede stehenden kirchlichen Abgabe hat.

vergl. hierzu Erk. des Oberverwaltungsgerichts v. 17. Jan. 1877, Entsch. d. Ob.V.G. Bd. 2 S. 89 ff. R. der Min. des Inn. u. der geistl. Ang. v. 29. Sept. 1877, kirchl. Ges. u. V.Bl. 1876/77 S. 261: Nach Art. 23 Nr. 3, Ges. v. 3. Juni 1876 liegt die Beitreibung kirchlicher Abgaben den Staatsbehörden ob; da aber eine Vorschrift, wonach die Staatsbehörde die Ausführung dieser Bestimmung auf kirchliche Beamte oder Organe zu übertragen berechtigt wäre, nicht besteht, so folgt aus §. 2 der Verord. v. 30. Juli 1853 (G.S. S. 909) in Verbindung mit §. 56 Nr. 1 der Städteordnung v. 30. Mai 1853 (G.S. S. 261) die Befugniß der Staatsverwaltung, auch dem Magistrate die Beitreibung der kirchlichen Abgaben im Wege des administrativen Zwangsverfahrens aufzutragen.

Erk. des Komp.Gerichtsh. v. 13. Okt. 1877, betr. die Unzulässigkeit des Rechtsweges bei Aufbringung der Parochiallasten, J.M.Bl. 1877 S. 233, kirchl. Ges. u. V.Bl. 1876/77 S. 262—264:

Nach §. 15 Ges. v. 24. Mai 1861 findet bezüglich der kirchlichen Abgaben, welche auf einer allgemeinen gesetzlichen Verbindlichkeit, bez. auf einer von der aufsichtführenden Regierung in Gemäßheit gesetzlicher Bestimmung angeordneten oder exekutorisch erklärten Umlage beruhen, der Rechtsweg nur insoweit statt, als dies bei öffentlichen Abgaben der Fall ist, also, abgesehen von dem Fall behaupteter Ueberbürdung, nur aus besonderen Gründen: Privilegium, Vertrag oder Verjährung (§. 79 L.R. II. 14). Insbesondere ist also einer von den kirchlichen Gemeindeorganen gemäß §. 31 Nr. 6 der Kg.O. v. 10. Sept. 1873 beschlossenen

§. 261. Doch soll Niemand bei einer Parochialkirche von einer andern, als derjenigen Religionspartei, zu welcher er selbst sich bekennt, zu Lasten oder Abgaben, welche aus der Parochial-Verbindung fließen, angehalten werden; wenn er gleich in dem Pfarrbezirke wohnt, oder Grundstücke darin besitzt.[109])

---

und von der Staatsbehörde gemäß Art. 3 Ges. v. 25. Mai 1874 für vollstreckbar erklärten Umlage gegenüber der Rechtsweg der Regel nach ausgeschlossen. Es fragt sich, ob ein Separationsrezeß als ein die Zulässigkeit des Rechtsweges bedingender Vertrag angesehen werden kann.

Diese Frage ist zu verneinen. Der Separationsrezeß kann kein Hinderniß für einen anderen gesetzmäßig gefaßten Vertheilungsbeschluß bilden. Das Ergebniß der in einem Rezesse von der Generalkommission bei Gelegenheit der Separation gemäß §. 43 der Verord. v. 20. Juni 1817, G.S. S. 161 „in Wahrnehmung des landespolizeilichen Interesses" bezüglich der öffentl. Lasten und Realabgaben an Kirchen, Schulen rc. bewirkten Vertheilung läßt sich nicht als ein privatrechtlicher Vertrag bezeichnen.

[109]) Reskript des Kult. Minist. v. 12. Jan. 1844, Min. Bl. für die inn. Verw. 1844 S. 31: Die Kirchengemeinden können auch über die Aufbringung der Gemeindebedürfnisse Beschlüsse fassen, wodurch die einzelnen, selbst die widersprechenden Mitglieder verpflichtet werden; niemals aber können dadurch Ortseinwohner, welche nicht zur Kirchengemeinde gehören, verbindlich gemacht werden. In dieser Beziehung hat das Obertribunal in der Sache eines Juden gegen das Presbyterium der Domkirche zu Königsberg (per sententiam v. 10. April 1833) angenommen, daß zwar eine Kirchengemeinde gültig Beschlüsse fassen kann, durch welche nicht blos der in der Gemeinde bestehende Personaldezem, sondern auch der Realdezem erhöht werden soll, und daß solche Beschlüsse . . . . . gehörig gefaßt . . . . . und . . . . . bestätigt, auch die Widersprechenden verbinden, daß aber dergl. Beschlüsse immer nur für diejenigen Realdezempflichtigen und deren Nachfolger verbindlich sein können, welche im Augenblicke des gefaßten Beschlusses Mitglieder der Kirchengemeinde sind. Dezempflichtige, welche einer anderen Konfession angehören, als der, zu welcher die betreffende Kirchengemeinde gehört, seien nicht Mitglieder derselben und würden durch ihre Beschlüsse nicht berührt. Sie hätten zur Zeit, wo sie das dezempflichtige Besitzthum erwarben, dasselbe mit den damals darauf haftenden Reallasten übernommen und müßten dieselben in alle Zukunft hinaus erfüllen. Die ihnen fremde Kirchengemeinde könne aber durch ihre Beschlüsse deren Leistungen nicht erschweren. Aus diesen Gründen hat das erwähnte Ob. Trib.-Urtel den Juden zu dem erhöhten Satze des Realdezems nur unter der faktischen Voraussetzung verurtheilt, daß der Realdezem schon zu einer Zeit erhöht worden, wo sich die Grundstücke noch in dem Besitze einer zur Domkirche eingepfarrten Besitzerin befunden haben.

vergl. hierzu §. 9 Ges. v. 14. Mai 1873, betr. den Austritt aus der Kirche, im Anhange. Erk. des Reichsgerichts v. 25. Nov. 1879, Blum's Annal. des Reichsger. Bd. 1 S. 432: Die Einziehung auf öffentlichem Recht beruhender Kirchenumlagen ist auf gerichtlichem Wege nicht statthaft.

Lasten und Abgaben, welche aus der Parochialverbindung fließen, sind persönliche. Dagegen müssen dingliche Lasten und Abgaben an geistl.

Institute oder Kirchenbeamte von jedem Besitzer des belasteten Grundstücks, ohne Unterschied der Religion, entrichtet werden. Die Behauptung des Schuldners, daß er einer anderen Konfession oder Religion angehöre, ist auch nicht als ein solches Privilegium anzusehen, welches die ausnahmsweise Zulassung des Rechtsweges gemäß §. 79 L.R. II. 14 und der Kab.-Ordre v. 19. Juni 1836 begründen könnte. Erk. des Komp.Gerichtsh. v. 4. Okt. 1856, Just.Min.Bl. 1856 S. 383. Dasselbe gilt von dem Einwande des Zahlungspflichtigen, daß er als Forense zu dieser Steuer nicht verbunden sei. Erk. desselb. Ger.Hofes v. 23. Juni 1858, Just.Min.Bl. 1859 S. 7, vergl. Erk. des Ob.Trib. v. 17. Dez. 1852 u. 8. Febr. 1854, Arch. 8 S. 134 und 12 S. 110.

Wird die Klage von solchen fremden Konfessionsverwandten auf Befreiung von allen Beiträgen und Leistungen, welche aus dem Parochialverbande fließen, gerichtet, so ist der Antrag in dieser Allgemeinheit zu unbestimmt und kann deshalb nicht Gegenstand richterlicher Entscheidung sein. Erk. des Komp.Gerichtsh. v. 30. Jan. 1858, J.M.Bl. S. 284. Zur Begründung einer solchen Klage ist erforderlich, daß die Frage, ob eine bestimmte Abgabe zu denen gehöre, welche aus der Parochialverbindung fließen, oder ob dieselbe nach besonderen Verhältnissen die Natur einer Parochialabgabe nicht habe, für einen konkreten Fall zur Entscheidung gebracht werde. (Koch, L.R. IV. S. 363.)

Ueber die jetzt erledigte Kontroverse, inwiefern der Austritt aus der Kirche ohne Uebertritt zu einer anderen vom Staate anerkannten Religionsgesellschaft von den bisherigen Parochiallasten befreit, vergl. das Ges. v. 14. Mai 1873, betr. den Austritt aus der Kirche, §. 3, im Anhange, und über die bezüglichen Verhältnisse der Juden vergl. Anm. 108.

Erk. d. Ob.Trib. v. 2. Mai 1851, Entsch. Bd. 23 S. 363: Parochiallasten sind in Pommern, wie auch nach dem Allg. Landr. in der Regel nicht als dingliche Lasten anzusehen, und es sind daher auch die von der evangel. Landeskirche sich getrennt haltenden Lutheraner, welche sich unter Genehmigung des Staates zu besonderen Kirchengemeinden konstituirt haben, in der Regel frei von den Parochiallasten der übrigen Eingepfarrten.

Erk. d. Ob.Trib. v. 29. April 1861, Arch. 41 S. 202: Auch die Generalkonzession v. 23. Juli 1845 (cfr. Anm. 8) erfordert zur Anwendbarkeit des §. 261 L.R. II. 11 auf die Altlutheraner weiter nichts, als daß dieselben sich von der evangel. Landeskirche getrennt halten; eine besondere Austrittserklärung schreibt sie nicht vor. (vergl. hierzu §. 1 Ges. v. 14. Mai 1873 über den Austritt aus der Kirche.)

Erk. d. Ob.Trib. v. 15. März 1861, Arch. 41 S. 49: Nach der auch im Kottbuser Kreise geltenden Flecken-, Dorf- u. Ackerordnung v. 16. Dez. 1702 sind die Altlutheraner von den aus der Parochialverbindung fließenden Lasten und Abgaben nicht befreit. (vergl. hierzu §. 1 des vorbezeich. Ges. v. 14. Mai 1873, im Anhange.)

Erk. des Ob.Trib. v. 4. April 1853, Entsch. Bd. 25 S. 199, Archiv Bd. 10 S. 27: In Alt-, Vor-, und Hinterpommern sind in Beziehung auf die Baulast bei Kirchen-, Pfarr- und Küstergebäuden keine Provinzialgesetze oder ein provinzielles Herkommen vorhanden, welche dem §. 261 L.R. II. 11 derogiren.

Erk. des Ob.Trib. v. 17. Dez. 1852, Arch. Bd. 8 S. 134: Nach dem Provinzialrecht der Kurmark Brandenburg ist jeder Grundbesitzer des Parochialbezirks, ohne Rücksicht auf die Konfession, zu den dinglichen Parochiallasten verpflichtet.

Erk. d. Ob.Trib. v. 8. Febr. 1854, Archiv Bd. 12 S. 110. Nach märkischem Provinzialrecht befreit der Unterschied der Religion nicht von den dinglichen, wohl aber von den persönlichen Parochiallasten, z. B. dem Kirchenstellengeld.

Erk. v. 26. April 1852, Entsch. Bd. 23 S. 375, Archiv Bd. 5 S. 196:

a) die Vorschriften des §. 261 L.R. II. 11 finden auf die Zehntverfassung in Schlesien keine Anwendung;

b) die durch die Kab.Ordre v. 3. März 1758 den evangel. Eingepfarrten eines kathol. Kirchensprengels in Schlesien zugesicherte Befreiung von den dem kathol. Pfarrer zustehenden Zehnten und ähnlichen Abgaben bezieht sich nur auf die Mitglieder der in Preußen gesetzlich anerkannten protestantischen Konfessionen, mithin nur auf die der Augsburgischen Konfession Zugethanen und die Reformirten, und kommt also einem zur anglikanischen Kirche sich bekennenden Einwohner nicht zu statten.

Erk. v. 6. Sept. 1854, Entsch. Bd. 28 S. 375: Die evangel. Brüderunität in Schlesien ist von ihrem Grundbesitze den Zehnten an katholische Pfarrer zu entrichten nicht verpflichtet.

Erk. d. Ob.Trib. v. 8. Nov. 1854, Arch. Bd. 16 S. 15: In Schlesien gehören die Abgaben der Wettergarben und Läutebrodte zu den Parochiallasten. Die Bestimmung der Kab.Ordre v. 3. März 1758 in Betreff der Befreiung der evangel. Eingepfarrten von den an kathol. Pfarrer zu entrichtenden Zehnten und ähnlichen Abgaben ist auch auf dergleichen Abgaben an andere Kirchenbediente anzuwenden.

Kab.Ordre v. 3. Juni 1806, Rabe Bd. 8 S. 604: Unter Zufertigung der anliegenden Vorstellung des Bischofs von Culm gebe Ich Euch zu eröffnen, daß es Mir genügt, daß die protestantischen Unterthanen überall vom kathol. Pfarrzwange und den damit verknüpften Lasten und Abgaben freigelassen werden, und daß daher die Erfüllung der Mir als Patron bei kathol. Pfarr- und Kirchenbauten obliegenden Verpflichtungen nicht weiter an die Gestattung eines Simultanei als Bedingung geknüpft werden soll.

Kab.Ordre v. 24. Mai 1809, v. Kamptz, Annal. Bd. 3 S. 99: Auch die Katholiken sind frei vom Pfarrzwange gegen evangel. Geistliche. Stolgebühren, welche von kathol. Glaubensgenossen an evangel. Civilpfarrer entrichtet werden mußten, sind gänzlich aufgehoben. Diese Kab.Ordre gilt auch in Westfalen. Reskr. des Kult.Minist. v. 27. Febr. 1834, v. Kamptz, Annal. Bd. 18 S. 78.

Kab.Ordre v. 4. Sept. 1825, G.S. S. 226: Ich ermächtige Sie . . . ., den in der Oberlausitz noch bestehenden evangelischen und katholischen Pfarrzwang aufzuheben; es sollen jedoch diejenigen Geistlichen, Kirchen- und Schulbedienten, beider Konfessionen, welche gegenwärtig im Amte stehen, während der Dauer ihrer Amtsführung, die Hebungen, welche der Pfarrzwang mit sich führt, fortbeziehen, solche aber auf die Nachfolger nicht übergehen.

Vorstehende Kab.Ordre v. 4. Sept. 1825 wurde durch Kab.Ordre v. 15. Sept. 1826 (G.S. S. 106) auch auf die Niederlausitz ausgedehnt.

Die Kab.Ordre v. 16. Juni 1831, G.S. S. 169, setzt fest, daß die Schlesische Zehntverfassung ganz so, wie sie nach der Ordre v. 3. März 1758 bis zum 6. Febr. 1812 bestanden hatte, allgemein wieder hergestellt werden soll.

Kab. Ordre v. 3. März 1758, Suarez, Samml. Bd. II Abth. 2 S. 828, Korn's Ediktensamml. Bd. 6. S. 707: Diejenigen Abgaben an Zehnten, Garben, Broten u. dergl., so die evangelischen Eingepfarrten den katholischen Pfarrern zeithero entrichten müssen, sollen zum Nutzen und Besten der Unterthanen gänzlich cessiren und wegfallen.

Das Ges. v. 10. April 1865, betreffend die Regulirung der Schlesischen Zehntverfassung, G. S. 1865 S. 172, hat die Bestimmungen der Kab. Ordre v. 16. Juni 1831 dahin abgeändert, daß die den letzteren unterliegenden Reallasten für ablösbar erklärt worden sind. Die Ablösung erfolgt von Amtswegen, ohne besonderen Antrag der Betheiligten, durch Vermittelung der Rentenbank, und zwar zum 22²/₉ resp. 2¹/₉fachen Betrage, je nachdem zur Zeit der Gesetzeskraft des Gesetzes v. 10. April 1865 die Reallasten gesetzlich gangbar sind oder gesetzlich ruhen. Vergl. hierzu Jacobson, Kirchenr. 1864 S. 664, 665 und den Aufsatz von Dr. Friedberg: Die Schles. Zehntverfassung, und das Ges. v. 10. April 1865, in Dove's Zeitschr. für K. R. Bd. 6. S. 367 ff.

V. v. 30. Jan. 1846, betr. die an die evangel. Geistlichen und Kirchendiener in dem großen und kleinen Marienburger Werder zu entrichtenden Abgaben und Leistungen, G. S. S. 87:

§. 1. Diejenigen Abgaben und Leistungen, welche gegenwärtig von evangel. Grundbesitzern in dem großen und kleinen Marienburger Werder in Rücksicht auf ihren Grundbesitz zum Unterhalte der evangel. Geistlichen und Kirchendiener entrichtet werden, sollen künftig auf jeden neuen Erwerber des Grundstücks, ohne Unterschied des Glaubensbekenntnisses, und zwar in der Eigenschaft als gemeine, in der kirchlichen Verfassung dieser beiden Werder gegründete Reallasten (§. 48 Tit. 1 der Hypoth. Ord.) unverändert übergehen.

§. 2. In Ansehung derjenigen Leistungen, welche schon jetzt von nicht-evangelischen Grundbesitzern in den genannten beiden Werdern (§. 1) an evangelische Geistliche und Kirchendiener entrichtet werden, sowie in Ansehung der Lasten, welche auf dem mit dem Besitze freiköllnischer Grundstücke verbundenen Patronate über evangelische Kirchen ruhen, wird durch gegenwärtige Verord. nichts geändert.

Ges. v. 9. Mai 1854, betr. die Aufhebung des Pfarrzwanges evangelischer Pfarreien gegen Katholiken und katholischer Pfarreien gegen Evangelische in Ostpreußen, G. S. S. 317:

§. 1. Der Pfarrzwang evangelischer Pfarreien gegen Katholiken und katholischer Pfarreien gegen Evangelische, soweit derselbe auf Grund des §. 3 Zus. 176 und des §. 5 Zusatz 213 des Ostpreußischen Provinzialrechts, sowie zu Folge Herkommens in den gedachten Landestheilen noch besteht, wird hierdurch aufgehoben. Demgemäß sind die Angehörigen der genannten beiden Konfessionen zu persönlichen Abgaben und Leistungen an Kirchen und Geistliche, sowie an Kirchenbediente der anderen Konfession, namentlich zur Entrichtung von Stolgebühren, Personalzehnten, Geldkalende, Parochialbaubeiträgen und ähnlichen Leistungen nicht ferner verbunden.

§. 2. . . . . .

§. 3. Die Verpflichtung der Grundbesitzer zur Leistung der auf ihren Grundstücken haftenden dinglichen Lasten und Abgaben an Kirchen und Geistliche, sowie an Kirchenbediente (Hyp. Ord. Tit. I §. 48) wird durch das gegenwärtige Gesetz nicht berührt.

Erk. d. Ob. Trib. v. 21. Dez. 1857, Arch. Bd. 27 S. 227: Es ist nicht begründet, daß Grundbesitzer nach dem in der Oberlausitz geltenden

§. 262. Wer noch keinen beständigen Wohnsitz hat, wird als Eingepfarrter derjenigen Parochie, zu welcher seine Aeltern gehört haben, betrachtet.[110])

§. 263. Wer den Wohnsitz seiner Aeltern aufgegeben, und keinen andern erwählt hat, ist nirgends eingepfarrt.

§. 264. Wer einen doppelten Wohnsitz hat, ist bei der Parochialkirche eines jeden derselben als Eingepfarrter verpflichtet.[111])

Provinzialrechte verpflichtet sind, geistliche Zehnten auch dann zu entrichten, wenn sie einer anderen Konfession angehören, als die empfangsberechtigte Stelle. Es ist vielmehr mit Rücksicht auf das A.L.R. (§§. 261, 872, 857 h. t.) anzunehmen, daß nur diejenigen den Pfarrzehnt zu leisten haben, welche derselben Konfession angehören, als die berechtigte Pfarre.

Ueber die Verpflichtung zur Aufbringung der Kosten für die kirchlichen Bedürfnisse der Pfarrgemeinden in den Landestheilen des linken Rheinufers vergl. Ges. v. 14. März 1845, G.S. S. 163, und das Ges. v. 14. März 1880, G.S. S. 225, nebst der auf Grund und in Ausführung des §. 4 des zuletzt erwähnten Gesetzes erlassenen Verordnung des Oberpräsidenten der Rheinprovinz v. 4. Juli 1881, betr. den Gebrauch der Kirchenglocken links des Rheines Seitens der bürgerlichen Gemeinden. (Allgem. Kirchenbl. für das evangel. Deutschland, Stuttgart 1882 S. 12.) Erk. d. Ob.Trib. v. 9. Juli 1860, Archiv Bd. 38 S. 147: Sind an einem Orte 2 evangel. Kirchengemeinden verschiedenen Glaubensbekenntnisses der Union beigetreten, so sind die Mitglieder der einen unirten Gemeinde befugt, sich zu dem bestehen gebliebenen Glaubensbekenntnisse der anderen unirten Gemeinde zu bekennen und zu ihr überzugehen, und sich dadurch von dem Pfarrzwange der verlassenen Gemeinde zu befreien.

[110]) vergl. §. 272 dies. Tit.

[111]) Er muß also in beiden Parochien zu den Parochiallasten beitragen. Der §. 266 dies. Tit. giebt dem Pflichtigen nur für Kasualien die Wahl unter den beiden Kirchen, zu denen er eingepfarrt ist, und der §. 265 ibidem schränkt die doppelte Parochialverpflichtung nur insofern ein, als der Pflichtige in Ansehung seiner Grundstücke die kirchlichen Lasten lediglich bei derjenigen Kirche zu tragen hat, in deren Bezirke die Grundstücke liegen. Wenn daher in keiner der beiden Parochien kirchliche Lasten speziell nach dem Grundbesitze, also namentlich nach dem Maaßstabe der Grundsteuer erhoben werden, so kann dem Pflichtigen die Vergünstigung aus §. 285 h. t. nicht zu Theil werden. Eine allgemeine gesetzliche Vorschrift zur Vermeidung von Doppelbesteuerungen, wie sie im §. 16 der Kreisordnung v. 13. Dez. 1872 (G.S. S. 661) und in dem Bundesgesetze v. 13. Mai 1870 (B.G.Bl. S. 119) für die Kommunal- und Staatssteuern besteht, ist bezüglich der an Kirchengemeinden zu leistenden Abgaben bisher nicht erlassen. Nur in Ansehung der kirchlichen Lasten, welche von den Grundstücken getragen werden, enthält der §. 265 h. t. eine Spezialbestimmung. Die Verf. des Kult.Minist. v. 25. Jan. 1877 (kirchl. Ges. u. Verord.Bl. 1876/77 S. 130 — siehe oben Anm. 108) erkennt die Anwendbarkeit dieser Bestimmung auch nur für den Fall an, daß der betreffende Censit Kirchen-

§. 265. In Ansehung seiner Grundstücke trägt er die Lasten der Parochial-Verbindung nur bei derjenigen Kirche, in deren Pfarrbezirk die Grundstücke liegen.[112])

§. 266. Bei Trauungen, Taufen und andern kirchlichen Handlungen, die zu gleicher Zeit nur an Einem Orte vor-

---

steuer von dem Grundbesitz zu entrichten hat. Aber selbst in diesem Falle tritt eine Doppelbesteuerung insofern ein, als nach §. 19 des Ges. v. 1. Mai 1851 (G.S. S. 193) schon die Veranlagung zur Einkommensteuer nach Maaßgabe des Gesammteinkommens aus Grundeigenthum, aus Kapitalvermögen oder aus Rechten auf periodische Hebungen oder auf Vortheile irgend welcher Art ꝛc. erfolgt.

Die auf die kirchliche Baulast bezüglichen §§. 721, 739 dies. Tit. enthalten Anwendungen des obigen Prinzips auf die Regelung der Kirchenbaupflicht.

Die Civilprozeßordnung v. 30. Jan. 1877 giebt keine Begriffsbestimmung des „Wohnsitzes", in specie des „doppelten Wohnsitzes."

Die alte Allgem. Gerichts-Ordnung verordnete in Thl. I. Tit. 2:

§. 10. Die Absicht, seinen beständigen Wohnsitz an einem Orte nehmen zu wollen, kann sowohl ausdrücklich, als durch Handlungen oder Thatsachen geäußert werden.

§. 11. Für eine solche stillschweigende Aeußerung ist es zu achten, wenn Jemand an einem gewissen Orte ein Amt, welches seine beständige Gegenwart daselbst erfordert, übernimmt, Handel oder Gewerbe daselbst zu treiben anfängt, oder sich daselbst Alles, was zu einer eingerichteten Wirthschaft gehört, anschafft.

§. 12. Auch die Uebernahme einer Pacht, verbunden mit dem persönlichen Aufenthalte auf dem gepachteten Gute, begründet den Wohnsitz des Pächters . . . .

§. 14. Außerdem kann daraus, daß Jemand selbst eine geraume Zeit hindurch, wegen seiner Geschäfte oder Gesundheit, oder wegen Studirens, oder um einem drohenden Arrest, einer Kriegs- oder anderen Gefahr zu entgehen, an einem Orte sich aufhält, die Aufschlagung eines beständigen Wohnsitzes daselbst noch nicht gefolgert werden.

§. 15. Wer an 2 verschieden Orten eingerichtete Wirthschaften hat, und abwechselnd bald an dem einen, bald an dem anderen Orte sich aufhält, oder Gewerbe treibt, ... (hat einen doppelten Wohnsitz).

Erk. d. Ob.Trib. v. 10. Jan. 1862 Archiv 43 S. 322: Eine doppelte Parochie wird nicht dadurch existent, daß Jemand seinen einzigen Wohnsitz an einem Orte genommen hat, für welchen 2 Parochialkirchen, mithin auch zwei Parochien bestehen. Jeder Einwohner eines solchen Ortes hat nur eine Parochie, nämlich bei der Kirche derjenigen Glaubensgenossen, zu denen er gehört.

[112]) Erk. des Ob.Trib. v. 23. Jan. 1837 Nr. 154, Centralblatt 1837 S. 585: Dieses Gesetz setzt einen doppelten Wohnsitz voraus, also den Fall, wo die Grundstücke, von denen die Rede, an dem einen der beiden Wohnsitze besessen werden, bezieht sich mithin nicht auf Forensen, d. i. solche, die ihren Wohnsitz nicht in der Parochie haben, also, wenngleich sie Grundstücke in derselben besitzen, keine Eingepfarrten sind; wiederholt ausgesprochen durch Erk. v. 20. Sept. 1854, Entsch. 28 S. 355, u. v. 8. März 1867, Entsch. 58 S. 370, Archiv 66 S. 255; cfr. auch Min.Bl. für d. inn. Verw. 1873 S. 115. (Koch, L.R. IV. S. 366.)

vergl. Anm. 111.

genommen werden können, hat er die Wahl, welcher von beiden Kirchenanstalten er sich bedienen wolle.

§. 267. Hat Jemand an einem Orte, wo mehrere Parochien seiner Religionspartei sind, seinen Wohnsitz aufgeschlagen: so bestimmt die Lage des Hauses, in dem er wohnt, die Parochie, zu welcher er gehört.

§. 268. Durch den bloßen Aufenthalt in einem Kirchspiele, so lange der Vorsatz, seinen Wohnsitz darin aufzuschlagen, noch nicht erhellet, wird die Einpfarrung nicht begründet.

§. 269. Die Frau gehört zur Parochie des Mannes nur in so fern, als sie mit ihm einerlei Glaubensbekenntnisse zugethan ist.

§. 270. Ist sie von einer verschiedenen Religionspartei: so gehört sie, der Regel nach, in diejenige Parochie, welcher die übrigen Mitglieder ihrer eigenen Religionspartei, in dem Bezirke, wo der Mann seinen Wohnsitz hat, unterworfen sind.

§. 271. Sind diese zu keiner Parochie geschlagen: so ist auch eine solche Frau von dem Pfarrzwange frei.

§. 272. Kinder, die noch unter der Aeltern Gewalt stehen, gehören zur Parochie desjenigen von den Aeltern, in dessen Glaubensbekenntnisse sie unterrichtet worden, oder deren Religionspartei sie gewählt haben.[113])

§. 273. Sind dergleichen Kinder von einem andern Glaubensbekenntnisse als beide Aeltern, so finden die Vorschriften §. 270. 271. Anwendung.

§. 274. Wo es durch besondere Gesetze oder wohlhergebrachte Gewohnheiten zwischen den verschiedenen protestantischen [114]) Gemeinen bisher eingeführt gewesen, daß die Parochialeigenschaft der sämmtlichen Mitglieder einer Familie nach der Religionspartei, zu welcher das Haupt derselben sich bekennt, beurtheilt worden, hat es auch ferner dabei sein Bewenden.

§. 275. Das Gesinde gehört zu der Parochie seiner Religionspartei an dem Orte, wo es im Dienste der Herrschaft sich aufhält.

Anh. §. 127. (fällt weg.)

§. 276. Eben das gilt von Handwerksgesellen und Lehrburschen, in Beziehung auf den Wohnort des Meisters.

---

[113]) vergl. Anm. 24.

[114]) vergl. Anm. 22.

§. 277. Aus der Befreiung von der ordentlichen Gerichtsbarkeit des Orts folgt noch nicht die Ausnahme von der Parochie.[115] Exemtionen von der Parochie.

§. 278. Sämmtliche zum Militärstande gehörende Personen sind der ordentlichen Parochie ihres Wohnorts oder Standquartiers nicht unterworfen.

§. 279. Vielmehr gehören dieselben, nach näherer Bestimmung der Militär-Consistorialordnung, zu der Parochie des Regiments oder der Garnison, zu welcher sie in Absicht ihres Dienstes gewiesen sind.[116]

§. 280. Besitzen sie aber Grundstücke: so müssen von diesen die Parochiallasten an die Kirche ihrer Religionspartei, in deren Bezirke die Grundstücke liegen, entrichtet werden.[117]

§. 281. Wo an einem Orte ein Feld- und ein Garnison-Prediger sich befinden, da hat Ersterer nur auf diejenigen als seine Eingepfarrten Anspruch, welche zu dem Regimente oder Bataillon, bei welchem er angesetzt ist, gehören.

§. 282. Wo aber kein besonderer Garnisonprediger ist, da gehören alle am Orte befindliche, unter Militärgerichtsbarkeit stehende Personen, zu der Gemeine des Feldpredigers; und unter mehrern desjenigen, welchem der Gouverneur oder Kommandant die Geschäfte des Garnisonpredigers aufgetragen hat.

§. 283. bis §. 287. aufgehoben.[118]

---

[115]) Der eximirte Gerichtsstand ist aufgehoben. vergl. Civilprozeßordnung v. 30. Jan. 1877 Tit. 2 §. 12 ff. und §. 707.

[116]) vergl. die Preuß. Militärkirchenordnung v. 12. Febr. 1832, G.S. 1832 S. 69.

[117]) Vorausgesetzt, daß entweder nach der Verfassung des Ortes bereits bestehende Parochialabgaben von dem Grundbesitz zu entrichten, oder neue Parochiallasten nach dem Maaßstabe der Grund- und Gebäudesteuer aufzubringen sind. vergl. §. 31 Nr. 6 der Kirch. Gem. Ordnung v. 10. Sept. 1873.

vergl. Anm. 109.

[118]) Ges. v. 3. Juni 1876, betr. die Aufhebung der Parochialexemtionen, G.S. S. 154:

§. 1. Die nach dem Allg. Landr. §§. 283—287 Tit. 11 Thl. II, sowie die in einzelnen Landestheilen oder Ortschaften nach besonderem Recht oder Herkommen für bestimmte Personen oder Grundstücke bestehenden Parochialexemtionen werden mit allen ihren Folgen vom 1. Jan. 1877 ab aufgehoben.

§. 2. Bestehen an einem Orte mehrere Parochien, so haben die bisherigen Eximirten, sofern sie nicht bereits früher einer bestimmten Parochie zugewiesen oder dauernd beigetreten sind, das Recht, bis zum 31. Dez. 1876 diejenige Parochie zu wählen, welcher sie als Mitglieder dauernd beitreten wollen. Die Wahl

§. 288. Alle vom Pfarrzwange Ausgenommene haben in jedem einzelnen Falle die Wahl, welcher Kirchenanstalt sie sich bedienen wollen.

Anh. §. 128. Sie können daher die geistlichen Handlungen auch von einem Geistlichen einer andern Religionspartei verrichten lassen.

§. 289. Doch müssen sie sich, bei jeder solchen Handlung, allen Anordnungen und Abgaben derjenigen Kirchenanstalt, deren sie sich bedienen, gleich den wirklich Eingepfarrten unterwerfen.

§. 290. Bei den Heirathen derselben muß das Aufgebot nothwendig in der Pfarrkirche des Wohnorts geschehen.[119])

§. 291. In allen Fällen, wo bei einer ihrer kirchlichen Handlungen, Ausnahmen von gewissen die Civilpersonen überhaupt bindenden Gesetzen gemacht werden sollen, muß die Dispensation dazu, wenn gleich die Handlung selbst von einem zum Militärstande gehörigen Geistlichen verrichtet wird, dennoch bei der gehörigen Civilinstanz nachgesucht werden.

§. 292. An Orten, wo kein ordentlich eingerichteter Garnison-Gottesdienst ist, können auch Eximirte vom Civilstande sich eines Feldpredigers zu wirklichen Parochialhandlungen nicht bedienen.[120])

Von vagirenden Distrikten und Einwohnern.

§. 293. Einzelne Einwohner des Staats, welche nach obigen Grundsätzen weder zu einer Parochie gehören, noch vom Pfarrzwange ausdrücklich eximirt sind, müssen eine Kirche ihrer Religionspartei wählen, zu welcher sie sich halten wollen.[121])

§. 294. Auch ganze Gemeinen, welche noch zu keinem Kirchspiele gewiesen sind, müssen sich, unter Vorwissen und

---

geschieht durch ausdrückliche Erklärung bei dem Gem. Kirch. Rath oder Kirchenvorstand. Wird die Wahl nicht innerhalb der Frist ordnungsmäßig ausgeübt, so gelten die Eximirten als Mitglieder derjenigen Parochie, innerhalb welcher ihre Wohnung belegen ist.

[119]) cfr. Ges., betreffend die Trauungsordnung v. 27. Juli 1880, kirchl. Ges. u. V. Bl. 1880 S. 109 (siehe Anhang).

[120]) vergl. §§. 47, 48 d. Preuß. Militärkirchenordnung v. 12. Febr. 1832.

[121]) Reskr. des Kult. Min. v. 5. Febr. 1824, v. Kamptz, Annal. Bd. 8 S. 152: Die Zuschlagung ist nicht lediglich den geistlichen Oberen überlassen, sondern es kommt auch hier der allgemeine Grundsatz des §. 111 dies. Tit. zur Anwendung.

Genehmigung der geistlichen Obern, zu einer benachbarten Kirche schlagen.[122])

§. 295. Der Regel nach hängt die Bestimmung, zu welcher sie sich halten wollen, von der Mehrheit der Stimmen einer solchen Gemeine ab.[123])

---

[122]) Erk. d. Ob.Trib. v. 3. Jan. 1868, Entsch. 59 S. 305: Die Generalsynode der beiden evangel. Konfessionen im ehemaligen Großpolen (zu dem das gegenwärtige Großherzogthum Posen gehörte) war befugt, die Einpfarrung evangelischer Einwohner zu einer benachbarten evangelischen Kirche mit rechtlicher Wirkung vorzunehmen.

Ges. v. 16. Febr. 1880, G.S. S. 51:

§. 1. Den evang. vagirenden und Gastgemeinden in der Provinz Schlesien wird bis zum 1. Jan. 1883 Frist gegeben, entweder eine selbstständige Parochie zu bilden, oder sich nach Maaßgabe der nach §. 46 der Kirch. Gem.Ord. v. 10. Sept. 1873 besonders zu treffenden statutarischen Bestimmungen einer bereits bestehenden Parochie einzuverleiben.

§. 2. Mit d. 1. Jan. 1883 treten die §§. 294—302, 370, 371, 723, 724, 743 u. 744 L.R. II. 11, sowie alle auf das Verhältniß der vagirenden und Gastgemeinden bezüglichen Observanzen, statutarischen Bestimmungen und Zuschlagsdekrete für die evangel. Kirche der Provinz Schlesien außer Kraft.

§. 3. Die bis 1. Jan. 1883 nicht in Gemäßheit des §. 1 selbstständig gewordenen oder einer Parochie einverleibten vagirenden und Gastgemeinden gelten von diesem Zeitpunkte ab als zu den Kirchen eingepfarrt, zu welchen sie bisher zugeschlagen waren, resp. sich gehalten haben.

Die Mitglieder der den bestehenden Parochien zutretenden vagirenden und Gastgemeinden erhalten gleiche Rechte und Pflichten mit den übrigen Eingepfarrten. Unberührt bleiben durch dieses Gesetz die den seither Eingepfarrten oder den Mitgliedern der vagirenden und Gastgemeinden obliegenden Reallasten.

§. 4. Für Veränderungen der in Folge dieses Gesetzes erweiterten oder neu gebildeten Parochien sind die §§. 238 ff. L.R. II. 11 und Art. 23 Nr. 6 Ges. v. 3. Juni 1876 maaßgebend.

Vergl. den hierzu ergangenen Ausführungserlaß des Kultusministers v. 1. Mai 1880, Allg. Kirchenbl. für das evangel. Deutschland. Stuttgart 1882. S. 14.

Die sonst wegen Veränderung bestehender, sowie wegen Bildung neuer Pfarrbezirke vorgeschriebene Berichterstattung der Provinzialbehörden an den Minister der geistl. Ang. ist nach dessen Reskr. v. 27. April 1861, Aktenst. d. Ev.O.K.R. Heft 13 S. 176 in dem Falle nicht erforderlich, wenn bisher vagirende Gemeinden einer bestehenden Kirche gastweise zugeschlagen werden, da eine derartige Zuschlagung die volle Wirkung einer Einpfarrung nach §. 299 L.R. II 11 nicht hat. In solchen Fällen bleibt vielmehr der K. Regierung in Gemeinschaft mit dem Konsistorium die selbstständige Verfügung vorbehaltlich des Rekurses der Betheiligten an die höhere Instanz überlassen.

vergl. §§. 238, 239, 370, 743, 744 h. t.

[123]) Sind Gemeinden, welche zu keinem Kirchspiel gewiesen sind, vagirende Landgemeinden, die einen Patron haben, so hängt es — nach märkischem Provinzialrecht — unter Vorbehalt der Genehmigung der geistl. Oberen zunächst von dem Patron ab, einen eigenen Prediger anzunehmen oder

§. 296. Doch können, wenn keine Vereinigung statt findet, die geistlichen Obern, nach Bewandniß der Umstände, einen Theil der Gemeine zu dieser, und die Uebrigen zu einer andern Kirche weisen.

§. 297. Bei der Zuschlagung solcher Gemeinen zu benachbarten Kirchen, müssen die Abgaben und Beiträge derselben, so wie ihre Theilnehmung an einem der Gemeine bei Besetzung der Pfarrstelle zukommenden Wahlrechte, unter Direction der geistlichen Obern, durch Verträge bestimmt werden.[124])

§. 298. Sind damals keine Verträge geschlossen worden: so muß die fehlende Bestimmung, in vorkommenden streitigen Fällen, von den geistlichen Obern, nach der Billigkeit, und nach dem, was unter ähnlichen Umständen im Kreise oder in der Provinz üblich ist, ergänzt werden.[125])

---

diejenige Kirche auszuwählen, mit welcher er über eine Zuschlagung der Gemeinde sich vereinigen will. Die Gemeinde hat dabei kein Stimmrecht, vielmehr steht ihr im letzteren Falle nur ein Widerspruchsrecht, und zwar allein aus solchen Gründen zu, welche sie entweder bei der Wahl eines neuen Predigers geltend machen könnte, oder nach denen die Erreichung des Zweckes der Zuschlagung der Gemeinde vereitelt, oder ohne genügende Veranlassung erheblich erschwert werden würde. Wird die Zuschlagung vom Patrone wegen zu geringer Pfarreinkünfte beschlossen, so kann die Gemeinde die Annahme eines eigenen Predigers verlangen, wenn sie die Einkünfte der Pfarre genügend verbessert. (Götze, Prov. Recht der Altmark Thl. I Abthl. 2 S. 180, Th. II S. 63)

[124]) vergl. §§. 723 ff., 742 ff. dies. Tit.

Erk. d. Komp. Gerichtsh. v. 11. Febr. 1871, J. M. Bl. S. 103: Wenn bei einer Veränderung der Parochialverhältnisse von der Regierung die Festsetzung getroffen worden ist, daß die Neueingepfarrten dieselben Natural- und Geldabgaben an den Pfarrer zu entrichten haben, wie die bisherigen Mitglieder der Parochie, so ist dies nicht als eine solche Umlage im Sinne des Ges. v. 24. Mai 1861 §. 15 anzusehen, gegen welche der Rechtsweg nur insoweit stattfindet, als dies bei Einziehung der öffentlichen Abgaben zulässig ist. vergl. Anm. 48.

vergl. Kirch. Gem. Ord. v. 10. Sept. 1873 §. 2 alin. 4 u. §. 46.

[125]) Gegen die im Falle der erfolgten Einpfarrung einer benachbarten Kirchengemeinde zu einer anderen Gemeinde von der Regierung nach § 298 h. t. getroffene Festsetzung hinsichtlich der von der eingepfarrten Gemeinde zu den Kirchen-, Pfarr- und Küstereibauten zu leistenden Höhe der Beiträge ist der Rechtsweg zulässig. Erk. d. Ob. Trib. v. 21. März 1859, Arch. 33 S. 80.

Dagegen hat der Kompetenzgerichtshof unter dem 14. März 1863 angenommen, daß gegen Anordnungen der geistl. Behörden auf Grund der §§. 294, 297, 298 h. t. der Rechtsweg unzulässig sei. J. M. Bl. 1863 S. 133, Min. Bl. f. die inn. Verw. 1863 S. 110.

§. 299. Dergleichen Zuschlag hat zwar nicht die Wirkung einer beständigen Einpfarrung;

§. 300. Es können aber die zugeschlagenen Gemeinen nur aus erheblichen Ursachen, und nur unter Approbation der geistlichen Obern, von der einmal gewählten Kirche wieder abgehen.[126])

§. 301. So lange der Pfarrer, welcher für diese zugeschlagene Gemeine mit berufen worden, noch im Amte steht, kann zu seinem Nachtheile eine Abtrennung dieser Gemeine nicht gestattet werden.

§. 302. Dagegen hat der Prediger, während dessen Amtsführung die Zuschlagung geschehen ist, gegen eine von den geistlichen Obern genehmigte Wiederabtrennung kein Recht zum Widerspruch.[127])

§. 303. Wer von einer Religionspartei zur andern übergeht, verläßt seine bisherige Parochie.[128]) Verlassung der Parochie.

§. 304. Wer seinen Wohnsitz außer den Gränzen seiner

Erk. d. Komp. Gerichtsh. v. 18. März 1865, J. M. Bl. S. 141, Aktenst. des Ev. O. K. R. Bd. 5, S. 466: Der §. 298 enthält das allgemeine Prinzip, daß in den Fällen des von den geistl. Oberen anerkannten Bedürfnisses der Unterhaltung einer Kirchenanstalt dieselbe auch die Befugniß habe, den Betrag und die Vertheilung der Beiträge unter die Eingepfarrten schließlich festzusetzen, wenn nicht Lasten in Frage sind, in Ansehung deren bei entstandenem Streite die Gesetze auf den Rechtsweg verweisen, wie z. B. der §. 709 dieses Tit., ein Prinzip, das nicht nur durch den §. 163 dieses Tit., im §. 18 der Regier. Instruktion v. 23. Okt. 1817 und in §§. 3, 5 der V. v. 27. Juni 1845 unterstützt wird, sondern als auch in der Natur der Verhältnisse begründet, in den Erk. des gedachten Gerichtshofes v. 17. Febr. 1855 (J. M. Bl. S. 115) und v. 30. Jan. 1858 (a. a. O. S. 267) Ausdruck erhalten hat.

[126]) vergl. §. 371 h. t.

[127]) auch keinen Anspruch auf Entschädigung. Einen solchen hat nur derjenige Pfarrer, welcher für die zugeschlagene Gemeinde mit vozirt worden ist. cfr. §. 301 dies. Tit. (Koch, L. R. IV. S. 370.)

[128]) vergl. Anm. 23.

Ein Uebergang von einer Religionspartei zur andern, in welchem nach §. 303 eine Verlassung der bisherigen Parochie liegt, ist in dem Beitritt zur Union der evangelischen Glaubensgenossen nicht enthalten. vergl. R. d. Kult. Min. v. 2. Mai 1826, betr. den Beitritt zur Union, v. K., Annal. Bd. 10 S. 351. Kab. Ord. v. 30. April 1830, betr. den Einfl. der Union auf die an die luther. oder reformirte Religion geknüpften Stiftungen. G. S. 1830 S. 64, Kab. Ord. v. 28. Febr. 1834, betr. das Wesen u. den Zweck der Union u. Agende, v. K., Ann. Bd. 18 S. 74.

vergl. Ges. v. 14. Mai 1873, betr. den Austritt aus der Kirche, G. S. S. 207.

bisherigen Parochie verlegt, wird dadurch zugleich von dem Pfarrzwange derselben frei.

§. 305. Ein Gleiches geschieht durch Erlangung eines Standes, Amts, oder Titels, mit welchem die Befreiung von der ordinairen Parochie gesetzlich verbunden ist.[129])

Aufhebung der Parochie.

§. 306. Die unter Genehmigung des Staats einmal bestehenden Parochien, können ohne dergleichen Genehmigung, nicht wieder aufgehoben werden.

§. 307. Dadurch, daß aus Mangel an Eingepfarrten in einer Kirche eine Zeitlang keine gottesdienstliche Handlungen haben vorgenommen werden können, verliert dieselbe noch nicht die Rechte einer Parochialkirche.

§. 308. Wenn aber, aus Mangel an Eingepfarrten, die Stelle des Pfarrers länger als Zehn Jahre hindurch unbesetzt geblieben ist: so kann der Landesherr, wo nicht besondere Landesverfassungen oder Tractaten entgegen stehen, über die vacante Kirche verfügen; und alsdann erlöschen auch die etwanigen Parochialrechte derselben.[130])

---

[129]) vergl. Anm. 118.

[130]) Ges. v. 13. Mai 1833 über erloschene Parochien und die Behandlung des Vermögens derselben, G.S. S. 51: Da es zweifelhaft geworden ist, in welchen Fällen eine Parochie als erloschen zu betrachten und wie das Vermögen einer erloschenen Parochie zu behandeln sei, so verordnen Wir mittelst Deklaration der §§. 177, 179, 189, 192 ff., Th. II Tit. 6 und §. 308, Th. II Tit. 11 des Allgem. Landr. für diejenigen Landestheile, worin das Allg. Landr. Gesetzeskraft hat, wie folgt:

§. 1. Eine Parochie ist als erloschen anzusehen, wenn binnen 10 Jahren

a) entweder gar keine Mitglieder ihrer Religionspartei in dem Pfarrbezirk einen ordentlichen Wohnsitz gehabt haben,

b) oder gar kein Pfarrgottesdienst daselbst stattgefunden hat,

c) oder endlich die Zahl der Eingepfarrten fortwährend so gering gewesen, daß zu einem ordentlichen Pfarrgottesdienst kein Bedürfniß vorhanden war.

§. 2. Entstehen Zweifel über das Dasein der im §. 1 aufgestellten Bedingungen, so sollen dieselben zu unserer Allerh. landesherrl. Entscheidung vorgelegt werden.

§. 3. Das einer Parochie zustehende Vermögen, welches bei ihrem Erlöschen (§. 1, 2) als herrenlos Unserer landesherrlichen Verfügung anheimfällt, soll zum Vortheil derjenigen Religionspartei derselben Provinz verwendet werden, welcher die erloschene Parochie angehört hat.

§. 4. Von der Vorschrift des §. 3 tritt in Ansehung des vakant gewordenen Kirchengebäudes eine Ausnahme ein, indem dasselbe der an diesem Ort vorhandenen Parochie einer anderen christl. Religionspartei zugewiesen werden soll, insofern dazu ein Bedürfniß vorhanden ist.

§. 309. Wenn zwei Gemeinen verschiedener Religionsparteien zu Einer Kirche berechtigt sind: so müssen die Rechte einer jeden hauptsächlich nach den vorhandenen besondern Gesetzen oder Verträgen beurtheilt werden. Vom Simultaneo.

§. 310. Mangelt es an solchen Bestimmungen: so wird vermuthet, daß eine jeder dieser Gemeinen mit der andern gleiche Rechte habe.

§. 311. Die nähern Maaßgaben wegen der Ausübung dieser Rechte müssen, bei entstehendem Streite, nach dem Einverständnisse der beiderseitigen Obern, und wenn dies nicht Statt findet, durch unmittelbare Landesherrliche Entscheidung, festgesetzt werden.[131])

---

§. 5. War ein Theil des übrigen Vermögens der Parochie ausschließend und unzweifelhaft zur Erhaltung des Kirchengebäudes bestimmt, so soll derselbe auch ferner mit dem nach §. 4 zu verwendenden Kirchengebäude verbunden bleiben.

Reskr. des Kult. Min. v. 6. Mai 1836 (Jacobson, Geschichte der Quellen des K. R. Th. I Bd. 1, Anh. S. 324): Wenn auch die Voraussetzungen des §. 1 (des Ges. v. 13. Mai 1833) bei einer in der Hauptparochie liegenden Filialkirche eintreffen, so soll auf sie das citirte Gesetz nicht angewendet werden, weil die Filialisten immer Eingepfarrte der Hauptkirche sind, wohl aber auf eine von zwei vereinigten Mutterkirchen. (Koch, L. R. IV. S. 371.)

Erk. d. Ob. Trib. v. 7. Jan. 1867, Strieth, Arch. Bd. 67 S. 16:

a) Der §. 308 dies. Tit. stellt Parochial- und Vermögensrecht nicht zu einander in einen Gegensatz, so daß das eine das andere ausschließen würde.

b) Unter den „etwaigen Parochialrechten" der vakanten Kirche sind diejenigen zu verstehen, welche aus der Parochialverbindung und dem dadurch begründeten Subjektionsverhältniß der Eingepfarrten fließen. Die Beschränkung „etwaige" bezieht sich darauf, daß nicht alle Kirchen mit Parochialrechten versehen sind.

c) Zu den Parochialrechten gehört auch der Zehnt, welcher in einer Abgabe von Früchten besteht, die auf der zur Parochie gehörigen Feldmark erzeugt werden, und welcher zur ursprünglichen Bestimmung hat, zum Unterhalt des Pfarrers zu dienen. §. 237 ff., 261, 308, 857 h. t.

d) Der §. 308 drückt nur aus, daß das betreffende Recht nicht mehr als ein Parochialrecht der supprimirten Kirche bestehe, nicht aber auch, daß die entsprechende Verbindlichkeit der Eingepfarrten gänzlich untergegangen sei; in dieser Beziehung kommt es vielmehr darauf an, ob das Recht seiner Natur und Beschaffenheit nach ein solches ist, daß es anderweite Verfügung darüber durch landesherrl. Verfügung, die in Folge einer Suppression einer Kirche vorbehalten ist, zuläßt.

[131]) In Kirchen, wo ein Simultangottesdienst zweier evangelischer Gemeinden stattfindet, sollen die zur Ausschmückung des Altars dienenden Gegenstände nur dann weggenommen werden, wenn es die im Gottesdienste nachfolgende Gemeinde verlangt. R. v. 23. Mai 1838, Annalen 12 S. 367.

cfr. auch §. 120 Milit. Kirch. Ord. v. 12. Febr. 1832.

§. 312. Dabei ist jedoch auf dasjenige, was bisher üblich gewesen, hauptsächlich Rücksicht zu nehmen.

§. 313. Wird aber darüber gestritten: ob eine oder die andere Gemeine zu der Kirche wirklich berechtigt sei: so gehört die Entscheidung vor den ordentlichen Richter.[132])

§. 314. Wenn nicht erhellet, daß beide Gemeinen zu der Kirche wirklich berechtigt sind: so wird angenommen, daß diejenige, welche zu dem gegenwärtigen Mitgebrauche am spätesten gelangt ist, denselben nur bittweise, d. h. als eine widerrufliche Gefälligkeit erhalten habe.

§. 315. Selbst ein vieljähriger Mitgebrauch kann, für sich allein, die Erwerbung eines wirklichen Rechts durch Verjährung in der Regel nicht begründen. (Th. 1. Tit. 9. §. 589.)

§. 316. Wenn jedoch, außer diesem Mitgebrauche, auch die Unterhaltung der Kirche von beiden Gemeinen gemeinschaftlich bestritten worden: so begründet dieses die rechtliche Vermuthung, daß auch der später zum Mitgebrauche gekommenen Gemeine ein wirkliches Recht darauf zustehe.

§. 317. So lange eine Gemeine den Mitgebrauch nur bittweise hat, muß sie bei jedesmaliger Ausübung einer bisher nicht gewöhnlichen gottesdienstlichen Handlung, die besondere Erlaubniß der Vorsteher dazu nachsuchen.

---

[132]) Erk. des Komp. Gerichtsh. v. 10. Okt. 1863, J.M.Bl. 1864 S. 4: Die Polizeibehörden sind berechtigt, hinsichtlich der Benutzung von Kirchen, welche zum gemeinschaftl. Gebrauche mehrerer Konfessionen bestimmt sind, im Interesse der Ruhe und Ordnung die erforderlichen Verfügungen zu treffen. Sofern dadurch ein Interimistikum unter den streitenden Parteien festgestellt wird, ist zwar der Rechtsweg dagegen zulässig; es muß aber bis zur rechtskräftigen Entscheidung der Gerichte der polizeil. Anordnung Folge geleistet werden, und die Polizeibehörde ist befugt, die betheiligten Personen nöthigenfalls durch Androhung und Einziehung von Geldstrafen dazu anzuhalten.

Erk. dess. Gerichtsh. v. 9. April 1864, J.M.Bl. S. 273: Streitigkeiten zwischen verschiedenen Konfessionen über das Recht, ihre Simultankirche in größerem oder geringerem Umfange zu benutzen, sind der gerichtl. Kognition unterworfen. Dagegen ist der Rechtsweg unzulässig, wenn die Klage gegen polizeil. Anordnungen über die Benutzung der Simultankirche gerichtet ist.

Erk. dess. Ger. Hofs v. 9. Dez. 1865, J.M.Bl. 1866 S. 95: Die Anstellung einer Possessorienklage gegen Anordnungen der Landespolizeibehörde über die Benutzung einer Simultankirche von Seiten verschiedener Konfessionen ist unzulässig.

Sechster Abschnitt.

Von dem Pfarrer und dessen Rechten.

§. 318. Derjenige Geistliche, welcher zur Direction und Verwaltung des Gottesdienstes bei einer Parochialkirche bestellt worden, wird der Pfarrer des Kirchspiels genannt.[182a]) Begriff.

§. 319. Ein Pfarrer muß die von einem geschickten und tugendhaften Geistlichen erforderten Eigenschaften im vorzüglichen Grade besitzen. Erfordernisse und

§. 320. Er muß sich den Wohlstand der Kirche, den Unterricht der Gemeine, und die Beförderung eines guten moralischen Verhaltens ihrer sämmtlichen Mitglieder besonders angelegen sein lassen. allgemeine Pflichten desselben.

§. 321. Die Sorge für die Gebäude und das Vermögen der Kirche hat er mit den Vorstehern gemein.

§. 322. Wenn letztere in ihren Pflichten nachlässig sind, ist er seiner geistlichen Behörde davon Anzeige zu machen schuldig.

§. 323. Dagegen sind aber auch die Vorsteher verbunden, eben dieser Behörde es anzuzeigen, wenn der Pfarrer seine Amtspflichten vernachlässigt, oder in seinem sittlichen Verhalten zu gegründetem Tadel und Aergerniß der Gemeine Veranlassung giebt.

§. 324. Ob die Wahl des Pfarrers von dem Bischofe, dem Consistorio, einem Privatpatrone, oder den Gliedern Wahl des Pfarrers überhaupt.

182a) R. des Ev.O.K.R. v. 30. Okt. 1878, betr. die Verleihung kirchlicher Titel an Geistliche und Kirchenbeamte, kirchl. Ges. u. V.Bl. 1878 S. 171:

Die Verleihung kirchlicher Titel an Geistliche und Kirchenbeamte gehört durch Art. 21 Ges. v. 3. Juni 1876 zu dem Geschäftskreise des Ev.O.K.R. Die Konsistorien haben daher in jedem dahin gehörigen Falle hinfort an den Ev.O.K.R., nicht an die oberste Staatsbehörde zu berichten. In denjenigen Fällen, wo der betr. Kirchenbeamte gleichzeitig als Lehrer fungirt, ist jedoch vorher durch Benehmen mit der K. Regierung als Schulaufsichtsbehörde festzustellen, ob von dieser Seite gegen die Titelverleihung kein Bedenken obwaltet. Es ist dies erforderlich, um das Benehmen des Ev.O.K.R. mit dem Minister der geistl. Ang. vorzubereiten und die allseitige Würdigkeit des betr. Beamten festzustellen. Bei der Verleihung des Kantortitels ist neben dieser allgemeinen Würdigkeit wesentlich auf diejenigen Leistungen Rücksicht zu nehmen, welche sich beziehen auf die Hebung des Kirchengesanges, auf die Erhöhung der gottesdienstlichen Erbauung durch sonstige angemessene Gesangsaufführungen und auf die Verbreitung der Liebe zum edleren Gesange überhaupt.

der Gemeine abhange, wird durch die besondern Verfassungen jeder Provinz und jedes Orts näher bestimmt.[133])

---

[133]) vergl. §. 32 der Kirch.Gem.Ord. v. 10. Sept. 1873.

Erk. d. Ob.Trib. v. 27. März 1854, Arch. 12 S. 293: Es ist den Rechten nicht zuwider, daß Jemand mit der kirchlichen Gemeinde an der Wahl ihres Pfarrers sich betheilige, ohne ihrer Konfession anzugehören, also auch ohne Glied dieser Gemeinde zu sein. Daher kann auch der Magistrat eines Ortes, als städtische Behörde, mit den Geistlichen und anderen Deputirten der bürgerlichen oder kirchlichen Gemeinde zusammen den Pfarrer wählen.

Das Cirkularreskr. des Kult.Min. v. 12. Juli 1848, Min.Bl. f. d. inn. Verw. 1848 S. 221, ermächtigt die Konsistorien, von der besonderen Verpflichtung der Kandidaten u. Geistlichen zum vorschriftsmäßigen Gebrauche der erneuerten Kirchenagende zu abstrahiren, vielmehr nur bei der Ordination den Ordinandus im Allgemeinen erklären zu lassen, daß er verpflichtet sei, das ihm überwiesene Amt in allen Beziehungen nach bestehender Ordnung und Vorschrift zu verwalten.

Ueber die Besetzung der Stellen der evangel. Strafanstaltsgeistlichen vergl. Anm. 214.

Die durch den Cirkul.Erlaß des Kult.Min. v. 26. Sept. 1854 (Min.Bl. f. d. inn. Verw. S. 198) mitgetheilte Kab.Ordre v. 5. Dez. 1853 ermächtigt den Kult. Minister und den Evang.Ob.Kirch.Rath, den bei den Strafanstalten angestellten evangelischen Geistlichen nach 10jähriger treuer Amtsführung eine Versorgung in Pfarrstellen landesherrlichen Patronats zu Theil werden zu lassen.

Erk. v. 25. Jan. 1873, Arch. 88 S. 37: Nach dem A.L.R. haben die Konsistorien das Besetzungsrecht evangelischer Pfarrstellen in allen Fällen, wo entweder überhaupt weder ein Privatpatron, noch eine Gemeinde das Wahlrecht gehabt, oder wenn der Privatpatron oder die Gemeinde aus einem besonderen Grunde dasselbe bei einer einzelnen Vakanz verloren hat.

Ressortverord. v. 27. Juni 1845 (G.S. S. 440) §. 2: Bei den dem landesherrlichen Patronat unterworfenen Kirchen wird das Ernennungsrecht zu den geistlichen Stellen durch die Konsistorien ausgeübt. cfr. dazu §. 32 Kg.Ord. u. die dazu ergangene Verord. v. 2. Dez. 1874, vergl. auch Ressortregl. v. 1. Okt. 1847, M.Bl. d. i. V. 1847 S. 278 I Nr. 5. Ueber die Person des in Aussicht genommenen Kandidaten ist in jedem Falle die Aeußerung der Regierung, in deren Bezirk die zu besetzende Stelle liegt, einzuholen. R. d. Min. d. geistl. Ang. v. 1. u. 30. Nov. 1845. Die durch Erlaß des Kult.Minist. v. 17. Sept. 1847 (Nr. 21998) mitgetheilte Kab.Ordre. v. 22. Aug. 1847 verpflichtet die Provinzialkonsistorien, von der Erledigung einer jeden, mehr als 700 Thlr. eintragenden evangelischen Pfarrstelle landesherrlichen Patronats dem Ministerium der geistl. Angel. Anzeige zu machen, und falls letzteres einen versorgungsberechtigten Militärgeistlichen für dieselbe zu bezeichnen Veranlassung findet, hiernach bei Wiederbesetzung der Stelle zu verfahren. Nicht minder behält es bei der durch den Kabinetsbefehl v. 8. Okt. 1812 getroffenen Anordnung ferner sein Bewenden, wonach dem Ministerium der geistl. Ang. in einzelnen Fällen aus überwiegenden Gründen die Befugniß zusteht, unmittelbar die Besetzung solcher Stellen landesherrlichen Patronats zu ver-

§. 325. Niemals soll ein Subjekt, welches mit der Gemeine in Streit und Feindschaft lebt, oder gegen dessen Grundsätze, oder moralisches Verhalten, die Gemeine erhebliche Einwendungen hat, derselben zum Pfarrer aufgedrängt werden.[134])

§. 326. In allen Fällen muß daher das Subjekt, welches zum Pfarrer bestellt werden soll, der Gemeine zuvor bekannt gemacht werden.[135])

§. 327. Hat die Pfarrkirche ihren eigenen Patron: so gebührt diesem, der Regel nach, die Berufung eines neuen Pfarrers.[136]) Insonderheit bei Patronatkirchen.

---

fügen, deren Kollation durch §. 2 der Verord. v. 27. Juni 1845 der Regel nach den Konsistorien übertragen ist.

Jetzt sind dergl. Anzeigen von der Erledigung von Pfarrstellen fiskalischen Patronats, deren Einkommen in seiner Gesammtheit sich auf 700 Thlr. und darüber beläuft, dem Ev.Ob.Kirch.Rath zu erstatten, welchem überlassen bleibt, mit dem Minister der geistl. Ang. dieserhalb sich in Benehmen zu setzen. (R. des Ev.O.K.R. v. 28. Nov. 1868 Nr. 5059 E. O.) Diese Anzeigepflicht bezieht sich indessen nicht auf diejenigen Fälle von Pfarrerledigungen, in denen gemäß Verordnung v. 2. Dez. 1874 den vereinigten kirchlichen Gemeindeorganen die Pfarrwahl zusteht (R. d. Ev.O.K.R. v. 28. Sept. 1875 E. O. 3661), wohl aber auf solche Fälle, in denen die betr. geistl. Stelle zwar nicht der freien kirchenregimentlichen Verleihung unterliegt, die Kirchenbehörde aber berechtigt bez. verpflichtet ist, bei vorkommenden Besetzungsfällen der Gemeinde 3 Kandidaten zur Auswahl zu präsentiren. (R. des Ev.O.K.R. v. 28. Sept. 1875.)

[134]) Verf. des Kult.Min. v. 17. Okt. 1822, Annal. 6 S. 887: Bei den Gemeinden, in welchen der Unionsritus eingeführt ist, sollen nur solche zu Pfarrern, Diakonen u. s. w. ernannt und bestätigt werden, welche ihren Beitritt zur Union dem Konsistorium der Provinz schriftlich erklärt haben.

Nach der Kab.Ordre v. 30. April 1830, Annal. 14 S. 329, soll bei der Besetzung evangelischer Pfarrstellen landesherrlichen Patronats, soweit es ohne Erregung von Unzufriedenheit in der Gemeinde geschehen kann, die reformirte oder lutherische Konfession nicht weiter berücksichtigt werden; der Anzustellende muß sich aber bei solchen Gemeinden, welche der Union noch nicht beigetreten sind, nach den bei denselben üblichen Gebräuchen richten.

[135]) Nach dem Prov. Recht für Ostpreußen (Zusatz 177) bedarf es, wo es nicht besonders hergebracht ist, keiner Zuziehung der Gemeinde bei Bestellung des Pfarrers, und das dazu gewählte Subjekt wird der Gemeinde weder vorgestellt, noch weniger dieselbe mit ihrer Erklärung darüber vernommen, so wie es auch bei Niederlegung des Amts der Anzeige an die Gemeinde nicht bedarf.

[136]) Nach dem Prov. Recht der Kurmark Brandenburg (vergl. Götze, Prov. R. Thl. I Abthl. 2 S. 181, Thl. II S. 64) hängt bei Patronatkirchen in der Mark die Wahl des Pfarrers von dem Patron allein ab, mit Vorbehalt der Bestätigung der geistlichen Oberen. Der Gemeinde steht in der Regel, und wo nicht etwa gültige Lokalobservanzen etwas Anderes festsetzen, gar keine

§. 328. Auch Patrone können, bei ihrer anzustellenden Auswahl, nur auf solche Subjekte Rücksicht nehmen, die entweder schon in einem geistlichen Amte stehen, oder doch als Candidaten, von den geistlichen Obern ihrer Provinz, nach angestellter vorläufiger Prüfung, die Erlaubniß zum Predigen erhalten haben.

§. 329. Das von dem Patrone ausgewählte Subjekt muß der Gemeine vorgestellt, und zur Haltung einer Probepredigt und Catechisation angewiesen werden.[137])

§. 330. Hat der Gewählte schon vorhin in einem geistlichen Amte gestanden: so muß er dennoch, wenn die Gemeine ihn nicht schon hinlänglich kennt, eine Gastpredigt und Catechisation halten.

§. 331. Der Tag der zu haltenden Probe- oder Gastpredigt muß der Gemeine wenigstens Vierzehn Tage vorher bekannt gemacht werden.[138])

§. 332. Sind Zwei oder mehrere Kirchen unter Einem Pfarrer zusammen geschlagen: so muß in jeder eine Probepredigt gehalten werden.

§. 333. Ob auch in eigentlichen Filialkirchen die Haltung einer Probepredigt nöthig sei, oder ob die Mitglieder einer solchen Tochtergemeine zu deren Anhörung in der

---

Theilnahme an der Wahl zu. Sie hat aber in dem Falle, und nur in dem Falle, wenn sie gegen des Erwählten Lehre oder Wandel erhebliche Einwendungen erweislich machen kann, zwar ein Widerspruchsrecht gegen die Wahl; über die Erheblichkeit solcher Einwendungen steht jedoch den geistlichen Oberen allein, und ohne Konkurrenz der Gerichte, die Entscheidung zu.

Nach dem Ostpreußisch. Prov. Recht (Zusatz 178) fällt, wenn der weltliche Patron die erledigte lutherische Stelle binnen 3, und die katholische binnen 4, der geistl. Patron aber binnen 6 Monaten nicht wieder besetzt, das Besetzungsrecht in Absicht der katholischen Geistlichen und Schullehrer in Ermland an den Bischof, in Absicht aller übrigen Geistlichen und Schulstellen aber an den Landesherrn.

vergl. §. 587 h. t.

137) Nach dem Prov. Recht der Kurmark Brandenburg (cfr. Götze, Prov. R. Thl. II S. 64, Thl. I Abthl. 2 S. 181) wird die Probepredigt im Beisein des Patrons und des Superintendenten gehalten. Nach deren Beendigung wird die Erklärung der Gemeinde aufgenommen. Dasselbe gilt nach der Magdeburger Kirchenordnung v. 1739 S. 119 im Herzogthum Magdeburg.

138) Nach d. Reskr. des Evang. Ob. Kirch. Raths v. 14. Juli 1857, Aktenst. Bd. 2 S. 204, begründet die Nichtbeobachtung dieser Frist keine Nichtigkeit der vom Patron getroffenen Wahl.

Mutterkirche sich einfinden müssen, bleibt der hergebrachten Verfassung bei einem jeden Kirchensysteme überlassen.

§. 334. Die Gemeine muß, nach Verlauf von wenigstens Acht Tagen, mit ihrer Erklärung über das von dem Patrone ausgewählte Subjekt vernommen werden.

§. 335. Ist der Candidat aus einer andern Diözes oder Consistorialdepartement: so kann die Gemeine eine längere Frist, allenfalls bis Vier Wochen, zu ihrer Erklärung verlangen.

§. 336. Ist die Gemeine mit dem Patrone über die Würdigkeit des von letzterem ausgewählten Subjekts uneins: so müssen die vorgesetzten geistlichen Obern, ohne prozessualische Weitläuftigkeiten, über die Erheblichkeit der Einwendungen entscheiden.

§. 337. Wer rechtlich überführt wird, daß er sich durch Bestechungen, oder andere unerlaubte Wege, in ein geistliches Amt einzuschleichen gesucht habe, wird eines solchen Amts auf immer unfähig.

§. 338. Auf den bloßen, mit keinen erheblichen Gründen unterstützten, Widerspruch einzelner Mitglieder der Gemeine, soll keine Rücksicht genommen werden.

§. 339. Wenn aber ein Subjekt wenigstens Zwei Drittel der Stimmen sämmtlicher Gemeineglieder gegen sich hat, soll er zu der Pfarrstelle nicht anders gelassen werden, als wenn sich bei der Untersuchung findet, daß der Widerspruch durch bloße Verhetzungen und Aufwiegelungen veranlaßt worden.

§. 340. Ist der Patron dem römisch-katholischen, die Gemeine aber dem protestantischen Glaubensbekenntnisse zugethan, oder umgekehrt: so muß der Patron wenigstens Drei Subjekte zur Probepredigt zulassen.[139])

---

[139]) Dove führt aus, daß die Vorschriften §§. 340 ff., in welchen die in Deutschland in unmittelbarem Anschluß an die Stipulationen des Osnabrücker Friedensinstruments Art. V §. 31 entwickelte Uebung zur Anerkennung gekommen sei, auf das Verhältniß eines der griechischen, mit der katholischen, lutherischen und reformirten Konfession dort nicht gleichberechtigt erachteten, mit dem kirchlichen Leben Deutschlands nur in oberflächliche Berührungen getretenen, in nationaler Abgeschlossenheit beharrenden Konfession angehörigen Besitzers eines patronatberechtigten Gutes zu einer evangel. Pfarrstelle keine Anwendung leiden, daß vielmehr in einem solchen Falle die patronatische Gerechtsame als ruhend und demzufolge an die höhere

§. 341. Demjenigen unter diesen, welcher bei der Gemeine, nach der Mehrheit der Stimmen derselben, den vorzüglichsten Beifall hat, kann er die Vocation nicht versagen.

§. 342. In diesem sowohl, als in allen übrigen Fällen, wo es hergebracht ist, daß der Patron der Gemeine mehrere Subjekte zur Auswahl vorschlage, muß die Gemeine nothwendig eins derselben wählen, in so fern sie nicht allen Dreien erhebliche Einwendungen nach Vorschrift §. 319. 325. 328. 337. entgegensetzen kann.

§. 343. Eben dies findet, im umgekehrten Falle, in Ansehung des Patrons Statt, wenn nach wohlhergebrachter Verfassung demselben mehrere Subjekte zur Auswahl von der Gemeine vorgeschlagen werden.

§. 344. Nehmen mehrere Patrone mit gleichem Rechte an Besetzung der Pfarren Theil: so entscheidet, wenn sie sich nicht vereinigen können, die Mehrheit der Stimmen.[140])

---

kirchliche Instanz devolvirt zu behandeln sei. Dove's Zeitschr. Bd. 2 S. 122. (v. Rönne, Erg. II. S. 724.)

Damit stimmt das Reskr. des Ev. Ob. Kirch. Raths v. 1. Aug. 1861 überein. (Aktenst. Heft 13 S. 178.)

vergl. auch §. 582 h. t.

[140]) vergl. §. 352 h. t.

Prov. Recht der Kurmark Brandenburg:

Wenn mehrere Patrone bei der Wahl konkurriren, so treten die Vorschriften der allg. Landesgesetze für diese Fälle in der Mark mit der Modifikation ein, daß, wenn der Landesherr Patron der Tochterkirche ist, er nicht die Verpflichtung hat, der Wahl des Patrons der Mutterkirche allemal beizutreten, vielmehr ihm gleichfalls eine unabhängige Stimme zusteht, und der von dem Patron der Mutterkirche Gewählte nicht eher bestätigt und eingeführt werden darf, als bis ihm auch die landesherrl. Vokation ertheilt ist.

V. v. 3. Okt. 1673, 7. April 1708 und 14. Dez. 1709, Mylius C. C. M. I. 1 S. 399, 429, 431. cfr. Götze, Prov. R. Thl. I Abthl. 1 S. 182, 183.

R. des Großkanzlers v. 12. April 1802, Rabe, Bd. 7 S. 137: Die Vorschrift des §. 348 dies. Tit., wonach der Patron der Tochterkirche schuldig ist, dem Patron der Mutterkirche bei der Wahl des Pfarrers beizutreten, bringt es mit sich, daß dem Patron der Tochterkirche eigentlich keine eigene Wahlstimme zusteht, und er hat nach eben dieser Gesetzesstelle nur das Recht, zu widersprechen, wenn sich gegen den von dem Patron der Mutterkirche gewählten Kandidaten gesetzliche Einwendungen finden. Beide Stimmen können daher, sobald Patrone mehrerer vereinigter Mutterkirchen konkurriren, nur für eine gezählt werden, und wenn alsdann die Wahl nicht durch eine überwiegende Stimmenmehrheit unter den Patronen der Mutterkirchen bestimmt wird, so ist nach Vorschrift der §§. 334—346 zu verfahren.

Pfarrstellen, welche bisher auf Grund des fiskalischen Patronats, spezieller Statuten oder aus anderen Gründen der freien

§. 345. Ist keine überwiegende Mehrheit der Stimmen vorhanden: so müssen die geistlichen Obern den Patronen aufgeben, sich, binnen einer gewissen nach den Umständen zu bestimmenden Frist, über ein vorzuschlagendes Subjekt zu vereinigen.

§. 346. Erfolgt in der bestimmten Frist kein Einverständniß: so fällt die Besetzung der Stelle für diesmal den geistlichen Obern anheim.

§. 347. Diese müssen aber die Stelle in der Regel einem Dritten, welcher von keinem der uneinigen Patrone vorgeschlagen worden, verleihen.

§. 348. Hat eine eigentliche Tochterkirche einen besondern Patron: so muß dieser in der Regel dem Patrone in der Mutterkirche beitreten, wenn er nicht gegen das von letzterem ausgewählte Subjekt erhebliche Einwendung nach §. 319. 325. 328. 337. machen kann.[141])

§. 349. Wenn in dem Falle des §. 340. 342. der Gemeine von den mehrern Patronen drei Subjekte vorgeschlagen werden sollen: so finden, wenn die Patrone sich über diese Auswahl nicht vereinigen können, die Vorschriften §. 344—347. Anwendung.

§. 350. Wenn also die mehrern Patrone ohne ein vorhandenes Uebergewicht von Stimmen auf mehr als Drei Subjekte Rücksicht nehmen: so müssen die geistlichen Obern der Gemeine drei andere vorschlagen.

§. 351. Wenn jedoch alle oder die meisten Patrone

---

kirchenregimentlichen Verleihung unterlegen haben, werden fortan nach Vorschrift des §. 32 der Kirch. Gem. Ord. v. 10. Sept. 1873 (siehe diese) resp. der dazu ergangenen Verord. v. 2. Dez. 1874 besetzt.

Konkurrirt in solchem Falle von 2 vereinigten Muttergemeinden eine fiskalischen Patronates mit einer patronatsfreien, so wird die Berufung des neuen Pfarrers in der Weise zu bewirken sein, daß zunächst das fiskalische Patronatsrecht nach Anleitung der eben allegirten Vorschriften zur Geltung kommt, demnächst aber der patronatsfreien Muttergemeinde Gelegenheit zu ihrer Erklärung über den ausgewählten Pfarrer nach Vorschrift der §§. 334, 319, 325, 328, 337 gegeben wird.

In ähnlicher Weise wird zu verfahren sein, wenn von 2 vereinigten Mutterkirchen eine privaten Patronates mit einer patronatsfreien konkurrirt, nachdem zunächst der Privatpatron die ihm nach §§. 327 ff. zustehenden Rechte ausgeübt hat.

vergl. Anm. 65 zur Kg. u. Syn. Ord.

[141]) vergl. das in Anm. 140 mitgetheilte R. v. 12. April 1802.

sich über ein oder zwei Subjekte vereinigt hatten: so müssen diese auch von den geistlichen Obern mit vorgeschlagen; und nur statt derjenigen, wegen welcher kein solches Einverständniß getroffen werden kann, andere genommen werden.

§. 352. In allen Fällen, wo es auf die Stimmenmehrheit unter den Patronen ankommt, werden die Stimmen, wenn das Patronatrecht bloß persönlich ist, nach den Personen; wenn es aber auf Gütern haftet, nach den Gütern, ohne Rücksicht auf den Werth oder die Größe derselben, gezählt; in so fern nicht, vermöge vorhandener Verträge, oder einer rechtsverjährten Gewohnheit, ungleiche Antheile für die mit dem Patronatrechte versehenen Güter bestimmt sind.[142])

---

[142]) Es fragt sich, wie die Stimmen bei der Konkurrenz mehrerer Kompatrone zu zählen sind, mag nun das denselben zustehende Patronatrecht als ein dingliches oder persönliches zu betrachten sein, d. h. muß in beiden Fällen bei dessen Ausübung die Zählung der Stimmen der Theilhaber nach dem Maaße ihrer Antheile an den von ihnen besessenen Gütern, oder nach Köpfen geschehen?

Der 2. Senat des ehemal. Oberlandesgerichts zu Naumburg und das K. Ob.-Tribunal haben sich in den Erkenntnissen v. 4. Nov. 1823 resp. v. 5. Dez. 1825 für die erstere Ansicht entschieden, und zwar aus folgenden Gründen (cfr. Vogt, Kirch.R. I S. 286, v. Rönne, Ergänz. Bd. II S. 724, 725.):

a) Wenn das Patronatrecht ein persönliches, so gelte der Satz: toties vota ferenda viritim, quoties in capita fiat successio, toties vero curiatim, quoties in stirpes succedatur. Auch das Allg. Landr. stehe diesen Grundsätzen nicht entgegen; denn wenn auch §. 352 verordne, daß beim persönlichen Patronatrechte, insofern es auf Stimmenmehrheit der Patrone ankomme, die Stimmen nach den Personen gezählt werden sollen, so könnten doch auch mehrere Stimmgeber Eine Person vorstellen.

b) Sei das Patronatrecht ein dingliches, so gebühre nach gemeinem und preuß. Rechte (§§. 352, 605 h. t.) jedem Gute eine Stimme, ohne Rücksicht auf dessen Größe, Umfang und Verhältniß zu den übrigen Gütern; habe jedes Gut mehrere Besitzer mit ungleichen Antheilen, so habe nicht jede Quote eine Virilstimme, sondern es entscheide auch hier das Repräsentationsrecht, da den Erben jedes Stammes zusammen nicht mehr Rechte zustehen könnten, als ihrem Erblasser. Der §. 605 h. t. stehe nicht entgegen, da er von mehreren Gütern spreche und auf ungleiche Antheile an demselben Gute analog nicht ausgedehnt werden könne. Derselbe §. setze vielmehr ebenso, wie §. 344 h. t. ein gleiches Recht der verschiedenen Güter voraus. Auch die Hinweisung des §. 605 auf den Tit. 17 Thl. I Landr. spreche nicht hiergegen, da er nicht auf Tit. 17 §. 22, sondern überhaupt auf Tit. 17 verweise und der §. 22 Tit. 17 blos eine Ausnahme der im §. 21 Tit. 17 aufgestellten Regel sei. (Simon, Rechtspr. Bd. 3 S. 131, Bd. 4 S. 244.)

In der 5. Ausg. des Koch'schen Allg. Landr. wird die vorstehende Ausführung für bedenklich erklärt, und zwar ad a., weil der §. 352 schlechthin das Stimmen nach Personen vorschreibe, und zwischen ursprünglichen Patronen und Patronatssuccessoren nicht unterscheide, ad b., weil das Präsentationsrecht ein untheilbares Recht sei, bei welchem nur durch die Konkurrenz der mehreren Patrone, also unabhängig von ihrem ideellen Grundstücksantheile eine gemeinschaftl. Ausübung bedingt werde. (Koch, L. R. IV S. 379.)

vergl. §§. 581 u. 605 h. t. u. die Anm. dazu.

Erk. d. Ob.Trib. v. 10. Juni 1848, Entsch. 17 S. 365: Observanzen in kirchlichen Gemeindeverhältnissen können zwar schon aus 2 gleichartigen Fällen erwiesen werden, bedürfen jedoch eines verjährungsmäßigen, wenn auch nicht eben 30jährigen Zeitverlaufs.

vergl. §. 242 h. t.

Erk. d. Ob.Trib. v. 29. Okt. 1858, Archiv Bd. 31 S. 89 ff.: Das Allg. Landr. enthält keine besonderen Vorschriften, wie es mit dem Patronat bei völligen Güterdismembrationen zu halten sei. Daraus folgt aber keineswegs der Untergang des Patronatsrechts in dem letzteren Falle; vielmehr gelangt man, da das Allg. Landr. ein mehreren Gütern zustehendes Patronatrecht anerkennt, auch bei erfolgter Dismembration eines zum Patronat berechtigten Gutes, wenn man nicht in die Anomalie gerathen will, das Recht als untergegangen anzusehen, während die entsprechenden Obliegenheiten des Patronats auf den Abspliſſen des Guts fortwährend lasten, zu dem Resultat, daß auch hier, nach allgemeinen Grundsätzen, die Besitzer der Trennstücke in Ansehung der Rechte und Pflichten jenes Patronats als Inhaber eines gemeinsamen Rechts oder einer gemeinsamen Verbindlichkeit anzusehen sind.

In einem auf Spezialbefehl ergangenen Minist. Reskr. v. 5. März 1809 (Mathis, Bd. 10 S. 69) ist namentlich eine Ausübung des Patronats von allen Erwerbern der Trennstücke des dismembrirten, zum Patronat berechtigten Guts, als von einer moralischen Person, für das richtige Auskunftsmittel erachtet worden.

Das Patronatrecht besteht sowohl aktiv, als passiv, durch die einzelnen Gutstheile repräsentirt, fort. Die Theilbesitzer sind gegenwärtig zusammen als Inhaber eines gemeinschaftlichen, ungeachtet der Theilung des Patronatgutes ungetheilt gebliebenen Rechts in Betreff des Patronatsrechts jenes Gutes anzusehen.

Daraus würde indessen noch nicht folgen, daß eben deshalb auch der §. 606 h. t. überhaupt und uneingeschränkt einer analogen Anwendung auf den Fall der Dismembration des allein berechtigten Gutes fähig wäre, da der §. 606 nur von dem im §. 605 gedachten Falle handelt, wenn das Patronatrecht über dieselbe Kirche auf mehreren Gütern mit gleichem Rechte haftet, indem dann in Betreff aller jener Ehrenrechte: Präsentation des Pfarrers (§. 587, 344), Befugniß, seinen Kirchstuhl an einem vorzüglichen Orte der Kirche zu haben (§. 588) u. s. w., gerade, wegen der Konkurrenz gleichberechtigter Patrone, von der Regel der gemeinsamen Ausübung eines gemeinschaftl. Rechts, wohin der §. 605 geführt haben würde, eine Ausnahme gemacht wird.

Jedenfalls ist die Kirchengemeinde (von einer weiter greifenden Analogie konnte in dem damals zur Entscheidung vorliegenden Falle abgesehen werden) nach geschehener Dismembration nicht befugt, den an dem Patronatskirchenstuhl mitberechtigten einzelnen Interessenten in der ferneren Benutzung dieses Kirchenstuhls zu hindern.

Bei Kirchen, welche keinen Patron haben.

§. 353. Bei Kirchen, welche keinen eigenen Patron haben, gebührt der Regel nach die Wahl des Pfarrers der Gemeine.[143])

§. 354. In diesem Falle müssen die Kirchenvorsteher[144]) der Gemeine Drei Subjekte vorschlagen.[145])

Hiernach sind also die Besitzer der Trennstücke des zum Patronate berechtigten, aber dismembrirten Gutes in Ansehung der Rechte und Pflichten jenes Patronats als Inhaber eines gemeinsamen Rechts oder einer gemeinsamen Verbindlichkeit anzusehen. Was speziell das Patronatsrecht der Berufung des neuen Pfarrers betrifft, so ist die Gesammtheit der Besitzer der einzelnen Trennstücke zur Ausübung des Besetzungsrechtes für befugt zu erachten, und zwar nehmen die sämmtlichen Besitzer der Trennstücke unter sich mit gleichem Rechte an der Besetzung der Pfarre Theil. Wenn sie sich nicht vereinigen können, so entscheidet die Mehrheit der Stimmen. (§. 344 h. t.) In diesem Falle werden die Stimmen, da das Patronatrecht auf dem zu demselben berechtigten Gute, in Folge der Dismembration des letzteren aber auf den aus dem Hauptgute entstandenen, mehreren Trennstücken mit gleichem Rechte haftet (§. 605), nach der Zahl der einzelnen, selbstständigen Trennstücke, ohne Rücksicht auf den Werth oder die Größe derselben, gezählt (§. 352). Ist keine überwiegende Mehrheit der Stimmen vorhanden, so haben die geistl. Oberen nach §. 345 ff. h. t. zu verfahren.

Haftet das Patronatrecht über eben dieselbe Kirche auf mehreren Gütern mit gleichem Rechte (§. 605), und ist von diesen das eine oder das andere dismembrirt worden, so nehmen die mehreren Patrone, nämlich die Besitzer der nicht dismembrirten Güter und die Gesammtheit der Besitzer der Trennstücke des dismembrirten Gutes mit gleichem Rechte an der Besetzung der Pfarre Theil, dergestalt, daß zunächst die Stimmen der Besitzer der Trennstücke nach der Zahl der letzteren gezählt werden. Ergiebt sich hiernach eine überwiegende Mehrheit der Stimmen, so wird das Ergebniß demnächst den Stimmen der Besitzer der nicht dismembrirten Güter hinzugezählt, und hiernach die Stimmenmehrheit (§. 344) ermittelt (§. 352). vergl. ferner Erk. v. 30. Okt. 1868, Archiv 72 S. 348.

vergl. auch R. des Evang. Ob. Kirch. R. v. 9. Sept. 1857, Aktenst. Bd. 2 S. 209.

[143]) Mit Rücksicht auf die Entstehungszeit des Allg. Landrechts wird man unter der landrechtlichen Gemeindewahl die mündlich zu Protokoll erklärte Wahl zu verstehen haben. Sollte indessen in dem einen oder anderen Spezialfalle die Wahlgemeinde sich für die Schriftwahl, für die Wahl mittelst Stimmzettel, erklären, so wird die vorgesetzte Behörde bei Prüfung der Legalität des Wahlverfahrens jener Erklärung entgegenzutreten um so weniger Veranlassung haben, als angenommen werden darf, daß durch den thatsächlich zur Anwendung gebrachten Wahlmodus die wahre Willensmeinung der Gemeinde nur um so deutlicher und unbefangener zum Ausdruck gelangt ist. Uebrigens sind zur Wahl des Pfarrers wahlberechtigt alle Mitglieder der Gemeinde nach näherer Vorschrift der §§. 356 ff. h. t., nicht blos der engere Kreis der zur Wahl der kirchlichen Gemeindeorgane nach §. 34 der Kirch. Gem. Ord. v. 10. Sept. 1873 Wahlberechtigten.

[144]) Jetzt der Gemeindekirchenrath.

[145]) Kann der Gem. Kirch. Rath wegen Mangels an Bewerbern nicht 3, sondern

§. 355. Bei diesem Vorschlage aber müssen sie nur auf solche Subjekte, die der Gemeine durch Probepredigten oder sonst hinlänglich bekannt sind, Rücksicht nehmen; und besonders solche, von welchen sie Ursache haben, zu glauben, daß mehrere Mitglieder der Gemeine Zuneigung und Vertrauen gegen sie hegen, nicht übergehen.[146])

§. 356. Bei der Wahl selbst hat in der Regel jedes Mitglied der Gemeine, welches nicht einem mitwählenden Familienhaupte untergeordnet ist, ein Stimmrecht.[147])

Anh. §. 129. Auch Wittwen und unverheiratheten Frauenzimmern ist hierbei, und unter der gedachten Einschränkung, die Concurrenz durch qualificirte Stellvertreter nicht zu versagen.[148])

---

nur 1 oder 2 Bewerber vorschlagen, so wird vor Beginn der Wahl die Gemeinde darüber zu befragen sein, ob sie, unter Vorbehalt ihres Rechtes aus §. 354 pro futuro, für den gegenwärtigen Fall auf die Präsentation weiterer Kandidaten verzichtet. Für diesen Verzicht genügt Stimmenmehrheit. Vergl. §. 365 L.R. II. 11 §§. 167, 168, 53 sequ. 62 L.R. II, 6 in Anm. 151.

[146]) Diese Vorschrift hat lediglich instruktionelle Bedeutung für den Gem. Kirch. Rath.

[147]) Minderjährige stimmen durch ihre Vormünder. R. v. 13. Nov. 1801. Rabe Bd. 7 S. 62.

Die vorgängige Anfertigung und Auslegung einer Wahlliste d. h. einer Liste der Wahlberechtigten ist, wenn auch zweckmäßig, doch nicht Bedingung für die Gültigkeit des Wahlverfahrens. Es genügt, wenn die Legitimation der Wahlberechtigten durch gegenseitige Rekognition der Interessenten oder sonst (z. B. durch Notorietät) geführt ist. Jedenfalls wird ein Gemeindemitglied, welches wirklich wahlberechtigt ist, blos aus dem Grunde, weil sein Name in der gefertigten Wahlliste nicht verzeichnet steht, von der Wahl nicht ausgeschlossen werden können. Uebrigens ist seit Verkürzung des Majorennitätstermins (21 Jahre) der Kreis derer, welche selbstständig ihr Wahlrecht auszuüben befugt sind, entsprechend erweitert. (vergl. Ges. v. 9. Dez. 1869, G.S. S. 1177, über das Alter der Großjährigkeit.)

[148]) Der Stellvertreter muß qualifizirt, d. h. er muß ein keinem mitstimmenden Hausvater untergeordneter, auch nicht mehr unter Vormundschaft stehender Mann und Mitglied der Kirchengemeinde, auch durch schriftliche, bezüglich der Unterschrift der Mandantin in einer fidem publicam beanspruchenden Weise beglaubigte Vollmacht legitimirt sein. (cfr. §. 61 L.R. II. 6.)

Daß die Vollmacht den Namen des zu wählenden Pfarrers enthalte, wird nicht unbedingt gefordert werden können; dies Postulat verbietet sich sogar in dem in der Anmerkung 143 gedachten Falle, wo die Wahlgemeinde sich für Schriftwahl entschieden hat, von selbst.

Es genügt, daß die Vollmacht den Mandatar zur Vertretung der Vollmachtgeberin in dem betreffenden Pfarrwahltermine schlechthin ermächtige.

§. 357. Durch Streitigkeiten über die Befugnisse zum Stimmrechte soll die Wahl niemals aufgehalten werden.

§. 358. Wer entweder selbst schon in einem ähnlichen Falle ein Stimmrecht bei der Gemeine ausgeübt hat; oder wer zu einer Classe gehört, deren Mitglieder in vorigen ähnlichen Fällen zum Stimmen zugelassen worden, dem muß auch bei der gegenwärtigen Wahl die Abgebung seiner Stimme verstattet werden.

§. 359. Ein Gleiches gilt von demjenigen, der ein Grundstück besitzt, dessen vorige Inhaber, als Glieder der Gemeine, in ähnlichen Fällen zur Wahl gelassen worden.

§. 360. Niemand aber kann ein Stimmrecht sich anmaßen, der zu einer andern als derjenigen Religionspartei gehört, für welche der Pfarrer gewählt werden soll.

§. 361. Die Festsetzung: wie nach diesen Grundsätzen ein streitig gewordenes Stimmrecht in dem gegenwärtigen Falle ausgeübt werden soll, kommt den geistlichen Obern zu.[149])

§. 362. Die Entscheidung über das streitige Stimmrecht selbst aber gehört vor den ordentlichen weltlichen Richter.

§. 363. Die nach der Festsetzung der geistlichen Obern vorgenommene Wahl (361.) verliert für den gegenwärtigen Fall nichts von ihrer Gültigkeit, wenn auch hiernächst durch richterliches Erkenntniß Jemandem das ausgeübte Stimmrecht ab- oder wenn dasselbe einem Ausgeschlossenen zugesprochen wird.

§. 364. Was vorstehend §. 357—363. wegen eines über das Stimmrecht gewisser Gemeineglieder entstehenden Streits verordnet ist, gilt, jedoch mit Ausschließung des §. 360., auch in Fällen, wo unter mehrern Patronen das Berufsrecht streitig wird.[150])

---

[149]) Erk. des Komp. Gerichtsh. v. 10. Jan. 1852, Just. Min. Bl. 1852 S. 67: Der Rechtsweg über die Bestätigung einer Predigerwahl bei obwaltenden Streitigkeiten über die Ausübung des Stimmrechts ist unzulässig. Denn die Wahl eines Predigers soll durch Streitigkeiten über das Wahlrecht niemals aufgehalten, sondern, derselben ungeachtet, nach der Festsetzung der geistl. Oberen vorgenommen, und, wenn dieselbe erfolgt, für den gegenwärtigen Fall einer prozessualischen Anfechtung nicht unterliegen. §§. 361, 362, 363 h. t.

[150]) R. des Just. Min. v. 23. Sept. 1831, v. Rönne, Ergänz. Bd. II S. 725 zu §. 364: Der §. 364 findet auch dann Anwendung, wenn auch der Fiskus unter den Patronen ist.

Entsteht über das Präsentationsrecht eines Patrons oder über das Wahlrecht einer Gemeinde Streit, so hat das Konsistorium die Gültigkeit der Präsentation

§. 365. Uebrigens findet, bei der von einer Gemeine anzustellenden Pfarrwahl, dasjenige Statt, was wegen Verhandlung und Entscheidung gemeinschaftlicher Angelegenheiten bei Gemeinen überhaupt verordnet ist. (Tit. 6. §. 167. 168.)[151])

---

oder der Wahl im einzelnen Besetzungsfalle nach Maaßgabe der allgemeinen Landesgesetze, der in der Provinz geltenden Kirchenordnungen und der besonderen Verfassung der betr. Kirche zu prüfen und darüber zu befinden. Inwieweit den Betheiligten der Rechtsweg offen bleibt, bestimmen die §§. 361—364 L.R. II. 11. (vergl. Ressortregl. v. 1. Okt. 1847, Min.Bl. d. i. V. S. 278 I Nr. 4.)

[151]) A.L.R. II. 6:

§. 167. Die Wahl der Vorsteher und Beamten gehört zu den inneren Rechten der Gesellschaft.

§. 168. Sie ist ein Gegenstand der außerordentlichen Zusammenkünfte. (§. 53 sequ.)

§. 53. Sämmtliche Mitglieder müssen ..... ausdrücklich eingeladen werden.

§. 54. Ist bei der Einladung ..... zugleich der Gegenstand der Berathschlagung angezeigt worden, so können die erscheinenden Mitglieder, ohne Rücksicht auf ihre Zahl, einen gültigen Schluß abfassen.

§. 55. Ist dies ..... nicht geschehen, so müssen wenigstens $^2/_3$ der Mitglieder gegenwärtig sein, wenn ein Schluß zu Stande kommen soll.

§. 56. Ist die Einladung nicht gehörig geschehen, oder im Falle des §. 55 nicht die erforderliche Anzahl von Mitgliedern gegenwärtig gewesen, so ist ein dennoch abgefaßter Schluß nichtig.

§. 62. Die Schlüsse der Gesellschaft werden nach der Mehrheit der Stimmen abgefaßt.

§. 63. Bei vorhandener Stimmengleichheit gebührt die Entscheidung derjenigen Behörde, der es selbst zukommt, die Schlüsse der Korporation zu bestätigen.

Ges. v. 23. Jan. 1846, betr. die Form der Zusammenberufung von Kirchengemeinden, G.S. S. 23:

§. 1. Die Einladung der Mitglieder einer Kirchengemeinde zu einer Versammlung, in der ein Gemeindebeschluß gefaßt werden soll, kann nicht blos, wie bisher, durch die im §. 57 L.R. II. 6 vorgeschriebene Insinuation an jedes Gemeindemitglied, sondern mit gleicher rechtlicher Wirkung auch dadurch geschehen, daß solche der zum Hauptgottesdienste in der Kirche versammelten Gemeinde auf die im §. 2 näher bestimmte Weise bekannt gemacht wird.

§. 2. Die Einladung muß den Gegenstand, über welchen beschlossen werden soll, so wie die Zeit und den Ort der Versammlung angeben. Sie muß in der Pfarrkirche der Gemeinde an 3 auf einander folgenden Sonntagen, an welchen ein Hauptgottesdienst gehalten wird, bei demselben vorgelesen werden.

Besitzt dieselbe Gemeinde noch andere Kirchen, in welchen an Sonntagen Hauptgottesdienst gehalten wird, so muß auch in diesen Kirchen die Vorlesung der Einladung wenigstens an einem Sonntage beim Hauptgottesdienste geschehen. Sind jedoch mehrere Gemeinden, deren jede eine Kirche besitzt, unter einem Pfarrer vereinigt, so muß die Vorlesung in der Kirche jeder dieser Gemeinden, insofern die Einladung auch an sie gerichtet ist, bei 3 auf einander folgenden sonntäglichen Hauptgottesdiensten erfolgen.

§. 3. Ueber die geschehene Vorlesung hat der ordentliche Pfarrer ein Attest zu ertheilen, welches den Inhalt der Einladung, sowie die Sonntage, an welchen, und die Kirchen, in welchen das Vorlesen erfolgt ist, angeben und mit dem Kirchensiegel versehen sein muß. Ein diesen Vorschriften gemäß ausgestelltes Attest hat volle Beweiskraft.

§. 4. Wo es nach dem Ermessen der einladenden Behörde den örtlichen Verhältnissen entsprechend erscheint, kann die Einladung, außer deren Verkündung in der Kirche, auch noch durch die öffentl. Blätter bekannt gemacht werden.

§. 5. Die Ordre v. 9. Mai 1829 wegen Zusammenberufung der Kirchengemeinden in großen Städten wird hierdurch aufgehoben.

Nach diesen Vorschriften ist, falls nicht partikularrechtlich oder observanzmäßig andere Formen maaßgebend sind, die Kirchengemeinde zur Wahl zusammenzuberufen. Reskr. des Ev.Ob.K.Raths v. 14. Juli 1857, Aktenst. 2 S. 204, und des Kult.Minist. v. 31. Dez. 1866, M.Bl. f. d. inn. Verw. 1867 S. 64.

Es fragt sich, wie im einzelnen Falle das Ergebniß der Wahl zu ermitteln ist, ob nach der absoluten oder der relativen Majorität der abgegebenen Stimmen. Das Allg. Landrecht braucht in den hier in Betracht kommenden Vorschriften des 11. und des 6. Titels des II. Theiles die Ausdrücke: absolute oder relative Majorität nicht. Es finden sich nur die Ausdrücke: Mehrheit der Stimmen, schlechthin, überwiegende Mehrheit der Stimmen, Uebergewicht der Stimmen, entscheidende Mehrheit der Stimmen. (L.R. II. 11 §§. 341, 344, 345, 350, 352, 368, 369. — II. 6 §. 62.) Nur in dem Falle des §. 55 L.R. II. 6, welcher von den Berathungen und Beschlüssen der Korporationen im Allgemeinen handelt, und in welchem eine ausdrückliche Bekanntmachung des Gegenstandes der Berathschlagung bei der Einladung nicht erfolgt ist, wird gefordert, daß wenigstens $^2/_3$ der Mitglieder gegenwärtig seien, wenn anders ein gültiger Schluß zu Stande kommen soll. Der Schluß selbst wird aber auch in diesem Falle nach der Mehrheit der Stimmen abgefaßt. (cfr. §. 62 L.R. II. 6. siehe oben.) Die Einladung der Kirchengemeinde zur Vornahme der Wahl des Pfarrers erfolgt jetzt wohl allgemein nach den Vorschriften des oben mitgetheilten Gesetzes v. 23. Jan. 1846. Wird die Gemeinde nach diesen Vorschriften konvozirt, so muß die Einladung den Gegenstand, über welchen beschlossen werden soll, angeben. (vergl. §. 2 des citirten Gesetzes.) Daher interessirt der Fall des §. 55 L.R. II. 6 hier nicht.

Andrerseits ist sowohl im §. 369 L.R. II. 11, wo keine entscheidende Mehrheit der Stimmen zu finden ist, als auch im §. 63 L.R. II. 6 (siehe oben,) bei Stimmengleichheit die Entscheidung der Behörde übertragen, und es gebührt den geistlichen Oberen die Ernennung unter den mit gleich vielen Stimmen gewählten Personen.

Da nun für die Wahl des Pfarrers im Allg. Landr. eine absolute Majorität (d. h. mehr, als die Hälfte aller abgegebenen, gültigen Stimmen) nicht ausdrücklich gefordert worden ist, andrerseits aber die überwiegende Mehrheit der Stimmen zu der Stimmengleichheit in grundsätzlichen Gegensatz gebracht ist, so wird man zu Gunsten des mit relativer Majorität Gewählten annehmen müssen, daß unter der entscheidenden Stimmenmehrheit des Allg. Landrechts die relative Majorität zu verstehen ist. Die relative Majorität stellt sich im Verhältniß zu der absoluten als ein minus dar. Da nun das plus nicht ausdrücklich vorgeschrieben ist (wie z. B. im §. 38 der Kirch. Gem. Ordnung v. 10. Sept. 1873 bei der Wahl der kirchl. Gemeindeorgane, oder im §. 7 der zu §. 32 der

§. 366. Nehmen mehrere Gemeinen an der Pfarrwahl Theil: so sind, wenn nicht ein Vertrag, oder eine seit rechtsverjährter Zeit wohl hergebrachte Gewohnheit etwas Anderes bestimmt, die Mitglieder der Filialgemeine ihre Stimmen unter der Hauptgemeine abzugeben befugt.[152])

§. 367. Sind mehrere Pfarrgemeinen unter einem gemeinschaftlichen Pfarrer vereinigt: so hat jede solche Gemeine nach der Regel ihre eigene Stimme.

§. 368. Entsteht durch Zählung der Stimmen dieser vereinigten Kirchengemeinen keine überwiegende Mehrheit: so müssen die einzelnen Stimmen der Mitglieder, ohne Rücksicht auf die verschiedenen Gemeinen, gezählt werden.[153])

§. 369. In allen Fällen, wo keine entscheidende Mehrheit der Stimmen zu finden ist, gebührt den geistlichen Obern die Ernennung, unter den mit gleich vielen Stimmen gewählten Personen.

§. 370. Mitglieder blos zugeschlagener Gemeinen nehmen, wenn nicht bei der Zuschlagung nach §. 297. ein anderes festgesetzt worden, an der Pfarrwahl keinen Theil.

§. 371. Doch ist, wenn von den übrigen Gemeinen ein Pfarrer gewählt worden, zu welchem der größere Theil der Gastgemeine kein Vertrauen hat, dieses für einen erheblichen Grund, aus welchem letztere auf die Wiederabtrennung antragen kann, zu achten.

§. 372. Uebrigens kommt es, auch bei Pfarrwahlen, der Gerichtsobrigkeit des Kirchspiels in allen Fällen zu, die Wahl zu dirigiren, und auf Ruhe und Ordnung dabei zu sehen.[154])

Kirch. Gem. Ordnung ergangenen Allerhöchst. Verordnung v. 2. Dez. 1874 bei den nach Vorschrift dieser Verordnung zu bewirkenden Pfarrwahlen, vergl. auch §. 12 des Reichstagswahlgesetzes v. 31. Mai 1869), so hat der Gewählte, wenn sonst keine Hindernisse entgegenstehen, ein Recht auf Bestätigung schon im Falle des minus. (Diese Auffassung wird durch die Praxis bestätigt.)

vergl. auch §. 59 Nr. 12 der Kirchenordnung für die evangel. Gemeinden der Provinz Westfalen und der Rheinprovinz v. 5. März 1835. Danach sollte der erwählte Prediger Derjenige sein, welcher unter den Konkurrirenden die meisten Stimmen erhielt.

Erst durch Kab. Ord. v. 22. Juli 1867 (M. Bl. d. i. V. S. 298) wurde das Postulat der absoluten Majorität statuirt.

[152]) vergl. d. Erk. d. Ob. Trib. v. 10. Juni 1848 in Anm. 142.

[153]) In diesem und dem vorhergehenden §. ist der Fall gedacht, wo mehr als 2 Gemeinden unter Einem Pfarrer vereinigt sind.

[154]) Nach Aufhebung der Patrimonialgerichtsbarkeit bedienen sich jetzt die

§. 373. Sind in dem Kirchspiele mehrere Gerichtsobrigkeiten vorhanden: so gebührt die Wahldirection der Gerichtsobrigkeit des Orts, wo jede Stimmensammlung geschieht.

Vocation. §. 374. Demjenigen, welcher von dem Patron, oder der Gemeine, zu der erledigten Pfarrstelle rechtmäßig gewählt worden, muß eine schriftliche Vocation zugefertigt werden.[155]

§. 375. Wo es bisher gebräuchlich gewesen, daß die Vocation erst nach erfolgter Prüfung ertheilt worden, da muß dem Gewählten eine schriftliche Bekanntmachung, welche die Bedingungen zur künftig zu ertheilenden Vocation enthält, geschehen.[156]

Konsistorien zur Abhaltung der Pfarrwahl der Regel nach der Superintendenten, welchen erforderlichenfalls unbenommen bleibt, im Interesse der Aufrechthaltung der Ruhe und Ordnung die Mitwirkung der Ortspolizeiverwaltung in Anspruch zu nehmen.

Bei den nach der Vorschrift der Allerh. Verord. v. 2. Dez. 1874 (G.S. S. 355) zu bewirkenden Pfarrwahlen ist die Leitung der Wahlverhandlung dem Superintendenten ausdrücklich (§. 6) übertragen.

[155]) Westpreuß. Prov. Recht §. 24: Der Patron ist nicht befugt, durch Bestimmungen in der Vokation, welche in früheren Vokationen nicht enthalten waren, das Verhältniß und das Einkommen des neuen Geistlichen zu dessen Nachtheil ohne Zustimmung der vorgesetzten Behörde, oder zum Nachtheil der Gemeinde ohne Zustimmung der letzteren, zu verändern.

vergl. auch die allgem. Anordnung in dem Reskr. des Kult. Minist. v. 30. April 1836, Annal. 20 S. 341.

Erst die ertheilte und angenommene Vokation giebt ein Recht auf die Pfarrstelle. (Meier, K.R. S. 187.)

Reskr. des Fin. Minist. v. 13. Febr. 1881, Centr. Bl. der Unterr. Verw. 1881 S. 329: Es kann nicht in der Absicht des Gesetzgebers liegend erachtet werden, die in den Stempeltarifen unter besonderen Positionen benannten „Vokationen der Geistlichen und Lehrer" anders zu behandeln, als die „Bestallungen" für andere Beamte, auf welche letztere Tarifposition die Position „Vokationen 2c." hinweist. Demgemäß erscheint es nicht gerechtfertigt, außer dem Stempel v. 1,50 M. für die Vokation eines Geistlichen oder Lehrers nochmals den gleichen Stempel für die amtliche Bestätigung dieser Vokation durch die zuständige Behörde, und damit eine Steuer zu verlangen, welche doppelt so hoch wäre, als diejenige, welche andere Beamte für ihre „Bestallungen" zu entrichten haben. Wenn und soweit Vokationen einer Bestätigung der vorgesetzten Behörde bedürfen, tritt ihre Stempelpflichtigkeit erst mit dieser Bestätigung ein, und es ist in solchen Fällen der Stempel v. 1,50 M. erst von den bestätigten Vokationen, also nur einmal, wie von „Bestallungen" zu erfordern.

§. 376. Die Ausfertigung der Vocation gebührt dem Patrone, und in dessen Ermangelung den Kirchenvorstehern.[157])

§. 377. Die Bestimmung der Zeit, binnen welcher der Berufene sich über die Annahme der Vocation erklären muß, ist willkürlich; und hängt von dem Gutbefinden der Wählenden ab.[158])

§. 378. Kommt binnen dieser Frist die Erklärung des Berufenen nicht ein: so sind der Patron, oder die Gemeine, zu einer neuen Wahl zu schreiten sofort berechtigt.

§. 379. Ist keine Zeit zur Erklärung bestimmt: so kann der Berufene die Vocation so lange annehmen, als ihm nicht ein geschehener Widerruf derselben bekannt gemacht worden.

§. 380. Hat er sich aber binnen Vierzehn Tagen, nach erhaltener Vocation, über die Annahme derselben nicht erklärt; und sind, nach Verlauf dieser Frist, der Patron und die Gemeine zu einer neuen Wahl geschritten: so hat eine später erfolgte Annahme keine rechtliche Wirkung.

§. 381. Uebrigens gelten von der Annahme der Vocationen, die von der Annahme bei Verträgen überhaupt vorgeschriebenen Gesetze. (Th. 1 Tit. 5. §. 78. sqq.)

§. 382. Ist die Vocation von Mehreren ausgefertigt: so ist es hinlänglich, wenn die Annahme auch nur gegen Einen derselben erklärt worden.

§. 383. Die von dem Berufenen einmal gültig angenommene Vocation kann ohne erhebliche Ursachen nicht widerrufen werden.

§. 384. Nur aus eben den Gründen, aus welchen ein schon bestellter Pfarrer seines Amts entsetzt werden kann, ist auch der Widerruf einer zu rechter Zeit angenommenen Vocation zulässig.

§. 385. Es macht dabei keinen Unterschied: ob diese Gründe schon vor Erlassung der Vocation vorhanden und

---

[156]) vergl. Anm. 33.

[157]) Bezügl. der dem landesherrl. Patronat unterworfenen Kirchen vergl. §. 2 der V. v. 27. Juni 1845 (G.S. S. 440), betr. die Ressortverhältnisse der Provinzialbehörden für das evangel. Kirchenwesen, und §. 10 der V. v. 2. Dez. 1874, G.S. S. 355.

[158]) Bei der nach den Vorschriften der V. v. 2. Dez. 1874, G.S. S. 355 zu bewirkenden Pfarrwahl hat der Gewählte sich innerhalb 4 Wochen nach Zustellung der Benachrichtigung über die Annahme der Wahl zu erklären.

bekannt gewesen, oder ob sie erst nachher entstanden, oder zur Wissenschaft des Patrons oder der Gemeine gelangt sind.

Präsentation. §. 386. Sobald der Berufene die Vocation angenommen hat, muß er den geistlichen Obern der Diözes, oder des Departements, zur Bestätigung präsentirt werden.[159])

§. 387. Die Präsentation muß von dem Patrone, und

---

[159]) R. des Just. Min. v. 20. Juli 1830 (Jahrb. 30 S. 141): Die Bestätigung der Vokationen der Prediger, man mag dieselbe als Ausfluß der Staatshoheit oder als Episkopalrecht ansehen, kann nicht Gegenstand eines Rechtsstreites sein.

Die Kab. Ordre v. 27. Jan. 1862, Aktenst. d. Ev. O. K. R. Heft 14 S. 245, 246 ermächtigt das Staatsministerium, von den Bestimmungen der Kab. Ordre v. 17. Okt. 1847 (M. Bl. d. i. V. S. 305), nach welchen die Anstellung naturalisirter Ausländer im Staats-, sowie im Kirchen- und Schuldienste, nicht ohne vorgängige ausdrückliche Genehmigung des Departementschefs stattfinden und diese Genehmigung nur ertheilt werden soll, wenn von der Anstellung besonderer Nutzen für den Staats-, Kirchen- oder Schuldienst zu erwarten ist, künftighin abzusehen.

Das R. d. Ev. O. K. R. v. 26. Nov. 1877, kirchl. Ges. u. V. Bl. 1878 S. 1, 2 kann nicht anerkennen, daß einem Geistlichen allein aus dem Grunde, weil eine Untersuchung gegen ihn eingeleitet ist, die Bestätigung versagt werden dürfe. Die Untersuchung als solche bildet weder rechtlich, noch thatsächlich ein Hinderniß der Wählbarkeit oder der Bestätigung. Die Untersuchung erscheint aber insofern erheblich, als dadurch zugleich der Verdacht eines vorhandenen, die gesetzliche Wählbarkeit nach §. 10 Nr. 2 der Verordnung v. 2. Dez. 1874 ausschließenden sittlichen Defekts begründet wird; stellt sich ein solcher Defekt nach dem Ergebnisse der Untersuchung als nicht vorhanden heraus, so fehlt jeder Grund, dem Gewählten die Bestätigung zu versagen. Die Entscheidung ist deshalb bis zur Erledigung der anhängigen Untersuchung auszusetzen. Die damit gegebene Verzögerung der Sache ist ein Uebelstand, indessen sind die daraus der Gemeinde erwachsenden Unzuträglichkeiten auch in diesem Falle eben nur solche, wie sie für jede Gemeinde aus der Einleitung einer Disziplinaruntersuchung gegen ihren Geistlichen erwachsen. Eine entgegengesetzte Entscheidung würde nicht nur zu Härten gegen den betr. Geistlichen führen, sondern auch zu einer nicht unerheblichen Gefahr für das Gemeindewahlrecht gereichen.

R. des Ev. O. K. R. v. 7. Juni 1854, Aktenst. Heft 7 S. 18: Der Kirchenbehörde kann die Befugniß nicht abgesprochen werden, einer formell gültigen und auf einen mit der allgemeinen Wählbarkeit versehenen Kandidaten gerichteten Präsentation dennoch aus sachlichen, in den besonderen Verhältnissen der Gemeinde oder des Designaten liegenden Gründen die Bestätigung zu versagen. Die Ablehnung einer Bestätigung in Fällen solcher Art, wenngleich dieselbe, um das Präsentationsrecht der Patrone und wahlberechtigten Korporationen nicht in einer, seine Bedeutung beeinträchtigenden Art zu beschränken, nur als Ausnahme zur Anwendung kommen kann, wird demgemäß als außerordentliche Maaßregel des Kirchenregiments in dringenden Fällen für zulässig und in dessen Recht und Pflicht liegend angesehen werden müssen.

wo deren mehrere sind, von allen geschehen, welche zur Theilnehmung an der Wahl und Vocation berechtigt sind.

§. 388. In Ermangelung von Patronen geschieht die Präsentation durch die Vorsteher.

§. 389. Der Präsentation muß eine Abschrift der ertheilten oder noch zu ertheilenden Vocation, ingleichen das Protokoll über die Probe- oder Gastpredigt, beigelegt werden.

§. 390. In allen Fällen, wo eine Wahl der Gemeine statt gefunden hat, ist auch die Beilegung des Wahlprotokolls erforderlich.

§. 391. Wird von den geistlichen Obern der Präsentirte untauglich, oder die Wahl unregelmäßig befunden: so muß eine neue Wahl und Präsentation erfolgen.[160])

§. 392. Ist der Patron, welcher ein untaugliches Subjekt vorgeschlagen hat, selbst ein Geistlicher: so verliert er für diesen Fall sein Präsentationsrecht, und die Besetzung der Pfarre geschieht durch die geistlichen Obern.

§. 393. Die Präsentation zu einem erledigten Pfarramte muß innerhalb sechs Monaten von Zeit der Erledigung geschehen.

§. 394. Ist der Pfarrer auswärts verstorben: so läuft die Frist von der Zeit an, wo sein Tod dem Patron oder den Kirchenvorstehern bekannt geworden.

§. 395. Während der Vacanz muß der Gottesdienst in der Pfarrkirche, auf Veranstaltung des Erzpriesters oder Kreisinspectors, durch dazu qualificirte Personen versehen werden.[161])

---

[160]) vergl. §. 398 h. t.

[161]) R. des Kult. Minist. v. 22. März 1847, Min. Bl. f. d. inn. Verw. 1847 S. 250: Dem Konsistorium steht die Befugniß zu, die Art und Weise zu bestimmen, wie die Vertretung der erledigten Pfarrstelle geführt werden soll, es hat die geeigneten Personen zur Uebernahme der Vertretung auszuwählen, denselben den erforderlichen Auftrag zu ertheilen und die Entschädigung zu arbitriren, welche denselben für ihre Mühwaltung zugestanden werden muß. Uebersteigt dieser Betrag nicht die Summe der nach Befriedigung der auf ein Sterbequartal oder auf ein Gnadenjahr Berechtigten etwa ersparten Vakanzeinkünfte, so . . . . . steht der Verwendung dieser Ersparnisse zu dem gedachten ordnungs- und stiftungsmäßigen Zwecke nichts entgegen.

vergl. §. 852 h. t. Bieten dagegen die Ersparnisse der Pfarrvakanz keine genügende Mittel zur Bestreitung der Vertretungskosten, und sollen andere kirchliche Fonds, z. B. die Kirchenkasse, hinzutreten, so kann dies nur in der Weise geschehen, daß die Verwalter dieser Fonds, die Aufsichtsbehörde mit inbegriffen, auch ihrerseits diese Verwendung als zulässig oder nothwendig anerkennen.

§. 396. In der Regel sind bei Pfarrkirchen, wo nur ein Geistlicher angesetzt ist, die benachbarten Pfarrer derselben Inspection, nach der Anweisung des Erzpriesters oder Inspectors, gegen die hergebrachte Vergütung aus den Einkünften der erledigten Pfarre, dazu verpflichtet.

§. 397. Auch bei Kirchen, wo mehrere Geistliche sind, findet eine solche Vertretung der vacanten Stelle statt, wenn nach dem Befinden des Inspectors die übrigen Geistlichen die Arbeit allein nicht bestreiten können.

Devolutionsrecht.

§. 398. Kommt die Präsentation innerhalb sechs Monaten[162]) nicht ein; und ist auch vor Ablauf dieser Frist eine Verlängerung derselben nicht gesucht, oder nicht zugestanden worden: so fällt die Besetzung der Pfarre für diesen Fall den geistlichen Obern anheim.

§. 399. Wenn ein hiernächst bei der Prüfung untauglich befundenes Subjekt präsentirt worden; und darüber die gesetzmäßige Frist verlaufen ist: so kommt, außer dem Falle des §. 392., dem Präsentirenden noch eine Nachfrist von sechs Wochen zu statten.

§. 400. Muß nach §. 343. die Gemeine dem Patron Subjekte zur Auswahl vorschlagen; oder muß, nach §. 340. 342., ein solcher Vorschlag der Gemeine von dem Patron geschehen: so fällt nur das Recht desjenigen, welcher in seiner Obliegenheit säumig gewesen ist, den geistlichen Obern anheim.

§. 401. So lange die geistlichen Obern von ihren Anfallsrechten noch keinen Gebrauch gemacht haben, kann der Patron oder die Gemeine das Versäumte nachholen.

§. 402. Auch die geistlichen Obern müssen, so oft ihnen die Ernennung des Pfarrers anheim fällt, wegen Auswahl eines tauglichen Subjekts, die allgemeinen gesetzlichen Vorschriften beobachten.

Ordination.

§. 403. Ist der Präsentirte bestätigt: so muß ihm die Ordination, wenn er selbige nicht wegen eines vorher bekleideten geistlichen Amtes schon erhalten hat, verliehen werden.[163])

Einweisung.

§. 404. Der erwählte und bestätigte Pfarrer muß in

---

vergl. auch d. Erlaß des Minist. d. geistl. Angel., des Inn. u. d. Finanzen v. 1. Okt. 1847, betreffend die Ressortverhältnisse der Konsistorien u. Regierungen ꝛc. (Min.Bl. f. d. inn. Verw. S. 278. unter I Nr. 17 in Anm. 341.)

[162]) vergl. §. 393 h. t.

[163]) vergl. §§. 63—65 h. t.

sein Amt, und zu allen Verrichtungen desselben, ordentlich eingewiesen werden.[164])

§. 405. Die Einweisung wird, der Regel nach, durch den Erzpriester oder Kreisinspector vollzogen.

§. 406. Die Kosten der Vocation, Präsentation und Einweisung, wozu auch die Reisekosten der zur Einweisung nöthigen Personen gehören, müssen, wo nicht besondere Provinzialverordnungen ein Anderes festsetzen, aus den Einkünften der Kirche, und in deren Ermangelung, von der Gemeine bestritten werden.[165])

---

[164]) auch ordnungsmäßig vereidigt werden.

Das Ministerium der geistl. Angel. hat sich dahin entschieden, daß die Kab.-Ordre v. 5. Nov. 1833 (G.S. S. 291) in Betreff der für die Diensteide der Civilbeamten normirten Formel auf . . . . . Geistliche nicht anzuwenden sei, und daß es daher bei der älteren, durch die Bestimmung v. 24. April 1815 für die Diensteide der Geistlichen . . . . . vorgeschriebenen Formel verbleibt. v. Kamptz, Annal. Bd. 19 S. 386.

Diese Formel lautet:

Ich N. N. schwöre einen Eid zu Gott, dem Allwissenden und Heiligen, daß, nachdem ich zum evangelischen Prediger bei der Gemeinde N. berufen worden bin, in diesem und in jedem anderen geistlichen Amte, zu welchem ich künftig berufen werden möchte, ich, sowie es einem Diener der christlichen Kirche (und des Staates) geziemt, Sr. Königl. Majestät von Preußen (Name des Königs), meinem Allergnädigsten Könige und Herrn, und dem Königl. Hause treu und gehorsam sein, das Wohl des Landes in dem mir angewiesenen oder noch anzuweisenden Wirkungskreise, soviel in meinen Kräften steht, befördern, die mir wohlbekannten Pflichten des mir anvertrauten Amtes mit Gewissenhaftigkeit erfüllen und in meiner Gemeinde als ein treuer Seelsorger mit allem Ernst und Eifer bemüht sein will, durch Lehre und Wandel das Reich Gottes und meines Herrn und Meisters Jesu Christi zu bauen.

Alles, so wahr mir Gott helfe, durch Jesum Christum!

Die eingeklammerten Worte: „und des Staats" fallen jetzt in Gemäßheit der durch die Verfassungsurkunde v. 31. Jan. 1850 veränderten Stellung des Staates zur Kirche weg. Kab.Ord. v. 8. April 1850, Aktenstücke aus der Verwaltung d. Abth. des Minist. der geistl. Angel., für die innern evangel. Kirchens., S. 55.

Bei obiger Edesformel ist es auch nach Erlaß der Verordnung v. 6. Mai 1867 (G.S. S. 715), welche an die Stelle der Kab.Ordre v. 5. Nov. 1833 getreten, verblieben. (Koch, L.R. IV. S. 385.)

Eine Vereidigung auf die Verfassung findet nicht statt. R. des Kult.-Min. v. 6. März 1850. (cfr. vorbezeich. Aktenst. S. 17.)

Bei Versetzungen genügt die schriftl. oder protokollarische Erklärung, daß der Geistliche durch den früher geleisteten Eid auch für das neue Amtsverhältniß sich verpflichtet halte. Kab.Ordr. v. 10. Febr. 1835, Annal. 19 S. 9.

[165]) In Betref der Neumark vergl. v. Kunow, Prov.R. I. S. 174, II. S.

231, Meier, Kirch.R. S. 193. Prov.Recht der Kurmark Brandenburg: (Götze, Prov.R. Thl. I Abthl. 2 S. 187 ff., Thl. II S. 64, 65. Vogt, K.R. I. S. 303):

Die durch die Präsentation und Prüfung, sowie durch die Vokation und deren Bestätigung entstehenden Kosten trägt der Berufene, sowie seine Reisekosten allein; die durch die Ordination entstehenden Kosten, mit Einschluß der Transportkosten werden von der Gemeinde oder aus den Kirchen- oder Kämmereimitteln, sowie es an jedem Orte die Observanz mit sich bringt, und die Introduktionskosten aus den Kirchen- oder Kämmereimitteln, gleichfalls nach jedes Ortes Observanz, bezahlt. Die Kosten, die durch die Zuziehung der Gerichtsperson zur Regulirung der Auseinandersetzung des angehenden Pfarrers mit dem abgehenden oder dessen Erben entstehen, tragen die beiden auseinanderzusetzenden Theile jeder zur Hälfte.

Die Gebühren des Introduzirenden für die Introduktion eines Predigers auf dem Lande betragen 2 Thlr. bei der Mutterkirche, und 1 Thlr. bei jeder Filialkirche; in den Städten aber, wo nicht die Observanz etwas Anderes mit sich bringt, für den ganzen Akt 4 Thlr.

Behufs der Abholung des Introduktionskommissarii zur Introduktion und zur Rückreise desselben müssen die Parochialgemeinden, sowohl auf dem Lande, als in Städten, die Fuhren stellen, wenn nicht observanzmäßig etwas Anderes festgestellt ist.

Auch zur Abholung des zu introduzirenden Pfarrers, seiner Familie und seiner Effekten müssen in gleicher Art die Fuhren gestellt werden, jedoch nur innerhalb der Königl. Lande, und nicht weiter, als 10 Meilen oder 2 Tagereisen.

Provinz.Recht für Ostpreußen. Zusatz 179:

§. 1. Die zur Einweisung eines neuen Predigers nöthigen Personen werden von der Gemeinde herbeigeholt und zurückgeführt.

§. 2. Der neue Prediger trägt nicht blos die Kosten der Prüfung und Ordination, sondern auch der Vokation und Präsentation; dagegen erhält der lutherische Prediger an denjenigen Orten, wo es bisher üblich gewesen ist, die sog. Mantelgelder, bei welchen sowohl in Absicht der Summe, als des dazu verpflichteten Fonds, die Observanz eines jeden Ortes zur Richtschnur dient.

§. 3. Bei Versetzung eines Predigers zu einer anderen Kirche werden die Mantelgelder, die der neu angesetzte Prediger erhält, von derjenigen Kirche getragen, bei der und durch welche die Vakanz entstanden ist, wenn sie bei dieser Kirche bisher üblich gewesen sind.

§. 4. Die Beköstigung der zur Einweisung erforderlichen Personen muß der neue Prediger besorgen, wofür er bei den Kirchen, wo es hergebracht ist, die dazu ausgesetzte Summe aus der Kirchenkasse erhält.

§. 5. Zehn Meilen weit ist die Gemeinde den lutherischen Pfarrer mit seiner Familie und seinen Effekten zu holen schuldig.

§. 6. . . . . .

§. 7. Bei den reformirten Königl. Patronatskirchen trägt der Berufene die Kosten der Prüfung, der Ordination, der Vokation und Präsentation, die Kosten der Einweisung aber die Kirche. Der Berufene muß sich auf eigene Kosten an den Ort seiner Bestimmung begeben.

Inwiefern eine Erstattung aus der Kirchenkasse ganz oder zum Theil stattfinde,

§. 407. Die Kosten der Prüfung und Ordination hingegen muß der neue Pfarrer tragen.[166])

§. 408. Auch muß der Regel nach, der neue Pfarrer sich auf seine eigenen Kosten an den Ort seiner Bestimmung hinbegeben.[167])

---

dies hängt von den jedesmaligen Umständen der Kasse und von der Bestimmung des Kirchendirektorii ab.

Prov. Recht für Westpreußen: §§. 25 u. 26:

Der neue Pfarrer muß außer den Kosten der Prüfung und Ordination auch diejenigen der Vokation, Präsentation, Bestätigung und Einweisung tragen.

Die Introduktionskommissarien werden durch Fuhren, welche die Gemeinde stellt, herbeigeholt und zurückgebracht, die bei der Einweisung Hülfe leistenden benachbarten Geistlichen müssen sich auf eigene Kosten einfinden, der neue Pfarrer aber muß für ihren Unterhalt sorgen.

Prov. Recht für Pommern:

An Kosten der Prüfung und Ordination werden, wenn die Kirche arm ist, 8 Thlr., von den übrigen Kirchen aber 10 Thlr., außerdem aber an Einweisungskosten 3 Thlr. aus Kirchenmitteln bewilligt. Die übrigen Kosten muß der neue Pfarrer tragen. §§. 2 u. 6 des Regl. v. 6. Mai 1734. Prov. R. S. 135. Für das Herzogthum Magdeburg vergl. die Kirchenordnung v. 1739 Kap. 17 §§. 16—18, Kap. 18 §. 2 S. 128, 130, Meier, Kirch. R. S. 193.

Bezüglich der früher Sächsischen Landestheile vergl. Regul. v. 18. Febr. 1799 bei Meier, Kirch. R. S. 193, 194.

Endlich vergl. §. 61 der Rheinisch-Westfäl. Kirch. Ord. v. 5. März 1835.

Prov. Recht für das Fürstenthum Halberstadt (Vogt, K. R. I. S. 304):

Die Kosten der Wahl und der Einführung werden zur Hälfte von der Kirche und zur Hälfte von der Gemeinde bezahlt. (Lentze, Prov. R. S. 65.)

Nach d. Reskr. des Kult. Minist. v. 14. Dez. 1837, v. Kamptz, Ann. 21 S. 957, müssen die Diäten und Fuhrkosten der Superintendenten für Beiwohnung der Gast- und Probepredigten der Pfarramtskandidaten von den betreffenden Gemeinden resp. Kirchenkassen bestritten werden, indem die im A. L. R. II. 11 §. 329 u. 330 vorgeschriebene Abhaltung der Probepredigt und Katechisation, sowie die darauf erfolgende Vernehmung der Gemeinde zu dem Verfahren der Vokation gehören, deren Kosten nach §. 406 aus der Kirchenkasse, ev. von der Gemeinde zu tragen sind.

Was in den §§. 404—406 h. t. von den Kosten der Einweisung des erwählten und bestätigten Pfarrers gesagt ist, gilt nicht von den Kosten, welche durch die etwaige solenne Einführung eines Stellvertreters des erkrankten Pfarrers entstanden sind. Diese würden dem Vertretenen zur Last fallen.

[166]) Nach d. Erk. des Ob. Trib. v. 7. Febr. 1820, Jahrb. 14 S. 279 auch die Kosten für die Bestätigung der Vokation.

[167]) Prov. Recht für Pommern:

Der neue Pfarrer muß sich in der Regel und insofern bei einzelnen Kirchen durch ununterbrochene Gewohnheit nicht ein Anderes eingeführt ist, auf eigene Kosten an den Ort seiner Bestimmung begeben. §. 6 des Regl. v. 6. Mai 1834. Prov. R. S. 135. Vogt, Kirch. R. I. S. 305.

§. 409. Wo es aber durch Provinzialgesetze, oder nach einem ununterbrochenen Herkommen, eingeführt ist, daß die Reisekosten aus der Kämmerei- oder Gemeinecasse gegeben, oder daß die Fuhren von den Mitgliedern der Gemeine unentgeltlich verrichtet werden; da hat es noch ferner dabei sein Bewenden.

§. 410. Doch soll in keinem Falle der Gemeine zugemuthet werden, einen Prediger, welchen sie nicht selbst gewählt hat, weiter, als in einer Entfernung von zwei Tagereisen, abzuholen.

§. 411. An Orten, wo die Gemeine den Prediger zu holen schuldig ist, muß sie auch die zu seiner Familie gehörenden Personen, und was er an Kleidung, Wäsche, Hausrath, und Büchern mitbringt, herbeiführen.

Bestellung der Feld- und Garnisonprediger.

§. 412. aufgehoben.[168])

Amtspflichten der Pfarrer.

§. 413. Die Pfarrer müssen sich bei ihren Kirchen beständig aufhalten, und dürfen die ihnen anvertraute Gemeine, selbst bei einer drohenden Gefahr, eigenmächtig nicht verlassen.

§. 414. Wenn sie zu verreisen genöthigt sind, so kann es nur mit Vorwissen und Erlaubniß des Inspectors oder Erzpriesters geschehen.

§. 415. Dieser muß die Genehmigung der geistlichen Obern einholen, wenn die Zeit der Abwesenheit mehr, als Einen Sonntag, in sich begreift.[169])

---

vergl. auch Anm. 165.

cfr. R. des Min. d. geistl. A. v. 24. Aug. 1877, kirchl. Ges. u. V. Bl. 1876/77 S. 218, betr. die Umzugs- und Reisekostensätze verschiedener Beamtenklassen der geistlichen ꝛc. Verwaltung, nebst der Uebersicht dieser Sätze, a. a. O. S. 219.

[168]) Durch die Milit. Kirchenordnung v. 12. Febr. 1832 §§. 7—10, 16. u. 19.

Durch R. v. 3. Dez. 1860, Aktenst. d. Ev. O. K. R. Heft 13 S. 175, 176 eröffnet der Minister der geistl. Ang. im Einverständnisse mit dem Kriegsminister und dem Ev. O. K. R. den Konsistorien, daß unter Aufhebung der diesfälligen Bestimmungen des Erlasses v. 26. Jan. 1835 (welcher als vorgesetzte Behörde das am Standorte des betr. Generalkommandos befindliche Konsistorium bezeichnete,) die mit der Militärseelsorge beauftragten Civilpfarrer wieder in Gemäßheit des §. 20 der Mil. Kirch. Ord., des §. 9 der Instr. für die Mil.-Oberprediger und der diesseitigen Verf. v. 25. Mai 1833 unter die unmittelbare Beaufsichtigung der ihrer Provinz angehörenden geistlichen Vorgesetzten zu stellen sind. Hinsichtlich der Garnisonprediger bleibt jedoch die Verfüg. v. 26. Jan. 1835 in Kraft.

[169]) Das R. des Ev. Ob. Kirch. R. v. 20. Jan. 1879, kirchl. Ges. u. Verord. Bl. 1879 S. 35 bestimmt für die Konsistorialbezirke der östlichen Provinzen:

§. 416 In allen Fällen muß der Pfarrer, unter Direktion des Erzpriesters oder Inspectors, solche Veranstaltungen treffen, daß die Gemeine bei seiner Abwesenheit nicht leide.

§. 417. Bei seiner Amtsführung muß der Pfarrer alle

Nach §§. 413—415 L.R. II. 11 haben die Pfarrgeistlichen zu jeder in Privatangelegenheiten anzutretenden Reise, welche ein Verlassen der Parochie über Nacht mit sich bringt, die Genehmigung des Superintendenten nachzusuchen. Dieser ist, sofern die Zeit der Abwesenheit mehr als einen Sonntag umfaßt, verpflichtet, die Genehmigung des Konsistorial-Präsidenten (§. 1 Nr. 4 V. v. 27. Juni 1845) einzuholen. Die Superintendenten haben für sich selbst den Urlaub nach Analogie derselben Bestimmungen und des §. 92 L.R. II. 10 in jedem Falle, auch wenn es sich um eine Abwesenheit von weniger als 14 Tagen handelt, bei dem Konsistorialpräsidenten nachzusuchen.

Der Konsistorialpräsident ertheilt den bei ihm beantragten Urlaub an Pfarrgeistliche und Superintendenten bis zur Dauer von 6 Wochen allein, und zwar gleichmäßig für das Ausland, wie das Inland. Ueber die Bewilligung einer längeren Urlaubszeit hat derselbe an den Ev.Ob.Kirch.R. zu berichten.

Sollten unvorhergesehene Nothfälle die rechtzeitige Nachsuchung des Urlaubs vor einer Abreise unmöglich machen, so ist unter Rechtfertigung der Unterlassung sofort der vorgesetzten Behörde Anzeige zu erstatten und wegen etwa erforderlicher weiterer Beurlaubung das Nöthige zugleich nachzuholen.

In Betreff der amtlichen Reisen, der erforderlichen Beschaffung gehöriger Vertretung in Abwesenheitsfällen und des Verhältnisses der Schulinspektoren zu den Regierungen, sowie des Grundsatzes möglichster Beschränkung der Beurlaubung von Geistlichen auf längere Zeit, verbleibt es überall bei dem Bestehenden.

cfr. Ressortverordnung v. 27. Juni 1845 (G.S. S. 440) §. 1 Nr. 4 und v. 1. Okt. 1847 (M.Bl. d. i. V. S. 278) I Nr. 10.

Nach dem R. des Min. d. g. Ang. v. 31. März 1879, a. a. O. S. 93 bedarf es hinsichtlich einer Urlaubsertheilung an Superintendenten der Kommunikation mit den Regierungen, resp. des Einverständnisses der letzteren auch in solchen Fällen nicht, wenn der betreff. Superintendent ein Schulaufsichtsamt, sei es als Kreis- oder Lokalschulinspektor bekleidet. Jeder Superintendent resp. jeder Geistliche hat den Urlaub von der ihm vorgesetzten Kirchenbehörde zu erbitten, da sein geistl. Amt sein Hauptamt ist. Führt der Superintendent oder Geistliche zugleich ein Nebenamt als Kreis- oder Lokalschulinspektor, so hat in der Regel der betr. Geistliche — oder auch die betr. Kirchenbehöde — der ihm vorgesetzten Schulaufsichtsinstanz (der Lokalschulinspektor dem Kreisschulinspektor, der Letztere der zuständigen Regierung) darüber Mittheilung resp. Anzeige zu machen daß und für welche Zeit ihm Urlaub ertheilt worden. Es ist dann Sache der vorgesetzten Schulaufsichtsinstanz, ihrerseits die Vertretung des von der Kirchenbehörde beurlaubten Geistlichen in dem von demselben geführten Schulaufsichtsamte zu ordnen, welche meist gemäß den von den betr. Geistlichen selbst hierfür gemachten Vorschlägen zu veranlassen sein wird.

den Geistlichen überhaupt vorgeschriebenen Pflichten sorgfältig beobachten.[170])

Vom Pfarrzwange.

§. 418. Dagegen hat er das Recht, von den Eingepfarrten zu fordern, daß sie sich in ihren Religionshandlungen, zu deren Vollziehung es der Mitwirkung eines Pfarrers bedarf, nur seines Amtes bedienen sollen.[171])

---

[170]) cfr. die Anweisung für die lutherischen Prediger zur zweckmäßigen Führung ihres Amtes, vom 9. April 1794. Rabe Bd. 13 S. 247. Vogt, Kirchenr. I S. 306 ff. Meier, Kirchenr. S. 197. R. d. Ev. O. K. R. v. 2. Juli 1861, Aktenst., Heft 13 S. 166: Schon früher hat der Ev. O. K. R. sich gegen die kirchliche Weihe der Fahnen der Schützengesellschaften und ähnlicher Vereine ausgesprochen. Nach einer Mittheilung der Minister des Innern und des Krieges v. 14. Juni 1861 hat der König in Veranlassung eines Spezialfalles, wo die mit Allerhöchster Genehmigung beschaffte Fahne eines Vereins ehemaliger Waffengefährten kirchlich eingeweiht worden ist, den bereits in einer an das Kriegsministerium erlassenen Allerh. Ordre v. 5. Mai 1847 ausgesprochenen Grundsatz erneuert, daß eine kirchliche Weihe nur den Fahnen der Königl. Armee zu Theil werden dürfe, denen als Panier des Kriegsherrn militärische Honneurs erwiesen werden, und an deren Vertheidigung bis in den Tod den Soldaten Eid und Ehre binden, und mittelst Allerh. Ordre v. 30. März 1861 die Befolgung desselben wiederholt verordnet. Die Geistlichen sind angewiesen, sich in allen Fällen der kirchlichen Weihe der Fahnen solcher Gesellschaften und Vereine zu enthalten, selbst dann, wenn sie dabei nicht den Ornat tragen. R. d. Ev. O. K. R. v. 19. Sept. 1873, Aktenst. Heft 21 S. 156.

[171]) Prov. Recht des Markgrafthums Niederlausitz: Der Pfarrzwang ist in der Niederlausitz zwar aufgehoben, doch sollen diejenigen Geistlichen und Kirchen-..... Bedienten beider Konfessionen, welche gegenwärtig sich im Amte befinden, während der Dauer ihrer Amtsführung die Hebungen, welche der Pfarrzwang mit sich führt, fortbeziehen.

Kab. Ordr. v. 15. Sept. 1826, Frankf. Amtsbl. S. 400. Vogt, K. R. S. 323.

Ostpreuß. Prov. Recht, Zusatz 180: In Königsberg findet unter den Lutheranern wegen der Taufe und des Abendmahls kein Pfarrzwang statt.

Dieser Zwang erstreckt sich nach §. 418 auf alle Religionshandlungen, also auch auf Beichte, Abendmahl, Konfirmation u. s. w. Der Unterschied dieser von den im § 422 genannten besteht darin, daß für erstere keine Stolgebühren gezahlt und daher dem einzelnen Eingepfarrten gegenüber auch kein Zwang möglich ist. Immerhin aber gilt für sie der Grundsatz, daß der fremde Parochiane sie außer im Nothfalle nicht von dem angegangenen Geistlichen zu fordern berechtigt und Letzterer zur Leistung, abgesehen von dem erwähnten Ausnahme- (Noth-) Falle nicht verpflichtet ist. cfr. Koch, L. R. IV. S. 386. Anm. 43 zu §. 418 h. t. Sache der Aufsichtsbehörde ist es, darüber zu wachen, daß der obige Grundsatz im Interesse der Aufrechthaltung der kirchl. Ordnung resp. der Parochialverbindung überall zur Anwendung gelange.

Vergl. hierzu den §. 47 der Militärkirchenordnung v. 12. Febr. 1832: Abgesehen von Taufe und Trauung, ist hinsichtlich der übrigen Amtshandlungen (der Beichte, des Abendmahls, der Konfirmation), bei denen es, in Folge besonderen persönlichen Vertrauens oder anderer individueller Rücksichten, den sie betreffenden

§. 419. Dieser Verbindlichkeit können auch einzelne Eingepfarrte, ohne besondere Erlaubniß der geistlichen Obern, sich nicht entziehen.[172])

§. 420. Dergleichen Erlaubniß soll nur aus erheblichen Gründen, besonders aber alsdann ertheilt werden, wenn aus den Umständen erhellet, daß die Amtshandlungen dieses Pfarrers bei den Eingepfarrten den Zweck der moralischen Besserung verfehlen dürften.

§. 421. Auch soll, wenn nicht nachgewiesen ist, daß die Schuld davon auf der Seite des Pfarrers sei, für die Entschädigung desselben gehörig gesorgt werden.

§. 422. Auch in einzelnen Fällen dürfen Eingepfarrte ihre Trauungen, Taufen und Begräbnisse durch einen anderen, als den in ihrer Parochie bestellten Pfarrer, ohne dessen Einwilligung nicht vornehmen lassen.[173])

§. 423. Der Pfarrer hat für dergleichen Handlungen die festgesetzten Stolgebühren zu fordern: und der Richter muß ihm dazu, nöthigenfalls, auf gebührendes Anmelden verhelfen.[174]) Stolgebühren.

Personen wünschenswerth sein kann, sie von einem anderen Geistlichen, als dem, zu dessen Gemeinde sie gehören, verrichten zu lassen, das Konsistorium, wenn der Letztere nicht geneigt sein sollte, ausdrücklich oder stillschweigend darein zu willigen, auf den gehörig motivirten Antrag der die Handlung wünschenden Militär- oder Civilperson, von dieser Einwilligung zu dispensiren befugt.

[172]) R. des Kult. Minist. v. 6. April 1839, v. K., Annal. Bd. 23 S. 374:..... Die bestehende Gesetzgebung unterscheidet hinsichtlich der Befreiung vom Pfarrzwange, welcher durch §. 418 h. t. festgestellt ist, zwei Dispensationsfälle. Bei dem einen, auf welchen die §§. 419—421 h. t. zu beziehen sind, ist an eine gänzliche Befreiung einzelner Eingepfarrten von ihrer Verbindlichkeit gegen den Pfarrer gedacht, und diese soll von den geistl. Oberen aus erheblichen Gründen ausgesprochen werden, ohne daß es der ausdrücklichen Einwilligung des Pfarrers, die in der Form des Dimissoriale ausgesprochen wird, bedarf. Der zweite Fall, der schon durch den Wortlaut des §. 422 h. t. als verschieden von dem ersten angedeutet wird, betrifft nur das Erlassen jener Parochialverpflichtung für einzelne Fälle, und für diese ist die Konkurrenz der geistl. Oberen nicht gefordert, sondern nur die Einwilligung des Pfarrers vorgeschrieben, welche derselbe nach §. 428 nicht versagen darf. Das Einschreiten der geistlichen Oberen kann bei diesem Falle nur dann vorkommen, wenn der Pfarrer die Ertheilung des Dimissoriale verweigert oder ungebührlich verzögert.....

[173]) vergl. Anm. 172.

[174]) vergl. Anm. 48.

Im Konkurse haben die Stolgebühren kein Vorrecht; sie rangiren vielmehr zugleich mit allen übrigen Konkursforderungen in der Klasse 6 des §. 54 der Konk.Ord. v. 10. Febr. 1877.

Die Forderungen der Geistlichen und anderen Kirchenbeamten wegen der Gebühren für kirchliche Handlungen verjähren in 4 Jahren, von dem letzten Dez. des Jahres ab gerechnet, in welchem die Forderung entstanden ist. vergl. Ges. v. 31. März 1838, G.S. S. 249. §§. 2. und 5.

Kab.Ordre v. 27. Mai und 27. Nov. 1816, v. K., Annal. Bd. 1 Heft 1 S. 126: Es ist Allerhöchst bestimmt worden, daß das Beichtgeld als ein anstößiges Accidenz allgemein abgeschafft, und die Geistlichkeit dafür nach dem Durchschnittsertrag aus den Kirchen- oder Gemeindekassen, wo diese ohne neue Auflagen und die Gemeinden es vermögen, und wo diese dazu unvermögend sind, aus der Staatskasse entschädigt werden soll.....

R. des Min. d. geistl. Ang. v. 15. Okt. 1869, E. 18959: Gebühren für Grabstellen und das Setzen von Grabdenkmälern bedürfen, da sie außer jeder Beziehung zu geistlichen oder kirchlichen Amtshandlungen stehen, der für Stolgebühren vorgeschriebenen Genehmigung der Centralinstanzen nicht. Ein Gleiches gilt von Gebühren für das Anfertigen und Zuschütten von Gräbern, sowie für das Glockenläuten, da es sich hierbei überwiegend um blos mechanische Verrichtungen handelt, deren Vergütung den Charakter von Stolgebühren im Sinne des A.L.R. und der Ressortverordnungen v. 27. Juni 1845 u. 29. Juni 1850 nicht an sich trägt.

Ges. v. 28. Mai 1875, G.S. S. 223:

§. 1. Die Abgaben von Taufen und Trauungen, welche zur Unterstützung und Ausbildung der Hebammen in den Provinzen Preußen, Brandenburg, Pommern, Posen, Schlesien, Sachsen, Westfalen und in der Rheinprovinz auf Grund der Kab.Ordre v. 22. Juli 1808 und 16. Jan. 1817, sowie des Sächsischen Patents v. 12. Jan. 1811 erhoben werden, kommen vom Tage der Verkündung dieses Gesetzes ab in Wegfall.

Ges. v. 4. Juli 1876, G.S. S. 285. Kirchl.Ges. u. V.Bl. 1876/77 S. 20:

§. 1. In den vormals Königlich Sächsischen Landestheilen wird die durch das Reskript v. 16. Juli 1813 — III. Fortsetzung des Codicis Augustei, 1. Abthl. S. 87 — für Schulzwecke angeordnete Abgabe von Trauungen, sowie die daselbst vorgeschriebene Kollekte mit dem Tage der Verkündung dieses Gesetzes aufgehoben.

§. 2. Die anderweit von Taufen, Trauungen und kirchlichen Begräbnissen für Schul-, Kommunal- und Armenzwecke zu entrichtenden Abgaben, sowie die auf den §§. 4, 5, 13 und 17 der principia regulativa v. 30. Juli 1736 beruhenden Verpflichtungen kommen vom 1. Jan. 1877 in Wegfall.

§. 3. Lehrer, welche auf den Ertrag der aufgehobenen Abgaben einen Anspruch haben, sind von den zur Unterhaltung der Schule Verpflichteten nach dem sechsjährigen Durchschnitte der Einnahme zu entschädigen.

Durch Verfüg. des Ev. O. K. R. v. 27. Okt. 1876, kirchl. Ges. u. V.Bl. 1876/77 S. 108 ist ausgesprochen worden, daß die in verschiedenen Landestheilen noch bestehenden Mehrgevattergelder durch das Ges. v. 4. Juli 1876 (G.S. S. 285) nicht aufgehoben worden sind, weil dieselben einerseits nicht als Abgabe von Taufen, sondern nur als eine Abgabe für die Heranziehung von Taufpathen über die übliche Zahl anzusehen sind, und andrerseits diese Gebühren nicht für Armenzwecke im Sinne des erwähnten Gesetzes entrichtet werden.

Verfüg. des K. Konsistorii zu Stettin v. 16. Juni 1881, kirchl. Amtsbl. der Provinz Pommern 1881 S. 95: Die Zahlung der Mehrgevattergelder, welche an den unter der Verwaltung des genannten Konsistorii stehenden, zur Unterstützung von Prediger-Wittwen und Waisen bestimmten Pommerschen Mehrgevattergelderfonds abzuführen sind, beruht auf der Kab.Ordr. v. 24. Febr. 1787, und ist die Beitreibung von Rückständen im Wege der Administrativ-Execution nach der Kab.Ordr. v. 19. Juni 1836 G.S. S. 198 zulässig. Der Auftrag zur Vollstreckung der Exekution ist auf Requisition des Konsistorii von der Regierung zu ertheilen. Die betr. Anträge sind daher an das Konsistorium zu richten. In denselben sind die Rückstände speziell nach der Zeit, dem Namen, Stand und Wohnort des Debenten, der Zahl der Mehrgevattern und den speziellen Klassensätzen in tabellarischer Form anzugeben.

Das R. des Min. d. geistl. A. v. 14. Mai 1879, kirchl. Ges. u. V.Bl. 1879 S. 94—96 bestimmt in Modifikation des Cirk. Erlasses v. 18. Mai 1875 (G. I. 2216) im Einverständnisse mit dem Finanzminister Folgendes:

1) Den nach §. 54 al. 2 des Ges. v. 9. März 1874 zum Ersatz der Stolgebührenausfälle berechtigten Geistlichen und Kirchendienern wird fortan freigestellt, für die Zeit v. 1. Okt. 1878 ab die Festsetzung der ihnen pro Jahr aus der Staatskasse noch zu gewährenden Entschädigung für Stolgebührenausfälle nach dem Durchschnitte der ihnen für die 4 Jahre v. 1. Okt. 1874 bis dahin 1878 an Stolgebühren bereits bewilligten Beträge zu beantragen. Seitens der der evangelisch-lutherischen Landeskirche in Hannover angehörigen Berechtigten ist mit Rücksicht auf das Kirchenges. v. 16. Juni 1875 (G. S. S. 303) die Entschädigung nach dem Durchschnitte der 3 Jahre v. 1. Okt. 1875 bis dahin 1878 zu berechnen.
2) Die bezüglichen Anträge sind alsbald an die Behörden zu richten, an welche nach dem Cirk. Erlasse v. 18. Mai 1875 (Nr. VI) bisher die jährlichen Liquidationen einzusenden waren, und müssen die in den einzelnen Entschädigungsjahren festgesetzten Beträge, sowie den hieraus sich ergebenden Durchschnittsbetrag enthalten.
3) Die mit der Vorprüfung der Liquidation beauftragten Behörden (Regierungen, Konsistorien rc.) haben die eingehenden Anträge in übersichtlicher Form zusammenzustellen, die Ministerialerlasse, durch welche die Festsetzung der den Liquidanten bisher gezahlten Beträge erfolgt ist, zu bezeichnen, die Richtigkeit der Berechnung des jährlichen Durchschnittsbetrages vorzuprüfen und die Festsetzung der liquidirten Entschädigung in Antrag zu bringen.
4) Die Festsetzung der Liquidate erfolgt nach Maaßgabe des Gesetzes durch den Finanzminister und den Minister der geistl. Angel. Die Staatskassen, aus denen bisher die Entschädigungen gezahlt worden sind, werden Anweisung erhalten, die festgesetzten Beträge gegen Quittung, auf welcher entsprechend der Bestimmung sub VI des Cirk. Erlasses v. 18. Mai 1875 von dem Superintendenten bescheinigt ist, daß der quittirende Geistliche bez. Kirchendiener noch zu den nach Abs. 2 §. 54 Ges. v. 9. März 1874 berechtigten Personen gehört, in vierteljährlichen Raten postnumerando, die vom 1. Okt. 1878 ab laufenden und bereits fälligen Beträge aber sofort nach der Festsetzung an die Berechtigten so lange zu zahlen, als die bezügliche Festsetzung und Anordnung nicht zurückgenommen wird.

5) Diejenigen Berechtigten, welche von dem vorstehenden Liquidationsmodus Gebrauch machen, verzichten damit auf die Befugniß, die Ermittelung der ihnen gebührenden Entschädigungen in der in dem Erlasse v. 18. Mai 1875 freigestellten Weise in Antrag zu bringen. Es behält deshalb für dieselben bei der nach Maaßgabe des Vorstehenden festgesetzten Durchschnittsentschädigung bis zum Erlasse einer anderweitigen Anordnung sein Bewenden.

6) Die vorstehenden Bestimmungen finden auch in Betreff der Kirchenkassen, denen ausnahmsweise eine Entschädigung für Stolgebührenausfälle bisher aus der Staatskasse bewilligt worden ist, sowie hinsichtlich der sonstigen Religionsdiener, denen der in Folge des Civilstandsgesetzes eingetretene Gebührenausfall aus Staatsmitteln ersetzt wird, entsprechende Anwendung; jedoch bleibt die Auszahlung der an erstere zu leistenden Entschädigungen von dem Nachweise der bisherigen Vorbedingungen nach wie vor abhängig und hinsichtlich der letzteren wird die Bestimmung der Berechnung der Durchschnittsentschädigung bis zur Stellung derartiger Anträge vorbehalten.

Das R. des Min. d. geistl. A. v. 2. Okt. 1879, kirchl. Ges. u. V.Bl. 1879 S. 242, 243 empfiehlt den Regierungen, denjenigen Geistlichen und Kirchendienern, welche sich auf Grund des Cirk. Erlasses v. 14. Mai 1879 (siehe oben) für die Fixirung der ihnen jährlich aus der Staatskasse zu zahlenden Entschädigungen für den Ausfall an Stolgebühren entscheiden, bisher aber den Weg der Spezial- oder Einzelliquidation eingeschlagen haben, einen einheitlichen Modus für die Berechnung der Durchschnittsentschädigung vorzuschreiben.

Demgemäß bestimmt der Minister der geistl. Ang. im Einvernehmen mit dem Finanzminister, daß in denjenigen Fällen, in denen zwar die Entschädigungen für Stolgebührenausfälle für die 4 Jahre v. 1. Okt. 1874 bis Ende Sept. 1878 liquidirt und gezahlt worden sind, dabei aber die Gebühren für ausgefallene Taufen und Trauungen nach den bestehenden Vorschriften nur bis Ende Juni 1878 berechnet werden durften, zunächst der Ausfall an Tauf- und Trauungsgebühren für das Vierteljahr v. 1. Juli bis ult. Sept. 1878 in der bisherigen Weise ermittelt werde. Zu diesem Zwecke sind in der vorgeschriebenen Form die bezüglichen Liquidationen aufzustellen und zur Festsetzung und Zahlungsanweisung an den Kultusminister einzureichen. Die solchergestalt ermittelten Beträge sind hierauf den Summen der den betr. Berechtigten bisher gewährten Entschädigungen hinzuzurechnen und ist alsdann die Festsetzung des hieraus sich ergebenden Durchschnitts zu beantragen.

Auf diejenigen Fälle, in denen ein Liquidant nicht in der Lage ist, nach dem Durchschnitte der vier Entschädigungsjahre zu liquidiren, ist jedoch das obige Verfahren nicht in Anwendung zu bringen, vielmehr hat die Festsetzung des Durchschnitts hier ohne Berücksichtigung des Ausfalls an Tauf- und Trauungsgebühren in dem Zeitraum vom 1. Juli bis ult. Sept. 1878 stattzufinden, da bei der Spezialliquidation die Tauf- und Trauungsgebühren vom zweiten Entschädigungsjahre ab stets für den Zeitraum vom 1. Juli des einen bis Ende Juni des anderen Jahres zur Festsetzung gelangt sind.

Sofern ein Liquidant im ersten Entschädigungsjahr die Zahlbarmachung von Gebührenausfällen nicht nachgesucht hat, kann zwar ausnahmsweise ein dreijähriger Durchschnitt zugelassen werden; dagegen ist in solchen Fällen, wo nur das Resultat zweier oder erst eines Entschädigungsjahres vorliegt, den Berechtigten anheimzugeben, noch fernerweit in der seitherigen Form ihre Ausfälle bis dahin zu liquidiren, daß für die Fixirung der Entschädigung mindestens drei volle Jahre in Betracht gezogen werden können.

Endlich findet sich nichts dagegen zu erinnern, daß auch für solche Liquidanten, welche es vorziehen, ihre Ausfälle an Attest-, Tauf- und Trauungsgebühren nach wie vor alljährlich speziell nachzuweisen, wenigstens der Ausfall an Aufgebotsgebühren resp. diesen gleichstehenden Gebühren für Verlobungen, Eheuntersuchungen 2c. ein für alle Male ermittelt und dessen Festsetzung nachgesucht werde. Für solche Fälle ist jedoch den Regierungen zur Vermeidung von Doppelzahlungen eine scharfe Kontrole zur Pflicht gemacht.

Das R. des Ministers der geistl. Angel. v. 11. Febr. 1881 bestimmt im Einverständnisse mit dem Finanzminister (kirchl. Ges. u. V. Bl. 1881 S. 34) Folgendes:

1) Der Festsetzung einer fixirten Entschädigung für Ausfälle an Stolgebühren sind der Regel nach die in den Jahren v. 1. Okt. 1874 bis dahin 1878 den Liquidanten bewilligten Entschädigungen zum Grunde zu legen. Die Berechnung erfolgt nach dem 4jährigen Durchschnitte, auch wenn eine Entschädigung nicht für jedes der bezeichneten 4 Jahre festgesetzt ist. Ist jedoch im ersten Jahre — v. 1. Okt. 1874/5 — eine Entschädigung nicht liquidirt und festgesetzt worden, so kann die fixirte Entschädigung nach dem 3jährigen Durchschnitt berechnet werden.
2) Sofern die Bewilligung einer fixirten Entschädigung nicht v. 1. Okt. 1878, sondern erst von einem späteren Jahrestermine ab nachgesucht wird, kann die Fixirung der Entschädigung nur erfolgen, wenn eine solche mindestens für 3 volle Jahre festgesetzt ist. Trifft diese Voraussetzung für die Jahre v. 1. Okt. 1874 bis dahin 1878 zu, so ist nach Maaßgabe des unter Nr. 1 Gesagten zu verfahren. Andrenfalls können die in den späteren Jahren festgesetzten Entschädigungen in Berücksichtigung gezogen werden und zwar ist zunächst die Entschädigung für die Zeit v. 1. Okt. 1878 bis dahin 1879, sodann die für die Zeit von 1. Okt. 1879/80 u. s. w. bis dahin, daß wenigstens für 3 Jahre, höchstens für 4 Jahre Bewilligungen von Entschädigungen vorliegen, in die Berechnung mit aufzunehmen. Die fixirte Entschädigung ist in diesen Fällen stets nach dem 4jährigen Durchschnitt zu berechnen, also auch dann, wenn nur für 3 Jahre Bewilligungen vorliegen.

Vergl. in Betreff der Militär-Gemeinden die Kab. Ordre v. 21. Juli 1877, kirch. Ges. u. V.Bl. 1876/77 S. 194, betr. die Aufhebung der Stolgebühren in den Militärgemeinden und Gewährung einer bezüglichen Entschädigung an die Militärpfarrer und Küster, und die dazu ergangenen Ausführungsbestimmungen des Kriegsministerii v. 1. Aug. 1877, kirchl. Ges. u. V.Bl. 1876/77 S. 194—196; ferner Reskr. des Kriegsministerii v. 18. März 1878, kirchl. Ges. u. V.Bl. 1878 S. 124 bis 126, betr. Erläuterungen zu den Bestimmungen über Aufhebung der Stolgebühren in den Militärgemeinden. Reskr. des Kriegsministerii v. 30. April 1878, kirchl. Ges. u. V.Bl. 1878 S. 146, betr. Aenderung in den Gehältern und Stolgebühren-Entschädigungen der Militär-

§. 424. Er kann aber diese Gebühren niemals voraus fordern, noch deshalb die von ihm begehrte Amtshandlung verschieben.

§. 425. Das Recht, eine Taxordnung für die Stolge=

Pfarrer und Küster; und Reskr. des Kriegsministerii v. 6. Mai 1878, kirchl. Ges. u. V.Bl. 1878 S. 136—137, betr. die Ausdehnung der den Mitgliedern der Militärgemeinden durch Aufhebung der Stolgebühren zu Theil gewordenen Vergünstigung auf die Landgendarmen. (Hoffenfelder, Mil. K.O. S. 68.)

Was diejenigen Landgendarmen betrifft, welche einzeln an Orten stationirt sind, wo nach den Erlassen des Ministers der geistl. Angel. v. 4. Febr. 1845 u. 26. Jan. 1846 der betreffende Ortspfarrer in kirchlicher Hinsicht für sie zu sorgen hat, ohne daß Letzterer mit der Seelsorge für sie förmlich beauftragt ist, so ergiebt sich aus den allegirten Erlassen, daß die Landgendarmen als wirkliche Militärpersonen nur nach den Bestimmungen der Militärkirchenordnung behandelt werden dürfen. Mithin sind ihnen Stolgebühren im gegebenen Falle nur soweit abzufordern, als sie die Militärkirchenordnung bisher bestimmte.

Erk. d. Ob.Trib. v. 21. Okt 1861, Arch. 43 S. 153: Stolgebühren setzen nicht nothwendig eine Verordnung des Staates voraus; sie können auch durch Observanz begründet werden.

Bei Veränderungen bestehender und Einführung neuer Stolgebührentaxen bedarf der Gemeindekirchenrath der beschließenden Mitwirkung der Gemeindevertretung. §. 31 Nr. 7 Kirch.Gem.Ord. v. 10. Sept. 1873. Außerdem erfordert der bezügliche Beschluß der kirchl. Gemeindeorgane zu seiner Gültigkeit die Genehmigung der staatlichen Aufsichtsbehörde. Art. 24 Nr. 4, Ges. v. 3. Juni 1876. Die Rechte des Staates werden in diesem Falle von dem Minister der geistl. Angel. ausgeübt. Art. I Nr. 7, Verord. v. 9. Sept. 1876. Die neue Stolgebührentaxe oder der beschlossene Taxnachtrag ist in der Form des §. 22 der Kirch.Gem.Ord. v. 10. Sept. 1873 rite auszufertigen und mit einem gemäß §. 11 alin. 5 ibidem unter Beidrückung des Kirchensiegels ordnungsmäßig zu beglaubigenden Auszuge aus dem Protokollbuche des Gemeinde-Kirchenrathes, betreffend die Verhandlung der kirchl. Gemeindeorgane über die Feststellung der intendirten Stolgebühren, zu verbinden. Findet das Konsistorium, welchem diese Urkunden unter Beifügung der über die Konvokation der kirchl. Gemeindeorgane zu der betreffenden Sitzung sprechenden Dokumente (Zustellungs-Urkunden, Kurrende &c.) einzureichen, gegen den Beschluß und die Taxe resp. den Taxnachtrag nichts zu erinnern, so vermittelt es die Bestätigung des Evang. Ober-Kirchenrathes, welcher seinerseits wieder die Genehmigung des Ministers der geistl. Angel. einholt. Die solchergestalt kirchlich bestätigte und staatlich genehmigte Stoltaxe ist dem Gem.Kirch.Rathe behufs Publikation (durch geeignete öffentliche Auslegung) und Asservation im Kirchenarchiv zu übersenden.

Ein Anspruch auf Stolgebühren und andere bei Gelegenheit bestimmter Amtshandlungen zu entrichtende Leistungen kann gegen Personen, welche der evangel. Kirche nicht angehören, nur dann geltend gemacht werden, wenn die Amtshandlung auf ihr Verlangen wirklich verrichtet worden ist. §. 5 Ges. v. 14. Mai 1873.

bühren vorzuschreiben, selbige zu erhöhen, oder sonst zu ändern, gebührt allein dem Staat.[175])

§. 426. Kirchenbediente, welche sich mit den ihnen angewiesenen Gebühren nicht begnügen, sollen um den drei- bis zehnfachen Betrag des zu viel Geforderten fiskalisch bestraft werden.[176])

§. 427. Kein Geistlicher darf dergleichen Handlungen, die einer anderen Parochie zukommen, ohne ausdrückliche Bewilligung des gehörigen Pfarrers vornehmen.[177])

§. 428. Dieser aber darf, gegen Empfang der ihm zukommenden Gebühren, die Einwilligung nicht versagen.[177])

§. 429. Diese Einwilligung muß schriftlich ertheilt, und es dürfen dafür keine besondere Gebühren gefordert werden.

§. 430. Eine dergleichen Einwilligung berechtigt jeden zu dergleichen Handlungen überhaupt befugten Geistlichen, die Handlung vorzunehmen.

§. 431. Soll aber bei einem protestantischen Eingepfarrten die Handlung von einem katholischen Geistlichen, oder umgekehrt, verrichtet werden: so ist dazu die Erlaubniß des Staats erforderlich.[178])

---

[175]) vergl. Anm. 174.

[176]) vergl. d. R. des Min. d. geistl. Angel. v. 12. Febr. 1844; in fine, Min. Bl. f. d. inn. Verw. S. 27.

Ostpreuß. Prov. Recht, Zusatz 181: Die einem lutherischen Kirchenbedienten vom Konsistorio diktirten Strafen fließen, insofern sie den Betrag von 100 Thlr. nicht übersteigen, zu dessen Sportelkasse. Bei den Reformirten verbleiben dergl. Strafen zur Disposition des Kirchendirektorii.

[177]) vergl. Anm. 172.

Unter die zu entrichtenden Gebühren werden die Opfer nur dann Aufnahme finden können, wenn dieselben in der Stoltaxe ausdrücklich für den Fall, daß nicht geopfert wird, auf einen bestimmten Betrag fixirt sind, (z. B. auf das Doppelte der Stolgebühren,) und dadurch den Charakter einer klagbaren Stolgebühr erhalten haben. In dem R. v. 24. März 1858, Aktenst. Heft 13 S. 163 erkennt der Ev. O. K. R. an, daß Parochianen, welche behufs eines von einem nicht kompetenten Pfarrer zu verrichtenden Ministerialakts ein Dimissoriale des parochus competens erlangt haben, dadurch nicht auch zugleich berechtigt werden, den fremden Geistlichen in die Kirche des Letzteren einzuführen, und dort die betr. Handlung verrichten zu lassen.

cfr. auch das denselben Grundsatz aussprechende R. d. Ev. O. K. R. v. 5. Okt. 1860, Aktenst. Heft 13 S. 163, 164.

[178]) Nach der Cirkul. Verf. des Min. d. geistl. Angel. v. 11. März 1849 Min. Bl. f. d. inn. Verw. S. 44, bedarf es in dergl. Fällen der Nachsuchung und Ertheilung der Staatserlaubniß, als mit den Grundsätzen der Verfass.-Urkunde (v. 5. Dez. 1848) unvereinbar, fernerhin nicht mehr.

§. 432. Soll ein Pfarrer eine an sich ihm gebührende Handlung in dem Sprengel eines anderen Pfarrers von seiner Religionspartei vornehmen: so muß dazu die Einwilligung des diesem Sprengel vorgesetzten Pfarrers eingeholt werden.

§. 433. Dieser Letztere ist schuldig, die Einwilligung gegen Empfang der halben Gebühren zu ertheilen; dem die Handlung selbst vollziehenden Pfarrer aber darf deswegen an seinen Gebühren nichts abgezogen werden.

§. 434. Ein Pfarrer, welcher, obigen Vorschriften zuwider, eine vor einen anderen Pfarrer gehörende Handlung ohne dessen Einwilligung vornimmt, soll um den doppelten Betrag der erhaltenen Gebühren fiskalisch bestraft, der gehörige Pfarrer aber von dem Eingepfarrten entschädigt werden.[179])

Trauungen. §. 435. Die Trauung gebührt der Regel nach dem Pfarrer der Braut.[180])

---

cfr. auch Verf. Urkunde v. 31. Jan. 1850.

Mit Bezug auf die Frage, ob die evangel. Pfarrer und Kirchenbedienten auch nach Wegfall der Bestimmung im §. 431 L.R. II. 11 berechtigt sind, von Eingepfarrten ihrer Parochien überhaupt und insonderheit von solchen, welche in gemischter Ehe leben, Stolgebühren für kirchl. Amtshandlungen zu erheben, welche durch katholische Geistliche vorgenommen werden, während doch der evangel. Pfarrer dazu kompetent gewesen wäre, hat der Minist. d. geistl. Angel. in dem durch Erlaß des Ev. Ob. Kirch. Raths v. 20. Okt. 1851 (Min. Bl. f. d. inn. Verw. S. 280, Aktenst. d. Ev. O.K.R. Heft 3 S. 47) mitgetheilten Reskript v. 6. Okt. 1851 entschieden, daß, da durch den Wegfall der im §. 431 erforderten Staatserlaubniß in den Parochialrechten der einzelnen Geistlichen durchaus nichts geändert ist, der Anspruch des parochus compétens auf Zahlung der Stolgebühren dadurch nicht beseitigt werden kann, daß der Parochiane ohne Vorwissen und Dimissoriale seines Parochus den betreffenden Akt durch den Geistlichen einer anderen Konfession vornehmen läßt.

[179]) vergl. Anm. 176.

[180]) Die §§. 435 bis 445 h. t. sind zwar als staatliche Vorschriften schon durch das Gesetz v. 9. März 1874 über die Beurkundung des Personenstandes und die Form der Eheschließung (G.S. S. 95) im Allgemeinen beseitigt, (vergl. §. 56 a. a. O.), während sie in kirchlicher Hinsicht durch die Verordnung des Evangel. Oberkirchenrathes v. 21. Sept. 1874 über kirchliche Trauungen und über die kirchl. Pflicht der Taufe (Aktenst. Bd. 7 S. 31,) bez. durch das Kirchengesetz, betr. die Trauungsordnung v. 27. Juli 1880, (kirchl. Ges. u. V. Bl. 1880 S. 109) ersetzt sind. Dennoch sind dieselben oben in den Text der landrechtlichen Vorschriften aufgenommen, weil sie theilweise (§§. 440, 441) noch für den singulären Fall des §. 75 des Reichsgesetzes v. 6. Febr. 1875 (R.G.Bl. 1875 S. 23) Bedeutung haben. (cfr. Koch, L.R. IV S. 388 Anm. 52) vergl. den zitirten §. 75 in der Anm. 107.

§. 436. Wenn ein Theil der Verlobten zur deutsch-reformirten, und der andere zur französisch-reformirten Kirche gehört: so kommt die Trauung dem Pfarrer des Bräutigams zu.

Verord. v. 24. Febr. 1875, G.S. S. 97, Aktenst. d. Ev.O.K.R. Heft 21 S. 65: Die Dispensation vom gesetzlichen Alter der Ehemündigkeit, vom Verbote der Ehe zwischen einem wegen Ehebruchs Geschiedenen und seinem Mitschuldigen, sowie von dem Verbote, nach welchem Frauen vor Ablauf des 10. Monats seit Beendigung ihrer früheren Ehe eine weitere Ehe nicht schließen dürfen, ertheilt der Justizminister. Verord. v. 17. Jan. 1877, G.S. S. 4: Die Dispensation von dem Verbote, nach welchem Frauen vor Ablauf des 10. Monats seit Beendigung ihrer früheren Ehe eine weitere Ehe nicht schließen dürfen, ertheilen fortan:

1) im Geltungsbereiche der V. v. 2. Jan. 1849 die Kreisgerichte, resp. Kreisgerichtsdeputationen und Kommissionen,
2) im Gebiete des Appell. Ger. zu Köln die Friedensgerichte,
3) im Gebiete des Appell. Ger. zu Frankfurt a/M. das Stadtamt und das Landjustizamt,
4) in den übrigen Gebieten die Amtsgerichte. cfr. R. des Ev.O.K.R. v. 8. Nov. 1879, kirchl. Ges. u. V.Bl. 1879 S. 236 bis 239, betr. den Wegfall der geistlichen Sühneversuche und die fernere seelsorgerische Thätigkeit der Geistlichen in Eheprozessen.

vergl. die Militärkirchenordnung v. 12. Febr. 1832 §§. 61—64 und die Kab.-Ord. v. 30. Sept. 1875, betr. die Kompetenz zur Trauung von Militärpersonen. Diese Kab.Ordre bestimmt, daß in den Militärgemeinden die §§. 2 u. 7 des Erlasses des Ev.Ob.Kirch.Raths v. 21. Sept. 1874, betr. die Zuständigkeit der Geistlichen zur Vornahme des kirchl. Aufgebots und der kirchl. Trauung, keine Anwendung finden, vielmehr die Bestimmungen des §. 62 der Militärkirchenordnung sowohl in Betreff der Militär-, wie der mit der Militärseelsorge betrauten Civilgeistlichen in ausschließlicher Geltung bleiben (wonach in den Militärgemeinden die Trauung ausschließlich dem Pfarrer des Bräutigams zusteht).

R. des Kult.Min. v. 20. Jan. 1817, v. K., Ann. Bd. 1 Heft 2 S. 117: Wenn katholische Pfarrer Aufgebots-, Trauungs- und Laßschein verweigern, so müssen sie diese Weigerung schriftlich mit Anführung des kanonischen Grundes von sich geben. Beruht die Weigerung blos auf der Religionsverschiedenheit und darauf, daß Bräutigam und Braut nicht erklärt haben, alle aus ihrer Verbindung zu hoffende Kinder in der katholischen Religion erziehen zu wollen, so können die protestantischen Feldprediger oder Pfarrer, jedoch unter Aufbewahrung der statt eines Dimissoriales dienenden schriftlichen Weigerung des katholischen Pfarrers die Trauung vollziehen. Enthält jedoch die Weigerung des katholischen Pfarrers noch andere kanonische Gründe, oder verweigert er auch eine schriftl. Erklärung, so hat der protestantische Geistliche dies dem Konsistorio vorzulegen und zur Vollziehung der Trauung besondere Erlaubniß einzuholen.

Erk. d. Reichsger. v. 4. Jan. 1881, Blum's Annal. d. Reichsger. Bd. 3 S. 208: Durch §. 77 des Reichscivilehegeſ. v. 6. Febr. 1875 ist für das ganze Deutsche Reich die lebenslängliche Trennung von Tisch u. Bett abgeschafft. An

§. 437. Gehört der Bräutigam zur Militairgerichtsbarkeit: so muß die Trauung von dem Feld- oder Garnison-Prediger geschehen; und zwar ohne Unterschied, zu welcher Religionspartei der Bräutigam sich bekenne.

§. 438. Gehört der Bräutigam zum Civil-, die Braut aber zum Militair-Stande: so gebührt die Trauung dem Pfarrer des Ortes, zu dessen Kirchsprengel der Bräutigam gehört.

§. 439. Soll jedoch die Trauung an einem anderen Orte, als wo der Pfarrer des Bräutigams wohnt, geschehen: so ist auch in diesem Falle der Pfarrer der Braut dazu berechtigt.

§. 440. Jeder Pfarrer, welcher ein Aufgebot oder eine Trauung verrichten soll, muß die darüber vorhandenen gesetzlichen Vorschriften genau beobachten, und sorgfältige Erkundigungen einziehen: ob die rechtlichen Erfordernisse einer gültigen Ehe vorhanden, oder ob Ehehindernisse im Wege sind. (Tit. 1. Abschn. 1. 2.)

§. 441. Wenn mit Erlaubniß des ordentlichen Pfarrers die Trauung durch einen anderen Geistlichen verrichtet, und diesem der gehörige Aufgebotsschein vorgelegt worden: so wird der trauende Pfarrer nur wegen solcher Mängel und Ehehindernisse verantwortlich, von denen er überführt werden kann, daß sie ihm wirklich bekannt gewesen sind.

§. 442. Wenn ein katholischer Pfarrer Anstand nimmt, eine Ehe, welche nach den Landesgesetzen erlaubt ist, um deswillen, weil die Dispensation der geistlichen Obern nicht nachgesucht, oder versagt worden: durch Aufgebot und Trauung zu vollziehen: so muß er sich gefallen lassen, daß diese von einem anderen Pfarrer verrichtet werden.

§. 443. Das Landes-Justizcollegium ist in einem solchen Falle, so wie auch alsdann schon, wenn der katholische Pfarrer das Aufgebot aus einem solchen Grunde versagt, wohl befugt, beides einem anderen Pfarrer, allenfalls auch von einer verschiedenen Religionspartei, aufzutragen.

Anh. §. 130. Es macht keinen Unterschied, ob nur einer, oder ob beide Theile der katholischen Religion zugethan sind.

§. 444. Uebrigens sind die katholischen Pfarrer bei fiscalischer Ahndung verbunden, die von ihren geistlichen

---

deren Stelle hat jedes deutsche Gericht, gleichviel ob die streitenden Ehegatten Deutsche oder Ausländer sind, auf Trennung vom Bande zu erkennen. Landesgesetzliche Bestimmungen, die damit im Widerspruch stehen, sind ungültig.

Obern ihnen zukommenden Dispensationen, ehe sie davon Gebrauch machen, dem Landes-Justizcollegio der Provinz vorzulegen.

§. 445. Kein Pfarrer darf, ohne besondere Erlaubniß des geistlichen Departements, fremde Offiziere, die in hiesigen Landen heirathen wollen, aufbieten oder trauen.

§. 446. Die Taufe ehelicher Kinder gebührt in der Regel dem Pfarrer des Vaters.[181]) Von Taufen.

Anh. §. 131. Kinder christlicher Aeltern sollen längstens sechs Wochen nach der Geburt getauft werden.[182])

§. 447. Sind die Aeltern von verschiedener Religionspartei: so gebührt die Taufe, bei Söhnen, der Regel nach dem Pfarrer des Vaters; so wie bei Töchtern dem Pfarrer der Mutter.[183])

§. 448. Die Taufe der unehelichen Kinder kommt dem Pfarrer der Mutter zu.[184])

§. 449. Steht in beiden Fällen der Vater unter Mili-

---

[181]) R. des Min. d. Inn. v. 25. Okt. 1816, bei Vogt, K.R. I. S. 348: Bei Taufen ist nur die Beilegung solcher Vornamen gestattet, die entweder unter den Christen bisher als Taufnamen üblich, oder theils an sich einen Sinn, theils in ihrer Bedeutung nichts Anstößiges haben. Familiennamen, wenn sie nicht zugleich übliche Taufnamen sind, dürfen als solche den Täuflingen nicht beigelegt werden (bestätigt durch R. des Evang. Ob. Kirch. Raths v. 4. Juli 1850, Aktenst. 1850 S. 57). Diese Vorschriften sind aber nur noch insoweit anwendbar, als die Namengebung bei der Geburtsanzeige an den Standesbeamten (§. 18 Ges. v. 9. März 1874, §. 22 Reichsges. v. 6. Febr. 1875) vorbehalten worden ist und erst bei der Taufe erfolgt. Für die Namengebung bei den Standesbeamten kommen die Bestimmungen, welche mit Rücksicht auf den Charakter der Taufe gegeben sind, nicht in Betracht. Koch, L.R. IV S. 392.

In Ansehung der Taufen der Reformirten deutscher und französischer Nation vergl. das Reglement v. 1. März 1790, Rabe, Bd. 2 S. 19. Vogt, Kirchenr. I S. 344.

[182]) Als staatliche Vorschrift aufgehoben schon durch §. 56, Ges. v. 9. März 1874, als kirchliche Vorschrift aufrecht erhalten durch die Verord. v. 21. Sept. 1874. cfr. Anm. 180. vergl. indessen Ges., betr. die Verletzung kirchlicher Pflichten ꝛc. v. 30. Juli 1880, kirchl. Ges. u. V.Bl. 1880 S. 116, im Anhange.

[183]) Sind die Eltern von verschiedener Religionspartei, so gebührt jetzt die Taufe in allen Fällen der Regel nach dem Pfarrer des Vaters. vergl. die Deklaration v. 21. Nov. 1803 in Anm. 24.

vergl. auch R. des Justizmin. v. 27. Okt. 1855, betreffend das Recht zur Verrichtung des Taufaktes bei Kindern aus gemischten Ehen, Just. M. Bl. S. 354, und R. des Kult. Ministers v. 24. Mai 1828, Annal. 12 S. 368, betr. die Beerdigung solcher Kinder.

[184]) cfr. L.R. II. 2 §. 642, 643.

Das uneheliche Kind einer Jüdin, dessen Vater ein Christ ist, soll

tairgerichtsbarkeit: so muß die Taufe von dem Feld- oder Garnison-Prediger, ohne Unterschied der Religionspartei des Vaters, verrichtet werden.[185])

§. 450. Ist die Niederkunft nicht an dem Orte geschehen, wo der gehörige Pfarrer sich aufhält, so kann auch der Pfarrer des Ortes der Niederkunft die Taufe ohne weitere Rückfrage verrichten.

§. 451. Hat eine Nothtaufe geschehen müssen, so muß dem ordentlichen Pfarrer davon unverzüglich Anzeige gemacht werden.

§. 452. Für die Handlungen oder Gebräuche, welche hiernächst, nach Verschiedenheit der Religionsparteien, bei einem solchen am Leben bleibenden Kinde vorgenommen werden, hat der Pfarrer eben die Gebühren, wie für eine Taufe, zu fordern.[186])

---

in der christlichen Religion erzogen werden, R. v. 11. April 1823, v. K., Ann. 21 S. 249, R. v. 31. Dez. 1834 ebenda 44 S. 353, (mithin auch auf das christliche Glaubensbekenntniß getauft werden).

[185]) vergl. §. 59 ff. Milit. Kirch. Ordnung v. 12. Febr. 1832.

[186]) Bei einer durch den Nothstand des Täuflings bedingten Haustaufe soll nicht der höhere Betrag für Haustaufen in Ansatz gebracht werden, vielmehr haben die Diener der Kirche in solchem Falle mit dem Gebührensatze für gewöhnliche Haustaufe sich zu begnügen.

R. des Evang. Ob. K. Raths v. 24. Okt. 1860, Aktenst. Bd. 5 Heft 15 S. 314.

In Betreff der Konfirmation verordnet das R. des Kult. Min. v. 17. Febr. 1821, v. K., Ann. 5 S. 84:

1) Kein Kind darf konfirmirt werden, welches nicht 2 Semester hindurch den gewöhnlichen Unterricht des Geistlichen unausgesetzt und in dem letzteren auch den den Konfirmanden besonders zu ertheilenden Vorbereitungsunterricht genossen hat.
2) Der gewöhnliche Unterricht des Geistlichen ist das ganze Jahr hindurch, insofern nicht örtliche Umstände eine Unterbrechung nothwendig machen, wöchentlich in 2 Stunden, der zur Konfirmation vorbereitende aber sechs Wochen hindurch wöchentlich in 3—4 Stunden zu ertheilen, während welcher Zeit da, wo die Pfarrer mit Geschäften sehr beladen sind, der gewöhnliche Unterricht ausfallen kann; wobei jedoch der Beurtheilung des Geistlichen überlassen bleibt, ob eine Absonderung der Geschlechter unter den obwaltenden Umständen erforderlich sein möchte, in welchem Falle die Stunden des gewöhnlichen Unterrichts zu verdoppeln sind.

vergl. Anm. 31 zu §. 16 der Kg. O. v. 1873. R. d. Min. d. geistl. Ang. v. 21. April 1834, Annal. Bd. 18 S. 390: Söhne oder Töchter aus fremden Parochien zu konfirmiren ist einem Prediger nur dann gestattet, wenn 1) das Kind sich als Lehrling, Gesinde, Familienglied oder in einer Schul- und Pensionsanstalt in seiner Parochie aufhält, 2) wenn es die Schule der Parochie gehörig besucht, und 3) wenn es zwei Wintersemester am Konfirmandenunterricht Theil genommen hat und das gesetzliche Alter nachweist. Wenn das Kind während des Konfirmationsunterrichts seinen Wohnort verändert, so muß es in der neuen Parochie sein Taufzeugniß und ein Attest des bisherigen Pfarrers über den Besuch des Konfirmandenunterrichts vorlegen und an dem neuen Wohnorte den Unterricht so lange genießen, daß genau die Zeit von zwei Wintersemestern erfüllt wird.

vergl. Anm. 171.

Dispensationen von dem für die Konfirmation erforderlichen Alter von 14 Jahren sollen nur in dem Falle beantragt werden, wenn das Kind die zur Konfirmation erforderlichen Kenntnisse und sittliche Reife erlangt hat und an dem eben gedachten Alter höchstens 6 Monate fehlen. Fehlen 3 Monate oder weniger, so kann die Dispensation, falls sich dabei kein Bedenken findet, von dem Superintendenten ertheilt werden, fehlen mehr als 3 Monate, so ist die Entscheidung des Konsistorii einzuholen.

Ist die Herbeischaffung der zur Konfirmation erforderlichen Taufscheine nicht möglich, so sind die etwa noch lebenden Eltern, oder die Pathen, Vormünder und früheren Dienstherrschaften der betreffenden Kinder über den Geburtsort und die vollzogene Taufe zu vernehmen, nöthigenfalls auch die betreffenden Gerichte um nähere Ermittelung zu ersuchen. Was sich als Resultat herausstellt, ist nachträglich in die Taufbücher einzutragen und davon eine Abschrift den Kindern zum künftigen Gebrauch einzuhändigen. cfr. Min. Bl. f. d. inn. Verw. 1845 S. 61.

Für die Provinz Schlesien hat das R. des Min. d. g. A. v. 28. Febr. 1880 (cfr. Kirchl. Amtbl. des Konsist. der Provinz Schlesien pro 1880 S. 20) genehmigt, daß zu Ostern jeden Jahres diejenigen Kinder aus der Schule entlassen werden, welche an diesem Termine das 14. Lebensjahr entweder vollendet haben, oder bis zum 30. Sept. desselben Jahres noch vollenden werden, vorausgesetzt, daß sie acht Jahre die Schule regelmäßig besucht und die erforderliche geistige und sittliche Reife erlangt haben.

Was die zweite Schulentlassung am Michaelistermin anlangt, so bleibt sie bestehen, wo sie im J. 1877 schon herkömmlich bestand, und außerdem da, wo sie seitdem eingeführt worden ist, wenn ihr Fortbestand von zuständiger Seite beantragt wird. An diesem Termine sind diejenigen Kinder zu entlassen, welche das 14. Lebensjahr entweder vollendet haben oder bis zum 31. Dez. desselben Jahres noch vollenden werden, unter der obigen Voraussetzung.

Ferner soll auch da, wo die Schulentlassung zu Ostern die Regel ist, denjenigen Kindern, welche im 4. Quartal des Schuljahres das 14. Lebensjahr vollenden, die Entlassung zu Michaelis durch den Kreisschulinspektor gewährt werden, wenn dies von den Eltern oder deren Stellvertretern beantragt wird und ausreichende Gründe dafür vorhanden sind.

Mit Bezug auf diesen Erlaß hat das Konsistorium der Provinz Schlesien mittelst Circularverfügung v. 6. März 1880 (a. a. O.) unter Aufrechthaltung des auch von der ersten ordentlichen Generalsynode anerkannten Grundsatzes: wonach Konfirmation und Schulentlassung um dieselbe Zeit stattzufinden haben, bestimmt, daß fortan diejenigen Kinder, welche bis zum 30. Sept. das 14. Jahr vollenden, und zu Ostern bereits aus der Schule entlassen werden, der Regel nach auch zur Osterkonfirmation zuzulassen sind. Gleichwohl

Von Begräbnissen.

§. 453. Jeder Eingepfarrte muß der Regel nach in seiner Parochie begraben werden.[187])

---

ist auch bei diesen Kindern vom kirchlichen Standpunkte aus die geistige und sittliche Reife jedesmal besonders zu prüfen. Unter gleicher Voraussetzung sind solche Kinder, welche zu Michaelis aus der Schule treten, zu diesem Termine auch zu konfirmiren, und zwar da, wo eine zweimalige Konfirmation nicht dauernde Einrichtung ist, sofern es von den Eltern oder deren Stellvertretern beantragt wird.

Glaubt ein Geistlicher aus besonders namhaft zu machenden Gründen ein Kind, dem zu Ostern oder zu Michaelis die Entlassung aus der Schule gewährt wird, um diese Zeit noch nicht konfirmiren zu dürfen, so ist darüber rechtzeitig per ephorum an das Konsistorium zu berichten.

Ueber die Frage, ob dauernd in einer Gemeinde künftighin eine zweimalige Konfirmation einzurichten sei, ist jedesmal der Gem. Kirch. Rath vorab gutachtlich zu hören und dann erst die Entscheidung des Konsistorii einzuholen.

Die Gebühren für die Konfirmation kompetiren, nach der Taxe des Kirchspiels, dem Geistlichen, welcher den Konfirmanden unterrichtet und eingesegnet hat. Waren aber verschiedene Geistliche, z. B. in Folge einer eingetretenen Vakanz oder eines Umzuges des Kindes, dabei thätig, so sind die Gebühren pro rata temporis des Unterrichts unter dieselben zu vertheilen. (cfr. Jacobson, Kirchenr. S. 489.)

[187]) Ein R. v. 16. März 1802, Rabe Bd. 7. S. 80, verbietet das öffentl. Ausstellen der Leichen, sowie die Oeffnung der Särge bei den Begräbnißceremonien als einen der Gesundheit nachtheiligen Gebrauch allgemein.

In dem Erlaß des Min. d. g. A. v. 17. Juni 1840, Min. Bl. f. d. inn. Verw. 1840 S. 228, wird die Bekanntmachung des K. Konsistoriums der Provinz Brandenburg v. 18. Juni 1829, v. K., Ann. 1829 S. 290 approbirt, nach welcher das Recht, bei öffentlichen Begräbnissen auf dem Kirchhofe zu sprechen, nur dem Geistlichen zusteht, während bei stillen Beerdigungen gar nicht gesprochen werden soll. Hiernach steht den Verwandten oder Freunden eines Verstorbenen zwar fernerhin frei, in dem Trauerhause dessen Gedächtniß durch eine Rede zu ehren; die sog. Laienreden an der Grabesstätte aber dürfen fernerhin nicht mehr gestattet werden.

vgl. das Erk. d. Ob. Trib. v. 23. Dez. 1847, Rechtsf. Bd. 3 S. 257 in der Anm. 334.

Reichsstrafgesetzbuch §. 367:

Mit Geldstrafe bis zu einhundertfunfzig Mark oder mit Haft wird bestraft:

1) wer ohne Vorwissen der Behörde einen Leichnam beerdigt oder bei Seite schafft, oder wer unbefugt einen Theil einer Leiche aus dem Gewahrsam der dazu berechtigten Personen wegnimmt,
2) wer den polizeilichen Anordnungen über vorzeitige Beerdigungen entgegenhandelt.

Reichsgesetz v. 6. Feb. 1875:

§. 56. Jeder Sterbefall ist spätestens am nächstfolgenden Wochentage dem Standesbeamten des Bezirks, in welchem der Tod erfolgt ist, anzuzeigen.

§. 60. Ohne Genehmigung der Ortspolizeibehörde darf keine Beerdigung vor der Eintragung des Sterbefalles in das Sterberegister stattfinden. Ist die Beerdigung dieser Vorschrift entgegen geschehen, so darf

§. 454. Stirbt Jemand außer seiner Parochie, jedoch an eben demselben Orte, so hat der Pfarrer seines Kirchspiels das Recht, zu fordern, daß die Beerdigung in seiner Parochie geschehe.[188])

§. 455. Stirbt er aber an einem anderen Orte: so haben die Hinterlassenen die Wahl: ob sie ihn da, wo er gestorben ist, begraben, oder in seine ordentliche Parochie zurückbringen lassen wollen.

§. 456. Ueberhaupt kann jeder Eingepfarrte sein und der Seinigen Begräbniß auch außerhalb seiner Parochie wählen.

§. 457. Hat der Verstorbene selbst gewählt, so ist es hinreichend, wenn nur seine Willensmeinung mit genugsamer Gewißheit bekannt ist.

§. 458. Außer den Fällen des §. 454. 455. müssen aber nicht nur dem Pfarrer und der Kirche, wo die Beerdigung geschieht, sondern auch dem Pfarrer und der Kirche, denen sie eigentlich zukommt, die Gebühren entrichtet werden.

§. 459. Doch haben Letztere, wenn nach §. 457. der Verstorbene selbst gewählt hat, nur solche Gebühren zu fordern, die, nach der Verfassung jedes Ortes, von allen Begräbnissen derjenigen Classe, zu welcher die Leiche gehört, nothwendig zu entrichten sind.

§. 460. Soll eine Leiche, auf bloßes Verlangen der Hinterlassenen, außer der gehörigen Parochie begraben werden: so müssen Letztere dem Pfarrer und der Kirche dieser Parochie, außer den nothwendigen Gebühren, auch diejenigen Handlungen und Feierlichkeiten, welche sie bei der fremden Kirche vornehmen lassen, taxmäßig bezahlen.

§. 461. Wer ein Erb- oder Familienbegräbniß außerhalb des Kirchspiels hat, kann verlangen, daß sein und der Seinigen Leichname dahin abgeführt werden.

---

die Eintragung des Sterbefalles nur mit Genehmigung der Aufsichtsbehörde nach Ermittelung des Sachverhaltes erfolgen.

vergl. Anm. 80.

[188]) Es ist der Fall gedacht, wo an einem und demselben Orte mehrere Parochien bestehen.

In dem Falle, wo Jemand an einem außerhalb seiner ordentlichen Parochie belegenen Orte verstirbt, sind der Pfarrer und die Kirche des Sterbeortes zur Erhebung von Bestattungsgebühren nur dann befugt, wenn die nach §. 455 h. t. den Hinterbliebenen gelassene Wahl des Begräbnißortes sich für den Sterbeort entscheidet.

§. 462. Doch sind auch alsdann der Kirche und dem Pfarrer, für welche das Begräbniß eigentlich gehören würde, der Regel nach, die ihnen nach §. 459. zukommenden Gebühren ohne Abzug zu entrichten.

§. 463. In allen Fällen, wo eine Leiche durch einen anderen Gerichtsbezirk geführt werden soll, muß bei dem Obergericht der Provinz ein Leichenpaß gesucht werden.[189])

§. 464. Kann ein solcher Paß nicht vorgezeigt werden: so hat die ordentliche Obrigkeit jedes Ortes der Durchfuhre das Recht, zu verlangen, daß der Sarg geöffnet, und ihr die Besichtigung der Leiche gestattet werde.[190])

§. 465. Die Pfarrer, durch deren Kirchspiel die Leiche gebracht wird, können davon weder für sich, noch für die Kirche, Gebühren fordern.

§. 466. Jeder Pfarrer, von welchem, bei Gelegenheit der Durchfuhre, gewisse Amtshandlungen oder andere Feierlichkeiten ausdrücklich verlangt werden, hat davon die Gebühren, für sich und die Kirche, nach der Taxe des Ortes zu fordern.

§. 467. Ist der Todte an einer ansteckenden Krankheit verstorben, so daß durch Wegbringung der Leiche die Ansteckung verbreitet werden könnte: so muß die Leiche schlechter-

---

[189]) Kab.Ordre v. 9. Juni 1833, G.S. S. 73:

Die Leichenpässe sollen fernerhin durch die Regierungen nach medizinalpolizeilicher Untersuchung ausgefertigt werden. Wird die Leiche durch mehrere Provinzialbezirke geführt, so ist die den Paß ausfertigende Behörde verpflichtet, den Regierungen der anderen Bezirke von der Ertheilung des Passes Nachricht zu geben, auch die auf dem Wege zunächst berührten Polizeibehörden des benachbarten Regierungsdepartements davon zu benachrichtigen.

Durch Kab.Ordre v. 16. Mai 1857, mitgetheilt durch den Circul. Erlaß v. 19. Dez. 1857 (Min.Bl. f. d. inn. Verw. 1858 S. 2), ist diese Befugniß den Landräthen delegirt worden. Auch darf die Ausstellung den Polizeiverwaltungen in den an den Landesgrenzen belegenen Eisenbahnstationsorten übertragen werden. Kab.Ord. v. 12. Dez. 1864, R. v. 27. Jan. 1865 (a. a. O. 1865 S. 26).

Die Gültigkeit der Leichenpässe ist auf 4 Wochen zu beschränken. R. d. Min. d. Inn. v. 14. Juni 1856 (a. a. O. 1856 S. 172).

Zu benachrichtigen sind die Landräthe, durch deren Kreise die Leiche transportirt werden soll, sofern nicht wegen des Eisenbahntransports die Nachricht zu spät anlangen würde, mindestens aber stets der Landrath resp. die anderweitige Polizeibehörde des Ortes, wohin die Leiche gebracht werden soll. R. v. 25. Dez. 1859 (a. a. O. 1860 S. 4).

[190]) R. v. 13. Mai 1831, Ann. 15. S. 364: Wenn der Verdacht eines Verbrechens vorliegt, sind die Gerichte durch die Leichenpässe nicht gehindert, die Leiche behufs Besichtigung anzuhalten.

dings, und ohne Unterschied der Fälle, da, wo sie ist, beerdigt werden.

§. 468. Alsdann sind aber auch die Gebühren nur dem Pfarrer und der Kirche der Parochie, wo die Beerdigung wirklich geschehen ist, zu entrichten.

§. 469. Jeder Todesfall muß dem Pfarrer des Kirchspiels, in welchem er erfolgt ist, angezeigt werden.[191])

§. 470. Eben das gilt auch bei Personen, die sonst keiner Parochie unterworfen sind.

§. 471. Auch von todtgeborenen, oder vor der Taufe gestorbenen Kindern muß die Anzeige dem Pfarrer geschehen.

§. 472. Auch solche Kinder dürfen, ohne Vorwissen des Pfarrers, nicht außerhalb des öffentlichen Kirchhofes begraben werden.

§. 473. Der hinterlassenen Familie, und in deren Ermangelung dem Wirthe des Hauses, in welchem der Todesfall erfolgt ist, liegt es ob, denselben anzuzeigen.

§. 474. Der Pfarrer muß sich nach der Todesart erkundigen, und dem Todtengräber aufgeben, bei der Einlegung der Leiche in den Sarg, und bei dessen Zuschlagung gegenwärtig zu sein.

§. 475. So lange es noch im geringsten zweifelhaft ist: ob die angebliche Leiche wirklich todt sei, muß das Zuschlagen des Sarges nicht gestattet werden.

§. 476. Die näheren Bestimmungen, wegen der zur

---

[191]) Die Ansicht, daß der §. 469 h. t. durch die neuere Gesetzgebung über die Beurkundung des Personenstandes (§. 39 ff. 19. 56, G. v. 9. März 1874 §. 56 ff. 23, Reichsges. v. 6. Febr. 1875) aufgehoben sei, erscheint unzutreffend, weil in den §§. 469—480 h. t. dem Pfarrer im polizeilichen Interesse liegende Funktionen zugewiesen sind, welche neben seinen in den §§. 481 ff. h. t. behandelten Funktionen als Civilstandsbeamter bestanden und daher durch die neuere Civilstandsgesetzgebung nicht betroffen sind. In Uebereinstimmung hiermit bemerkt auch Hinschius in der Anm. 7 zu §. 60 d. G. v. 6. Febr. 1875: Die besonderen polizeilichen Voraussetzungen, unter welchen eine Beerdigung erfolgen darf, werden durch das Gesetz nicht beseitigt.

Daher ist es zulässig, durch auf Grund des §. 469 h. t. zu erlassende Lokal-polizei-Verordnungen die Beerdigung von Leichen auf den den christlichen Religionsgesellschaften gehörenden Begräbnißplätzen ohne vorgängige Anzeige bei dem betr. Pfarrer und ohne vorgängige Anweisung der Grabstelle durch diesen, sowie das Anfertigen von Gräbern durch andere, als die von der Kirchenverwaltung damit beauftragten Personen unter Strafe zu stellen. vergl. Anm. 193.

Verhütung des Lebendigbegrabens nöthigen Vorsichten, bleiben den besonderen Polizeiverordnungen vorbehalten.[192])

§. 477. Alle gewaltsamen Todesarten, so wie deren bei Besichtigung der Leiche sich ergebende Vermuthungen, muß der Pfarrer der ordentlichen Obrigkeit schleunigst anzeigen und, vor erfolgter Untersuchung, weder das Begräbniß, noch die Abfuhre gestatten.

§. 478. Ist dem Pfarrer bekannt, daß der Verstorbene minderjährige, wahn- oder blödsinnige, oder aus anderen gesetzlichen Gründen unter Vormundschaft zu setzende Kinder, oder sonstige Erben hinterlasse: so muß er der Obrigkeit davon Anzeige machen.

§. 479. Die Anzeige muß der Regel nach derjenigen Behörde, unter welcher der Verstorbene seinen persönlichen Gerichtsstand hatte; wenn aber diese dem Pfarrer unbekannt, oder außerhalb der Provinz ist, dem nächsten Gerichte geschehen.

§. 480. Sowohl der Pfarrer des Kirchspiels, in welchem der Todesfall erfolgt, als der, wo die Beerdigung geschehen ist, sind zu dieser Anzeige verpflichtet.[193])

---

[192]) cfr. die Instruktion v. 31. Okt. 1794, über die Kennzeichen des wirklich erfolgten Todes, zur Vermeidung des Begrabens lebendiger Menschen, Rabe Bd. 13 S. 270. (Ein Auszug daraus findet sich in Vogt, Kirchenr. I. S. 358 abgedruckt.)

Das R. d. Min. d. Inn. u. d. Pol. v. 2. März 1827 (v. K., Ann. Bd. 11 S. 168) bestimmt:

1. daß es zwar bei der Vorschrift, nach welcher Niemand vor Ablauf v. 72 Stunden nach seinem Ableben beerdigt werden darf, der Regel nach verbleiben müsse,
2. daß aber ein früheres Beerdigen, außer den Fällen, wo ein solches sogar geboten sei, wie z. B. bei Epidemien ꝛc., auch in den Fällen nachgegeben werden könne, wenn
   a) entweder ein approbirter Arzt oder Wundarzt bezeuge, daß die Leiche alle Spuren des wirklichen Todes an sich trage,
   b) oder an Orten, wo kein Arzt ist, der Bürgermeister oder der Dorfschulz mit zwei erfahrenen Männern, mit Rücksicht auf die in dem Gutachten des Oberkollegium Sanitatis v. 31. Okt. 1794 angegebenen Vorsichtsmaßregeln die Verhältnisse untersucht und die frühere Beerdigung gestattet hat.

vergl. Anm. 187.

[193]) Die in den §§. 469—480 h. t. dem Pfarrer in seiner amtlichen Stellung als früherer staatlicher Standesbeamter auferlegten Pflichten sind durch die neuere Civilstandsgesetzgebung (vergl. Anm. 190) aufgehoben.

§. 481. Die Pfarrer sind schuldig, richtige Kirchenbücher zu halten, und darin alle von ihnen besorgten ingleichen alle die Eingepfarrten betreffenden und ihnen angezeigten Aufgebote, Trauungen, Geburten, Taufen und Begräbnisse deutlich und leserlich einzuschreiben.[104]) Kirchenbücher.

§. 482. Die Eintragung muß sogleich nach vorgenommener Handlung oder geschehener Anzeige erfolgen, und das Datum muß mit Buchstaben ausgedrückt werden.

§. 483. Bei Trauungen müssen die Vor-, Zu- und Geschlechts-Namen, ingleichen das Alter beider Verlobten; auch ob sie schon verheirathet gewesen, oder nicht; ob sie noch unter Aeltern und Vormündern stehen, oder nicht, verzeichnet werden. Was zu beobachten bei Eintragung der Trauungen;

§. 484. Stehen die Verlobten, oder einer von ihnen, noch unter Ältern oder Vormündern, so muß der Pfarrer

---

Die betreffenden Anzeigen haben jetzt die Standesbeamten zu machen. R. d. Min. d. Just. u. d. Inn. v. 8. Sept. 1874, Just.Min.Bl. S. 247.

[104]) Die Vorschriften der §§. 481—505 h. t. sind zwar, soweit dieselben die Kirchenbücher als staatliche Civilstandsregister betreffen, durch die neuere Civilstandsgesetzgebung (cfr. Anm. 191) aufgehoben, und die Kirchenbücher haben nur noch eine rein kirchliche Bedeutung.

Weil aber für die evangelische Kirche die erwähnten Vorschriften (mit den aus der Verordnung des Evang. Ob. Kirch. Raths v. 21. Sept. 1874, Aktenst. Bd. 7 Heft 21 S. 31, sich ergebenden Modifikationen) noch maaßgebend sind, so sind dieselben oben in den Text aufgenommen.

cfr. R. d. Min. der geistl. Ang. v. 26. Okt. 1880 über die (nachträgliche) Beurkundung der bis zum 1. Okt. 1874 stattgefundenen Geburten, Heirathen und Sterbefälle. Kirchl. Ges. u. V.Bl. 1880 S. 141, 142.

Das R. d. Ev.O.K.R. v. 4. Juli 1881, kirchl. Ges. u. V.Bl. 1881 S. 50 weist die mit der Kirchenbuchführung betrauten Beamten an, künftig in allen Fällen bei Eintragungen in die Taufregister die Konfession der Eltern des Täuflings,
in die Trauregister die Konfession der in den Ehestand tretenden Personen,
in die Todtenregister die Konfession des Verstorbenen
mit anzugeben. Bereits durch Kab.Ord. v. 6. März 1875, mitgetheilt durch R. d. Ev. Ob. Kirch. Raths v. 22. Juni 1875 (Nr. 2132 E.O.), war genehmigt worden, daß für den Bereich des Ges. v. 9. März 1874, betr. die Beurkundung des Personenstandes, die Aufsicht über das Kirchenbuchwesen rücksichtlich derjenigen Kirchenbücher, welche sich über die seit dem 1. Okt. 1874 vorgenommenen kirchlichen Akte verhalten, durch die den betr. Geistlichen vorgesetzten Konsistorial-Behörden wahrgenommen wird. Zugleich wurde bestimmt, daß die obere Aufsicht über die gedachten Kirchenbücher für den Amtsbereich des Evang. Ober-Kirch. Raths durch diesen nach Maaßgabe der bestehenden allgemeinen Ressortbestimmungen geübt wird.

dabei bemerken: wie ihm die Einwilligung derselben nachgewiesen worden.[105])

der Taufen; §. 485. Bei Geburten und Taufen muß der Pfarrer den Vor-, Zu- und Geschlechts-Namen, und den Stand der

---

[105]) vergl. jetzt Nr. 15 der Verord. v. 21. Sept. 1874 (Anm. 194).

(Die Nr. 1—12 dieser Verordnung, welche von der kirchlichen Trauung handeln, sind durch das Kirchengesetz, betr. die Trauungsordnung, v. 27. Juli 1880 §. 19 beseitigt, und die Nr. 13 u. 14, welche von der kirchlichen Pflicht der Taufe und den kirchendisziplinaren Folgen bei Versäumung der kirchlichen Pflicht in Bezug auf Trauung und Taufe handeln, durch das Kirchengesetz, betr. die Verletzung kirchlicher Pflichten in Bezug auf Taufe, Konfirmation und Trauung, v. 30. Juli 1880 ersetzt.)

Nr. 15: Hinsichtlich der Kirchenbücher treten (seit 1. Okt. 1874) folgende Veränderungen ein:

1. Im Trauungsregister fällt die Rubrik „Einwilligung der Eltern und Vormünder" fort. Dagegen kommt neu hinzu die Rubrik „Nachweis der Eheschließung", in welcher das Standesamt und das Datum der Eheschließung, sowie die Nr. des bürgerlichen Heirathsregisters vermerkt werden.
2. Im Register der Verstorbenen fallen die Angaben über die Erben und über die Todesursache der Verstorbenen weg.
3. Die Nothwendigkeit, alle Zahlen in Buchstaben zu wiederholen, ein Duplikat des Kirchenbuchs zu führen und an bürgerliche Behörden Anzeigen und periodische Auszüge aus den Kirchenbüchern über Einträge abzugeben, welche nach dem 1. Okt. 1874 gemacht sind, hört auf.

Nr. 16: Trauungen sind in das Kirchenbuch (der Parochie des ersten ehelichen Wohnsitzes, jetzt) der Parochie, in welcher sie vollzogen werden — §. 15 Kirch. Ges., betr. die Trauungs-Ord. v. 27. Juli 1880 —, Taufen in das Kirchenbuch derjenigen Parochie einzutragen, welcher die Eltern des Kindes (bei unehelichen die Mutter) zur Zeit seiner Geburt angehören. Werden solche Amtshandlungen von einem Geistlichen vollzogen, welcher das vorstehend bezeichnete Kirchenbuch nicht führt (was nach Obigem jetzt nur auf Taufen bezogen werden kann), so hat er zwar die Verrichtung der Handlung in seinem Kirchenbuche zu vermerken, allein eine vollständige Anzeige darüber an den zur Führung des ersten Kirchenbuches zuständigen Geistlichen zum Behufe des Eintrags gelangen zu lassen.

Nur dieser Geistliche ist befugt, Kirchenbuchsatteste über den eingetragenen Fall auszustellen (cfr. §. 15 a. a. O.).

Der Ev. O.K.R. hatte mittelst R. v. 27. April 1877 S. 134 kirchl. Ges. u. V.Bl. 1876/77, genehmigt, daß die Geistlichen nach der Vollziehung der kirchlichen Trauung jedem getrauten Paare ein Attest über die Vornahme dieser kirchlichen Handlung mit dem Bedeuten ausfertigen, daß dasselbe aufzubewahren und dem Pfarrer jedes Ortes, in welchen das Paar seinen Wohnsitz etwa künftig verlegen sollte, auf Verlangen vorzuzeigen sei. Daneben aber sollte es nach wie vor sein Bewenden dabei behalten, daß die durch die Verord. des Ev. O.K.R. v. 21. Sept. 1874 Nr. 16 erforderte Anzeige der erfolgten Trauung an den Parochus des ersten ehelichen Wohnsitzes zu richten ist. vergl. jetzt §. 15 der Trauungs-Ordn. v. 27. Juli 1880, kirchl. Ges. u. V.Bl. 1880 S. 114 (im Anhange).

Aeltern, ingleichen den Namen und Stand der gegenwärtig gewesenen Taufzeugen, nebst den Namen, welche dem Kinde selbst beigelegt worden, mit eintragen.

§. 486. Auch muß er dabei die Angabe der Ältern, oder, in deren Ermangelung, der Hebamme, von dem Tage und Stunde der Geburt, bemerken.[196])

§. 487. Giebt die Mutter eines unehelichen Kindes den Vater nicht an, so muß es der Pfarrer zwar dabei bewenden lassen, zugleich aber sich sorgfältig erkundigen: ob auch die Mutter das Kind zu verpflegen und zu erziehen hinlängliche Mittel habe.[197])

§. 488. Findet er dabei ein Bedenken, so muß er selbiges der Obrigkeit des Ortes anzeigen.

§. 489. Wird der Vater des unehelichen Kindes angegeben: so muß der Pfarrer denselben darüber vernehmen; und wenn er sich dazu bekennt, den Namen desselben, so wie die Art, wie dies Bekenntniß an ihn, den Pfarrer, gelangt ist, in das Kirchenbuch mit eintragen.

§. 490. Widerspricht der genannte Vater der Angabe der Mutter; oder kann derselbe, weil sein Aufenthalt entfernt oder unbekannt ist, nicht vernommen werden: so darf der Pfarrer seinen Namen in das Kirchenbuch nicht einschreiben.

§. 491. Er muß aber den Fall der Obrigkeit des Ortes, zur Untersuchung und Obsorge für das Beste des Kindes, sofort anzeigen.[198])

§. 492. Bei Todesfällen muß der Name, der Stand und das Alter des Verstorbenen, der Tag des Todes, die Krankheit oder sonstige Todesart, nach der dem Pfarrer geschehenen Anzeige, eingeschrieben werden.[199]) der Todesfälle.

§. 493. Hat der Pfarrer den Verstorbenen nicht persönlich gekannt: so muß er sich durch die Aussagen glaubwürdiger Personen so viel als möglich versichern, daß derselbe wirklich derjenige gewesen sei, für den er ihm angegeben worden.

---

[196]) Diese Daten ergiebt jetzt die bezügliche Bescheinigung des Standesbeamten. vergl. übrigens Anm. 195, 194.

[197]) Die §§. 487—491 haben für den Pfarrer jetzt keine Bedeutung mehr. cfr. §. 21 ff. G. v. 9. März 1874 u. §. 25 ff. Reichsges. v. 6. Febr. 1875. vergl. auch Anm. 191 u. 193.

[198]) vergl. Anm. 197.

[199]) vergl. Nr. 15 der Verord. v. 21. Sept. 1874, Anm. 195, 194.

§. 494. Wie er zu dieser Versicherung gelangt sei, muß in dem Kirchenbuche mit vermerkt werden.

§. 495. Den Tod und die Beerdigung eines Fremden muß der Pfarrer, wenn sonst Niemand vorhanden ist, welcher davon in die Heimath desselben Nachricht geben könnte, zu diesem Behufe dem nächsten Gericht anzeigen.[200])

Eintragung der in anderen Kirchen vorgenommenen Handlungen.

§. 496. In allen Fällen, wo dem Pfarrer eine Handlung, die in einer anderen Parochie vorgenommen werden soll, bloß angezeigt wird, muß er dennoch diese Anzeige, mit Bemerkung des Orts, wo die Handlung selbst erfolgen soll, in sein Kirchenbuch einzeichnen.[201])

§. 497. Von solchen bloßen Anzeigen aber muß er, bei Fertigung der jährlichen Listen, keinen Gebrauch machen.

§. 498. Diejenigen, welche einer bloß geduldeten, mit keiner eigenen Kirchenanstalt versehenen Religionspartei zugethan sind, müssen die unter ihnen vorkommenden Geburten, Heirathen, und Sterbefälle, dem Pfarrer des Kirchspiels, in dessen Bezirk sie wohnen, zur Eintragung in das Kirchenbuch anzeigen.

§. 499. Dergleichen Anzeigen gehören mit in die jährlichen Listen.[202])

§. 500. Wenn bei einer Kirche mehrere Geistliche angesetzt sind, so muß dennoch nur der eigentliche Pfarrer das Kirchenbuch führen.

Duplicat des Kirchenbuchs.

§. 501. Der Küster muß ein Duplicat des Kirchenbuchs halten, und darin die von dem Pfarrer eingetragenen Vermerke getreulich abschreiben.[203])

§. 502. und §. 503. weggefallen. (cfr. Anm. 203.)

Kirchenzeugnisse.

§. 504. Kirchenzeugnisse müssen jedoch aus dem von dem Pfarrer geführten Original, und nur in dessen Ermangelung aus dem Duplicat ertheilt werden.

§. 505. Auch in diesen Zeugnissen soll, zur Vermeidung aller Zweifel und Verfälschungen, das Datum, worauf es ankommt, nicht bloß mit Zahlen, sondern zugleich mit Buch-

---

200) Von den §§. 493—495 gilt ebenfalls das in Anm. 197 Gesagte. vergl. auch Anm. 196.

201) vergl. Nr. 16 der Verord. v. 21. Sept. 1874, Anm. 195.

202) Von den §§ 497—499 gilt gleichfalls das in Anm. 197 Gesagte.

203) vergl. jetzt Nr. 15³ d. Verord. v. 21. Sept. 1874, Anm. 195. Damit sind auch die §§. 502, 503 h. t. weggefallen.

staben ausgedrückt, und die Zeugnisse selbst müssen mit dem Kirchensiegel bestärkt werden.[204])

---

[204]) vergl. jetzt Nr. 15 [3] d. Verord. v. 21. Sept. 1874, Anm. 195.

Den mit der Führung der Kirchenbücher und Standesregister vor dem 1. Okt. 1874 betraut gewesenen Behörden und Beamten verbleibt die Berechtigung und Verpflichtung, über die bis zum 1. Okt. 1874 eingetretenen Geburten, Heirathen und Sterbefälle Atteste zu ertheilen. §. 53 Ges. v. 9. März 1874. Die Leitung der Kirchenbuchführung, soweit die Kirchenbücher noch zur Beurkundung des Personenstandes dienen, ist den Staatsbehörden (Regierungen) verblieben. Art. 23 Ges. v. 3. Juni 1876. Ein besonderes Gesetz wird die Vorbedingungen, die Quelle und das Maaß der Entschädigung derjenigen Geistlichen und Kirchendiener bestimmen, welche nachweislich in Folge des Gesetzes v. 9. März 1874, betreffend die Beurkundung des Personenstandes ꝛc. einen Ausfall in ihrem Einkommen erleiden. Bis zum Erlasse dieses in Aussicht gestellten Gesetzes erhalten die zur Zeit der Emanation des genannten Gesetzes im Amte befindlich gewesenen Geistlichen und Kirchendiener für den nachweislichen Ausfall an Gebühren eine von dem Minister der geistl. Angel. und dem Finanzminister festzusetzende Entschädigung aus der Staatskasse. §. 54 Ges. v. 9. März 1874. Die erst nach dem 1. Okt. 1874 angestellten Geistlichen ꝛc. haben auf solche Entschädigung keinen Anspruch, weil diese unter der Herrschaft der neuen Civilstandsgesetzgebung angestellt, durch die letztere einen Ausfall in ihrem Einkommen nicht erleiden.

cfr. Gesetz v. 26. März 1873, G.S. S. 131, betr. die Aufhebung bez. Ermäßigung gewisser Stempelabgaben .....

§. 2. Vom 1. Mai 1873 ab werden aufgehoben die Stempelabgaben von

1. Gesuchen (Beschwerdeschriften, Bittschriften, Eingaben, Vorstellungen);
2. Bescheiden auf Gesuche, Anfragen und Anträge in Privatangelegenheiten, sie mögen in Form eines Antwortschreibens, einer Verfügung, Dekretsabschrift, oder eines auf die zurückgehende Bittschrift selbst gesetzten Dekrets erlassen werden;
3. Protokollen mit Ausnahme der Auktions- ꝛc. Protokolle ꝛc. .....
6. Beglaubigungen nach §. 33 der Grundbuchordnung v. 5. Mai 1872;
7. Quittungen, sowie den in §. 8 Nr. 2 des Ges. v. 5. Mai 1872, Stempelabgaben betreffend, gedachten Löschungsanträgen;
8. Abschieden (Dienstentlassungen);
9. Urlaubsertheilungen; .....
12. Geburts-, Tauf-, Aufgebots-, Ehe-, Trau-, Todten- und Beerdigungsscheinen.

(Bezüglich der Provinz Hannover, des Appellationsgerichtsbezirks Cöln, und der Stadt Frankfurt a/M. sind die Spezialbestimmungen dieses Gesetzes zu vergleichen. Nach der Kab.Ord. v. 5. Aug. 1833, G.S. S. 87 sind die Geistlichen verpflichtet, die bei der vormundschaftlichen Verwaltung erforderlichen Kirchenzeugnisse (Tauf-, Trau-, Todtenscheine) auf Verlangen des Vormundschaftsgerichts gebührenfrei auszustellen, wenn es sich um Armenvormundschaften handelt.

Dagegen sind die Geistlichen nach einem Reskr. des Justiz.-Min. v. 21. Aug.

Vertretung des Pfarrers in seinem Amte.

§. 506. Ein Pfarrer, der nur bei einer einzelnen Handlung, oder nur auf kurze Zeit, sein Amt selbst zu verrichten gehindert wird, kann sich dabei durch einen anderen Geistlichen, welcher zu solchen Handlungen an und für sich befugt ist, vertreten lassen.

§. 507. Soll die Vertretung länger als drei Tage dauern, so muß dem Erzpriester oder dem Kreisinspector Anzeige davon geschehen.

§. 508. Ist die Vertretung auf länger als vierzehn Tage erforderlich; so muß der Erzpriester oder Inspector es an das Consistorium berichten, und die genommenen Maaßregeln zur Genehmigung anzeigen.[205])

§. 509. Verrichtet der Stellvertreter eine Amtshandlung, die ins Kirchenbuch eingetragen werden muß: so ist er schuldig, seinen eigenen Namen, mit der Angabe seines Amtes, und der Ursache der Vertretung zu unterzeichnen.

Capelläne.

§. 510. bis §. 514. beziehen sich auf die katholische Kirche.

Pfarrgehülfen.

§. 515. Ein protestantischer Pfarrer kann, mit Vorwissen des Consistorii, einen Candidaten zu seiner Vertretung, jedoch nur bei dem Unterricht der Gemeine, nicht aber bei anderen Amtshandlungen, annehmen.[206])

1868 **nicht** verpflichtet, in unvermögenden **Untersuchungssachen kirchliche Zeugnisse**, um deren Ausstellung dieselben von den strafgerichtlichen Behörden requirirt worden sind, **unentgeltlich** zu ertheilen. (vergl. R. d. Just. Min. v. 3. Nov. 1853, J. M. Bl. S. 382).

[205]) vergl. Anm. 169.

Das R. d. Ev. O. K. R. v. 8. Mai 1861 Aktenst. Heft 13 S. 177 spricht dem Patronate die Berechtigung ab, zu verlangen, daß der von demselben vocirte Pfarrer auch in Fällen nur temporairer Verhinderung die erforderliche **Vertretung**, insofern solche durch die Konsynodalen nicht geleistet werden könne, entweder durch das Patronat oder doch mit Wissen und Zustimmung desselben nachsuche. Dagegen ist es angemessen, daß bei temporairen Substitutionen von der erfolgten Anordnung derselben dem **Patron** durch das Konsistorium **Nachricht** gegeben werde.

[206]) R. d. Kult. Min. v. 17. März 1841, Min. Bl. f. d. inn. Verw. S. 115: Jedem Geistlichen auf einer Stelle Königl. Patronats, der nach §. 515 die Genehmigung zur Haltung eines Pfarrgehülfen nachsucht, ist ausdrücklich zu eröffnen, daß er auf dieses Verhältniß keine Hoffnung gründen dürfe, daß der Pfarrgehülfe einst zu seinem Nachfolger werde ernannt werden. Nächstdem ist ihm aufzugeben, dies auch der Gemeinde durch den Kirchenvorstand oder auf sonst angemessene Weise bekannt zu machen, und daß solches geschehen, dem Superintendenten anzuzeigen. . . . . .

R. d. Ev. O. K. R. v. 14. Aug. 1873, Aktenst. Heft 21 S. 122: Es ist vorgekommen, daß ein als **Hülfsgeistlicher** fungirender, nicht ordinirter Kandidat,

§. 516. Wird er durch Krankheit, Schwachheit, oder Alter verhindert, sein Amt nach dessen ganzem Umfange selbst gehörig zu verwalten; und verlangt er daher einen beständigen Gehülfen zu allen seinen Amtsverrichtungen: so muß er dieses demjenigen, welchem bei einer erfolgenden Erledigung der Pfarre das Wahlrecht zusteht, anzeigen.

§. 517. Alsdann muß, bei der Bestellung eines solchen Amtsgehülfen, alles das beobachtet werden, was bei der Wahl eines neuen Pfarrers erforderlich ist.

§. 518. Ehe jedoch zur Wahl geschritten wird, muß dem zu bestellenden Substituten sein auskömmlicher Unterhalt aus den Einkünften der Pfarre bestimmt werden.

§. 519. Dieser Aussatz darf niemals in einem Antheil der einzelnen Pfarreinkünfte (pars quota) bestehen; sondern er muß auf einen gewissen Betrag an Gelde oder Naturalien, welche der Pfarrer dem Substituten, oder dieser jenem abzugeben hat, bestimmt werden.

§. 520. Ein solcher Substitut tritt, wenn die Pfarre erledigt wird, sofort an die Stelle und in alle Rechte eines wirklichen Pfarrers.

§. 521. Dagegen hat ein nicht förmlich gewählter, sondern nur von dem Pfarrer selbst, mit Erlaubniß der geistlichen Obern, wenn auch unter Einwilligung des Patrons, oder der Gemeine angenommener, Substitut, kein Recht zur Nachfolge in die erledigte Pfarre. [207])

---

als derselbe aus seiner Stellung abberufen wurde, auf Grund des §. 11 des Ges. v. 12. Mai 1873 Berufung an den Königl. Gerichtshof für kirchliche Angelegenheiten eingelegt hat. Um ähnliche Weiterungen zu vermeiden, ist es nothwendig, in der Verfügung, durch welche die Bestellung oder die Genehmigung der Bestellung erfolgt, jedesmal bestimmt auszusprechen, daß es sich um die Uebertragung einer kommissarischen, jederzeit widerruflichen Verwendung handelt. Dies gilt zunächst von allen nicht fundirten Stellen, nicht minder aber auch von kommissarischen Verwaltungen fundirter Aemter, die innerhalb der nach §. 18 des Ges. v. 11. Mai 1873 zulässigen Vakanzzeit angeordnet werden.

[207]) Bedenken können hierbei dadurch veranlaßt werden, daß ein Kandidat als Substitut ordinirt wird, ohne den nothwendigen Titel zu haben. vergl. §. 65 h. t. Deshalb kann ein solch' exceptionelles Verhältniß nur aus wichtigen Motiven begründet werden, nämlich dann, wenn es für eine Gemeinde besonders vortheilhaft ist, daß der seitherige Geistliche nicht sogleich emeritirt, sondern aus seelsorgerischen Rücksichten noch im Amte gelassen werde. Ein Konsistorium, welches sich mit Vorsicht im öffentlichen Interesse zu einer solchen Maaßregel entschließt, übernimmt damit die Pflicht, den solchergestalt ordinirten Hülfsgeistlichen zur Zeit mit einer Stelle Königl. Patronats zu versorgen. In diesem

§. 522. Auch ohne das Gesuch des Pfarrers kann demselben ein Substitut gegeben werden, wenn aus der Anzeige des Patrons, der Vorsteher, oder der Gemeine, oder auch des Kreisinspectors, bei einer deshalb von den geistlichen Obern zu veranlassenden Untersuchung sich ergiebt, daß der Pfarrer, aus einem der §. 516. angeführten Gründe, seinem Amte vollständig vorzustehen, nicht mehr vermögend sei.[208])

Niederlegung des Amtes. §. 523. Wenn ein Pfarrer sein Amt niederlegen will: so muß er dem Patron und der Gemeine davon Anzeige machen, und die Genehmigung der geistlichen Obern nachsuchen.[209])

Sinne hat sich das Ministerium in einem Erlasse v. 14. Okt. 1844 für solche Substitution ausgesprochen. cfr. Jacobson, Kirch. Recht S. 422.

[208]) Nach dem R. des Ev. Ob. Kirch. Rathes v. 27. Nov. 1854 (Aktenst. Bd. II. S. 15) soll einer unfreiwilligen Emeritirung vorhergehen:

a) eine aktenmäßige Konstatirung der Thatsachen, auf welche die Behauptung der Unfähigkeit des Betheiligten sich gründet, zu welchem Zwecke namentlich die Abhaltung einer, auch wiederholten Lokalvisitation empfohlen wird,
b) die Mittheilung dieser Thatsachen an den Betheiligten und Anhörung desselben über das, was er dagegen vorzubringen hat,
c) ein mit Gründen versehenes Resolut der Provinzialdienstbehörde wegen Festsetzung der unfreiwilligen Emeritirung und des zu bewilligenden Ruhegehaltes, wogegen dem Betheiligten innerhalb 4 Wochen der Rekurs an die oberste Instanz zusteht.

Die für die Pensionirung von Civilbeamten ergangenen Bestimmungen (Allerh. Ordre v. 16. Aug. 1826. V. v. 29. März 1844. Ges. v. 21. Juli 1852. G. v. 27. März 1872) finden auf die Emeritirung von Geistlichen keine Anwendung, vielmehr sind dabei die Vorschriften der für diese erlassenen besonderen Dienstordnungen des Allgem. Landr. und der Allerh. Ordre v. 12. April 1822 (cfr. Anm. 213) maaßgebend. (Boche, der legale Pfarrer 1875 S. 442). Daher hat der emeritirte Geistliche auf das den Civilbeamten im §. 91 G. v. 21. Juli 1852 zugestandene Beneficium keinen Anspruch. Dagegen wird, sofern der zu Emeritirende nicht dispositionsfähig (z. B. geisteskrank) ist, demselben zum Zwecke der Durchführung des Emeritirungs-Verfahrens — ähnlich, wie im §. 89 Ges. v. 21. Juli 1852 — ein Kurator zu bestellen sein, mit welchem die erforderlichen Verhandlungen zu führen.

[209]) vergl. §. 104 h. t. R. d. Ev. O. K. R. v. 19. Febr. 1852, Aktenst. Heft 5 S. 16: Wo Geistliche vor ihrem Eintritt in das Pfarramt resp. vor ihrer Ordination schon ein öffentliches Schulamt bekleidet haben, da ist der Eintritt in dieses Amt in der Regel als Ausgangspunkt für die Berechnung der 50jährigen Amtsdauer (Amtsjubiläum) angenommen worden. Der Ev. O. K. R. hat nach Inhalt der über die Amtsjubiläen der Geistlichen ergangenen Allerhöchsten Bestimmungen keinen Grund, von dieser Praxis abzugehen. In dem damals vorliegenden Spezialfalle fehlte es an einer Vokation und Vereidigung. Es kam daher darauf an, anderweitig nachzuweisen, daß der betr. Geistliche als ordentlicher

§. 524. Finden diese dabei nichts zu erinnern, so gebührt weder dem Patron, noch der Gemeine, ein Recht zum Widerspruche.

§. 525. Nimmt jedoch ein Pfarrer innerhalb zehn Jahren von Zeit seiner Bestellung, einen anderweitigen Ruf an: so ist er schuldig, der Kirchencasse und der Gemeine, alle bei seiner Ansetzung und seinem Anzuge verwendeten Kosten zu erstatten.

§. 526. Auch nach erhaltener Genehmigung der geistlichen Obern darf der Pfarrer sein Amt nicht eher verlassen, als bis sein Nachfolger bestellt und eingewiesen worden.

§. 527. Sind erhebliche Gründe vorhanden, warum dieses nicht abgewartet werden kann: so muß der Erzpriester oder Inspector, unter besonderer Approbation des Consistorii, für die Versehung des Amts in der Zwischenzeit sorgen.

§. 528. Einem Pfarrer, der sein untadelhaft geführtes Amt wegen Alters oder Krankheit niederlegen muß, gebührt ein lebenswieriger Gnadengehalt.

§. 529. Bei ermangelnder Vereinigung über den Betrag und Fonds desselben, muß das Gehalt auf ein Drittel der sämmtlichen Pfarreinkünfte, nach einem gemäßigten Anschlage festgesetzt, und der Amtsfolger zu dessen Entrichtung auf die §. 519. bestimmte Art angewiesen werden.[210])

Lehrer im J. 1802 wirklich angestellt und in sein Amt eingeführt worden ist, oder ob er damals nur in der Eigenschaft eines ohne Weiteres entlaßbaren Hülfslehrers und aus diesem Grunde ohne Vokation und Vereidigung seine Stelle angetreten hat. Im letzteren Falle würde sein Eintritt in ein ordentliches Lehramt nicht schon vom J. 1802 an datirt werden können.

[210]) Hierzu ist ergangen

a) das Kirchengesetz, betreffend das Ruhegehalt der emeritirten Geistlichen, v. 26. Januar 1880,

b) das Staatsgesetz, betreffend denselben Gegenstand, v. 15. März 1880, G.S. S. 216.

Beide Gesetze sind abgedruckt im kirchl. Ges. u. V.Bl. 1880 S. 37 ff. und im Anhange.

vergl. R. des Ev.O.K.R. v. 28. April 1879, kirchl. Ges. u. V.Bl. 1879 S. 85—88, betr. das Verfahren bei Anträgen auf Bewilligung von Pensionszuschüssen aus Staatsfonds an emeritirte Geistliche. R. des Min. d. geistl. Ang. v. 28. Febr. 1879, kirchl. Ges. u. V.Bl. 1879 S. 91, betr. die Entschädigung emeritirter Geistlichen und Kirchendiener für die Ausfälle an Stolgebühren in Folge des Civilstandsgesetzes:

Bereits in dem Erlasse v. 5. Juli 1878 (G. I. 1254) ist anerkannt, daß nach dem §. 54 Ges. v. 9. März 1874, betr. die Beurkundung des Personenstandes

(G. S. S. 95), es gerechtfertigt erscheine, den damals bereits im Amte befindlichen Geistlichen und Kirchendienern auch im Falle ihrer Emeritirung eine Entschädigung aus der Staatskasse ad dies vitae zu gewähren, insofern und insoweit die Höhe des Emeritengehaltes durch den in Folge jenes Gesetzes eintretenden Ausfall an Stolgebühren beeinträchtigt werde. Zur Ausführung dieses Grundsatzes wird Folgendes bestimmt:

1) Den zur Zeit der Emanation des erwähnten Gesetzes v. 1874 bereits im Amte befindlichen Geistlichen und Kirchendienern steht im Falle ihrer Emeritirung ein Anspruch auf Entschädigung aus der Staatskasse (Kap. 127, Tit. 15) nur zu, wenn dieselben in Folge des durch das Civilstandsgesetz herbeigeführten Ausfalls an Stolgebühren eine Einbuße an ihrem Emeritengehalte erleiden. Diese Voraussetzung trifft alsdann zu, wenn das Emeritengehalt in einer Quote des früheren Amtseinkommens besteht und bei der Arbitrirung des letzteren die für den durch das Civilstandesgesetz eingetretenen Ausfalls an Stolgebühren aus Staatsfonds gewährte Entschädigung nicht zur Berechnung gezogen ist.
2) Liegen diese Voraussetzungen vor, so ist die den Emeriten staatlicher Seits zu gewährende Entschädigung dahin zu bemessen, daß ihnen von der bisher für Stolgebührenausfälle aus Staatsfonds bewilligten Entschädigung eine gleiche Quote, wie ihnen von dem früheren Amtseinkommen überhaupt ausgesetzt ist, ad dies vitae fortgewährt wird.
3) Die den Emeriten auf ihren Antrag hiernach festzusetzende Entschädigung soll nach dem Durchschnitte der ihnen in den 3 letzten, je v. 1. Okt. bis 30. Sept. laufenden Entschädigungsjahren vor der Emeritirung aus der Staatskasse gezahlten Entschädigungen berechnet werden. Waren bei der Emeritirung erst ein oder zwei Entschädigungsjahre abgelaufen, so erfolgt die Ermittelung nach Maaßgabe der für diese festgesetzten Entschädigungen. Bei Emeritirungen, welche vor dem 1. Okt. 1875 eingetreten sind, kann Mangels der sub 1 erwähnten Voraussetzung eine Entschädigung nicht gewährt werden. In der Provinz Hannover bleibt mit Rücksicht auf das Kirchenges. v. 16. Juni 1875 (G. S. S. 303) die für Aufgebote und Trauungen für das Jahr v. 1. Okt. 1874 bis dahin 1875 gewährte Entschädigung außer Ansatz.
4) Die Anträge auf Festsetzung der hiernach für die Emeriten aus der Staatskasse zu zahlenden Entschädigungen sind abgesondert von den Liquidationen der im Amte befindlichen Geistlichen und Kirchendiener einzureichen. Die Festsetzung erfolgt unter Vorbehalt der Abänderung ad dies vitae des Berechtigten und sind die festgesetzten Beträge halbjährlich postnumerando zum 1. Okt. und 1. April zu zahlen.
5) Da den nach Emanation des Civilstandsgesetzes v. 9. März 1874 angestellten Geistlichen und Kirchendienern eine Entschädigung aus der Staatskasse für den in Folge jenes Gesetzes eingetretenen Ausfall an Stolgebühren nicht zusteht, so kann auch für den Fall, daß bei der Emeritirung ihrer Amtsvorgänger die diesen aus der Staatskasse gezahlte Entschädigung bei der Feststellung des Emeriteneinkommens berücksichtigt ist, ihnen eine der Quote des Emeritengehalts entsprechende Entschädigung aus dem Fonds (Kap. 127 Tit. 15) nicht gewährt werden. Denselben muß daher überlassen bleiben, mit Rücksicht auf die dadurch

§. 530. Geringere Amtsvergehungen der Pfarrer müssen von den geistlichen Obern auf die §. 125. bestimmte Art geahndet werden.[211]) Vergehungen der Pfarrer.

§. 531. Hat ein Pfarrer, ohne bösen Vorsatz, durch unvorsichtiges Betragen, das Vertrauen seiner Gemeine verloren, so müssen die geistlichen Obern seine Versetzung an einen anderen Ort veranstalten.[212])

---

herbeigeführte Beeinträchtigung ihres dienstlichen Einkommens die Gewährung besonderer Beihülfen im geordneten Wege nachzusuchen.

Reskr. des Min. d. geistl. Ang. v. 5. Jan. 1882, G. I Nr. 8090: Nach der Fassung des Absatzes 2, §. 54 des Ges. v. 9. März 1874 über die Beurkundung des Personenstandes und der den Fonds Kap. 124 Tit. 18 betreffenden Vermerke im Staatshaushaltsetat erscheint es nicht angänglich, nach dem Inkrafttreten des Kirchengeś. v. 26. Jan. bez. des Staatsges. v. 15. März 1880, betr. das Ruhegehalt der emeritirten Geistlichen, im Falle der Emeritirung eines zur Stolgebührenentschädigung berechtigten Geistlichen nach den Bestimmungen des angeführten Kirchengesetzes diejenige Quote dieser Entschädigung, welche ihm als Emeritus nach dem Cirkul. Erlaß v. 28. Febr. 1879 (cfr. oben) zustehen würde, auf seine Lebensdauer an den Pensionsfonds der evangelischen Landeskirche zu zahlen. Die Geistlichen, welche sich den Bestimmungen des vorgedachten Kirchengesetzes unterwerfen, haben nur einen Anspruch auf Gewährung eines nach den Vorschriften dieses Gesetzes zu berechnenden Ruhegehalts aus dem Pensionsfonds der evangelischen Landeskirche, dagegen keinen Anspruch mehr auf einen Emeritenantheil aus dem Pfarreinkommen. Damit ist für alle diese Geistlichen die in dem Erlasse v. 28. Febr. 1879 ausgesprochene Voraussetzung, daß sie in Folge des Civilstandsgesetzes eine Einbuße an ihrem Emeritengehalte erleiden, in Wegfall gekommen, und kann ihnen mithin ein Anspruch auf Fortgewährung einer Quote der Stolgebührenentschädigung für den Fall der Emeritirung nicht zugestanden werden. —

[211]) cfr. jetzt das Ges. v. 12. Mai 1873 §§. 1—9, über die kirchl. Disziplinargewalt ꝛc., im Anhange.

[212]) Die diesfällige Verfügung ist nicht als Strafe, sondern nur als eine Maaßregel der amtlichen Nothwendigkeit und nur unter hiernach abgemessenen Modalitäten der Versetzung oder der bei allgemeiner Dienstunfähigkeit des Denunziaten etwa anzuordnenden Emeritirung zu betrachten. vergl. R. des Min. d. geistl. Angel. v. 29. Juli 1840, Min. Bl. f. d. inn. Verw. 1840 S. 289. — vergl. auch Verf. desselb. Min. v. 21. Juli 1840, betr. die unfreiwillige Emeritirung und Strafversetzung von Geistlichen und Schullehrern, Min. Bl. f. d. inn. Verw. 1840 S. 288.

Die K. Ordre v. 27. April 1830, G. S. S. 81, bestimmt, daß gegen Geistliche und Schullehrer, deren Vergehen nach dem Resultate einer in Gemäßheit der Kab. Ordre v. 12. April 1822 geführten Disziplinaruntersuchung nicht mit der Amtsentlassung, sondern nur mit einer Strafversetzung zu ahnden sein würde, wenn letztere wegen höheren Alters oder wegen sonst verminderter Dienstfähigkeit des zu Versetzenden nach pflichtmäßigem Ermessen für nicht anwendbar zu erachten ist, statt der Strafversetzung deren unfreiwillige Emeritirung oder Pensionirung mit einem nach dem Grade ihrer Verschuldung abzumessenden geringeren Emeritengehalte oder Pensionsbetrage, als denselben außerdem gebühren würde, festgestellt werden soll.

R. des Min. d. geistl. Angel. v. 28. Febr. 1844, Min.Bl. f. d. inn. Verw. 1844 S. 67.....:

Einem nur wegen Altersschwäche oder Krankheit gegen seinen Willen zu emeritirenden Pfarrer, welcher im Uebrigen sein Amt untadelhaft geführt hat, müssen dieselben Schutzmittel geboten werden, wie einem solchen, welcher wegen mangelhafter Dienstführung oder moralischer Gebrechen emeritirt werden soll. Hieraus ergiebt sich die Nothwendigkeit, daß, wie in dem einen, so auch in dem andern Falle, über die Emeritirung nicht durch ein einfaches Dekret, sondern nach vorgängiger, förmlicher Untersuchung, durch ein von den geistlichen Oberen abzufassendes Resolut, gegen welches, wie in jeder Disziplinaruntersuchung, der Rekurs stattfindet, zu entscheiden ist. Jedoch ist bei Emeritirungen wegen Altersschwäche oder Krankheit das abzufassende Resolut nicht erst auf Versetzung, vorbehaltlich der dafür zu substituirenden Emeritirung, sondern gleich auf die Emeritirung und auf Festsetzung des Emeritengehaltes zu richten. Nach diesen Grundsätzen ist zu verfahren, insofern der betreffende Pfarrer sich nicht noch dazu entschließen sollte, sich freiwillig emeritiren zu lassen.

Die Handhabung der kirchlichen Disziplin über die evangel. Geistlichen in Preußen gründet sich in der Mehrzahl der Preußischen Provinzen auf besondere, für einzelne Landestheile erlassene Kirchenordnungen. Die wichtigsten dieser Ordnungen sind abgedruckt in den Aktenstücken des Evangel. Ob. Kirch. Raths Heft 5 S. 17ff. Dort findet sich auch eine Zusammenstellung der auf die Disziplin über die Geistlichen bezüglichen Bestimmungen. (vergl. Boche, der Preuß. legale Pfarrer 1875 S. 403ff.)

Hiernach bestehen gegenwärtig für die Handhabung der geistlichen Disziplin nur die beiden kirchlichen Instanzen: Konsistorium und Evangelischer Ober Kirchen Rath. Den evangelischen Kirchenbehörden stehen folgende Mittel der Disziplin zu Gebote:

1) Die leichteren Grade der Ermahnung, des Verweises und kleiner Ordnungsstrafen. Der Verweis kann dadurch geschärft werden, daß er vor versammeltem Kollegium ertheilt wird.
2) Schwerere Disziplinarstrafen:
   a) Geldstrafen. Diese dürfen den Betrag von 30 Thlr. (90 M.) oder, wenn das einmonatliche Amtseinkommen höher ist, den Betrag des letzteren nicht übersteigen. (§. 4 Ges. v. 12. Mai 1873 über die kirchl. Disziplinargewalt.)
   b) Strafversetzung, an deren Stelle, wo sie nicht ausführbar, unfreiwillige Emeritirung gesetzt werden kann. (LR. II. 11 §. 531. Allerh. Ordre v. 27. April 1831, G.S. S. 81.)
   c) Amtsentsetzung.

(Die Amtssuspension kommt nur als prozessualische Maaßregel während der Dauer der Untersuchung vor; wird aber ebenfalls nur von den geistlichen Behörden verhängt.)

Innerhalb dieser Strafskala bewegen sich die evang. Kirchenbehörden mit voller Selbstständigkeit.

Bei Vergehungen eines Geistlichen gegen die bürgerlichen Strafgesetze gehen die richterliche Untersuchung und Entscheidung wegen der verwirkten bürgerlichen Strafe und die disziplinarische Untersuchung und Entscheidung wegen des mit dem Vergehen zusammentreffenden kirchlichen Aergernisses unabhängig neben einander her.

Suspension, Strafversetzung, Strafemeritirung und Amtsentsetzung können seit der Publikation des Strafges. Buchs v. 14. April 1851 (G.S. S. 101) nur noch durch den Spruch der kirchlichen Disziplinarbehörde (nicht mehr durch richterlichen Spruch) verhängt werden.

Geringere Disziplinarstrafen (Ermahnung, Verweise, Ordnungsstrafen) werden ohne förmliches Verfahren durch einfaches Dekret festgesetzt.

R. d. Ev. O. K. R. v. 2. Juli 1853, Aktenst. Heft 6 S. 65: Es läßt sich nicht verkennen, daß nicht nur die in den gerichtlichen Verhandlungen thatsächlich festgestellten Ergebnisse, sondern auch deren Seitens der weltlichen Strafgerichtsbarkeit erfolgenden Beurtheilungen eine Bedeutung besitzen, deren Erwägung auch für die kirchliche Disciplin erheblich sein kann. Daher ist in den geeigneten Fällen zu ermessen, ob nicht nach Lage der Sache die Disziplinarentscheidung auszusetzen sei, bis entweder Seitens der Staatsanwaltschaft erklärt ist, daß eine strafrechtliche Verfolgung nicht beantragt werde, oder die Erledigung durch gerichtlichen Urtheilsspruch erfolgt sein wird. Durch solche Ermächtigung wird indessen hinsichtlich der, abgesehen von der resolutorischen Entscheidung, erforderlichen oder dienlichen Maaßnahmen des Disziplinarverfahrens eine Beschränkung nicht veranlaßt. (cfr. Braun, bei Dove u. Friedberg, Ztschr. f. K. R. XVII. 2. S. 271. die Disz. gew.)

Im Uebrigen vergl. wegen des Verfahrens §. 7 Nr. 6 der Generalsynodalordnung v. 20. Januar 1876. In Betreff der formellen und materiellen Voraussetzungen für die Erhebung von Kompetenzkonflikten sind zu vergleichen:

Ges. v. 8. April 1847 über das Verfahren bei Kompetenzkonflikten zwischen den Gerichten und Verwaltungsbehörden, G.S. 1847 S. 170,

Ges. v. 13. Febr. 1854, betr. die Konflikte bei gerichtlichen Verfolgungen wegen Amts- und Diensthandlungen, G.S. 1854 S. 86.

§. 17 des Gerichtsverfassungsgesetzes v. 27. Jan. 1877, Reichsges. Bl. 1877 S. 41.

§. 11 des Einführungsgesetzes zum Gerichtsverfassungsgesetze v. 27. Jan. 1877, R.G.Bl. 1877 S. 77.

Verord. v. 1. Aug. 1879, betr. die Kompetenzkonflikte zwischen den Gerichten und den Verwaltungsbehörden, G.S. 1879 S. 573.

Nach §. 4 der Verord. v. 1. Aug. 1879 hat der Gerichtshof zur Entscheidung der Kompetenzkonflikte nur dann zu entscheiden, wenn die Verwaltungsbehörden in einem bei den Gerichten anhängigen bürgerlichen Rechtsstreite den Rechtsweg für unzulässig erachten. Privatklagen wegen Beleidigungen und Körperverletzung aber gehören nicht zu den bürgerlichen Rechtsstreitigkeiten, sondern zu den Strafsachen. (§. 3 d. Einführ. Ges. zur Strafproz. Ordnung v. 1. Febr. 1877, §§. 13, 25, 27 Nr. 3 des Gerichtsverfassungsges. v. 27. Jan. 1877, §§. 414 ff. der Strafproz. Ord. v. 1. Febr. 1877.) Aus diesen Gründen hat der Kompetenzkonfliktsgerichtshof in den Erkenntnissen v. 9. Okt. 1880 u. 8. Jan. 1881 in einer Privatklagesache des Vaters eines Schulknaben gegen einen Lehrer wegen Beleidigung und in einer Privatklagesache des Vaters eines Schulknaben gegen einen Lokalschulinspektor wegen Körperverletzung die in diesen Sachen von den betr. Provinzialschulbehörden auf Grund der Kab. Ordre v. 14. Mai 1825, G.S. S. 149, betr. die Schulpflicht und die Schulzucht, erhobenen Kompetenzkonflikte für un-

§. 532. Hat ein Pfarrer in seinem Amte grobe Excesse begangen: so müssen die geistlichen Obern ihm die Führung seines Amtes vorläufig untersagen; wegen dessen Wahrnehmung die erforderlichen Anstalten treffen; die nähere Untersuchung verhängen; und nach dem Befunde derselben ihm die Entsetzung andeuten.

§. 533. aufgehoben.[213])

---

zulässig erachtet. In solchen Sachen ist daher ferner der Kompetenzkonflikt nicht mehr zu erheben.

Dagegen ist in allen Fällen der strafrechtlichen Verfolgung eines Beamten wegen einer in Ausübung seines Amtes vorgenommenen Handlung, nach wie vor, zu prüfen, ob der Beamte sich einer Ueberschreitung seiner Amtsbefugnisse schuldig gemacht hat. Ist diese Frage nach dem Ergebnisse solcher Prüfung zu verneinen, so ist auf Grund des Ges. v. 13. Febr. 1854 in Verbindung mit dem Ges. v. 8. April 1847 der Konflikt zu erheben.

Die im Falle der Erhebung eines solchen Konfliktes zu treffende Vorentscheidung, welche gemäß §. 11 des Einführ. Ges. zum Gerichtsverfass. Gesetze v. 27. Jan. 1877 dem Königl. Oberverwaltungsgerichte zusteht, ist auf die Feststellung beschränkt, ob der Beamte sich einer Ueberschreitung seiner Amtsbefugnisse oder der Unterlassung einer ihm obliegenden Amtshandlung schuldig gemacht habe. Im Allgemeinen enthält diese Vorschrift eine Abschwächung des Ges. v. 13. Febr. 1854, nach dessen §. 3 der Rechtsweg auch dann auszuschließen war, wenn eine vorgekommene Ueberschreitung der Amtsbefugniß zu einer gerichtlichen Verfolgung nicht für geeignet erachtet wurde.

Für Handlungen indessen, welche zwar einer disziplinarischen Korrektur bedürfen, aber als Ueberschreitung der Amtsbefugniß nicht zu betrachten sind, wird, auch nach der durch die Reichsgesetzgebung herbeigeführten Aenderung in der formellen Behandlung der Angelegenheit, die betreffende Behörde mittelst Erhebung des Konflikts aus dem Gesetze v. 13. Febr. 1854 einzutreten haben.

vergl. R. des Kult. Min. v. 4. März 1881, Centralbl. f. d. gesammte Unterrichtsverwaltung 1881 S. 336, wo sich auch S. 338 ff. die beiden oben angeführten Erkenntnisse v. 9. Okt. 1880 u. 8. Jan. 1881 abgedruckt finden.

Erk. des Kgl. Gerichtshof. für kirchl. Angel. v. 14. April 1875, Zeitsch. f. Kirchenr. v. Dove u. Friedberg, XVII. Band. Neue Folge. Zweiter Band Heft 1 S. 138: Auch die disziplinarische Strafbarkeit ist ausgeschlossen, wenn der Angeschuldigte zur Zeit der Begehung der ihm zur Last gelegten Handlungen sich in einem Zustande krankhafter Geistesstörung befand, durch welchen seine freie Willensbestimmung ausgeschlossen wurde.

Ueber die Befugniß der geistlichen Disziplinarbehörde, einen Pfarrer, welcher durch eignes Verschulden sich zur Verwaltung des von ihm bekleideten Amtes untauglich gemacht hat, in ein Amt von nicht geringerem etatsmäßigen Diensteinkommen zu versetzen, vergl. Erk. desselben Gerichtshofes v. 28. Mai 1881, a. a. O. S. 141.

[213]) aufgehoben durch Kab. Ordre v. 12. April 1822 (G. S. S. 105), welche sich auch über das Verhalten der Geistlichen in politischen Dingen näher ausläßt. Siehe diese Ordre in Vogt, Kirchenr. I S. 397 ff.

§. 534. fällt weg (als Folge des aufgehobenen §. 533.)

§. 535. Bei katholischen Pfarrern gebührt das Erkenntniß dem geistlichen Gericht. (Die Schlußbestimmung fällt weg.)

§. 536. Hat ein Pfarrer sich bürgerlicher Verbrechen, die eine Criminaluntersuchung nach sich ziehen, schuldig gemacht, so müssen die geistlichen Obern ihn suspendiren, und die Sache der ordentlichen Obrigkeit zur weiteren Verfügung anzeigen.

§. 537. Es kann aber auch die bürgerliche Obrigkeit, ohne erst die Anzeige abzuwarten, sich des Verbrechers sofort bemächtigen, und ihm den Prozeß machen.

§. 538. Doch muß sie den geistlichen Obern davon Nachricht geben, damit diese wegen der Amtsversehung das Nöthige verfügen können.

§. 539. Die bei größeren Parochialkirchen bestellten Nebengeistlichen machen mit dem Pfarrer ein Collegium aus, worin dem Letzteren der Vorsitz und die Direction gebührt. Nebengeistliche.

§. 540. Die Vertheilung der Geschäfte und Einkünfte unter sie, so wie ihr Verhältniß gegen den Pfarrer und die Gemeine, ist nach den Verfassungen einer jeden solchen Kirche besonders bestimmt.

§. 541. Der Regel nach sind die Nebengeistlichen der Aufsicht und der Anweisung des Pfarrers in allen ihren Amtsgeschäften unterworfen.

§. 542. bis §. 547. (handeln von den Weltgeistlichen und deren Verhältnissen, in specie zu dem Bischofe.)

§. 548. Schiffsprediger stehen unter den geistlichen Obern der Provinz, wohin das Schiff gehört; und Gesandtschaftsprediger unter den geistlichen Obern derjenigen Provinz, deren Landes-Justizcollegio der Gesandte in seinen persönlichen Angelegenheiten unterworfen ist.[214]) Schiffs- und Gesandtschaftsprediger.

[214]) Auf die Marineprediger finden die Vorschriften der Militärkirchenordnung v. 12. Febr. 1832 und die dazu ergangenen Vorschriften analoge Anwendung.

In Betreff der Geistlichen an öffentlichen Armen- und Versorgungsanstalten bestimmt das Allg. Landr. II. 19:

§. 76: Die innere Einrichtung und Verfassung einer jeden öffentlichen Armen- oder anderen Versorgungsanstalt ist, durch die für selbige von dem Staate vorgeschriebene oder genehmigte Ordnung und Instruktion bestimmt.

§. 77: Kirchen und Capellen, welche für dergleichen Anstalten besonders errichtet sind, stehen gleich anderen unter der Aufsicht der geistlichen Obern der Diözes oder des Districts.

§. 78: Auf die in der Anstalt lebenden Personen und Offizianten gebühren dergleichen Kirchen und Capellen wirkliche Parochialrechte.

§. 79: Auf diejenigen aber, welche außerhalb der Anstalt leben, können sie sich solche Rechte nicht anmaßen.

Wegen der Strafanstaltsgeistlichen cfr. R. des Min. d. Jnn. v. 22. Juli 1841 (Min.Bl. f. d. inn. Verw. S. 214), v. 31. März 1862 (a. a. O. S. 128) R. des Ev.Ob.K.R. v. 15. Dez. 1852, des Kult.Min. v. 28. Nov. 1853 (Aktenst. des Ev.O.K.R. Bd. 1 Heft 6 S. 21, 24), des Ev.O.K.R. v. 15. Nov. 1854 (Aktenst. Bd. 2 S. 7), v. 22. Juli 1859 (a. a. O. Bd. 5 S. 36).

Insbesondere sind in dem erwähnten R. des Min. d. geistl. Ang. v. 28 Nov. 1853, Aktenst. Heft 6 S. 24, 25 von diesem und dem Minister des Innern im Einverständnisse mit dem Ev.O.K.R. folgende allgem. Bestimmungen getroffen worden: (cfr. aber das unten folg. R. v. 22. Juli 1859):

1) Von jeder Erledigung der Stelle eines evang. Strafanstaltsgeistlichen macht die Regierung dem Generalsuperintendenten der Provinz Mittheilung.
2) Der Letztere empfiehlt der Regierung eine oder mehrere zur Berücksichtigung bei Wiederbesetzung der Stelle geeignete Personen.
3) Ist die Regierung mit dieser Empfehlung einverstanden, so verfügt sie die Berufung des Empfohlenen und macht dem Generalsuperintendenten eine Mittheilung davon, welcher seinerseits die Ertheilung der nöthigen kirchlichen Autorisation an den Berufenen veranlaßt.
4) Beabsichtigt dagegen die Regierung, anstatt eines der Empfohlenen einen anderen Geistlichen in die Stelle zu berufen, so hat sie sich zuvor durch den Generalsuperintendenten davon zu versichern, daß der Berufung von kirchlicher Seite keine Bedenken entgegenstehen, worauf die Berufung in der Nr. 3 bezeichneten Weise erfolgt.
5) Die Regierungen haben den Strafanstaltsgeistlichen die Anstellungsurkunde (Vokation) zu ertheilen, die Konsistorien aber für dieselben noch eine besondere Urkunde (Konfirmation) auszufertigen, durch welche dem Berufenen die kirchlichen Vollmachten und Aufträge ertheilt werden.

Diese Bestimmungen finden Anwendung auch auf diejenigen, welche die Seelsorge in einer Strafanstalt als Nebenamt oder in einen vom Minister des Innern ressortirenden Gefängnisse wahrzunehmen haben. R. d. Ev.O.K.R. v. 22. Juli 1859, Aktenst. Heft 11 S. 36: Zwischen den Ministerien des Innern u. der geistl. Angel. u. dem Ev.O.K.R. ist in Bezug auf die Besetzung der Strafanstaltspredigerstellen die Vereinigung getroffen worden, daß, nachdem die Ernennung zu diesen Stellen bereits durch Cirkular v. 29. Dez. 1857 dem K. Ministerium des Innern unmittelbar vorbehalten worden, die Anfrage an die geistliche Behörde über die Qualifikation des Designirten zu diesem Berufe für die Folge von dem Ministerio des Innern an den Ev.O.K.R. gerichtet werden wird und daß von hier aus das Gutachten der Generalsuperintendenten resp. der Konsistorien darüber erfordert werden soll. Die Generalsuperintendenten haben daher für die Folge nicht mer die

§. 549. Beide haben, in Ansehung der ihnen angewiesenen Kirchengesellschaft, die Rechte und die Glaubwürdigkeit eines wirklichen Pfarrers.

Siebenter Abschnitt.

Von weltlichen Kirchenbedienten.

§. 550. Personen, welche zwar zum Dienste der Kirche, aber nur in mechanischen Verrichtungen, oder weltlichen Angelegenheiten bestimmt sind, haben nicht die Rechte der Geistlichen.

§. 551. Insonderheit werden sie durch ihre Kirchenbedienungen von der ordentlichen Gerichtsbarkeit nicht ausgenommen.

§. 552. Kirchenvorsteher werden der Regel nach von dem Patron bestellt; wo aber dergleichen nicht vorhanden ist, von der Gemeine, unter Genehmigung der ordentlichen Gerichtsobrigkeit, gewählt. Kirchenvorsteher. (vergl. hierzu §. 3 Kg. Ord. v. 10. Sept. 1873.)

§. 553. Wo nach bisheriger Observanz die Bestellung der Vorsteher von anderen Personen oder Behörden abgehangen, hat es deshalb, so wie in Ansehung der Dauer des Amtes, bei dieser hergebrachten Gewohnheit sein Bewenden.

---

in dem R. des Min. der geistl. Ang. v. 28. Nov. 1853 bezeichneten Anfragen der Regierungen zu gewärtigen, sondern es wird ihnen bei der Begutachtung der von dem Ev. O. K. R. künftig über die Person des Designirten ergehenden Anfragen an die Konsistorien Gelegenheit zur Ausübung ihrer instruktionsmäßigen Befugnisse in Ansehung der Besetzung dieser geistl. Stellen in ihrem Geschäftsbereich gegeben werden. Nur in Ansehung derjenigen Geistlichen, welche nicht ausschließlich als Hausgeistliche für eine Strafanstalt angestellt sind, sondern die Seelsorge in einer solchen oder in einem von dem Ministerio des Innern ressortirenden Gefängnisse als Nebenamt zu verwalten haben, verbleibt es bei den Bestimmungen des R. v. 28. Nov. 1853. In Ansehung des Verfahrens bei Ausfertigung der Vokationen und Konfirmationen für die Strafanstaltsgeistlichen und der dafür vorgeschriebenen Formulare wird durch die gegenwärtige Anordnung nichts geändert.

Uebrigens sind die Generalsuperintendenten veranlaßt, jüngere Geistliche oder Kandidaten, bei denen sie eine vorzügliche Begabung für die Arbeit als Prediger und Seelsorger an einer Gefangenenanstalt zu erkennen glauben, dem Ev. O. K. R. namhaft zu machen, auch wenn nicht gerade ein spezieller Besetzungsfall vorliegt.

Ueber die Stellung der vorbezeichneten Kategorien von Geistlichen in der Kreissynode vergl. den §. 43 der Generalsynodalordnung v. 20. Jan. 1876 (§. 50 der Kirchengem. und Synodalordnung v. 10. Sept. 1873).

§. 554. Nur Mitglieder der Gemeine können zu Kirchenvorstehern bestellt werden.

§. 555. Von der Verbindlichkeit des ausgewählten Mitgliedes, dergleichen Amt zu übernehmen, und von den ihm dagegen zu statten kommenden Entschuldigungsursachen, gilt alles das, was wegen der Beamten der Corporationen überhaupt, und der Bürgergemeinen insonderheit, oben verordnet ist. (Tit. 6. §. 161. 162., Tit. 8.)

Küster. §. 556. Küster, und andere dergleichen niedere Kirchenbediente, werden der Regel nach von dem Patron bestellt.[215])

§. 557. Dieser muß zwar den Pfarrer mit seinem Gutachten über das zu bestellende Subject hören; er ist aber an dessen Vorschläge nicht gebunden.[216])

---

[215]) Zu den niederen Kirchendienern gehören, außer dem Küster, Organisten, Kantoren, Glöckner, Kalkanten, Todtengräber ꝛc.

Gleich dem Küster gehört auch der Organist zu den niederen Kirchenbedienten, von denen hier gehandelt wird, und welche als Beamte der Kirchengesellschaft anzusehen sind. Ein solcher Kirchenbeamter (Kirchenbedienter) ist für die Kirche Besitzhandlungen auszuüben fähig. Erk. d. Ob.Trib. v. 16. Okt. 1868, Arch. 72 S. 289. vergl. Anm. 132a.

[216]) Der Patron, wenn er eine Privatperson, ist nicht verpflichtet, civilversorgungsberechtigte Militärinvaliden anzustellen. Besch. des Min. der geistl. Ang. u. d. Kr. v. 19. Juni 1839, Ann. 23 S. 373.

Im Uebrigen vergl. das Reglement über die Civilversorgung und Civilanstellung der Militärpersonen des Heeres und der Marine vom Feldwebel abwärts, v. 16. Juni 1867, Allerhöchst genehmigt durch den Erlaß v. 20. Juni 1867, M.Bl. d. i. V. 1867 S. 280 ff. Nach §. 8 dieses Reglem. sind die Stellen der Unterbeamten bei den Staatsbehörden und allen vom Staate unterhaltenen Anstalten nach Maaßgabe der dem Reglement beigefügten Anlage A ausschließlich mit Mititäranwärtern zu besetzen, soweit nicht in dieser Anlage ein Anderes bestimmt ist. Nach §. 31 sind zur Kontrole darüber, daß die den Militäranwärtern zugänglichen Stellen auch wirklich durch solche besetzt werden, in Ansehung der Stellen im Staatsdienste die Ressortministerien und außerdem die Oberrechnungskammer, in Ansehung der Stellen bei Kommunen, Korporationen und Instituten die Regierungen und die Oberpräsidien verpflichtet. Die dem Reglem. beigefügte Anlage A enthält eine Uebersicht der Unterbeamtenstellen, welche, soweit darin nicht ein Anderes bestimmt worden, ausschließlich mit Militäranwärtern zu besetzen sind. Zu diesen gehören im Ressort des Ministers der geistl. Angel. (cfr. II Nr. 3 der Uebersicht): Küster und Organisten, insofern solche nicht zugleich öffentliche Lehrer sind, Kalkanten, Kirchendiener, Glöckner und andere untere Kirchenbediente, Todtengräber.

Vergl. ferner das R. v. 9. Nov. 1874 in der Anm. 38 zu §. 21 der Kg.Ord.

R. des Ministers der geistl. Angel. v. 12. Juli 1881, G. I Nr. 6679: Es ist in neuerer Zeit mehrfach vorgekommen, daß bei der Besetzung der für Militäranwärter bestimmten Stellen der evangelisch-kirchlichen Verwaltung die in dieser

§. 558. Doch darf dem Pfarrer kein Subject aufgedrängt werden, welches mit ihm in offenbarer Feindschaft lebt, oder sich gröblich wider ihn vergangen hat.

§. 559. Ist der Küster zugleich Vorleser oder Vorsänger, so muß er eine Probe vor der versammelten Gemeine ablegen.

§. 560. Die Gemeine hat in diesem Fall ein Recht zum Widerspruche, wenn sie den geistlichen Obern erhebliche Gründe gegen die Tüchtigkeit oder Würdigkeit des vorgeschlagenen Subjects anzeigen und nachweisen kann.

§. 561. Ist der Küster zugleich Schulhalter, so finden wegen seiner Prüfung und Bestellung die Vorschriften des folgenden Titels Anwendung.

§. 562. Bei Kirchen, welche keinen eigenen Patron haben, gebührt die Bestellung der niederen Kirchenbedienten dem Pfarrer und den Kirchenvorstehern; in so fern nicht dieselbe, nach wohlhergebrachter Gewohnheit des Ortes, Letzteren allein, oder auch der ganzen Gemeine zukommt.[217])

Beziehung bestehenden Vorschriften, insbesondere diejenigen des Allerhöchst genehmigten Reglements v. 16./20. Juni 1867 nicht gehörig beachtet worden sind. Wenn in Fällen der Art Stellen, welche bestimmungsmäßig den Militäranwärtern vorbehalten sind, an nicht berechtigte Bewerber verliehen worden, so müssen aus einem solchen Verfahren nothwendig Weiterungen entstehen, welche vermieden zu sehen im eigenen Interesse der betheiligten kirchlichen Organe liegt, da es nicht statthaft sein würde, Personen, welchen derartige Stellen den bestehenden Bestimmungen zuwider zu Theil geworden sind, in denselben zu belassen. Den K. Konsistorien ist hiernach die genaue Beachtung der gedachten Vorschriften noch besonders zur Pflicht gemacht. (vgl. Centralbl. f. d. deutsche Reich, 1882, S. 123—144.)

[217]) vergl. §. 21 der Kirchengem.Ord. v. 10. Sept. 1873: Dem Gemeinde-Kirchenrathe kommt, soweit wohl erworbene Rechte Dritter nicht entgegenstehen, die Ernennung der niederen Kirchendiener zu. Er beaufsichtigt ihre Dienstführung und übt das Recht der Entlassung aus kündbaren Anstellungen.

Nach dem Erl. des Ev.Oberkirchenraths v. 6. Mai 1876, kirchl. Ges. u. V.Bl. 1876/77 S. 52, 53 sind diejenigen Organisten und Kantoren, welche, wie dies namentlich in Berlin und anderen großen Städten stattfindet, als solche ein selbstständiges Amt bekleiden, nicht zu den niederen Kirchendienern im Sinne des §. 21 der Synodalordnung zu rechnen.

Wo dagegen die Funktionen des Organisten und Kantors mit dem Küsteramt verbunden sind oder von dem Küster oder einem anderen niederen Kirchenbeamten wahrgenommen werden, findet überall §. 21 Syn.Ord. uneingeschränkt Anwendung. Hieraus folgt, daß die selbstständigen Organisten und Kantoren der oben bezeichneten ersten Kategorie nach wie vor von dem Patron der betreffenden Kirche zu berufen sind und daß daher namentlich bei Kirchen Kgl. Patronats ihre An-

§. 563. In allen Fällen muß der Pfarrer die geschehene Bestellung eines solchen Kirchenbedienten dem Erzpriester oder Kreisinspektor anzeigen.

§. 564. Ist von einem Küster die Rede, so muß derselbe, ehe er in das Amt wirklich eingesetzt wird, dem Erzpriester oder Inspektor zur Prüfung vorgestellt werden.

§. 565. Die Pflichten und Verrichtungen der niederen Kirchenbedienten sind in den Provinzialkirchenordnungen, und durch die besonderen Verfassungen einer jeden Parochialkirche bestimmt.

§. 566. Sie stehen in ihrem Amte zunächst unter der Aufsicht und Direction des Pfarrers, und müssen den Anweisungen desselben bereitwillige Folge leisten.

§. 567. Uebrigens gilt von der Aufsicht der geistlichen Obern über sie, von ihrer Bestrafung bei vorkommenden Amtsvergehungen, ingleichen von ihrer Entsetzung Alles, was im vorigen Abschnitte in Ansehung der Pfarrer verordnet ist. (§. 530—538.)[218])

---

stellung den Kirchenbehörden zusteht, so daß der Erlaß des Min. d. geistl. Angel. v. 9. Nov. 1874 (cfr. Anm. 216) auf diese Stellen keine Anwendung findet.

Erk. des Kgl. Gerichtshofes für kirchl. Angel. v. 28. Mai 1881, Zeitschr. für Kirchenrecht v. Dove u. Friedberg, Neue Folge, Bd. 2 Heft 1 S. 145: Die Uebertragung und Annahme des Küsteramtes ist nicht als ein Miethsvertrag über Dienste anzusehen, welcher lediglich nach den Grundsätzen des Obligationenrechts zu beurtheilen wäre.

[218]) §. 21 Syn.Ord. v. 10. Sept. 1873: Wegen Entlassung im Disziplinarwege, sowie wegen Verleihung und Entziehung der mit Schulstellen verbundenen niederen Kirchenbedienungen behält es bei den bestehenden Vorschriften sein Bewenden.

Insbesondere haben bei Verleihung solcher mit Schulstellen verbundenen niederen Kirchenbedienungen der Schulvorstand und der Gemeindekirchenrath zusammenzuwirken.

R. des Min. der geistl. Ang. v. 17. Nov. 1850, mitgetheilt durch Erlaß des Ev.Ob.Kirch.Raths v. 28. Nov. 1850, Min.Bl. f. d. inn. Verw. 1850 S. 371, betreffend die definitive Anstellung evangelischer Lehrer, welche zugleich als Organisten und Kantoren der Kirchengemeinde fungiren sollen:

. . . . . Die definitive Anstellung der genannten Personen in ihrer Eigenschaft als Lehrer kann von der eventuellen Weigerung der Kirchengemeinde, sie auch in ihrer Eigenschaft als Kirchendiener definitiv zu bestätigen, nicht abhängig gemacht werden. Die Ernennung resp. Bestätigung der Lehrer in provisorischer oder definitiver Eigenschaft steht der Kgl. Regierung als Oberaufsichtsbehörde zu, und hat dieselbe sich bei Ausübung dieses Rechts lediglich durch die Interessen des Unterrichts leiten zu lassen.

Was dagegen die Anstellung der weltlichen Kirchenbedienten betrifft, so ist die Bestätigung solcher von Privatpatronen und Gemeinden ernannten weltlichen Kirchenbedienten, welche nicht für die Verwaltung des kirchlichen Vermögens angestellt sind, bereits durch die Verordnung v. 27. Juni 1845, G.S. Nr. 20 S. 440, sofern eine solche Bestätigung verfassungsmäßig erforderlich ist, den Kgl. Konsistorien überwiesen.

Durch den Ministerialerlaß v. 1. Okt. 1847, M.Bl. d. i. V. S. 278 ist zwar hinsichtlich der weltlichen, mit einem Schulamt vereinigten Kirchenbedienung bestimmt, daß die Berufung oder Bestätigung zu dem vereinigten Amte, sowie die Aufsicht und die Disziplin über den Inhaber desselben, wie bisher den Regierungen und in höherer Instanz den Oberpräsidenten mit der Maaßgabe verbleiben solle, daß bei der Regierung die Mitwirkung des evangelisch-geistlichen Rathes als Referenten oder Korreferenten eintreten müsse. Da indessen bereits durch Minist. Verfüg. v. 17. Juni 1850, Aktenst. Bd. 1 S. 49 nach Maaßgabe der durch die Verfassungsurkunde veränderten Stellung der Kirche zum Staate jene Delegation der geistlichen Disziplinargewalt über Kirchenbeamte, welche zugleich in einem Schulamte stehen, an die Kgl. Regierungen resp. an die Oberpräsidenten als eine nicht mehr aufrecht zu haltende anerkannt worden ist, so muß auch aus denselben Gründen den Kgl. Konsistorien die Bestätigung der betreffenden Personen in ihrer Eigenschaft als Kirchenbedienten zustehen. Es wird der Kgl. Regierung nicht schwer fallen, durch geeignete Kommunikation mit dem Kgl. Konsistorium eine Einigung über die betreffenden Personen herbeizuführen. Im Falle dies nicht möglich sein und durch die Trennung der beiden Aemter das bisherige Einkommen der Stelle geschmälert werden sollte, ist die Schul- resp. bürgerliche Gemeinde verpflichtet, das für Anstellung eines Lehrers erforderliche Gehalt aufzubringen. Ist ein Einverständniß beider Behörden nicht zu erreichen, so ist die Entscheidung des Ministers der geistl. Angel. (bez. des Ev.O.K.R.) zu extrahiren. R. v. 12. Juni 1852, 15. Aug. 1854, 16. Mai 1865, Min.Bl. d. i. V. 1865 S. 177 bis 179.

In gleicher Weise, wie bei der Verleihung, findet auch bei der Entziehung solcher kombinirten Aemter ein Zusammenwirken der Kgl. Regierungen und der Konsistorien statt, da jede dieser beiden Aufsichtsbehörden ihre Disziplinargewalt selbstständig übt.

Kommt es bei dieser Entziehung zu einem förmlichen Disziplinarverfahren, so entscheiden die staatliche und die kirchliche Aufsichtsbehörde selbstständig und unabhängig von einander. Im Interesse der Disziplin erscheint es aber nothwendig, daß in solchen Fällen die weltlichen und kirchlichen Disziplinarbehörden möglichst Hand in Hand mit einandergehen, und diesen Gesichtspunkt insbesondere bei der Einleitung der Untersuchung, bei der Ernennung des Kommissars, der Anordnung der Suspension, der Regulirung des Suspensionsgehaltes und der Stellvertretung, sowie in den sonstigen gemeinsamen Beziehungen im Auge behalten. cfr. R. d. Min. d. geistl. A. v. 17. Juni 1850, Aktenstücke Heft 1 S. 49, v. 27. Juni 1850 a. a. O. S. 50. Für die Voruntersuchung empfiehlt sich daher die Bestellung eines gemeinschaftlichen Untersuchungskommissars, der von beiden Behörden ernannt, die Interessen beider Ressorts wahrzunehmen hat.

R. d. Ev. O.K.R. v. 27. Okt. 1852, Aktenst. Heft 6 S. 66: Seitens des Min. d. geistl. A. sind mittelst Erlasses v. 15. Okt. 1852 die K. Regierungen und Provinzial-Schulkollegien angewiesen worden, in den von den Staats-

Achter Abschnitt.

Von Kirchenpatronen.

Begriff. §. 568. Derjenige, welchem die unmittelbare Aufsicht über eine Kirche, nebst der Sorge für deren Erhaltung und Vertheidigung obliegt, wird der Kirchenpatron genannt.[219])

---

behörden gegen Lehrer, welche zugleich ein Kirchenamt bekleiden, eingeleiteten Disziplinaruntersuchungen, nach erfolgter Entscheidung in erster Instanz, das Resolut und die Untersuchungsakten vor der Einsendung zur Entscheidung in zweiter Instanz den betr. kirchl. Behörden mitzutheilen, damit diese auch ihrerseits zunächst in erster Instanz entscheiden.

Behufs Erzielung eines möglichst gleichmäßigen Verfahrens sind die Konsistorien veranlaßt worden, das bezeichnete Verfahren auch gegenseitig als Regel zur Anwendung zu bringen. Solchergestalt sind in Untersuchungen gegen Kirchenbeamte oder Geistliche, welche zugleich Lehrer sind, wenn Seitens der Kirchenbehörde zuerst erkannt worden ist, das Resolut und die Akten, vor der Einsendung an den Ev. O.K.R., der betr. Staatsbehörde behufs der Entscheidung in erster Instanz mitzutheilen. Bei der demnächstigen Einreichung der kirchl. Untersuchungsakten zur Erledigung der Rekursinstanz ist zugleich eine Abschrift der von der betr. Staatsbehörde in erster Instanz gefällten Entscheidung beizufügen.

Auch wird einem niederen Kirchenbedienten, der sein untadelhaft geführtes Amt wegen Alters oder Krankheit niederlegen muß, das ihm aus diesem Amte etwa zustehende Gnadengehalt bei ermangelnder Vereinigung über den Betrag nach Analogie des §. 529 L.R. II, 11 auf ein Drittheil seiner Einkünfte aus diesem Amte festgesetzt. Zur Entrichtung der Pension ist indessen nicht der Amtsnachfolger, sondern die Kirchenkasse verpflichtet.

[219]) Erk. d. Ob.Trib. v. 11. Dez. 1874, Entsch. 74 S. 78: Das Patronat ist eine Einrichtung des Kirchenrechts und gehört als ein Recht, welches dem Individuum nicht um seiner selbst willen zukommt, sondern demselben als einem Gliede der Gesammtheit zu Folge deren Ordnung verliehen ist, dem öffentlichen Rechte an. Daher bedürfen die Beiträge und Leistungen, welche aus dem auf einem Gute haftenden Kirchenpatronate nach dem Gesetze fließen, der Eintragung in das Grundbuch nicht, um gegen Dritte Wirksamkeit zu erlangen. vergl. Koch, L.R. Anm. 98 zu §. 568 h. t.

Erk. d. Ob.Trib. v. 6. Okt. 1854, Arch. Bd. 15 S. 79: Ein dem Kirchenpatronat analoges Schulpatronat ist nicht anzunehmen. Daher ist aus der Berechtigung zur Bestellung des Schullehrers nicht die Verpflichtung zum Bau und zur Unterhaltung der Schulgebäude und der Schulmeisterwohnung zu folgern.

Dies gilt auch im Magdeburgischen.

Erk. d. Ob.Trib. (Plen.Beschl.) v. 17. Juni 1861, Arch. 42 S. 367: Der §. 526 L.R. I, 9 gestattet keine analoge Anwendung auf den Kirchenpatron (bezügl. der Frage nach der Ersitzung der Kirchen- und Pfarrgüter durch den Patron).

Erk. d. Ob.Trib. v. 22. Febr. 1875, Arch. 93 S. 245: Auch gegen den im Interesse der Ausschmückung der Kirche das Bildniß des Patrons wegnehmenden und durch ein anderes Bild ersetzenden Pfarrer steht dem Patron die Besitzstörungsklage zur Seite.

§. 569. Wer eine Kirche bauet, oder hinlänglich dotirt, erlangt dadurch ein Recht zum Patronat. Erwerbung des Patronatrechts.

§. 570. Eben dergleichen Recht erlangt derjenige, welcher eine verfallene oder verarmte Kirche wieder aufbaut, oder von neuem dotirt.

§. 571. Hat eine solche Kirche bereits einen Patron: so erlangt der neue Wohlthäter mit demselben gleiche Rechte; doch nur in so fern, als der bisherige Patron die Kosten des Aufbaues, und der Dotation, nicht hat übernehmen können oder wollen.

§. 572. Auch durch den Auftrag einer Kirchengesellschaft, die bisher unter keinem besonderen Patron gestanden hat, kann Jemand ein Recht zum Patronat erhalten.

§. 573. Doch wird in allen vorstehenden Fällen, (§. 569. bis 572.) das Kirchenpatronat selbst erst durch die Verleihung des Staats erworben.

§. 574. Außerdem kann das Kirchenpatronat auch durch Verjährung erlangt werden.[220])

§. 575. Soll eine dergleichen Erwerbung desselben, gegen den Staat, oder die Kirchengesellschaft nachgewiesen werden, so müssen die Erfordernisse der bei Regalien statt findenden Verjährung vorhanden sein.[221])

§. 576. Wenn aber zwei oder mehrere Privatpersonen über den Besitz des Patronatrechts mit einander streiten, so ist die gemeine Verjährung hinreichend.

§. 577. Alle dergleichen über die Zuständigkeit des Patronatrechts entstehende Streitigkeiten gehören zum Erkenntnisse des ordentlichen weltlichen Richters.

§. 578. In wie fern das Patronatrecht nur der Person des Erwerbers und seinen Erben, oder einer gewissen Familie zukomme; oder mit einem Amte, oder mit dem Besitze eines Gutes verbunden sei; ist in vorkommenden Fällen nach den darüber sprechenden Erwerbungsurkunden zu bestimmen.

---

[220]) Zur Ersitzung des Patronatrechts gehört, daß der Patron in der Verjährungszeit auch hinsichtlich der dem Rechte anklebenden Verpflichtungen (§. 584, §. 720 h. t.) sich als Patron gerirt habe. Umgekehrt, wenn eine Pfarrgemeinde auf Grund einer Verjährung einen Gutsbesitzer wegen Patronatsbeiträge zu den Kirchenbauten anspricht, ist erforderlich, daß sie auch ihrerseits dem Gegner dasjenige, was einem Patron als solchem gebührt, erwiesen und verstattet habe. Pl. Beschl. v. 5. Febr. 1849, Entsch. 17 S. 15.

[221]) also eine 44jährige Verjährung.

§. 579. Im zweifelhaften Falle wird vermuthet, daß das Kirchenpatronat auf einem Gute oder Grundstücke hafte.[222])

§. 580. Dergleichen Patronat kann von dem Gute, auf welchem es bisher gehaftet hat, ohne ausdrückliche Einwilligung der geistlichen Obern, nicht abgesondert werden.[223])

---

[222]) Prov. Recht für die Altmark Brandenburg: Den Rittergutsbesitzern in der Mark steht in der Regel das Patronatrecht über die in den Rittergütern befindlichen Kirchen zu, und streitet im Zweifel dafür die Vermuthung. Götze, Prov. R. Thl. I Abthl. 2 S. 197, Thl. II S. 66.

Prov. Recht der Kurmark und für Pommern: Die Besitzer der Rittergüter, sowie der vormaligen Mediatstädte haben die Vermuthung für sich, daß ihnen das Patronatrecht auf die darin belegenen Kirchen zusteht. Scholz, Prov. R. I S. 186, II S. 482, Pomm. Prov. R. S. 136. Meier, K. R. S. 256.

[223]) Art. 17 Verfassungsurkunde für den Preuß. Staat v. 31. Jan. 1850:

„Ueber das Kirchenpatronat und die Bedingungen, unter welchen dasselbe aufgehoben werden kann, wird ein besonderes Gesetz ergehen."

Dieses Gesetz ist bis jetzt noch nicht ergangen.

Erk. d. Ob. Trib. v. 14. Juli 1856, Arch. 22 S. 129: Der Besitzer eines Inbegriffs von Gütern ist ohne ausdrückliche Einwilligung der Kirchengemeinde und ohne Genehmigung der geistlichen Oberen nicht berechtigt, das zu demselben gehörige Patronatrecht einem einzelnen Gute ausschließlich zuzuwenden und sich in Betreff der übrigen Güter des Patronatrechts mit den damit verbundenen Obliegenheiten zu begeben.

Erk. d. Ob. Trib. v. 30. Okt. 1868, Arch. 72 S. 352: Ohne Weiteres bleibt auch bei Stückveräußerungen das Patronatrecht an den Trennstücken haften, und der Vorbehalt des Patronats bei Veräußerungen und demnächstiger Parzellirung ist der Kirche gegenüber, beim Mangel der Einwilligung aller Interessenten, derselben nicht präjudicirlich; womit jedoch dem Abkommen unter den Kontrahenten des Veräußerungsvertrages selbst die Gültigkeit noch nicht abgesprochen ist.

Erk. d. Ob. Trib. v. 3. April 1865, Entsch. Bd. 54 S. 292: Der Besitzer eines seiner Substanz nach nicht aus liegenden Gründen, sondern wesentlich nur aus Realberechtigungen bestehenden Gutes, mit welchem das Patronat verbunden ist, wird nach erfolgter Aufhebung oder Ablösung dieser Berechtigungen nicht ohne Weiteres von der Verpflichtung zur Tragung der Patronatslasten befreit.

Erk. d. Ob. Trib. v. 29. Nov. 1849, Entsch. Bd. 18 S. 317: Die Eintragung des Patronatrechts auf das Gut ist nicht Bedingung des Ueberganges des qu. Rechts auf den neuen Erwerber. Denn wenn auf den neuen Erwerber des mit einer Reallast behafteten Grundstücks ein Recht mit übergegangen ist, zu welchem sich die Reallast als Ausfluß und korrespondirende Gegenverpflichtung verhält, z. B. ein auf dem Gute haftendes Patronatrecht, welches die Patronatverpflichtungen nach sich zieht, und deren Dinglichkeit erhält, so wird dadurch der Uebergang solcher Reallast auf den neuen Besitzer ohne Eintragung vermittelt. —

Der §. 73 der Grundbuchordnung v. 5. Mai 1872, welcher bestimmt:

§. 581. Mit dem Gute zugleich aber geht dasselbe auf jeden Besitzer, ohne Unterschied der Religionspartei, wozu er sich bekennt, über.[224])

§. 582. Doch können Personen, welche zu keiner von den im Staat aufgenommenen oder geduldeten christlichen Religionsparteien gehören, das Patronatrecht über eine Kirche nicht ausüben.

§. 583. Es steht ihnen zwar frei, diese Ausübung einem Anderen während ihrer Besitzzeit zu übertragen; die Beiträge und Leistungen aber, welche aus dem Patronat fließen,

---

„Beschränkungen des Verfügungsrechts des Eigenthümers, sowie auf einem privatrechtlichen Titel beruhende dingliche Rechte, welche an dem Tage, wo dieses Gesetz in Kraft tritt (1. Okt. 1872), ohne Eintragung rechtsgültig bestehen, müssen bis zum 1. Okt. 1873 eingetragen werden, widrigenfalls sie dritten Personen gegenüber nicht geltend gemacht werden können,"

steht dem nicht entgegen, weil es sich bei dem Patronate nicht um ein auf einem privatrechtlichen Titel beruhendes dingliches Recht handelt (vergl. Anm. 219); wenngleich einzelne Befugnisse des Patronats sich als affirmative Rechte (§. 80 L. R. I. 7) darstellen, zu deren Schutze auch die possessorischen Rechtsmittel anwendbar sind. (cfr. § 576 h. t. — Erk. d. Ob. Trib. v. 18. März 1857, Arch. 24 S. 126.)

Erk. d. Ob. Trib. v. 11. Dezbr. 1874, Arch. 93 S. 61: Die dingliche Patronatslast bedarf der Eintragung in das Grundbuch nicht.

Ueber die Frage nach der Wirkung des Patronats in dem Falle, wo das Gut, mit welchem das Realpatronat verbunden ist, dismembrirt wird, vergl. das in Anm. 142 Gesagte.

Die Patronatsleistungen sind bei Zerstückelungen nach §. 13 ff. Ges. v. 3. Jan. 1845 (G. S. S. 25) auf die Trennstücke zu vertheilen. Da Quanta nicht vorausbestimmt werden können, so muß die Vertheilung von Quoten auf die einzelnen Trennstücke erfolgen. R. des Min. der landwirthschaftl. Angel. v. 21. Aug. 1860, Min. Bl. f. d. inn. Verw. S. 193. vergl. jetzt Ges. v. 25. Aug. 1876 in Anm. 108.

Die Kab. Ordr. v. 9. Jan. 1812, G. S. 1812 S. 3 befiehlt, daß künftig bei Veräußerungen der Domainen und eingezogenen geistlichen Güter die Patronatrechte nicht mit verkauft, sondern dem Staate vorbehalten, die Patronatslasten der zu veräußernden Güter aber, nach ihrem jährlichen Durchschnitte veranschlagt, als Kanon auf die Güter gelegt, und von den Erwerbern derselben jährlich zum Kirchen- und Schulbau- und Unterhaltungsfonds an die Regierungen gezahlt werden sollen.

R. d. Min. d. geistl. A. v. 3. Jan. 1879, kirchl. Ges. u. V. Bl. 1879 S. 18: Die Zuständigkeit der K. Regierung in den Fällen der §§. 580 und 610 L. R. II. 11 ist nicht anzuerkennen. Die Entscheidung in den fragl. Patronatsangelegenheiten ist hiernach dem K. Konsistorium zu überlassen.

[224]) vergl. Anm. 223.

müssen in allen Fällen aus den Einkünften des Gutes bestritten werden.[225])

Rechte und Pflichten des Patrons.

§. 584. Die dem Patron obliegende Sorge für die Erhaltung der Kirche begreift die Pflicht, dazu, bei Ermangelung eines hinlänglichen Kirchenvermögens, aus eigenen Mitteln beizutragen, in sich.[226])

---

[225]) Die Verordnung wegen Verwaltung des Patronatrechts über christliche Kirchen auf solchen Gütern und Grundstücken, die sich im Besitzthum jüdischer Glaubensgenossen befinden, v. 30. Aug. 1816, G.S. 1816 S. 207, verordnet Folgendes und deklarirt dadurch die §§. 581 bis 583 L.R. II. 11 dahin, daß

1) das auf Gütern und Grundstücken, die sich im Besitzthum jüdischer Glaubensgenossen befinden, haftende Patronatrecht über christliche Kirchen, für die Besitzzeit jüdischer Erwerber und deren Benutzung, so lange gänzlich ruhe; daß daher
2) der Pfarrer und die Kirchenbedienten, auch der Schullehrer in evangelischen Gemeinden von der Provinzialbehörde, ... ganz in derselben Art bestellt werde, als ob kein Patron vorhanden oder dessen Recht auf sie übergegangen sei.
3) Ebenso soll es auch mit der Aufsicht über das Kirchenvermögen und mit der Abnahme der Kirchenrechnungen gehalten werden.
4) Die Beiträge und Leistungen aber, zu denen der Patron verbunden ist, müssen in allen Fällen aus den Einkünften des Gutes bestritten werden.
5) Wo das Patronat einer Kommune zusteht, können die jüdischen Mitglieder derselben an dessen Ausübung keinen Theil nehmen; sie müssen aber die damit verknüpften Reallasten von ihren Besitzungen gleich anderen Mitgliedern der Kommune tragen, sowie sie auch als ansäßige Dorf- oder Stadtgemeinde-Mitglieder, von ihren Grundstücken gleich anderen christlichen Besitzern zur Erhaltung der Kirchensysteme beizutragen verpflichtet sind, da diese sonst, wegen der Ansiedelung der jüdischen Staatsbürger, Gefahr laufen einzugehen.

Zu der vorstehenden Nr. 5 der Verord. v. 30. Aug. 1816 vergl. jetzt den §. 9 des Ges. v. 14. Mai 1873, betreffend den Austritt aus der Kirche, G.S. S. 207, im Anhange.

[226]) vergl. hier das in Anm. 82 Gesagte.

Erk. d. Ob.Trib. v. 26. Juni 1843, Präjud.Samml. S. 207 Nr. 1318: Patronatslasten, die von einem Gute zu tragen sind, mit welchem das Patronat subjektiv-dinglich verbunden ist, sind als Reallasten anzusehen, und die Rückstände derselben können gegen jeden dritten Besitzer, der das Gut per subhastationem necessariam acquirirt hat, geltend gemacht werden.

cfr. Anm. 219.

Erk. d. K.Ob.Tribun. v. 13. Sept. 1878, kirchl. Ges. u. V.Bl. 1878 S. 174—176, betr. die gesetzl. Bauverpflichtung des Patrons einer Kirche, welche mit einer anderen Kirche als Mutterkirche unter einem gemeinsamen Pfarrer vereinigt worden ist, für die Pfarrgebäude bei der letzteren Kirche:

In dem hier entschiedenen Falle war das Patronat der Herrschaft F. über die

Kirche Gr.L. auf eine bloße Kirche ohne Pfarrer und Pfarre beschränkt, und der Patron seither nicht verpflichtet, in Ansehung derselben zum Bau oder zur Reparatur anderer, als der in F. vorhandenen Pfarrgebäude beizutragen. Nur mit diesem begrenzten Patronate war die Gutsherrschaft F. zu dem 1865 neu begründeten Parochialverhältniß als Patron der Kirche Gr.L. in rechtliche Beziehung getreten, indem sie bei dessen Bildung sich keiner Abänderung derselben unterworfen und die Uebernahme des Patronats der Kirche K. (welche mit Gr.L. unter Einem Pfarrer — in K. — verbunden, und bei welcher das neue Pfarrhaus erbaut wurde) abgelehnt hat. Während daher ihre frühere Bauverpflichtung bezüglich der Kirchengebäude in Gr.L. unverändert fortdauert, hat sie durch die Umpfarrung (die Abzweigung der Muttergemeinde K. von der Parochie Gr.L.) eine neue Bauverpflichtung in Betreff des in K. errichteten Pfarrhauses nicht überkommen. Sie ist dabei, wenngleich dieses dem gemeinschaftlichen Pfarrer der vereinigten beiden Gemeiden (K. u. Gr.L.) dienen soll, nicht betheiligt, weil sie für die Kirche Gr.L. vor der Umpfarrung zu Pfarrbauten in keiner Weise, außer etwa in F., verpflichtet gewesen, mithin die streitige Verpflichtung nicht für eine solche zu erachten ist, deren Erfüllung nur dem Orte nach gewechselt hat .....

Erk. d. O.Trib. 20. April 1863, Arch. 48 S. 309: Der Patron als solcher hat weder nach dem A.L.R., noch nach dem Westpreußischen Provinzialrechte die Pfarre bei etwaiger Armuth der Kirchenfabrik hinsichtlich der Deichlast zu übertragen.

Erk. des Reichsger. v. 3. Mai 1880, Blum's Annal. des Reichsger. Bd. 2 S. 84: Die Obliegenheit des Patrons, für Erhaltung der Kirche zu sorgen, ist auf die Erhaltung der Kirchengebäude zu beschränken und nicht auf die Pfarrländereien auszudehnen. vergl. Centr.Bl. d. Unterr.V. 1880 S. 716.

Die Pflicht des Patrons (aus §. 584 h. t.) tritt ein, sowohl wenn das Kirchengebäude einer Herstellung bedarf, als auch, wenn ein Erweiterungsbau für nöthig befunden wird, weil es für die vermehrte Seelenzahl der Parochianen nicht ausreicht. Erk. d. Ob.Trib. v. 8. März 1861, Arch. 41 S. 23, v. 4. Jan. 1865, Entsch. 52 S. 262.

Die Präsumtionen für die Freiheit der Person und des Eigenthums werden durch das Rechtsverhältniß des Patronats, welches nicht blos Rechte, sondern auch mehr oder minder umfassende Pflichten enthält, insoweit erheblich alterirt, daß sie nicht als ein ganz allgemeiner und selbstständiger Befreiungsgrund, sondern nur relativ bei Erörterung der speziellen Verhältnisse geltend gemacht werden können. Erk. d. Ob.Trib. v. 27. Nov. 1863, Arch. 53 S. 35.

Erk. d. K.Ob.Trib. v. 28. Juni 1878, kirchl. Ges. u. V.Bl. 1878 S. 18—23: Nach den Bestimmungen des A.L.R. hat der Patron einer Kirche zur Beschaffung eines neuen Kirchbauplatzes nicht beizusteuern.

Erk. des Reichsgerichts v. 12. Febr. 1880, Blum's Annalen des Reichsgerichts Bd. 1 S. 543: Die Beitragspflicht des Patrons zur Anschaffung einer neuen Orgel ist nicht ohne Weiteres und unter allen Umständen anzunehmen. Ist aber die Orgel als Pertinenzstück der Kirche anerkannt, oder hat die Regierung unter Zustimmung des Patrons den Bauplan mit Inbegriff der Orgel genehmigt, so kann der Patron seine Beitragspflicht mit Erfolg nicht bestreiten. Erk. d. Ob.Trib. v. 12. März 1858, Archiv 29 S. 219: Die Obliegenheit des Kirchenpatrons, für Erhaltung der Kirche zu sorgen, ist zwar auf Erhaltung der

§. 585. Dagegen ist aber auch der Patron berechtigt, die Verwalter des Kirchenvermögens zu bestellen, und Rechnungslegung von ihnen zu fordern.[227])

§. 586. Dem Patron, als Wohlthäter und Erhalter der Kirche, kommen in Ansehung derselben gewisse Ehrenrechte zu.

§. 587. Er hat das Recht, bei Erledigung der Pfarrstelle den neuen Pfarrer zu präsentiren. (§. 327 sqq.)[228])

§. 588. Er ist befugt, seinen Kirchstuhl im Chor, oder sonst an einem vorzüglichen Orte der Kirche zu haben.

§. 589. Der Patrone und ihrer Familien muß im öffentlichen Kirchengebete besonders gedacht werden.

§. 590. Auch bei der Beerdigung gebührt dem Patron, seiner Ehefrau, ehelichen Abkömmlingen, und bei ihm wohnenden Seitenverwandten ein Platz in dem Begräbnißgewölbe.

§. 591. Kann in diesem die Beerdigung nach den Gesetzen des Staats nicht statt finden: so kann der Patron die unentgeltliche Anweisung einer vorzüglichen Stelle auf dem der Kirchengesellschaft zustehenden Begräbnißplatze fordern. (§. 185.)

§. 592. Auch ist er berechtigt, Ehrenmäler für sich und seine Familie in der Kirche zu errichten.

§. 593. Bei seinem und seiner Ehegattin Absterben findet, durch den nach jedes Orts Gewohnheit bestimmten Zeitraum, das Trauergeläute Statt.

§. 594. Wo die Kirchentrauer für den Patron und seine Familie bei deren Absterben hergebracht ist, hat es dabei auch fernerhin sein Bewenden.

Kirchengebäude zu beschränken. Dieselbe erstreckt sich aber nicht blos auf die Umfassungsmauer und das Dach, sowie die Fenster und Thüren der Kirche, sondern auch auf den Ausbau im Innern und auf die Gegenstände, welche dem Zwecke des darin abzuhaltenden Gottesdienstes entsprechen und zu diesem Behufe mit dem Kirchengebäude selbst verbunden, also als Nebensachen Zubehörungen desselben sind. Daher ist der Patron im Falle der Unzulänglichkeit des Kirchenvermögens gesetzlich verpflichtet, auch zu den Kosten der nothwendig gewordenen Anschaffung und der Unterhaltung einer neuen Orgel beizutragen.

Siehe Anm. 82. —

Erk. v. 29. April 1872, Arch. 86 S. 88: Die Baupflicht des Patrons erstreckt sich nicht mit auf die Unterhaltung der Orgel, wenn die letztere gegen seinen Willen ein Pertinenzstück der Kirche geworden ist.

[227]) vergl. jetzt die Kirch. Gem. Ordnung v. 10. Sept. 1873 §§. 1, 6, 22, 23.

[228]) vergl. Art. 4 u. 5 des Ges. v. 21. Mai 1874, G. S. S. 139.

§. 595. Verarmte Patrone genugsam dotirter Kirchen haben aus dem Kirchenschatze nothdürftigen Unterhalt zu fordern.

§. 596. Doch ist die Kirche zu dieser Kompetenz nur in so fern verpflichtet, als die Einkünfte des Vermögens, womit sie dotirt worden, nach Abzug aller zur Unterhaltung ihrer Anstalten erforderlichen Ausgaben dazu hinreichen.

§. 597. Auch tritt die Verbindlichkeit der Kirche nur alsdann ein, wenn außer ihr Niemand mehr vorhanden ist, der zur Ernährung des verarmten Patrons nach den Gesetzen verpflichtet wäre.

Wem die Ausübung eines Real-Patronatrechts zukomme.

§. 598. Die Ausübung des auf einem Gute haftenden Patronatrechts gebührt demjenigen, welchem das bürgerliche Eigenthum (Dominium civile) des Gutes zukommt. [229])

§. 599. Wem die Gesetze die Verwaltung des Inbegriffs der Güter und Gerechtsame eines Anderen übertragen haben, [230]) der ist auch das dazu gehörende Kirchenpatronat in dessen Namen auszuüben berechtigt.

§. 600. Ein bloßes Verwaltungs-, Nutzungs- oder Erbpachtsrecht an dem mit dem Patronat versehenen Gute giebt noch keine Befugniß zur Ausübung des letzteren.

§. 601. Dagegen ist die Leibgedings-Frau zu solcher Ausübung während ihres Besitzes berechtigt.

§. 602. Wenn ein Gut Schulden halber in Beschlag genommen worden: so bleibt die Ausübung des Patronatrechts dennoch dem Eigenthümer; und nur diejenigen Befugnisse und Pflichten, welche auf das Kirchenvermögen Beziehung haben, müssen von dem gerichtlich bestellten Administrator wahrgenommen werden. [231])

---

[229]) D. i. Demjenigen, welcher im Grundbuche als Eigenthümer eingetragen ist.

[230]) D. R. d. Min. d. geistl. Ang. v. 25. Jan. 1821, v. K., Ann. Bd. 5 S. 79 bestimmt in Deklaration der Städteordnung, daß die Ausübung des Patronats und insbesondere des Wahl- und Besetzungsrechts der Predigerstellen, mit gesetzmäßiger Konkurrenz der Staatsbehörden, dem Magistrate, und zwar, wo verfassungsmäßig die Kirchengemeinde an der Wahl ihres Pfarrers Theil zu nehmen berechtigt ist, mit deren Zuziehung, zusteht.

Die Stadtverordneten interessiren dabei nicht, R. d. Min. d. geistl. Ang. v. 2. Juli 1833, v. K., Ann. Bd. 17 S. 678, Städteordnung v. 30. Mai 1853 §. 56 Nr. 8, — ebensowenig die jüdischen Mitglieder des Magistrats. cfr. Anm. 225 Nr. 5.

[231]) Der §. 602 h. t. findet auch dann Anwendung, wenn der Besitzer des Patronatguts in Konkurs gefallen ist. Nach §. 5 der Konkursordnung v.

§. 603. Dagegen müssen die Lasten des Patronats, auch in diesem Falle, aus den Einkünften des Gutes getragen werden.

§. 604. Verfällt ein mit dem Patronatrechte versehenes Gut, aus anderen Ursachen als Schulden halber, auf den Antrag des Fiscus in gerichtlichen Beschlag: so kommt es, während desselben, dem Staat zu, für die Ausübung der diesfälligen Rechte und Pflichten zu sorgen.

Von mehrern Patronen.

§. 605. Wenn das Patronatrecht über eben dieselbe Kirche auf mehrern Gütern mit gleichem Rechte haftet: so sind die Besitzer dieser Güter, in Ansehung der damit verbundenen Befugnisse und Pflichten, als Inhaber eines gemeinsamen Rechts oder einer gemeinsamen Verbindlichkeit, zu betrachten. [232])

---

10. Febr. 1877 verliert der Gemeinschuldner mit der Eröffnung des Konkursverfahrens die Befugniß, sein zur Konkursmasse gehöriges Vermögen zu verwalten und über dasselbe zu verfügen. Das Verwaltungs- und Verfügungsrecht wird durch einen Konkursverwalter ausgeübt.

Die Patronatslasten muß also die Konkurs- bez. Subhastationsmasse tragen, während die Patronatsrechte von dem Patron ausgeübt werden. — vergl. auch §. 603 h. t.

cfr. auch §. 6, 34 Abs. 4 Nr. 2 u. §. 35 Kirch. Gem. Ord. v. 10. Sept. 1873.

[232]) vergl. Anm. 142, 140.

R. des Min. d. geistl. Ang. v. 31. Jan. 1877, kirchl. Ges. u. V. Bl. 1876/77 S. 131: Wenn das Patronat einer Mehrheit von Personen zusteht (z. B. dem Magistrate einer Stadt und den Besitzern mehrerer Güter), so bilden diese Berechtigten keine Korporation, sondern sind Miteigenthümer (Inhaber eines gemeinsamen Rechts) im Sinne des §. 605 L. R. II. 11, und es ist, wenn es sich um Erklärungen und Beschlüsse der sämmtlichen Patronatsinhaber handelt, auf die Bestimmungen des A. L. R. über die Rechtsverhältnisse der Miteigenthümer (Thl. I. Tit. 17 Abschn. I.) zurückzugehen. Hier wird im §. 10 u. 12 unterschieden zwischen Verfügungen, welche die Rechte der einzelnen Theilnehmer in Beziehung auf den Besitz der gemeinschaftl. Sache oder deren Benutzung, und solchen, welche die Substanz der gemeinschaftl. Sache oder die Art ihrer Verwaltung oder Benutzung betreffen. Die ersteren können nur durch Stimmeneinhelligkeit der Berechtigten beschlossen werden, letztere schon durch Stimmenmehrheit. Hiervon machen die Bestimmungen des A. L. R. über die Kirchengemeinschaften eine spezielle Anwendung in Betreff der Pfarrbesetzung. (§. 344 ff. II. 11.) Die Auswahl des zu vozirenden Geistlichen fällt in den Bereich der Art der Benutzung des gemeinschaftl. Rechts, es entscheidet daher über die Auswahl des Geistl. die Mehrheit der Stimmen der Patronatsinhaber oder Kompatrone. Dasselbe muß stattfinden bei der Rechnungsabnahme und Decharge, Konsentirung zu Bauten, zu Darlehnen der Kirchenkasse und den sonstigen Akten der Vermögensverwaltung: denn überall handelt es sich hier im einzelnen Falle um den Beschluß, in welcher Art das gemeinsame Patronatsrecht ausgeübt werden soll. Eine Ausnahme bilden nur nach der posi-

§. 606. Doch kann jeder von ihnen die §§. 586. bis 594. beschriebenen Ehrenrechte für seine Person fordern und ausüben.

§. 607. Hat eine Kirche mehrere Patrone: so kann derjenige, in dessen Gute die Kirche liegt, in gemeinschaftlichen Geschäften das Direktorium, und den dahin gehörenden Vorzug in der Unterschrift verlangen.

§. 608. Sind mehrere Kirchen unter gemeinschaftlichen Geistlichen und Patronen vereinigt: so kommt das Direktorium in gemeinschaftlichen Angelegenheiten dem Patrone des Ortes zu, wo der Pfarrer wohnt.

§. 609. In Angelegenheiten aber, welche nur eine einzelne Kirche betreffen, findet die Vorschrift §. 607. ebenfalls Anwendung.

§. 610. Niemand kann, ohne ausdrückliche Einwilligung der Gemeine, und ohne Genehmigung der geistlichen Obern, des Patronatrechts und der damit verbundenen Obliegenheiten sich begeben. [232a]). Wie das Patronatrecht aufhöre.

§. 611. Dagegen verliert aber auch der Patron seine Rechte keinesweges durch den bloßen Nichtgebrauch.

§. 612. Hat er aber geschehen lassen, daß einzelne unter dem Patronatrechte begriffene Befugnisse von der Gemeine, oder deren Vorstehern, oder auch von einem Dritten, durch eine zur gewöhnlichen Verjährung hinreichende Frist, als ein ihnen zukommendes Recht ausgeübt worden: so hat er diese Befugnisse verloren.

§. 613. Wer um Bestechung oder anderer unerlaubter Privatvortheile willen Jemanden zu einer Pfarrstelle präsentirt, verliert für seine Person das Wahl- und Präsentationsrecht bei dieser und allen folgenden Vacanzen. [233])

---

tiven Vorschrift im §. 6 der Kirchengem. Ord. v. 1873 die Rechte, welche in Bezug auf die Theilnahme am Gem. Kirch. Rathe den Kompatronen zustehen: über die Art, wie diese auszuüben, entscheidet nicht die Stimmenmehrheit, sondern es sollen, wenn eine Einigung der Kompatrone nicht erfolgt, diese Rechte ruhen.

Erk. d. Ob. Trib. v. 30. März 1855, Arch. Bd. 17 S. 105: Die Bestimmung des §. 607 L. R. II. 11 — bezüglich des Directorii actorum — bezieht sich auf den Fall, wo von Hause aus die Besitzer verschiedener Güter ein selbstständiges Patronatrecht über die Kirche haben, nicht aber auf den Fall, wenn der Güterkomplex des ursprünglich allein berechtigten Gutes getrennt, und dem Besitzer der abgetrennten Güter ein Mitpatronatrecht übertragen ist.

[232a]) vergl. R. des Min. d. g. A. v. 3. Jan. 1879, in der Anm. 223.

[233]) vergl. das Ges. über die persönliche Fähigkeit und Ausübung

§. 614. In diesem und allen übrigen Fällen, wo der Patron das Wahl- und Präsentationsrecht für seine Person verliert, kommt die Besetzung der vacanten Pfarrstelle den geistlichen Obern zu. (§. 398. sqq.)

§. 615. Auch einem Collegio, Corporation, oder Commune kann das Kirchenpatronat zukommen.

§. 616. Ein solches Collegium u. s. f. kann zwar die Ausübung desselben Jemandem aus seinem Mittel übertragen, oder selbige mit einem gewissen Amte verknüpfen.

§. 617. Es kann sich aber dadurch der zum Patronat gehörigen Pflichten, zum Nachtheile der Kirche, nicht entledigen.

Neunter Abschnitt.

Von der Verwaltung der Güter und des Vermögens der Pfarrkirchen. [234])

Allgemeiner Grundsatz.

§. 618. Von den Gütern und dem Vermögen der Parochialkirchen gilt Alles, was vom Vermögen der Kirchen überhaupt im vierten Abschnitte verordnet ist.

Art der Verwaltung.

§. 619. Die Verwaltung des Kirchenvermögens gebührt in der Regel den Kirchenvorstehern. [235])

§. 620. Auf die Amtsführung derselben findet alles das Anwendung, was von den Vorstehern der Kirchengesellschaften überhaupt §. 156. sqq. ingleichen §. 552. sqq. verordnet ist.

---

der Rechte der Standschaft, der Gerichtsbarkeit und des Patronats, v. 8. Mai 1837, G.S. S. 99, — und zu §. 9 dieses Gesetzes das R. des Min. d. geistl. Angel. v. 30. Mai 1849, Min.Bl. f. d. inn. Verw. 1849 S. 95.

[234]) vergl. für Westpreußen, Prov.Recht §§. 31—34, G.S. 1844 S. 107.
für Ostpreußen, Prov.Recht, Zusatz 191.
u. Instrukt. v. 24. Okt. 1801, Bork, Kirch. Ges. I. S. 617.
für die Mark, Kab.Ordre v. 11. Juli 1845, G.S. S. 485.
u. Instruktion des Kult.Min. v. 6. Aug. 1845, M.Bl. d. i. V. S. 210.
für Schlesien, Edikt d. d. Güntersblum d. 14. Juli 1793 (betr. kathol. Kirchen). Korn, neue Edikten-Sammlung Bd. 4 S. 416.
vergl. Anm. 241.

[235]) Jetzt dem Gem. Kirch. Rath resp. dem Presbyterium.

Erk. des Ob.Trib. v. 21. Jan. 1861, Entsch. 45 S. 305: Der Patron und die geistl. Oberen haben nur die Leitung, Ueberwachung und Beaufsichtigung der Verwaltung. Darin ist das Recht zur unmittelbaren Verwaltung des Kirchenvermögens oder zur Eingehung von Verbindlichkeiten für die Kirche nicht enthalten. Daher sind die Regierungen, als Vertreter des

§. 621. Doch sind sie, bei Patronatkirchen, in Rücksicht auf diese Verwaltung, auch der besondern und unmittelbaren Aufsicht des Patrons unterworfen. [236])

§. 622. Ein Gleiches gilt bei städtischen und anderen größeren Kirchen, welche keinen besonderen Patron haben, in Ansehung eines, noch außer den administrirenden Vorstehern, angeordneten Kirchencollegii. [237])

§. 623. Sie müssen bei ihrer Verwaltung eben die Aufmerksamkeit anwenden, und eben den Grad der Schuld vertreten, wozu Vormünder nach den Gesetzen verpflichtet sind. [238]) Rechte und Pflichten der Kirchenverwalter.

---

landesherrl. Patronats, oder die geistl. Oberen nicht legitimirt, Forderungen an das Pfarrvermögen mit bindender Kraft für die Pfarre und Kirche anzuerkennen.

[236]) im §. 23 der Synodalordnung v. 10. Sept. 1873 eingeschränkt auf denjenigen Patron, welcher Patronatslasten für die kirchl. Bedürfnisse trägt.

Ueber das Aufsichts- und Verwaltungsrecht des Patrons in der Altmark vergl. Götze, Prov.R. Thl. II. S. 67.

Erk. d. Ob.Trib. v. 14. Sept. 1857, Arch. 27 S. 34: Die Mitwirkung des Patrons ist bei der Ausstellung von Quittungen über eine an die Kirche geleistete Zahlung nicht erforderlich.

[237]) vergl. R. des Min. d. geistl. Ang. v. 15. Dez. 1823, die Konkurrenz der Stadtverordneten bei Verwaltung des städtischen Kirchenvermögens betreffend, v. K., Ann. Bd. 17 S. 374.

R. des Min. d. Inn. u. der geistl. Ang. v. 9. Mai 1842, Min.Bl. f. d. inn. Verw. 1842 S. 189.

vergl. auch Min.Bl. 1853 S. 138.

[238]) Vormundsch.Ordnung v. 5. Juli 1875, G.S. S. 431 §. 32: Der Vormund sowie der Gegenvormund haftet für die Sorgfalt, welche ein ordentlicher Hausvater auf seine eigenen Angelegenheiten verwendet. Die Verantwortlichkeit des bestellten Vormundes beginnt mit dem Zeitpunkte der Bestellung ..... Die Einrede der Theilung unter mehreren Verhafteten ist ausgeschlossen. Die bestehenden Vorschriften, nach welchen dem Mündel ein persönliches Vorzugsrecht vor anderen Gläubigern des Vormundes zusteht, bleiben in Kraft. Ein Pfandrecht oder ein Titel zum Pfandrecht an dem Vermögen des Vormundes entsteht durch die Vormundschaft nicht.

cfr. Verordnung v. 24. Jan. 1844 über die Festsetzung und den Ersatz der bei Kassen und anderen Verwaltungen vorkommenden Defekte, G.S. S. 52. (s. diese V. weiter unten.)

Staatsminist. Beschl. v. 31. Aug. 1863, Min.Bl. d. i. V. S. 194: In den auf die unmittelbare Ersatzverpflichtung gerichteten Beschlüssen ist jedesmal zugleich über die Verbindlichkeit der für ersatzpflichtig erklärten Beamten zur Tragung der durch die Ermittelung des Defekts erwachsenen Kosten die erforderliche Festsetzung zu treffen.

Erk. d. Ob.Trib. v. 4. Sept. 1857, Entsch. Bd. 36 S. 378: Aus den §§. 4, 9—11 V. v. 24. Jan. 1844 ergiebt sich, daß das vorgeschriebene Administrativverfahren nicht zulässig ist gegen die Erben des Beamten und gegen diejenigen Beamten, denen nur ein mäßiges oder geringeres Versehen zur Last fällt. R. d. Min. d. geistl. Ang. v. 6. Nov. 1863, E. 10393, K. 2170: Die Festsetzung der Defekte an öffentlichen oder Privatvermögen, welche bei öffentlichen Kassen oder anderen öffentlichen Verwaltungen entdeckt worden, ist nach §. 1 der Verord. v. 24. Jan. 1844 zunächst von derjenigen Behörde zu bewirken, zu deren Geschäftskreise die unmittelbare Aufsicht über die Kasse oder andere Verwaltung gehört. Unter dieser Behörde ist in der gedachten Verordnung die Dienstbehörde des betreffenden Beamten verstanden. Der Patron aber ist in keiner Weise als eine Dienstbehörde der mit der kirchlichen Kassenverwaltung beauftragten Beamten aufzufassen.

Der Ev.O.K.R. hat sich im Einvernehmen mit dem Minister der geistl. A. in d. R. v. 21. Mai 1880 Nr. 1740 E. O. dahin ausgesprochen, daß weder der Gem. Kirch. Rath, noch die Patronatsbehörde, sondern das Konsistorium als die im §§. 1 u. 3 der Verord. v. 24. Jan. 1844 bezeichnete, zur Abfassung des Defektenbeschlusses zuständige, unmittelbar vorgesetzte Aufsichtsbehörde zu betrachten ist ..... In Betreff der event. Zwangsvollstreckung sind die §§. 14 u. 15 der allegirten Verordnung zu beachten.

Die Verord. v. 24. Jan. 1844 über die Festsetzung und den Ersatz der bei Kassen und anderen Verwaltungen vorkommenden Defekte, G.S. S. 52, lautet:

§. 1. Die Feststellung der Defekte an öffentlichem oder Privatvermögen, welche bei öffentlichen Kassen oder anderen öffentlichen Verwaltungen entdeckt werden, ist zunächst von derjenigen Behörde zu bewirken, zu deren Geschäftskreise die unmittelbare Aufsicht über die Kasse oder andere Verwaltung gehört.

§. 2. Von dieser Behörde ist zugleich festzustellen, wer nach den Vorschriften der gegenwärtigen Verordnung für den Defekt zu haften hat, und bei einem Defekt an Materialien, auf wie hoch die zu erstattende Summe im Gelde zu berechnen ist.

§. 3. Ebenso (§§. 1 u. 2) hat die unmittelbar vorgesetzte Behörde die Defekte an solchem öffentlichen oder Privatvermögen festzustellen, welches, ohne zu einer öffentlichen Kasse oder anderen öffentlichen Verwaltung gebracht zu sein, vermöge besonderer amtlicher Anordnung in die Gewahrsam eines Beamten gekommen ist.

§. 4. Ueber den Betrag des Defekts, die Person des zum Ersatz Verpflichteten und den Grund seiner Verpflichtung ist von der in den §§. 1 u. 3 bezeichneten Behörde ein motivirter Beschluß abzufassen.

§. 5. Hat diese Behörde die Eigenschaft einer Central- oder Provinzialbehörde, so ist der Beschluß ohne Weiteres vollstreckbar.

§. 6. In allen anderen Fällen unterliegt der Beschluß der Prüfung der vorgesetzten Provinzialbehörde und wird erst nach deren Genehmigung vollstreckbar.

§. 7. Der vorgesetzten Centralbehörde bleibt jedoch in allen Fällen unbenommen, einzuschreiten und den Beschluß selbst abzufassen oder zu berichtigen.

§. 8. Nach Befinden der Umstände kann die Behörde auch mehrere Beschlüsse abfassen, wenn ein Theil des Defekts sofort klar ist, der andere Theil aber noch weitere Ermittelungen nothwendig macht, ingleichen, wenn unter mehreren Personen die Verpflichtung der einen feststeht, die der anderen noch zweifelhaft ist.

§. 9. In dem abzufassenden Beschlusse ist zugleich zu bestimmen, ob der Beamte zum Ersatz des Defekts oder nur zur Sicherstellung anzuhalten, und im ersten

Falle, ob die Exekution unbedingt oder mit welchen näher zu bestimmenden Modifikationen zu vollstrecken.

§. 10. Der abzufassende Beschluß kann auf die unmittelbare Verpflichtung zum Ersatz gerichtet werden:

1) sofern der Defekt nach dem Ermessen der Behörde durch Vorsatz bewirkt worden, gegen jeden Beamten, welcher der Unterschlagung oder Veruntreuung als Urheber oder Theilnehmer geständig ist oder für überführt erachtet wird;
2) sofern der Defekt nach dem Ermessen der Behörde durch grobes Versehen entstanden ist,
   a) gegen diejenigen, welchen die Kasse u. s. w. zur Verwaltung übergeben war, auf Höhe des ganzen Defekts,
   b) gegen jeden anderen Beamten, der an der Einnahme oder Ausgabe, der Erhebung, der Ablieferung oder dem Transport von Kassengeldern oder anderen Gegenständen vermöge seiner dienstlichen Stellung Theil zu nehmen hatte, nur auf Höhe des in seine Gewahrsam gekommenen Betrages.

Eben dies gilt gegen die §. 3 genannten Beamten in den daselbst bezeichneten Fällen.

§. 11. Der abzufassende Beschluß kann ferner auf Beschlagnahme des Vermögens oder Gehalts zur Sicherung des demnächst im Wege Rechtens auszuführenden Anspruchs, sofern der Defekt aus dem Vermögen der §. 10 genannten zunächst verantwortlichen Beamten und deren Dienstkaution nicht zu decken sein sollte, gerichtet werden:

gegen diejenigen, welche zwar die defektirten Gelder oder andere Gegenstände nicht in ihrer Gewahrsam gehabt, aber an deren Vereinnahmung, Verausgabung oder Verschlusse in der Weise unmittelbar Theil zu nehmen hatten, daß der Defekt ohne ihr grobes Verschulden nicht hätte entstehen können.

§. 12. Sind Beamte, gegen welche die exekutivische Einziehung des Defekts zulässig ist, in der Verwaltung ihres Amtes, wofür sie eine Amtskaution bestellt haben, belassen worden, so ist die Exekution nicht zunächst in diese Kaution, sondern in das übrige Vermögen zu vollstrecken, jedoch soweit die bestellte Kaution reicht, nur auf Sicherstellung eines gleichen Betrages zu richten.

§. 13. Bei Gefahr im Verzuge kann die unmittelbar vorgesetzte Behörde, auch wenn sie nicht die Eigenschaft einer Provinzialbehörde hat, oder der unmittelbar vorgesetzte Beamte vorläufige Sicherheitsmaaßregeln durch Beschlagnahme des Vermögens oder Gehalts gegen die nach §. 10 der Exekution unterworfenen Beamten ergreifen; es muß aber davon der vorgesetzten Provinzialbehörde ungesäumt Anzeige gemacht und deren Genehmigung eingeholt werden.

§. 14. Die Verwaltungsbehörde kann den zur Vollstreckung geeigneten Beschluß selbst zur Ausführung bringen, soweit dieselbe nach den bestehenden Gesetzen Exekution zu verfügen befugt ist. Außerdem ist das betreffende Gericht dieserhalb zu requiriren.

§. 15. Die Gerichte und Hypothekenbehörden sind verpflichtet, den an sie ergehenden Requisitionen zu genügen, die Exekution gegen die benannten Personen ohne vorgängiges Zahlungsmandat schleunig zu vollstrecken, die Beschlagnahme der zur Deckung des Defekts erforderlichen Vermögensstücke zu verfügen, und die in

Antrag gebrachten Eintragungen, wenn sonst kein Anstand obwaltet, im Hypothekenbuche zu veranlassen, ohne auf eine Beurtheilung der Rechtmäßigkeit einzugehen.

§. 16. Gegen den Beschluß, wodurch ein Beamter zur Erstattung eines Defekts für verpflichtet erklärt wird (§. 10), steht demselben sowohl hinsichtlich des Betrages als hinsichtlich der Ersatzverbindlichkeit, außer dem Rekurse an die vorgesetzte Behörde, die Berufung auf rechtliches Gehör zu.

Von dieser Befugniß muß jedoch innerhalb Eines Jahres, vom Tage der dem Verpflichteten geschehenen Bekanntmachung des vollstreckbaren Beschlusses, oder wenn der Verpflichtete ausgetreten ist, vom Tage des abgefaßten Beschlusses an Gebrauch gemacht werden. Die Exekution behält, des eingeschlagenen Rechtsweges ungeachtet, bis zur rechtskräftigen Entscheidung nach Maaßgabe des Beschlusses ihren Fortgang, wenn nicht von der Verwaltung davon Abstand genommen wird.

In der etwa eingeleiteten Untersuchung bleiben dem Verpflichteten, insofern es auf die Bestrafung ankommt, seine Einreden gegen den abgefaßten Beschluß auch nach Ablauf des Jahres, wenngleich sie im Civilprozesse nicht mehr geltend gemacht werden können, vorbehalten.

§. 17. Gegen einen Beschluß, wodurch die Beschlagnahme des Vermögens oder Gehalts nach §. 11 angeordnet worden, steht dem Beamten die Berufung auf rechtliches Gehör in derselben Weise zu, wie dies gegen einen gerichtlich angelegten Arrest zulässig ist.

§. 18. Das gegenwärtige Gesetz findet auf sämmtliche öffentliche Kassen und Verwaltungen und deren Beamte, einschließlich der gerichtlichen, sowie auf die Militärkassen, Magazine und Verwaltungen aller Art, und nicht nur auf Militärbeamte, sondern auch auf Militärpersonen Anwendung.

Wegen Ausführung des Gesetzes in der Militärverwaltung wird Unser Kriegsminister eine Instruktion ertheilen, welche namentlich die Behörden zu bezeichnen hat, die den nach §§. 5 u. 6 an die Provinzialbehörde zur Abfassung oder Bestätigung verwiesenen Beschluß zu erlassen befugt sind.

§. 19. Wenn in Folge besonderer Gesetze den Behörden oder einzelnen Instituten bereits ein Exekutionsrecht gegen ihre Beamten zusteht, ohne daß es eines von der Provinzialbehörde abzufassenden oder zu bestätigenden Beschlusses bedarf, so behält es dabei sein Bewenden.

§. 20. Ebenso bleiben die Gesetze in Kraft, wodurch die Exekution gegen Erhebungsbeamte wegen gewisser an öffentliche Kassen abzuliefernder Einnahmen ohne Zulassung des Rechtsweges angeordnet ist.

§. 21. Auf Defekte, welche bei Publikation der gegenwärtigen Verordnung bereits zur Kenntniß der Behörden gekommen sind, soll die gegenwärtige Verordnung ebenfalls angewandt werden, sofern der zu verfolgende Anspruch nicht bereits in den Rechtsweg eingeleitet ist.

R. der Min. der Finanzen u. der geistl. Ang. v. 8. Juli 1881, kirchl. Ges. u. V.Bl. 1881 S. 109: Die Defektenbeschlüsse der zur selbstständigen Verfügung der Exekution nicht befugten Verwaltungsbehörden sind nicht mehr (cfr. §. 14 V. v. 24. Jan. 1844) durch Requisition der Gerichte, sondern im Wege des Verwaltungszwangsverfahrens nach Maaßgabe der Verordnung v. 7. Sept. 1879, G.S. S. 591 durch eine gemäß §. 3 Abs. 3 dieser Verord. von der Bezirksregierung zu bestimmende Vollstreckungsbehörde zur zwangsweisen Ausführung zu bringen.

§. 624. Bei einer jeden Pfarrkirche müssen wenigstens zwei Vorsteher bestellt werden. [239])

§. 625. Sie müssen die der Kirche zustehenden Gelder, Schuldinstrumente, und andere Urkunden dergestalt unter gemeinschaftlichem Beschlusse halten, daß keiner von ihnen einseitig, und ohne die übrigen, darüber verfügen könne.

§. 626. Wo der Kasten, in welchen die Kirchengelder und Urkunden unter solchem gemeinsamen Beschlusse aufzubewahren sind, am sichersten untergebracht werden könne, müssen die Vorsteher mit dem Patron und Pfarrer in Ueberlegung nehmen; allenfalls aber muß dieses von dem Inspector oder Erzpriester nach den Umständen bestimmt werden.

§. 627. Wo es, besonders auf dem Lande, an tauglichen und im Rechnungswesen hinlänglich geübten Subjecten zu Kirchenvorstehern ermangelt, da kann der Pfarrer sich nicht entbrechen, dieses Geschäft mit zu übernehmen, und die Schreibereien, nebst dem Rechnungswesen, zu besorgen. [240])

§. 628. Was also hier von Kirchenvorstehern überhaupt verordnet wird, gilt in diesem Falle auch von dem Pfarrer, und den ihm an die Seite gesetzten Nebenvorstehern.

§. 629. Ausstehende Kirchencapitalien können die Vorsteher, ohne Vorwissen und Genehmigung des Patrons oder Kirchencollegii, wo dergleichen vorhanden ist, nicht aufkündigen. [241]) Von Kirchencapitalien.

---

[239]) vergl. jetzt §. 5 der Synodalordnung v. 10. Sept. 1873.

[240]) Ueber den Umfang und die Grenzen dieser Verpflichtung des Pfarrers vergl. das R. des Min. d. geistl. Ang. v. 16. Febr. 1832, v. K., Ann. Bd. 16 S. 98, u. v. 2. Juni 1837, v. K., Ann. Bd. 21 S. 401, Vogt, Kirchenr. I S. 446. cfr. auch §. 24 Synodalordnung v. 10. Sept. 1873.

[241]) Prov. Recht für Westpreußen: Zur Ausleihung und Einziehung von Kapitalien der Kirchen Königlichen Patronats, sowie solcher Kirchen, die keinen eigenen Patron haben, oder bei denen das Patronat einer geistlichen oder milden Stiftung zusteht, muß ohne Unterschied der Summe die Genehmigung der Regierung eingeholt werden. (§. 31.)

Bei anderen Kirchen Privatpatronats ist zur Ausleihung und Einziehung von Kapitalien nur die Einwilligung des Patrons erforderlich. Einer Zuziehung des Superintendenten oder des Dekans bedarf es nicht; doch ist demselben von einem solchen Geschäft Anzeige zu machen. (§. 32.)

Bei Ausleihung und Einziehung von Kapitalien geistlicher und milder Stiftungen ist in der Regel, und insofern nicht durch die Stiftungsurkunde oder das Herkommen etwas Anderes bestimmt ist, die Einwilligung der Regierung erforderlich. (§. 33.)

Die der Kirche gehörenden Gelder, Schuldschriften und andere Urkunden werden in einem mit zwei verschiedenen Schlössern versehenen Kasten aufbewahrt. Zu dem einen Schlosse erhält der Pfarrer, zu dem anderen Schlosse einer der Kirchenvorsteher den Schlüssel. (§. 34.)

Ostpreuß. Prov. Recht, Zusatz 191:

§. 1. Zur Ausleihung und Einziehung der Kirchenkapitalien muß ohne Rücksicht auf den Betrag jederzeit bei lutherischen Königlichen Patronatkirchen von dem Ostpreußischen Staatsministerio (jetzt Regierung), und bei deutsch-reformirten Königlichen Patronatkirchen außerhalb Königsberg von dem Kirchen-Direktorio die Einwilligung eingeholt werden.

§. 2. Bei protestantischen adligen und städtischen Patronatkirchen bedarf es keiner Anzeige an den Inspektor über die vorhabende Ausleihung, noch einer Einwilligung der geistl. Oberen.

Die Kab.Ord. v. 11. Juli 1845, G.S. S. 485, betr. die Vermögensverwaltung der Kirchen, Pfarren und kirchlichen Stiftungen nach Märkischem Provinzialrechte, bestimmt für diejenigen Landestheile, in welchen die Konsistorial- und Visitationsordnung vom Jahre 1573 Anwendung findet, Folgendes:

1) Bei der Ausleihung von Kirchenkapitalien, ohne Unterschied der Summe, soll es einer Anzeige der beabsichtigten Ausleihung an den Superintendenten oder Inspektor und der Genehmigung der geistl. Oberen nicht bedürfen, wenn das Kapital in Staatsschuldscheinen, in Papieren der Englisch-Preußischen Anleihe, in Pfandbriefen oder in Kur- oder Neumärkischen Kriegsschuldenobligationen angelegt, oder gegen Hypothek auf ein städtisches oder ländliches Grundstück, innerhalb der ersten Hälfte des durch eine gerichtliche Taxe ermittelten Werthes desselben an Personen, welche bei der Vermögensverwaltung der Kirche nicht betheiligt sind, ausgeliehen wird.

2) Zur Vermiethung oder Verpachtung von Kirchengrundstücken soll es der Genehmigung der geistl. Oberen nicht bedürfen, wenn die Vermiethung oder Verpachtung durch öffentliche Ausbietung, unter Beobachtung der in den §§. 670, 672, 673 L.R. II. 11 vorgeschriebenen Formen und nicht an Personen geschieht, welche bei der Verwaltung des Kirchenvermögens betheiligt sind. Vererbpachtungen dürfen niemals ohne die besondere Genehmigung der geistl. Oberen erfolgen.

3) Zu Bauten bedarf es einer Anzeige an die geistl. Oberen und deren Genehmigung nicht, wenn der Bau lediglich die Unterhaltung und Wiederherstellung der vorhandenen kirchlichen Gebäude betrifft, und die Betheiligten sowohl über den Bau selbst, als über die Beschaffung der dazu erforderlichen Mittel sämmtlich einverstanden sind.

4) Besitzt eine Kirche so viel Vermögen, daß ohne Beeinträchtigung der Zwecke, für welche dasselbe bestimmt ist, und namentlich ohne Gefährdung der baulichen Unterhaltung der Kirche eine Verwendung auch zu anderen kirchlichen Zwecken, insbesondere zur Verbesserung des Einkommens der Geistlichen und Kirchendiener, zur Unterstützung von Prediger- und Küsterwittwen, zum Bau der Pfarr-, Küster- und Schulgebäude u. s. w. stattfinden kann, so sollen die geistl. Oberen befugt sein, eine solche Verwendung auf den übereinstimmenden Antrag des Patrons, des Geistlichen und der Kirchenvorsteher, zu ge-

§. 630. Geschicht die Aufkündigung von dem Schuldner, so müssen sie dem Patron[242]) oder Kirchencollegio davon sofort Anzeige machen.

§. 631. Wo weder ein Patron, noch ein Kirchencollegium vorhanden ist, da müssen Aufkündigungen nicht anders, als mit Zuziehung des Inspectors oder Erzpriesters, gethan oder angenommen werden.[243])

§. 632. Der Patron, das Kirchencollegium, oder der Inspector, müssen den Zahler anweisen: ob die Zahlung an die Vorsteher allein geleistet, oder wer noch außer ihnen dabei zugezogen werden solle.

§. 633. Nach dieser Anweisung muß sich der Zahler richten, und nur eine derselben gemäß ausgestellte Quittung kann gegen die Kirche die Zahlung beweisen.[244])

§. 634. So bald aus den Einkünften der Kirche ein Bestand von funfzig Thalern oder mehr erübrigt werden kann, müssen die Vorsteher für dessen sichere und zinsbare Unterbringung zum Besten der Kirche sorgen.[245])

---

nehmigen. Alle bisherigen, sowohl allgemeine, als besondere gesetzliche Vorschriften, welche den Bestimmungen des gegenwärtigen Erlasses entgegenstehen, werden hierdurch aufgehoben.

Vergl. Instruktion des Minist. d. geistl. Ang. v. 6. Aug. 1845, M. Bl. d. i. V. S. 210.

vergl. §. 23 Synodalordnung v. 10. Sept. 1873.

vergl. §. 31 Nr. 2 u. 4 Syn. Ord.

[242]) Da, wo der Patron Patronatslasten für die kirchl. Bedürfnisse trägt, §. 23 Syn. Ord.

[243]) vergl. §. 31 Nr. 2 u. 4 Syn. Ord. v. 10. Sept. 1873.

[244]) vergl. §. 22 alin. 2 Syn. Ord. v. 10. Sept. 1873.

Erk. d. Ob. Trib. v. 11. Sept. 1857, Arch. Bd. 27 S. 33: Der Mitwirkung des Patrons bei Ausstellung von Quittungen über eine an die Kirche geleistete Zahlung bedarf es nicht, und zwar weder nach A. L. R. noch auch nach Schlesischem Provinz. Recht.

[245]) Der durch R. des Min. d. geistl. Angel. v. 30. Sept. 1875, G. I 5252, auf die Ausleihung von kirchlichen Kapitalien für anwendbar erklärte §. 39 der Vormundschaftsordnung v. 5. Juli 1875, G. S. S. 431 verordnet:

Gelder, welche zu laufenden oder zu anderen durch die Vermögensverwaltung begründeten Ausgaben nicht erforderlich sind, hat der Vormund im Einverständnisse mit dem Gegenvormund in Schuldverschreibungen, welche von dem Deutschen Reiche oder von einem deutschen Bundesstaate mit gesetzlicher Ermächtigung ausgestellt sind, oder in Schuldverschreibungen, deren Verzinsung von dem deutschen Reiche oder von einem deutschen Bundesstaate gesetzlich garantirt ist, oder in Rentenbriefen der zur Vermittlung der Ablösung von Renten in Preußen bestehenden Rentenbanken, oder in Schuldverschreibungen, welche von deutschen kommunalen Korporationen (Provinzen, Kreisen, Gemeinden ꝛc.) oder von deren Kreditanstalten ausgestellt und entweder Seitens der Inhaber kündbar sind oder einer regelmäßigen Amortisation unterliegen, oder auf sichere Hypotheken oder Grundschulden zinsbar anzulegen.

Gelder, welche in dieser Weise nach den obwaltenden Umständen nicht angelegt werden können, sind bei der Reichsbank, oder bei öffentlichen, obrigkeitlich bestätigten Sparkassen zinsbar zu belegen.

Eine Hypothek oder Grundschuld ist für sicher zu erachten, wenn sie bei ländlichen Grundstücken innerhalb der ersten zwei Drittheile des durch ritterschaftliche, landschaftliche, gerichtliche oder Steuertaxe, bei städtischen innerhalb der ersten Hälfte des durch Taxe einer öffentlichen Feuerversicherungsgesellschaft oder durch gerichtliche Taxe zu ermittelnden Werthes, oder wenn sie innerhalb des fünfzehnfachen Betrages des Grundsteuerreinertrages der Liegenschaft zu stehen kommt.

Sicheren Hypotheken stehen im Sinne dieser Vorschriften die mit staatlicher Genehmigung ausgegebenen Pfandbriefe und gleichartigen Schuldverschreibungen solcher Kreditinstitute gleich, welche durch Vereinigung von Grundbesitzern gebildet, mit Korporationsrechten versehen sind, und nach ihren Statuten die Beleihung von Grundstücken auf die im dritten Absatz angegebenen Theile des Werthes derselben zu beschränken haben.

Versäumt oder verzögert der Vormund die Anlegung von Geldern, so muß er die anzulegende Summe mit sechs vom Hundert jährlich verzinsen.

Die für die Kirchenkassen angekauften Werthpapiere müssen sofort außer Kurs gesetzt werden. In dem R. des Min. d. geistl. Ang. v. 31. Okt. 1878, kirchl. Ges. u. Verord. Bl. 1878 S. 174 wurde die Frage nach der Auslegung des §. 1 des Ges. v. 4. Mai 1843, G. S. S. 179 wegen der Außer- und Wiederinkurssetzung der auf jeden Inhaber unter öffentlicher Autorität ausgefertigten Werthpapiere dahin entschieden, daß nicht die evangelischen Gemeindekirchenräthe (Presbyterien), sondern die Königl. Superintendenten gemäß §. 1 jenes Gesetzes und §. 2 der Verordnung v. 16. Aug. 1867, G. S. S. 1457 für befugt zu erachten seien, die von ihnen außer Kurs gesetzten Papiere der beregten Art auch wieder in Kurs zu setzen (dies ist geändert; siehe das R. v. 4. Okt. 1880, unten).

Ist die Außerkurssetzung solcher Papiere durch die Gemeindekirchenräthe ꝛc. selbst erfolgt, so bedürfe es zur Wiederinkurssetzung derselben nach §. 3 des Ges. v. 4. Mai 1843 und §. 4 der Verord. v. 16. Aug. 1867 eines gerichtlichen Vermerks.

Und das R. des Min. d. geistl. Ang. v. 18. Jan. 1879, kirchl. Ges. u. Verord. Bl. 1879 S. 37 besagt: Die Unterscheidung zwischen den Befugnissen der vom Könige ernannten und der auf Grund einer Wahl bestätigten Superintendenten trifft auf den vorliegenden Fall nicht zu. Hier handelt es sich allein um die öffentlichen Behörden, welche auf Grund des Ges. v. 4. Mai 1843 zur Wiederinkurssetzung von Inhaberpapieren berechtigt sind, und es unterliegt keinem Zweifel, daß die Superintendenten auch in den westlichen Provinzen als solche anzuerkennen sind.

Nach dem R. des Min. d. geistl. A. v. 4. Okt. 1880, kirchl. Ges. u. V. Bl. 1880 S. 151 haben aber die mit den zuständigen Staatsbehörden anderweitig gepflogenen Erörterungen zu dem Ergebniß geführt, daß die obengedachten kirchlichen Gemeindeorgane (Gemeindekirchenräthe — Presbyterien) als öffentliche Behörden im Sinne des Ges. v. 4. Mai 1843 u. der Verord. v. 16. Aug.

§. 635. So lange sich zu einer solchen Unterbringung gegen höhere Zinsen, unter gesetzmäßiger Sicherheit, keine Gelegenheit findet, müssen dergleichen aufgesammelte Capitalien bei der Königlichen Bank belegt werden.[246])

1867 anzusehen und demgemäß zur Wiederinkurssetzung der von ihnen außer Kurs gesetzten, unter öffentlicher Autorität auf jeden Inhaber ausgefertigten Werthpapiere, welche zum kirchl. Vermögen gehören, für legitimirt zu erachten sind. Hiernach ist künftig zu verfahren, auch dafür Sorge zu tragen, daß die kirchl. Gemeindeorgane bei ihren Wiederinkurssetzungsvermerken die gesetzlich vorgeschriebenen Formen genau beobachten. (vergl. hierzu § 22 alin. 2 der Kirch. Gem. Ordnung v. 1873.)

vergl. ferner das Reskr. des Ev. O.K.R. v. 11. Dezbr. 1880, kirchl. Ges. u. V.Bl. 1880 S. 187–190, betr. das Verfahren bei Außer- und Wiederinkurssetzung von Werthpapieren kirchlicher Institute. Dasselbe ordnet gleichzeitig (S. 190) an, daß auch in den evangelischen Gemeinden der westlichen Provinzen die urkundliche Vollziehung der Wiederinkurssetzungsvermerke unter den Unterschriften des Vorsitzenden und noch zweier anderen Mitglieder des Presbyteriums zu bewirken ist.

cfr. auch Erlaß der Hauptverwaltung der Staatsschulden v. 11. Sept. 1880, betr. die Befugniß der kirchl. Gemeindeorgane zum Wiederinkurssetzen der von ihnen außer Kurs gesetzten Inhaberpapiere, kirchl. Ges. u. V.Bl. 1880 S. 148—150 und Min.Bl. d. i. V. 1880 S. 228. Es wird in diesem Erlasse darauf hingewiesen, daß die bezeichneten kirchlichen Gemeindeorgane als öffentliche Behörden auch im Sinne des §. 35 der Grundbuchordnung v. 5. Mai 1872 anzuerkennen seien, welcher bestimmt, daß Urkunden und Anträge öffentlicher Behörden, wenn sie ordnungsmäßig unterschrieben und untersiegelt sind, im Grundbuchverkehr keiner Beglaubigung bedürfen. — Bestätigt durch die allgem. Verf. d. Justiz-Ministers v. 21. März 1882, J.M.Bl. 1882 S. 56.

Zu den im §. 39 der Vormundschaftsordnung v. 5. Juli 1875 (oben) bezeichneten öffentlichen, obrigkeitlich bestätigten Sparkassen gehören die Kassen der Erwerbs- und Wirthschaftsgenossenschaften (vergl. Ges. v. 4. Juli 1868, betreffend die privatrechtl. Stellung der Erwerbs- und Wirthschaftsgenossenschaften, B.G.Bl. 1868 S. 415), auch wenn deren Gesellschaftsvertrag vom Gerichte in das Genossenschaftsregister (cfr. §. 4 ibidem) eingetragen und veröffentlicht worden ist, nicht. (vgl. übrigens kirchl. G. u. V.Bl. 1882 S. 58—63.)

[246]) An die Stelle der Königlichen Bank ist die Reichsbank getreten. vergl. Anm. 245, alin. 2 des §. 39 der Vormundschaftsordnung, Reichsbankgesetz v. 14. März 1875, R.G.Bl. S. 181 und Vertrag v. 17./18. Mai 1875 §. 12, a. a. O. S. 217. Statut der Reichsbank v. 21. Mai 1875, R.G.Bl. 1875 S. 203.

Ges. v. 19. Juni 1875, betr. die Belegung von Geldern der gerichtl. Depositorien, der Kirchen u. s. w. bei der Reichsbank, G.S. S. 368:

§. 1. Die Staatsregierung wird ermächtigt, mit dem Deutschen Reiche auf folgenden Grundlagen einen Vertrag abzuschließen:

1) Die in den §§. 21, 22, 23 und 25 der Bankordnung v. 5. Okt. 1846 G.S. S. 435 bestimmten Rechte und Verpflichtungen der Preußischen Bank, betreffend die Belegung von Geldern der gerichtlichen Depositorien, sowie der Kirchen, Schulen, Hospitäler und anderer milden Stiftungen

§. 636. Kirchencapitalien sollen in der Regel nicht anders, als gegen gerichtliche Sicherheit und Eintragung auf unbewegliche Güter, ausgeliehen werden. [247])

§. 637. Die Ausleihung muß mit Vorwissen und Genehmigung des Patrons oder Kirchencollegii, in deren Ermangelung aber mit Zuziehung des Pfarrers geschehen. [248])

---

und öffentlichen Anstalten, sowie die auf Grund jener Bestimmungen hinterlegten Beträge werden mit der Preußischen Bank auf die Reichsbank übertragen.

2) In dem Vertrage ist beiden Theilen das Recht der Kündigung vorzubehalten und über die Frist und die Wirkungen derselben Bestimmung zu treffen.

§. 2. In Ansehung der nach Maaßgabe des §. 1 Nr. 1 bei der Reichsbank belegten Gelder verbleibt es bei der hinsichtlich der Belegungen bei der Preußischen Bank bisher bestandenen Garantie der Staatskasse.

Auf Grund der vorbezeichneten Gesetze konnten Gelder der Kirchen 2c. in Beträgen von 150 M. an, in solchen Summen, die durch 10 theilbar, unter Garantie der Staatskasse bei der Reichsbank zinsbar belegt werden. Dies ist jetzt nicht mehr zulässig, nachdem das Reichsbankdirektorium mit Ermächtigung des Reichskanzlers von dem im §. 12 des Vertrages zwischen Preußen und dem Deutschen Reiche über die Abtretung der Preußischen Bank an das Deutsche Reich v. 17./18. Mai 1875 beiden Theilen vorbehaltenen Rechte, das Verhältniß hinsichtlich der Belegung von Geldern der Kirchen, Schulen, Hospitäler und anderen milden Stiftungen und öffentlichen Anstalten mit halbjähriger Frist zu kündigen, Gebrauch gemacht, und das gedachte Verhältniß Namens der Reichsbank zum 1. Dezbr. 1878 gekündigt hat. cfr. R. des Min. d. geistl. Ang. v. 7. Dezbr. 1878, kirchl. Ges. u. Verord. Bl. 1879 S. 17.

Die vorgedachte Kündigung bezieht sich nur auf die bei der Reichsbank deponirten Gelder der Kirchen 2c., nicht aber auf die der Reichsbank in Berlin zur Aufbewahrung und Verwaltung übergebenen Werthpapiere.

Das „Comtoir der Deutschen Reichsbank zur Aufbewahrung von Werthpapieren" in Berlin übernimmt auch jetzt noch Werthpapiere der Kirchen 2c. zur Aufbewahrung und Verwaltung.

Die näheren Bestimmungen über die Behandlung der Werthpapiere, welche der Reichsbank in Verwahrung gegeben werden, sowie die zur Uebersendung der Werthpapiere nöthigen Deklarationsformulare sind unentgeltlich von dem oben genannten Comtoir zu beziehen. (vgl. kirchl. G. u. V. Bl. 1882 S. 56.)

Der Beschluß des Staatsministeriums v. 1. Okt. 1879, kirchl. Ges. u. V. Bl. 1879 S. 234 hat die durch den Beschluß v. 3. Sept. 1875 allgemein für alle Staatsverwaltungszweige vorgeschriebene Einrichtung, nach welcher über Zahlungen an auswärtige Privatempfänger bis 300 M. einschließlich die Postscheine als gültige Rechnungsbeläge angesehen und die diesfälligen Geldsendungen durch Postanweisungen bewirkt werden können, dahin erweitert, daß dieselbe fortan auch auf alle Zahlungen der gedachten Art bis zum Betrage v. 400 M. einschließlich Anwendung finden kann.

[247]) cfr. Anm. 245.

[248]) vergl. §. 22 Synod. Ordnung v. 10. Sept. 1873.

§. 638. In allen Fällen muß die beabsichtigte Ausleihung, und die dagegen der Kirche zu verschaffende Sicherheit dem Erzpriester oder Inspector angezeigt werden.

§. 639. Beträgt das auszuleihende Capital mehr als funfzig Thaler: so muß er bei den vorgesetzten geistlichen Obern darüber anfragen.[249])

§. 640. Ein Gleiches muß geschehen, wenn der Inspector, auch bei einer mindern Summe, die Sicherheit bedenklich findet.

§. 641. Dem Patron selbst dürfen das Kirchencollegium, der Pfarrer und die Vorsteher, bei eigener Vertretung, ohne besondere Genehmigung der geistlichen Obern, keine Kirchengelder zum Darlehn geben, oder sonst überlassen.

§. 642. Ein Gleiches gilt von Darlehnen, die einem Vorsteher, oder einem Mitgliede des Kirchencollegii, oder auch dem Pfarrer gemacht werden sollen.

§. 643. Die geistlichen Obern machen sich der Kirche verantwortlich, wenn sie ohne eine solche Sicherheit, als die Gesetze bei Verleihung der Mündelgelder aus dem gerichtlichen Deposito erfordern, in dergleichen Darlehne (§. 641. 642.) willigen.

§. 644. An Personen, welche zu den geistlichen Obern gehören, dürfen weder die Vorsteher, noch der Patron oder die Kirchencollegia, bei eigner Vertretung, Darlehne aus dem Kirchenvermögen machen.

§. 645. Sollen Capitalien für die Kirche aufgenommen werden: so ist dazu der Beitritt des Patrons oder Kirchencollegii, oder in beider Ermangelung, der Gemeine oder Von Schulden der Kirche.

---

[249]) Die Vertretungsverbindlichkeit der Verwalter von Kirchenvermögen, die ohne Konsens der geistl. Oberen Kapitalien ausgeliehen haben, erstreckt sich nur auf denjenigen Theil des ausgeliehenen Kapitals, der durch vorschriftsmäßige Sicherheit nicht gedeckt ist. So erkannt von den ehemaligen Oberlandesgerichten zu Hamm, Münster, Halberstadt am 1. Nov. 1823, 21. Febr. 1825 u. 30. Dez. 1825, Simon, Rechtsspr. Bd. 4 S. 442.

Dem gegenüber weist Koch (L.R. II 11, §. 638 Anm. 52 S. 421) darauf hin, daß, wenn die geistl. Oberen das ohne ihren Konsens kontrahirte Darlehnsgeschäft für die Kirche nicht annehmen wollen, die Verwalter dasselbe (negotiorum gestio) für sich zu behalten und die Kirche unbedingt schadlos zu halten haben. Der Geschäftsherr braucht das nicht aufgetragene und auch nicht genehmigte Rechtsgeschäft dem Geschäftsbesorger gar nicht abzunehmen.

deren Repräsentanten, nebst der Genehmigung der geistlichen Obern erforderlich.[250])

§. 646. Wer ohne diese Erfordernisse in ein solches Darlehnsgeschäft sich einläßt, der erlangt daraus ein Recht an die Kirche und deren Vermögen nur so weit, als er die geschehene Verwendung in ihren Nutzen nachweisen kann.

Grundstücke. §. 647. In die Veräußerung eines Kirchenguts muß, außer dem Patron, wo dergleichen vorhanden ist, auch die Gemeine durch ihre zu bestellenden Repräsentanten einwilligen.[251])

§. 648. Keine Veräußerung aber kann ohne vorhergegangene Untersuchung und Approbation der geistlichen Obern, und ohne Erlaubniß des geistlichen Departements im Staatsministerio, gültig geschehen.[252])

---

[250]) Nach §. 31 Nr. 3 der Synod. Ord. v. 10. Sept. 1873 bedarf der Gemeindekirchenrath bei Anleihen, soweit sie nicht blos zur vorübergehenden Aushülfe dienen und aus den laufenden Einnahmen derselben Voranschlagsperiode zurückerstattet werden können, der beschließenden Mitwirkung der Gemeindevertretung.

Die Beschlüsse der kirchlichen Organe über die Aufnahme solcher Anleihen bedürfen ferner zu ihrer Gültigkeit der Genehmigung der staatlichen Aufsichtsbehörde. Art. 24 Nr. 3 Ges. v. 3. Juni 1876, G.S. S. 125.

Die Rechte des Staates werden in diesen Fällen durch den Regierungspräsidenten (in Berlin durch den Polizeipräsidenten) ausgeübt. Art. III Nr. 4 Verord. v. 9. Sept. 1876, Ges.S. S. 395.

[251]) Bei der Veräußerung von Grundeigenthum bedarf der Gem. Kirch. Rath der beschließenden Mitwirkung der Gemeindevertretung. §. 31 Nr. 1 Syn. Ord. v. 10. Sept. 1873.

vergl. R. des Ev. O.K.R. v. 25. Juni 1880, betr. die Eintragung des Grundbesitzes der Kirchengemeinden und kirchlichen Institute in die Grundbücher, Kirchl. Ges. und V.Bl. 1880 S. 71.

[252]) Art. 24 Nr. 1 Ges. v. 3. Juni 1876, G.S. S. 125: Die Beschlüsse der kirchl. Organe über Veräußerung von Grundeigenthum bedürfen zu ihrer Gültigkeit der Genehmigung der staatlichen Aufsichtsbehörde.

Verord. v. 9. Sept. 1876, G.S. S. 395 Art. I Nr. 2: Die Rechte des Staates werden von dem Minister der geistl. Angel. ausgeübt: bei der Veräußerung von Grundeigenthum, wenn der Werth des zu veräußernden Gegenstandes die Summe v. 10000 Mark übersteigt, in allen übrigen Fällen (gemäß Art. III Nr. 4 a. a. O.) durch den Regierungs- (in Berlin durch den Polizei-) Präsidenten.

Das R. des Ev. O.K.R. v. 11. Dez. 1880, kirchl. Ges. u. V.Bl. 1880 S. 190—193, betr. die Zuständigkeit der kirchl. Aufsichtsbehörden in Vermögensangelegenheiten, macht darauf aufmerksam, daß — soweit nicht etwa schon bisher anerkannte partikularrechtliche Bestimmungen in dieser Beziehung ausdrücklich eine Ausnahme begründen — in allen eine kirchenregimentliche Entscheidung oder Genehmigung erfordernden Angelegenheiten der kirchlichen Vermögensverwaltung, über welche früher an den Minist. der geistl. Ang. berichtet

§. 649. Zu Erbverpachtungen, oder Austhuung gegen Erbzins, ist die Einwilligung der geistlichen Obern hinreichend.

§. 650. Wenn die Kirche wegen ihrer Güter und Vermögens in Prozesse verwickelt wird, so liegt der Betrieb derselben den Vorstehern ob. [253]) Prozesse.

---

werden mußte, nunmehr der Ev. O.K.R. als die zuständige kirchenregimentliche Instanz zu betrachten ist. Das R. ordnet ferner, unter Hinweis auf den obigen Vorbehalt hinsichtlich etwa geltender Partikularrechte, an, daß weiterhin die Genehmigung zu dem Erwerb, der Veräußerung und der dinglichen Belastung von Grundeigenthum, wenn der Werth des zu erwerbenden oder zu veräußernden Gegenstandes, oder wenn der Betrag der Belastung die Summe v. 10000 Mark übersteigt, bei dem Ev. O.K.R. nachzusuchen, in allen sonstigen Fällen aber von dem Konsistorium zu ertheilen ist.

Erk. d. Ob.Trib. v. 30. Nov. 1852, Arch. Bd. 7 S. 189: Die Vorschrift des §. 20 L.R. I. 15, wonach der bonae fidei possessor dem Vindicanten die Sache nur gegen Erstattung desjenigen, was er dafür gegeben, herauszugeben verpflichtet ist, findet auch auf Kurmärkische Kirchengüter Anwendung, wenngleich dieselben der Verjährung nicht unterliegen.

[253]) vergl. §. 22 Syn.Ord. v. 10. Sept. 1873.

Nach Koch (Anm. 61 zu §. 650 L.R. II. 11) ist hierbei zu unterscheiden, ob es sich um Rechte oder Verpflichtungen der durch das Kirchen- oder Kirchengemeindevermögen dargestellten juristischen Persönlichkeit, oder lediglich um Rechte und Pflichten der Eingepfarrten (Gemeindemitglieder) als solcher handelt. Die erstere wird als juristische Person durch ihre Vorsteher und den Patron vertreten; die Gemeindemitglieder als solche dagegen müssen, da ganze Gemeinden vor Gericht nicht auftreten dürfen, Bevollmächtigte (ad hoc) wählen. Hiernach erhalten die beiden Erk. des Ob.Trib. v. 19. Juli 1854 und v. 28. Jan. 1856, Arch. 14 S. 187 u. 20 S. 92 ihre verschiedenen Beziehungen.

Das erstere spricht den Satz aus: Die Kirchenvorsteher sind zur Vertretung der auf Erstattung der von einem Dritten vorgeschossenen Kosten von Kirchen- und Pfarrbauten in Anspruch genommenen Eingepfarrten nicht berechtigt. Denn hier handelt es sich nicht um das Kirchenvermögen als Träger der juristischen Persönlichkeit, sondern um Leistungen der Eingepfarrten (Gemeindemitglieder).

Das andere stellt den Satz hin: Der Vorstand einer Kirchengemeinde ist in Betreff der gegen die letztere Seitens der aus der evangelischen Landeskirche ausgeschiedenen und zu den Altlutheranern übergetretenen bisherigen Mitglieder auf Befreiung von Leistungen zu den Pfarrbauten erhobenen Klage zur Vertretung der beklagten Kirchengemeinde legitimirt. Hier betrifft die Klage das Korporationsvermögen, den Träger der juristischen Persönlichkeit.

Erk. des Ob.Trib. v. 20. Okt. 1865, Archiv Bd. 61 S. 140 ff.:

a) Das A.L.R. versteht unter Kirchengemeinde den Inbegriff sämmtlicher Eingepfarrten und rechnet den Patron als solchen nicht zur Kirchengemeinde, stellt ihn vielmehr den Eingepfarrten gegenüber; daß der Patron, sofern er als Individuum zur Religionspartei der betreffenden Kirche sich bekennt und in deren Parochie seinen Wohnsitz hat, zu den Eingepfarrten mit gehören kann, ändert hierin nichts.

b) In Betreff der Legitimation zur Sache in Prozessen kommt es auf den Gegenstand des Streites an:

1) Handelt es sich um die Frage, ob Jemand von Baubeiträgen befreit sei, weil er entweder nicht Patron ist, oder weil er nicht zu den Eingepfarrten gehört, so berührt der Streit einen Gegenstand, welcher das Interesse der Kirche als solcher resp. der ganzen Kirchengesellschaft betrifft. Er muß daher auch mit den gesetzlich geordneten Vertretern der Kirche resp. der ganzen Kirchengesellschaft geführt und zum Austrage gebracht werden. (Entsch. Bd. 37 S. 296.)

2) Betrifft dagegen der Streit lediglich das Beitragsverhältniß unter den Eingepfarrten selbst, oder aber unter den mehreren Patronen, so sind als Prozeßparteien anzusehen im letzteren Falle nur die Patrone unter sich, und zwar der gänzliche oder theilweise Befreiung beanspruchende Patron auf der einen, und die kontradicirenden Patrone auf der anderen Seite.

Bei einem Streite unter den Eingepfarrten aber stehen sich gegenüber der, eine gänzliche oder theilweise Befreiung beanspruchende einzelne Eingepfarrte den übrigen Eingepfarrten, resp. die eine solche Befreiung prätendirende Klasse der Eingepfarrten den kontradicirenden anderen Klassen derselben. In allen diesen Fällen handelt es sich nicht um ein publicistisches, den kirchlichen Verband als solchen betreffendes Recht der Kirche resp. Kirchengesellschaft, sondern lediglich um ein Privatrecht aus dem Theilnahmeverhältnisse der Patrone oder der Eingepfarrten als Mitglieder der Kirchengemeinde unter einander.

Dasselbe findet auch statt, wenn ein einzelner Eingepfarrter oder eine Klasse derselben die höhere Heranziehung anderer eingepfarrter Personen oder Klassen prätendirt, um dadurch die Herabsetzung des eigenen Beitrages herbeizuführen. Denn in allen diesen Fällen handelt es sich um jura singulorum innerhalb des Kreises der unter sich gemeinschaftlich verpflichteten Interessenten rücksichtlich des Beitragsverhältnisses unter einander, also um einen Streit, bei welchem kein außerhalb dieses Kreises stehender Interessent betheiligt ist, weil seine daneben bestehende Mitbauverpflichtung völlig unabhängig von derjenigen Beitragsquote ist, über deren Vertheilung unter die dazu Verpflichteten der zu entscheidende Streit angeregt ist.

3) Handelt es sich dagegen um einen Streit über das Beitragsverhältniß zwischen Eingepfarrten und Patron, so kommt es mit Rücksicht auf die doppelte Eigenschaft, in welcher Letzterer bei der kirchl. Baulast konkurriren kann, nämlich für seine Person als Miteingepfarrter oder in seiner Qualität als Patron wesentlich darauf an, in welcher Eigenschaft er in den Streit verwickelt ist. Betrifft der Prozeß die Frage, ob er innerhalb des Kreises der Eingepfarrten als dazu mit gehörig zu Beiträgen überhaupt, oder zu höheren, als den festgesetzten Beiträgen herangezogen werden solle, so findet dann das unter 2 Gesagte ohne Weiteres Anwendung, so daß jeder Einzelne durch die geschehene oder von diesem Miteingepfarrten prätendirte Vertheilung

der den Eingepfarrten unter sich gemeinschaftlich obliegenden Beitragslast sich beschwert haltende Eingepfarrte zur rechtlichen Ausführung, jener sei höher heranzuziehen, berechtigt erscheint, weil er damit eben nur ein privatrechtliches, auf das Theilnahmeverhältniß an der gemeinschaftlichen Verpflichtung aller Eingepfarrten sich gründendes Sonderinteresse verfolgt. Anders dagegen, wenn es sich darum handelt, ob der Patron als solcher zu den gesetzlichen Patronatsbeiträgen heranzuziehen sei oder nicht. Gesetzlich oder aus speciellem Titel ist er der Kirchengemeinde, der Gesammtheit ihrer Mitglieder, gegenüber entweder zu Beiträgen mit verpflichtet oder davon frei. Dagegen steht er zu den Einzelnen ihrer Mitglieder resp. den einzelnen Eingepfarrten in keinem Rechtsverhältnisse. Daraus folgt aber mit Nothwendigkeit, daß nur von der Kirchengemeinde als Korporation, nicht aber von einzelnen dazu gehörigen Eingepfarrten von dem Patron als solchen, d. h. als einem in dieser Qualität außerhalb der Kirchengemeinde stehenden Rechtssubjekte, die Leistung von Patronatsbeiträgen verlangt werden kann. Wenn der einzelne Eingepfarrte die Heranziehung des Patrons zur Beitragsleistung für zulässig hält, so muß er den Beschluß der Mitglieder der ganzen Kirchengemeinde hierüber extrahiren. Fällt derselbe seiner Ansicht zustimmend aus, so bleibt es der Kirchengemeinde überlassen, durch im vorgeschriebenen Wege gewählte Bevollmächtigte den Streit mit dem Patron klagend zum Austrage zu bringen. Im entgegengesetzten Falle aber ist der betreffende Eingepfarrte an den von seiner Meinung abweichenden Beschluß gebunden, und ein eigenes Recht zur Klage gegen den Patron steht ihm nicht zu. Ueber die Verpflichtung, höhere oder geringere Beiträge zu einer Gemeindelast zu leisten, kann das einzelne Gemeindeglied zwar gegen die Gemeinde oder gegen andere einzelne Gemeindemitglieder certiren, nicht aber gegen den außerhalb der Kirchengemeinde stehenden Patron.

Erk. v. 3. Febr. 1862, Archiv 44 S. 184: Der Streit über die Verpflichtung gewisser Eingepfarrten zur Leistung der von den geistl. Oberen interimistisch festgesetzten Beiträge zu den Kirchenbauten muß unter den Eingepfarrten selbst im Wege Rechtens zum Austrage gebracht werden. Gegen die Kirchengemeinde als solche findet eine Klage auf Anerkennung der Befreiung gewisser Eingepfarrten von solchen Beiträgen nicht statt. Daher ist die Klage des einzelnen Interessenten auf Erstattung des zu viel Gezahlten nicht gegen die Kirchengemeinde, sondern gegen die übrigen Kontribuenten, soweit sie dazu verpflichtet sind, zu richten.

cfr. Anm. 291.

Erk. d. Ob. Trib. v. 3. Nov. 1865, Arch. 61 S. 203: Der Kirchenvorstand ist nicht legitimirt, behufs Bestimmung des Beitrages des Patrons zu den Kosten kirchlicher Bauten die richterliche Entscheidung darüber zu verlangen, ob eine Kirche eine Landkirche sei; vielmehr kann der Streit hierüber nur unter den Verpflichteten selbst, dem Patron und den Eingepfarrten, entschieden werden.

Der Gem. Kirchenrath bedarf der beschließenden Mitwirkung der Gemeinde-Vertretung: bei der Anstellung von Prozessen, soweit sich dieselben nicht auf Eintreibung fortlaufender Zinsen und Gefälle, oder die Einziehung ausstehender Kapitalien, deren Zinsen rückständig ge-

§. 651. Der Patron muß die Vorsteher in Ausführung und Vertheidigung der Kirchengerechtsame unterstützen.[254])

blieben sind, beschränken, desgleichen bei Abschließung von Vergleichen. §. 31 Nr. 4 der Syn.Ordnung v. 10. Sept. 1873.

Erk. d. Ob.Trib. v. 9. Okt. 1854, Entsch. 28 S. 350, v. 17. Nov. 1852, 11. April 1853, 22. Juni 1853, Arch. 8 S. 49, 9 S. 92 u. S. 297: In Prozessen, in welchen die Kirchengemeinde wegen der von den Eingepfarrten zu leistenden Beiträge zu den Kirchbaukosten belangt wird, welche also das Vermögen der einzelnen Mitglieder der Kirchengesellschaft berühren, ist der Kirchenvorstand als solcher zur Vertretung der Verklagten nicht legitimirt.

Erk. v. 14. Febr. 1870, Arch. 79 S. 13: In Prozessen, in welchen Eingepfarrte wegen Baubeiträgen klagen oder verklagt werden, sind die Kirchenvorsteher als solche nicht befugt oder legitimirt.

Erk. v. 23. Mai 1870, Arch. 78 S. 266: Der Pfarrer als Verwalter und Nießbraucher des Pfarrvermögens ist Prozesse, welche die Substanz desselben betreffen, allein, ohne Zuziehung der Kirchenvorsteher als Vertreter des Proprietars des Kirchen- und Pfarrvermögens resp. des Patrons zu führen nicht berechtigt.

Erk. v. 20. Dez. 1858, Entsch. 41 S. 312: Wenn die Kosten eines Kirchbaus von den Eingepfarrten bestritten sind, so ist nicht die Kirchengemeinde gegen den Patron wegen Erstattung dieser Kosten auf Grund seiner angeblichen Verpflichtung zur Tragung derselben und daraus folgenden Verwendung in seinen Nutzen legitimirt, sondern nur diejenigen Eingepfarrten, die aus ihrem Vermögen zu jenem Zwecke etwas beigesteuert haben.

Erk. v. 25. März 1859, Arch. 33 S. 103: Handelt es sich in einem Prozesse darum, ob Jemand, abgesehen von den sonstigen ihm als Eingepfarrten obliegenden Lasten, zu den Pfarr- und Kirchenbauten der Gemeinde die erforderlichen Materialien an Holz, Steinen und Sand vorweg unentgeltlich zu gewähren habe, so erscheint die Kirchengemeinde als Korporation betheiligt und ist daher durch den Kirchenvorstand und unterstützt vom Patron zu vertreten.

Erk. v. 22. Mai 1857, Arch. 24 S. 325: Die Klage des Patrons auf Erstattung von Kirchenbaukosten kann gegen die Kirchengemeinde (die Gesammtheit aller Eingepfarrten) gerichtet werden, welcher es überlassen bleibt, die Vertheilung der Beiträge unter ihre Mitglieder behufs Befriedigung des Patrons zu veranlassen.

Erk. v. 22. Juni 1853, Arch. 9 S. 297: Das Kirchenkollegium resp. der Gemeindekirchenrath ist befugt, die Eingepfarrten, insofern sie, als die Kirchengemeinde bildend, nicht aber insofern sie als einzelne Mitglieder der Kirchengemeinde in Betracht kommen, zu vertreten.

Der allgemeine Gerichtsstand der Gemeinden, Korporationen ...... Stiftungen ......, welche als solche verklagt werden können, wird durch den Sitz derselben bestimmt. Als Sitz gilt, wenn nicht ein Anderes erhellt, der Ort, wo die Verwaltung geführt wird.

Neben diesem Gerichtsstande ist ein durch Statut oder in anderer Weise besonders geregelter Gerichtsstand zulässig. Civ.Proz.Ordnung v. 30. Jan. 1877, §. 19.

[254]) Kirchenpatrone sind aber nicht ermächtigt, Prozesse wegen des Kirchen- und Pfarrvermögens für sich allein zu führen wenn

§. 652. Soll die Kirche Klägers Stelle vertreten, so müssen der Patron und die Vorsteher, noch vor dem Anfange des Prozesses, die Approbation der geistlichen Obern darüber einholen.[255])

---

die Kirchenvorsteher unter Zustimmung der geistlichen Oberen ihren Beitritt zu denselben verweigern. Erk. v. 30. April 1830, Entsch. 4 S. 141.

Auch die kirchlichen Oberen sind hierzu nicht ermächtigt. §. 659 h. t. vergl. §. 23 der Kirchengem. Ord. v. 10. Sept. 1873.

[255]) Art. 26 Ges. v. 3. Juni 1876: Die kirchlichen Organe bedürfen zur Führung von Prozessen keiner Ermächtigung von Seiten einer Staatsbehörde.

Die Frage, ob durch Art. 26 des Ges. v. 3. Juni 1876 die Bestimmung des §. 652 h. t. bezüglich der von den geistl. Oberen zur Prozeßführung Seitens der Kirchen zu ertheilenden Ermächtigung aufgehoben sei, hat der Ev. Ob. Kirchenrath (in dem Reskr. v. 23. Dez. 1878, kirchl. Ges. u. V. Bl. 1879 S. 13) verneint.

Dieselbe Ansicht hat das K. Kammergericht in dem Bescheide v. 7. Nov. 1878 (kirchl. Ges. u. Verord. Bl. 1879 S. 14, 15) ausgesprochen, unter Hinweis auf § 22 alin. 3 der Synodalordnung vom Jahre 1873.

Die durch Erk. v. 17. Juli 1860 (Arch. für Rechtsfälle Bd. 38 S. 188, vergl. Altmann, Praxis des Obertrib. S. 388 ff.) mit Rücksicht auf §. 664 L. R. II. 11 anerkannte Ausnahme von der Regel des §. 652 cit. bezieht sich nur auf einzelne Hebungen von Kircheneinkünften, nicht auf irgend welche zur Substanz des Kirchenvermögens gehörige Objekte, und ist auch durch die Kirchengem. Ordnung auf die letzteren nicht ausgedehnt worden. Reskr. des Ev. O. K. R. v. 23. Dez. 1878, kirchl. Ges. u. V. Bl. 1879 S. 14.

Der Ev. O. K. R. hat durch R. v. 22. Sept. 1881, kirchl. Ges. u. V. Bl. 1881 S. 106, die Konsistorien veranlaßt, dafür Sorge zu tragen, daß bei Prozessen der Kirchengemeinden und kirchlichen Institute, soweit nicht Ausnahmen begründet erscheinen, die Befugniß der Prozeßbevollmächtigten zur Beseitigung des Rechtsstreites durch Vergleich, Verzichtleistung, und Anerkennung des gegnerischen Anspruchs, welche Befugniß schon durch die Prozeßvollmacht als solche ertheilt ist, in der Vollmacht ausdrücklich ausgeschlossen werde.

vergl. ferner R. des Ev. O. K. R. v. 29. Sept. 1881, kirchl. Ges. u. V. Bl. 1881 S. 107, betr. die kirchenregimentliche Aufsicht hinsichtlich der Prozesse von Kirchengemeinden und kirchlichen Instituten.

Das Gericht hat den Mangel ..... der Legitimation eines gesetzlichen Vertreters und der erforderlichen Ermächtigung zur Prozeßführung von Amtswegen zu berücksichtigen.

Die Partei oder deren gesetzlicher Vertreter kann zur Prozeßführung mit Vorbehalt der Beseitigung des Mangels zugelassen werden, wenn mit dem Verzuge Gefahr für die Partei verbunden ist. Das Endurtheil darf erst erlassen werden, nachdem die für die Beseitigung des Mangels zu bestimmende Frist abgelaufen ist. §. 54 Civ. Proz. Ord. v. 30. Jan. 1877. vergl. auch §. 85 daselbst.

§. 653. Unterlassen sie dieses, so wird der Prozeß auf ihre Gefahr und Kosten geführt, und der Kirche kann daraus kein Nachtheil erwachsen. [256])

§. 654. Auch wenn die Kirche von Anderen rechtlich belangt wird, müssen der Patron und die Vorsteher den geistlichen Obern davon sofort Anzeige machen.

Erk. d. Ob.Trib. v. 22. Juni 1857 Arch. Bd. 25 S. 229: Zur Klage auf rückständiges Meßkorn ist der Pfarrer selbstständig befugt.

[256]) Die Bestimmungen der §§. 652, 653 h. t. finden nicht blos bei Patronatkirchen, sondern auch bei Kirchen, die keinen Patron haben, Anwendung. Erk. d. Ob.Trib. v. 19. Mai 1852, Arch. Bd. 6 S. 165.

Ges. v. 10. Mai 1851, betreffend den Ansatz und die Erhebung der Gerichtskosten, §. 4 Nr. 2: Von der Zahlung der Gerichtskosten sind befreit alle öffentlichen Armen-, Kranken-, Arbeits-, und Besserungsanstalten, ferner Waisenhäuser und andere milde Stiftungen, insofern solche nicht einzelne Familien oder bestimmte Personen betreffen oder in bloßen Studienstipendien bestehen, sowie endlich die Gemeinden in den die Verwaltung und Mittel der Armenpflege betreffenden Angelegenheiten,

Nr. 4: alle öffentlichen gelehrten Anstalten und Schulen, Kirchen, Pfarreien, Kaplaneien, Vicareien und Küstereien, jedoch nur insoweit, als die Einnahmen derselben die etatsmäßige Ausgabe einschließlich der Besoldung oder des statt dieser überlassenen Nießbrauchs, nicht übersteigen und dieses durch ein Attest der denselben vorgesetzten Behörden oder Oberen bescheinigt wird. Insoweit aber in Prozessen oder anderen Rechtsangelegenheiten derselben solche Ansprüche, welche lediglich das zeitige Interesse derjenigen, welchen die Nutzung des betreffenden Vermögens für ihre Person zusteht, zugleich mit verhandelt werden, haben letztere, wenn sie sich nicht etwa zum Armenrecht qualifiziren, die auf ihren Theil verhältnißmäßig entfallenden Kosten zu tragen.

Reichsgerichtskostengesetz v. 18. Juni 1878, R.G.Bl. 1878 S. 141 §. 98: Die landesgesetzlichen Vorschriften, welche für gewisse Rechtssachen oder gewisse Personen in dem Verfahren vor den Landesgerichten Gebührenfreiheit gewähren, werden durch dieses Gesetz nicht berührt . . . . . Soweit demjenigen, welchem die Gebührenfreiheit zusteht, Kosten des Verfahrens auferlegt werden (§. 86), sind Gebühren überhaupt nicht zu erheben und erhobene zurückzuzahlen.

Ges. v. 3. Juni 1876, Art. 23 Nr. 5: Den Staatsbehörden (Regierungen) verbleibt: Die Ausstellung von Attesten über das Vorhandensein derjenigen Thatsachen, welche den Anspruch auf Kostenfreiheit begründen.

vergl. ferner Ges. v. 24. Juni 1875 über das Kostenwesen in Auseinandersetzungssachen, G.S. S. 395:

§. 1. Die Parteien haben an Stelle der Kosten, welche bisher nach dem Kostenregulativ v. 25. April 1836 erhoben sind, Pauschsätze nach Inhalt dieses Gesetzes zu bezahlen.

Von der Zahlung dieser Pauschsätze ist Niemand befreit. Jedoch haben die betheiligten Kirchen, Pfarren, Küstereien und Schulen die auf sie fallenden Beiträge nur insoweit zu entrichten, als diese aus dem verfügungsfreien Vermögen und Einkommen des betheiligten Instituts nach Abzug der zur ordnungsmäßigen

§. 655. Das Approbationsdecret der geistlichen Obern ist zwar zur Einlassung auf die Klage nicht nothwendig;

§. 656. Wenn aber die Vorsteher dergleichen Decret nicht nachbringen, so geht der Prozeß auf ihre Gefahr und Kosten. [257])

§. 657. Die Kosten können jedoch sowohl in diesem, als in dem Falle des §. 653. aus dem Kirchenvermögen zurückgefordert werden, wenn durch einen günstigen Ausgang des Prozesses ein die Kosten übersteigender Nutzen für die Kirche verschafft worden.

§. 658. Die Vollmacht zum Betriebe eines Prozesses muß, außer den Vorstehern, von dem Patron, oder dem Kirchencollegio, oder in deren Ermangelung, von dem Pfarrer mit unterschrieben werden. [258])

§. 659. In Fällen, wo die Vorsteher, der Patron,

Unterhaltung des letzteren erforderlichen Ausgaben entnommen werden können und insofern dies Vermögen oder Einkommen nicht dem amtlichen Nießbrauch der kirchlichen oder Schulbeamten unterworfen ist.

[257]) R. d. geistl. Min. v. 28. Juni 1838, v. K., Ann. 22 S. 637 . . . . . Ein Urtheil, auch wenn es gegen die Kirchenvorsteher und nicht gegen die Kirche gerichtet wäre, könnte dennoch nur gegen die letztere im Wege der Exekution vollstreckt werden. Es bleibt der Kirche daher immer nur der Regreß gegen ihre Vertreter übrig, und gerade deshalb ist es vorgeschrieben, daß durch zeitige Nachricht von dem Prozesse den geistl. Oberen Gelegenheit gegeben wird, etwaige Nachtheile durch zweckmäßige Maaßregeln abzuwenden. Aus gleichem Grunde, wie oben, werden bei etwaiger Succumbenz einer verklagten Kirche in einem Rechtsstreite immer dieser Kirche als der litigirenden Partei und nicht den dieselbe vertretenden Vorstehern, die Prozeßkosten zur Last gelegt, auch wenn letztere das Approbationsdekret zur Einlassung auf die Klage nicht nachgesucht oder beigebracht haben.

Patron und Kirchenvorsteher sind indessen zur Wiedererstattung der Kosten verpflichtet. Diese Verpflichtung tritt jedoch nur dann ein, wenn der Kirche durch die unterlassene Einholung des Approbationsdekrets der geistl. Oberen Nachtheile erwachsen sind. vergl. Vogt, Kirchenr. I. S. 463.

[258]) Jetzt ist gemäß §. 22 der Synodalordnung v. 10. Sept. 1873 die Vollmacht von dem Vorsitzenden und 2 (Aeltesten) Mitgliedern des Gem.Kirch.Rathes unter Beidrückung des Kirchensiegels zu unterschreiben. Ist ein Patron vorhanden, welcher kirchl. Lasten trägt, so bedarf es entweder der Mitunterschrift des Patrons oder seiner Genehmigung. Ist die letztere wegen Verabsäumung der dem Patron offenstehenden Erklärungsfrist für ertheilt zu erachten, so wird die fehlende Unterschrift desselben durch die zuständige Aufsichtsbehörde ergänzt (nämlich durch den Regierungs- (in Berlin den Polizei-) Präsidenten.) §. 23 a. a. O. Art. 8, Ges. v. 25. Mai 1874 Art. III. Nr. 3 V. v. 9. Sept. 1876.

vergl. Anm. 255.

oder die Kirchencollegia, wirkliche Rechte der Kirche in Gerichten auszuführen oder zu vertheidigen beharrlich verweigern, müssen die geistlichen Obern der Kirche einen Bevollmächtigten dazu von Amtswegen bestellen. [259])

§. 660. Die durch die ungegründete Weigerung entstandenen mehreren Kosten muß der Weigernde aus eigenen Mitteln ersetzen.

§. 661. Auch wenn gegen den Patron oder das Kirchencollegium selbst ein gerichtliches Verfahren erforderlich ist, muß der Kirche von den geistlichen Obern ein Bevollmächtigter dazu von Amtswegen bestellt werden.

Vergleiche. §. 662. Ohne Genehmigung der geistlichen Obern kann über Kirchengüter und Rechte kein Vergleich geschlossen werden. [260])

---

[259]) Erk. v. 30. April 1838, Entsch. 4 S. 141: Kirchenpatrone (in concreto der durch eine Kgl. Regierung vertretene Landesherr) sind nicht ermächtigt, Prozesse wegen des Kirchen- und Pfarrvermögens zu führen, wenn die Kirchenvorsteher unter Zustimmung der geistl. Oberen ihren Beitritt zu denselben weigern; in solchem Falle haben die Kgl. Provinzialregierungen, vermöge des Oberaufsichtsrechts des Staates über das Kirchen- und Pfarrvermögen, blos die Befugniß, die geistl. Oberen zur Wahrnehmung der Rechte der betheiligten Kirchengemeinde im Verwaltungswege zu veranlassen, nicht aber den Prozeß selbst zu führen.

Dagegen hat das Erk. v. 12. März 1860 (Entsch. 43 S. 294) mit Bezugnahme auf §. 659, 661 h. t. in einem Falle, in welchem die Kirchenvorsteher gegen eine Stadtgemeinde, welche zugleich Kirchenpatron war, unter von Oberaufsichtswegen gegebener Autorisation der Regierung geklagt hatten, die betr. Regierung für befugt erachtet, gegen den Willen der Kirchenvorsteher den Prozeß durch einen der Kirche bestellten Bevollmächtigten in höherer Instanz weiter führen zu lassen. (v. Rönne, Erg. II. S. 712.)

Wegen des Patrons cfr. Anm. 258.

[260]) Bei Abschließung von Vergleichen bedarf der Gem. Kirch. Rath der beschließenden Mitwirkung der Gemeindevertretung. §. 31 Nr. 4 Syn. Ord. v. 10. Sept. 1873.

Erk. des Rev. Kolleg. für Landeskultursachen (Datum konstirt nicht), Zeitschr. des Rev. Kollegii Bd. 5 S. 296: (Koch, L. R. IV. S. 426):

a) Unter Zustimmung der geistl. Oberen können im Wege der freien Vereinbarung Abgaben an die Kirchen, Pfarren und Schuler durch Kapitalzahlungen definitiv abgelöst werden.

b) Durch die Genehmigung eines Vergleiches zwischer dem Nutznießer einer Pfarre und einem Abgabenverpflichteten über Ablösungsgegenstände Seitens der geistl. Oberen wird der Vergleich selbst, auch ohne Zustimmung oder beim Widerspruche des Patrons rechtsverbindlich abgeschlossen.

Erk. dess. Kollegii v. 24. Sept. 1862 a. a. O. Bd. 14 S. 405: Das Aus-

§. 663. Enthält der Vergleich eine Art von Veräußerung solcher Güter und Rechte, so müssen noch außerdem die §. 648. vorgeschriebenen Erfordernisse einer gültigen Veräußerung von Kirchengütern überhaupt hinzukommen. [261])

§. 664. Die Kirchenvorsteher müssen insonderheit die ordentliche und prompte Einziehung der Kircheneinkünfte besorgen. [262]) Einkünfte.

§. 665. Der Ertrag des Klingebeutels, oder ausgestellten Beckens, gehört der Regel nach zu den Kircheneinkünften, und muß, nach vollendeter Einsammlung, von den Vorstehern, mit Zuziehung des Pfarrers übernommen werden.

§. 666. Ein Gleiches gilt von den persönlichen Abgaben, welche von Eingepfarrten oder Anderen, die sich dieser Anstalt bedienen wollen, für gewisse kirchliche Handlungen, nach einer vom Staate genehmigten Taxe an die Kirche selbst zu entrichten sind.

§. 667. Desgleichen von den Stellgeldern, die nach Gewohnheit des Ortes, für die Begräbnißplätze auf den Kirchhöfen entrichtet werden müssen. [263])

§. 668. Grundstücke der Kirchen können die Vorsteher unter Genehmigung des Patrons oder Kirchencollegii, vermiethen oder verpachten, und die Miethen oder Pachtgelder davon einziehen. [264]) Vermiethen und Verpachten der Grundstücke.

§. 669. Die Ausbietung eines solchen Grundstückes zur Miethe oder Pacht muß allemal öffentlich geschehen.

§. 670. Hat die bisherige Miethe oder Pacht, oder der

---

einandersetzungsverfahren ist seinem Wesen nach ein Prozeßverfahren. Die Kirchenvorsteher bedürfen daher für diejenigen Verhandlungen und Erklärungen, welche durch den normalen, gesetzmäßigen Gang des Verfahrens gefordert werden, namentlich auch zur Vollziehung des Recesses, sofern das in demselben dargestellte Resultat ganz oder theilweise im Wege des Vergleiches gewonnen worden ist, keiner weiteren Autorisation, als der zum Prozesse überhaupt erforderlichen.

Erk. des Ob.Trib. v. 21. Jan. 1861, Entsch. 45 S. 305: Die Kgl. Regierungen sind als Vertreter der Rechte des landesherrl. Patronats, der Aufsicht der geistl. Oberen und der Oberaufsicht des Staates nicht legitimirt, Forderungen an das Pfarrvermögen mit bindender Kraft für die Pfarre und Kirche anzuerkennen.

[261]) vergl. §§. 219 u. 220 h. t.

[262]) cfr. Anm. 255.

[263]) vergl. §. 818 h. t.

[264]) vergl. dazu §§. 22, 23, 31 Nr. 1 Synod.Ord. v. 10. Sept. 1873. vergl. Kab.Ord. v. 11. Juli 1845 sub Nr. 2 in Anm. 241.

bisherige Ertrag, funfzig Thaler nicht übersteigen, und soll die Austhuung nicht auf längere Zeit als sechs Jahre geschehen: so ist es hinreichend, wenn die Bekanntmachung, und die Aufforderung der Mieth- oder Pachtlustigen, sich an einem bestimmten Tage in der Wohnung des Patrons, oder der Kirchenvorsteher zu melden, drei Sonntage hintereinander von der Kanzel geschieht.[265])

§. 671. Alsdann kann der Contract mit dem Meistbietenden, unter Genehmigung des Patrons oder Kirchencollegii, von den Vorstehern, ohne Dazwischenkunft der Gerichte, oder der geistlichen Obern, gültig abgeschlossen werden.

§. 672. Soll das Grundstück auf länger als sechs Jahre ausgethan werden, oder übersteigt der Ertrag desselben funfzig Thaler: so muß, außer der Bekanntmachung von den Kanzeln, eine öffentliche gerichtliche Aufforderung der Mieth- oder Pachtlustigen vorhergehen.[266])

§. 673. Dabei müssen die gesetzlichen Vorschriften von freiwilligen Subhastationen beobachtet, und es muß vor dem Zuschlage die Genehmigung der geistlichen Obern eingeholt werden.[267])

§. 674. Sollen Grundstücke dem Kirchenpatron selbst vermiethet oder verpachtet werden, so ist allemal die Genehmigung der geistlichen Obern dazu nothwendig.

§. 675. Kann ein Kirchengut zum Besten der Kirche nicht verpachtet werden: so sind die eingepfarrten Gemeinen, wo nicht ein Anderes hergebracht ist, nur schuldig, die innerhalb der Kirchspielsgränzen gelegenen Grundstücke, gegen Vergütung der in der Gegend üblichen Bestellungs- und Erndtekosten, zu bearbeiten, und die Früchte davon einzusammeln.

Vermiethung der Kirchstellen.

§. 676. Wo die Vermiethung der Kirchstellen hergebracht ist, da gebührt selbige den Vorstehern.

---

[265]) Publikandum der K. Regier. zu Marienwerder v. 2. Okt. 1839, v. K., Amn. Bd. 23 S. 835: Auf Anfrage hat das geistl. Ministerium dahin entschieden daß die singuläre Vorschrift des Allg. LR. (§. 670, 672 h. t.) durch das generelle Prinzip der Kab. Ordre v. 9. Sept. 1811 und das mit Bezugnahme auf dieselbe erlassene Cirk. Reskr. v. 1. Okt. 1811 nicht aufgehoben ist, mithin in den Fällen der §§. 670, 672 h. t. die Bekanntmachungen von den Kanzeln noch jetzt zulässig sind.

[266]) cfr. Anm. 264.

[267]) vergl. Anh. §. 126 zu §. 222 h. t.

§. 677. Sie können die Stelle an Eingepfarrte und an Fremde zum Gebrauch überlassen; doch haben die Ersteren den Vorzug. [268])

§. 678. Die Vorsteher können die hergebrachten Kirchenstellengelder ohne Bewilligung der Eingepfarrten nicht erhöhen. [269])

§. 679. Das Vermiethen der Kirchstellen soll niemals nach Art einer öffentlichen Versteigerung geschehen. [270])

§. 680. Bei neu errichteten Kirchen muß die Vertheilung der Stellen von den Vorstehern, unter Beistimmung des Patrons oder Kirchencollegii und Genehmigung der geistlichen Obern, nach Classen, oder durch das Loos besorgt werden. [271])

§. 681. Wo nach besondern Verfassungen Kirchstellen gewissen Personen oder Familien erblich verliehen sind, da können die Eigenthümer dieselben an Andere vermiethen, und

---

[268]) Erk. v. 12. Juni 1868, Entsch. 60 S. 211: Arch. 72 S. 17: Unter den „Fremden" sind nur solche Personen zu verstehen, welche der Konfession der Eingepfarrten angehören. Es kann daher ein der evangelisch-lutherischen Konfession Angehörender in einer evangelisch-reformirten Kirche einen Kirchenstuhl durch Verjährung nicht erwerben. Vergl. für Pommern: Prov. R. S. 137; für die Alt- u. Kurmark Goetze, Prov. R. 1. 2 S. 210, II. S. 69. Scholz, Prov. R. II. S. 488; für das Herzogthum Magdeburg: Magdeburger Kirch. Ord. v. 1739 Kap. 26 § 10, 11 S. 198, 199; für das Fürstenthum Halberstadt das Kirchstuhlreglement v. 27. Sept. 1748, Lentz, Prov. R. S. 240; für die Grafschaft Recklinghausen Schlüter, Prov. R. III. S. 273; für das Fürstenthum Münster a. a. O. I. S. 84; für das Fürstenthum Corvey Wigand, Prov. R. I S. 379. Meier, K. R. S. 294.

[269]) vergl. §. 31 Nr. 7 der Syn. Ord. v. 10. Sept. 1873.

[270]) Erk. v. 21. Jan. 1870, Arch. 77 S. 198: Die Nichtbefolgung dieser Vorschrift kann für sich allein einen privatrechtlichen, zur Verfolgung im Rechtswege geeigneten Anspruch nicht verleihen.

vergl. Ostpreuß. Prov. R. Zus. 192.

[271]) Ob diese Bestimmung auch bei, nach dem Brande oder Verfalle, wiedererbauten Kirchen Anwendung findet, ist streitig. Im Uebrigen vergl. §. 23 u. 31 der Syn. Ord. v. 10. Sept. 1873. Danach interessirt der Patron nur, sofern er kirchl. Lasten trägt, die Gemeindevertretung aber gar nicht, da dieser Fall im §. 31 a. a. O. an die beschließende Mitwirkung der Gemeindevertretung nicht gewiesen ist.

Erk. des Komp. Gerichtsh. v. 14. April 1866, J. M. Bl. S. 249, u. v. 9. März 1867, J. M. Bl. S. 155: Die Vertheilung der Kirchensitze in einer dem Umbau unterworfenen Kirche ist Sache der geistl. Aufsichtsbehörde und ein Prozeßverfahren darüber unzulässig. Dagegen ist der Rechtsweg insofern gestattet, als für die erfolgte Verlegung der Kirchensitze von dem bisherigen Inhaber derselben eine Entschädigung in Anspruch genommen wird.

zum Gebrauche einräumen; auch sie auf ihre Nachkommen vererben.[272])

[272]) Erk. d. Ob.Trib. v. 9. Juli 1851, Arch. 4 S. 5: Unter den Eigenthümern sind die erblichen Besitzberechtigten zu verstehen. Denn das Eigenthum der erblich verliehenen Kirchstellen gehört der Kirche d. h. der Kirchengemeinde.

Erk. v. 5. Jan. 1855, Entsch. 30 S. 197, Arch. 16 S. 112, und v. 16. März 1866, Arch. 62 S. 228: Unter dem Eigenthum ist hier überall nur das Eigenthum des verliehenen Rechts, im Sinne des §. 1 L.R. I 8, d. h. des Rechts zum ausschließlichen Gebrauche der Kirchenstelle zu verstehen. Denn bei dem ausschließlichen Eigenthume der Kirchengemeinde an der Kirche (§. 170 h. t.) kann die erbliche Verleihung einer Kirchenstelle in dieser Kirche nur in dem ausschließl. Rechte, diese Stelle zu gebrauchen, in einem jus in re aliena, bestehen. —

Die Fälle der §§. 681, 684, 685 h. t. setzen zu ihrer Begründung einen konstituirenden Rechtsakt voraus, insbesondere eine Mitwirkung der kirchl. Gemeindeorgane, bez. des Gem.Kirch.Rathes.

Eine einseitige Besitzergreifung Seitens des vermeintlich Berechtigten genügt nicht, um einen etwa daraus hergeleiteten Anspruch auf die allegirten Vorschriften des A.L.R. zu gründen. Es folgt dies schon aus den vom Gesetzgeber gewählten Ausdrücken, „verliehen, angewiesen, zugeschlagen". Dergleichen Verleihung, Anweisung, oder Zuschlagung bedingt stets einen abschließenden Rechtsakt Seitens der Kirchengemeinde bez. ihrer geordneten Vertreter. Der Umstand, daß die zeitigen Inhaber der Kirchstellen bez. deren Vorfahren resp. Vorbesitzer zu ihrer Zeit Baubeiträge zur Errichtung der Kirche entrichtet haben, ist gleichgültig. Daraus allein erlangt ein Gemeindemitglied noch keinen besonderen Anspruch auf einen bestimmten Kirchenplatz, solange nicht Seitens des Kirchenvorstandes eine den obigen Bestimmungen entsprechende Verleihung, Anweisung oder Zuschlagung hinzugetreten ist.

Erk. des Komp.Gerichtsh. v. 18. März 1865, J.M.Bl. S. 134: Wenn die geistl. Aufsichtsbehörde die Anordnung trifft, daß ein Kirchenstuhl, welcher den Kultus beeinträchtigt, von dort entfernt und an einem anderen geeigneten Orte in der Kirche aufgestellt werde, so ist gegen solche Anordnung der Rechtsweg unzulässig; es kann nur auf Entschädigung geklagt werden, insofern eine Rechtsverletzung stattgefunden hat.

Das Reskr. d. Just.Min. v. 10. April 1835 (abgedruckt bei Vogt, Kirchenr. I S. 469) erachtet einen Prozeß zwischen der Kirche und einem Prätendenten, welcher durch die erbliche Verleihung ein Recht auf eine Kirchenstelle erhalten zu haben behauptet, desgleichen zwischen zwei Prätendenten über das erbliche Besitzrecht an sich für zulässig.

Koch (L.R. IV. S. 428) findet es in Uebereinstimmung mit dem Obertribunal (Erk. v. 31. März 1856, Entsch. 32 S. 40) nicht zweifelhaft, daß Kirchensitze ebenso erblich durch Ersitzung erworben werden können, wie sie erblich verliehen werden dürfen, da Kirchensitze insoweit, als die §§. 681, 682 den Verkehr damit zugestehen, nicht Sachen extra commercium sind und daher von dem Rechtssatze des §. 581 L.R. I. 9 nicht betroffen werden.

Da nach §. 685 h. t. das Recht auf einen Kirchstuhl dem bürgerlichen Verkehr nicht gänzlich entzogen ist, mithin das im §. 581 L.R. I. 9 erwähnte

Hinderniß der Ersitzung nicht vorhanden ist, so tritt auch hier die Regel ein, nach welcher Rechte auf eine fremde Sache und Grundgerechtigkeiten insbesondere mittelst Verjährung durch Besitz, und zwar gegen eine Kirche durch 44jährigen Besitz (ohne einen Titel, der gerade durch die Verjährung ersetzt wird) erworben werden können. (L. R. I. 9 §§. 579, 580, 625, 629 I. 22 §. 14.)

Indessen kann das bloße Sitzen in einer Kirche, als etwas an sich Erlaubtes und Gewöhnliches, noch keineswegs als die Erwerbung eines negativen Rechts, der Kirchengemeinde oder dem Vorstande gegenüber, die solches gelitten haben, aufgefaßt werden. Deshalb tritt gerade bei der Ersitzung dieses Rechts als Hauptschwierigkeit für den Erwerb das Erforderniß des §. 82 L. R. I. 7 besonders hervor, welcher bestimmt:

„Soll jedoch durch dergl. Handlung der Besitz eines negativen Rechts wirklich erlangt werden, so muß aus der Erklärung des Handelnden oder aus den Umständen die Meinung desselben, daß ihm ein solches fortdauerndes Recht wirklich zustehe, deutlich erhellen."

Demgemäß muß in solchem Falle dargethan werden, daß bereits vor 44 Jahren die bezüglichen Prätendenten bez. deren Voreltern, der Kirchengemeinde gegenüber, die ausschließliche Benutzung der betr. Kirchenbank als ein wirkliches Recht erkennbar in Anspruch genommen und also solchergestalt die Kirchengemeinde in die Lage versetzt haben, diese Besitzergreifung als solche entweder zuzulassen oder derselben Widerspruch entgegen zu setzen. Die Handlungen, durch welche dieses Berühmen eines wirklichen Rechts an den Tag gelegt werden kann, sind verschieden, z. B. Verschließen der Bank, Verweigern der sonst vielleicht üblichen Miethe, und dergl. mehr. Die einfache Thatsache dagegen, daß die Väter und Großväter der zeitigen Bankinhaber bei dem Gottesdienste in der betr. Bank gesessen haben, genügt nicht. Können daher in solchem Falle nicht noch anderweitige Thatsachen beigebracht werden, so fehlt es an dem Beweise der vor 44 Jahren stattgefundenen gehörigen Besitzergreifung des ausschließlichen Benutzungsrechts der betr. Bank, und ebendeshalb an dem Erfordernisse der 44jährigen Ersitzung dieses Rechts. vergl. Erk. d. Ob. Trib. v. 5. Jan. 1855, Arch. Bd. 16 S. 112, u. v. 31. März 1856, Arch. Bd. 20 S. 291.

Zur Erwerbung des Besitzes des Rechts zur ausschließlichen Benutzung einer Kirchenstelle ist erforderlich, daß keines der Mitglieder der Kirchengemeinde widersprochen, oder daß alle Mitglieder dem Verbote Folge geleistet haben. Erk. v. 21. Dez. 1853, Arch. Bd. 11 S. 176.

vergl. Anm. 78.

Es kann auch eine Besitzstörung und eine Besitzklage stattfinden. Wenn aber, um eine Verunstaltung zu beseitigen, an Stelle der alten Kirchenbank von dem Kirchenvorstande eine neue, sie vollkommen ersetzende, ebenso geräumige und verschließbare aufgestellt, oder die Kirchenbank wider Willen des Besitzers auf Anordnung des Kirchenvorstandes neu angestrichen wird, so ist darin keine Schmälerung des Besitzrechts zu finden, so daß in Ermangelung der Turbation auch die Besitzklage nicht zu begründen ist. L. R. I. 7 §. 146 ff. Erk. des Ob. Trib. v. 24. Febr. 1860, Arch. 37 S. 59, u. v. 9. Juli 1851, Arch. 4 S. 5.

Die Kirchenstellen können nur an Nachkommen, nicht aber an andere Intestat- oder Testamentserben vererbt werden, wenn die Verleihung nicht etwas Anderes besagt.

§. 682. Dagegen können sie das Eigenthum weder unter Lebendigen, noch von Todeswegen, an Andere übertragen. [273])

§. 683. Wenn der Eigenthümer einer solchen Stelle ohne Nachkommen stirbt, oder die Parochie verläßt: so fällt die Stelle an die Kirche zurück.

§. 684. Kirchstühle, die Jemandem in Rücksicht seiner Würde oder seines Amtes angewiesen sind, können von ihm an Andere auf keine Weise überlassen werden.

§. 685. Kirchstühle, die einem Hause oder Gute für beständig zugeschlagen sind, gehen mit diesem Grundstücke zugleich auf jeden Besitzer desselben, auch wenn er einer anderen Religionspartei zugethan ist, über. [274])

[273]) vergl. Anm. 272.

Daraus, daß Jemand in possessorio im Besitz streitiger Kirchenbänke geschützt worden, folgt noch keineswegs, daß nun die Kirche, welche die Negatorienklage angestellt hat, ihr besseres Recht beweisen müsse. Das obsiegliche Urtel im Possessorienprozesse entscheidet nichts über das Recht zum Besitz, und hebt namentlich die im §. 181 L.R. I. 7 ausgesprochene Vermuthung für die Freiheit des Eigenthums, welche die Vermuthung für die Rechtmäßigkeit des Besitzes überwiegt, ebensowenig auf, als die Demjenigen, welcher sich im Besitz, das Eigenthum eines Anderen zu beschränken, befindet, im §. 182 a. a. O. auferlegte Pflicht, sein Recht zu diesem Besitze nachzuweisen. Erk. v. 5. Jan. 1855, Arch. 16 S. 114, siehe die weitere Ausführung dieses Erk. in Anm. 272.

vergl. Anm. 75 u. 78.

Erk. v. 16. März 1866, Arch. 62 S. 229: Wer von einem Vorbesitzer eine Kirchenstelle kauft, kann sich zum Nachweise seines Eigenthums nicht auf diesen Erwerb berufen, und nicht nach §. 613 (615) L.R. I 9, der einen eigenen redlichen Besitz voraussetzt, die Verjährung seines Vorbesitzers fortsetzen.

[274]) Ostpreuß. Prov. Recht, Zusatz 193: Kirchstellen, welche einem Hause oder Gute für beständig zugeschlagen sind, muß jeder neue Besitzer ohne Rücksicht, ob er seinen Vorgänger beerbt oder nicht beerbt hat, durch Erlegung der jeden Ortes hergebrachten Summe von der Kirche von Neuem lösen.

Auch durch Ersitzung können dergl. dingliche Kirchenstühle d. h. nicht das Eigenthum an der körperlichen Sache, sondern das Gebrauchsrecht an denselben nach Art der Grundgerechtigkeiten erworben werden. Dazu ist, weil gegen eine Kirche gerichtet, ein Besitz v. 44 Jahren erforderlich. L.R. I. 9 §. 579, 580, 625, 629, L.R. I. 22 §. 14. Durch die Einführung des Code Napoléon in das ehemalige Großherzogthum Berg ist die vor dieser Einführung begonnene Ersitzung eines Kirchenstuhles nicht unterbrochen worden. Erk. v. 5. Jan. 1855, Arch. 16 S. 112.

vergl. Anm. 272.

Erk. d. Obertrib. v. 25. Mai 1877, Arch. Bd. 99 S. 173: Wie dem Gemeindekirchenrathe zweifellos das Recht zusteht, sämmtliche Kirchensitze in anderer Weise anzuordnen, als bisher geschehen, und eine neue Vertheilung der anders geordneten Sitze vorzunehmen, so steht ihm auch das Recht zu, im Interesse der Ausdehnung fester Kirchensitze auf eine größere Anzahl, als die bis-

§. 686. Die bei der Kirche vorkommenden ordentlichen und bestimmten Ausgaben sind die Vorsteher, ohne weitere Rückfrage, aus den Kirchenmitteln zu entrichten befugt. [274a]) Ausgaben aus dem Kirchenvermögen.

§. 687. In Ansehung der außerordentlichen Ausgaben hingegen sollen bei jeder Kirche gewisse Summen nach Bewandniß der Umstände, von den geistlichen Obern bestimmt werden, welche die Vorsteher nicht ohne Genehmigung des

---

her mit solchen bedachte Zahl von Gemeindemitgliedern eine neue Vertheilung der Kirchensitze vorzunehmen.

[274a]) R. des Min. d. geistl. A. v. 6. Mai 1878, kirchl. Ges. u. V.Bl. 1878 S. 123, betr. das Recht des Patrons, der Uebernahme der Synodalkosten auf die Kirchenkasse zu widersprechen: Ein Regierungspräsidium hatte es abgelehnt, über die Berechtigung des Einspruchs zu entscheiden, welcher von dem Patronat gegen die Entnahme der qu. Kosten aus der Kirchenkasse erhoben worden war. Mit dieser Entscheidung erklärte sich der H. Minister insofern einverstanden, als sie Anstand nimmt, die Einwilligung des Patrons von Amtswegen zu ergänzen. In dem A. L. R. ist eine Verpflichtung der Kirchengemeinden zu Beiträgen, welche über die Bedürfnisse der einzelnen Kirchengesellschaft hinausgehen, nicht nachzuweisen. Es läßt sich daher auch nicht behaupten, daß die Kirchenkassen früher zu Ausgaben für Synodalzwecke bestimmt waren. Demgemäß greift die Vorschrift des Ges. v. 25. Mai 1874 Art. 8 Platz, und kann der patronatische Widerspruch nicht durch eine suppletorische Entscheidung der vorgesetzten Aufsichtsbehörde beseitigt werden. Wesentlich verschieden hiervon ist die Frage, ob es nach Lage der heutigen Gesetzgebung überhaupt noch einer besonderen Einwilligung des Patrons in die Entnahme von Synodalkosten aus der Kirchenkasse bedarf. Diese Frage muß verneint werden. Die bei den Kirchen vorkommenden ordentlichen und bestimmten Ausgaben sind von den Gemeindeorganen ohne weitere Rückfrage aus den Kirchenmitteln zu entrichten. §. 686 L. R. II. 11. Nur bei außerordentlichen Ausgaben wird eine patronatische Genehmigung erfordert. Daß aber Synodalkostenbeiträge, welche auf die einzelnen Gemeinden entfallen, gegenwärtig zu den ordentlichen bestimmten Ausgaben (§. 686 a. a. O.) gehören, kann im Hinblick auf §. 73 Kg. O. v. 1873 u. Art. 12 Ges. v. 3. Juni 1876, wonach diese Kosten die Natur von nothwendigen kirchlichen Aufwendungen haben, auch in erster Linie aus den Kirchenkassen bestritten werden sollen, keinem begründeten Zweifel unterliegen.

Sonach würde in dem beregten Falle der Einspruch des Patrons nur dann gerechtfertigt sein, wenn letzterer den Nachweis führte, es sei die im Gesetze (§. 73 cit.) aufgestellte Vorbedingung nicht vorhanden, daß die Kirchenkasse zur Deckung der Synodalkosten „bei Berücksichtigung ihrer übrigen Verpflichtungen im Stande sei."

In Fällen ähnlicher Art sind nicht ausreichend substantiirte Einsprüche des Patronats gegen die Uebernahme von Synodalkosten auf die Kirchenkassen zurückzuweisen. vergl. übrigens R. des Ev. O. K. R. v. 5. Juni 1877, kirchl. Ges. u. V.Bl. 1876/77 S. 135, betr. die Ausführung der §§. 72, 73 der Kg. u. Syn. Ord. v. 1873.

vergl. ferner zu dem obigen R. v. 6. Mai 1878 das R. des Ev. O. K. R. v. 6. Juni 1878, kirchl. Ges. u. V.Bl. 1878 S. 131, 132, betr. die Bestreitung der Synodalkostenbeiträge aus den Kirchenkassen.

Patrons oder Kirchencollegii, und diese nicht ohne Approbation der geistlichen Obern überschreiten dürfen.[275])

Rechnungslegung. §. 688. Bei jeder Parochialkirche sind gewisse Termine zu bestimmen, in welchen die Vorsteher von ihrer Administration Rechnung legen müssen.[276])

§. 689. Bei Patronatkirchen gebührt die Abnahme der Rechnung dem Patron; und muß auf dessen Verlangen in seiner Behausung geschehen.[277])

§. 690. Ist der Patron nicht selbst am Orte wohnhaft, so hängt die Bestimmung, wo die Rechnung am Orte abgenommen werden solle, von ihm ab.[278])

§. 691. Die Kirchengemeine ist der Rechnungsabnahme durch ihre Repräsentanten und Bevollmächtigte beizuwohnen berechtigt.[279])

§. 692. Hat die Kirche keinen Patron: so müssen die

---

275) vergl. §. 31 Nr. 5, 9, 10, 6, Syn.Ord. v. 10. Sept. 1873, u. Kab.Ord. v. 11. Juli 1845 sub Nr. 4 in Anm. 241.

276) vergl. R. des Min. d. geistl. A. v. 26. März 1877, kirchl. Ges. u. V.Bl. 1876/77 S. 143, betr. die Revision der Kirchenkassen durch die Superintendenten.

In Betreff der Kassenverwaltung kirchlicher Fonds vergl. R. der Min. der Finanzen u. der geistl. Ang. v. 15. Juli 1879 u. v. 13. Juli 1881, kirchl. Ges. u. V.Bl. 1881 S. 102 bis 104. Danach ist der rechnungsmäßige Nachweis aller von den Konsistorien verwalteter kirchlicher Fonds auch fernerhin durch die Regierungshauptkassen zu bewirken, soweit nicht im einzelnen Falle eine anderweitige Bestimmung getroffen werden sollte. Vereinnahmungs- und Zahlungsordres erfolgen durch die Konsistorien direkt. Vergl. Fonds sind von den Regier.Hauptkassen in je eine besondere Nebenfonds-Rechnung zusammenzufassen, welche dem Konsistorium zur Revision und Decharge mitzutheilen ist.

Kab.Ord. v. 31. Dez. 1825 Nr. XII. G.S. 1826 S. 11: Die direkte (Administrativ-) Exekution ist zulässig, ohne daß es einer vorgängigen Klage bedarf, wenn Schuldner solcher Institute, welche unter unmittelbarer Verwalung der Regierungen oder Provinzialschulkollegien stehen, ihre mit denselben geschlossenen Pachtverträge nicht erfüllen und sich in den Kontrakten der außergerichtl. Exekution ausdrücklich unterworfen haben. Der Rechtsweg ist später den Betroffenen in diesen Fällen unbenommen.

vergl. ferner die Anm. 113 zu §. 53 der Synodalordnung.

277) vergl. jetzt §. 23 der Kirch.gem.Ord. v. 1873 u. die Anm. 276. auch Anm. 225.

278) siehe Anm. 277.

279) beseitigt durch §. 22 i. fine der Kirch.gem.Ord. v. 1873. vergl. auch §. 31 Nr. 9 a. a. O.

Vorsteher dem Kirchencollegio die Rechnung ablegen, und findet auch dabei die Vorschrift §. 691. Anwendung.[280])

§. 693. Ist auch kein Kirchencollegium vorhanden, so muß die Rechnung den von der Kirchengemeine dazu ernannten Deputirten abgelegt werden.[281])

§. 694. In allen Fällen ist der Pfarrer, auch wenn er nicht Vorsteher wäre, bei der Rechnungsabnahme zuzuziehen.[282])

§. 695. Die geistlichen Obern müssen von Amtswegen darauf halten, daß die Rechnungslegung zur bestimmten Zeit gehörig erfolge.[283])

§. 696. Bei Gelegenheit einer jeden Kirchenvisitation muß der Erzpriester oder Inspektor die, seit der letztvorhergehenden, gelegten Rechnungen nachsehen, und einen Extract, in Ansehung der verschiedenen Rubriken von Einnahme und Ausgabe, den geistlichen Obern einsenden.[284])

§. 697. Findet er bei den abgelegten Rechnungen noch Zweifel oder Bedenken: so muß er die Vorsteher darüber vernehmen, und die Sache den geistlichen Obern zur weiteren Beurtheilung und Verfügung anzeigen.

§. 698. Die Rechnungen von Königlichen Patronatkirchen; ingleichen von denjenigen, worüber Magisträten oder Communen in den Städten das Patronatrecht zusteht, müssen an das Consistorium[285]) zur Revision; und wenn die jährliche Einnahme über fünfhundert Thaler beträgt, von dem Consistorio[285]) an die Oberrechenkammer eingesendet werden.

§. 699. Für die Unterhaltung der Kirchengebäude und Geräthe müssen die Kirchenvorsteher, nebst dem Pfarrer, vorzüglich Sorge tragen.[286]) Bau und Besserung der Kirchengebäude.

---

[280]) vergl. §. 31 Nr. 9 der Kirch. gem. Ord. v. 1873 u. Anm. 279.

[281]) vergl. §. 27 Kirch. gem. Ord. v. 1873.

[282]) vergl. §. 3, 8 der Kirch. gem. Ord. v. 1873.

[283]) vergl. Anm. 276.

[284]) vergl. Anm. 113 zu §. 53 d. Kg. O. v. 10. Sept. 1873.

[285]) bei Kirchen fiskalischen Patronats tritt hier an die Stelle des Konsistorii die Regierung. vergl. §. 18 g. Regier. Instr. v. 23. Okt. 1817, G. S. S. 248. §. 3 Nr. 5 Verord. v. 27. Juni 1845, G. S. S. 440. Art. 22 Ges. v. 3. Juni 1876, G. S. S. 125.

In Betreff der Kirchen städtischen Patronats vergl. §. 9 Städteordnung v. 30. Mai 1853, G. S. S. 261 u. v. 19. März 1856, G. S. S. 237.

[286]) vergl. jetzt §. 22, 31 Nr. 5 der Synod. Ord. v. 1873.

K. Ordr. v. 23. Jan. 1836 u. Cirkul. Verf. des geistl. Minist. v. 16. Jan. 1844,

M.Bl. f. d. inn. Verw. S. 30: Unterstützungen zum Wiederaufbau abgebrannter, nicht hinlänglich versicherter Kirchen- und Schulgebäude sollen nicht mehr beantragt werden.

Kirchengebäude sollen gegen Feuersgefahr versichert werden, wozu die Gemeindeorgane nöthigenfalls angehalten werden können. R. d. geistl. Minist. v. 29. Okt. 1864, M.Bl. f. d. inn. V. S. 278. Kirchen und Kirchthürme genießen hierbei hinsichtl. der Beiträge gewisse Vergünstigungen. Leistet der Fiskus zu solchen Gebäuden keine Baubeiträge, so ist die Wahl der Gesellschaft, bei welcher die Versicherung genommen wird, nicht beschränkt. Cirk.Verf. v. 8. Jan. 1847 Min.Bl. 1847, S. 8, v. 4. März 1847, M.Bl. 1847 S. 254. Die Entrichtung der Versicherungsbeiträge liegt denen ob, welche die Verpflichtung zur Wiederherstellung der Gebäude haben, und zwar nach Verhältniß ihrer diesfälligen Verpflichtung. vergl. L.R. II. 11 §. 712, 720. Erl. d. Min. d. geistl. A. u. d. Inn. v. 25. Mai 1826, Ann. Bd. 10 S. 411.

Das oben erwähnte R. des Min. d. geistl. Ang. v. 29. Okt. 1864, M.Bl. S. 278 erklärt sich ferner damit einverstanden, daß die Bestimmungen des Staatsministerialbeschlusses v. 19. Nov. 1850 (M.Bl. f. d. inn. V. 1851 S. 14) über die Versicherung fiskalischer Gebäude gegen Feuersgefahr auch auf die Kirchen-, Pfarr-, und Schulgebäude dahin zur Anwendung gebracht werden, daß die Theile derselben, in Ansehung derer dem Fiskus prinzipaliter die Pflicht der Unterhaltung und Wiederherstellung obliegt, gegen Feuersgefahr in der Regel nicht zu versichern sind, und daß eine Ausnahme nur da eintreten darf, wo besondere Ortsverhältnisse nach dem pflichtmäßigen Ermessen der Regierung solches nothwendig machen. In diesen Fällen ist der Grund der ausnahmsweisen Versicherung in den Zahlungsanweisungen zu vermerken. Insoweit hiernach eine theilweise Versicherung von Kirchen-, Pfarr-, und Schulgebäuden aus fiskalischen Fonds zu bewirken ist, muß dieselbe bei den betr. öffentlichen Provinzialsozietäten erfolgen, falls nicht etwa deren Statuten einer solchen theilweisen Versicherungsnahme entgegenstehen. Ist Letzteres der Fall, so ist auf eine Einigung mit den übrigen Bauverpflichteten hinzuwirken, um die gleichzeitige Versicherung des ganzen Gebäudes bei der öffentl. Provinzialsozietät bewerkstelligen zu können. Nur wenn auch dies unausführbar, kann die aus fiskalischen Fonds zu bezahlende Versicherung bei Privatgesellschaften genommen werden. Wie bei den Kirchen-, Pfarr-, u. Schulgebäuden, bei deren Unterhaltung der Fiskus gar nicht betheiligt ist, so hat die K. Regierung auch bei denjenigen dieser Gebäude, bei denen die Versicherung des fiskalischen Antheils nach Vorstehendem zu unterlassen ist, nach wie vor darauf hinzuwirken, daß die von anderen Verpflichteten zu unterhaltenden Theile regelmäßig von denselben gegen Feuer versichert werden. Aus demselben Grunde und weil hier auch das finanzielle Interesse des Fiskus event. wesentlich betheiligt ist, hat die K. Regierung dahin zu wirken, daß die Kirchen-, Pfarr-, u. Schulgebäude, bei denen dem Fiskus nur eine subsidiarische Baupflicht obliegt, in dem Falle nach ihrem ganzen Werthe ausnahmslos versichert werden, wo es bei dem Vorhandensein anderer verwendbarer Mittel z. B. der prinzipal. verpflichteten Kirchenkasse der Zahlung von Beiträgen zur Versicherungsprämie aus fiskalischen Fonds nicht bedarf. In Ermangelung solcher Mittel ist das Verhältniß dagegen dasselbe, u. daher auch ebenso zu verfahren, wie da, wo dem Fiskus die theilweise Baupflicht prinzipaliter obliegt.

vergl. Anm. 67.

§. 700. Bei vorfallenden Bauen und Reparaturen muß dem Patron oder Kirchencollegio jedesmal Anzeige gemacht werden.[287])

§. 701. Wo kein Patron oder Kirchencollegium vorhanden ist, mögen die Vorsteher kleine Reparaturen, welche zehn Thaler nicht übersteigen, bloß mit Zuziehung des Pfarrers, ohne weitere Rückfrage, veranstalten.[288])

§. 702. Ist eine höhere Summe erforderlich, so muß dem Inspector oder Erzpriester davon Anzeige gemacht werden.

§. 703. Dieser kann, wenn die Kosten unter funfzig Thalern betragen, und er bei angestellter Prüfung kein Bedenken findet, den Bau oder die Reparatur ohne Rückfrage genehmigen.

§. 704. Sollen aber zu einem Baue, oder zu einer Reparatur, mehr als funfzig Thaler aus dem Kirchenvermögen verwendet werden: so wird allemal, auch wenn ein Patron oder Kirchencollegium vorhanden sind, die Genehmigung der geistlichen Obern erfordert.[289])

§. 705. Diesen muß der Erzpriester oder Inspector, nach angestellter Untersuchung, darüber berichten, und einen von Sachverständigen aufgenommenen Kostenanschlag beilegen.

§. 706. Ist von einem neuen Anbaue, oder von einer Erweiterung der Kirchengebäude die Rede: so muß, ohne Unterschied der Fälle, die Approbation der geistlichen Obern eingeholt werden.

Untersuchung der Nothwendigkeit und Erforderniß des Baues.

§. 707. Die geistlichen Obern müssen die Nothwendigkeit des Baues prüfen, und die Art desselben bestimmen.[290])

§. 708. In allen Fällen, wo über die Nothwendigkeit oder Art des Baues, oder der Reparatur, oder wegen des

[287]) vergl. §. 23, 31 Nr. 5 der Synod. Ord. v. 1873.

[288]) cfr. §. 22, 31 Nr. 5 Syn. Ord.

[289]) vergl. Anm. 287.

vergl. Kab. Ord. v. 11. Juli 1845 sub Nr. 3 in Anm. 241.

[290]) R. des M. d. geistl. A. v. 20. Dez. 1843, M. Bl. f. d. i. V. 1844 S. 30. Nach einem Schreiben des Min. d. Innern u. der Polizei v. 31. Aug. 1826 sind die K. Konsistorien und Provinz. Schulkollegien zur Abkürzung des Geschäftsganges zwar befugt, den Baubeamten in Angelegenheiten ihres Ressorts die erforderl. Aufträge direkt zu ertheilen, müssen jedoch Abschrift des diesfälligen Auftrages jedesmal der betreffenden Regierung übersenden; hiernächst muß auch der Baubeamte die von ihm ausgearbeiteten Bauentwürfe der K. Regierung einreichen, durch welche sie der betr.

Behörde mitgetheilt werden, nachdem sie durch den Regierungsbaurath revidirt worden sind. Das obige R. v. 20. Dez. 1843 schärft die Beachtung dieser Bestimmung ein.

Die direkten Aufträge sind jetzt eingeschränkt auf die Fälle, wo Gefahr im Verzuge. vergl. R. des Minist. d. öffentl. Arbeiten v. 20. Juni 1880 und das R. des Minist. d. öffentl. Arbeiten und der geistl. Angel. v. 20. Jan. 1881 in der Anm. 299, woselbst auch die Voraussetzungen näher bezeichnet sind, unter welchen die offizielle Thätigkeit der Kreisbaubeamten einzutreten hat.

Das R. des Ev.O.K.R. v. 7. Febr. 1878, kirchl. Ges. u. Verord.Bl. 1878 S. 34, 35 weist in Beziehung auf die kirchl. Bauverwaltung darauf hin, daß in Folge der neueren Ressortveränderungen auf die Konsistorien nur die kirchenregimentliche Aufsicht über die kirchlichen Bauten, nicht aber deren Leitung und Ausführung übergegangen ist. Letztere liegt den gesetzlichen Vertretern der kirchl. Institute selbst ob. Dieselben haben, wie alle übrigen Bedürfnisse des Baues, auch die Baupläne und Anschläge, sowie die etwa sonst zur Beurtheilung der Nothwendigkeit und Art oder der gehörigen Ausführung eines Baues Seitens der Aufsichtsbehörde erforderlichen Unterlagen zu beschaffen. Bei Bauten landesherrlichen Patronats und der Regel nach in Fällen, wo Bauten mit Staatsbeihülfe zur Ausführung kommen, werden die betr. technischen Unterlagen ohnehin durch die K. Regierungen und deren Organe besorgt. Im Uebrigen fallen die betr. Kosten, wie bisher, auch ferner den Bauverpflichteten zur Last.

Für gewöhnliche Fälle werden daher die K. Konsistorien der Zuziehung eines weiteren technischen Beiraths für ihre Geschäfte nicht bedürfen.

Da, wo eine solche aber nach ihrem Ermessen im Aufsichtsinteresse geboten erscheinen sollte, steht ihnen nicht allein nach den bestehenden Bestimmungen jederzeit frei, die K. Regierungen um ihr Gutachten und ihre Beihülfe zu requiriren, welche um so bereitwilliger werden gewährt werden, als die Regelung und Vollstreckung der Interimistika in streitigen kirchlichen Bausachen nach Art. 23 Nr. 2 des Ges. v. 3. Juni 1876 den Staatsbehörden verblieben ist, sondern sie haben nach den Min.Erlassen v. 20. Dez. 1843 (siehe oben) und v. 12. Nov. 1873 (siehe unten) auch die Befugniß, bei gleichzeitiger Mittheilung einer Abschrift des betreffenden Auftrages an die K. Regierung mit den der letzteren unterstellten Lokalbaubeamten in unmittelbaren amtlichen Verkehr zu treten, wo es das Bedürfniß erheischt. (vergl. jedoch hierzu die oben allegirten R. v. 20. Juni 1880 u. 20. Jan. 1881 in der Anm. 299.)

Ueberdies wird, wie in anderen Geschäftszweigen, so namentlich auch in kirchl. Bausachen die Lokal- und Sachkenntniß der K. Landräthe, deren amtliche Beziehungen zur kirchl. Verwaltung sich nach wie vor aus Nr. VI des Cirkul. Erl. v. 1. Okt. 1847, M.Bl. f. d. inn. V. S. 278 ergeben, den K. Konsistorien fortgesetzt wesentliche Unterstützung gewähren.

Cirkul.Erlaß des Min. d. geistl. Angel. v. 12. Nov. 1873, kirchl. Ges. u. V.Bl. 1878 S. 35: Nach den bestehenden Bestimmungen, u. A. nach der Cirkul. Verf. v. 20. Dez. 1843 (siehe oben) sind die Konsistorien u. Prov.Schulkollegien zur Abkürzung des Geschäftsganges zwar befugt, den K. Baubeamten in Angelegenheiten ihres Ressorts die erforderl. Aufträge direkt zu ertheilen, haben aber zugleich Abschrift des Auftrages jedesmal der K. Regierung zu übersenden. Hiernächst muß auch der Baubeamte die von ihm gefertigten

dazu zu leistenden Beitrages, unter den Interessenten Streit entsteht, müssen die geistlichen Obern, die Sache gütlich zu reguliren, sich angelegen sein lassen.[291])

---

bautechnischen Arbeiten der K. Regierung einreichen, durch welche sie den betr. Behörden mitgetheilt werden, nachdem sie durch den Regierungsbaurath revidirt worden sind. Dies wird zur Beachtung in Erinnerung gebracht, damit die K. Regierungen im Stande sind, sowohl die Dienstthätigkeit der Lokalbaubeamten zu übersehen, als auch zur rechten Zeit einzuschreiten, wenn dieselben von Seiten anderer Behörden mit Arbeiten überbürdet werden sollten. Außerdem sind den Baubeamten direkt nur solche Arbeiten aufzutragen, welche nach jeder Richtung hin reiflich erwogen und vollständig vorbereitet sind. vergl. die oben allegirten R. v. 20. Juni 1880 und 20. Jan. 1881 in der Anm. 299, woselbst auch die Voraussetzungen näher bezeichnet sind, unter welchen die officielle Thätigkeit der Kreisbaubeamten einzutreten hat.

Erk. d. Komp. Ger. Hofs v. 26. Nov. 1853, J. M. Bl. 1854 S. 94: Auch über die Nothwendigkeit von Pfarr- und Kirchenbauten ist, wenn die Interessenten darüber streiten und mit der Regulirung der geistl. Oberen nicht zufrieden sind, der Rechtsweg zuläßsig.

Erk. desselb. v. 17. Febr. 1855, J. M. Bl. 1855 S. 135:

1) Streitigkeiten über die Nothwendigkeit und über die Art eines Kirchenbaues oder einer Kirchenreparatur, desgleichen über die Verpflichtung, zu den Baukosten beizutragen, sind dem Rechtswege unterworfen.
2) Dagegen ist ein Prozeßverfahren über die Verbindlichkeit, zu anderen kirchlichen Bedürfnissen der Gemeinde, insbesondere zur Deckung eines Kirchenkassendefizits beizusteuern, unzuläßsig. Durch die Behauptung, daß man aus der Kirche ausgetreten sei und dadurch aufgehört habe, dem Parochialverbande der Gemeinde anzugehören, wird der Rechtsweg nicht begründet.

Dagegen hat das Obertribunal durch Erk. v. 20. Febr. 1865, Entsch. 54 S. 305 entschieden, daß die Entscheidung der Nothwendigkeitsfrage von Kirchen- u. Pfarrbauten mit gänzlicher Ausschließung des Rechtsweges den geistlichen Oberen zustehe. vergl. auch Erk. d. Ob. Trib. v. 24. Okt. 1862, M. Bl. für die inn. V. v. 1863 S. 65, u. v. 7. März 1873, Arch. 90 S. 96.

Erk. d. Komp. Ger. Hofs v. 10. Jan. 1852, J. M. Bl. 1852 S. 171: Ueber Forderungen der Kirche und der Pfarre, welche die Sorge für den Unterhalt derselben zum Gegenstande haben, ist der Rechtsweg zuläßsig.

Ebenso sind Streitigkeiten über die Art eines Kirchenbaues oder einer Reparatur dem Rechtswege unterworfen, Erk. desselb. Ger. v. 17. Febr. 1855, J. M. Bl. S. 135, auch Streitigkeiten über die Verpflichtung zur Zahlung von Beiträgen für die Reparatur von Kirchenstühlen und Kirchensitzen, Erk. desselb. Ger. v. 4. Juli 1863 a. a. O. 1863 S. 237.

[291]) Erk. d. Ob. Trib. v. 22. Okt. 1851, Entsch. 21 S. 282: Der Streit über die Verpflichtung gewisser Eingepfarrten zur Leistung der von den geistl. Oberen interimistisch festgesetzten Beiträge zu den

§. 709. Findet die Güte nicht statt: so müssen sie die rechtliche Entscheidung des Streits an die weltliche Obrigkeit verweisen; zugleich aber festsetzen: wie es inzwischen mit dem Baue oder der Reparatur gehalten werden solle.[292])

Kirchen-, Pfarr- und Küstereibauten muß unter den Eingepfarrten selbst im Wege Rechtens zum Austrage gebracht werden. Gegen die Kirche als solche findet eine Klage auf Anerkennung der Befreiung gewisser Eingepfarrten von solchen Beiträgen überhaupt, oder gewissen Arten derselben, nicht statt. vergl. Erk. desselb. v. 3. Febr. 1862, Arch. 44 S. 184 in der Anm. 253.

[292]) Art. 23 Nr. 2 Ges. v. 3. Juni 1876:

Den Staatsbehörden (i. e. den Kgl. Regierungen) verbleibt die Regelung der streitigen Kirchen-, Pfarr- und Küstereibausachen, sowie die Vollstreckung der einstweiligen Entscheidungen in diesen Sachen.

R. des Min. d. geistl. A. v. 19. Aug. 1854, M.Bl. f. d. inn. V. 1854 S. 162: Wenngleich die §§. 708 ff. h. t. als Regel voraussetzen, daß das Interimistikum in allen Beziehungen vor dem Beginn des Baues regulirt werden soll, so findet sich doch keine Bestimmung, aus welcher sich die Unzulässigkeit einer nachträglichen provisorischen Festsetzung folgern ließe. Daß mit der Ausführung des Baues das Interesse der Verwaltungsbehörde vollständig befriedigt sei, kann nicht behauptet werden. Wäre dies der Fall, so würde auch die administrative Exekution aus einem vor Beginn des Baues abgefaßten Resolut nicht mehr zu rechtfertigen sein, sobald der Bau vollendet ist. Es gehört vielmehr auch die Bezahlung der erforderl. Materialien und Arbeiten zur Beendigung des ganzen, der Aufsicht der Verwaltungsbehörde unterliegenden Geschäfts. Auf der anderen Seite werden die Interessenten durch die nachträgliche Regulirung des Interimistikums auf keine Weise in eine nachtheiligere Lage versetzt, als wenn diese Regulirung schon vor dem Beginn des Baues eintritt. Im Gegentheil wird ihnen in allen Fällen durch die provisorische Festsetzung ihrer Beitragspflicht eine feste Grundlage geboten, von welcher aus sie zu beurtheilen vermögen, ob die Beschreitung des Rechtsweges ihrem Interesse entspricht.

Die K. Regierung hat auch für die Zukunft daran festzuhalten, daß vor Beginn des Baues alle Punkte, welche der interimistischen Regulirung fähig und bedürftig sind, gehörig erörtert und entschieden werden. Wenn aber aus besonderen Gründen in einzelnen Fällen diese Regel nicht hat beobachtet werden können, so unterliegt das Beitragsverhältniß ohne Rücksicht auf die Lage, in welcher der Bau sich befindet, der Regulirung durch die Verwaltungsbehörde so lange, als es sich noch um die erste Feststellung der gesetzl. Baupflicht oder um Vertheilung der Baubeiträge oder Leistungen unter die Pflichtigen handelt. Es versteht sich hierbei von selbst, daß da, wo das ursprüngl. Rechtsverhältniß durch fremdartige, von außen hinzugetretene rechtliche Vorgänge modifizirt ist, z. B. wenn die Beiträge der eigentlich Verpflichteten von einem Dritten gezahlt sind, die Verwaltungsbehörde keinen Beruf hat, solche ausschließlich dem Privatrecht angehörige Verhältnisse in den Kreis ihrer Beurtheilung zu ziehen.

Auch die Küster- u. Schulhausbausachen gehören zur Kognition der Kgl. Regierungen; sie haben daher in Streitfällen ebenfalls das von dem

Landrathe zu instruirende Interimistikum zu reguliren. R. v. 9. Sept. 1839 u. v. 6. März 1840, M.Bl. f. d. inn. V. 1840 S. 350, 351.

Das R. des Min. d. g. A. v. 23. Aug. 1828, v. Kamptz, Ann. Bd. 12 S. 683 weist die Kgl. Regierungen an,

1) die bei Streitigkeiten über kirchliche u. Schulbauten ihnen mit event. Vorbehalte des Rechtsweges für die Interessenten obliegenden interimistischen Entscheidungen, nach gehörig erfolgter Prüfung der vorliegenden Sach- und Rechtsverhältnisse und bei fehlgeschlagenem Versuche gütlicher Vereinigung der Betheiligten, jederzeit in Form bestimmt abschließender Resolute zu erlassen, welche über alle zur Sache gehörenden Punkte, namentlich
   a) über die Nothwendigkeit des in Rede stehenden Baues überhaupt,
   b) über seinen Umfang und die Art u. Weise seiner Ausführung und
   c) über die dazu zu leistenden Beiträge

   eine vollständige und klare Bestimmung mit beigefügter Ausführung der Entscheidungsgründe enthalten müssen, und
2) diese Resolute den Interessenten durch die Lokalbehörden, insofern jene diesen untergeordnet sind, ordnungsmäßig publiziren zu lassen, mit Andeutung einer angemessenen, in der Regel und mindestens 4wöchentl. präklusivischen Frist für ihre etwaigen Rekursbeschwerden an das Ministerium, welche von ihnen resp. unter gleichzeitiger Anzeige bei der Lokalbehörde, der Kgl. Regierung selbst einzureichen, und von dieser mittelst gutachtl. Berichts, und nöthigenfalls unter Beifügung der Akten, an das Ministerium zu befördern sind, und mit gleichzeitiger Instruktion an die Lokalbehörden, nach unbenutztem Ablauf der Rekursfrist ohne weiteren Aufenthalt mit der Ausführung des Baues nach Vorschrift der interimistischen Entscheidung vorzuschreiten.

In dem R. desselb. Min. v. 12. Dez. 1843, M.Bl. f. d. inn. Verw. 1843 S. 324 wird ausgeführt, daß bei Regulirung des Interimistikums die Entscheidung nicht ausschließlich auf das im letzten Baufalle beobachtete Verfahren zu gründen sei, daß vielmehr die Regierungen auf Grund der summarischen Instruktion zu entscheiden haben, wie sie es nach pflichtmäßiger Ueberzeugung den in den allgemeinen Landesgesetzen und in der besonderen Lokalverfassung gegründeten Rechten und Pflichten der Betheiligten, unter Berücksichtigung der faktischen Verhältnisse des besonderen Falles, für entsprechend erachten. . . . . . Daß dieses von geistlichen Oberen anzuordnende Provisorium zu gleicher Zeit auch die Bedeutung eines Possessoriums haben und lediglich auf das im letzten Baufalle stattgefundene Verfahren gegründet werden solle, ist in den gesetzlichen Vorschriften nirgends ausgedrückt. Ebensowenig folgt dies aus der Natur der Sache von selbst. . . . . . Andrerseits darf doch nicht der Ansicht Raum gegeben werden, als sei der Standpunkt, welchen die in interimistico festsetzende Behörde einnimmt, völlig mit dem des ordentlichen Richters identisch, und als habe erstere, wie dieser, durchaus zu untersuchen und zu befinden, auf welcher Seite Recht oder Unrecht liege. Die verwaltende Behörde . . . . . wird daher, wo nicht völlig klare und unwiderlegliche Gerechtsame auf der einen oder der anderen Seite vorliegen, sich vorzüglich an einen ohne kenntliche Mängel vorhandenen Besitzstand halten, und diesen, als die Vermuthung des Rechts in sich tragend, provisorisch aufrecht halten. Hierbei ist es im konkreten

Falle sehr wohl denkbar, daß schon ein letzter Präzedenzfall für sich allein hinreichendes Zeugniß für einen fehlerfreien Besitzstand ablege und als hauptsächlichste Grundlage der provisorischen Festsetzung benutzt werde. Umgekehrt wird aber auch die Verwaltungsbehörde nicht jeden jüngsten Präzedenzfall als die ausschließliche Norm ihrer Festsetzung gelten lassen können, und insbesondere dann nicht, wenn aus der Gesammtheit der zur Sprache gebrachten Momente die Ueberzeugung bei ihr sich herausstellt, daß dieser jüngste Präzedenzfall nicht als zuverlässiges Zeugniß eines ruhigen Besitzstandes, sondern nur als das Produkt zufälliger Umstände angesehen werden kann.

vergl. Anm. 290.

Erk. des Komp. Ger. Hofs v. 8. Jan. 1870, J. M. Bl. S. 89: Streitigkeiten über die Verbindlichkeit zur Zahlung von Kirchen- u. Pfarrbaukosten sind im Rechtswege zu entscheiden.

Erk. d. Ob. Trib. v. 19. Sept. u. 14. Okt. 1871, Entsch. 66 S. 154, Arch. 85 S. 10: Absolute Bedingung des Rechtsweges ist die vorgängige Festsetzung (cfr. §. 709 h. t.) der Verwaltungsbehörde nicht, namentlich dann nicht, wenn die geistl. Obrigkeit die Interessenten selbst, ohne ihrerseits zu entscheiden, auf den Rechtsweg verweist. Wenn nach der Bestimmung der §§. 708, 709 L. R. II. 11 mit der Verweisung des Streites zum Rechtswege eine interimistische oder provisorische, ohne gerichtliches Verfahren zu exequirende Entscheidung der geistl. Oberen verbunden werden soll, so hat diese zur Folge, daß derjenige Interessent, welcher mit der diesfälligen Festsetzung des Interimistikums nicht zufrieden ist, den Prozeßweg beschreiten und dabei als Kläger auftreten muß, daß aber die Ausführung des Baues selbst durch das Beschreiten des Rechtsweges nicht aufgehalten werden soll.

Aus den §§. 176—178, u. 238 ff. L. R. II. 11 läßt sich nicht herleiten, daß für solche Kirchen, welche lediglich auf Anordnung der kirchlichen Oberen ganz neu errichtet werden, die provinzial- oder landrechtlichen Vorschriften über die Beitragspflicht zu Neu-, Erweiterungs- und Reparaturbauten bestehender Kirchen uneingeschränkt maßgebend seien.

cfr. Arch. 85 S. 10, 11.

Die Regierung hat auch bei ihrer Entscheidung spezielle Rechtstitel (Judikate, Verträge) zu berücksichtigen, wenn dieselben ohne weitläufige Beweisaufnahme festzustellen sind. R. des Min. d. g. A. v. 12. Nov. 1862, Centr. Bl. f. d. Unterr. Verw. S. 751, u. v. 24. Juni 1864 a. a. O. 1864 S. 438.

R. dess. Min. v. 16. Juli 1829, Ann. 13 S. 522: Bei Festsetzung des Interimistikums in Streitfällen wegen der für nothwendig erachteten Erweiterungen der kirchlichen oder Schulgebäude, oder neuer Anlagen derselben, ist die Kostenvertheilung in gleicher Weise anzuordnen, wie bei Reparaturen der Gebäude in ihrem bereits bestehenden Umfange.

Nach der Kab. Ordre v. 18. Febr. 1805, Rabe Bd. 8 S. 267 (vergl. auch R. des Generaldirektoriums v. 28. Febr. 1805, Rabe Bd. 8 S. 251) soll wegen der Beiträge der Eingepfarrten u. Kompatrone der Kirchen-, Pfarr-, auch Schulbau nicht aufgehalten, sondern, wenn Streit darüber entsteht, ein provisorischer Vertheilungsplan bestimmt u. ohne gerichtl. Verfahren exequirt, denen aber, die damit nicht zufrieden sind, der Rechtsweg nachgelassen werden.

Kommt es nicht mehr auf die Ausführung des Baues an, da derselbe bereits vollendet ist, sondern auf die Wiedererstattung eines zur Bestreitung

§. 710. Wo in Ansehung der Kosten zum Baue, und zur Unterhaltung der Kirchengebäude, durch Verträge, rechtskräftige Erkenntnisse, ununterbrochene Gewohnheiten, oder besondere Provinzialgesetze, gewisse Regeln bestimmt sind, da hat es auch ferner dabei sein Bewenden.[293]) Woher die Kosten zu nehmen.

---

desselben geleisteten Vorschusses, so steht darüber, wie in jeder anderen Privatsache, der Rechtsweg offen. R. des Just.Min. im Einverständnisse mit d. Min. d. geistl. A. v. 25. April 1836, Vogt, K.R. I. S. 496.

vergl. Anm. 48.

Der Erlaß des Min. d. geistl. A. v. 13. Jan. 1874, M.Bl. für d. inn. Verw. S. 97 bestimmt im Anschlusse an §. 135 X Nr. 3 der Kreisordnung v. 13. Dez. 1872 für die Provinzen Preußen, Brandenburg, Pommern, Schlesien, Sachsen, Posen, und Westfalen über die Behandlung der streitigen Kirchen-, Pfarr-, und Küstereibausachen unter Aufhebung der entgegenstehenden Vorschriften:

1) Gegen die von den Regierungen in Angelegenheiten der bezeichneten Art erlassenen Resolute, soweit sie die Nothwendigkeit des Baues oder die Art seiner Ausführung betreffen, ist der Rekurs an den Minister der geistl. Angel. zulässig.
2) Zur Anbringung und Rechtfertigung des Rekurses ist eine präklusivische Frist zu bewilligen, welche in der Regel auf 21 Tage nach Publikation des Resolutes zu bemessen ist, aus besonderen Gründen aber um 14 Tage verlängert, oder bis auf 10 Tage abgekürzt werden darf.
3) Soweit die Resolute die Aufbringung der Kosten oder ihre Vertheilung unter die Interessenten zum Gegenstande haben, findet gegen die von den Regierungen getroffene Entscheidung, welche sofort interimistisch vollstreckbar ist, nur der Rechtsweg statt.
4) In Betreff der Bauten an vereinigten Küster- und Schulhäusern bewendet es bis auf Weiteres bei den Bestimmungen des Gesetzes v. 21. Juli 1846, G.S. S. 392. (cfr. Anm. 105.)

Die vorstehenden Bestimmungen unter Nr. 1—3 kommen in Posen und Westfalen auch bei Schulbausachen zur Anwendung.

[293]) Plen.Beschl. d. K. Ob.Trib. v. 15. Juni 1846, Entsch. 13 S. 93: Wenngleich daraus, daß frühere Pfarrer den Bau und die Unterhaltung der Kirchen- und Pfarrgebäude übernommen und bewirkt haben, eine die nachfolgenden Pfarrer verbindende Observanz zur Uebernahme solcher Baulast nicht entstehen kann, so bilden doch dergleichen Handlungen für das Erkennen einer bereits bestehenden Observanz ein erhebliches Moment.

Erk. d. K. Ob.Trib. v. 14. Juni 1850, Arch. 7 S. 1, 2.

a) Der §. 710 h. t. versteht unter den durch ununterbrochene Gewohnheiten, in Ansehung der Kosten zum Baue und zur Unterhaltung der Kirchengebäude, bestimmten Regeln nicht spezielle Rechte unter bestimmten Personen, sondern solche Normen, welche für die Angehörigen der Kirchengemeinde maaßgebend sein sollen und dadurch erkennbar werden, daß sie, der äußeren Erscheinung nach, bei dieser Gemeinde in ununterbrochener Gewohnheit gewesen sind.
b) Die Annahme, daß §. 710 vom Berechtigten den Nachweis, daß die

bisherige Uebung als eine besondere Gewohnheit und nicht als ein Ausfluß des subsidiären Rechts zu betrachten sei, ohne Einwand des Verpflichteten verlange, läßt sich aus der Fassung des §. nicht rechtfertigen.

vergl. Erk. v. 16. Dez. 1870, Arch. 80 S. 179.

vergl. ferner über die Bildung einer Observanz in Ansehung der Reparaturen und Neubauten umfassenden Pflicht zur Unterhaltung der Kirchen- und Pfarrgebäude das Erk. v. 17. Febr. 1871, Arch. Bd. 81 S. 158.

Erk. d. Ob.Trib. v. 20. April 1848, Entsch. 16 S. 368: Nicht blos die baaren Geldkosten, sondern auch die Kosten der sonst den Eingepfarrten obliegenden Hand- und Spanndienste können durch Observanz dem Patron zur Last fallen.

Erk. desselb. v. 11. Nov. 1859, Entsch. 43 S. 339: Diese Gesetze (§. 710ff.) setzen nicht das Bestehen der Kirchen-, Pfarr- und der ihnen gleich stehenden Gebäude voraus, und entscheiden nicht blos die Frage, wer deren Unterhaltung und die dabei vorkommenden Reparatur- und Hauptbauten zu tragen habe, sondern bestimmen auch für die Fälle, wo es sich um die Errichtung neuer, bisher noch nicht vorhandener Bauten handelt.

Erk. desselb. v. 27. Nov. 1863, Arch. 53 S. 28: Eine ununterbrochene Gewohnheit im Sinne des §. 710 kann sich schon in einer einzelnen Parochie bilden, ohne daß es zu dieser Entstehung der Konkurrenz noch anderer, wenn auch benachbarter Parochien bedarf.

Erk. desselb. v. 19. Juni 1848, Entsch. 17 S. 365: Dergleichen Gewohnheiten können auch aus dem Zeitraume nach Emanation des Allg. Landr. dargethan werden. cfr. Erk. v. 28. Sept. 1857 u. 5. April 1861, Arch. 27 S. 71 u. Bd. 41 S. 134.

Erk. v. 22. Mai 1857, Arch. 24 S. 325: Zur Entstehung eines Gewohnheitsrechts im Sinne des §. 710 ist eine bestimmte Anzahl von Jahren nicht erforderlich; dagegen fällt die Frage, ob gewisse Handlungen eine Gewohnheit geworden, und welcher Zeitraum zur Begründung einer Gewohnheit erforderlich und genügend sei, lediglich dem durch die Einzelheiten des bestimmten Falles bedingten richterlichen Ermessen anheim.

Erk. v. 28. Sept. 1857, Arch. 27 S. 71: Eine ununterbrochene Gewohnheit findet (nach §. 710) als Prinzipalnorm für die Baulast in Betreff der Kirchen- und Pfarrgebäude auch auf das Verhältniß zwischen den Patron und der Kirchengemeinde Anwendung. Eine solche ununterbrochene Gewohnheit kann auch aus der Zeit nach Emanation des A.L.R. dargethan werden. Zum Beweise derselben ist der Nachweis der bloßen Thatsache des wiederholten Handelns nicht geeignet, die Handlungen müssen vielmehr die Meinung der Handelnden von der rechtl. Nothwendigkeit ihrer Handlungen, die Ueberzeugung von der Existenz eines befolgten Rechtssatzes deutlich zu erkennen geben. Die Observanz wird in dem Sinne eines Gewohnheitsrechtes durch das Rechtsbewußtsein der Klasse von Personen, für die sie sich gebildet hat, im Sinne des Ausflusses der autonomischen Rechtssatzung dagegen durch die stillschweigende Uebereinkunft der Interessenten über die zu beobachtende Norm bedingt.

Erk. Ob.Trib. v. 5. April 1861, Arch. 41 S. 135: Die Bestimmung des §. 710 ist nicht auf solche Gewohnheiten beschränkt, die erkennbarer Weise schon zur

Zeit der Publikation des A.L.R. verbindlich gewesen oder aus Thatsachen vor diesem Zeitpunkte ermittelt sind.

Erk. v. 20. Sept. 1861, Arch. 43 S. 85: Eine in Betreff der kirchl. Baulast bestehende Observanz zwischen dem Inhaber des Patronatrechts und den übrigen Mitgliedern der Kirchengesellschaft ist nachgewiesen, sobald die geeignete Mehrzahl konkludenter, einen längeren Zeitraum ohne Unterbrechung einnehmender Handlungen des Inhabers des Patronatrechts zu Lasten des Patronats festgestellt worden ist, und genügt daher die Besitzzeit auch nur eines Patrons, wenn dieselbe lange genug gewährt hat, um jenen Beweis für erbracht ansehen zu können. cfr. auch Erk. v. 20. Okt. 1865, Arch. 61 S. 140.

Erk. v. 10. Mai 1852, Entsch. 23. S. 201, Archiv Bd. 5 S. 237:

1) Wo wegen Aufbringung der Kosten zum Bau und zur Unterhaltung der Kirchengebäude bis zur Einführung des Allg. Landr. erweislich nur die Vorschriften des gemeinen kanonischen Rechts befolgt worden sind, können die bisher befolgten Regeln nicht als ununterbrochene Gewohnheit, oder als besonderes Provinzialrecht betrachtet und für fortgeltend erachtet werden, sondern es sind daselbst seit der Einführung des Allg. Landr. dessen Bestimmungen an die Stelle des früher befolgten gemeinen, kanonischen Rechts getreten.
2) Die Vorschriften des A.L.R. über die Beitragspflicht des Patrons zu den Kosten des Baues und der Unterhaltung der Kirchengebäude kommen gegenwärtig auch in der vormals reichsunmittelbaren Grafschaft Rietberg zur Anwendung, auch dann, wenn erweislich eine thatsächliche Befreiung des Patrons von der Verpflichtung zu Kostenbeiträgen vor Einführung des A.L.R. stattgehabt hat.

Erk. des Ob.Trib. v. 11. Mai 1852, Arch. 7 S. 9: Die Observanz als eine Art des Gewohnheitsrechts bildet nur Rechtsnormen für gegebene Rechtsverhältnisse. Zur Erwerbung bestimmter Gerechtsame zwischen einzelnen Privatpersonen durch Besitz ist nur die Verjährung geeignet.

Erk. v. 11. Jan. 1864 u. 20. Okt. 1865, Entsch. 51 S. 288 u. Arch. 61 S. 140: Auch die Beitragspflicht unter mehreren Kirchenpatronen rücksichtlich der Kirchen- und Pfarrbauten kann durch Observanz bestimmt werden.

Erk. v. 5. April 1861, Entsch. 45 S. 289, Arch. 41 S. 134: Auch die in einem bestimmten Kirchspiel wohnhaften Personen und die mit Grundstücken in diesem Distrikte angesessenen auswärts wohnenden Personen — die Forensen dieses Distrikts — sind als eine durch einen gemeinschaftl. Zustand zusammengehaltene Klasse oder Inbegriff von Personen aufzufassen, welche hinsichtlich der auf diese Gemeinschaft bezüglichen Angelegenheiten unter einander durch Observanz verpflichtet werden können. Daher sind für die im Pfarrbezirke wohnenden Personen und die Forensen dieses Bezirkes auch hinsichtlich der Kirchenbaulast Observanzen als eine gültige Rechtsquelle zu betrachten.

Diese Regel findet auch in Schlesien Anwendung.

Erk. v. 12. Jan. 1857, Entsch. 35 S. 139: Der Nachweis, daß observanzmäßig die Reparaturen an Kirchen-, Pfarr- und Küstergebäuden ohne Beihülfe des Patrons von den Eingepfarrten zu bewirken sind, schließt keineswegs auch die Befreiung des Ersteren von Beiträgen zu Neubauten solcher Gebäude in sich.

Dagegen hat das Ob.Trib. am 17. Februar 1871 (Strieth. Archiv Bd. 81

S. 158) erkannt: Die Entscheidung der Frage, ob gleichmäßiges Handeln der zur Unterhaltung der Kirchen-, Pfarr-, Schul- und Küstergebäude verpflichteten Interessenten (Patrone und Eingepfarrte) in Reparaturbaufällen geeignet sei, die Bildung einer Observanz in Ansehung der, Reparaturen und Neubauten umfassenden Pflicht zur Unterhaltung der gedachten Gebäude überhaupt erkennbar zu machen, hängt in jedem einzelnen Falle von der Beschaffenheit der Handlungen der Betheiligten und den dabei mitwirkenden individuellen Umständen, also wesentlich von den thatsächlichen Momenten ab. cfr. R. des Min. d. g. Angel. v. 19. Nov. 1866, Centr.Bl. d. Unterr.V. 1866 S. 755. Erk. v. 22. Mai 1857, Arch. 24 S. 325: Ob der Zeitraum genügend ist, steht ebenfalls im richterl. Ermessen.

Erk. d. Ob.Trib. v. 18. Jan. 1856, Entsch. 32 S. 145: Wenn der Bau oder die Wiederherstellung von Kirchengebäuden nach Einführung des Allg. Landr. vorgenommen worden ist, und es wegen Aufbringung der dazu erforderlichen Kosten an gewissen, durch Verträge, Judikate, ununterbrochene Gewohnheiten oder Provinzialgesetze bestimmten Regeln fehlt, so können die Besitzer vormaliger Kirchenzehnten, als solche, wegen Tragung dieser Kosten gesetzlich nicht, und namentlich auch nicht aus dem Grunde in Anspruch genommen werden, weil nach den früher geltend gewesenen Bestimmungen des Tridentiner Konzils die Pflicht zum Bau und zur Unterhaltung der Kirchengebäude ursprünglich auf jenem Zehnten, als Kirchenzehnten gehaftet habe.

Erk. v. 14 Juni 1850 u. 22. Sept. 1854, Arch. Bd. 7 S. 5 u. Bd. 15 S. 21: Die Vorschriften der §§. 710 u. 711 h. t. hinsichtl. der Gültigkeit der Observanzen in Betreff der Verpflichtung zur Aufbringung der Kosten zum Bau und zur Unterhaltung der Kirchengebäude gelten auch in Ansehung der Pfarr- und Schulgebäude.

Erk. v. 13. Juni 1870, Arch. 77 S. 356: In der Genehmigung zur Gründung eines Kirchensystems ist nicht auch die Verpflichtung des Gründers zur Uebernahme der kirchl. Baulast enthalten.

Erk. v. 11. Sept. 1868, Entsch. 60 S. 199, Arch. 72 S. 150: Dergl. „ununterbrochene Gewohnheiten" sind nicht lediglich örtliche Observanzen in nur einzelnen besonderen Parochien, sondern auch allgemeine Gewohnheiten für ganze Distrikte. Dies ist namentlich für den ganzen Umfang des sog. alten Gebietes der Stadt Danzig zu verstehen.

Erk. v. 14. Juni 1869, Entsch. 61 S. 228: Auch kann ein örtliches Gewohnheitsrecht als Norm für die Beurtheilung der Verbindlichkeit zur Tragung der Bau- und Unterhaltungskosten von Kirchen- und Pfarrgebäuden, namentlich bei einem Streite zwischen der Kirchen- und politischen Gemeinde dienen.

Kab.Ord. v. 10. Dez. 1839, M.Bl. f. d. i. V. 1840 S. 154: Unter den ununterbrochenen Gewohnheiten sind nur Ortsgewohnheiten für die betr. Parochie, nicht aber vermeintliche Provinzialobservanzen zu verstehen.

Erk. v. 12. Jan. 1857 u. v. 28. Sept. 1857, Entsch. 25 S. 139 u. Arch. 27 S. 72: Ein Rechtsirrthum der Betheiligten über eine bis dahin angenommene und lange Zeit hindurch ununterbrochen befolgte Verpflichtung steht der Bildung einer Observanz nicht entgegen.

Erk. v. 26. Jan. 1872, Arch. 86 S. 35:

Es ist ein rechtlicher Schluß, wenn aus der Befreiung des Fiskus von

Patronatsbeiträgen zu Kirchen- und Pfarrbauten hergeleitet wird, daß sich die dadurch sich zu erkennen gebende Observanz auch auf Küsterbauten erstrecke.

Ueber die Vorbereitungen für die kirchlichen und Schulbauten vergl. R. des Min. d. geistl. A. u. des Handels v. 30. Juli 1872, M.Bl. für die inn. Verw. S. 326 in der Anm. 299.

Provinzielle Bestimmungen:

(vgl. Koch, L.R. IV. S. 436. v. Rönne, II. S. 749. Erg. Vogt, K.R. I. S. 500. Meier, K.R. S. 323.)

A. Ostpreußen: cfr. Anm. 296.

Ostpreuß. Provinzialrecht, Zusatz 197:

§. 1. Bei unvermögenden protestantischen Kirchen giebt der Patron Holz, Steine, Ziegel und Kalk. (vergl. auch R. d. Kult.Minist. v. 21. Aug. 1863, Centr.Bl. d. Unterr.V. S. 560. Erk. d. Ob.Trib. v. 25. April 1851, Entsch. Bd. 21 S. 313. R. des Kult.Minist. v. 16. Sept. 1862, M.Bl. d. i. V. S. 257.)

§. 2. Bei protestantischen Königl. Patronatkirchen, wenn sie auch vermögend sind, wird das Bauholz aus Königl. Forsten unentgeltlich und ohne Pflanz-, Stamm- und Anweisegeld verabfolgt.

§. 3. Sind dergl. lutherische Kirchen unvermögend, so werden Steine, Ziegel und Kalk aus den dazu besonders bestimmten Königl. Fonds bestritten.

§. 4. Alle übrigen Baumaterialien und das Arbeitslohn bezahlen die Eingepfarrten dergestalt, daß, wenn das Kirchenvermögen zur Bestreitung eines Theiles der Kosten hinreicht, die den Eingepfarrten zur Last fallenden Kosten daraus vorzüglich vor denjenigen zu berichtigen sind, die der Patron übernehmen muß.

§. 5. Wenn der Patron außer dem Gute oder den Gütern, worauf das Patronatrecht haftet, noch andere Grundstücke in der Parochie besitzt, so muß derselbe in Absicht der letztgedachten Grundstücke nach eben dem Verhältnisse, wie die übrigen Eingepfarrten, zu den im §. 4 bezeichneten Kosten beitragen.

§. 6. Die Hospitalgüter sind in der Regel von dem Beitrage nicht befreit.

§. 7. Bei deutschreformirten Königl. Patronatkirchen werden, wenn sie unvermögend sind, alle Baukosten durch Königl., vom Kirchendirektorio ausgewirkte Anweisungen bestritten.

Eine Zusammenstellung der in Ostpreußen über die Bauten und Reparaturen bei den Kirchen-, Pfarr-, Schul- und Predigerwittwengebäuden geltenden Vorschriften siehe in v. Kamptz, Annal. Bd. 2 S. 1024. vergl. auch die Instruktion des Ostpreuß. St.Minist. v. 24. Okt. 1801 §. 15—22, Bork, Kirch.Ges. I. S. 617.

cfr. auch Ostpr. Prov.Recht Zus. 200 §. 3.

Erk. d. Ob.Trib. v. 31. Jan. 1842, Entsch. 7 S. 244:

Durch das Ostpreuß. Provinz.Recht sind die in Ansehung der Kosten zum Bau und zur Unterhaltung der Kirchengebäude bestehenden Observanzen nicht aufgehoben.

B. Westpreußen:

Westpreuß. Provinz.Recht v. 1844 §. 38: (G.S. S. 107): Von den Domainengrundstücken als solchen, und von den Dienstländereien der Königl. Beamten werden zum Bau und zur Erhaltung der Kirchengebäude weder Dienste noch Geldbeiträge geleistet. §. 39: Wo Hospitaläcker, observanzmäßig zu Geldbeiträgen mit herangezogen werden, hat es dabei auch ferner sein Bewenden.

C. **Posen:**

Erk. des Ob. Trib. v. 20. Oktob. 1862, Entsch. 48. S. 311: Die Vorschriften des kanonischen Rechts hinsichtlich der kirchl. Baulast gelten im Großherzogthum Posen nicht mehr.

Erk. v. 20. April 1848, Entsch. 16. S. 368: Im vormaligen Herzogthum Warschau ist die Bildung einer Lokalobservanz, vermöge welcher dem Patron einer Kirche die Last zum Bau und zur Unterhaltung von Kirchen- und Pfarrgebäuden allein obliegt, durch den code civil nicht ausgeschlossen worden.

vergl. auch R. des Kult. Minist. v. 24. Juli 1841, M.Bl. d. i. V. S. 215.

D. **Pommern:**

Durch die Pommersche Kirchenordnung ist die Baupflicht der Eingepfarrten nicht auf diejenigen Pfarrgebäude beschränkt, welche von Alters her bestanden haben. Erk. des Ob. Trib. v. 10. Dez. 1851 auf Grund der Pommerschen Kirchenordnung v. 1535 u. 1690 u. der §§. 707, 789. h. t., Entsch. 22. S. 144.

vergl. Anm. 109 u. 296.

Ueber die Pfarrbaulast mit Bezug auf Pfarrhufen und Pfarrbauerhufen nach Pommerschem Provinzialrecht vergl. Erk. v. 21. Febr. 1873, Arch. 88 S. 168, u. v. 21. März 1873, Arch. 88 S. 299, 300.

E. **Brandenburg.**

Kab. Ordr. v. 11. Dez. 1710, mitgetheilt durch die Verordnung v. 7. Febr. 1711, Rabe Bd. 1 Abthl. I S. 299, betr. die Reparation der Kirchen- und Pfarrgebäude und wer die dazu nöthigen Kosten tragen soll: „Was die Reparation der Kirchen- und Pfarrgebäude betrifft, so soll es bei der bisherigen Observanz zwar dergestalt verbleiben, daß die Patrone alle Materialien an Holz, Steinen, Kalk und dergl. anschaffen, die Unterthanen aber die Hand- und Spanndienste dabei praestiren. Was das Arbeitslohn für die Handwerker, oder was sonst an Gelde beizutragen sein möchte, anlangt, deßhalb soll, wann der Kirchen Vermögen dazu nicht zureicht, als woraus sonst zu den Kirchengebäuden, nicht aber zu den Pfarrwohnungen der Zuschub geschehen muß, die Reparation zwischen den Eingepfarrten dergestalt geschehen, daß allzeit auf einen Ackersmann zwei Kossäthen gerechnet und bei dem Unterschied der Ackersleute und Kossäthen auf die Hufen nicht reflektirt werden soll.

Auch sollen wegen derjenigen Kirchen-, Pfarr- und Schulgebäuden, woselbst Seiner Majestät das Patronatsrecht zusteht, wann der Kirchen Mittel zum Bau oder Reparation nicht zureichend sind, die Materialien dazu auf gleiche Weise, wie bei anderen Privatpatronen es Herkommen ist, an Stein, Kalk und Holz unentgeltlich gereicht werden."

vergl. ferner Götze, Prov. R. der Altmark Thl. I Abthl. 2 S. 216 ff., Thl. II S. 70 ff. Scholz, Prov. R. II S. 517.

Erk. v. 25. April 1851, Entsch 21 S. 313, Arch. 2 S. 98: Präjud. Nr. 2286: Die Märkische Observanz in Beziehung auf das Beitragsverhältniß des Patrons und der Eingepfarrten bei Kirchen- und Pfarrbauten ist dahin als festgestellt anzunehmen, daß der Patron die Hauptmaterialien zum Baue, namentlich Holz, Steine, Kalk, sowie dahin zu rechnende stein- und kalkartige Substanzen und Stoffe, z. B. Ziegelsteine, Gyps u. s. w., zu beschaffen hat, die Eingepfarrten aber außer den Hand- und Spanndiensten und dem Arbeitslohn, alle Nebenmaterialien, zu welchen auch Lehm und Stroh zu rechnen ist, aufzubringen haben. Vermöge dieser Verpflichtung, die Hauptmaterialien zu beschaffen, ist der Patron auch schuldig, nicht blos unter allen Umständen Holz, Steine, Kalk und dergl. Substanzen zum Bau zu liefern, sondern auch die auf Anordnung der geistl. Oberen zum Bau verwendeten Surrogate jener vorbenannten Hauptmaterialien, z. B. anstatt des Holzes verbrauchtes Eisen, oder statt der Ziegelsteine verwendete Zinkplatten. (vergl. Centr.Bl. der Unterr. V. 1863 S. 560, 561.)

In der Mark Brandenburg sind nach der Visitations- und Konsistorialordnung v. 1573 und der Flecken-, Dorf- und Ackerordnung v. 16. Dez. 1702 §. 4 und 5 nicht die Eingepfarrten, sondern alle Ortseinwohner, ohne Unterschied der Religion, zu den Kirchen- und Pfarrbauten beizutragen verpflichtet. Scholtz, Kurmärk. Prov. Recht §. 407 und II S. 284 ff. v. Kunow, Neumärk. Prov. R. §. 589 und II S. 243. Bei Stadtkirchen sind die Baukosten wie eine Last der bürgerlichen Gemeinde gleich anderen Kommunallasten aufzubringen, bei Landkirchen in der Kurmark nach der Qualität der Höfe ohne Rücksicht auf die Hufenzahl, und in der Neumark nach der Hufenzahl. (Zeitschr. f. K.R. v. Dove u. Friedberg XVII. 2. 1. S. 127.)

Die Entscheidung der Gesetzkommission v. 24. Jan. 1789 (Rabe Bd. 1 Abthl. 7 S. 755) lautet dahin, daß zu dem Bau und den Reparaturen der Pfarr- und Küstergebäude die Patrone an Materialien nichts weiter als Holz, Steine und Kalk, die Eingepfarrten aber außer den zu leistenden Hand- und Spanndiensten, Stroh, Rohr und Lehm und das Arbeitslohn, nebst den dazu erforderlichen und darunter begriffenen Zuthaten an Eisen, Glas, Blei und Kacheln zum Ofen zu entrichten verbunden, falls nicht ein Anderes auf eine rechtsbeständige Art an einem oder dem anderen Orte eingeführt worden. Götze, Prov. R. I Abthl. 2 S. 222.

Hierbei ist vorausgesetzt, daß die Kirche dergl. Materialien, als an Holz, Steinen, Kalk 2c. nicht selbst besitzt. Daher leidet es keinen Zweifel, daß, wenn die Kirche eigene Haiden besitzt, woraus das zum Bau oder zur Reparatur erforderliche Holz genommen werden kann, die Pflicht des Patrons, welche re vera nur subsidiarisch ist, alsdann cessirt. R. v. 19. Sept. 1806, Rabe Bd. 8 S. 671, cfr. das Erk. v. 7. Febr. 1820 (Jahrb. Bd. 14 S. 279) und v. 13. Jan. 1865 (Arch. 56 S. 274), welches mit dem oben erwähnten Präj. Nr. 2286 übereinstimmt und noch bemerkt, daß, wenn mehrere Patrone konkurriren, dieselben unter sich verhältnißmäßig beizutragen haben. Götze, Prov. R. II S. 70, 71.

R. des Min. d. geistl. A. v. 16. Sept. 1862, M.Bl. f. d. inn. V. 1862 S. 287: Der Patron hat auch die Kosten der Materialien für die zeitweise Abtheerung geistlicher Gebäude zu tragen.

Vergl. Nr. 3 der Kab.Ord. v. 11. Juli 1845, G.S. S. 485, betr. die Vermögensverwaltung der Kirchen, Pfarren 2c. nach Märkischem Provinz. Rechte, in der Anm. 241.

Nach Märkischem Prov.R. (vergl. Götze, Prov. R. Thl. I Abthl. 2 S. 214 ff., Thl. II S. 70 ff.) müssen bei Landkirchen die Hand- und Spanndienste unter allen Umständen von Denjenigen unentgeltlich geleistet werden, die entweder außer dem Patrone Eingepfarrte der Parochialgemeinde sind oder doch wegen des Besitzes von Hof- oder Büdnerstellen zur Ortsgemeinde gehören. (vergl. Rabe, Samml. Preuß. Ges. I. 3 S. 625, I. 1 S. 238. Centr.Bl. d. Unterr. V. 1865

S. 69. Mylius, Corp. Const. Marchicarum VI. 2 S. 127, Erk. d. Ob.Trib. v. 23. Sept. 1863, Arch. Bd. 50 S. 265)

Bei den Stadtkirchen werden die Hand- und Spanndienste zu den übrigen Kosten geschlagen, und nur, wenn Landgemeinden bei Stadtkirchen eingepfarrt sind, steht denselben die Wahl zu, ob sie die auf sie mit einem Geldbeitrage repartirten Fuhren und Handdienste in natura leisten oder in Gelde abführen wollen.

Ist das Unvermögen der Kirche nur vorübergehend, so fragt es sich, ob der Patron berechtigt ist, die allmähliche Erstattung der von ihm zur Ausführung des Kirchenbaues geleisteten Vorschüsse aus den Kirchenüberschüssen zu verlangen. Meier, Kirch.R. S. 325 verneint diese Frage, gegen Götze, Prov.R. I. 2 S. 219.

Filial- und Gastgemeinden, desgleichen zugeschlagene oder auf andere Art mit einer Mutterkirche verbundene Gemeinden tragen zum Bau der letzteren in dem Falle nicht bei, wenn sie eine eigene Kirche besitzen und zu ihren gottesdienstl. Handlungen benutzen, zu deren Erhaltung im baulichen Zustande die zu bauende oder zu bessernde Mutterkirche nicht hilft. Bedienen sich diese Gemeinden der Hauptkirche zu ihren gottesdienstl. Handlungen, so tragen sie zu Bauten und Reparaturen derselben in der Art bei, daß Filial- und sonst für beständig mit der Hauptkirche verbundene Gemeinden nur die Hälfte, Gast- und überhaupt nur für unbestimmte Zeit mit der Hauptkirche verbundene Gemeinden ein Viertel von dem beitragen, was ein Mitglied der Hauptgemeinde zu entrichten hat.

Unter gleicher Bedingung haben die Patrone der Filial- oder sonst verbundenen Gemeinden zu den Patronatsleistungen beizutragen. (Götze, Prov.R. I. 2 S. 225, II S. 72.) In der Kurmark kommt das Dezisum der Gesetzkommission v. 13. Sept. 1782 (Götze a. a. O. I. Abthl. 2 S. 219) und das dadurch festgesetzte Beitragsverhältniß eines Büdners zu geistlichen Bauten nicht in Anwendung; vielmehr wird in Ermangelung erwiesener Spezial-Observanz das Beitragsverhältniß nach den Vorschriften des Allg. Landr. (§. 736—738 h. t.) regulirt. Präj. des Ob.Trib. Nr. 221, v. 20. März 1837, Samml. 1 S. 208 u. Arch. 78 S. 50.

Erk. v. 4. März 1870, Entsch. 63 S. 364, Arch. 78 S. 51, u. v. 21. März 1859, Arch. 33 S. 81: Ein Rittergutsbesitzer in der Kurmark, wenn er nicht zugleich Patron ist, hat, insoweit durch Verträge, rechtskräftige Erkenntnisse und ununterbrochene Gewohnheiten nicht ein Anderes bestimmt ist, als Eingepfarrter zu den Kosten der Kirchen-, Pfarr- und Küsterei-Bauten nur in demselben Maaße beizutragen, wie derjenige Besitzer einer Dorfstelle, welcher am meisten leistet.

In der Kurmark erfolgt die Repartition der (außer den dem Patron obliegenden Leistungen der Hauptbaumaterialien) zu den Kirchen-, Pfarr- und Küstereibauten erforderlichen Kosten zunächst nach der Qualität der Höfe, von welchen zu den Gemeindelasten beigetragen wird, ohne Rücksicht auf die Hufenzahl, dergestalt, daß auf einen Bauer zwei Kossäthen gerechnet werden, oder aber eine Bauernahrung noch einmal so viel beiträgt, als ein Kossäthenhof. Müller und Krüger werden einem Kossäthen, und Schmiede einem Büdner oder Häusler gleich gerechnet. Erk. v. 4. März 1870, Entsch. 63 S. 364, Arch. 78 S. 50.

Die Repartition der Geldbeiträge zu Kirchen- und Pfarrbauten in der Kurmark erfolgt der Art, daß auf einen Ackersmann (Bauer) zwei Kossäthen gerechnet werden, ohne Rücksicht auf die Hufen. Erk v. 13. Dez. 1847, Rechtsf. 3 S. 220.

Bei Stadtkirchen in der Kurmark liegt die Baulast, soweit sie nicht von dem Patron zu tragen ist, der Stadtgemeinde als Kommunallast ob, ohne Unterschied, ob sämmtliche Mitglieder zu den Eingepfarrten der betr. Kirche gehören oder nicht; nur sind die Mitglieder einer städtischen Kirchengemeinde, außer in ihrer Eigenschaft als Theilnehmer an den gemeinen städtischen Lasten, dann noch besonders beitragspflichtig, wenn sie zu einer bei der Stadtkirche mit eingepfarrten Landgemeinde gehören. Erk. v. 4. Jan. 1865, Entsch. 52 S. 275. Letzteres wird nur im Falle des §. 264 (vergl. §. 721) h. t. vorkommen können. vergl. Anm. 296.

Erk. v. 1780. Stengel 1 S. 84: Aus einzelnen zugeschlagenen und Gastgemeinden giebt in der Mark Brandenburg jeder Bauer und Kossäthe zu den Reparaturen der Pfarrgebäude den vierten Theil desjenigen, was ein Bauer der Hauptgemeinde giebt.

Wenn die Grundstücke reformirter Besitzer zu denen gehören, welche zur Entrichtung des Realzehntens an die lutherische Kirche ursprünglich und von jeher schuldig gewesen sind, so müssen sie von diesen Grundstücken auch alle anderen Reallasten an die Kirche und Schule tragen, welche aus der Parochialverbindlichkeit fließen. Stengel Bd. 1 S. 84 Nr. 14.

Präj. Nr. 259 des Ob. Trib. v. Jahre 1837, Präj. Samml. 1 S. 208: Nach märkischem Provinz Rechte reicht der Nachweis, daß ein wüster Bauerhof schon vor 1624, oder daß er zur Anlegung eines Rittersitzes eingezogen worden, allein noch nicht hin, die Gutsherrschaft von der Verpflichtung zu befreien, zu den aus dem Besitze eines solchen Hofes fließenden öffentlichen und Gemeinde- oder Parochiallasten, namentlich auch zu den Kosten der Kirchen- und Pfarrbauten beizutragen; vielmehr tritt eine solche Befreiung, wo nicht etwa Verjährung dargethan worden, nur bei solchen eingezogenen wüsten Bauerhöfen ein, die im Kataster v. 1624 nicht mehr erwähnt sind.

Erk. d. Ob. Trib. 23. Sept. 1863, Arch. 50 S. 265: Nach altmärkischem Provinzial-Recht sind die Ackerleute allein, nicht auch die Kossäthen, verpflichtet, die Spanndienste zu den Kirchenbauten und Reparaturen zu leisten.

Erk. v. 3. Dez. 1852, Entsch. 25 S. 66: In der Mark Brandenburg sind nur bei Landkirchen die Eingepfarrten, ohne Rücksicht auf ein etwa vorhandenes Kirchenvermögen, zu den Pfarrbauten beizutragen verpflichtet, wogegen bei Stadtkirchen die Kosten zu solchen Bauten zunächst aus dem Kirchenvermögen bestritten werden müssen.

Präj. v. 1767, Stengel Bd. 1 S. 84 Nr. 15: In der Neumark werden die zu Pfarr- und Küstergebäuden erforderlichen Gelder von den Eingepfarrten, z. B. Müllern, Schmieden 2c., nicht in der Eigenschaft als Eingepfarrte, sondern nur als Besitzer kontribuabler Hufen, nach der Hufenzahl aufgebracht; die Fuhren aber werden von den sämmtlichen Bauern, und die Handdienste von den Kossäthen nach der Reihe verrichtet. Eingepfarrte, welche keine kontribuable Hufen besitzen, sind von allen Geldbeiträgen frei.

Erk. v. 9. Aug. 1843, Präj. Nr. 1319, Präj. Samml. S. 209: In der Neumark werden zu den Pfarrbauten nur von den Besitzern kontribuabler Hufen Beiträge geleistet, nach der Hufenzahl.

Dieser Grundsatz ist durch das Ges. v. 21. Mai 1861 nicht aufgehoben. Eingepfarrte, welche solche Hufen nicht besitzen, sind von allen Geldbeiträgen zu den Kirchengebäuden frei. Erk. v. 15. Jan. 1875, Entsch. 74 S. 132, Arch. 93 S. 111.

Erk. v. 30. Nov. 1855, Entsch. 31 S. 437: In der Neumark hat, insoweit durch Verträge, rechtskräftige Erkenntnisse und ununterbrochene Gewohnheit nicht etwas Anderes bestimmt ist, ein Rittergutsbesitzer, wenn er nicht zugleich Patron ist, zu dem Bau der Kirchen- und Pfarrgebäude nur insofern beizutragen, als er kontribuable Hufen besitzt.

Erk. v. 14. Aug. 1847, Simon, Rechtsf. 2 S. 100: Im Wesentlichen hat in der Neumark der Patron die Materialien an Holz, Kalk und Steinen, die angesessenen Wirthe dagegen die übrigen Materialien, die Hand- und Spanndienste, sowie die baaren Kosten von Handwerkerlöhnung herzugeben und zu leisten.

Erk. v. 11. Jan. 1864, Entsch. 51 S. 296: In der Neumark trägt der Patron einer Tochterkirche zu den Kirchen- und Pfarrbauten bei der Mutterkirche ebensoviel bei, wie der Patron der Mutterkirche beizutragen hat, wenn die Filia keine eigenen Gebäude besitzt.

Erk. v. 15. Juli 1864, Entsch. 54 S. 317, Arch. 53 S. 350: Nach dem Provinz. Recht der Neumark haben die Patrone der Tochterkirchen zu den Pfarrbauten ebensoviel beizutragen, wie der Patron der Mutterkirche.

Hiervon kann indessen durch Observanz eine Abweichung begründet werden. Erk. v. 11. Jan. 1864, Entsch. 51 S. 288.

Erk. v. 23. Okt. 1871, Arch. 84 S. 93:

a) Nach neumärkischem Provinz. Recht besteht zwischen dem Patron und den Gespann haltenden Eingepfarrten und Ortseinwohnern rücksichtlich der Verpflichtung des ersteren, die Hauptmaterialien zu beschaffen, und der Verbindlichkeit der letzteren, Spanndienste zu leisten, weder ein obligatorisches, noch ein durch Vorhandensein einer gemeinschaftlichen Verpflichtung begründetes gegenseitiges Rechtsverhältniß.
b) Liefert der Patron die Materialien nicht selbst am Bauorte, sondern fordert er ausdrücklich oder durch deren Anweisung an einem dritten Orte stillschweigend die Abfuhr derselben von diesem auf jenen Ort, so ist die Kirchengemeinde befugt, den Patron im Rechtswege dazu anzuhalten, daß er seiner gesetzl. Pflicht zur Beschaffung der Materialien in der Weise, wie nach dem Herkommen, nach der Natur der Sache, oder nach allgem. Rechtsgrundsätzen vermeintlich geschehen soll, genüge.
c) Dasjenige, was zwischen Beiden (Kirchengemeinde und Patron) judikatmäßig oder vergleichsweise festgesetzt wird, ist für jede Klasse der Gemeinde bindend.
d) Ist die Kirchengemeinde mit dem Orte, wo der Patron die Materialien zu liefern bereit ist, zufrieden und verlangt sie von der zur Leistung von Spanndiensten verpflichteten Klasse der Gemeindemitglieder die Anfuhr von Materialien zum Bauorte, so kann jede einzelne Klasse, wenn sie zum Widerspruche gegen dieses Verlangen sich berechtigt glaubt, denselben gegen die Kirche, bez. die Kirchengemeinde im Rechtswege geltend machen.

Erk. d. Ob. Trib. v. 18. Juni 1877, Entsch. Bd. 80 S. 124: In der Mark ist nach Prov. Recht die Beitragspflicht zu den kirchlichen Baukosten ohne Unterschied der Religion vom Wohnsitz abhängig. Dieses Provinz. Recht ist durch §. 31 Nr. 6 der Kg. O. v. 1873 u. Art. 9 des Ges. v. 25. Mai 1874 nicht aufgehoben; unter „den sonst speziell Verpflichteten" sind nicht blos einzelne kraft eines speziellen Rechtstitels Verpflichtete zu verstehen, sondern auch diejenigen begriffen, deren Verpflichtung auf dem Wohnsitze im Pfarrbezirk ohne Unterschied der Religion beruht.

F. Schlesien.

Die Kab.Ordre v. 10. Dez. 1839, J.M.Bl. 1840 S. 23, M.Bl. f. d. inn. V. 1840 S. 154, nimmt die von mehreren Gerichten ihren Entscheidungen zu Grunde gelegte Observanz, wonach im Bezirk des ehemaligen Ober-Konsistoriums zu Glogau (aus den Fürstenthümern Glogau, Liegnitz, Sagan, Wohlau bestehend) bei Kirchenbauten, in Ermangelung eines besonderen Kirchenvermögens, der Patron sämmtliche baare Geldleistungen, die Eingepfarrten aber nur die nöthigen Hand- und Spanndienste, sowie das erforderliche Stroh beizutragen gehalten, Gastgemeinden aber von aller Beitragspflicht frei sein sollten, nicht für dargethan an, und bestimmt demgemäß, daß bei künftigen Entscheidungen dieser Art die Grundsätze des Allg. Landr. §§ 710 ff. II. 11. in Anwendung zu bringen sind, nach welchen neben Verträgen und rechtskräftigen Erkenntnissen zwar auch ununterbrochene Gewohnheit, jedoch nur, insofern sie für die betreffende Parochie als Ortsgewohnheit nachgewiesen wird, zu berücksichtigen ist, so daß sie ferner nicht -- wie bisher geschehen — durch jene vermeintliche Provinzial-Observanz begründet werden darf.

Durch diese Kab.Ordre v. 1839 hat die sog. Stielow'sche Observanz, betr. die Befreiung der Eingepfarrten in Niederschlesien von den baaren Beiträgen zu Kirchen- und Schulbauten, ihre Berücksichtigung verloren. Erk. v. 22. Mai 1857, Entsch. 36 S. 305, Arch. 24 S. 325 u. v. 16. Sept. 1859, Arch. Bd. 34 S. 249.

In Schlesien hat der Patron zwei Drittel der Geldbeiträge, wenn das Kirchenvermögen nicht hinreicht, und zwei Drittel der Baufuhren, die Eingepfarrten aber ein Drittel der Fuhren und Geldbeiträge und die Handdienste zu leisten. Erk. d. Ob.Trib. de 1781, Stengel Bd. 7 S. 238.

Bei Landkirchen muß in Schlesien der Patron zu den Kosten der Reparatur zwei Drittel beitragen, wenn das Aerarium nicht zureicht, und weder Verträge, rechtskräftige Erkenntnisse, noch ununterbrochene Gewohnheiten etwas Anderes festsetzen. Die diesfällige Verbindlichkeit des Patrons hängt nicht davon ab, ob die betr. Kirche von ihm oder seinen Vorfahren mit gebaut worden, auch nicht davon, ob seine Patronatrechte in irgend einer Beziehung beschränkt sind, z. B. ob er nur ein eingeschränktes Präsentationsrecht besitze, indem sowohl nach gemeinen Rechtsprinzipien, als nach dem Allg. Landr. das jus praesentandi nicht nothwendiges Erforderniß des Patronatverhältnisses ist. Erk. d. Ob. Landesger. Breslau v. 23. Juli 1830 u. 4. Dez. 1834, Koch, Schles. Arch. Bd. 3 S. 397—408.

Der Patron, welcher in Schlesien die Befreiung von Kirchen- und Pfarrbauten auf Grund einer Observanz behauptet, muß nach dem in Schlesien geltenden Sachsenrechte nachweisen:

a) daß innerhalb 31 Jahren 6 Wochen 3 Tagen wenigstens 3 Bauten von den Kirchen- und Pfarrwohngebäuden sich ereignet haben,

b) daß diese Kosten von der Gemeinde bestritten worden sind, und

c) das Aerarium jedesmal unzulänglich gewesen. Erk. des Ob. L. Ger. Breslau v. 4. Dez. 1834, Koch's Arch. Bd. 3 S. 405.

Im Fürstenthum Oels ist kein Provinz. Gesetz vorhanden, welches die Eingepfarrten ohne Konkurrenz des Patrons zur Unterhaltung der Kirchen-, Pfarr- und Schulgebäude verpflichtet. Bei der Verbindlichkeit zur Unterhaltung eines Schulhauses, mit dem die Küsterwohnung verbunden ist, kommt es nicht darauf an, ob die Bauten und Reparaturen zu Schulzwecken oder rücksichtl. des Küsters oder

Organisten nöthig werden. Erk. d. Ob.L.Ger. Breslau v. 3. März 1835, Koch's Arch. Bd. 3. S. 409, cfr. auch L.R. II. 12 § 37.

G. Oberlausitz.

V. v. 11. April 1846, G.S. S. 164:

§. 1. In dem Markgrafthum Ober-Lausitz sollen fortan bei allen Kirchen-, Pfarr- und Schulbauten die Vorschriften des Allg. Landr. II. 11 § 710—756 zur Anwendung kommen, diese Vorschriften auch bei Erwerbung und Unterhaltung der Begräbnißplätze und Kirchhofsmauern zur Richtschnur dienen.

§. 2. In all' diesen Fällen, insbesondere also auch bei dem Bau und der Unterhaltung von Landkirchen, soll jedoch der Patron nur ein Drittel der baaren Geldbeiträge zu leisten verpflichtet sein.

§. 3. Bei Verträgen, rechtskräftigen Erkenntnissen hat es auch ferner sein Bewenden; auf örtliche Gewohnheiten, welche über die vorgedachten Verpflichtungen (§§. 1 u. 2) bestehen könnten, soll dagegen nicht ferner zurückgegangen werden.

§. 4. Sind außer den Kirchenpatronen und Eingepfarrten auch noch andere Personen zu Beiträgen verpflichtet, so wird durch das gegenwärtige Gesetz in der Beitragspflicht dieser Personen nichts geändert.

Der Kirchenpatron hat in der Ober-Lausitz das gesetzliche Drittel der Kosten bei Schulbauten nur dann zu entrichten, wenn die Schule zugleich als Küsterei mit der Kirche in Verbindung steht.

Erk. d. Ob.Trib. v. 16. Sept. 1859, Arch. 34 S. 249, vergl. R. des Min. d. g. A. v. 6. April 1864, Centr.Bl. d. Unterr.Verw. 1864 S. 244.

H. Niederlausitz.

Pl. Beschl. des Ob.Trib. v. 6. Dez. 1852, Entsch. 24 S. 1, Arch. 7 S. 334: In der Niederlausitz sind die Vorschriften des Allg. Landr. in Beziehung auf die Kirchenbaulast durch das Pat. v. 15. Nov. 1816 eingeführt worden.

I. Herzogthum Magdeburg.

Vergl. die Revidirte Kirch.Ord. v. 9. Mai 1739 im Herzogthum Magdeburg, wie auch in der Grafschaft Mansfeld Magdeburgischer Hoheit, Kap. 26 S. 195 ff. u. §. 4 der Flecken-, Dorf- u. Acker-Ord. v. 16. Dez. 1702 (Rabe 1. 1. S. 238).

Nach der Entsch. der Ges.Komm. v. 2. Aug. 1782 muß im Herzogth. Magdeburg bei erforderlichen Kirchen- und Pfarrbauten und Reparaturen, wenn das Kirchenvermögen unzulänglich, die eingepfarrte Kirchengemeinde das Arbeitslohn aufbringen. Rabe Bd. 1 Abthl. 7 S. 158.

Erk. v. 19. Dez. 1856, Entsch. 34 S. 276: Nach Magdeburgischem Provinz.Recht muß, wenn das Kirchenvermögen zum Bau und zur Unterhaltung der Kirchen-, Pfarr- und Schulgebäude nicht hinreichend ist, der Patron die Hauptmaterialien an Holz, Kalk und Steinen liefern, alle übrigen Baumaterialien, sowie das Arbeitslohn, nebst den dazu erforderlichen und darunter begriffenen Zuthaten an Eisen, Glas, Blei, Kacheln zum Ofen müssen, außer den Hand- und Spanndiensten, von den Eingepfarrten aufgebracht werden.

Dies gilt auch für Bauten von Küsterhäusern, die zugleich Schulhäuser sind. Erk. d. Ob.Trib. v. 9. Sept. 1847 (Rechtsspr. Bd. 2 S. 174) u. v. 20. Febr. 1856 (Entsch. 33 S. 130).

Erk. v. 26. Nov. 1855, Arch. 18 S. 317: Die fortdauernde Gültigkeit der Bestimmungen der revid. Kirch.Ord. v. 1739 für das Herzogth. Magdeburg und die

Grafschaft Mansfeld über die Beitragspflicht zu Kirchen- und Pfarrbauten ist nicht in Zweifel zu ziehen, und es hat sich gegen diese Bestimmungen kein Gewohnheitsrecht bilden können. Dagegen schließt die Bestimmung des §. 3 Kap. 26, wonach die Filialkirchen nur „etwa" den dritten Theil zu den Pfarr- und Schulmeisterwohnungen beizutragen haben, die Bildung einer anderweitigen Observanz nicht aus, vergl. auch Erk. v. 19. Juli 1854, Arch. 14 S. 186.

Pfarrwittwenäcker haben observanzmäßig zu den kirchl. Baulasten nichts beizutragen. (Klewitz, Prov. R. 1 S. 222.)

K. Sachsen.

Ueber die früheren Verhältnisse in den vormals Königl. Sächsischen Landestheilen vergl. Jahrb. 25 S. 93, Gräff Bd. 1 S. 226, v. K., Annal. Bd. 13 S. 291 u. Bd. 22 S. 348.

V. v. 11. Nov. 1844, betr. die Beitragspflicht der Rittergutsbesitzer und anderer Grundbesitzer in den vormals Königl. Sächsischen Landestheilen der Provinz Sachsen zur Unterhaltung von Kirchen, Pfarren und Schulen. G.S. 1844 S. 698.

Erk. v. 26. April 1856, Entsch. 32 S. 457: In Betreff der Beitragspflicht der Patronate, worüber die V. v. 11. Nov. 1844 nichts enthält, namentlich der fiskalischen Patronate, kommen die §§. 710, 740, 790 h. t. zur Anwendung.

Erk. v. 28. Nov. 1851, auf Grund des §. 18 der V. v. 11. Nov. 1844, Arch. 4 S. 134: In der Provinz Sachsen müssen, wenn verschiedene Dörfer mit verschiedenen Schulen zu einer Parochie vereinigt sind, die Grundbesitzer sämmtlicher Dörfer zu den Unterhaltungskosten sämmtlicher Schulen pro rata ihres Grundbesitzes beitragen.

Die Vorschriften des Allg. Landr. über die Beitragspflicht der Patrone bei geistl. Bauten kommen auch gegen die Patrone im Herzogthum Sachsen zur Anwendung, und sind die früheren Sächsischen Gesetze für Provinzialgesetze nicht zu achten. Erk. d. Ob. Trib. v. 6. März 1843, Präj. Nr. 1267. vergl. auch Erk. v. 6. Dez. 1852, Arch. Bd. 7 S. 334. Amtl. Mitthl. d. Konsistor. i. Berlin 1882 S. 114.

L. Fürstenthum Eichsfeld.

Erk. v. 3. Okt. 1859, Entsch. 42 S. 297, Arch. 34 S. 299: Nach dem Provinz. Rechte dieses Fürstenthums haben die Patrone nicht die Verpflichtung, in Ermangelung eines hinlänglichen Kirchenvermögens zu dem Bau der Kirchen, Pfarren und Schulen beizutragen; diese Verpflichtung liegt vielmehr den Gemeinden ob.

M. Westfalen (Herzogthum).

V. des Kurfürsten Clemens August von Köln (sog. Clementina) v. 28. Aug. 1715. Scotti, Samml. Kölnischer Verordnungen Thl. 1. Abthl. 1 S. 603.

Diese Verord. steht noch in Kraft. Erk. v. 10. Sept. 1858, Arch. 30 S. 216 u. v. 12. April u. 16. Juni 1864, Arch. 54 S. 68 u. Bd. 55 S. 144.

Nach dieser im Herzogthum Westfalen als Provinz. Gesetz geltenden Verordnung sind die Zehntherren — decimatores majores — provisorisch, unter Vorbehalt ihres Regresses gegen etwaige sonstige Verpflichtete, zur Hergabe der zum Kirchenbau erforderlichen Beiträge, selbst über den Werth der Zehntberechtigung hinaus, verpflichtet. Erk. v. 15. Febr. 1845, Entsch. 10 S. 452.

Die nach dieser Verordn. den Zehntherren der Parochie obliegende Verpflichtung, provisorisch die Kosten zum Kirchenbau herzugeben, welche aus dem Kirchenärar nicht bestritten werden können, geht auch auf die im Besitz des Zehnts gebliebene erbschaftliche Liquidationsmasse eines verstorbenen Zehntherrn über, und wird, soweit der Betrag des Zehnts reicht, durch eine erfolgte Präklusion der Anspruch der betr. Kirche an die Masse nicht beseitigt. Die Verpflichtung, nach Verhältniß des Zehntbetrages vorschußweise Beiträge zu den Kirchenbaukosten zu leisten, ist jedoch nur mit dem Besitze des Zehnts selbst verbunden. Ist daher ein Zehnt vor erfolgter Einforderung des betr. Beitrages bereits abgelöst, so ist der bisherige Inhaber desselben, auch wenn er für die Ablösung Entschädigung erhalten, aus diesem Grunde zur Leistung des fragl. Vorschusses nicht verpflichtet. Erk. v. 19. Febr. 1846, Entsch. 13 S. 493.

Dagegen hat der Pl. Beschl. des Ob. Trib. v. 1. Juli 1850, Entsch. 20 S. 59 u. 65 entschieden, daß die Kirche im Herzogthum Westfalen berechtigt ist, rücksichtlich des ihr nach der Clementinischen Verordn. v. 1715 zustehenden Anspruchs an den Zehntherrn auf Theilnahme an der Kirchenbaulast, nach Ablösung des Zehnten die Sicherstellung des Ablösungskapitals zu fordern.

Hieran ist durch das Ablösungsgesetz v. 2. März 1850 in Beziehung auf die Sicherstellung dritter Personen, deren Rechte nicht gleichzeitig abgelöst sind, nichts geändert worden. Erk. v. 12. April 1864, Arch. 54 S. 68.

Daraus, daß durch die Ablösung des Zehnten dem Zehntpflichtigen gegenüber das Zehntrecht selbst erlischt, folgt nicht, daß die bisherigen Verpflichtungen des Zehntberechtigten auch dritten Personen gegenüber untergegangen sind, sofern nicht diese dritten Personen gleichfalls bei der Ablösung zugezogen und wegen ihrer Rechte abgefunden sind. Vielmehr bleibt gegen dritte Personen die frühere Verbindlichkeit bestehen, nur daß an die Stelle des dinglich verpflichteten Zehntens das dafür gegebene Aequivalent tritt. Erk. v. 12. April 1864, Arch. 54 S. 68.

Unter dem im Herzogth. Westfalen provisorisch zum Kirchenbau verpflichteten decimator major totius parochiae ist auch ein solcher zu verstehen, der nur aus einigen Grundstücken des Kirchspiels Zehnten zu beziehen hat, während die übrigen Grundstücke nicht zehntpflichtig sind. (Clementina v. 1715.) Auch die Verwandlung eines Zugzehnten in einen Sackzehnten ändert nichts an der Kirchenbaupflicht des Zehntherrn. Erk. v. 11. Nov. 1853, Ulrich's Arch. Bd. 16 S. 555.

Der Ausdruck: decimatores totius parochiae im §. 2 der gedVerord. kann nicht so gedeutet werden, daß sich das Zehntrecht des Großzehntherrn nothwendig über das ganze Areal des Pfarrsprengels erstrecken muß, sondern es sind darunter alle Inhaber eines großen Zehntens innerhalb des Pfarrsprengels zu verstehen. Erk. v. 10. Sept. 1858, Arch. 30 S. 217.

Wenn in einem Pfarrbezirke ein Kirchengebäude besteht, in Ansehung dessen einem Zehntberechtigten die Baulast obliegt, und neben diesem Gebäude ein anderes errichtet wird, ist der Zehntberechtigte nicht verbunden, in dieser Eigenschaft zu den Kosten des neuen Gebäudes beizutragen, auch alsdann nicht, wenn das neue Gebäude in Zukunft für den regelmäßig, das alte für den ausnahmsweise abzuhaltenden Gottesdienst bestimmt ist. Für das Herzogthum Westfalen ist anzunehmen, daß bei Stiftung ganz neuer Kirchen neben den bestehenden die Baulast in Beziehung auf die alten Kirchen nicht erlischt, noch ohne Weiteres auf die neuen Kirchen übergeht, auch wenn die letzteren die Bestimmung haben, zur Ausübung des Gottesdienstes in dem Pfarrbezirk zu dienen, und wenn auch

§. 711. In so weit aber, als es an dergleichen besondern Bestimmungen ermangelt, finden nachstehende allgemeine Vorschriften Anwendung.[294])

§. 712. Die Kosten zum Baue und zur Unterhaltung der Kirchengebäude müssen hauptsächlich aus dem Kirchenvermögen genommen werden.[295])

---

in Zukunft wesentlich in der neuen Kirche der Gottesdienst verwaltet wird. Erk. v. 28. Sept. 1871, Arch. 82 S. 338.

Nach der Clementina v. 1715 sind die Zehntherren — decimatores majores — provisorisch unter Vorbehalt ihres Regresses gegen etwaige sonst Verpflichtete, nicht allein zu Reparaturbauten der Kirchen, sondern auch zu Neubauten derselben die erforderlichen Beiträge herzugeben verpflichtet. Erk. d. Ob. Trib. v. 6. Januar 1857, Zeitschr. des Rev. Koll. f. L.K. S. Bd. 10 S. 66.

vergl. dagegen das Erk. d. Ob. Trib. v. 9. Juni 1864, Archiv Bd. 55 S. 122. — Die Verpflichtung der Zehntherren im Herzogthum Westfalen, die Kosten zur Wiederherstellung (reparatio) der Kirchengebäude vorläufig herzugeben, erstreckt sich aber nicht auch auf einen wegen vermehrter Bevölkerung nothwendig gewordenen Erweiterungsbau der Kirche. Erk. d. Ob. Trib. v. 29. Jan. 1858, Entsch. 37 S. 304. (Entgegengesetzter Ansicht ist das Rev. Koll. f. L.K.S. in dem Erk. v. 12. April 1862, Zeitschr. d. Rev. Koll. f. L.K. S. Bd. 14 S. 284.)

Ebensowenig auf Errichtung ganz neuer Kirchen und deren Reparaturen. Erk. d. Ob. Trib. v. 9. Juni 1858, Entsch. 52 S. 276, Arch. 55 S. 122.

Der Zehntherr im Herzogth. Westfalen ist berechtigt, für die von ihm hergegebenen Kirchenbaukosten Ersatz an Kapital und Zinsen von den Eingepfarrten insoweit zu verlangen, als die hergegebenen Summen den Werth der Zehnten übersteigen. Erk. v. 13. Juli 1857, Entsch. 36 S. 312.

N. **Fürstenthum Paderborn.**

vergl. Entsch. Bd. 32 S. 148, 153, 157.

O. **Grafschaft Rietberg.**

cfr. Erk. v. 10. Mai 1852 Anm 293 oben.

In Betreff der Kirchenbaulast in dem Fürstenthum Minden, den Grafschaften Ravensberg, Teklenburg und Lingen, in dem Fürstenthum Münster und Korvey und in den Grafschaften Mark und Rietberg, vergl. Meier, Kirchenr. S. 330.

Im Uebrigen vergl. wegen der provinzialrechtl. Bestimmungen über die kirchl. Baulast Altmann, Praxis der Preuß. Gerichte in Kirchen- &c. Sachen 1861 S. 90 ff. — Die im §. 710 gedachten Gesetze und Regeln setzen nicht das Bestehen der Kirchen-, Pfarr-, und der ihnen zustehenden Gebäude voraus, sondern entscheiden auch für die Fälle, wo es sich um Errichtung neuer, bisher nicht vorhandener Bauten handelt. Erk. v. 11. Nov. 1859, Entsch. 43 S. 339.

[294]) Erk. v. 12. Jan. 1857, Entsch. 35 S. 139: Wenn also z. B. sich eine Observanz hinsichtlich der Reparaturen gebildet hat, so ist dieselbe nicht maaßgebend auch für die Neubauten.

vergl. das Erk. v. 18. Jan. 1856 in Anm. 293.

[295]) vergl. das Erk. v. 3. Dez. 1852 in Anm. 293.

R. des Min. d. g. A. u. des Inn. und der Polizei v. 25. Mai 1826: Nach den Grundsätzen, nach welchen die Baukosten aufzubringen sind, müssen auch die

§. 713. Es darf aber davon nicht mehr verwendet werden, als ohne Nachtheil der aus der Kirchencasse zu bestreitenden jährlichen Ausgaben geschehen kann.

§. 714. Auch müssen, bei Landkirchen, die Eingepfarrten in jedem Falle, ohne Unterschied, die nöthigen Hand- und Spanndienste unentgeltlich leisten. [296])

Feuersozietätsbeiträge für die geistl. Gebäude aufgebracht werden. v. K., Ann. Bd. 10 S. 411.

[296]) Erk. v. 3. Nov. 1865, Entsch. 54 S. 329, Arch. 61 S. 202:

a) Nach dem Allg. Landr. ist die örtliche Lage als das Entscheidende für den Begriff von Stadt- und Landkirchen anzusehen; daher ist eine Stadtkirche eine solche, welche in einer Stadt sich befindet, und dagegen eine Landkirche eine solche, welche auf dem Lande, in einem Dorfe liegt.
Das Allg. Landr. kennt die zwiefache Eigenschaft einer Kirche als Landkirche und zugleich als Stadtkirche nicht.

b) Auch die Frage, ob eine Kirche im Sinne des A. L. R. in Beziehung auf die von dem Kirchenpatron zu leistenden Beiträge zu den Reparaturkosten für eine Stadtkirche oder eine Landkirche zu erachten ist, hängt nicht von der Eigenschaft der Eingepfarrten als Stadt- und Landbewohner ab, sondern entscheidet sich nach der örtlichen Lage der Kirche, ob die letztere nämlich sich auf städtischem oder auf ländlichem Gebiete befindet.

c) Der Kirchenvorstand ist nicht legitimirt, behufs Bestimmung des Beitrages des Patrons zu den Kosten kirchlicher Bauten die richterliche Entscheidung darüber zu verlangen, ob eine Kirche eine Landkirche sei; vielmehr kann der Streit darüber nur unter den Verpflichteten selbst, dem Patron und den Eingepfarrten, entschieden werden.

Erk. 29. Sept. u. 14. Okt. 1871, Entsch. 66 S. 153, Arch. 85 S. 10: Einer Stadtgemeinde in der Kurmark liegt die Kirchenbaulast, soweit sie solche in Betreff der auf städtischem Gebiete vorhandenen Kirchen zu tragen hat, dann nicht ob, wenn die geistl. Oberen verordnen, daß eine neue Kirche auf einem dem Stadtgebiete zugeschlagenen, bei einer Landkirche eingepfarrt gewesenen, ehemals ländlichen Distrikte erbaut werden soll.

Erk. v. 21. März 1873, Arch. 88 S. 299: Zu den zur Kirchenbaulast verpflichteten Eingepfarrten kann der Pfarrer nicht mit gerechnet werden.

R. des Min. d. geistl. A. v. 28. Mai 1866 u. 30. Jan. 1867, Centr.Bl. f. d. Unterr.Verw. 1866 S. 430 u. 1867 S. 252: Auch dann, wenn die Hand- und Spanndienste nicht in natura zu leisten sind, sondern mit Geld bezahlt werden, wie bei Deichbauten, kommt der Grundsatz des §. 714 h. t. und zwar dahin zur Anwendung, daß die auf jene Dienste zu rechnenden Geldbeträge dem Dienstpflichtigen allein zur Last gelegt werden.

Erk. vom J. 1837, Präj. Nr. 207, Präj. Samml. S. 208 u. Erk. v. 22. Sept. 1854, Arch. 15 S. 21: Bei Landkirchen kommen in Ansehung der Leistung der Hand- und Spanndienste der Eingepfarrten die §§. 714, 715 L. R. II. 11 beim Nachweis einer bestehenden entgegengesetzten Observanz (§. 710) nicht zur Anwendung.

Erk. v. 28. Mai 1866, Arch. 64 S. 125: Weder nach Alt-Märkischem Provinz. Recht, noch nach dem A. L. R. ist anzuerkennen, daß die Eingepfarrten einer

§. 715. Die Vertheilung der Hand- und Spanndienste unter die Eingepfarrten muß nach eben dem Verhältnisse geschehen, wie bei Gemeinediensten. (Tit. 7. §. 37. sqq.)[297])

§. 716. Eingepfarrte, welche nicht zu der Gemeine des

Landkirche, welche bei ausreichendem Kirchenvermögen observanzmäßig von Hand- und Spanndiensten befreit waren, nach eingetretener Unzulänglichkeit des Kirchenvermögens auch von den übrigen Kirchenbaubeiträgen befreit sind.

Erk. v. 5. Febr. 1864, Arch. 53 S. 103: Wenn auch in der Regel zum Gespanne nur Zugvieh, Pferde und Ochsen gerechnet werden, so können Kühe doch in dem Falle, wenn die Kolonisten damit ihren Acker bestellt haben, nicht unbedingt ausgeschlossen werden. Werden Kühe einmal als Zugvieh benutzt, so läßt sich der Ausdruck „Gespann" auf sie anwenden.

Ostpreuß. Provinz. Recht:

Zusatz 195: Hat die Kirchenkasse zwar keine Kapitalien, aber einen jährlichen Ueberschuß an Einkünften, so muß nach Verhältniß dieses Ueberschusses zum Baue und zur Unterhaltung der Kirchengebäude Geld aufgenommen werden.

Zusatz 196:

§. 1. Wo Stadt- und Landgemeinden zu einer Kirche eingepfarrt sind, hängt es von der Wahl der letzteren ab, statt des von ihnen zu tragenden Antheils der zu Gelde angeschlagenen Hand- und Spanndienste, die Dienste selbst zu leisten.

§. 2. Die Königl. Vorwerkshufen, so lange sie als solche benutzt werden, und wenn sie vorher keine andere Qualität gehabt haben, wie auch die Diensthufen der Königl. Unterbedienten, sind von den Diensten zu Kirchenbauten und Reparaturen befreit.

§. 3. Die ursprünglichen Vorwerkshufen des oder der Güter, worauf das Patronatrecht haftet, werden zu den Hand- und Spanndiensten nicht zugezogen, wenn der Patron Holz, Steine, Ziegel und Kalk giebt.

Provinz. Recht für Pommern:

Bei Landkirchen sind die Eingepfarrten, insofern nicht durch Ortsverfassung und Gewohnheit eine Ausnahme begründet wird, verpflichtet, unentgeltlich Hand- und Spanndienste zu leisten, wenn sie von Zahlung der Bankmiethe und des Grabgeldes befreit sind. Muß aber Bankmiethe oder Grabgeld bezahlt werden, so werden bei vermögenden Landkirchen auch die Dienste vergütigt, bez. aus der Kirchenkasse bezahlt. Bei sämmtlichen Kirchen Kgl. Patronats wird zu allen kirchl. Bauten und Reparaturen das erforderliche Bauholz, wenn die Kirchen kein eigenes haben und unvermögend sind, ganz unentgeltlich, den vermögenden zur Hälfte unentgeltlich aus Königl. Forsten verabfolgt. A.V. v. 15. Febr. 1714, 27. Aug. 1747, Erk. d. Ob.Trib. v. 17. Okt. 1794 (Prov.R. S. 147). Ist das Kirchenvermögen zur Bestreitung der Baukosten ganz oder zum Theil nicht hinreichend, so muß das Fehlende von den Eingepfarrten und dem Patron aufgebracht werden. In welchem Verhältnisse aber die Patrone und die Eingepfarrten hierbei konkurriren, ist in den Provinzialgesetzen nicht deutlich bestimmt und zweifelhaft.

[297]) Erk. v. 23. Sept. 1863, Arch. 50 S. 265: Nach altmärkischem Provinz. Rechte sind die Ackerleute allein, nicht auch die Kossäthen, verpflichtet, die Spanndienste zu den Kirchenbauten und Reparaturen zu leisten.

Dorfes, wo die Kirche liegt, gehören, oder aus irgend einem Grunde von den Gemeindediensten frei sind, müssen dennoch zu den Hand- und Spanndiensten bei Kirchenbauen und Reparaturen beitragen.[298])

§. 717. Ihr Verhältniß dabei wird, in Ansehung der Handdienste, nach der Zahl der Familien, so wie in Ansehung der Spanndienste, nach dem auf ihren Stellen angeschlagenen oder gewöhnlich gehaltenen Gespanne bestimmt.

§. 718. Zu unentgeltlicher Leistung von Arbeiten, welche kunst- oder handwerksmäßige Kenntniß erfordern, ist auch bei Kirchenbauen und Reparaturen kein Eingepfarrter verpflichtet.

§. 719. Bei Stadtkirchen werden die erforderlichen Hand- und Spanndienste zu den übrigen Kosten geschlagen.

§. 720. Ist das Kirchenvermögen zur Bestreitung der Kosten ganz oder zum Theil nicht hinreichend, so muß der Ausfall von dem Patron und den Eingepfarrten gemeinschaftlich getragen werden.[299])

---

[298]) Erk. v. 20. Sept. 1854, Entsch. 28 S. 355: Das A.L.R. hat den Forensen die Verpflichtung, zu Kirchen- uud Pfarrbauten beizutragen, nicht auferlegt.

Dagegen ist die Zulässigkeit einer die Forensen verbindenden Observanz nicht zu bezweifeln. Erk. v. 5. April 1861, Entsch. 45 S. 292, Arch. 41 S. 134. Diese Regel findet auch in Schlesien Anwendung.

Erk. v. 20. März 1838, Präj. Nr. 447, Präjud. Samml. S. 208: Die Verbindlichkeit zu Hand- und Spanndiensten ist auf die Besitzer bäuerlicher Stellen und Mitglieder der Gemeinde nicht beschränkt, sondern bezieht sich auf alle Eingepfarrte ohne Unterschied, mithin auch auf eingepfarrte Rittergutsbesitzer.

[299]) R. des Min. d. g. A. v. 8. Juni 1838, v. K., Annal Bd. 22 S. 638: Die Verpflichtung zu den Beiträgen für geistliche und Schulbauten beruht nicht auf dem Verbande der Civil-Gemeinde, sondern auf dem kirchlichen und Schulverbande.

R. d. Min. d. g. A. v. 18. Jan. 1822, v. K., Annal. Bd. 5 S. 114: Der Fiskus, wo derselbe nicht als Patron zu Kirchen- und Pfarrbauten beizutragen verpflichtet ist, hat zu solchen Beiträgen überhaupt keine Verbindlichkeit. Die Verpflichtung, zu den kirchlichen Bauten beizutragen, ist keine Reallast und geht (§. 745, 746 L.R. II. 11) nicht auf jeden Besitzer über; sie ist vielmehr eine Parochiallast, die nur zum Theil nach dem Grundbesitz unter diejenigen, die an und für sich dieselbe übernehmen müssen, vertheilt wird. Der Fiskus steht aber in gar keiner Parochial-Verbindung und kann niemals als Eingepfarrter angesehen werden, da er (§. 1 L.R. II. 14) nicht Mitglied einer Kirchengesellschaft sein kann (§. 10, 11, 237 L.R. II. 11). In der Parochial-Verbindung können nur die Verwalter und Pächter der fiskalischen Grundstücke stehen, aber auch diese und ihr Gesinde nur für ihre Personen und ohne eine Verbindlichkeit des Fiskus, sie zu vertreten. Selbst die Vorschrift des §. 732 L.R. II. 11 findet auf den Fiskus keine Anwendung, weil sie voraussetzt, daß der Patron überhaupt als Eingepfarrter angesehen werden könne, was bei dem Fiskus seinem Begriffe nach nicht möglich ist.

R. des Min. d. g. A. v. 20. Dez. 1823, v. K., Annal. Bd. 7 S. 841:

Daraus, daß ein oder das andere Mal Unterstützungen höchsten Ortes bewilligt worden sind, kann zwar keine Observanz zu Lasten des Fiskus entstehen; da indessen dergleichen behauptet worden ist, so soll dem durch ein besonderes protokollarisches Anerkenntniß in vorkommenden Fällen vorgebeugt werden.

R. des Min. d. g. A. u. des Inn. u. der Pol. v. 31. Dez. 1838, v. K., Annal. Bd. 22 S. 938: Hat eine Stadt das Patronatsrecht, so müssen zu den aus letzterem fließenden Baubeiträgen sämmtliche Mitglieder der bürgerl. Gemeinde ohne Rücksicht auf das Glaubensbekenntniß beitragen.

Nach dem Cirk.R. des Kgl. Hausministers v. 20. Nov. 1839, v. K., Annal. Bd. 23 S. 804 ist durch Cab.Ordre v. 11. Juni 1839 entschieden, daß in allen Fällen, in denen dem Fiskus kraft des Patronats oder Domänenbesitzes die Gewährung des zu Kirchen-, Pfarr-, Schul- und Küsterhausbauten und Reparaturen erforderlichen Holzes obliegt, wenn die Naturalverabreichung unstatthaft ist, die Bezahlung desselben nicht dem Fonds der Forstverwaltung, sondern dem Patronats-Baufonds der Regierung zur Last fallen soll, ohne Unterschied, ob die Naturalholzverabreichung deshalb unterbleibt, weil das erforderliche Bauholz nur in zu weit von der Baustelle entfernten Staatswaldungen vorkommt, oder deshalb, weil solches in der Nähe der Bauplätze zwar vorhanden ist, aber nach forstwirthschaftl. Grundsätzen nicht geschlagen werden darf, vergl. auch R. des M. d. g. A. v. 21. Nov. 1839, v. K., Annal. Bd. 23 S. 834.

Das R. des M. d. g. A. v. 3. April 1843, M.Bl. f. d. inn. V. v. 1843 S. 125 will die Anträge auf Gewährung außerordentlicher Zuschüsse zur Verstärkung der etatsmäßigen Patronatsbaufonds nur auf ganz ungewöhnliche Ereignisse und auf den vollständig überzeugenden Nachweis des Erfordernisses beschränkt sehen.

Das R. des Min. d. geistl. A. u. der Fin. v. 2. Nov. 1837, v. K., Annal. Bd. 21 S. 961, die Unterstützungen für Kirchen-, Pfarr- und Schulzwecke aus Staatsfonds betreffend, stellt die Grundsätze zusammen, nach welchen Unterstützungsgesuche solcher Art im Allgemeinen zu behandeln und vorzubereiten sind. Vor Allem ist zu prüfen, ob der Zweck, welcher erreicht werden soll, ein nothwendiger ist, ob die Erreichung desselben aus erheblichen Gründen durch den Zutritt der allgemeinen Staatsfonds bedingt ist, oder ob wenigstens besondere Gründe obwalten, um eine Mitwirkung des Staates als empfehlenswerth erscheinen zu lassen. Muß zur Erreichung des Zwecks zur Aufführung von Gebäuden geschritten werden, so muß

1) auch deren Nothwendigkeit dargethan sein, und der Betrag der zur Ausführung erforderlichen Kosten durch technische Veranschlagung oder wenigstens durch einen auf sachverständiger Abschätzung beruhenden und in Bezug auf den Umfang des Baues und auf die Weise der Ausführung genügend erläuterten Kostenüberschlag ermittelt werden. Bei Ausarbeitung der Baupläne und Anschläge muß das festgestellte Bedürfniß berücksichtigt, jeder unnütze Luxus vermieden, und diejenige Bauart ge-

wählt werden, welche neben einer zweckmäßigen Sparsamkeit zugleich für die längere Dauer des Gebäudes Bürgschaft leistet und in der äußeren Form sowohl, als in der inneren Einrichtung den Forderungen der Baukunst entspricht. Sodann ist

2) zu ermitteln und nachzuweisen, welcher Theil der Baukosten durch Beiträge aus dem vorhandenen Societäts-Vermögen, also bei Bauten an Kirchen, Pfarr- und Küsterwohnungen durch Beiträge aus dem Kirchenärario (§. 712, 713 h. t., §. 37 L. R. II. 12), ferner durch die von dem Patron, von der Kommune, oder bei Pfarrbauten von dem Pfarrer unentgeltlich herzugebenden Baumaterialien (§. 729, 787 h. t.) sowie durch Benutzung der Materialien oder durch Verkauf der alten Kirchen- und Schulgebäude, soweit dieselben durch den Neubau entbehrlich werden, durch freiwillige Gaben u. s. w. gedeckt werden kann. Endlich

3) bleibt sorgfältigst zu untersuchen und nachzuweisen, in wieweit die Kirchen- und Schulgemeinde den nach Abzug aller solchen Zuschüsse aus dem Kirchen- oder Kommunal-Vermögen u. s. w., sowie der etwaigen Geldbeiträge des Patrons und des Werthes der von den Landgemeinden unentgeltlich zu leistenden Hand- und Spanndienste (§. 714 h. t.) verbleibenden Rest der baaren Baukosten, ohne Gefahr für die Erhaltung im leistungsfähigen Zustande, aus eigenen Mitteln aufzubringen oder doch anzuleihen und das geliehene Kapital allmählich wieder abzutragen im Stande ist.

Um die Prästationsfähigkeit der Gemeinden und danach das Unterstützungsbedürfniß bei geistlichen und Schulbauten beurtheilen zu können, ist eine Repartitions-Tabelle der gesammten, auf die Gemeinde fallenden baaren Baukosten mit erläuternden Bemerkungen über die Erwerbs- und Abgaben-Verhältnisse der einzelnen Mitglieder der Gemeinde aufzustellen. Bei Anfertigung dieser Nachweisungen .... wird es genügen, wenn, namentlich bei Landgemeinden, die Grundbesitzer nach den im Leben selbst hervortretenden Abstufungen, und nach den ortsüblichen Benennungen als Bauern, Kolonatsbesitzer, Büdner, Kossäthen, Häusler, Einlieger u. s. w. mit Angabe der Morgenzahl, und soweit möglich, des Ertrages der Besitzungen, dann die Gewerbtreibenden, unter Angabe ihres Gewerbes und des ungefähren Umfanges desselben, endlich diejenigen Ortseinwohner, welche weder Grundeigenthum besitzen, noch ein Gewerbe treiben, unter Angabe der Größe ihres Hausstandes und der Art ihres Nahrungserwerbes aufgeführt werden. Dabei sind Abgaben der einzelnen Gemeindemitglieder an den Gutsherrn, an die Geistlichkeit und Schulen und zu anderen fortlaufenden Kommunal-Bedürfnissen, ingl. an Feuer-Societäts-Beiträgen u. s. w. so genau, als möglich, endlich, soweit thunlich, die Beträge der Hypotheken-Schulden anzugeben. Bei den Städten ist ebenfalls mit analoger Anwendung dieser Vorschriften zu verfahren, und werden überall diejenigen Bestimmungen, welche behufs der Aufstellung und Erläuterung der Klassensteuer-Aufnahmelisten ertheilt sind, auch bei der Fertigung der in Rede stehenden Repartitionslisten mit Nutzen beachtet werden können. Jedenfalls ist in dieselben der Betrag der von jedem Beitragspflichtigen zu entrichtenden Grund-, Klassen- und Gewerbesteuer (abgesondert für jede dieser Steuerarten) aufzunehmen.

Den Landräthen, an welche die aufgestellten Listen zur ersten Prüfung gelangen müssen, liegt es bei letzterer besonders ob, nach vorgängiger örtlicher Revision darüber ihr Gutachten abzugeben, ob nicht der Kostenaufwand vermindert oder die Belastung der Gemeinde erleichtert werden kann; sie haben ferner ihr Gutachten abzugeben über die Höhe und den Repartitionsfuß der Gemeindebeiträge. Gestützt hierauf, hat der Landrath alsdann sich pflichtmäßig auszusprechen, ob und welche Unterstützung aus Staatskassen zu dem Bau für erforderlich zu halten ist und sich befürworten läßt. ..... Ist der Bau, für welchen die Unterstützung nachgesucht wird, durch Brandschaden herbeigeführt, so bleibt zu untersuchen, ob und weshalb die eingeäscherten Gebäude nicht oder nicht ihrem Bauwerthe entsprechend, gegen Feuerschaden versichert worden sind. Wenn sich hierbei eine Verschuldung der Gemeinde ergiebt, so müssen dergl. Unterstützungsanträge strenger beurtheilt werden, auch ist ähnlichen Uebelständen für die Zukunft zu begegnen.

Im Allgemeinen werden desfallsige Anträge nur dann zur Befürwortung sich eignen, wenn durch außergewöhnliche und unverschuldete Unglücksfälle die Gemeinde, welcher die Leistung obliegt, hierzu außer Stand gesetzt ist; auch anderweitige Kreis-, Provinzial- oder Societätsfonds, aus denen eine Uebertragung erfolgen könnte, nicht vorhanden sind, oder endlich, wenn anderweitige erhebliche Momente anzuführen sind, welche eine Beihülfe des Staates ausnahmsweise für billig erachten lassen.

Nach diesen Gesichtspunkten hat sodann auch die K. Regierung die von den Landräthen begutachteten Anträge einer weiteren Erörterung zu unterwerfen und danach ihr Gutachten abzugeben. Dabei hat die Regierung zugleich zu prüfen, ob insbesondere bei solchen Bauten, welche durch Unglücksfälle veranlaßt sind, die Unterstützung zweckmäßig durch Verstattung einer allgemeinen, oder auf die Provinz, oder auf den Regierungsbezirk beschränkten Kirchen-Kollekte gewährt werden könne. In den Berichten der Regierung sind auch diejenigen Momente zu würdigen, welche aus einem allgemeinen Gesichtspunkte und über das örtliche Bedürfniß hinaus der Gnadenbewilligung insofern das Wort reden können, als dadurch auf Weckung und Erhaltung des kirchlichen Sinnes und auf die Belebung patriotischer, loyaler Gesinnung hingewirkt werden soll.

Bei dergl. Berichterstattungen hat übrigens jedesmal die Regierungs-Abtheilung für direkte Steuern, Domänen und Forsten zu konkurriren. .....

Das R. des Min. d. g. A. v. 12. März 1868, M.-Bl. f. d. inn. Verw. 1868 S. 203 bemerkt, daß es bei der durch das R. v. 2. Nov. 1837 (Annal. 1837 S. 961, Min.-Bl. 1842 S. 60) vorgeschriebenen Einreichung der Individual-Repartitionen bei Beantragung von Gnadengeschenken zu kirchlichen und Schulbauten bewenden muß. Die bloßen Klassensteuerlisten ..... reichen nicht aus, über die Leistungskraft und Anleihefähigkeit der Gemeinde im Ganzen, wobei die in die Klassensteuerlisten nicht aufgenommenen Forensen zu berücksichtigen sind, zu urtheilen. .....

Das R. v. 2. Nov. 1837 ist gleichzeitig den K. Regierungen der Rheinprovinz und der zu Stralsund mitgetheilt mit dem Zusatze:

Die in diesem Erlasse allegirten Vorschriften des Allg. Landr. in Bezug auf die gesetzliche Verpflichtung der Patrone resp. der Gemeinden bei Kirchen-, Pfarr- und Schulhausbauten werden bei der weiteren Instruirung der Landräthe durch die dort gültigen Vorschriften des gemeinen Rechts resp. des französischen Rechts zu ersetzen sein. Im Allgemeinen aber wird sich hierdurch in den ergehenden Bestimmungen etwas Wesentliches nicht ändern, da in Bezug auf die Verpflichtungen der Gemeinden, um welche es sich hier besonders handelt, die Bestimmungen des gemeinen Kirchenrechts mit denen des Landrechts meist übereinstimmen, und nach dem französischen Gesetze jene Verpflichtungen noch bestimmter ausgesprochen und ausgedehnter festgestellt sind, als nach den preußischen Gesetzen. (Annal. XXI. S. 966.)

Vergl. R. des Min. d. g. A. v. 6. Jan. 1866, M.Bl. f. d. inn. V. 1866 S. 2 Nr. 4: In den Berichten, betreffend kirchliche Bauprojekte mit Rücksicht auf dabei in Aussicht genommene Leistungen des Fiskus, hat die K. Regierung sich jedesmal darüber näher zu äußern, in welchem Maaße Fiskus bei dem betr. Baue konkurrirt, ob blos durch Hergabe des Holzes oder auch baarer Geldmittel oder als Patron oder Geschenkgeber.

Vergl. R. d. Min. d. g. A. v. 1. April 1865 und das demselben als Anlage beigedruckte R. desselb. Min. v. 3. März 1853, betreffend die Verrechnung der Rück- und extraordinären Einnahmen zum Patronats-Baufonds, M.Bl. f. d. inn. V. 1865 S. 102 Nr. 80.

R. dess. Min. v. 31. Mai 1871, M.Bl. f. d. inn. V. 1871 S. 200 Nr. 165: Es ist darauf zu halten, daß mit der Ausführung von kirchlichen oder Schulbauten erst dann begonnen werde, wenn die erforderlichen Baumittel vollständig gesichert sind, da auf die Flüssigmachung nachträglicher Staatsbeihilfen nicht zu rechnen ist.

R. des Min. d. g. A. v. 21. Dez. 1877, G. I. 2965: Die Bewilligung von Allerhöchsten Gnadengeschenken zu Kirchenbauten aus allgemeinen Staatsfonds bildet, wenn auch die letzteren einzelnen Kirchen zu gute kommen, dennoch keine Angelegenheit der evangelischen Landeskirche, ist vielmehr eine reine Staatssache. Durch das Ges. v. 3. Juni 1876 und durch die Verordnung v. 5. Sept. 1877 ist in den Ressort-Verhältnissen bezüglich dieses Gegenstandes eine Aenderung nicht eingetreten. Dagegen ist es selbstverständlich, daß Anträge an die Centralinstanz nicht zu bringen sind, bevor nicht auch das betreffende Konsistorium, als die kirchenregimentliche Aufsichtsbehörde, gehört ist.

R. des Min. d. geistl. Ang. u. der Fin. v. 12. Sept. 1842, betr. die Veranschlagung von Kirchen-, Pfarr- und Schulbauten bei der Vorbereitung der Anträge auf außerordentliche Unterstützungen zu dergl. Zwecken, M.Bl. f. d. inn. V. 1843 S. 60:

Die Cirkul. Verfügung v. 2. Nov. 1837 (oben) hat der Absicht insoweit entsprochen, als sie im Allgemeinen derartige Unterstützungsanträge beschränkt und sorgfältigere Vorarbeiten veranlaßte. Es hat sich aber doch nach den gemachten Erfahrungen die Nothwendigkeit nicht verkennen lassen, die Arbeitskräfte der Distriktsbaubeamten angemessener und schonender, als es bei Beobahtung der in jener Verfügung enthaltenen Bestimmungen geschehen konnte, in Anspruch zu nehmen, und bestimmen wir deshalb unter Aufhebung der letzteren, insoweit sie ein abweichendes Verfahren festsetzen, Folgendes: Wenn zur Erreichung kirchlicher, Pfarr- und Schulzwecke die Aufführung von Gebäuden in Anregung kommt, so hat die K. Regierung, bevor sie dem Baubeamten die Anfertigung von technischen Vorarbeiten aufträgt, zunächst das Bedürfniß und den Umfang der zur Befriedigung desselben, ohne außerordentliche Unterstützung verfügbaren, resp. verfügbar zu machenden Geldmittel und Leistungen in sorgfältige Erwägung zu nehmen und zu dem Zwecke diejenigen Vorarbeiten des Landraths zu veranlassen, welche die Cirk. Verf. v. 2. Nov. 1837 anordnet. Diesem ligt es ob, unter Mitwirkung der Superintendenten (Dekane) oder Schulinspektoren, nach vorgängiger örtlicher Untersuchung und Vernehmung der Vertreter der Kirche oder Schule und des Baubeamten des Bezirks zu erörtern, ob und durch welche Maaßregeln sich überhaupt der Neubau vermeiden oder ohne Nachtheil verschieben lasse. Erscheint dies nicht zulässig oder doch unvortheilhaft, so hat der Landrath in gleicher Weise das räumliche Bedürfniß zu ermitteln und festzustellen, und nachdem er in Beziehung auf die Bauart, welche er bei der K. Regierung in Antrag zu bringen gedenkt, einen Beschluß gefaßt hat, die Erörterungen über den Geldbedarf und dessen Deckung folgen zu lassen, wie sie die Cirk. Verf. v. 2. Nov. 1837 vorschreibt, jedoch mit folgenden Maaßgaben:

1. Die über die Prästationsfähigkeit der Gemeinden und deren Mitglieder vorher gesammelten und zusammengestellten (allenfalls nur der Berichtigung nach örtlicher Untersuchung bedürfenden) Ergebnisse müssen mit zur Stelle gebracht werden, damit die Repartitionstabelle sogleich aufgestellt und in Erwägung genommen werden kann, und unnöthige Termine und Reisen vermieden werden.
2. Der Bedarfsnachweisung ist kein, von dem Distriktsbaubeamten vorher ausgearbeiteter An- oder Ueberschlag, sondern diejenige Summe zu Grunde zu legen, welche von ihm, nachdem ihm der Landrath in Beziehung auf Bauart und räumliches Bedürfniß die erforderlichen Momente der Berechnung gegeben hat, sogleich zur Stelle, nach Abschätzung, als Bedarf bezeichnet wird.
3. Die Erörterung über die vorhandenen oder verfügbar zu machenden Deckungsmittel ist nach Maaßgabe der Verhältnisse auch vorher zu bewirken, bevor die Bauart in Erwägung genommen wird. Dies wird namentlich dann geschehen müssen, wenn jene Mittel nach der allgemeinen, dem Landrathe beiwohnenden Kenntniß der Verhältnisse, selbst mit demjenigen Kostenaufwande, der nur das unabweisliche Bedürfniß berücksichtigen würde, in erheblichem Mißverhältnisse stehen würden.
4. Die Bedarfsnachweisung ist in der Regel und wenn die Bauart nicht, den Hauptmomenten und den bestehenden Verhältnissen nach, als keiner Wahl unterworfen gedacht werden kann, alternativ für verschiedene Bauarten aufzustellen, welche einen größeren und geringeren Kostenaufwand erfordern. Das Maaß für die Abweichung wird bei sorgfältiger Erwägung der von der Cirk. Verf. v. 2. Nov. 1837 gestellten leitenden Gesichtspunkte ohne Schwierigkeit gefunden werden. So erhält die K. Regierung sogleich das zu einer reiflichen Prüfung der Anträge des Landraths erforderliche Material; es wird die Nothwendigkeit beseitigt, es zu ergänzen, wenn sie in Betreff der zu wählenden Bauart von abweichender Ansicht geleitet werden sollte.

Der Baubeamte wird nach Anleitung der von ihm zu führenden Bautabelle — weshalb weiterhin das Erforderliche bestimmt wird — im Stande sein, die Bedarfsabschätzung mit so viel Genauigkeit zu machen, als für dies erste Stadium der Erörterung für zureichend zu erachten ist. Er hat sich in diesem lediglich darauf zu beschränken, die von dem Landrathe ihm zu stellenden technischen Fragen zu beantworten, sich über die Wahl der Bauart und Baustelle gutachtlich zu äußern, die letztere, nachdem sich der Landrath für dieselbe entschieden, zu untersuchen und den Geldbedarf abzuschätzen. Diese Vorarbeiten hat der Landrath, begleitet mit seinem Gutachten über die Ausführung des Baues, die Deckung der Geldmittel und die etwa aus der Staatskasse zu erbittende Unterstützung der K. Regierung einzureichen. Sie hat dieselben in Bezug auf Vollständigkeit sorgfältig zu prüfen und ergänzen zu lassen, insoweit dies erforderlich erscheint, und demnächst, mit Rücksicht auf das von den technischen Mitgliedern, d. h. von den Geistlichen oder Schulräthen der K. Regierung über den Bauplan jedesmal zuvor abzugebende Gutachten, und wenn der Bau katholische Kirchen oder Pfarrgebäude betrifft, nach Rücksprache mit der bischöfl. Behörde, zur Erledigung der Vorschrift des §. 707 L. R. II. 11 darüber Beschluß zu fassen, ob und in welcher Art die Ausführung des Baues in Aufsicht genommen werden soll, und ob Veranlassung vorhanden sei, eine außerordentliche Unterstützung aus der Staatskasse und bis zu welchem Betrage bei uns in Antrag zu bringen oder nicht. Im letzten Falle muß das Gesuch sogleich und entschieden zurückgewiesen werden; im ersteren hat die K. Regierung den Bezirksbaubeamten bestimmt anzugeben:

1. Die nach ihrer Absicht zur Verfügung kommenden Geldmittel und Leistungen, wobei auch diejenige Summe berücksichtigt werden muß, welche sie als Unterstützung aus der Staatskasse in Antrag zu bringen beabsichtigt,
2. das von ihr anerkannte Raumbedürfniß
3. und die von ihr gewählte Bauart, und ihm hiernach die Anfertigung eines Kostenüberschlages und der denselben erläuternden Skizzen (mit Vermeidung von Bauanschlägen und speziellen Bauzeichnungen, welche für dergleichen Zwecke überhaupt nur auf unsere ausdrückliche Anweisung oder mit unserer Genehmigung anzufertigen sind) aufzutragen. Die deshalb an den Baubeamten zu erlassende Verfügung muß stets unter Mitwirkung des Regierungsbauraths angegeben werden, damit dem Ersteren sogleich die etwa erforderlichen technischen Andeutungen zugehen, und Rückfragen und Mißgriffe, mithin Zeitverlust, vermieden werden. Ebenso hat der Regierungsbaurath die Ueberschläge und Skizzen, bevor dieselben uns eingereicht werden, in Beziehung auf Vollständigkeit und Gründlichkeit zu revidiren und mit dem Revisionszeichen zu versehen. Die Kostenüberschläge müssen aber mehr sein, als oberflächliche Zahlenangaben. Die K. Regierung erhält nun, um innerhalb ihres Verwaltungsbezirks auf ein gleichmäßiges Verfahren bei Aufstellung solcher Kostenüberschläge hinwirken zu können, in den Anlagen sub Nr. I — Exemplare der Bemerkungen der Oberbaudeputation über die Anwendbarkeit der Ueberschläge auf zureichend genaue Schätzung der Kosten gewöhnlicher, in ähnlicher Größe, Bauart und Einrichtung oft vorkommenden Gebäude, sub Nr. II — Exemplare des Musters zu einer von dem Bezirksbaubeamten zu führenden Tabelle unter dem Rubrum: Baukosten im Verhältnisse zur Grundfläche der Gebäude oder zur Länge der Schälungen, Mauern, Zäune, Gitter rc. als Resultate spezieller Veranschlagungen; sub Nr. II A-E — Muster zu Kostenüberschlägen für gewöhnliche Gebäude, sub Nr. III — Muster des Kostenüberschlages zum Neubau einer Kirche, ferner sub Lit. X — Bogenschemata nach dem Muster II.

Zur Erläuterung dieser Materialien wird Nachstehendes bemerkt:

Die Aufstellung einer Regel, nach welcher in bestimmten räumlichen Abschnitten die Bauart (massiv, in Fachwerk u. s. w.) zu wählen sei, erscheint bedenklich, weil bei dieser Wahl außer dem Verhältnisse der Materialienpreise, welches örtlich verschieden ist, selbst die Baustelle sehr oft entscheiden muß. Ebensowenig können Normalsätze für einen Regierungsbezirk oder nur für einen Bau- oder landräthlichen Kreis gültig aufgestellt werden, weil die fast jeden Ortes verschiedenen Verhältnisse einen zu bedeutenden Einfluß auch auf den Kostenbetrag äußern; die Sachkunde, verbunden mit der Lokalkenntniß eines Baubeamten wird sich immer nicht entbehren lassen, diesem aber wird es nicht schwer werden, die Kosten mit hinreichender Sicherheit zu schätzen.

Viele Bezirksbaubeamte sammeln die Resultate der von ihnen ausgearbeiteten Anschläge, auch wohl der Ausführungen, in Tabellen unter folgenden Rubriken:

Jahr, Ort, Bestimmung des Gebäudes, Bauart, Bedachungsart, Höhen (der Keller und der einzelnen Geschosse), Länge, Breite, Grundfläche des Gebäudes, Kosten überhaupt (und insofern bei der Veranschlagung eine Trennung stattgefunden hat, wie etwa bei geistl. Gebäuden: Patronats- und Gemeindebeitrag, Betrag des Fuhrlohns, des Holzwerthes ꝛc. auch hiernach getrennt), Kosten auf den □ Fuß Grundfläche (entweder im Ganzen oder ebenfalls nach obiger Trennung), weitere Bemerkungen.

Werden nun dergleichen Resultate mit Rücksicht auf die Verschiedenheit der Umstände sachkundig benutzt, so gewähren sie für alle gewöhnlichen, oft vorkommenden Gebäude (kleine Landkirchen, Pfarr-, Küster-, und Schulhäuser, Wirthschaftsgebäude der Pfarreien, Küstereien und Schulen, gewöhnliche Häuser in den Städten u. s. w.) erfahrungsmäßig einen Anhalt, der die Arbeit eines sicheren Ueberschlages einfach und leicht macht. Auch die Oberbaudeputation läßt dergl. Tabellen, nach den verschiedenen Provinzen gesondert, führen, obgleich für sie der Nutzen eingeschränkter ist, als der, den ein Bezirksbaubeamter daraus ziehen kann. Wenn nun auch die Anwendbarkeit des Verfahrens zur Gewinnung eines Ueberschlages nicht etwa von dem Vorhandensein solcher Tabellen abhängig ist, welche nur ein Erleichterungsmittel sind, so muß es doch jedem Bezirkslandbaubeamten zur Pflicht gemacht werden, dergl. Tabellen nach den schon vorhandenen Datis anzulegen und fortzuführen, und es erscheint nützlich, die oben bezeichneten Rubriken durch eine neue: Kubikinhalt des Gebäudes (ohne Dachraum, insofern dieser nicht zur Anlage von Zimmern benutzt wird) zu vervollständigen. Zu dieser Tabelle ist das Muster II gegeben. Die Ueberschläge zu gewöhnlichen Gebäuden werden nach den Mustern II A—E aufzustellen sein.

Etwas anders verhält es sich mit größeren Kirchen- oder anderen wichtigeren Gebäuden. Die Ueberschläge werden nach dem Muster sub III aufzustellen sein.

Es wird den Bauräthen zur Pflicht gemacht, bei ihren Bereisungen von der sorgfältigen Fortführung der Tabelle (Nr. II) Seitens der Bezirksbaubeamten Kenntniß zu nehmen und dahin zu wirken, daß eine der Absicht entsprechende übereinstimmende Benutzung der gesammelten Materialien und Behandlung des Gegenstandes erreicht werde. Jedem Bezirksbaubeamten ist eine verhältnißmäßige Anzahl der Formulare zuzustellen, und haben sie sich derselben vorkommenden Falles nach Anleitung der Bemerkung sub Nr. 7 auf Anlage II zu bedienen.

Auf Grund solcher Ueberschläge und Skizzen hat demnächst die K. Regierung bei uns ihre Anträge auf Bewilligung einer außerordentlichen Unterstützung zu den bezeichneten Bauten zu machen und die weiteren Verfügungen zu gewärtigen. (Die Beilagen dieses Reskripts finden sich abgedruckt M.Bl. f. d. inn. Verw. 1843 S. 62—73, auch bei v. Rönne, Baupolizei, 1872, S. 574—586.)

R. d. Ev.O.K.R. v. 14. Febr. 1855 (Nr. 680. E.O.): In Ansehung der Benennung evangelischer Kirchen haben des Königs Majestät unter dem 20. Jan. 1855 festgesetzt, daß, wenn Kirchen landesherrlichen Patronats umgebaut oder restaurirt werden, dieselben jederzeit ihren bisherigen Namen behalten sollen, wogegen bei Erbauung neuer Kirchen Königlichen Patronats Allerhöchst denselben in jedem einzelnen Falle Anzeige über den der Kirche zu gebenden Namen behufs dessen Genehmigung zu machen sei.

R. der Minister für Handel, der Finanzen und der geistl. Angel. v. 9. Jan. 1873, Aktenst. des Ev.O.K.R. Heft 21 S. 157: Zur bautechnischen Vorbereitung der Anträge auf Staatsbeihülfen zu kirchlichen, Pfarr- oder Schulbauten genügt es in der Regel, daß ein Seitens der K. Regierung geprüfter sicherer Kostenüberschlag mit erläuternder Skizze statt eines speziellen Kostenanschlags dem bezüglichen Berichte beigefügt wird. Von Einreichung der vorgeschriebenen Individualrepartition zur Beschlußfassung, ob und in welchem Umfange Bauunterstützungen aus Staatsfonds zu Gunsten von Kirchen- resp. Schulverbänden flüssig zu machen sind, kann nicht abgesehen werden.

Das R. des Min. d. geistl. A. v. 5. Dez. 1874, Aktenst. d. Ev.O.K.R. Heft 21 S. 161 bestimmt, daß die zur Regelung des Verfahrens bei Verdingung von Lieferungen und Bauausführungen im Ressort des Finanzministerii und des Ministerii für Handel 2c. ergangenen Verfügungen v. 8. März 1868, 19. August 1872 u. 10. Nov. 1873, M.Bl. d. i. V. 1868 S. 145, 1872 S. 196, 1873 S. 307 (vergl. unten) auch bei den im diesseitigen Ressort vorkommenden Bauten, soweit die Kosten derselben dem Fiskus allein obliegen, zur Anwendung gebracht werden. Wo dagegen außer dem Fiskus noch andere Kostenpflichtige, z. B. Kirchen- und Schulgemeinden betheiligt sind, ist eine Vereinbarung mit denselben über eine andere Art der Ausführung nicht ausgeschlossen.

Das R. des Finanz-Min. v. 8. März 1868, Aktenst. d. Ev.O.K.R. Heft 21 S. 162 ff. bestimmt über die Verdingung von Lieferungen und Bauausführungen für fiskalische Rechnung Folgendes:

I. Alle Lieferungen und Bauausführungen, mit Einschluß der Arbeiten der Tischler, Glaser, Schlosser und sonstigen Handwerker, sind öffentlich auszubieten. Bei allen größeren Lieferungen und Bauausführungen sind die Arbeiten der einzelnen Gewerbe möglichst getrennt zum Ausgebot zu stellen ..... Bei Bauten, deren Beaufsichtigung durch den Bezirksbaubeamten ohne Schwierigkeit erfolgen kann, und bei solchen Bauten, deren Leitung, nach den im Anschlage dazu ausgesetzten Kosten, einem besonderen Baubeamten zu übertragen ist, wird das Ausgebot im Einzelnen als Regel gelten können.

Für das öffentliche Ausgebot ist vorzugsweise das Submissionsverfahren zu wählen. Wo aber, wie z. B. bei Arbeiten von geringer Bedeutung, von der Lizitation ein besseres Ergebniß zu erwarten steht, kann auch das mündliche Lizitationsverfahren eintreten. ..... Unter Umständen ist unter einer gering zu bemessenden Zahl von Mindestfordernden die Auswahl vorzubehalten ..... Desgleichen muß die Befugniß vorbehalten bleiben, alle Gebote abzulehnen, wenn die Anerbietungen der Mindestfordernden nicht annehmbar befunden werden oder wenn das Aufgebotsverfahren eine zu geringe Betheiligung gefunden hat.

II. Eine Verdingung aus freier Hand ist zulässig:

1) bei Lieferungen und Bauausführungen, deren Kostenbetrag 50 Thlr. nicht übersteigt,
2) bei plötzlich eingetretenen Bedürfnissen in dringenden Fällen,
3) bei Arbeiten, die eine besondere Kunstfertigkeit erfordern,
4) wenn in einem vorgängigen zweimaligen öffentlichen Ausgebotsverfahren kein annehmbares Gebot abgegeben worden ist.

In den beiden letzteren Fällen (3 u. 4) ist zur Verdingung aus freier Hand die Genehmigung des Ministers nachzusuchen. . . . . .

R. des Min. für Handel 2c. v. 19. August 1872, Aktenst. d. Ev. O.K.R. Heft 21 S. 164 ff.:

1) Die Grundsätze des R. des Finanzministers v. 8. März 1868 sub Nr. I sind auch im Ressort der Bauverwaltung zu beachten. . . . . . Es empfiehlt sich, die Auswahl auf die drei Mindestfordernden zu beschränken, gleichzeitig aber die Befugniß vorzubehalten, alle Gebote, wenn sie nicht annehmbar, abzulehnen.
2) Für die Bedingung, in welcher Weise die Vergütung der von dem Unternehmer ausgeführten Mehrleistung, oder der Abzug für eine Minderleistung berechnet werden soll, giebt bereits das R. v. 26. Mai 1866 (Min. Bl. 1866 S. 108) festen Anhalt. . . . . . Es empfiehlt sich, ein bestimmtes Maximum, welches der Lieferant zu dem verabredeten Preise herzugeben, und ein Minimum, welches die Verwaltung abzunehmen verpflichtet ist, im Voraus festzustellen. Dies wird unter verständiger Würdigung der Verhältnisse in jedem Falle besonders zu arbitriren sein, in der Regel aber ein plus oder minus v. 10 Prozent gegen das Anschlagsquantum nicht überschreiten dürfen.
3) . . . . . Sowohl in Beziehung auf Konventionalstrafen, wie auf die Höhe der Kautionsbestellungen sind die Festsetzungen genauer, als bisher abzuwägen und den konkreten Umständen anzupassen. Auch sind die Termine nicht ohne Noth zu kurz zu bemessen.
4) In die Kontrakte ist der bereits in der Cirkul. Verf. v. 20. Febr. 1870 empfohlene Vorbehalt aufzunehmen, wonach, wenn die in Folge einer Säumigkeit des Unternehmers vorbedungene anderweite Verdingung der Lieferungen auf Gefahr und Kosten des Unternehmers zur Ausführung kommt und hierbei geringere, als die kontraktlich vereinbarten Preise erzielt werden, dem säumigen Unternehmer ein Anspruch auf die Differenz nicht zusteht.
5) In den Bedingungen hinsichtlich der Differenzen über Erfüllung des Vertrages den Rechtsweg auszuschließen, erscheint den bestehenden Gesetzen gegenüber nicht haltbar. . . . . . Zur Vermeidung prozessualischer Weiterungen wird es genügen, wenn — ohne Erwähnung des Rechtsweges — die Entscheidung hervorgetretener Differenzen einem schiedsrichterlichen Spruche zugewiesen oder für bestimmte Punkte das Erachten von Sachverständigen, die im Vertrage speziell zu bezeichnen, als maaßgebend bezeichnet wird.

Das R. des Finanzmin. u. des Min. für Handel 2c. v. 10. Nov. 1873, Aktenst.

d. Ev.O.K.R. Heft 21 S. 167 ermächtigt in Erweiterung der Bestimmungen der Reskripte v. 8. März 1868 u. v. 19. Aug. 1872 (siehe oben) die Regierungen: bei Lieferungen und Bauausführungen im Bereiche der beiden Ressorts für die Folge in **allen** Fällen, in denen die Anwendung des öffentlichen, unbeschränkten Submissions- oder Lizitationsverfahrens für ungeeignet und dem fiskalischen Interesse nicht entsprechend angesehen wird, von diesem Verfahren abzusehen und, je nachdem es für vortheilhafter und angemessener erachtet wird, ein beschränktes Submissionsverfahren (zu welchem nur besonders tüchtige und zuverlässige Bauhandwerker aufgefordert werden) oder eine Verdingung aus freier Hand eintreten zu lassen.

Es ist jedoch auch fernerhin als Regel an dem öffentlichen Submissions- oder Lizitationsverfahren festzuhalten, und die Baubeamten sind anzuweisen, bei jedem einzelnen über den Kostenbetrag von 50 Thlr. hinausgehenden Bau zum Ausschluß dieses öffentlichen Verfahrens die Genehmigung der Regierung einzuholen, welche nur dann zu ertheilen ist, wenn von der Anwendung des beschränkten Submissionsverfahrens oder der freihändigen Begebung ein besserer Erfolg mit Bestimmtheit erwartet werden darf. Von dergestalt Seitens der Regierung ertheilten Ausnahmegenehmigungen erwarten die Minister eine motivirte Anzeige, sowie in zweifelhaften Fällen die vorgängige Nachsuchung der ministeriellen Genehmigung.

vergl. R. d. Ev.O.K.R. v. 7. Febr. 1878 und des Kultusminist. v. 12. Nov. 1873 in der Anm. 290.

Der Allerh. Erlaß, betr. die Kompetenz der Provinzialbehörden in Bausachen, v. 31. Mai 1880, kirchl. Ges. u. V.Bl. 1880 S. 129 genehmigt, daß in Betreff der Ausführung von Bauten für Rechnung der Staatskasse oder unter staatlicher Beihülfe, und der Superrevision der Projekte und Anschläge an die Stelle der durch den Allerh. Erlaß v. 20. April 1874 (Aktenst. des Ev.O.K.R. Bd. 7 Heft 21 S. 158) getroffenen Anordnungen die nachstehenden Bestimmungen treten:

Der Einholung der ministeriellen Genehmigung und der Einreichung der Projekte und Anschläge zur Superrevision soll es für die Folge nur für solche fiskalischen Neu- und Reparaturbauten bedürfen, deren Kosten die Summe von 30000 M. übersteigen.

Abweichungen von dieser Regel sollen eintreten:

1) bei solchen Wasserbauten, deren Bedeutung in technischer oder rechtlicher Beziehung eine besonders weitgreifende ist,
2) bei solchen Hoch- und Wasserbauten, bei denen nach dem Urtheile der technischen Mittelinstanzen besondere Schwierigkeiten vorliegen, oder bei denen es um die Anwendung bisher unerprobter Konstruktionen oder Materialien sich handelt, desgleichen bei den Bauten von Kirchen und Kunstdenkmälern.

In den Fällen unter Nr. 1 hat eine Superrevision der Projekte unabhängig von der Kostenhöhe, in den Fällen unter Nr. 2 bei einem Kostenbetrage über 5000 M., eine Superrevision der Anschläge in beiden Fällen nur bei einem Betrage über 10000 M. einzutreten.

In denjenigen Fällen, in denen Bauten nicht ausschließlich auf fiskalische Kosten ausgeführt werden, für dieselben jedoch ein Betrag aus Staatsfonds, sei es als Gnadengeschenk, sei es als Freibauholz u. s. w. geleistet wird, hat eine Superrevision der bezüglichen Anschläge und Bauentwürfe nur dann zu erfolgen, wenn ein zu befürwortendes Gnadengeschenk oder der Werth des vom Fiskus zu gewährenden Bauholzes ꝛc. die Höhe von 30000 M. bez. 5000 M. und 10000 M. übersteigt.

Die vorstehenden Bestimmungen finden auch auf bereits ausgeführte, bez. veranschlagte Bauten Anwendung, hinsichtlich deren die Superrevision nachträglich von der Oberrechnungskammer verlangt wird, oder der Antrag auf Superrevision Seitens der Provinzialbehörde versäumt ist.

Der Minister der öffentl. Arbeiten bemerkt zur Erläuterung dieses Allerh. Erlasses in dem Cirkul. R. v. 20. Juni 1880 (Unterr. Centralbl. 1881 S. 597) Folgendes:

Eine Veränderung der innerhalb der einzelnen Ressorts in Betreff der Bereitstellung der Mittel für Neu- und Reparaturbauten bestehenden Einrichtungen wird durch die getroffenen neuen Bestimmungen nicht herbeigeführt, und es bedarf somit zur Ausführung aller Bauten, für welche die Ueberweisung besonderer Mittel beantragt werden muß, nach wie vor der besonderen vorherigen Genehmigung der Centralstelle.

Auch kann innerhalb der einzelnen Ressorts noch weiter angeordnet werden, daß zur Ausführung bestimmter Neu- und Reparaturbauten selbst dann, wenn der Provinzialbehörde hierfür bereite Mittel zur Verfügung stehen, zunächst die höhere Genehmigung nachgesucht werde. Eine solche ist . . . . überall nachzusuchen, wo es sich um Anlegung neuer oder die Erweiterung bestehender Beamtendienstetablissements handelt.

In den Vorschriften über die Einreichung von Verwendungsplänen bezüglich der zum regelmäßigen Betriebe und zur gewöhnlichen Unterhaltung der Hoch- und Wasserbauwerke ꝛc. bestimmten Mittel, für welche es besonderer Anschläge nicht bedarf, wird nichts geändert. Solche Verwendungspläne sind . . . . nach wie vor hierher zur Kenntnißnahme einzureichen.

Eine erschöpfende Bezeichnung derjenigen Fälle, in denen nach den oben unter Nr. 1 und 2 getroffenen Ausnahmebestimmungen — abgesehen von den Bauten von Kirchen und Kunstdenkmälern — eine Superrevision der Projekte und Anschläge theils ganz unabhängig von der Kostenhöhe, theils bei einem hinter der regelmäßigen Grenze von über 30000 M. zurückbleibenden Betrage der Kosten eintreten soll, läßt sich nicht geben. . . . . .

Damit die Centralstelle in der Lage bleibe, die erforderliche Kontrole über die Art und Weise der Ausführung sämmtlicher nicht ganz unbedeutenden Bauten auszuüben und erforderlichen Falles rechtzeitig einzuschreiten, sind der Centralinstanz die Originale oder Kopien der Projekte und der Erläuterungsberichte, sowie eine titelweise Zusammenstellung der Kosten für Bauten von Kirchen und Kunstdenkmälern überhaupt, im Uebrigen für alle der Superrevision nicht unterliegenden Bauten, seien es Hoch- oder Wasser-, Neu- oder Reparaturbauten, deren Kosten den Betrag v. 5000 M. übersteigen, vor der Ausführung zur Kenntnißnahme vorzulegen. Im Verfolg des Allerh. Erlasses v. 31. Mai 1880 ordnet der Minister der öffentl. Arbeiten im Einverständnisse mit den Ministern der Finanzen, des Innern, der Justiz, der geistl. Angel. und für Landwirthschaft ꝛc. noch das Folgende an:

1) Bei fiskalischen Bauten bedarf es fernerhin der Veranschlagung, Revision

und Abnahme Seitens der Beamten der allgemeinen Bauverwaltung nur dann, wenn die Kosten der Bauausführung den Betrag v. 500 M. übersteigen.

Ebenso tritt die Mitwirkung der Beamten der allgem. Bauverwaltung bei Bauten, deren Kosten nicht ausschließlich vom Staate getragen werden, fortan nur dann ein, wenn die Höhe des fiskalischen Beitrags oder der Werth der vom Staate zu liefernden Materialien über den Betrag v. 500 M. hinausgehen.

Was von der Veranschlagung, Revision und Abnahme der Bauten gilt, gilt in gleicher Weise von der Bescheinigung der Bauhandwerkerrechnungen ꝛc.

Bei solchen baulichen Aenderungen, die die Konstruktion des Gebäudes berühren, verbleibt es ohne Rücksicht auf den Kostenbetrag bei der Mitwirkung der Baubeamten, und zwar sowohl bei der vorhergehenden Feststellung ihrer Zulässigkeit, als auch der demnächstigen Revision und Abnahme. Ebenso muß die Revision auch ferner überall da eintreten, wo es um Vorkehrungen sich handelt, zu deren Beurtheilung nach dem Ermessen der bauenden Behörde einer besonderen, nur dem Bauverständigen beiwohnenden Sachkenntniß es bedarf. Desgleichen findet die zugelassene Erleichterung bei den Bescheinigungen von Bauhandwerkerrechnungen ꝛc. auf diejenigen Fälle nicht Anwendung, in denen die bauende Behörde die angesetzten Preise übertrieben hoch findet oder Grund zu haben glaubt, ihrem Urtheil über deren Angemessenheit zu mißtrauen.

2) Bei der Verdingung von Lieferungen und Bauausführungen für fiskalische Rechnung bildet die Anwendung des öffentlichen unbeschränkten Ausgebots- (Submissions- oder Lizitations-) Verfahrens nach wie vor die Regel.

Darüber, ob im gegebenen Falle von der Anwendung des beschränkten Ausgebotsverfahrens oder der freihändigen Vegebung ein besserer Erfolg zu erwarten und demgemäß von dem unbeschränkten öffentlichen Ausgebotsverfahren ausnahmsweise abzusehen sei, haben für die Folge die Baubeamten selbstständig und nach eigenem pflichtmäßigen Ermessen zu befinden, wenn der Werth der Lieferung oder der baulichen Ausführung innerhalb des Betrages v. 1000 M. bleibt.

Bei einem höheren Kostenbetrage ist zur freihändigen Begebung oder zum beschränkten Ausgebotsverfahren die Genehmigung der K. Regierung erforderlich.

Der Einreichung von Nachweisungen über die ertheilten Ausnahmegenehmigungen an die Centralstelle bedarf es für die Folge nicht mehr.

3) .... Die K. Regierungen sind fortan bei sämmtlichen Bauausführungen ermächtigt, die Anweisung von Abschlagszahlungen in den Fällen, in denen dies nach der in jedem einzelnen Falle besonders vorzunehmenden Prüfung der Verhältnisse und Persönlichkeiten unbedenklich erscheint, den Lokalbaubeamten zu übertragen.

Die Anweisung der in ausreichender Höhe zu normirenden Schlußzahlung bleibt in allen Fällen den K. Regierungen vorbehalten, und es dürfen die von den Baubeamten direkt anzuweisenden Zwischenzahlungen nicht den vollen Werth der ausgeführten Arbeiten repräsentiren, es muß vielmehr ein Mehrwerth der letzteren von mindestens 10% unberichtigt bleiben. . . . . .

4) Von den Lokalbaubeamten ist jede nicht hinlänglich vorbereitete . . . . Arbeit fern zu halten. Mit den technischen Vorbereitungen für die Ausführung von Bauten ist erst dann vorzugehen, wenn die Nothwendigkeit der Ausführung als unzweifelhaft vorhanden anzuerkennen ist und die für die Aufstellung der Projektarbeiten erforderlichen Unterlagen vollständig beschafft sind. . . . . . Bis dahin, wo die Bauausführung in bestimmte Aussicht genommen wird, oder da, wo dies für bestimmte Angelegenheiten, z. B. für die Nachsuchung von fiskalischen Beihülfen für Bauausführungen, überhaupt ausreichend erscheint, sind nur generelle Vorarbeiten bez. Skizzen und Kostenüberschläge zu beschaffen.

Ebenso sind den Lokalbaubeamten Arbeiten, welche eine besondere technische Ausbildung und Kenntniß nicht voraussetzen und in ausreichender Weise von untergeordneteren Organen erledigt werden können, nicht aufzugeben.

Wie für die Folge nach den hierüber ergehenden besonderen Weisungen die Aufträge der übrigen Provinzial- ꝛc. Behörden, soweit nicht nach deren pflichtmäßigem Ermessen Gefahr im Verzuge liegt, den Lokalbaubeamten nicht mehr direkt, sondern nur durch Vermittelung der K. Regierungen werden zugestellt werden, so sind auch die den Lokalbaubeamten unmittelbar vorgesetzten Abtheilungen des Innern der K. Regierungen von den Aufträgen, die den Lokalbaubeamten Seitens der übrigen Regierungsabtheilungen ertheilt werden sollen, durch Vorlegung der betr. Verfügungen zur Mitvollziehung fortgesetzt in Kenntniß zu halten. . . . . . Der Minister spricht die Erwartung aus, daß durch die Anordnung, wonach die Aufträge der übrigen Ressorts den Lokalbaubeamten für die Folge der Regel nach nicht mehr direkt, sondern durch Vermittelung der K. Regierungen zugefertigt werden sollen, eine Verzögerung nicht herbeigeführt, vielmehr auch in dieser Beziehung für eine schleunige Erledigung der bautechnischen Angelegenheiten Sorge getragen werden wird. . . . . .

Der Minist. d. geistl. Angel. hat mittelst R. v. 31. Juli 1880, Unterr. Centralbl. 1881 S. 595 den Konsistorien und Provinzialschulkollegien die vorstehende Cirkularverfügung des Ministers der öffentl. Arbeiten v. 20. Juni 1880 zugleich mit einem Exemplar der von dem Minister der öffentlichen Arbeiten unterm 24. Juni 1880 für den Bereich des ihm unterstellten Ressorts erlassenen, auch für das diesseitige Ressort, soweit Fiskus bei den Kosten betheiligt ist, für die Folge in Anwendung zu bringenden

a) allgemeinen Bestimmungen, betreffend die Vergebung von Leistungen und Lieferungen,

b) Submissions-Bedingungen für die öffentliche Vergebung von Arbeiten und Lieferungen,

c) allgemeinen Bedingungen, betreffend die Ausführung von Arbeiten und Lieferungen bei den Hochbauten der Staatsverwaltung,

zur Kenntnißnahme und Nachachtung zugehen lassen. Die dem Minister der geistl. Angel. unterstellten Behörden haben in den nach Möglichkeit zu beschränkenden

Ausnahmefällen, in welchen nach dem Cirkul. R. v. 20. Juni 1880, weil Gefahr im Verzuge, eine direkte, in eine entsprechende Form zu kleidende Requisition der lediglich den K. Regierungen 2c. unterstellten Lokalbaubeamten auch fernerhin noch gestattet bleiben soll, den Regierungen gleichzeitig eine ausführliche, die Beurtheilung des Gegenstandes und des Umfanges der Requisition ermöglichende Mittheilung zu machen.

Diese Bestimmungen sollen nicht nur bei den unter Betheiligung von Staatsfonds auszuführenden, sondern auch bei solchen Bauten Anwendung finden, deren Kosten aus solchen Stiftungsfonds, die unter Staatsverwaltung stehen, ganz oder theilweise gedeckt werden.

Das R. des Min. der öffentl. Arbeiten v. 20. Okt. 1880 (III. 15869) betrifft die Vereinfachung des Abrechnungs-Verfahrens bei der Ausführung öffentlicher Bauten in denjenigen Fällen, für welche es nach den bis jetzt noch bestehenden Vorschriften der Aufstellung balancirender Kosten-Revisions-Nachweisungen bedarf.

Bisher hatte die Anfertigung derartiger Nachweisungen in der Regel dann stattzufinden, wenn

1) ein Bau vor erfolgter Superrevision des Kostenanschlags zur Ausführung gelangt war,
2) bei der Ausführung eines Baues wesentliche, einer besonderen Rechtfertigung bedürfende Abweichungen von dem genehmigten Bauplane hinsichtlich der Einrichtung und Konstruktion vorgenommen waren, und
3) der Anschlag durch besondere Umstände, als: Erhöhung der Preise, größere Ausdehnung des Baues oder nachträgliche Bewilligung nicht veranschlagter Gegenstände überschritten war.

Unter Aufhebung der hierauf bezüglichen Cirkul. Erlasse v. 26. Nov. 1820 u. v. 27. Sept. 1822, sowie der betr. späteren Verfügungen hat der Minister der öffentl. Arbeiten in dem oben allegirten R. v. 20. Okt. 1880 bestimmt, daß zur Vereinfachung des Abrechnungs-Verfahrens in den vorbezeichneten Fällen an Stelle der balancirenden Revisions-Nachweisungen für die Folge nur eine nach den Anschlags-Titeln geordnete und auf die zugehörigen Rechnungsbeläge Bezug nehmende Zusammenstellung der entstandenen Kosten beizubringen ist, in welcher titelweise die vorgekommenen einzelnen Mehrausgaben und Abweichungen ersichtlich gemacht und speziell begründet werden.

Dieser Zusammenstellung ist sodann ein ausführlicher Erläuterungsbericht (Revisions-Protokoll) beizufügen, in welchem die Entstehung und der Umfang der Anschlagsüberschreitung, sowie die etwaigen Abweichungen von dem Bauprojekte in allen wesentlichen Punkten übersichtlich dargelegt und gehörig erörtert werden.

Nach vorstehenden Andeutungen ist auch die Abrechnung solcher Bauten zu bewerkstelligen, welche ausnahmsweise ohne Zugrundelegung eines besonderen Kostenanschlags zur Ausführung gelangt sind.

Ueber die formelle Behandlung derartiger Abrechnungen ist dem R. ein fingirtes Schema für das Revisions-Protokoll und die Kosten-Zusammenstellung beigefügt.

Der Min. d. geistl. Ang. hat mittelst R. v. 2. Dez. 1880 (G. III. Nr. 8181) den vorstehenden Erlaß den Behörden seines Ressorts zur Kenntnißnahme mit der Veranlassung mitgetheilt, die Bestimmungen desselben bei allen sein Ressort berührenden Bauten, deren Kosten ganz oder theilweise aus Staatsfonds oder solchen

Stiftungsfonds, die unter Staatsverwaltung stehen, gedeckt werden, in vollem Umfange zur Anwendung zu bringen.

Nach dem auch von dem Min. d. geistl. Ang. (Nr. 855 B. II.) gezeichneten Cirkul. R. v. 30. April. 1880 ist es in Vorschlag gekommen, von allen bedeutenderen öffentlichen Bauten nach deren Fertigstellung für die Folge genaue Zeichnungen, welche zugleich die wesentlichen statistischen Notizen über die Baukosten, Materialmassen und Einzelpreise an passender Stelle enthalten sollen, aufnehmen, vervielfältigen und den mit der Ueberwachung der Gebäude beauftragten Beamten, den Lokalbaubeamten, sowie den ressortirenden Provinzial- und Central-Behörden überweisen zu lassen.

Die Regierungen und Konsistorien sind beauftragt worden, zu veranlassen, daß für die Folge die Kosten für die Anfertigung und Vervielfältigung gedachter Inventarien-Zeichnungen mittelst Umdruck, mit einem angemessenen Betrage in die betr. Bauanschläge aufgenommen werden. Es bleibt vorbehalten, in den Fällen, in welchen ein besonderes Interesse zur Anfertigung der Zeichnungen als vorliegend nicht erachtet wird, oder finanzielle Rücksichten solche Ausgaben nicht gestatten, die Absetzung der bezüglichen Kosten bei der Superrevision der Anschläge herbeizuführen.

Das R. des Min. d. g. A. v. 27. Dez. 1871 (U. E. 31245 II.) veranlaßt die Regierungen und Konsistorien, dafür zu sorgen, daß die Kostenanschläge oder sonstigen Kostennachweise, welche Gesuchen um Bewilligung von Gnadengeschenken zu kirchlichen oder Schulbauten zum Grunde zu legen sind, stets einen besonderen Nachweis der erforderlichen Handdienste und Fuhren, sowie des Werthes derselben enthalten.

R. des Min. für Handel 2c. u. der geistl. Angel. v. 30. Juli 1872, M. Bl. f. d. inn. V. S. 326: Wenn Bauprojekte, namentlich zu größeren Neu- oder Reparatur-Bauten zur ministeriellen Beschlußnahme eingereicht werden, muß aus dem Begleitberichte ersichtlich sein, daß das zu befriedigende Bedürfniß in allen Beziehungen, sowohl in administrativer, als in bautechnischer Hinsicht eingehend geprüft ist und in wieweit die Beitragsverhältnisse feststehen, die Baumittel bereit sind.

Das Raumbedürfniß ist jedesmal besonders nachzuweisen. Behufs dessen Begründung ist bei Kirchenbauten namentlich anzugeben: die Seelenzahl der Gemeinde im Ganzen, die Zahl der erwachsenen Gemeinde-Mitglieder, d. h. der Kommunikanten (Konfirmirten) im Besonderen, ferner die Zahl der Erwachsenen, welche (nach Abzug der im Durchschnitt vorhandenen Kranken und der durch Haushaltsgeschäfte Zurückgehaltenen) gleichzeitig an einem Gottesdienste Theil nehmen können, die Anzahl der Gottesdienste, — ob Früh- oder Abend-Andacht außer der gottesdienstlichen Hauptfeier, — welche der Regel nach an Sonn- und Festtagen abgehalten werden, ferner ob die Kirchenbesucher sämmtlich Ortseingesessene oder zum Theil Forensen sind und in welchem Verhältnisse die Zahl der Letzteren zu der der ersteren steht, die Zahl der schulpflichtigen Kinder, das zu wählende Verhältniß zwischen Sitz- und Stehplätzen und endlich der Prozentsatz der Bevölkerungszunahme, auf welche etwa in einem gewissen Zeitraume zu rechnen sein wird.

Bei Pfarr- und Schulbauten ist namentlich die Zahl der Katechumenen, der Schulkinder, der Prozentsatz ihrer etwa anzunehmenden Vermehrung, die Zahl der Lehrer und ihre Familienverhältnisse — ob ledig oder verheirathet —, die Organisation der Schule, ob voller oder Halbtags-Unterricht und die Darlegung der bezügl. Dotations oder sonstigen Wirthschafts-Verhältnisse der betr. Stelle mitzutheilen......

Die Bauprojekte sind unbeschadet ihrer Zweckmäßigkeit den Leistungskräften der Baupflichtigen anzupassen. Im Allgemeinen empfiehlt sich der Massivbau..... Vor spezieller Ausarbeitung der Bauprojekte sind die Baumittel zu erwägen. Desgleichen sind von sämmtlichen Kirchenprojekten, sowie von allen sonstigen bedeutenderen Anlagen Skizzen und Kostenanschläge anzufertigen und nachdem dieselben den Interessenten zur Aeußerung vorgelegt worden, mit dieser zur Superrevision einzureichen. Vor dem Beginne der Bauausführung müssen die Baumittel gesichert werden. Die Beitragsverhältnisse der Baupflichtigen (Patrone, Gutsherrschaften, Kirchen-, Schul-Gemeinden, andere Korporationen, Nutznießer ꝛc.) sind event. unter Mitwirkung des Justitiars vor der Kostenveranschlagung festzustellen, so daß sie bei dieser thunlichst berücksichtigt werden können. Namentlich muß in denjenigen Fällen, in welchen aus rechtlicher Verpflichtung ein Kostenantheil aus Staatsfonds zu bestreiten ist, dafür gesorgt und bei der technischen Vorrevision von Anschlägen darauf gehalten werden, daß diese klar ergeben, was nach den gesetzlichen Vorschriften oder besonderen Rechtstiteln einerseits den fiskalischen Fonds, andrerseits den übrigen Verpflichteten zur Last fällt. Außerdem ist bei Einreichung von Bauprojekten zur Superrevision anzugeben, in wie weit und aus welchem Grunde Staatsfonds beim Bau konkurriren. Im Allgemeinen weist die unter dem 17. Febr. 1852, resp. in Metermaaßen unter dem 26. Mai 1871 erlassene Instruktion zur formellen Behandlung der Landbauprojekte und in einigen Punkten noch spezieller für die Kirchenbauten die Vorschrift für die Ausarbeitung der Entwürfe zum Bau neuer Kirchen v. 31. März 1856 (Min. Bl. f. d. inn. V. 1856 S. 98) alle Erfordernisse der technischen Vorlagen nach.

Die technischen Vorlagen müssen so vollständig sein, daß sie nicht nur den gedachten allgemeinen Erfordernissen, sondern auch den speziellen Anordnungen oder den Grundsätzen entsprechen, welche aus besonderem Anlaß als maaßgebend für die Projektirung, Veranschlagung, Kostenabrechnung und dergl. hinsichtlich der kirchlichen und Schul-Bauten vorgeschrieben sind, oder sich als selbstverständliche Erfordernisse ergeben.......

R. der Min. der Finanzen u. der geistl. Ang. v. 26. Nov. 1873 (G. U. 41734):

Nach der Circul. Verf. v. 9. Jan. 1873 kann von den in der Circul. Verf. v. 2. Nov. 1837 vorgeschriebenen Individual-Repartitionen zur Beschlußnahme, ob und in welchem Umfange Bauunterstützungen aus Staatsfonds zu Gunsten von Kirchen- resp. Schul-Verbänden flüssig zu machen sind, nicht abgesehen werden.

Um aber die Aufstellung dieser Nachweisungen thunlichst zu vereinfachen und zugleich deren Gleichförmigkeit zu erzielen, ist Folgendes bestimmt:

1) Es kann davon abgesehen werden, die nicht zu den Grundbesitzern gehörenden Beitragspflichtigen einzeln zu verzeichnen, bei jedem der grundbesitzenden Beitragspflichtigen den Flächeninhalt und den Verkehrswerth ihrer Besitzungen, die Größe ihres Haus- und Viehstandes, die Art ihres Erwerbes und ihre Beiträge für Kommunal-, Kreis- und Provinzial-Zwecke, bei den gewerbetreibenden Pflichtigen Art und Umfang ihres Gewerbebetriebes und bei den Hauseigenthümern die Höhe ihrer Feuerkassenbeiträge aufzuführen.

2) Bei der Gruppirung der Pflichtigen ist deren Sonderung nach den Unterscheidungen zwischen Grund- resp. Haus-Eigenthümern und anderen Einwohnern beizubehalten.

3) Sämmtliche mit Grund- oder Hausbesitz versehene Mitglieder, einschließl. der zu einer besonderen Gruppe zu vereinigenden Forensen, sind einzeln zu verzeichnen und unter sich, bei den ländlichen Gemeinden nach den innerhalb derselben bestehenden Kategorien von Bauern, Halbbauern, Büdnern oder dergl., oder wo solche Abstufungen fehlen, nach der Höhe der Grund- resp. Gebäudesteuer ihrer Besitzungen zusammenzustellen.

4) Bei den einzelnen grundbesitzenden Pflichtigen bleibt zu verzeichnen, mit welchen Schulden sie beschwert sind, und welche Leistungen an Staatssteuern, an prozentualem Zuschlag der letzteren für fortlaufende Kommunal-, Kreis- und Provinzial-Zwecke, ferner an fortdauernden Kirchen-, Pfarr- und Schulabgaben (wobei hinsichtlich derjenigen Gemeinden, in welchen auch diese Abgaben durchgehends mittelst einheitlichen Zuschlages zur Staatssteuer erhoben werden, gleichfalls die Angabe des bezüglichen Prozentsatzes genügt), und an sonst etwa vorkommenden Sozietätsbeiträgen, sowie an gutsherrlichen resp. Rentenbankrenten ihnen obliegen.

5) Alle nicht grundbesitzenden Pflichtigen sind nur summarisch unter Angabe der in jede einzelne Stufe der Klassen- oder Einkommensteuer treffenden Zahl von Haushaltungen bez. Einzelnsteuernden aufzuführen. Ebenso sind bei diesen zu jeder Stufe, soweit nicht schon mit der Angabe über den allgemein feststehenden Prozentsatz des Zuschlages zur Staatssteuer auszureichen ist, nur summarisch die Beträge derj. Abgaben zu verzeichnen, welche die Pflichtigen der betr. Stufe zusammengenommen an Abgaben einerseits zu Kommunal, Kreis- und Provinzialzwecken, sowie andrerseits für Kirche, Pfarre und Schule zu zahlen haben.

6) Das Gewerbesteueraufkommen ist bei den grundbesitzenden Pflichtigen speziell zu verzeichnen, bei allen übrigen Kontribuenten auf die Angabe des von ihnen zur Hebung gelangenden Gesammtbetrages mit summarischer Anführung der Zahl der zu dieser Steuer veranlagten, nicht grundbesitzenden Verbandsmitglieder zu beschränken und die diesfällige Angabe am Schlusse der bezüglichen Kolonne zu machen.

7) Die in die Repartition aufzunehmenden Kolonnen zum Nachweis der umgelegten Baubeiträge, sowie der für beibringlich resp. nicht beibringlich zn erachtenden Beiträge sind unter Angabe des angewendeten Vertheilungsmaaßstabes in der zuerst gedachten Kolonne mit der Maaßgabe beizubehalten, daß bei den summarisch nach Steuerstufen zusammengefaßten Kontribuenten auch die Beiträge, welche auf die Kontribuenten jeder Stufe fallen, summarisch verzeichnet werden.

8) Bei Repartitionen für städtische Gemeinden sind mit Rücksicht darauf, daß in letzteren stets eine Anzahl von Beamten zu sein pflegt, welche nur einer beschränkten Heranziehung zu den Gemeinde- und Sozietätsabgaben unterliegen, die zu dieser Kategorie zählenden Kontribuenten in einer gesonderten Gruppe aufzuführen.

9) Außerdem sind die von dem Kreislandrath und hiernächst von der Finanzabthlg. der Regierung über die Individualrepartition und das Leistungsvermögen der Betheiligten abzugebenden Aeußerungen für die Folge darauf zu erstrecken, daß regelmäßig das Verhältniß des derzeitigen Verkehrswerthes des in der betr. Gemeinde vorhandenen Grundbesitzes zum Betrage der Grundsteuer vermerkt und ferner angegeben

wird, ob nach der Ueberzeugung des Landraths resp. der Finanzabthlg. der Regierung bei der Einschätzung zur Klassen- und Einkommensteuer in der That die volle Leistungsfähigkeit der betr. Kontribuenten Berücksichtigung gefunden hat, event. inwieweit überschläglich dies als nicht erreicht anzunehmen ist.

(Zur Ausführung obiger Anweisungen ist dem Reskript ein Schema beigefügt.)

R. des Finanzmin. u. des Min. d. geistl. A. v. 30. Nov. 1874 (G. III. 6175 II.): Es kommt vor, daß nach der Bewilligung von Allerh. Gnadengeschenken zu kirchlichen oder Schulbauten der Kostenbedarf für die Bauausführung durch Verdingung der Arbeiten, Preisrückgänge oder sonstige Umstände sich niedriger herausstellt, als ursprünglich angenommen war, oder daß eine Verstärkung der neben der Staatsbeihülfe in Aussicht genommenen Baumittel der Baupflichtigen erfolgt, oder daß sowohl der eine als der andere Fall eintritt. In jedem Falle dieser Art sind die bewilligten Staatsbeihülfen nicht ohne Weiteres und ohne vorgängige Rückfrage bei den beiden Ministern zu verwenden.

Alle derartigen Beihülfen, bei deren Abmessung einerseits der Baukostenbedarf, andrerseits die für letzteren verfügbaren Deckungsmittel in approximativ bestimmten Summen zu Grunde gelegt werden, sind dem zu Folge nur zur Bestreitung der zwischen diesen beiden Summen bei der Bauausführung erwarteten Differenz bestimmt. Sie haben eine rein subsidiäre Natur, setzen ein bei dem Baukostenbedarf eintretendes Defizit voraus und sind in Betreff ihrer Zahlbarkeit durch das Hervortreten eines solchen Defizits bedingt. Nur dann resp. insoweit, als der Baukostenbedarf durch die von den Baupflichtigen unter voller Anspannung ihrer Leistungskraft aufzubringenden, als einziehbar angenommenen Beiträge und die anderweitig bereiten Mittel nicht zu decken ist, kann die Zahlung der lediglich ergänzend bewilligten Staatsbeihülfe in Anspruch genommen werden.

Den betheiligten Gemeinden ist deßhalb jedesmal zu eröffnen, daß die bewilligten Staatsbeihülfen lediglich zur Bestreitung der Differenz zwischen dem Baukostenbedarf und den als zur Deckung desselben anderweit verfügbar angegebenen Summen bestimmt seien.

Wenn dergl. bereits bewilligte Beihülfen ganz oder theilweise entbehrlich werden, ist anderweitig an die Centralinstanz zu berichten.

R. d. Min. d. geistl. Ang. v. 24. Mai 1875 (J. Nr. 953 G. II.): Wenn für einen Bau Plan und Anschlag der Superrevision durch die Abthlg. für das Bauwesen im Ministerium für Handel (jetzt der öffentl. Arbeiten) unterlegen hatten, soll auch die Vorlegung eines nothwendig gewordenen Nachanschlages zur Superrevision stets (bei den der Superrevision überhaupt bedürfenden Plänen und Anschlägen) und namentlich dann erfolgen, wenn die Abänderungen die Technik betreffen und deshalb zu prüfen ist, ob sie mit dem Hauptanschlage sachgemäß übereinstimmen. Mit dem Nachanschlage ist auch der Hauptplan mit dem Hauptkostenanschlage wieder einzureichen.

Cirkul. Verf. der Kgl. Regierung II, Posen v. 30. April 1871 (Nr. 592/71. — IIc.):

Um die Ermittelung des Raumbedürfnisses bei Anlage neuer und Erweiterung vorhandener Kirchen nach bestimmten Prinzipien zu regeln, hat die Regierung in Posen Veranlassung genommen, die gutachtliche Aeußerung der Königl. Oberbaubehörde einzuholen. Der Min. d. geistl. Ang. hat sich mit dem diesfälligen Gutachten einverstanden erklärt und angeordnet, daß die in demselben entwickelten Prinzipien künftig bei allen derartigen Anlagen als Norm dienen sollen.

Hiernach ist Folgendes festgestellt:

Was zunächst die Bestimmung der Zahl der gleichzeitigen Kirchengänger nach Maaßgabe der vorhandenen Seelenzahl betrifft, so wird dieselbe bei katholischen und evangelischen Kirchen im Allgemeinen in gleicher Weise festgesetzt.

Es unterscheiden sich jedoch hierbei die Verhältnisse der Städte und des platten Landes, der geschlossenen oder zerstreuten, in mehr oder weniger entfernt liegenden Filialen vertheilten Gemeinden. Erfahrungsmäßig ist der Kirchenbesuch in den Städten geringer, als auf dem Lande, und ebenso wird bei fern wohnenden Gemeindemitgliedern derselbe schwächer anzunehmen sein.

Für die Bestimmung der gleichzeitigen Kirchengänger muß die Seelenzahl der ganzen Gemeinde ermittelt werden. Nach statistischen Ermittelungen ist die Zahl der Konfirmirten in runder Zahl zu $^2/_3$ der Gesammtseelenzahl der Gemeinde anzunehmen. Es empfiehlt sich daher, bei neu zu erbauenden Kirchen mehr nach diesem Verhältniß die Zahl der Erwachsenen festzustellen, als nach wirklicher Zählung der zeitweise vorhandenen Erwachsenen, weil der Kirchenraum die Generation der Erbauungszeit überdauert, und das Verhältniß der Erwachsenen zur Seelenzahl der Gemeinde im Laufe der Zeit sich muthmaaßlich dem mittleren normalen nähert, vorausgesetzt, daß nicht besondere lokale Verhältnisse eine Abweichung davon voraussehen lassen.

Nicht sämmtliche Konfirmirte können als gleichzeitige Kirchenbesucher angenommen werden.

Zunächst sind die Kranken abzurechnen, welche durchschnittlich zu 5 Prozent anzunehmen. Außerdem wird, namentlich auf dem Lande, von jeder Familie ein Erwachsener das Hauswesen bewahren müssen, während die Anderen die Kirche besuchen. Da im großen Durchschnitt 5 Personen auf eine Familie zu rechnen sind, so wird, selbst wenn nur einmal sonntäglicher Gottesdienst stattfindet, ein Theil der Konfirmirten, gleich $^1/_5$ der Seelenzahl der Gemeinde, verhindert sein, gleichzeitig mit den Anderen die Kirche zu besuchen.

Hiernach stellt sich die Zahl der Konfirmirten, welche möglicherweise gleichzeitig die Kirche besuchen können, zu $^2/_3 - (^1/_{20} \cdot {}^2/_3) - {}^1/_5 = {}^{13}/_{30}$ der Seelenzahl. Nur unter ganz besonderen Verhältnissen und vorzugsweise bei katholischen Kirchen dürfen $^5/_9$ bis $^3/_5$ der Seelenzahl als konfirmirte, gleichzeitige Kirchenbesucher angenommen werden, und wird diese Zahl als für alle Fälle ausreichend zu erachten sein.

Die oben ermittelte Zahl wird aber auf $^1/_2$ bis $^2/_5$, ja noch mehr beschränkt werden können, wenn örtliche Verhältnisse dem Kirchenbesuch Eintrag thun.

Bei evangelischen Kirchen wird man, mit Ausnahme der größeren Städte, bei der Berechnung von $^1/_3$ bis höchstens $^2/_5$ der Seelenzahl meistens stehen bleiben können.

Sind aber mehrere Geistliche an der Kirche angestellt, so kann man $^1/_4$ der oben ermittelten Zahlen für den Hauptgottesdienst abrechnen.

Ob für eine neu zu erbauende Kirche, wegen möglicher Zunahme der Seelenzahl in nächster Zukunft, ein größerer Raum, als die oben bezeichnete Zahl der gleichzeitigen Kirchenbesucher erfordert, in Aussicht zu nehmen ist, hängt von lokalen, besonders nachzuweisenden Verhältnissen ab.

Die Zahl der Schulkinder, welche die Kirche gleichzeitig besuchen, ist nach Abzug der Behinderten, in katholischen Kirchen zu $^1/_9$ bis $^1/_{10}$, in evangelischen höchstens zu $^1/_{12}$ der Seelenzahl anzunehmen.

Was ferner die Feststellung des Raumes einer Kirche nach Maaßgabe der ermittelten gleichzeitigen Kirchengänger betrifft, so läßt sich dieser Kirchenraum nur sicher beurtheilen, wenn in dem Bauplan die Treppen, Sitze, Gänge, Altäre, Kanzel, Taufstein ꝛc. eingetragen werden, wodurch das angemessene Verhältniß des Raumes zu der richtig ermittelten Zahl der gleichzeitigen Kirchgänger klar übersichtlich gemacht wird.

Ein Durchschnittsmaaß des Kirchenraums pro Kopf der Kirchgänger als richtiger Maaßstab kann nicht gegeben werden. Die Größe hängt von der Disposition des Grundplanes ab. Im Allgemeinen erfordert eine Kirche für wenig Kirchgänger eine größere Grundfläche pro Kopf, als für eine größere Zahl. Der erforderliche Kirchenraum ist aber nach den Konfessionen verschieden festzustellen.

a) bei katholischen Kirchen . . . . .

b) bei evangelischen Kirchen:

Die Anlage von Seitenemporen ist bei evang. Kirchen zwar zulässig, wenn aber angänglich, zu vermeiden. Die Breite dieser Emporen darf nach dem Regulativ für den evangel. Kirchenbau und dem Gutachten der Abtheil. für das Bauwesen im Ministerium für Handel ꝛc. v. 17. Dez. 1861, soweit nicht die Ausladung von Kreuzarmen eine größere Breite zuläßt, $^1/_5$ der ganzen Breite der Kirche nicht überschreiten; sie dürfen ferner in keinem Falle sich in den Chor hineinziehen.

Es müssen für mindestens die Hälfte der gleichzeitigen erwachsenen Kirchgänger Sitzplätze beschafft werden, wogegen bei ländlichen evangelischen Kirchen in der Regel Sitzplätze für $^2/_3$, ja selbst bis $^3/_4$ der qu. Kirchgänger sich als nothwendig darstellen. Die übrigen Personen erhalten Stehplätze.

Die Bankentfernung in evangelischen Kirchen soll 0,84 Meter, die Länge eines Sitzplatzes 0,5 Meter und hiernach der Flächeninhalt eines Sitzes 0,42 □ Meter betragen.

Der Flächeninhalt eines Stehplatzes für Erwachsene soll auf 3 □ Fuß = 0,3 □ Meter bemessen werden.

Eine gleiche Größe verlangt ein Kinderplatz, wenngleich für die kleinen Schulkinder nöthigenfalls auch $2^1/_2$ □ Fuß ausreichen, indem die älteren Kinder auf der Orgelempore plazirt werden.

Noch ist zu bemerken, daß in evangel. Kirchen die Gänge (in kathol. Kirchen rot. 1 Meter Breite für die Seitengänge, 1,5 bis 2,2 Meter Breite für den Mittelgang) schmäler sein, und hier auch Klappsitze, resp. Wandsitze längs der Wände in den Seitengängen angebracht werden können.

Ueber die Größe der Plätze (siehe oben) vergl. „die Tabelle des Ministerii für Handel ꝛc., Abthl. für das Bauwesen, v. 20. Juli 1870 über die Umrechnung der bei Kirchenbauten bisher üblich gewesenen Normalmaaße in Metermaaß."

Hiernach ist künftig das Raumbedürfniß bei Anlage neuer oder Erweiterung vorhandener Kirchen zu bemessen.

Der Erlaß des Ministers der öffentlichen Arbeiten v. 20. Okt. 1880 vereinfacht das Abrechnungsverfahren bei der Ausführung öffentlicher Bauten. Derselbe greift auch bei allen das Ressort des Ministers der geistl. Angel. berührenden Bauten in vollem Umfange Platz. cfr. kirchl. Ges. u. V.Bl. 1881 S. 5—7.

Cirkul. Erlaß der Minister der öffentl. Arbeiten und der geistl. Angel. v. 20. Jan. 1881, betr. die Heranziehung der Staatsbaubeamten bei Kirchen-, Pfarr- und Schulbauten, kirchl. Ges. u. V.Bl. 1881 S. 7ff., Unterr. Centralbl. 1881 S. 605.

Die Aenderungen in der Aufsicht über das Kirchenwesen, welche die neuere Gesetzgebung herbeigeführt, haben eine Aenderung der bisherigen gesetzlichen Verpflichtungen der Staatsbaubeamten in Beziehung auf ihre Mitwirkung bei den Kirchen-, Pfarr- und Schulhausbauten nicht zur Folge gehabt. Hinsichtlich der formellen Behandlung der Seitens der Kirchen- und Schulbehörden ergehenden Requisitionen, sowie der von den Baubeamten zu bewirkenden Ausarbeitungen und der nach dem Kostenbetrage und der Bedeutung des Bauobjekts in Anspruch zu nehmenden Mitwirkung der Baubeamten ist die von dem Minister der öffentlichen Arbeiten in Uebereinstimmung mit den übrigen Ressortchefs erlassene Cirkul. Verfüg. v. 20. Juni 1880 (siehe oben) maaßgebend. Von Amtswegen und ohne besondere Entschädigung sind die Königl. Baubeamten gehalten, bei Kirchen-, Pfarr- und Schulbauten selbst in dem Falle, daß der Staat pekuniär bei den Bauten nicht betheiligt ist, mitzuwirken, wenn ihre Inanspruchnahme auf Grund des den Kirchen- und Schulbehörden zustehenden Oberaufsichtsrechts sich als unumgänglich nothwendig erweist. Die Ausübung dieses Rechts wird sich, soweit dabei die Baubeamten zur Mitwirkung in Anspruch genommen werden, innerhalb der Grenzen halten, in welchen dasselbe vor dem Erlaß des Ges. v. 3. Juni 1876 — G.S. S. 125 ff. — von den K. Regierungen in der Hauptsache durch die Prüfung der Projekte in landespolizeilicher Beziehung geübt wurde. Es werden die K. Regierungen bei den an sie gelangenden Ersuchen um Vermittelung der Requisitionen an die Baubeamten sorgfältig zu erwägen haben, ob und in wie weit im gegebenen Falle das landespolizeiliche Interesse ausschließlich und der Art in Frage steht, daß die Inanspruchnahme eines Königl. Baubeamten unbedingt geboten ist und nicht etwa die Erledigung anderen Sachverständigen übertragen werden kann, die Seitens der Gemeinden oder sonstigen Bauverpflichteten gestellt werden. Requisitionen zur Ausführung von Reisen, für welche eine Entschädigung nicht gewährt werden kann, sind zu vermeiden. Die Baubeamten sind ferner ohne Weiteres von Amtswegen und in dem bisherigen Umfange bei allen Kirchen-, Pfarr- und Schulbauten einzutreten verpflichtet, bei deren Kosten Fiskus entweder prinzipaliter, oder subsidiär betheiligt ist, insonderheit bei den Bauten fiskalischen Patronats und denjenigen, deren Kosten ganz oder theilweise aus unter Staatsverwaltung stehenden Stiftungsfonds gedeckt werden, ferner bei den Bauten, zu welchen wegen Dürftigkeit der Bauverpflichteten eine Betheiligung des Staates in Form einer Gnadenunterstützung eintritt, und endlich bei den Bauten, an welchen Fiskus als Grundherr durch Naturalabgabe von Bauholz oder sonstigem Baumaterial Theil nimmt. Bei den vorgedachten, aus K. Patronats- oder unter Staatsverwaltung stehenden Stiftungsfonds erfolgenden Bauten sind die K. Baubeamten zu sämmtlichen mit denselben verbundenen bautechnischen Leistungen in dem Umfange und in der Art und Weise, wie sie für die Staatsbauten ganz allgemein vorgeschrieben sind, verpflichtet. Bezüglich der mit Gnadenunterstützungen erfolgenden Bauten ist, soweit es sich um Projektirungs-

und Veranschlagungsarbeiten handelt, nach Maaßgabe der Cirkularerlasse der Minister der geistl. Angel. u. der Finanzen v. 12. Sept. 1842 und der genannten Minister und des Ministers für Handel 2c. v. 9. Jan. 1873 (M. Bl. d. i. V. 1873 S. 51) zu verfahren. Nach erfolgter Ausführung des Baues ist die Abnahme desselben durch den Baubeamten zu bewirken und das bezügliche Attest darüber auszustellen. Für die Bauten, zu welchen Fiskus als Grundherr Naturallieferungen zu leisten hat, haben die Baubeamten in der gemäß Cirkul. Erlaß v. 20. Juni 1880 gegebenen Beschränkung auf Grund der von den Baupflichtigen zu beschaffenden Baupläne und Kostenanschläge die genaue Berechnung der zum Bau abzugebenden Hölzer (Designationen) oder sonstigen Materialien festzustellen und nach erfolgter Vollendung des Baues die Verwendung der betr. Materialien zu kontroliren bez. zu attestiren. — Die Anfertigung von Skizzen, Bauplänen und Anschlägen für die Ausführung von Kirchen-, Pfarr- und Schulhäusern, bei denen Fiskus pekuniär nicht betheiligt ist, liegt den Baubeamten nicht ob, auch dann nicht, wenn die Gemeinden etwa aus eigner Initiative Gesuche um fiskalische Beihülfe an des Kaisers und Königs Majestät oder an die Behörden zu richten beabsichtigen und zur Begründung derselben der Beifügung von Plänen und Anschlägen bedürfen sollten. Uebernimmt der Baubeamte auf Ansuchen der Gemeinden dergl. Projektirungs- und Veranschlagungsarbeiten, so ist er berechtigt, dafür Gebühren zu liquidiren.

Ueber die Revision der Orgel-Bauanschläge verhalten sich das R. des Min. d. g. A. v. 10. Dez. 1824 u. v. 10. Okt. 1825, Annal. IX. 1013, v. 16. Febr. 1826, Annal. X. S. 85.

vergl. ferner R. v. 2. Nov. 1854, die Aufstellung der Pläne und Kostenanschläge zu neuen Orgelwerken betreffend, M. Bl. f. d. i. V. 1854 S. 241, desgl. R. v. 11. Okt. 1870, betr. die Kostenanschläge zum Neubau oder zur Reparatur von Orgelwerken, M. Bl. f. d. i. V. 1870 S. 294. Diese Reskripte finden sich auch abgedruckt in v. Rönne's Baupolizei S. 587 ff.

Ueber das Verfahren bei nothwendig werdenden Modifikationen in der Ausführung bereits genehmigter Entwürfe und Anschläge zu kirchl. und Schulbauten verhält sich das R. des. Min. d. g. A. v. 24. Nov. 1859, M. Bl. f. d. i. V. 1859 S. 327.

Das R. v. 1. Jan. 1845, M. Bl. f. d. inn. V. 1846 S. 6 empfiehlt die von der K. Oberbaudeputation herausgegebenen Bau-Entwürfe für Kirchen-, Pfarr- und Schulhäuser.

cfr. Vorschriften des Min. für H., G. u. öffentl. Arbeiten v. 31. März 1856 über die Ausarbeitung der Entwürfe zum Bau neuer Kirchen in baulich-technischer Hinsicht, Zeitschr. für Bauw. Jahrg. VI. S. 294, M. Bl. f. d. inn. V. 1856 S. 97.

R. des Min. d. geistl. A. v. 31. Okt. 1877, kirchl. Ges. u. V. Bl. 1876/77 S. 260, 261: Die Akten über die bauliche Unterhaltung und Wiederherstellung von Kirchen- und Pfarr-Gebäuden landesherrlichen Patronats sollen (wie alle auf die Vermögensverwaltung der Institute landesherrlichen Patronats bezüglichen Akten) bei den Regierungen verbleiben, weil diese Akten den Regierungen für die Bearbeitung von Patronatsbauten unentbehrlich sind, indem gerade die Bauangelegenheiten den wichtigsten Zweig der Patronatsverwaltung bilden. Auf die Konsistorien ist nur die kirchenregimentliche

Aufsicht über die Bauten, nicht die Leitung und Ausführung übergegangen, welche vielmehr den Vertretern des betr. Instituts, bei landesherrlichen Patronatsbauten also der Regierung und den Gemeinde-Organen verblieben sind.

R. des Min. d. g. A. v. 10. Juni 1862, M. Bl. f. d. i. V. 1862 S. 239, mit dem Regulativ für evangelischen Kirchenbau: Das Regulativ entspricht in allen wesentlichen Punkten denjenigen Grundsätzen, welche beim evang. Kirchenbau in Preußen maaßgebend sind; bestimmte örtliche Verhältnisse und andere Umstände werden jedoch vielfach Abweichungen in Einzelfällen nöthig machen. Die Abtheilung für das Bauwesen im Min. für H., G. u. öffentl. Arbeit. hat das Regulativ begutachtet und zu einzelnen §§. desselben Bemerkungen gemacht, welchen vom Evang. Ob. K. Rath beigepflichtet worden ist. Hierunter folgt das Regulativ, in welchem diejenigen Paragraphen, zu denen die Oberbaubehörde Bemerkungen gemacht hat, mit einem Stern bezeichnet sind, sowie das beigefügte technische Gutachten selbst: (cfr. Aktenstücke d. Ev. O. K. R. Heft 14 S. 267 ff.):

Regulativ für evangelischen Kirchenbau.

1) Jede Kirche soll nach alter Sitte orientirt, d. h. so angelegt werden, daß ihr Altarraum gegen den Sonnenaufgang liegt.

2)* Die dem evangelischen Gottesdienst angemessenste Grundform der Kirche ist ein längliches Viereck. Die äußere Höhe, mit Einschluß des Hauptgesimses, hat bei einschiffigen Kirchen annähernd $^3/_4$ der Breite zu betragen, während es um so mehr den auf das akustische Bedürfniß zu nehmenden Rücksichten entspricht, je weniger die Länge das Maaß seiner Breite überschreitet.

Eine Ausladung im Osten für den Altarraum (Apsis, Tribüne, Chor) und in dem östlichen Theile der Langseiten für einen nördlichen und südlichen Querarm giebt dem Gebäude die bedeutsame Anlage der Kreuzgestalt. Von Centralbauten ohne Kreuzarm-Ansätze ist das Achteck akustisch zulässig, die Rotunde als nicht akustisch zu verwerfen.

3) Die Würde des christl. Kirchenbaues erfordert Anschluß an einen der geschichtlich entwickelten christlichen Baustyle und empfiehlt in der Grundform des länglichen Vierecks neben der altchristl. Basilika und der sog. romanischen (vorgothischen) Bauart vorzugsweise den sog. germanischen (gothischen) Styl.

Die Wahl des Bausystems für den einzelnen Fall sollte aber nicht sowohl dem individuellen Kunstgeschmack der Bauenden, als dem vorwiegenden Charakter der jeweiligen Bauweise der Landesgegend folgen. Auch sollten vorhandene brauchbare Reste älterer Kirchengebäude sorgfältig erhalten und maaßgebend benutzt werden. Ebenso müssen die einzelnen Bestandtheile des Bauwesens in seiner inneren Einrichtung von dem Altar und seinen Gefäßen bis herab zum Gestühl und Geräthe, namentlich auch die Orgel, dem Styl der Kirche entsprechen.

4) Der Kirchenbau verlangt dauerhaftes Material und solide Herstellung ohne täuschenden Bewurf oder Anstrich. Wenn für den Innenbau die Holz-Konstruktion gewählt wird, welche der Akustik besonders in der Ueberdachung günstig ist, so darf sie nicht den Schein eines Steinbaues annehmen. Der Altarraum ist jedenfalls massiv einzuwölben.

5)* Der Haupteingang zur Kirche steht am angemessensten in der Mitte der westlichen Schmalseite, so daß von ihm bis nach dem Altar sich die Längen-Achse der Kirche erstreckt.

6)* Ein Thurm sollte nirgends fehlen, wo die Mittel irgend ausreichen, und wo es daran dermalen fehlt, sollte Fürsorge getroffen werden, daß er später zur Ausführung komme. Zu wünschen ist, daß derselbe in einer organischen Verbindung mit der Kirche stehe, und zwar der Regel nach über dem westlichen Haupteingange zu ihr. Zwei Thürme stehen schicklich entweder zu den Seiten des Chors oder schließen die Westfront der Kirche ein.

7)* Der Altarraum (Chor) ist um mehrere Stufen über den Boden des Kirchenschiffes zu erhöhen. Er ist groß genug, wenn er allseitig um den Altar den für die gottesdienstlichen Handlungen erforderlichen Raum gewährt.

Anderes Gestühl, als etwa für die Geistlichen und den Gemeinde-Vorstand, und, wo der Gebrauch es mit sich bringt, der Beichtstuhl, gehört nicht dorthin. Auch dürfen keine Schranken den Altarraum von dem Kirchenschiffe trennen.

8)* Der Altar mag je nach liturgischem und akustischem Bedürfniß mehr nach vorn oder rückwärts, zwischen Chorbogen und Hinterwand, darf aber nie unmittelbar (ohne Zwischendurchgang) vor der Hinterwand des Chors aufgestellt werden. Eine Stufe höher, als der Chorboden, muß er Schranken, auch eine Vorrichtung zum Knieen der Konfirmanden, Kommunikanten, Kopulanden u. s. w. haben. Den Altar hat als solchen, soweit nicht konfessionelle Gründe entgegenstehen, ein Kruzifix zu bezeichnen, und wenn über dem Altartische sich ein architektonischer Aufsatz erhebt, so hat das etwa damit verbundene Bildwerk, Relief oder Gemälde, stets nur eine der Hauptthatsachen des Heils darzustellen.

9) Der Taufstein kann in der innerhalb der Umfassungswände der Kirche befindlichen Vorhalle des Hauptportals oder in einer daran stoßenden Kapelle, sodann auch in einer eigens dazu hergerichteten Kapelle neben dem Chor stehen. Da, wo die Taufen vor versammelter Gemeinde vollzogen werden, ist seine geeignetste Stelle vor dem Auftritt in den Altarraum. Er darf nicht ersetzt werden durch einen tragbaren Tisch.

10)* Die Kanzel darf weder vor, noch hinter oder über dem Altar, noch überhaupt im Chore stehen. Ihre richtige Stellung ist da, wo Chor und Schiff zusammenstoßen, an einem Pfeiler des Chorbogens nach außen (dem Schiffe zu); in mehrschiffigen großen Kirchen an einem der östlicheren Pfeiler des Mittelschiffs. Die Höhe der Kanzel hängt wesentlich von derjenigen der Emporen (13) ab, und ist überhaupt möglichst gering anzunehmen, um den Prediger auf und unter den Emporen sichtbar zu machen.

11) Die Orgel, bei welcher auch der Vorsänger mit dem Sängerchor seinen Platz haben muß, findet ihren natürlichen Ort dem Altar gegenüber am Westende der Kirche auf einer Empore über dem Haupteingang, dessen perspektivischer Blick auf Schiff und Chor jedoch nicht durch das Empor-Gebälke beeinträchtigt werden darf.

12) Wo Beicht- oder Lehrstuhl (Lesepult) sich findet, da gehört jener in den Chor (7), dieser entweder vor den Altar auf eine der Stufen, die aus dem Schiffe zum Chor emporführen, doch so, daß der Blick der

Gemeinde nach dem Altar nicht verhindert werde, oder an einen Pfeiler des Chorbogens, um für den Zweck der Katechese, Bibelstunde u. dergl. vor den Altar hingerückt zu werden.

13)* Emporen, außer der westlichen (11) müssen, wo sie unvermeidlich sind, an den beiden Langseiten der Kirche so angebracht werden, daß sie den freien Ueberblick der Kirche nicht stören. Auf keinen Fall dürfen sie sich in den Chor hineinziehen. Die Breite dieser Emporen, deren Bänke aufsteigend hintereinander anzulegen sind, darf, soweit nicht die Ausladung von Kreuzarmen eine größere Breite zuläßt, $^1/_5$ der ganzen Breite der Kirche, ihre Erhebung über den Fußboden der Kirche $^1/_3$ der Höhe derselben im Lichten nicht überschreiten. Von mehreren Emporen über einander sollte ohnehin nicht die Rede sein. Bei der Anlage eines Neubaues, worin Emporen vorgesehen werden müssen, ist es sachgemäß, statt langer Fenster, welche durch die Empore unterbrochen würden, über der Empore höhere Fenster, die zur Erhellung der Kirche dienen, unter der Empore niedrigere Fenster zur Erhellung des nächsten von der Empore beschatteten Raumes anzubringen.

14) Die Sitze der Gemeinde (Kirchenstühle) sind möglichst so zu beschaffen, daß von ihnen aus Altar und Kanzel zugleich während des ganzen Gottesdienstes gesehen werden können. Vor den Stufen des Chors ist angemessener Raum frei zu lassen. Auch ist je nach dem gottesdienstl. Bedürfnisse ein breiter Gang mitten durch das Gestühl des Schiffes nach dem Haupteingange zu, oder, wo kein solches Bedürfniß vorliegt, sind zwei Gänge von angemessener Breite an den Pfeilern des Mittelschiffes oder an den Trägern der Emporen hin anzulegen. Die Basen der Pfeiler sollten nicht durch Gestühl eingefaßt werden.

15) Die Kirche bedarf einer Sakristei, nicht als Einbau, sondern als Anbau, neben dem Chor, geräumig, hell, trocken, heizbar, von kirchenwürdiger Anlage und Ausstattung.

16) Vorstehende Grundsätze für den evang. Kirchenbau sind von den kirchl. Behörden auf jeder Stufe geltend zu machen, den Bauherren rechtzeitig zur Kenntniß zu bringen, und der kirchenregimentl. Prüfung, bez. Berichtigung, welcher sämmtliche Baurisse unterstellt werden müssen, zu Grunde zu legen.

Das Gutachten, betreffend das (von der Kirchenkonferenz zu Eisenach ausgearbeitete) Regulativ für evang. Kirchenbau, bemerkt:

zu §. 2: Die Grundform der Kirchen ist von ihrer Größe und von der Gestalt des Bauplatzes abhängig. Im Allgemeinen erscheint für kleine Kirchen die oblonge Form als die zweckmäßigste und am wenigsten kostspielige. Für größere Kirchen, namentlich solche mit ausgedehnten Emporen, ist die Kreuzgestalt mit gleichen Armen (griechisches Kreuz) oder mit angebautem Langschiff (lateinisches Kreuz) und der Centralbau zu empfehlen.

Zu §. 5: Die Anordnung der Eingänge ist häufig von den Wegen, die zur Kirche führen, abhängig. Eingänge an verschiedenen, besonders an einander gegenüberliegenden Seiten, sind wegen des unvermeidlichen Zuges und Raum-Aufwandes nicht günstig. Die Anordnung von Vorhallen, mindestens von Windfängen ist meistens unerläßlich.

Zu §. 6: Die empfohlene Stellung des Thurmes vor dem westlichen Giebel entspricht nicht immer der Oertlichkeit und ist deshalb in keiner Zeit unbedingt festgehalten worden. Auch mißbilligte Friedrich Wilhelm IV. eine solche Stellung häufig deshalb, weil dadurch die architektonische Ausbildung des Hauptgiebels der Kirche verloren geht, auch, zumal bei Landkirchen, eine freiere, landschaftlichere Gruppirung der Gebäude-Massen der streng architektonischen nicht selten vorzuziehen ist. Jedenfalls sollte die Stellung des Thurmes zur Seite des westlichen oder östlichen Giebels um so weniger ausgeschlossen bleiben, als in beiden Fällen die verschiedenen Räumlichkeiten desselben mit der Gesammtanlage in zweckmäßige Verbindung gebracht werden können.

Zu §. 7: Insbesondere bei niedrigen Altarbauen empfiehlt sich wegen der besseren architektonischen Wirkung die Erhebung des Chores über dem Schiff um mindestens drei Stufen.

Zu §. 8: Die Erhöhung des Altars um 2 Stufen dürfte in architektonischer Beziehung vorzuziehen sein und ist noch mit der Anordnung von Kniebänken an den Schranken verträglich.

Zu §. 10: Wenn es im Allgemeinen gewiß richtig ist, daß die Kanzel ihre Stelle nicht im Chore selbst, sondern zunächst demselben im Schiff erhalten muß, so wird doch diese Regel bei kleinen Kirchen nicht immer festzuhalten sein. Der meist beschränkte Altarbogen erlaubt hier nicht immer das Vorrücken der Kanzel in denselben, und wiederum bieten, zumal bei Anlage von Seiten-Emporen, die kurzen Seitenwände des ersteren keinen Raum für die Kanzel mit ihrer Treppe, so daß es in solchen Fällen kaum vermeidlich ist, die Aufstellung der Kanzel an der östlichen Chorwand zu gestatten, eine Anordnung, welche neben dem Vorzuge der Symmetrie noch den einer guten akustischen Wirkung für sich hat. Jedoch muß dafür gesorgt werden, daß die Kanzel nicht zu hoch über dem Altar sich erhebe, und noch einen freien Umgang um denselben gestatte.

Nach Bunsen (vergl. Gutensohn und Knapp: die Basiliken Roms) würde diese Stellung dem altchristlichen Gebrauche entsprechen, nach welchem der Bischof von seinem Sitze hinter dem Altare aus zur Gemeinde sprach.

(v. Rönne Baupolizei S. 596 bezeichnet die Richtigkeit der Bunsen'schen Annahme als kontrovers.)

Zu §. 13: Die Emporen sind nicht als willkürliche Einbaue zu behandeln, sondern möglichst organisch mit der Struktur der Kirche zu verbinden. Unter denselben sind Fenster nur bei einer das Maaß von 8 Fuß überschreitenden Tiefe derselben und bei verhältnißmäßig großer Breite und geringer Höhe der Kirche selbst, wobei die gegenüberliegenden oberen Fenster den Raum unter den Emporen nicht hinreichend beleuchten, nothwendig. Die Erhebung der hinteren Sitz-Reihen über die vorderen muß 7—8″ betragen.

Berlin, d. 17. Dez. 1861.

Abthl. für das Bauwesen im Ministerium für Handel, Gewerbe und öffentl. Arbeiten.

R. des Min. d. g. A. v. 13. März 1868, M.Bl. f. d. i. V. 1868 S. 241:.... Eine gleichförmige Ausführung von Kirchen- und Schulbauten nach sog. Normal-Plänen ist nicht zu wünschen.....

R. des Min. d. g. A. v. 21. Okt. 1879, G. III. Nr. 7246: Es ist vielfach der Uebelstand hervorgetreten, daß bei Aufstellung der Baupläne zu neuen Kirchen die Entwürfe zugleich auf die Kirchthürme mitgerichtet werden, ohne daß die Kosten zur Ausführung derselben gesichert sind. Dies hat zur Folge, daß, wenn auf Nachfrage nach den Mitteln zum Bau sich herausstellt, daß zur Ausführung des Kirchenbaues mit Thurm auf ein Gnadengeschenk gerechnet wird, welches zu Thurmbauten in der Regel nicht nachgesucht werden kann, sofern nicht außerordentliche Umstände vorwalten, das Bauprojekt umgearbeitet, zunächst auf die Kirche beschränkt und die Ausführung eines Thurmes späterer Zeit nach Maaßgabe der dazu bereit zu stellenden Mittel vorbehalten werden muß.

Wenn daher den Baupflichtigen die Mittel fehlen, mit der Kirche zugleich den Thurm zu bauen, und sie gleichwohl auf den Thurm nicht verzichten wollen, so ist der Bauplan so aufzustellen, daß danach einstweilen die Kirche gebaut, der Thurmbau dagegen später nachgeholt werden kann.

Es ist vorgekommen, daß einzelne Regierungen nach Erschöpfung ihres etatsmäßigen Patronatsbaufonds zur Deckung der Kosten sehr dringender Neubauten und Reparaturen an Kirchen-, Pfarr- und Schulgebäuden, welche im Laufe des Etatsjahres in Antrag gebracht worden, sich Vorgriffe in das Etats-Quantum des nächsten Jahres gestattet haben. Das R. des Min. d. g. A. v. 16. Dez. 1859, M.Bl. f. d. i. V. 1860 S. 2 verbietet dergl. Vorgriffe und schreibt für solche Fälle der Dringlichkeit schleunigen Separat-Bericht vor.

R. des Min. d. g. A. v. 11. Dez. 1846, M.Bl. d. inn. V. 1847 S. 253: Wo nicht ein Anderes rechtlich durch Gewohnheit, Verjährung oder Vertrag festgestellt ist, fallen die übrig gebliebenen alten und neuen Materialien, Holzabfälle 2c. bei Kirchenbauten dem zur Neulieferung verpflichteten Patron zu, vergl. R. v. 1. April 1865, M.Bl. d. i. V. 1865 S. 102.

Eine Zusammenstellung der Verfügungen der Provinz. Regierungen über das Verfahren in Kirchenbausachen siehe bei v. Rönne Baupolizei S. 604.

Die Kab. Ordre v. 23. Jan. 1836, mitgetheilt durch R. v. 16. Jan. 1844, M.Bl. d. i. V. 1844 S. 30 betrifft die Bestimmung, nach welcher Unterstützungen zum Wiederaufbau abgebrannter, nicht hinlänglich gegen Feuersgefahr versicherter Kirchen- und Schul-Gebäude nicht mehr beantragt werden sollen.

Das kanonische Recht (Concil. Trident. Sess. XXI. cap. 7 de reformatione) bestimmt rücksichtlich der kirchlichen Baulast:

Parochiales ecclesias, etiam si juris patronatus sint, ita collapsas reficiet instaurari procurent ex fructibus et proventibus quibuscunque ad easdem ecclesias quomodocunque pertinentibus. Qui si non fuerint sufficientes, omnes patronos et alios, qui fructus aliquos ex dictis ecclesiis provenientes percipiunt, aut in eorum defectum parochianos omnibus remediis opportunis ad praedicta cogant, quacunque appellatione, exceptione et contradictione remota. Quod si nimia egestate omnes laborent, ad matrices seu viciniores ecclesias transferantur, cum facultate tam dictas parochiales quam alias ecclesias dirutas in profanos usus non sordidos, erecta tamen ibi cruce, convertendi.

Hiernach sollen die Bischöfe dafür sorgen, daß verfallene Parochialkirchen, auch wenn sie einen Patron haben, aus den Früchten und Einkünften, die diesen Kirchen gehören, wiederhergestellt werden. Reichen die Revenüen hierzu nicht hin, so sollen die Bischöfe die Patrone und Alle, welche irgend welches Einkommen aus den Kirchen beziehen, oder in deren Ermangelung die Parochianen durch geeignete Mittel zur Instandsetzung anhalten. Wenn aber Alle zu arm wären, so sollen sie in die Mutterkirchen oder in benachbarte Kirchen eingepfarrt werden, mit der Erlaubniß, sowohl die erwähnten Pfarrkirchen, als auch andere verfallene Kirchen nach Er-

§. 721. Kein Eingepfarrter kann sich dieser Verbindlichkeit entziehen, und wer eine doppelte Parochie hat, ist in beiden dazu verpflichtet.[300])

---

richtung eines Kreuzes an ihrer Stelle zum gewöhnlichen, jedoch nicht unehrbaren Gebrauche verwenden zu dürfen. (vergl. Erk. v. 10. Mai 1852, Entsch. 23 S. 201 u. v. 15. Juni 1846, Entsch. 13 S. 93). Im Falle der Noth können nicht blos die Einkünfte der Kirche, sondern auch der Grundstock zur Wiederherstellung der Kirche angegriffen werden, letzteres jedoch nur dann, wenn die Kosten für den Gottesdienst gedeckt bleiben und der Grundstock stiftungsmäßig nicht zu speziellen Zwecken bestimmt ist. Der Patron ist zur Instandsetzung der Kirche nur in dem Falle verpflichtet, wenn er Einkünfte aus der Kirche bezieht. Er verliert aber sein Patronatrecht, wenn er nach geschehener Aufforderung die Wiederherstellung verweigert. vergl. die Entscheidung der Congregatio Concil. zu Sess. XXI. cap. 7 de ref. Danach soll dem Patron eine Frist von 6 Monaten ad reaedificandum vel renuntiandum juri patronatus gesetzt werden.

Die Verpflichtung zur Theilnahme an der Baulast Seitens der Stifter und Klöster, welche aus den inkorporirten Pfarreien Zehnten beziehen, ist nicht zweifelhaft. Durch die Säkularisation der qu. Klöster ist die Baupflicht auf den Staat übergegangen. vergl. die Gründe des Erk. v. 10. Januar 1852, J. M. Bl. 1852 S. 171. Die Repartition der Beiträge ist gemeinrechtlich meist observanzmäßig. (cfr. Vogt, Kirchenr. I S. 527.) Erk. d. Ob. Trib. v. 21. April 1876, Arch. 95 S. 42: Die Vorschriften des kanonischen Rechts, wonach beim Unvermögen der Kirche die Kirchenpatrone und Alle, welche aus dem Kirchenvermögen Einkünfte beziehen, und erst event. die Eingepfarrten zu Kirchenbauten und Reparaturen herangezogen werden, enthalten keine objektiv-dingliche Bauverpflichtung, welche jeden Besitzer der belasteten Sache lediglich aus deren Besitz im Umfange ihres vollen Werthes verbindet, sondern eine gesetzliche, die durch das Gesetz auf die Einkünfte des Kirchenvermögens beschränkt und in ihrer Wirkung von der Geltung des Gesetzes selbst abhängig ist. —

Erk. v. 20. Okt. 1865, Arch. 61 S. 147: Die Bildung einer Observanz ist statthaft, insofern es sich um den nach §. 720 zwischen dem Patron als solchem und den Eingepfarrten (der Kirchengemeinde) als solchen bestehenden gemeinsamen Verband handelt, zwischen diesen beiden gemeinschaftlichen Rechtssubjekten.

Das R. d. Min. d. g. A. v. 28. Juni 1856, M. Bl. d. i. V. 1856 S. 179 giebt Anweisung über die rechtzeitige Aufbringung der Kosten zu Kirchen-, Pfarr- und Schulbauten.

[300]) R. d. Min. d. g. A. v. 21. Okt. 1818, v. K. Ann. Bd. 2 S. 1040: Der Erwerber einer Königl. Domaine, welche ohne das Patronatrecht verkauft wird, muß zu den Kirchen- und Pfarrbauten nach Verhältniß seines Gutes beitragen.

vergl. §§. 264, 265 h. t.

R. d. M. d. g. A. v. 8. Juni 1838, v. K. Ann. Bd. 22 S. 638: Die Pflicht zur Leistung der Beiträge zu geistlichen und Schulbauten beruht auf dem kirchlichen, bez. Schulverbande, welcher von dem Kommunalverbande wohl zu unterscheiden und unabhängig ist. Die Verpflichtung zur Instandhaltung der kirchlichen Gebäude ist eine Parochiallast, mithin eine persönliche, welche jedes zur Kirche gehörige Gemeindemitglied trifft.

§. 722. Auch diejenigen, welche nur vermöge eines besondern Privilegii vom Pfarrzwange der Parochialkirche ihrer Religionspartei befreit sind, müssen dennoch von ihren im Kirchspiel eigentlich inne habenden Grundstücken zum Baue und Unterhaltung der Pfarrkirche beitragen.[301])

§. 723. Auch Gastgemeinen, welche zu einer benachbarten Kirche gewiesen worden, (§. 294. sqq.), müssen dazu Beitrag leisten.

§. 724. Ist die nothwendige Reparatur während der Zeit ihrer Verbindung entstanden, so können sie sich dieser Pflicht durch Wiederabtrennung von der Kirche, auch bei sonst vorwaltenden erheblichen Gründen einer solchen Trennung nicht entziehen.

§. 725. Sind mehrere Kirchen nur unter Einem gemeinschaftlichen Pfarrer vereiniget, so dürfen der Patron und die Eingepfarrten einer jeden solchen Kirche nur zur Unterhaltung ihrer eigenen Gebäude beitragen.

§. 726. Sind aber mehrere Haupt- oder Filialgemeinen zu Einer gemeinschaftlichen Kirche geschlagen, so sind sämmtliche Patrone und Eingepfarrte zu deren Unterhaltung verpflichtet.[302])

R. d. Min. d. g. A. u. des Inn. v. 31. Dez. 1838, v. K. Ann. Bd. 22 S. 938: Die Ausgaben, welche eine Stadt vermöge des ihr zustehenden Patronatsrechts über eine Kirche zu leisten hat, sind eine Kommunallast, wie jede andere, und müssen daher, wenn sie aus dem allgemeinen Vermögen nicht gedeckt werden können, von sämmtlichen Mitgliedern der bürgerlichen Gemeinde, ohne Rücksicht auf ihr Glaubensbekenntniß, durch Beiträge gedeckt werden. Dergl. Ausgaben sind künftig nicht besonders auszuschreiben, vielmehr auf den Kommunalhaushaltsetat zu bringen und aus den allgemeinen, nöthigenfalls durch Anlagen zu verstärkenden Fonds zu bestreiten.

[301]) Erk. v. 29. April 1861, Arch. Bd. 41 S. 201: Die Bestimmung des §. 722 h. t. setzt Eingepfarrte derselben Religionspartei voraus; sie findet daher in Betreff des Baues oder der Unterhaltung einer evangel. Kirche auf die als eine andere Religionspartei zu betrachtenden Altlutheraner keine Anwendung. cfr. Nr. 10 der Generalkonzession für die von der evangel. Landeskirche sich getrennt haltenden Lutheraner, v. 23. Juli 1845, G.S. 1845 S. 516.

Erk. v. 8. März 1867, Entsch. 58 S. 370: Aus den §§. 280, 721, 722, 734 bis 739 h. t. ergiebt sich, daß kein Eingepfarrter mit seinen außerhalb des Kirchspiels belegenen Grundstücken herangezogen werden darf.

[302]) Erk. v. 28. Mai 1866, Arch. 64 S. 125 Nr. 23: Der Fall, wo die Mutterkirche von der Haupt- und Filialgemeinde gemeinschaftlich, und daneben die Filialkirche von der Filialgemeinde zu bestimmten gottesdienstlichen Verrichtungen gebraucht wird, ist vom Gesetz nicht besonders vorgesehen. Er ist daher nach dem, dem §. 726 zu Grunde

§. 727. Hat der Patron einer zugeschlagenen Mutter- oder Filialgemeine, bei der Zuschlagung, mit Einwilligung des Hauptpatrons, sich seines Patronatrechts zu Gunsten dieses Letzteren gänzlich begeben: so kann er auch bei vorfallenden Bauen und Reparaturen, als Patron, zum Beitrage nicht gezogen werden.

§. 728. Ist einem Theile der Gemeine die Errichtung einer besondern Capelle, oder eines Bethauses, in einer entlegneren Gegend des Kirchspiels verstattet worden: so muß dennoch dergleichen Capelle, so wie die Hauptkirche, von denjenigen, die zu letzterer verpflichtet sind, unterhalten werden.

§. 729. Baumaterialien, welche der Patron oder die Kirchengemeine selbst hat, müssen von ihnen zum Bau geliefert werden.[303])

§. 730. Doch wird jedem Theil der anschlagsmäßige Preis derselben auf seinen Geldbeitrag zu gute gerechnet.[304])

§. 731. Der Geldbeitrag wird, bei Landkirchen, zwischen dem Patron und der Kirchengemeine dergestalt vertheilt, daß der Patron zwei Drittel, die Eingepfarrten aber ein Drittel entrichten.[305])

---

liegenden Prinzipe: Gemeinsamkeit der Baulast als Folge der Gemeinsamkeit des Gebrauches, zu entscheiden.

[303]) R. d. Min. d. g. A. v. 11. Dez. 1846, M.Bl. d. i. V. 1846 S. 253: Die Disposition über die bei Kirchenbauten übrig bleibenden Materialien gebührt nicht der Kirchenkasse, sondern dem zur Lieferung der Baumaterialien verpflichteten Patron.

[304]) Erk. d. Ob.Trib. v. 22. Mai 1857, Arch. Bd. 24 S. 325: Die Klage des Kirchenpatrons auf Erstattung von Kirchenbaukosten ist gegen die Kirchengemeinde selbst zu richten, welcher überlassen bleibt, die Vertheilung der Beiträge unter ihre Mitglieder behufs Befriedigung des Kirchenpatrons zu veranlassen.

R. d. M. d. g. A. v. 21. Febr. 1840, M.Bl. d. i. V. 1840 S. 47:

Nicht nur die Materialien zum Allg. Landr. II. 11 §§. 729, 730, sondern auch die Fassung des A.L.R. lassen keinen Zweifel darüber, daß der Patron nach §§. 729, 730 h. t. niemals mehr, als resp. $^1/_3$ oder $^2/_3$ der Kosten beizutragen hat, je nachdem von einer Stadt- oder Landkirche die Rede ist, er mag diesen Beitrag in Baumaterialien gewähren oder in baarem Gelde.

Das R. des Min. d. Königl. Hauses v. 31. März 1840, M.Bl. d. i. V. 1840 S. 131 erklärt sich hiermit einverstanden.

[305]) Erk. v. 8. April 1857, Entsch. 14 S. 458: Die Vertheilung des Geldbeitrages zu dem Baue der Landkirchen mit $^2/_3$ auf den Patron und $^1/_3$ auf die Eingepfarrten findet auch in der vormals reichsunmittelbaren Grafschaft Rietberg Anwendung.

Das Erk. v. 10. Mai 1852, Entsch. 23 S. 201 hatte ebenso entschieden.

Erk. v. 6. März 1843, Präj.Samml. S. 208: Die Vorschriften des A.L.R.

§. 732. Besitzt der Patron Rusticalhufen im Kirchspiel, so trägt er davon noch besonders, wie ein anderer Eingepfarrter, mit bei.[306])

§. 733. Wenn mehrere Patrone zum Beitrage verpflichtet sind, so tragen die Patrone die ihnen obliegenden zwei Drittel unter sich, nach Verhältniß ihres Antheils am Patronatrechte.

§. 734. Der nach §. 731. bestimmte Beitrag der Eingepfarrten wird unter sie nach dem Contributionsfuß vertheilt.[307])

§. 735. Kirchen-, Pfarr-, Schul- und Hospital-Äcker werden zu keinem Beitrage gezogen.[308])

über die Beitragspflicht der Patrone bei geistlichen Bauten kommen auch gegen die Patrone im Herzogthum Sachsen zur Anwendung, und sind die früheren Sächsischen Gesetze für Provinzialgesetze nicht zu achten. Amtl. Mitth. d. Konsistor. in Berlin 1882 S. 114.

vergl. die V. v. 11. Nov. 1844 unter K. Sachsen in Anm. 293.

Erk. v. 20. Okt. 1865, Arch. 61 S. 147: Die Bildung einer Observanz ist statthaft, insofern es sich um den gemeinsamen Verband handelt, welcher einerseits unter den Eingepfarrten dem Patron gegenüber (§. 731), oder, bei mehreren Patronen (§. 733) unter diesen, den Eingepfarrten gegenüber besteht; im ersteren Falle unter den einzelnen Klassen der Eingepfarrten, im anderen Falle dagegen unter den einzelnen gemeinschaftlich verpflichteten Patronen.

vergl. auch Anm. 309.

[306]) Dekl. v. 14. Juli 1836, G.S. 1836 S. 208: Sofern nicht durch Vertrag oder rechtskräftige Entscheidung ein Anderes ausdrücklich festgesetzt worden ist, sind nach richtiger Auslegung des Edikts v. 14. Sept. 1811 über die Regulirung der gutsherrlichen und bäuerlichen Verhältnisse die Gutsherren nicht verpflichtet, von den ihnen bei der Regulirung zu ihrer Entschädigung abgetretenen bäuerlichen Grundstücken zu den Bau- und Unterhaltungskosten der Kirchen-, Pfarr- und Küstergebäude, sowie der Schulhäuser und Schulmeistergebäude Beiträge zu leisten.

cfr. bezügl. des märkischen Prov.Rechts das Präjudiz Nr. 259 des Ob.Trib. v. J. 1837. Anm. 293.

Erk. d. Ob.Trib. v. 20. Sept. 1847, Rechtsfälle 2 S. 237: Von dem Pächter fiskalischer Grundstücke dürfen, wenn Fiskus schon für die Kirche, in deren Parochie die Grundstücke liegen, Patronatsbeiträge leistet, nicht Spanndienste zu Bauten dieser Kirche gefordert werden.

[307]) Darunter ist jetzt die staatliche Grund- und Gebäudesteuer zu verstehen. Centr.Bl. f. d. Unterr. Verw. 1867 S. 504, vergl. §. 31 Nr. 6 der Kirch. gem. Ord. v. 10. Sept. 1873. (Koch, L.R. IV. S. 445.)

[308]) Prov.Recht für Westpreußen, §. 39: Wo Hospitaläcker observanzmäßig zu Geldbeiträgen mit herangezogen werden, hat es dabei auch ferner sein Bewenden.

Unter den Pfarräckern müssen nach der gewöhnlichen Bedeutung des Wortes nicht blos diejenigen Landungen, welche zur Zeit der Reformation bei der Pfarre sich befunden haben, sondern alle zur Dotirung der Pfarre auch später derselben beigelegten Grundstücke verstanden werden.

§. 736. Eingepfarrte, deren Grundstücke der Contribution nicht unterworfen sind, müssen ihren Beitrag dennoch nach Verhältniß des Maaßes und Ertrages dieser Grundstücke entrichten.

§. 737. Zu dem Ende werden diese Grundstücke, nach den im Steuercataster für die contribuablen Aecker der Feldmark angenommenen Classen und Sätzen, durch Sachverständige gewürdiget, und solchergestalt das Verhältniß des zu leistenden Beitrages gegen die steuerbaren Grundstücke bestimmt.

§. 738. Eingepfarrte Gemeineglieder, die keine Grundstücke besitzen, sondern nur von ihren Nahrungen und Gewerben beitragen sollen, werden dazu nach eben dem Verhältnisse angeschlagen, nach welchem sie zu anderen Gemeinelasten mit den angesessenen Mitgliedern Beitrag leisten müssen.

§. 739. Wer in Zwei Kirchspielen eingepfarrt ist, trägt in jedem nur nach Verhältniß der in demselben besitzenden Grundstücke, oder des in demselben treibenden Gewerbes bei.

§. 740. Bei Stadtkirchen geschieht die Vertheilung zwischen dem Patron und den Eingepfarrten dergestalt, daß Ersterer ein Drittel, Letztere aber zwei Drittel beitragen.[309])

§. 741. Die Vertheilung unter den Eingepfarrten geschieht auf eben die Art, wie andere gemeine persönliche Lasten und Abgaben nach eines jeden Orts Verfassung aufgebracht werden.

§. 742. Sind Filial- oder auch Mutterkirchen eingegangen, und die dazu eingepfarrt gewesenen Gemeinen zu einer anderen benachbarten Kirche geschlagen worden: so werden in der Regel die Mitglieder derselben nach einerlei

---

cfr. Erk. v. 21. März 1873, Arch. 88 S. 299, 300.

Bezüglich der Befreiung des dotationsmäßigen Einkommens der Geistlichen von den Kirchenlasten vergl. R. d. M. d. g. A. v. 30. April 1866, M.Bl. d. i. V. 1866 S. 102.

In Pommern sind die Pfarrbauerhufen im Gegensatz zu den Pfarrhufen nicht kontributionsfrei; wenn aber erstere der Pfarre zur Dotirung einverleibt werden, so werden sie als nunmehrige Pfarrhufen oder Aecker gleichfalls kontributionsfrei. Erk. v. 21. März 1873, Entsch. 69 S. 125, Arch. 88 S. 299 u. v. 21. Febr. 1873, Arch. 88 S. 168.

[309]) Veränderungen in der kommunalen Verfassung des betr. Kirchortes (z. B. wenn eine Stadt zum Dorfe wird, oder umgekehrt,) verändern nicht zugleich das auf Grund des Allg. Landr. einmal konstituirte Patronatsverhältniß mit seinen Konsequenzen.

Grundsätzen, wie die Mitglieder der Hauptgemeine zum Beitrage gezogen.

§. 743. Die einzelnen Mitglieder bloßer Gastgemeinen entrichten jeder den vierten Theil dessen, was ein Contribuent von eben der Classe aus der eigentlichen Pfarrgemeine zu leisten hat.

§. 744. Ist ihnen aber bei der Zuschlagung die Theilnehmung an dem Wahlrechte zur Besetzung der Pfarrstelle zugestanden worden, so müssen sie auch zu den Bau- und Reparaturkosten der Kirche, gleich den Mitgliedern der eigentlichen Pfarrgemeinen beitragen.

§. 745. Einwohner des Kirchspiels, die zu einer anderen Religionspartei gehören, müssen dennoch nach eben diesen Grundsätzen beitragen, sobald sie sich der Kirche zu ihrem Gottesdienste mit bedienen.

§. 746. Außer diesem Falle sind sie zwar zu Beiträgen in der Regel nicht verpflichtet;

§. 747. Es dürfen aber auch, wegen ihres Ausfalles, die Beiträge der übrigen, wider deren Willen, nicht erhöhet werden; sondern die geistlichen Obern müssen für die Uebertragung eines solchen Ausfalles auf andere Art sorgen.

§. 748. Gleiche Grundsätze gelten auch bei der Vertheilung der Hand- und Spanndienste.

§. 749. Auf die Ausfälle, welche durch den zurückbleibenden Beitrag solcher nicht eingepfarrten Gemeindeglieder entstehen, muß vornehmlich der von der Kirche, nach Maaßgabe ihres Vermögens, zu entrichtende Zuschuß gerechnet werden.

§. 750. Kann der Ausfall dadurch nicht gedeckt werden, so können die geistlichen Obern die Bewilligung einer Collecte bei dem Staate nachsuchen.[309a])

[309a]) Die Kab. Ord. v. 16. Febr. 1856, Min. Bl. d. i. V. S. 116, hat die nachfolgenden Ressort-Bestimmungen, betreffend das Kollektenwesen in der evangel. Landeskirche, genehmigt:

§. 1. Die Leitung des Kollektenwesens in der evangel. Landeskirche geht vom 1. April 1856 ab unter den nachstehend bezeichneten Maaßgaben auf den Evangel. Ob. Kirch. Rath über.

§. 2. Alle bisher eingeführten und wiederkehrenden Kollekten bleiben bis auf Weiteres in ihrem Bestande unverändert.

§. 3. Soll eine bestehende Kirchenkollekte in der Folge abgeschafft oder verändert werden, so hat der Ev. O. K. Rath nach vorgängiger sorgfältiger Erörterung der Sachlage sich deßhalb mit dem Minister der geistl. Angel. zu benehmen. Beruht die Kollekte lediglich auf ministerieller Bestimmung, und findet der Minister gegen deren Aufhebung oder Umgestaltung nichts einzuwenden, so hat der Ev. O. K. Rath das Nöthige anzuordnen.

Glaubt dagegen der Minister der geistl. Ang. sich für die Aufhebung oder Umgestaltung der Kollekte nicht aussprechen zu können, und ist ein Einverständniß hierüber nicht zu erzielen, oder beruht die Kollekte auf landesherrlicher Bestimmung, so ist darüber an des Königs Majestät zu berichten und die Allerh. Entscheidung einzuholen.

§. 4. Sind bei der Aufhebung oder Umgestaltung der Kollekte andere Minister betheiligt, so ist auch deren Einverständniß erforderlich. Wenn dieses durch gütliche Verhandlung nicht zu erzielen ist, so sind die über die Erledigung von Meinungsverschiedenheiten unter den Centralbehörden bestehenden Vorschriften maaßgebend. Kommt es auf den Ersatz der durch die Kollekte, um deren Aufhebung oder Umgestaltung es sich handelt, zu einem bestimmten Zwecke aufgebrachten Mittel aus allgemeinen Staatsfonds an, so ist die Betheiligung des Finanzministers nothwendig.

§. 5. Die Ausschreibung neuer Kollekten, einmaliger oder wiederkehrender, geschieht durch den Ev. O. K. Rath nach vorgängigem Einvernehmen mit dem Minister der geistl. Angel., soweit nicht für besondere Fälle und Gegenden nach den bisherigen Grundsätzen landesherrliche Genehmigung erforderlich ist.

Findet der Minister der geistl. Ang. ein Bedenken gegen die Bewilligung der Kollekte, und ist dasselbe durch fortgesetzte Verhandlung nicht zu heben, so ist darüber zur Entscheidung Seiner Majestät des Königs zu berichten.

§. 6. Die Sammlung, Abführung und kassenmäßige Verwaltung der gesammelten Kollektenerträge geschieht, sofern nicht in einzelnen Fällen ausnahmsweise etwas Anderes verordnet wird, wie bisher portofrei durch die Kreis- und Regierungshauptkassen und durch die Generalkasse des Ministeriums der geistl. Angel.

Mittelst Reskr. v. 1. Aug. 1856, E. O. Nr. 3259 II hat der Ev. O. K. Rath im Einvernehmen mit dem Minister der geistl. Angel. die Konsistorien ermächtigt, die Abhaltung einer einmaligen, außerordentlichen Kirchenkollekte in einzelnen Gemeinden der Provinz für örtliche Bedürfnisse der betreffenden Kirche oder Gemeinde, ohne höhere Anfrage, zu genehmigen, sofern die Konsistorien gegen eine solche Bewilligung sachlich keine Bedenken finden. In denjenigen Fällen, in welchen es sich um die Beschaffung von Mitteln handelt, deren Aufbringung einem gesetzlich Verpflichteten zunächst obliegen würde, hat das Konsistorium sich über die Zweckmäßigkeit der zu veranstaltenden Kollekte mit der betr. Regierung in Vernehmen zu setzen, und im Falle einer Meinungsverschiedenheit an den Ev. O. K. Rath zu berichten.

Gegenwärtig, nach Emanation der Kg. u. Syn. Ord. v. 10. Sept. 1873, bez. der Generalsynodalordnung v. 20. Jan. 1876, regelt sich die Frage, welche Behörden bei Ertheilung der Genehmigung zur Abhaltung von Kirchenkollekten zuständig sind, wie folgt:

a) Soll eine neue, einmalige, außerordentliche Kirchenkollekte nur in einzelnen Gemeinden der Provinz für örtliche Bedürfnisse der betr. Kirche oder Gemeinde abgehalten werden, so ist das Konsistorium, geeigneten Falls nach Rückfrage bei der betr. Regierung, befugt, die Kollekte zu genehmigen.

b) Soll eine neue, einmalige, außerordentliche Kirchenkollekte nicht blos in einzelnen Gemeinden der Provinz, sondern in sämmtlichen Kirchen der Provinz, oder mehrerer Provinzen, bez. im Bereiche der ganzen Landeskirche eingesammelt werden, so ist der Ev. O. K. Rath, nach Befinden im Einvernehmen mit dem Minister der geistl. Angel., zur Ertheilung der Genehmigung zuständig.

c) Soll eine neue, regelmäßig wiederkehrende Provinzialkirchenkollekte eingeführt werden, so bedarf es außerdem der Zustimmung der Provinzialsynode. (§. 65 Nr. 4 Kg. u. Syn. Ord.)

d) Anordnungen der Kirchenregierung wegen Einführung neuer, regelmäßig wiederkehrender, (sowie wegen Abschaffung bestehender) landeskirchlicher Kollekten bedürfen der Zustimmung der General-Synode. (§. 13 der Gen. Syn. Ord.)

Was dagegen die Zuständigkeit bei Ertheilung der Genehmigung zur Abhaltung von Hauskollekten betrifft, so bedürfen die bezüglichen Beschlüsse der kirchlichen Organe zu ihrer Gültigkeit der Genehmigung der staatlichen Aufsichtsbehörde. (art. 24 Nr. 7, Ges. v. 3. Juni 1876.)

Bei Bewilligung von Sammlungen außerhalb der Kirchengebäude werden die Rechte des Staates ausgeübt

a) durch den Regierungspräsidenten, wenn die Sammlung nur in einer oder mehreren oder allen Parochien eines und desselben Regierungsbezirks stattfinden soll, (Verord. v. 9. Sept. 1876, art. III Nr. 4) (in Berlin — Polizeipräsident).

b) Durch den Oberpräsidenten, wenn die Sammlung in mehr als einem Regierungsbezirke, bez. in der ganzen Provinz stattfinden soll, (a. a. O. art. II Nr. 2).

c) Durch den Minister der geistl. Angel., und zwar in Gemeinschaft mit dem Minister des Innern, wenn die Sammlung in mehr als einer Provinz stattfinden soll, (a. a. O. art. I Nr. 6).

Eine exzeptionelle Stellung nimmt die im §. 65 Nr. 8 der Kg. u. Syn. Ordnung bezeichnete Kirchen- und Hauskollekte ein, welche vor dem jedesmaligen regelmäßigen Zusammentritte der Provinzialsynode in der Provinz zum Besten der dürftigen Gemeinden ihres Bezirks einzusammeln ist.

Diese Kollekte bedarf keiner weiteren Genehmigung, insbesondere, soweit sie Hauskollekte, keiner Ermächtigung einer Staatsbehörde; nur die Zeit der Einsammlung ist dem Oberpräsidenten vorher anzuzeigen. (art. 10, Ges. v. 3. Juni 1876.)

Dem Ev. Ob. Kirch. Rath gebührt die alleinige Disposition über die alle 2 Jahre stattfindende Kirchen- und Hauskollekte für die dringendsten Nothstände der evangel. Kirche. Kab. Ord. v. 31. Juli 1852, Aktenst. I. 2 S. 135.

Die früher bestandene Portofreiheit der Sendungen von Kollektengeldern ist bereits durch das Bundesges. v. 5. Juni 1869 (B. G. B. S. 141) aufgehoben worden.

R. d. Min. d. geistl. Ang. v. 8. März 1846, M. Bl. d. i. V. S. 54: Die Frage:

nach welchen Grundsätzen der Ertrag von Kollekten, welche zu kirchlichen oder Schulbauten in Folge außerordentlicher Unglücksfälle oder sonstigen Bedürfnisses bewilligt worden sind, den betr. Gemeinden resp. ihren einzelnen Mitgliedern unter sich, sowie den Patrozinien und Gutsherrschaften auf ihre neben dem Kollektenertrage noch erforderlichen Baubeiträge in Anrechnung zu bringen sei,

läßt sich in ihrer Allgemeinheit nicht beantworten; es kommt vielmehr in jedem einzelnen Falle auf die besonderen Umstände an, welche den Grund zur Gestattung der Einsammlung der Kollekte abgegeben haben. Die Modalitäten der Verwendung von Kollektengeldern bestimmen sich nach dem Zwecke, zu welchem die Kollekte bewilligt worden. Das A.L.R. erwähnt nur eines Falles der Ausschreibung einer Kollekte (§§. 745—750, L.R. II. 11.).

Aus dem Wortlaute dieser Bestimmungen folgt, daß, wenn zu dem dort angegebenen Zwecke eine Kollekte wirklich bewilligt worden ist, deren Ertrag nur zur Deckung der dort gedachten Ausfälle verwendet, im Uebrigen aber weder dem Patron, noch den Eingepfarrten zu gute kommen darf. In gleicher Weise sind, wenn eine Kollekte lediglich aus dem Grunde ausgeschrieben worden, weil unter den Pflichtigen sich Personen befinden, welche die auf sie fallenden Beiträge gar nicht oder nicht ohne ihren Ruin entrichten können, aus den Kollektengeldern auch nur die solchergestalt entstehenden Ausfälle zu decken, und es ist unzulässig, diese Gelder auf eine Weise zu verwenden, welche irgendwie eine Verminderung der auf die vermögenden Mitglieder fallenden Beiträge zur Folge haben würde. Denn nach allgem. Rechtsgrundsätzen (cfr. §. 200 L.R. I. 16.) muß, wenn außer dem Falle eines Vertrages etwas in Rücksicht eines von dem Empfänger zu erfüllenden Zweckes gegeben oder geleistet worden, der Empfänger diesen Zweck erfüllen oder das Empfangene zurückgeben. Wenn also durch Ausschreibung einer Kollekte das Publikum veranlaßt worden ist, Gelder zu dem ausdrücklich ausgesprochenen Zwecke herzugeben, damit daraus die Beiträge unvermögender Gemeindemitglieder bestritten werden, so würden sich die Behörden verantwortlich machen, wenn sie gestatten wollten, daß der Ertrag auf irgend eine Weise den vermögenden Mitgliedern resp. den Patronen und Gutsherrschaften zu gute käme. Dasselbe Verhältniß waltet ob, wenn in einem Falle, wo es sich um die Wiederherstellung eines durch einen Unglücksfall zerstörten Gebäudes handelt, die Umstände es nöthig machen, zwar der ganzen Gemeinde, nicht aber auch zugleich dem verpflichteten Patron oder Gutsherrn die Aufbringung ihrer Beiträge durch eine Kollekte zu erleichtern und daher die Kollekte nur zum Besten der Gemeinde ausgeschrieben wird. In einem solchen Falle ist es gerechtfertigt, daß der Ertrag der Kollekte auf die Summe, welche die Gemeinde im Ganzen beitragen soll, abgeführt, und nur der hiernach noch nicht gedeckte Theil auf die einzelnen Gemeindemitglieder repartirt wird.

Anders verhält es sich dagegen, wenn eine Kollekte zur Wiederherstellung einer durch einen außerordentlichen Unglücksfall zerstörten Kirche oder Schule lediglich aus dem Grunde veranstaltet wird, weil der Schaden von so großem Umfange ist, daß es auch den vermögenderen Interessenten schwer fallen würde, ihn allein zu tragen und das zerstörte Gebäude ohne fremde Hülfe aus eigenen Mitteln wiederherzustellen. Denn in einem solchen Falle wird für den Gesammtzweck des Baues, mithin nicht für Einzelne, sondern zum Besten der ganzen Kirchengesellschaft oder des Schulverbandes einschließlich des Patrons resp. der zum Schulbau mit verpflichteten Gutsherrschaft kollektirt; die eingehenden Gelder gehen daher in das Eigenthum der Kirche oder Schule, für welche sie gegeben werden, über, und müssen als ein den sämmtlichen Interessenten zufallendes und den einzelnen Betheiligten nach Verhältniß ihres gesetz- oder verfassungsmäßigen Antheils an der Baulast in Anrechnung kommendes Geschenk

§. 751. Sind gar keine andere Mittel den Ausfall zu decken, vorhanden, so muß derselbe von den Eingepfarrten, so weit es ohne ihre erhebliche Bedrückung geschehen kann, übertragen werden.

§. 752. Hat aber die Zahl der Eingepfarrten dergestalt abgenommen, daß die noch übrigen den ihnen obliegenden Beitrag, ohne ihren zu besorgenden Ruin, nicht mehr aufbringen können: so müssen die geistlichen Obern, unter Genehmigung des Staats, eine solche Parochie zu einer andern benachbarten schlagen.

§. 753. Dergleichen zusammengeschlagene Parochien stehen in dem Verhältnisse gegen einander als Mutterkirchen.

§. 754. Wie weit der Patron und die Eingepfarrten der zugeschlagenen Parochie, auch in Ansehung der Bestellung des Pfarrers und der Unterhaltung der Kirche, so wie in Ansehung der übrigen Rechte und Pflichten, zur Theilnehmung mit dem Patron und den Eingepfarrten der Kirche, bei welcher sie vereinigt sind, gelangen sollen, muß in dem Einigungsvertrage, unter Vermittelung, der geistlichen Obern deutlich bestimmt werden.

§. 755. So weit dergleichen Bestimmung nicht erfolgt, treten die Regeln des Gesetzes über die Verhältnisse vereinigter Mutterkirchen, ihrer Patrone und Eingepfarrten ein.

§. 756. Das Vermögen jeder Parochie wird in der Regel nach wie vor besonders verwaltet; doch muß jedes derselben zur Unterhaltung der gemeinschaftlichen Kirche, so lange die Vereinigung dauert, in gleichem Verhältnisse beitragen.

§. 757. Die Aufsicht über den Bau, und die Einsammlung der Beiträge dazu, liegt den Kirchenvorstehern ob. Aufsicht über den Bau.

§. 758. Der weltliche Richter kann denselben, zur Beitreibung der letzteren, die richterliche Hülfe auf gebührendes Anmelden nicht versagen.

§. 759. Auch während eines über die Verbindlichkeit, oder das Quantum des Beitrages entstandenen Prozesses, muß letzterer nach der Festsetzung der geistlichen Obern entrichtet werden.

---

nach Analogie des disponiblen Kirchenvermögens von den veranschlagten Gesammtkosten des Baues dergestalt vorweg in Abzug gebracht werden, daß nur der ungedeckt bleibende Theil zur Vertheilung auf die Interessenten gelangt. Nur auf diesem Wege läßt sich der ausgesprochene Zweck, allen Interessenten eine Erleichterung zu gewähren, erreichen.

§. 760. Wenn aber der klagende Interessent durch Urtel und Recht von diesem Beitrage ganz oder zum Theil freigesprochen wird: so muß demselben das Gezahlte, nebst Zinsen, von den übrigen Contribuenten zurückgegeben werden.

Bau und Besserung der Kirchhöfe. §. 761. Die Unterhaltung der Begräbnißplätze ist gemeine Last, und liegt Allen ob, die an dem Kirchhofe Theil zu nehmen berechtigt sind. (§. 183. sqq.)[310]

---

[310]) Wenn zur Theilnahme an einem Kirchhofe nicht alle Eingepfarrten der Parochie, sondern nur die aus gewissen Ortschaften berechtigt sind, so bilden diese Letzteren, auch in ihrer Gesammtheit, keine Korporation. Handelt es sich daher in einem solchen Spezialfalle um die mit jenem Theilnahmerechte korrespondirende Unterhaltungspflicht, so sind die bezüglichen Umlagebeschlüsse, obwohl der finanzielle Effekt derselben sich nur auf den Kreis der Theilnahmeberechtigten aus den gedachten Ortschaften erstreckt, dennoch von den Gemeinde-Organen der Kirchengemeinde (§. 31 Nr. 6 Synod. Ordnung) zu fassen. Sog. besondere „Kirchhofsgemeinden" giebt es im rechtlichen Sinne nicht. Vielmehr sind derartige Lokalkirchhöfe, sofern deren konfessioneller Charakter nicht zweifelhaft ist, für Eigenthum der Kirchengemeinde (§. 183 h. t.) zu achten, wenngleich mit den Modifikationen bezüglich des Benutzungsrechts und der Unterhaltungspflicht, welche sich aus §. 761 h. t. ergeben. Aus diesem Grunde sind auch alle übrigen, einen solchen Kirchhof betreffenden Rechtsgeschäfte (Grunderwerb ꝛc.) von dem Gem. Kirch. Rathe der Kirchengemeinde, zu welcher die Theilnahmeberechtigten Ortschaften gehören, nöthigenfalls unter beschließender Mitwirkung der Gemeindevertretung zu erledigen. Bei der Errichtung neuer Kirchhöfe empfiehlt es sich, den Kreis der Theilnahmeberechtigten und folgeweise Unterhaltungspflichtigen nicht nach den jeweiligen Singulis, welche dem Wechsel unterworfen sind, sondern nach ein für alle Male feststehenden geographischen Grenzen festzustellen.

vgl. Anm. 75—81.

Erk. v. 17. Juni 1872, Arch. 86 S. 114:

In der bloßen Verstattung der Benutzung eines Kirchhofes zur Beerdigung kann ohne Weiteres und ohne sonstige Grundlagen der Besitz eines Rechtes nicht blos auf die einzelne Grabstelle, sondern auf den ganzen Kirchhof, wie §. 761 L. R. II. 11 vor Augen hat, nicht gefunden werden. Die Unterhaltungskosten eines Kirchhofes stehen nicht schon ohne Weiteres den Kirchenbaukosten gleich.

R. d. Min. d. g. A. v. 13. Febr. 1854, Aktenstücke Heft VII S. 33: Der Ev. Ob. Kirchenrath hat Veranlassung genommen, die Konsistorien auf die Wichtigkeit einer erhöhten Theilnahme der Geistlichen bei der Beerdigung ihrer Gemeindeglieder aufmerksam zu machen. Bei dieser Gelegenheit ist darauf hingewiesen worden, daß an vielen Orten die zu weit gehende Vermehrung der Lokalkirchhöfe der Theilnahme der Geistlichen hindernd in den Weg trete. In Anerkennung der Wichtigkeit des angestrebten Zweckes veranlasse ich die K. Regierung, bei künftigen Anträgen auf Ertheilung der Staatsgenehmigung für den Erwerb von Grundstücken zur Anlegung von Begräbnißplätzen auch von dem angedeuteten Gesichtspunkte aus sich über die Angemessenheit der Erwerbung zu äußern.

§. 762. Erhält jedoch die Kirche Bezahlung für die Grabstellen, so muß der Kirchhof aus der Kirchencasse auf eben die Art, wie die Kirche selbst, unterhalten werden.

§. 763. Der Patron ist der Regel nach zur Unterhaltung des Kirchhofes beizutragen in keinem Falle verpflichtet.[310a)]

§. 764. Die Anlegung neuer Begräbnißplätze soll nur aus erheblichen Ursachen, und nur unter Einwilligung der geistlichen Obern, so wie der Polizeivorgesetzten des Orts, statt finden.[311)]

§. 765. Durch dergleichen neue Anlagen soll dem Pfarrer und den Kirchenbedienten an ihren bisherigen Gebühren nichts entzogen werden.

§. 766. In wie fern eine Kirchengesellschaft, welche sich des Geläutes einer anderen Kirche bedient, zur Unterhaltung desselben, ingleichen des Glockenstuhls und Thurms, beitragen müsse, hängt hauptsächlich von Verträgen, und der bisherigen ununterbrochenen Gewohnheit eines jeden Ortes ab. Unterhaltung des Geläutes.

§. 767. Fehlen dergleichen Bestimmungen, so kommt es darauf an: ob die fremde Kirchengesellschaft derjenigen, welcher die Glocken gehören, für den Mitgebrauch derselben etwas entrichte, oder ob sie sich dieses Mitgebrauchs unentgeltlich zu erfreuen habe.

§. 768. Entrichtet die fremde Kirchengesellschaft etwas für den Mitgebrauch, so kann diejenige, welcher das Geläute gehört, zur Unterhaltung desselben keinen Beitrag fordern.[312)]

310a) Erk. Ob. Trib. v. 23. Febr. 1874: Die Verpflichtung zur Unterhaltung der Kirchhöfe kann zwischen dem Patron und den Eingepfarrten ebenso wie in Betreff der Kirche und Pfarrgebäude durch Observanzen rechtsgültig bestimmt werden. Strieth. Archiv Bd. 91 S. 118. —

311) cfr. Anm. 75.

cfr. das Erk. des Oberverwaltungsgerichts v. 10. Juli 1878, betr. die ortspolizeiliche Genehmigung zur Anlegung resp. Erweiterung von Begräbnißplätzen. Kirchl. Ges. u. V.Bl. 1878 S. 161—168: Wenn der §. 764 h. t. den Ortspolizeibehörden eine amtliche Mitwirkung bei der Anlegung der Begräbnißplätze zuweist, so ist doch damit nicht zum Ausdruck gebracht worden, daß diese Mitwirkung in maßgebender Weise schon bei jeder vorbereitenden Handlung hierzu Platz zu greifen habe. Die Grenzen der Wirksamkeit der im §. 764 gedachten Behörden bei der Anlegung von Begräbnißplätzen regeln sich nach deren Zuständigkeit und der rechtlichen Natur ihrer Aufgaben überhaupt.

312) Das Verhältniß ist als ein Miethsverhältniß aufzufassen. Koch, L.R. IV. S. 449.

§. 769. Eben das findet statt, wenn auch nur die Mitglieder der fremden Kirchengesellschaft für den Gebrauch der Glocken, in einzelnen Fällen mehr, als die Mitglieder derjenigen, welcher das Geläute gehört, zur Kirchencasse entrichten müssen.

§. 770. Ist der Mitgebrauch ganz unentgeltlich, oder zahlen die Mitglieder der fremden Gesellschaft dafür in einzelnen Fällen nur eben so viel, als die eigentlichen Eingepfarrten; so müssen Erstere zur Unterhaltung des Geläutes nach eben dem Verhältnisse, wie Letztere beitragen.

§. 771. Werden in diesem Falle die Kosten aus der Kirchencasse genommen; also, daß die eigentlichen Eingepfarrten nichts beitragen dürfen: so muß dennoch die fremde Kirchengesellschaft einen von den geistlichen Obern billig zu bestimmenden Beitrag leisten.

Zehnter Abschnitt.

Von Pfarrgütern und Einkünften.

Was zum Pfarrvermögen gehöre.

§. 772. Von dem Kirchenvermögen müssen die unmittelbar zur Unterhaltung des Pfarrers und der übrigen Kirchenbedienten bestimmten Güter und Einkünfte unterschieden werden.[313])

---

[313]) Erk. d. Ob.Trib. v. 5. April 1864, Archiv Bd. 52 S. 349: Es ist nicht durchaus nothwendig, daß die Pfarrkompetenz auf Immobilien gegründet werde; auch andere geeignete Vermögensobjekte, z. B. das Einkommen aus Staatskassen, sind nicht ausgeschlossen.

R. des Min. d. geistl. A. v. 22. Januar 1878, kirchl. Ges. u. V.Bl. 1878 S. 20: Die Allerhöchst bewilligten Pfarrdotationsfonds sind in allen Fällen, wo bereits konstituirte Pfarrsysteme mit kirchenordnungsmäßig gebildeten Gemeindeorganen vorhanden sind, den Gemeindeorganen zu eigener Verwaltung unter Aufsicht des Konsistoriums zu übergeben. In Betreff solcher Dotationsfonds hingegen, welche für erst zu errichtende Pfarrsysteme bestimmt sind, ist unter Darlegung der konkreten Verhältnisse besonders zu berichten.

Prov. Recht der Kurmark Brandenburg:

Wenn Streit darüber entsteht, ob Grundstücke, von welchen jährlich etwas Gewisses an die Pfarre gezahlt wird, Eigenthum der Pfarre (eigenthümliche Priesterhufen) oder nur mit der Abgabe an den Pfarrer belastete, dem Besitzer eigenthümlich gehörige Grundstücke sind, und es läßt sich darüber aus den Matrikeln oder sonst nichts Gewisses ermitteln, so streitet die Vermuthung in dem Falle für die Kirche, wenn entweder die Matrikel bei Anführung der zu entrichtenden Abgaben die Partikel: „Anjetzo oder ratione possessionis" enthalten, oder dargethan wird, daß der Pfarrer die streitigen Hufen in früheren Zeiten selbst

§. 773. Zu letztern gehören auch die von den Parochialverrichtungen zu erlegenden Stolgebühren.

§. 774. Pfarrgüter haben eben die äußeren Rechte, als Kirchengüter.[314]) Rechte desselben überhaupt.

§. 775. Sie sind der Regel nach von allen Prästationen

---

unter'm Pfluge und eigener Kultur gehabt hat. In Ermangelung dessen werden aber dergleichen Grundstücke im Zweifel für eigenthümliche, mit der Abgabe an den Pfarrer belastete Grundstücke erachtet. Vogt, K.R. I. S. 546.

V. v. 15. Dez. 1711, Mylius C. C. M. I. 1 S. 445.

Erk. des Komp.Gerichtsh. v. 26. Nov. 1853, Just.M.Bl. 1854 S. 45: Der Rechtsweg über die Verpflichtung zur Entrichtung von Pfarrabgaben, welche auf notorischer Ortsverfassung beruhen, ist unzuläßig. Es ist vielmehr die exekutivische Einziehung solcher Abgaben ohne Weiteres statthaft.

Erk. dess. Gerichtsh. v. 12. Mai 1855, Just.Min.Bl. 1855 S. 238: Ist einem von dem Staate besoldeten Pfarrer von den zu seiner Pfarrei gehörigen Gemeinden ein Zusatzgehalt bewilligt worden, so bildet die freiwillige Uebernahme desselben einen privatrechtl. Titel, und es ist daher über Streitigkeiten, welche wegen der Aufbringung des Zusatzgehaltes entstehen, im Wege Rechtens zu entscheiden.

Nach einer nicht publizirten Kab.Ord. v. 27. Mai 1840 sind die Verwaltungsgrundsätze über die zum geistlichen Bedürfnisse erforderliche Anzahl von Geistlichen und über die Höhe der vom Staate zu bewilligenden Besoldung verfassungsmäßig der richterlichen Entscheidung nicht unterworfen. Daher sind Streitigkeiten über die Errichtung und Dotirung eines geistl. Amtes vom Rechtswege ausgeschlossen, ausgenommen, wenn der Anspruch einer Kirchengemeinde auf Gewährung einer angemessenen Dotation für die geistliche Stelle auf einem privatrechtl. Titel beruht. Erk. des Komp.Gerichtsh. v. 11. Febr. 1865, Just.M.Bl. S. 102, v. 9. Juni 1866 a. a. O. S. 282, v. 10. Januar 1852 a. a. O. S. 171, v. 13. Oktob. 1866 a. a. O. S. 350 u. v. 8. Januar 1870 a. a. O. S. 61. Wohl aber sind Streitigkeiten über die Frage, ob eine Kirchenkasse verpflichtet sei, dem Pfarrer das ihm gebührende Pfarrgehalt zu zahlen, im Rechtswege zu entscheiden. Erk. dess. Gerichtsh. v. 12. Oktob. 1867, J.M.Bl. S. 437. Koch, L.R. IV. S. 449.

[314]) Prov.Recht für Pommern:

Nur die eigentlichen Pfarrhufen (d. h. Hufen, welche schon zur Zeit der Reformation bei der Pfarre sich befunden haben) nicht aber die sog. Pfarrbauerhufen (d. h. Ländereien, welche erst späterhin Pfarrgut geworden) haben die Vorrechte der Kirchengüter. Ist die eigentliche Natur der bei der Pfarre befindlichen Hufen nicht aus den Matrikeln oder den sonst vorhandenen Nachrichten zu ermitteln, so wird in Hinterpommern angenommen, daß bei jeder Mutter- und Tochterkirche zwei Pommersche Hufen Pfarr-, die übrigen aber Pfarrbauerhufen sind. Kurfürstl. Resolution v. 5. März 1680 §§. 6 u. 15, Instrukt. für die Hufenlustrationskommission v. 12. April 1681, Art. XX. Vergleich v. 17. Mai 1682 §§. 1, 2, 4 u. 7. Prov.R. S. 143. Vogt, K.R. I. S. 546.

vergl. Anm. 71.

und Abgaben an die Gutsherrschaft oder Stadtkämmerei, so wie von den gemeinen Lasten frei.[315])

§. 776. Zu solchen Ausgaben der Gemeine, wovon der Pfarrer und die Gemeine unmittelbaren Vortheil ziehen, müssen sie mit beitragen.[316])

§. 777. Pfarr- und Küstergüter sind, gleich den Kirchengütern, von der ordentlichen Realgerichtsbarkeit des Orts ausgenommen.

Nießbrauch des Pfarrers. §. 778. Die Verwaltung und der Nießbrauch der Pfarrgüter gebührt dem Pfarrer.[317])

---

[315]) Prov. Recht für Westpreußen:

Von der Deichlast sind Kirchen- und Pfarrgüter, soweit sie durch die Deiche geschützt werden, in der Regel nicht befreit (§. 43).

Auch Zeitpächter von Kirchen- und Pfarrgrundstücken haben auf diese Befreiung keinen Anspruch (§. 44). Vgl. dazu Ges. v. 11. Febr. 1850, G.S. S. 43: Die Schlußbestimmung im §. 44 des Westpreuß. Prov. Rechts findet keine Anwendung, wenn die Befreiung eines auf Zeit verpachteten Kirchen- oder Pfarrgrundstücks von der Deichlast auf einem speziellen Rechtstitel beruht. In diesem Falle ist lediglich nach dem Inhalte und der Beschaffenheit jenes Titels zu beurtheilen, ob die Befreiung und der dadurch begründete Anspruch auf Entschädigung (§. 17 des Ges. über das Deichwesen v. 28. Jan. 1848) nicht blos den Fall der Selbstbewirthschaftung, sondern auch der Nutzung durch Zeitpacht in sich habe.

Die Grundsteuerbefreiungen, mit Ausnahme der Diensthäuser nebst Hofraum und Garten, sowie die Befreiung von persönlichen Abgaben, sind aufgehoben, Ges. v. 24. Febr. 1850 §. 2 lit. e (G.S. S. 62) u. Ges. v. 1. Mai 1851, G.S. S. 193. Koch, L.R. IV. S. 450.

vergl. Anm. 66. 9. 43.

Erk. d. Ob.Trib. v. 14. April 1863, Arch. 49 S. 156: Das den Pfarrgütern zustehende Privilegium der Freiheit von den Gemeindelasten geht dadurch verloren, daß sie in das Eigenthum einer Privatperson übergehen und aufhören, Pfarrgüter zu sein.

Die Kgl. Regierungen sind als Vertreter der Rechte des landesherrlichen Patronats, der Aufsicht der geistl. Oberen und der Oberaufsicht des Staates nicht legitimirt, Forderungen an das Pfarrvermögen mit bindender Kraft für die Pfarre und Kirche anzuerkennen, Erk. d. Ob.Trib. v. 21. April 1860, mit Bezug auf die auch hier Platz greifenden §§. 619 ff. h. t., Entsch. Bd. 45 S. 305.

[316]) Erk. d. Ob.Trib. v. 23. Juni 1873, Arch. 89 S. 101: Aus §. 776 läßt sich die Verpflichtung des Küsters zur Tragung der auf den Küsterländereien ruhenden Deichpflichten nicht folgern. In dem Rechtsverhältnisse der Pfarrgemeinde als Eigenthümerin der Küsterländereien zu dem von ihr angestellten Küster als Nutzungsberechtigten derselben ist in Ansehung der nach dem gemeinen Rechte auf den Küsterländereien ruhenden Deichverpflichtung eine das gemeine Recht ausschließende, die Verpflichtung des Küsters zur Tragung der Deichlasten mit sich bringende Observanz nicht möglich.

[317]) Erk. d. Ob. Trib. v. 23. Mai 1870, Arch. 78 S. 266: Der Pfarrer als Verwalter und Nießbraucher des Pfarrvermögens ist Prozesse, welche die Substanz desselben betreffen, allein, ohne Zuziehung der Kirchenvorsteher, als Vertreter des Proprietars des Kirchen- und Pfarrvermögens resp. des Patrons zu führen nicht berechtigt.

Erk. v. 22. Juni 1857, Arch. Bd. 25 S. 229: Zur Klage auf rückständiges Meßkorn ist der Pfarrer selbstständig befugt.

cfr. R. des Min. d. g. A. v. 23. Febr. 1843, M. Bl. d. inn. V. 1843 S. 74, betreffend die Aufbringung der bei Grenzerneuerungen für Kirchen und Schulen zu entrichtenden Kosten.

In Betreff der Pfarrlandstiftungen für die evangelischen Pfarreien der einzelnen Provinzen vergl. die bezüglichen Statuten in den kirchl. Amtsblättern der betreffenden Provinzen.

Erk. des K. Ob. Trib. v. 11. Dez. 1877, kirchl. Ges. u. V. Bl. 1878 S. 37—45, betr. die Unablösbarkeit von Pfarrholzdeputaten. Es handelte sich um die von dem Forstrevier Jammi an die 3 evangel. Pfarren in Marienwerder zu entrichtenden Abgaben an Holz und Torf. Auf Grund der bezüglichen Bestimmungen der Forstordnungen 2c. wurde festgestellt, daß die streitige Abgabe auf einem subjektiv und objektiv persönlichen Rechte des jedesmaligen Pfarrers für seine dienstlichen Leistungen beruht. Da nun die Freiholz-Deputanten den wirklichen Holzungsberechtigten geradehin gegenübergestellt sind und damit zugleich ausgesprochen ist, daß die Freiholz-Deputanten eben nicht wirkliche, d. h. dingliche Holzungsberechtigte sind, so konnte die streitige Abgabe nicht als eine Realberechtigung im Sinne des Ges. v. 27. April 1872 angesehen werden.

Erk. d. Ob. Trib. v. 8. Nov. 1859, Arch. Bd. 35 S. 238: Auch nach dem gemeinen deutschen Rechte sind dem Pfarrer in Bezug auf die Benutzung der Pfarrgrundstücke die Rechte eines Usufruktuars beigelegt.

Der Usufruktuar macht die in gutem Glauben gezogenen Früchte kraft seines selbstständigen dinglichen Rechts zu den seinigen und braucht namentlich die konsumirten Früchte nicht herauszugeben.

Erk. d. Ob. Trib. v. 15. Juli 1863, Arch. 49 S. 344: Der Nutznießer, insbesondere auch der Pfarrer, hat die gewöhnlichen und geringfügigen, zur Ausübung des Nutzungsrechts nach der Natur der Sache erforderlichen laufenden Aufwendungen selbst zu leisten.

Erk. d. Ob. Trib. v. 29. Juni 1863, Arch. 49 S. 311: Der Nießbraucher, insbesondere der Pfarrer, ist bei einem Streite über die Substanz des zum Nießbrauche gegebenen Vermögens zwar passiv für sich allein nicht legitimirt; er kann jedoch sein dingliches Recht als Nießbraucher gegen jeden Dritten, der es beeinträchtigt, selbstständig geltend machen, ohne daß dadurch dem Rechte des Eigenthümers präjudizirt wird.

Zum Nachtheile des Pfarrvermögens findet eine Verjährung gegen den Pfarrer nicht statt.

Daher geht wegen der in einem kleineren Maaße geschehenen Abführung des Dezem an den Pfarrer das Recht der Pfarre selbst, den Dezem in einem bestimmten, größeren Maaße zu fordern, durch Verjährung nicht verloren.

Die durch Kirchen-Matrikel gegen die darin als abgabenpflichtig verzeichneten Eingepfarrten, welche bei Aufnahme der Matrikel nicht zugezogen sind, für die

§. 779. Der Patron und die Kirchenvorsteher sind schuldig und befugt, darauf zu sehen, daß der Pfarrer die Wiedmuthsstücke ordentlich verwalte, und wirthschaftlich nutze.

§. 780. Besonders müssen sie dafür sorgen, daß ein richtiges und vollständiges Wohnungs-, Wirthschafts-, Garten- und Feld-Inventarium gehalten werde.

§. 781. Wenn Streit entsteht, was an Grundstücken, Gebäuden, Inventarien, Capitalien, oder jährlichen Hebungen, zur Kirche oder Pfarre gehöre: so muß bei dessen Entscheidung auf die vorhandenen Kirchenmatrikeln vorzüglich Rücksicht genommen werden.

§. 782. Der Pfarrer kann seine Wohngebäude nur mit Einwilligung des Patrons und der Kirchenvorsteher vermiethen; diese aber dürfen ihm die Einwilligung ohne erhebliche Gründe nicht versagen.

§. 783. Bei Aufnehmung der Fremden ist der Pfarrer den Polizeigesetzen, gleich jedem anderen Einwohner unterworfen.

Unterhaltung der Gebäude.

§. 784. Die Unterhaltung der Zäune und Gehege, so wie kleine Reparaturen an den Gebäuden, müssen die Pfarrer und Kirchenbedienten aus eigenen Mitteln besorgen.[318])

Pfarre begründete rechtliche Vermuthung verliert ihre Kraft, wenn nicht erwiesen werden kann, daß das Recht der Pfarre jemals ausgeübt worden ist.

Erk. des K. Ob.Trib. vom 16. April 1852 auf Grund des §. 570 L.R. I. 9 u. §. 92 L.R. I. 21, sowie der §§. 158c u. 159 Allg. Ger.Ord. I. 10. Strieth. Arch. Bd. 5 S. 175.

Dagegen hat der mit dem Erk. v. 20. Sept. 1859 (Arch. Bd. 35 S. 179) u. v. 2. Febr. 1864 (Arch. 53 S. 79) übereinstimmende Pl.Beschl. v. 5. Okt. 1863 (Entsch. 50 S. 1) angenommen: Deswegen, weil der Pfarrer zugleich Verwalter ist, kann gegen den Pfarrer zum Nachtheil der Kirchengemeinde eine Verjährung angefangen und fortgesetzt werden, zu Folge §. 521 L.R. I. 9 u. §. 871 h. t. Koch in seinem A. L.R. IV. S. 450, Anm. 70 zu §. 778 h. t. hält diese neue Ansicht nicht für richtig; denn der Pfarrer sei nicht Verwalter im Sinne der §§. 109 ff. L.R. I. 14, vielmehr Nießbraucher; Verwalter aber nur insoweit, als dies jeder Nießbraucher von selbst ist und sein muß.

[318]) Erk. v. 22. Sept. 1854, Arch. 15 S. 21: Die Vorschriften der §§. 710 u. 711 h. t. hinsichtlich der Gültigkeit der Observanzen in Betreff der Kirchenbaulast gelten auch in Ansehung der Pfarr- und Schulgebäude.

R. des Min. d. g. A. v. 21. Okt. 1841, M.Bl. d. inn. V. 1841 S. 324: Aus der Entstehungsgeschichte des §. 784 ergiebt sich:

1) daß die Pflicht zur Unterhaltung der Zäune nicht schon aus der im §. 780 dem Pfarrer auferlegten Verpflichtung, für ein vollständiges

Inventarium zu sorgen, abgeleitet werden könne, wie es denn auch den Begriffsbestimmungen (§§. 44 ff., 48 ff., 73 ff., 103, 104 L.R. I. 2, §. 135 L.R. I. 21) widersprechen würde, die Zäune und Gehege mit zu dem Inventarium des Pfarrgutes zu rechnen,

2) daß vielmehr die Unterhaltung der Zäune und Gehege dem Pfarrer in ähnlicher Weise, wie die Unterhaltung der Gebäude selbst, obliege.

In Ansehung der an den Gebäuden vorfallenden Reparaturen ist jedoch diese Verpflichtung auf kleine Reparaturen eingeschränkt worden, wofür nach §. 785 solche zu achten sind, die entweder gar keine baaren Auslagen, oder nur einen Kostenaufwand von nicht mehr als 3 Thlr. erfordern. Eine gleiche Einschränkung verordnet das Gesetz in Ansehung der Zäune und Gehege nicht. Es folgt daraus, daß die Reparaturen an den Zäunen und Gehegen dem Pfarrer, ohne Einschränkung auf einen gewissen Betrag der Kosten, ausschließlich zur Last fallen.

Ferner kommt, wie bei den Reparaturen an den Pfarrgebäuden selbst, der §. 798 h. t. auch in Ansehung der Zäune und Gehege zur Anwendung. Hat daher ein Pfarrer durch Vernachlässigung der erforderlichen Reparaturen den Verfall des Zaunes veranlaßt, so muß er die Wiederherstellung desselben auf eigene Kosten bewirken. Der Neubau eines Zaunes kann also dem Pfarrer nur dann angemuthet werden, wenn er selbst durch ein schuldbares Versehen die Veranlassung dazu gegeben hat. Ist dagegen ohne ein Verschulden des Pfarrers, durch Zufall, Alter, oder durch die Vernachlässigung seines Amtsvorgängers, der Verfall des Zaunes oder Geheges veranlaßt worden, so kann der Pfarrer zur Wiederherstellung des Zaunes eben so wenig angehalten werden, als er im gleichen Falle zur Wiederherstellung des Pfarrgebäudes selbst verpflichtet sein würde. Damit stimmen auch die Vorschriften überein, welche im 21. Tit. Thl. I A. L.R. für die Unterhaltungspflicht des Nießbrauchers gegeben sind, und welche in Ansehung des Pfarrers, als Nutznießers des Pfarrgutes, ebenfalls zur Anwendung kommen, soweit denselben nicht durch spezielle Vorschriften derogirt ist. Das Resultat dieser Erörterung ist demnach, daß den Pfarrern nach §. 784 L.R. II. 11 sämmtliche Reparaturen, sowie diejenigen Neubauten der Zäune und Gehege der Pfarre, welche durch ihr eigenes, persönliches Verschulden veranlaßt worden, aufzuerlegen sind, daß aber die ohne Verschulden des zeitigen Pfarrers veranlaßten Neubauten aus dem Kirchenvermögen, oder von den sonst zu kirchlichen Bauten verpflichteten Personen zu beschaffen sind, vorbehaltlich des Regresses an die etwa ersatzpflichtigen Personen.

R. des Min. d. g. A. v. 4. Dez. 1841, M.Bl. d. i. V. 1841 S. 325: Die in dem R. v. 21. Okt. 1841 (siehe oben) enthaltenen Bestimmungen bleiben außer Anwendung, wenn ein besonderes Provinzialgesetz der Vorschrift des §. 784 h. t. derogirt.

R. d. Min. d. g. A. v. 17. März 1842, M.Bl. d. i. V. 1842 S. 111:

1) In denjenigen Provinzen und Landestheilen, in welchen die Verpflichtung der Geistlichen, Kirchenbedienten und Schullehrer, zur Unterhaltung ihrer Wohnungen beizutragen, durch ein besonderes Provinzialgesetz näher bestimmt ist, behält es bei den Vorschriften dieses besonderen Provinzialgesetzes sein Bewenden.

2) Existirt dagegen ein besonderes Provinzialgesetz nicht und muß auf die Vorschriften des Allg. Landr. zurückgegangen werden, so bestimmt dasselbe in §§. 784ff. als Regel, daß die Pfarrer und Kirchenbedienten die inneren Pertinenzstücke ihrer Amtswohnungen, ohne Rücksicht auf

den Betrag, auf eigene Kosten zu unterhalten, andere kleine Reparaturen aber bis zu dem Betrage von 3, resp. 1 Thlr. aus eigenen Mitteln zu bestreiten haben.

Die Verpflichtung der Pfarrer und Kirchenbedienten zur Unterhaltung der inneren Pertinenzstücke erstreckt sich jedoch nur auf die gewöhnliche Unterhaltung der dem Wohnungsberechtigten in brauchbarem Stande übergebenen Gegenstände, nicht aber auf deren Erneuerung, sofern dieselben, ohne Verschulden des Wohnungsberechtigten, durch Alter, Zufall oder durch Vernachlässigung des Amtsvorgängers unbrauchbar geworden sind. Im letzteren Falle bleibt den Kirchenkassen nur der Rückgriff an den Vorbesitzer oder dessen Erben vorbehalten. Die Regel des A.L.R. erleidet eine Ausnahme, wenn durch speziellen Rechtstitel, insbesondere durch eine bei der Kirche hergebrachte, besondere Observanz, die Kirchenkasse mit der Bestreitung der kleineren Reparaturen belastet ist. Die Rechtsbeständigkeit einer solchen Observanz folgt aus dem §. VII des Publikationspatents v. 5. Febr. 1794 . . . . . Die Abfassung der daselbst erwähnten Provinzialgesetzbücher ist bisher nur für Ostpreußen zu Stande gekommen, und ist daselbst die in das Provinzialgesetzbuch mit aufgenommene Vorschrift des §. 784 cit. gleichförmig zur Anwendung gebracht worden. In allen übrigen Landestheilen, in welchen das A.L.R. durch das Publ. Patent v. 5. Febr. 1794 Gesetzeskraft erhalten hat, sind die zu Gunsten der Pfarrer und Kirchenbedienten von der gemeinrechtl. Regel des §. 784 u. folg. abweichenden Spezialobservanzen nicht außer Kraft gesetzt und müssen daher auch fernerhin noch beobachtet werden. Dasselbe gilt von allen denj. Landestheilen, in welchen früher das französische Civilgesetzbuch gegolten hat, später aber das A.L.R. eingeführt worden ist . . . . . Die Vorschrift des §. 784 u. folg. h. t. kann daher überall nur dann zur Anwendung gebracht werden, wenn weder ein ausdrückliches Provinzialgesetz, noch eine bis dahin bestandene abweichende Spezialobservanz, noch ein besonderer Rechtstitel entgegensteht.

3) Was die Schullehrer betrifft, — sofern dieselben nicht zugleich als Kirchenbediente angestellt sind, und als solche unter den Bedingungen des §. 784 h. t. eine kirchliche Amtswohnung benutzen, — so kann . . . . . in Ermangelung besonderer Provinzialgesetze oder eines speziellen Rechtstitels nur die Vorschrift des §. 34 L.R. II. 12 zu Gunsten der Schullehrer zur Anwendung gebracht werden, welche die Unterhaltung der Schulmeisterwohnungen ohne Einschränkung den zur Schule gewiesenen Einwohnern als eine gemeine Last auferlegt.

4) Der Nachweis einer den Vorschriften der §§. 784 sequ. derogirenden Spezialobservanz ist nach den allgemeinen rechtlichen Erfordernissen zu führen. Insbesondere wird dieser Nachweis alsdann für erbracht zu erachten sein, wenn durch Vorlegung der rite revidirten Kirchenrechnungen dargethan werden kann, daß die Ausgaben für kleinere Reparaturen, unter stillschweigender Genehmigung der geistlichen Oberen, seither gleichmäßig aus der Kirchenkasse entnommen worden sind.

5) Wünscht eine Gemeinde die Kirchenkasse von der ihr bisher observanzmäßig obliegenden Verpflichtung zur Erstattung der kleineren Reparaturen zu befreien, und diese Verpflichtung auf den Geist-

lichen oder Kirchenbedienten zu übertragen, so kann dies unter Genehmigung der geistl. Oberen nur dadurch geschehen, daß die Stelle selbst nicht geschmälert, und dem Geistlichen oder Kirchenbedienten für die Uebernahme der kleineren Reparaturen ein entsprechendes Durchschnittsquantum aus der Kirchenkasse vertragsmäßig gezahlt wird.

6) In denj. Fällen, in welchen den Geistlichen, Kirchenbedienten oder Schullehrern die Verpflichtung zur Bestreitung der kleinen Reparaturen obliegt, haben die geistl. Oberen und Inspektoren darauf zu sehen, daß die Wohnung dem Berechtigten im guten Stande überliefert werde, und die Aufnahme eines gehörigen Uebergabeprotokolls zu veranlassen.

Verf. des Königl. Südpreußischen Konsistoriums zu Posen v. 26. März 1804 Nr. 1959: Wegen Bestreitung der Reparaturkosten der Kirchengebäude aus den Kirchenkassen ist höchsten Orts festgesetzt worden, daß in denjenigen protestantischen Kirchspielen hiesigen Departements, welche schon zu polnischen Zeiten existirt haben und ohne Unterstützung aus Königl. Fonds sich erhalten, die vorfallenden kleinen Reparaturen an den Gebäuden von dem Pfarrer und den Kirchenbedienten, die sie bewohnen, nicht, wie solches das A.L.R. II. 11 §. 784 u. 785 bestimmt, getragen, sondern, wie solches bisher gebräuchlich gewesen, im Allgemeinen der Kirchenkasse auferlegt werden sollen, und ist in Gemäßheit dieser Festsetzung auch die Oberrechnungskammer von deren Chef instruirt worden.

cfr. Extrakt aus dem Landtagsabschiede für das Großherzogthum Posen v. 7. Nov. 1837, betr. die Anwendbarkeit der Vorschriften über den Abzug des Diensteinkommens der Beamten auf Geistliche bei Erfüllung ihrer Verbindlichkeit zur Unterhaltung kirchlicher Gebäude (v. K. Jahrb. Bd. 50 S. 486), bei Vogt Kirchenr. I S. 555.

vergl. §. 710 h. t.

Erk. v. 29. März 1844, Präj. Nr. 1432, Präj.Samml. S. 209: Die Bestimmung der märk. Konsistorialordnung v. 1573, kraft deren die Dorfeinwohner die vor Alters gewesenen Küsterhäuser bauen, bessern und erhalten sollen, ohne der Küster Zuthun, legt Ersteren die Verpflichtung auf, deren Instandhaltung im weitesten Sinne, mit Einschluß der kleineren Reparaturen zu bewirken.

Ostpreußisches Provinz.Recht, Zus. 200:

§. 1. Bei lutherischen Gemeinden müssen zu den Wirthschaftsgebäuden der Pfarrer und Küster die Eingepfarrten außer den Hand- und Spanndiensten auch das Stroh liefern. Eben dieses findet bei den Reformirten in Ansehung der Landgemeinden statt; in den Städten aber wird Alles vom Patron und der Kirche, wie bei den Kirchenbauen besorgt.

§. 2. Die Zäune werden von den Eingepfarrten unterhalten, oder sie entrichten an Orten, wo es hergebracht ist, deßhalb besonderes Zaungeld.

§. 3. Unter diesen Einschränkungen sind wegen Unterhaltung der Pfarr- und Küstergebäude die wegen der Kirchengebäude in §§. 700—760 A.L.R. II. 11 und den Zusätzen 195, 196 u. 197 dieses Provinzialrechts enthaltenen Vorschriften zu befolgen.

(Der Zusatz 200 ist nach Vogt, K.R. I. S. 555 auch bei den §§. 785—790 h. t. zu berücksichtigen.)

vergl. auch für Ostpreußen das R. des Min. d. g. A. v. 9. Dez. 1833, betreffend die Verpflichtung der Pfarrer und Schullehrer, kleine Reparaturen in ihren Dienstgebäuden aus eigenen Mitteln zu bestreiten (v. K. Ann. Bd. 18 S. 702), bei Vogt, Kirchenr. I S. 556, 557.

§. 785. Für kleine Reparaturen sind diejenigen zu achten, die entweder gar keine baare Auslagen erfordern, oder wo die Kosten, von jeder einzelnen genommen, für den Pfarrer nicht über drei, und für den Kirchenbedienten nicht über Einen Thaler betragen.

§. 786. Thüren, Fenster, Oefen, Schlösser, und andere dergleichen innere Pertinenzstücke der Gebäude, müssen von dem Nießbraucher, mit eignen Kosten, ohne Rücksicht auf den Betrag derselben, unterhalten werden.[319])

§. 787. Auch zu größeren Reparaturen der Pfarrgebäude, so wie zu neuen Bauen, muß der Pfarrer die Materialien, so weit als dieselben bei der Pfarre über die Wirthschaftsnothdurft befindlich sind, unentgeltlich hergeben.[320])

Prov. Recht für Westpreußen §. 45:

Wo bisher alle kleinen Reparaturen an den Pfarr-, Organisten- und Küstergebäuden aus der Kirchenkasse bestritten, und Zäune und Gehege auf diesen Grundstücken von den Gemeinden unterhalten worden sind, hat es bei dieser Observanz auch ferner sein Bewenden.

Vgl. R. d. Min. d. g. A., betr. die Bauverpflichtung bei katholischen Kirchen und Pfarrgebäuden im Großherz. Posen, v. 24. Juli 1841, nach welchem das Obertribunal und das (frühere) Ob. App. Ger. zu Posen anerkennen, daß weder ein älteres Landesgesetz, noch eine allgemeine Prov. Observanz existirt, welche den Pfarrern im Großherzogth. Posen durchgreifend die Verpflichtung auferlegt, die kirchlichen Gebäude aus eigenen Mitteln zu unterhalten, daß jedoch eine solche Verpflichtung durch Spezialobservanz begründet sein könne. M. Bl. d. i. V. 1841 S. 215—216. Im Uebrigen vergl. wegen der provinzialrechtlichen Bestimmungen Meier, Kirch. R. S. 349 ff., Vogt, Kirch. R. I S. 556 ff. vergl. Anm. 43.

[319]) Das Ofenumsetzen liegt dem Pfarrer ob, ausgenommen, wenn die Erneuerung des größeren Theiles der Kacheln erforderlich ist, R. d. M. d. g. A. v. 6. Mai 1842, Centr. Bl. f. d. Unterr. Verw. v. 1862, S. 562, das Reinigen der Schornsteine hat der Pfarrer auf seine Kosten besorgen zu lassen. Koch, L. R. IV S. 452 Anm. 77 zu §. 786 h. t., Meier, Kirch. R. S. 348.

R. d. Min. d. g. A. v. 9. Dez. 1833, v. K. Ann. Bd. 18 S. 705: Der Auslegung des §. 786 h. t, nach welcher auch neue Thüren und Fenster u. s. w., wenn deren Reparatur nicht mehr für zweckmäßig erachtet werden kann, von den Geistlichen und Schullehrern angeschafft werden sollen, kann das Ministerium nicht beitreten. Es ist Sache derer, welchen die Baulast obliegt, ihr Recht hierbei und ihren Vortheil wahrzunehmen, und bei den Kirchen- und Schulvisitationen dahin zu sehen, daß das geschehe, was das Gesetz in Betreff der Reparaturen vorschreibt. Aber weil dies Schwierigkeiten hat, oder doch von den eigentlichen Interessenten, deren Recht nicht gehörig wahrgenommen wird, den Geistlichen und Schullehrern gegen den zweifellosen Sinn des Gesetzes, welches die Unterhaltung und Reparatur von einem Neubau sehr bestimmt unterscheidet, diese bedeutenden Verpflichtungen aufzulegen, kann das Ministerium weder für recht, noch für angemessen erachten.

[320]) Prov. Recht der Mark Brandenburg:

§. 788. Woher die übrigen Kosten, in Ermangelung eines eignen dazu bestimmten Fonds, zu nehmen sind, ist nach den vorhandenen verschiedenen Provinzialgesetzen zu bestimmen.[321])

§. 789. Wo darüber keine besondere gesetzliche Bestimmung vorhanden ist, da müssen diese Kosten, gleich den Bau- und Reparaturkosten der Kirche selbst, aus dem Kirchen-

---

Auch der Pfarrer ist nicht verpflichtet, zu den größeren Reparaturen und Bauten der Pfarrgebäude die Materialien, selbst wenn sie bei der Pfarre über die Wirthschaftsnothdurft befindlich wären, herzugeben. Er ist daher auch, wenn ein Wald zur Pfarre gehört, insofern nichts Anderes verabredet oder sonst gültig festgesetzt oder hergebracht worden, den Wald ganz ebenso wie jeder andere Nießbraucher zu nutzen berechtigt, ohne den in den allgemeinen Landesgesetzen (§§. 805—811 h. t.) in dieser Beziehung vorgeschriebenen Beschränkungen unterworfen zu sein. (Rabe, Samml. Preuß. Gesetze I. 3 S. 621.) vergl. Anm. 330. (Vogt, K.R. I. S. 559.)

[321]) vergl. Anm. 318.

Erk. v. 4. Nov. 1872, Arch. 86 S. 326: Aus §§. 788—790 h. t. folgt keineswegs, daß eine Observanz für Kirchenbauten unbedingt und ohne Weiteres auch für Pfarrbauten gelte.

Erk. d. Ob.Trib. v. 9. Aug. 1843, Präj. Nr. 319, Präj. Samml. 1, 209: In der Neumark wird zu den Pfarrbaukosten nur von den Besitzern kontribuabler Hufen beigetragen.

Darüber, daß Observanzen (§. 710 h. t.) auch in Betreff der Verpflichtung zur Aufbringung der Bau- und Reparaturkosten der Pfarrgebäude gelten, vergl. die Gründe des Erk. v. 14. Juni 1850, Arch. Bd. 7 S. 1.

cfr. V. v. 11. Nov. 1844, G.S. S. 698: betr. die Beitragspflicht der Rittergutsbesitzer und anderer Grundbesitzer in den vormals K. Sächsisch. Landestheilen der Prov. Sachsen zur Unterhaltung von Kirchen, Pfarren und Schulen.

Prov.Recht für Pommern:

Ueber Aufbringung dieser Kosten in den Städten gelten die bei Kirchbauten vorgeschriebenen Grundsätze. Auf dem Lande muß die Pfarrwohnung nebst den Pertinenzien, wenn die Pfarre keinen eigentlichen Baufonds hat, vom Kirchspiel neu erbaut und reparirt und die Kosten durch einen Kirchenschoß aufgebracht werden. Kirch.Ord. v. 1563 Fol. 84, 99, 103, 104. Gehören mehrere Kirchen zur Parochie, so werden die Kosten zu den Pfarr- und Küsterbauten, sowie zu den Pfarrwittwengebäuden zu gleichen Theilen von jedem einzelnen Kirchspiel aufgebracht. Die Kosten zu dem Bau und der Reparatur von Küstergebäuden werden auf dem Lande durch einen Kirchenschoß zusammengebracht; rücksichtlich der Küsterhäuser in den Städten sowie der Predigerwittwenhäuser in den Städten und auf dem Lande gelten die bei Kirchbauten vorgeschriebenen Grundsätze. Kirchenord. Fol. 84. (Vogt, K.R. I. S. 559.)

Prov.Recht des Fürstenthums Münster: (Vogt, a. a. O.)

Die Kosten zur Unterhaltung der Pfarrgebäude müssen in Ermangelung eines eigenen dazu bestimmten Fonds und wenn nicht einzelne Gutsbesitzer, Klöster u. s. w. dazu verpflichtet sind, von dem Pfarrer bestritten werden. (Decretum Synod. v. 18. Juli 1727 Art. 8, Schlüter Prov.R. I. S. 117.)

vermögen genommen; bei dessen Unzulänglichkeit aber, von dem Patron und den Eingepfarrten getragen werden.[322])

§. 790. Wegen Aufbringung und Vertheilung der Beiträge finden eben die Grundsätze wie bei Kirchengebäuden statt.[323])

---

[322]) cfr. §§. 710 ff. h. t.

R. des Min. d. geistl. A. v. 27. April 1878, kirchl. Ges. u. V.Bl. 1878 S. 134: Während §. 135 X der Kreisordnung die streitigen Schulbausachen von der Zuständigkeit der Verwaltungsgerichte in dem Falle ausschloß, wenn die Schule mit der Küsterei verbunden war, hat §. 78 Ges. v. 26. Juli 1875 im letzten Absatz die Zuständigkeit der Verwaltungsgerichte auch auf diesen Fall erstreckt. Seitdem gehören alle Bauten an vereinigten Schul- und Küsterhäusern zur Zuständigkeit der Verwaltungsgerichte ohne Rücksicht darauf, ob die Kosten des Baues im einzelnen Falle den kirchlichen oder den Schul-Interessenten zur Last fallen. Dieser Umstand fällt für die Zuständigkeitsfrage um so weniger in's Gewicht, als er einen wesentlichen Gegenstand der zu treffenden materiellen Entscheidung bildet. Die hierin liegende Schwierigkeit ist das wesentlichste Motiv für die Abänderung gewesen, welche der §. 135 X der Kreisordnung durch den letzten Abs. des §. 78 des Ges. v. 26. Juli 1875 erfahren hat. Dieselbe würde von Neuem entstehen und somit der Zweck des Gesetzes zum Theil vereitelt werden, wollte man die Zuständigkeitsfrage davon abhängig machen, ob nach der Meinung dieses oder jenes Interessenten die Kosten des Baues den kirchlichen oder den Schul-Interessenten zur Last fallen.

cfr. das Erk. des Ober-Verwaltungsgerichts v. 26. Juni 1878, betr. die Zuständigkeit der Verwaltungsgerichte in streitigen Bausachen bei vereinigten Schul- und Küsterhäusern, kirchl. Ges. u. V.Bl. 1878 S. 147—150.

Erk. v. 20. April 1863, Entsch. 49 S. 258, Arch. 48 S. 309: Auch die Deichlast, welche die Pfarrgrundstücke trifft, hat der Patron nicht zu übertragen.

Nach §. 6 des Ablös.Ges. v. 2. März 1850 sind von der Ablösung ausgeschlossen: Abgaben und Leistungen zur Erbauung oder Unterhaltung der Kirchen- und Pfarrgebäude, wenn letztere nicht die Gegenleistung einer ablösbaren Reallast sind; in welchem Falle solche zugleich mit dieser abgelöst werden.

Pommersches Prov.Recht:

Erk. d. Ob.Trib. v. 10. Dez. 1851, Entsch. 22 S. 114: Durch die Pommersche Kirchen-Ordnung ist die Baupflicht der Eingepfarrten nicht auf diejenigen Pfarrgebäude beschränkt, welche von Alters her bestanden haben.

In Betreff der Kgl. Patronat-Kirchen vergl. Meier Kirch.R. S. 350, Vogt Kirch.R. Thl. I. S. 560.

Das Prov.Recht der Mark Brandenburg: siehe bei Götze Prov.R. I. Abthl. 2 S. 236 ff., Thl. II. S. 74, Meier a. a. O. S. 350, Vogt a. a. O. S. 560.

[323]) cfr. §§. 710 ff.

Erk. d. Ob.Trib. v. 9. Sept. 1878, Arch. Bd. 100 S. 138: So wenig man einen nicht gerade unter dem Pfarrgebäude, sondern getrennt von demselben liegenden Keller deshalb von der Bestimmung über die Pfarrgebäude ausschließen wird, weil er sich nicht über, sondern unter der Erde befindet, ebensowenig kann

§. 791. Doch sind Filial- und zugeschlagene Gemeinen von allen Beiträgen zu Pfarr- und Küster-Gebäuden bei der gemeinschaftlichen Kirche frei, wenn sie eigene dergleichen Gebäude zu unterhalten haben.[324])

---

man dies bei einem aus Ziegeln oder Bohlwerk aufgeführten, zum Pfarrgehöfte gehörigen Brunnen.

[324]) Erk. v. 30. April 1855, Strieth. Arch. Bd. 16 S. 357: Sind mehrere Kirchengemeinden unter Einem gemeinschaftl. Pfarrer vereinigt, welcher in einer derselben sein Pfarrhaus, in der anderen aber kein solches hat, so fallen die Baukosten dieses Hauses allein derjenigen Gemeinde, in welcher das Pfarrhaus gelegen ist, zur Last.

Hierzu bemerkt die Redaktion des Striethorst'schen Archivs:

In der vorstehenden Ausführung sind die für die entgegengesetzte Ansicht aus §. 791 h. t. ex ratione legis sprechenden Zweifelsgründe nicht recht zur Erwägung gekommen. Nach diesem §. sind eben Filial- und zugeschlagene Gemeinden von Beiträgen zu Pfarr- und Küster-Gebäuden bei der gemeinschaftlichen Kirche nur alsdann frei, wenn sie eigene dergleichen Gebäude zu unterhalten haben. Die ratio legis ist hier, sowie überall, offenbar die Gesellschaftsregel, nach welcher jeder Genosse einer Gemeinschaft, soweit er Vortheile von der Gemeinschaft hat, auch ebensoweit zu den Lasten beitragen muß. Wenn nun unter Einem Pfarrer mehrere Gemeinden mit mehreren Kirchen zu einer Parochie vereinigt sind, so kommt immer die besondere Kirche jeder besonderen Gemeinde, welche natürlich in ihre Kirche geht, zu gute, daher nichts natürlicher ist, als daß jede Gemeinde für ihre Kirche zu sorgen hat. In eben diesem Falle aber ist es in Betreff des Pfarrhauses, insofern nur eins da ist, eben anders, weil dies alsdann das gemeinschaftliche Pfarrhaus beider Gemeinden ist. Aus allen diesen Gründen scheint das Gegentheil der vom Ober-Tribunal aufgestellten Ansicht mindestens eben so nahe zu liegen, als der von demselben adoptirte Grundsatz.

Bei Würdigung der Entscheidung v. 30. April 1855 ist indessen zu beachten, daß in der zweiten Gemeinde ebenfalls ein Pfarrhaus bestand, welches von dieser unterhalten wurde; dasselbe diente als Absteigequartier des gemeinschaftlichen Predigers.

Vergl. hierzu das Erk. d. Ob. Trib. v. 15. Nov. 1858, Entsch. Bd. 39 S. 289. Dieses führt in seinen Gründen aus: „Zwar entscheidet auch der §. 791 den Fall, daß mehrere Mutterkirchen unter Einem Pfarrer vereinigt sind, nicht, sondern setzt vielmehr das umgekehrte Verhältniß, d. h. voraus, daß mehrere Gemeinden zwar Eine gemeinschaftliche Kirche benutzen, daß aber eine jede derselben eigene und besondere Pfarrgebäude zu unterhalten hat; der §. 791 erkennt aber jedenfalls das allgemeine Prinzip sehr bestimmt an, daß die gemeinschaftliche Baupflicht sämmtlicher Patrone und Eingepfarrten ein Korrelat der gemeinschaftlichen Benutzung der Kirchen und Pfarrwohnungen ist, und also auch überall da eintreten muß, wo sie sich jener oder dieser gemeinschaftlich bedienen. Das Präj. v. 30. April 1855 geht keineswegs von entgegengesetzten Grundsätzen aus; denn in jenem Falle bestand in jeder der beiden Gemeinden ein Pfarrhaus für den gemeinschaftlichen Prediger."

Erk. v. 13. Okt. 1862, Arch. Bd. 47 S. 86: Der Satz, daß die in den §§. 791, 792 h. t. enthaltenen gesetzlichen Bestimmungen, welche nur von den Gemeinden sprechen, ohne Weiteres auch von den Patronen zu verstehen seien, ist in seiner

§. 792. Dagegen ist eine solche Filial- und zugeschlagene Gemeine von dem Beitrage zur Unterhaltung des Küstergebäudes bei der gemeinschaftlichen Kirche nicht frei, wenn sie gleich einen eigenen Schulmeister hat; sobald dieser das Küsteramt bei dem Gottesdienste nicht zugleich mit versieht.

§. 793. Predigerwittwenhäuser ist in der Regel weder die Kirchencasse, noch der Patron, oder die Gemeine, zu unterhalten verbunden.[325])

§. 794. Vielmehr müssen die Kosten aus dem von dem Erbauer dazu ausgesetzten Fonds genommen, und bei dessen Ermangelung oder Unzulänglichkeit, von der Wittwe, gegen den ihr zu gute kommenden Genuß der freien Wohnung, getragen werden.

§. 795. Ist aber das Haus von dem Patron und der Gemeine selbst errichtet; oder sonst mit ihrer ausdrücklichen Einwilligung zur Pfarre geschlagen worden, so gilt von desselben Unterhaltung Alles, was von Unterhaltung der Pfarrgebäude verordnet ist.

§. 796. Den Kirchenvorstehern liegt vorzüglich ob, darauf zu sehen, daß der Pfarrer, und die übrigen zu kleinen Reparaturen verpflichteten Personen, den Schaden nicht größer werden lassen.

§. 797. Die geistlichen Obern müssen, bei Gelegenheit der Visitationen, die Pfarrer und Kirchenbedienten zu ihrer Schuldigkeit, auch in diesem Stücke, ernstlich anhalten.

§. 798. Hat ein Pfarrer oder Kirchenbedienter durch Vernachlässigung der kleinen Reparaturen, oder durch schuld-

---

Allgemeinheit nicht richtig, weil im konkreten Falle alle Mal die Entstehung und Entwickelung des Patronatsverhältnisses, sowie die Natur und der Umfang der damit verbundenen Rechte und Pflichten zu berücksichtigen bleiben.

[325]) Erk. v. 11. Nov. 1859, Entsch. 43 S. 316, Arch. 35 S. 245: Nach Sächsischem Provinzialrecht ist die Kirche, soweit die Einkünfte des Kirchen-Ärars ausreichen, gesetzlich verpflichtet, den Pfarrwittwen einen Wohnsitz oder eine Wohnsitz-Entschädigung zu gewähren. Magd. Kirch.O. v. 9. Mai 1739 Kap. 15, §. 2, Kap. 26, §. 1. 6., Kap. 32, §. 7. (Rabe, Samml. Bd. 1. Abthl. 7. S. 158.)

Ostpreußisches Prov.Recht, Zusatz 201:

Zur Unterhaltung der Wittwenhäuser sind hauptsächlich die Einkünfte der Wittwen-Grundstücke zu verwenden, welche in den Zeiten erspart werden, wenn keine Wittwen vorhanden sind. In Ermangelung solcher Einkünfte finden die Vorschriften des Zusatzes 200 Anwendung.

Im Uebrigen vergl. wegen der provinzialrechtlichen Bestimmungen in Betreff der Predigerwittwenhäuser Meier, Kirch.R. S. 353.

bar unterlassene Anzeige eines vorhandenen beträchtlichen Schadens, zur Vergrößerung desselben Anlaß gegeben: so muß die Wiederherstellung auf desselben eigene Kosten geschehen.[326])

§. 799. Für die Unterhaltung des Garten-, Feld-, und Wirthschafts-Inventarii muß der Pfarrer als Nießbraucher sorgen. Unterhaltung des Inventarii.

§. 800. Pfarräcker kann der Pfarrer ohne weitere Rückfrage verpachten; sein Amtsfolger ist aber an den von ihm geschlossenen Vertrag nicht gebunden.

§. 801. Doch muß der Amtsfolger, wenn die Aecker in gewisse Felder getheilt sind, den Pächter so lange dulden, bis derselbe mit der Nutzung wenigstens Einmal, von Anfang der Pacht an, durch alle Felder herumgekommen ist.[327])

---

[326]) Koch in seinem Kommentar zum A. L. R. war der Ansicht, daß die im §. 798 h. t. gedachte Wiederherstellung nicht im Verwaltungswege bewirkt werden könne. Vielmehr stehe die Sache so, daß die nothwendige Reparatur durch die dazu an sich Verpflichteten, also von der Kirchenkasse oder der Pfarrgemeinde ausgeführt werden müsse, und daß der Pfarrer auf Erstattung der Kosten belangt werden könne.

Diese Ansicht ist in der 5. Ausgabe des Koch'schen Landrechts-Kommentars verlassen. (Bd. IV. S. 454.) Vielmehr wird dort aus §§. 707 ff. h. t., aus der Kab. Ord. v. 18. Febr. 1805 und dem R. v. 16. Juli 1829 (siehe oben Anm. 292) gefolgert, daß der Pfarrer mit Vorbehalt des Rechtsweges durch Resolut der Regierung und Administrativ-Exekution zur Erfüllung seiner Verpflichtung angehalten und der Betrag der entstandenen Kosten von ihm eingezogen werden kann.

[327]) Erk. d. Ob. Trib. v. 9. Juli 1860, Arch. 38 S. 159: Die §§. 801 u. 802 setzen eine Eintheilung der Aecker nach einer regelmäßigen Fruchtfolge als wesentlich voraus, nicht aber, daß eines der drei oder mehreren Felder in einem Jahre ganz oder theilweise nicht benutzt werde. Der §. 801: „mit der Nutzung wenigstens einmal durch alle Felder herumkommen," bedeutet nicht, daß jedes Feld wenigstens einmal überhaupt genutzt sein müsse, sondern, daß jedes Feld die Reihe durchgemacht habe. Daher erstreckt sich die stillschweigende Verlängerung der Pacht des Gutes bei einer Eintheilung der Aecker in 3 Felder auf 3 Jahre.

Erk. v. 9. Febr. 1857, Entsch. 35 S. 74: Wenn ein Pfarrer Pfarräcker verpachtet hat und während der Dauer des Pachtverhältnisses stirbt, so ist sein Amtsnachfolger, welcher den Pachtvertrag nicht fortsetzen will, verpflichtet, dem Pächter den gesetzmäßigen Aufkündigungstermin zu gestatten.

Die §§. 801 u. 802 sind Ausnahmen von der Regel des §. 33 A. L. R. I. 19 und gelten nicht in allen Provinzen, z. B. nicht nach dem Westpreußisch. Prov. Recht v. 1844 (G. S. S. 108) §. 47, welcher verordnet:

Der Amtsnachfolger ist nicht verbunden, den Pächter bis zum Ablauf des wirthschaftlichen Turnus in der Pacht zu belassen. Das Recht des Pächters endigt sich vielmehr, wenn der Amtsvorgänger zwischen

§. 802. Trifft die Anstellung des Nachfolgers in eine Zeit, da der Pächter die Benutzung der Felder nach der Reihe bereits von neuem wieder angefangen hat: so muß der Nachfolger sich die Fortsetzung der Pacht so lange, bis die Reihe wieder herum ist, gefallen lassen.

§. 803. Ist der Pachtcontract mit Zuziehung des Patrons und der Vorsteher, und unter ausdrücklicher Bestätigung der geistlichen Obern geschlossen worden, so ist auch der Amtsfolger daran gebunden.[328])

Benutzung des Pfarrwaldes. §. 804. Gehört ein Wald zur Pfarre, so kann der jedesmalige Pfarrer denselben nach den Regeln der Forstordnung nutzen.[329])

§. 805. Er ist aber Bauholz daraus zu verkaufen nicht berechtigt.[330])

---

dem 1. Juli u. 1. April abgegangen ist, mit dem Ende des laufenden Wirthschaftsjahres; wenn aber der Abgang zwischen dem 1. April u. 1. Juli erfolgte, mit dem Ablaufe des nächstfolgenden Wirthschaftsjahres.

Ostpreuß. Prov.Recht, Zusatz 202:

§. 1. Der Amtsnachfolger muß, wenn sein Vorgänger zwischen dem 1. Juli u. 1. April abgegangen ist, den Pächter bis zu Ende des laufenden Wirthschaftsjahres, wenn aber der Abgang des vorigen Pfarrers zwischen dem 1. April u. 1. Juli sich ereignet hat, bis zu Ende des folgenden Wirthschaftsjahres die Pacht fortsetzen lassen.

[328]) R. des Min. d. geistl. A. v. 24. April 1877, kirchl. Ges. u. V.Bl. 1876/77 S. 143: Damit ein von dem Inhaber der Pfarrstelle mit Zuziehung der kirchlichen Gemeindeorgane über Pfarrländereien abgeschlossener Pachtkontrakt auch für den Amtsnachfolger verbindlich bleibe, bedarf derselbe auch nach Emanation der Kg.O. gemäß §. 803 L.R. II. 11 noch der Bestätigung der geistlichen Oberen (cfr. §. 22 Abs. 3 Kg.O.).

vergl. hierzu in Betreff des Patrons den §. 23 der Kirchengem.Ord. v. 10. Sept. 1873 („da, wo derselbe Patronatslasten für die kirchlichen Bedürfnisse trägt") und bezüglich der Nothwendigkeit der Zuziehung der Gemeindevertretung den §. 31 Nr. 1 a. a. O.

[329]) Die provinziellen Forstordnungen findet man citirt bei Vogt Kirchenr. I. S. 563, 564.

vergl. Ges. v. 14. Aug. 1876, betr. die Verwaltung der den Gemeinden und öffentlichen Anstalten gehörigen Holzungen in den Provinzen Preußen, Brandenburg, Pommern, Posen, Schlesien, Sachsen, G.S. S. 373, kirchl. Ges. u. V.Bl. 1878 S. 78—81, ferner Instruktion zur Ausführung dieses Gesetzes v. 21. Juni 1877, M.Bl. d. i. V. 1877 S. 259—269, kirchl. Ges. u. V.Bl. 1878 S. 82—95.

[330]) Erk. v. 8. Febr. 1864, Entsch. 52 S. 288, Archiv 51 S. 356: Die in den §§. 805—811 h. t. enthaltenen Beschränkungen des Pfarrers in der Benutzung eines Pfarrwaldes, insbesondere des Verkaufsrechts desselben, sind in der Mark Brandenburg nicht anwendbar.

§. 806. Dergleichen Bauholz muß, so weit es ohne Abbruch des benöthigten Brennholzes für den Pfarrer geschehen kann, geschont, und zu vorkommenden Bauen und Reparaturen an den Pfarr- und Küstergebäuden aufbewahrt werden.

§. 807. Ist überflüssiges Bauholz vorhanden: so können die Vorsteher unter Genehmigung des Patrons oder Kirchenkollegii, oder in deren Ermangelung, der Gemeine, oder ihrer Repräsentanten, dasselbe verkaufen, und das gelösete Geld zinsbar belegen.[331])

§. 808. Dergleichen Capital gehört zum Pfarrvermögen, und muß vorzüglich zu vorkommenden Bau- und Reparaturkosten an den Pfarr- und Küstergebäuden verwendet werden.

§. 809. So lange es aber zu diesem Behufe noch nicht gebraucht wird, kommen die Zinsen davon dem jedesmaligen Pfarrer zu gute.

§. 810. Auch Brennholz ist der Pfarrer nur so weit

---

vergl. Anm. 320.

Nach dem Prov. Recht der Mark Brandenburg kommen auch in Betreff des auf dem eigentlichen Hufenschlage der Pfarre befindlichen Holzes und der auf den Feldern stehenden Obst- und anderen Bäume dem Pfarrer die Rechte des Nießbrauchers zu. Rabe I. 3 S. 621. Meier, K. R. S. 355.

[331]) In Betreff des Patrons siehe Anm. 328. In dem Verkaufe von überflüssigem Bauholze ist eine „außerordentliche Nutzung des Vermögens, welche die Substanz selbst angreift," nicht zu finden, daher bedürfen zu solcher Disposition die „Vorsteher", jetzt der Gemeindekirchenrath der beschließenden Mitwirkung der Gemeindevertretung nicht. §. 31 Nr. 2 Kirch. gem. Ord. v. 10. Sept. 1873.

Die Genehmigung der (Kirchen-) Gemeinde ist nicht mehr erforderlich (§. 22 alin. 1 a. a. O.). Die Bestellung außerordentlicher Gemeinderepräsentanten findét nicht ferner statt (§. 22 alin. 4 a. a. O.).

Koch in seinem Kommentar zum A. L. R. IV. S. 455 Anm. 97 zu §. 807 bezeichnet die Bestimmung des §. 807 als eine Anomalie, welche sich auch beim Brennholze wiederhole. §. 811. Die nach den Grundsätzen einer vernünftigen Forstwirthschaft jährlich haubar werdenden Hölzer seien ebensogut gereifte Früchte, wie der jährlich reif werdende Weizen und Roggen. Wird nun auch bei einem Hochwalde das erforderliche Bauholz vorbehalten, so liege in der Natur der Verhältnisse doch kein Grund, das Einkommen für das verkäufliche Holz dem Nießbraucher der Pfarre zu entziehen. Denn die Substanz des Waldes werde ja nicht durch eine ordentliche Wirthschaft vermindert, wie etwa ein Bergwerk durch die Ausbeutung. Für Waldgegenden, wo die Landgüter überwiegend nur Forstgüter sind, passe der Grundsatz gar nicht; dort würde man durch dessen Anwendung dem Pfarrer den nothdürftigen Unterhalt entziehen. Die Konsistorialordnung v. 1573 Abschn. 19 bleibe bei dem Grundsatze vom Nießbrauche stehen. (Rabe I. 3 S. 621.)

zu verkaufen berechtigt, als entweder der Pfarrwald in gewisse Schläge eingetheilt, und ihm solchergestalt zum Nießbrauche eingeräumt, oder ihm ein gewisses Deputat daraus angewiesen ist, und er von diesem etwas erübrigen kann.

§. 811. Außer diesem Falle findet bei Brennholz, wenn etwas davon ohne Abbruch der Nothdurft des Pfarrers verkauft werden kann, eben das statt, was §. 807—809. wegen des Bauholzes verordnet ist.

§. 812. Ist auf dem eigentlichen Hufenschlage der Pfarre Holz gewachsen: so kann ein nachfolgender Pfarrer zwar verlangen, daß dasselbe entweder auf Kosten desjenigen, der eine solche Veränderung in der ursprünglichen Bestimmung des Grundes eigenmächtig vorgenommen hat, oder auf Kosten der Pfarr- oder Kirchencasse, weggeschafft und geradet werde.[332])

§. 813. Er kann aber weder an das geschlagene Holz, noch an das dafür gelösete Geld Anspruch machen; sondern dieses verbleibt demjenigen, welcher die Kosten der Radung getragen hat.

§. 814. Die Früchte und wirthschaftlichen Nutzungen von einzelnen auf dem Felde stehenden Obst- und andern Bäumen gehören dem Pfarrer; an die Substanz der Bäume hingegen hat er keinen Anspruch.

Von Pfarrbauern.

§. 815. Wo gewisse Dienst- oder Frohnleute zur Pfarre geschlagen sind, hat der Pfarrer in Ansehung ihrer Dienste, eben die Rechte, wie ein Gutsherr gegen seine Unterthanen.[333])

---

[332]) Erk. v. 24. Jan. 1853, Entsch. 25 S. 169, Arch. 8 S. 244: Dem Pfarrer, welcher das auf seinem Hufenschlage gewachsene Holz herunterschlagen läßt, steht, auch wenn er das Land hat roden und zur Ackerbenutzung wieder brauchbar machen lassen, weder nach der Märkischen Visitations- und Konsistorialordnung v. 1573, noch nach den Vorschriften des Allg. Landr. ein Anspruch auf das Eigenthum des Holzes zu. Dieses Holz gehört vielmehr der Pfarre, auch dann, wenn der Pfarrer demnächst die entblößten Ländereien urbar gemacht hat.

[333]) Erk. d. Rev. Koll. f. Landeskultursachen v. 21. Mai 1852, Zeitschr. d. Rev. Koll. Bd. 5 S. 238: Bei Pfarren und Kirchen streitet die Vermuthung dagegen, daß ihnen gutsherrliche Rechte zustehen. Es muß daher von den Inhabern von Pfarrbauerhöfen und Pfarr- oder Kirchenländereien, welche deren Eigenthumsertheilung im Wege der Regulirung verlangen, außer den Erfordernissen des ersten Alinea des §. 74 des Ges. v. 2. März 1850 nachgewiesen werden, daß der Pfarre oder Kirche gutsherrliche Rechte zustehen.

Präj. des Ob. Trib. v. 23. Febr. 1848 Nr. 2011, Entsch. 16 S. 241, Rechtsf. 3 S. 370: Wo die ungemessenen Dienste gesetzlich aufgehoben sind, findet solches auch bei Reisefuhren für einen Pfarrer Anwendung, welche dem

§. 816. Gerichtsbarkeit und andere gutsherrliche Rechte stehen dem Pfarrer über sie nur alsdann zu, wenn er dergleichen Gerechtsame durch Beleihung vom Staat, oder durch Verjährung, besonders erworben hat.

§. 817. Sind dergleichen Rechte in der Matrikel mit aufgeführt, so streitet die Vermuthung für den Pfarrer, daß dieselben auf eine rechtsgültige Weise zur Pfarre erworben worden.

§. 818. Die Nutzung des Kirchhofes gehört der Regel nach nicht dem Pfarrer, sondern zu den Kircheneinkünften.[334] Nutzung des Kirchhofes.

§. 819. Wenn jedoch ein Pfarrer den Kirchhof mit Maulbeerbäumen bepflanzt, und für deren Abwartung und Cultur gehörig sorgt: so gebührt demselben die ganze Nutzung des Kirchhofes, sowohl an Gras, als Früchten.

§. 820. Will der Pfarrer sich mit der Anpflanzung und Cultur der Maulbeerbäume solchergestalt nicht befassen, so steht dieses dem Küster frei, welcher dagegen eben dieselben Vortheile von dem Kirchhofe zu genießen hat.

Uebernehmer des veräußerten Pfarrguts auferlegt sind. Reisen nach auswärts, wenn deren Zahl, die Ortsentfernung und der Zweck der Reise im Vertrage nicht ausgedrückt worden, sind in diesem Falle für ungemessene Dienste zu erachten.

Ostpreuß. Prov. Recht, Zusatz 203: Das Deputatholz der Geistlichen und Schulbedienten muß von den Eingepfarrten und zwar unentgeltlich geschlagen und angefahren werden.

Provinzialrecht für Westpreußen:

§. 48: Für Brennholz und Torf, welche der Geistliche als Deputat empfängt, muß derselbe, wenn nicht ein Anderes durch Ortsgewohnheit bestimmt ist, das Schläger- und Stecherlohn aus eigenen Mitteln bezahlen.

§. 49: Hat der Geistliche nicht so viel Dienstland, daß zur Bearbeitung desselben Angespann erforderlich ist, so muß das Brennmaterial, welches er als Deputat empfängt, von den mit Grundstücken angesessenen Gemeindegliedern unentgeltlich angefahren werden.

[334]) Erk. v. 23. Dez. 1847, Rechtsf. Bd. 3 S. 257 Nr. 127: Die Grabstellengelder sind nicht für Nutzungen der Kirchhöfe im Sinne des §. 818 zu achten, sondern hier ist nur die Rede von dem auf den Kirchhöfen wachsenden Grase und den darauf erzeugten Früchten. Dergleichen Stellengelder werden nach §. 667 in eine Kategorie mit den persönlichen Abgaben für kirchliche Akte gesetzt, und machen gleich diesen einen Theil der Kircheneinkünfte aus. Als solche aber stehen, wenn mehrere Kirchen einen gemeinschaftlichen Kirchhof haben, die Grabstellengelder derjenigen Kirche zu, welche den Akt des Begräbnisses vornimmt, und daher können sie auch nur nach der Zahl dieser Akte bei der betreffenden Kirchenkasse taxmäßig zur Einnahme kommen, ohne daß die andere, wohl bei dem Begräbnißplatze, aber nicht bei dem Akte des Begräbnisses Theil nehmende Kirche darauf Anspruch machen kann. (v. Rönne, Erg. II. S. 760.)

§. 821. fällt weg.

Auseinandersetzung zwischen dem an- und abziehenden Pfarrer.

§. 822. Bei der Einweisung eines neuen Pfarrers muß demselben Wohnung und Wirthschaft von den Vorstehern, unter Aufsicht und Direction des Patrons, oder des Erzpriesters, oder Kreisinspectors, nach dem Inventario übergeben werden.[335])

---

[335]) Ostpreuß. Prov. Recht, Zusatz 205:

§. 1. In Ostpreußen und Litthauen wird bei der Auseinandersetzung die Erndte mit dem letzten September für beendigt gehalten und das Wirthschaftsjahr vom 1. Okt. gerechnet.

§. 2. Wo die Einsaat und das übrige Wirthschaftsinventarium nicht zur Pfarre gehört, muß dasselbe nebst dem vorhandenen Heue, Stroh und Dünger, dem neuen Pfarrer für die Taxe gelassen werden, und dieser muß den in den Aeckern befindlichen Dünger nach Verhältniß der Zeit bis zur neuen Düngung vergüten.

§. 3. Die im Laufe des Jahres fällige Kalende wird mit dem letzten September für erworben gehalten.

§. 4. Vom Deputatholze werden auf die ersten 6 Monate vom 1. Okt. bis 1. April zwei Drittel, und auf die letzten 6 Monate wird ein Drittel vertheilt.

§. 5. Im Ermlande wird die Erndte mit dem letzten August für vollendet angenommen und das Wirthschaftsjahr vom 1. Sept. gerechnet.

§. 6. Ist der vorige Canonicus oder Pfarrer im ersten Quartal, doch nach vollendeter Wintersaat abgegangen oder verstorben, so erhält derselbe oder dessen Erben vom künftigen Wintergetreide ein Viertel, im zweiten die Hälfte, im dritten drei Viertel, und im letzten Quartale die ganze Erndte.

§. 7. Ereignet sich die Vakanz nach bestellter Sommersaat, und vor dem 1. Juli, so erhalten der Abgehende oder dessen Erben die Hälfte, wenn sich aber die Vakanz nach dem 1. Juli ereignet, die ganze Erndte an Sommergetreide.

§. 8. Nach den in §§. 6, 7 bezeichneten Verhältnissen erhält der Nachfolger die künftige Winter- und Sommersaat unentgeltlich.

§. 9. Heu und Stroh verbleiben dem Nachfolger, wenn zur Zeit des Abganges die Einfuhr noch nicht geschehen ist; von dem schon eingefahrenen Heu und Stroh erhält er die Hälfte, und in Absicht des Heues vergütet der Nachfolger die Erndtekosten verhältnißmäßig.

§. 10. Auf Gartenfrüchte, welche der Abgehende gesäet oder gepflanzt hat, gebührt dem Nachfolger kein Anspruch.

§. 11. Baum- und andere Früchte, die zur Zeit des Abganges von der Substanz noch nicht getrennt waren, verbleiben dem Nachfolger.

§. 12. Der Nachfolger behält den Dünger und das geschlagene Holz auch dann, wenn es schon zusammengefahren sein sollte.

§. 13. Alle übrigen Einkünfte, mit Einschluß der Natural- und Geldpacht, müssen zwischen dem Nachfolger und dem Abgehenden oder dessen Erben nach Verhältniß der Zeit getheilt werden; wobei in Absicht der Pacht das Jahr vom 1. Sept., in Absicht des Sackzehnten vom 11. Nov., und in Absicht der Offertorialien vom Sonntage Quasimodogeniti gerechnet wird.

§. 14. Unter diesen näheren Bestimmungen sind sowohl in Ostpreußen und Litthauen, als im Ermlande die Vorschriften des Allg. Landr. anzuwenden.

§. 823. Die Auseinandersetzung zwischen dem abgehenden Pfarrer oder dessen Erben, und der Kirche, in Ansehung der Substanz; so wie mit dem neuen Pfarrer, in Ansehung der Nutzungen, geschieht nach den in der Lehre vom Nießbrauche vorgeschriebenen Gesetzen. (Th. 1. Tit. 21. §. 111 sqq.)[336])

---

§. 15. Die Diäten und baaren Auslagen der bei der Auseinandersetzung zugezogenen Gerichtspersonen und Sachverständigen werden bei den protestantischen Pfarrern von jedem Theile zur Hälfte entrichtet, jedoch müssen Gerichtspersonen die Wittwen und Kinder des Verstorbenen mit den auf deren Antheil fallenden Diäten verschonen. (Der Zusatz 205 ist nach Vogt, K. R. I. S. 567 auch bei den §§. 823—831 h. t. zu berücksichtigen.)

[336]) Die Vorschriften der §§. 111 ff. L. R. I. 21 lauten:

§. 111. Nach geendigtem Nießbrauch muß die Sache mit allen dazu gehörenden Beilaßstücken zurückgegeben werden. *Rückgewähr der zum Nießbrauch eingeräumt gewesenen Sache.*

§. 112. Ist bei der Einräumung des Nießbrauchs ein Verzeichniß über den Beilaß aufgenommen worden, so wird dieses bei der Rückgabe lediglich zum Grunde gelegt.

§. 113. Auf die Anfertigung eines solchen Inventarii bei der Uebergabe, in welchem zugleich die Beschaffenheit oder der Werth der vorhandenen Beilaßstücke angegeben sein muß, ist sowohl der Nießbraucher, als der Eigenthümer anzutragen berechtigt.

§. 114. Im zweifelhaften Falle müssen die dazu erforderlichen Kosten von beiden Theilen zur Hälfte getragen werden.

§. 115. Ist aber Jemandem der Nießbrauch eines ganzen Vermögens beschieden, so muß der Nießbraucher die Kosten des Inventarii allein tragen.

§. 116. Hat bei einem durch letztwillige Verordnung bestellten Nießbrauche der Erblasser die Aufnehmung eines solchen Inventarii verboten, so muß dennoch der Nießbraucher ein Privatverzeichniß aufnehmen, und dasselbe gerichtlich, allenfalls versiegelt, niederlegen.

§. 117. Hat der Erblasser auch ein Privatverzeichniß verboten, so erhält der Nießbraucher die Sache, so wie sie steht und liegt, und muß sie demnächst mit allen zu einer ordentlichen, gewöhnlichen Bewirthschaftung nothdürftig erforderlichen Beilaßstücken zurückgeben.

§. 118. Doch bleibt ihm die Nachweisung, daß auch diese Stücke ganz oder zum Theil bei der Sache nicht befindlich gewesen, vorbehalten.

§. 119. Hat außer diesem Falle (§. 117) der Nießbraucher die Sache ohne Inventarium übernommen, so wird vermuthet, daß er alles, was zur vollständigen Benutzung derselben erforderlich ist, erhalten habe.

§. 120. Was für Stücke eigentlich zu einer solchen vollständigen Benutzung erforderlich sind, muß, nöthigenfalls nach dem Ermessen vereideter Sachverständigen bestimmt werden.

§. 121. Von seinen Obliegenheiten wegen der Rückgabe des Inventarii wird der Nießbraucher auch durch einen daran geschehenen Unglücksfall nicht befreit.

§. 122. Finden sich bei der Rückgewähr mehrere Stücke, als nach dem Inventario übergeben worden, oder nach dem Befunde der Sachverständigen zur vollständigen Benutzung erforderlich sind, so werden dieselben als das Eigenthum des abgehenden Nießbrauchers angesehen.

§. 123. Wegen der Beschaffenheit der zurück zu gebenden Stücke gilt, wenn dieselbe nicht aus dem Inventario erhellt, die Vermuthung, daß Stücke von mittlerer Art und Güte dem Nießbraucher übergeben worden, und also auch dergleichen von ihm zurückgegeben werden müssen.

Verbesserungen. §. 124. Wegen Verbesserungen der zum Nießbrauch eingeräumt gewesenen Sache können der Nießbraucher oder dessen Erben nur insofern Vergütung fordern, als dieselben mit ausdrücklicher schriftlicher Genehmigung des Eigenthümers gemacht worden.

§. 125. Haben die Interessenten wegen der zu vergütenden Summe sich nicht im Voraus geeinigt, so muß über die Verbesserungskosten ordentliche Rechnung gelegt werden.

§. 126. Dabei kann der Nießbraucher auch solche aus der Sache selbst genommene Materialien, die er sonst zu seinem Vortheile auf andere Art hätte nutzen können, mit in Anschlag bringen.

§. 127. Für Arbeiten und Dienste der zum Gute gehörenden Unterthanen und Dienstleute, insofern dieselben ohne Nachtheil des ordentlichen Wirthschaftsbetriebes geleistet worden, so wie für seine eigenen Bemühungen, kann der Nießbraucher keine Vergütung fordern.

§. 128. Unter eben den Umständen und Maaßgaben, wo der Lehnsbesitzer antragen kann, daß zu einer vorzunehmenden Verbesserung der verweigerte Konsens der Agnaten durch den Richter ergänzt werde, kann der Nießbraucher die Ergänzung der von dem Eigenthümer geweigerten Einwilligung nachsuchen. (Tit. 18 §. 238 sequ.)

§. 129. In eben den Fällen, wo der Lehnsbesitzer, wegen einer auf Landesherrl. Befehl zu machenden fortdauernden Anstalt, die keine Verbesserung des Gutes ist, das Lehn verschulden kann, ist der Nießbraucher die auf eine solche Anstalt wirthschaftlich verwendeten Kosten, nach geendigtem Nießbrauche, von dem Eigenthümer zurückzufordern berechtigt. (Ebend.)

§. 130. Außer diesen Fällen können der Nießbraucher und dessen Erben Verbesserungen, die ohne des Eigenthümers Einwilligung gemacht worden, wenn über die Vergütung derselben kein Abkommen stattfindet, blos zurücknehmen.

§. 131. Aber auch diese Zurücknahme ist nur insofern zulässig, als die Sache in denjenigen Stand, in welchem sie sich vor der Verbesserung befunden hat, wieder gesetzt wird.

Verringerungen. §. 132. Verringerungen der zum Nießbrauch eingeräumt gewesenen Sache müssen der Nießbraucher oder dessen Erben dem Eigenthümer insofern vergüten, als sie durch grobes oder mäßiges Versehen entstanden sind.

§. 133. Pertinenzstücke, welche der Nießbraucher, ohne Einwilligung des Eigenthümers, veräußert hat, kann Letzterer entweder von dem dritten Besitzer, nach den im 15. Titel vorgeschriebenen Grundsätzen, zurückfordern, oder sich wegen des Werthes derselben an den Nießbraucher oder dessen Nachlaß halten.

§. 134. Auch muß der Nießbraucher die Kosten tragen, welche zur Wiederherstellung und Ausbesserung der durch seine Schuld in Verfall gerathenen Gebäude, soweit ihm die Unterhaltung derselben nach den Grundsätzen §. 47 sequ. oblag, nach dem Befunde der Sachverständigen erforderlich sind.

§. 135. Was von Gebäuden verordnet ist, gilt auch von Dämmen, Teichen, Gräben, Brücken, Mühlen, Wasserleitungen, Wegen, Gehegen und Verzäunungen.

§. 136. Dagegen kann wegen anderer aus vernachlässigter Kultur oder sonstiger unwirthschaftlicher Verwaltung vorgeblich entstandener Verringerungen, der Eigenthümer keinen Ersatz fordern.

§. 137. Doch findet das, was wegen des Ersatzes einer durch Verwüstung des Waldes und anderer dergleichen Rubriken, auf mehrere Jahre hinaus entstandenen Verminderung des Ertrages, bei einem Lehngute vorgeschrieben ist, auch bei den zum Nießbrauche überhaupt eingeräumten Gütern Anwendung. (Tit. 18 §. 564 sequ)

§. 138. Ein Gleiches gilt von der Vergütung, welche die Erben eines verstorbenen Lehnbesitzers dafür leisten müssen, daß durch Ueberschwemmungen und Versandungen, welche wegen unterlassener wirthschaftlicher Unterhaltung der Dämme und anderer Wasserbaue entstanden sind, das Gut an seinem Ertrage, auf mehrere Jahre hinaus, einen erheblichen Abfall erlitten hat. (Ebend. §. 572 sequ.)

§. 139. Es versteht sich von selbst, daß das, was an den angeführten Orten von dem Rechte der Agnaten auf das ausgemittelte Entschädigungsquantum vorgeschrieben ist, bei dem Nießbrauche eines freien Allodialgutes nicht Anwendung finde.

§. 140. Wenn während der Dauer des Nießbrauches, der Nießbraucher die Sache durch unwirthschaftliche Verwaltung und Benutzung verringert, so hat der Eigenthümer das Recht, dergleichen Betragen gerichtlich zu rügen, und sowohl auf die Wiederherstellung der etwa schon entstandenen Verschlimmerungen der Substanz, als auf angemessene Einschränkung des Nießbrauches in seinen künftigen Verfügungen anzutragen.

§. 141. Sind die deßhalb erlassenen richterlichen Verfügungen ohne Wirkung, so ist der Eigenthümer auf gerichtliche Sequestration zu dringen berechtigt.

§. 142. Diese Sequestration ist jedoch dergestalt einzurichten, daß dem Nießbraucher der Genuß der Sache, soweit es mit der Sicherheit des Eigenthümers bestehen kann, gelassen werde.

vergl. ferner §. 831 L.R. II. 11 und die dazu gehörige Anm.

vergl. Ges. v. 10. Mai 1855, G.S. S. 267, in Betreff der Pfarrauseinandersetzungen in den vormals Königl. Sächsischen Landestheilen, in welchen das A.L.R. durch Publik.Patent v. 15. Nov. 1816 eingeführt worden ist.

Erk. v. 6. Febr. 1855, Arch. Bd. 17 S. 7: In Betreff der Auseinandersetzung eines abgehenden Pfarrers resp. dessen Erben mit der Kirche und dem antretenden Pfarrer wegen der Substanz und der Nutzungen des Pfarrvermögens kommen (in Schlesien) lediglich die Bestimmungen des A.L.R. über den Nießbrauch mit Ausschluß früher bestandener Observanzen zur Anwendung. — Die Redaktion des Archivs hält diese Entscheidung für unrichtig. Da ein Provinzialgesetzbuch für Schlesien nicht zu Stande gekommen ist, so gelten die bereits vor Einführung des A.L.R. existent gewesenen Observanzen unbeschränkt, wenn auch das A.L.R. nicht auf sie verweist, und auch nicht durch sie etwas bestimmt wird, was die Gesetze unentschieden gelassen haben, wie dies auch bisher von dem Obertribunal stets und in sehr vielen Fällen anerkannt worden sei, z. B. Entsch. Bd. 2 S. 232 (cfr. Archiv Bd. 17 S. 10).

Erk. v. 31. Jan. 1859, Entsch. 41 S. 330, Archiv 35 S. 1: Hinsichtlich einer behaupteten Devastation des Pfarrwaldes finden — ungeachtet der §§. 823 L.R. II. 11 und 137 L.R. I. 21 — die §§. 564 ff. L.R. I. 18 in Beziehung auf eine vom Pfarrer dafür zu leistende Entschädigung keine Anwendung. Der Schadenersatz ist vielmehr nach den allgemeinen Grundsätzen von widerrechtlichen Beschädigungen zu leisten. (v. Rönne, Erg. II. S. 761.)

§. 824. Wo daselbst zu Verbesserungen, die dem Nießbraucher vergütet werden müssen, die Einwilligung des Eigenthümers erfordert wird, da ist bei einem Pfarrer die Einwilligung des Patrons oder Kirchencollegii, und die Genehmigung der geistlichen Obern erforderlich.[337])

§. 825. So weit dergleichen Verbesserungen dem abgehenden Pfarrer oder dessen Erben, vergütet worden, werden dieselben der Pfarre einverleibt; und es gilt davon, in Ansehung der folgenden Fälle, alles das, was von Pfarrgütern überhaupt verordnet ist.

§. 826. Hat der neue Pfarrer die Vergütung solcher Verbesserungen aus eigenen Mitteln geleistet: so können er, oder seine Erben, bei seinem erfolgenden Abgange, die Vergütung des dafür Gezahlten von dem Nachfolger fordern.

§. 827. Dergleichen einem Vorgänger von seinem Nach-

In der Mark finden im gedachten Falle die §§. 564 ff. L.R. I. 18 Anwendung. Erk v. 8. Febr. 1864, Entsch. Bd. 52 S. 288.

vergl. zu dem vorhin angeführten Erk. v. 31. Jan. 1859 die Ausführung Koch's in seinem A.L.R. IV S. 457 Anm. 5.

R. des Just.Min. v. 16. Dez. 1833, betr. das Rechtsverhältniß in Ansehung der von einem Pfarrer auf dem Pfarrgrundstücke errichteten Gebäude. (Gen. acta des Just.Min. A.L.R. Nr. 13 Vol. V fol. 31): ..... Hiernach kann kein Zweifel darüber obwalten, daß der Pfarrer durch den Bau der Scheune nicht der Eigenthümer derselben, als einer unbeweglichen Sache, geworden ist, sondern daß er nur das Recht erworben hat, nach Verschiedenheit der Fälle, entweder Vergütung zu fordern, oder die Materialien als solche zurückzunehmen ..... (Vogt, K.R. I. S. 571.)

Erk. v. 23. April 1852, Entsch. 23 S. 304: Nach den Grundsätzen des A.L.R. steht dem neu eintretenden Pfarrer gegen seinen Amtsvorgänger ein Anspruch auf Vergütung wegen mangelhafter Aussaat und Feldbestellung, oder wegen des dadurch verringerten Ertrages der zur Pfarrwiedmuth gehörenden Ländereien nicht zu.

vergl. ferner d. Erk. v. 3. Febr. 1862, Entsch. 48 S. 296, Arch. 45 S. 51.

R. des Min. d. g. A. u. d. Fin. v. 4. Aug. 1838, v. K. Ann. Bd. 22 S. 640: Auseinandersetzungsverhandlungen zwischen abgehenden und antretenden Pfarrern sind insoweit stempelpflichtig, als sie ihrem Gegenstande nach sich nicht auf die alleinige Uebergabe der zum Pfarrvermögen an sich selbst gehörenden Dotationsobjekte beschränken, sondern eine gleichzeitige persönliche Berechnung und Vereinbarung zwischen dem anziehenden Pfarrer und seinem Vorgänger oder dessen Erben über Meliorationen, Ueberschüsse des Inventars und andere dergl. Gegenstände ihres Privatinteresses ..... in sich schließen.

In Betreff der provinzialrechtlichen Bestimmungen über die „Auseinandersetzung" vergl. Vogt, Kirch.R. I S. 567 ff., Meier, Kirch.R. S. 362, 363.

[327]) In Betreff des Patrons vergl. §. 23 der Kirchengem.Ordnung v. 1873: „da, wo derselbe Patronatslasten für die kirchlichen Bedürfnisse trägt."

folger zu leistende Vergütung dauert, auch bei nachherigen Amtsveränderungen, so lange fort, als nicht etwa auch dieser Werth der Verbesserung, so wie die Verbesserung selbst, der Pfarre einverleibt worden.

§. 828. Hat aber der neue Pfarrer dem abgehenden, oder dessen Erben, Verbesserungen, für welche dieselben keine Vergütung fordern, sondern sie nur zurücknehmen konnten, bezahlt: so werden dieselben dadurch der Pfarre nicht einverleibt; der Pfarrer kann aber auch dafür, bei seinem demnächst erfolgenden Abgange, keinen Ersatz fordern.

§. 829. Vielmehr tritt er, in Ansehung der Befugniß zur Zurücknahme, nur in die Rechte des ursprünglichen Verbesserers.

§. 830. Soll gegen diese Regeln etwas durch Vertrag, zwischen der Kirche und Pfarre an einer, und dem abgehenden Pfarrer oder dessen Erben, ingleichen dem neuen Pfarrer, an der anderen Seite, festgesetzt werden: so ist dazu die Genehmigung der geistlichen Obern nothwendig.

§. 831. Auch wegen der Auseinandersetzung über die Nutzungen gelten, so weit ausdrückliche Provinzialgesetze nicht ein Anderes bestimmen, die bei dem Nießbrauche vorgeschriebenen Regeln. (Th. 1. Tit. 21. §. 143. sqq.)[338]

---

[338]) Die §§. 143 sequ. L. R. I. 21 lauten:

§. 143. In Ansehung der Nutzungen, welche zur Zeit des geendigten Nießbrauches noch vorhanden sind, finden bei der Bestimmung, in wie fern sie dem Nießbraucher verbleiben, oder dem Eigenthümer anheimfallen, eben die Grundsätze, wie zwischen dem Eigenthümer und redlichen Besitzer, Anwendung. (Tit. 7. §. 189 seqq.) Auseinandersetzung wegen der Nutzungen,
(Die §§. 189 sequ. L. R. I. 7 folgen weiter unten.)

§. 144. Es müssen daher auch, bei Landgütern, und anderen nutzbaren Grundstücken, die Nutzungen früherer Jahre dem Nießbraucher gelassen; die des letzteren Wirthschaftsjahres aber, in welchem der Nießbrauch aufgehört hat, zwischen dem Nießbraucher und Eigenthümer getheilt werden.

§. 145. Zu den Nutzungen früherer Jahre wird auch das in selbigen geschlagene und verkaufte Holz gerechnet, wenngleich dasselbe noch nicht abgeführt worden. aus früheren Jahren,

§. 146. Ist das in früheren Jahren geschlagene Holz zwar noch nicht verkauft, aber doch schon nach einer Ablage gebracht worden, so verbleibt es dem Nießbraucher oder dessen Erben.

§. 147. Ist endlich das Holz zwar in früheren Jahren geschlagen, aber weder verkauft, noch abgeführt, so gehört dasselbe dem Eigenthümer.

§. 148. Doch muß derselbe dem Nießbraucher oder dessen Erben das bezahlte baare Schläger- oder anderweitige Arbeitslohn vergüten.

§. 149. Was vom Holze verordnet ist, gilt auch von Mauer- und Ziegelsteinen, von gebranntem Kalke und anderen zum Nießbrauche gehörenden Erzeugnissen, welche der Nießbraucher in früheren Jahren hat zubereiten, und zum Gebrauche geschickt machen lassen.

im letzten Jahre, §. 150. Wegen der Nutzungen des letzten Jahres kommt es darauf an: ob das zum Nießbrauche eingeräumt gewesene Grundstück ein Landgut sei, oder nicht.

bei Landgütern, §. 151. Ist selbiges ein Landgut, so muß es bis zum Ende des Wirthschaftsjahres, für gemeinschaftliche Rechnung des Nießbrauchers und Eigenthümers, verwaltet werden.

§. 152. Können die Interessenten über die Bestellung eines gemeinschaftlichen Verwalters sich nicht einigen, so bleibt die Administration dem Nießbraucher oder dessen Erben, welchen der Eigenthümer nur auf seine Kosten einen Rechnungsführer an die Seite setzen kann.

§. 153. Aller zum Nießbrauche gehörender Ertrag des Gutes, vom Anfange des Wirthschaftsjahres an, muß dabei in Einnahme kommen.

§. 154. Doch darf der Werth solcher Naturalien, welche der Nießbraucher schon verzehrt hat, oder noch während der fortgesetzten Administration, zu seinem und seiner Familie Unterhalt wirthschaftlich verwendet, zur baaren Einnahme nicht gezogen werden.

§. 155. Zur Ausgabe gehören zuvörderst alle in dem Laufe des Wirthschaftsjahres zu entrichtenden ordentlichen und außerordentlichen Abgaben.

§. 156. Ferner die nach obigen Grundsätzen aus dem Nießbrauche zu entrichtenden Zinsen.

§. 157. Endlich alle und jede zu einer ordentlichen gewöhnlichen Führung und Fortsetzung der Wirthschaft erforderlichen Ausgaben.

§. 158. Dahin werden auch die Kosten eines nach dem §. 152. bestellten gemeinschaftlichen Verwalters gerechnet.

§. 159. Zu außerordentlichen Verbesserungen darf, ohne Einwilligung beider Theile, von den Einkünften dieses Wirthschaftsjahres nichts verwendet werden.

§. 160. Doch kann der Eigenthümer die Fortsetzung bereits angefangener Verbesserungen, aber nur auf seine Kosten, verlangen.

§. 161. Am Ende des Wirthschaftsjahres ist das bis zur nächsten Ernte erforderliche Futter; ingleichen soviel an Getreide, als bis eben dahin zur Speisung des Gesindes und der Arbeiter, ingleichen zu den Wirthschaftsdeputaten nöthig ist, zurück zu lassen.

§. 162. Getreide zum Betriebe der Branntweinbrennerei sind der Nießbraucher, oder dessen Erben, gar nicht, und Getreide zur Brauerei nur in so fern, als Bier zur Ernte, oder anderen Wirthschaftsnothdurften gebrauet wird, zurück zu lassen schuldig.

§. 163. Für diese Vorräthe können der Nießbraucher oder dessen Erben, bei Ermangelung eines besonderen Vertrages, keine Vergütung fordern, oder in der gemeinschaftlichen Rechnung etwas dafür in Geldeinnahme stellen.

§. 164. Vielmehr müssen sie, wenn kein hinlänglicher Vorrath vorhanden ist, das Fehlende, nach den zur Zeit der Uebergabe an den Eigenthümer stehenden Marktpreisen in so fern vergüten, als erhellet, daß der Mangel durch den während des Wirthschaftsjahres geschehenen Verkauf solcher Naturalien entstanden sei.

§. 165. Wegen der Einnahmen und Ausgaben, welche in die Zeiten vor geendigtem Nießbrauche treffen, soll den Angaben des Nießbrauchers oder den von ihm zurückgelassenen Rechnungen oder Anzeichnungen, auch ohne eidliche Bestärkung, so lange geglaubt werden, bis deren Unrichtigkeit nachgewiesen ist.

§. 166. Der nach Abzug aller Ausgaben übrig bleibende reine Ertrag wird, nach Verhältniß der vor und nach Endigung des Nießbrauches verflossenen Zeit, zwischen dem Eigenthümer und dem Nießbraucher oder dessen Erben getheilt.

§. 167. In gleichem Verhältnisse muß auch der Schade getragen werden, wenn die Ausgabe die Einnahme überstiegen hat.

§ 168. Ist zur Zeit des geendigten Nießbrauches das Gut verpachtet, so muß der reine Betrag des Pachtgeldes, welcher nach Abzug der §. 155—158. beschriebenen Ausgaben übrig bleibt, in eben diesem Verhältnisse getheilt werden.

§. 169. Ist das zum Nießbrauche eingeräumt gewesene Grundstück zwar an sich ein städtisches; damit aber zugleich Ackerbau und Viehzucht verbunden; so finden die obigen, wegen eines Landgutes gegebenen Vorschriften, in Ansehung der gesammten, im letzten Wirthschaftsjahre von einem solchen Grundstücke fallenden Früchte und Nutzungen Anwendung.

§. 170. Von Grundstücken, mit welchen keine Landwirthschaft verbunden ist, ingleichen von Gerechtigkeiten und ausstehenden Capitalien, werden alle Nutzungen und Lasten, bis zum Ablaufe des Vierteljahres, in welchem der Nießbrauch aufgehört hat, zum Vermögen und Nachlasse des Nießbrauchers gerechnet. bei anderen Grundstücken, Gerechtigkeiten und Capitalien.

§. 171. In dieser Rücksicht nimmt das Jahr mit dem ersten Junius seinen Anfang.

§. 172. Uebrigens wird ein jeder Nießbraucher, welcher sich, nach Endigung seines Rechts, eines widerrechtlichen Verzuges bei der Rückgabe der Sache schuldig macht, von diesem Zeitpunkte an, durchgehends und in jeder Rücksicht, als ein unredlicher Besitzer angesehen.

§. 173. Sind verbrauchbare Sachen zum Nießbrauche gegeben worden, so wird vermuthet, daß nur eben so viel Sachen von gleicher Beschaffenheit zurückgegeben werden sollen. (Tit. 2 §§. 120. 121.)

§. 174. Erhellet aber, daß nach dem Willen des Bestellers eben dieselben Sachen zurückgewährt werden sollen, so muß der Eigenthümer sich mit dem begnügen, was davon, und in dem Stande, wie es alsdann, nach wirthschaftlichem Gebrauche, noch wirklich vorhanden ist.

§. 175. Der Nießbraucher ist in diesem Falle die Abnutzung nur so weit zu vertreten schuldig, als er sie durch Vorsatz oder grobes Versehen veranlaßt hat.

Die oben allegirten §§. 189 sequ. L.R. I. 7 lauten:

§. 189. Alle während des redlichen Besitzes gezogenen Nutzungen und genossenen Früchte sind und bleiben das Eigenthum eines solchen Besitzers.

§. 190. Er darf den Werth davon dem Eigenthümer nicht erstatten; selbst wenn er dadurch im Besitze eines Vortheils sich noch wirklich befindet.

§. 191. Hat er aber Nutzungen, die in Zukunft erst fällig sind, zum voraus erhoben, so muß er dieselben in so weit, als ihr Verfalltag erst nach dem Ende der Redlichkeit seines Besitzes eintritt, dem Eigenthümer herausgeben.

§. 192. Bei Capitalien und andern nutzbaren Rechten werden die etwa noch rückständigen Zinsen und Nutzungen nach dem Zeitpunkte, wo der redliche Besitz aufgehört hat, zwischen dem Eigenthümer und Besitzer getheilt.

§. 193. Bei beweglichen nutzbaren Sachen gehören dem Besitzer alle Früchte, die während der Redlichkeit seines Besitzes von der Substanz abgesondert worden.

§. 832. Doch kommen die Stolgebühren nur demjenigen zu, welcher die Handlung verrichtet hat.[339])

Sterbequartal. §. 833. Das Sterbequartal kommt der Wittwe und den Kindern des im Amte gestorbenen Pfarrers zu gute.[340])

---

§. 194. Insonderheit gehört ihm das junge Vieh, sobald selbiges von dem Leibe der Mutter getrennt ist.

§. 195. Bei Landgütern, Häusern und andern nutzbaren Grundstücken behält der redliche Besitzer alle und jede Früchte und Nutzungen vorhergehender Wirthschaftsjahre, ohne Unterschied, ob dieselben schon verzehrt, veräußert, oder noch wirklich vorhanden sind.

§. 196. Dagegen muß er aber auch alle aus diesen Jahren etwa noch rückständigen Lasten und Ausgaben, welche von den Früchten zu tragen sind, berichtigen.

§. 197. Die Nutzungen des letzten Jahres werden zwischen dem Besitzer und Eigenthümer getheilt.

§. 198. Unter dem letzten Jahre wird dasjenige verstanden, in welchem der Besitz redlich zu sein, aufgehört hat.

§. 199. Das Wirthschaftsjahr wird bei solchen Grundstücken vom Ersten Julius an gerechnet.

§. 200. Die Theilung der Nutzungen geschieht nach der Zeit, während welcher der Besitz in diesem Jahre redlich oder unredlich gewesen ist.

§. 201. Was zu den Früchten vorhergehender und des letzten Wirthschaftsjahres gehöre, und wie in Ansehung dieses letzten Jahres die Berechnung und Auseinandersetzung zwischen dem Besitzer und Eigenthümer anzulegen sei, ist nach den in der Lehre vom Nießbrauch vorgeschriebenen Grundsätzen zu bestimmen. (Tit. 21. Abschn. 1.)

§. 202. Dem Eigenthümer steht es frei, auch die Nutzung des letzten Jahres dem Besitzer allein zu überlassen und dadurch alle Beiträge zu den Wirthschaftskosten, ingleichen zu andern Lasten und Ausgaben, welche von den Früchten getragen werden müssen, abzulehnen.

§. 203. Dagegen darf aber auch der Besitzer die schon gewonnenen Früchte früherer Jahre, soweit dieselben zur Fortsetzung der Wirthschaft des letzten Jahres erforderlich gewesen, zu seinem Vortheile niemals in Rechnung bringen.

vergl. Anm. 336.

[339]) Ostpreuß. Prov.Recht, Zusatz 206:

Während der Vakanz erhält derjenige, welcher geistliche Handlungen verrichtet, wofür Stolgebühren gezahlt werden, diese Gebühren nur alsdann, wenn ihn die Erben des Verstorbenen nicht beköstigen.

[340]) Ostpreuß. Prov.Recht, Zusatz 207:

§. 1. Das Sterbequartal gebührt bei protestantischen Gemeinden allen Erben des im Amte verstorbenen Pfarrers.

§. 2. Insofern der Erblasser berechtigt war, seiner Wittwe und seinen Kindern den gesetzlichen Antheil an dem Nachlasse zu entziehen, sind diese durch seine Verfügungen auch in Rücksicht des Sterbequartals gebunden.

§. 3. In Absicht des dem Pfarrer aus öffentlichen Kassen ausgesetzten Gehalts wird das Amtsjahr vom 1. Juni, in Absicht der übrigen Pfarreinkünfte aber vom 1. Oktober berechnet.

§. 834. Doch müssen dieselben davon die Begräbnißkosten, so weit die Einkünfte dazu hinreichen, bestreiten.

§. 835. Zum Nachtheil der Gläubiger des verstorbenen Pfarrers können auch seine Wittwe und Kinder auf das Sterbequartal keinen Anspruch machen.

§. 836. Dagegen kann ihnen der Mann und Vater diesen Genuß durch letztwillige Verordnung, zu Gunsten anderer Erben, nicht entziehen.

§. 837. Sowohl das Amtsjahr, als das Sterbequartal, werden von dem ersten Tage desjenigen Monats, in welchem der Pfarrer eingewiesen worden, berechnet.[341])

§. 838. Das Gnadenjahr, oder die Gnadenzeit, findet nur bei den protestantischen Pfarrern und nur an Orten statt, wo es durch Provinzial-Kirchenordnungen eingeführt, oder durch Gewohnheit hergebracht ist.[342]) Gnadenjahr.

Die übrigen provinzialrechtlichen Bestimmungen siehe bei Meier, Kirch. R. S. 365. Vogt, Kirch. R. I. S. 575. Boche, der legale Pfarrer 1875 S. 466 ff.

[341]) z. B. Für die Hinterbliebenen eines am 12. Januar 1860 eingeführten Pfarrers, der am 20. Januar 1881 gestorben ist, läuft das Sterbequartal bis 31. März 1881.

Oder, wenn der Pfarrer am 18. September 1859 eingeführt worden, und am 29. November 1881 gestorben ist, so endet das Sterbequartal mit dem 30. Nov. 1881. Ressortreglement v. 1. Okt. 1847, M. Bl. d. i. Verw. S. 278. I Nr. 17: Zum Ressort der Konsistorien gehört die Festsetzung der Dauer des Sterbequartals und der Gnadenzeit, die Anordnung der Vertretung während der Vakanz und die Festsetzung der aus den Einkünften der Stelle zu entnehmenden Vertretungskosten.

[342]) Nach d. R. des Min. d. geistl. Ang. v. 12. Jan. 1876, kirchl. Ges. u. V. Bl. 1876/77 S. 128 steht den Wittwen oder Erben der Geistlichen ein Anspruch auf die den letzteren aus Staatsfonds bewilligten Gehaltszuschüsse nicht zu, da diese Zuschüsse zu dem Stelleneinkommen nicht gehören. Sofern indessen ein dringendes Bedürfniß vorliegt, der hinterbliebenen Wittwe eine Beihülfe zu ihrem Unterhalte zu gewähren, wird ausnahmsweise die Weiterbewilligung der Zuschüsse oder eines Theiles derselben für die Dauer der Gnadenzeit gestattet werden können, zu welchem Zwecke jedoch jedesmal unter Berichterstattung über die besondere Lage der Verhältnisse die ministerielle Genehmigung einzuholen ist.

R. des Min. d. geistl. A. v. 19. Jan. 1878, kirchl. Ges. u. V. Bl. 1878 S. 73, betreffend die Bearbeitung der Unterstützungsangelegenheiten für Hinterbliebene von Geistlichen und Kirchenbeamten, sofern die Beihülfen aus Staatsfonds beantragt werden. . . . . . Sowohl bei Vertheilung der den Regierungen zur selbstständigen Verwaltung aus Kap. 127 Tit. 6 des Staatshaushaltsetats überwiesenen Fonds, als auch bei Anträgen auf Gewährung von laufenden oder einmaligen Unterstützungen aus Centralfonds haben die Regierungen überall im Einvernehmen mit den Konsistorien vorzugehen und den von letzteren befürworteten Anträgen, falls nicht besondere Gründe entgegenstehen, zu entsprechen.

Im Anschlusse an die vorstehend bezeichnete Cirkularverfüg. hat in derselben Angelegenheit der Ev.O.K.R. mittelst R. v. 25. April 1878, kirchl. Ges. u. V.Bl. 1878 S. 73 bis 76 die Konsistorien angewiesen, die eingehenden und zur Befürwortung geeignet befundenen Unterstützungsgesuche der Hinterbliebenen von Geistlichen und Kirchenbeamten, soweit es sich nicht um dringende und deshalb ohne Verzug zu erledigende Einzelfälle handelt, fortan in periodischen, etwa vierteljährlichen tabellarischen Zusammenstellungen an diejenige Kgl. Regierung gelangen zu lassen, in deren Bezirk der verstorbene Ehemann resp. Vater der Bittsteller seinen letzten amtlichen Wohnsitz gehabt hat.

Für die Einrichtung der den Regierungen vorzulegenden tabellarischen Anträge ertheilt das R. nähere Instruktion.

Nach dem Erk. des Oberverwaltungsgerichts v. 17. März 1881, kirchl. Ges. u. V.Bl. 1881 S. 56 ff. sind die Hinterbliebenen eines Geistlichen während des Gnadenjahrs frei von Kommunal- resp. Kreissteuern.

Nach dem Reskr. der Minister der Finanzen und der geistl. Ang. v. 17. Juni 1880 Nr. 7855 F.M., Nr. 6258 G. I. M. d. g. A. sind die fixirten Entschädigungen für die Ausfälle an Stolgebühren den Hinterbliebenen von Geistlichen ꝛc. auch für die Dauer des Bezuges der Gnadenkompetenzen zu zahlen. —

Kirchengesetz für die Provinz Posen, betr. die Gnadenzeit für die Hinterbliebenen der evangelischen Geistlichen, v. 15. Nov. 1878, kirchl. Ges. u. V.Bl. 1878 S. 170:

§. 1. Den Hinterbliebenen der evangel. Pfarrer der Provinz Posen gebührt hinfort — vom Ablaufe des gesetzlichen, den Bestimmungen der §§. 833—837 L.R. II. 11 entsprechenden Sterbequartals an — eine sechsmonatliche Gnadenzeit.

Berechtigt zu derselben sind nur diejenigen Hinterbliebenen, welche nach den Vorschriften der §§. 839—851 L.R. II. 11 auf eine Gnadenzeit Anspruch machen können.

§. 2. Zu den Bezügen der Gnadenzeit gehören die gesammten Einkünfte der erledigten Pfarrstelle einschließlich der Stolgebühren.

§. 3. Die Diözesangeistlichen sind verpflichtet, nach näherer Bestimmung des Superintendenten die pfarramtlichen Geschäfte der vakanten Stelle während der Gnadenzeit, wie im Sterbequartal unentgeltlich zu versehen. Doch haben sie von den zum Bezuge der Pfarreinkünfte Berechtigten Ersatz der nothwendigen Auslagen an Fuhr- und Zehrungskosten zu fordern, in Ermangelung einer Einigung der Betheiligten nach der maßgebenden Festsetzung des Konsistoriums.

§. 4. Sämmtliche von den Vorschriften der §§. 1—3 abweichenden Bestimmungen, sie mögen auf Statuten, Observanzen oder sonstigen lokalen Ordnungen beruhen, treten außer Kraft. Jedoch bleibt den Hinterbliebenen derjenigen Pfarrer, welche in dem ihnen am Tage des Inkrafttretens dieses Gesetzes bereits definitiv verliehenen Amte sterben, die Wahl vorbehalten, ob sie nach den Vorschriften dieses Gesetzes, oder nach dem bisherigen Rechte die Befugniß zur Gnadenzeit ausüben wollen.

cfr. Anm. 341.

Ostpreußisches Provinz.Recht, Zusatz 208:

§. 1. Nach Ablauf des Sterbequartals findet bei den lutherischen Pfarrern noch ein Gnadenquartal statt.

§. 839. Es gebührt nur der hinterlassenen Wittwe und solchen Kindern des Pfarrers, die sich bei seinem Absterben noch in seiner väterlichen Gewalt befunden haben.

§. 840. Enkel und bloß angenommene Kinder des ver=

---

§. 2. Wird noch während desselben der neue Pfarrer eingewiesen, so muß die Wittwe mit den Kindern, wenn ein Wittwenhaus vorhanden ist, die Wohnung sogleich räumen; wenn aber kein Wittwenhaus vorhanden ist, oder blos Kinder das Gnadenquartal genießen, so müssen sie die Wohnung mit dem neuen Pfarrer theilen.

§. 3. Der neue Pfarrer muß von denjenigen, die das Gnadenquartal genießen, beköstigt werden, auch Holz und Licht erhalten.

§. 4. Die Wittwen, Kinder und Enkel der deutsch=reformirten Prediger genießen nach abgelaufenem Sterbequartal noch ein Gnadenjahr von allem fixirten und zufälligen Einkommen, wogegen sie für die Verwaltung des Amts unter Genehmigung des Kirchendirektorii auf eigene Kosten sorgen müssen.

§. 5. Es macht bei lutherischen sowohl, als reformirten Pfarrern keinen Unterschied, ob die Kinder noch in väterlicher Gewalt und die Enkel im Hause und in der Verpflegung des Großvaters sind oder nicht. Die Wittwe theilt das Gnadenjahr mit den Kindern und Enkeln, so daß die Wittwe die eine, die Kinder und Enkel die andere Hälfte erhalten, die Gläubiger des Verstorbenen aber darauf keinen Anspruch machen können.

Wegen der übrigen provinzialrechtlichen Bestimmungen vergl. Meier, Kirch. R. S. 367. Vogt, Kirch. R. I. S. 578, und wegen der Kgl. Preuß. Allgemeinen Wittwenverpflegungsanstalt vergl. Boche, d. legale Pfarrer 1875 S. 469 ff.

Erk. d. Ob. Trib. v. 11. Nov. 1859, Arch. 35 S. 245:

Nach Sächsischem Provinzialrecht ist die Kirche, soweit die Einkünfte des Kirchenärars ausreichen, gesetzlich verpflichtet, den Pfarrwittwen eine Wohnung in einem Predigerwittwenhause, oder, in deren Ermangelung, eine Wohnungsentschädigung zu gewähren.

Kab. Ordr. v. 29. Juli 1840, mitgetheilt durch R. d. Min. d. g. A. v. 21. Aug. 1840, Min. Bl. d. i. V. 1840 S. 352:

Des Königs Majestät haben unter dem 29. v. M., mit Aufhebung der Festsetzung des §. 651 der Kirchenordnung v. 5. März 1835, welche die Wohlthat des Gnadenjahrs auf die Wittwe und die noch unversorgten unmündigen Kinder des Predigers beschränkt, bestimmt, daß diese Wohlthat in der Provinz Westfalen und in der Rheinprovinz allen noch unversorgten Kindern eines Pfarrers, welche sich bei dessen Ableben noch in der väterlichen Gewalt befunden haben, gleichviel ob sie majorenn oder minorenn seien, zu Theil werden soll.

cfr. auch Kab. Ordr. v. 17. Dez. 1839, M. Bl. der i. V. 1840 S. 49.

Die Kab. Ordre v. 19. April 1847, mitgetheilt durch R. des Min. d. g. A. v. 14. Mai 1847 (M. Bl. d. i. V. 1847 S. 252, 253) deklarirt die oben mitgetheilte Kab. Ordr. v. 29. Juli 1840 dahin, daß in denjenigen Theilen der Rheinprovinz, in welchen das A. L. R. keine Gesetzeskraft hat, das Gnadenjahr, außer den am Todestage des Pfarrers noch in der väterlichen Gewalt befindlichen Kindern desselben, auch denjenigen Kindern zu statten kommen soll, welche, obgleich bereits großjährig, bis zum Ableben des Pfarrers von demselben unterhalten worden und noch unversorgt sind.

storbenen Pfarrers können darauf nur in so fern Anspruch machen, als sie sich zur Zeit seines Ablebens in seinem Hause und in seiner Verpflegung befunden haben.[343])

§. 841. Wittwen, welche nach der Verfassung des Ortes einen Wittwengehalt empfangen, können in der Regel kein Gnadenjahr fordern.[344])

§. 842. Den Wittwen und den Kindern eines Pfarrers, der sein Amt gänzlich niedergelegt, und nur noch ein Gnadengehalt davon genossen hat, gebührt kein Gnadenjahr.[345])

§. 843. War aber der Pfarrer noch im Amte geblieben, und war ihm nur ein Substitut zugeordnet worden: so genießen seine Wittwe und Kinder die ihm vorbehaltenen Einkünfte während der Gnadenzeit.

§. 844. Die Dauer der Gnadenzeit ist nach jedes Ortes Gewohnheit bestimmt.

§. 845. Das Sterbequartal wird in die Gnadenzeit nicht mit eingerechnet.

§. 846. Das Gnadenjahr bleibt der Wittwe und den Kindern, wenn sie auch ihres Mannes und Vaters Erben nicht geworden sind.

---

[343]) Der im §. 840 den Enkeln zugesicherte Anspruch auf das Gnadenjahr oder die Gnadenzeit steht ihnen auch dann zu, wenn ihr Vater noch am Leben ist. Erk. v. 25. Jan. 1850, Entsch. 19 S. 284.

[344]) In Betreff des Pommerschen Prov. Rechts vergl. Vogt, Kirch. Recht I. S. 580.

[345]) R. d. M. d. g. A. v. 6. Jan. 1844, M.Bl. d. i. V. 1844 S. 29: Die Bestimmung des §. 842 erschwert die völlige Emeritirung zum Nachtheile des Dienstes. Deshalb kann, um den durch Alter und Krankheit schwach gewordenen Geistlichen für die Emeritirung geneigt zu machen, ein Vertrag, wodurch der Nachfolger den Hinterbliebenen des zu Emeritirenden ein Gnadenjahr zusichert, von den geistl. Oberen, sofern sie sonst in den besonderen Verhältnissen des Falles und der betheiligten Personen Grund dazu finden, bestätigt werden.

Erk. v. 12. Juni 1863, Entsch. 50 S. 388, Arch. 49 S. 255: Nach der Magdeburger Kirchenordnung v. 9. Mai 1739 gebührt den Hinterbliebenen des Pfarrers auch im Falle des §. 842 h. t. ein Gnadenjahr.

Die Existenz eines von den §§. 842, 843 h. t. abweichenden Provinzialrechts für die Mark kann nicht für erwiesen angenommen werden.

cfr. das oben allegirte R. v. 6. Jan. 1844.

In der Provinz Pommern ist es durch Gesetz und Gewohnheitsrecht begründet, daß die Wittwe eines Emeritus, gleichviel, ob er ganz von der Pfarre geschieden, oder sich nur einen Adjunkten gehalten, einen Anspruch auf das Gnadenjahr auf Höhe des Emeritengehaltes hat. Angenommen vom Appell. Ger. zu Greifswald am 14. Juli 1865 u. vom K. Obertrib. am 27. April 1866, Aktenst. d. Ev.O.K.R. Heft 17 S. 98—105.

§. 847. Doch können rechtmäßig enterbte Kinder keinen Anspruch darauf machen.

§. 848. Ist eine Wittwe vorhanden, so gebührt derselben allein das Gnadenjahr; sie muß aber dagegen für den Unterhalt der Kinder unentgeltlich sorgen.

§. 849. Stirbt die Wittwe während des Gnadenjahres, so wird der Genuß von den nach §. 839. 840. dazu berechtigten Kindern des Pfarrers fortgesetzt.

§. 850. Genießen nur Kinder das Gnadenjahr, und stirbt während des Genusses eines derselben, so wächst dessen Portion den übrigen zu.

§. 851. Andere, als die §. 839. 840. benannten Wittwen und Kinder des verstorbenen Pfarrers, können auf eine Gnadenzeit niemals Anspruch machen.

§. 852. Was von den Einkünften der Pfarre während der Vacanz, nach Abzug der Vertretungskosten, übrig bleibt, wächst, wo kein Gnadenjahr Statt findet, dem Pfarrvermögen zu.[346])

§. 853. Die Stolgebühren gehören der Regel nach weder zum Gnadenjahre, noch zum Pfarrvermögen; sondern sie kom-

---

[346]) Erk. v. 25. Sept. 1837, Präj. Nr. 337, Präj. Samml. S. 209, Koch's Archiv Bd. 3 S. 383 ff.:

Auch wo ein Gnadenjahr stattfindet, wachsen die Pfarreinkünfte, nach Abzug der Vertretungskosten dem Pfarrvermögen, nach Ablauf der Gnadenzeit, während der Fortdauer der Vakanz zu, wenn die Pfarre noch länger unbesetzt bleibt.

Nach dem Ressortreglement v. 1. Okt. 1847 I Nr. 17 gehört zum Ressort der Konsistorien: Die Festsetzung der Dauer des Sterbequartals und der Gnadenzeit, die Anordnung der Vertretung während der Vakanz und die Festsetzung der aus den Einkünften der Stelle zu entnehmenden Vertretungskosten. M.Bl. d. i. V. 1847 S. 278.

Erk. d. Ob.Trib. v. 26. Febr. 1861, Archiv Bd. 40 S. 312: Nach Neuvorpommerschem Provinzialrecht gehören während der Pfarrvakanz die Einkünfte der Pfarre der Kirche und sind vom Patron einzuziehen.

In Betreff der übrigen provinzialrechtlichen Bestimmungen vergl. Meier, Kirch. R. S. 367 ff. Vogt, Kirch. R. I S. 581.

R. d. Min. d. geistl. A., mitgetheilt durch Verfüg. der Regierung zu Merseburg v. 1. März 1825, Merseburger Amtsbl. 1825 S. 137: Da §. 852 h. t. nicht auf Observanzen verweist, so ist auch auf diese nicht zu rücksichtigen. Jura privatorum sind vielmehr event. speziell zu begründen, wie z. B. die Antheile der Wittwenkassen, wenn sie fundationsmäßig bestehen. Vogt, a. a. O.

Ueber die Pfarrvakanzkassen vergl. R. d. Min. d. g. A. v. 6. Sept. 1858, Aktenstücke des Ev.O.K.R. Bd. 2 Heft 7 S. 264. vergl. ferner Ressortreglement v. 1. Okt. 1847. (s. oben.)

men demjenigen zu, der die Handlung, wofür sie erlegt werden müssen, verrichtet hat.[347])

§. 854. Wo es hergebracht ist, daß auch die Stolgebühren zum Gnadenjahre gehören, da müssen die im Genusse des letzteren befindliche Wittwe und Kinder diejenigen, welche die Handlung verrichtet haben, für die dabei vorgefallenen Reise- und Zehrungskosten schadlos halten.[348])

§. 855. Sowohl im Sterbequartal, als im Gnadenjahre, müssen diejenigen, welche die Pfarreinkünfte genießen, denjenigen, welche den Gottesdienst versehen, die in der Provinz, oder im Kreise gewöhnliche Entschädigung, so weit sie nicht durch die Stolgebühren erfolgt, gewähren.

§. 856. Kommt das Sterbequartal und Gnadenjahr verschiedenen Personen zu, so müssen die Nutzungen unter sie nach Verhältniß der Zeit getheilt werden.[349])

---

[347]) Ostpreuß.-Prov.-Recht, Zusatz 210: Wenn der neue lutherische Pfarrer bereits eingewiesen ist, gehören ihm die Stolgebühren auch vor Ablauf des Gnadenquartals, sonst findet das im 207. Zusatz Vorgeschriebene Anwendung. vergl. §. 832 h. t.

[348]) In Pommern gehören auch die Stolgebühren zum Gnadenjahr.

Ostpreuß. Prov.-Recht, Zusatz 211: Während der Vakanz einer lutherischen Pfarre muß die Gemeinde die Fuhren zur Abholung und Zurückführung des Vikarii unentgeltlich leisten.

[349]) Ostpreuß. Prov.-Recht, Zusatz 212:

§. 1. Außer dem Gnadenquartal oder Gnadenjahr gebührt den Wittwen protestantischer Prediger da, wo Wittwenhaus und Garten vorhanden, und besondere Predigerwittwen-Hufen zur Pfarre geschlagen sind, der Genuß derselben, insofern sich nicht bereits eine ältere Wittwe im Genusse befindet.

§. 2. In Absicht des Umfangs der den Wittwen an Wohnung, Garten und Hufen zustehenden Nießbrauchsrechte sind die Vorschriften des A. L. R. §§. 778—803 und die Zusätze 200 u. s. w. anzuwenden.

§. 3. Bei Verpachtung solcher Wittwengrundstücke muß die Pacht entweder dem Pfarrer des Ortes oder dem Pächter des Pfarrackers vor anderen überlassen werden.

§. 4. Bei der Auseinandersetzung der Wittwe oder deren Erben mit der Kirche oder einer zum Genusse gelangenden jüngeren Wittwe finden die Vorschriften §§. 822—831 des A. L. R. und des 205. Zusatzes überall Anwendung.

§. 5. In Ermangelung des Wittwenhauses genießen die Predigerwittwen die etwa besonders ausgesetzte Wohnungsmiethe.

§. 6. Den Wittwen der lutherischen Prediger muß die Gemeinde einen besonderen Wittwengehalt aussetzen. Sind aber mehr als eine Wittwe zu gleicher Zeit vorhanden, so ist die Gemeinde den letzten Wittwen nur da, wo es bisher üblich gewesen ist, Wittwengehalt auszusetzen verpflichtet.

§. 7. In der Regel ist der Betrag des Wittwengehalts auf 100 Gulden an-

Eilfter Abschnitt.

Von Zehnten und anderen Pfarrabgaben.

§. 857. Der eigentliche Zehnte ist eine Abgabe von Früchten, die auf der zur Parochie gehörenden Feldmark erzeugt werden.[350]) Grundsätze.

---

zunehmen, und die Wittwe nur da ein Mehreres zu fordern berechtigt, wo ein größerer Wittwengehalt hergebracht ist.

§. 8. Wo die Verfassung des Kirchspiels die Aufbringung von 100 Gulden nicht verstattet, muß die Wittwe auch mit einer geringeren Summe sich begnügen.

§. 9. Der Wittwengehalt muß vierteljährlich vorschußweise entrichtet werden.

§. 10. Der Wittwengehalt wird bei Stadtgemeinden nach den Feuerstellen, und bei Landgemeinden nach der Hufenzahl in der Art zusammengebracht, daß auch der Patron wegen der Vorwerkshufen nicht ausgenommen ist. Wo Stadt- und Landgemeinden zu einer Parochie gehören, wird die Hauptsumme zwischen ihnen nach der Seelenzahl vertheilt.

§. 11. Wo der Wittwengehalt bis jetzt nicht von der Gemeinde aufgebracht, sondern aus der Kirchenkasse entrichtet ist, da hat es bei der bisherigen Verfassung sein Bewenden.

§. 12. Die Wittwen und Kinder der deutschreformirten Prediger in Ostpreußen und Litthauen und der Lehrer an der Parochialschule in Königsberg genießen aus der Predigerwittwenkasse in Königsberg die nach der besonderen Verfassung der Kasse ausgemessene Pension. In Ansehung der Wittwen lutherischer Prediger und Schullehrer verbleibt es bei der observanzmäßigen Verfassung eines jeden Ortes.

§. 13. Wo die Wittwe eines protestantischen Predigers vom Patron Deputatholz erhält, muß dasselbe von den Eingepfarrten, insofern es den Betrag von zwei Achteln nicht übersteigt, unentgeltlich nach dem in den §§. 715, 716 des A. L. R. bestimmten Verhältnisse geschlagen und gefahren werden.

§. 14. Der Genuß der Wittwengebührnisse fängt, wenn nicht durch Herkommen eine Ausnahme begründet wird, nach geendigtem Gnadenquartale oder Gnadenjahre an, und erlischt sowohl bei evangelisch-reformirten, als lutherischen Wittwen, nicht blos mit dem Tode der Wittwe, sondern auch mit deren Verheirathung.

[350]) Die geistlichen Reallasten sind nach §. 6 u. 65 des Ges. v. 2. März 1850 bez. nach dem Ges. v. 27. April 1872 ablösbar.

Nach d. R. d. Min. d. g. A. v. 29. Nov. 1851, Min. Bl. d. i. V. 1851 S. 279 ist es unzweifelhaft, daß Abgaben und Leistungen an Kirchen, Pfarren und Schulen, welche nicht auf dem Grundstücke haften, welche vielmehr von den Mitgliedern der Kirchen-, Pfarr- oder Schulgemeinden als solchen, also nicht von jedem Besitzer des Grundstücks, ohne Rücksicht auf diese Mitgliedschaft, entrichtet werden müssen, dem Ges. v. 2. März 1850 nicht unterworfen sind, indem dasselbe lediglich von der Ablösung der Reallasten handelt, und außerdem noch ausdrücklich dergleichen Gemeindelasten ausschließt.

Die provinzialrechtlichen Vorschriften vergl. bei Vogt, Kirchenr. I S. 581 ff., u. Meier, Kirchenr. S. 393.

Erk. d. ehem. Ober-Appell.-Ger. zu Posen v. 24. Januar 1827, Simon, Rechtssprüche Bd. 1 S. 368: Im Großherzogthum Posen sind auch nichtkatholische Besitzer zehntpflichtiger Grundstücke den Zehnten oder das Meßkorn zu geben gehalten.

Erk. d. Ob. Trib. v. 13. Juni 1851, Entsch. 21 S. 140, Arch. 2 S. 161: Den Kirchen in der Provinz Posen steht eine allgemeine Vermuthung für die Zehntpflichtigkeit aller und jeder daselbst belegenen ländlichen Grundstücke nicht zur Seite.

Erk. v. 13. Juni 1851 (siehe vorher): In der Provinz Posen haben die provinzialrechtlichen Normen über kirchliche Zehnten und über andere Abgaben und Prästationen an Kirchen und Geistliche ihre Gültigkeit durch Einführung des Code Napoléon und resp. des A. L. R. nicht verloren.

vergl. §§. 261 ff. h. t.

Erk. 13. Juni 1851 (siehe vorher): Das bloße Anerkenntniß der Zehntpflichtigkeit eines Grundstücks seitens des Besitzers desselben genügt für sich allein noch nicht, um die Dinglichkeit dieser Zehntpflichtigkeit auch für den Besitznachfolger zu begründen.

Erk. d. Ob. Trib. v. 28. Febr. 1845, Schles. Arch. Bd. 6 S. 378: Zehnten gehören zu den Reallasten, welche nach der Verfassung des Ortes oder des Bezirks zu entrichten sind, und als gemeine Lasten und Pflichten einer Eintragung in das Hypothekenbuch nicht bedürfen. (Hyp.-Ord. I §. 48.) Wenn der Zehnte in einem Bezirke eingeführt oder hergebracht ist, so kann der neue Erwerber eines darin belegenen Grundstücks von der Zehntpflicht deshalb, weil solche im Hyp.-Buche, nicht eingetragen ist, eine Befreiung nicht in Anspruch nehmen; vielmehr gehört dazu der Nachweis, daß das bestehende Zehntrecht nicht eine allgemeine Last daselbst, sondern nur eine spezielle Last seines Gutes gewesen sei. Vergl. hierzu §. 12 des Ges. über den Eigenthumserwerb ꝛc. v. 5. Mai 1872, §. 11 der Grundbuchordnung v. 5. Mai 1872, und R. d. Min. d. g. A. v. 13. Juli 1872, M. Bl. d. i. V. 1872 S. 218.

Erk. d. Ob. Trib. v. 8. März 1854, Arch. 12 S. 230: Aus dem Kolowrat'schen Vertrage v. 1504 läßt sich eine allgemeine Zehntpflichtigkeit aller in Schlesien innerhalb einer gewissen Parochie belegenen ländlichen, Frucht tragenden Grundstücke nicht herleiten.

Erk. v. 4. Juli 1859, Arch. 34 S. 127, 128: In Schlesien ist eine allgemeine Zehntpflichtigkeit weder durch das A. L. R., noch durch ein Provinzialgesetz eingeführt, noch auch läßt sich aus dem Kolowrat'schen Vertrage v. 1504 eine allgemeine Zehntpflichtigkeit aller in Schlesien innerhalb einer gewissen Parochie belegenen ländlichen Grundstücke herleiten. Dem Erwerber eines in Schlesien belegenen Grundstücks, auf welchem die Zehntpflichtigkeit in das Hypothekenbuch nicht eingetragen ist, liegt die Beweislast der behaupteten Befreiung von dieser Last nur dann ob, wenn vorher die Allgemeinheit der Zehntpflichtigkeit der in dem betr. Bezirke belegenen Grundstücke dargethan ist.

Erk. v. 18. Febr. 1870, Arch. 76 S. 361: Nicht jede nach Ackermaaß fixirte Abgabe von Früchten an den Küster oder Pfarrer kann ohne Weiteres auf die Eigenschaft eines Zehnten, und speziell des Sackzehnten Anspruch machen.

Erk. v. 17. April 1873, Entsch. 69 S. 264: Die innerhalb einer Parochie zu entrichtenden Zehnten können die Natur einer allgemeinen Last erlangen.

§. 858. Ursprünglich ist der Zehnte zur Unterhaltung des Pfarrers bestimmt; er kann aber auch von der Kirche, so wie von jedem Anderen erworben und besessen werden.[351])

§. 859. Bei Zehnten, die sich in den Händen eines weltlichen Besitzers befinden, hat, wenn sie auch ursprünglich Pfarrzehnten sind, die Verschiedenheit des Glaubensbekenntnisses auf das Recht, sie zu fordern, keinen Einfluß.

§. 860. Daraus, daß eine Kirche die Eigenschaft einer Parochialkirche hat, folgt noch nicht, daß die Eingepfarrten zur Entrichtung eines Zehnten verbunden sind.[352])

§. 861. Der Pfarrer und die Kirche können das Zehntrecht auf eben die Art, wie jedes andere Recht, auch durch die ordentliche Verjährung erwerben.[353]) Erwerbung des Zehntrechts.

§. 862. Wenn ein Laie den durch Verjährung geschehenen Erwerb eines ursprünglichen Pfarr- oder Kirchenzehnten gegen den Pfarrer oder die Kirche behaupten will, so müssen alle Erfordernisse der Kirchenverjährung vorhanden sein.[354])

§. 863. Zwischen Laien, die über den Besitz eines ur-

---

[351]) Erk. d. Rev.Koll. f. L.K.S. v. 17. Nov. 1854, Zeitschr. des Rev.Koll. Bd. 8 S. 308: Das Zehntrecht ist keine Grundgerechtigkeit, sondern eine Reallast.

Erk. d. Ob.Trib. v. 3. April 1873, Arch. 90 S. 112: Mit dem Erlöschen der Parochie erreicht auch das Zehntrecht des Pfarrers sein Ende, und kann deshalb nicht als herrenloses Gut auf den Fiskus übergehen.

[352]) Erk. v. 16. Nov. 1871, Arch. 83 S. 129: Von der Kab.Ordre v. 3. März 1758 (vergl. dieselbe oben in der Anm. 109) werden nur diejenigen zehntartigen Abgaben betroffen, welche lediglich im Parochialverbande ihren Ursprung haben, wogegen dergleichen Abgaben, welche auf besonderen Titeln der Fundation, Dotation u. s. w. beruhen, davon unberührt geblieben sind.

[353]) Erk. v. 3. Juni 1847, Entsch. 14 S. 464: Unter der Herrschaft des französ. Civilgesetzbuchs hat eine erwerbende Verjährung von Pfarrabgaben nicht anfangen können.

Erk. v. 24. Mai 1850, Entsch. 20 S. 472: In der Provinz Posen ist durch die am 1. Mai 1808 erfolgte (vorübergehende) Einführung des französ. bürgerlichen Gesetzbuchs eine früher angefangene Verjährung des Zehntrechts nicht unterbrochen worden.

Erk. d. Ob.Trib. v. 19. Mai 1855, Zeitschr. des Rev.Koll. Bd. 9 S. 59—64: In denjenigen Landestheilen, in welchen früher das französ. Recht gegolten hat, war auch während dessen Herrschaft die erwerbende Verjährung des Zehnten zulässig, sofern nur die Verjährung vor Einführung des Code civil begonnen hatte.

§. 620 L.R. I. 9: Die gewöhnliche Verjährung wird in einem Zeitraume von 10 Jahren vollendet.

[354]) §. 629 L.R. I. 9: Gegen die Kirchen findet nur die ungewöhnliche Verjährung von 44 Jahren statt.

sprünglichen Kirchen- oder Pfarrzehnten unter einander streiten, ist die gewöhnliche Verjährung zur Entscheidung hinreichend.[355])

§. 864. Alle, auch über Pfarr- und Kirchenzehnten entstehende Streitigkeiten, gehören zur Entscheidung des weltlichen Richters.

Umfang desselben. §. 865. Sobald ausgemittelt ist, daß dem Zehntberechtigten, der einen ursprünglichen Pfarr- oder Kirchenzehnten besitzt, das Zehntrecht über eine gewisse Feldmark zustehe, gilt die Vermuthung, daß alle in dieser Feldmark gelegenen Grundstücke demselben unterworfen sind.[356])

---

[355]) Erk. des Rev. Koll. v. 17. Nov. 1854, Zeitschr. des Rev. Koll. Bd. 8 S. 308: Das Zehntrecht wird beim Mangel eines Titels in der Regel durch die 30jährige Verjährung erworben.

Erk. d. Ob. Trib. v. 19. Mai 1855, Zeitschr. d. Rev. Koll. Bd. 9 S. 64: Die Verjährung des Zehnten ist die 30jährige, wenn auch wegen der bestehenden Dreifelderwirthschaft der Zehnt von den einzelnen Grundstücken nicht alljährlich erhoben worden ist. v. Rönne, Erg. II. S. 763.

[356]) Erk. v. 25. Okt. 1864, Strieth. Arch. Bd. 57 S. 26: Unter dem Ausdrucke „gewisse Feldmark" ist nicht nothwendig der Komplex der sämmtlichen, zu einem Gemeindeverbande gehörigen Grundstücke, sondern auch ein an sich abgegrenzter Bezirk, Distrikt, eine Flur zu verstehen, und genügt die Existenz einer Zehntflur, um die Präsumtion der Zehntgerechtigkeit für alle in dieser Flur belegenen Grundstücke zu begründen.

Erk. d. Ob. Trib. von 1852, Entsch. 24 S. 72: Das Aufgebot unbekannter Realprätendenten eines Grundstücks erstreckt sich nicht auf das im §. 865 h. t. und §. 48 Tit. I der Hyp. Ord. bezeichnete Zehntrecht (Decem).

Erk. 22. Dez. 1856, Entsch. 35 S. 149 u. v. 23. Sept. 1859, Arch. 34 S. 258: Der Warschauer Traktat v. 24. Febr. 1768 hat in Art. II §. 7 seiner ersten Separatakte der kathol. Geistlichkeit Zehnten und Meßkorn gegen die damals sog. Dissidenten nur unter Voraussetzung eines besonders nachzuweisenden Rechts auf diese Hebungen vorbehalten, und es genügt daher nach dieser provinzialrechtlichen Bestimmung im Großherzogthum Posen zur Begründung eines solchen Anspruchs gegen einen Grundbesitzer des evangelischen Bekenntnisses (einen Dissidenten im Sinne jenes Traktats) nicht die Berufung auf die gemäß §. 865 L.R. II. 11 aus der Lage eines Grundstücks in einer sonst zehntpflichtigen Feldmark abzuleitende Vermuthung.

Erk. v. 23. Sept. 1859, Entsch. 42 S. 310, Arch. 34 S. 258: Unter dem im Warschauer Traktat v. 1768 gebrauchten Ausdruck „Dissidenten" sind zwar vorzugsweise die Protestanten zu verstehen; dieselben sind jedoch mit den nicht unirten Griechen hinsichtlich der in dem Traktate verordneten Befreiung der Dissidenten von Abgaben an die kathol. Geistlichkeit ganz gleich behandelt.

Erk. v. 3. Nov. 1861, Entsch. 66 S. 186: Daß Grundstücke solange nicht realdecempflichtig sind, als sie sich in der Hand des Fiskus befinden, ist nach Ostpreuß. Prov. Recht §. 7 Zus. 213 nicht anzuerkennen.

§. 866. Zehntsteine beweisen kein allgemeines Zehntrecht; sondern nur, daß derjenige, dessen Zeichen darauf befindlich ist, ein Zehntrecht in dem innerhalb der Steine gelegenen Bezirk auszuüben befugt sei.

§. 867. Wer zehntfreie Aecker neben zehntpflichtigen erwirbt, oder zehntfreie Wiesen, Weiden und Holzungen in Saatland verwandeln und mit zehntpflichtigen Ländereien vereinigen will, muß dem Zehntherrn davon Anzeige machen, und in Gegenwart desselben, oder dessen Bevollmächtigten, das zehntfreie Land von dem zehntpflichtigen durch Gränzmale absondern.

§. 868. Hat er dies nicht beobachtet: so ist die Vermuthung wider ihn, und er muß, bei entstehendem Streite, die Grenzen des zehntfreien Landes vollständig nachweisen.

Erlöschung des Zehntrechts.

§. 869. Die sonstigen Eigenschaften und Vorrechte eines innerhalb des Zehntbezirks gelegenen Grundstückes begründen noch nicht die Befreiung vom Zehnten.[357])

§. 870. Wenn jedoch der Inhaber sich seit zehn Jahren im ruhigen Besitze der Zehntfreiheit befindet, so wird dadurch die aus der Lage des Grundstücks entstandene rechtliche Vermuthung gehoben.[358])

§. 871. Kann aber die zehntpflichtige Eigenschaft des Grundstücks auf andere Art nachgewiesen werden: so geht die Befugniß, den Zehnten zu fordern, für die Kirche oder den Pfarrer nur durch einen Vier und vierzigjährigen Nichtgebrauch unter den im Titel von der Verjährung enthaltenen Bestimmungen verloren. (Th. 1. Tit. 9. §. 509. 510. 511.)[359])

---

[357]) Erk. v. 25. Nov. 1864, Arch. 55 S. 299: Das in Ostpreußen den Königl. und adligen Vorwerken zustehende Privilegium der Befreiung von großer und kleiner Kalende, Zapfengeld, Real- und Sackzehnten geht nur dann verloren, wenn Dominial- oder adliger Besitz mit Bauern besetzt wird; es bleibt aber erhalten, sobald der Dominialbesitz in seiner Totalität auf einen einzigen nicht bäuerlichen Besitzer übergeht.

[358]) Erk. v. 25. Okt. 1864, Arch. Bd. 57 S. 26: Wenn der Zehntverpflichtete die Früchte wegnimmt, welche er gemäß des bestehenden Zehntrechts hätte zurücklassen müssen, so erlangt er den Besitz des Rechts, daß der Berechtigte diese Handlung ferner leide, vorausgesetzt, daß solche ohne Widerspruch des Letzteren geschehen ist, und derselbe überhaupt Kenntniß von der Vornahme der Handlung erlangt hat; auch der Besitz der Freiheit setzt eine widerspruchslose Besitzergreifung voraus.

[359]) L. R. I. 9:

§. 509. Auch das Recht, jährliche Leistungen und Abgaben von der Person oder dem Grundstücke eines Anderen zu fordern, kann durch den bloßen Nichtgebrauch verjährt werden.

§. 872. Wenn der Besitzer eines an sich zehntbaren Grundstückes, für seine Person, wegen Verschiedenheit seines Religionsbekenntnisses, von Entrichtung des Zehnten frei ist: so ruht inzwischen das Zehntrecht; und es kann, während dieses Besitzes, keine Verjährung wider die Kirche oder den Pfarrer anfangen.[360])

---

§. 510. Doch findet die Verjährung nicht statt, wenn entweder aus einer während der Frist geäußerten Erklärung des Berechtigten, oder aus der Beschaffenheit der Zeiten, aus der Verfassung der Verpflichteten oder aus anderen Umständen klar erhellet, daß die Einforderung solcher Gefälle aus bloßer Nachsicht unterlassen worden.

§. 511. Rechte auf unbewegliche Sachen, die in das Hypothekenbuch eingetragen sind, können weder durch den bloßen Nichtgebrauch erlöschen, noch kann ein denselben entgegenstehendes Recht mittelst der Verjährung durch Besitz erworben werden.

Erk. v. 20. Sept. 1859, Arch. 35 S. 85: Hieraus ist ersichtlich, daß die allgemeinen Vorschriften über die Verjährung auch auf das Pfarrvermögen zur Anwendung kommen sollen.

[360]) vergl. Anm. 350.

Nach Nr. 10 der Generalkonzession v. 23. Juli 1845 sollten die Altlutheraner, wenn die zehntberechtigte Kirche oder Pfarre eine evangelische ist, zur Entrichtung des Zehnten verpflichtet bleiben, wo die Zehntpflicht sich nach der Konfession des Zehntpflichtigen bestimmt. vergl. hierzu jetzt den §. 3 des Ges. v. 14. Mai 1873, betr. den Austritt aus der Kirche: Danach wird die Zehntpflicht der Altlutheraner überall da für wegfallend zu erachten sein, wo die Verpflichtung zur Entrichtung des Zehnten, wenngleich er die Natur einer Reallast hat, doch durch die persönliche Zugehörigkeit zur Parochie, also zur betreffenden Konfession bedingt ist. (Koch, L.R. IV. S. 463.)

Diese persönliche Befreiung findet z. B. in Schlesien statt. cfr. Kab.Ordre v. 16. Juni 1831 u. v. 3. März 1758. vergl. oben Anm. 109.

Erk. des ehemal. Oberlandesger. zu Breslau v. 15. März 1838, Koch, Schles. Arch. Bd. 3 S. 466: In Schlesien ist ein Decem, welcher seit dem Erscheinen der Kab.Ordre v. 3. März 1758 um deswillen nicht erhoben worden, weil die Grundstücksbesitzer anderer Konfession waren, als der berechtigte Pfarrer, nicht verloren.

Erk. v. 28. Jan. 1856, Entsch. 32 S. 137, Arch. 20 S. 75: In Pommern wird das sog. Meßkorn für eine solche dingliche Last angesehen, von welcher die Altlutheraner nicht befreit worden sind. Anders ist es mit dem daselbst an die Geistlichkeit zu entrichtenden sog. Wurstgelde und den Eiern. Die an den Pfarrer und Küster zu entrichtenden Abgaben von Roggen und Garben, auch wenn sie nicht unter dem Namen „Meßkorn“ oder einem anderen besonderen Namen entrichtet werden, haben die Natur eines Zehnten im Sinne der §§. 857, 858 und 922 h. t.

Erk. d. Ob.Trib. v. 21. Dez. 1857, Archiv Bd. 27 S. 227: Es ist nicht begründet, daß Grundbesitzer nach dem in der Oberlausitz geltenden Provinzialrecht verpflichtet sind, geistliche Zehnten auch dann zu entrichten, wenn sie einer anderen Konfession angehören, als die empfangsberechtigte Stelle. Es ist vielmehr mit Rücksicht auf das A.L.R. anzunehmen, daß nur

§. 873. Auch werden die Jahre eines solchen Besitzes von dem Zeitraume, in welchem die Verjährung gegen die Kirche oder den Pfarrer gehörig angefangen und fortgesetzt worden, abgerechnet.

§. 874. Der Zehnte besteht, der Regel nach, in dem Zehnten Theil der auf dem zehntpflichtigen Lande gewachsenen, und dem Zehntrechte unterworfenen Früchte.[361])

§. 875. Wo der Zehnte überhaupt und ohne weitere Bestimmung hergebracht ist, wird darunter nur der sogenannte Großzehnte verstanden. Von Großzehnten.

§. 876. Dieser muß von allen Erzeugnissen der zehntpflichtigen Aecker und Wiesen, welche der Halm trägt, entrichtet werden.[362])

§. 877. Der Zehntberechtigte kann dem Zehntpflichtigen nicht vorschreiben: wie derselbe das Grundstück bestellen und nutzen sollte.

§. 878. Baut aber der Zehntpflichtige eine andere Art von Erzeugnissen, als wozu das Grundstück bisher gewöhnlich genutzt worden, so muß er auch davon den Zehnten entrichten.

§. 879. Kann diese Art der Berichtigung, nach der Natur und Beschaffenheit des anderweitig gebauten Erzeugnisses, oder aus anderen Ursachen nicht statt finden: so muß der Zehntpflichtige eben so viel, als der Zehnte von einem Acker gleicher Größe in demselben Felde beträgt, in dem Erzeugnisse der gewöhnlichen Art entrichten.

§. 880. Früchte, die im Brachfelde gebaut werden, sind der Regel nach zehntfrei.[363])

§. 881. Hat aber der Zehntpflichtige das Brachfeld so genutzt, daß dadurch der Ertrag der künftigen Ernte offenbar geschmälert wird, so muß er den Zehntberechtigten deshalb entschädigen.

§. 882. Sowohl, ob eine solche dem Zehntberechtigten

Diejenigen den Pfarrzehnt zu leisten haben, welche derselben Konfession angehören, als die berechtigte Pfarre.

361) vergl. Anm. 350.

362) In Betreff der provinzialrechtlichen Bestimmungen vergl. Anm. 350.

363) Erk. d. Ob. Trib. v. 15. April 1829, Simon's Rechtssprüche Bd. 3 S. 173—178: Futterkräuter und grün vom Acker zu Futter genommenes Getreide fallen nicht unter den Begriff von zehntpflichtigen Früchten (§. 857), sondern sie vertreten die Stelle des Futters, welches das Vieh auf den sonst unbebaut liegen bleibenden Aeckern findet.

schädliche Brachnutzung vorhanden sei, als wie viel der demselben daraus entstandene Ausfall betrage? muß, wenn kein gütliches Abkommen statt findet, nach dem Gutachten vereideter Sachverständigen bestimmt werden.

§. 883. Diese müssen dabei auf das Verhältniß des Ertrages benachbarter Aecker von eben derselben Beschaffenheit, bei welchen die Brache landüblich genutzt worden, Rücksicht nehmen.

§. 884. Läßt der Zehntpflichtige die zum Winter- oder Sommerfelde gehörigen Ländereien, aus Nachlässigkeit oder unordentlicher Wirthschaft, ganz oder zum Theil unbebaut liegen: so ist der Zehntberechtigte befugt, dieselben in Cultur zu nehmen; und der Eigenthümer hat auf die davon gewonnenen Früchte gar keinen Anspruch.

§. 885. Nimmt der Zehntpflichtige eine Art von Cultur vor, wodurch die Gestalt und Bestimmung des Grundstücks gänzlich verändert wird: so muß er den Zehntberechtigten, wegen des dadurch entstehenden Verlustes, auf andere Art schadlos halten.

§. 886. Zum Maaßstabe dieser Entschädigung muß der Durchschnitt des Zehntertrages von den letzten sechs Jahren vor der Veränderung angenommen werden.

§. 887. Können die Parteien sich über diese Art der Entschädigung nicht vereinigen, so muß dieselbe, für jedes Jahr, nach der Vorschrift des §. 879. bestimmt werden.

§. 888. Eine bloße Veränderung in der Eintheilung der Felder, oder in der Art der Bedüngung, oder die Verminderung der Aussaat durch Anlegung künstlicher Wiesen, geben dem Zehntberechtigten keinen Anspruch auf Schadloshaltung.

§. 889. Auch von solchen Aeckern, welche nicht gewöhnlich, sondern nur zuweilen gebaut werden, ist der Zehnte, so oft sie wirklich bestellt sind, zu entrichten.

Vom Neulande. §. 890. bis §. 892. fallen weg.[364])

§. 893. Für Neuland ist es nicht zu achten, wenn der Zehntpflichtige Hecken, Bäume, Gesträuche oder Gräben, welche an sich auf dem zehntbaren Lande befindlich sind, auf eine oder die andere Art zu Acker einrichtet, und bestellt.

---

[364]) Die vom Neulande handelnden §§. 890—892 fallen weg, weil nach §. 35 des Ablös. Ges. v. 2. März 1850 Neubruchzehnt nicht mehr gefordert werden kann.

§. 894. Der Zehnte muß von den Früchten, ohne Abzug der Bestellungskosten und Abgaben, entrichtet werden. Art der Entrichtung des Großzehnten.

§. 895. Der Empfänger muß denselben auf dem Felde, aus den aufgesetzten Garben oder Haufen, wie sie folgen, annehmen; doch kann er mit dem Abzählen da, wo er selbst will, den Anfang machen.[365])

§. 896. Auch kann er von Einem Acker, auf einen anderen des nämlichen Besitzers, die Garben oder Haufen fortzählen.

§. 897. Bei diesem Fortzählen steht es ihm frei: ob er an dem oberen oder unteren Ende des folgenden Ackers den Anfang machen will.

§. 898. Bleiben zuletzt noch Früchte übrig, die keine Zehntgarbe ausmachen, so werden dieselben, zur Mitzählung auf das folgende Jahr, dem Berechtigten vorbehalten.[366])

§. 899. Wo die Feldfrüchte in Mandeln oder Hocken aufgesetzt werden, da kann der Zehntberechtigte verlangen, daß die bei der Abzählung übrig gebliebenen einzelnen Mandeln oder Hocken auseinander genommen, und ihm von den darin enthaltenen Garben der Zehnte verabfolgt werde.

§. 900. Der Zehntberechtigte muß, wenn er zur Zeit der Ernte nicht selbst gegenwärtig sein kann oder will, einen Abzehntner in der Nähe bestellen, und denselben dem Zehntpflichtigen zeitig bekannt machen.[367])

§. 901. Sobald dem Zehntberechtigten, oder dessen Abzehntner, gemeldet worden, daß die Früchte zum Abzählen in Bereitschaft stehen, müssen sich dieselben dazu unverzüglich einfinden.

§. 902. Der Zehntpflichtige ist nicht schuldig, länger als zwölf Stunden nach der Anzeige auf das Abzählen zu warten.

§. 903. Vielmehr kann er alsdann, in Gegenwart oder mit Zuziehung der Dorfgerichte, oder zweier an sich glaubwürdiger Zeugen, auf Kosten des Berechtigten den Zehnten selbst ausstoßen, und auf dem Felde liegen lassen.

§. 904. Nöthigt die Witterung den Zehntpflichtigen, mit der Einführung der Früchte zu eilen: so ist es genug,

---

[365]) vergl. §. 909 h. t.

[366]) vergl. Anm. 362.

[367]) vergl. Anm. 362.

wenn die Anzeige dem Zehntherrn, oder dessen Abzehntner, nur sechs Stunden vor dem Einfahren geschieht.

§. 905. Dagegen ist aber auch der Zehntpflichtige schuldig, wenn der Zehntsammler auf der Flur mit der Abzählung schon wirklich beschäftigt ist, so lange zu warten, bis derselbe auf seinen Acker kommen kann.

§. 906. Säumt der Zehntsammler geflissentlich, so haftet er dem Zehntpflichtigen für allen dadurch erweislich entstandenen Schaden.

§. 907. Sind aber, mit Vernachlässigung obiger Vorschriften, die Früchte vor Ausstoßung des Zehnten eingeführt worden, so muß derselbe dem Berechtigten noch aus der Scheune verabfolgt werden.

§. 908. Ist die zu frühe Einführung von dem Verpflichteten vorsätzlich, oder durch eigenes grobes Verschulden geschehen: so muß er, wenn besondere Provinzialgesetze nicht ein Anderes bestimmen, dem Berechtigten auf zehn Garben eine; bei einem obwaltenden nur mäßigen Versehen aber, auf zwanzig Garben eine Garbe mehr abliefern.

§. 909. Die Einfuhre des auf dem Felde abgezählten Zehnten muß der Empfänger, der Regel nach, und wo nicht ein Anderes durch ununterbrochene Gewohnheit hergebracht ist, selbst besorgen.

Von Kleinzehnten.

§. 910. Wo der Kleinzehnte ausdrücklich eingeführt ist, muß derselbe in der Regel von allen Garten- und Baumfrüchten, ohne Unterschied, ob sie im Garten oder auf dem Felde gebauet worden, entrichtet werden.

§. 911. Weder am Groß-, noch Kleinzehnten kann der Zehntpflichtige, wegen erlittener Unglücksfälle, Erlaß fordern.[368])

§. 912. Weder bei dem Verkaufe der Zehntfrüchte, noch bei Verpachtungen des Zehntrechts, gebührt dem Zehntpflichtigen ein Vorkaufs- oder Näherrecht.

---

[368]) Erk. d. Ob.Trib. v. 22. Juli und 15. Dez. 1837, Entsch. 3 S. 206—224. v. Rönne, Erg. II. S. 764:

Die Remissionsbestimmungen in der für das Herzogthum Magdeburg ergangenen Dekl. v. 5. Dez. 1776 (vergl. die Remissions-O. v. 12. Aug. 1721 u. das Edikt v. 25. Okt. 1725) sind auf alle Prästations-Berechtigten, ohne Unterschied, anwendbar, auch wenn dieselben sich nicht in guts- oder gerichtsherrlichem Verhältniß zu dem Pflichtigen befinden. Dagegen können die Benefizien derselben nur von solchen Pflichtigen in Anspruch genommen werden, welche selbst gutsherrlichen Rechten unterworfen sind.

§. 913. Eben das gilt, wenn das Zehntrecht mit dem Gute oder Grundstücke, worauf dasselbe haftet, verkauft wird.

§. 914. fällt weg.[369])

§. 915. Die Befugniß, Fleisch= oder Blutzehnten zu nehmen, erstreckt sich auf alle Arten von Vieh, welches zur Haus= oder Feldwirthschaft gehört. Von Blutzehnten.

§. 916. Der Regel nach muß das zehntbare Vieh von einem Jahre ins andere aufgezählt, und darnach das zehnte Stück geliefert werden.

§. 917. Die vor der wirklichen Aufzählung gestorbenen Stücke werden bei Berechnung des Zehnten nicht mitgezählt.

§. 918. Die Zeit der Abzählung ist nach jedes Orts Herkommen bestimmt.

§. 919. Kälber, Lämmer und Schweine ist der Zehntberechtigte nicht eher, als bis sie zum Verkaufe tauglich; Fohlen nicht eher, als bis sie abgesogen sind; und Federvieh erst, wenn es befiedert ist, anzunehmen verbunden.

§. 920. Von allen Sorten dürfen nur Stücke mittlerer Güte zum Zehnten gegeben und angenommen werden.

§. 921. Ein Personalzehnt von dem, was durch bloßen menschlichen Fleiß erworben worden, soll nirgend weder gefordert, noch gegeben werden. Abschaffung des Personalzehnten.

§. 922. Wenn der Zehnte auf gewisse Quantitäten oder Maaße von gedroschenem Getreide oder gewonnenen Früchten bestimmt ist, so heißt derselbe ein Sackzehnte.[370]) Vom Sackzehnten.

§. 923. Wenn erhellet, daß der Berechtigte einen Naturalzehnten zu fordern habe: so hat derselbe sein Recht, diesen Zehnten in Natur zu ziehen, nicht verloren, wenn er gleich seit länger als rechtsverjährter Zeit selbigen in gedroschenen Körnern angenommen hätte.[371])

---

[369]) In Folge des Ablös. Ges. v. 2. März 1850 §. 2 Nr. 6 und §. 4.

[370]) vergl. Anm. 362.

Nach Koch (Schles. Arch. 3 S. 466 ff.) vertheilt sich ein solcher Sackzehnte durch die Dismembration des Grundstücks von selbst; denn die Abgabe sei ja eben ein Zehnte von den gewonnenen Früchten. Koch erklärt die Behauptung, daß der Sackzehnte auf jedem einzelnen Theile des Grundstücks ganz hafte, und mithin von jedem Trennstücke für das Ganze entrichtet werden müsse, für unbegründet.

vergl. Anm. 350. (Erk. v. 18. Febr. 1870.) u. Koch, L.R. IV. S. 467.

[371]) Erk. d. Rev. Koll. v. 17. Nov. 1854, Zeitschr. d. Rev. Koll. Bd. 8 S. 308: Der erwerbenden Verjährung des Zehntrechts steht es nicht entgegen, wenn innerhalb der Verjährungsfrist anstatt des Naturalzehnten eine Geldabgabe als Zehnt von dem Verpflichteten erhoben worden ist. v. Rönne, Erg. II. S. 764.

§. 924. Hat aber der Berechtigte sein Recht zum Zugzehnten ausüben wollen; der Verpflichtete demselben widersprochen; und Ersterer seit diesem Widerspruche, durch rechtsverjährte Zeit, den Zehnten in gedroschenem Getreide angenommen: so ist eine Verwandlung des Zug- in einen Sackzehnten durch Verjährung erfolgt.

§. 925. Der Sackzehnte muß gleich durch, wie der Zehntpflichtige die Früchte gewonnen hat, entrichtet und angenommen werden.

§. 926. Doch ist der Zehntpflichtige in jedem Falle marktgängiges Getreide abzuliefern verbunden.

§. 927. Die Ablieferung muß in der Regel nach gestrichenem Maaße geschehen.

§. 928. Die Abfuhre in die Wohnung, oder auf den Boden des Empfängers, muß der Zehntpflichtige besorgen.

§. 929. Ist der Zehntpflichtige in der Ablieferung säumig gewesen, so finden die Vorschriften des siebenten Titels §. 479. 480. Anwendung.

§. 930. Hat der Zehntpflichtige totalen Mißwachs erlitten: so kann der Empfänger den Sackzehnten nur in so fern fordern, als die gewonnenen Früchte, nach Abzug der Wirthschaftsnothdurften, an Saamen, Brot, Speisung des Gesindes, und Futterung dazu noch hinreichen.

§. 931. Hat sich der Mißwachs nur in einer oder der andern Getreidesorte, z. B. nur in den Winter- oder nur in den Sommerfrüchten, ereignet: so muß der Zehntpflichtige den in der mißrathenen Sorte zu entrichtenden Sackzehnten, entweder nach den in der Provinz oder Gegend üblichen Anschlagspreisen bezahlen, oder denselben in einer anderen Getreidesorte, nach Verhältniß eben dieser Preise, abliefern.

§. 932. Der Zehntpflichtige, welcher von einem dieser Befugnisse Gebrauch machen will, muß wegen der dem Berechtigten von dem vorhandenen Mißwachse in Zeiten zu machenden Anzeige, die einem Pächter ertheilten Vorschriften beobachten. (Th. 1. Tit. 21. §. 480—483.)

§. 933. Auch findet keine von diesen Befugnissen statt, wenn der Zehntpflichtige allen Remissionen ausdrücklich entsagt hat.

§. 934. Was hier von dem Erlasse bei geistlichen Sackzehnten verordnet ist, findet auf andere Naturalabgaben, welche nicht als Pfarr- oder Kirchenzehnten entrichtet werden, keine Anwendung.

Von Geldzehnten.

§. 935. Wenn der Zehntberechtigte, statt des Naturalzehnten, eine beständig gleichförmige Abgabe in Gelde durch rechtsverjährte Zeit angenommen hat, so finden die Vorschriften §. 923. und 924. Anwendung.[372])

§. 936. Ein solcher Zehntpflichtiger kann, wegen erlittener Unglücksfälle, nur in so weit Nachsicht oder Erlaß fordern, als dergleichen einem Erbzinsmanne wegen des schuldigen Canons zu statten kommt. (Th. 1. Tit. 18. §. 758 sqq.)

Von anderen Pfarrabgaben.

§. 937. Offertoria, Pröven, Ostereier, Wettergarben, und andere dergleichen Pfarr- und Küsterabgaben, müssen lediglich nach jedes Ortes Gewohnheit bestimmt werden.[373])

§. 938. Für dergleichen Präſtationen kann niemals Erlaß gefordert werden.

---

[372]) Erk. v. 24. Sept. 1862, Arch. 46 S. 229: Die nach §. 54 des Westpreuß. Prov. Rechts begründete Vermuthung für die Freiheit eines Grundstücks von der Entrichtung des Meßkorns setzt voraus, daß von diesem Grundstücke ein Geldzehnt unter der Benennung: Realdecem oder Hausquartal entrichtet werde.

[373]) Pröven (praebere) sind kleine Gaben in Geld, Eß- oder Trinkwaaren, z. B. kleine Brote, Bier. (siehe Vogt, K.R. I. S. 602.)

Erk. v. 17. April 1857, Strieth. Arch. Bd. 25 S. 60: Daraus, daß in einzelnen Fällen die sonst als ortsherkömmlich im Sinne des §. 937 nachgewiesene Leistung nicht gegeben worden, folgt noch nicht mit Nothwendigkeit die Nichtexistenz eines solchen Gewohnheitsrechtes.

Erk. v. 18. März 1872, Arch. 86 S. 65: Die Fuhrentschädigung der Pfarrer, als eine Entschädigung für eine baare Auslage, welche für den Pfarrer dadurch entsteht, daß er, um eine Amtshandlung in einer Ortschaft vorzunehmen, dorthin reisen muß, gehört nicht zu den Pfarrabgaben des §. 937, noch zu den Stolgebühren des §. 423 h. t.

vergl. Anm. 362.

Erk. 28. Jan. 1856, Arch. 20 S. 75: Die an den Pfarrer und Küster zu entrichtenden Abgaben an Wurstgeld und Eiern sind nicht dinglicher Natur und haben nicht die Natur eines Zehnten, sondern gehören zu den im §. 937 h. t. gedachten Abgaben. vergl. a. a. O. S. 79.

In Schlesien gehören die Abgaben der Wettergarben und der Läutebrote zu den Parochiallasten. Erk. v. 8. Nov. 1854, Arch. Bd. 16 S. 15. Sie müssen dem Glöckner für das Läuten bei Gewittern entrichtet werden, obgleich dieses Läuten abgeschafft ist. Doch sind seit der Kab. Ordre v. 3. März 1758 (oben Anm. 109) Evangelische die Abgaben nicht mehr an katholische Kirchenbediente zu entrichten gehalten. cfr. Koch, L.R. IV S. 469.

Zu den im §. 937 gedachten Abgaben gehören auch die in der Provinz Preußen vorkommende Kalende und der sog. Vitaltag, welcher zu Ostern gegeben wird. Beide werden in Westpreußen unter der Benennung „Strena" begriffen. Was Westpreußen betrifft, so vergl. Westpreuß. Amtsbl. 1811 S. 65

und die §§. 59, 60 des Westpreuß. Prov. Rechts v. 1844, G.S. S. 109. Erk. des Rev. Koll. f. L.K.S. v. 24. März 1865: Die unter der Bezeichnung Kalende und Vitaltag von den Mennoniten an die kathol. Geistlichkeit in den Marienburger Werdern zu entrichtenden Abgaben sind zu Recht bestehende und gesetzlich ablösbare Reallasten. Zeitschr. d. Rev. Koll. f. L.K.S. Bd. 17 S. 193.

Für Ostpreußen vergl. den Zusatz 213 des Ostpreuß. Prov. Rechts. Die große Kalende ist eine dingliche Abgabe. Ueber die kleine Kalende herrscht Streit. Im Gegensatze zu dem Ostpreußischen Tribunal hat das Ober-Tribunal am 17. Jan. 1851 erkannt: (cfr. v. Rönne, Erg. II. S. 764):

a) Große und kleine Kalende (in Ostpreußen) sind dingliche Abgaben, ohne Rücksicht auf das verschiedene Glaubensbekenntniß des Grundbesitzers.

b) Bei der kleinen Kalende wird hierin auch durch eine Dismembration des Grundstücks, in Folge deren sie dann von jeder Haushaltung ungetheilt zu entrichten ist, nichts geändert. Entsch. 20 S. 415.

vergl. auch Erk. des Ob. Trib. v. 10. Juli 1863, Strieth. Arch. Bd. 50 S. 186.

Erk. v. 11. Sept. 1857, Entsch. 36 S. 325, Arch. 26 S. 179: Wenn mehrere bäuerliche Wirthschaften bei Gelegenheit der Separation unter Einem Besitzer in Eine Haushaltung zusammengezogen werden, so ist dennoch die ortsübliche kleine Kalende an den Prediger und Organisten nach wie vor in der Mehrzahl zu entrichten.

vergl. die Kritik dieser Erkenntnisse bei Koch, L.R. IV S. 469, 470.

Das Gesetz v. 10. März 1864, G.S. 1864 S. 149 hat den §. 13 des Zusatzes 213 des Ostpreußischen Prov. Rechts abgeändert und bestimmt, daß die dort genannten Abgaben (Realzehnten, Sackzehnten, große und kleine Kalende) im Falle einer Grundstückszerstückelung auf die einzelnen Theile des Grundstücks nach dem Ertragswerth oder Flächenraum zu vertheilen seien, auch feste Abgaben in Körnern, sowie feste Leistungen an Holz und Brennmaterial, sofern sie zur kleinen Kalende gehören, ablösbar seien. (vergl. hierzu die §§. 12—15 u. 18 Ges. v. 3. Jan. 1845.)

Ueber den Beweis von Gewohnheitsrechten einzelner Ortschaften und Parochien, bezüglich zu entrichtender Pfarrabgaben, vergl. d. Erk. v. 21. Febr. 1870, Entsch. 63 S. 323 ff.

Anhang.

Instruktion des Ev. O. K. R. für die Abhaltung der General-Kirchen- und Schulvisitationen in den Provinzen Preußen, Brandenburg, Pommern, Schlesien, Posen und Sachsen.

Vom 15. Februar 1854.

Aktenstücke Heft 7 (zweiten Bandes erstes Heft) S. 21.*)

§. 1. Es wird in den Provinzen Preußen, Brandenburg, Pommern, Schlesien, Posen und Sachsen eine allgemeine, außerordentliche Kirchen- und Schulvisitation abgehalten.

§. 2. Der Zweck dieser Visitation ist:

1) Die Kräftigung und Befestigung des evangelischen Glaubens und Bekenntnisses und die möglichste Stärkung oder Herstellung alt-evangelischer Sitte in den Gemeinden,
2) die Ermittelung und Abstellung von Mißständen, insbesondere solchen, welche auf dem Gebiete des inneren kirchlichen Lebens hervortreten, und
3) die genaue Erkundigung des gesammten geistlichen Zustandes der Gemeinden und derer, die an ihnen arbeiten.

§. 3. Die Visitationskommission besteht

1) aus dem General-Superintendenten als Präses der Kommission. Sollte derselbe während der Dauer der Visitation unerwartet behindert werden, das Geschäft fortzusetzen, so ist er ermächtigt, sich selbst einen Substituten zu ernennen.

   Tritt dagegen das Hinderniß schon vor dem Beginne der Visitation ein, so erfolgt die Ernennung eines Stellvertreters für denselben auf den Bericht des evangelischen Oberkirchenraths durch Se. Majestät den König.
2) aus dem Superintendenten des Kirchenkreises;
3) aus mehreren beigeordneten Geistlichen, welche der evangelische Oberkirchenrath nach Anhörung des Konsistoriums, für jede einzelne Diözese besonders ernennt.

Dem Präses der Visitationskommission bleibt es überlassen, zu einzelnen vorkommenden Visitationsgeschäften auch einzelne dazu geeignete Geistliche aus dem Kirchenkreise selbst zu beauftragen.

Außerdem ladet das Konsistorium bei jeder Visitation eine oder einige angesehene Personen weltlichen Standes aus dem Kirchenkreise selbst zur Theilnahme

---

*) vergl. auch das R. des Ev. O. K. R. v. 26. März 1856, Aktenst. Heft 7 S. 79.

an der Visitation ein, bei deren Auswahl vornehmlich auf die Landräthe und andere mit obrigkeitlicher Autorität bekleidete Personen Rücksicht zu nehmen ist.

§. 4. Die Visitation findet nach Kirchenkreisen statt. Sie beginnt in dem Hauptorte des Kirchenkreises oder an dem Wohnorte des Superintendenten und verbreitet sich von dort aus über alle Kirchen des Kreises.

§. 5. Vor dem Beginn der Visitation ist ein genauer Visitationsplan zu entwerfen, in welchem Tag und Stunde der einzelnen Visitationsverhandlungen und die Namen der fungirenden Visitatoren anzugeben sind.

Dieser Visitationsplan wird gedruckt und an die Visitatoren, wie an die Geistlichen, Lehrer, Kirchenvorstände und Patrone der Diözese vertheilt.

§. 6. Die Visitation wird wenigstens vierzehn Tage vor dem Eintreffen der Visitatoren dem Superintendenten des Kirchenkreises angesagt und in allen Kirchen von den Kanzeln herab angekündigt. Desgleichen erfolgt eine Bekanntmachung durch das Amtsblatt.

§. 7. Zur Kräftigung und Befestigung des evangelischen Glaubens und Bekenntnisses in den Gemeinden soll vornehmlich das Mitzeugniß der Visitatoren in der Verkündigung des Evangeliums dienen.

§. 8. Die Visitation beginnt mit einem feierlichen Eröffnungsgottesdienst in der Hauptkirche des Hauptortes des Kirchenkreises und schließt mit einem feierlichen Schlußgottesdienst in derselben. Für diese beiden Gottesdienste übernimmt der Präses der Kommission die Hauptpredigt entweder selbst oder bestimmt dazu einen der ihm beigegebenen Geistlichen. Der Ortsgeistliche hält die Liturgie. Der Präses der Kommission, wenn er die Predigt nicht selbst gehalten hat, oder ein von ihm bestimmtes Mitglied der Kommission beschließt diese Gottesdienste mit einer freien Ansprache und Gebet vor dem Altar.

Es steht dem Präses zu, anzuordnen, daß mit dem Schlußgottesdienst zugleich eine Feier des heiligen Abendmahls verbunden werde, an welcher die Mitglieder der Kommission, die dazu einzuladenden Geistlichen, Kandidaten, Lehrer und kirchlichen Beamten des Kirchenkreises und die sonst sich meldenden Patrone, Ortsvorstände und Gemeindeglieder aus dem ganzen Kirchenkreise Theil nehmen können.

§. 9. Während der Visitation predigt in der Regel in der Mutterkirche der Parochie der Ortspfarrer, auf dessen Predigt dann eine freie Ansprache eines Kommissionsmitgliedes vor dem Altar zu folgen hat. Am Abend predigt, wo immer möglich, im Mutterorte oder in einem besser gelegenen Filial ein Mitglied der Kommission nach Anweisung des Präses. In allen Filial- oder Nebenkirchen der Parochie ist eine Predigt von einem Mitgliede der Kommission oder einem beigezogenen Geistlichen des Kirchenkreises zu halten, was theils zugleich mit dem Gottesdienste im Hauptorte, theils aber auch Nachmittags und an mehreren Filialorten zugleich geschehen kann. Doch soll die Kommission sich nie so theilen, daß nicht zwei Kommissionsglieder zusammenbleiben.

§. 10. Es ist nicht nothwendig, daß die in §. 8. bezeichneten Predigten durchweg in der Weise eigentlicher Kanzelpredigten gehalten werden, vielmehr können die Visitatoren, nach Bewandtniß der Umstände, sich auch der Form freier Ansprachen, belehrender Vorträge und, wenn mehrere derselben zugleich an einem Orte sich befinden, in Form kurzer auf einander folgender Glaubenszeugnisse bedienen.

§. 11. Die Visitatoren haben in ihren Predigten, Ansprachen und Zeugnissen vornehmlich die Hauptstücke des evangelischen Bekenntnisses zu treiben, zum fleißigen Gebrauch des Wortes Gottes in den Häusern und des in der evangelischen Kirche den Gläubigen unverkürzt dargebotenen Sakraments und zu einem frommen gottseligen Wandel zu ermahnen.

§. 12. Nächst der Predigt für die erwachsenen Glieder der Gemeinde haben die Visitatoren auch auf die Jugend ihr Augenmerk zu richten.

Sie haben zu diesem Ende überall unter Zuziehung des Schulinspektors und des Schulvorstandes, die Schulen zu besuchen oder auch die evangelische Schuljugend des Orts oder mehrerer benachbarter Orte in Gegenwart der Schullehrer in der Kirche zu versammeln, die Kinder zu katechisiren und an diese, sowie an die Lehrer eine erweckliche Ansprache zu richten.

§. 13. Nach Abhaltung des Eröffnungsgottesdienstes versammelt der Präses der Visitationskommission im Beisein der ganzen Kommission sämmtliche Geistliche des Kirchenkreises, eröffnet ihnen den Zweck der Visitation und den dabei einzuhaltenden Gang und fordert dieselben auf, die in dem Kirchenkreise obwaltenden kirchlichen Mißstände und Hemmungen des kirchlichen Lebens entweder sogleich oder im Laufe der Visitation zur Sprache zu bringen und die Mittel zur Abhülfe anzugeben.

Erfolgen auf diese Aufforderung schon in der Versammlung bestimmte Anzeigen, so sind dieselben, so weit als möglich, auf der Stelle näher zu erörtern. Der Präses der Kommission ertheilt nach Bewandtniß der Umstände, entweder sogleich Bescheid und Anweisung darauf oder behält weitere Prüfung und Bescheidung durch das Konsistorium vor.

Ueber das in dieser Versammlung Verhandelte wird eine kurze Registratur aufgenommen.

§. 14. Auf diese Generalversammlung der Geistlichen des Kirchenkreises folgt die Spezialvisitation der einzelnen Kirchen.

§. 15. Der Gang der Spezialvisitation in den einzelnen Parochien ist in der Regel folgender:

Die Visitation beginnt des Morgens mit einem feierlichen Gottesdienste in der Hauptkirche der Parochie am Wohnorte des Pfarrers.

Der Ortspfarrer hält die Liturgie und in der Regel auch die Predigt. Nach dem Schlusse der Hauptpredigt redet einer der Visitatoren zu der Gemeinde, die gehörte Predigt bekräftigend, ergänzend oder weiterführend, und hält, wenn nicht die zweite Hälfte der Liturgie alsdann eintritt, ein freies Schlußgebet.

Nach Beendigung des Gottesdienstes wird die Schuljugend mit ihren Lehrern in der Kirche versammelt. Der dazu bestimmte Visitator eröffnet die Prüfung derselben mit einer kurzen Ansprache und Gebet.

Alsdann beginnt der Lehrer über einen an Ort und Stelle ihm aufgegebenen Gegenstand die Katechisation der Schüler und Schülerinnen. Sind mehrere Lehrer an der Schule angestellt, so sind dieselben möglichst alle nach einander zur Katechisation aufzurufen. Zum Schluß nimmt der Visitator selbst die Katechisation auf, und beschließt die Handlung mit Ansprache und Gebet.

Die Prüfung der Schulkinder hat zum Zwecke, die Kenntniß des Katechismus, der biblischen Geschichte, der Hauptsprüche, der evangelischen Kernlieder und ihrer Melodien, der Ordnung des Kirchenjahres und etlicher passender Gebete unter ihnen zu prüfen, und den Lehrern, Schülern und der Gemeinde die lebendige Erkenntniß des Wortes Gottes als den Kern und Mittelpunkt alles Jugendunterrichts eindringlich darzustellen.

Alsdann werden die Kirchen- und Schulvorsteher, nebst den Hausvätern und Hausmüttern der Gemeinde eingeladen, in der Kirche zu verbleiben und wird mit denselben über das gesammte kirchliche und sittliche Leben der Gemeinde, Kirchen- und Schulbesuch, Sakramentsfeier, Hausgottesdienst, Kinderzucht, Gesindezucht, über christliche Armen- und Krankenpflege und über die in der Gemeinde etwa im Schwange gehenden Laster und Sünden im Beisein des Pfarrers, des Patrons und der Ortsobrigkeit gehandelt, und werden daran die nöthigen Ermahnungen und Belehrungen geknüpft.

Schließlich werden diejenigen Gemeindeglieder, welche etwas Besonderes auf dem Herzen haben, aufgefordert, sich dem Präses der Visitationskommission oder einem der Visitatoren vertrauensvoll zu eröffnen.

Am Nachmittage findet noch eine besondere Besprechung mit den Kirchen- und Schulvorstehern, so wie mit den sonst etwa sich meldenden Gemeindegliedern statt, bei welcher der Pfarrer nicht zugegen ist, um dasjenige zu vernehmen, was dieselben etwa gegen den Pfarrer oder Lehrer vorzubringen haben.

In den Abendstunden wird ein Abendgottesdienst von den Visitatoren in der Kirche gehalten, in welchem insbesondere die während des Visitationsgeschäfts gemachten Wahrnehmungen über die besonderen geistlichen Bedürfnisse der Gemeinde zu benutzen sind, auch den Umständen nach die Theilnahme an der Heidenmission und an den Arbeiten der inneren Mission der Gemeinde an das Herz gelegt werden kann.

§. 16. Befinden sich innerhalb der zu visitirenden Parochie außer der Hauptkirche andere vereinigte Mutter- oder Tochterkirchen, zu welchen besondere Gemeindetheile mit besonderen Kirchenvorständen gewiesen sind, so ist in diesen durch einen oder zwei dahin abgesendete Visitatoren ein besonderer Visitationsgottesdienst nebst Schulprüfung abzuhalten. In anderen Nebenkirchen der Parochie ist wenigstens eine Abendandacht durch einen der Visitatoren abzuhalten.

Ingleichen werden die Filial- und Nebenschulen der Parochie durch einen oder zwei dazu verordnete Visitatoren besucht, die Schulprüfung im Schulgebäude vorgenommen und eine Bibelstunde oder Abendandacht daselbst gehalten.

§. 17. Auf die Visitation einer jeden Parochie wird in der Regel ein voller Tag verwendet. In ausgedehnten Parochien, namentlich in den Städten, können nach Bedürfniß auch zwei oder mehrere Tage dazu verwendet werden.

§. 18. Die Visitatoren haben es sich angelegen sein zu lassen, auch die an einzelnen Orten etwa befindlichen Hospitäler, Armenhäuser und ähnliche Stiftungen, sowie die Gefängnisse zu besuchen, von dem geistlichen Bedürfnisse der in ihnen befindlichen Armen, Kranken und Gefangenen Kenntniß zu nehmen und ihnen den Trost des Evangeliums zu bringen.

Was insbesondere die größeren Strafanstalten und Zuchthäuser anlangt, so sind die Direktionen angewiesen, dieselben dem Besuche der Visitatoren zu öffnen, und die Abhaltung eines außerordentlichen Gottesdienstes in ihnen zu gestatten. Im vorkommenden Falle sind daher die betreffenden Strafanstaltsdirektionen von dem beabsichtigten Besuche bei Zeiten in Kenntniß zu setzen.

Eine Visitation der Gymnasien, Schullehrerseminarien und höheren Lehranstalten liegt nicht in dem Bereiche der Aufgaben der Visitationskommissionen. Dagegen bleibt es dem General-Superintendenten vorbehalten, bei Gelegenheit der Visitationen von dem §. 6. g. der Instruktion vom 14. Mai 1829 Gebrauch zu machen, und durch Besuch der gelehrten Schulen oder höheren Bürgerschulen von der religiösen und kirchlichen Tendenz derselben sich näher zu unterrichten.

§. 19. Die im Laufe der Visitation vorkommenden Visitationsgeschäfte werden in der Regel im Beisein der ganzen Visitationskommission von dem Präses derselben oder von dem durch ihn dazu verordneten Visitator vorgenommen.

Eine Ausnahme davon tritt nur ein bei der Abordnung einzelner Visitatoren zur Visitation der Nebenkirchen und Schulen oder besonderer Anstalten, oder wenn eine Unterredung unter vier Augen ausdrücklich gewünscht oder von dem Präses der Kommission veranlaßt wird.

§. 20. Die Visitatoren haben ihr Absehen vornehmlich dahin zu richten, daß die Heilung der von ihnen wahrgenommenen kirchlichen Mißstände, es mögen dieselben Personen oder Einrichtungen betreffen, möglichst an Ort und Stelle durch Rath, Ermahnung und Strafe mit dem Worte bewirkt werde und nur in unerläßlichen Ausnahmefällen durch schriftliche Aufzeichnungen die Sache in die weitere Behandlung durch die stehenden Behörden zu leiten. Zu diesem Ende haben die Visitatoren die ihnen etwa verbleibenden freien Stunden auch dazu zu benutzen, daß durch amtsbrüderliche Besprechung mit den Geistlichen oder durch freie Unterredung mit den Lehrern und einzelnen Gemeindegliedern Heilung, Stärkung oder Trost von ihnen gespendet werde.

§. 21. Ein besonderes Augenmerk haben die Visitatoren auf die in den Kirchen und Schulen gangbaren Gesangbücher, Lehrbücher und Katechismen zu richten.

Finden sich darunter solche, welche nach dem Urtheil der Kommission der Erweckung und Stärkung des evangelischen Glaubens und Lebens hinderlich sind, so ist darüber an das Konsistorium zu berichten. In dringenden Fällen ist der Präses der Kommission befugt, die in dem Religionsunterricht der Geistlichen benutzten Lehrbücher und Katechismen bis auf weitere Anweisung der vorgesetzten Behörde vorläufig sogleich außer Gebrauch zu setzen.

§. 22. Sollte gegen einen Geistlichen oder Kirchenbeamten sich der Beweis eines durch ihn gegebenen groben Aergernisses in der Gemeinde herausstellen, so ist der Vorsitzende der Kommission befugt, nach Anhörung der übrigen Visitatoren dem betheiligten Geistlichen oder Kirchenbeamten die Fortführung seiner amtlichen Funktionen auf der Stelle zu untersagen und ist darüber an die vorgesetzte Behörde weiter zu berichten.

§. 23. Die Visitatoren haben über ihre Visitationsreisen ein Tagebuch zu führen und die von ihnen gemachten Wahrnehmungen darin kurz einzuzeichnen. Der Aufnahme besonderer Verhandlungen bedarf es nur dann, wenn Vorgänge oder Erklärungen von bleibender rechtlicher Bedeutung aufzuzeichnen sind.

§. 24. So oft die ausgesendeten Visitatoren mit dem Vorsitzenden der Kommission wieder zusammentreffen, haben sie demselben unter Vorlegung ihres Tagebuches und der etwa aufgenommenen Verhandlungen Bericht zu erstatten. Der Vorsitzende prüft die letzteren und ordnet nöthigenfalls die erforderlichen Ergänzungen an.

§. 25. Auf die kirchliche Vermögensverwaltung, Prüfung der Rechnungen, der Kirchenbücher, auf Baustreitigkeiten und andere kirchliche Verwaltungsgegenstände sind die Visitatoren nicht schuldig von Amtswegen einzugehen.

Vielmehr haben dieselben sowohl für sich selbst als Kanon für den Zweck ihrer Visitation, als auch den Klagen der Geistlichen und Gemeindeglieder gegenüber die Mahnung des Herrn zu beherzigen: Trachtet am Ersten nach dem Reiche Gottes. Sollten aber über dergleichen Gegenstände besondere Anträge, Beschwerden oder Anklagen bei den Visitatoren eingehen, von denen dieselben die Ueberzeugung gewinnen, daß darin Grund zu einer Hemmung des kirchlichen

Lebens liegt, so sind sie befugt, sich darüber soweit näher zu informiren, als erforderlich ist, um deshalb an die kompetente Behörde zu berichten.

§. 26. Bei dem Schluß der Visitation wird mit den zur Feier des Schlußgottesdienstes erschienenen Geistlichen und Lehrern, und zwar mit jedem dieser Kreise besonders, eine nochmalige Konferenz gehalten, in welcher der Präses der Kommission denselben mündlich die Ergebnisse der Visitation eröffnet und die ihm dienlich scheinenden Schlußworte daran knüpft.

§. 27. Sobald die Visitationskommission die Visitation eines Kirchenkreises beendet hat, erstattet sie darüber einen schriftlichen Visitationsbericht an das Konsistorium. Dieser Visitationsbericht wird im Konsistorio vorgetragen und auf die einzelnen Punkte desselben Beschluß gefaßt.

Der Superintendent des Kirchenkreises erhält von dem Konsistorium einen über den Befund der Visitation sich verbreitenden und zur Mittheilung an die Geistlichen geeigneten Generalvisitationsbescheid und außerdem die für ihn allein oder für einzelne Personen bestimmten besonderen Weisungen.

Dieser Visitationsbescheid ist durch das Konsistorium zu erlassen. Es kann aber auch an die Gemeinden zur Vertheilung in denselben ein Hirtenbrief in Folge der Visitation ergehen, der dann vom General-Superintendenten als Präses der Kommission abzufassen und von ihm und etwa noch einem Mitgliede der Kommission zu zeichnen ist. Doch soll dies letztere nicht unerläßlich sein, sondern auf dem Gutachten der Kommission beruhen.

Gesetz über die Vorbildung und Anstellung der Geistlichen.

Vom 11. Mai 1873. (G.S. S. 191.)

Wir Wilhelm, von Gottes Gnaden König von Preußen ꝛc. verordnen, mit Zustimmung beider Häuser des Landtages, für den Umfang der Monarchie, einschließlich des Jadegebiets, was folgt:

I. Allgemeine Bestimmungen.

§. 1. Ein geistliches Amt darf in einer der christlichen Kirchen nur einem Deutschen übertragen werden, welcher seine wissenschaftliche Vorbildung nach den Vorschriften dieses Gesetzes dargethan hat und gegen dessen Anstellung kein Einspruch von der Staatsregierung erhoben worden ist.

§. 2. Die Vorschriften des §. 1. kommen zur Anwendung, gleichviel, ob das Amt dauernd oder widerruflich übertragen werden oder nur eine Stellvertretung oder Hülfsleistung in demselben statthaben soll. Ist Gefahr im Verzuge, so kann eine Stellvertretung oder Hülfsleistung einstweilen und vorbehaltlich des Einspruchs der Staatsregierung angeordnet werden.

§. 3. Die Vorschriften des §. 1. kommen, vorbehaltlich der Bestimmungen des §. 26., auch zur Anwendung, wenn einem bereits im Amte (§. 2.) stehenden Geistlichen ein anderes geistliches Amt übertragen oder eine widerrufliche Anstellung in eine dauernde verwandelt werden soll.

II. Vorbildung zum geistlichen Amte.

§. 4. Zur Bekleidung eines geistlichen Amts ist die Ablegung der Entlassungsprüfung auf einem Deutschen Gymnasium, die Zurücklegung eines dreijährigen theologischen Studiums auf einer Deutschen Staats-Universität, sowie die Ablegung einer wissenschaftlichen Staatsprüfung erforderlich.*)

---

*) vergl. hierzu den Artikel 3 des Gesetzes v. 31. Mai 1882, betr. Abänderungen der kirchenpolitischen Gesetze, G.S. S. 307:

Von Ablegung der im §. 4 des Gesetzes vom 11. Mai 1873 (Gesetz-Samml. S. 191) vorgeschriebenen wissenschaftlichen Staatsprüfung sind diejenigen Kandidaten befreit, welche durch Vorlegung von Zeugnissen den Nachweis führen, daß sie die Entlassungsprüfung auf einem Deutschen Gymnasium abgelegt, sowie ein dreijähriges theologisches Studium auf einer Deutschen Universität oder auf einem in Preußen bestehenden kirchlichen Seminare, hinsichtlich dessen die gesetzlichen Voraussetzungen für den Ersatz des Universitätsstudiums durch das Studium auf diesem Seminar erfüllt sind, zurückgelegt und während dieses Studiums Vorlesungen aus dem Gebiete der Philosophie, Geschichte und Deutschen Litteratur mit Fleiß gehört haben.

Der Minister der geistlichen Angelegenheiten ist ermächtigt, auch im Uebrigen von den Erfordernissen des §. 4, sowie von dem Erfordernisse des §. 11 des Gesetzes vom 11. Mai 1873 zu dispensiren, auch ausländischen Geistlichen die Vornahme von geistlichen Amtshandlungen oder die Ausübung eines der im §. 10 erwähnten Aemter zu gestatten. — Die Grundsätze, nach welchen dies zu geschehen hat, sind vom Staatsministerium mit Königlicher Genehmigung festzustellen.

§. 5. Der Minister der geistlichen Angelegenheiten ist ermächtigt, mit Rücksicht auf ein vorangegangenes anderes Universitätsstudium, als das der Theologie, oder mit Rücksicht auf ein an einer außerdeutschen Staats-Universität zurückgelegtes Studium, oder mit Rücksicht auf einen sonstigen, besonderen Bildungsgang von dem vorgeschriebenen dreijährigen Studium an einer Deutschen Staats-Universität einen angemessenen Zeitraum zu erlassen.

§. 6. Das theologische Studium kann in den bei Verkündigung dieses Gesetzes in Preußen bestehenden, zur wissenschaftlichen Vorbildung der Theologen bestimmten kirchlichen Seminaren zurückgelegt werden, wenn der Minister der geistlichen Angelegenheiten anerkennt, daß dieses Studium das Universitätsstudium zu ersetzen geeignet sei.

Diese Vorschrift findet jedoch nur auf die Seminare an denjenigen Orten Anwendung, an welchen sich keine theologische Fakultät befindet und gilt nur für diejenigen Studirenden, welche dem Sprengel angehören, für den das Seminar errichtet ist.

Die im ersten Absatze erwähnte Anerkennung darf nicht verweigert werden, wenn die Einrichtung der Anstalt den Bestimmungen dieses Gesetzes entspricht und der Minister der geistlichen Angelegenheiten den Lehrplan derselben genehmigt.

§. 7. Während des vorgeschriebenen Universitätsstudiums dürfen die Studirenden einem kirchlichen Seminare nicht angehören.

§. 8. Die Staatsprüfung hat nach zurückgelegtem theologischen Studium statt. Zu derselben darf nur zugelassen werden, wer den Vorschriften dieses Gesetzes über die Gymnasialbildung und theologische Vorbildung vollständig genügt hat.

Die Prüfung ist öffentlich und wird darauf gerichtet, ob der Kandidat sich die für seinen Beruf erforderliche allgemeine wissenschaftliche Bildung, insbesondere auf dem Gebiete der Philosophie, der Geschichte und der Deutschen Literatur erworben habe.

Der Minister der geistlichen Angelegenheiten trifft die näheren Anordnungen über die Prüfung.

§. 9. Alle kirchlichen Anstalten, welche der Vorbildung der Geistlichen dienen (Knabenseminare, Klerikalseminare, Prediger- und Priesterseminare, Konvikte ꝛc.), stehen unter Aufsicht des Staats.

Die Hausordnung und das Reglement über die Disziplin in diesen Anstalten, der Lehrplan der Knabenseminare und Knabenkonvikte, sowie derjenigen Seminare, für welche die im §. 6. bezeichnete Anerkennung ertheilt ist, sind dem Oberpräsidenten der Provinz von dem Vorsteher der Anstalten vorzulegen.

Die Anstalten unterliegen der Revision durch Kommissarien, welche der Oberpräsident ernennt.

§. 10. An den im vorstehenden Paragraphen gedachten Anstalten darf als Lehrer oder zur Wahrnehmung der Disziplin nur ein Deutscher angestellt werden, welcher seine wissenschaftliche Befähigung nach Vorschrift des §. 11. dargethan hat und gegen dessen Anstellung kein Einspruch von der Staatsregierung erhoben worden ist.

Die Vorschriften der §§. 2. und 3. finden entsprechende Anwendung.

§. 11. Zur Anstellung an einem Knabenseminare oder Knabenkonvikte ist die Befähigung zur entsprechenden Anstellung an einem Preußischen Gymnasium, zur Anstellung an einer für die theologische wissenschaftliche Vorbildung bestimmten Anstalt die Befähigung erforderlich, an einer Deutschen Staats-Universität in der Disziplin zu lehren, für welche die Anstellung erfolgt.

Kleriker und Predigtamts-Kandidaten müssen die für Geistliche vorgeschriebene Vorbildung besitzen.

Dieselbe genügt zur Anstellung an den zur theologisch-praktischen Vorbildung bestimmten Anstalten.*)

§. 12. Für die Erhebung des Einspruchs gegen die Anstellung finden die Bestimmungen entsprechende Anwendung, welche die Erhebung des Einspruchs gegen die Anstellung von Geistlichen regeln (§§. 15—17.).

§. 13. Werden die in den §§. 9—11. enthaltenen Vorschriften oder die getroffenen Anordnungen der Staatsbehörden nicht befolgt, so ist der Minister der geistlichen Angelegenheiten ermächtigt, bis zur Befolgung die der Anstalt gewidmeten Staatsmittel einzubehalten oder die Anstalt zu schließen.

Unter der angegebenen Voraussetzung und bis zu dem bezeichneten Zeitpunkte können Zöglinge der Knabenseminare und Knabenkonvikte von dem Besuche der Gymnasien und von der Entlassungsprüfung ausgeschlossen und den im §. 6. erwähnten Anstalten die ertheilte Anerkennung entzogen werden. Diese Anordnungen stehen dem Minister der geistlichen Angelegenheiten zu.

Nach Errichtung eines Königlichen Gerichtshofes für die kirchlichen Angelegenheiten kann über die Gesetzmäßigkeit der nach diesem Paragraphen getroffenen Anordnungen und Verfügungen innerhalb 30 Tagen bei dem gedachten Gerichtshofe Berufung eingelegt werden. Durch Einlegung derselben wird die Vollstreckung der angefochtenen Anordnung oder Verfügung nicht aufgehalten. Der Gerichtshof kann jedoch bestimmen, daß bis zur endgültigen Entscheidung die Vollstreckung unterbleibe.

§. 14. Knabenseminare und Knabenkonvikte (§. 9.) dürfen nicht mehr errichtet und in die bestehenden Anstalten dieser Art neue Zöglinge nicht mehr aufgenommen werden.

Im Falle der Aufnahme neuer Zöglinge ist der Minister der geistlichen Angelegenheiten zur Schließung der betreffenden Anstalt befugt.

III. Anstellung der Geistlichen.

§. 15. Die geistlichen Oberen sind verpflichtet, denjenigen Kandidaten, dem ein geistliches Amt übertragen werden soll, dem Oberpräsidenten unter Bezeichnung des Amtes zu benennen.

Dasselbe gilt bei Versetzung eines Geistlichen in ein anderes geistliches Amt oder bei Umwandlung einer widerruflichen Anstellung in eine dauernde.

Innerhalb dreißig Tagen nach der Benennung kann Einspruch gegen die Anstellung erhoben werden.

Die Erhebung des Einspruchs steht dem Oberpräsidenten zu.

§. 16. Der Einspruch ist zulässig:

1) wenn dem Anzustellenden die gesetzlichen Erfordernisse zur Bekleidung des geistlichen Amtes fehlen;
2) wenn der Anzustellende wegen eines Verbrechens oder Vergehens, welches das Deutsche Strafgesetzbuch mit Zuchthaus oder mit dem Verluste der bürgerlichen Ehrenrechte oder dem Verluste der öffentlichen Aemter bedroht, verurtheilt ist oder sich in Untersuchung befindet;
3) wenn gegen den Anzustellenden Thatsachen vorliegen, welche die Annahme rechtfertigen, daß derselbe den Staatsgesetzen, oder den innerhalb ihrer gesetzlichen Zuständigkeit erlassenen Anordnungen der Obrigkeit entgegenwirken oder den öffentlichen Frieden stören werde.

*) Vergl. hierzu die Anm. zu §. 4.

Die Thatsachen, welche den Einspruch begründen, sind anzugeben.

Gegen die Einspruchserklärung kann innerhalb 30 Tagen bei dem Königlichen Gerichtshofe für die kirchlichen Angelegenheiten und, so lange dessen Einsetzung nicht erfolgt ist, bei dem Minister der geistlichen Angelegenheiten Berufung eingelegt werden.

Die Entscheidung ist endgültig.

§. 17. Die Uebertragung eines geistlichen Amtes, welche der Vorschrift des §. 1. zuwiderläuft, oder welche vor Ablauf der im §. 15. für die Erhebung des Einspruchs gewährten Frist erfolgt, gilt als nicht geschehen.

§. 18. Jedes Pfarramt ist innerhalb eines Jahres vom Tage der Erledigung, wo gesetzlich oder observanzmäßig ein Gnadenjahr besteht, vom Tage der Erledigung der Pfründe an gerechnet, dauernd zu besetzen. Die Frist ist vom Oberpräsidenten im Falle des Bedürfnisses auf Antrag angemessen zu verlängern.

Nach Ablauf der Frist ist der Oberpräsident befugt, die Wiederbesetzung der Stelle durch Geldstrafen bis zum Betrage von 1000 Thalern zu erzwingen. Die Androhung und Festsetzung der Strafe darf wiederholt werden, bis dem Gesetze genügt ist.

Außerdem ist der Minister der geistlichen Angelegenheiten ermächtigt, bis dahin Staatsmittel einzubehalten, welche zur Unterhaltung der Stelle oder desjenigen geistlichen Oberen dienen, der das Pfarramt zu besetzen oder die Besetzung zu genehmigen hat.

§. 19. Die Errichtung von Seelsorgeämtern, deren Inhaber unbedingt abberufen werden dürfen, ist nur mit Genehmigung des Ministers der geistlichen Angelegenheiten zulässig.

Die Bestimmungen des §. 18. beziehen sich auch auf die sogenannten Sukkursal-Pfarreien des Französischen Rechts mit der Maßgabe, daß die in Absatz 1. des §. 18. vorgeschriebene Frist vom Tage der Publikation dieses Gesetzes an zu laufen beginnt.

§. 20. Anordnungen oder Vereinbarungen, welche die durch das Gesetz begründete Klagbarkeit der aus dem geistlichen Amtsverhältnisse entspringenden vermögensrechtlichen Ansprüche ausschließen oder beschränken, sind nur mit Genehmigung der Staatsbehörde zulässig.

§. 21. Die Verurtheilung zur Zuchthausstrafe, die Aberkennung der bürgerlichen Ehrenrechte und der Fähigkeit zur Bekleidung öffentlicher Aemter hat die Erledigung der Stelle, die Unfähigkeit zur Ausübung des geistlichen Amtes und den Verlust des Amtseinkommens zur Folge.

IV. Strafbestimmungen.

§. 22. Ein geistlicher Oberer, welcher den §§. 1. bis 3. zuwider ein geistliches Amt überträgt oder die Uebertragung genehmigt, wird mit Geldstrafe von 200 bis zu 1000 Thalern bestraft.

Dieselbe Strafe trifft denjenigen, welcher der Vorschrift des §. 19. Abs. 1. zuwiderhandelt.

§. 23. Wer geistliche Amtshandlungen in einem Amte vornimmt, welches ihm den Vorschriften der §§. 1. bis 3. zuwider übertragen worden ist, wird mit Geldstrafe bis zu 100 Thalern bestraft.

Dieselbe Strafe trifft denjenigen, der geistliche Amtshandlungen in einem von ihm nicht dauernd verwalteten Pfarramte vornimmt, nachdem er von dem Oberpräsidenten benachrichtigt worden ist, daß das Zwangsverfahren Behufs

Wiederbesetzung der Stelle in Gemäßheit der Vorschrift in §. 18. Abs. 2. eingeleitet sei.

§. 24. Wer geistliche Amtshandlungen vornimmt, nachdem er in Folge gerichtlichen Strafurtheils die Fähigkeit zur Ausübung des geistlichen Amtes verloren hat (§. 21.), wird mit Geldstrafe bis zu 100 Thalern bestraft.

V. Uebergangs- und Schlußbestimmungen.

§. 25. Ausländer, welchen vor Verkündung dieses Gesetzes ein geistliches Amt (§. 2.) oder eines der im §. 10. erwähnten Aemter an kirchlichen Anstalten übertragen worden ist, haben bei Vermeidung der Folgen des §. 21. innerhalb sechs Monaten die Reichsangehörigkeit zu erwerben.

Der Minister der geistlichen Angelegenheiten kann mit Rücksicht auf die besonderen Bedürfnisse des einzelnen Falles diesen Zeitraum verlängern.

§. 26. Die Vorschriften dieses Gesetzes über den Nachweis wissenschaftlicher Vorbildung und Befähigung finden keine Anwendung auf Personen, welche vor Verkündung dieses Gesetzes im geistlichen Amte angestellt sind oder die Fähigkeit zur Anstellung im geistlichen Amte erlangt haben.

Außerdem ist der Minister der geistlichen Angelegenheiten ermächtigt, denjenigen Personen, welche vor Verkündung dieses Gesetzes in ihrer Vorbildung zum geistlichen Amte vorgeschritten waren, den in diesem Gesetze vorgeschriebenen Nachweis der Vorbildung ganz oder theilweise zu erlassen.

Der Minister der geistlichen Angelegenheiten ist auch ermächtigt, Ausländer von den Erfordernissen des §. 4. dieses Gesetzes zu dispensiren.

§. 27. Die in den §§. 4. und 8. dieses Gesetzes vorgeschriebene Staatsprüfung kann mit der theologischen Prüfung verbunden werden, insofern die Einrichtung dieser letzteren Prüfung und die Bildung der Prüfungskommissionen Behörden zusteht, deren Mitglieder sämmtlich oder theilweise vom Könige ernannt werden.

§. 28. Die Vorschriften dieses Gesetzes über das Einspruchsrecht des Staats (§§. 1. 3. 10. 12. 15. und 16.) finden in den Fällen keine Anwendung, in welchen die Anstellung durch Behörden erfolgt, deren Mitglieder sämmtlich vom Könige ernannt werden.

§. 29. Soweit die Mitwirkung des Staats bei Besetzung geistlicher Aemter auf Grund des Patronats oder besonderer Rechtstitel anderweit geregelt ist, behält es dabei sein Bewenden.

Desgleichen werden die bestehenden Rechte des Staats bezüglich der Anstellung von Geistlichen beim Militair und an öffentlichen Anstalten durch das vorliegende Gesetz nicht berührt.

§. 30. Der Minister der geistlichen Angelegenheiten ist mit der Ausführung dieses Gesetzes beauftragt.

Urkundlich unter Unserer Höchsteigenhändigen Unterschrift und beigedrucktem Königlichen Insiegel.

Gegeben Berlin, den 11. Mai 1873.

(L. S.) Wilhelm.

Gr. v. Roon. Fürst v. Bismarck. Gr. v. Itzenplitz. Gr. zu Eulenburg. Leonhardt. Camphausen. Falk. v. Kameke. Gr. v. Königsmarck.

Gesetz über die kirchliche Disziplinargewalt und die Errichtung des Königlichen Gerichtshofes für kirchliche Angelegenheiten.

Vom 12. Mai 1873. (G.S. S. 198.)

Wir Wilhelm, von Gottes Gnaden König von Preußen 2c. verordnen, mit Zustimmung beider Häuser des Landtages, für den Umfang der Monarchie, einschließlich des Jadegebiets, was folgt:

I. Allgemeine Bestimmungen.

§. 1. Die kirchliche Disziplinargewalt über Kirchendiener darf nur von Deutschen kirchlichen Behörden ausgeübt werden.

§. 2. Kirchliche Disziplinarstrafen, welche gegen die Freiheit oder das Vermögen gerichtet sind, dürfen nur nach Anhörung des Beschuldigten verhängt werden.

Der Entfernung aus dem Amte (Entlassung, Versetzung, Suspension, unfreiwillige Emeritirung u. s. w.) muß ein geordnetes prozessualisches Verfahren vorausgehen.

In allen diesen Fällen ist die Entscheidung schriftlich unter Angabe der Gründe zu erlassen.

§. 3. Die körperliche Züchtigung ist als kirchliche Disziplinarstrafe oder Zuchtmittel unzulässig.

§. 4. Geldstrafen dürfen den Betrag von 30 Thalern, oder, wenn das einmonatliche Amtseinkommen höher ist, den Betrag des letzteren nicht übersteigen.

§. 5. Die Strafe der Freiheitsentziehung (§. 2.) darf nur in der Verweisung in eine Demeriten-Anstalt bestehen.

Die Verweisung darf die Dauer von drei Monaten nicht übersteigen und die Vollstreckung derselben wider den Willen des Betroffenen weder begonnen, noch fortgesetzt werden. Die Verweisung in eine außerdeutsche Demeriten-Anstalt ist unzulässig.

§. 6. Die Demeriten-Anstalten sind der staatlichen Aufsicht unterworfen. Ihre Hausordnung ist dem Oberpräsidenten der Provinz zur Genehmigung einzureichen.

Er ist befugt, Visitationen der Demeriten-Anstalten anzuordnen, und von ihren Einrichtungen Kenntniß zu nehmen.

Von der Aufnahme eines Demeriten hat der Vorsteher der Anstalt unter Angabe der Behörde, welche sie verfügt, binnen 24 Stunden dem Oberpräsidenten Anzeige zu machen. Ueber sämmtliche Demeriten ist von dem Vorsteher ein Verzeichniß zu führen, welches den Namen derselben, die gegen sie erkannten Strafen und die Zeit der Aufnahme und Entlassung enthält. Am Schluß jedes Jahres ist das Verzeichniß dem Oberpräsidenten einzureichen.

§. 7. Von jeder kirchlichen Disziplinar-Entscheidung, welche auf eine Geldstrafe von mehr als 20 Thalern, auf Verweisung in eine Demeriten-Anstalt für mehr als 14 Tage, oder auf Entfernung aus dem Amte (§. 2.) lautet, ist dem Oberpräsidenten, gleichzeitig mit der Zustellung an den Betroffenen, Mittheilung zu machen.

Die Mittheilung muß die Entscheidungsgründe enthalten.

§. 8. Der Oberpräsident ist befugt, die Befolgung der in den §§. 5—7. enthaltenen Vorschriften und der auf Grund derselben von ihm erlassenen Verfügungen durch Geldstrafen bis zum Betrage von 1000 Thalern zu erzwingen.

Die Androhung und Festsetzung der Strafe darf wiederholt werden, bis dem Gesetze genügt ist.

Außerdem kann die Demeriten-Anstalt geschlossen werden.

§. 9. Eine Vollstreckung kirchlicher Disziplinar-Entscheidungen im Wege der Staatsverwaltung findet nur dann statt, wenn dieselben von dem Oberpräsidenten nach erfolgter Prüfung der Sache für vollstreckbar erklärt worden sind.

II. Berufung an den Staat.

§. 10. Gegen Entscheidungen der kirchlichen Behörden, welche eine Disziplinarstrafe verhängen, steht die Berufung an die Staatsbehörde (§. 32.) offen:

1) wenn die Entscheidung von einer durch die Staatsgesetze ausgeschlossenen Behörde ergangen ist;
2) wenn die Vorschriften des §. 2. nicht befolgt worden sind;
3) wenn die Strafe gesetzlich unzulässig ist;
4) wenn die Strafe verhängt ist:
   a) wegen einer Handlung oder Unterlassung, zu welcher die Staatsgesetze oder die von der Obrigkeit innerhalb ihrer Zuständigkeit erlassenen Anordnungen verpflichten,
   b) wegen Ausübung oder Nichtausübung eines öffentlichen Wahl- und Stimmrechts,
   c) wegen Gebrauchs der Berufung an die Staatsbehörde (§. 32.) auf Grund dieses Gesetzes.

§. 11. Die Berufung findet außerdem statt, wenn

1) die Entfernung aus dem kirchlichen Amte (§. 2. Abs. 2.) als Disziplinarstrafe oder sonst wider den Willen des davon Betroffenen ausgesprochen worden ist, und die Entscheidung der klaren thatsächlichen Lage widerspricht oder die Gesetze des Staates oder allgemeine Rechtsgrundsätze verletzt;
2) nach erfolgter vorläufiger Suspension vom Amte das weitere Verfahren ungebührlich verzögert wird.

§. 12. Die Berufung steht Jedem zu, gegen welchen die Entscheidung ergangen ist, sobald er die dagegen zulässigen Rechtsmittel bei der vorgesetzten kirchlichen Instanz ohne Erfolg geltend gemacht hat.

Liegt ein öffentliches Interesse vor, so steht die Berufung auch dem Oberpräsidenten zu, jedoch erst dann, wenn die bei den kirchlichen Behörden angebrachten Rechtsmittel ohne Erfolg geblieben sind, oder die Frist zur Einlegung derselben versäumt ist.

§. 13. Die Berufung ist bei dem Königlichen Gerichtshofe für kirchliche Angelegenheiten schriftlich anzumelden.

Die Frist zur Anmeldung beträgt in den Fällen des §. 10. und §. 11. Abs. 1. für den durch die Entscheidung Betroffenen vier Wochen. Sie beginnt mit Ablauf des Tages, an welchem die Entscheidung mit Gründen ihm zugestellt ist.

In den Fällen des §. 11. Abs. 2. ist die Berufung an keine Frist gebunden.

Für den Oberpräsidenten beträgt die Frist, wenn ihm die Entscheidung als endgültige amtlich mitgetheilt ist, drei Monate, andernfalls ist derselbe an keine Frist gebunden.

§. 14. Durch Einlegung der Berufung wird die Vollstreckung der angefochtenen Entscheidung aufgehalten. Der Gerichtshof ist jedoch befugt, die vorläufige Vollstreckung zu gestatten. Andernfalls kann die Einstellung der Vollstreckung von dem Gerichtshofe durch Geldstrafen bis zum Betrage von 1000 Thalern erzwungen werden (§. 8. Abs. 2.).

§. 15. Die Berufung ist innerhalb 14 Tagen nach der Anmeldung schriftlich zu rechtfertigen. Diese Frist kann auf Antrag verlängert werden.

§. 16. Die Anmeldung und die Rechtfertigungsschrift wird der kirchlichen Behörde zur Abgabe einer schriftlichen Erklärung und Einreichung der Akten innerhalb 4 Wochen zugefertigt. Die Einreichung der Akten kann erzwungen werden, geeignetenfalls durch Geldstrafen bis zum Betrage von 1000 Thalern. (§. 8. Abs. 2.).

§. 17. Der Gerichtshof trifft die zur Aufklärung der Sache erforderlichen Verfügungen. Die Beweisverhandlungen sind unter Zuziehung eines vereideten Protokollführers aufzunehmen.

§. 18. Die Entscheidung erfolgt auf Grund mündlicher Verhandlung in öffentlicher Sitzung.

Die Oeffentlichkeit kann durch Beschluß des Gerichtshofes ausgeschlossen oder auf bestimmte Personen beschränkt werden.

§. 19. Zu den Verhandlungen (§§. 17. und 18.) sind der Berufende und die kirchliche Behörde zuzuziehen. Dieselben können sich durch einen Advokaten oder Rechtsanwalt vertreten lassen. Im Fall ihres Ausbleibens wird nach Lage der Verhandlungen erkannt.

Außerdem ist der Minister der geistlichen Angelegenheiten zu benachrichtigen, welcher einen Beamten mit seiner Vertretung beauftragen kann. Hat der Oberpräsident die Berufung eingelegt, so übernimmt der von dem Minister bezeichnete Beamte die Vertretung des Berufenden.

§. 20. In dem Termin zur mündlichen Verhandlung giebt ein von dem Vorsitzenden des Gerichtshofes aus der Zahl seiner Mitglieder ernannter Referent eine Darstellung der Sache, wie sie aus den bisherigen Verhandlungen hervorgeht. Hierauf wird der Berufende oder dessen Vertreter, sowie der Vertreter der kirchlichen Behörde und des Ministers der geistlichen Angelegenheiten mit ihren Vor- und Anträgen gehört.

§. 21. Bei der Entscheidung hat der Gerichtshof, ohne an positive Beweisregeln gebunden zu sein, nach seiner freien, aus dem ganzen Inbegriff der Verhandlungen und Beweise geschöpften Ueberzeugung zu entscheiden. In dem Urtheil ist entweder die Verwerfung der Berufung oder die Vernichtung der angefochtenen Entscheidung auszusprechen.

Das mit Gründen versehene Urtheil wird in der Sitzung, in welcher die mündliche Verhandlung beendet worden ist, oder in einer der nächsten Sitzungen verkündet und eine Ausfertigung desselben dem Berufenden oder dessen Vertreter, sowie der kirchlichen Behörde und dem Minister der geistlichen Angelegenheiten zugestellt.

§. 22. Ueber die mündliche Verhandlung wird ein Protokoll aufgenommen, welches die Namen der Anwesenden und die wesentlichen Momente der Verhandlung enthalten muß.

Das Protokoll wird von dem Vorsitzenden und dem vereideten Protokollführer unterzeichnet.

§. 23. Wird die angefochtene Entscheidung vernichtet, so hat die kirchliche Behörde die Aufhebung der Vollstreckung zu veranlassen und die Wirkung der bereits getroffenen Maßregeln zu beseitigen.

Der Oberpräsident ist befugt, die Befolgung der von ihm deshalb erlassenen Verfügungen durch Geldstrafen bis zum Betrage von 1000 Thalern zu erzwingen (§. 8. Abs. 2.).

Gegen diese Verfügungen steht der kirchlichen Behörde die Beschwerde bei dem Gerichtshofe für die kirchlichen Angelegenheiten offen.

III. Einschreiten des Staats ohne Berufung.

§. 24. Kirchendiener, welche die auf ihr Amt oder ihre geistlichen Amtsverrichtungen bezüglichen Vorschriften der Staatsgesetze oder die in dieser Hinsicht von der Obrigkeit innerhalb ihrer gesetzlichen Zuständigkeit getroffenen Anordnungen so schwer verletzen, daß ihr Verbleiben im Amte mit der öffentlichen Ordnung unverträglich erscheint, können auf Antrag der Staatsbehörde durch gerichtliches Urtheil aus ihrem Amte entlassen werden.

Die Entlassung aus dem Amte hat die rechtliche Unfähigkeit zur Ausübung des Amtes, den Verlust des Amtseinkommens und die Erledigung der Stelle zur Folge.

§. 25. Dem Antrage muß eine Aufforderung an die vorgesetzte kirchliche Behörde vorausgehen, gegen den Angeschuldigten die kirchliche Untersuchung auf Entlassung aus dem Amte einzuleiten. Steht der Angeschuldigte unter keiner kirchlichen Behörde innerhalb des Deutschen Reichs, so ist derselbe zur Niederlegung seines Amtes aufzufordern.

Die Aufforderung erfolgt schriftlich unter Angabe des Grundes von dem Oberpräsidenten der Provinz.

§. 26. Wird der Aufforderung nicht binnen gesetzter Frist Folge gegeben, oder führt die kirchliche Untersuchung nicht binnen gesetzter Frist zur Entlassung des Angeschuldigten aus dem Amt, so stellt der Oberpräsident bei dem Gerichtshofe für kirchliche Angelegenheiten den Antrag auf Einleitung des Verfahrens.

§. 27. Auf das Ersuchen des Gerichtshofes hat das Gericht höherer Instanz, in dessen Bezirk der Angeschuldigte seinen amtlichen Wohnsitz hat, einen etatsmäßigen Richter mit Führung der Voruntersuchung zu beauftragen. Bei der Voruntersuchung kommen die entsprechenden Bestimmungen der Strafprozeß-Gesetze zur Anwendung.

Die Verrichtungen der Staatsanwaltschaft werden durch einen von dem Minister der geistlichen Angelegenheiten ernannten Beamten wahrgenommen.

§. 28. Der Gerichtshof kann mit Rücksicht auf den Ausfall der Voruntersuchung das Verfahren einstellen. In diesem Fall erhält der Angeschuldigte Ausfertigung des darauf bezüglichen mit Gründen auszufertigenden Beschlusses.

§. 29. Wird das Verfahren nicht eingestellt, so ist der Angeschuldigte unter

Mittheilung der von dem Beamten der Staatsanwaltschaft anzufertigenden Anschuldigungsschrift zur mündlichen Verhandlung vorzuladen. Derselbe kann sich des Beistandes eines Advokaten oder Rechtsanwaltes als Vertheidigers bedienen.

Außerdem ist der Minister der geistlichen Angelegenheiten zu benachrichtigen.

§. 30. Für das Verfahren finden die Bestimmungen der §§. 17. 18. 20. 21. 22. sinnentsprechende Anwendung.

In dem Urtheil ist entweder die Freisprechung oder die Entlassung des Angeschuldigten aus den von ihm bekleideten kirchlichen Aemtern auszusprechen.

§. 31. Kirchendiener, welche Amtshandlungen vornehmen, nachdem sie in Gemäßheit des §. 30. aus ihrem Amte entlassen worden sind, werden mit Geldbuße bis zu 100 Thalern, im Wiederholungsfalle bis zu 1000 Thalern bestraft.

IV. Königlicher Gerichtshof für kirchliche Angelegenheiten.

§. 32. Zur Entscheidung der in den §§. 10—23. und 24—30. bezeichneten, sowie der anderweitig durch Gesetz zugewiesenen Angelegenheiten wird eine Behörde errichtet, welche den Namen:

„Königlicher Gerichtshof für kirchliche Angelegenheiten"

führt und ihren Sitz in Berlin hat.

§. 33. Der Gerichtshof besteht aus eilf Mitgliedern. Der Präsident und wenigstens fünf andere Mitglieder müssen etatsmäßig angestellte Richter sein. Die mündliche Verhandlung und Entscheidung in den einzelnen Sachen erfolgt durch sieben Mitglieder. Der Vorsitzende und wenigstens drei Beisitzer müssen zu den richterlichen Mitgliedern gehören.

Die Geschäftsordnung, insbesondere die Befugnisse des Präsidenten und die Reihenfolge, in welcher die Mitglieder an den einzelnen Sitzungen Theil zu nehmen haben, wird durch ein Regulativ geordnet, welches der Gerichtshof zu entwerfen und dem Staatsministerium zur Bestätigung einzureichen hat.

Durch Plenarbeschlüsse des Gerichtshofes können auch die in diesem Gesetz gegebenen Vorschriften des Verfahrens ergänzt und deren sinngemäße Anwendung auf andere durch Gesetz dem Gerichtshofe überwiesene Angelegenheiten geregelt werden.

§. 34. Die Mitglieder des Gerichtshofes werden vom Könige auf den Vorschlag des Staatsministeriums und zwar die bereits in einem Staatsamte angestellten für die Dauer ihres Hauptamts, die anderen Mitglieder auf Lebenszeit ernannt.

Für die Rechte und Pflichten der Mitglieder des Gerichtshofes sind die für die Mitglieder des Obertribunals bestehenden Vorschriften maßgebend.

§. 35. Der Gerichtshof entscheidet endgültig mit Ausschluß jeder weiteren Berufung.

§. 36. Die Justiz- und Verwaltungsbehörden haben den an sie ergehenden Ersuchen des Gerichtshofes Folge zu geben. Die Beschlüsse und Entscheidungen des Gerichtshofes sind im Verwaltungswege vollstreckbar.

§. 37. Ueber die Verpflichtung zur Zahlung der Kosten des Verfahrens entscheidet der Gerichtshof nach freiem Ermessen. Als Kosten werden nur baare Auslagen in Ansatz gebracht.

V. Schlußbestimmung.

§. 38. Das Erforderniß staatlicher Bestätigung kirchlicher Disziplinar-Entscheidungen und der Rekurs wegen Mißbrauchs der kirchlichen Disziplinar-Strafgewalt an den Staat treten, soweit solche im bisherigen Rechte begründet sind, außer Kraft.

Urkundlich unter Unserer Höchsteigenhändigen Unterschrift und beigedrucktem Königlichen Insiegel.

Gegeben Berlin, den 12. Mai 1873.

(L. S.) Wilhelm.

Gr. v. Roon. Fürst v. Bismarck. Gr. v. Itzenplitz. Gr. zu Eulenburg. Leonhardt. Camphausen. Falk. v. Kameke. Gr. v. Königsmarck.

Gesetz über die Grenzen des Rechts zum Gebrauche kirchlicher Straf- und Zuchtmittel.

Vom 13. Mai 1873. (G.S. S. 205.)

Wir Wilhelm, von Gottes Gnaden König von Preußen ꝛc. verordnen, mit Zustimmung beider Häuser des Landtages der Monarchie, für den Umfang der letzteren, einschließlich des Jadegebiets, was folgt:

§. 1. Keine Kirche oder Religionsgesellschaft ist befugt, andere Straf- oder Zuchtmittel anzudrohen, zu verhängen oder zu verkünden, als solche, welche dem rein religiösen Gebiete angehören oder die Entziehung eines innerhalb der Kirche oder Religionsgesellschaft wirkenden Rechts oder die Ausschließung aus der Kirchen- oder Religionsgesellschaft betreffen.

Straf- oder Zuchtmittel gegen Leib, Vermögen, Freiheit oder bürgerliche Ehre sind unzulässig.

§. 2. Die nach §. 1. zulässigen Straf- oder Zuchtmittel dürfen über ein Mitglied einer Kirche oder Religionsgesellschaft nicht deshalb verhängt oder verkündet werden:

1) weil dasselbe eine Handlung vorgenommen hat, zu welcher die Staatsgesetze oder die von der Obrigkeit innerhalb ihrer gesetzlichen Zuständigkeit erlassenen Anordnungen verpflichten;
2) weil dasselbe öffentliche Wahl- oder Stimmrechte in einer bestimmten Richtung ausgeübt oder nicht ausgeübt hat.

§. 3. Ebensowenig dürfen derartige Straf- oder Zuchtmittel angedroht, verhängt oder verkündet werden:

1) um dadurch zur Unterlassung einer Handlung zu bestimmen, zu welcher die Staatsgesetze oder die von der Obrigkeit innerhalb ihrer gesetzlichen Zuständigkeit erlassenen Anordnungen verpflichten;
2) um dadurch die Ausübung oder Nichtausübung öffentlicher Wahl- und Stimmrechte in bestimmter Richtung herbeizuführen.

§. 4. Die Verhängung der nach diesem Gesetz zulässigen Straf- und Zuchtmittel darf nicht öffentlich bekannt gemacht werden.

Eine auf die Gemeindemitglieder beschränkte Mittheilung ist nicht ausgeschlossen.

Die Vollziehung oder Verkündung derartiger Straf- oder Zuchtmittel darf auch nicht in einer beschimpfenden Weise erfolgen.

§. 5. Geistliche, Diener, Beamte oder Beauftragte einer Kirche oder Religionsgesellschaft, welche den Vorschriften dieses Gesetzes (§§. 1—4.) zuwider Straf- oder

Zuchtmittel androhen, verhängen oder verkünden, werden mit Geldstrafen bis zu 200 Thalern oder mit Haft oder mit Gefängniß bis zu einem Jahre und in schwereren Fällen mit Geldstrafen bis zu 500 Thalern oder mit Gefängniß bis zu zwei Jahren bestraft.

§. 6. Die besonderen Disziplinarbefugnisse der Kirchen oder Religionsgesellschaften über ihre Diener und Beamten und die darauf bezüglichen Rechte des Staats werden durch dieses Gesetz nicht berührt.

Insbesondere findet das dem Staat in solchen Gesetzen vorbehaltene Recht der Entlassung von Kirchendienern wegen Verletzung der öffentlichen Ordnung unabhängig von den in §. 5. enthaltenen Strafbestimmungen statt.

Urkundlich unter Unserer Höchsteigenhändigen Unterschrift und beigedrucktem Königlichen Insiegel.

Gegeben Berlin, den 13. Mai 1873.

(L. S.) Wilhelm.

Gr. v. Roon. Fürst v. Bismarck. Gr. v. Itzenplitz. Gr. zu Eulenburg. Leonhardt. Camphausen. Falk. v. Kameke. Gr. v. Königsmarck.

Gesetz, betreffend den Austritt aus der Kirche.

Vom 14. Mai 1873. (G.S. S. 207.)

Wir Wilhelm, von Gottes Gnaden König von Preußen 2c. verordnen, mit Zustimmung beider Häuser des Landtages, für den Umfang der Monarchie, einschließlich des Jadegebiets, was folgt:

§. 1. Der Austritt aus einer Kirche mit bürgerlicher Wirkung erfolgt durch Erklärung des Austretenden in Person vor dem Richter seines Wohnortes.

Rücksichtlich des Uebertrittes von einer Kirche zur anderen verbleibt es bei dem bestehenden Recht.

Will jedoch der Uebertretende von den Lasten seines bisherigen Verbandes befreit werden, so ist die in diesem Gesetz vorgeschriebene Form zu beobachten.

§. 2. Der Aufnahme der Austrittserklärung muß ein hierauf gerichteter Antrag vorangehen. Derselbe ist durch den Richter dem Vorstande der Kirchengemeinde, welcher der Antragsteller angehört, ohne Verzug bekannt zu machen.

Die Aufnahme der Austrittserklärung findet nicht vor Ablauf von vier Wochen, und spätestens innerhalb sechs Wochen nach Eingang des Antrages zu gerichtlichem Protokoll statt. Abschrift des Protokolls ist dem Vorstande der Kirchengemeinde zuzustellen.

Eine Bescheinigung des Austritts ist dem Ausgetretenen auf Verlangen zu ertheilen.

§. 3. Die Austrittserklärung bewirkt, daß der Ausgetretene zu Leistungen, welche auf der persönlichen Kirchen- oder Kirchengemeinde-Angehörigkeit beruhen, nicht mehr verpflichtet wird.

Diese Wirkung tritt mit dem Schlusse des auf die Austrittserklärung folgenden Kalenderjahres ein. Zu den Kosten eines außerordentlichen Baues, dessen Nothwendigkeit vor Ablauf des Kalenderjahres, in welchem der Austritt aus der Kirche erklärt wird, festgestellt ist, hat der Austretende bis zum Ablauf des zweiten auf die Austrittserklärung folgenden Kalenderjahres ebenso beizutragen, als wenn er seinen Austritt aus der Kirche nicht erklärt hätte.

Leistungen, welche nicht auf der persönlichen Kirchen- oder Kirchengemeinde-Angehörigkeit beruhen, insbesondere Leistungen, welche entweder kraft besonderen Rechtstitels auf bestimmten Grundstücken haften, oder von allen Grundstücken des Bezirks, oder doch von allen Grundstücken einer gewissen Klasse in dem Bezirk ohne Unterschied des Besitzers zu entrichten sind, werden durch die Austrittserklärung nicht berührt.

§. 4. Personen, welche vor dem Inkrafttreten des gegenwärtigen Gesetzes ihren Austritt aus der Kirche nach den Vorschriften der bisherigen Gesetze erklärt haben, sollen vom Tage der Gesetzeskraft dieses Gesetzes ab zu anderen, als den im dritten Absatz des §. 3. bezeichneten Leistungen nicht ferner herangezogen werden.

§. 5. Ein Anspruch auf Stolgebühren und andere bei Gelegenheit bestimmter Amtshandlungen zu entrichtende Leistungen kann gegen Personen, welche der betreffenden Kirche nicht angehören, nur dann geltend gemacht werden, wenn die Amtshandlung auf ihr Verlangen wirklich verrichtet worden ist.

§. 6. Als Kosten des Verfahrens werden nur Abschriftsgebühren und baare Auslagen in Ansatz gebracht.

§. 7. Die in diesem Gesetze dem Richter beigelegten Verrichtungen werden im Bezirke des Appellationsgerichtshofes zu Cöln durch den Friedensrichter, im Gebiete der ehemals freien Stadt Frankfurt a. M. durch die zweite Abtheilung des Stadtgerichts daselbst wahrgenommen.

§. 8. Was in den §§. 1. bis 6. von den Kirchen bestimmt ist, findet auf alle Religionsgemeinschaften, welchen Korporationsrechte gewährt sind, Anwendung.

§. 9. Die Verpflichtung jüdischer Grundbesitzer, zur Erhaltung christlicher Kirchensysteme beizutragen, wird mit dem Eintritt der Gesetzeskraft dieses Gesetzes auf den Umfang derjenigen Leistungen beschränkt, welche nach dem dritten Absatz des §. 3. des gegenwärtigen Gesetzes den aus der Kirche ausgetretenen Personen zur Last bleiben.

§. 10. Alle dem gegenwärtigen Gesetze entgegenstehenden Bestimmungen werden hierdurch aufgehoben.

§. 11. Der Justizminister und der Minister der geistlichen Angelegenheiten sind mit der Ausführung dieses Gesetzes beauftragt.

Urkundlich unter Unserer Höchsteigenhändigen Unterschrift und beigedrucktem Königlichen Insiegel.

Gegeben Berlin, den 14. Mai 1873.

(L. S.) Wilhelm.

Gr. v. Roon. Fürst v. Bismarck. Gr. zu Eulenburg. Leonhardt. Camphausen. Falk. v. Kameke. Gr. v. Königsmarck. Achenbach.

Gesetz über die Beurkundung des Personenstandes und die Eheschließung.

Vom 6. Februar 1875. (R. G. Bl. S. 23.)

Wir Wilhelm, von Gottes Gnaden Deutscher Kaiser, König von Preußen ꝛc. verordnen im Namen des Deutschen Reichs, nach erfolgter Zustimmung des Bundesraths und des Reichstags, was folgt:

Erster Abschnitt.

Allgemeine Bestimmungen.

§. 1. Die Beurkundung der Geburten, Heirathen und Sterbefälle erfolgt ausschließlich durch die vom Staate bestellten Standesbeamten mittels Eintragung in die dazu bestimmten Register.

§. 2. Die Bildung der Standesamtsbezirke erfolgt durch die höhere Verwaltungsbehörde.

Die Standesamtsbezirke können aus einer oder mehreren Gemeinden gebildet, größere Gemeinden in mehrere Standesamtsbezirke getheilt werden.

§. 3. Für jeden Standesamtsbezirk ist ein Standesbeamter und mindestens ein Stellvertreter zu bestellen. Für den Fall vorübergehender Behinderung oder gleichzeitiger Erledigung des Amtes des Standesbeamten und der Stellvertreter ist die nächste Aufsichtsbehörde ermächtigt, die einstweilige Beurkundung des Personenstandes einem benachbarten Standesbeamten oder Stellvertreter zu übertragen.

Die Bestellung erfolgt, soweit nicht im §. 4 ein Anderes bestimmt ist, durch die höhere Verwaltungsbehörde.

Geistlichen und anderen Religionsdienern darf das Amt eines Standesbeamten oder die Stellvertretung eines solchen nicht übertragen werden.

§. 4. In den Standesamtsbezirken, welche den Bezirk einer Gemeinde nicht überschreiten, hat der Vorsteher der Gemeinde (Bürgermeister, Schultheiß, Ortsvorsteher oder deren gesetzlicher Stellvertreter) die Geschäfte des Standesbeamten wahrzunehmen, sofern durch die höhere Verwaltungsbehörde nicht ein besonderer Beamter für dieselben bestellt ist. Der Vorsteher ist jedoch befugt, diese Geschäfte mit Genehmigung der höheren Verwaltungsbehörde anderen Gemeindebeamten widerruflich zu übertragen.

Die Gemeindebehörde kann die Anstellung besonderer Standesbeamten beschließen. Die Ernennung der Standesbeamten erfolgt in diesem Falle durch den Gemeindevorstand unter Genehmigung der höheren Verwaltungsbehörde.

In der gleichen Weise erfolgt die Bestellung der Stellvertreter.

Die durch den Gemeindevorstand ernannten besonderen Standesbeamten und deren Stellvertreter sind Gemeindebeamte.

§. 5. Die durch die höhere Verwaltungsbehörde erfolgte Bestellung und Genehmigung zur Bestellung ist jederzeit widerruflich.

§. 6. Ist ein Standesamtsbezirk aus mehreren Gemeinden gebildet, so werden der Standesbeamte und dessen Stellvertreter stets von der höheren Verwaltungsbehörde bestellt.

Ein jeder Vorsteher oder andere Beamte einer dieser Gemeinden ist verpflichtet, das Amt des Standesbeamten oder des Stellvertreters zu übernehmen.

Die landesgesetzlichen Vorschriften, nach welchen den Vorstehern der aus mehreren Gemeinden gebildeten Verbände die gleiche Verpflichtung obliegt, werden hierdurch nicht berührt.

§. 7. Die etwa erforderliche Entschädigung der nach §. 4 von den Gemeinden bestellten Standesbeamten fällt der Gemeinde zur Last.

Die in §. 6 Absatz 2 und 3 bezeichneten Beamten sind berechtigt, für Wahrnehmung der Geschäfte des Standesbeamten von den zum Bezirk ihres Hauptamtes nicht gehörigen Gemeinden eine in allen Fällen als Pauschquantum festzusetzende Entschädigung zu beanspruchen.

Die Festsetzung erfolgt durch die untere Verwaltungsbehörde; über Beschwerden entscheidet endgültig die höhere Verwaltungsbehörde.

Bestellt die höhere Verwaltungsbehörde andere Personen zu Standesbeamten oder zu Stellvertretern, so fällt die etwa zu gewährende Entschädigung der Staatskasse zur Last.

§. 8. Die sächlichen Kosten werden in allen Fällen von den Gemeinden getragen; die Register und Formulare zu allen Registerauszügen werden jedoch den Gemeinden von der Zentralbehörde des Bundesstaats kostenfrei geliefert.

§. 9. In Standesamtsbezirken, welche aus mehreren Gemeinden gebildet sind, wird die den Standesbeamten oder den Stellvertretern zu gewährende Entschädigung und der Betrag der sächlichen Kosten auf die einzelnen betheiligten Gemeinden nach dem Maßstabe der Seelenzahl vertheilt.

§. 10. Den Gemeinden im Sinne dieses Gesetzes werden die außerhalb der Gemeinden stehenden Gutsbezirke, den Gemeindevorstehern die Vorsteher dieser Bezirke gleich geachtet.

§. 11. Die Aufsicht über die Amtsführung der Standesbeamten wird von der unteren Verwaltungsbehörde, in höherer Instanz von der höheren Verwaltungsbehörde geübt, insoweit die Landesgesetze nicht andere Aufsichtsbehörden bestimmen.

Die Aufsichtsbehörde ist befugt, gegen den Standesbeamten Warnungen, Verweise und Geldstrafen zu verhängen. Letztere dürfen für jeden einzelnen Fall den Betrag von einhundert Mark nicht übersteigen.

Lehnt der Standesbeamte die Vornahme einer Amtshandlung ab, so kann er dazu auf Antrag der Betheiligten durch das Gericht angewiesen werden. Zuständig ist das Gericht erster Instanz, in dessen Bezirk der Standesbeamte seinen Amtssitz hat. Das Verfahren und die Beschwerdeführung regelt sich, insoweit die Landesgesetze nicht ein Anderes bestimmen, nach den Vorschriften, welche in Sachen der nichtstreitigen Gerichtsbarkeit gelten.

§. 12. Von jedem Standesbeamten sind drei Standesregister unter der Bezeichnung:

Geburtsregister,
Heirathsregister,
Sterberegister

zu führen.

§. 13. Die Eintragungen in die Standesregister erfolgen unter fortlaufenden Nummern und ohne Abkürzungen. Unvermeidliche Zwischenräume sind durch Striche auszufüllen, die wesentlichen Zahlenangaben mit Buchstaben zu schreiben.

Die auf mündliche Anzeige oder Erklärung erfolgenden Eintragungen sollen enthalten:

1. den Ort und Tag der Eintragung;
2. die Bezeichnung der Erschienenen;
3. den Vermerk des Standesbeamten, daß und auf welche Weise er sich die Ueberzeugung von der Persönlichkeit der Erschienenen verschafft hat;
4. den Vermerk, daß die Eintragung den Erschienenen vorgelesen und von denselben genehmigt ist;
5. die Unterschrift der Erschienenen und, falls sie schreibensunkundig oder zu schreiben verhindert sind, ihr Handzeichen oder die Angabe des Grundes, aus welchem sie dieses nicht beifügen konnten;
6. Die Unterschrift des Standesbeamten.

Die auf schriftliche Anzeige erfolgenden Eintragungen sind unter Angabe von Ort und Tag der Eintragung zu bewirken und durch die Unterschrift des Standesbeamten zu vollziehen.

Zusätze, Löschungen oder Abänderungen sind am Rande zu vermerken und gleich der Eintragung selbst besonders zu vollziehen.

§. 14. Von jeder Eintragung in das Register ist von dem Standesbeamten an demselben Tage eine von ihm zu beglaubigende Abschrift in ein Nebenregister einzutragen.

Nach Ablauf des Kalenderjahres hat der Standesbeamte jedes Haupt- und jedes Nebenregister unter Vermerkung der Zahl der darin enthaltenen Eintragungen abzuschließen und das Nebenregister der Aufsichtsbehörde einzureichen; die letztere hat dasselbe nach erfolgter Prüfung dem Gerichte erster Instanz zur Aufbewahrung zuzustellen.

Eintragungen, welche nach Einreichung des Nebenregisters in dem Hauptregister gemacht werden, sind gleichzeitig der Aufsichtsbehörde in beglaubigter Abschrift mitzutheilen. Die Letztere hat zu veranlassen, daß diese Eintragungen dem Nebenregister beigeschrieben werden.

§. 15. Die ordnungsmäßig geführten Standesregister (§§. 12 bis 14) beweisen diejenigen Thatsachen, zu deren Beurkundung sie bestimmt und welche in ihnen eingetragen sind, bis der Nachweis der Fälschung, der unrichtigen Eintragung oder der Unrichtigkeit der Anzeigen und Feststellungen, auf Grund deren die Eintragung stattgefunden hat, erbracht ist.

Dieselbe Beweiskraft haben die Auszüge, welche als gleichlautend mit dem Haupt- oder Nebenregister bestätigt und mit der Unterschrift und dem Dienstsiegel des Standesbeamten oder des zuständigen Gerichtsbeamten versehen sind.

Inwiefern durch Verstöße gegen die Vorschriften dieses Gesetzes über Art und Form der Eintragungen die Beweiskraft aufgehoben oder geschwächt wird, ist nach freiem richterlichen Ermessen zu beurtheilen.

§. 16. Die Führung der Standesregister und die darauf bezüglichen Verhandlungen erfolgen kosten- und stempelfrei.

Gegen Zahlung der nach dem angehängten Tarife zulässigen Gebühren müssen die Standesregister jedermann zur Einsicht vorgelegt, sowie beglaubigte Auszüge (§. 15) aus denselben ertheilt werden. In amtlichem Interesse und bei Unvermögen der Betheiligten ist die Einsicht der Register und die Ertheilung der Auszüge gebührenfrei zu gewähren.

Jeder Auszug einer Eintragung muß auch die zu derselben gehörigen Ergänzungen und Berichtigungen enthalten.

Zweiter Abschnitt.

Beurkundung der Geburten.

§. 17. Jede Geburt eines Kindes ist innerhalb einer Woche dem Standesbeamten des Bezirks, in welchem die Niederkunft stattgefunden hat, anzuzeigen.

§. 18. Zur Anzeige sind verpflichtet:

1. der eheliche Vater;
2. die bei der Niederkunft zugegen gewesene Hebamme;
3. der dabei zugegen gewesene Arzt;
4. jede andere dabei zugegen gewesene Person;
5. die Mutter, sobald sie dazu im Stande ist.

Jedoch tritt die Verpflichtung der in der vorstehenden Reihenfolge später genannten Personen nur dann ein, wenn ein früher genannter Verpflichteter nicht vorhanden oder derselbe an der Erstattung der Anzeige verhindert ist.

§. 19. Die Anzeige ist mündlich von dem Verpflichteten selbst oder durch eine andere aus eigener Wissenschaft unterrichtete Person zu machen.

§. 20. Bei Geburten, welche sich in öffentlichen Entbindungs-, Hebammen-, Kranken-, Gefangen- und ähnlichen Anstalten, sowie in Kasernen ereignen, trifft die Verpflichtung zur Anzeige ausschließlich den Vorsteher der Anstalt oder den von der zuständigen Behörde ermächtigten Beamten. Es genügt eine schriftliche Anzeige in amtlicher Form.

§. 21. Der Standesbeamte ist verpflichtet, sich von der Richtigkeit der Anzeige (§§. 17 bis 20), wenn er dieselbe zu bezweifeln Anlaß hat, in geeigneter Weise Ueberzeugung zu verschaffen.

§. 22. Die Eintragung des Geburtsfalles soll enthalten:

1. Vor- und Familiennamen, Stand oder Gewerbe und Wohnort des Anzeigenden;
2. Ort, Tag und Stunde der Geburt;
3. Geschlecht des Kindes;
4. Vornamen des Kindes;
5. Vor- und Familiennamen, Religion, Stand oder Gewerbe und Wohnort der Eltern.

Bei Zwillings- oder Mehrgeburten ist die Eintragung für jedes Kind besonders und so genau zu bewirken, daß die Zeitfolge der verschiedenen Geburten ersichtlich ist.

Standen die Vornamen des Kindes zur Zeit der Anzeige noch nicht fest, so sind dieselben nachträglich und längstens binnen zwei Monaten nach der Geburt anzuzeigen. Ihre Eintragung erfolgt am Rande der ersten Eintragung.

§. 23. Wenn ein Kind todtgeboren oder in der Geburt verstorben ist, so muß die Anzeige spätestens am nächstfolgenden Tage geschehen. Die Eintragung ist alsdann mit dem im §. 22 unter Nr. 1 bis 3 und 5 angegebenen Inhalte nur im Sterberegister zu machen.

§. 24. Wer ein neugeborenes Kind findet, ist verpflichtet, hiervon spätestens am nächstfolgenden Tage Anzeige bei der Ortspolizeibehörde zu machen. Die Letztere hat die erforderlichen Ermittelungen vorzunehmen und dem Standesbeamten des Bezirks von deren Ergebniß behufs Eintragung in das Geburtsregister Anzeige zu machen.

Die Eintragung soll enthalten die Zeit, den Ort und die Umstände des Auffindens, die Beschaffenheit und die Kennzeichen der bei dem Kinde vorgefundenen Kleider und sonstigen Gegenstände, die körperlichen Merkmale des Kindes, sein vermuthliches Alter, sein Geschlecht, die Behörde, Anstalt oder Person, bei welcher das Kind untergebracht worden, und die Namen, welche ihm beigelegt werden.

§. 25. Die Anerkennung eines unehelichen Kindes darf in das Geburtsregister nur dann eingetragen werden, wenn dieselbe vor dem Standesbeamten oder in einer gerichtlich oder notariell aufgenommenen Urkunde erklärt ist.

§. 26. Wenn die Feststellung der Abstammung eines Kindes erst nach Eintragung des Geburtsfalles erfolgt oder die Standesrechte durch Legitimation, Annahme an Kindesstatt oder in anderer Weise eine Veränderung erleiden, so ist dieser Vorgang, sofern er durch öffentliche Urkunden nachgewiesen wird, auf Antrag eines Betheiligten am Rande der über den Geburtsfall vorgenommenen Eintragung zu vermerken.

§. 27. Wenn die Anzeige eines Geburtsfalles über drei Monate verzögert wird, so darf die Eintragung nur mit Genehmigung der Aufsichtsbehörde nach Ermittelung des Sachverhalts erfolgen.

Die Kosten dieser Ermittelung sind von demjenigen einzuziehen, welcher die rechtzeitige Anzeige versäumt hat.

Dritter Abschnitt.

Erfordernisse der Eheschließung.

§. 28. Zur Eheschließung ist die Einwilligung und die Ehemündigkeit der Eheschließenden erforderlich.

Die Ehemündigkeit des männlichen Geschlechts tritt mit dem vollendeten zwanzigsten Lebensjahre, die des weiblichen Geschlechts mit dem vollendeten sechszehnten Lebensjahre ein. Dispensation ist zulässig.

§. 29. Eheliche Kinder bedürfen zur Eheschließung, so lange der Sohn das fünfundzwanzigste, die Tochter das vierundzwanzigste Lebensjahr nicht vollendet hat, der Einwilligung des Vaters, nach dem Tode des Vaters der Einwilligung der Mutter und, wenn sie minderjährig sind, auch des Vormundes.

Sind beide Eltern verstorben, so bedürfen Minderjährige der Einwilligung des Vormundes.

Dem Tode des Vaters oder der Mutter steht es gleich, wenn dieselben zur Abgabe einer Erklärung dauernd außer Stande sind, oder ihr Aufenthalt dauernd unbekannt ist.

Eine Einwilligung des Vormundes ist für diejenigen Minderjährigen nicht erforderlich, welche nach Landesrecht einer Vormundschaft nicht unterliegen.

Inwiefern die Wirksamkeit einer Vormundschaftsbehörde oder eines Familienrathes stattfindet, bestimmt sich nach Landesrecht.

§. 30. Auf uneheliche Kinder finden die im vorhergehenden Paragraphen für vaterlose eheliche Kinder gegebenen Bestimmungen Anwendung.

§. 31. Bei angenommenen Kindern tritt an Stelle des Vaters (§. 29) derjenige, welcher an Kindesstatt angenommen hat. Diese Bestimmung findet in denjenigen Theilen des Bundesgebietes keine Anwendung, in welchen durch eine Annahme an Kindesstatt die Rechte der väterlichen Gewalt nicht begründet werden können.

§. 32. Im Falle der Versagung der Einwilligung zur Eheschließung steht großjährigen Kindern die Klage auf richterliche Ergänzung zu.

§. 33. Die Ehe ist verboten:

1. zwischen Verwandten in auf- und absteigender Linie,
2. zwischen voll- und halbbürtigen Geschwistern,
3. zwischen Stiefeltern und Stiefkindern, Schwiegereltern und Schwiegerkindern jeden Grades,

   ohne Unterschied, ob das Verwandtschafts- oder Schwägerschaftsverhältniß auf ehelicher oder außerehelicher Geburt beruht und ob die Ehe, durch welche die Stief- oder Schwiegerverbindung begründet wird, noch besteht oder nicht,
4. zwischen Personen, deren eine die andere an Kindesstatt angenommen hat, so lange dieses Rechtsverhältniß besteht,
5. zwischen einem wegen Ehebruchs Geschiedenen und seinem Mitschuldigen.

Im Falle der Nr. 5 ist Dispensation zulässig.

§. 34. Niemand darf eine neue Ehe schließen, bevor seine frühere Ehe aufgelöst, für ungültig oder für nichtig erklärt ist.

§. 35. Frauen dürfen erst nach Ablauf des zehnten Monats seit Beendigung der früheren Ehe eine weitere Ehe schließen.

Dispensation ist zulässig.

§. 36. Hinsichtlich der rechtlichen Folgen einer gegen die Bestimmungen der §§. 28 bis 35 geschlossenen Ehe sind die Vorschriften des Landesrechts maßgebend.

Dasselbe gilt von dem Einflusse des Zwangs, Irrthums und Betrugs auf die Gültigkeit der Ehe.

§. 37. Die Eheschließung eines Pflegebefohlenen mit seinem Vormund oder dessen Kindern ist während der Dauer der Vormundschaft unzulässig.

Ist die Ehe gleichwohl geschlossen, so kann dieselbe als ungültig nicht angefochten werden.

§. 38. Die Vorschriften, welche die Ehe der Militärpersonen, der Landesbeamten und der Ausländer von einer Erlaubniß abhängig machen, werden nicht berührt. Auf die Rechtsgültigkeit der geschlossenen Ehe ist der Mangel dieser Erlaubniß ohne Einfluß.

Ein Gleiches gilt von den Vorschriften, welche vor der Eheschließung eine Nachweisung, Auseinandersetzung oder Sicherstellung des Vermögens erfordern.

§. 39. Alle Vorschriften, welche das Recht zur Eheschließung weiter beschränken, als es durch dieses Gesetz geschieht, werden aufgehoben.

§. 40. Die Befugniß zur Dispensation von Ehehindernissen steht nur dem Staate zu. Ueber die Ausübung dieser Befugniß haben die Landesregierungen zu bestimmen.

Vierter Abschnitt.

Form und Beurkundung der Eheschließung.

§. 41. Innerhalb des Gebietes des Deutschen Reichs kann eine Ehe rechtsgültig nur vor dem Standesbeamten geschlossen werden.

§. 42. Zuständig ist der Standesbeamte, in dessen Bezirk einer der Verlobten seinen Wohnsitz hat oder sich gewöhnlich aufhält. Unter mehreren zuständigen Standesbeamten haben die Verlobten die Wahl.

Eine nach den Vorschriften dieses Gesetzes geschlossene Ehe kann nicht aus dem Grunde angefochten werden, weil der Standesbeamte nicht der zuständige gewesen ist.

§. 43. Auf schriftliche Ermächtigung des zuständigen Standesbeamten darf die Eheschließung auch vor dem Standesbeamten eines anderen Orts stattfinden.

§. 44. Der Eheschließung soll ein Aufgebot vorhergehen.

Für die Anordnung desselben ist jeder Standesbeamte zuständig, vor welchem nach §. 42 Abs. 1 die Ehe geschlossen werden kann.

§. 45. Vor Anordnung des Aufgebots sind dem Standesbeamten (§. 44) die zur Eheschließung gesetzlich nothwendigen Erfordernisse als vorhanden nachzuweisen.

Insbesondere haben die Verlobten in beglaubigter Form beizubringen:

1. ihre Geburtsurkunden,
2. die zustimmende Erklärung derjenigen, deren Einwilligung nach dem Gesetze erforderlich ist.

Der Beamte kann die Beibringung dieser Urkunden erlassen, wenn ihm die Thatsachen, welche durch dieselben festgestellt werden sollen, persönlich bekannt oder sonst glaubhaft nachgewiesen sind. Auch kann er von unbedeutenden Abweichungen in den Urkunden, beispielsweise von einer verschiedenen Schreibart der Namen oder einer Verschiedenheit der Vornamen absehen, wenn in anderer Weise die Persönlichkeit der Betheiligten festgestellt wird.

Der Beamte ist berechtigt, den Verlobten die eidesstattliche Versicherung über die Richtigkeit der Thatsachen abzunehmen, welche durch die vorliegenden Urkunden oder die sonst beigebrachten Beweismittel ihm nicht als hinreichend festgestellt erscheinen.

§. 46. Das Aufgebot ist bekannt zu machen:

1. in der Gemeinde oder in den Gemeinden, woselbst die Verlobten ihren Wohnsitz haben;
2. wenn einer der Verlobten seinen gewöhnlichen Aufenthalt außerhalb seines gegenwärtigen Wohnsitzes hat, auch in der Gemeinde seines jetzigen Aufenthalts;
3. wenn einer der Verlobten seinen Wohnsitz innerhalb der letzten sechs Monate gewechselt hat, auch in der Gemeinde seines früheren Wohnsitzes.

Die Bekanntmachung hat die Vor- und Familiennamen, den Stand oder das Gewerbe und den Wohnort der Verlobten und ihrer Eltern zu enthalten.

Sie ist während zweier Wochen an dem Raths- oder Gemeindehause, oder an der sonstigen, zu Bekanntmachungen der Gemeindebehörde bestimmten Stelle auszuhängen.

§. 47. Ist einer der Orte, an welchem nach §. 46 das Aufgebot bekannt zu machen ist, im Auslande belegen, so ist an Stelle des an diesem Orte zu bewirkenden Aushanges die Bekanntmachung auf Kosten des Antragstellers einmal in ein Blatt einzurücken, welches an dem ausländischen Orte erscheint oder verbreitet ist. Die Eheschließung ist nicht vor Ablauf zweier Wochen nach dem Tage der Ausgabe der betreffenden Nummer des Blattes zulässig.

Es bedarf dieser Einrückung nicht, wenn eine Bescheinigung der betreffenden ausländischen Ortsbehörde dahin beigebracht wird, daß ihr von dem Bestehen eines Ehehindernisses nichts bekannt sei.

§. 48. Kommen Ehehindernisse zur Kenntniß des Standesbeamten, so hat er die Eheschließung abzulehnen.

§. 49. Soll die Ehe vor einem anderen Standesbeamten als demjenigen geschlossen werden, welcher das Aufgebot angeordnet hat, so hat der letztere eine Bescheinigung dahin auszustellen, daß und wann das Aufgebot vorschriftsmäßig erfolgt ist und daß Ehehindernisse nicht zu seiner Kenntniß gekommen sind.

§. 50. Die Befugniß zur Dispensation von dem Aufgebot steht nur dem Staate zu. Ueber die Ausübung dieser Befugniß haben die Landesregierungen zu bestimmen.

Wird eine lebensgefährliche Krankheit, welche einen Aufschub der Eheschließung nicht gestattet, ärztlich bescheinigt, so kann der Standesbeamte (§. 42 Abs. 1) auch ohne Aufgebot die Eheschließung vornehmen.

§. 51. Das Aufgebot verliert seine Kraft, wenn seit dessen Vollziehung sechs Monate verstrichen sind, ohne daß die Ehe geschlossen worden ist.

§. 52. Die Eheschließung erfolgt in Gegenwart von zwei Zeugen durch die an die Verlobten einzeln und nach einander gerichtete Frage des Standesbeamten:

ob sie erklären, daß sie die Ehe mit einander eingehen wollen,

durch die bejahende Antwort der Verlobten und den hierauf erfolgenden Ausspruch des Standesbeamten, daß er sie nunmehr kraft des Gesetzes für rechtmäßig verbundene Eheleute erkläre.

§. 53. Als Zeugen sollen nur Großjährige zugezogen werden. Verwandtschaft und Schwägerschaft zwischen den Betheiligten und den Zeugen, oder zwischen den Zeugen unter einander steht deren Zuziehung nicht entgegen.

§. 54. Die Eintragung in das Heirathsregister soll enthalten:

1. Vor- und Familiennamen, Religion, Alter, Stand oder Gewerbe, Geburts- und Wohnort der Eheschließenden;
2. Vor- und Familiennamen, Stand oder Gewerbe und Wohnort ihrer Eltern;
3. Vor- und Familiennamen, Alter, Stand oder Gewerbe und Wohnort der zugezogenen Zeugen;
4. die Erklärung der Eheschließenden;
5. den Ausspruch des Standesbeamten.

Ueber die erfolgte Eheschließung ist den Eheleuten sofort eine Bescheinigung auszustellen.

§. 55. Ist eine Ehe für aufgelöst, ungültig oder nichtig erklärt worden, so ist dies am Rande der über die Eheschließung bewirkten Eintragung zu vermerken.

Die landesgesetzlichen Vorschriften, nach welchen es zur Trennung einer Ehe einer besonderen Erklärung und Beurkundung vor dem Standesbeamten bedarf, werden hierdurch nicht berührt.

Fünfter Abschnitt.

Beurkundung der Sterbefälle.

§. 56. Jeder Sterbefall ist spätestens am nächstfolgenden Wochentage dem Standesbeamten des Bezirks, in welchem der Tod erfolgt ist, anzuzeigen.

§. 57. Zu der Anzeige verpflichtet ist das Familienhaupt, und wenn ein solches nicht vorhanden oder an der Anzeige behindert ist, derjenige, in dessen Wohnung oder Behausung der Sterbefall sich ereignet hat.

§. 58. Die §§. 19 bis 21 kommen auch in Beziehung auf die Anzeige der Sterbefälle zur Anwendung.

Findet eine amtliche Ermittelung über den Todesfall statt, so erfolgt die Eintragung auf Grund der schriftlichen Mittheilung der zuständigen Behörde.

§. 59. Die Eintragung des Sterbefalles soll enthalten:

1. Vor- und Familiennamen, Stand oder Gewerbe und Wohnort des Anzeigenden;
2. Ort, Tag und Stunde des erfolgten Todes;
3. Vor- und Familiennamen, Religion, Alter, Stand oder Gewerbe, Wohnort und Geburtsort des Verstorbenen;
4. Vor- und Familiennamen seines Ehegatten, oder Vermerk, daß der Verstorbene ledig gewesen sei;
5. Vor- und Familiennamen, Stand oder Gewerbe und Wohnort der Eltern des Verstorbenen.

Soweit diese Verhältnisse unbekannt sind, ist dies bei der Eintragung zu vermerken.

§. 60. Ohne Genehmigung der Ortspolizeibehörde darf keine Beerdigung vor der Eintragung des Sterbefalles in das Sterberegister stattfinden. Ist die Beerdigung dieser Vorschrift entgegen geschehen, so darf die Eintragung des Sterbefalles nur mit Genehmigung der Aufsichtsbehörde nach Ermittelung des Sachverhaltes erfolgen.

Sechster Abschnitt.

Beurkundung des Personenstandes der auf See befindlichen Personen.

§. 61. Geburten und Sterbefälle, welche sich auf Seeschiffen während der Reise ereignen, sind nach den Vorschriften dieses Gesetzes spätestens am nächstfolgenden Tage nach der Geburt oder dem Todesfall von dem Schiffer, unter Zuziehung von zwei Schiffsoffizieren oder anderen glaubhaften Personen, in dem Tagebuch zu beurkunden. Bei Sterbefällen ist zugleich die muthmaßliche Ursache des Todes zu vermerken.

§. 62. Der Schiffer hat zwei von ihm beglaubigte Abschriften der Urkunden demjenigen Seemannsamte, bei dem es zuerst geschehen kann, zu übergeben. Eine dieser Abschriften ist bei dem Seemannsamte aufzubewahren, die andere ist demjenigen Standesbeamten, in dessen Bezirk die Eltern des Kindes, beziehungsweise der Verstorbene ihren Wohnsitz haben oder zuletzt gehabt haben, behufs der Eintragung in das Register zuzufertigen.

§. 63. Ist der Schiffer verstorben oder verhindert, so hat der Steuermann die in den §§. 61 und 62 dem Schiffer auferlegten Verpflichtungen zu erfüllen.

§. 64. Sobald das Schiff in den inländischen Hafen eingelaufen ist, in welchem es seine Fahrt beendet, ist das Tagebuch der für den Standesbeamten des Hafenorts zuständigen Aufsichtsbehörde vorzulegen.

Diese hat beglaubigte Abschrift der in das Tagebuch eingetragenen Standesurkunde dem Standesbeamten, in dessen Register der Fall gehört (§. 62), behufs Kontrolirung der Eintragungen zuzustellen.

Siebenter Abschnitt.

Berichtigung der Standesregister.

§. 65. Die Berichtigung einer Eintragung in dem Standesregister kann nur auf Grund gerichtlicher Anordnung erfolgen. Sie geschieht durch Beischreibung eines Vermerks am Rande der zu berichtigenden Eintragung.

§. 66. Für das Berichtigungsverfahren gelten, insoweit die Landesgesetze nicht ein Anderes bestimmen, die nachstehenden Vorschriften.

Die Aufsichtsbehörde hat, wenn ein Antrag auf Berichtigung gestellt wird, oder wenn sie eine solche von Amtswegen für erforderlich erachtet, die Betheiligten zu hören und geeignetenfalls eine Aufforderung durch ein öffentliches Blatt zu erlassen. Die abgeschlossenen Verhandlungen hat sie demnächst dem Gerichte erster Instanz vorzulegen. Dieses kann noch weitere thatsächliche Aufklärungen veranlassen und geeignetenfalls den Antragsteller auf den Prozeßweg verweisen.

Im Uebrigen finden die für Sachen der nichtstreitigen Gerichtsbarkeit geltenden Vorschriften Anwendung.

Achter Abschnitt.

Schlußbestimmungen.

§. 67. Ein Geistlicher oder anderer Religionsdiener, welcher zu den religiösen Feierlichkeiten einer Eheschließung schreitet, bevor ihm nachgewiesen worden ist, daß die Ehe vor dem Standesbeamten geschlossen sei, wird mit Geldstrafe bis zu dreihundert Mark oder mit Gefängniß bis zu drei Monaten bestraft.

§. 68. Wer den in den §§. 17 bis 20, 22 bis 24, 56 bis 58 vorgeschriebenen Anzeigepflichten nicht nachkommt, wird mit Geldstrafe bis zu einhundertfünfzig Mark oder mit Haft bestraft. Die Strafverfolgung tritt nicht ein, wenn die Anzeige, obwohl nicht von den zunächst Verpflichteten, doch rechtzeitig gemacht worden ist.

Die bezeichnete Strafe trifft auch den Schiffer oder Steuermann, welcher den Vorschriften der §§. 61 bis 64 zuwiderhandelt.

Die Standesbeamten sind außerdem befugt, die zu Anzeigen oder zu sonstigen Handlungen auf Grund dieses Gesetzes Verpflichteten hierzu durch Geldstrafen anzuhalten, welche für jeden einzelnen Fall den Betrag von fünfzehn Mark nicht übersteigen dürfen.

§. 69. Ein Standesbeamter, welcher unter Außerachtlassung der in diesem Gesetze gegebenen Vorschriften eine Eheschließung vollzieht, wird mit Geldstrafe bis zu sechshundert Mark bestraft.

§. 70. Gebühren und Geldstrafen, welche in Gemäßheit dieses Gesetzes zur Erhebung gelangen, fließen, insoweit die Landesgesetze nicht ein Anderes bestimmen, den Gemeinden zu, welche die sächlichen Kosten der Standesämter (§§. 8, 9) zu tragen haben.

§. 71. In welcher Weise die Verrichtungen der Standesbeamten in Bezug auf solche Militärpersonen wahrzunehmen sind, welche ihr Standquartier nicht innerhalb des Deutschen Reichs, oder dasselbe nach eingetretener Mobilmachung verlassen haben, oder welche sich auf den in Dienst gestellten Schiffen oder anderen Fahrzeugen der Marine befinden, wird durch Kaiserliche Verordnung bestimmt.

§. 72. Für die Landesherren und die Mitglieder der landesherrlichen Familien, sowie der Fürstlichen Familie Hohenzollern erfolgt die Ernennung des Standesbeamten und die Bestimmung über die Art der Führung und Aufbewahrung der Standesregister durch Anordnung des Landesherrn.

In Betreff der Stellvertretung der Verlobten und in Betreff des Aufgebots entscheidet die Observanz.

Im Uebrigen werden in Ansehung der Mitglieder dieser Häuser die auf Hausgesetzen oder Observanz beruhenden Bestimmungen über die Erforderniße der Eheschließung und über die Gerichtsbarkeit in Ehesachen nicht berührt.

§. 73. Den mit der Führung der Standesregister oder Kirchenbücher bisher betraut gewesenen Behörden und Beamten verbleibt die Berechtigung und Verpflichtung, über die bis zur Wirksamkeit dieses Gesetzes eingetragenen Geburten, Heirathen und Sterbefälle Zeugnisse zu ertheilen.

§. 74. Unberührt bleiben die landesgesetzlichen Vorschriften, welche

1. Geistlichen und Kirchendienern aus Anlaß der Einführung der bürgerlichen Standesregister und der bürgerlichen Form der Eheschließung einen Anspruch auf Entschädigung gewähren;
2. bestimmten Personen die Pflicht zu Anzeigen von Geburts- und Todesfällen auferlegen.

Wo die Zulässigkeit der Ehe nach den bestehenden Landesgesetzen von einem Aufgebote abhängig ist, welches durch andere bürgerliche Beamte als die Standesbeamten vollzogen wird, vertritt dieses die Stelle des von den Standesbeamten anzuordnenden Aufgebots.

§. 75. Innerhalb solcher Grenzpfarreien, deren Bezirk sich in das Ausland erstreckt, bleibt das bestehende Recht für die Beurkundung derjenigen Geburten und Sterbefälle, sowie für die Form und Beurkundung derjenigen Eheschließungen maßgebend, für welche ein Standesbeamter nach den Vorschriften dieses Gesetzes nicht zuständig, dagegen nach dem bestehenden Recht die Zuständigkeit des Geistlichen begründet ist.

Im Geltungsgebiet des preußischen Gesetzes vom 9. März 1874 ist unter dem bestehenden Recht dasjenige Recht zu verstehen, welches vor dem Inkrafttreten jenes Gesetzes maßgebend war.

§. 76. In streitigen Ehe- und Verlöbnißsachen sind die bürgerlichen Gerichte ausschließlich zuständig. Eine geistliche oder eine durch die Zugehörigkeit zu einem Glaubensbekenntniß bedingte Gerichtsbarkeit findet nicht statt.

§. 77. Wenn nach dem bisherigen Rechte auf beständige Trennung der Ehegatten von Tisch und Bett zu erkennen sein würde, ist fortan die Auflösung des Bandes der Ehe auszusprechen.

Ist vor dem Tage, an welchem dieses Gesetz in Kraft tritt, auf beständige Trennung von Tisch und Bett erkannt worden, so kann, wenn eine Wiedervereinigung der getrennten Ehegatten nicht stattgefunden hat, jeder derselben auf Grund des ergangenen Urtheils die Auflösung des Bandes der Ehe im ordentlichen Prozeßverfahren beantragen.

§. 78. Ehestreitigkeiten, welche in Bayern vor dem Tage, an welchem dieses Gesetz daselbst in Kraft tritt, durch Zustellung des Beschlusses über Zulässigkeit der Klage anhängig geworden sind, werden von dem mit der Sache befaßten Gericht bis zur rechtskräftigen Entscheidung nach Maßgabe der bisher geltenden Gesetze durchgeführt.

Daselbst kann die Auflösung der Ehe auf Grund eines die beständige Trennung von Tisch und Bett verfügenden Urtheils geltend gemacht werden, nachdem das Gericht auf Anrufen eines Ehegatten in dem nach Artikel 675 Absatz 1 und 2 der Prozeßordnung in bürgerlichen Rechtsstreitigkeiten vom 29. April 1869 vorgesehenen Verfahren die Auflösung des Bandes der Ehe ausgesprochen hat.

Das Verfahren in streitigen Ehesachen richtet sich in Bayern in den rechtsrheinischen Gebietstheilen nach den Bestimmungen des Hauptstückes XXVI. der genannten Prozeßordnung, in der Pfalz nach den Bestimmungen des Artikels 69 des Gesetzes über die Einführung dieser Prozeßordnung.

§. 79. Dieses Gesetz tritt mit dem 1. Januar 1876 in Kraft. Es bleibt den Landesregierungen überlassen, das ganze Gesetz oder auch den dritten Abschnitt und §. 77 im Verordnungswege früher einzuführen.

§. 80. Die vor dem Tage, an welchem dieses Gesetz in Kraft tritt, nach den Vorschriften des bisherigen Rechts ergangenen Aufgebote behalten ihre Wirksamkeit.

§. 81. Auf Geburts- und Sterbefälle, welche sich vor dem Tage, an welchem dieses Gesetz in Kraft tritt, ereignet haben, an diesem Tage aber noch nicht eingetragen sind, findet das gegenwärtige Gesetz mit der Maßgabe Anwendung, daß der Lauf der vorgeschriebenen Anzeigefristen mit dem Tage beginnt, an welchem dieses Gesetz in Kraft tritt.

Ein Gleiches gilt für den Fall, daß auch nur die Vornamen eines Kindes an diesem Tage noch nicht eingetragen sind.

§. 82. Die kirchlichen Verpflichtungen in Beziehung auf Taufe und Trauung werden durch dieses Gesetz nicht berührt.

§. 83. Die zur Ausführung dieses Gesetzes erforderlichen Bestimmungen werden, soweit dieselben nicht durch eine vom Bundesrathe erlassene Ausführungsverordnung getroffen werden, von den einzelnen Landesregierungen erlassen.

§. 84. Welche Behörden in jedem Bundesstaate unter der Bezeichnung: höhere Verwaltungsbehörde, untere Verwaltungsbehörde, Gemeindebehörde, Gemeindevorstand, Gericht erster Instanz zu verstehen sind, wird von der Zentralbehörde des Bundesstaates bekannt gemacht.

§. 85. Durch dieses Gesetz werden die Bestimmungen des Gesetzes vom 4. Mai 1870, betreffend die Eheschließung und die Beurkundung des Personenstandes von Reichsangehörigen im Auslande, nicht berührt.

Der Reichskanzler kann einem diplomatischen Vertreter oder einem Konsul des Deutschen Reichs die allgemeine Ermächtigung zur Vornahme von Eheschließungen und zur Beurkundung der Geburten, Heirathen und Sterbefälle, wie für Reichsangehörige, so auch für Schutzgenossen ertheilen. Diese Vorschrift tritt mit dem 1. März 1875 in Kraft.

Urkundlich unter Unserer Höchsteigenhändigen Unterschrift und beigedrucktem Kaiserlichen Insiegel.

Gegeben Berlin, den 6. Februar 1875.

(L. S.) Wilhelm.

Fürst v. Bismarck.

Gebührentarif.

I. Gebührenfrei sind die nach §§. 49 und 54 oder zum Zwecke der Taufe oder der Beerdigung ertheilten Bescheinigungen.

II. An Gebühren kommen zum Ansatz:

1. für Vorlegung der Register zur Einsicht, und zwar für jeden Jahrgang . . . . . . eine halbe Mark, für mehrere Jahrgänge zusammen jedoch höchstens . . . . ein und eine halbe Mark,
2. für die schriftliche Ermächtigung nach §. 43 und für jeden beglaubigten Auszug aus den Registern mit Einschluß der Schreibgebühren . . . . eine halbe Mark.

   Bezieht sich der Auszug auf mehrere Eintragungen und erfordert derselbe das Nachschlagen von mehr als einem Jahrgange der Register, für jeden weiter nachzuschlagenden Jahrgang noch . . . . eine halbe Mark, jedoch zusammen höchstens . . . . zwei Mark.

Kirchengesetz, betreffend das Ruhegehalt der emeritirten Geistlichen.

Vom 26. Januar 1880. (Kirchl. Ges. u. V.Bl. 1880 S. 37.)

Wir Wilhelm, von Gottes Gnaden König von Preußen ꝛc. verordnen unter Zustimmung der Generalsynode und nachdem durch die Erklärung Unseres Staatsministeriums festgestellt worden, daß gegen dieses Gesetz von Staatswegen nichts zu erinnern ist, sowie nach erfolgter Zustimmung Unseres Staatsministeriums zur Erhebung der in den §§. 12 bis 14 dieses Gesetzes festgesetzten Beiträge und zu der in §. 16, Absatz 1 desselben beschlossenen Umlage, für die evangelische Landeskirche der älteren Provinzen, was folgt:

§. 1. Jeder in dem Pfarramt einer Kirchengemeinde oder als Lehrer einer theologischen Lehranstalt der Landeskirche unter Bestätigung des Kirchenregiments auf Lebenszeit angestellte Geistliche erhält, wenn er in Folge eines körperlichen Gebrechens oder wegen Schwäche seiner körperlichen oder geistigen Kräfte zu der Erfüllung seiner Amtspflichten dauernd unfähig und deshalb von der zuständigen Kirchenbehörde in den Ruhestand versetzt ist, ein lebenslängliches Ruhegehalt (Pension) aus dem Pensionsfonds der evangelischen Landeskirche (§§. 10 ff., 18).

§. 2. Geistlichen, welche noch dienstfähig sind, aber aus disziplinarischen Gründen emeritirt werden, kann von dem Evangelischen Ober-Kirchenrathe ein Ruhegehalt auf bestimmte Zeit oder auf Lebensdauer bewilligt werden (§. 4).

§. 3. Die Bestimmungen der §§. 1 und 2 finden auf Militärpfarrer, so wie auf Geistliche bei Straf-, Kranken- und sonstigen öffentlichen Anstalten keine Anwendung.

In Fällen, wo das kirchliche Interesse es wünschenswerth erscheinen läßt, ist jedoch der Evangelische Ober-Kirchenrath ermächtigt, in Folge besonderen Antrages der Betheiligten die Bestimmungen des §. 1 auch zur Anwendung zu bringen auf ordinirte Geistliche der innerhalb der evangelischen Landeskirche im Dienste der inneren oder äußeren Mission stehenden und mit Korporationsrechten versehenen Anstalten und Vereine. Die betreffenden Geistlichen, Anstalten und Vereine haben bei Eingehung des Verhältnisses die aus den §§. 12 ff. dieses Gesetzes sich ergebenden Verpflichtungen gegen den Pensionsfonds zu übernehmen, auch die Emeritirung von der Zustimmung der Kirchenbehörde abhängig zu machen. Die Erfüllung der übernommenen Verpflichtungen bildet die rechtliche Voraussetzung der Gewährung des Ruhegehalts.

§. 4. Das Ruhegehalt beträgt, wenn die Versetzung in den Ruhestand gemäß §. 1 vor vollendetem elften Dienstjahre eintritt, $^{20}/_{80}$ und steigt von da ab mit jedem weiter zurückgelegten Dienstjahre um $^{1}/_{80}$ bis zum Höchstbetrage von $^{60}/_{80}$ des nach §. 15 anrechnungsfähigen Diensteinkommens.

Das Ruhegehalt soll in diesen Fällen nicht über 5000 M. und nicht unter 900 M. betragen. Auf diesen Mindestbetrag, so weit er über den in Absatz 1 normirten Theilsatz des Diensteinkommens hinausgeht, ist das Ruhegehalt aus Nebenämtern in Anrechnung zu bringen.

In dem Falle des §. 2 darf die Bewilligung zwei Drittheile der vorstehenden Theilsätze und den Betrag von 2000 M. nicht übersteigen.

Ueberschießende Theile einer Mark werden zu einer vollen Mark abgerundet.

§. 5. Das Dienstalter ist von der Ordination an zu rechnen unter Abzug der außer Dienst zugebrachten Zeit, soweit solche nicht auf den Militärdienst verwendet ist.

Als Dienstzeit kommt dabei, neben der Dauer aller dem §. 1 entsprechenden Anstellungen, mit in Betracht die nach der Ordination im Pfarramte einer Militärgemeinde, im Pfarrvikariate oder in der Stellung eines Hülfsgeistlichen und mit Genehmigung oder unter nachträglicher Billigung der Kirchenbehörde im geistlichen Amte von Anstalten, im Dienste der inneren oder äußeren Mission und in der Seelsorge ausländischer evangelischer Gemeinden zugebrachte Zeit.

Die Zeit, während welcher ein Geistlicher vom vollendeten 25. Lebensjahre ab in einem kirchenregimentlichen Amte, im theologischen Lehr- oder im Schulamt fest angestellt gewesen ist, soll auf das kirchliche Dienstalter in Anrechnung gebracht werden, gleichviel ob sie der Ordination vorausgeht oder nachfolgt.

Mit Genehmigung des Evangelischen Ober-Kirchenraths kann auch die Zeit angerechnet werden, während welcher ein Geistlicher vor Antritt eines Amtes in der Landeskirche im Dienste einer anderen Kirchengemeinschaft oder im Staatsdienste gestanden hat.

§. 6. Die Zahlung des Ruhegehaltes erfolgt für jedes Vierteljahr am Ende dieses Zeitraumes bei der Kasse des Provinzial-Konsistoriums oder nach Verlangen des Berechtigten auf dessen Gefahr und Kosten durch die Post gegen Vorlegung gehörig bescheinigter Quittung.

§. 7. Die Beschränkung der Befugniß zur Abtretung und Verpfändung des Rechtes auf den Bezug des Ruhegehaltes bleibt staatsgesetzlicher Regelung vorbehalten.

§. 8. Hinterläßt ein Geistlicher, welcher Ruhegehalt bezieht, eine Wittwe oder eheliche Nachkommen, so wird dasselbe noch für den auf den Sterbemonat folgenden Kalendermonat gezahlt.

An welchen der Betheiligten die vor dem Tode des berechtigten Geistlichen nicht erhobenen und die nach Absatz 1 noch zu leistenden Beträge zu zahlen sind, bestimmt das Provinzial-Konsistorium.

§. 9. Bezieht ein Emeritus in Folge anderweiter Anstellung in einem öffentlichen Amte ein Diensteinkommen, so ruht das Recht auf Ruhegehalt, soweit der Betrag des neuen Einkommens mit dem Ruhegehalt zusammen das zuletzt bezogene Pfarreinkommen (§. 15) übersteigt.

Der Anspruch auf Ruhegehalt hört auf, wenn dem Emeritus strafrechtlich die bürgerlichen Ehrenrechte aberkannt werden, oder wenn derselbe durch eine im Disziplinarverfahren ergangene rechtskräftige Entscheidung der Kirchenbehörde oder durch Entsagung die Rechte des geistlichen Standes in der evangelischen Kirche verliert.

§. 10. Die Einnahmen des Pensionsfonds der evangelischen Landeskirche bestehen, abgesehen von den ihm etwa zufließenden Geschenken und Vermächtnissen, aus:

1. den Zuschüssen, welche ihm aus Staatsfonds gewährt werden,
2. den Zinsen und sonstigen Einkünften der bisherigen Provinzial-Emeriten-Zuschußfonds (§. 11) und den Zinsen der sonst bei ihm anzusammelnden Kapitalien,
3. den dauernden Pfarrbeiträgen (§§. 12, 13),
4. den zeitweiligen Pfründenabgaben (§. 14),
5. den durch Umlage aufzubringenden Leistungen der Kirchengemeinden (§. 16).

§. 11. Die für die einzelnen Provinzen bestehenden Emeritenzuschußfonds (Emeritenunterstützungs-, Emeriten-, Pensionshülfs-Pensionsfonds, einschließlich derjenigen für die preußische Oberlausitz in der Provinz Schlesien, und für einen Theil der Grafschaften Stolberg in der Provinz Sachsen) werden mit dem Tage der Ausführung dieses Gesetzes aufgelöst.

Ihr gesammtes Vermögen geht mit allen bereits entstandenen Rechten und Verbindlichkeiten in diesem Zeitpunkt auf den Pensionsfonds der Landeskirche über.

Das Kapitalvermögen der Provinzial-Emeritenfonds bildet den Reservefonds des allgemeinen Pensionsfonds.

§. 12. Von jedem gemäß §. 1 Rechte auf Ruhegehalt gewährenden geistlichen Amte ist nach Höhe des Diensteinkommens (§. 15) ein jährlicher Beitrag zu dem Pensionsfonds zu leisten. Derselbe wird, wenn das Einkommen unter 4000 M. beträgt, auf 1 %, wenn es höher ist, aber unter 6000 M. bleibt, auf $1^1/_2$ %, und bei noch höherem Einkommen auf 2 % des durch 100 M. theilbaren Gesammtbetrages berechnet.

Dieser für jedes Kalendervierteljahr am ersten Tage desselben fällige Pfarrbeitrag ist, vorbehaltlich der Auseinandersetzung mit anderen Betheiligten, jedesmal von Demjenigen, welcher in jenem Zeitpunkte das Diensteinkommen bezieht, portofrei einzuzahlen. Inwieweit die Einziehung der Pfarrbeiträge nöthigenfalls im Verwaltungs-Vollstreckungsverfahren erfolgen kann, bleibt staatsgesetzlicher Regelung vorbehalten.

In Vakanzfällen hat der Gemeindekirchenrath für die Zahlung Sorge zu tragen. *)

§. 13. Tritt ein Geistlicher in ein nach §. 1 Rechte auf Ruhegehalt gewährendes Amt, nachdem er vorher in einem anderen gemäß §. 5 auf das Dienstalter mit in Anrechnung kommenden Dienstverhältnisse gestanden, so hat er von diesem Zeitpunkte ab, soweit er nicht ausdrücklich auf diese Anrechnung verzichtet, den

*) Vergl. R. d. Ev.O.K.R. v. 21. Nov. 1881, betr. die Pfarrbeiträge erledigter Pfarrstellen zum Pensionsfonds. Kirchl. G. u. V.Bl. 1881 S. 137.

Pfarrbeitrag (§. 12) für einen der Dauer dieses früheren Verhältnisses entsprechenden Zeitraum nachzuzahlen. Bei der Berechnung des nachzuzahlenden Betrages ist das in dem früheren Verhältnisse (§. 5) zuletzt bezogene Diensteinkommen, sofern dasselbe durch den Etat des Staates oder einer inländischen Korporation bestimmt ist, andernfalls das Diensteinkommen des neu angetretenen kirchlichen Amtes (§. 1) zu Grunde zu legen.

Die Nachzahlung geschieht, wenn nicht die Kirchenbehörde ausnahmsweise weiteren Ausstand gewährt, in der Art, daß neben dem laufenden Beitrage und in gleicher Weise wie dieser mindestens der doppelte Betrag desselben entrichtet wird. Die zur Zeit der Emeritirung etwa noch nicht gezahlten Beträge werden nach Ermessen der Kirchenbehörde (§. 18) baar oder durch Verrechnung eingezogen. Im Falle des Todes erstreckt sich der Anspruch des Pensionsfonds nur auf die bis dahin fällig gewordenen Beträge.

§. 14. Vom Tage der Emeritirung eines Geistlichen ab hat dessen letzte Stelle acht Jahre lang ein Viertel ihres gesammten Pfründen- oder etatsmäßigen Einkommens in einem nach Mark abgerundeten Betrage an den Pensionsfonds abzugeben. Die Kirchenbehörde (§. 18) bestimmt Zeit und Art der jährlichen Erfüllung dieser Verpflichtung.

Muß während der Dauer dieser Verpflichtung auf derselben Stelle eine weitere Emeritirung erfolgen, so tritt weder eine Erhöhung noch eine Verlängerung der ersten Pfründenabgabe ein.

In den Fällen der §§. 2 und 9 kann die Höhe oder die Dauer der Pfründenabgabe von dem Evangelischen Ober-Kirchenrath angemessen verringert werden.

§. 15. Der bei Berechnung des Ruhegehalts (§. 4), der Pfarrbeiträge (§§. 12 und 13) und der Pfründenabgabe (§. 14) in Betracht kommende Betrag des Diensteinkommens wird von der Kirchenbehörde unter Beobachtung folgender Grundsätze festgesetzt (§. 18):

1) Für die Zwecke der §§. 4 und 12 f. treten dem Pfründeneinkommen die zur Erhöhung der Diensteinkünfte unter 3000 Mark nach Maßgabe des Dienstalters und alle auf Amtsdauer bewilligten persönlichen Zulagen hinzu.
2) Der Berechnung des Ruhegehalts (§. 4) ist das wirklich bezogene und mindestens ein Jahr lang durch Pfarrbeiträge (§. 12) versteuerte Einkommen zu Grunde zu legen.
3) Inländische kirchliche Aemter, welche mit einem inländischen geistlichen Hauptamte dauernd vereinigt sind, werden als zu letzterem gehörig behandelt, wenn sie keinen besonderen Pensionsanspruch gewähren; ausländische nur, wenn die Leistung der Pfründenabgabe (§. 14) sichergestellt ist.
4) Mit einer geistlichen Stelle verbundene Schulämter sind dieser nicht zuzurechnen.
5) Die Naturaldienstwohnung wird mit 10% des sonstigen Diensteinkommens berechnet.

§. 16. Die aus anderen Quellen nicht zu deckenden Beträge sind durch Umlage von den Kirchengemeinden der Landeskirche aufzubringen. Dieselbe wird zunächst auf ein und ein halbes Prozent der von den Mitgliedern der evangelischen Landeskirche aufzubringenden Staats-Klassen- und Einkommensteuer festgesetzt. Abänderungen dieses Satzes können nur durch ein Kirchengesetz erfolgen.*)

Der Evangelische Ober-Kirchenrath faßt unter Mitwirkung des Generalsynodalvorstandes (§. 18) darüber Beschluß, ob der Stand des Pensionsfonds für die einzelnen Jahre gestattet, einen geringeren als den durch das Gesetz bewilligten Betrag der Umlage auszuschreiben.

§. 17. Rechtliche Ansprüche von Geistlichen auf Gewährung eines Ruhegehalts oder sonstiger Benefizien für den Emeritenstand aus besonderen Einrichtungen, welche nicht unter den §. 11 fallen, bleiben unverändert.

§. 18. Der Pensionsfonds der evangelischen Landeskirche wird von dem Evangelischen Ober-Kirchenrathe verwaltet. Die Mitwirkung des Generalsynodalvorstandes ist erforderlich bei Aufstellung des Etats und wird im Uebrigen durch die zur Ausführung dieses Gesetzes zu erlassende Instruktion (§. 21) geregelt.

Die Provinzial-Konsistorien führen nach näherer Anweisung des Evangelischen Ober-Kirchenraths (§. 21) die Geschäfte des Pensionsfonds für ihren Amtsbereich unter geordneter Beihülfe der sonstigen kirchlichen Organe.

Gegen die Verfügungen der Konsistorien steht den Betheiligten die Berufung an den Evangelischen Ober-Kirchenrath offen. Inwieweit der Rechtsweg gegen Entscheidungen der obersten Kirchenbehörde über Leistungen der Geistlichen und der kirchlichen Stellen an den Fonds (§§. 12 bis 15) auszuschließen und bezüglich der Ansprüche auf Ruhegehalte nach Anleitung der betreffenden Bestimmungen des Staatsdiener-Pensionsgesetzes zu beschränken ist, bleibt staatsgesetzlicher Regelung vorbehalten.

§. 19. Den gegenwärtig vorhandenen emeritirten Geistlichen verbleiben ihre bisherigen Bezüge und Verpflichtungen.

Auch die Rechte und Pflichten der bei Verkündung dieses Gesetzes im Amte stehenden Geistlichen bleiben unverändert für den Fall, daß ihre Emeritirung in der gegenwärtigen Stelle erfolgt.**) Die Bestimmungen dieses Gesetzes kommen jedoch zur Anwendung, soweit die betreffenden Geistlichen innerhalb Jahresfrist nach dessen Verkündung einen hierauf gerichteten Antrag bei dem Provinzial-Konsistorium stellen und sich dabei verpflichten, den Pfarrbeitrag (§. 12) nach Maßgabe der früher von ihnen bezogenen Einkünfte vom vollendeten zehnten Dienstjahre ab unter Abzug der seitdem zum provinziellen Emeritenzuschußfonds geleisteten Beiträge ohne Zinsen nachzuzahlen. Von dem Zeitpunkt der Versetzung eines bereits im Amte stehenden Geistlichen in ein anderes geistliches Amt liegt demselben die letztgedachte Verpflichtung gesetzlich ob.

Die Nachzahlungen regeln sich nach den Bestimmungen des §. 13, Absatz 2. Jedoch soll in diesem Falle neben dem laufenden Beitrage nur noch ein gleich hoher Betrag jährlich entrichtet werden.

Hat ein Geistlicher, welcher sich den Bestimmungen dieses Gesetzes unterwirft,

---

*) Ueber die Bedeutung dieser Festsetzung auf 1½% der Klassen- und Einkommensteuer, welche keinen Maaßstab, nach welchem die Umlage zu vertheilen, sondern nur einen solchen, nach welchem die Höhe der Gesammt-Einnahmen zu bemessen, enthält, vergleiche die Verf. des Konsistoriums zu Berlin v. 23. Juni 1881. Amtl. Mittheilungen des K. Konsistoriums der Prov. Brandenburg 1881 S. 73.

**) Vergl. R. d. Ev.O.K.R. v. 11. März 1881, betr. das künftige Ruhegehalt der nach §. 19 nicht in die neue Rechtsordnung für die Pensionirung eingetretenen Geistlichen. Kirchl. G. u. V.Bl. 1881 S. 28.

gegenwärtig die Verbindlichkeit, einen Theil des Pfarreinkommens an einen Emeritus abzugeben, so wird auf seinen Antrag diese Leistung bis zum Ableben des Emeritus von dem Pensionsfonds übernommen, wenn der verpflichtete Geistliche und die Vertreter der betreffenden Stelle Namens der letzteren sich verpflichten, den vollen Betrag jenes Emeritenantheils acht Jahre lang vom Zeitpunkt jener Uebernahme zum Pensionsfonds abzuführen.

§. 20. Die Provinzen Westfalen und Rheinprovinz bleiben von den Vorschriften dieses Gesetzes zunächst ausgenommen. Die Einführung des Gesetzes erfolgt in diesen Provinzen, sobald dessen Annahme von beiden Provinzialsynoden oder von einer derselben beschlossen wird, durch kirchliche, vom Landesherrn zu erlassende Verordnung, welche in der dem §. 6 der Generalsynodalordnung entsprechenden Form zu verkünden ist.

§. 21. Die zur Ausführung dieses Gesetzes erforderliche Instruktion wird vom Evangelischen Ober-Kirchenrath unter Mitwirkung des Generalsynodalvorstandes erlassen.

§. 22. Alle den Vorschriften dieses Gesetzes entgegenstehenden Bestimmungen, insbesondere diejenigen, welche Ansprüche auf einen Emeritenantheil aus dem Pfarreinkommen gewähren, werden aufgehoben.

Soweit es zur Durchführung vorstehender Anordnungen einer Mitwirkung der Landesgesetzgebung bedarf, wird dieselbe vorbehalten.

Urkundlich unter Unserer Höchsteigenhändigen Unterschrift und beigedrucktem Königlichen Insiegel.

Gegeben Berlin, den 26. Januar 1880.

(L. S.) **Wilhelm.**

Hermes.

Staatsgesetz, betreffend das Ruhegehalt der emeritirten Geistlichen.

Vom 15. März 1880. (Gesetz-Samml. S. 216.)
(Kirchl. Ges. u. V.Bl. 1880 S. 44.)

Wir Wilhelm, von Gottes Gnaden König von Preußen rc. verordnen, mit Zustimmung der beiden Häuser des Landtages der Monarchie, für den Geltungsbereich des Kirchenverfassungsgesetzes vom 3. Juni 1876 (Gesetz-Samml. S. 125), was folgt:

Art. 1. Der in dem anliegenden Kirchengesetze vom 26. Januar 1880 gewährte Anspruch auf ein Ruhegehalt kann mit rechtlicher Wirkung nur insoweit abgetreten, verpfändet oder sonst übertragen werden, als derselbe der Pfändung unterliegt.

Art. 2. Eine nach §. 8, Absatz 2 des Kirchengesetzes von dem Provinzial-Konsistorium getroffene Bestimmung, an wen die vor dem Tode des Geistlichen nicht erhobenen Ruhegehaltsbeträge zu zahlen sind, steht dem Anspruche des nach dem bürgerlichen Rechte zur Hebung dieser Beträge Berechtigten nicht entgegen.

Art. 3. Die Auflösung der im §. 11 des Kirchengesetzes bezeichneten Emeriten-Zuschußfonds erfolgt durch Königliche Verordnung. Sie gehen von dem Zeitpunkte der Auflösung ab mit allen Rechten und Verbindlichkeiten auf den zu bildenden Pensionsfonds der evangelischen Landeskirche über.

Die Auflösung und der Uebergang erfolgen unbeschadet der Rechte Dritter.

Die Verwaltung und Vertretung des Pensionsfonds der evangelischen Landeskirche regelt sich nach Artikel 19 des Gesetzes vom 3. Juni 1876 (Gesetz-Samml. S. 125).

Art. 4. Gegen die Entscheidung des Evangelischen Ober-Kirchenraths über die Höhe der nach den §§. 12 bis 15 des Kirchengesetzes an den Pensionsfonds der evangelischen Landeskirche zu leistenden Beiträge findet der Rechtsweg nicht statt.

Wegen der Ansprüche auf Ruhegehalt findet der Rechtsweg gegen die Entscheidung des Evangelischen Ober-Kirchenraths nur nach Maßgabe des Gesetzes vom 24. Mai 1861 (Gesetz-Samml. S. 241) statt.

Art. 5. Die Beiträge der Geistlichen und der kirchlichen Stellen an den Pensionsfonds der evangelischen Landeskirche können im Wege der administrativen Zwangsvollstreckung beigetrieben werden.

Art. 6. Alle diesem Gesetze und den Vorschriften des Kirchengesetzes über die Gewährung von Ruhegehalt entgegenstehenden Bestimmungen, mögen dieselben in den allgemeinen Landesgesetzen, in Provinzial- oder Lokalgesetzen oder Lokalordnungen enthalten, oder durch Observanz oder Gewohnheit begründet sein, treten außer Kraft.

Insbesondere treten die Bestimmungen außer Kraft, nach welchen Geistlichen der Anspruch auf einen Emeritenantheil aus dem Pfarreinkommen zusteht, vorbehaltlich jedoch der Rechte der bereits emeritirten Geistlichen, sowie der im Amte stehenden Geistlichen, soweit der Anspruch der letzteren auf der Anstellung in ihrem gegenwärtigen Amte beruht.

Der nach Maßgabe des §. 19, Absatz 2 des Kirchengesetzes gestellte Antrag gilt als Verzicht auf diese Rechte, sowie auf den etwaigen Anspruch an einen der im §. 11 des Kirchengesetzes bezeichneten Zuschußfonds.

Art. 7. Die Geltung dieses Gesetzes für die Provinz Westfalen und die Rheinprovinz hat die Verkündung der im §. 20 des Kirchengesetzes vorbehaltenen kirchlichen Verordnung zur Voraussetzung.

Für diese Provinzen wird der Tag, an welchem dieses Gesetz in Kraft tritt, durch Königliche Verordnung bestimmt.

Für die übrigen Provinzen tritt dieses Gesetz am 1. April 1881 in Kraft.

Urkundlich unter Unserer Höchsteigenen Unterschrift und beigedrucktem Königlichen Insiegel.

Gegeben Berlin, den 15. März 1880.

(L. S.) **Wilhelm.**

Gr. zu Stolberg. v. Kameke. Hofmann.
Gr. zu Eulenburg. Maybach.
Bitter. v. Puttkamer. Lucius. Friedberg.

Instruktion zur Ausführung des Kirchengesetzes vom 26. Januar 1880, betreffend das Ruhegehalt der emeritirten Geistlichen.

Vom 29. Nov. 1880*).

(Kirchl. Ges. u. V.Bl. 1880 S. 153).

Das in dem Kirchengesetze, betreffend das Ruhegehalt der emeritirten Geistlichen vom 26. Januar 1880 (K. Ges.- u. V.-Bl. S. 37.) vorbehaltene Staatsgesetz ist unterm 15. März d. J. (Ges.-Samml. S. 216) ergangen. Da durch Art. 7 dieses Gesetzes der Tag seines Inkrafttretens auf den 1. April 1881 bestimmt ist, so wird mit diesem Tage in Betreff des Ruhegehaltswesens der Geistlichen das in gesetzlicher Geltung stehende ältere Recht, soweit es mit den obgedachten Gesetzen in Widerspruch steht, aufgehoben sein. Anstatt desselben sind die neuen gesetzlichen Bestimmungen von da ab in ihrem ganzen Umfange zur Ausführung zu bringen. Zu diesem Zweck haben wir gemäß §. 21 des K.-G. unter Mitwirkung des Generalsynodalvorstandes nachstehende Instruktion erlassen und bringen dieselbe behufs Nachachtung zur allgemeinen Kenntniß.

I. Allgemeiner Theil.

(Nr. 1 bis 4.)

1. Die Emeritirung und der Pensionsfonds.

Absicht des neuen Gesetzes ist, durch Uebernahme der künftigen Ruhegehälter auf den allgemeinen Pensionsfonds der Landeskirche die großen Mißstände zu beseitigen, welche sich für die Geistlichen und Kirchengemeinden aus dem früheren Rechtszustande ergaben. Durch die darin getroffenen Einrichtungen werden auch die Mittel dargeboten, jede wirklich nothwendige Emeritirung eines dienstunfähigen Geistlichen selbst unter Umständen herbeizuführen, welche dies bisher nicht zuließen. Gleichwohl ist es der ausgesprochene Wille des Kirchenregiments bei Vorlage des Gesetzes gewesen, durch dasselbe die Emeritirungen nicht zu begünstigen und zu vermehren. Es ist besonders hingewiesen auf das erwünschte und gesegnete Wirken alter würdiger Geistlichen in ihren Gemeinden, und darauf, daß auch ferner in geeigneten Fällen von der gesetzlich zulässigen Bestellung von Pfarrgehülfen, Substituten (vgl. A. L.-R. II. 11. §§. 515—522) Gebrauch zu machen ist.

---

*) In der Instruktion ist unter „Kirchengesetz (K.-G.)" stets das Kirchengesetz vom 26. Januar d. J. (K.G.- u. V.-Bl. S. 37), und unter „Staatsgesetz (St.G.)" das Staatsgesetz vom 15. März d. J. (Ges.-Samml. S. 216) verstanden. Bloße Zahlen-Allegate (z. B. 4, 6 2c.) bedeuten Nummern dieser Instruktion, Paragraphen-Allegate ohne weiteren Zusatz (z. B. §. 20) weisen auf das Kirchengesetz hin.

Gegenwärtig legt der Mangel an Kandidaten ohnehin eine besondere Beschränkung in Betreff der Emeritirung der Geistlichen auf. Aber auch finanzielle Rücksichten werden weiterhin immer noch eine bedeutende Berücksichtigung erfordern. Die Erfahrungen und statistischen Ermittelungen, welche den Anhalt für die dem Gesetze zu Grunde liegenden Berechnungen dargeboten haben, sind lediglich dem bisherigen Zustande entnommen. Jede Veränderung des Prinzips, welche eine wesentliche Vermehrung der Emeriten zur Folge hätte, würde daher die Basis des Gesetzes verrücken, die im kirchlichen Interesse unerwünschte Nothwendigkeit erhöhter Heranziehung der Steuerkraft der Kirchengemeinden (§. 16 des K.-G.) herbeiführen, äußerstenfalls sogar eine Gefährdung der Sicherheit des neuen Instituts zur Folge haben können.

Wie daher auch fernerhin jedes Dringen auf Emeritirung seitens der Kirchenbehörde zu unterlassen ist, sofern sie nicht unbedingt nothwendig und allseitig gesetzlich begründet erscheint, so ist auch den von Geistlichen ausgehenden Emeritirungsanträgen nur nach strengster Prüfung des Bedürfnisses und der gesetzlichen Voraussetzungen Folge zu geben.

Ungeachtet des erheblichen Interesses, welches die Verwaltung des Pensionsfonds der Landeskirche an der Frage der Emeritirung selbst hat, ist es unterlassen worden, durch einen Vorbehalt im Gesetze oder in administrativem Wege das auch hier konkurrirende allgemeine Oberaufsichtsrecht stärker als bisher zur Geltung zu bringen. Es darf vertraut werden, daß die Konsistorien die oben hervorgehobenen Gesichtspunkte vollständig würdigen und mit aller Entschiedenheit verfolgen werden.

Auch in dem sonstigen formalen Verfahren, betreffend die Emeritirung von Geistlichen, bleibt es bis auf Weiteres bei den bisherigen Bestimmungen. Wegen unfreiwilliger Emeritirungen verweisen wir auf den Erlaß des Evang. Ober-Kirchenraths vom 27. November 1854 (Aktenst. Bd. II. Seite 15 ff., vgl. auch 5 und 6 dieser Instruktion). Einige aus der Uebernahme der Ruhegehaltszahlungen auf einen Centralfonds und aus den betreffenden Kassenverhältnissen sich ergebende neue Forderungen bezüglich des Geschäftsganges werden weiter unten erwähnt.

2. Die Rechtsverhältnisse des Pensionsfonds im Allgemeinen.

Das Kirchengesetz erstreckt seine Wirkungen, abgesehen von dem vorläufigen Ausschluß der beiden westlichen Provinzen (§. 20), auf die ganze Landeskirche der älteren Provinzen. Auch innerhalb des Bereichs seiner sofortigen Geltung gestalten sich diese Wirkungen aber bis zum Ablauf einer Uebergangsperiode (§. 19) in Betreff der Frage, wer an dem Pensionsfonds betheiligt und mit welchen Rechten dies der Fall ist, nicht völlig gleichmäßig. Namentlich bleiben hinsichtlich der Höhe und Beschaffung des Ruhegehalts, der Pfarrbeiträge und der aus den letzten Pfründen emeritirter Geistlichen abzugebenden Antheile, wie hinsichtlich der Ansprüche auf Ruhegehalt und der Quellen des letzteren für gewisse Betheiligte einstweilen noch die alten Bestimmungen in Geltung.

Nach der Bestimmung des Gesetzes wird in den vorgedachten Beziehungen

A. die neue Ordnung, wie solche in den §§. 1—9, 12—15 des Kirchengesetzes zum Ausdruck kommt, für diejenigen Geistlichen Platz greifen, welche

a. nach Inkrafttreten des K.-Gesetzes ein nach §. 1 auf Ruhegehalt berechtigendes Amt erhalten, mag die Anstellung eine erste oder durch Versetzung bewirkt sein (§. 1, §. 19, Abs. 2);

b. in einem solchen Amt gegenwärtig angestellt sind und gemäß §. 19 Abs. 2 innerhalb Jahresfrist nach Verkündung des K.-Gesetzes die Verleihung des Rechts ihrer künftigen Pensionirung nach der neuen Ordnung nachsuchen;

c. bei innerhalb der evangelischen Landeskirche im Dienste der inneren oder äußeren Mission stehenden und mit Korporationsrechten versehenen Anstalten und Vereinen angestellt sind, sofern auf sie gemäß §. 3 Abs. 2 das neue Gesetz in Folge besonderen Antrags von dem Evang. Ober-Kirchenrath ausdrücklich für anwendbar erklärt wird.

Dagegen gilt in den vorbezeichneten Punkten

B. die alte Ordnung für alle übrigen Geistlichen, namentlich

a. die bereits emeritirten Geistlichen nach §. 19 Abs. 1;

b. die vor Inkrafttreten des K.-G. angestellten Geistlichen, deren Amt zwar den Voraussetzungen des §. 1 des K.-G. entspricht, die aber den Antrag, dasselbe auch auf ihre Person zur Anwendung zu bringen, in der nach §. 19 Abs. 2 vorgeschriebenen Form und Frist nicht stellen — diese jedoch nur, so lange und so weit sie nicht auf eine andere Stelle versetzt werden (vgl. A. a.);

c. die Militär- und Anstaltsgeistlichen (§. 3 Abs. 1), soweit letztere nicht unter A. c. fallen. Diese Geistlichen kommen überhaupt hier nur in Betracht, sofern sie nach Zulassung der Statuten einzelner provinzieller Emeritenzuschußfonds in den Verband dieser Fonds eingetreten waren.

In den Fällen zu B. a. und b. werden auch die betreffenden geistlichen Stellen bis zum Ableben jener Geistlichen nach altem Recht behandelt. Dieselben genießen daher so lange nicht die Beschränkung der Pfründenabgabe auf $^1/_4$ des Einkommens und auf 8 Jahre (§. 14). Auf die Verpflichtung der betreffenden Gemeinden zur Theilnahme an der allgemeinen Umlage (§. 16) hat dies Verhältniß keinen Einfluß.

Der Pensionsfonds leistet in den Fällen zu A. das gesammte Ruhegehalt (§§. 1 ff.), in denen zu B. den bisher den Provinzial-Emeritenfonds obliegenden Ruhegehalts-Zuschuß (§. 11 Abs. 2, §. 19 Abs. 2). Als eine dritte Art von Leistung kann außerdem unter den Voraussetzungen des §. 19, Schluß-Absatz, die Uebernahme der dem Amtsnachfolger obliegenden Verpflichtung zur Zahlung des Emeritenantheils eintreten (vgl. 23).

Schon jetzt im Amte stehende Geistliche, welche weder dem Verbande eines Emeritenzuschußfonds angehören, noch unter den Voraussetzungen des §. 19 Abs. 2 oder 4 in ein Rechtsverhältniß zu dem Pensionsfonds treten, haben gar keinen Anspruch an den letzteren.

3. Zuständigkeit der beim Emeritenwesen betheiligten Behörden und Organe.

Die Behörden und Organe der Landeskirche sind bei dem Emeritenwesen und der Verwaltung des Pensionsfonds in nachstehender Weise betheiligt.

A. Dem Evang. Ober-Kirchenrath bleibt vorbehalten:

a. die Vertretung des Pensionsfonds und die Leitung seiner Verwaltung, soweit dieselben nicht im folgenden ausdrücklich auf die Provinzial-Konsistorien übertragen sind, nebst allen damit in Verbindung stehenden Geschäften und Befugnissen, namentlich dem Recht zu jeder Kontrole und Anweisung der sonst betheiligten Organe (§. 18 des K.-G., Artikel 3, Abs. 3 des St.-G., Artikel 19 des Gesetzes vom 3. Juni 1876);

b. die Entscheidung höherer Instanz in allen den Provinzialbehörden (C. und D.) zukommenden Geschäften (§. 18, Abs. 3);
c. die Bewilligung und Bemessung der Ruhegehälter für Geistliche, welche aus disziplinarischen Gründen emeritirt werden (§§. 2 und 4, Abs. 3);
d. die Entscheidung darüber, ob das neue K.-G. in einzelnen Fällen auf Geistliche im Dienste der inneren oder äußeren Mission angewendet werden soll (§. 3, Abs. 2);
e. die Ertheilung der Genehmigung oder nachträglichen Billigung zu dem Eintritt von Geistlichen der Landeskirche in geistliche Aemter von Anstalten, im Dienste der inneren oder äußeren Mission und in der Seelsorge ausländischer evangelischer Gemeinden, insoweit die Anrechnung der daselbst zugebrachten Zeit (§. 5, Abs. 2) in Anspruch genommen wird;
f. die Genehmigung zur Anrechnung von Diensten in anderen Kirchengemeinschaften oder im Staatsdienst (§. 5, Abs. 4);
g. die Ueberweisung der Zahlung von Ruhegehältern auf die Kirchenbehörde und Kasse einer anderen als der ursprünglich betheiligten Provinz (10);
h. die Entscheidung über die Ermäßigung der Pfründenabgabe in den Fällen der §§. 2 und 9 (§. 14, Abs. 3) und über etwaige Verminderungen dieser Abgabe innerhalb der Leistungsdauer (18);
i. die Bestimmung über die Erhebung des jährlichen Umlagebetrags (20. §. 16).

B. Der Generalsynodalvorstand wirkt hierbei mit dem Evang. Ober-Kirchenrath zusammen zu A. a. bei der Aufstellung des Etats (§. 18), bei der Veränderung dieser Instruktion (§. 21 und Generalsynodal-Ordnung §. 36 Nr. 2) und soweit es der Evang. Ober-Kirchenrath in Betreff etwaiger vorzüglich wichtigen Fragen der Verwaltung, namentlich im Falle erheblicher Zweifel über die Auslegung des Gesetzes und dieser Instruktion für angemessen erachtet (Generalsyn.-Ordnung §. 36, Nr. 5), und ferner zu A. i. hinsichtlich der Herabsetzung der Umlagequote (§. 16, Abs. 2).

Im Uebrigen üben die Generalsynode und ihr Vorstand die ihnen nach Art. 14. 19. des Ges. vom 3. Juni 1876 und §§. 11. 34 ff. der Generalsyn.-Ordnung zugewiesenen Rechte der Kontrole aus.

C. Den Königlichen Provinzial-Konsistorien wird gemäß §. 18, Abs. 2 übertragen:

a. die Wahrnehmung aller auf die Provinz bezüglichen Interessen des Pensionsfonds der Landeskirche in erster Instanz, namentlich die Vertretung und Verwaltung der innerhalb der Provinz bestehenden Bezirks-Kassen des Pensionsfonds und in Folge dessen besonders:
b. die Vereinnahmung und fernere Verwaltung der zum Pensionsfonds fließenden Vermögenstheile der bisherigen provinziellen Emeritenzuschußfonds, soweit nicht anderes ausdrücklich angeordnet wird;
c. die kassenmäßige Festsetzung, Erhebung und Verrechnung aller sonstigen Einnahmen des allgemeinen Pensionsfonds aus dem Bereiche der Provinz, sowie die damit im Zusammenhang stehenden Beitreibungen, Ausstandsertheilungen u. dgl.;
d. die Vollmacht zur Ausstellung von Cessionen und löschungsfähigen Quittungen, sowie die Außer- und Inkurssetzung von Werthpapieren bezüglich der bei den Bezirkskassen des Pensionsfonds verwalteten Kapitalien und die Vertretung dieser Kassen im Prozesse;

e. die kassenmäßige Feststellung aller Verpflichtungen des Pensionsfonds gegenüber den der Provinz angehörigen Geistlichen und sonst Betheiligten und die Erfüllung dieser Verpflichtungen aus den in der Provinz zur Hebung gelangenden oder von der Centralkasse des Fonds (vergl. F.) zu überweisenden Mitteln;

f. die Kontrole der auf die Einnahmen und Ausgaben des Pensionsfonds einwirkenden Verhandlungen anderer Behörden in Betreff des Kassen-interesses;

g. die rechtlich wirksame Entgegennahme der Anträge bereits vor dem neuen Gesetz angestellter Geistlichen auf Zulassung zu der neuen Ordnung (§. 19, Abs. 2);

h. die Entscheidung wegen Uebernahme einer Emeritengehalts-Leistung der älteren Ordnung auf den Pensionsfonds (§. 19, Abs. 4).

D. Den Konsistorien als solchen steht zu:

a. die Versetzung der Geistlichen in den Ruhestand;

b. die Berechnung des Diensteinkommens und der danach zu bemessenden Pfarrbeiträge und Pfründenabgaben;

c. die Feststellung der Dienstzeit für Ruhegehaltsberechnungen und Nachzahlungen;

d. die Erledigung der Geschäfte, welche sich auf Ueberführung des Vermögens der aufgelösten Emeriten-Zuschußfonds ihres Bezirks an den Pensionsfonds beziehen;

e. die Vermittelung und Durchführung der zur Erhebung der Umlagen oder zur Erledigung sonstiger Leistungen aus dem Bezirke erforderlichen Geschäfte, insbesondere der Erlaß aller dahin gehörigen disziplinarischen Verfügungen.

Die Funktionen unter D. stehen auch den Gräflich Stolbergischen Konsistorien zu. Da über alle Beschlüsse und Maßnahmen der Konsistorien, welche auf die Rechte und Pflichten des Pensionsfonds unmittelbar Einfluß haben, zu den Akten des Fonds Nachricht gelangen muß, so werden die gedachten Konsistorien alle dem entsprechenden Nachrichten, namentlich die zur Verificirung der Berechnungen erforderlichen Mittheilungen dem Königlichen Provinzial-Konsistorium zugehen lassen, und andererseits den Requisitionen dieser Behörde bereitwillig entgegenkommen.

E. Die im §. 18 des K.-G. vorbehaltenen Bestimmungen über die Mitwirkung der sonstigen kirchlichen Organe, namentlich der Superintendenten, Synodal-Vorstände und Synodal-Kassen, Gemeinde-Kirchenräthe und Kirchen-Kassen zc. sind weiter unten zu den einzelnen Paragraphen des K.-G. getroffen (vgl. 16, 18, 20).

F. Das Kassenwesen des Pensionsfonds wird von der Generalkasse des Ministeriums der geistlichen Angelegenheiten als Centralkasse und Organ des Evang. Ober-Kirchenraths, sowie von den Regierungs-Hauptkassen als Bezirkskassen und Organen der Provinzial-Konsistorien versehen. In Berlin verbleibt die letztgedachte Funktion der bestehenden Konsistorialkasse (vgl. 22).

4. Beschränkung des Rechtsweges.

Gegen die in Angelegenheiten des Pensionsfonds getroffenen Entscheidungen des Evang. Ober-Kirchenraths (§. 18 d. K.-G.) ist nach Artikel 4 des Staatsgesetzes der Rechtsweg ausgeschlossen, soweit dieselben die Höhe der nach

§§. 12—15 des K.-G. zu leistenden Pfarr- und Pfründenbeiträge betreffen, und nach Maßgabe des Ges. vom 24. Mai 1861 (Ges.-Samml. S. 241) beschränkt, soweit es sich um Ansprüche auf Ruhegehalt handelt. Nach dem letztgedachten Gesetze ist es unter anderen in den betreffenden Fällen stets erforderlich, daß die Entscheidung des Evang. Ober-Kirchenraths der Klage vorausgehe. Die Klage ist an eine Ausschlußfrist von 6 Monaten gebunden und gegen das Provinzial-Konsistorium zu richten. Auch sind die Entscheidungen der kirchlichen Behörden darüber, ob und in welchem Zeitpunkt ein Geistlicher zu emeritiren ist, für die gerichtliche Beurtheilung maßgebend.

In Betreff der Umlagen gelten die allgemeinen Rechtsgrundsätze über Beschränkung des Rechtsweges gegen allgemeine Abgaben überhaupt (vgl. A. L.-R. II. 14. §§. 78 ff.).

II. Besonderer Theil.

A. Verpflichtungen (Ausgaben) des Pensionsfonds der Landeskirche.

Nr. 5—13.

5. Pensionsanspruch überhaupt (K.-G. §. 1 — vgl. §§. 2 u. 3 Abs. 2 u. §. 19).

Der §. 1 des Kirchengesetzes enthält die Voraussetzungen, unter denen die unter die neue Ordnung fallenden Geistlichen der Landeskirche (vgl. 1 u. 2) vom 1. April 1881 ab einen Rechtsanspruch auf Ruhegehalt erlangen. Danach ist dreierlei erforderlich: ein zum Bezug von Ruhegehalt berechtigendes Amt, die dauernde Dienstunfähigkeit und die wegen letzterer erfolgte Versetzung in den Ruhestand. Wo eine dieser gesetzlichen Voraussetzungen fehlt, entsteht kein Anspruch. Die Fälle des §. 2 und §. 3 Abs. 2 beruhen auf gesetzlich zugelassener Bewilligung der Kirchenbehörde. Sobald letztere gewährt ist (vgl. 6 u. 7), sind sie wie die Fälle des §. 1 zu behandeln.

Da jene Voraussetzungen wesentlich dem alten Rechte entnommen sind, so finden sie auch bei Emeritirungen der unter §. 19 fallenden Geistlichen Anwendung.

Der Beginn des Ruhestandes ist der Regel nach und bei Emeritirungen wider den Willen des Betheiligten jedesmal auf den Anfang eines Kalenderquartals (1. Januar, April, Juli, Oktober) zu setzen.

Jedes Provinzial-Konsistorium hat über die von Ausführung dieses Gesetzes ab in seinem Bereiche eintretenden Emeritirungen ein Verzeichniß (Emeriten-Verzeichniß) nach dem unter I. beiliegenden Schema (Seite 618 f.) zu führen.

Die Spalten 9—12 des Verzeichnisses sind dazu bestimmt, für die kirchliche Statistik genaues Material darzubieten.

6. Emeritirungen aus disziplinarischen Rücksichten (K.-G. §. 2).

In Betreff der rechtlichen Voraussetzungen einer Emeritirung von Geistlichen aus disziplinarischen Gründen und des dabei zu beobachtenden Verfahrens wird durch die Bestimmungen der §§. 2 und 4, Abs. 3 in dem bisher geltenden Rechte nichts geändert.

In den östlichen Provinzen erfolgt daher die Festsetzung der Emeritirung statt der erkannten, aber unausführbaren, Versetzung wie bisher durch den Evangelischen Ober-Kirchenrath, welchem auch die Bemessung des Ruhegehaltes gemäß §§. 2 und 4 Abs. 3 zusteht (vgl. Erlaß des Evang. Ober-Kirchenraths vom 27. November 1854 Abs. 3 — Aktenstücke Bd. II. S. 16).

In Fällen, wo eine freiwillige Emeritirung aus disziplinarischen Rücksichten begründet erscheint, also unter Umständen, welche zwar die Anwendung des §. 1 nicht gestatten, in denen vielmehr alle Voraussetzungen jenes disziplinarischen Verfahrens vorhanden sind und nur die Abkürzung der Verhandlungen durch freiwillige Verzichte im kirchlichen Interesse dringend wünschenswerth erscheint, ist gleicherweise nach §§. 2 und 4 Abs. 3 zu verfahren.

In den hierher gehörigen Fällen hat das Konsistorium dem Evang. Ober-Kirchenrath mit dem Antrage auf Emeritirung eines Geistlichen zugleich das bisherige Diensteinkommen desselben anzuzeigen und den als Ruhegehalt zu bewilligenden Betrag mit Gründen in Vorschlag zu bringen.

7. Ruhegehaltsberechtigung von Geistlichen im Dienste der inneren oder äußeren Mission (K.-G. §. 3 Abs. 2).

Die Bestimmung des §. 3 Abs. 2 hat den Zweck, auch den darin bezeichneten Anstalten, Vereinen und Geistlichen den Genuß der Vortheile der neuen Ruhegehaltsordnung unter gewissen Bedingungen zu ermöglichen. Voraussetzungen für die Anwendung derselben bilden, neben der im Gesetze bezeichneten Qualifikation der Personen und Verhältnisse, das nach Zweck und Bedeutung der Anstalt oder des Vereins zu bemessende ausreichende kirchliche Interesse, der besondere Antrag der Betheiligten und der Abschluß einer Vereinbarung der Verwaltung des Pensionsfonds mit denselben über die gegenseitigen Rechte und Pflichten. Die vermögensrechtlichen Verbindlichkeiten, welche die in Frage stehenden Anstalten, Vereine und Geistlichen zu übernehmen haben, müssen, soweit sich nicht Abweichungen durch die Natur der Verhältnisse von selbst ergeben, nach Inhalt und Umfang den Bestimmungen der §§. 12 bis 15 gemäß und nach Analogie der sonstigen Verhältnisse der Provinz, in der die betheiligten Korporationen und Geistlichen ihr Domizil haben, geregelt werden. Dabei ist in Betreff der Höhe des Einkommens, welches für die zu garantirenden Pfarrbeiträge und Pfründen-Abgaben, sowie für Berechnung des Ruhegehalts in Betracht kommt, und hinsichtlich der Nachtragsbeiträge für frühere Dienstzeit, darauf Bedacht zu nehmen, daß jedes mißbräuchliche Streben nach Erlangung des Minimalsatzes des Ruhegehaltes (§. 4 Abs. 2) auf Kosten des Pensionsfonds ausgeschlossen wird. Da §. 3 Abs. 2 nur eine Ermächtigung, keine Verpflichtung ausspricht, so unterliegen die Verhältnisse in jedem einzelnen Falle einer völlig freien Prüfung und Regelung seitens der Kirchenbehörde. Der Entscheidung des Evangelischen Ober-Kirchenraths geht die Prüfung des Antrags, event. weitere Instruktion der Sache und die gutachtliche Berichterstattung seitens des Provinzial-Konsistoriums voraus.

8. Berechnung des Ruhegehalts (K.-G. §. 4).

Die Höhe des Ruhegehalts richtet sich nach dem Betrage des dem Geistlichen zur Zeit der Emeritirung zustehenden Diensteinkommens und nach der Dauer seiner Dienstzeit (§. 4).

Die Abschätzung des Diensteinkommens erfolgt hier nach denselben

Grundsätzen, wie zum Zweck der Festsetzung der Pfarrbeiträge (§§. 12 und 15). In der Regel kommt daher der den letzteren zu Grunde gelegte durchschnittliche Einkommensbetrag auch hier zur Anwendung. Der nicht ein Jahr lang durch Pfarrbeiträge versteuerte Theil des Einkommens, d. h. der etwa erst im Laufe des letzten Dienstjahres hinzugekommene oder angemeldete Betrag einer Einkommenserhöhung, ist jedoch in Abzug zu bringen (§. 15 Nr. 2)*). Gegen diese Grundlage können seitens des zu emeritirenden Geistlichen Einwendungen mit Erfolg nicht erhoben werden. Dagegen kann das Konsistorium, wenn sich bei den Pensionirungs-Verhandlungen gegen Uebereinstimmung der bisherigen Abschätzung mit dem wirklichen Diensteinkommen (§. 15 Nr. 2 cit.) wesentliche Bedenken geltend machen, eine neue Ermittelung vornehmen.

Die Dienstzeit kommt nur nach der Zahl der vollen zurückgelegten Dienstjahre in Rechnung. Bei der Festsetzung ist in der Regel nur auf diejenige Zeit Rücksicht zu nehmen, welche für die Zahlung der Pfarr-Beiträge des zu emeritirenden Geistlichen zum Pensionsfonds (§§. 12. 13. 19.) maßgebend gewesen ist (vgl. 9 und 17). Eine nachträgliche neue Feststellung hat nur in außergewöhnlichen Fällen einer früheren offenbar irrigen Behandlung stattzufinden. Eintretendenfalls ist streng auf sofortige Berichtigung aller etwa schuldig gebliebenen Nachzahlungen (§§. 13. 19.) für längere Dienstzeit zu halten.

Unter Nebenämtern, deren Ruhegehalt nach §. 4 Abs. 2 in Anrechnung gebracht wird, sind nur öffentliche Aemter, welche einem Geistlichen mitübertragen waren, zu verstehen. Die aus besonderen örtlichen Einrichtungen fließenden Benefizien für Emeriten kommen nach §. 17 bei Bemessung des Ruhegehalts nicht in Betracht.

Die Höhe des Ruhegehalts ist dem Betheiligten sogleich bei Genehmigung oder Anordnung der Emeritirung (vgl. 3 unter D.) mitzutheilen. Für etwaige Beschwerden gegen diese Festsetzung ist in jedem Falle zugleich mit derselben eine in der Regel nicht über vier Wochen auszudehnende kurze Frist zu bestimmen (vgl. Erlaß des Evangelischen Ober-Kirchenraths vom 27. November 1854 lit. c. — Aktenst. Bd. II. S. 15 ff.).

Ueber die Zahlung des Ruhegehalts vgl. 10. Wegen der sonst aus dem Pensionsfonds zu zahlenden Benefizien vgl. 2 und 23.

9. **Berechnung der Dienstzeit** (K.-G. §. 5).

Die für das Ruhegehalt (8) und die Nachtragsbeiträge (17) in Betracht kommende frühere Dienstzeit jedes nach der neuen Ordnung zu behandelnden Geistlichen ist in allen Fällen, auch in denjenigen des §. 3, Abs. 2 und §. 19, Abs. 2 sogleich bei dessen Eintritt in das rechtliche Verhältniß zum Pensionsfonds nach den Vorschriften des §. 5 des K.-G. von Amtswegen genau zu ermitteln. Zu diesem Zwecke ist eine bestimmte Erklärung des Betheiligten und eventuell ein Verzicht desselben (K.-G. §. 13) auf Anrechnung früherer Dienstzeit zu erfordern. In der betreffenden Verfügung ist eine angemessene Frist für diese Erklärung zu bestimmen mit der Androhung, daß die Versäumung derselben als Verzicht auf die Anrechnung der früheren Dienstzeit gelten müsse.

Die außer Dienst oder in einem vom §. 5 nicht bezeichneten Dienstverhältnisse zugebrachte Zeit ist nach ihrer ganzen Dauer in Abzug zu bringen. Bloße Beurlaubungen sind hierher nicht zu rechnen.

---

*) Findet selbstverständlich im ersten Jahre der neuen Rechtsgestaltung keine Anwendung.

Wollen Geistliche der Landeskirche in den §. 5, Abs. 2 am Schluß erwähnten Fällen die Anrechnung ihrer außerhalb derselben geleisteten Dienste sicher stellen, so haben sie die Genehmigung des Evang. Ober-Kirchenraths (3. A. e.) vor Antritt der betreffenden Stellungen, oder, falls dieser schon stattgehabt hat, baldigst nachzusuchen, auch, falls diese Genehmigung weiterhin nur auf eine bestimmte Reihe von Jahren ertheilt werden sollte, den Antrag event. rechtzeitig zu wiederholen. Die durch das Gesetz zugelassene nachträgliche Billigung wird zunächst nur für die bereits vor Inkrafttreten des Kirchengesetzes abgelaufene Dienstzeit in Betracht gezogen werden. Für die Zukunft würde dergleichen nachträgliche Billigung nur unter besonderen Umständen ausnahmsweise ertheilt werden können.

Die Bestimmungen der Pfarrwahlordnung vom 2. Dezember 1874 stimmen mit denjenigen des §. 5 nicht überein. Dies ist bei Anwendung des letzteren genau zu beachten. Besonders zu erwähnen ist hier nur, daß nach den Motiven zu §. 5 die Thätigkeit als Privatdozent unter seine Normen nicht zu subsumiren ist, auch wenn dem Dozenten der Titel „Professor" verliehen war.

Im Falle der Versetzung eines Geistlichen aus einer der landeskirchlichen Provinzen in eine andere hat das Konsistorium der ersteren die neue Kirchenbehörde über seine Dienstverhältnisse auf Grund der stattgehabten Feststellungen von Amtswegen zu benachrichtigen.

10. Zahlung des Ruhegehalts (K.-G. §. 6).

Die Zahlung des Ruhegehalts läuft vom Tage der Emeritirung ab und ist nach Kalenderquartalen postnumerando zu leisten. Die für die Quittung erforderliche Bescheinigung hat sich auf das Leben und die Unterschrift des Emeritus zu erstrecken. Dieselbe kann innerhalb Preußens von jeder zur Führung eines öffentlichen Siegels befugten Person ausgestellt werden. Geistliche haben dies unentgeltlich zu thun. Für Bescheinigungen, welche außerhalb Preußens ausgestellt werden, kann notarielle oder gerichtliche Beglaubigung gefordert werden.

Die Zahlung erfolgt auf Anweisung des Provinzial-Konsistoriums, in dessen Bereich die Emeritirung eingetreten ist, auf die im §. 6 bezeichnete Art durch die betreffende Bezirkskasse des Pensionsfonds (3. F.). Die Ueberweisung an die Bezirkskasse einer anderen Provinz im Falle der Domizilverlegung bedarf der Genehmigung des Evang. Ober-Kirchenraths (vgl. 3. A. g.). Verzieht der Emeritus nach einem außerhalb des Geltungsbereichs dieser Instruktion gelegenen Orte, so leistet die zuletzt verpflichtete Bezirkskasse nach §. 6 weiter.

Bei Anweisung der Pension ist stets gleichzeitig festzustellen, ob der Emeritus noch Nachtragsbeiträge (vgl. 17 und §. 13, Abs. 2) zu zahlen hat. Event. hat der Emeritus den Rückstand thunlichst baar zu leisten, wie das Gesetz in erster Linie verlangt. Spricht nach dem Ermessen der Behörde ein dringendes Bedürfniß für eine Tilgung im Wege der Anrechnung auf das Ruhegehalt, so ist auch dabei auf eine möglichst baldige Erledigung Bedacht zu nehmen, jedoch in der Regel dem Emeritus mindestens ein Betrag von der Höhe eines Drittels der Pfarrpfründen-Einkünfte frei zu lassen.

Der Kassnordre wegen Zahlung des Ruhegehalts wird eine Ruhegehalts-Nachweisung nach dem unter II. anliegenden Schema (Seite 618 f.) beigefügt. Beglaubigte Abschrift dieser Nachweisung nebst einer Berechnung der etwa noch zu leistenden Nachtragsbeiträge ist im Falle der Ueberweisung an die Bezirkskasse einer anderen Provinz (Abs. 2) auch der Requisition an das betreffende Konsistorium anzuschließen.

11. Abtretung und Verpfändung des Ruhegehalts (K.=G. §. 7).

Der Vorbehalt in §. 7 des Kirchengesetzes findet durch das Staatsgesetz Art. 1 seine Erfüllung.

12. Leistung des Ruhegehalts im Todesfall (K.=G. §. 8).

Wird das Ableben eines Geistlichen, welcher ein dem §. 4 entsprechendes Ruhegehalt bezieht, und das Vorhandensein einer Wittwe oder ehelicher Nachkommen desselben nachgewiesen, so wird das Ruhegehalt noch für den Sterbemonat und den darauf folgenden Kalendermonat, falls solche Hinterbliebene nicht vorhanden sind, nur für den Sterbemonat gewährt. Alle weitergehenden Rechte der Hinterbliebenen von Emeriten auf das Ruhegehalt derselben, wie sie bisher in einzelnen Landestheilen bestanden, sind für künftige Fälle, welche nach der neuen Ordnung zu behandeln sind, gemäß §. 22 des K.=G. und Art. 6 des St.=G. aufgehoben. In der betreffenden Kassenordre ist gleichzeitig der Wegfall des Ruhegehalts anzuordnen.

Die Vorschrift in Abs. 2, nach welcher das Provinzial=Konsistorium zu bestimmen hat, an wen die nach dem Tode des Emeritus noch fälligen Raten des Ruhegehalts zu zahlen sind, ist nur zum Zweck thunlichster Vermeidung der oft weitläufigen und kostspieligen Legitimationsführung gegeben. Dadurch ist der materielle Rechtsanspruch der Hinterbliebenen an sich und das Rechtsverhältniß derselben unter einander nicht geändert. In Betreff der vor dem Tode des Geistlichen nicht erhobenen Ruhegehaltsbeträge ist die Geltendmachung jenes Anspruchs den nach dem bürgerlichen Rechte Berechtigten durch Art. 2 des Staatsgesetzes ausdrücklich vorbehalten. Die Konsistorien haben hierauf zu achten und für die möglichste Sicherung der in Betracht kommenden privatrechtlichen Interessen durch die von ihnen zu treffende Auswahl des Empfängers aus dem Kreise der Betheiligten Sorge zu tragen.

Beim Tode eines pensionsberechtigten Geistlichen muß gleichzeitig die Ausfüllung der bezüglichen Rubriken des Emeriten=Verzeichnisses (vgl. 5) veranlaßt werden, eventuell durch Requisition des Provinzial=Konsistoriums, bei welchem die erste Eintragung erfolgt ist.

13. Gänzlicher oder theilweiser Verlust des Ruhegehalts=Anspruchs. (K.=G. §. 9).

Im Falle des §. 9 Abs. 1 beginnt die Verminderung des Ruhegehalts mit dem Zeitpunkt, von welchem ab der Geistliche in den Genuß des anderweiten Diensteinkommens tritt. Im Falle des Abs. 2 ist der Eintritt der Rechtskraft einer ergangenen Entscheidung oder der Termin der freiwilligen Entsagung auf die Rechte des geistlichen Standes in der evangelischen Kirche maßgebend. Letztere kann auch thatsächlich, z. B. durch Austritt aus der Kirche stattfinden.

B. Rechte (Einnahmen) des Pensionsfonds der Landeskirche.

Nr. 14—21.

14. Die Einnahmen des Fonds im Allgemeinen (K.=G. §. 10).

Das Kirchengesetz giebt in §. 10 einen Ueberblick über die Einnahmen des Fonds.

Während die unter Nr. 2 bis 5 erwähnten Quellen weiterhin in besonderen Abschnitten behandelt werden (15—20), ist hier zu Nr. 1 anzuführen, daß aus Staats- und anderen öffentlichen Fonds dem Pensionsfonds der Landeskirche einstweilen nur die bisher den Provinzial-Emeritenfonds aus dem Dispositionsfonds der evangelischen Kirche gewährten Zuschüsse und der von dem Brandenburgischen Emeritenfonds aus dem Pensionsfonds für Geistliche und Lehrer bisher bezogene Zuschuß zufließen werden. Von der Auflösung der Emeritenfonds an (§. 11 K.-G. und Art. 3 St.-G.) werden diese Posten unmittelbar an die Centralverwaltung des Pensionsfonds der evangelischen Landeskirche gezahlt und kommen daher abweichend von den sonstigen Einnahmen jener Fonds (vgl. 15) bei den Provinzial-Verwaltungen in Wegfall.

Im Allgemeinen bemerken wir über Einnahmen des Pensionsfonds hier noch Folgendes:

Alle Geldsendungen an den Pensionsfonds sind portofrei zu bewirken, und zwar bei Einzahlungen seitens der verpflichteten Geistlichen, Pfarrstellen, Kirchen-Gemeinden resp. Kirchen-Kassen 2c. an die geordneten, mit der Aufsammlung betrauten amtlichen Stellen (16. 18. 20) auf Kosten jener Verpflichteten, dagegen bei der Weiterbeförderung seitens der nur vermittelnden Stellen unter Entnahme des Portobetrages aus den Geldsendungen. Jeder der letzteren ist ein den Absender, sowie ihren Betrag und Zweck deutlich bezeichnender Lieferzettel beizufügen. Bei Benutzung von Postanweisungen kann derselbe auf den Abschnitt der Anweisung gesetzt werden. Von bekannt gewordenen Veränderungen in Personen und Verhältnissen, welche auf die Leistungsbeträge Einfluß haben, ist von den Einsendern dem Provinzial-Konsistorium gleichzeitig Anzeige zu machen.

Alle Betheiligten haben im Interesse einer geordneten Verwaltung und behufs Ermöglichung prompter Zahlungen seitens des Pensionsfonds auf pünktliche Erfüllung aller Verpflichtungen gegen denselben Bedacht zu nehmen. Leistungsrückstände sind nach Ablauf von vier Wochen nach dem Verfalltage durch disziplinarisches Einschreiten oder im Wege administrativer Zwangsvollstreckung (vgl. Art. 5 des Staatsgesetzes, sowie Art. 17 Abs. 4 und 27 Abs. 2 des Gesetzes vom 3. Juni 1876 und Verordnung vom 7. September 1879 über das Verwaltungszwangsverfahren — Ges.-Samml. S. 591 —) einzuziehen.

Die Einlegung einer Beschwerde berechtigt die Betheiligten nicht zur einstweiligen Verweigerung der Zahlung, sofern die Behörde, über welche Beschwerde geführt wird, oder die vorgesetzte Instanz nicht selbst eine Sistirung anordnet. Die Zahlung ist vielmehr in Aussicht auf die event. Rückerstattung des zu Unrecht erhobenen Betrages zu betreiben.

Wegen der Aufsammlung von Kapitalien (§. 10 Nr. 2) vergl. 15.

15. Auflösung der bisherigen Provinzial-Emeritenfonds (K.-G. §. 11).

Die in §. 11 des K.-G. erwähnte Auflösung der bisherigen provinziellen Emeriten-Zuschußfonds ist gemäß Art. 3 des St.-G. durch die Königliche Verordnung vom 1. Juni d. J. (Ges.-Samml. S. 267) auf den 1. April 1881 festgesetzt. Mit diesem Zeitpunkte geht lediglich nach dem Gesetze und ohne daß es eines weiteren Rechtsaktes bedarf, das gesammte Vermögen dieser Fonds mit allen bereits entstandenen Rechten und Verbindlichkeiten auf den Pensionsfonds der Landeskirche über. Dasselbe bleibt, soweit nicht ausdrücklich seitens der

Central-Verwaltung ein Anderes bestimmt wird (vgl. 14), in der Verwaltung der Königl. Provinzial-Konsistorien.

Vom 1. April 1881 ab sind die Emeriten-Zuschußfonds geschlossen. Aus der späteren Zeit werden weder Einnahmen ihnen zugeführt, noch Ausgaben aus ihnen bestritten. Die von da ab in Wirksamkeit tretenden Bezirks-Kassen des Pensionsfonds (3 F.) sind hinsichtlich derjenigen Einnahmen und Ausgaben, welche auf die nächsten Monate fallen, frühzeitig mit genügender Anweisung zu versehen (vgl. 23 Abs. 7). Wegen der in einzelnen Provinzen am 1. April 1881 im Voraus zu leistenden Emeritenzuschüsse geschieht dies bereits am 15. März 1881.

Die Kassenbücher der bisherigen Emeritenfonds sind zum Zweck der nachträglichen Einziehung solcher Einnahmen, welche den Fonds bis zu jenem Tage zustehen, und zum Zweck der nachträglichen Leistung solcher Ausgaben, welche aus der vorangegangenen Zeit den Fonds obliegen, noch 4 Wochen offen zu halten. Am 30. April 1881 erfolgt allgemein der Abschluß der Kassenbücher. Rückstände von Leistungen an die früheren Fonds oder aus denselben werden in Resteinnahme resp. Restausgabe gebucht. Seitens der bisherigen Verwaltungsbehörden der Fonds ist mit allem Nachdruck darauf hinzuwirken, daß sämmtliche Kassengeschäfte bis zum Abschlußtage abgewickelt werden. Nach Abschluß der Kassenbücher werden die bei den Fonds verbliebenen Vermögens-Bestände an die am Sitze des Provinzial-Konsistoriums bestehenden Bezirks-Kassen des Pensionsfonds (3 F. u. 22) abgeführt und die Einnahme- und Ausgabereste in die Kassenbücher derselben übertragen. Die bisherigen Kassenführer fertigen zu diesem Zweck einen die fraglichen Posten genau aufführenden Manual-Extrakt an. Derselbe ist nach kalkulatorischer Prüfung und Feststellung binnen 8 Tagen nach dem Abschluß durch Vermittelung des Provinzial-Konsistoriums, welches eine Abschrift zurückbehält, an den Evangelischen Ober-Kirchenrath einzureichen. Innerhalb 8 Wochen nach diesem Abschluß muß die Rechnung über den aufgelösten Fonds bis zum Ende der Verwaltung gelegt sein. Die Rechnung wird durch das Provinzial-Konsistorium sofort revidirt. Innerhalb weiterer 14 Tage wird von dieser Behörde ein Duplikat der Rechnung mit speziellem Vermögensverzeichniß und Angabe derjenigen Monita, auf Grund deren dem aufgelösten Fonds noch etwa Einnahmen oder Ausgaben erwachsen, dem evangelischen Ober-Kirchenrath eingereicht.

Derselbe Geschäftsgang wird mit den sich aus den Verhältnissen von selbst ergebenden Abweichungen auch für den Abschluß der durch obige Gesetzesbestimmungen ausdrücklich mit aufgelösten bisherigen Emeritenzuschußfonds für die Grafschaften Stolberg und für die Oberlausitz zu beachten sein. Ihr zum Pensionsfonds der Landeskirche fließendes Vermögen ist an die Königl. Provinzial-Konsistorien (vgl. Abs. 3) abzuführen. Die Werthpapiere sind in diesen Fällen vor der Ablieferung in Kurs zu setzen. An die bisherigen Verwaltungsbehörden der vorgedachten Fonds ergehen in der Sache diesseits besondere Zuschriften

Die den aufgelösten Emeritenfonds gehörigen geldwerthen Papiere und Hypothekendokumente verbleiben bis auf weitere Anordnung in der Verwahrung der Provinzial-Konsistorien (3. F.). Einer Umschreibung der auf den Namen der provinziellen Emeritenzuschußfonds lautenden Hypotheken bedarf es in Folge des Gesetzes vorerst nicht.

Die Aufsammlung vermehrter Kapitalien, wie sie der §. 10 Nr. 2 des K.-G. vorsieht, findet bei den Bezirkskassen des Pensionsfonds nicht statt. Jedoch sind überschüssige, aber wegen künftiger Leistungen nicht an die Centralkasse abzuführende Gelder soweit thunlich auf sichere, die baldige Wiedereinziehung des Betrages ermöglichende Art einstweilen zinsbar anzulegen. Nach §. 11, Abs. 3 soll das Kapitalvermögen der früheren Provinzial-Emeritenzuschußfonds den Reservefonds des allgemeinen Pensionsfonds bilden. Dasselbe ist daher in seinem Bestande zu erhalten und, wenn vorschußweise angegriffen, stets wieder zu ergänzen. Die betreffenden Kapitalien sind, falls sie abgetragen werden sollten, nach den für Mündelgelder bestehenden Vorschriften wieder zur sicheren, womöglich hypothekarischen Ausleihung zu bringen.

Wegen der ferneren Erfüllung der Verpflichtungen der früheren Emeritenzuschußfonds (§. 11 Abs. 2 des K.-G.) vgl. 23.

16. Pfarrbeiträge (K.-G. §. 12).

Die Pfarrbeiträge des vorliegenden Gesetzes unterscheiden sich in einigen Punkten von den bisherigen Leistungen der Geistlichen zu den Provinzial-Emeritenzuschußfonds. Durch §. 15 Nr. 1 u. 4 ist für die Berechnung derselben eine veränderte Veranschlagung des Pfarreinkommens vorgeschrieben. Die Verpflichtung zur Leistung dieser Beiträge liegt — soweit nicht für die Uebergangszeit (§. 19) die den früher angestellten Geistlichen ausdrücklich vorbehaltenen Rechte zu einer Ausnahme führen — allen Pfarrstellen und ihren Inhabern ohne Ausnahme gesetzlich ob. Der Prozentsatz für ein Einkommen von 4000 ℳ und darüber beläuft sich höher als bisher. Der erhöhte Satz bezieht sich in diesen Fällen auf das ganze Einkommen. So lange die Pfründenabgabe (§. 14) zu zahlen ist, wird deren Betrag bei Berechnung des Pfarrbeitrags vom Pfarreinkommen abgesetzt. Die Zahlung dieser Beiträge findet nach §. 12 Abs. 2 überall in vierteljährlichen Raten praenumerando statt.

Bei Feststellung der Pfarrbeiträge (vgl. 3 unter D. b. und C. c.) ist vorzusehen, daß dieselben sich in vier gleiche Vierteljahresrdten vertheilen lassen. Bruchpfennige kommen bei den letzteren in Wegfall.

Die Beiträge derjenigen bereits im Amte befindlichen Geistlichen, welche auch ferner nach der älteren Ordnung zu behandeln sind (vgl. 2 unter B.), bestehen in bisheriger Höhe fort, sofern nicht aus Anlaß einer etwa eintretenden Veränderung des Diensteinkommens der Betrag nach den Statuten des bisherigen Provinzial-Emeritenfonds einer neuen Festsetzung unterworfen werden müßte. Auch die Beiträge, welche nach diesen Statuten von den emeritirten Geistlichen gezahlt werden, sind gemäß §. 19 Abs. 1 bis zu deren Ableben zu entrichten, selbst dann, wenn ihr Emeritengehalt gemäß §. 19 Abs. 4 auf den neuen Pensionsfonds übernommen werden sollte. Dies gilt in gleicher Weise für die künftig noch nach dem alten Rechte zu regelnden Emeritirungsfälle. Ebenso haben Militärgeistliche und Geistliche öffentlicher Anstalten, wo sie nach den Statuten der Provinzial-Emeritenfonds den letzteren als Mitglieder angehören, ihren Beitrag fortzuentrichten, falls sie nicht durch Austritt aus dem bisherigen Verhältniß auf den künftigen Emeritenzuschuß verzichten wollen.

Die Pfarrbeiträge sind bis auf Weiteres ebenso, wie es bisher schon bei den meisten Provinzial-Emeriten-Zuschußfonds geschehen ist, event. nach der von den Provinzial-Konsistorien festzustellenden Ordnung, jedoch spätestens bis zum Ablauf des ersten Monats in jedem Vierteljahre, von den Verpflichteten an die Superintendenten einzuzahlen und von diesen bis zur Mitte des zweiten Quartal-Monats an die Bezirks-Kasse des Pensionsfonds (3 F.) abzuführen. Für den Gräflich Stolbergischen Bezirk bleibt vorbehalten, nach Anhörung der Gräflichen Konsistorien besonders zu bestimmen, welche Mitwirkung seitens der letzteren hierbei eintritt.

Alles Vorstehende gilt auch von den Nachtragsbeiträgen (vgl. 17 und 23).

Vakanzfälle im Sinne des §. 12 Abs. 3 liegen vor, es mag eine Gnadenzeit laufen oder nicht.

Der Superintendent ist befugt, sich zu der jene Einziehung und Versendung von Pfarrbeiträgen betreffenden Geschäftsführung der Beihülfe des Rendanten und der Einrichtungen der Kreissynodal-Kasse zu bedienen.

Die Provinzial-Konsistorien führen über die Pfarrbeiträge eine Hebeliste nach dem unter III. beiliegenden Schema (Seite 618 f.). Dieselben theilen jährlich oder in sonst angemessenen Zeiträumen den Superintendenten vollständige Auszüge von dieser Liste für ihre Bezirke mit und setzen sie überdies hinsichtlich etwaiger in der Zwischenzeit eintretender Veränderungen durch ausreichende Benachrichtigung in den Stand, diese Auszüge in Uebereinstimmung mit der Liste des Konsistoriums zu halten.

In der Hebeliste ist auch die Beitragsleistung derjenigen Geistlichen oder geistlichen Stellen, Anstalten und Vereine zu verzeichnen, welche auf Grund des §. 3 Abs. 2 in ein Verhältniß zum Pensionsfonds der evangelischen Landeskirche eintreten.

Neben dieser Hebeliste ist, so lange das Bedürfniß dauert, das bisherige Heberegister über die dem früheren Provinzial-Emeritenfonds angehörigen Mitglieder, welche nicht in die neue Ordnung eintreten (§. 19), und die von den letzteren zu zahlenden Beiträge fortzuführen. Für die Provinz Schlesien wird dasselbe durch die Aufnahme der Mitglieder des bisherigen Oberlausitzer Emeritenfonds und für die Provinz Sachsen durch die Aufnahme der Mitglieder der bisherigen Emeritenfonds für die Grafschaften Stolberg-Roßla und Stolberg-Stolberg vervollständigt. Sobald der Inhaber einer Pfarrstelle die Berechtigung auf ein nach §. 4 zu gewährendes Ruhegehalt erwirbt, wird die betreffende Pfarrstelle im alten Heberegister gelöscht und in die neue Hebeliste übertragen.

17. Nachzahlung von Pfarrbeiträgen (K.-G. §. 13).

Die gemäß §§. 13 und 19 des K.-G. zu leistenden Nachtragsbeiträge sind bei Feststellung des laufenden Pfarrbeitrags (§. 12) sogleich mit zu berechnen und sowohl nach ihrer Gesammtsumme, als auch nach den jährlich abzuzahlenden Raten genau zu regeln. Sofern die Verpflichteten nicht zu einer weitergehenden Jahresleistung bereit sind, werden die nach §. 13 zu bemessenden Nachzahlungen auf den doppelten, die nach §. 19 Abs. 3 zu leistenden auf den einfachen Betrag des daneben zu leistenden laufenden Beitrages festgesetzt und danach der Zeitpunkt bestimmt, nach dessen Eintritt die Nachtragszahlung jedenfalls beendigt sein muß. Eine raschere Abzahlung der Rückstände ist den Verpflichteten jederzeit gestattet. Bei Steigerung des laufenden Beitrages ist auch die Rate der Nachtragsleistung zu erhöhen. Ein Ausstand für die Berichtigung der Nachtragsbeiträge darf nur ausnahmsweise, besonderer und dringender Umstände halber eintreten.

Bei Berechnung der Nachtragsbeiträge ist genau auf das zu §. 5 in Betreff Feststellung der Dienstzeit Gesagte zu achten. Für die Höhe dieser Beiträge ist nach §. 13 (vgl. §. 3 Abs. 2) die ganze Dauer der als Dienstzeit angerechneten früheren Verhältnisse und das zuletzt bezogene, eventuell das neue Diensteinkommen maßgebend. Nur in den Fällen des §. 19 Abs. 2 kommen die zehn ersten Dienstjahre, obgleich sie nach §. 5 anzurechnen sind, für die Nachtragsleistung nicht in Betracht. Ueberdies wird in den letztgedachten Fällen für die Zeit nach Ablauf jener ersten zehn Jahre das jedesmalige Einkommen der früheren Stellen der Berechnung zu Grunde gelegt, auch das zum provinziellen Emeritenfonds Gezahlte in Abzug gebracht. Geistliche, welche unter die Bestimmung des §. 19 Abs. 2 fallen, sind daher von Nachtragsbeiträgen überhaupt befreit, wenn sie in einer an sich nach §. 1 des Gesetzes zu behandelnden Stelle nur 10 Jahre oder darunter angestellt gewesen sind, oder wenn sie während der ganzen für die Nachtragszahlung in Betracht kommenden Zeit weniger als 4000 ℳ Einkommen bezogen und 1 Prozent des letzteren zum Provinzial-Emeritenfonds gezahlt haben. Andernfalls zahlen sie an Nachtragsbeitrag für die den Zeitraum von 10 Jahren übersteigende Zeit, innerhalb deren sie 4000 ℳ und darüber an Einkommen bezogen haben, $^1/_2$ resp. 1 pCt. von ihrem früheren Einkommen nach (§. 12, Abs. 1).

Wenn Militärgeistliche und Geistliche öffentlicher Anstalten (§. 3 Abs. 1), welche an einem Provinzial-Emeritenfonds betheiligt waren (vgl. 2 unter B. c.), in ein nach §. 1 des Kirchenges. auf Ruhegehalt berechtigendes Pfarramt versetzt werden, so findet für sie der §. 13 Anwendung. Die früheren Leistungen zum Emeritenfonds werden aber auf die Nachtragsbeiträge zum Pensionsfonds der Landeskirche angerechnet.

18. Pfründenabgabe (K.-G. §. 14).

Die Konsistorien haben die Regelung der nach §. 14 von den Pfarrstellen zu entrichtenden Pfründenabgabe in jedem Emeritirungsfall so zeitig zu bewirken, daß die Leistung von vornherein aus den Hebungen der Pfarrstelle entnommen werden kann, welche dem jedesmaligen Zeitabschnitt der Verpflichtung entsprechen. Der Betrag und die Zahlungsart ist dem Gemeinde-Kirchenrath unter dem Bemerken mitzutheilen, daß er etwaige Einwendungen und Beschwerden innerhalb einer sogleich zu stellenden kurzen, und längstens auf sechs Wochen zu bemessenden Ausschlußfrist dagegen geltend zu machen habe.

Das abzugebende Viertel des Pfründen- oder etatsmäßigen Einkommens (§. 15) ist in der Art auf Mark abzurunden, daß 50 Pfennige und mehr als eine volle Mark angerechnet, geringere Beträge außer Ansatz gelassen werden. Bei der Berechnung ist, soweit nicht wesentliche Gründe ein Anderes bedingen, der den bisherigen Pfarrbeiträgen zu Grunde liegende Anschlag zu berücksichtigen. Persönliche Zulagen sind hier jedoch außer Ansatz zu lassen (§. 15 Nr. 1 und 5).

Der endgültig festgesetzte Betrag der Pfründenabgabe erleidet der Regel nach keine Aenderung. Sollte während der Dauer ihrer Leistung eine dauernde Verminderung des Pfründeneinkommens eintreten, welche nach dem Ermessen des Konsistoriums eine anderweite Regelung jener Abgabe im Interesse der Existenz des Nachfolgers erforderlich macht, so ist darüber die Entscheidung des Evang. Ober-Kirchenraths einzuholen (vgl. 3 unter A. h.).

Nach §. 14 Abs. 1 K.-G. u. Art. 4 St.-G. ist der Kirchenbehörde unter Ausschluß des Rechtsweges (vgl. 4) die Befugniß beigelegt, Zeit und Art der jährlichen Leistung der Pfründenabgabe zu bestimmen. Dies hat den doppelten Zweck, zunächst den Fonds wegen seiner Hebungen möglichst sicher zu stellen, sodann auch bei der Regulirung der Zahlungen billige Rücksicht auf die leistungspflichtige Stelle und ihren Inhaber in Betracht kommen zu lassen. Es wird hiernach sowohl die Auswahl der zur Deckung der Verpflichtung geeigneten Einkommenstheile, als auch Zahlungstermin und Höhe der etwaigen Leistungs-Raten und Art ihrer Abführung sorgfältig zu bestimmen sein.

Die Pfründenabgabe ist durch den Gemeinde-Kirchenrath unter Beachtung vorgedachter Bestimmungen der Kirchenbehörde unmittelbar an die Bezirkskasse des Pensionsfonds (3. F.) einzusenden.

Ueber die Pfründenabgaben ist ein besonderes Register (Pfründenabgabe-Register) nach dem unter IV. beigefügten Schema (Seite 618 f.) zu führen. Auch in den darüber zu erlassenden Kassenordres, sowie in den Kassenbüchern und Rechnungen ist genau die Dauer der Zahlung nach Anfangs- und Endtermin, sowie der Zahlungsmodus anzugeben. In den Kassenbüchern sind die Pfründenabgaben von den ebenfalls in Pfründenantheilen bestehenden Hebungen aus §. 19 Abs. 4 durch Verzeichnung in besondere Abtheilungen zu trennen (vgl. 23).

19. Berechnung des Diensteinkommens (K.-G. §. 15).

Die Berechnung des Diensteinkommens zu allen nach Vorstehendem für die neue Ordnung in Betracht kommenden Zwecken erfolgt nach den Grundsätzen des §. 15 des Kirchengesetzes.

Für die Festsetzung der Kirchenbehörden (3 unter D. b.) bildet die von den Geistlichen aufgestellte spezifizirte Einkommensnachweisung, welche von den Gemeinde-Kirchenräthen als richtig zu bescheinigen und von den Superintendenten zu begutachten ist, die Grundlage. Die Konsistorien haben eine Prüfung dieser Nachweisung zu veranlassen und sind befugt, darin die ihnen begründet erscheinenden Aenderungen vorzunehmen. Denselben bleibt überlassen, über letztere vorher die Aeußerung des Kreissynodal-Vorstandes zu erfordern, namentlich wenn der Nießbraucher oder die sonstige Vertretung der Stelle es beantragen.

Das Gesetz selbst giebt in §. 15 unter Nr. 1 bis 5 nur wenige genau zu beachtende Normen für die Abschätzung des Diensteinkommens. Zu denselben ist Folgendes zu bemerken.

Als „auf Amtsdauer bewilligte" persönliche Zulagen (Nr. 1) sind auch alle Zulagen zu behandeln, welche nach dem Ermessen der Behörde mit der Absicht der Weiterbewilligung auf Dienstzeit oder bis zur anderweiten Einkommenserhöhung verliehen worden sind, wenngleich die betr. Anweisung nach dem Rechtsverhältnisse der betr. Fonds immer nur auf eine bestimmte Zeitdauer oder auf Widerruf lauten sollte.

Wegen Nr. 2 vgl. oben 8.

Ausländisch im Sinne der Nr. 3 ist jede außerhalb der Landeskirche der älteren Provinzen gelegene Gemeinde.

Auf Nr. 4 ist bei dem Eintritt von Inhabern kombinirter Stellen in die neue Ordnung genau zu achten.

Bei Nr. 5 werden die 10 % auch von den Zulagen (Nr. 1) berechnet.

Im Uebrigen werden bei der Abschätzung der Pfarreinkünfte folgende allgemeine Regeln im Auge zu behalten sein:

a. für Dienstgrundstücke, welche auf mehrere Jahre verpachtet sind, ist der jedesmalige Pachtzins mit dem ortsüblichen Werth vertragsmäßiger Nebenleistungen, bei jährlichen Verpachtungen ein 6jähriger Durchschnitt zum Ansatz zu bringen;

b. der Werth selbstbewirthschafteter Grundstücke wird nach den in der Gegend üblichen mittleren Pachtpreisen berechnet;

c. die Abschätzung der Naturalbezüge an Getreide, Holz, Fleisch 2c. erfolgt nach den in der Gegend üblichen örtlichen Mittelpreisen, eventuell nach den Durchschnittssätzen der Martini-Marktpreise in der Kreisstadt;

d. der Berechnung der Stolgebühren ist ein 6jähriger Durchschnitt zu Grunde zu legen:

e. die auf der Pfarrpfründe haftenden Lasten dürfen nur in so weit von dem Einkommensbetrage in Abzug kommen, als sie nicht nach der Art der Berechnung des Nutzungswerths (wie z. B. die Grundsteuer bei den Pachtzins-Beträgen 2c.) ohnehin bereits in Betracht gezogen sind. Die Abrechnung persönlicher Abgaben, wie der Einkommens- und Klassensteuer, der Wittwenkassen- und Pensionsbeiträge 2c. ist nicht zulässig. Darüber, ob und in wieweit Kosten von Filialfuhren in Abzug zu bringen sind, entscheidet das Konsistorium.

Ist über die Höhe der zu b. und c. zu Grunde zu legenden Preise das Gutachten des Synodalvorstandes oder der Matrikel-Kommission gehört, so ist gegen dasselbe seitens der Kirchenbehörden der Regel nach nur auf Grund eines abweichenden Gutachtens Sachverständiger zu entscheiden.

Während fürs Erste auch bei Anwendung der neuen Ordnung auf die bisherigen für die Verwaltung der Emeritenfonds maßgebend gewesenen Pfarreinkommens-Nachweisungen zurückzugehen und darin nur das nach dem Gesetz (§. 15) Nothwendigste nachzutragen oder zu ändern ist, werden doch die Konsistorien darauf Bedacht nehmen, allmählich in geordneter Weise eine Revision der gesammten Abschätzungen nach obigen Gesichtspunkten zu veranlassen. Dazu werden die Fälle des Eintritts einzelner Stellen in die neue Ordnung und die Anträge, welche die Geistlichen im Falle eines Anspruchs auf höhere Anrechnung ihrer Einkünfte im eigenen Interesse stellen werden, Gelegenheit bieten. Ueberdies wird jedem Geistlichen hierdurch die Verpflichtung auferlegt, von dauernden Veränderungen seines Einkommens, welche auf die Höhe seines Pfarrbeitrages und künftigen Ruhegehalts von wesentlichem Einfluß sind, bald nach dem Eintritt dieser Veränderung, jedenfalls vor Ablauf des Kalenderjahres, dem vorgesetzten Konsistorium Anzeige zu machen. Die nachtheiligen Folgen der Unterlassung (vgl. §. 15 Nr. 2), welche bei der Bemessung des Ruhegehalts hervortreten, haben sich die betreffenden Geistlichen selbst zuzuschreiben. Unter jenen Veränderungen sind Dotations-Verbesserungen, wesentlich höhere oder geringere Verpachtungen der Pfarrgrundstücke auf mehrere Jahre, Bewilligungen persönlicher Zulagen, Eintritt in den Nießbrauch eines Pfarrwitthums 2c. zu verstehen. Veränderungen in dem Betrage der Stolgebühren oder in dem Werthe der Naturalien kommen nur dann in Betracht, wenn aus einem längeren Zeitraum eine durchschnittliche erhebliche Vermehrung oder Verminderung von mindestens 100 M. nachgewiesen werden kann.

Mindestens von 5 zu 5 Jahren haben die Provinzial-Konsistorien in ihrem Amtsblatt eine Aufforderung zu erlassen, in welcher alle Geistlichen, deren Pfarrbeiträge nicht mehr dem Pfarreinkommen entsprechen, veranlaßt werden, motivirte Anzeigen hierüber an die ihnen vorgesetzte Kirchenbehörde zu erstatten.

Anordnungen wegen etwaiger allgemeiner Neuaufstellung der Einkommensberechnungen behält sich der Evangelische Ober-Kirchenrath für den Fall des Bedürfnisses vor.

20. **Umlagen** (K.-G. §. 16).

Die nach §. 16 des K.-G. für den Pensionsfonds der Landeskirche bewilligte jährliche Umlage ist von allen Kirchengemeinden ohne Ausnahme aufzubringen. Dieselbe ist bis auf Weiteres auf ein und ein halbes Prozent der von den Mitgliedern der evangelischen Landeskirche aufzubringenden Staats-Klassen- und Einkommensteuer festgesetzt und in dieser Höhe in jedem Rechnungsjahre zur Erhebung zu bringen, sofern nicht seitens des Evang. Ober-Kirchenraths unter Mitwirkung des General-synodal-Vorstandes die Erhebung eines geringeren Prozentsatzes angeordnet ist.

Einer besonderen Genehmigung seitens der Gemeindeorgane oder seitens kirchlicher oder staatlicher Aufsichtsbehörden bedarf diese Umlage nicht, da sie durch das Kirchengesetz unter Zustimmung des K. Staatsministeriums nicht nur allgemein vorgeschrieben, sondern auch in Betreff ihres Umfanges ein- für allemal geordnet ist. Die in jedem einzelnen Jahre zu erhebende Summe wird von dem Evangelischen Ober-Kirchenrath festgesetzt und auf die Provinzen vertheilt (K.-G. vom 2. September 1880, K. G.- und V.-Bl. S. 133). Die weitere Vertheilung und die Einziehung erfolgt gemäß §. 14 Abs. 3 der Generalsynodal-Ordnung, Art. 15, Abs. 3 und Art. 11 des Gesetzes vom 3. Juni 1876 auf dem in der Kirchengemeinde- und Synodal-Ordnung für die Erhebung der Synodalkosten vorgeschriebenen Wege.

Zur Entnahme des auf die Kirchengemeinde fallenden Betrages aus der Kirchenkasse bedarf es der Zustimmung der zu Patronatslasten verpflichteten Patrone (§. 23 K.-G.-O., §. 8 Abs. 2 des Ges. vom 25. Mai 1874) und der Aufsichtsbehörde (A. L.-R. II. 11 §. 687). Kommt ein gültiger Beschluß der Gemeindevertretung oder die erforderliche Einigung mit den sonst Betheiligten in dieser Beziehung nicht zu Stande, und weigern sich auch die Gemeindeorgane, die erforderlichen Beschlüsse wegen Aufbringung der Umlage durch die Gemeindeglieder zu fassen (§. 31 Nr. 6 K.-G.-O.), so ist gemäß Art. 27 Abs. 2 des Gesetzes vom 3. Juni 1876 zu verfahren.

Die Provinzialsynodalkassen führen die von ihnen einzuziehenden Umlagebeträge aus der Provinz an die Bezirkskasse des Pensionsfonds ab, welche am Sitze des Provinzial-Konsistoriums besteht (3. F. und 22). Der Vorstand der Provinzialsynode macht dem Konsistorium über jede desfallsige Sendung, wie über die schließliche Erledigung des jährlichen Einziehungsgeschäftes Mittheilung.

Der Führung besonderer Register über die Umlagen bedarf es nicht.

21. Oertliche Einrichtungen für Emeriten (K.-G. §. 17).

Der §. 17 schließt die Anrechnung von Ruhegehaltsbezügen, welche den emeritirten Geistlichen aus besonderen örtlichen Einrichtungen zukommen, auf das gesetzliche Ruhegehalt (§. 4) aus. Wie daher die betreffenden Bezugsrechte unbeschränkt neben dem Anspruch bestehen, welchen das neue Gesetz gewährt, so werden durch das Vorhandensein solcher Einrichtungen auch die im Gesetze vorgeschriebenen Verpflichtungen der Stelle und ihrer Inhaber, sowie der Gemeinden gegenüber dem Pensionsfonds in keiner Weise gemindert.

C. Sonstige Verhältnisse des Pensionsfonds der Landeskirche.

22. Vertretung und Verwaltung des Pensionsfonds (K.-G. §. 18).

Der Pensionsfonds ist Eigenthum der Landeskirche. Seine Vertretung und Verwaltung ist durch §. 18 des K.-G. (vgl. Art. 3 Abs. 3 des St.-G., Art. 19 des Gesetzes vom 3. Juni 1876), sowie durch die in §. 18 cit. Abs. 2 und §. 21 des K.-G. vorgesehenen weiteren Anweisungen dieser Instruktion geordnet. Etwaige fernere instruktionelle Anordnungen dieserhalb bleiben für den Fall des Bedürfnisses vorbehalten.

Die Bezirkskassen des Pensionsfonds (3 F.) stehen unter der Aufsicht der

Provinzial-Konsistorien und haben den von letzteren in Form des Ersuchens zu erlassenden Anweisungen wegen aller auf den Regierungsbezirk bezüglichen Ausgaben (vgl. 10, 15, 23) und Einnahmen (vgl. 16 bis 20) Folge zu leisten. Diejenigen Kassen- und Depositalgeschäfte des Pensionsfonds innerhalb der einzelnen Provinz, deren Vertheilung nach Regierungs-Bezirken nicht angemessen erscheint (vgl. 15 und 20), liegen der Bezirkskasse am Sitz des betreffenden Provinzial-Konsistoriums ob. Die Kassen-Revisionen werden von den Königlichen Regierungen abgehalten.

Die Bezirkskassen übersenden vierteljährlich einen Manual-Extrakt an die Konsistorien, außerdem von dem am Schluß des Rechnungsjahres anzufertigenden Schluß-Manual-Extrakt ein zweites Exemplar an die Centralkasse des Pensionsfonds und zwar spätestens bis zum 20. Mai. Diejenigen Bezirkskassen, welche Kapitalien des Pensionsfonds verwalten, haben dieselben in dem Schluß-Manual-Extrakt am Ende desselben summarisch nach den einzelnen Arten der Werthpapiere ꝛc. aufzuführen. Die Jahresrechnungen werden zur üblichen Zeit von den Bezirkskassen angefertigt und dem betreffenden Konsistorium zur Revision und Ertheilung der Decharge eingereicht.

Die Bezirkskassen beziehen die Mittel zur Bestreitung der Ausgaben, soweit solche nicht durch Einnahmen aus dem Bezirk gedeckt werden können, aus der Centralkasse des Pensionsfonds auf dem für die Staatsfonds vorgeschriebenen Wege der Verrechnung. Sie führen an die Centralkasse in gleicher Weise die bei ihnen entstehenden Ueberschüsse ab. Die diesfälligen Geschäfte werden von ihnen ohne Anweisung seitens der Konsistorien nach eigenem pflichtmäßigen Ermessen des Bedürfnisses, jedoch soweit thunlich nur einmal im Vierteljahre ausgeführt. Die Konsistorien sind befugt, hierüber Kontrole zu führen und nöthigenfalls, besonders bei Ansammlung zu großer Bestände, die Bezirkskassen mit Weisung zu versehen. Am Schluß des Rechnungsjahres findet zwischen den letzteren und der Centralkasse die definitive Abrechnung dahin statt, daß der bei den Bezirkskassen aus dem abzuschließenden Rechnungsjahr vorhandene Bestand an die Centralkasse abgeführt oder bei derselben der zur Deckung der Ausgaben noch erforderliche Betrag erhoben wird, so daß die Kassenbücher der Bezirkskassen balancirend in Einnahme und Ausgabe abschließen.

Von der Aufstellung eines Etats für die Bezirkskassen wird für die erste Zeit der neuen Verwaltung abgesehen. Ein Formular in Betreff der den Kassenbüchern, den Manual-Extrakten und den Jahresrechnungen zu Grunde zu legenden Titeleintheilung, sowie eine Anleitung über die Buch- und Kassenführung wird den Konsistorien von dem Evangelischen Ober-Kirchenrath mittelst besonderer Verfügung zugefertigt werden.

Die Konsistorien haben von dem ihnen jährlich nach dem Rechnungsschluß zugehenden Schluß-Manual-Extrakt der Bezirkskassen eine mit dem Revisionsvermerk versehene beglaubigte Abschrift dem Evangelischen Ober-Kirchenrath einzureichen und demselben ferner jährlich die revidirten Jahresrechnungen der Bezirkskassen mit Belägen zur Einsicht bezw. Superrevision vorzulegen.

Der Centralkasse des Pensionsfonds liegt ob, die bei den einzelnen Bezirkskassen entstehenden Ueberschüsse einzuziehen, die etwa erforderlichen Deckungszuschüsse zu leisten, die danach übrig bleibenden Bestände zu sammeln und zu verwalten, in ihren Kassenbüchern die Verwaltungs-Ergebnisse sämmtlicher Bezirkskassen auf Grund der Schluß-Manual-Extrakte der letzteren summarisch nach den einzelnen Titeln der Einnahme und Ausgabe unter Einreihung der eigenen Einnahmen und

Ausgaben zusammenzustellen und hierüber jährlich eine die Gesammt-Verwaltung des Fonds umfassende Rechnung zu legen. Die letztere wird von dem Evangelischen Ober-Kirchenrath revidirt und sodann der Generalsynode bezw. dem Generalsynodal-Vorstand zur Prüfung und Ertheilung der Entlastung vorgelegt. Die Verwaltungs-Ergebnisse werden in geeigneter Weise veröffentlicht.

D. Uebergangs-Bestimmungen.

23. Rechtsverhältnisse der bisherigen Geistlichen und Emeriten.

Das Kirchengesetz sichert in §. 19 Abs. 1 den vor dem 1. April 1881 emeritirten Geistlichen, in Abs. 2 den vor diesem Zeitpunkte angestellten und in demselben noch im Amte stehenden Geistlichen die bisherigen Rechte. Die letztgedachten Geistlichen, wozu auch die bereits angestellten Lehrer an theologischen Lehranstalten der Landeskirche (§. 1) gehören, treten in die neue Ordnung nur durch ausdrücklich dahin gerichtete Ausübung ihres freien Wahlrechts binnen Jahresfrist nach Maßgabe des Gesetzes oder in Folge der Versetzung in eine andere dem § 1 entsprechende Stelle ein.

Die nach Abs. 2 cit. abzugebende Erklärung, welche laut Art. 6 Abs. 3 des Staatsgesetzes als Verzicht auf alle Ansprüche aus der früheren Rechtsordnung gilt, wird zur Vermeidung von Irrungen dem Wortlaut des K.-G. gemäß, und zwar etwa dahin zu fassen sein:

> Der Unterzeichnete stellt hierdurch, auf Grund des §. 19 des Kirchengesetzes vom 26. Januar 1880, betreffend das Ruhegehalt der emeritirten Geistlichen (K. G.- u. V.-Bl. S. 37), den Antrag, die neuen Bestimmungen dieses Gesetzes auf ihn zur Anwendung zu bringen und verpflichtet sich, für seine vergangene Dienstzeit den Pfarrbeitrag (§§. 12 und 13 des Kirchengesetzes) in der Art, wie es der §. 19 vorschreibt, nachzuzahlen.

Die Erklärung muß, wenn sie rechtliche Wirkung haben soll, bis spätestens zum 1. Mai 1881 einschließlich bei dem Königlichen Provinzial-Konsistorium (vgl. I. 3 unter C. f.) eingereicht werden. Spätere Gesuche können nach dem Gesetz nicht berücksichtigt werden. Die Konsistorien haben daher bis zu dem gedachten Zeitpunkte dreimal und zwar zum erstenmal sogleich nach Verkündung dieser Instruktion, zum letztenmal vier Wochen vor Ablauf der Frist in ihren Amtsblättern die betheiligten Geistlichen unter Hinweis auf die sonst eintretende Ausschließung an die Einreichung ihrer Erklärungen zu erinnern.

Soweit weder eine derartige Erklärung rechtzeitig abgegeben ist, noch eine Versetzung erfolgt, werden die zur Zeit des Inkrafttretens des Kirchengesetzes bereits angestellten Geistlichen in Betreff der Emeritirung und ihrer damit zusammenhängenden Rechte und Pflichten in allen Punkten nach der alten Ordnung behandelt. Dies bezieht sich auch auf die Rechte der Hinterbliebenen solcher Geistlichen.

Die einzige Veränderung, welche nach dem Gesetze für die hier fraglichen Betheiligten eintritt, besteht darin, daß statt der früheren Emeriten-Zuschußfonds überall der Pensionsfonds der Landeskirche eintritt (§. 11 Abs. 2).

Dies bezieht sich sowohl auf die von den bisherigen Verbandsmitgliedern jener Fonds an denselben zu leistenden Beiträge (vgl. 16), als auch auf die eventuell ihnen zustehenden Pensionszuschüsse (vgl. 2 unter B). Für diese gegenseitigen Leistungen bleiben überall die Statuten der alten Provinzial-Emeritenfonds in Bezug auf Höhe, Zahlungsmodus und Endtermin maßgebend.

Die Leistung der bereits vor Auflösung der Provinzial-Fonds bewilligten Zuschüsse geht daher mit ihrem dermaligen Betrage unverändert auf den neuen Pensionsfonds über. Dies ist von den Provinzial-Konsistorien durch eine, jeden Einzelbetrag nachweisende Kassenordre sogleich auszusprechen (vgl. 15 Abs. 2). Die Höhe der künftig noch nach dem älteren Verfahren anzuweisenden Zuschüsse bestimmt sich weiterhin unveränderlich nach den zur Zeit der Auflösung der Provinzial-Fonds bestehenden Sätzen. Dies ist namentlich auch in Bezug auf Pommern der Fall, wo gegenwärtig ein Theil der Zuschüsse von dem jedesmaligen Stande des Fonds abhängig ist. Das allmähliche Einrücken in die statutarisch feststehende Zahl der höheren Normalsätze besteht dort auch ferner, so lange Empfänger der alten Ordnung vorhanden sind.

Der Pensionsfonds soll gemäß §. 19 Abs. 4 außerdem unter Umständen die Zahlung von vollen Emeritengehältern zur Entlastung von Geistlichen, welchen die betreffende Verbindlichkeit vor dem 1. April 1881 auferlegt worden ist, gegen das im Gesetz bestimmte Aequivalent übernehmen. In diesen Fällen sind der Regel nach sowohl für die achtjährige Leistung an den Fonds, als für die Leistung des Fonds in Bezug auf Höhe und Zahlungsmodus die bei der Emeritirung getroffenen Festsetzungen maßgebend. Bei Regelung der beiderseitigen Leistungen ist indeß die Vereinbarung zweckentsprechender Aenderungen, welche die Sicherheit des Pensionsfonds nicht gefährden, nicht unbedingt ausgeschlossen.

Endtermin der Leistung des Fonds ist nach §. 19 (vgl. §§. 528. 842 A. L.-R. II, 11) das Ableben des Emeritus. Enthält jenes Abkommen oder die provinzielle Rechtsordnung eine weitergehende Verpflichtung, z. B. den Anspruch der Hinterbliebenen auf den Bezug des Emeritenantheils während einer Gnadenzeit, so wird dieselbe von dem Pensionsfonds nicht mit übernommen, sondern bleibt zwischen den Interessenten unverändert und ist dies den letzteren bei Eingehung des Verhältnisses zu eröffnen.

Als Vertreter der Pfarrstelle, welche sich nach Vorschrift des §. 19 Abs. 4 neben dem Geistlichen dem Pensionsfonds gegenüber verpflichten müssen, ist gemäß §. 22 der K.-G.-O. der Gemeinde-Kirchenrath zu betrachten. Derselbe hat sich aber in Betracht der außergewöhnlichen Art der Verpflichtung und da dieselbe event. über die Dienstzeit des gegenwärtigen Inhabers der Stelle möglicherweise hinausgeht, auch des Einverständnisses der Gemeindevertretung (§. 31. Nr. 1 und 4 a. a. O.), sowie der Zustimmung des Patrons (§. 23. a. a. O.) vorher zu versichern.

Ueber die Fälle des §. 19 Abs. 4 sind besondere Verzeichnisse nach dem unter V. beigefügten Schema (Seite 618 f.) zu führen.

In Betreff der Kassenordres, Kassenbücher und Rechnungen gilt auch hier das unter 18 a. E. Gesagte.

24. Die Provinzen Westfalen und Rheinprovinz (K.-G. §. 20.)

In den Provinzen Westfalen und Rheinprovinz entstehen für Geistliche, kirchliche Stellen, Gemeinden, Fonds, Anstalten, Vereine oder sonst Betheiligte die Rechte und Pflichten, welche sich aus den Bestimmungen des Kirchengesetzes vom

26. Januar 1880 und des Staatsgesetzes vom 15. März 1880 ergeben, erst von dem Zeitpunkte ab, zu welchem jene Gesetze nach den in §. 20 des K.-G. und Art. 7 des St.-G. vorbehaltenen Allerhöchsten Verordnungen daselbst eingeführt sein werden. Alsdann werden auch die erforderlichen besonderen Ausführungs-Anweisungen ergehen.

Berlin, den 29. November 1880.

Evangelischer Ober-Kirchenrath.

Hermes.

Anlage

der Instruktion zur Ausführung des Kirchengesetzes vom 26. Januar 1880, betreffend das Ruhegehalt der emeritirten Geistlichen.

(Schema I bis V.)

Laufende Nummer.	Name des Emeritus.	Geistliche Stelle, auf welcher die Emeritirung erfolgt.	Betrag des bei Berechnung des Ruhegehalts anzunehmenden letzten Einkommens. (Mark).	Grund der Emeritirung.	Anfangs-Termin des Ruhestandes.
1.	2.	3.	4.	5.	6.

Anm.: *) (zu Kol. 7 u. 8) nur a. **oder** b. auszufüllen; b. fällt ganz weg, sobald keine Emeritirungen
**) (zu Kol. 10) Kommt bei Bemessung des Ruhegehalts ein Theil der Dienstzeit nicht in

II. Ruhegehalts-

Laufende Nummer.	Name des Emeritus.	Geistliche Stelle, auf welcher die Emeritirung erfolgt.	Betrag des bei Berechnung des Ruhegehalts anzunehmenden letzten Einkommens. (Mark).	Grund der Emeritirung.	Anfangs-Termin des Ruhestandes.	Anrechnungsfähige Dauer der Dienstzeit.
1.	2.	3.	4.	5.	6.	7.

III. Hebe-

Laufende Nummer.	Verpflichtete geistliche Stelle.	Name des gegenwärtigen Inhabers.	Beginn der Verpflichtung des Stelleninhabers gegen den Pensionsfonds. (Dat. u. Jahr.)	Der Stelleninhaber (Kol 3) hat Nachtragszahlungen (§§. 13, 19 des Kirchenges.) zu leisten:		Der Stellen-
				a. 1) für wie viel Jahre früherer Dienstzeit und 2) in welchem Gesammtbetrage.	b. 1) in welchen Jahresraten, 2) bis zu welchem Endtermin.	a. aus der Pfründe. (Mark.)
1.	2.	3.	4.	5.	6.	7.

IV. Pfründen-Abgabe-

Laufende Nummer.	Verpflichtete Pfarrstelle.	Jahresbetrag der Abgabe. (Mark.)	Zeitraum der achtjährigen Leistung.			
			1. Datum des Beginns und Ablaufs der Abgabe.		2. Jahr, in welchem die Abgabe	
			Tag.	Monat.	a. beginnt.	b. endigt.
1.	2.	3.	4.	5.	6.	7.

V. Verzeichniß der Fälle des §. 19,

Laufende Nummer.	Verpflichtete Pfarrstelle.	Name des Emeritus.	Zeitpunkt der Emeritirung.	Betrag des vom Pensionsfonds zu zahlenden und 8 Jahre lang zu empfangenden Emeritengehalts. (Mark.)	Zeitraum der achtjährigen	
					1. Datum des Beginns und Ablaufs der Abgabe.	
					Tag.	Monat.
1.	2.	3.	4.	5.	6.	7.

Verzeichniß. (vgl. S. 600.)

Betrag des Ruhegehalts, welches geleistet wird *)		Zur Zeit der Emeritirung zählte der Geistliche Jahre (2 Dezimalen).		Zur Zeit des Ablebens zählt der Geistliche Jahre (2 Dezimalen).		**Bemerkungen.**
a. nach der neuen Ordnung. (§§. 1 u. 4. K.-G.) (Mark.)	b. nach der alten Ordnung. (Pfründenantheil und Zuschuß zusammen.) (Mark.)	a. des Lebensalters.	b.**) des bei der Emeritirung angerechneten Dienstalters.	a. des Lebensalters.	b. der Lebensdauer im Emeritenstande.	
7.	8.	9.	10.	11.	12.	13.

nach alter Ordnung mehr vorkommen.
Anrechnung, so ist für statistische Zwecke in der **Kol. 13** die **volle Dienstzeit** anzugeben.

Nachweisung. (vgl. S. 603.)

Nach wieviel achtzigsteln ist das Ruhegehalt zu berechnen.	Betrag des Ruhegehalts. (Mark.)	Falls Nachtragszahlungen (§§. 13 u. 10 d. Kirchenges.) rückständig sind:		**Bemerkungen.**
		a. Betrag derselben. (Mark.)	b. Wie ist ihre Berichtigung geregelt.	
8.	9.	10.	11.	12.

Liste. (vgl. S. 608.)

inhaber bezieht an **Diensteinkommen:**		Der Stelleninhaber hat **jährlich** zu entrichten:			**Bemerkungen.**
b. an laufenden persönlichen Zulagen. (Mark.)	c. **im Ganzen** mit Zurechnung von 10% als Wohnungswerth. (Mark.)	a. an laufenden Pfarrbeiträgen (Kol. 9.) (Mark.)	b. an Nachtragsbeiträgen (Kol. 6.) (Mark.)	c. **im Ganzen** (Kol. 10 u. 11) (Mark.)	
8.	9.	10.	11.	12.	13.

Register. (vgl. S. 610.)

Kurze Angabe des Zahlungsmodus.	**Bemerkungen.**
8.	9.

Abs. 4. des K.-Ges. v. 26. Januar 1880. (vgl. S. 615.)

Leistung der Stelle an den Fonds.		Todestag des Emeritus.	**Bemerkungen.**
2. **Kalender-Jahr,** in welchem die Abgabe			
a. beginnt.	b. endigt.		
8.	9.	10.	11.

Kirchengesetz, betreffend die Trauungs-Ordnung.

Vom 27. Juli 1880.

(Kirchl. Ges. u. V.Bl. 1880 S. 109.)

Wir Wilhelm, von Gottes Gnaden König von Preußen rc. verordnen unter Zustimmung der General-Synode und nachdem durch Erklärung Unseres Staats-Ministeriums festgestellt worden, daß gegen dieses Gesetz von Staatswegen nichts zu erinnern ist, für die evangelische Landeskirche der älteren Provinzen was folgt:

§. 1. Die Trauung hat die nach dem bürgerlichen Recht erfolgte Eheschließung zur Voraussetzung.

Als Nachweis dafür dient die vom Standesbeamten in Gemäßheit des §. 54 des Reichsgesetzes vom 6. Februar 1875 über die Beurkundung des Personenstandes und die Eheschließung (Reichs-Gesetzblatt Seite 23) auszustellende Bescheinigung.

Die Trauung soll der bürgerlichen Eheschließung möglichst ohne Verzug nachfolgen.

§. 2. Die kirchliche Pflicht erfordert:

1) für ein Ehebündniß die Trauung nachzusuchen;
2) von einer Eheschließung abzusehen, für welche die Trauung aus kirchlichen Gründen versagt werden muß;
3) in die eheliche Lebensgemeinschaft vor erfolgter Trauung nicht einzutreten.

§. 3. Der Trauung geht in der Regel ein zweimaliges, auf Verlangen der Betheiligten ein einmaliges kirchliches Aufgebot voran.

Dasselbe besteht aus Verkündigung und Fürbitte und erfolgt in der Regel im sonntäglichen Hauptgottesdienste.

Das kirchliche Aufgebot ist zu wiederholen, wenn die Trauung nicht innerhalb sechs Monaten nachfolgt.

§. 4. Zur Vornahme des kirchlichen Aufgebots zuständig ist das Pfarramt der für die Trauung gewählten Parochie (vergl. §. 9).

Die zu Trauenden sind berechtigt, sich außerdem in den übrigen zur Vornahme der Trauung zuständigen Parochieen aufbieten zu lassen.

§. 5. Ein kirchliches Aufgebot darf nicht vorgenommen werden, sobald sich Zweifel gegen die Zulässigkeit der Trauung ergeben (§§. 11 und 12).

Die Entscheidung über die Versagung des kirchlichen Aufgebots erfolgt unter entsprechender Anwendung der über die Versagung der Trauung geltenden Bestimmungen.

§. 6. Das kirchliche Aufgebot kommt auf Wunsch der Betheiligten in Wegfall:

1) bei der Trauung solcher Paare, welche in die eheliche Lebensgemeinschaft bereits eingetreten sind,
2) bei Trauungen, die nachweislich keinen Aufschub zulassen.

Außerdem kann der Superintendent aus besonderen Gründen vom kirchlichen Aufgebot dispensiren.

Hat die Trauung ohne vorheriges kirchliches Aufgebot stattgefunden, so ist dieselbe der Gemeinde nachträglich mit Fürbitte bekannt zu machen. Der Superintendent ist befugt, auch von dieser Bekanntmachung zu dispensiren.

§. 7. Die Trauung erfolgt in Gemäßheit der Anlage A.

In der Regel soll die Trauung in der Kirche stattfinden. Der Geistliche ist ermächtigt, sie geeigneten Falls, oder wo es herkömmlich ist, auch im Hause vorzunehmen.

§. 8. In der Charwoche, an den ersten Feiertagen der drei hohen Feste, Weihnachten, Ostern und Pfingsten, am Bußtage und am Todtenfeste dürfen Trauungen, außer im Fall unmittelbarer Todesgefahr eines der zu Trauenden, nicht vorgenommen werden.

Ausnahmen kann der Superintendent in dringenden Fällen gestatten, doch ist diese Bewilligung nur unter der Voraussetzung einer stillen Hochzeitsfeier zu ertheilen.

§. 9. Zuständig zur Vornahme der Trauung sind nach Wahl der zu Trauenden die Pfarrämter der Parochie, welcher der eine oder andere Theil bisher angehört hat, sowie derjenigen, in welcher sie als Eheleute ihren Wohnsitz nehmen wollen.

§. 10. Ein nicht zuständiger Geistlicher bedarf zur Vornahme einer Trauung des Erlaubnißscheines eines der zuständigen Geistlichen.

Ist in der evangelischen Landeskirche ein zuständiger Geistlicher nicht vorhanden, so ist jeder Geistliche zur Vornahme der Trauung berechtigt. Gleiches gilt in Fällen unmittelbarer Todesgefahr eines der zu Trauenden.

§. 11. Die Trauung ist nicht statthaft, wenn nicht wenigstens der eine Theil einer evangelischen Kirchengemeinschaft angehört.

§. 12. Die Trauung findet statt bei allen nach dem bürgerlichen Recht zulässigen Ehen, jedoch sind ausgenommen:

1) Ehen zwischen Christen und Nichtchristen;
2) Ehen Geschiedener, wenn deren Schließung von den zuständigen Organen auf dem Grunde des Wortes Gottes nach gemeiner Auslegung der evangelischen Kirchen als sündhaft erklärt wird;
3) Ehen solcher Personen, welchen als Verächtern des christlichen Glaubens oder wegen lasterhaften Wandels oder wegen verschuldeter Scheidung der früheren Ehe oder wegen ihres Verhaltens bezüglich der Eingehung der Ehe der Segen der Trauung ohne Aergerniß nicht ertheilt werden kann;
4) Gemischte Ehen, vor deren Eingehung der evangelische Theil die Erziehung sämmtlicher Kinder in der römisch-katholischen oder in einer anderen nicht evangelischen Religionsgemeinschaft zugesagt hat.

§. 13. Der Geistliche, welcher auf Grund der §§. 11 und 12 Nr. 1, 3 und 4 die Trauung ablehnt, ist auf Verlangen der Betheiligten verpflichtet, die Entscheidung des Gemeinde-Kirchenraths, und wenn er auf Grund des §. 12 Nr. 2 die Trauung ablehnt, nach Anhörung des Gemeinde-Kirchenraths die Entscheidung des Kreissynodalvorstandes über die Zulässigkeit der Trauung herbeizuführen.

Gegen die Entscheidung des Gemeinde-Kirchenraths in den Fällen der §§. 11 und 12 Nr. 1, 3 und 4 haben die Betheiligten wie der Geistliche die Beschwerde an den Kreissynodalvorstand und in den Fällen des §. 12 Nr. 2 gegen die Entscheidung des Kreissynodalvorstandes die Beschwerde an das Konsistorium, welchem überlassen bleibt, nach Maßgabe der Kirchengemeinde- und Synodal-Ordnung §. 68 den Provinzialsynodalvorstand zuzuziehen.

Konsistorium und Kreissynodalvorstand entscheiden in der Beschwerde-Instanz endgültig.

§. 14. Die Einlegung der Beschwerde ist in allen Fällen an eine vierwöchentliche Frist gebunden.

Die dem Geistlichen gegen die Entscheidung des Gemeinde-Kirchenraths, beziehungsweise des Kreissynodalvorstandes zustehende Beschwerde hat aufschiebende Wirkung.

§. 15. Trauungen sind zur Beurkundung in das Kirchenbuch der Parochie einzutragen, in welcher sie vollzogen werden. Ueber die erfolgte Trauung ist dem getrauten Paare eine amtliche Bescheinigung durch denjenigen Geistlichen, dem die Führung des Kirchenbuchs obliegt, unentgeltlich einzuhändigen.

§. 16. Im Geltungsgebiete der rheinisch-westfälischen Kirchenordnung werden die im Vorstehenden dem Gemeinde-Kirchenrathe beigelegten Befugnisse durch das Presbyterium, die Befugnisse des Kreissynodalvorstandes durch das Moderamen der Kreissynode wahrgenommen.

§. 17. Für die evangelischen Militärgemeinden wird an den Vorschriften der §§. 61 und 62 der Militär-Kirchenordnung vom 12. Februar 1832 über die Zuständigkeit zur Vornahme des Aufgebots und der Trauung nichts geändert; die Regelung des Verfahrens bei Versagung des Aufgebots und der Trauung bleibt Königlicher Verordnung vorbehalten.

§. 18. Insoweit nach §. 75 des Reichsgesetzes vom 6. Februar 1875 innerhalb solcher Grenzpfarreien, deren Bezirk sich in das Ausland erstreckt, für Form und Beurkundung von Ehen das bestehende Recht maßgebend geblieben ist, finden die Bestimmungen des gegenwärtigen Gesetzes keine Anwendung.

§. 19. Alle diesem Gesetze entgegenstehenden kirchlichen Vorschriften werden aufgehoben.

Urkundlich unter Unserer Höchsteigenhändigen Unterschrift und beigedrucktem Königlichen Insiegel.

Gegeben Wildbad Gastein, den 27. Juli 1880.

(L. S.) **Wilhelm.**

Hermes.

Anlage A.

I. Die Traufragen:

A. Wenn die eheliche Lebensgemeinschaft noch nicht begonnen ist, werden zu gleichberechtigtem Gebrauch freigegeben:

a) Vor Gott dem Allwissenden und in Gegenwart dieser christlichen Zeugen frage ich Dich NN: Willst Du diese NN*) als Deine Ehefrau (Ehegemahl) aus Gottes Hand hinnehmen, sie lieben und ehren, in Freud und Leid nicht verlassen und den Bund der Ehe mit ihr heilig und unverbrüchlich halten, bis daß der Tod Euch scheidet? Ist solches Deines Herzens Wille und Meinung, so sprich: ja.

Vor Gott dem Allwissenden und in Gegenwart dieser christlichen Zeugen frage ich Dich NN*): Willst Du diesen NN als Deinen Ehemann (Ehegemahl) aus Gottes Hand hinnehmen, ihn lieben und ehren, ihm unterthan sein in dem Herrn, in Freud und Leid ihn nicht verlassen und den Bund der Ehe mit ihm heilig und unverbrüchlich halten, bis daß der Tod Euch scheidet? Ist solches Deines Herzens Wille und Meinung, so sprich: ja.

b. Vor Gott dem Allwissenden und in Gegenwart dieser christlichen Zeugen frage ich Dich NN: Willst Du diese NN*) als Deine Ehefrau (Ehegemahl) nach Gottes Wort und Willen haben und halten, sie lieben und ehren, in Freud und Leid nicht verlassen und den Bund der Ehe mit ihr heilig und unverbrüchlich halten, bis daß der Tod Euch scheidet? Ist solches Deines Herzens Wille und Meinung, so sprich: ja.

Vor Gott dem Allwissenden und in Gegenwart dieser christlichen Zeugen frage ich Dich NN*): Willst Du diesen NN als Deinen Ehemann (Ehegemahl) nach Gottes Wort und Willen haben und halten, ihn lieben und ehren, ihm unterthan sein in dem Herrn, in Freud und Leid ihn nicht verlassen und den Bund der Ehe mit ihm heilig und unverbrüchlich halten, bis daß der Tod Euch scheidet? Ist solches Deines Herzens Wille und Meinung, so sprich: ja.

B. Wenn die eheliche Lebensgemeinschaft schon besteht, findet das Formular A. b. Anwendung, nur ist statt der Worte: „Willst Du diese NN" und resp. „Willst Du diesen NN" zu setzen: „Willst Du diese Deine Gattin", resp. „Willst Du diesen Deinen Gatten".

II. Die Trauformeln.

Zu gleichberechtigtem Gebrauch werden freigegeben:

a) Da Ihr nun solches allhier öffentlich vor Gott und diesen christlichen Zeugen bekannt und Euch darauf die Hände gegeben (auch die Trau-

*) Folgt die Trauung der bürgerlichen Eheschließung an demselben Tage nach, oder hat, wenngleich die bürgerliche Eheschließung schon an einem früheren Tage stattgefunden hat, der Pfarrer anzunehmen, daß die Eheleute in die eheliche Lebensgemeinschaft noch nicht eingetreten sind, so ist hier in der Regel der Geburtsname, nicht der Familienname des Ehemannes, und, soweit es sonst gebräuchlich gewesen, die Bezeichnung als „Jungfrau" zu gebrauchen.

ringe gewechselt) habt, so spreche ich, als ein verordneter Diener der Kirche, Euch hiermit zusammen in den heiligen christlichen Ehestand im Namen des Vaters und des Sohnes und des heiligen Geistes. Amen. Was Gott zusammengefügt hat, soll der Mensch nicht scheiden.

b) Da Ihr nun solches allhier öffentlich vor Gott und diesen christlichen Zeugen bekannt und Euch darauf die Hände gegeben (auch die Trauringe gewechselt) habt, so segne ich, als ein verordneter Diener der Kirche, hiermit Euern ehelichen Bund im Namen des Vaters und des Sohnes und des heiligen Geistes. Amen. Was Gott zusammengefügt hat, soll der Mensch nicht scheiden.

Provinzielle, beziehungsweise landschaftliche bisher in Gebrauch gewesene agendarische Formulare können für den Fall, daß die entscheidenden Worte dem einheitlichen Formular entsprechend gestaltet werden, mit Genehmigung des Ober-Kirchenraths angewendet werden.

Die Ueberleitung zu den Traufragen wie bisher; alles Weitere wie in der Agende.

Kirchengesetz, betreffend die Verletzung kirchlicher Pflichten in Bezug auf Taufe, Konfirmation und Trauung.

Vom 30. Juli 1880.

(Kirchl. Ges. u. V.Bl. 1880 S. 116.)

Wir Wilhelm, von Gottes Gnaden König von Preußen ꝛc. verordnen unter Zustimmung der Generalsynode und nachdem durch Erklärung Unseres Staatsministeriums festgestellt worden, daß gegen dieses Gesetz von Staatswegen nichts zu erinnern ist, für die evangelische Landeskirche der älteren Provinzen was folgt:

§. 1. Wenn Kirchenglieder ihre Pflicht verabsäumen, die unter ihrer Gewalt stehenden Kinder taufen und konfirmiren zu lassen, oder für die von ihnen eingegangene Ehe die Trauung zu begehren, so ist auf dieselben vorerst durch seelsorgerischen Zuspruch des Geistlichen, sowie durch freundliche, ernste Mahnung eines oder mehrerer Aeltesten einzuwirken.

Etwaige äußere Hindernisse, welche die Erfüllung jener Pflichten erschweren können, sind thunlichst zu beseitigen.

§. 2. Wer ungeachtet dieser Einwirkung die Erfüllung der kirchlichen Pflicht beharrlich versagt, ist durch den Gemeinde-Kirchenrath (Presbyterium) zur Nachholung des Versäumten binnen einer angemessenen Frist unter Hinweisung auf die Folgen der Unterlassung, schriftlich aufzufordern.

§. 3. Bleibt auch die schriftliche Aufforderung ohne Erfolg, so treten für den Schuldigen durch Beschluß der verfassungsmäßig zuständigen Organe die in den nachfolgenden Bestimmungen festgestellten weiteren Maßregeln der Kirchenzucht ein.

§. 4. Kirchenglieder, welche die Taufe eines unter ihrer Gewalt stehenden Kindes verweigern oder beharrlich versäumen, sollen der Fähigkeit, ein kirchliches Amt zu bekleiden, des kirchlichen Wahlrechts (§§. 34, 35 Kirchengemeinde- und Synodal-Ordnung, §§. 21, 22 Rheinisch-Westfälische Kirchen-Ordnung), sowie des Rechts der Taufpathenschaft verlustig erklärt werden.

Die Einsegnung der Wöchnerinnen unterbleibt, so lange durch Schuld der Eltern die Taufe nicht begehrt wird.

Ueber die Ausschließung vom heiligen Abendmahl bei Verweigerung der Taufe, sowie in den nachstehenden Fällen der §§. 5 bis 7 entscheiden die Bestimmungen des §. 12.

§. 5. Der Verlust der in §. 4 genannten Rechte trifft auch solche Kirchenglieder, welche in Verachtung der kirchlichen Ordnung entweder ein evangelisches, unter ihrer Gewalt stehendes Kind beharrlich der Vorbereitung für die Konfirmation entziehen, beziehungsweise in die Konfirmation desselben nicht einwilligen, oder verweigern, für ein von ihnen geschlossenes Ehebündniß die Trauung nachzusuchen.

Doch kann in einzelnen, für eine mildere Beurtheilung geeigneten Fällen dieser Art die Entziehung kirchlicher Rechte ausnahmsweise zunächst auf den Verlust der Wählbarkeit und der Fähigkeit, ein kirchliches Amt zu bekleiden, beschränkt bleiben.

§. 6. Ein Kirchenglied, welches sich verpflichtet, seine sämmtlichen Kinder der religiösen Erziehung in einer nicht evangelischen Religionsgesellschaft zu überlassen, ist der Fähigkeit, ein kirchliches Amt zu bekleiden, sowie des kirchlichen Wahlrechts, in schweren Fällen auch des Rechts der Taufpathenschaft verlustig zu erklären.

In wieweit die Entziehung dieser Rechte auch da einzutreten hat, wo die gedachte Pflichtverletzung ohne vorangegangenes Versprechen thatsächlich vorliegt, bleibt dem Ermessen der zuständigen Organe überlassen.

§. 7. Ein Kirchenglied, welches eine Ehe schließt, der die Trauung aus kirchlichen Gründen nach Maßgabe der Vorschriften der Trauungs-Ordnung versagt werden muß, ist der kirchlichen Wählbarkeit verlustig zu erklären, in schweren Fällen auch des Wahlrechts, sowie des Rechts der Taufpathenschaft.

§. 8. Die nachträgliche Entziehung kirchlicher Rechte ist nicht zulässig, wenn die Erfüllung der genannten kirchlichen Pflichten thatsächlich nicht mehr möglich ist.

§. 9. Wird die versäumte kirchliche Pflicht nachträglich erfüllt, so sind die entzogenen Rechte dem Betroffenen auf seinen Antrag wieder beizulegen.

§. 10. Wenn die nachträgliche Erfüllung der verletzten kirchlichen Pflicht nicht mehr möglich ist, so können die entzogenen Rechte auf Grund nachhaltiger Beweise kirchlichen Wohlverhaltens wieder beigelegt werden.

§. 11. Die Wiederbeilegung der entzogenen kirchlichen Rechte erfolgt durch Beschluß des Gemeinde-Kirchenraths (Presbyteriums).

Gegen einen in dieser Beziehung gefaßten Beschluß des Gemeinde-Kirchenrathes (Presbyteriums) steht dem Betroffenen, und wenn es sich um das Recht der Taufpathenschaft handelt, auch dem Geistlichen, der Rekurs an den Vorstand (Moderamen) der Kreissynode zu.

§. 12. Kirchenglieder, welche von den nach Vorschrift dieses Gesetzes (§§. 4 bis 7) zulässigen Maßregeln der Kirchenzucht betroffen worden, sind vom heiligen Abendmahl zurückzuweisen, wenn dieselben als unfähig angesehen werden müssen, die Gnadengabe im Segen und ohne Aergerniß der Gemeinde zu empfangen.

Dies ist anzunehmen bei beharrlicher Verabsäumung der Taufe (§. 4), in den übrigen Fällen (§§. 5 bis 7) insbesondere dann, wenn die Unterlassung der kirchlichen Pflicht sich durch öffentliche Reden oder Handlungen als Verachtung des Wortes Gottes kennzeichnet.

Das Verfahren bei der Zurückweisung vom heiligen Abendmahle regelt sich nach den besonderen Bestimmungen des §. 14 der Kirchengemeinde- und Synodal-Ordnung und der §§. 14a und 120 Zusatz der Rheinisch-Westphälischen Kirchen-Ordnung.

§. 13. Ungetaufte sind nicht als Kirchenglieder anzusehen und können deshalb weder zur Konfirmation noch zur Ausübung der den Kirchengliedern zustehenden Rechte zugelassen werden. Doch ist es gestattet, ihnen die Theilnahme an der kirchlichen Unterweisung zu gewähren.

§. 14. Evangelischen Eltern soll für solche Kinder, welche im kirchlich unmündigen Alter ungetauft gestorben sind, die Bestattung auf dem kirchlichen Friedhof nicht versagt werden.

Jedoch können die geistliche Begleitung und die kirchlichen Ehren bei der Beerdigung solcher Kinder, welche durch Schuld der Eltern ungetauft geblieben sind, Seitens der Angehörigen nicht beansprucht werden.

§. 15. Die Unterlassung der Trauung Seitens der Eltern ist kein Grund, den Kindern die Taufe zu versagen.

§. 16. Das Aufsichtsrecht der vorgesetzten Kirchenbehörden (§. 47 der Kirchengemeinde- und Synodal-Ordnung und §. 148 der Rheinisch-Westfälischen Kirchen-Ordnung) gegenüber Beschlüssen kirchlicher Organe, welche mit bestimmten Vorschriften dieses Gesetzes in Widerspruch stehen, erfährt durch die Bestimmungen desselben keine Veränderung.

§. 17. Die nach dem Staatsgesetze vom 13. Mai 1873 zulässigen, kirchenordnungsmäßig festgestellten oder in einzelnen Landestheilen observanzmäßig bestehenden anderweitigen Uebungen der Kirchenzucht, auch in ihrer Anwendung auf die in den §§. 4 bis 7 genannten kirchlichen Pflichtversäumnisse, werden durch dies Gesetz nicht berührt.

Urkundlich unter Unserer Höchsteigenhändigen Unterschrift und beigedrucktem Königlichen Insiegel.

Gegeben Bad Gastein, den 30. Juli 1880.

(L. S.) **Wilhelm.**

Hermes.

Instruktion zu dem Kirchengesetz vom 30. Juli 1880, betr. die Verletzung kirchlicher Pflichten in Bezug auf Taufe, Konfirmation und Trauung.

Vom 23. August 1880.

(Kirchl. Ges. u. V.Bl. 1880 S. 119.)

Seit die staatliche Nöthigung zur äußeren Erfüllung der bei der Eheschließung und Kindererziehung den Kirchengliedern obliegenden religiösen Pflichten weggefallen, ist die Kirche innerhalb der für die Anwendung kirchlicher Zuchtmittel durch das Staatsgesetz*) gezogenen Grenzen darauf angewiesen, mit eigenen Mitteln die christliche Ordnung des Familienlebens zu schützen und insbesondere die Ausübung kirchlicher Rechte in den Gemeinden an die Erfüllung der einfachsten kirchlichen Pflichten zu binden, wie dies in §. 34, Abs. 5, Nr. 4 der Kirchengemeinde- und Synodal-Ordnung ausdrücklich vorgesehen ist.

Die Uebung der Disziplin innerhalb der Gemeinden ist durch die Kirchengemeinde- und Synodal-Ordnung (§§. 14. 53. 55) den Gemeinde-Kirchenräthen und in der Berufungs-Instanz den Kreissynoden, bezw. deren Vorständen anvertraut, in wesentlicher Uebereinstimmung mit der für die westlichen Provinzen schon länger bestehenden Ordnung (§§. 14. 120. der Rhein. Westf. Kirchen-Ordn.); es fehlte aber bisher an einer Feststellung gleichmäßiger Grundsätze für die Handhabung derselben. Die nach Einführung der Civilstandsgesetzgebung zahlreich hervorgetretenen Unterlassungen der Taufe und Trauung, welche an einigen Orten bereits den christlichen Karakter unseres Volkes in dem Fundament des Familienlebens ernstlich bedrohen, haben es nothwendig gemacht, die den Gemeinde-Kirchenräthen ertheilten Vollmachten zur Uebung kirchlicher Zucht, durch die Zuweisung geeigneter Zuchtmittel zu ergänzen und ihre Aufgabe, christliche Gesinnung und Sitte in der Gemeinde sowohl durch eigenes Vorbild, als auch durch besonnene Anwendung aller dazu geeigneten und statthaften Mittel aufrecht zu erhalten und zu fördern, bei Verletzung kirchlicher Pflichten in Bezug auf Taufe, Konfirmation und Trauung durch ein besonderes Kirchengesetz in feste und verbindliche Regeln zu fassen.

Mit der Anwendung der in dem Gesetz vom 30. Juli d. J. enthaltenen Vorschriften ist allerdings die Obliegenheit gemeindlicher Kirchenzucht keineswegs erschöpft, wie denn §. 17 des Gesetzes ausdrücklich bestimmt, daß die nach dem Staatsgesetz vom 13. Mai 1873 zulässigen, kirchenordnungsmäßig festgestellten oder in einzelnen Landestheilen observanzmäßig bestehenden anderweitigen Uebungen der Kirchenzucht, auch in ihrer Anwendung auf die in den §§. 4 bis 7 genannten kirchlichen Pflichtversäumnisse, durch dies Gesetz nicht berührt werden. Vielmehr

*) Vergleiche Gesetz vom 13. Mai 1873 — G.S. S. 205.

steht zu erwarten, wenn die Gemeinde-Kirchenräthe gegenüber den äußerlich leichter erkennbaren und meßbaren Pflichtverletzungen die vielfach ganz außer Uebung gekommene Kirchenzucht nach sicheren Grundsätzen wieder handhaben lernen, daß das Bewußtsein von den überhaupt zur Wahrung christlicher Sitte und zur Abwehr von Aergernissen in den Gemeinden ihnen anvertrauten Obliegenheiten gekräftigt werden wird. Sonst würde gerade aus dem auf die Verletzung besonderer kirchlicher Pflichten eingeschränkten Gesetz die nicht gering zu achtende Gefahr erwachsen, daß die Kirche auf die äußerliche Thatsache der Unterlassung kirchlicher Handlungen oder der Nichtbeachtung einzelner kirchlicher Vorschriften mit empfindlichen Zuchtmitteln antwortet, während bei möglicherweise schwerer wiegenden Aergernissen, wie Gotteslästerung, Meineid, Ehebruch oder schändlichen Lastern der Vollbesitz der kirchlichen Gemeinderechte unbestandet bliebe.

Die Gemeinde-Kirchenräthe werden sich bei Anwendung des Gesetzes stets gegenwärtig zu halten haben, daß evangelische Kirchenzucht, wenngleich sie auf den Schutz christlicher Ordnung und die Ausscheidung von Aergernissen in den Gemeinden zielt, immer eine Uebung barmherziger und heiliger Liebe im Dienste dessen sein muß, welcher der Heiland der Welt ist und die Verlorenen retten, die Irrenden zurechtführen, die Schwachen stärken, die Kranken heilen will, daß auch die ausschließende Kirchenzucht nie den Karakter heilender Seelsorge verlieren darf und auch in der Art ihres Verfahrens als solche sich an den Gewissen zu bewähren hat.

Der HErr hat seinen Jüngern Matth. 18, 15—17 angezeigt, in welcher Weise die brüderliche Zucht unter Christen zu üben ist, und die apostolischen Vorbilder, insbesondere das Verfahren des Apostel Paulus I. Cor. 5, II. Cor. 5, II. Thess. 3, stellen vor Augen, wie unter den damaligen Gemeindeverhältnissen die Weisungen des HErrn befolgt worden sind. Ob das für unsere Landeskirche angeordnete Gesetz „Zorn anrichten" oder zur Erbauung der Gemeinden und zur Reinigung des Heiligthums dienen wird, das hängt von dem Geiste weiser, treuer und reiner Liebe ab, in welchem sein Buchstabe zur Anwendung gelangt.

Indem wir das Haupt der Kirche bitten, alle an der Uebung christlicher Gemeindezucht betheiligten Organe für das neue und schwierige Werk mit Licht und Kraft Seines heiligen Geistes auszustatten, erlassen wir in Verbindung mit dem Generalsynodal-Vorstand hinsichtlich der Ausübung der in dem Gesetze enthaltenen Bestimmungen im Einzelnen nachfolgende Vorschriften und Erläuterungen.

Vorgängige Maßregeln (§§. 1 u. 2).

1. Bevor die Gemeinde-Kirchenräthe in der Lage sind, eine geflissentliche Verletzung der kirchlichen Pflicht anzunehmen und wider dieselbe auf disziplinarischem Wege vorzugehen, ist es erforderlich, einerseits sorgfältig und schonend die thatsächliche Pflichtversäumniß, sowie die Absicht, bei derselben zu beharren, festzustellen, andererseits durch seelsorgerische Einwirkung und Beseitigung äußerer Hindernisse dem drohenden Aergerniß auf gütlichem Wege thunlichst vorzubeugen.

Feststellung der Thatsachen.

2. Was die Feststellung der thatsächlichen Pflichtversäumniß betrifft, so sind dabei in Betracht zu ziehen:

1) der Termin, von welchem an die Unterlassung einer pflichtmäßigen Handlung oder die Vornahme einer pflichtwidrigen Handlung auf Grund

des Gesetzes angenommen werden kann und daher disziplinare Maßnahmen in Aussicht zu nehmen sind,

2) die Personen, welche für die Pflichtversäumniß als verantwortlich angesehen werden müssen,

3) die Veranlassungen aus örtlichen, häuslichen oder persönlichen Verhältnissen, welche bei der Beurtheilung des Grades der Pflichtverletzung von Bedeutung sein könnnen.

Alle in dieser Hinsicht nothwendig werdenden Ermittelungen haben eben so sorgfältig als vorsichtig, unter Schonung der Ehre und im Geiste christlicher Liebe zu erfolgen.

3. Die kirchliche Ordnung, nach welcher die Kinder innerhalb der ersten 6 Wochen zu taufen sind, ist durch den Wegfall staatlichen Zwanges nicht berührt worden. Auf die Aufrechterhaltung derselben ist möglichst hinzuwirken. Doch ist den besonderen Verhältnissen größerer Städte, der Diaspora-Gemeinden, erschwertem Verkehr in ungünstiger Jahreszeit, so wie hemmenden häuslichen Verhältnissen Rechnung zu tragen, wenn nicht der fortgesetzte Aufschub als Vorwand für die Versäumung angesehen werden muß. So lange nicht anderweite bestimmte Kundgebungen die Absicht offenbaren, ein Kind der Taufe zu entziehen, sind vor Ablauf der 6 Wochen Maßnahmen Seitens des Gemeinde-Kirchenraths nicht angezeigt.

Da der Konfirmation nothwendig ein längerer Unterricht vorausgeht und dieser nach Entlassung aus der Schulpflicht nicht mehr sicher erreicht werden kann, so muß darauf gehalten werden, daß die Anmeldung zum Konfirmations-Unterricht dem entsprechend rechtzeitig erfolgt. Bei Schülern höherer Lehranstalten, für welche die Zeit der Konfirmation vielfach nicht mit dem Abgang aus der Schule zusammenfällt, wird das 16. Lebensjahr als die Zeit anzusehen sein, in der ohne besondere Gründe das Kind dem vorbereitenden Unterricht nicht länger entzogen werden darf.

Die Unterlassung der Anmeldung zur Trauung ist zu beachten, sobald das vor der Eheschließung angeordnete bürgerliche Aufgebot bekannt geworden ist. Wenn auch disziplinarische Maßnahmen erst nach erfolgter Eheschließung eintreten können, so ist doch möglichst vor derselben die Absicht, auf die Trauung zu verzichten, festzustellen, um der rechtzeitigen seelsorgerischen Einwirkung Raum zu lassen.

Das Gleiche gilt von dem Eingehen einer Ehe, welcher die Trauung aus kirchlichen Gründen versagt werden muß.

Die Ueberlassung der Kinder zur Erziehung in einer nicht evangelischen Religionsgesellschaft vollzieht sich entweder schon durch der Eheschließung vorausgehende Versprechungen, oder bei der Taufe der Kinder, oder bei dem religiösen Unterricht derselben. Wenn die eine oder andere Form zur Kenntniß des Gemeinde-Kirchenraths oder eines Mitgliedes desselben gelangt, ist das Thatsächliche zuverlässig festzustellen.

4. Als verantwortlich für Verabsäumung der Taufe oder Konfirmation, so wie für Ueberlassung der Kinder an eine andere Konfession (§. 6) können nur diejenigen angesehen werden, welche über die religiöse Erziehung der Kinder zu entscheiden haben, oder welchen thatsächlich die Verfügung über die Erziehung von zuständiger Seite überlassen ist. Die Mutter ist bei Lebzeiten des Vaters nur mit verantwortlich zu machen, wenn bestimmte Kundgebungen vorliegen, daß sie wissentlich und willentlich an der Versäumniß betheiligt ist. Auch darf Ehefrauen nicht zugemuthet werden, daß sie wider den Willen oder ohne Vorwissen des Gatten die Taufe oder Konfirmation des Kindes nachsuchen. Bei unterlassener Trauung, so wie bei Eingehung einer kirchlich unzulässigen Ehe sind beide Theile als verantwortlich anzusehen, da die Ehe nur unter beiderseitiger Einwilligung zu Stande kommen kann. Bei der Beurtheilung des Maßes der Verantwortlichkeit wird allerdings die Abhängigkeit der Frau vom Manne zu berücksichtigen sein.

5. Bezüglich der Veranlassungen, welche die Pflichtversäumniß herbeiführen, ist festzustellen, in wieweit die aus Armuth stammende Scheu vor den zu entrichtenden Gebühren oder vor sonstigen Unkosten, in wieweit Krankheit der Betheiligten bezw. Abwesenheit des Familienhauptes, weite Entfernung der Wohnung vom Pfarrorte, Rücksicht auf Schwächlichkeit oder auf den geistigen Zustand eines dem Alter nach für die Konfirmation reifen Kindes die Ursache der Unterlassung sind. Bei Unterlassung der Trauung ist festzustellen, ob, abgesehen von äußeren Rücksichten, die Besorgniß, die Trauung einer nicht zweifellos zulässigen Ehe werde von der Kirche versagt werden, oder die Verachtung des Segens der Trauung selbst der Beweggrund ist.

6. Es liegt den Gemeinde-Kirchenräthen für die Art und Weise, wie alle diese Ermittelungen einerseits rechtzeitig, vollständig und ohne Ansehen der Person, andererseits schonend und zart herbeizuführen sind, eine große Verantwortung auf, es wird allenthalben einer weisen Berücksichtigung der örtlichen und persönlichen Verhältnisse bedürfen, insbesondere aber eine rasche und nachdrückliche Initiative da angezeigt sein, wo in einem leicht übersehbaren und enger verbundenen Gemeindekreise die Gefahr des Aergernisses auch nur durch einen vereinzelten Fall am größten ist.

Tritt die Pflichtverletzung in einer Parochie ein, welcher der für dieselbe Verantwortliche nicht angehört, so hat der Gemeinde-Kirchenrath, zu dessen Kenntniß dieselbe gelangt, dem zuständigen Gemeinde-Kirchenrath (vgl. Nr. 11) davon Mittheilung zu machen.

Seelsorgerische Einwirkung.

7. Hand in Hand mit der Feststellung der Thatsachen wird in den meisten Fällen die seelsorgerische Einwirkung beginnen. Zunächst ist der seelsorgerische Zuspruch die persönliche und selbständige Amtspflicht des Geistlichen, und seine Aufgabe ist es vornehmlich, in vertraulichem Verkehr dem Aergerniß für die Gemeinde wachsam vorzubeugen. Damit ist aber die Pflicht der Aeltesten, durch freundliche und ernste Mahnung die Thätigkeit des Geistlichen zu unterstützen, nicht gemindert. In welcher Weise dies zu geschehen hat, entzieht sich allgemeiner Regelung. Namentlich auch, ob bei einer vom Gemeinde-Kirchenrath ausgehenden vertraulichen Mahnung zuerst der Geistliche und dann Aelteste, oder umgekehrt, als die geeignetesten Organe anzusehen sind, das kann nur nach den örtlichen Zuständen und den Verhältnissen des einzelnen Falles entschieden werden. An Orten, an welchen die betreffenden Pflichtverletzungen häufiger eintreten, erscheint die Vereinbarung eines bestimmten zweckmäßigen Verfahrens erwünscht.

8. Nach vorausgegangener erfolgloser persönlicher Einwirkung ist eine mündliche Vernehmung vor versammeltem Kollegium des Gemeinde-Kirchenraths nicht ausgeschlossen.

9. Die zuvorkommende und schonende Beseitigung solcher äußerer Hindernisse, welche die Erfüllung der kirchlichen Pflicht erschweren können, ist um so nothwendiger, als die in großer Zahl eingetretenen Unterlassungen von Taufe und Trauung ganz überwiegend die unbemittelten Klassen betreffen, welchen die Kirche von jeher vorzugsweise die Theilnahme barmherziger Liebe zugewandt hat. Außer dem Erlaß der Gebühren unter Schadloshaltung der Berechtigten ist besonders zur Herbeiführung von nachträglicher Vollziehung versäumter Handlungen Schonung des Ehrgefühls, Vornahme der Handlung im Hause oder in der Stille in Betracht zu ziehen. Nur ist bei solchem Entgegenkommen in Ausnahmefällen die Wahrung der ortsüblichen kirchlichen Sitte gegenüber eigenwilligen Zumuthungen nicht außer Acht zu lassen.

10. Die §. 2 für alle Unterlassungen vor der Beschlußfassung über disziplinare Maßnahmen vorgeschriebene schriftliche Aufforderung kann erst ergehen, wenn fortgesetzter seelsorgerischer Zuspruch sich als erfolglos erwiesen hat und somit die Absicht, sich der kirchlichen Pflicht zu entziehen, angenommen werden muß. Dieselbe ist außer von dem vorsitzenden Geistlichen von zwei Aeltesten zu unterzeichnen, und ihre Fassung hat dem im Protokoll verzeichneten Beschluß zu entsprechen, weshalb bei der protokollarischen Aufzeichnung eines jeden disziplinaren Beschlusses besondere Sorgfalt anzuwenden sein wird. Die Dauer der in der Aufforderung zu setzenden Frist ist dem Ermessen des Gemeinde-Kirchenraths überlassen. Die Hinweisung auf die Folgen der Unterlassung hat sich auf die nach §§. 4—7 zur Zuständigkeit des Gemeinde-Kirchenraths gehörigen disziplinaren Maßnahmen zu beschränken. Auch ein nach §. 3 gefaßter Beschluß, sofern er auf Entziehung kirchlicher Rechte lautet, wird am geeignetesten auf schriftlichem Wege dem Betroffenen mitgetheilt.

Zuständige Organe.

11. Die für solchen Beschluß verfassungsmäßig zuständigen Organe sind der Gemeinde-Kirchenrath (§. 14 der Kirchengem.- u. Syn.-Ordn.) bezw. das Presbyterium (§§. 14. 120 der Rh.-W. Kirchen-Ordn.) und bei eingelegter Berufung die Kreissynode oder ihr Vorstand (§§. 53. 55 der Kirchengem.- u. Syn.-Ordn.), bezw. das Moderamen der Kreissynode (§. 120 der Rh.-W. Kirchen-Ordn.). Disziplinare Entscheidungen gehören nicht zu den Gemeinde-Angelegenheiten, welche nach §. 33 der Kirchengem.- u. Synod.-Ordn. an die Gemeindevertretung zur Berathung und Beschlußfassung gebracht werden können. Die Entziehung kirchlicher Rechte kann nur von dem Gemeinde-Kirchenrath derjenigen Parochie beschlossen werden, welcher die Betreffenden angehören, also z. B. bei Eingehung einer kirchlich unzulässigen Ehe von dem Gemeinde-Kirchenrath des ersten ehelichen Wohnsitzes (vgl. Nr. 6 Abs. 2).

Disziplinare Maßregeln (§§. 4—8).

12. Besteht die Verletzung der kirchlichen Pflicht in der beharrlichen Verweigerung der Taufe, so ist der Schuldige nach Ablauf der in der Aufforderung gesetzten Frist, mit sämmtlichen in §. 4 Abs. 1 vorgeschriebenen Maßnahmen gleichzeitig zu belasten.

13. Derartige Beschlußfassungen des Gemeinde-Kirchenraths, so wie die denselben vorausgehenden Maßnahmen haben sich nach Absatz 3 des §. 4 auf die Ausschließung vom heiligen Abendmahl nicht zu erstrecken; das in dieser Hinsicht Erforderliche ist unter Nr. 20. 21 vorgeschrieben.

14. Bei den §§. 5—7 vorgesehenen Fällen tritt für den Schuldigen unter allen Umständen die Entziehung der Wählbarkeit für ein kirchliches Amt ein und in den Fällen der §§. 5 und 6 auch der Verlust der Fähigkeit, ein kirchliches Amt zu bekleiden. Im Uebrigen kommt es auf die sittliche Beurtheilung des einzelnen Falles an.

Die Entscheidung, ob ein Fall von Verschmähung der Konfirmation oder der Trauung für eine mildere Beurtheilung geeignet ist, sowie ob die Ueberlassung sämmtlicher Kinder zur religiösen Erziehung in einer nicht evangelischen Religionsgemeinschaft, oder die Schließung einer Ehe, der die Trauung aus kirchlichen Gründen nach Maßgabe der Vorschriften der Trauungs-Ordnung versagt werden muß, hinsichtlich der besonderen Umstände als ein schwerer Fall anzusehen ist, muß dem gewissenhaften Ermessen des Gemeinde-Kirchenrathes unter Würdigung sowohl der örtlichen als der persönlichen Verhältnisse überlassen bleiben.

Bei Unterlassung der Trauung ist zu prüfen, ob die Bestimmungen des §. 5 oder des §. 7 zur Anwendung kommen, je nachdem die Trauung nicht begehrt wird, weil sie wegen kirchlicher Unzulässigkeit der Eheschließung nicht gewährt werden kann, oder weil der Segen der Trauung in Verachtung der kirchlichen Ordnung überhaupt verschmäht wird.

15. Eine von dem zuständigen Gemeinde-Kirchenrath oder Synodal-Vorstand auf Grund dieses Gesetzes beschlossene Entziehung kirchlicher Rechte ist auch für andere Gemeinden der Landeskirche wirksam, mag der Betroffene in derselben Gemeinde bleiben oder seinen Wohnsitz verändern.

16. Tritt während des seelsorgerischen Verfahrens, bevor die §. 3 vorgesehene Beschlußfassung erfolgt ist, durch Todesfall oder andere zwingende Umstände die Unmöglichkeit ein, die versäumte kirchliche Pflicht nachträglich zu erfüllen, so ist das Disziplinar-Verfahren einzustellen.

17. Auf die Eingehung einer kirchlich unzulässigen Ehe findet die Bestimmung des §. 8 der Natur der Sache nach keine Anwendung.

Wiederbeilegung entzogener kirchlicher Rechte (§§. 9—11).

18. Die nachträgliche Erfüllung der verabsäumten kirchlichen Pflicht setzt nicht von selbst wieder in den Besitz entzogener kirchlicher Rechte. Es bedarf dazu außerdem des Antrages des Betroffenen und des Beschlusses des Gemeinde-Kirchenraths (§. 11).

19. Nachträgliche Erfüllung der verletzten kirchlichen Pflicht ist entweder der Natur der Sache nach unmöglich, wie z. B. nach dem Eingehen einer kirchlich unzulässigen Ehe, oder die Unmöglichkeit entsteht aus später eintretenden Thatsachen, wie aus dem Tode ungetauft gebliebener Kinder, dem Entwachsen ungetaufter oder unkonfirmirter Kinder aus der elterlichen Gewalt oder dem Tode des Gatten in ungetraut gebliebener Ehe.

Ob die in solchen Fällen erforderlichen nachhaltigen Beweise kirchlichen Wohlverhaltens vorhanden sind, unterliegt der gewissenhaften Beurtheilung des Gemeinde-Kirchenraths unter Berücksichtigung der besonderen Umstände. Die Wiederbeilegung kann auf Antrag des Betroffenen oder aus eigener Bewegung des Gemeinde-Kirchenraths erfolgen. Wird der Antrag abgelehnt, so muß dem Antragsteller ein schriftlicher Bescheid ertheilt werden, weil die Berufung an den Vorstand der Kreissynode zulässig ist. Wenn es sich um die Wiederzulassung zu der Pathenschaft handelt, so ist auch gegenüber einem zustimmenden Beschluß des Gemeinde-Kirchenraths dem Geistlichen der Rekurs an den Synodal-Vorstand vorbehalten.

Zurückweisung vom heiligen Abendmahl (§. 12).

20. Besondere Sorgfalt und Weisheit erfordert das Verfahren bei Zurückweisung vom heiligen Abendmahle aus Anlaß der im Gesetz vorgesehenen Pflichtverletzungen, um gleicherweise der Schonung der Gewissen und seelsorgerischen Rücksicht, wie dem Erforderniß kirchlicher Zuchtübung Rechnung zu tragen.

Zunächst wird im §. 12 von den nach Vorschrift dieses Gesetzes (§§. 4 bis 7) zulässigen Maßregeln der Kirchenzucht die Zurückweisung vom heiligen Abendmahl bestimmt unterschieden, weil dabei die Würdigung des Herzenszustandes des das Abendmahl Begehrenden darüber entscheidet, ob derselbe als unfähig angesehen werden muß, die Gnadengabe im Segen und ohne Aergerniß der Gemeinde zu empfangen. Die Zurückweisung bedeutet nicht Auferlegung einer Strafe, sondern im evangelischen Sinn Anwendung eines Schutzmittels, wie für die Heilighaltung des Sakraments, so für die Gemeinde und den Betroffenen.. Es darf nie außer Acht gelassen werden, daß die Ausschließung von der Gemeinschaft des Leibes und Blutes Christi, des Heilandes der Sünder, und von der Spendung der den Bußfertigen zum Trost bestimmten Gabe von der Kirche nicht lediglich auf Grund thatsächlicher Unterlassungen, sondern immer auf Grund gleichzeitiger Würdigung des Herzenszustandes aufzuerlegen ist. Wenn das Gesetz anweist, daß bei beharrlicher Verabsäumung der Taufe die Unfähigkeit, die Gnadengabe im Segen und ohne Aergerniß der Gemeinde zu empfangen, anzunehmen ist, wird damit der seelsorgerischen Behandlung eine Vorschrift gegeben.

21. In derselben Erwägung ist für die östlichen Provinzen auch bei den hier in Betracht kommenden Pflichtverletzungen die Bestimmung des §. 14 der Kirchengemeinde- und Synodal-Ordnung festgehalten worden, nach welcher der Pfarrer in Verwaltung der Sakramente vom Gemeinde-Kirchenrath unabhängig bleibt und daher die Fernhaltung Unwürdiger vom heiligen Abendmahl vorerst eine Aufgabe der sorgfältig prüfenden und in vertrautem Gespräch mahnenden und warnenden Seelsorge ist. Erst wenn der abmahnenden Zurückhaltung des Geistlichen nicht Folge gegeben wird, ist von demselben der Antrag auf Zurückweisung dem Gemeinde-Kirchenrath und event. dem Vorstand der Kreissynode vorzulegen. Hiernach bleibt die Zurückweisung vom heiligen Abendmahl, bei welcher dem Gemeinde-Kirchenrath keine Initiative zusteht, von den Bestimmungen der §§. 2, 3, 9, 10, 11 über Entziehung und Wiederbeilegung kirchlicher Rechte unberührt. Einerseits findet eine allgemeine, bis auf Weiteres wirksam bleibende Ausschließung vom heiligen Abendmahl oder eine Ankündigung derselben Seitens des Gemeinde-Kirchenraths nicht statt und ist eine vorbeugende Mittheilung, daß die Zulassung nicht möglich sei, vorerst dem Ermessen des Seelsorgers zu überlassen. Andererseits muß es dem letzteren auch zustehen, wenn er die Ueberzeugung von einem bußfertigen Herzenszustand eines früher Zurückgehaltenen gewonnen hat, denselben nach seelsorgerischem Ermessen wieder zum Sakrament zuzulassen. Wenn die Zurückweisung durch Beschluß des Gemeinde-Kirchenraths ausgesprochen worden ist, so wird der Geistliche verpflichtet sein, sich bei der Wiederzulassung nach Lage der Umstände mit dem Gemeinde-Kirchenrath zu verständigen.

Für die westlichen Provinzen bleibt es bei der auf Grund der Kirchenordnung bestehenden Uebung.

Anderweite Folgen der betreffenden Pflichtverletzungen (§§. 13—15).

22. Sämmtliche in dem Gesetz in Frage kommenden Rechte haben die Zugehörigkeit zu der christlichen Kirche zur Voraussetzung, können also ungetauft Gebliebenen nicht zugestanden werden, bis sie durch die Taufe die Aufnahme in die christliche Kirche erlangt haben. Dabei ist es aber aus Rücksichten der das Verlorene suchenden Liebe nicht verwehrt, auch ungetaufte Kinder, für welche die religiöse Unterweisung begehrt wird, zum kirchlichen Unterricht zuzulassen in der Hoffnung, sie auf diesem Wege für die Kirche zu gewinnen.

23. Kirchenglieder, welche von der Entziehung kirchlicher Rechte betroffen sind, werden damit der Verpflichtung zum Tragen der kirchlichen Lasten nicht enthoben.

Zulässigkeit von Beschwerden.

24. Entscheidungen des Gemeinde-Kirchenraths über die Entziehung kirchlicher Rechte in den durch das Gesetz gezogenen Grenzen kommen, falls der Betroffene sich nicht bei denselben beruhigt, durch die Entscheidung der Kreissynode, bezw. ihres Vorstandes zum Abschluß. Eine Berufung an die Kirchenbehörde zu erneuter Prüfung und Entscheidung findet nicht statt.

Mit dem Abschluß disziplinarer Entscheidungen in der Instanz der Kreissynode sind aber Beschwerden an die Kirchenbehörden nicht ausgeschlossen, wenn Entscheidungen zuständiger Organe mit bestehenden gesetzlichen Vorschriften in Widerspruch treten sollten. Geeignetenfalls hat die Behörde nach §. 47 der Kirchengemeinde- und Synodal-Ordnung und §. 148 der Rheinisch-Westfälischen Kirchen-Ordnung das zur Aufrechterhaltung des Gesetzes Erforderliche zu veranlassen.

Formelle Vorschriften für die Ausführung disziplinarer Maßregeln.

25. Wenn ein von disziplinaren Maßregeln Betroffener seinen Wohnsitz verändert, ist dem Gemeinde-Kirchenrath der Gemeinde, in welcher er seinen neuen Wohnsitz nimmt, sofern derselbe zum Bereich der Landeskirche gehört, Mittheilung von den verhängten Maßnahmen zu machen.

26. Nach erfolgter Entziehung des kirchlichen Wahlrechts ist der betreffende Name sofort in der Wählerliste der Gemeinde zu streichen.

27. Bekleidet der Betroffene ein kirchliches Amt, aus welchem der Gemeinde-Kirchenrath zu entlassen nicht befugt ist, so hat derselbe über den gefaßten Beschluß unter Beifügung eines beglaubigten Auszuges aus dem Protokollbuch an zuständiger Stelle Anzeige zu erstatten. Bei besoldeten, fest angestellten Kirchenbeamten ist dies die vorgesetzte Kirchenbehörde, bei Aeltesten und Gemeindevertretern der Vorstand der Kreissynode (§. 44 der Kirchengemeinde- und Synodal-Ordnung, §. 126 der Rh.-W. K.-O.). Bei den unter Vorbehalt der Kündigung oder auf bestimmte Zeit vom Gemeinde-Kirchenrath Angestellten erfolgt die Entlassung binnen kürzester Frist.

Ist die Wählbarkeit entzogen ohne die Wahlberechtigung, so ist bei vorkommenden Wahlen hierauf zu achten, erforderlichenfalls ist eine Bekanntmachung der Namen an die zur Wahl Versammelten gestattet.

28. Bei der Anmeldung von Taufen sind die Namen der in Aussicht genommenen Pathen anzugeben. Eine Feststellung des Besitzes kirchlicher Vollberechtigung in jedem einzelnen Fall ist nicht angezeigt. Wenn aber der Verlust des Rechtes des Taufpathenschaft bekannt ist, ist die Versagung der Zulassung vor der Taufhandlung den Betheiligten mitzutheilen, damit einer Störung der heiligen Handlung rechtzeitig vorgebeugt wird. In zweifelhaften Fällen ist der Thatbestand in angemessener Weise zu ermitteln.

29. Im Falle förmlicher Zurückweisung vom heiligen Abendmahl durch Beschluß des Gemeinde-Kirchenraths genügt die schriftliche Mittheilung an den Betroffenen, und falls sich derselbe dennoch unter den Kommunikanten einfinden sollte, die einfache Uebergehung bei der Austheilung. Jeder Aufsehen erregenden Störung der heiligen Handlung ist thunlichst vorzubeugen.

30. In Gemeinden, welche häufigeren Anlaß bieten zur Anwendung des Gesetzes und deren Größe oder Beweglichkeit der gleichmäßigen Anwendung besondere Schwierigkeiten entgegenstellen, haben die Gemeinde-Kirchenräthe über die für die Handhabung des Gesetzes erforderlichen, durch die örtlichen Verhältnisse gebotenen Vorkehrungen zu berathen und zu beschließen. Es wird hier sowohl bei Feststellung der Thatsachen, wie bei Würdigung der einschlagenden Umstände besondere Sorgfalt und Weisheit zu üben sein.

Weitere Vorschriften bleiben nach Bedürfniß vorbehalten.

Berlin, den 23. August 1880.

Evangelischer Ober-Kirchenrath.

Hermes.

E. O. 3666. I.

Chronologisches Register.

Erklärung der Abkürzungen:

A. E. = Allerhöchster Erlaß.
Anweis. = Anweisung.
Arb. = Reskript des Ministers für öffentl. Arbeiten.
Bek. = Bekanntmachung.
Dekl. = Deklaration.
E. = Edikt.
E. d. G. K. = Entscheidung der Gesetzes-Kommission.
E. O. = Reskript des Evangel. Ober-Kirchen-Rathes.
F. M. = Reskript des Finanz-Ministers.
G. = Gesetz.
H. M. = Reskript des Handels-Ministers.
J. M. = Reskript des Justiz-Ministers.
Instr. = Instruktion.
K. G. = Erkenntniß des Gerichtshofs zur Entscheidung der Kompetenz-Konflikte.
K. M. = Reskript des Kriegs-Ministers.
K. O. = Kabinets-Ordre.
L. M. = Reskript des Ministers für Landwirthschaft, Domainen und Forsten.
M. J. = Reskript des Ministers des Innern.
O. T. = Erkenntniß des Kgl. Ober-Tribunals.
O. V. = Erkenntniß des Ober-Verwaltungsgerichts.
Publ. = Publikandum.
R. = Reskript des Ministers der geistl. Angelegenheiten.
R. K. = Erkenntniß des Revisions-Kollegii für Landeskultursachen.
R. G. = Erkenntniß des Reichsgerichts.
Regl. = Reglement.
Regul. = Regulativ.
St. M. Beschl. = Staats-Ministerial-Beschluß.
V. = Verordnung.

Sachregister.

Die Zahlen bezeichnen die Seiten.

A.

C. (siehe auch unter K und Z.)

F.

G.

L.

M.

N.

O.

P.

Q.

R.

S.

Nachträge.

Zu S. 63. (Erk. d. Komp. Ger. Hofes v. 8. Januar 1881) vgl. Erk. desselben Gerichtshofes v. 14. Januar 1882, kirchl. Ges. u. V. Bl. 1882, S. 49, betr. die Unzulässigkeit des Rechtsweges gegen einen für vollstreckbar erklärten Umlagebeschluß, u. Erk. dess. Ger.Hofes v. 13. Mai 1882, a. a. O. S. 72, betr. die Unzulässigkeit des Rechtsweges bei Streitigkeiten über Umlagen für kirchliche Bauten.

Zu S. 65. (Erlaß des Min. d. g. Ang. v. 15. Januar 1881) vgl. R. d. Ev. O. K. R. v. 14. Februar 1882, betr. die Mitwirkung von Kommunal- u. Polizeibehörden bei kirchlichen Umlagen, kirchl. Ges. u. V. Bl. 1882, S. 44.

Zu S. 78, Anm. 66 vgl. R. d. Ev. O. K. R. v. 19. August 1882, betr. die Betheiligung der Geistlichen an den Wahlen der kirchl. Gemeinde-Organe, kirchl. Ges. u. V. Bl. 1882, S. 71.

Zu S. 89, Anm. 96 (Wählerliste) vgl. R. d. Ev. O. K. R. v. 12. Juli 1882, betr. die Feststellung bez. Ergänzung der Wählerliste innerhalb der dreijährigen Wahlperiode, kirchl. Ges. u. V. Bl. 1882, S. 70.

Zu S. 95, Anm. 106 vgl. R. d. Ev. O. K. R. v. 9. März 1882, betr. die Befugniß der ordinirten Hülfsgeistlichen, mit berathender Stimme an der Kreissynode Theil zu nehmen, kirchl. Ges. u. V. Bl. 1882, S. 46.

Zu S. 235 u. 559 (wissenschaftl. Staatsprüfung) vgl. die Erlasse des Min. d. g. Ang. v. 29. Juni 1882, betr. die Befreiung der Theologen von der wissenschaftlichen Staatsprüfung, und R. d. Ev. O. K. R. v. 20. Juli 1882, betr. denselb. Gegenstand, kirchl. Ges. u. V. Bl. 1882, S. 66. 67. 68.

Zu S. 246, Anm. 43 vgl. R. d. Ev. O. K. R. v. 20. Juni 1882, betr. die Entbindung im Amte stehender Geistlichen von den militairischen Kontrol-Versammlungen, kirchl. Ges. u. V. Bl. 1882, S. 64.

Zu S. 317. 318. (Erk. d. K. Ob. Trib. v. 22. Februar 1864) vgl. Erk. des Reichsgerichts v. 22. September 1881, Entsch. d. Reichsger. Bd. 5. S. 300. In diesem Erk. wird ausgeführt, daß die Frage, ob ein innerhalb einer lutherischen Parochie wohnhafter Reformirter zu den Lasten der lutherischen Gemeinde beizutragen habe, sich nur aus dem konfessionellen Rechtsverhältnisse heraus beantworten lasse. J. M. Bl. 1882, S. 293.

Zu S. 418. 419. Anm. 245 vgl. R. d. Ev. O. K. R. v. 29. Juni 1880, betr. die Verpflichtung der Inhaber geistlicher Stellen bei erfolgter Auslosung von Werthpapieren, kirchl. Ges. u. V. Bl. 1882, S. 55 u. R. d. Min. d.

g. Ang. v. 29. April 1882, betr. die Belegung von Geldern der Kirchen rc. bei der Preußischen Seehandlung, a. a. O. S. 56. 57.

Zu S. 419, Anm. 245 vgl. R. d. Ev.O.K.R. v. 8. Mai 1882, betr. die Stellung der G. K. R. als öffentlicher Behörden, R. d. Just. Min. v. 21. März 1882, betr. die Eigenschaft der G. K. Räthe als öffentlicher Behörden in Grundbuchsachen, u. Beschluß des K. Kammergerichts v. 13. Februar 1882, betr. die Kompetenz der G. K. Räthe zur Stellung von Anträgen in Grundbuchsachen, kirchl. Ges. u. V. Bl. 1882, S. 58—63.

G. Pätz'sche Buchdruckerei (Otto Hauthal) in Naumburg a/S.

Kolibri 360 GmbH
Ferdinand-Jühlke-Straße 7
99095 Erfurt, Deutschland
produktsicherheit@kolibri360.de